O FUTURO DO PROCESSO CIVIL NO BRASIL
UMA ANÁLISE CRÍTICA AO PROJETO DO NOVO CPC

FERNANDO ROSSI
GLAUCO GUMERATO RAMOS
JEFFERSON CARÚS GUEDES
LÚCIO DELFINO
LUIZ EDUARDO RIBEIRO MOURÃO
Coordenadores

LUIZ FUX
Prefácio

O FUTURO DO PROCESSO CIVIL NO BRASIL
UMA ANÁLISE CRÍTICA AO PROJETO DO NOVO CPC

Belo Horizonte
Editora Fórum
2011

© 2011 Editora Fórum Ltda.

É proibida a reprodução total ou parcial desta obra, por qualquer meio eletrônico, inclusive por processos xerográficos, sem autorização expressa do Editor.

Conselho Editorial

Adilson Abreu Dallari
André Ramos Tavares
Carlos Ayres Britto
Carlos Mário da Silva Velloso
Carlos Pinto Coelho Motta (*in memoriam*)
Cármen Lúcia Antunes Rocha
Cesar Augusto Guimarães Pereira
Clovis Beznos
Cristiana Fortini
Dinorá Adelaide Musetti Grotti
Diogo de Figueiredo Moreira Neto
Egon Bockmann Moreira
Emerson Gabardo
Fabrício Motta
Fernando Rossi
Flávio Henrique Unes Pereira
Floriano de Azevedo Marques Neto

Gustavo Justino de Oliveira
Inês Virgínia Prado Soares
Jorge Ulisses Jacoby Fernandes
José Nilo de Castro
Juarez Freitas
Lúcia Valle Figueiredo (*in memoriam*)
Luciano Ferraz
Lúcio Delfino
Marcia Carla Pereira Ribeiro
Márcio Cammarosano
Maria Sylvia Zanella Di Pietro
Ney José de Freitas
Oswaldo Othon de Pontes Saraiva Filho
Paulo Modesto
Romeu Felipe Bacellar Filho
Sérgio Guerra

ef Editora Fórum

Luís Cláudio Rodrigues Ferreira
Presidente e Editor

Coordenação editorial: Olga M. A. Sousa
Revisão e normalização: Equipe Fórum
Capa e projeto gráfico: Walter Santos
Diagramação: Deborah Alves

Av. Afonso Pena, 2770 – 15º/16º andares – Funcionários – CEP 30130-007
Belo Horizonte – Minas Gerais – Tel.: (31) 2121.4900 / 2121.4949
www.editoraforum.com.br – editoraforum@editoraforum.com.br

F996 O futuro do processo civil no Brasil: uma análise crítica ao Projeto do Novo CPC / Coordenadores: Fernando Rossi; Glauco Gumerato Ramos; Jefferson Carús Guedes; Lúcio Delfino; Luiz Eduardo Ribeiro Mourão; prefácio de Luiz Fux. Belo Horizonte: Fórum, 2011.

792 p.
ISBN 978-85-7700-511-6

1. Direito constitucional. 2. Processo civil. 3. Direito administrativo. 4. Direito civil. I. Rossi, Fernando. II. Ramos, Glauco Gumerato. III. Guedes, Jefferson Carús. IV. Delfino, Lúcio. V. Mourão, Luiz Eduardo Ribeiro. VI. Fux, Luiz.

CDD: 341.2
CDU: 342

Informação bibliográfica deste livro, conforme a NBR 6023:2002 da Associação Brasileira de Normas Técnicas (ABNT):

ROSSI, Fernando *et al.* (Coord.). *O futuro do processo civil no Brasil*: uma análise crítica ao Projeto do Novo CPC. Belo Horizonte: Fórum, 2011. 792 p. ISBN 978-85-7700-511-6.

SUMÁRIO

PREFÁCIO
Luiz Fux 21

APRESENTAÇÃO DO HOMENAGEADO – CARTA AO ANJO DE UMA ASA SÓ
Fernando Rossi 23

PARTE I
ARTIGOS

O PROJETO DO NOVO CÓDIGO DE PROCESSO CIVIL E A LEI Nº 11.441/07 –
O QUE PODERIA TER SIDO REGULAMENTADO
Amanda Milliê da Silva Alves, André Menezes Delfino 31

DESAFIOS E AVANÇOS DO NOVO CPC DIANTE DA PERSISTENTE
INSEGURANÇA JURÍDICA – A URGENTE NECESSIDADE DE
ESTABILIZAÇÃO DA JURISPRUDÊNCIA
Arthur Mendes Lobo, João Batista de Moraes 47
1 Introdução 47
2 A oscilação da jurisprudência do STJ – Uma desconstrução do sistema que contribui para morosidade da justiça e ofensa ao postulado da igualdade 50
3 A desobediência à jurisprudência predominante ou sumulada do STJ pelos seus próprios componentes e pelas instâncias inferiores 53
4 Possíveis soluções previstas no Novo CPC (PLS nº 166/10) 57
5 Conclusão 60
   Referências 61

ESTUDO COMPARADO DA RESPONSABILIDADE CIVIL DECORRENTE
DA CASSAÇÃO DE TUTELAS DE URGÊNCIA NO CPC ATUAL E NO
PROJETO DO CPC
Cristiane Druve Tavares Fagundes 65
1 Responsabilidade civil 65
1.1 Conceito e espécies 65
1.2 Responsabilidade no Processo Civil 69
2 Análise do tratamento dispensado às tutelas de urgência pelo CPC atual e pelo Projeto 70
3 Estudo comparativo entre o CPC atual e o Projeto do CPC quanto à responsabilidade civil decorrente da cassação das tutelas de urgência 73
4 Considerações finais 80
   Referências 81

NOTAS SOBRE OS PRINCÍPIOS E AS GARANTIAS FUNDAMENTAIS DO PROCESSO CIVIL NO PROJETO DO NOVO CPC
Daniel Mota Gutiérrez 83
1 Considerações iniciais sobre o objeto do estudo.. 83
2 Primeiras constatações sobre o Capítulo I do Título I do Projeto do Novo CPC – Repetição e alteração de textos constitucionais relativos aos princípios e garantias 84
3 Perguntas decorrentes das primeiras constatações – Justifica-se repetir e até alterar os princípios constitucionais processuais pelo Projeto? 84
4 Premissas teóricas para o enfrentamento das questões decorrentes das primeiras constatações e de outras relativas ao Capítulo I 85
4.1 A busca (inalcançável?) pelo melhor método de interpretação jurídica e pela única interpretação correta 85
4.2 O método da interpretação como fator de desenvolvimento e atualização das normas constitucionais – Conteúdo e limites 87
4.3 A aplicação da teoria hermenêutica de desenvolvimento e atualização das normas constitucionais aos princípios constitucionais do processo civil 89
4.4 O ideal da comissão de gerar um processo (mais) justo, o conceito de efetividade e a relação do tema com os princípios constitucionais do processo 90
5 Tentativa de responder às perguntas decorrentes das primeiras constatações sobre o Capítulo I 91
6 Art. 1º 97
7 Art. 2º 98
8 Art. 3º 98
9 Art. 4º 100
10 Art. 5º 101
11 Art. 6º 102
12 Art. 7º 103
13 Art. 8º 104
14 Art. 9º 105
15 Art. 10 106
16 Art. 11 108
17 Art. 12 109
Referências 110

NOTAS SOBRE A MEDIAÇÃO E A CONCILIAÇÃO NO PROJETO DO NOVO CÓDIGO DE PROCESSO CIVIL
Delton Ricardo Soares Meirelles, Fernando Gama de Miranda Netto 113
1 Introdução 113
2 Experiências com a mediação no Brasil 114
3 Princípios informativos da conciliação e da mediação 116
4 Justiça coexistencial frente à cultura da sentença 117
5 Diferenças entre conciliação e mediação 119
6 Sobre a escolha do conciliador e do mediador 122
7 Registro, exclusão e impedimento de conciliadores e mediadores 123
8 Considerações finais 125
Referências 125

O NOVO CPC E A LEITURA TARDIA DE LIEBMAN – A POSSIBILIDADE JURÍDICA COMO MATÉRIA DE MÉRITO
Dhenis Cruz Madeira 129

PODERES DO RELATOR E JULGAMENTO MONOCRÁTICO DOS RECURSOS NA LEGISLAÇÃO PROCESSUAL VIGENTE E NO PROJETO DO NOVO CÓDIGO DE PROCESSO CIVIL
Eduardo Chemale Selistre Peña 143
1 Evolução legislativa e aspectos gerais do julgamento monocrático dos recursos pelo relator 143
2 Julgamento monocrático dos recursos pelo relator no Projeto de Novo Código de Processo Civil 145
3 Constitucionalidade do julgamento monocrático pelo relator na lei processual vigente e no Projeto de Novo Código de Processo Civil 148
4 Hipóteses que autorizam o julgamento monocrático pelo relator 151
4.1 Hipóteses que autorizam o julgamento monocrático no vigente Código de Processo Civil 151
4.2 Hipóteses que autorizam o julgamento monocrático no Projeto de Novo Código de Processo Civil 153
5 Recursos que admitem o julgamento monocrático 155
6 Momento adequado para o julgamento monocrático do recurso 157
7 Motivação da decisão monocrática do relator 158
8 Impugnação do julgamento monocrático pelo relator no Código de Processo Civil vigente e no Projeto de Novo Código de Processo Civil 158
   Referências 159

TUTELA DE EVIDÊNCIA NO PROJETO DO NOVO CPC – UMA ANÁLISE DOS SEUS PRESSUPOSTOS
Eduardo José da Fonseca Costa 165
1 Introdução 165
2 As diferentes modalidades de liminar 166
3 A dinâmica tipológica da concessão de liminares 168
4 E a tutela de urgência sem evidência? 170
5 O *caput* do art. 278 171
6 O inc. I do art. 278 172
7 O inc. II do art. 278 173
8 O inc. III do art. 278 174
9 O inc. IV do art. 278 175
10 O parágrafo único do art. 278 178
11 Remate 180
   Referências 181

O PAPEL DA JURISPRUDÊNCIA E OS INCIDENTES DE UNIFORMIZAÇÃO NO PROJETO DO NOVO CÓDIGO DE PROCESSO CIVIL
Fábio Victor da Fonte Monnerat 185
1 A valorização da jurisprudência no Projeto do Código de Processo Civil 185

2	Possibilidade de revisão da jurisprudência dominante	189
3	A modulação de efeitos da jurisprudência dominante	189
4	Do incidente de uniformização de jurisprudência	190
5	Demais mecanismos voltados à uniformização da jurisprudência previstos no Projeto do Novo CPC	191
5.1	Do incidente de resolução de demandas repetitivas	191
5.2	Do julgamento dos recursos extraordinário e especial repetitivos	195
6	A jurisprudência uniformizada como pauta para o julgamento liminar de improcedência	197

A LIMITAÇÃO TEMPORAL DA DEFESA HETEROTÓPICA COMO FORMA DE REAÇÃO DO DEVEDOR NA EXECUÇÃO DE TÍTULOS EXTRAJUDICIAIS
Flávia Pereira Ribeiro 201

DESAFIOS E AVANÇOS DO PROCESSO DE EXECUÇÃO NO PROJETO DE CÓDIGO DE PROCESSO CIVIL (PLS Nº 166/10)
Gilberto Notário Ligero 209

1	Considerações introdutórias	209
2	Considerações sobre o processo legislativo do Projeto de Lei do Senado nº 166/10	210
3	Premissas metodológicas	211
3.1	Atividade cognitiva e linguagem	211
3.2	Direito, Direito Processual Civil e linguagem	214
3.3	Texto normativo e norma	216
4	O processo de execução no Projeto do Novo CPC	217
4.1	Estrutura do Código de Processo Civil projetado	218
4.2	Dos desafios e avanços no processo de execução projetado	218
4.2.1	Disposições gerais, dever de colaboração, partes, competência, requisitos necessários e responsabilidade patrimonial	218
4.2.2	Das diversas espécies de execução	221
4.2.3	Defesa do executado	224
4.2.4	Execução por quantia certa contra devedor insolvente	225
4	Considerações finais	225
	Referências	226

O INCIDENTE DE RESOLUÇÃO DE DEMANDAS REPETITIVAS NO PROJETO DO CPC
Gisele Mazzoni Welsch 227

1	Introdução	227
2	O incidente de resolução de demandas repetitivas e o Projeto do CPC	228
3	A uniformização da jurisprudência e a obtenção da unidade do direito por meio da técnica do incidente de resolução de demandas repetitivas	230
4	Breves notas de Tutela Coletiva e Direito Comparado	232
5	Conclusão	234
	Referências	234

O REGIME DOS PROVIMENTOS DE URGÊNCIA NO PROJETO DE LEI Nº 166/10
Gustavo de Medeiros Melo 237

1	Introdução	237
2	Proposta de um regime jurídico uniforme	238
3	Fungibilidade de provimentos	239
4	O nome dado à petição não tem relevância na técnica dos provimentos de urgência	239
5	Necessidade de um preceito pedagógico sobre o princípio da fungibilidade	240
6	Um procedimento antecedente para as duas espécies de tutela de urgência	241
7	Trânsito livre entre o procedimento antecedente e o pedido principal	242
8	Contraditório e estabilização dos efeitos do provimento de urgência	242
9	Críticas à estrutura do procedimento desenhado pelo Projeto	243
10	Sugestões para um procedimento mais simples	243
11	Proposta de redação para alguns dispositivos do capítulo do procedimento	244
12	Conclusões	245
	Referências	245

A EXECUÇÃO FORÇADA NO PROJETO DO NOVO CÓDIGO DE PROCESSO CIVIL APROVADO PELO SENADO FEDERAL (PL Nº 166/10)
Humberto Theodoro Júnior 247

1	Introdução	247
2	Como se procedeu progressivamente à eliminação da *actio iudicati* no Direito Processual Civil Brasileiro	247
3	Vias de execução adotadas pelo vigente Código de Processo Civil	249
4	Síntese da execução ou cumprimento da sentença	250
5	Síntese da execução renovada dos títulos extrajudiciais	250
6	A execução forçada no Projeto do Novo Código de Processo Civil	252
7	Reorganização das normas regedoras do cumprimento de sentença	253
8	Disposições gerais do cumprimento da sentença	253
8.1	Intimação pessoal do devedor	254
8.2	Posição adotada pelo Projeto substitutivo do Senado	256
8.3	O cumprimento da sentença em face do fiador e de outros coobrigados ou corresponsáveis	257
8.4	Cumprimento da sentença por iniciativa do devedor no caso de quantia certa	257
8.5	Execução provisória, com ou sem caução	259
8.6	Rol dos títulos autorizadores do cumprimento de sentença	260
8.7	O cumprimento de sentença de julgados não condenatórios	261
8.8	A exequibilidade de sentença não condenatória no CPC de 1973	261
9	O cumprimento da sentença relativa à obrigação de quantia certa e os honorários advocatícios sucumbenciais	264
9.1	O regime sucumbencial do projeto	266
9.2	Multa legal moratória	266
9.3	Execução de alimentos	268
10	Cumprimento de sentença relativa à obrigação de fazer e de não fazer	269
10.1	O emprego da multa coercitiva (*astreinte*)	270
11	A multa coercitiva nos casos de obrigação de fazer infungíveis	270
11.1	Precisão do sistema sancionatório das obrigações de fazer no Direito brasileiro	273
12	Algumas inovações interessantes no âmbito da execução dos títulos extrajudiciais	274
12.1	Fraude à execução	274

12.2	Desconsideração da personalidade jurídica 275
12.3	Ordem legal de preferência para a penhora 277
12.4	Penhora de dinheiro em depósito ou em aplicação financeira 277
12.5	Abolição do usufruto como meio expropriatório e o aprimoramento das formas de alienação dos bens penhorados 279
12.6	Eliminação da praça como meio expropriatório 280
12.7	Objetivação do "preço vil" na arrematação 281
12.8	Eliminação dos embargos à arrematação 281
12.9	Embargos do devedor 281
12.10	A ação anulatória e os embargos à execução 282
12.11	Antecedentes históricos do concurso de ações 283
	Referências 285

CONCILIAÇÃO E TRANSAÇÃO NO PROJETO DO NOVO CPC
Jefferson Carús Guedes 287

1	Introdução 287
2	Audiência de conciliação 287
2.1	A audiência de conciliação como um dos marcos à apresentação da contestação 289
3	Citação e menção à conciliação 290
3.1	Citação por carta e designação de conciliação 290
4	Produção antecipada de provas com vistas à conciliação 290
5	Retirada da possibilidade de conciliação em execução 291
6	Retomada dos meios autocompositivos da conciliação e da mediação 291
6.1	Conciliação e mediação, conciliadores e mediadores 292
6.2	O registro de conciliadores e mediadores nos Tribunais 293

O PRINCÍPIO DA ORALIDADE – PELA VALORIZAÇÃO DO PRINCÍPIO DA ORALIDADE NO PROJETO DE NOVO CÓDIGO DE PROCESSO CIVIL
José Anchieta da Silva 297

1	Introdução 297
2	A palavra e a oratória forense 299
3	A indispensável formação dos advogados 301
4	O princípio da oralidade no sistema legal brasileiro 302
5	A oralidade – Princípio constitucional 303
6	A oralidade – Teoria e prática – O paradoxo 304
7	A oralidade na primeira instância 305
8	A oralidade nos tribunais – Regimentalismo exacerbado 306
9	A oralidade nos juizados especiais 307
10	O princípio da oralidade no Projeto de Novo Código de Processo Civil 307
11	Novas técnicas – Oralidade de segunda geração 308
12	Conclusão 309
	Referências 309

PROCESSOS REPETITIVOS E O NOVO CPC – AMPLIAÇÃO DO CARÁTER VINCULANTE DAS DECISÕES JUDICIAIS
José Henrique Mouta Araújo 311

1	Delimitação do tema – A coletivização dos conflitos no Novo CPC	311
2	A vinculação dos precedentes, as reformas ocorridas no CPC de 1973 e as perspectivas do NCPC	312
2.1	A vinculação interna e externa no sistema processual pós-reformas – Os poderes dos magistrados de 1º grau	312
2.2	Da súmula impeditiva de processamento de recurso ao resultado do julgamento das causas repetitivas – Os poderes do relator no NCPC	314
2.3	A repercussão geral e os recursos repetitivos no NCPC	316
2.4	O julgamento das demandas repetitivas pelos tribunais e a ampliação da vinculação aos seus órgãos	317
	Referências	319

JURISPRUDÊNCIA E PRECEDENTE VINCULANTE – UNIFORMIZAÇÃO NO STF E STJ
José Herval Sampaio Júnior 321

1	Da necessidade de cumprimento das atribuições constitucionais pelos tribunais superiores	321
2	Das expressões normativas que preveem a orientação dos precedentes	323
3	Vinculação aos precedentes e independência funcional dos magistrados como institutos conciliáveis	326
4	Conclusões	327
	Referências	328

INCIDENTE DE RESOLUÇÃO DE CAUSAS REPETITIVAS NO NOVO CPC
Leonardo José Carneiro da Cunha 329

1	Introdução	329
2	O Projeto do Novo CPC	332
3	O incidente de resolução de causas repetitivas	333
3.1.	Noção geral	333
3.2	Momento de instauração	333
3.3	Legitimidade para postular a instauração do incidente	335
3.4	Divulgação e publicidade do incidente	338
3.5	Contraditório e participação de *amici curiae*	338
3.6	Competência para admitir, processar e julgar o incidente	340
3.7	Procedimento e julgamento do incidente	341
3.8	Recursos no incidente	342
3.9	Consequências do julgamento do incidente	346
	Referências	346

O CUMPRIMENTO DA SENTENÇA NO PROJETO DO NOVO CÓDIGO DE PROCESSO CIVIL
Luciano Vianna Araújo 349

1	A Comissão de Juristas e o Anteprojeto do Novo Código de Processo Civil	349
2	O procedimento legislativo do Novo Código de Processo Civil	350
3	A atividade executiva no Projeto do Novo Código de Processo Civil	350
4	O cumprimento da sentença no Projeto do Novo CPC	351

4.1	Considerações gerais	351
4.2	O art. 490 do Anteprojeto da Comissão de Juristas e os arts. 500 e 501 do PLS nº 166/10	352
4.3	O art. 492 do Anteprojeto da Comissão de Juristas e o art. 502 do PLS nº 166/10	358
4.4	O art. 493 do Anteprojeto da Comissão de Juristas e o art. 503 do PLS nº 166/10	361
4.5	O art. 495 do Anteprojeto da Comissão de Juristas e os arts. 509 e 510 do PLS nº 166/10	362
5	Conclusão	365
	Referências	365

O PROCESSO DEMOCRÁTICO E A ILEGITIMIDADE DE ALGUMAS DECISÕES JUDICIAIS
Lúcio Delfino 367

1	Considerações introdutórias	367
2	A legitimidade do poder no Estado Democrático de Direito	368
3	A tensão entre jurisdição e democracia	371
4	A feição contemporânea do contraditório	375
5	Casos práticos de decisões judiciais proferidas à margem do contraditório	381
5.1	A condenação à multa por litigância de má-fé	381
5.2	A condenação por honorários de sucumbência e a incidência dos juros moratórios e correção monetária	384
5.2.1	Considerações iniciais	384
5.2.2	Os honorários sucumbenciais	385
5.2.3	Os juros e a correção monetária	387
5.3	Decisões judiciais elaboradas com assento em tese jurídica diversa daquelas debatidas ao longo do procedimento	390
5.4	Decisões judiciais fundadas em presunção judicial construída em atentado à dialética processual	393
5.5	Decisões judiciais produzidas de ofício	395
5.6	Decisões judiciais que desconsideram abruptamente a personalidade de pessoas jurídicas	397
5.7	Decisões que julgam embargos de declaração	401
6	Conclusões	403

A FUNGIBILIDADE ENTRE O RECURSO ESPECIAL E O RECURSO EXTRAORDINÁRIO NO PROJETO DO NOVO CPC E A OFENSA REFLEXA E FRONTAL À CONSTITUIÇÃO FEDERAL
Luiz Henrique Volpe Camargo 407

1	Introdução	407
2	Do contexto histórico e atual	409
3	A solução apresentada no Projeto do Novo Código de Processo Civil para a questão	416
4	Conclusão	418
	Referências	419

AÇÃO RESCISÓRIA E ANULATÓRIA
Márcia Conceição Alves Dinamarco 421

1	Introdução	421
2	Importância dos institutos	422
3	Alterações previstas para os institutos	422
3.1	Alterações terminológicas	423
3.1.1	Inclusão do termo acórdão	423
3.1.2	Flexão gramatical de número	423
3.1.3	Adequação terminológica	424
3.2	Exclusão de hipóteses de cabimento	425
3.3	Alteração do prazo	427
3.4	Das tutelas de urgência	428
3.5	Alteração dos recursos cabíveis	429
3.6	Defesa do réu	429
3.7	Cabimento da ação anulatória	429
3.8	Competência originária	430
4	Conclusão	430
	Referências	430

O INCIDENTE DE RESOLUÇÃO DE DEMANDAS REPETITIVAS E SUA LEGITIMIDADE
Marco Antonio dos Santos Rodrigues 433

1	O microssistema da tutela coletiva	433
2	A Resolução coletiva de demandas no Direito Comparado	436
2.1	Alemanha	436
2.2	Jurisdição administrativa espanhola	438
3	O Incidente de resolução de demandas repetitivas do Projeto de Lei nº 166/10	439
3.1	Aspectos gerais	439
3.2	Ampliação de legitimidade como propulsor do acesso à justiça	440
4	Conclusões	442
	Referências	442

AS TUTELAS DE URGÊNCIA E AS DE EVIDÊNCIA – ESPECIFICIDADES E EFEITOS
Maria Lúcia Baptista Morais 445

1	Introdução	445
2	Tutelas de urgência	446
2.1	Tutelas de urgência e a fungibilidade	446
2.2	Aspectos contemporâneos e futuros das tutelas de urgência	449
2.3	As tutelas de urgência no código atual e o Projeto do Novo CPC	452
3	Tutela de evidência	453
3.1	A flexibilização do conceito da evidência	454
3.2	Tutela de evidência provisional ou autônoma	461
3.3	Tutela de evidência – Urgência e risco de dano	462
4	Conclusão	468
	Referências	469

AS PRERROGATIVAS PROCESSUAIS DA FAZENDA PÚBLICA NO PROJETO DO CÓDIGO DE PROCESSO CIVIL (PLS Nº 166/10)
Mirna Cianci, Rita Quartieri, Liliane Ito Ishikawa 473
1   Prerrogativas processuais da Fazenda Pública 473
2   Prazos duplicados e intimação pessoal 476
3   Honorários advocatícios 477
4   Reexame necessário 479
5   Execução contra a Fazenda Pública 480
6   Dispensa do adiantamento de despesas processuais 483
7   Conclusões 483
    Referências 484

A PRESCRIÇÃO INTERCORRENTE NO NOVO CÓDIGO DE PROCESSO CIVIL
Paulo Leonardo Vilela Cardoso 487
1   Introdução 487
2   A prescrição 487
2.1   Conceito 488
2.2   A prescrição intercorrente 489
3   A suspensão do processo e a prescrição intercorrente no atual Código de Processo Civil 489
3.1   Classificação das normas suspensivas 489
3.2   Suspensão do processo executivo no atual Código de Processo Civil 490
3.3   Suspensão do processo executivo e a prescrição intercorrente 491
4   A prescrição intercorrente no Novo Código de Processo Civil 492
4.1   A prescrição intercorrente na Lei de Execução Fiscal 493
4.2   A prescrição intercorrente no Anteprojeto do Novo Código de Processo Civil 494
4.2.1 A primeira tratativa da prescrição intercorrente 494
4.2.2 O direito ao contraditório 495
4.2.3 A justificativa para não aplicação da prescrição intercorrente na forma indicada 495
5   Conclusão 496
    Referências 497

A PRESCRIÇÃO INTERCORRENTE NA EXECUÇÃO SEGUNDO O PROJETO DO CÓDIGO DE PROCESSO CIVIL
Pedro Henrique Pedrosa Nogueira 499
1   A prescrição como conceito jurídico-positivo 499
1.1   A prescrição intercorrente 500
2   O regime jurídico da prescrição na execução segundo o Código de Processo Civil de 1973 e o Código Civil de 2002 501
3   A proposta do Projeto de Lei nº 166/10 para a prescrição na execução 505
4   Análise crítica da proposição contida no Projeto 507
5   Sugestões 509
6   Análise da proposta de disciplina da prescrição intercorrente no *cumprimento de sentença* 509
    Referências 511

A REPERCUSSÃO DA DECLARAÇÃO DE INCONSTITUCIONALIDADE NO NOVO CÓDIGO DE PROCESSO CIVIL – CRÍTICA À NÃO OBSERVÂNCIA DOS ADEQUADOS DITAMES DA TEORIA DA NULIDADE *AB INITIO* DA LEI DECLARADA INCONSTITUCIONAL

Rodrigo Chinini Mojica 513
1 Colocação do problema 513
2 As características do modelo "híbrido" de controle de constitucionalidade brasileiro 514
3 A teoria da nulidade *ab initio* da lei declarada inconstitucional 517
4 A adequada exegese dos arts. 475-L, §1º, e 741, parágrafo único, do atual CPC, e 511, §5º, e 520, §4º, do Projeto de Lei nº 8.046/10 521
5 Conclusão 527
   Referências 528

SANÇÕES PENITENCIAIS NO PROJETO DO NOVO CPC

Rodrigo D'Orio 529
1 Breve reflexão sobre a efetividade e o controle processual da conduta das partes 529
2 Das sanções processuais penitenciais 530
2.1 Do embaraço ao exercício da jurisdição 530
2.2 Da litigância de má-fé 534
2.3 Da conduta atentatória à dignidade da justiça 537
   Referências 538

O INCIDENTE DE RESOLUÇÃO DE DEMANDAS REPETITIVAS

Rodrigo Pereira Martins Ribeiro 541
1 Generalidades 541
2 Dinâmica do incidente 542
3 Breve notícia de direito comparado – *Musterverfahen* e agregação 544
4 Críticas preliminares ao instituto 545
5 Breve conclusão 547
   Referências 548

PROJETO DO NOVO CÓDIGO DE PROCESSO CIVIL APROVADO PELO SENADO – EXAME TÉCNICO E CONSTITUCIONAL

Ronaldo Brêtas de Carvalho Dias 551
1 Introdução 551
2 Linha teórica constitucionalista do Projeto 553
3 Críticas à estrutura sistemática 555
4 Supressão do art. 120 (decisão por equidade) 558
5 Defeitos normativos do procedimento do recurso de apelação (arts. 949 e 968) 559
6 Conteúdos normativos tecnicamente defeituosos e impropriedades terminológicas 560
7 Conclusões 564
   Referências 565

DECISÃO INTERLOCUTÓRIA DE MÉRITO

Ronaldo Cramer 567

1	A importância do tema	567
2	Sucinto histórico	568
3	A tese da sentença parcial	572
4	Decisão interlocutória de mérito	577
5	O Projeto do Novo CPC	577
	Referências	579

O *DUE PROCESS* E O *DEVIR* PROCESSUAL DEMOCRÁTICO
Rosemiro Pereira Leal 581

1	*Law of the land* como devido processo garantista-ativista	581
2	O *trial* no *Common* e *Civil Law*	582
3	A *property* e o mito da neutralidade normativa	584
4	A *property* e o modelo civil do processo	587
5	O *Dever-Ser* inescapável do agir comunicativo	588
6	O *devir* processual democrático e o paradoxo positivista	591
	Referências	593

A RELAÇÃO JURÍDICA COMO TÉCNICA DE SUSPENSÃO DA LEI PELO PODER DO JUIZ E A IDEOLOGIA DA DECISÃO JUDICIAL COMO ATIVIDADE COMPLEMENTAR DA FUNÇÃO LEGISLATIVA E FONTE CRIADORA DO DIREITO AINDA PRESENTES NO NOVO CPC – APONTAMENTOS CRÍTICOS À EXPOSIÇÃO DE MOTIVOS
Sérgio Tiveron 595

1	Técnica e ciência – As formas racionais e irracionais do Direito	595
2	A relação jurídica como técnica e ideologia da jurisdição em Bülow e sua irrestrita adoção pelos juízes brasileiros como instrumento de positivação do poder estatal	597
3	Lei e magistratura – O complemento de Bülow à teoria da relação jurídica e o fetiche da condução ético-social por uma atividade criadora do Direito pelos juízes	599
4	Notas críticas e conclusivas à atuação do Judiciário como atividade complementar da legislação e ao ativismo da criação judicial do Direito	604
5	Primeiros apontamentos críticos à Exposição de Motivos do Novo Código de Processo Civil	605
6	Novo CPC e instrumentalismo – Notas conclusivas	613
	Referências	615

DA INCONSTITUCIONALIDADE DO §5º, DO ART. 333, DO ANTEPROJETO DO CÓDIGO DE PROCESSO CIVIL
Welington Luzia Teixeira 617

1	Introdução	617
2	O princípio da isonomia	618
3	Diferença entre princípio e regra	621
4	Na Constituição Federal a previsão da isonomia é princípio ou regra?	623
5	Da inconstitucionalidade da presença obrigatória do réu na audiência de conciliação no Anteprojeto do Código de Processo Civil	624
6	Conclusão	626
	Referências	626

PARTE II
NOTAS

LIMITES OBJETIVOS DA COISA JULGADA NO PROJETO DE NOVO CÓDIGO DE PROCESSO CIVIL
Alexandre Freitas Câmara 631

PROJETO DE NOVO CÓDIGO DE PROCESSO CIVIL – ESTRUTURAÇÃO E PROCEDIMENTOS
Bruno Garcia Redondo 639
1 Introdução 639
2 Divisão estrutural do Projeto em cinco Livros 639
3 Procedimentos especiais – Inserção no Livro do processo de conhecimento e alteração de suas espécies 640
4 Uniformização do procedimento comum 642
5 Conclusão 643

RELATIVIZAÇÃO DAS REGRAS DE IMPENHORABILIDADE – PROJETO DE NOVO CÓDIGO DE PROCESSO CIVIL E SUGESTÃO NORMATIVA
Bruno Garcia Redondo 645
1 Introdução 645
2 Impenhorabilidades no texto original do Código de Processo Civil de 1973 e na Lei nº 8.009/90 646
3 Impenhorabilidade nas recentes reformas do Código de Processo Civil de 1973 647
4 Entendimento doutrinário favorável à mitigação das regras de impenhorabilidade ainda durante a vigência do Código de 1973 648
5 Projeto de Novo Código de Processo Civil – Relativização parcial das regras de impenhorabilidade 650
6 Desvantagens da estipulação de alçada fixa de impenhorabilidade 651
7 Sugestão normativa – Ampliação da relativização de todas as regras de impenhorabilidade 651
8 Conclusão 652
   Referências 652

INTERVENÇÃO DE TERCEIROS – EXTINÇÃO E NOVAS FIGURAS
Carlos Gustavo Rodrigues Del Prá 655
1 Considerações iniciais 655
2 Da proposta de alteração quanto às figuras típicas 655
3 Da inclusão da figura do *amicus curiae* 659
4 Conclusões 663
   Referências 663

PROCESSO ADMINISTRATIVO COMO SOLUÇÃO DEFINITIVA DE CONFLITOS DE INTERESSES
Cleucio Santos Nunes 665
1 Introdução 665

2	Sistemas de jurisdição	666
3	Releitura da garantia de acesso ao Poder Judiciário	668
4	A crise do sistema judiciário atual e as reformas processuais	670
5	Conclusão	672

PROVA – NOVA DINÂMICA DA DISTRIBUIÇÃO DO ÔNUS
Eduardo Cambi 675

CONSIDERAÇÕES GERAIS SOBRE O PROJETO DO NOVO CÓDIGO DE PROCESSO CIVIL
Felipe Camilo Dall'Alba, Guilherme Beux Nassif Azem 681

1	A era da imediatidade e o conflito entre efetividade e segurança no processo	681
1.1	O conflito entre os princípios da segurança e da efetividade	682
2	O Projeto de Novo CPC e os princípios da efetividade e da segurança jurídica	683
3	Casuística – Propostas do Projeto do Novo Código de Processo Civil	684
4	Considerações finais	687

FLEXIBILIZAÇÃO PROCEDIMENTAL – RAZOABILIDADE OU EXCESSO DE PODER DO JUIZ?
Fernando da Fonseca Gajardoni 689

1	Introdução	689
2	Modelos procedimentais	690
3	Procedimento rígido como regra de ordem pública	690
4	Procedimento rígido como fator de segurança e previsibilidade do sistema	691
5	Flexibilizando a rigidez do procedimento sem perder a previsibilidade e segurança do sistema	691
6	Flexibilização procedimental e condicionamentos	693
7	O substitutivo do Senado e a mitigação da flexibilização procedimental	695
8	Conclusão e votos de restabelecimento pleno da flexibilização procedimental no NCPC, com proposta de adequada redação do dispositivo	696
	Referências	697

A TEORIA DOS PRINCÍPIOS E O PROJETO DE NOVO CPC
Fredie Didier Jr. 699

1	Consideração introdutória	699
2	O art. 119 do Projeto substitutivo	700
3	O parágrafo único do art. 477 do Projeto substitutivo	701
	Referências	704

PODERES DO JUIZ – ATIVISMO (= AUTORITARISMO) OU GARANTISMO (= LIBERDADE) NO PROJETO DO NOVO CPC
Glauco Gumerato Ramos 705

1	Ativismo judicial x garantismo processual	705
2	Por que a doutrina — em geral — inclinou-se à concepção publicista do processo?	707
3	O Projeto do Novo CPC segue na trilha publicista	709
4	Fechamento	710
	Referências	711

PROVAS ATÍPICAS NO NOVO CPC
João Batista Lopes 713
1   Considerações gerais 713
2   Provas típicas e atípicas 714
3   Provas atípicas no Novo CPC 716
4   Outras provas atípicas 718
4.1   Perícias informais 718
4.2   Indícios e presunções 718
4.3   Declarações de terceiros 719
4.4   Comportamento das partes como prova atípica 720
       Referências 720

RECURSOS – UNIFICAÇÃO DOS PRAZOS, MODIFICAÇÃO DOS EFEITOS E ALTERAÇÃO DO REGIME DE PRECLUSÃO
José Henrique Mouta Araújo 723
1   Considerações gerais 723
2   Prazos recursais e recursos prematuros 723
3   Aspectos ligados aos efeitos dos recursos e ao juízo de admissibilidade 725
4   Alterações do regime de preclusão e o esvaziamento do agravo contra as interlocutórias de 1º grau 726

PRECISAMOS DE UM NOVO CÓDIGO DE PROCESSO CIVIL?
José Maria Tesheiner 729

O AGRAVO SOB NOVA PERSPECTIVA
Luis Henrique Alves Machado 733

DA OPORTUNIDADE E CONVENIÊNCIA, TEÓRICA E PRÁTICA, DE ELIMINAR AS CONDIÇÕES DA AÇÃO DA LEGISLAÇÃO PROCESSUAL CIVIL BRASILEIRA
Luiz Eduardo Ribeiro Mourão 739
1   Colocação do tema 739
2   A origem da teoria das condições da ação 739
3   O conceito de mérito 740
4   Da semelhança conceitual entre as condições da ação e o mérito 742
4.1   A impossibilidade jurídica do pedido 742
4.2   A legitimação *ad causam* 744
4.3   O interesse de agir 746
5   Da desnecessidade prática da teoria das condições da ação 747
6   Conclusão 748
       Referências 748

O PROJETO DO NOVO CPC E A TUTELA DE EVIDÊNCIA
Luiz Fernando Valladão Nogueira 749
1   O sistema atual – Cautelares e tutelas antecipadas – A caminhada rumo à efetividade 749

2	A proposta do Projeto do CPC – Nova divisão – Medidas de urgência – Tutela de urgência e tutela de evidência	753
3	Ainda a proposta e as hipóteses específicas para a concessão da tutela de evidência	754
4	A conclusão	757
	Referências	758

A ESTRUTURA DO NOVO CÓDIGO DE PROCESSO CIVIL
Manoel de Souza Mendes Junior 759

RECURSO ESPECIAL E RECURSO EXTRAORDINÁRIO
Paulo Gustavo Medeiros Carvalho 767

PELA MANUTENÇÃO DA OBRIGATORIEDADE DE APRESENTAÇÃO DE CÓPIA DA PETIÇÃO DO AGRAVO DE INSTRUMENTO NO JUÍZO *A QUO*
Rodolpho Vannucci, Geraldo Fonseca de Barros Neto 773

PROPOSTA DE ADOÇÃO DO PEDIDO DE COOPERAÇÃO PÓS-DECISÓRIA – MAIS QUE UM PROTESTO, MENOS QUE UM RECURSO
William Santos Ferreira 777

1	Ausência de preclusão das matérias objeto de decisões interlocutórias – O Projeto do CPC, neste caso, no contrafluxo da cooperação e do contraditório útil	777
2	Proposta de adoção do pedido de cooperação pós-decisória	778
3	Justificativa sintética e redação proposta do pedido de cooperação pós-decisória	783
	Referências	784

SOBRE OS AUTORES 785

PREFÁCIO

Elaborar um prefácio é sempre motivo de distinção, máxime quando se trata de obra coletiva, caracterizada pelo esforço de muitos, reunidos em torno de um objetivo comum.

Os organizadores fixaram como tema central a análise e a discussão, em seus multifacetados aspectos, do Projeto de Lei do Novo Código de Processo Civil, fruto da Comissão de Juristas, instituída pelo Ato nº 379/09 do Presidente do Senado Federal, em 30 de setembro de 2009.

Impõe-se destacar que juristas de escol compuseram a referida Comissão; a saber: Dra. Teresa Arruda Alvim Wambier, Drs. Adroaldo Furtado Fabrício, Benedito Cerezzo Pereira Filho, Bruno Dantas, Elpídio Donizetti Nunes, Humberto Theodoro Júnior, Jansen Fialho de Almeida, José Miguel Garcia Medina, José Roberto dos Santos Bedaque, Marcus Vinicius Furtado Coelho, Paulo César Pinheiro Carneiro. A mim, por deferência generosa, coube a Presidência desta Comissão. Após audiências públicas que foram realizadas em vários Estados da Federação, apresentamos o então Anteprojeto do Novo CPC ao Senado Federal, tramitando como o Projeto de Lei do Senado (PLS) nº 166/10. Após debates e alterações no âmbito daquela Casa Legislativa, o Projeto foi encaminhado à Câmara dos Deputados, onde tramita sob o nº 8.046/10 e segue o processo legislativo.

Quando da elaboração do ainda *Anteprojeto do Novo CPC*, a Comissão propôs modificações sistêmicas para serem implantadas na legislação processual civil, todas pensadas na perspectiva das inovações e conquistas, jurisprudenciais e doutrinárias, obtidas a partir daquilo que se convencionou chamar de *Reforma do CPC*, iniciada a partir das leis do final de 1994 que principiaram por alterar a liquidação de sentença e implementar a tutela antecipada como possibilidade interna a qualquer processo civil voltado à atividade cognitiva.

O Senado Federal no exercício de suas atribuições constitucionais restou por acolher as linhas gerais traçadas, além de vários aspectos específicos, daquilo que a Comissão de Juristas propôs em seu relatório final.

Processualistas de todo o país participaram das discussões que enriqueceram os antecedentes do trabalho desenvolvido pela Comissão, não apenas por meio das audiências públicas levadas a cabo, mas também por intermédio de congressos, simpósios, seminários etc., além da ampla discussão que se travou, pelos mais diversos caminhos, no ambiente da rede mundial de computadores, a *internet*. Como sói acontecer em situações desta magnitude — elaboração de um Anteprojeto de Código de incidência nacional — não foram poucos os pontos de tensão, as discordâncias e os choques de ideias, cujas discussões, vale destacar, sempre procuraram manter o bom nível dialético que se espera nestas ocasiões.

A elaboração de um novo ordenamento processual suscita a necessária dialética doutrinária demonstrada nos judiciosos textos que compõem esta coletânea.

Processualistas dos mais diversos quadrantes da federação brasileira expressaram seus pontos de vista sobre o Projeto de Novo CPC e o fizeram com competência, analisando o fenômeno desde as mais distintas perspectivas, gerais ou pontuais. Processualistas jovens, outros mais experientes e bastante conhecidos no cenário jurídico nacional empregaram parcela de seu talento, tentando desvendar os prós e os contras que gravitam em torno do Projeto Legislativo do Novo CPC. Cada qual o fez a partir da própria compreensão do fenômeno processual, mas sempre de maneira lhana com os postulados dogmáticos do processo civil brasileiro. Este desforço intelectual — devo ressaltar — é digno do reconhecimento daqueles que terão em suas mãos o abundante material organizado para integrar esta obra.

O fato é que cada um de nós, Comissão de Juristas, Congresso Nacional, processualistas civis brasileiros, operadores do foro, sociedade em geral, estamos sendo instados a despender nosso labor em favor de uma causa importante e que a todos é muito cara: a melhora e o aperfeiçoamento do aparato voltado a ministrar justiça no Brasil. E isto, não tenho dúvida, passa pela calibragem da legislação de regência do processo civil. Estamos juntos, portanto, vivendo e fazendo parte desta História.

Parafraseando o poeta, eu me pergunto: *Valeu a pena*? E ao poeta eu peço socorro: *Tudo vale a pena se a alma não é pequena*.

Sinto-me feliz por prefaciar esta coletânea produzida por juristas de alma não pequena. Parabéns a todos, autores e leitores! A partir do que aqui se lerá, sejam feitas boas reflexões.

Brasília, maio de 2011.

Luiz Fux
Professor titular de Processo Civil da Faculdade de Direito da Universidade do Estado do Rio de Janeiro (UERJ). Ministro do Supremo Tribunal Federal.

APRESENTAÇÃO DO HOMENAGEADO –
CARTA AO ANJO DE UMA ASA SÓ

A vida é uma incógnita. Duvido da própria morte até que ela chegue, tamanha é minha incerteza na vida. Tal pensamento, absolutamente, não se trata de arrogância de minha parte, ao querer duvidar de algo que, com certeza, ocorrerá. Esta é a minha filosofia para melhor viver. Em meu entendimento, a certeza está justamente na incerteza que o mundo proporciona. Então, devemos viver intensamente. De acordo com o poeta romano Horácio (65-8 a.C.), *carpe diem*! Esta expressão foi cunhada em "Odes" (I, 11.8), e, assim, eternizada:

> Tu não procures — não é lícito saber — qual sorte a mim qual a ti os deuses tenham dado, Leuconoe, e as cabalas babilonesas não investigues. Quão melhor é viver aquilo que será, sejam muitos os invernos que Júpiter te atribuiu, ou seja o último este, que contra a rocha extenua o Tirreno: sê sábia, filtra o vinho e encurta a esperança, pois a vida é breve. Enquanto falamos, terá fugido ávido o tempo: *aproveita o dia de hoje*, muito pouco acredita no que virá.[1]

Refiro-me à vida como sendo um enigma em razão das diversas surpresas que ela nos oferece em seu transcorrer: muitas delas más e outras boas. Uma das melhores é o fato de conviver com uma maravilhosa mãe e um estupendo irmão. Há 20 anos, infelizmente, não temos por perto meu saudoso e estimado pai.

Outra grande surpresa e motivo de muita felicidade foi a amizade do Lúcio, seu filho, relação esta que há tempos adquiriu *status* de irmandade. Fazer parte da vida do Lúcio me trouxe muitas alegrias, e uma delas é o prazer de conviver com o senhor, razão destes simples escritos. Tenho a ousadia — em vários momentos e com o devido respeito aos seus e aos meus familiares — de considerá-lo um pouco meu pai.

O senhor é uma pessoa ímpar, ética, prestativa, simples, discreta, humilde, um vencedor. A sua generosidade e prontidão ao auxílio alheio são de difícil comércio. Lembro-me do dia em que fui até seu escritório, com o Lúcio, buscar uma colocação profissional, e o senhor prontamente me ajudou. Nesta mesma situação, dezenas de pessoas também foram agraciadas por sua solidariedade.

---

[1] "Tu ne quaesieris, scire nefas, quem mihi, quem tibi finem di dederint, Leuconoe, nec Babylonios temptaris numeros. ut melius, quidquid erit, pati. seu pluris hiemes seu tribuit Iuppiter ultimam, quae nunc oppositis debilitat pumicibus mare Tyrrhenum: sapias, vina liques et spatio brevi spem longam reseces. dum loquimur, fugerit invida aetas: carpe diem quam minimum credula postero".

Sempre fiz questão de relatar minhas alegrias profissionais e também de buscar conselhos das mais variadas ordens, inclusive sobre minhas angústias pessoais.

Apesar de os amigos o chamarem de "Cláudio", reservo-me no direito de chamá-lo de "Dr. Claudiovir". Talvez isto decorra do extremo respeito que tenho por sua pessoa, ao mesmo tempo em que o deixo à vontade para, quando quiser, "puxar minha orelha".

Como não poderia deixar de sê-lo, a objetividade é sua marca, característica de um profissional atarefado diante da multiplicidade de afazeres que lhe oferece a vida profissional; fato perfeitamente compreensível.

Não houve nenhum *hard case* que — em minha tradução "amineirada" entenda-se: "caso cabeludo" — tenha levado ao seu conhecimento sem que o senhor tenha tido uma solução ou um norte preciso. Isto demonstra o seu vasto conhecimento sobre os diversos ramos do Direito. O que não significa estar diante de um generalista, mas de um especialista em diversas frentes — algo raro nos dias atuais.

Certa vez, ouvi de um dos maiores juízes de nossa comarca que ele nunca vira tamanha sagacidade, inteligência, agilidade e raciocínio de um advogado em audiência. Este magistrado se referia ao senhor. Isto confirma que as minhas palavras também se estendem a outros.

O verdadeiro advogado leva consigo características natas. É como um artista, um poeta, um escritor, em que o dom emerge sem pedir licença e não toma conhecimento do que o espera do lado de fora.

A todo tempo, refiro-me a sua lição que, salvo melhor juízo, lhe foi transmitida pelo professor Edson Prata. Nela, ressalta-se o dever do advogado de dedicar-se aos estudos por, no mínimo, uma hora diária.

Levo comigo, ainda, a máxima que ouvi do senhor, a qual "a sorte não existe para os despreparados". Daquele momento em diante, descobri que não adiantava jogar na loteria. Tanto na nossa profissão, quanto na nossa vida, nunca estamos plenamente preparados, mas, sempre, *em preparação*. Compreendi que a sorte é inversamente proporcional ao conhecimento. Quanto mais próximo deste fico, mais seguro me vejo em ignorar e me afastar daquela.

Em duas oportunidades, rezei profundamente junto com os seus familiares. Ao relembrar-me destes episódios, confesso, eu me emociono e lágrimas escapam-me dos olhos. Para mim, este sentimento — que se assemelha à lembrança carinhosa que tenho do meu saudoso pai — é suficiente para considerá-lo peça importantíssima do meu quebra-cabeça.

É com muita honra e preocupação que aceitei o convite para escrever estas linhas — que indubitavelmente estão carregadas de emoção —, porém são poucas diante da sua representatividade. Refiro-me à *honra* como manifestação de consideração e estima tributada ao senhor, porque tenho a oportunidade de expressar em público a minha admiração por sua figura excepcional. Por outro lado, fico *preocupado* pela notória concorrência que esta apresentação demanda, já que esta tarefa poderia ser facilmente realizada por inúmeras outras pessoas mais gabaritadas, inclusive com a mesma ou maior gratidão.

Aos demais leitores desta carta, peço-lhes desculpas por me expressar desta forma, ou seja, em um diálogo aberto e direto com o homenageado. Se fui escolhido para esta grata missão, é meu desejo que o homenageado saiba diretamente aquilo que sinto e que, a bem da verdade, reflete parte dos sentimentos dos seus admiradores, amigos e familiares.

É preciso dizer, por fim, que nós sempre precisamos de alguém, e na bela definição de Luciano de Crescenzo: *"somos todos anjos com uma asa só; e só podemos voar quando abraçados uns aos outros"*. Querido Dr. Claudiovir, desconfio que o senhor nasceu sabendo disto, pois sempre se dispôs a este *abraço voador*.

Balneário de Conceição, inverno de 2011.

Fernando Rossi
Advogado. Professor Universitário. Diretor da *Revista Brasileira de Direito Processual* (*RBDPro*). Mestre em Constituição e Processo pela Universidade de Ribeirão Preto. Membro do Instituto Brasileiro de Direito Processual. Membro do Instituto dos Advogados de Minas Gerais.

Claudiovir Delfino

Advogado, com 42 anos de experiência. Sociofundador da Claudiovir Delfino Advogados Associados. Bacharel em Direito pela Faculdade de Direito do Triângulo Mineiro, hoje Universidade de Uberaba, em 1969. Pós-graduado em Direito Processual Civil, em nível de especialização, pela Universidade Federal de Uberlândia. Conselheiro da Ordem dos Advogados do Brasil, Seção de Minas Gerais, biênios 1985/1987, 1987/1989, 1989/1991, onde integrou a Câmara de Seleção e Prerrogativas. Membro do Tribunal de Ética e Disciplina da Ordem dos Advogados do Brasil, Seção de Minas Gerais, desde a sua criação até 2009. Árbitro da Câmara de Arbitragem de Minas Gerais (CAMARB), desde 2001. Membro do Instituto dos Advogados de Minas Gerais. Ex-presidente da Primeira Seção do Instituto dos Advogados de Minas Gerais, com sede em Uberaba (MG), triênio 2002/2005, tendo exercido também os cargos de secretário e tesoureiro. Atual vice-presidente da Primeira Seção do Instituto dos Advogados de Minas Gerais, com sede em Uberaba (MG). Eleito o "Advogado do Ano", pela 14ª Subseção da Ordem dos Advogados do Brasil, Seção de Minas Gerais, em 1991. Agraciado com o "Mérito Rotário" pelo Rotary Club Uberaba Leste, na área do Direito, em 1992. Agraciado com a "Medalha Santos Dumont", grau ouro, pelo Governo do Estado de Minas Gerais, em 1994. Agraciado com o Diploma de Mérito Jurídico e com a Medalha "Inconfidente Cláudio Manoel da Costa", pelo Clube dos Advogados de Minas Gerais, em 1995. Agraciado com a Comenda do Instituto dos Advogados de Minas Gerais, em 2010. Membro do Conselho Editorial e colaborador da *Revista Brasileira de Direito Processual* (*RBDPro*). Participante de conferências, seminários e congressos como palestrante e debatedor.

PARTE I

ARTIGOS

O PROJETO DO NOVO CÓDIGO DE PROCESSO CIVIL E A LEI Nº 11.441/07 – O QUE PODERIA TER SIDO REGULAMENTADO

AMANDA MILLIÊ DA SILVA ALVES
ANDRÉ MENEZES DELFINO

Em janeiro de 2007 o Poder Legislativo promulgou a Lei nº 11.441, possibilitando a realização de inventários, partilhas, separações e divórcios consensuais pela via administrativa, isto é, realizado pelo tabelião de notas mediante escritura pública, independente da chancela judicial. Em outras palavras, o Poder Judiciário, em determinados casos, passou a ser prescindível, fato que, em regra, contribui para celeridade do procedimento em questão e, de forma concomitante, minora as demandas judiciais. Como se verifica, as inovações trazidas pela lei traduzem o desejo de todos os cidadãos brasileiros em possuir um Estado mais atuante e eficaz no qual os serviços prestados aos administrados possam ser aperfeiçoados.

Apesar dos benefícios que a Lei nº 11.441/07 pode trazer a todos os cidadãos brasileiros, pairam sobre ela várias controvérsias. Não obstante a Resolução nº 35/07 editada pelo Conselho Nacional de Justiça, regulamentando a aplicação da Lei nº 11.441/07, tenha contribuído para o esclarecimento de várias lacunas deixadas pelo legislador quando da elaboração da referida Lei, ela não atendeu, de forma satisfatória, todas as necessidades exsurgentes da realização do inventário extrajudicial. Daí a possibilidade — não aproveitada — de o legislador do Novo Código de Processo Civil (CPC) expurgar tais dúvidas.

> As inovações são, sem dúvida, merecedoras de aplausos, tanto pelo aspecto de aliviar a justiça de volumosos feitos não contenciosos, como pelos efeitos favoráveis aos interesses das partes, que de maneira mais simples e mais expedita pode alcançar seus propósitos sem depender da complexidade e demora inevitáveis na tramitação em juízo. (THEODORO JÚNIOR, 2007)

Opromolla (2009, p. 341) elucida que

na exposição de motivos, a nova lei indica os princípios e finalidades buscadas pelo legislador com a abertura da possibilidade de utilização de ato notarial para a realização de inventários, partilhas, separações e divórcios consensuais:

a) a lei busca uma simplificação de procedimentos (a lei é procedimental, não altera o direito material);
b) a via extrajudicial é alternativa, isto é, a via judicial continua existindo e pode ser usada sem distinção;
c) maior racionalidade e celeridade decorrente do procedimento notarial, resguardando o Poder Judiciário para casos onde haja litígio;
d) concentrar o Poder Judiciário na jurisdição contenciosa, descentralizando para delegados do Poder Público as atividades consensuais;
e) desafogar o Poder Judiciário;
f) facilitar a vida do cidadão, visto que o procedimento notarial envolve menor burocracia, e
g) desonerar o cidadão.

Respeitada a ilustre voz, entendemos que o objetivo primordial da lei é facultar aos interessados processar o inventário pela via administrativa, mais célere e quase sempre com custo inferior (afinal, existe a gratuidade da justiça). Como efeitos secundários vêm os demais itens, cujo natural descongestionamento do Poder Judiciário se sobressai. Registra-se, assim, que o fato de se permitir a realização do inventário fora do âmbito judicial não retira de seus interessados a possibilidade de levá-lo à apreciação do Poder Judicante, haja vista o princípio constitucional do acesso à jurisdição previsto no art. 5º, inc. XXXV da Constituição Federal de 1988, o qual é direito fundamental do cidadão. "A previsão dessa via puramente negocial para solucionar a sucessão hereditária, no entanto, não impede que os interessados prefiram o processo judicial para ultimar a transmissão dos bens deixados pelo *de cujus*" (THEODORO JÚNIOR, 2007, p. 285) — caso em que a partilha consensual se submeterá à homologação na forma do art. 1.031 do CPC.

Por outro lado, o art. 5º, inc. LXXVIII, da Carta Magna, também direito fundamental, assegura a todos, no âmbito judicial e administrativo, a razoável duração do processo e a celeridade em seu processamento, o que só vem a corroborar os objetivos da Lei nº 11.441/07. Eventual complexidade do inventário tradicional, por vezes recheado de prazos e atos processuais (alguns até desnecessários), acaba por protelar a sua própria conclusão. Outrossim, a sua procrastinação pode ser imputada à morosidade que visivelmente assola o Poder Judiciário brasileiro, devido ao enorme acúmulo de processos e ao reduzido número de servidores, o que expõe a perigo inclusive a própria tutela jurisdicional.

Diante disso, ousamos afirmar — sem o propósito de impor opiniões ou esgotar o tema — que referida norma não disciplinou satisfatoriamente o inventário e a partilha extrajudiciais, e isso significa que o legislador perdeu a oportunidade de preencher suas lacunas ao elaborar o Projeto do Novo Código de Processo Civil. As omissões constatadas na Lei nº 11.441/07 não impossibilitam a sua aplicação, mas a dificultam, pois geram divergência de opiniões que acabam se traduzindo, no mínimo, em insegurança por parte dos jurisdicionados. Poderiam — e deveriam — os legisladores ter abordado com maior propriedade o inventário extrajudicial no Projeto do Novo CPC.

Algumas mudanças (ou a ausência delas) podem ser percebidas de imediato. A título exemplificativo, além de ter possibilitado a realização administrativa do inventário e da partilha (art. 982 do CPC vigente, repetida no art. 596 do Projeto nº 166/10), a Lei nº 11.441/07, ao conceder nova redação ao art. 983 do Código de Processo de Civil, modificou o prazo para o requerimento de abertura do inventário, saltando de 30 (trinta) dias para 60 (sessenta) dias, a contar da morte do autor da herança, e o de encerramento de 6 (seis) meses para 12 (doze) meses subsequentes, termo este que continuou passível de prorrogação por parte do juiz, de ofício ou mediante requerimento da(s) parte(s). Aludida modificação, vale dizer, foi realizada com o intuito de se conferir à família do falecido um período maior para se conformar com a perda e começar a se preocupar com as questões burocráticas que uma morte pode desencadear. Todavia, o Projeto do Novo CPC, em seu art. 597, menciona que o inventário deve ser instaurado em até *dois meses* após a abertura da sucessão.

Há aí flagrante regresso em termos de técnica legislativa, pois os exatos 60 (sessenta) dias foram substituídos por impróprios 02 (dois) meses. Como o calendário possui meses com 28 (ou 29), 30 e 31 dias, a contagem do prazo de abertura do inventário em meses poderia desencadear uma disparidade de entendimentos, com sua precisão possivelmente comprometida. Seria, assim, mais viável ter mantido a redação anterior. Sabe-se que a desobediência aos prazos de abertura e encerramento do inventário gera, tão somente, consequência (leia-se penalidade) de natureza fiscal, qual seja, a aplicação de multa cuja cobrança é conferida aos Estados-membros, inclusive com o consentimento do Supremo Tribunal Federal (Súmula nº 542).

Sabe-se, ainda, que a Lei nº 11.441/07, não obstante as suas lacunas, é plenamente aplicável, pelo menos no que tange ao inventário e à partilha, quando inexistente litígio entre os interessados. Foi inserida no ordenamento jurídico brasileiro como uma faculdade, ou seja, *pode* (e não *deve*) ser utilizada, desde que preenchidos certos requisitos. Theodoro Júnior (2007, p. 241) é partidário do entendimento ao afirmar que "a utilização da via notarial, todavia, não é uma imposição da lei, mas uma faculdade aberta aos sucessores que, se preferirem, poderão continuar a utilizar o procedimento judicial para obter a homologação do acordo de partilha, observado o rito dos arts. 1031 a 1035" — tornando-se, assim, desnecessária a expedição de formal de partilha ou da carta de adjudicação, documentos típicos do inventário judicial.

O caráter opcional desse procedimento pode ser evidenciado pelo art. 982 do Código de Processo Civil ao mencionar que, sendo os herdeiros capazes e concordes e não havendo testamento, é facultada a realização do inventário e da partilha por escritura pública. Destarte, "por não ser uma imposição legal aos herdeiros do falecido, a sugestão da realização do inventário via cartório não fere o direito de ação" (MONTENEGRO FILHO, 2009, p. 399), e, por conseguinte, não viola o princípio constitucional do acesso à jurisdição previsto no art. 5º, inc. XXXV da Carta Maior.

O Projeto do Novo CPC não afastou a facultatividade da Lei nº 11.441. Todavia, para sua realização é necessário o preenchimento de certos requisitos.

O primeiro deles é não haver interessado(s) absoluta ou relativamente incapaz(es) (arts. 3º e 4º do Código Civil, respectivamente), visto que, em caso de existência, é imprescindível a intervenção do Ministério Público por força do art. 82, inc. I do Código de Processo Civil — o que justificaria um processo judicial.

Outrossim, é requisito (cumulativo) a ausência de testamento deixado pelo *de cujus*. Contudo, Cassettari (2008, p. 105-107), em bem-aventuradas considerações, assevera que a simples existência de testamento pode não obstar a realização do inventário em cartório. Mais precisamente, para o autor,

> o testamento somente deve impedir a aplicação da Lei nº 11.441/2007 se contiver disposição patrimonial. Caso a disposição de última vontade não seja patrimonial, como por exemplo, verse sobre o reconhecimento de um filho, continuar-se-á a utilizar as regras da sucessão legítima, tornando-se, assim, perfeitamente possível a opção pela via administrativa. Da mesma forma ocorrerá quando um testamento foi editado para revogar um anterior ou o testamento com disposição patrimonial que o falecido confeccionou for invalidado.

Vale, ainda sobre a (in)existência de disposição de última vontade deixada pelo falecido, registrar os dizeres de Guachala (2010), que afirma que

> quanto ao testamento, este quase tornou-se letra morta. Sendo um dos impedimentos para o inventário extrajudicial, cabe ao Tabelião alertar o cliente que, diante da atual sistemática, sabe-se quando o inventário judicial começa, mas não quando termina. Assim, o *modus operandi* acima sugerido para o inventário extrajudicial quando há interessado incapaz também poderia ser aplicado ao testamento. Essa sugestão seria apenas para o testamento público, não se aplicando as suas demais formas. As demais formas de testamento continuariam como elemento impeditivo do inventário extrajudicial. É importante ressaltar que no caso do testamento público, o consenso entre todos os envolvidos, quais sejam, herdeiro(s) e testamenteiro(s), e eventualmente, outros beneficiários, é imprescindível.

São louváveis as considerações. Todavia, a comissão encarregada de elaborar o Anteprojeto do Novo CPC assim não entendeu (ou não se lembrou). Compulsando-se referido Projeto (PL nº 166/10), verifica-se que em seu art. 596, *caput*, está reproduzida quase a íntegra do art. 982, *caput*, do diploma processual civil vigente. Seria profícuo se o legislador tivesse dito na primeira parte do art. 596 que havendo testamento com disposição patrimonial ou interessado incapaz, proceder-se-á ao inventário judicial. Embora muitos entendam a redação da lei como inequívoca, as situações anteriormente expostas não deixam de se traduzir em lacunas que a assolam.

Outro requisito é a indispensabilidade da concordância de todos os interessados, ou seja, que todos os sucessores consintam com todos os termos da partilha, já que não é atribuição do cartorário de notas dirimir qualquer conflito. No caso em apreço, somente lhe foi conferido o direito de homologar a partilha amigável ou a adjudicação por meio de uma escritura pública.

Como última condição, o inventário só poderá ser realizado extrajudicialmente se todos os sucessores estiverem assistidos por advogado, conforme exige o art. 1.124-A, §2º, do Código de Processo Civil. Os interessados poderão contratar um advogado comum ou mesmo profissionais diferentes para assisti-los individualmente, mas o fato é que a assistência é imprescindível — já que o advogado é detentor de capacidade postulatória, conforme art. 1º do Estatuto da Ordem dos Advogados do Brasil. Para Parreira (2007), aos advogados, a Lei nº 11.441/2007 reservou papel especial, de efetivamente assistir os contratantes, verificando a legalidade dos acordos em seus mínimos detalhes, zelando pela autenticidade dos documentos exigidos para o ato, cuidando para que as partilhas obedeçam a igualdade e alertando pessoalmente as partes das consequências do seu ato.

Vale lembrar (a) que a assistência jurídica gratuita é resguardada pela Constituição da República de 1988 em seu art. 5º, inc. LXXIV, e (b) que em julho de 2009 foi publicada a Lei nº 11.965 assegurando a participação do defensor público na lavratura da escritura pública de inventário e partilha, de separação consensual e de divórcio consensual.

Em resumidas palavras,

> podem os interessados dispensar o procedimento judicial e valer-se da escritura pública para proceder ao inventário e partilha dos bens da herança, observados os seguintes requisitos: a) inexistência de testamento; b) inexistência de interessado incapaz; c) capacidade de todas as partes; d) concordância de todos; e) participação de advogado comum ou de cada parte, cuja qualificação e assinatura deverão constar do ato notarial. (MONTEIRO, 2008, p. 296)

Outrossim, embora não capitulado pela Lei nº 11.441/07, poderia o legislador do Novo CPC prever — no que tange à competência territorial — que "para processar o inventário segundo as leis brasileiras, é imprescindível que o Brasil tenha sido o último domicílio do falecido" (CASSETTARI, 2008, p. 111). Por conseguinte, segue-se o art. 29 da Resolução nº 35/07, no qual se reza que, não obstante o falecido tenha sido domiciliado por último no Brasil, proíbe-se a realização do inventário via cartório se ele tiver deixado bens sob a circunscrição territorial de outro ente soberano.

Outra omissão — ainda relativa à competência — trata do foro para a lavratura da escritura pública. A Lei nº 11.441/07 somente expressou o profissional, qual seja o tabelião de notas, a quem foi atribuída essa responsabilidade. O foro competente para o processamento do inventário judicial é o do último domicílio do falecido, pois foi nele em que a sucessão foi aberta (arts. 1.785 e 1.796 do Código Civil e 96 e 98 do CPC) — regra que não se aplica ao inventário extrajudicial, uma vez que o art. 8º da Lei nº 8.935/94, que regula as atividades notariais, preceitua que é livre a escolha do tabelião de notas, qualquer que seja o domicílio das partes ou o lugar da situação dos bens objeto do ato ou negócio.

Para Cassettari (2008, p. 113),

> este comando legal deve ser aplicado no momento em que for verificada a competência do notário, conferindo-se às partes interessadas o direito de optarem pelo tabelionato que entenderem mais conveniente, independentemente de qual seja o último domicílio do falecido no Brasil. Monteiro (2008, p. 296), por sua vez, afirma que ao contrário do que acontece com o procedimento judicial, cuja competência é determinada pelas normas processuais, atreladas ao domicílio do falecido, na escritura pública de inventário e partilha o cartório de notas é de livre escolha dos interessados em todo o território nacional.

Nesse sentido é o art. 1º da Resolução nº 35/07, que dispõe que para a lavratura dos atos notariais de que trata a Lei nº 11.441/07 é livre a escolha do tabelião de notas, não se aplicando as regras de competência do Código de Processo Civil. Diferente não é o entendimento do Colégio Notarial do Brasil, do Tribunal de Justiça do Acre, do Amapá, da Bahia, do Paraná e de Santa Catarina — entendimento que poderia ser uniformizado no Novo CPC.

Paralelamente a isso, e sob a ótica tributária, não haverá qualquer alteração em relação ao sujeito ativo da obrigação tributária decorrente da transmissão *causa mortis*. O art. 155, §1º, inc. I da Constituição Federal determina que, no caso de bens imóveis, o Imposto sobre a Transmissão *Causa Mortis* e Doação é devido ao Estado em que estiverem situados. No entanto, no que concerne aos bens móveis, aludido tributo será devido ao Estado onde se processar o inventário. O art. 41 do Código Tributário Nacional só vem a corroborar a disposição constitucional.

Assim, e por ser permitida a livre escolha do tabelionato de notas onde será lavrada a escritura de inventário — mesmo que em local diverso da abertura da sucessão —, acreditamos que isso poderá acarretar uma guerra fiscal entre os Estados para atrair o maior número de escrituras, oferecendo ao contribuinte alíquota reduzida. Em outras palavras, referida concorrência entre os Estados-membros poderia ser proveitosa para os contribuintes — mas em detrimento da arrecadação pelos Estados com alíquotas superiores. Por tais razões, seria no mínimo aceitável que o Novo Código de Processo Civil contivesse um dispositivo que esclarecesse a escolha do tabelião responsável pela lavratura da escritura pública de inventário (ou seja, se esta estaria ou não vinculada ao último domicílio do falecido).

A escritura pública, depois de confeccionada, deverá ser encaminhada aos competentes locais para fins de registro — Cartório de Imóveis, Departamento de Trânsito (DETRAN), entre outros — para que, assim, a transferência efetivamente se concretize. A ele, notário, caberá verificar a presença de todos os pressupostos autorizadores do inventário extrajudicial e de todas as condições de validade, sob pena de nulidade. Consoante art. 31 da Resolução nº 35/07, compete a ele também fiscalizar o recolhimento da multa devida aos Estados-membros e ao DF em caso de desobediência ao prazo prescrito pelo art. 983 do Código de Processo Civil. Relativamente a essa tributação, e embora o atual art. 982 e o Projeto do Novo CPC não exijam expressamente, o cartorário somente poderá homologar a partilha ou a adjudicação caso os impostos devidos em razão da transmissão *causa mortis* já tenham sido quitados. Sucintamente, "o tabelião deve verificar apenas o atendimento dos requisitos formais de celebração da escritura pública: o comparecimento de todos os interessados, a capacidade das partes, a presença de advogado comum ou de cada interessado, a inexistência de débitos fiscais e o recolhimento dos tributos devidos, entre outros" (MONTEIRO, 2008, p. 296) — atribuições repetidas no art. 30 da Lei nº 8.935/94, editada para regulamentar as atividades notariais e de registro no Brasil. Poderia, igualmente, ter sido previsto que o cartorário não só poderá, mas deverá se recusar à escrituração do inventário se verificar que há indícios de fraude, erro, dolo, coação, lesão, entre outros, os quais possam, nos termos do art. 171 do Código Civil, viciar o consentimento das partes e, consequentemente, anular referido procedimento. Da mesma forma, ele também deverá (mesmo diante da ausência de previsão) se opor à lavratura da escritura se tiver dúvida quanto à declaração de vontade de algum dos herdeiros. É evidente que tais negativas deverão ser fundamentadas por escrito a fim de coibir eventual abuso de poder-autoridade (art. 32 da Resolução nº 35/07).

Outro ponto não abordado pela Lei nº 11.441/07 e que poderia ter sido quando da redação do Projeto nº 166/10 foi aquele relativo à possibilidade de se efetuar a partilha parcial, na qual os herdeiros resolvem inventariar extrajudicialmente apenas determinados bens do acervo patrimonial. "Tendo em vista o artigo 1.808 do Código Civil, que proíbe a aceitação parcial, da mesma forma, a partilha de parte do patrimônio do *de cujus* seria juridicamente impossível, malgrado, na prática, seja difícil ao tabelião efetuar um controle sobre todos os bens do falecido" (CASSETTARI, 2008, p. 108). Sabe-se, contudo, "que quando parte da herança consistir em bens remotos do lugar do inventário, litigiosos, ou de liquidação morosa ou difícil, poderá proceder-se, no prazo legal, à partilha dos outros, reservando-se aqueles para uma ou mais sobrepartilhas" (MONTEIRO, 2008, p. 332). Assim, sendo a herança constituída de bens que por sua natureza justifiquem a realização da sobrepartilha, deveria no art. 655 do Projeto constar a possibilidade da partilha parcial por intermédio da escritura pública — a exemplo do que já ocorre na via judicial. Os legisladores, em nosso modesto entendimento, estariam sendo mais coerentes com aquilo que elegeram para serem os pilares do Novo Código de Processo Civil — celeridade e efetividade.

É certo que a Lei nº 11.441/07 não exigiu o comparecimento pessoal de todas as partes ao tabelionato de notas quando da lavratura da escritura pública, de onde se depreende não ser imprescindível a presença de todos os herdeiros. Caso não queiram ou não possam se dirigir ao cartório, poderão outorgar uma procuração a uma pessoa, para que esta, mandatária constituída, lhes represente — fato que pode se traduzir em ponto de partida de nova dúvida e divergência. A exemplo de Cassettari (2008, p. 123), há quem defenda como essencial que "o outorgado receba poderes especiais para a realização do ato e o mandato tenha-se materializado por intermédio de um instrumento público. Isso porque o art. 657 do Código Civil determina que a forma do mandato deva ser a mesma do ato a ser praticado". Em outras palavras, se se trata de escritura pública, a procuração necessita ser outorgada também por instrumento público, sob pena da representação não ser considerada válida e, consequentemente, a escritura ser nula, vez que não foi obedecida uma formalidade legal. Na mesma linha, Parreira (2007) defende que "a exigência de comparecimento pessoal ao ato notarial é apenas do advogado ou dos advogados que assistem os contratantes, nada impedindo que estes sejam representados por procuradores com poderes especiais, devidamente munidos de procuração por instrumento público".

Diante da (mais uma) ausência de regulamentação no Projeto do Novo CPC, prudente valer-se do art. 12 da Resolução nº 35/07 do CNJ, que assegura serem admitidos inventário e partilha extrajudiciais com viúvo(a) ou herdeiro(s) capazes, inclusive por emancipação, representado(s) por procuração formalizada por instrumento público com poderes especiais, vedada a acumulação de funções de mandatário e de assistente das partes.

Mais um ponto ao qual poderia haver referência expressa (no capítulo referente ao inventário e à partilha do Novo CPC) é o que estabelece que os herdeiros que já estiverem processando o inventário pela via judicial poderão, se quiserem, desistir dele e optar por fazê-lo por escritura pública. O motivo é que a Lei nº 11.441/07 não conferiu essa faculdade às partes. Prudente, então, se valer do correspondente dispositivo ao atual art. 267, inc. VIII, que confere ao autor a prerrogativa de desistir da ação, acarretando, por conseguinte, a extinção do feito sem Resolução de mérito —

e em se tratando de inventário não poderia ser diferente. Por essa razão, inclusive, as recomendações do Colégio Notarial do Brasil e autorização do Conselho Nacional de Justiça (art. 2º da Resolução nº 35/07) nesse sentido. O inverso, vale dizer, também é verdadeiro, isto é, poderão as partes desistir do inventário extrajudicial e optar pelo judicial no qual haverá a presença de um magistrado. Destacamos que em Minas Gerais a Corregedoria-Geral de Justiça do Tribunal do Estado editou o Provimento nº 164/07, cujo art. 9º possibilita findar na via administrativa um inventário que foi iniciado na esfera judicial. No entanto, aludida norma exige, para que essa transmudação seja válida, que a sentença sobre a partilha ainda não tenha sido proferida.

Seria, no mínimo, razoável que legislador tivesse se reportado a tais situações no Projeto do Novo CPC, de forma que jurisdicionados-interessados, por certo, fariam uso da via administrativa — e, por conseguinte, contribuir-se-ia para reduzir a estatística apontada pelo Ministro Luiz Fux ("Como prestar justiça célere numa parte desse mundo de Deus, onde de cada cinco habitantes um litiga judicialmente?"). Contudo, é necessário trazer à colação a pertinente ressalva de Cassettari (2008, p. 130), que afirma que

> para as partes desistirem do processo judicial de inventário em curso deverão assinar, conjuntamente, petição elaborada pelo advogado, requerendo a extinção do feito, que deve ser protocolada no respectivo fórum, e apresentada ao tabelião para comprovar tal procedimento, que tem por objetivo garantir que não haja duas partilhas ocorrendo, simultaneamente, em esferas distintas.

Outra lacuna da Lei nº 11.441/07 que poderia ter sido sanada é a que afirma ser a escritura pública, de partilha ou adjudicação, título hábil para o registro imobiliário, até porque se vê, nos moldes do art. 1.124-A, §1º, do CPC, que ela independe de homologação judicial. O art. 3º da Resolução nº 35/07, a propósito, preceitua que as escrituras públicas de inventário e partilha, separação e divórcio consensuais não dependem de homologação judicial e são títulos hábeis para o registro civil e o registro imobiliário, para a transferência de bens e direitos, bem como para promoção de todos os atos necessários à materialização das transferências de bens e levantamento de valores. Resumidamente, Monteiro (2008, p. 297) diz que "concluída a escritura, é ela instrumento hábil para os registros imobiliários subsequentes, não sendo necessária formalidade judicial alguma; é ela também o documento hábil à transferência de todos os bens partilhados, não havendo necessidade de nenhuma outra providência para esse fim — embora nada disso conste no teor da lei".

Lado outro, o art. 1.031 do CPC acentua que a partilha amigável realizada entre partes capazes, nos termos do art. 2.015 do Código Civil, será homologada de plano pelo juiz, desde que comprovada a quitação dos tributos devidos. "Referido dispositivo legal em nada atinge a credibilidade da escritura pública lavrada no âmbito do inventário extrajudicial, haja vista que aquele se refere à partilha amigável realizada em sede de arrolamento, modalidade judicial de inventário" (OLIVEIRA; AMORIM, 2005, p. 300), pois se encontra localizado dentro do CPC (Seção IX, Do Arrolamento).

Em (mais uma) brilhante passagem, Cassettari (2008, p. 138) conclui que os arts. 1.031 do Código de Processo Civil e 2.015 do Código Civil terão aplicabilidade apenas naquelas situações em que existir testamento versando sobre questões patrimoniais e os herdeiros testamentários fizerem a partilha amigavelmente por escritura pública. Nesses casos, sim, será necessária a homologação pelo juiz, visto que, em virtude da presença de testamento com disposição patrimonial, o inventário extrajudicial não poderá ser escolhido pelas partes. O legislador deixa escapar a possibilidade de clarividência: a desnecessidade (para que produza seus efeitos) da aprovação judicial da escritura de inventário e partilha.

Reportamo-nos à passagem anterior no sentido de que os herdeiros deverão, em regra, comparecer à presença do tabelião quando da lavratura da escritura. Porém, observadas as devidas prescrições legais, poderão se fazer representar por outra pessoa que não seja o advogado que lhes assistirá. Mesmo assim, se os herdeiros renunciarem a essa concessão legal e se um deles ou todos forem analfabetos, a fim de evitar qualquer discussão acerca da validade da escritura, deverá o tabelião, embora não previstas na Lei nº 11.441/07, tomar todas as precauções para que a vontade do herdeiro analfabeto não seja alvo de nenhum questionamento. Cassettari (2008, p. 139) pronuncia que a simples impressão digital do herdeiro analfabeto não é suficiente, sendo necessário também consignar na escritura a qualidade desse sucessor e solicitar a alguém que a assine a rogo. O notário também deverá tomar essas providências quando o herdeiro, mesmo sendo alfabetizado, não puder assiná-la por qualquer outro motivo (entendimento é acompanhado pelo Tribunal de Justiça do Maranhão, por Provimento).

A importância dessas considerações repousa em mais uma lacuna do Projeto do Novo CPC, que deveria — a exemplo do cuidado dispensado no capítulo dos testamentos — abarcar o herdeiro analfabeto, disciplinando as providências a serem adotadas pelos tabelionatos quando da formalização da escritura pública de inventário e partilha no qual exista interesse de alguém com essa qualidade.

Ainda no campo das omissões, lembramos que o inventário negativo é realizado para efeito probatório de que o falecido não deixou bens a serem inventariados. "Sua finalidade é exatamente essa, a de comprovar a inexistência de bens a inventariar, objetivando o acertamento de determinada situação pessoal ou patrimonial do viúvo ou de terceiro" (OLIVEIRA; AMORIM, 2005, p. 319). Mais uma vez, a Resolução nº 35/07 do CNJ auxilia os jurisdicionados e, mais ainda, os operadores do Direito, admitindo a possibilidade do inventário negativo celebrado por escritura pública. Mesmo sendo procedimento excepcional, sem específica previsão legal, é largamente celebrado, razão pela qual deveria o legislador positivar o procedimento.

Tendo em vista que a Lei nº 11.441/07 não excetuou nenhuma espécie de inventário, basta o preenchimento de todos os requisitos. Porém, nesse raciocínio, vale esclarecer, é de se questionar se existindo interesse de incapaz o inventário negativo pode ser feito por escritura pública. Malgrado Cassettari (2008, p. 140) entenda que sim (alegando que não existirá bem jurídico a ser tutelado, motivo pelo qual não haverá a necessidade de o incapaz ser protegido pelo Ministério Público), verifica-se que a letra da lei supracitada exige, para o processamento do inventário via cartório, a ausência de pessoas incapazes, e não interesse de incapaz — itens distintos.

Novamente, o Poder Legislativo poderia ter se valido do Projeto nº 166/10 para regulamentar o inventário negativo — frequente, como dito, mas previsto somente na doutrina e jurisprudência —, seja em âmbito judicial, seja em âmbito extrajudicial.

Vale registrar que, não obstante o art. 3º da Resolução nº 35/07 preceitue que as escrituras públicas sejam títulos hábeis para transferir bens e direitos e, ainda, para levantar valores junto a instituições financeiras, observamos que, na prática, isso nem sempre acontece. Mais precisamente, os bancos (e até pouco tempo, o Departamento de Trânsito), equivocadamente, exigem autorização judicial dos sucessores (materializadas em alvarás). Relegando a segundo plano a discussão acerca da possibilidade de se impetrar um mandado de segurança (a fim de ser reconhecido um direito líquido e certo seu, conforme lhes assegura o art. 5º, inc. LXIX da Constituição da República), a esmagadora maioria dos interessados (senão todos) opta pela via judicial quando há no espólio quantia em dinheiro a ser levantada.

Particularmente, entendemos indevida tal exigência, haja vista que, além da Resolução nº 35/07 autorizar o levantamento de numerário independentemente da outorga judicial, o tabelião de notas não é pessoa leiga, mas sim profissional do direito e dotado de fé pública pelo Estado, a quem é delegado o exercício da atividade notarial. Parreira (2007) reforça o entendimento, no sentido de "serem exigências descabidas, porquanto as escrituras públicas são os documentos hábeis a comprovar a aquisição dos direitos pelos contemplados nas partilhas," e que (...) "a necessidade do crivo judicial, nessas situações, transformaria referida lei em letra morta". Cassettari (2008, p. 145), a propósito, afirma que em razão da necessidade de dar uma interpretação à norma no intuito de que ela possa atingir o seu fim, "somos favoráveis a fazer uma leitura que amplie o seu alcance para permitir que a escritura pública também seja título hábil a transferir a propriedade de bens móveis. Senão, não haveria sentido obrigar os herdeiros a requerer alvará judicial para a transferência dos bens móveis, enquanto a escritura possui força para transferir os imóveis".

É no mínimo incoerente permitir que os bens (móveis ou imóveis) do *de cujus* sejam partilhados por escritura pública, mas que para o levantamento de valores e para a transferência dos bens móveis — que são verdadeiramente transferidos pela tradição — seja necessária autorização do juiz. Toda a discussão se funda, vale dizer, no *caput* do art. 982 do CPC (correspondente ao 596 do Projeto nº 166/10), que expressamente indica que a escritura pública constituirá título hábil para o registro imobiliário, não se reportando, ao menos implicitamente, à transferência dos bens móveis.

Felizmente, o art. 8º do Provimento nº 164/07 do Tribunal de Justiça de Minas Gerais dispõe que a escritura pública do inventário, da partilha, da separação e do divórcio consensuais constituirá título hábil para o registro imobiliário e o registro civil, bem como para levantamento e transferência de valores existentes em contas-correntes, de investimento e de poupança, depósitos a prazo, e aplicações em instituições financeiras, formalização de transferência de propriedade de bens e direitos junto a órgãos públicos e entidades públicas e privadas, relativos ao objeto do ato notarial e ao titular dos direitos nela tratados. Pelo mesmo caminho, a Orientação da Corregedoria Geral de Justiça do Estado de São Paulo (item 4.21) e o Provimento do Tribunal de Justiça do Estado da Bahia (art. 30), dos quais se extrai que a escritura pública de inventário e partilha formaliza a transmissão de domínio e direitos não só para o registro imobiliário, como também para os demais atos subsequentes que se fizerem necessários à materialização das transferências.

Como dito, a simples retificação no *caput* do art. 596 do Projeto do Novo CPC poderia extirpar a lacuna.

Da mesma forma, com a sobrepartilha. Sabe-se que esta nada mais é que uma nova partilha, realizada nos casos previstos no art. 1.040 do CPC, e ocorre quando parte do patrimônio não foi partilhado no momento oportuno. Cahali e Hironaka (2003, p. 519) a ela se referem como partilha adicional.

O CPC, no dispositivo anteriormente mencionado, dispõe que à sobrepartilha serão aplicadas as normas concernentes ao processo de inventário e partilha. Embora a Lei nº 11.441/07 não tenha se referido expressamente a ela, sobrepartilha, entende-se ser perfeitamente possível sua aplicação também no que tange a essa novel partilha, uma vez que não deixa de ser norma que regulamenta o inventário — bastando, portanto, obediência aos requisitos. Esse, a propósito, o entendimento de Cassetari (2008, p. 147) e, no mesmo sentido, o art. 25 da Resolução nº 35/07. Por tais razões entendemos que o legislador, ao redigir o art. 610 do PL nº 166/10 poderia, em seu *caput*, referir-se à sobrepartilha judicial e/ou extrajudicial, até porque, repita-se, esta última contribuiria para a simplificação do sistema processual.

Relativamente ao processamento do inventário no caso dos que vivem em união estável, é necessário lembrar que, antes de tudo, essa união seja reconhecida, para que surta, por equiparação, efeitos (em geral) semelhantes aos de um casamento (como se sabe, o conceito legal de união estável está consignado no art. 1.723 do Código Civil, embora venha sendo ampliado por parte da doutrina e da jurisprudência, que admitem uniões entre pessoas do mesmo sexo).

Após o reconhecimento, cuja realização é possível também por instrumento público ou mesmo particular, não há razão em não se admitir a realização do inventário do convivente falecido pela via administrativa, até porque, conforme Cassettari (2008, p. 149), "há possibilidade de fazê-lo se os herdeiros reconhecerem expressamente a existência da união estável na escritura". Nesse sentido, aliás, apresenta-se o art. 18 da Resolução nº 35/07, que dispõe que o(a) companheiro(a) que tenha direito à sucessão é parte, observada a necessidade de ação judicial se o autor da herança não deixar outro sucessor ou não houver consenso de todos os herdeiros, inclusive quanto ao reconhecimento da união estável.

No entanto, o Conselho Nacional de Justiça estabelece a necessidade de existir, além do companheiro, outro sucessor, para que a união estável seja reconhecida não somente pela vontade do companheiro sobrevivente, mas também por ato de vontade de outra pessoa — em tese, neutra, que não tenha interesse em seu reconhecimento — assim como, por vezes, ocorre na via judicial. Imperioso registrar que em 15 de janeiro de 2010 foi publicada a Lei nº 12.195, que alterou o CPC no sentido de assegurar ao companheiro sobrevivente o direito de figurar como inventariante na hipótese de falecimento daquele com quem mantinha união, conferindo-lhe, assim, tratamento idêntico ao antes dispensado somente em relação ao cônjuge supérstite.

O art. 603, I, do PL nº 166/10, diferentemente do art. 990, I, do CPC em vigor, exige, para que o companheiro possa ser nomeado inventariante, que ele estivesse convivendo com o autor da herança ao tempo de sua morte e, ainda, que se ache na posse e na administração do espólio. Verifica-se que o Projeto do Novo CPC transpõe a Lei nº 12.195/10, prescrevendo como requisito necessário a convivência, por parte do companheiro, com o *de cujus* no momento de seu falecimento. Evidentemente, por *convivência* deve-se entender *existência*, já que a coabitação, há tempos, não é mais requisito para que se configure a união.

No que alude ao cônjuge, o art. 603, I, do PL nº 166/10 merece críticas, pois o legislador perdeu a oportunidade de dizer que bastava ser cônjuge e que estivesse convivendo com o autor da herança, isto é, não era necessário se referir àqueles regimes de bens — entendimento que, na prática, já é adotado. Poder-se-ia, em suma, simplificar as exigências quanto à legitimidade do cônjuge para ser inventariante e, concomitantemente, conferir tratamento igual a ele e ao companheiro. Mais uma oportunidade perdida.

No que tange à colação dos bens recebidos em adiantamento da legítima, o descendente que os recebeu a título de doação deverá declará-los no ato do inventário, sob pena de esses bens serem considerados sonegados, para que seja possível igualar as legítimas dos herdeiros (arts. 2002 e 2003, ambos do Código Civil).

Oliveira e Amorim (2005, p. 375-376) resumem o ato ao dizer que "trazer à colação é o mesmo que conferir os bens havidos do ascendente comum pelos descendentes que concorrem à sua sucessão. Trata-se de obrigação legal, com ressalva dos casos de dispensa". Diante disso, expõe Parreira (2007) que, "como o inventário e partilha requer o consenso dos herdeiros, nenhum óbice haverá em se formalizar tais atos por escritura pública, quando for caso de colação dos bens recebidos em adiantamento de legítima". Não há, dessa forma, nenhum empecilho na realização do inventário extrajudicial quando se há bens a serem colacionados, devendo somente o herdeiro descendente que já foi contemplado pelo falecido com algum bem informá-lo amigavelmente quando da lavratura da escritura.

Apesar de a Lei nº 11.441/07 não ter se reportado ao tema, o Projeto nº 166/10 reporta-se à colação nos arts. 580 e seguintes, mas, à semelhança do CPC em vigor, a ela não faz menção expressa acerca da possibilidade de efetuá-la em cartório.

Não se pode esquecer também dos inventários conjuntos, ou seja, aqueles em que duas ou mais heranças são, em tese, simultaneamente inventariadas e partilhadas. Os casos em que sua realização é possível estão capitulados nos arts. 1.043 e 1.044 do Código de Processo Civil. Quando alguma das situações estiver presente em conjunto com os requisitos do art. 982 do referido Código, não há por que não ser facultada sua realização na via administrativa. Cassetari (2008, p. 153) corrobora a tese, sustentando que

> não há problema nenhum na realização do inventário conjunto extrajudicial se tal modalidade pode ser feita judicialmente. Defendemos que a interpretação que deve ser dada à Lei nº 11.441/2007 é a de que não se podem afastar as conseqüências do inventário judicial da modalidade extrajudicial, sob pena de esvaziar o conteúdo da norma e de impedir a sua aplicação prática.

Embora o Projeto do Novo CPC contenha a nova redação acerca da cumulação de inventários (arts. 658 e 659), não se reportou à possibilidade de sua realização extrajudicial.

Sem prejuízo dos comentários até aqui tecidos, lembramos que, malgrado o art. 1.784 do Código Civil preceitue que a herança se transmite com a morte, é indispensável a realização de um inventário para que tal transferência se concretize no mundo jurídico. Por esse motivo, surgiu o questionamento acerca da possibilidade de aplicação da Lei nº 11.441/07 também às sucessões que foram abertas anteriormente à sua publicação.

O fato de o falecimento ter ocorrido antes de 05 de janeiro de 2007, data em que a lei em discussão foi publicada no Diário Oficial da União, não impossibilita que a partilha dos bens seja realizada por escritura pública. A abertura da sucessão se dá de forma concomitante com a morte; no entanto, a abertura do inventário, como é de conhecimento geral, depende de prévio requerimento, e mesmo que esse requerimento tenha sido feito após a publicação da Lei nº 11.441/07, entende-se ser esta perfeitamente aplicável, afinal, "a lei processual tem aplicação imediata, a partir do momento de sua entrada em vigor (observado o prazo de eventual *vacatio legis*), inclusive aos processos em curso" (BARROSO, 2008, p. 06) — opinião acompanhada pelo Conselho Nacional de Justiça no art. 30 da Resolução nº 35/07. No caso, não houve *vacatio legis*, uma vez que o legislador, no art. 4º da Lei nº 11.441/07, determinou que ela entraria em vigor na data de sua publicação. Nessa linha de entendimento, não se pode olvidar do princípio *tempus regit actum*, que assegura que o ato é regido pela lei de seu tempo, do momento em que é praticado. Portanto, se o inventário foi processado após a publicação da Lei nº 11.441/07, poderá ser regido por ela e, consequentemente, a partilha dos bens do falecido constará de escritura pública, caso seja de interesse das partes.

Se no Projeto do Novo Código de Processo Civil houvesse abordagem dos tópicos aqui mencionados, poder-se-ia afirmar que a Lei nº 11.441/07 estaria revogada (ou, ao menos, derrogada), o que resultaria no encerramento de diversas discussões. E é possível verificar que o legislador se preocupou, sim, em sanar lacunas de leis esparsas. A título exemplificativo, e ao contrário dos exemplos até aqui citados, a Lei nº 11.441/07 não evidenciou a possível gratuidade em favor daqueles que não possuem capacidade econômica para pagar os emolumentos (acrescentou, é verdade, o art. 1.124-A ao Código de Processo Civil, mas no capítulo da separação consensual). A Resolução nº 35/07, em seu art. 6º, foi expressa no sentido de essa gratuidade ser estendida ao inventário e à partilha extrajudiciais (o que não se confunde com a admissível isenção do pagamento dos impostos pertinentes [ITCMD e ITBI], cuja dispensa somente pode ser concedida mediante lei específica, consoante os termos do art. 176 do Código Tributário Nacional, pela entidade tributante estadual e municipal, respectivamente). De qualquer forma, sabe-se da possibilidade de requerimento dos benefícios da assistência judiciária gratuita decorrente da Lei nº 1.060/50, mas, não obstante, o legislador inseriu tópico específico no Projeto do Novo CPC (§2º do art. 596), estabelecendo a gratuidade da escritura pública no capítulo do inventário e da partilha. Incompreensível, então, o porquê do não preenchimento das demais lacunas.

O principal objetivo da Lei nº 11.441/07 foi facultar (e não obrigar) aos interessados a realização do inventário de forma mais simples e, em regra, mais célere, sem afastar a segurança dos atos jurídicos. Assim, prudente entender que a lei não deve ser interpretada restritivamente, sob pena de arredar seu objetivo: desburocratizar e simplificar o procedimento. Todavia, e como sugerido em algumas passagens, o legislador se mostrou (mesmo que involuntariamente) relapso ao deixar escapar a oportunidade de disciplinar o inventário extrajudicial com todas as cautelas minimamente necessárias. Mesmo idealizado com o objetivo de facilitar o interesse dos jurisdicionados, o Projeto do Novo Código de Processo Civil padece de omissões referentes a questões já existentes que poderiam ter sido, agora, sanadas. Que fossem reportadas a um único artigo ("aplicam-se aos inventários extrajudiciais todas as normas neste capítulo disciplinadas") — mas que fossem. Respeitadas as ilustres opiniões em contrário, entendemos que esses vícios, por algum tempo, ainda comprometerão sua operabilidade e, consequentemente, a qualidade da prestação jurisdicional.

Referências

ARAÚJO, Samuel Luiz. *A cessão de direitos hereditários e o inventário administrativo*: extrajudicial. Disponível em: <www.jusnavigandi.com.br>.

BARROSO, Carlos Eduardo Ferraz de Mattos. *Teoria geral do processo e processo de conhecimento*. 8. ed. São Paulo: Saraiva, 2008. v. 11.

BRASIL. Lei n. 11.441 de 04 de janeiro de 2007. Altera dispositivos da Lei n. 5.869, de 11 de janeiro de 1973: Código de Processo Civil, possibilitando a realização de inventário, partilha, separação consensual e divórcio consensual por via administrativa. *Diário Oficial da União*, Brasília, 05 jan. 2007. Disponível em: <www.planalto.gov.br>.

BRASIL. Lei n. 12.195 de 14 de janeiro de 2010. Altera o art. 990 da Lei n. 5.869, de 11 de janeiro de 1973: Código de Processo Civil, para assegurar ao companheiro sobrevivente o mesmo tratamento legal conferido ao cônjuge supérstite, quanto à nomeação do inventariante. *Diário Oficial da União*, Brasília, 15 jan. 2010. Disponível em: <www.planalto.gov.br>.

CAHALI, Francisco José; HIRONAKA, Giselda Maria Fernandes Novaes; CAMBLER, Everaldo (Coord.). *Curso avançado de direito civil*: direito das sucessões. 2. ed. São Paulo: Revista dos Tribunais, 2003. v. 6.

CASSETTARI, Christiano. *Separação, divórcio e inventário por escritura pública*: teoria e prática. 3. ed. São Paulo: Método, 2008.

CASSETTARI, Christiano; MENIN, Márcia Maria (Coord.); HIRONAKA, Giselda M. F. Novaes (Orient.). *Direito das sucessões*. São Paulo: Revista dos Tribunais, 2008. (Direito civil; v. 8).

CONSELHO NACIONAL DE JUSTIÇA. Disciplina a aplicação da Lei n. 11.441/2007 pelos serviços notariais e de registro. Resolução nº 35 de 24 de abril de 2007. *Diário Oficial da União*, Brasília, 26 abr. 2007. Disponível em: <www.mundonotarial.org>.

DINIZ, Maria Helena. *Curso de direito civil brasileiro*: direito das sucessões. 18. ed. São Paulo: Saraiva, 2004. v. 6.

GONÇALVES, Carlos Roberto. *Direito civil*: parte geral. 13. ed. São Paulo: Saraiva, 2006. v. 1.

GUACHALLA, Alexandre Castro. Disponível em: <http://forum.concursos.correioweb.com.br>.

MONTEIRO, Washington de Barros. *Curso de direito civil*: direito das sucessões. 36. ed. São Paulo: Saraiva, 2008. v. 6.

MONTENEGRO FILHO, Misael. *Curso de direito processual civil*: medidas de urgência, tutela antecipada e ação cautelar, procedimentos especiais. 5. ed. São Paulo: Atlas, 2009. v. 3.

OLIVEIRA, Euclides Benedito de; AMORIM, Sebastião Luiz. *Inventários e partilhas*: direito das sucessões: teoria e prática. 20. ed. São Paulo: Leud, 2006.

OPROMOLLA, Márcio Araújo; GIANNICO, Maurício; MONTEIRO, Vítor José de Mello (Coord.). *As novas reformas do CPC e de outras normas processuais*. São Paulo: Saraiva, 2009.

PACHECO, José da Silva. *Inventários e partilhas na sucessão legítima e testamentária*. 18. ed. Rio de Janeiro: Forense, 2006.

PARREIRA, Antônio Carlos. Escrituras de inventários, separações e divórcios: alguns cuidados. *Jus Navigandi*, Teresina, v. 11, n. 1293, 15 jan. 2007. Disponível em: <www.jus2.uol.com.br>.

PEREIRA, Caio Mário da Silva. *Instituições de direito civil*: direito das sucessões. 14. ed. Rio de Janeiro: Forense, 2002. v. 6.

THEODORO JÚNIOR, Humberto. *Curso de direito processual civil*: procedimentos especiais. 38. ed. Rio de Janeiro: Forense, 2007. v. 3.

THEODORO JÚNIOR, Humberto. Inventário e partilha e separação e divórcio por via administrativa: reforma da Lei nº 11.441, de 04.01.2007. *Matérias jurídicas*. Belo Horizonte: ago. 2007. Disponível em: <www.materiasjuridicas.wordpress.com>.

Informação bibliográfica deste texto, conforme a NBR 6023:2002 da Associação Brasileira de Normas Técnicas (ABNT):

ALVES, Amanda Milliê da Silva; DELFINO, André Menezes. O Projeto do Novo Código de Processo Civil e a Lei nº 11.441/07: o que poderia ter sido regulamentado. *In*: ROSSI, Fernando *et al.* (Coord.). *O futuro do processo civil no Brasil*: uma análise crítica ao Projeto do Novo CPC. Belo Horizonte: Fórum, 2011. p. 31-45. ISBN 978-85-7700-511-6.

DESAFIOS E AVANÇOS DO NOVO CPC DIANTE DA PERSISTENTE INSEGURANÇA JURÍDICA – A URGENTE NECESSIDADE DE ESTABILIZAÇÃO DA JURISPRUDÊNCIA

ARTHUR MENDES LOBO

JOÃO BATISTA DE MORAES

1 Introdução

O mundo contemporâneo tem como marca a complexidade e o nascimento de novas demandas. A revolução tecnológica, a democratização da comunicação por meios eletrônicos, a preocupação com o meio ambiente são os novos valores que conduzem às pressões da sociedade sobre as instituições de direito.

Por isso, nesses novos tempos, é inexorável a *interdiscursividade* e *intertextualidade* na expressão linguística do Direito,[1] como nos ensina Paulo de Barros de Carvalho, já que as decisões judiciais devem ser fundamentadas em um processo comunicacional que se volta, em certa medida, para um consenso de valores. Daí ser impossível, na concepção da filosofia da linguagem, uma decisão individual, que desconsidere decisões precedentes.

Cumpre notar que a interdiscursividade, inerente à ciência do Direito, tem gerado diálogos entre sistemas processuais de outros Estados. Não raro, o sistema do *civil law* adotado pelo ordenamento jurídico brasileiro recebe normas novas, cujas origens ontológicas estão arraigadas no sistema da *common law*, impondo aos jurisdicionados e magistrados de grau inferior a observância aos precedentes jurisprudenciais.

Assim pode-se afirmar, em certa medida, que, no ordenamento jurídico brasileiro, "não há exagero em reconhecer a existência de um Direito Judiciário, constituído

---

[1] Na Semiótica, utiliza-se o termo "texto" para se referir ao plano da expressão, enquanto o temo "discurso" é utilizado para esclarecer o plano de conteúdo.

pelo produto final da intervenção judicial no labor interpretativo da norma escrita, assim aproximando nossa família jurídica a dos países da common Law".[2]

Segundo Teresa Arruda Alvim Wambier,[3]

> tanto nos sistemas de *civil law*, quanto nos de *common law*, o direito existe com o objetivo predominante de criar estabilidade e previsibilidade. É curioso que os sistemas de *civil law* sejam criação pretensamente racional que teve como objetivo específico e declarado, o de alcançar aquelas finalidades que, no Brasil, nem sempre são alcançadas.

Nos países de *common law*, a decisão judicial em determinado feito constitui um preceito *erga omnes*, que se impõe aos demais casos. É o chamado precedente, que tem força de lei. Sistema que se mostrou viável em Estados sem oscilações políticas e sociais.

Sálvio de Figueiredo Teixeira sintetiza que "no *common law* a regra é a criação do Direito pelos tribunais, sob o comando do Direito costumeiro, através do *judge-made law* ou *casemade law*, em que tem vigorosa aplicação o chamado *binding precedent* (precedente obrigatório) e efetiva presença o instituto da *equity*".[4]

Entendemos que, muito embora o Direito brasileiro tenha seguido o sistema romano-germânico, tendo como fonte primária e imediata a lei, adotando-se normas predeterminadas como fonte de obrigação, hodiernamente é possível afirmar que há uma forte tendência de incorporação de algumas características do sistema da *common law* ao nosso ordenamento jurídico.[5]

Pode-se dizer que, dentre as fontes do Direito brasileiro, a *Jurisprudência* vem conquistando, a cada dia, maior destaque tanto no texto constitucional, através de emendas que disciplinaram a reforma do Judiciário, quanto nas leis infraconstitucionais, que concretizaram a quarta onda de reforma do Código de Processo Civil.

A origem da palavra Jurisprudência deriva do latim *juris-prudentia*, que significa prudência do Direito, tomada a expressão prudência como virtude intelectual voltada para a prática, para a ação honesta, leal e justa.[6]

---

[2] MANCUSO, Rodolfo Camargo. *Divergência jurisprudencial e súmula vinculante*. 3. ed. São Paulo: Revista dos Tribunais, 2007. p. 133-134.

[3] WAMBIER, Teresa Arruda Alvim. A uniformidade e a estabilidade da jurisprudência e o Estado de direito: *civil law e common law*. Idéias e Opiniões, Curitiba, v. 7, n. 15, out. 2009.

[4] TEIXEIRA, Sálvio de Figueiredo. *A jurisprudência como fonte do direito e o aprimoramento da magistratura*. Disponível em: <http://bdjur.stj.gov.br/dspace/handle/2011/1916>. Acesso em: 06 dez. 2006.

[5] Ao aprofundar sobre o tema, Guido Fernando Silva Soares faz a seguinte reflexão: "Se os juristas e advogados da família romano-germânica olham com certa emulação a adequação dos case laws à realidade, advogados e juristas da Common Law sentem uma certa nostalgia, em face da harmonia e racionalidade dos códigos! Na essência é o velho contraste indução/dedução, ambos métodos válidos! No fundo, tanto a dedução como a indução constituem-se em métodos científicos de conhecimento, aquela aplicável às ciências especulativas, esta às ciências práticas, porém não com exclusividade, pois na Física ou na Biologia existe a utilização ambos processos metodológicos. Nas ciências do comportamento do homem (que trabalham tanto com juízos de realidade quanto com juízos de valor), o intercâmbio de ambos os métodos é ainda mais necessário, inclusive como condição de verificação de provas das afirmações, sob pena de falseamento dos postulados científicos, seja por uma generalização inexistente, ao que pode levar o abuso da indução; seja por um abstracionismo que descreva o mundo dos homens, como se fosse constituído de seres perfeitos e angelicais (o grande risco do abuso dos processos dedutivos). Ou, em outras palavras, tanto a pirâmide kelseniana abstrata quanto a colcha de retalhos casuística constituem criações engenhosas do homem, os sistemas jurídicos nacionais, concebidos para salvaguarda e aperfeiçoamento da sociedade humana" (*Common law*: introdução ao direito dos EUA. 2. ed. São Paulo: Revista dos Tribunais, 2000. p. 57).

[6] MACHADO, Edgar Godoy da Matta. Elementos de teoria geral do direito. *Veja*, Rio de Janeiro, 2001.

Como assevera Teresa Arruda Alvim Wambier,[7]

não se trata — e não poderia ser diferente — de mera "importação" de institutos estrangeiros. Mas, respeitadas as características do nosso Estado de Direito, do acolhimento, pelo nosso sistema jurídico, de experiências do sistema do Common Law, que podem aprimorar a prestação da tutela jurisdicional no Brasil.

Como observa Rodolfo Camargo Mancuso,[8] "a dicotomia entre as famílias jurídicas civil law/common law hoje não é tão nítida e radical como o foi outrora, sendo visível uma gradativa e constante aproximação entre aqueles regimes".

No mesmo sentido, José Carlos Barbosa Moreira[9] afirma que o sistema anglo-saxão "se aproxima, em certa medida, do vigente na área romano-germânica. Tendo em vista a sensível inclinação que este manifesta, por sua vez, para avizinhar-se daquele, a convergência de rumos autoriza a conjectura de que, um belo dia, venhamos a encontrar-nos, eles e nós, nel mezzo del cammin".

Sendo assim, a intertextualidade entre sistemas previstos no Direito Processual Comparado, tem sido frequentemente invocada na aplicação das normas jurídicas. O sistema da *common law* tem inspirado as reformas processuais e também a aplicação das leis, haja vista a força preponderante das decisões precedentes sobre casos análogos.

No sistema do *civil law*, a jurisprudência tem influência meramente persuasiva na valoração dos fundamentos jurídicos adotados pelo juiz. Contudo, há uma tendência, pelo menos na doutrina, em afirmar uma versão potencializada ou otimizada da jurisprudência, de modo que a valoração que o juiz faz ao decidir a coloque em grau de hierarquia superior, muitas vezes, ao seu próprio entendimento pessoal sobre a questão posta em juízo, para preservar a igualdade, a celeridade e a própria noção de sistema.

Com o presente estudo, pretende-se chamar a atenção para a necessidade de se atribuir à jurisprudência do STJ um caráter vinculativo, diminuindo a distância entre seus enunciados e as próprias normas legais, para que as decisões monocráticas dos seus próprios Ministros, bem como as demais instâncias, observem a impessoalidade e a impositividade dos precedentes predominantes do Superior Tribunal de Justiça, ainda que ressalvem no texto da decisão, suas decisões pessoais. Somente a força da jurisprudência pacificada pode assegurar isonomia material (efetiva igualdade). Significa dizer, a igualdade de todos perante a lei geral e abstrata deve coincidir com a igualdade de todos perante a lei aplicada (norma jurídica individual e concreta).

As decisões judiciais se conjugam de tal modo que as de menor hierarquia devem buscar seu fundamento de validade, sempre que diante de caso análogo, em outras decisões de superior hierarquia, até chegar à interpretação que o Supremo Tribunal Federal faz da Constituição, ponto de partida do processo derivativo e ponto de chegada do esforço de regressão.

---

[7] WAMBIER, Teresa Arruda Alvim. A uniformidade e a estabilidade da jurisprudência e o Estado de direito: civil law e common law. *Idéias e Opiniões*, Curitiba, v. 7, n. 15, out. 2009.
[8] MANCUSO, Rodolfo Camargo. *Divergência jurisprudencial e súmula vinculante*. 3. ed. São Paulo: Revista dos Tribunais, 2007. p. 185.
[9] MOREIRA, José Carlos Barbosa. Notas sobre alguns aspectos do processo: civil e penal: nos países anglo-saxônicos. *In*: MOREIRA, José Carlos Barbosa. *Temas de direito processual*: sétima série. São Paulo: Saraiva, 2001. p. 24.

A lei deve ser compreendida não pelo seu texto, mas pela interpretação que os entes competentes fazem dela. Equivale dizer que não pode o cidadão agir apenas segundo a sua interpretação pessoal da lei, já que deve observar precipuamente a interpretação feita pelo judiciário sobre ela.

Pelo menos em tese, para que o cidadão possa pautar sua conduta na legalidade e na constitucionalidade deve observar a jurisprudência que se consolida nos Tribunais. Do contrário, seu comportamento estará sujeito a sanções, já que a lei ou a decisão de instâncias inferiores podem, em certa medida, ser interpretadas com contornos distintos pelos Tribunais Superiores.

Resta, assim, uma conclusão lógica: para ter a tranquilidade da segurança jurídica, o cidadão deve observar a jurisprudência dominante nos Tribunais Superiores.

Mas qual seria a jurisprudência dominante? Como ela se forma? Ela é continuamente respeitada pelo órgão que a prolatou? Se a jurisprudência dominante oscilar, a instabilidade gerada prejudica o sistema jurisdicional?

A premissa com a qual desenvolveremos nossas reflexões funda-se na existência de um interesse maior em fazer com que as decisões não sejam voláteis e se orientem para transmitir ao jurisdicionado um sentimento mais próximo da certeza de um resultado do que propriamente uma probabilidade de mera aparência.

Uma releitura do novel instituto da Uniformização de Jurisprudência, agora buscando identificá-la no contexto estrutural do Código Processual, servirá de princípio e término das nossas observações, permitindo concluir, ao fim e ao cabo, que os avanços da sociedade contemporânea serão cada vez mais perceptíveis, sem titubeios ou desconfiança, na medida em que os atores de vanguarda, que oferecem combustão à nossa economia, consigam identificar concretude de previsibilidade na jurisprudência, com a inescapável obediência de todos os operadores, sobrelevando-se os juízes de instâncias inferiores, que muitas vezes renegam seguir a interpretação que é dada pelos Tribunais.

2 A oscilação da jurisprudência do STJ – Uma desconstrução do sistema que contribui para morosidade da justiça e ofensa ao postulado da igualdade

No Direito Comparado, a jurisprudência dos Tribunais Superiores, ainda que não tenha efeito vinculante, é obedecida pelas demais instâncias jurisdicionais. Isto se dá mesmo em Estados Democráticos regidos pelo sistema da *civil law*.

No Brasil, muitas das decisões dos Tribunais Superiores não são observadas por juízes de primeiro grau ou por tribunais estaduais ou regional, ao fundamento de que as jurisprudências do STJ e do STF, salvo exceções decorrentes do controle concentrado de constitucionalidade, súmula vinculante ou recursos repetitivos, não possuem efeito vinculante. Além disso, prevalece o entendimento de que o poder institucional do magistrado não pode ser limitado pelas instâncias superiores, já que ele seria plenamente livre para decidir segundo o seu próprio convencimento, desde que o motive.

Outro argumento comumente utilizado para justificar esse desrespeito à jurisprudência dos Tribunais Superiores consiste na alegação de que, não raro, até mesmo os Ministros do STJ e do STF desrespeitam suas próprias decisões.

Teresa Arruda Alvim Wambier[10] alerta-nos para esse problema:

> Ao que parece, o legislador brasileiro já se apercebeu: não é saudável que convivamos com tribunais decidindo concomitantemente, de forma diferente, a mesma questão. (...) A jurisprudência dominante é a súmula do STJ ou do STF, como parâmetros para a decisão (...) só podem gerar resultados saudáveis, se os Tribunais Superiores deixarem de alterar suas decisões. Caso contrário, ousaríamos dizer que a quase todas essas inovações poderão ser consideradas um desastre. (...) Admitirem-se decisões diferentes concomitantes ou, ainda, as tais "grandes viradas", é negar o Estado de Direito, é estimular a propositura de ações e o ato de recorrer. A quem interessa esta situação? É necessário que a população possa confiar nas decisões do STF, em suas súmulas, ainda que não vinculantes. O mesmo se diga quanto às decisões do STJ. Deve haver uma jurisprudência firme das cortes, e não pessoal, de cada um dos seus Ministros.

Mutatis mutandis, apenas a título de ilustração de um sistema de decisões: quando um pai dá uma ordem e, no minuto seguinte, ignora essa ordem, torna-se difícil exigir a obediência do filho.

Com efeito, a persuasão racional do juiz deve receber um novo conceito, já que a racionalidade exige que se pense no sistema como um todo e que se preserve esse sistema, sob pena de se incorrer em morosidade, aumento de recursos, processos, acumulo de serviço, dentre outras externalidades negativas. Em suma, antes de formar seu convencimento, o juiz deve estudar a jurisprudência dominante e partir da premissa, uma verdadeira presunção *iuris tantum*, de que o entendimento nela consagrado há de ser respeitado, salvo se outra solução jurídica mostrar-se inafastável. Vale dizer, antes de decidir pelo seu livre convencimento, o magistrado deve se atentar para o princípio da obediência à jurisprudência dominante dos Tribunais Superiores.

O que se pretenderá demonstrar é que há um postulado, mais precisamente um princípio, que deve ser observado para a preservação da ideia de sistema e para dirimir problemas que assolam o Judiciário (tais como, morosidade, ineficiência, formalismo excessivo).

Na medida do razoável, ou seja, se o caso analisado for idêntico a outro já julgado pelos Tribunais Superiores, o juiz deve se desvencilhar de suas convicções pessoais, já que a função pública jurisdicional deve observar o princípio da impessoalidade, prevista no art. 47 da Constituição Federal. Significa dizer, ainda que o magistrado ressalve a sua opinião pessoal no texto de sua decisão, deve zelar pelo entendimento sedimentado e reiteradamente aplicado pelo Tribunal Superior, de modo a respeitar a instituição e conferir credibilidade, segurança jurídica e estabilidade ao Direito.

Tendo um norte a ser seguido em termos de interpretação da lei, o cidadão consegue, com tranquilidade, planejar seu comportamento, evitar conflitos e consequentemente evitar o ajuizamento de demandas, pois saberá prever o seu desfecho.

O contrário ocorre quando o cidadão se vê diante de um Tribunal Superior que muda de entendimento com frequência. A flexibilidade das decisões faz aumentar sobremaneira o número de demandas, pois sempre haverá risco de uma grande virada na jurisprudência.

---

[10] WAMBIER, Teresa Arruda Alvim. A uniformidade e a estabilidade da jurisprudência e o Estado de direito: *civil law e common law*. *Idéias e Opiniões*, Curitiba, v. 7, n. 15, p. 4, out. 2009.

Com efeito, uma grave externalidade negativa da oscilação da jurisprudência diz respeito ao encorajamento à prática recursal. Vale dizer, ao perceber que os Tribunais Superiores não possuem entendimento estável, leia-se, não respeitam nem as suas próprias decisões, o cidadão se sente motivado a recorrer quando está diante de uma decisão de primeiro ou segundo grau, ainda que ela esteja em harmonia com a jurisprudência dominante dos Tribunais Superiores. Isso porque confia e espera que, no seu caso específico, possa haver mudança de paradigma.

Nesse contexto histórico, pode-se dizer que a esperança em reformar a jurisprudência impulsiona a multiplicidade de recursos aos Tribunais Superiores.

É precisa a visão de Paulo de Barros Carvalho:[11]

> De ver está que os tribunais superiores foram investidos pela Constituição da República da competência para uniformizar a interpretação da Constituição Federal (STF) e da lei federal (STJ) em toda extensão do território brasileiro. As manifestações que profere em tom de súmula tornam-se diretrizes decisórias para os tribunais hierarquicamente inferiores, ao mesmo tempo em que a sociedade as acolhe como expressão eloqüente do direito que há de ser cumprido no plano das relações inter-humanas. Além disso, a construção dos conteúdos sumulares se faz gradativamente, pela reiteração de julgamentos acumulados nos horizontes da mais legítima experiência jurídica. É a consolidação do trabalho judicante, produzindo o direito vivo, testado e compassadamente aplicado na composição de litígios sobre certos e determinados objetos do comportamento social.

O que se propõe com o presente estudo é afirmar que o respeito à jurisprudência dominante dos Tribunais Superiores tem papel ideológico na aplicação da norma jurídica. Isso porque, como ensina Tercio Sampaio Ferraz Junior,[12] a ideologia tem um papel neutralizador do valor, na medida em que através dela se valoram os próprios valores. A ideologia, portanto, é um conceito axiológico que neutraliza os programas valorativos ao determinar os fins, condições, meios, justificações, transformando o valor subjetivo em valor objetivo.

Segundo Maria Helena Diniz,[13]

> é a ideologia que permite ao órgão judicante decidir-se, num caso concreto, por uma norma na qual possa fundar sua decisão, constatar a falta da referida norma, identificar antinomias, indicando os meios para que possa prolatar uma decisão. Há sempre uma ideologia da política jurisdicional, pois a aplicação é uma operação lógico-valorativa.

Portanto, o princípio da obediência à jurisprudência dos Tribunais Superiores é um conceito axiológico que pretende a concretização finalística condicional na hermenêutica, já que "o direito está embebido de ideologia valorativa; logo, o magistrado, ao aplicar o direito, também o está, pois há, de sua parte, uma prévia escolha,

---

[11] CARVALHO, Paulo de Barros. Poesia e direito. *In*: HARET, Florence; CARNEIRO, Jerson (Coord.). *Vilém Flusser e juristas*: comemoração dos 25 anos do grupo de estudos Paulo de Barros Carvalho. São Paulo: Noeses, 2009. p. 62.
[12] FERRAZ JUNIOR, Tercio Sampaio. *Estudos de filosofia do direito*: reflexões sobre o poder, a liberdade, a justiça e o direito. São Paulo: Atlas, 2002. p. 116.
[13] DINIZ, Maria Helena. *Compêndio de introdução à ciência do direito*. 14. ed. São Paulo: Saraiva, 2001. p. 485.

de natureza axiológica, dentre as várias possíveis".[14] Sendo assim, em respeito ao sistema, o magistrado deve, sempre que possível, preferir uma decisão objetiva e que revele a interpretação institucional sedimentada ao longo do tempo pelas instâncias superiores a uma decisão subjetiva e pessoal. Essa ideologia contribui para a segurança jurídica, que é essencial, em certa medida, às relações jurídicas e à pacificação social.

3 A desobediência à jurisprudência predominante ou sumulada do STJ pelos seus próprios componentes e pelas instâncias inferiores

A atividade linguística de aplicação da norma jurídica comporta um grande número de hipóteses em razão do aspecto sintático, semântico e pragmático adotado pelo intérprete. O magistrado, ao decidir, atribui valor ao fato jurídico, o que possibilita que tome decisões em diferentes sentidos.

Luiz Rodrigues Wambier[15] assevera que é necessária, e até mesmo desejável, a diversidade de entendimentos judiciais, já que, para a compreensão a respeito de determinada tese de direito, o tempo e as divergências são necessárias para que a tese se aprimore e se consolide. O que é nocivo ao sistema é a variação injustificada da jurisprudência, notadamente das Cortes Superiores.

Porém, o sistema jurídico processual deve possuir hierarquia e estabilidade moderada, pois, do contrário, haverá ofensa à legitimidade social dos organismos operadores do sistema.

É necessário responder à seguinte indagação: se os conflitos na jurisprudência são inevitáveis e inerentes ao sistema, eles são desejáveis até em que medida para não levar o sistema ao caos?

A jurisprudência conflitante ofende a regra da isonomia, pois se ela perdura no sistema, possibilita que duas demandas idênticas tenham desfechos diametralmente opostos, ferindo a igualdade formal e substancial prevista na Constituição. Sob esse aspecto, a jurisprudência conflitante pode destruir o sistema.

Para Luiz Rodrigues Wambier,[16] a moderação da divergência jurisprudencial deve considerar dois aspectos muito importantes:
(i) o *aspecto temporal*, já que a democracia exige ampla discussão de tudo quanto diga respeito à construção de soluções sociais, econômicas e jurídicas, para os micro e macroconflitos.
(ii) o *aspecto hierárquico*, ligado ao papel dos Tribunais destinados à pacificação da jurisprudência. Mas a estratificação do Direito pela uniformização imutável da jurisprudência é um mal tão grande quanto o daquilo que Sydney Sanches chama de *poliformia jurisprudencial* contemporânea. Por outro lado, a uniformização é necessária, sob pena de, na medida em que não ocorra, incentivar a desordem.

---

[14] DINIZ, *op. cit.*, p. 486.
[15] WAMBIER, Luiz Rodrigues. Jurisprudência conflitante: desarmonia e ofensa à isonomia. *In*: JORNADAS DE DIREITO PROCESSUAL DO INSTITUTO BRASILEIRO DE DIREITO PROCESSUAL, 8., WAMBIER, Teresa Arruda Alvim (Coord.). Vitória, 21 a 24 de junho 2010. Palestra.
[16] WAMBIER, Luiz Rodrigues. Jurisprudência conflitante: desarmonia e ofensa à isonomia. *In*: JORNADAS DE DIREITO PROCESSUAL DO INSTITUTO BRASILEIRO DE DIREITO PROCESSUAL, 8., WAMBIER, Teresa Arruda Alvim (Coord.). Vitória, 21 a 24 de junho 2010. Palestra.

Trata-se, então, de encontrar o ponto de equilíbrio.

Embora seja certo que as decisões do STJ não têm força vinculante no atual sistema processual, é importante reconhecer que elas constituem um modelo de interpretação que irá orientar as decisões futuras proferidas pelos demais órgãos judicantes Regionais e Estaduais, em segundo e primeiro graus de jurisdição, bem como as futuras decisões proferidas pelo próprio STJ.

Mas, como anota Luiz Rodrigues Wambier:[17]

> Porém, na prática, não raro, a orientação não é seguida pelos órgãos judiciários de primeiro e de segundo grau. Em razão dessa oscilação jurisprudencial, os jurisdicionados se vêem motivados a tentar uma solução mais compatível com a sua própria concepção a respeito da tese jurídica em questão. Vale dizer, diante da instabilidade do sistema, o cidadão busca uma interpretação que mais favoreça seus interesses, o que aumenta o número de demandas e recursos no Judiciário.

No âmbito do STF, a súmula vinculante é um instrumento jurídico que atribuiu força vinculante às decisões daquela Corte e que, pela obrigatoriedade da observância da jurisprudência do Supremo que atenda aos requisitos previstos no art. 103-A da CF.

A eficácia da jurisprudência do STF foi potencializada ao longo da história do Direito Constitucional, sobretudo por eficazes instrumentos de controle concentrado de constitucionalidade (ADI, ADC, ADPF, súmula vinculante etc.).

Sobre o tema, o Ministro Cezar Peluso,[18] em entrevista recente, quando perguntado: A súmula vinculante foi criada em 2004 para obrigar juízes de primeira instância a seguir as decisões do STF e evitar recursos desnecessários. Está funcionando? Esclareceu que:

> A súmula vinculante é um ótimo mecanismo, porque tem de ser seguida tanto pelos juízes quanto pela administração pública. É um enunciado de entendimento já consolidado pelo Supremo. Poupa muito trabalho. Mas temos apenas 31 súmulas vinculantes. Deveria haver muito mais.

No âmbito da uniformização do Direito Federal, nos últimos anos, as reformas do Código de Processo Civil hoje vigente introduziram no sistema alguns mecanismos de desestímulo à insubordinação injustificada, que contribuem, em certa medida, para a estabilidade do sistema, tais como:

(i) o art. 557, que permite que o relator negue seguimento a recurso manifestamente inadmissível, improcedente, prejudicado ou em confronto com súmula ou com jurisprudência dominante do respectivo tribunal, do Supremo Tribunal Federal, ou de Tribunal Superior;[19]

---

[17] WAMBIER, Luiz Rodrigues. Jurisprudência conflitante: desarmonia e ofensa à isonomia. *In*: JORNADAS DE DIREITO PROCESSUAL DO INSTITUTO BRASILEIRO DE DIREITO PROCESSUAL, 8., WAMBIER, Teresa Arruda Alvim (Coord.). Vitória, 21 a 24 de junho 2010. Palestra.

[18] PELUSO, Antonio Cezar. Ninguém lê 10.000 ações. Entrevista concedida à revista *Veja*, pelo Presidente do Supremo Tribunal Federal, em 05.07.2010. Disponível em: <http://www.espacovital.com.br/noticia_ler.php?id=19404>. Acesso em: 09 jul. 2010.

[19] Incluído pela Lei nº 9.756/98 e vigente no CPC atual. Corresponde, com alteração textual, ao art. 888, inc. III, do Novo CPC, segundo o qual: "Incumbe ao Relator negar seguimento a recurso inadmissível, prejudicado ou que não tenha atacado especificamente os fundamentos da decisão ou sentença recorrida".

(ii) o art. 544, §3º, segundo o qual o relator pode, se o acórdão recorrido estiver em confronto com a súmula ou jurisprudência dominante do Superior Tribunal de Justiça, conhecer do agravo para dar provimento ao próprio recurso especial;[20]
(iii) a aplicação de multas;
(iv) o parágrafo único do art. 120, que autoriza o relator a decidir conflito de competência, se o fizer segundo jurisprudência dominante do tribunal;[21]
(v) o art. 475, §3º, que dispensa a remessa necessária quando a sentença estiver fundada em jurisprudência do plenário do Supremo Tribunal Federal ou em súmula deste tribunal ou do tribunal superior competente;[22]
(vi) o art. 543-C que prevê o julgamento de recurso representativo de controvérsia presente em multiplicidade de demandas, chamado de *julgamento de recursos repetitivos*.[23]

Contudo, como bem elucida Luiz Rodrigues Wambier:[24]

> O problema ocorre justamente quando o próprio STJ não cuida de preservar a estabilidade de suas próprias decisões, alterando rumos sem que haja razão verdadeiramente eficiente para tanto e gerando, por assim dizer, uma desconfiança da sociedade quanto às outras decisões que, muito provavelmente, também não serão seguras, no tempo.

Para a estabilidade do sistema é desejável, segundo Rodolfo Camargo Mancuso que haja uma tendência dos Tribunais Superiores em prestigiar sua jurisprudência pacificada, o que, a um tempo contribui para a *previsibilidade* no desfecho da demanda e opera como desestímulo para virtuais recursos postos em sentido diverso.[25]

Concordamos com Rodolfo Mancuso,[26] na seguinte conclusão:

---

[20] Incluído pela Lei nº 8.950/94 e, posteriormente, revogado pela Lei nº 12.322/10. Corresponde, com alteração textual, ao art. 888, inc. V, do Novo CPC, segundo o qual: "o relator pode dar provimento ao recurso se a decisão recorrida contrariar: a) súmula do Supremo Tribunal Federal, do Superior Tribunal de Justiça ou do próprio tribunal; b) acórdão proferido pelo Supremo Tribunal Federal, ou pelo Superior Tribunal de Justiça em julgamento de recursos repetitivos; c) entendimento firmado em incidente de resolução de demandas repetitivas ou de assunção de competência".

[21] Incluído pela Lei nº 9.756/98 e vigente no CPC atual. Corresponde, com alteração textual, ao art. 908, parágrafo único, do Novo CPC, segundo o qual: "O relator poderá, de ofício ou a requerimento de qualquer das partes, determinar, quando o conflito for positivo, seja sobrestado o processo, mas nesse caso, bem como no de conflito negativo, designará um dos juízes para resolver, em caráter provisório, as medidas urgentes. Parágrafo único. Havendo jurisprudência dominante do tribunal sobre a questão suscitada, o relator poderá decidir de plano o conflito de competência, cabendo agravo interno para o órgão recursal competente, no prazo de quinze dias, contado da intimação da decisão às partes".

[22] Incluído pela Lei nº 10.352/01 e vigente no CPC atual. Corresponde, com alteração textual, ao art. 483, §3º, do Novo CPC, segundo o qual: "Não estará sujeita ao reexame necessário a sentença que estiver fundada em I – súmula do Supremo Tribunal Federal ou do Superior Tribunal de Justiça; II – acórdão proferido pelo Supremo Tribunal Federal ou pelo Superior Tribunal de Justiça em julgamento de casos repetitivos; III – entendimento firmado em incidente de resolução de demandas repetitivas ou de assunção de competência".

[23] Incluído pela Lei nº 11.672/08 e vigente no CPC atual. Corresponde, com alteração textual, ao art. 990, do Novo CPC.

[24] WAMBIER, Luiz Rodrigues. Jurisprudência conflitante: desarmonia e ofensa à isonomia. *In*: JORNADAS DE DIREITO PROCESSUAL DO INSTITUTO BRASILEIRO DE DIREITO PROCESSUAL, 8., WAMBIER, Teresa Arruda Alvim (Coord.). Vitória, 21 a 24 de junho 2010. Palestra.

[25] MANCUSO, *op. cit.*, p. 131.

[26] MANCUSO, Rodolfo Camargo. *Divergência jurisprudencial e súmula vinculante*. 3. ed. São Paulo: Revista dos Tribunais, 2007. p. 131.

A jurisprudência — mesmo não extratificada em Súmula — tem uma aptidão natural para atuar subliminarmente na intelecção do julgador, o que segundo alguns, até poderia dispensar o custo político-jurídico da implantação de súmulas em caráter expressamente vinculativo. Por esse entendimento, seria bastante a premissa de que a jurisprudência, no sentido técnico-jurídico antes referido, traz pressuposta a uniformidade contemporânea de um dado entendimento, assim ensejando a sua natural aplicação às hipóteses afins, pelas demais instâncias judiciárias, sem o afirmado e temido risco da estagnação do Direito.

J. J. Calmon de Passos,[27] ainda é mais contundente em sua conclusão sobre o problema da violação às decisões plenárias dos Tribunais Superiores, ao afirmar que

> a força vinculante dessa decisão é essencial e indescartável, sob pena de retirar-se dos Tribunais Superiores precisamente a função que os justifica. Pouco importa o nome de que ela se revista — Súmula, Súmula Vinculante, jurisprudência predominante, uniformização de jurisprudência ou o que for, obriga. Um pouco à semelhança da função legislativa põe-se, com ela, uma norma de caráter geral, abstrata, só que de natureza interpretativa.

A oscilação da jurisprudência, pela inobservância da interpretação dada pelos Tribunais Superiores, até mesmo por eles próprios, foi chamada por Cândido Rangel Dinamarco de *jurisprudência lotérica*.[28]

Segundo Evaristo Aragão Santos,[29] a desatenção dos Tribunais Superiores à sua própria jurisprudência pacificada, gera

> a desatenção ao posicionamento do sistema, encorajando o jurisdicionado a buscar a tutela almejada até a última manifestação possível do Judiciário, acaba gerando não apenas mais volume de demandas, mas mais julgamentos díspares, os quais, por sua vez, encorajarão, mais ainda, essa postura de resistência ao entendimento já fixado pelo sistema, renovando as expectativas daqueles que contra ele reagem e assim por diante.

Contudo, não se pretende com este estudo afirmar que a jurisprudência predominante nos Tribunais Superiores deva ser imutável ou que se perpetuem. Isso porque o Direito é uma ciência dinâmica, que não pode ser engessada por nenhum enunciado linguístico, já que deve refletir a evolução da sociedade.

Primorosa é a lição de Prado Kelly:[30]

> A vida não pára, nem cessa a criação legislativa e doutrinária do direito. Mas vai uma enorme diferença entre mudança, que é frequentemente necessária, e a anarquia jurisprudencial, que é descalabro e tormento. Razoável e possível é o meio termo, para que o STF [atualmente o STJ] possa cumprir o seu mister de definir o direito federal, eliminando ou diminuindo os dissídios de jurisprudência.

---

[27] PASSOS, J. J. Calmon de. Súmula Vinculante. *Revista de Direito Processual Civil*, São Paulo, n. 6, p. 633, set./dez. 1997.

[28] DINAMARCO, Cândido Rangel. *Instituições de direito processual*. 5. ed. São Paulo: Malheiros, 2004. v. 1, p. 15. Sobre o tema, também vale conferir: CAMBI, Eduardo. Jurisprudência lotérica. *Revista dos Tribunais*, São Paulo, v. 90, n. 786, p. 108-128, abr. 2001.

[29] SANTOS, Evaristo Aragão. Técnicas diferenciadas de sumarização procedimental e cognição exauriente: das providências preliminares, julgamento "antecipado" do processo e do procedimento monitório. *Revista de Processo*, São Paulo, n. 181, p. 58, 2010.

[30] *RTJ* nº 37, p. 163.

Portanto, há de ser conferida força vinculativa da jurisprudência predominante e sumulada do STJ, como premissa para previsibilidade da aplicação do Direito Federal, materialização da igualdade, celeridade da justiça e estabilidade do sistema processual.

4 Possíveis soluções previstas no Novo CPC (PLS nº 166/10)

O Presidente do Senado nomeou uma Comissão de Juristas nomeada e presidida pelo Ministro Luiz Fux e sob a Relatoria de Teresa Arruda Alvim Wambier para elaborar o Anteprojeto do Novo Código de Processo Civil Brasileiro. Esse trabalho deu origem ao Projeto de Lei nº 166/10, já aprovado pelo Senado, após o Substitutivo do Senador Relator Valter Pereira,[31] e agora segue para aprovação da Câmara de Deputados e, posteriormente, para a sanção Presidencial.

Passa-se a analisar, em brevíssima síntese, as inovações contidas no substitutivo do PLS nº 166/10 aprovado pelo Senado, especificamente no que tange aos mecanismos de estabilização e potencialização da jurisprudência dos Tribunais Superiores.

A primeira inovação está no art. 12, §2º, inc. IV, do Novo CPC, que prevê que os juízes e tribunais não terão que observar a ordem cronológica de conclusão para decidir com base em julgamentos de recursos repetitivos ou em decisões proferidas em incidentes de resolução de demandas repetitivas.

A jurisprudência do STJ ganha relevo na medida em que pode ser aplicada imediatamente, sendo uma exceção à ordem temporal, prevista no Novo Código (*caput*, art. 12).

O art. 67 do Novo CPC, prevê a figura da Cooperação Jurisdicional Nacional entre Tribunais Superiores e Juízes, seja prestando informações, inclusive sobre jurisprudência predominante, seja para a prática de qualquer ato processual. Utilizando-se os meios tecnológicos de correspondência, crê-se que juízes, desembargadores e ministros terão um canal de comunicação para envio de informações quase em tempo real, o que pode acelerar o convencimento do julgador em relação à matéria debatida nos processos.

Há também previsão (art. 307, do Novo CPC) para que o juiz julgue o processo liminarmente *improcedente* quando, em se tratando de matéria exclusivamente de direito, o pedido contrariar súmula do Supremo Tribunal Federal ou do Superior Tribunal de Justiça; contrariar acórdão proferido pelo Supremo Tribunal Federal ou pelo Superior Tribunal de Justiça em julgamento de recursos repetitivos; ou contrariar entendimento firmado em incidente de resolução de demandas repetitivas ou de assunção de competência.

No que tange à *remessa necessária* (também chamada de *recurso de ofício* ou *remessa obrigatória*), o Novo CPC prevê, em seu art. 483, §3º, que não será necessário/obrigatório remeter ao duplo grau a sentença que estiver fundada em: (i) súmula do

---

[31] Relator da COMISSÃO TEMPORÁRIA DA REFORMA DO CÓDIGO DE PROCESSO CIVIL, sobre o Projeto de Lei do Senado nº 166, de 2010, que dispõe sobre a reforma do Código de Processo Civil, e proposições anexadas. Disponível em: <http://professormedina.files.wordpress.com/2010/11/novocpc-substitutivo.pdf>. Acesso em: 27 dez. 2010.

Supremo Tribunal Federal ou do Superior Tribunal de Justiça; (ii) acórdão proferido pelo Supremo Tribunal Federal ou pelo Superior Tribunal de Justiça em julgamento de casos repetitivos; (iii) entendimento firmado em incidente de resolução de demandas repetitivas ou de assunção de competência.

Na execução provisória de sentença, a caução poderá ser dispensada se a sentença houver sido proferida com base em súmula ou estiver em conformidade com acórdão de recursos extraordinário e especial repetitivos ou firmado em incidente de resolução de demandas repetitivas (art. 507 do Novo CPC).

Na impugnação ao cumprimento de sentença, o executado poderá alegar, como na sistemática atual, que o título é inexigível porque fundado em lei ou ato normativo declarados inconstitucionais pelo Supremo Tribunal Federal, ou fundado em aplicação ou interpretação da lei ou ato normativo tidas pelo Supremo Tribunal Federal como incompatíveis com a Constituição da República em controle concentrado de constitucionalidade ou quando a norma tiver sua execução suspensa pelo Senado Federal (art. 511, §5º, do Novo CPC). Tal dispositivo ainda deixa claro (§6º) que a decisão poderá conter *modulação dos efeitos temporais* da decisão em atenção à segurança jurídica. Assim, *v.g.*, o juiz pode determinar o sobrestamento da execução até que o STF decida determinada questão constitucional na qual se baseia o título executivo. A mesma sistemática será adotada em se tratando de execução contra a Fazenda Pública (art. 520, inc. III, §4º, do Novo CPC).

O dispositivo que potencializa, com maior ênfase, a jurisprudência dos tribunais superiores é o art. 882 do Novo CPC, segundo o qual:

> Art. 882. Os tribunais, em princípio, velarão pela uniformização e pela estabilidade da jurisprudência, observando-se o seguinte:
> I – sempre que possível, na forma e segundo as condições fixadas no regimento interno, deverão editar enunciados correspondentes à súmula da jurisprudência dominante; especial ou dos órgãos fracionários superiores aos quais estiverem vinculados, nesta ordem;
> III – a jurisprudência pacificada de qualquer tribunal deve orientar as decisões de todos os órgãos a ele vinculados;
> IV – *a jurisprudência do Supremo Tribunal Federal e dos tribunais superiores deve nortear as decisões de todos os tribunais e juízos singulares do país, de modo a concretizar plenamente os princípios da legalidade e da isonomia;*
> V – na hipótese de alteração da jurisprudência dominante do Supremo Tribunal Federal e dos tribunais superiores ou daquela oriunda de julgamento de casos repetitivos, pode haver modulação dos efeitos da alteração no interesse social e no da segurança jurídica.
> §1º A mudança de entendimento sedimentado observará a necessidade de fundamentação adequada e específica, considerando o imperativo de estabilidade das relações jurídicas.
> §2º Os regimentos internos preverão formas de revisão da jurisprudência em procedimento autônomo, franqueando-se inclusive a realização de audiências públicas e a participação de pessoas, órgãos ou entidades que possam contribuir para a elucidação da matéria.[32] (grifos nossos)

---

[32] O art. 883 ainda esclarece que "Para os fins deste Código, considera-se julgamento de casos repetitivos: I – o do incidente de resolução de demandas repetitivas; II – o dos recursos especial e extraordinário repetitivos".

No que tange aos recursos, o Novo CPC prevê que o relator deve negar provimento a recurso que contrariar:
(i) súmula do Supremo Tribunal Federal, do Superior Tribunal de Justiça ou do próprio tribunal;
(ii) acórdão proferido pelo Supremo Tribunal Federal ou pelo Superior Tribunal de Justiça em julgamento de casos repetitivos;
(iii) entendimento firmado em incidente de resolução de demandas repetitivas ou de assunção de competência.

Por outro lado, o relator deve dar provimento ao recurso se a decisão recorrida contrariar:
(i) súmula do Supremo Tribunal Federal, do Superior Tribunal de Justiça ou do próprio tribunal;
(ii) acórdão proferido pelo Supremo Tribunal Federal, ou pelo Superior Tribunal de Justiça em julgamento de casos repetitivos;
(iii) entendimento firmado em incidente de resolução de demandas repetitivas ou de assunção de competência (art. 888).

O Novo CPC também privilegia o entendimento do STF e a economia processual ao estabelecer que os órgãos fracionários dos tribunais não submeterão ao plenário ou ao órgão especial a arguição de inconstitucionalidade, quando já houver pronunciamento destes ou do plenário do Supremo Tribunal Federal sobre a questão (art. 902, parágrafo único).

O Novo CPC propõe a potencialização da jurisprudência do STJ e do STF, notadamente em se tratando de demandas que contemplem teses repetitivas. Institui-se o chamado incidente de resolução de demandas repetitivas, para solucionar controvérsia com potencial de gerar relevante multiplicação de processos fundados em idêntica questão de direito e de causar grave insegurança jurídica, decorrente do risco de coexistência de decisões conflitantes (art. 930).

Ademais, se, por ocasião de incidente de resolução de demandas repetitivas, o presidente do STF ou STJ receber *requerimento de suspensão de processos* em que se discuta questão federal constitucional ou infraconstitucional, poderá, considerando razões de segurança jurídica ou de excepcional interesse social, estender a eficácia da medida a todo o território nacional, até ulterior decisão do recurso extraordinário ou do recurso especial eventualmente interposto (art. 983, §3º).

No que tange ao Recurso Extraordinário, haverá *repercussão geral* sempre que o recurso impugnar decisão contrária a súmula ou jurisprudência dominante do Supremo Tribunal Federal ou contrariar tese fixada em julgamento de casos repetitivos (art. 989).

Quando houver multiplicidade de recursos com fundamento em idêntica questão de direito, o Supremo Tribunal Federal e do Superior Tribunal de Justiça escolherá, nos termos de seu regimento interno, um ou mais *recursos representativos da controvérsia* (RE ou RExt), ficando suspensos os demais recursos até o pronunciamento definitivo do Tribunal Superior. E, ao julgá-lo, os órgãos fracionários declararão prejudicados os demais recursos versando sobre idêntica controvérsia ou os decidirão aplicando a tese (art. 991 e 993). No primeiro grau,

> sobrevindo decisão da instância superior a respeito do mérito da controvérsia, o juiz proferirá sentença e aplicará a tese firmada ou a parte poderá desistir da ação em curso

no primeiro grau de jurisdição, se a questão nela discutida for idêntica à resolvida pelo recurso representativo da controvérsia. Se a desistência ocorrer antes de oferecida a contestação, a parte ficará isenta do pagamento de custas e de honorários de sucumbência (art. 995).

Como já vimos no item anterior, para a estabilização da jurisprudência, é importante também que os Ministros dos Tribunais Superiores respeitem a sua própria jurisprudência predominante. Assim, um instrumento processual que irá conduzir tal observância é o recurso de Embargos de Divergência, previsto no art. 997 do Novo CPC.

Os Embargos de Divergência serão cabíveis quando a Turma do STJ decidir: (i) em recurso especial, divergindo do julgamento de outra turma, da seção ou do órgão especial, sendo as decisões, embargada e paradigma, de mérito; (ii) em recurso de estrito direito, divergir do julgamento de outra turma, da seção ou do órgão especial, sendo as decisões, embargada e paradigma, relativas ao juízo de admissibilidade; (iii) em recurso especial, divergir do julgamento de outra turma, da seção ou do órgão especial, sendo uma decisão de mérito e outra que não tenha conhecido do recurso, embora tenha apreciado a controvérsia; (iv) nas causas de competência originária do STJ, divergir do julgamento de outra turma, seção ou do órgão especial (art. 997).

Nota-se, portanto, que o Novo CPC pode contribuir, e muito, introduzindo no ordenamento processual uma nova sistemática que contemplará a *força vinculativa* das decisões dos Tribunais Superiores, notadamente STJ e STF, de modo a uniformizar o Direito Federal e Constitucional, evitando-se decisões conflitantes, recursos desnecessários e descrédito no Poder Judiciário, em respeito aos princípios da legalidade e da isonomia.

5 Conclusão

O sistema processual brasileiro enfrenta uma desestabilidade em função de abruptas mudanças de interpretações sobre determinadas questões previstas nas normas jurídicas gerais e abstratas que formam o ordenamento.

Como produto da linguagem jurídica competente, o Direito interpretado pelos tribunais, tem como característica marcante a regência da teoria dos valores nas decisões, que se tornam precedentes que conferirão intertextualidade ao discurso para futuras decisões em casos análogos e, consequentemente, para a previsibilidade das condutas intersubjetivas.

Pela característica da *bipolaridade*, a todo valor corresponde um desvalor. Assim, ao desconsiderar um precedente predominante ou uma súmula do STJ o Ministro ou órgão julgador deve fazê-lo excepcionalmente e com uma fundamentação robusta, tendo a consciência de que a mudança de paradigma irá desestabilizar o sistema e ferir, em certo grau, o princípio da isonomia.

Sabe-se que a evolução da jurisprudência é inevitável e inerente ao sistema, eis que o Direito reflete a evolução da sociedade e seu dinamismo. Contudo, a mudança de um entendimento isolado tem que conduzir a uma reconstrução da norma jurídica aplicada, ou seja, o dissenso deve gerar consenso para que se possa falar em estabilização do sistema.

Se o desvalor é uma característica do valor, a hierarquia também o é. Assim, pode-se afirmar sem exagero que o efeito vinculativo da jurisprudência predominante ou sumulada do STJ, órgão que tem por função constitucional a harmonização da jurisprudência do Direito Federal infraconstitucional, não necessariamente exige expressa previsão legal para ser observado pelos juízes de instâncias inferiores, já que se apresenta como um princípio, que decorre da própria noção de sistema.

E, como princípio, não tem conotação absoluta, podendo ser precedido de outro princípio. Significa dizer que, via de regra, a jurisprudência predominante e sumulada do STJ para conferir previsibilidade da aplicação do Direito Federal, materialização da igualdade, celeridade da justiça e estabilidade do sistema processual. Contudo, se houver outro valor jurídico que justifique a contrariedade jurisprudencial, ela deve ocorrer com fundamento que demonstre: (i) não se tratar de caso análogo aos precedentes; ou (ii) a necessidade premente de mudança de paradigma, e que tal não se dá por vaidade intelectual do juiz, nem por mero sabor da irresignação ideológico-política.

Significa afirmar que, em muitos casos, ainda que discorde do entendimento veiculado pela jurisprudência predominante ou sumulada, deve o juiz ressalvar seu entendimento pessoal (já que a sua função pública também é investida da impessoa-lidade), para acompanhar o precedente pretoriano. E, apenas excepcionalmente, quando outro princípio jurídico vier a solucionar o caso concreto de maneira diametralmente oposta, o juízo de ponderação obriga que o intérprete ignore a força vinculativa. É esta a complexa conjugação de valores a serem observados na formação da *persuasão racional do juiz*.

O Novo Código de Processo Civil, cujo Anteprojeto foi elaborado pela Comissão de Juristas[33] nomeada pelo Senado, dará, sem dúvida, mais agilidade ao processo. Mas, sem dúvida, os novos valores que ele nos traz ainda são insuficientes, cabendo — e ainda há tempo — refundi-los com a noção preceptiva da vinculação obrigatória das normas jurídicas individuais criadas pelo Juiz ao estuário jurisprudencial formado no âmbito dos Tribunais Superiores.

Pretende-se trazer à discussão os principais avanços e retrocessos, sem, obviamente, esgotar o tema.

Em relação ao tema do presente estudo, os novos dispositivos previstos no Novo CPC mostram-se *necessários* ao aperfeiçoamento do sistema.

Referências

CAMBI, Eduardo. Jurisprudência lotérica. *Revista dos Tribunais*, São Paulo, v. 90, n. 786, p. 108-128, abr. 2001.

CARVALHO, Aurora Tomazini de. *Curso de teoria geral do direito*: o constructivismo lógico-semântico. São Paulo: Noeses, 2009.

CARVALHO, Paulo de Barros. *Direito tributário, linguagem e método*. 3. ed. São Paulo: Noeses, 2009.

---

[33] Presidida pelo Ministro Luiz Fux, sob a Relatoria de Teresa Arruda Alvim Wambier.

CARVALHO, Paulo de Barros. Poesia e direito. *In*: HARET, Florence; CARNEIRO, Jerson (Coord.). *Vilém Flusser e juristas*: comemoração dos 25 anos do grupo de estudos Paulo de Barros Carvalho. São Paulo: Noeses, 2009.

DINAMARCO, Cândido Rangel. *Instituições de direito processual*. 5. ed. São Paulo: Malheiros, 2004. v. 1.

DINIZ, Maria Helena. *Compêndio de introdução à ciência do direito*. 14. ed. São Paulo: Saraiva, 2001.

FERRAZ JUNIOR, Tercio Sampaio. *Estudos de filosofia do direito*: reflexões sobre o poder, a liberdade, a justiça e o direito. São Paulo: Atlas, 2002.

FERRAZ JUNIOR, Tercio Sampaio. *Introdução ao estudo do direito*: técnicas, decisão, dominação. 2. ed. São Paulo: Atlas, 1994.

GAMA, Tácio Lacerda. Sentido, consistência e legitimação. *In*: HARET, Florence; CARNEIRO, Jerson (Coord.). *Vilém Flusser e juristas*: comemoração dos 25 anos do grupo de estudos Paulo de Barros Carvalho. São Paulo: Noeses, 2009.

KIETZMANN, Luís Felipe de Freitas. Da uniformização de jurisprudência no direito brasileiro. *Jus Navigandi*, Teresina, ano 10, n. 1.124, 30 jul. 2006. Disponível em: <http://jus2.uol.com.br/doutrina/texto.asp?id=8701>. Acesso em: 10 jul. 2010.

MACHADO, Edgar Godoy da Matta. Elementos de teoria geral do direito. *Veja*, Rio de Janeiro, 2001.

MANCUSO, Rodolfo Camargo. *Divergência jurisprudencial e súmula vinculante*. 3. ed. São Paulo: Revista dos Tribunais, 2007.

MOREIRA, José Carlos Barbosa. Notas sobre alguns aspectos do processo: civil e penal: nos países anglo-saxônicos. *In*: MOREIRA, José Carlos Barbosa. *Temas de direito processual*: sétima série. São Paulo: Saraiva, 2001.

MUSCARI, Marco Antônio Botto. *Súmula vinculante*. São Paulo: Juarez de Oliveira, 1999.

PASSOS, J. J. Calmon de. Súmula Vinculante. *Revista de Direito Processual Civil*, São Paulo, n. 6, set./dez. 1997.

PELUSO, Antonio Cezar. Ninguém lê 10.000 ações. Entrevista concedida à revista *Veja*, pelo Presidente do Supremo Tribunal Federal, em 05.07.2010. Disponível em: <http://www.espacovital.com.br/noticia_ler.php?id=19404>. Acesso em: 09 jul. 2010.

REALE, Miguel. *Lições preliminares de direito*. 22. ed. São Paulo: Saraiva, 1995.

SANCHES, Sydnei. *Uniformização da jurisprudência*. São Paulo: Revista dos Tribunais, 1975.

SANTOS, Evaristo Aragão. Técnicas diferenciadas de sumarização procedimental e cognição exauriente: das providências preliminares, julgamento "antecipado" do processo e do procedimento monitório. *Revista de Processo*, São Paulo, n. 181, p. 58, 2010.

SARLET, Ingo Wolfgang. *A eficácia dos direitos fundamentais*. Porto Alegre: Livraria dos Advogados, 2001.

SCARMAN, Leslie. *English Law*: the New Dimension. Porto Alegre: Sérgio Antonio Fabris, 1977.

SOARES, Guido Fernando Silva. *Common law*: introdução ao direito dos EUA. 2. ed. São Paulo: Revista dos Tribunais, 2000.

STRECK, Lenio Luiz. *Súmulas no direito brasileiro eficácia, poder e função*: a ilegitimidade constitucional do efeito vinculante. Porto Alegre: Livraria dos Advogados, 1998.

TEIXEIRA, Sálvio de Figueiredo. *A jurisprudência como fonte do direito e o aprimoramento da magistratura*. Disponível em: <http://bdjur.stj.gov.br/dspace/handle/2011/1916>. Acesso em: 06 dez. 2006.

TEIXEIRA, Sálvio de Figueiredo. A jurisprudência como fonte do direito e o aprimoramento da magistratura. *Revista Forense*, 264/83.

WAMBIER, Luiz Rodrigues. Jurisprudência conflitante: desarmonia e ofensa à isonomia. *In*: JORNADAS DE DIREITO PROCESSUAL DO INSTITUTO BRASILEIRO DE DIREITO PROCESSUAL, 8., WAMBIER, Teresa Arruda Alvim (Coord.). Vitória, 21 a 24 de junho 2010. Palestra.

WAMBIER, Teresa Arruda Alvim. A uniformidade e a estabilidade da jurisprudência e o Estado de direito: *civil law e common law*. *Idéias e Opiniões*, Curitiba, v. 7, n. 15, out. 2009.

WOLKMER, Antônio Carlos. Legitimidade e legalidade: uma distinção necessária. *Revista de Informação Legislativa*, Brasília, v. 31, n. 124, out./dez. 1994.

Informação bibliográfica deste texto, conforme a NBR 6023:2002 da Associação Brasileira de Normas Técnicas (ABNT):

LOBO, Arthur Mendes; MORAES, João Batista de. Desafios e avanços do Novo CPC diante da persistente insegurança jurídica: a urgente necessidade de estabilização da jurisprudência. *In*: ROSSI, Fernando *et al.* (Coord.). *O futuro do processo civil no Brasil*: uma análise crítica ao Projeto do Novo CPC. Belo Horizonte: Fórum, 2011. p. 47-63. ISBN 978-85-7700-511-6.

ESTUDO COMPARADO DA RESPONSABILIDADE CIVIL DECORRENTE DA CASSAÇÃO DE TUTELAS DE URGÊNCIA NO CPC ATUAL E NO PROJETO DO CPC

CRISTIANE DRUVE TAVARES FAGUNDES

1 Responsabilidade civil

1.1 Conceito e espécies

Tema dos mais relevantes para o Direito, em todos os seus ramos, é o que se refere à responsabilidade. Como bem advertia Aguiar Dias,[1] em obra que é, e sempre será, referência no estudo da matéria em comento, "toda manifestação da atividade humana traz em si o problema da responsabilidade". Por óbvio, neste estudo, será dado enfoque para a responsabilidade de cunho jurídico, não se perquirindo quanto àquelas de conteúdo moral e religioso. E, dentro da responsabilidade jurídica, limitar-se-á a análise ao estudo da responsabilidade civil *stricto sensu*, não sendo abordados aspectos penais e disciplinares possivelmente oriundos da atividade humana direta ou indiretamente considerada.

No que diz respeito à conceituação do que vem a ser responsabilidade civil, é de se parodiar a reflexão do constitucionalista Paulo Bonavides,[2] com base em pensamento de Xavier Philippe, segundo o qual "há princípios mais fáceis de compreender do que definir". Assim, ainda que se compreenda intuitivamente o sentido da responsabilidade civil, conceituar seu objeto e, ainda, extensão, é tarefa das mais árduas.

Ademais, não há uniformidade na doutrina pátria ou estrangeira quanto ao conceito de responsabilidade civil.

Caio Mário da Silva Pereira,[3] após críticas às conceituações ofertadas por diversos doutrinadores que incluem no conceito de responsabilidade civil a ideia de culpa,

---

[1] *Da responsabilidade civil*. 8. ed. Rio de Janeiro: Forense, 1987. p. 1.
[2] *Curso de direito constitucional*. 17. ed. São Paulo: Malheiros, 2006. p. 392.
[3] *Responsabilidade civil*. 6. ed. Rio de Janeiro: Forense, 1995. p. 11.

como se essa fosse indissociável do referido instituto, preceitua que esse "consiste na efetivação da reparabilidade abstrata do dano em relação a um sujeito passivo da relação jurídica que se forma".

Maria Helena Diniz[4] entende ser responsabilidade civil:

> a aplicação de medidas que obriguem uma pessoa a reparar dano moral ou patrimonial causado a terceiro, em razão de ato por ela mesma praticado, por pessoa por quem ela responde, por alguma coisa a ela pertencente ou de simples imposição legal.

O interessante da citada definição é que, além de apresentar um conceito da própria responsabilidade civil, qual seja, aplicação de medidas reparatórias de dano, abarca referida conceituação as hipóteses do fundamento da responsabilidade (com ou sem culpa), do tipo de dano (patrimonial ou moral) e, ainda, da extensão do causador do dano (causadores diretos e indiretos).

Diferenciação precisa entabula Álvaro Villaça Azevedo, delineando a separação entre as noções de relação jurídica originária e relação jurídica secundária. Apenas a primeira seria efetivamente a obrigação, ou seja, a prestação a que, por contrato ou lei, se obrigou a cumprir o devedor. Uma vez inadimplida essa relação jurídica originária, ou seja, não cumprida a obrigação, surge a responsabilidade, relação jurídica secundária, portanto. Em suma, "a responsabilidade é uma relação jurídica derivada do inadimplemento da relação jurídica originária (*obrigação*)".[5]

Independentemente do conceito adotado, é de se notar que a concepção de responsabilidade civil está diretamente vinculada à ideia de manutenção do equilíbrio da convivência em sociedade. Assim, na hipótese de quebra do referido equilíbrio, em decorrência de um dano, o seu causador (ou o responsável pelo ato do causador direto) deverá restituir a situação ao *status quo ante*. Fixam-se as bases, portanto, para a indenização ou reparação do prejuízo causado. E indenizar nada mais é do que tornar indene, ou seja, íntegro, ileso, incólume.

Dentre uma série de outras classificações,[6] que, pela limitação temática do presente estudo, não serão verificadas nesta oportunidade, destacam-se, pela sua importância prática, as espécies de responsabilidade civil decorrentes do *fundamento adotado para sua aplicação*.

Dessa sorte, de acordo com o fundamento adotado para que se conclua pela responsabilidade civil do agente, tem-se que essa pode ser subjetiva ou objetiva.

A distinção clássica para as espécies de responsabilidade civil reside na exigência ou não de culpa, como pressuposto da obrigação de indenizar. Assim, no caso de se tratar de responsabilidade subjetiva, deve restar comprovado o elemento culpa, em uma de suas três modalidades — negligência, imprudência ou imperícia —, para que se verifique a obrigação de indenizar. Por outro lado, quando se estiver diante da responsabilidade objetiva, tal requisito não é exigido, bastando restarem configurados os elementos dano e nexo de causalidade com a conduta do agente.

Entretanto, nem sempre esta diferenciação será suficiente para que se possam distinguir, com precisão, as espécies, em apreço.

---

[4] *Curso de direito civil brasileiro*: responsabilidade civil. 17. ed. São Paulo: Saraiva, 2003. v. 7, p. 36.
[5] *Teoria geral das obrigações e responsabilidade civil*. 11. ed. São Paulo: Atlas, 2008. p. 19-20.
[6] Quanto ao fato gerador, a responsabilidade pode ser contratual ou extracontratual e em relação ao agente, a responsabilidade pode ser direta ou indireta.

De importância ímpar para os fins almejados neste estudo é a diferenciação entre as espécies de responsabilidade, em análise, apresentada por Fábio Ulhoa Coelho:[7]

> São duas as espécies de responsabilidade civil: subjetiva e objetiva. Na primeira, o sujeito passivo da obrigação pratica ato *ilícito* e esta é a razão de sua responsabilização; na segunda, ele só pratica ato ou atos *lícitos*, mas se verifica em relação a ele o fato jurídico descrito na lei como ensejador da responsabilidade. Quem responde subjetivamente fez algo que não deveria ter feito; quem responde objetivamente fez só o que deveria fazer. A ilicitude ou licitude da conduta do sujeito a quem se imputa a responsabilidade civil é que define, respectivamente, a espécie subjetiva ou objetiva.

Dessa forma, é extremamente importante verificar que não só a exigência ou não do elemento culpa — de forma apartada — irá possibilitar a diferenciação precisa das espécies de responsabilidade civil em subjetiva ou objetiva. Outra base de distinção de notória importância é verificar se a conduta prevista como caracterizadora de responsabilidade civil é ilícita[8] ou lícita (mas ainda assim ensejadora de responsabilidade civil). No primeiro caso, estar-se-á diante de responsabilidade subjetiva enquanto que, na segunda hipótese, de responsabilidade objetiva.

Por óbvio que os próprios conceitos de ato ilícito e culpa se entrelaçam, mas é equivocado buscar nos comandos legais a presença expressa de uma das três modalidades de culpa — negligência, imprudência e imperícia — para que se entenda a respectiva responsabilidade como subjetiva. Ou ainda, *mutatis mutandis*, pretender encontrar, na ausência de menção expressa de tais modalidades, a responsabilidade objetiva. Muitas vezes, como se verá adiante, a lei será silente quanto ao elemento culpa, mas, ainda assim, será possível identificar o fundamento da responsabilidade civil.

Reforçando referido conceito, Maria Helena Diniz[9] se posiciona no seguinte sentido:

> Na *responsabilidade subjetiva* o ilícito é o seu fato gerador, de modo que o imputado, por ter-se afastado do conceito de *bonus pater familias*, deverá ressarcir o prejuízo, se se provar que houve dolo ou culpa na ação. (...)
>
> Na *responsabilidade objetiva*, a atividade que gerou o dano é lícita, mas causou perigo a outrem, de modo que aquele que a exerce, por ter a obrigação de velar para que dela não resulte dano, terá o dever ressarcitório, pelo simples implemento do nexo causal.

Tem-se, portanto, fixada a seguinte premissa: o fato gerador da responsabilidade subjetiva é a ocorrência de um ato ilícito, cumulada com a produção do dano, enquanto para a configuração da responsabilidade objetiva basta a incidência na conduta lícita prevista em lei, desde que, por óbvio, esta conduta cause prejuízo a outrem. É bom que se ressalte que, em ambos os casos, exige-se o nexo de causalidade entre a conduta lesiva e o prejuízo dela decorrente.

---

[7] COELHO, Fábio Ulhoa. *Curso de direito civil*: obrigações: responsabilidade civil. 3. ed. São Paulo: Saraiva, 2009.

[8] Nunca é demais relembrar a previsão constante do art. 186, do Código Civil, referente aos atos ilícitos: "Aquele que, por ação ou omissão voluntária, negligência ou imprudência, violar direito e causar dano a outrem, ainda que exclusivamente moral, comete ato ilícito".

[9] DINIZ, Maria Helena. *Curso de direito civil brasileiro*: responsabilidade civil. 17. ed. São Paulo: Saraiva, 2003. v. 7, p. 52-53.

Por fim, resta esclarecer que prevalece na doutrina pátria o entendimento segundo o qual a responsabilidade civil subjetiva é a regra de nosso ordenamento jurídico, mesmo após as alterações implementadas pelo Código Civil de 2002.[10]

Independentemente do entendimento quanto ao tema de se tratar a responsabilidade subjetiva de regra no ordenamento jurídico pátrio, não se pode olvidar do alerta emitido por João Batista Lopes,[11] ainda nos idos de 1979, quando asseverou que "a teoria do risco não substituiu a teoria da culpa, mas sobrevive ao lado dela".

Assim, pelo fato de as espécies de responsabilidade civil conviverem no ordenamento brasileiro, imperiosa se faz a identificação de uma e outra, nos casos concretos que se afigurarem.

De toda sorte, fixamos posicionamento no sentido de que a responsabilidade objetiva se configura em exceção do sistema e, por isso, deve estar prevista, de forma necessariamente expressa. Em não havendo previsão, estar-se-á diante da responsabilidade subjetiva, decorrente do cometimento de ato ilícito.

Diverso não é o entendimento de Donaldo Armelin:[12]

> Nosso sistema jurídico ainda privilegia a necessidade de culpa para que a responsabilidade se caracterize, mas, dada a insuficiência dessa concepção para resolver todos os problemas emergentes da sociedade moderna, a responsabilidade objetiva passou a ser admitida em alguns segmentos do vigente ordenamento jurídico nacional.
>
> Entretanto, ainda é ela de direito estrito, ou seja, exige previsão do sistema, embora esta possa ser inferida sem necessidade de expresso texto legal pertinente qualificando-a como tal.

Não há obrigatoriedade, portanto, de que conste da lei menção expressa à responsabilidade objetiva, desde que, do texto legal, se extraia tal conclusão. Expressões tais como "responderá independentemente de culpa" ou "responderá objetivamente" são, portanto, dispensáveis.

Entendemos, pois, que parâmetro confiável para tal verificação é a análise de licitude ou ilicitude da conduta ensejadora de responsabilidade civil. Assim, se determinada conduta for causadora de ilícito, somente se poderá estar diante de responsabilidade subjetiva. Por outro lado, se mesmo praticando um ato lícito, ainda assim o agente for obrigado a reparar o dano eventualmente causado, estar-se-á diante de responsabilidade objetiva, ainda que ausentes disposições expressas neste sentido. Isto porque, do próprio texto legal, se infere a responsabilidade como sendo de cunho objetivo.

---

[10] Neste sentido, é o entendimento de Maria Helena Diniz (*Curso de direito civil brasileiro*: responsabilidade civil. 17. ed. São Paulo: Saraiva, 2003. v. 7, p. 40), para quem vigora a regra geral de que a obrigação ressarcitória decorre da culpa, ou seja, da reprovabilidade ou censurabilidade da conduta do agente. Em sentido contrário, é de se mencionar o posicionamento de Nelson Nery Júnior e Rosa Maria de Andrade Nery (*Código Civil anotado e legislação extravagante*. 2. ed. São Paulo: Revista dos Tribunais, 2003), para quem ambos os sistemas jurídicos de responsabilidade civil "têm a mesma importância no sistema do CC, não havendo preponderância de uma sobre a outra. Conforme o caso, aplica-se um ou outro regime da responsabilidade civil, sendo impertinente falar-se em regra e exceção".

[11] LOPES, João Batista. Perspectivas atuais da responsabilidade civil no direito brasileiro. *Revista de Jurisprudência do Tribunal de Justiça do Estado de São Paulo*, São Paulo, n. 57, p. 13-25, mar./abr. 1979.

[12] Responsabilidade objetiva no Código de Processo Civil. *In*: TUCCI, José Rogério Cruz e (Coord.). *Processo civil*: evolução 20 anos de vigência. São Paulo: Saraiva, 1995. p. 79-80.

1.2 Responsabilidade no Processo Civil

Manifestação da atividade humana que é, também o processo civil traz consigo a problemática da responsabilidade. É de se alertar que, novamente neste tópico, a análise será limitada à responsabilidade jurídica civil, sem que sejam perquiridos eventuais aspectos penais e disciplinares que eventualmente pudessem decorrer da atividade processual.

Dessa sorte, uma vez que a atividade dos atores processuais — assim entendidos, de forma ampla, desde as partes, passando pelo juiz, membros do Ministério Público, terceiros, dentre outros — venha a causar dano a outrem, poderá ter lugar a obrigação de indenizar, desde que preenchidos os requisitos previstos na legislação pertinente.

Certo é que não há necessidade de que sejam criados regramentos específicos quanto à obrigação indenizatória oriunda da atividade processual, devendo ser utilizadas as regras gerais da responsabilidade civil.[13]

Neste sentido, assim se pronuncia Vito Antonio Boccuzzi Neto:[14]

> A doutrina já sedimentou o entendimento de que não existe diferença entre a denominada responsabilidade processual e a responsabilidade civil, tendo em vista que aquela envolve a aplicação dos princípios e regras desta última ao processo. (...)
>
> Assim sendo, despicienda a construção de uma teoria específica sobre a responsabilidade processual, tendo em vista sua inserção na responsabilidade extracontratual aquiliana, tal como a espécie integra um determinado gênero mais amplo.[15]

Assim, podem e devem ser aplicadas as regras gerais da responsabilidade civil para a reparação dos danos eventualmente causados pela atividade processual. O processo, nesse contexto, trata-se unicamente do meio através do qual o prejuízo a outrem é concretizado.

Aplicáveis, portanto, as concepções fixadas no item anterior: conceito de responsabilidade civil; espécies de responsabilidade quanto ao fundamento (subjetiva e objetiva); regramento referente às mencionadas espécies. O diferencial será, portanto, a aplicação de tais regras dentro do processo, o que não altera a natureza do instituto. Há que se acompanhar, somente, as disposições da legislação processual sobre o tema, com suas especificidades pontuais.

---

[13] Alexandre Freitas Câmara (*Lições de direito processual civil*. 3. ed. Rio de Janeiro: Lumen Juris, 2001. v. 3, p. 77) entende que "a responsabilidade processual civil é instituto autônomo em relação à responsabilidade civil, assim como o direito processual civil é autônomo em relação ao direito civil. (...) Embora autônomo em relação à responsabilidade civil, a responsabilidade processual lida com conceitos comuns àquela" (...)

[14] *Responsabilidade pelas despesas e eventuais danos do processo e o princípio da causalidade*: crítica à teoria da sucumbência. 2003. Dissertação (Mestrado em Direito Processual Civil) – Pontifícia Universidade Católica de São Paulo, São Paulo, 2003. f. 49.

[15] Apenas é de se fazer uma ressalva no sentido de que, na verdade, entendemos a responsabilidade processual não como uma espécie da responsabilidade extracontratual *aquiliana*, ou seja, como se tal expressão apenas englobasse hipóteses de responsabilidade subjetiva. No nosso entender, a responsabilidade processual decorre tanto da consecução de atos lícitos como ilícitos, decorrendo daí sua classificação em objetiva ou subjetiva. De toda forma, efetivamente trata-se de espécie de um gênero mais amplo, qual seja, a responsabilidade civil.

2 Análise do tratamento dispensado às tutelas de urgência pelo CPC atual e pelo Projeto

O Código de Processo Civil atual, com todas as alterações pelas quais vem passando ao longo de anos de reformas esparsas,[16] apresenta uma estrutura teórica bem delimitada quanto às tutelas de urgência.

Pode-se dizer que tutela de urgência, na presente sistemática, é gênero do qual são espécies a tutela cautelar e a tutela antecipada.

O processo cautelar vem previsto no Livro III, do atual Código de Processo Civil, caracterizando-se basicamente pela autonomia procedimental. Significa dizer que, em regra, para que seja a tutela cautelar obtida, deve-se propor apartadamente um novo processo, onde se discutirão meios de garantia de um direito versado no processo dito principal.

Neste sentido, é a doutrina clássica de Galeno Lacerda,[17] ao descrever o realce outorgado, pelo legislador brasileiro, ao processo cautelar:

> Na verdade, a posição de destaque conferida ao processo cautelar, em nosso Código, corresponde à autonomia hoje reconhecida à cautela como uma das espécies da função jurisdicional.
>
> Essa autonomia não significa, porém, independência teleológica, como se no processo cautelar houvesse uma finalidade *stante a se*. Ela decorre, sim, da natureza diversa da prestação solicitada ao juiz. Enquanto no processo de conhecimento se pede a declaração do direito, acrescida de eventual condenação ou constituição (positiva ou negativa), e no de execução se cuida da realização coativa do direito reconhecido, na função cautelar a prestação jurisdicional se caracteriza pela outorga de segurança com vistas a garantir o resultado útil das demais funções.

Assim sendo, enquanto a palavra-chave do processo de conhecimento é a busca da *certeza*, e do processo executivo é a *satisfação* do direito já reconhecido, quando se tratar do processo cautelar, será a *garantia* do resultado útil de outro processo.

Neste ponto reside um dos principais diferenciais entre a tutela cautelar e a tutela antecipada. Se, por um lado, o processo cautelar visa à garantia do resultado útil do feito principal, por outro, a tutela antecipada visa à satisfação prévia, ainda que parcial, de um ou de alguns efeitos da tutela pretendida ao final.

Aduzindo não ser tal diferenciação tão simples como possa parecer a princípio, Daniel Amorim Assumpção Neves leciona no sentido de que método interessante para se discernir a tutela cautelar da antecipada "é analisar se os efeitos práticos que a tutela gera se confundem — total ou parcialmente — com os efeitos que serão criados com o resultado final do processo. Havendo tal coincidência, a tutela de urgência será antecipada; caso contrário, será cautelar".[18]

---

[16] Desde a promulgação do Código de Processo Civil, em 1973, foram 65 (sessenta e cinco) as leis esparsas que alteraram a redação original do *codex*.

[17] LACERDA, Galeno. *Comentários ao Código de Processo Civil*. Rio de Janeiro: Forense, 1999. v. 8, t. I, p. 2-3. Arts. 796 a 812.

[18] Tutela antecipada e tutela cautelar. *In*: ARMELIN, Donaldo (Coord.). *Tutelas de urgência e cautelares*: estudos em homenagem a Ovídio Baptista da Silva. São Paulo: Saraiva, 2010. p. 316-317.

A tutela antecipada foi instituto inserido no Código de Processo Civil, pela Lei nº 8.952/94, que alterou significativamente a sistemática das tutelas de urgência no Brasil. A redação dada ao art. 273 fez expressa previsão de uma tutela interina, ou seja, concedida no curso do processo,[19] sem a necessidade de propositura de ação apartada para tanto. Trata-se essa característica, inclusive, de mais um diferencial existente para com o processo cautelar, posto que a tutela antecipada — nos contornos atuais do CPC — somente pode ser concedida no bojo do próprio processo em que se pretende antecipar um dos efeitos pretendidos a final. Enquanto quando se tratar de processo cautelar, em regra, haverá necessidade de um processo principal, na tutela antecipada, não haverá dois processos, mas apenas um, qual seja, aquele no qual ocorrerá o pedido antecipatório.

Neste contexto é que se fala em ausência de autonomia da tutela antecipada, ao contrário do processo cautelar, que é procedimentalmente autônomo em relação ao processo principal, conforme já analisado alhures.

Os contornos da sistemática pátria acerca das tutelas de urgência serão radicalmente alterados, na hipótese de aprovação do Projeto de Lei do Senado nº 166/10, mesmo com as alterações implementadas pelo relatório-geral do Senador Valter Pereira.

No referido Projeto, propõe-se a revogação do Livro III do atual Código, ou seja, seria extinta a atual tripartição dos processos conforme as tutelas pretendidas. Não mais haveria que se falar na propositura de uma ação cautelar, com procedimento apartado do processo principal.

No lugar da ora em vigor diferenciação procedimental entre tutela antecipada (atual art. 273, CPC) e tutela cautelar (Livro III, CPC), sugere-se a criação, na Parte Geral do Código (Livro I), do Título IX, denominado de "Tutela de Urgência e Tutela da Evidência". Faz-se distinção entre tutelas requeridas de forma antecipada ou incidental,[20] mas é abolida a necessidade de propositura da atual ação principal, em outro bojo procedimental. Apenas é feita a ressalva da necessidade de apresentação do pedido principal, no caso de a tutela ser requerida na forma antecipada. Tal pedido, é mister notar, trata-se de petição simples, a ser incorporada ao próprio feito instaurado pelo pedido de tutela na forma antecipada.

A extinção do Livro III, do atual CPC, dedicado ao processo cautelar, vem provocando discussões acaloradas por parte da doutrina pátria. Parte dos doutrinadores entende que a tripartição dos processos em conhecimento, execução e cautelar, seria da própria tradição processual brasileira, não devendo, pois, haver modificação nessa seara. Por outro lado, outros entendem que se trata de providência interessante, pelo fato de que, há tempos, se vem reconhecendo que os pontos de ligação entre a tutela antecipada e tutela cautelar são infinitamente maiores do que aqueles que diferem tais institutos.[21] Logo, seria bem-vinda a unificação procedimental entre as duas espécies,

---

[19] Conforme lição de Arruda Alvim (A evolução do direito e a tutela de urgência. *In*: ARMELIN, Donaldo (Coord.). *Tutelas de urgência e cautelares*: estudos em homenagem a Ovídio Baptista da Silva. São Paulo: Saraiva, 2010. p. 173).

[20] Conforme redação do art. 277, do PLS nº 166/10, mantida na inteireza pelo relatório-geral do Senador Valter Pereira, em seu art. 269: "A tutela de urgência e a tutela da evidência podem ser requeridas antes ou no curso do processo, sejam essas medidas de natureza satisfativa ou cautelar".

[21] Tanto é assim que o legislador reformista, mesmo reconhecendo a distinção teórica existente entre a tutela antecipada e a tutela cautelar, entendeu por bem inserir no atual art. 273, o parágrafo 7º, onde se estabeleceu a fungibilidade entre os institutos, no caso de se requerer um no lugar do outro.

as quais, conforme mencionado anteriormente, formam um único gênero, qual seja, a tutela de urgência.[22]

Acompanhando a segunda corrente, entendemos como salutar a proposta de alteração do regime das tutelas de urgência, no que diz respeito à unificação de procedimentos. Entendemos como absolutamente prejudicial a utilização de filigranas jurídicas para indeferir o direito substancial do jurisdicionado. Impossível permitir que o posicionamento pessoal de um magistrado sobre qual instrumento é apto a alcançar o fim pretendido — quando a legislação oferece dois caminhos igualmente aptos — possa gerar eventual perecimento ou mesmo atraso na apreciação do mérito levado a juízo.[23]

Não se está aqui a negar a diferença teórica entre a tutela antecipada e a tutela cautelar. Tal diferença existe e decorre da letra expressa da lei. Daniel Amorim Assumpção Neves, inferindo pela real distinção entre referidos institutos, mostra com precisão que "para a cautelar basta que o fato alegado pelo requerente pareça ser verdadeiro (verossimilhança da alegação), enquanto na tutela antecipada, além de o fato parecer verdade (verossimilhança da alegação), deve haver um conjunto probatório que corrobore a alegação e seja o suficiente para formar um convencimento mais robusto, mas ainda não definitivo, ao juiz".[24]

Todavia, em inúmeras hipóteses, a distinção não é tão claramente aferida, havendo manifesta zona de penumbra quando do cabimento de um e outro instituto. Por óbvio, que referidas distinções aliadas a uma correta utilização do princípio da fungibilidade poderiam resolver a questão, sem nem mesmo se questionar na extinção de um ou outro. Porém, a prática demonstra a má utilização ou o impróprio entendimento quanto à extensão do princípio da fungibilidade.[25]

Tecendo comentários acerca de propostas de alteração esparsa no Livro III, do vigente CPC, Athos Gusmão Carneiro depreende que não subsistiriam mais os

---

[22] Neste sentido, é o entendimento de Luiz Guilherme Marinoni e Daniel Mitidiero, com ressalva às ações cautelares nominadas mais típicas: "O Projeto não conta com um livro destinado ao processo cautelar. Trata-se de opção acertada. Também não disciplina tutelas cautelares nominadas. Teria sido ideal, todavia, que o Projeto tivesse mantido certas tutelas cautelares em espécie — o arresto, o sequestro, as cauções, a busca e apreensão e o arrolamento de bens. Reconheceu-se, na esteira dos que sustentamos há muito tempo, o fato de a tutela antecipatória fundada no perigo e de a tutela cautelar constituírem espécies do mesmo gênero: tutela de urgência. Seguindo esta linha, o Projeto propôs disciplina conjunta do tema" (*O Projeto do CPC*: críticas e propostas. São Paulo: Revista dos Tribunais, 2010. p. 106).

[23] Neste sentido, basta lembrar a celeuma jurídica em torno de qual seria o instrumento correto para quem pretende obstar a efetivação de protesto de um título indevido. Quantas vezes não se denegou o direito à garantia do resultado útil do processo principal em virtude de reles divergência sobre qual o meio adequado para amparar tal pretensão: se cautelar inominada de sustação de protesto ou tutela antecipada no bojo do processo em que se requer, ao final, a inexigibilidade da dívida discutida. Daí entendermos correto o posicionamento do seguinte *decisum*: "Se o autor, a título de antecipação de tutela requer providência de natureza cautelar, pode o juiz, presentes os respectivos pressupostos, deferir a medida cautelar em caráter incidental no processo ajuizado, em atendimento ao princípio da economia processual" (STJ, 3ª Turma, REsp nº 351.766-SP, rel. Min. Nancy Andrighi, j. 06.05.2002, *DJU*, p. 214, 26.08.02).

[24] Tutela antecipada e tutela cautelar. *In*: ARMELIN, Donaldo (Coord.). *Tutelas de urgência e cautelares*: estudos em homenagem a Ovídio Baptista da Silva. São Paulo: Saraiva, 2010. p. 319.

[25] Sobre a aplicação adequada do referido princípio, interessante a exposição de Eduardo de Avelar Lamy: "No campo do Direito Processual, a norma da fungibilidade deixa de possuir caráter de troca, de substituição, de generalidade de determinados objetos, como ocorre no direito material, para adquirir caráter de tolerância, de aproveitamento de atos imperfeitos, promovendo a *aceitação* de um meio processual em lugar do outro, ou mesmo de meio processual tido como incorreto, desde que capaz de gerar os mesmos resultados" (*Princípio da fungibilidade no processo civil*. São Paulo: Dialética, 2007. p. 101).

motivos que levaram o legislador de 1973 a erigir um processo cautelar autônomo. Aduz referido doutrinador que:

> Parece uma demasia, no entanto, na etapa atual de modernização do direito processual — voltado mais à eficiência e à instrumentalidade das atividades processuais do que a considerações de marcante caráter teórico —, qualificar tal função cautelar, que é subsidiária, acessória, como se fora um verdadeiro *tertium genus*, a par do processo de conhecimento e do processo de execução.[26]

Assim, unificar procedimentos soa como uma apropriada solução para que, sob o argumento de não estarem presentes os requisitos específicos para aplicação da medida requerida, não se denegue uma tutela de urgência efetivamente necessária visando a que não pereça o direito material pretendido. O direito do jurisdicionado não pode ficar vulnerável a armadilhas jurídicas advindas de discussões jurídicas que se olvidam de que há problemas reais para serem resolvidos pelo instrumento que é o processo.

É dessa forma, unificando procedimentos, que o Projeto detalha, em seu art. 283,[27] os requisitos exigidos para que se possa obter uma tutela de urgência, seja ela cautelar ou satisfativa: plausibilidade do direito e risco de dano irreparável ou de difícil reparação. Não mais se faz a diferenciação, que hoje existe, de um lado, entre *fumus boni iuris* e prova inequívoca da verossimilhança da alegação e, de outro lado, *periculum in mora* e fundado receio de dano.

No parágrafo único do mesmo artigo em comento, aduz-se, ainda, que poderá o juiz exigir caução real ou fidejussória para a concessão liminar da tutela de urgência.

Por fim, no Capítulo II, do Título IX, do Projeto, é descrito o procedimento a ser observado por quem precisar se utilizar da tutela de urgência e da evidência. Subdividem-se os procedimentos de acordo com o caráter da medida pleiteada: se o for em caráter antecedente (arts. 286 a 293)[28] ou incidental (arts. 294 a 296).[29]

Dessa sorte, entendemos que o Projeto do Código de Processo Civil traz modificações profundas no tratamento dispensado às tutelas de urgência. Em algumas, apesar de polêmicas, vislumbramos real avanço, outras necessitam de um maior amadurecimento da comunidade jurídica.[30]

3 Estudo comparativo entre o CPC atual e o Projeto do CPC quanto à responsabilidade civil decorrente da cassação das tutelas de urgência

Adentrando de forma definitiva o cerne do presente estudo, tem-se que especificamente no que diz respeito ao processo cautelar, o Código de Processo Civil vigente

---

[26] Tutelas diferenciadas: medidas antecipatórias e cautelares: esboço de reformulação legislativa. *In*: ARMELIN, Donaldo (Coord.). *Tutelas de urgência e cautelares*: estudos em homenagem a Ovídio Baptista da Silva. São Paulo: Saraiva, 2010. p. 190.
[27] Artigo mantido na inteireza no relatório-geral do Senador Valter Pereira, em seu art. 276.
[28] Artigos renumerados e, em parte, alterados, para 279 a 285, do relatório-geral do Senador Valter Pereira.
[29] Artigos condensados no artigo 286 do relatório-geral do Senador Valter Pereira.
[30] Como, por exemplo, a chamada estabilização dos efeitos da tutela de urgência concedida em caráter antecedente e que não for contestada (art. 288, §2º, PLS nº 166/10), em relação à qual, em virtude de não se tratar diretamente do objeto deste estudo, não serão tecidas maiores considerações.

traz regramento expresso quanto à obrigação de indenizar no caso da ocorrência de prejuízo pelo manejo das medidas cautelares. Trata-se do art. 811, que preceitua, *in verbis*:

> Art. 811. Sem prejuízo do disposto no art. 16, o requerente do procedimento cautelar responde ao requerido pelo prejuízo que lhe causar a execução da medida:
> I – se a sentença no processo principal lhe for desfavorável;
> II – se, obtida liminarmente a medida no caso do art. 804 deste Código, não promover a citação do requerido dentro em 5 (cinco) dias;
> III – se ocorrer a cessação da eficácia da medida, em qualquer dos casos previstos no art. 808, deste Código;
> IV – se o juiz acolher, no procedimento cautelar, a alegação de decadência ou de prescrição do direito do autor (art. 810).
> Parágrafo único – A indenização será liquidada nos autos do procedimento cautelar.

Vê-se, portanto, que o art. 811, do atual Código de Processo Civil, traz regramento específico para o procedimento cautelar, quando a referida atividade vier a causar dano ao requerido da respectiva medida.

É de se notar que hoje convivem harmoniosamente com a obrigação de indenizar duas outras espécies de responsabilidade processual aplicáveis a todos os processos. São elas: aquela advinda da litigância de má-fé (arts. 16 a 18, CPC) e a causada pela sucumbência (art. 20, CPC). A primeira tem cunho expressamente subjetivo, por exigir comprovação da conduta eivada de culpa ou dolo por parte do litigante. A segunda espécie, por outro lado, apresenta natureza objetiva, a dispensar, portanto, o elemento culpa para sua configuração.

É possível, portanto, que se verifique a condenação de um litigante nas três espécies de responsabilização, posto que se trata de três fatos geradores diversos: arts. 16 a 18; art. 20 e art. 811, todos do vigente Código de Processo Civil. Ocorridas todas as referidas hipóteses, as três responsabilidades poderão ser naturalmente somadas.

Mister se faz, neste contexto, analisar a natureza da responsabilidade do litigante que, ao manejar uma medida cautelar, vem a causar prejuízo ao requerido da mesma medida e, posteriormente, vê-lhe ser retirado o provimento provisório que havia sido concedido, por incidência em uma das hipóteses do art. 811, do Código de Processo Civil. Qual seria, portanto, o fundamento da obrigação de indenizar constante do referido dispositivo processual?

A avassaladora maioria dos doutrinadores pátrios posiciona-se no sentido de ser a responsabilidade prevista no art. 811, CPC, de natureza objetiva. Nesse sentido, a título de exemplificação, podem ser mencionados Galeno Lacerda (1999, p. 311); Ovídio Baptista da Silva (2007, p. 182); Donaldo Armelin (1995, p. 109); Humberto Theodoro Júnior (2000, p. 176); Sérgio Shimura (1993, p. 267); José Miguel Medina, Fábio Caldas de Araújo e Fernando Gajardoni (2009, p. 128), dentre inúmeros outros.

Vozes isoladas e vencidas são os doutrinadores que defendem se tratar a obrigação de indenizar constante do artigo, em voga, de hipótese de responsabilidade subjetiva. Assim, defensor desta tese, Sérgio Fadel[31] entende que "o princípio (do

---

[31] *Apud* LACERDA, Galeno. *Comentários ao Código de Processo Civil*. Rio de Janeiro: Forense, 1999. v. 8, t. I, p. 313. Arts. 796 a 812.

artigo 811) é o genérico da caracterização de responsabilidade civil, nos termos do art. 159, do Código Civil".[32]

Entretanto, se por um lado há praticamente total convergência de entendimento quanto à natureza da responsabilidade oriunda do manejo das medidas cautelares, dúvidas restam quanto à fundamentação jurídica que ampara referido posicionamento. Na maior parte das vezes ou os doutrinadores limitam-se a afirmar ser a responsabilidade prevista no atual art. 811, CPC, de natureza objetiva, sem, contudo, apresentar o devido supedâneo jurídico, ou, então, fundam-se em justificativas parciais, que não atacam diretamente o cerne da questão.

Em outras palavras, o problema que se coloca à apreciação é o seguinte: em não apresentando o art. 811, CPC, vocábulos expressos a demonstrar a subjetividade ou a objetividade da responsabilidade dele decorrente, qual o fundamento jurídico que alicerça a proclamada natureza objetiva do referido instituto, se a regra geral, conforme visto alhures, é a responsabilidade subjetiva?

O fundamento jurídico mais comum apresentado para dar supedâneo à objetividade da responsabilidade processual pelo manejo de cautelares é a menção expressa, no *caput* do art. 811, CPC, à possibilidade de cumular essa indenização com o disposto no art. 16, do mesmo diploma legal. Tratar-se-ia, portanto, de um exercício de interpretação segundo o qual o fato de ter sido mencionada expressamente a possibilidade de aplicação do art. 16, CPC, que tem cunho sabidamente subjetivo, conduziria à conclusão de que a responsabilidade do art. 811, CPC, seria, portanto, objetiva.

Neste sentido, é o entendimento de Lúcio Palma da Fonseca:[33]

> Assim sendo, pode-se afirmar que o legislador pretendeu estabelecer diferenciação quanto à natureza de ambas as normas, caso contrário, não proporia a ressalva do *caput* do art. 811. Isso se denota, pois se buscasse agregar o elemento subjetivo para fazer para fazer valer a incidência da responsabilidade, ambos os institutos expressariam o mesmo tratamento, o que não teria qualquer sentido.

Com todo respeito ao citado posicionamento, entendemos que referida interpretação não dá amparo à conclusão de ser objetiva a responsabilidade prevista no art. 811, CPC.

Primeiramente, entendemos que o fim pretendido na legislação não foi diferenciar necessariamente a *natureza* das responsabilidades previstas no art. 16 e no 811, CPC, mas sim distinguir seus *fatos geradores*. Ou seja, especificou o legislador que, se ocorridos os fatos geradores exigidos pela legislação — um, calcado na litigância de má-fé; outro, com fundamento na previsão do art. 811, CPC —, as indenizações seriam cumuláveis.

Por outro lado, o fato de ter sido ressaltada a possibilidade de cumulação das indenizações não conduz à conclusão de que uma hipótese de natureza subjetiva (art. 16, CPC) atribua à outra (art. 811, CPC) natureza necessariamente diversa. Ressalte-se novamente que restou pontuada na legislação a possibilidade de cumulação de indenizações em decorrência da variedade de fatos geradores e não a existência de responsabilidades de natureza diversa.

---

[32] O art. 159, do Código Civil de 1916, encontra previsão similar no art. 186, do Código Civil de 2002.
[33] *Tutela cautelar*: responsabilidade civil pelo manejo indevido de liminares. Rio de Janeiro: Forense, 2004. p. 72-73.

Dessa sorte, salvo melhor juízo e respeitando posicionamentos contrários, entendemos que o fundamento para se tratar a responsabilidade prevista no atual art. 811, CPC, de modalidade objetiva não se encontra na menção expressa à possibilidade de cumulação com o art. 16, do mesmo diploma legal.

Outra argumentação que é oferecida por diversos doutrinadores também na tentativa de fundamentar a natureza objetiva da responsabilidade prevista no art. 811, CPC, é aquela segundo a qual quem colhe os frutos de um procedimento mais célere deve arcar também com os eventuais prejuízos causados pela sua execução.

Sérgio Shimura[34] bem elucida referida construção:

> Sendo a ação cautelar uma ação provisória, é exercida, em regra, a risco e perigo do autor, vale dizer: este, em caso de revogação da medida ou desistência, fica responsável pelos danos causados pela medida, tenha ou não culpa, pois é mais équo que suporte o dano aquela dentre as partes que provocou, em sua vantagem, a providência afinal tornada sem justificativa, do que a outra, que nada poderia fazer para evitá-lo. Quem tem interesse na sua comodidade (execução da medida cautelar) deve suportar o incômodo de arcar com os prejuízos se decair da medida ou for vencido na ação principal. Vale o princípio *ubi commodum, ibi incommodum*.

Entendemos ser inteiramente correta — apesar de severa — a construção doutrinária acerca de dever correr o risco da execução da medida cautelar a cargo de seu requerente. Todavia, tal tese não se configura em *fundamento jurídico* para a conclusão de ser necessariamente objetiva a obrigação de indenizar prevista no art. 811, CPC.

Ao contrário, tal tese pode ser levada em consideração a título de justificativa para a política processual do legislador do Código de Processo de 1973. Ou seja, certamente o legislador observou a clara dificuldade que teria o prejudicado por medidas cautelares de provar a conduta culposa do requerente da mesma. Por certo, o sistema misto do Código de 1939 já não atendia na sua plenitude a necessidade de reparação dos danos suportados pelos demandados no processo cautelar. Diante, portanto, dessa realidade fática, como justificativa que poderia constar de uma exposição de motivos, concluiu o legislador como pertinente unificar o sistema da responsabilidade civil decorrente do manejo de cautelares para o sistema objetivo.

Assim, não vislumbramos possibilidade de se considerar tal realidade como *fundamento jurídico* suficiente para se extrair do art. 811, CPC, o alicerce objetivo da responsabilidade pelos danos causados ao requerido das medidas cautelares.

Novamente, imperioso se faz buscar parâmetros confiáveis na própria definição das modalidades da responsabilidade civil. Conforme visto alhures, apenas pretender localizar expressões que informem a responsabilidade como subjetiva ou objetiva não é suficiente. Isto se conclui com firmeza nas hipóteses previstas no atual art. 811, CPC, em que não há, em momento algum, indicativos expressos quanto ao fundamento da responsabilidade.

Dessa sorte, mister se faz lançar mão da real diferenciação entre as modalidades subjetiva e objetiva da responsabilidade civil, para que se chegue a uma conclusão juridicamente adequada. Assim, cabe analisar a licitude ou ilicitude da conduta ensejadora de responsabilidade civil.

---

[34] *Arresto cautelar*. São Paulo: Revista dos Tribunais, 1993. p. 267.

Especificamente no caso do vigente art. 811, CPC, verifica-se que o requerente da medida cautelar age, ainda que de forma provisória, inteiramente respaldado pelo Poder Judiciário. O magistrado, quando concede uma medida cautelar, autoriza que tal medida seja efetivada, fazendo com que sua ordem seja cumprida. Logo, o requerente não está cometendo qualquer ato ilícito ou em desacordo ao ordenamento jurídico brasileiro. Ao contrário, está respaldado em uma decisão judicial que ampara por completo os atos invasivos perpetrados na esfera jurídica da parte contrária.

E, mesmo praticando um ato lícito, amparado em decisão judicial, ainda assim o requerente da medida cautelar é obrigado a reparar o dano eventualmente causado ao requerido. Trata-se, portanto, de responsabilidade civil de cunho notoriamente objetivo, mesmo que ausente qualquer disposição expressa neste sentido, no art. 811, CPC.

Referido dispositivo legal limita-se a atribuir ao requerente de medida cautelar a responsabilidade pela efetivação[35] da mesma. Por óbvio, tal efetivação foi inteiramente lícita, tendo sido amparada em decisão do Estado-Juiz. Mas, mesmo assim, se o provimento provisório vier a ser cassado, por incidência em uma das hipóteses do art. 811, CPC, causando prejuízo ao requerido, restará instaurada a obrigação de indenizar, independentemente de qualquer conduta eivada de má-fé ou mesmo dolo.

Para que se tenha presente a obrigação de indenizar, portanto, precisará o requerido da medida cautelar demonstrar apenas a incidência do caso concreto em uma das hipóteses do artigo em voga, e, ainda, que tenha existido prejuízo em decorrência da efetivação da medida. Responsabilidade objetiva que é, não se perquirirá quanto à eventual conduta culposa ou dolosa do requerente. Ocorrido dano, deverá o requerente da medida cautelar ressarcir o requerido, restituindo, tanto quanto possível, a situação ao estado anterior.

Tem-se, portanto, que a responsabilidade decorrente da efetivação das medidas cautelares tem cunho objetivo, por bastar, para sua configuração, que o requerente demonstre os prejuízos que lhe foram causados pela efetivação da medida cautelar posteriormente cassada por incidência em uma das hipóteses do atual art. 811, CPC.

Ainda na seara das tutelas de urgência, na sistemática processual vigente, cumpre averiguar se a bem delimitada previsão de responsabilidade objetiva para as liminares cassadas, em sede de processo cautelar, pode ser estendida à tutela antecipada. Ou seja, a celeuma reside em saber se o requerente de uma tutela antecipada deve indenizar eventuais prejuízos causados pela efetivação da referida medida sem que reste demonstrada sua conduta culposa ou dolosa.

Há muitos doutrinadores que vislumbram um regramento comum à tutela cautelar e tutela antecipada, em virtude dos pontos de semelhança entre ambas. Tal entendimento deflui do fato de ambas as tutelas serem espécies do gênero tutelas de urgência. Assim, o regramento pertinente a uma se estenderia à outra, como se fizessem parte de um mesmo sistema normativo.

Entendemos que referido posicionamento pode ser utilizável para muitas situações que envolvem as tutelas de urgência, não o sendo, entretanto, para todas. Somente serão aplicáveis idênticos regramentos quando forem os mesmos compatíveis entre si.

---

[35] Doutrina e jurisprudência são pacíficas no sentido de que não basta a simples *concessão* da medida cautelar, para que se possa falar em responsabilidade civil. Deve haver a *efetivação* da referida medida, que há que ser necessariamente constritiva, por ser essa a única apta a impedir o uso e gozo de direitos do requerido, invadindo, pois, sua esfera jurídica.

Especificamente no que diz respeito à responsabilidade objetiva — expressamente prevista no art. 811, do vigente CPC, como visto anteriormente — não vislumbramos possibilidade de extensão de sua aplicação às medidas concedidas com base no art. 273, CPC.[36] Isto porque, segundo já exposto anteriormente, somente haverá que se falar em responsabilidade de cunho objetivo quando houver previsão expressa neste sentido.[37]

Deste modo, conforme se verifica da redação do atual art. 273, CPC, nenhum artigo há que mencione expressamente como se dará eventual indenização, em caso de reforma da tutela antecipada concedida e efetivada, que venha a causar danos ao requerido. Note-se, aliás, que a única menção que poderia remeter à ideia de objetividade da responsabilidade civil residia na remissão ao art. 588,[38] pelo parágrafo §3º, do art. 273, CPC. Todavia, o art. 588 foi revogado pela Lei nº 11.232/2005, nada mais havendo de expresso neste sentido.[39]

Em não havendo disposição expressa na legislação processual acerca do fundamento da responsabilidade civil, na hipótese de danos causados pela cassação de tutela antecipada, a outro desfecho não se pode chegar senão o de que se trata de responsabilidade de cunho subjetivo, regra geral que é no nosso sistema jurídico. Assim, para que o requerido seja ressarcido de eventuais danos causados pela efetivação de tutela antecipada posteriormente cassada, deverá comprovar o necessário trinômio da responsabilidade aquiliana, qual seja, conduta culposa ou dolosa, dano e nexo de causalidade entre os dois primeiros pressupostos.

Conclui-se, portanto, que a sistemática atual prevista pelo Código de Processo Civil vigente diferencia o fundamento da responsabilidade civil pela cassação das tutelas de urgência, quando se trata de tutela cautelar e de tutela antecipada. Em sede de tutela cautelar, trata-se de responsabilidade civil objetiva, existindo expressa determinação legislativa neste sentido. Outrossim, quando se tratar de tutela antecipada, a conduta culposa do requerente da medida deverá ser comprovada, sob pena de improcedência do pleito ressarcitório.

Cumpre analisar, nesta oportunidade, qual o tratamento dado pelo Projeto de CPC (PLS nº 166/2010), para o ressarcimento dos prejuízos advindos da cassação das tutelas de urgência.

---

[36] Em sentido contrário, entende Daniel Amorim Assumpção Neves que "no artigo 811 do CPC há expressa previsão de que o requerente beneficiado por uma tutela cautelar que de alguma forma perca sua eficácia ou mostre-se indevida tem responsabilidade objetiva perante o requerido. O mesmo raciocínio deve ser aplicado à tutela antecipada, também regida pela teoria do risco-proveito, com aplicação subsidiária do art. 811 do CPC" (NEVES, Daniel Amorim Assumpção. Tutela antecipada e tutela cautelar. In: ARMELIN, Donaldo (Coord.). Tutelas de urgência e cautelares: estudos em homenagem a Ovídio Baptista da Silva. São Paulo: Saraiva, 2010. p. 328).

[37] Neste sentido, é o posicionamento de Teori Albino Zavascki (Antecipação de tutela. São Paulo: Saraiva, 2005), afirmando ser a responsabilidade decorrente da efetivação da tutela antecipada de cunho subjetivo.

[38] O inc. I, do art. 588, CPC, apresentava a seguinte redação: "Art. 588. A execução provisória da sentença far-se-á do mesmo modo que a definitiva, observados os seguintes princípios: I – corre por conta e responsabilidade do credor, que prestará caução, obrigando-se a reparar os danos causados ao devedor"; (...)

[39] Cumpre apenas fazer um apontamento, nesta oportunidade. Apesar de a Lei nº 11.232/2005 haver revogado o art. 588 e inserido o art. 475-O, cuja redação é extremamente similar, somos partidários da corrente jusfilosófica que não entende como determinante a vontade do legislador, mas, sim, e tão somente a vontade da lei, tal e qual posta e vigente. Dessa forma, não tendo sido alterada a redação do art. 273, §3º, somente se pode concluir que não há dispositivo expresso determinando o caráter objetivo do ressarcimento de eventuais danos causados pela efetivação de tutela antecipada.

Nos termos do quanto já exposto anteriormente, o Projeto de CPC alterou de forma substancial a sistemática das tutelas de urgência, eliminando a dicotomia procedimental existente entre tutela antecipada e tutela cautelar. Consequência direta de tal alteração foi a unificação do regramento referente à responsabilidade civil decorrente da efetivação de tutelas de urgência, não mais se fazendo distinção entre aquelas de cunho satisfativo e as de cunho cautelar.

Elimina-se, com isso, a distinção que hoje entendemos existente no que concerne ao regime de responsabilidade civil advindo da cassação das tutelas cautelares e antecipadas.

O novel dispositivo vem tratado no art. 282, do PLS nº 166/2010, alterado para 274, no relatório-geral do Senador Valter Pereira, que tem a seguinte redação:

> Art. 274. Independentemente da reparação por dano processual, o requerente responde ao requerido pelo prejuízo que lhe causar a efetivação da medida, se:
> I – a sentença no processo principal lhe for desfavorável;
> II – obtida liminarmente a medida em caráter antecedente, não promover a citação do requerido dentro de 5 (cinco) dias;
> III – ocorrer a cessação da eficácia da medida em qualquer dos casos legais;
> IV – o juiz acolher a alegação de decadência ou da prescrição da pretensão do autor.
> Parágrafo único – A indenização será liquidada nos autos em que a medida tiver sido concedida.

Note-se que a redação do Projeto mantém a responsabilidade objetiva como fundamento da obrigação de indenizar.[40] Isto porque, conforme demonstrado à exaustão, apesar de o requerente da medida estar agindo no mais lídimo cumprimento da ordem judicial que lhe foi concedida, se, ainda assim vier a causar dano ao requerido, terá necessariamente que indenizar. Não há, pois, conduta ilícita a ser comprovada. Trata-se indubitavelmente de responsabilidade de cunho objetivo.

Ademais, a redação do citado artigo é extremamente similar à do vigente art. 811, CPC. Todavia, o fato de abranger todas as tutelas de urgência gera uma consequência muito positiva: extirpa a desnecessária dicotomia atualmente existente entre os pressupostos indenizatórios para a configuração da obrigação de indenizar os danos causados em sede cautelar e de tutela antecipada.

Em sendo aprovado o Projeto, haverá, portanto, significativa modificação na sistemática indenizatória processual, principalmente no que tange à reparação dos danos causados pela cassação das medidas concedidas a título de tutela antecipada, que, de subjetiva, passará a ser objetiva.

Um ponto que não pode passar desapercebido é a falta de técnica redacional do *caput* do art. 274, do Projeto. Note-se que preceitua tal dispositivo as hipóteses em que responderá objetivamente o requerente da medida, "independentemente da reparação por dano processual", como se dano processual somente ocorresse nas hipóteses de responsabilidade subjetiva.

Restou notória a pretensão de substituir o quanto previsto atualmente no art. 811, *caput*, CPC ("sem prejuízo do disposto no art. 16") por uma redação supostamente mais técnica. Olvidou-se, entretanto, o texto reformista que dano processual é aquele

---

[40] Neste sentido, é o entendimento de Luiz Guilherme Marinoni e Daniel Mitidiero (*O Projeto do CPC*: críticas e propostas. São Paulo: Revista dos Tribunais, 2010. p. 110).

causado no âmbito do processo, independentemente do fundamento da responsabilidade civil (subjetiva ou objetiva). Certamente andaria melhor se a frase incorretamente inserida ("independentemente da reparação por dano processual") fosse suprimida, posto que é óbvio que, em se tratando de fatos geradores diversos, as obrigações de indenizar coexistem, sem qualquer incompatibilidade.

A conclusão outra não se pode chegar senão a de que o Projeto de Lei do Senado nº 166/10, na hipótese de vir a ser aprovado, trará palpáveis inovações ao que hoje se apresenta na seara da responsabilidade civil processual advinda da cassação de tutelas de urgência. Muito ainda necessitará ser discutido, para que realmente ocorram avanços e não apenas remodelações infrutíferas do quanto já existente na sistemática processual pátria.

4 Considerações finais

Finalmente, podem ser traçadas linhas conclusivas acerca das principais ideias lançadas neste estudo, em que pretendemos repensar o enfoque usualmente dado à responsabilidade civil decorrente da efetivação das tutelas de urgência, bem como traçar um paralelo com o modelo sugerido pelo PLS nº 166/2010.

Partimos do necessário estudo do instituto da responsabilidade civil, passando por sua complexa conceituação até tecer detalhes acerca das modalidades de responsabilidade. Relacionamos referido tema à atividade processual, demonstrando que as premissas para aplicação do referido instituto não diferem no bojo de um processo, por esse se tratar apenas do meio pelo qual eventuais danos são causados.

Abordamos, então, especificamente o tratamento dispensado às tutelas de urgência pelo Código de Processo Civil atual e pelo Projeto de Lei do Senado nº 166/2010.

Ao final, aliamos os estudos anteriores, para que se chegasse o real cerne do presente estudo, qual fosse, a responsabilidade civil decorrente da decretação e efetivação das tutelas de urgência, na sistemática vigente e naquele que se pretende implementar pelo Projeto de CPC.

Dessa sorte, como principais conclusões advindas do presente estudo, temos a apontar as que se seguem:

a) a concepção de responsabilidade civil está diretamente vinculada à ideia de manutenção do equilíbrio da convivência em sociedade. Assim, na hipótese de quebra do referido equilíbrio, em decorrência de um dano, o seu causador deverá restituir a situação ao *status quo ante*;

b) de acordo com o fundamento adotado para que se conclua pela responsabilidade civil do agente, tem-se que esta pode ser *subjetiva* ou *objetiva*;

c) não só a exigência ou não do elemento culpa — de forma apartada e expressa — possibilita a diferenciação das espécies de responsabilidade civil em subjetiva ou objetiva. Outra base de distinção de notória importância é verificar se a conduta prevista como caracterizadora de responsabilidade civil é ilícita ou lícita (mas ainda assim ensejadora de responsabilidade civil). No primeiro caso, estar-se-á diante de responsabilidade subjetiva, enquanto, na segunda hipótese, de responsabilidade objetiva;

d) a responsabilidade objetiva se configura em exceção do sistema e, por isso, deve estar prevista, ainda que não de forma necessariamente expressa, mas, sim, inferida do texto legal. Em não havendo previsão, estar-se-á diante da responsabilidade subjetiva, decorrente do cometimento de ato ilícito;

e) manifestação da atividade humana que é, também o processo civil traz consigo o problema da responsabilidade. Não há necessidade de que sejam criados regramentos específicos quanto à obrigação de indenizar oriundo da atividade processual, devendo ser utilizadas as regras gerais da responsabilidade civil;

f) especificamente no que diz respeito ao processo cautelar, o Código de Processo Civil atual traz, no art. 811, regramento expresso quanto à obrigação de indenizar no caso da ocorrência de prejuízo pelo manejo das medidas cautelares. Idêntica previsão não é encontrada no regramento das tutelas antecipadas;

g) convivem harmoniosamente com a previsão do art. 811, do Código de Processo Civil, duas outras espécies de responsabilidade processual aplicáveis a todos os processos. São elas: aquela advinda da litigância de má-fé (arts. 16 a 18, CPC) e a causada pela sucumbência (art. 20, CPC);

h) especificamente no caso do art. 811, CPC, verifica-se que o requerente da medida cautelar age, ainda que de forma provisória, inteiramente respaldado pelo Poder Judiciário. O magistrado, quando concede uma medida cautelar, autoriza que tal medida seja efetivada, fazendo com que sua ordem seja cumprida. Logo, o requerente não está cometendo qualquer ato ilícito ou contrário ao ordenamento jurídico brasileiro. E, mesmo praticando um ato lícito, amparado em decisão judicial, ainda assim o requerente da medida cautelar é obrigado a reparar o dano eventualmente causado ao requerido. Trata-se, portanto, de responsabilidade civil de cunho notoriamente objetivo;

i) para que se tenha presente a obrigação de indenizar, calcado no art. 811, CPC, precisará o requerido da medida cautelar demonstrar apenas a incidência do caso concreto em uma das hipóteses do artigo em voga, e, ainda, que tenha existido prejuízo em decorrência da efetivação da medida. Especificamente para a hipótese da responsabilidade advinda da efetivação da tutela antecipada, deverá o prejudicado demonstrar, ainda, a culpa ou dolo do requerente;

j) vislumbramos, no Projeto de CPC, alteração substancial à sistemática das tutelas de urgência, eliminando a dicotomia procedimental existente entre tutela antecipada e tutela cautelar. Consequência direta de tal alteração foi a unificação do regramento referente à responsabilidade civil decorrente da efetivação de tutelas de urgência, não mais se fazendo distinção entre aquelas de cunho satisfativo e as de cunho cautelar;

l) a unificação do procedimento das tutelas de urgência gera uma consequência muito positiva: extirpa a desnecessária dicotomia atualmente existente entre os pressupostos indenizatórios para a configuração da obrigação de indenizar os danos causados em sede cautelar e de tutela antecipada. Desde que se trate de dano oriundo da cassação de tutela de urgência, a responsabilidade terá cunho objetivo, dispensando-se, pois, o elemento culpa para sua configuração.

Referências

ALVIM, José Manoel Arruda. A evolução do direito e a tutela de urgência. *In*: ARMELIN, Donaldo (Coord.). *Tutelas de urgência e cautelares*: estudos em homenagem a Ovídio Baptista da Silva. São Paulo: Saraiva, 2010.

ARMELIN, Donaldo. Perdas e danos: responsabilidade objetiva pelo ajuizamento de cautelar inominada e por litigância de má fé: forma mais adequada de liquidação: indenização fixada pelos índices das ORTN. *Revista de Processo*, São Paulo, n. 39, p. 222-237, 1985.

ARMELIN, Donaldo. Responsabilidade objetiva no Código de Processo Civil. *In*: TUCCI, José Rogério Cruz e (Coord.). *Processo civil*: evolução 20 anos de vigência. São Paulo: Saraiva, 1995.

AZEVEDO, Álvaro Villaça. *Teoria geral das obrigações e responsabilidade civil*. 11. ed. São Paulo: Atlas, 2008.

BEDAQUE, José Roberto dos Santos. *Tutela cautelar e tutela antecipada*: tutelas sumárias e de urgência: tentativa de sistematização. 4. ed. São Paulo: Malheiros, 2006.

BOCCUZZI NETO, Vito Antonio. *Responsabilidade pelas despesas e eventuais danos do processo e o princípio da causalidade*: crítica à teoria da sucumbência. 2003. Dissertação (Mestrado em Direito Processual Civil) – Pontifícia Universidade Católica de São Paulo, São Paulo, 2003.

BONAVIDES, Paulo. *Curso de direito constitucional*. São Paulo: Malheiros, 2007.

CÂMARA, Alexandre Freitas. *Lições de direito processual civil*. 3. ed. Rio de Janeiro: Lumen Juris, 2001. v. 3.

CARNEIRO, Athos Gusmão. Tutelas diferenciadas: medidas antecipatórias e cautelares: esboço de reformulação legislativa. *In*: ARMELIN, Donaldo (Coord.). *Tutelas de urgência e cautelares*: estudos em homenagem a Ovídio Baptista da Silva. São Paulo: Saraiva, 2010.

COELHO, Fábio Ulhoa. *Curso de direito civil*: obrigações: responsabilidade civil. 3. ed. São Paulo: Saraiva, 2009.

DIAS, José de Aguiar. *Da responsabilidade civil*. 8. ed. Rio de Janeiro: Forense, 1987.

DINIZ, Maria Helena. *Curso de direito civil brasileiro*: responsabilidade civil. 17. ed. São Paulo: Saraiva, 2003. v. 7.

FONSECA, Lúcio Palma da. *Tutela cautelar*: responsabilidade civil pelo manejo indevido de liminares. Rio de Janeiro: Forense, 2004.

LACERDA, Galeno. *Comentários ao Código de Processo Civil*. Rio de Janeiro: Forense, 1999. v. 8, t. I. Arts. 796 a 812.

LAMY, Eduardo de Avelar. *Princípio da fungibilidade no processo civil*. São Paulo: Dialética, 2007.

LOPES, João Batista. Perspectivas atuais da responsabilidade civil no direito brasileiro. *Revista de Jurisprudência do Tribunal de Justiça do Estado de São Paulo*, São Paulo, n. 57, p. 13-25, mar./abr. 1979.

MARINONI, Luiz Guilherme; MITIDIERO, Daniel. *O Projeto do CPC*: críticas e propostas. São Paulo: Revista dos Tribunais, 2010.

MEDINA, José Miguel Garcia; ARAÚJO, Fábio Caldas de; GAJARDONI, Fernando da Fonseca. *Procedimentos cautelares e especiais*. São Paulo: Revista dos Tribunais, 2009.

NERY JÚNIOR, Nelson; NERY, Rosa Maria de Andrade. *Código Civil anotado e legislação extravagante*. 2. ed. São Paulo: Revista dos Tribunais, 2003.

NEVES, Daniel Amorim Assumpção. Tutela antecipada e tutela cautelar. *In*: ARMELIN, Donaldo (Coord.). *Tutelas de urgência e cautelares*: estudos em homenagem a Ovídio Baptista da Silva. São Paulo: Saraiva, 2010.

PEREIRA, Caio Mário da Silva. *Responsabilidade civil*. 6. ed. Rio de Janeiro: Forense, 1995.

SHIMURA, Sérgio Seiji. *Arresto cautelar*. São Paulo: Revista dos Tribunais, 1993.

SILVA, Ovídio Baptista da. *Curso de processo civil*: processo cautelar: tutela de urgência. 4. ed. Rio de Janeiro: Forense, 2007.

ZAVASCKI, Teori Albino. *Antecipação de tutela*. São Paulo: Saraiva, 2005.

Informação bibliográfica deste texto, conforme a NBR 6023:2002 da Associação Brasileira de Normas Técnicas (ABNT):

FAGUNDES, Cristiane Druve Tavares. Estudo comparado da responsabilidade civil decorrente da cassação de tutelas de urgência no CPC atual e no Projeto do CPC. *In*: ROSSI, Fernando *et al*. (Coord.). *O futuro do processo civil no Brasil*: uma análise crítica ao Projeto do Novo CPC. Belo Horizonte: Fórum, 2011. p. 65-82. ISBN 978-85-7700-511-6.

NOTAS SOBRE OS PRINCÍPIOS E AS GARANTIAS FUNDAMENTAIS DO PROCESSO CIVIL NO PROJETO DO NOVO CPC

DANIEL MOTA GUTIÉRREZ

1 Considerações iniciais sobre o objeto do estudo

Partindo-se da noção de que os princípios constitucionais do processo se aplicam a qualquer espécie de processo,[1] independentemente de sua natureza, é possível cogitar que todas as disposições do Projeto do novo CPC (PL nº 166 do Senado), a rigor, podem ser objeto de tratamento no âmbito da temática do presente trabalho. Isto, em razão, justamente, da ideia de que a lei (e, portanto, um projeto de lei), ou melhor, todo sistema processual infraconstitucional, deve estar em harmonia com a Constituição e seus princípios, de modo a espelhar as normas constitucionais, assegurando-lhes efetividade. Assim, resta clara a razão pela qual as disposições do Projeto do CPC devem consonar, refletir e efetivar os princípios constitucionais do processo. Note-se que é mesmo uma questão de priorizar a ordem natural das coisas, indo do geral ao específico, do objeto de referência ao seu respectivo reflexo.

Nessa perspectiva, fez-se um "corte" para delimitar o objeto de análise do presente artigo. O objetivo, então, é tecer comentários especificamente aos princípios e garantias fundamentais do processo civil constantes no Capítulo primeiro, do Título primeiro, do Livro I (arts. 1 a 12) do Projeto, procurando, na medida do possível, discutir alguns outros dispositivos (do Projeto) que se relacionem com a principiologia do Capítulo em referência.

Esse exame será precedido de breve estudo sobre algumas premissas teóricas, que servirão tanto de aproximação ao tema, bem como e, especialmente, para fundamentar algumas das posições assumidas no desenvolvimento deste trabalho.

---

[1] Em artigo recentemente publicado, desenvolvemos o tema de forma mais extensa (Art. 16. *In*: MAIA FILHO, Napoleão Nunes *et al.* (Org.). *Comentários à nova lei do mandado de segurança.* p. 224-226).

2 Primeiras constatações sobre o Capítulo I do Título I do Projeto do Novo CPC – Repetição e alteração de textos constitucionais relativos aos princípios e garantias

A primeira constatação é de que o Projeto consagra, de forma expressa, princípios e garantias fundamentais do processo civil. E o faz em espaço (capítulo) próprio, diferenciando-se, neste tocante, do CPC vigente.

Com efeito, o Código atual não prevê princípios constitucionais processuais explicitamente e nem reserva espaço específico para tratar dos princípios fundamentais.

Outra constatação reside na observação de que esse capítulo repete textos relacionados aos princípios e garantias já existentes na Constituição, como no caso dos princípios da inafastabilidade do controle jurisdicional (art. 5º, XXXV, da CF, e 3º, do PCPC), da duração razoável do processo (art. 5º, inc. LXXVIII, e art. 4º, PCPC), da publicidade e fundamentação das decisões (art. 93, IX, da CF, e art. 11, PCPC).

Uma terceira evidência é de que alguns textos relativos a princípios constitucionais processuais foram alterados, se comparados com a redação (original) prevista na Constituição Federal.

3 Perguntas decorrentes das primeiras constatações – Justifica-se repetir e até alterar os princípios constitucionais processuais pelo Projeto?

Diante dessas constatações, algumas indagações surgem, de forma até natural. No que se refere à repetição de textos no Projeto, por exemplo, parece razoável se indagar se a explicitação se justifica, no sentido de ser necessária. E, quanto às alterações ao texto original, são pertinentes, ou, antes disso mesmo, podem ser realizadas por intermédio de uma lei infraconstitucional?

Essas indagações parecem reclamar uma reflexão, dada a repercussão de suas respostas para o sistema processual.

Os efeitos dessas questões revelam-se ainda mais cruciais para a sistemática que se pretende implantar com o Projeto, se se considerar a circunstância de que as disposições da Parte Geral, na qual estão inseridos os princípios e as garantias fundamentais do processo civil, são consideradas verdadeiros vetores interpretativos, utilizados para dirimir dúvidas na aplicação de outros dispositivos do sistema proposto pelo Projeto.

É o que se extrai da própria Exposição de Motivos: "O Novo CPC conta, agora, com uma Parte Geral, atendendo às críticas de parte ponderável da doutrina brasileira. Neste Livro I, são mencionados princípios constitucionais de especial importância para todo o processo civil, bem como regras gerais, que dizem respeito a todos os demais Livros. *A Parte Geral desempenha o papel de chamar para si a solução de questões difíceis relativas às demais partes do Código, já que contém regras e princípios gerais a respeito do funcionamento do sistema*"[2] (grifo nosso).

Com relação a esse ponto, vale destacar, *en passant*, que, ao conceber uma parte geral no Projeto do novo CPC, aplicável a todas as funções jurisdicionais, andou bem a Comissão, pois é algo do qual o operador se ressente com relação ao Código de 73.[3]

---

[2] Ver Exposição de Motivos, p. 20.
[3] Araken de Assis, ao analisar a "arquitetura legislativa" do Código de Processo Civil vigente, pondera que "O principal defeito deste projeto deriva da ausência de uma parte geral, aplicável às três funções jurisdicionais

Mas, retornando especificamente ao exame das questões suscitadas nesse tópico, convém perceber que se a (pertinente) intenção da Comissão elaboradora do Projeto foi de criar a parte geral e nela contemplar disposições (no caso, princípios) que sirvam de critério de interpretação para auxiliar na aplicação (harmônica e sistemática) das outras normas do sistema proposto, é decisivo que se verifique como se dará e quais os limites de uma interpretação nesses moldes. Para tanto, entre outros aspectos, há de se eleger o(s) método(s) interpretativo(s) que se utilizará(ão), bem como delimitar os limites de tal interpretação. Faz-se necessário, inclusive, examinar se o nosso sistema admite alteração da Constituição por meio de lei infraconstitucional, como no caso pretende o Projeto do novo CPC com relação a princípios ou garantias constitucionais processuais.

4 Premissas teóricas para o enfrentamento das questões decorrentes das primeiras constatações e de outras relativas ao Capítulo I

Nesse sentido, impõe-se explorar alguns temas de conteúdo mais teórico, intitulados aqui de premissas teóricas.[4] Em síntese, são eles: a) a análise acerca da existência ou não do melhor método de interpretação jurídica e da única interpretação correta; b) a tentativa de eleição de um (ou uns) método(s) de interpretação para o desenvolvimento e a atualização dos princípios constitucionais processuais, bem como a investigação sobre seu modo de aplicação e limites; e c) a investigação sobre as relações entre processo justo (ideal da Comissão elaboradora do novo CPC), conceito de efetividade e princípios constitucionais do processo.

4.1 A busca (inalcançável?) pelo melhor método de interpretação jurídica e pela única interpretação correta

Não obstante considerar que o intérprete deva lançar mão dos diversos métodos interpretativos no processo hermenêutico, não se pode esquecer que a interpretação é una.[5] Por isso, seria até um contrassenso eleger um dos métodos como o melhor,

---

— cognição, execução e cautelar —, reconhecidas no estatuto, tratando, de modo uniforme e harmônico, os institutos comuns aos processos dos três primeiros livros. (...) O intercâmbio das partes, ao menos quanto ao 'processo' de execução, ocorre através do art. 598, segundo a qual se aplicam a este, subsidiariamente, as normas do Livro I. Claro está que semelhante expediente, além de parcial — o 'processo' cautelar não mereceu tratamento análogo —, se revela insatisfatório: remissões genéricas a regras dispersas em campo alheio geram muitas incertezas. Ademais, a execução apresenta caráter específico, expresso nas transformações materiais destinadas à satisfação de direitos, o qual exige um princípio heurístico adequado, muito diverso daquele porventura aceitável nas duas outras classes de processos" (Teoria geral do processo de execução, p. 18).

[4] Alguns dos tópicos tratados neste capítulo (4) correspondem a trechos revistos (e em parte alterados) da dissertação de mestrado de minha autoria, inédita, intitulada *Princípios do processo civil coletivo na Constituição Federal*: análise baseada na discussão de institutos e questões polêmicas da tutela coletiva. 2006. Dissertação (Mestrado) – Pontifica Universidade Católica de São Paulo, São Paulo, 2006.

[5] Nesse sentido, Luís Roberto Barroso salienta: "Há consenso entre a generalidade dos autores de que a interpretação, a despeito da pluralidade de elementos que devem ser tomados em consideração, é una" (*Interpretação e aplicação da Constituição*, p. 118).

já que todos eles se ajudam, combinam-se e controlam-se para a realização do ato interpretativo.[6] Ademais, inexistem, a rigor, uma hierarquia entre os vários métodos e um critério definido de "desempate".[7]

Do mesmo modo, também não há sempre uma única interpretação ou solução interpretativa correta. Eros Grau,[8] em reflexão muito feliz, que até escapa ao meio jurídico, bem esclarece essa questão. Diz o autor, com sensibilidade:

> Dá-se na interpretação de textos normativos algo análogo ao que se passa na interpretação musical. Não há uma única interpretação correta (exata) da Sexta Sinfonia de Beethoven: a Pastoral regida por Toscanini, com a Sinfônica de Milão é diferente da Pastoral regida por von Karajan, com a Filarmônica de Berlim. Não obstante uma seja mais romântica, mais derramada, a outra mais longilínea, as duas são autênticas — e corretas.

Convém advertir, com Juarez Freitas,[9] em artigo no qual esse autor estuda "A melhor interpretação constitucional 'versus' a única resposta correta", que "a pretensão da única resposta correta pode inviabilizar a melhor interpretação". Assim, o intérprete deve ter em mente que, além de não parecer sempre possível uma única interpretação correta, a pretensão de tê-la pode tornar inviável, inclusive, a melhor interpretação.

---

[6] Francesco Ferrara, citado por Luís Roberto Barroso (*op. cit.*, p. 118). Paulo Bonavides acrescenta que "não há método puro, sendo razoável admitir, conforme reconhece Tiefenbacher, que todo método encerra elementos de outros métodos. Isto é tanto mais verdadeiro quanto se sabe que o ato interpretativo representa uma operação espiritual, não raro de índole integrativa, de captação sumária de sentido, mormente quando a norma que se vai interpretar é de natureza constitucional" (*Curso de direito constitucional*, p. 415-416). Canotilho, nesse mesmo sentido, salienta: "No momento atual, pode-se-á dizer que a interpretação das normas constitucionais é *um conjunto de métodos*, desenvolvidos pela doutrina e pela jurisprudência com base em critérios ou premissas (filosóficas, metodológicas, epistemológicas) diferentes mas, em geral, reciprocamente complementares" (*Direito constitucional*, p. 212-213).

[7] Cf. Luís Roberto Barroso (*op. cit.*, p. 118). Eros Roberto Grau destaca, nesse sentido, que, "Inexistindo regras que ordenem, hierarquicamente, o uso dos cânones hermenêuticos, eles acabam por funcionar como justificativas a legitimar o intérprete os resultados que o intérprete se predeterminara a alcançar; o intérprete faz uso deste ou daquele se e quando lhe aprouver, para justificá-los.
Não obstante, a prudência recomenda seja a interpretação adequada a algumas pautas, a três das quais desejo deitar alguma atenção, (i) a primeira relacionada à interpretação do direito no seu todo; (ii) a segunda, à finalidade do direito; (iii) a terceira, aos princípios" (*Ensaio e discurso sobre a interpretação/aplicação do direito*, p. 33).

[8] Eros Roberto Grau (*op. cit.*, p. 30). Nesta mesma página, acrescenta o aludido autor: "Nego peremptoriamente a existência de uma única resposta correta (verdadeira, portanto) para o caso jurídico — ainda que o intérprete esteja, através dos princípios, vinculado pelo sistema jurídico. Nem mesmo o juiz Hércules [Dworkin] estará em condições de encontrar para cada caso uma resposta verdadeira, pois aquela que seria a única resposta correta simplesmente não existe.
O fato é que, sendo a interpretação convencional, não possui realidade objetiva com a qual possa ser confrontado o seu resultado (o interpretante), inexistindo, portanto, uma interpretação objetivamente verdadeira [Zagrebelsky]".

[9] *In*: SILVA (Org.). *Interpretação constitucional*, p. 317. O autor, no referido trabalho, apresenta uma relação extensa de motivos para sustentar que no sistema democrático, a rigor, não há mesmo uma única solução correta, embora defenda que a noção de que a busca pela melhor interpretação é "irrenunciável". Entre outras razões, indica: (...) "(3.2.2) porque não se aplica, em qualquer parte do direito, a lógica do 'tudo-ou-nada', sequer no plano das regras; (...) (3.2.8) porque é falaciosa e viciada qualquer postura unilateral que promova um valor jurídico em detrimento dos demais; (3.2.9) porque os direitos somente se afirmam como direitos entre outros; (3.2.10) porque não se podem suprimir as exigências históricas de mutação dos significados, ainda quando não aparente mudar o significante; (3.2.11) porque o direito é intrincada rede axiológica"; (...) Para uma consulta sobre todas as motivações citadas pelo autor, numa exposição sintetizada, ver p. 353-354.

Mas, como adverte Teresa Arruda Alvim Wambier, (...) "na busca da solução correta, POR EXIGÊNCIAS DA RAZÃO PRÁTICA, há que se partir da premissa de que esta solução correta existe, sob pena de se pensar numa renúncia *a priori* desta busca, o que equivale à renúncia ao direito, à renúncia à nossa natureza de seres humanos"[10] (destaque no original).

4.2 O método da interpretação como fator de desenvolvimento e atualização das normas constitucionais – Conteúdo e limites

Se, por um lado, conforme visto no tópico precedente, não parece possível ou mesmo adequado eleger o melhor método interpretativo, por outro, é digna de referência uma contribuição legada pelos novos métodos da hermenêutica jurídica e que se revela crucial para os objetivos deste trabalho.

Trata-se do que Bonavides chamou de "considerável e silenciosa mudança de sentido das normas constitucionais". Isto é, os modernos métodos de interpretação possibilitam a alteração do significado das regras, sem necessidade de modificar-lhes o teor.[11]

A magnitude dessa conquista hermenêutica é evidente. Percebe-se que, nessa linha de ideias, a alteração do significado das regras constitucionais prescinde de substituições explícitas ou alterações mediante emendas constitucionais. Além disso, esse instrumento interpretativo permite conciliar dois vetores fundamentais à interpretação: a preservação da Constituição e a aderência à realidade social.[12]

É claro que a ideia "comum" ou mais difundida de interpretação jurídica está ligada ao esclarecimento do sentido e alcance da norma. Mas o que se quer frisar aqui é que a atividade interpretativa pode assumir, também, a função de instrumento de atualização e desenvolvimento dos valores que serviram de base para criação das normas.[13]

Mais ainda. Considerando-se que a ordem jurídica configura um sistema dinâmico que mantém relações recíprocas com a realidade que visa disciplinar, e que, portanto, as alterações e transformações que se passam na sociedade refletem-se, de modo direto, na ordem jurídica, é natural e lógico que esta não só possa, mas deva mesmo acompanhar tais modificações. Quer dizer, o sistema jurídico precisa conter instrumentos aptos a assimilar e acompanhar tais alterações na sociedade.[14]

E, quando se trata de normas constitucionais, a necessidade de manter as normas próximas e atualizadas aos fatos da realidade é ainda maior, em razão das especificidades destas, como, *v.g.*, seu caráter político e sua superioridade hierárquica.[15]

---

[10] WAMBIER. *Omissão judicial e embargos de declaração*, p. 51. O trecho acima citado foi extraído de contexto em que a autora analisa a possibilidade de a teoria "débil" de Alexy (teoria que estabelece uma forma de organização dos princípios) produzir uma só solução para cada caso, como regra geral.

[11] *Curso de direito constitucional*, p. 417.

[12] BONAVIDES, *op. cit.*, p. 418.

[13] BASTOS, Celso Ribeiro; MEYER-PFLUG, Samantha. A interpretação como fator de desenvolvimento e atualização das normas constitucionais. *In*: SILVA (Org.). *Interpretação constitucional*, p. 164.

[14] BASTOS; MEYER-PFLUG, *op. cit.*, p. 145.

[15] Luís Roberto Barroso faz menção, além das duas especificidades acima citadas, a mais duas, a saber, conteúdo específico e natureza da linguagem (*Interpretação e aplicação da Constituição*, p. 101).

Vale lembrar que essa adaptação ou alteração, na Carta Magna, pode dar-se, essencialmente, de dois modos: por meio de emenda à Constituição e por atividade interpretativa.

Na primeira via há uma alteração do texto constitucional através do acréscimo, alteração ou supressão de um determinado dispositivo. Já a interpretação revela-se como um meio eficaz e moderno de alteração constitucional, sem que para tanto seja necessário levar-se a efeito qualquer espécie de alteração no texto da norma jurídica. A interpretação dá vida à letra morta da norma jurídica, conferindo dinamismo ao sistema normativo.[16]

Couture já salientava que a lei (e aí parecia referir-se às leis de uma forma geral), uma vez nascida, segue vivendo ao longo do tempo e muito mais além da significação originária que lhe emprestou o legislador. Por isso, defendia o que denominou interpretação progressiva, um método de interpretação que projete, através da história do futuro, o conteúdo da lei.[17]

No plano da Constituição, porém, para que esta siga "vivendo" ao longo do tempo, para parafrasear o mestre uruguaio citado, acompanhando as transformações da sociedade e, assim, não se distanciando da realidade fática, é indispensável que suas normas jurídicas (pelo menos parte delas) conduzam valores, critérios gerais.[18] Tais normas, de elevado grau de abstração e generalidade, podem ser classificadas, quanto à função que exercem no ordenamento jurídico, como princípios.[19] Não se referem a nenhuma situação específica nem trazem em seu texto disposições rígidas, acabadas. Pelo contrário, costumam fornecer diretrizes gerais, metas a serem atingidas. E justamente essas áreas genéricas e abstratas dos princípios possibilitam ao intérprete adaptá-los ou amoldá-los às novas realidades históricas e sociais. Desse modo, é possível ao intérprete "agregar" as mudanças e as evoluções valorativas ao conteúdo abstrato da norma constitucional, sem alterar a letra da lei ou seu conteúdo (na essência).[20] Aliás, "O traço caracterizador da atividade interpretativa como fator

---

[16] BASTOS; MEYER-PFLUG, *op. cit.*, p. 146.
[17] *Interpretação das leis processuais*, p. 7.
[18] BASTOS; MEYER-PFLUG, p. 150.
[19] Para melhor caracterização desta espécie de normas jurídicas (princípios), bem como para uma diferenciação entre estas e as regras, ver Willis Santiago Guerra Filho (*Teoria Processual da Constituição*, p. 171, e *Processo Constitucional e direitos fundamentais*, p. 44-45). Vale destacar, ainda, sobre tais pontos, e acerca da necessidade de interpretação sistemática que exsurge da relação de reciprocidade ou interação mútua dos princípios e regras, a seguinte passagem de Celso Ribeiro Bastos e Samantha Meyer-Pflug (*op. cit.*, p. 152-153): "Há que se notar que, ao passo em que os princípios perdem no tocante à precisão de seu conteúdo, ou seja, perdem em densidade semântica, ganham em termos de abstração e generalidade — o que lhes permite abarcar uma área muito mais ampla que as meras regras. Tem-se, pois, que o que os princípios perdem em carga normativa ganham em carga valorativa — o que lhes permite irradiar-se sobre todas as outras normas jurídicas. Os princípios permeiam todo o texto normativo, conferindo harmonia, unidade e dinamismo ao mesmo.
(...)
Os princípios, em razão de sua abrangência e generalidade e por veicularem valores, influenciam diretamente na interpretação das demais normas/regras, determinando seu conteúdo. Vale dizer que todas as regras devem ser interpretadas em consonância com os princípios, pois são eles que determinam o conteúdo das mesmas, eis que veiculam as aspirações máximas de uma sociedade e os valores primordiais. Os princípios funcionam como critério de interpretação das demais normas jurídicas. Há, portanto, uma relação de reciprocidade entre os princípios e as regras, que resulta no fato de a constituição ter que ser interpretada de modo sistemático".
[20] BASTOS; MEYER-PFLUG, *op. cit.*, p. 146. Ainda segundo esses autores (*op. cit.*, p. 157): "Nesse particular, tem-se que a atividade interpretativa exerce uma tarefa que vai além do mero pressuposto de aplicação de

de atualização das normas constitucionais é o fato de esta não levar a cabo qualquer mudança no texto escrito da constituição, que permanece intacto. Em outras palavras, a constituição é atualizada sem que para isso seja necessário levar a efeito qualquer alteração formal em seu texto".[21]

Vale destacar que o processo, de uma forma geral, assume papel de destaque nesse cenário de desenvolvimento e atualização das normas constitucionais, pois, ao realizar a tutela da Constituição, propicia um ambiente muito favorável à contínua mudança das normas e dos princípios constitucionais. Realmente, o exercício da jurisdição produz mudanças informais da Constituição, à medida que a interpretação do texto constitucional é operada de acordo com os valores vigentes no presente e que não necessariamente eram aceitos, dimensionados ou interpretados da mesma forma quando da edição da Constituição.[22]

É preciso ponderar, contudo, que tal atividade interpretativa, como fator de atualização das normas constitucionais, evidentemente, encontra limites. Tais limites, segundo abalizada doutrina, decorrem dos próprios princípios "estruturais da lei fundamental",[23] ou seja, daqueles "que fundamentam o sistema constitucional".[24] Nesse particular, os princípios constitucionais seriam respeitados quando, mediante a interpretação, não se alterassem a expressão literal e a vontade da lei.[25]

4.3 A aplicação da teoria hermenêutica de desenvolvimento e atualização das normas constitucionais aos princípios constitucionais do processo civil

A ideia aqui é explorar a aplicação dessa teoria hermenêutica de desenvolvimento e atualização das normas constitucionais especificamente aos princípios constitucionais do processo civil.

De acordo com esse método interpretativo, em linhas generalíssimas, a interpretação da Constituição é influenciada pelas alterações ou movimentos ocorridos na sociedade. Assim, um mesmo texto constitucional pode transmitir ideias diversas, a depender do cenário espacial e temporal em que se efetiva a interpretação.[26]

Com efeito, a concepção de determinados valores não permanece inalterada com o passar dos tempos. No Brasil, é digna de referência a ampliação interpretativa experimentada pelo princípio da inafastabilidade da adequada tutela jurisdicional, atualmente consagrada no art. 5º, XXXV, CF. Mesmo sem alteração expressa no texto

---

uma norma jurídica. A interpretação assume, aqui, a relevante função de tornar-se um fator de constante atualização e até mesmo renovação de toda a ordem jurídica. Através da interpretação torna-se possível a adaptação das normas jurídicas às mudanças ocorridas no seio da sociedade, à sua natural evolução, ou até mesmo o surgimento de novos valores e ideologias. Verifica-se que a legislação, na grande maioria das vezes, não se mostra capaz de acompanhar o desenvolvimento técnico da ciência, ou seja, as inovações tecnológicas e as repercussões que estas causam na vida de cada indivíduo em sociedade".

[21] BASTOS; MEYER-PFLUG, *op. cit.*, p. 159.
[22] DINAMARCO. *Instituições de direito processual civil*, v. 1, p. 189.
[23] COELHO. *Interpretação constitucional*, p. 40.
[24] BASTOS; MEYER-PFLUG, *op. cit.*, p. 161.
[25] BASTOS; MEYER-PFLUG, *op. cit.*, p. 161.
[26] DINAMARCO. *Instituições de direito processual civil*, v. 1, p. 247.

constitucional, os juízes, com relação à aludida matéria, aproximam-se hoje bem mais do chamado "mérito do ato administrativo" do que em outras épocas, quanto se atinham à verificação do cumprimento dos aspectos legais dos atos praticados pelo administrador.[27]

4.4 O ideal da comissão de gerar um processo (mais) justo, o conceito de efetividade e a relação do tema com os princípios constitucionais do processo

Sob o ponto de vista processual, a efetividade constitui-se na diretriz do processo civil contemporâneo. Embora sem a pretensão de apresentar aqui uma definição conclusiva sobre a efetividade, impõe-se destacar um traço que lhe é fundamental, a saber, a sua ligação com o resultado do processo. Dessa relação costuma-se extrair a ideia de que, atualmente, se tem um processo civil *de resultados*.

Nesse fértil panorama, elege-se um ponto para pôr em destaque, até mesmo por suscitar importante discussão na doutrina e, mais especialmente ainda, por tocar diretamente no tema aqui estudado. Trata-se da discussão acerca da prescindibilidade ou não do processo ter de obedecer às chamadas garantias processuais para ser tido como efetivo.

Sobre o assunto, João Batista Lopes[28] salienta:

> Nem sempre, (...) o resultado do processo será suficiente para revesti-lo de efetividade. Pense-se no processo em que se faz justiça ao autor, reconhecendo o direito que ele realmente tem, mas com agressão ao princípio do contraditório. A efetividade da tutela jurisdicional não pode prescindir do *processo justo*, isto é, aquele que obedece às garantias estabelecidas na Constituição.

Já Delosmar Mendonça Júnior[29] entende:

---

[27] Cf. DINAMARCO. *Instituições de direito processual civil*, v. 1, p. 248. Nesse sentido, Cássio Scarpinella Bueno: (...) "sobre as diversas etapas do controle jurisdicional dos atos administrativos, faz-se necessário acentuar, por fim, que hoje o que se espera do Poder Judiciário no que se refere a este tema é um Judiciário forte, combativo, *eficiente*, no âmbito de uma postura de máxima eficiência processual e dos resultados do processo para atingimento pleno do apaziguamento social. E dentro desta postura, antigas lições que correlacionam o rótulo 'discricionariedade' a uma zona de afastamento do controle jurisdicional devem ser, definitivamente, afastadas. Espera-se do Judiciário amplo exame do ato administrativo mesmo naqueles casos em que realmente se constate a impossibilidade do exercício de seu controle, sob pena de ferir, justamente, a tripartição dos Poderes. Nestes casos, como acentuado há pouco, o Judiciário 'revalidará' o ato administrativo em juízo. Nunca, no entanto, eximir-se-á de seu *dever* de dar cumprimento à ampla cláusula do acesso à Justiça, constante do inc. XXXV do art. 5º da Constituição Federal" (Inafastabilidade do controle judicial da administração. *In*: SUNDFELD; BUENO. *Direito processual público*: a fazenda em juízo. p. 248). Na jurisprudência: "Recurso extraordinário. Ato de tombamento. Nulidade. 1. Baseou-se o Tribunal *a quo* no postulado da inafastabilidade da jurisdição, previsto no art. 5º, XXXV, da Carta Magna, que permite ao Poder Judiciário verificar a existência dos motivos alegados pela Administração para apreciar lesão a direito individual da parte. 2. E tal fundamento deixou de ser impugnado nas razões do extraordinário, pois se restringiu o agravante a assinalar que o Tribunal a quo exerceu o controle de mérito do ato administrativo, em contrariedade ao princípio da separação de poderes, o que, efetivamente, não se confunde com a garantia do acesso à justiça. Aplicável, portanto, à espécie a Súmula STF nº 283, a inviabilizar o conhecimento do apelo extremo. 3. Agravo regimental improvido" (STF, 2ª T., RE-AgR 343866/RJ, Rel. Min. Ellen Gracie, j. 31.05.2005, *DJ*, p. 448, 24 jun. 2005).

[28] Efetividade da tutela jurisdicional à luz da constitucionalização do processo civil. *Revista de Processo*, n. 116, p. 34.

[29] *Princípios da ampla defesa e da efetividade no processo civil brasileiro*, p. 68-69.

A efetividade, (...), independe da observância de todas as garantias processuais para "existir". Em outras palavras, a efetividade é elemento do "processo justo"; todavia, o valor "de justo processo" não é necessário para a efetividade. O processo pode produzir efeitos concretos e aplicar a tutela jurisdicional de forma concreta e até efetuar a adequada subsunção da norma material aos fatos e não observar alguma garantia do devido processo, tornando-se injusto. A observância das garantias processuais não conduz, de per si, à efetividade da tutela.

Mais adiante, o aludido autor paraibano arremata seu raciocínio:

> As prerrogativas oferecidas pela ordem constitucional e a lei aos litigantes influenciam os efeitos produzidos pelo processo, gerando a prestação da tutela com qualidade, ou seja, respeitando os direitos processuais das partes. É a tutela efetiva e com qualidade. É a busca da efetividade com qualidade que deve fazer parte da preocupação do moderno processualista. Porém, repita-se, o cumprimento de outras garantias processuais fundamentais não é condicionante da efetividade do processo. Esta é a realidade, a produção de efeitos reais independente de outras qualidades. Se estes forem produzidos com observância aos direitos fundamentais tem-se o processo efetivo e de qualidade, o processo justo[30] (...)

Veja-se que a divergência entre os autores, há pouco citados, pode ser sintetizada na diferença de visão que eles parecem ter sobre a dimensão da efetividade, na perspectiva de enxergá-la ou não como um valor em si mesmo, no sentido de sua existência estar ou não condicionada à obediência de determinados fatores para "existir".

Mas é possível salientar que, independentemente da posição que se adote nessa perspectiva, *a busca da efetividade deve ser norteada pelo escopo de alcançar um* **processo justo**, *ou seja, que respeite as garantias processuais consagradas na Constituição* e cumpra o papel de instrumento de realização prática do direito material. Essa noção é que parece essencial.

É claro que as posições doutrinárias aqui citadas são importantes, especialmente para fornecer subsídios para a construção ou reconstrução do complexo conceito de efetividade. Contudo, o que se quer ressaltar neste tópico é que menos importa, em última instância, se o ideal de *processo justo* representa a adjetivação de "processo de qualidade", cunhada por Delosmar Mendonça Júnior, ou constitui um elemento imprescindível da noção de efetividade para João Batista Lopes. Mais importa a congruência deles e de boa parte da doutrina em torno da ideia de que o processualista moderno deve sempre visar alcançá-lo, o que somente ocorrerá com o respeito às garantias constitucionais do processo.

5 Tentativa de responder às perguntas decorrentes das primeiras constatações sobre o Capítulo I

A primeira questão a ser enfrentada diz respeito à necessidade ou não de se repetirem os textos relativos aos princípios constitucionais processuais no Projeto.

---

[30] *Op. cit.*, p. 70.

A Comissão, na Exposição de Motivos do Projeto de Lei, explica que "A necessidade de que fique evidente a *harmonia da lei ordinária em relação à* Constituição Federal da República fez com que se incluíssem no Código, expressamente, *princípios constitucionais*, na sua versão processual"[31] (grifo nosso).

De acordo com Luiz Manoel Gomes Júnior e Gregório Assagra de Almeida, essas repetições contribuem para a chamada "inflação legislativa".[32] A preocupação desses autores se justifica, em virtude da já farta, esparsa e detalhista legislação brasileira.

Por outro lado, e na defesa da explicitação dos princípios e garantias no Projeto, pode-se considerar o papel pedagógico que sua previsão pode representar na consecução de uma interpretação do CPC conforme à Constituição.

Ademais, sob o ponto de vista da própria "arquitetura legislativa", a criação de uma parte geral no Projeto do CPC praticamente induz à consagração de uma principiologia nesse espaço (parte geral – Livro I), em face da natureza das disposições nela contidas.

Também é possível argumentar que a citação expressa dos princípios pode estimular sua (maior e melhor) aplicação, com o que se ganharia em sistematicidade, pois, como já tivemos oportunidade de salientar em outro trabalho, são os princípios que conferem harmonia ao sistema, por serem dotados de expressiva carga valorativa.[33] É evidente que se pode contra-argumentar dizendo que a simples explicitação não tem o condão de garantir, por si só, um salto quantitativo e qualitativo na aplicação dessas normas (princípios). Mas, se muitos dos problemas relativos à tutela jurisdicional civil ligam-se em última (ou primeira?) análise à não aplicação dos princípios constitucionais processuais ou, na melhor das hipóteses, dizem respeito à falta de melhor compreensão ou domínio acerca desses princípios (e isso parece inegável), qualquer movimento que se faça no sentido de estimular sua aplicação parece justificar-se.

De todo modo, a nosso ver, a necessidade ou desnecessidade ou mesmo a pertinência ou impertinência de se repetirem os textos relativos aos princípios constitucionais processuais no Projeto do CPC talvez não constituam o "ponto-chave" a ser discutido no que diz respeito à relação entre os princípios constitucionais processuais e o Projeto do CPC.

É que o legislador parece estar perdendo uma ótima oportunidade para incorporar ao sistema disposições sobre o tema dos citados princípios e que se ligam a um aspecto fundamental à consecução da efetividade no processo civil. Referimo-nos aqui à indicação dos contornos dos princípios constitucionais quando aplicados ao processo civil. Essa reflexão advém da noção de que os princípios constitucionais processuais, embora incidam indistintamente sobre as diversas espécies de processo, não necessariamente são aplicados indiferentemente sobre todo e qualquer processo. Quer dizer, a interpretação dos princípios constitucionais processuais não passa incólume à mudança da natureza do processo sobre o qual incide, de modo que esses princípios não apresentam necessariamente a mesma configuração e amplitude quando aplicados sobre espécies distintas de processo.[34]

---

[31] Ver Exposição de Motivos, p. 5.
[32] Ver *Um novo Código de Processo Civil para o Brasil*, p. 206-207.
[33] Ver Art. 16. *In*: MAIA FILHO, Napoleão Nunes *et al.* (Org.). *Comentários à nova lei do mandado de segurança*, p. 227.
[34] Para maior aprofundamento, ver Dissertação de Mestrado de nossa autoria, inédita, já citada, especialmente item 3.7.

Assim, será que não se poderia avançar mais no Projeto quanto à tentativa de delimitação dos contornos dos princípios constitucionais do processo quando aplicados ao processo civil? Será que esse aspecto não é tão ou mais importante do que simplesmente repetir o texto constitucional relativamente aos aludidos princípios?

Não se desconhece que a edificação da sistematização do perfil desses princípios no âmbito do processo civil é tarefa difícil. Inclusive, ainda não realizada pela doutrina, pelo menos de forma completa e específica. Mas, por exemplo, não seria possível delimitar, ainda que em linhas gerais, o alcance do contraditório no processo civil no Projeto?

Lembre-se, por oportuno, e conforme já tivemos oportunidade de destacar em outro trabalho,[35] com base na lição de Nelson Nery Jr., que há evidente distinção quanto ao alcance do contraditório no processo civil e no processo penal. Com efeito, para o processo civil, o contraditório não está propriamente ligado à obrigação ou à imposição de contestar. Isso tanto é verdade que, quando se trata de direitos disponíveis, a falta de apresentação da contestação não caracteriza desrespeito ao contraditório. A sua obediência está ligada, especialmente, à real e efetiva possibilidade de os litigantes se fazerem ouvir no processo, por meio de contraditório recíproco, com paridade de tratamento e ampla liberdade para a discussão da causa. Por tais razões, inclusive, é costume referir-se ao contraditório no processo civil como "bilateralidade da audiência". Já no processo penal, o princípio ganha outra dimensão, com maior amplitude. Sua observância liga-se à exigência de defesa técnica substancial por parte do réu, ainda que revel, pois se desidiosa, incorreta, insuficiente tecnicamente, o processo deve ser anulado e nomeado outro defensor, justamente em atendimento aos princípios do contraditório e da ampla defesa.[36]

Ainda que a feição dos princípios constitucionais processuais não fosse retratada de forma direta e objetiva no Projeto, dadas as notórias dificuldades para tanto, seria de se esperar que, pelo menos, mais disposições ou institutos emblemáticos pudessem receber um tratamento tal, de modo que pudessem constituir uma espécie de evidência ou manifestação dos contornos daqueles princípios quando incidentes no processo civil.

É o caso, por exemplo, do instituto da revelia. Como se sabe, nos termos da sistemática do Código de Processo Civil vigente, duas consequências decorrem da revelia: a presunção de veracidade dos fatos afirmados pelo autor na petição inicial (art. 319) e a fluência dos prazos contra o revel, independentemente de intimação (art. 322).

Com relação ao primeiro efeito, ou seja, à circunstância de os fatos afirmados pelo autor na inicial serem (poderem ser) reputados verdadeiros, ele não se verificará em três situações específicas previstas pela norma processual (art. 320 do CPC).[37]

Ressalte-se que doutrina e jurisprudência são firmes no sentido de entender que a consequência jurídica da veracidade dos fatos alegados pelo autor, derivada

---

[35] *Op. cit.*, p. 225 (nota de rodapé).
[36] Para conferir o que foi exposto no presente parágrafo de forma resumida, e, sobretudo, para maior aprofundamento do tema, ver Nelson Nery Júnior (*Princípios do processo na Constituição Federal*, p. 208-209).
[37] Eis todo o teor do art. 320 do CPC: "A revelia não induz, contudo, o efeito mencionado no artigo antecedente: I – se, havendo pluralidade de réus, algum deles contestar a ação; II – se o litígio versar sobre direitos indisponíveis; III – se a petição inicial não estiver acompanhada do instrumento público, que a lei considere indispensável à prova do ato".

da ocorrência da revelia,[38] é apenas relativa, não importando necessariamente no julgamento de procedência da ação.[39] Esse entendimento assenta-se, especialmente, na noção de que os efeitos da revelia devem ser temperados ante o livre convencimento do juiz com relação às provas constantes nos autos,[40] bem como na ideia de sua não interferência nas questões exclusivamente de direito.[41]

De toda maneira, são bastante severos os efeitos jurídicos decorrentes do instituto da revelia no sistema do Código de Processo Civil. Há de se lembrar, inclusive, que um desses efeitos consiste no conhecimento direto do pedido pelo juiz (julgamento antecipado da lide), consoante determina o inc. II do art. 330 do referido CPC.[42]

Mas, em atenção à substancialidade do conteúdo atual do contraditório, parece razoável entender-se que a obrigatoriedade de participação dos destinatários (ou representantes adequados) da função jurisdicional estatal constitui condição indispensável para a legitimação do processo no Estado Democrático de Direito.[43]

Aliás, como bem lembra Bedaque,[44] (...) "a eventual omissão da parte pode decorrer exatamente da inexistência de uma paridade real. Não basta, portanto, a mera oferta de oportunidade. É preciso garantir também o aproveitamento delas

---

[38] Dispõe o art. 319 do CPC: "Se o réu não contestar a ação, reputar-se-ão verdadeiros os fatos afirmados pelo autor". "A doutrina dominante vê nesse preceito uma presunção *iuris tantum*, mas, em rigor técnico, de presunção não se cuida.
Como se sabe, a presunção é um raciocínio, uma dedução: partindo-se de fato conhecido, provado, infere-se a existência de outro que se pretende seja admitido pelo juiz.
No art. 319 do CPC, temos, mais propriamente, uma conseqüência estabelecida pelo legislador em caso de revelia" (LOPES, João Batista. *A prova no direito processual civil*, p. 71).

[39] Na doutrina: "Outro aspecto que temos de considerar, haurido do art. 319, é o de que são reputados verdadeiros *os fatos*, o que não implica, contudo, que a demanda seja necessariamente ganha pelo autor, pois daqueles fatos, ainda que devam ser considerados verídicos, segundo a lei, poderão não decorrer as conseqüências tiradas pelo autor, como poderão eles não encontrar apoio em lei, o que, então, levará, apesar da revelia, a um julgamento de improcedência.
A vitória do autor, assim, não é inexorável, como se houvesse uma relação de causa e efeito entre a não-contestação e a procedência da ação" (ALVIM NETTO, José Manoel Arruda. *Manual de direito processual civil*, v. 2, p. 336).

[40] "1. Os efeitos da revelia podem ser temperados, deixando margem ao livre convencimento do Juiz diante de provas existentes nos autos". (...) (STJ, 3ª T., REsp nº 624922/SC, relator ministro Carlos Alberto Menezes Direito, j. em 04.08.2005, *DJ*, p. 265, 7 nov. 2005). Em sentido análogo: "Processual Civil. Revelia. Direito Público Indisponível. CPC, Artigos 319 e 20.
1. (...)
2. A falta de contestação, por si, não significa a procedência ou improcedência do pedido. Demais, o Juiz não fica exonerado de apreciar todas as evidências e provas existentes, orientação que mitiga a aplicação do art. 319, CPC. Em contrário, ao invés de ajustar a solução ao direito, o desajustaria e colocaria em risco a realidade dos fatos.
3. Recurso provido" (STJ, 1ª T, REsp nº 329316/SP, relator ministro Milton Luiz Pereira, j. em 15.10.2002, *DJ*, p. 151, 11 nov. 2002).

[41] "Os efeitos da revelia não atingem às questões de direito nem conduzem à inexorável procedência do pedido". (STJ, 3ª T., REsp nº 733742/MG, rel. Min. Humberto Gomes de Barros, j. 23.11.2005, *DJ*, p. 382, 12 dez. 2005).

[42] O dispositivo citado (inc. II, art. 330, CPC) refere-se à ocorrência da "revelia", mas, claramente, está tratando de seus efeitos. Nesse sentido, Nelson Nery Júnior e Rosa Maria de Andrade Nery observam: "A norma fala impropriamente em 'revelia', querendo significar, na verdade, *efeitos da revelia*. Tanto isso é verdade que faz referência expressa ao CPC 319, que regula os efeitos da revelia" (*Código de Processo Civil comentado e legislação processual civil extravagante em vigor*, 6. ed., p. 687).

[43] SOUZA. *Contraditório e revelia*: perspectiva crítica dos efeitos da revelia em face da natureza dialética do processo, p. 254.

[44] *Poderes instrutórios do juiz*, p. 78.

por todos, independentemente das desigualdades econômicas e sociais. Visto desse ângulo o problema, irrelevante a natureza da relação jurídica".

Assim, Artur César de Souza[45] salienta que (...) "os efeitos da revelia, como são apresentados atualmente pela legislação infraconstitucional, principalmente no que concerne à falta de intimação do réu revel aos demais atos do processo, somente podem ser observados sob a ótica do contraditório como garantia formal e não substancial".

Por isso, o aludido autor defende que, quando ocorrer o fenômeno da revelia no processo civil, deve-se dar ao revel, a exemplo do que acontece no processo penal, um defensor judicial. Dessa forma, estar-se-ia garantindo a efetiva concretização da dialética em todo o arco procedimental, aproximando-se o processo civil da verdade real, com respeito ao contraditório na sua óptica substancial.[46]

A respeito, Luiz Guilherme Marinoni[47] é enfático, ao dizer:

(...) o referido efeito da revelia não poderia ter sido previsto de forma generalizada, como se todos os jurisdicionados fossem iguais em oportunidades. Mencionado efeito da revelia deve ter sido pensado com base na suposição de que todos têm iguais oportunidades de acesso à Justiça, ou então com fundamento na igualdade da época liberal.

Pondera esse autor:

A norma do art. 330, II, ao não encontrar justificação social e política, fere o princípio do devido processo legal. Esse princípio não é mais mera garantia processual, tendo-se transformado, ao lado do princípio da igualdade, no mais importante instrumento jurídico protetor das liberdades públicas, com destaque para a sua novel função de controle do arbítrio legislativo e da discricionariedade governamental, notadamente da razoabilidade (*reasonableness*) e da racionalidade das normas jurídicas e dos atos em geral do Poder Público.[48]

Assim, vê-se que a doutrina se agita contundentemente contra a incidência dos efeitos da revelia de forma generalizada, justamente com base na ideia de que essa regra não se coaduna com o contraditório na sua óptica substancial, típica do Estado Social.

E o que o Projeto do novo CPC previu de diferente com relação à sistemática atualmente vigente para se adaptar a essa visão renovada do instituto da revelia,

---

[45] *Op. cit.*, p. 254. Acrescenta aludido autor, na mesma página: "A mera citação do réu para contestar não configura a realização do contraditório efetivamente substancial, a não ser que se trate de um contraditório meramente formal, uma vez que o procedimento não se exaure com a citação e muito menos com a falta de resposta à pretensão do autor".

[46] *Op. cit.*, p. 260-261. Rui Portanova aduz que "A forma como hoje se encara a revelia tem indisfarsáveis efeitos do princípio do contraditório. Não se tem mais a idéia de rebeldia que empresta o nome ao instituto. Pelo contrário, leva-se em consideração o caso concreto. (...) Ainda em relação à revelia, vale salientar o entendimento do juiz Paulo Becker. O digno magistrado costuma nomear curador ao réu revel, mesmo quando citado regular e pessoalmente. Sustenta aquele magistrado que o inc. LV do art. 5º da Constituição Federal lhe dá amparo" (*Princípios do processo civil*, p. 162).

[47] *Novas linhas do processo civil*, p. 140-141.

[48] *Op. cit.*, p. 142. E finaliza Marinoni, na mesma página citada: "A norma antes referida, por não atentar para a realidade social, é insuscetível de legitimação, devendo ser considerada desarrazoável. A indigitada generalização da regra legal, desprezando o princípio da igualdade, aponta para uma evidente dasarrazoabilidade".

que representa, em última análise, um novo caráter do perfil do contraditório no processo civil?

As poucas alterações propostas relativas ao instituto não se relacionam aos aspectos acima discutidos, não se prestando a resolver o crucial problema da generalização dos efeitos da revelia, por exemplo.

De fato, o *caput* do art. 331 traz discreta alteração com relação ao *caput* do art. 319, somente para acrescentar, na parte final, a expressão "desde que as alegações deste sejam verossímeis". De acordo com o que já dissemos acima, doutrina e jurisprudência já entendem atualmente, mesmo com a redação vigente (sem o referido acréscimo), que a consequência jurídica da veracidade dos fatos alegados pelo autor é apenas relativa, com base no princípio do livre convencimento do juiz. O art. 321, que trata da proibição de alteração do pedido ou causa de pedir, foi suprimido no regime proposto pelo Projeto. No *caput* do art. 322 foi suprimida a passagem "correrão os prazos independentemente de intimação". A alteração não influencia no sentido do texto original, segundo o qual o réu revel, que não possua advogado constituído nos autos, não precisa ser intimado nos atos subsequentes do processo, bem como no sentido de que seus prazos se contam a partir da publicação de cada ato decisório no órgão oficial. Em suma, as alterações não enfrentam as importantes questões acima ventiladas sobre o instituto e que, consequentemente, se referem à (nova?) configuração do contraditório no processo civil.

Pode-se eventualmente argumentar que tais questões foram pensadas pelo legislador e que o modelo proposto no Projeto constitui, na verdade, uma eleição por parte da Comissão elaboradora e do próprio legislador. Se for isso, e considerando as relações existentes entre processo justo, conceito de efetividade e princípios constitucionais do processo, desenvolvidos no item 4.4 deste trabalho, estar-se-ia elegendo, ao mesmo tempo, uma maneira de se distanciar da almejada busca pela efetividade do processo. Isso porque, como se viu, a busca da efetividade deve ser norteada pelo escopo de alcançar um *processo justo*, ou seja, que respeite as garantias processuais consagradas na Constituição. Mas como defender que há respeito ao contraditório em sua óptica substancial e não formal, se os efeitos da revelia são previstos de forma generalizada? Haverá, assim, aproximação do processo civil com a verdade real?

Por isso é que se disse que o legislador está perdendo uma ótima oportunidade de evidenciar, no Projeto, de uma forma ou de outra, a faceta dos princípios constitucionais processuais quando aplicados ao processo civil.

A segunda pergunta a ser respondida refere-se à adequação ou não de se alterarem os princípios constitucionais processuais por intermédio do Projeto do CPC, ou seja, pelo Projeto de uma lei infraconstitucional.

Na lição do prof. Paulo Bonavides:

> A emenda é o caminho normal que a lei maior estabelece para a introdução de novas regras ou preceitos no texto da Constituição. O estatuto supremo tem nesse instrumento do processo legislativo o meio apropriado para manter a ordem normativa superior adequada com a realidade e as exigências revisionistas que se forem manifestando. Abaixo da emenda, seguem-se as leis complementares que, embora versando matéria constitucional no propósito de completar em seus desdobramentos compatíveis os conteúdos normativos da Constituição a que se referem, são todavia tarefa do legislador

ordinário. Atua este no exercício de uma competência estabelecida pelo próprio constituinte. Formalmente os sete incisos do art. 59 traçam a seqüência normativa do processo legislativo. Contudo, *a emenda goza perante os demais diplomas legislativos, da rigidez do parágrafo segundo do art. 60; unicamente ela pode introduzir mudanças ou variações na Constituição.*[49] (grifo nosso)

Ressalte-se que o estabelecimento de um processo legislativo específico e mais rigoroso que o ordinário para a emenda atende a um fim, qual seja, prestigiar a supremacia da Constituição.[50]

Verifica-se, portanto, que a alteração do texto constitucional, por intermédio de lei (ou projeto) infraconstitucional, como ocorreu com o art. 3º do Projeto do novo CPC, por exemplo, é inconstitucional.

Ademais, além de não ser possível alterar a Constituição por esse caminho, não se pode esquecer, com base no que foi exposto nos itens 4.2 e 4.3 deste trabalho, que a interpretação revela-se como um meio eficaz e moderno de alteração constitucional, sem que para tanto seja necessário levar-se a efeito qualquer espécie de alteração no texto da norma jurídica.

Assim, é possível atualizar os princípios constitucionais processuais sem alterá-los formalmente (em seu texto). E é desse método que talvez deva o operador do direito se valer com relação à interpretação dos princípios constitucionais processuais previstos no Capítulo I do Projeto do novo CPC, a fim de obter um processo justo.

6 Art. 1º

Nos termos do art. 1º do Projeto, "O processo civil será ordenado, disciplinado e interpretado conforme os valores e os princípios fundamentais estabelecidos na Constituição da República Federativa do Brasil, observando-se as disposições deste Código".

O referido texto, ao dispor que o processo civil será ordenado, disciplinado e interpretado de acordo com os valores e princípios da CF, estabelece, na verdade, o princípio da supremacia da CF.

A proposta parece coerente e relevante.

Coerente porque em consonância com nosso modelo constitucional de processo civil, segundo o qual, conforme já foi assinalado acima, o sistema processual infraconstitucional deve estar de acordo com a Constituição e seus princípios, de maneira a refletir, em menor escala, as normas constitucionais.

Por outro lado, a proposta é relevante porque fornece um norte para a interpretação. E mais do que isso. Aponta uma diretriz de natureza constitucional para a interpretação das normas jurídicas processuais, por vezes tão olvidada no processo hermenêutico.

---

[49] *Curso de direito constitucional*, 12. ed., p. 184.
[50] Com efeito, segundo Alexandre de Moraes, "O legislador constituinte de 1988, ao prever a possibilidade de alteração das normas constitucionais por meio de um processo legislativo especial e mais dificultoso que o ordinário, definiu nossa Constituição Federal como rígida, fixando-se a idéia de supremacia da ordem constitucional" (*Constituição do Brasil interpretada e legislação constitucional*, p. 1148).

Diante do significado e espectro do texto do art. 1º, talvez não seja exagero dizer que sua previsão se constitui no mais forte elo de ligação entre a Constituição e o Projeto.

Na p. 4 da Exposição de Motivos, verifica-se que, entre os cinco objetivos que "orientaram precipuamente" os trabalhos da Comissão, está, em primeiro lugar, o de "estabelecer expressa e implicitamente verdadeira sintonia fina com a CF". Nesse sentido, o art. 1º significa um instrumento decisivo no salutar objetivo da Comissão de efetivar a harmonização entre o Projeto de lei, de natureza infraconstitucional, e a Constituição.

7 Art. 2º

De acordo com o art. 2º do Projeto, "O processo começa por iniciativa da parte, nos casos e nas formas legais, salvo exceções previstas em lei, e se desenvolve por impulso oficial".

O artigo, em sua primeira parte, dispõe sobre o princípio da inércia da jurisdição (o processo se origina por iniciativa da parte).

O atual CPC, tanto no art. 2º ("Nenhum juiz prestará a tutela jurisdicional senão quando a parte ou o interessado a requerer, nos casos e formas legais") quanto no art. 262, primeira parte ("O processo civil começa por iniciativa da parte, mas se desenvolve por impulso oficial"), também prevê, expressamente, o princípio da inércia. No citado art. 262, segunda parte, prevê o princípio do impulso oficial (uma vez iniciado, o processo se desenvolve por impulso oficial, quer dizer, por atos do juiz e dos auxiliares da justiça). As exceções ao princípio da inércia, no CPC vigente, estão previstas, por exemplo, nos arts. 989 (a norma autoriza o juiz a iniciar de ofício o inventário, no caso de omissão das pessoas que teriam legitimidade para fazê-lo), 1.129 ("o juiz, de ofício ou a requerimento de qualquer interessado, ordenará ao detentor de testamento que o exiba em juízo para os fins legais, se ele, após a morte do testador, não se tiver antecipado"), e em outros dispositivos.

Luiz Manoel Gomes Júnior e Gregório Assagra de Almeida entendem "que o art. 2º valoriza a soberania do legislador ordinário. (...) O mais adequado no novo constitucionalismo seria dizer, por exemplo, que o processo começa por iniciativa da parte, nos casos e nas formas constitucionais ou legais, salvo exceções previstas no sistema, e se desenvolve por impulso oficial".[51]

Com efeito, faz sentido a sugestão acima, uma vez que a previsão do início do processo por iniciativa da parte, na forma também "constitucional", abarcaria as chamadas ações constitucionais. Por outro lado, atenderia ao princípio da soberania da Constituição, previsto no art. 1º do próprio Projeto.

8 Art. 3º

Dispõe o art. 3º do Projeto: "Não se excluirá da apreciação jurisdicional ameaça ou lesão a direito, ressalvados os litígios voluntariamente submetidos à solução arbitral, na forma da lei".

---

[51] *Um Novo Código de Processo Civil para o Brasil*, p. 159.

O texto, em sua parte primeira ou inicial, repete o previsto no inc. XXXV do art. 5º da Constituição, que define o conteúdo do princípio da inafastabilidade do controle jurisdicional.

O restante do art. 3º altera inapropriadamente o texto constitucional, conforme já analisado em tópico precedente deste trabalho. Mas, ainda que se concluísse pela possibilidade de alteração da Constituição por projeto (ou lei) infraconstitucional, ainda assim, há, pelo menos, uma impropriedade técnica na proposta da parte final do referido artigo. É que, ao ressalvar os litígios voluntariamente submetidos à solução arbitral da apreciação jurisdicional, o Projeto parece negar caráter de atividade jurisdicional à jurisdição arbitral.

Registre-se, ainda, que se faz referência da existência de "pelo menos" uma impropriedade porque se está compreendendo e aceitando que a redação, ao relacionar a ressalva dos litígios submetidos à solução arbitral à lei ("na forma da lei"), assegura a apreciação de tais litígios pela justiça arbitral e, portanto, pelo Poder Judiciário. Caso contrário, a proposta estaria excluindo da apreciação do Judiciário ameaça ou lesão a direito, o que constituiria evidente inconstitucionalidade.

Mas a questão parece estar ligada mesmo à não percepção ou aceitação por parte do legislador de que tanto a atividade desenvolvida pela justiça estatal quanto a desenvolvida na justiça arbitral caracterizam-se como de natureza jurisdicional.

A esse respeito, Nelson Nery Júnior destaca que:

> No sistema do direito revogado, havia divergência na doutrina sobre a natureza da atividade do árbitro no juízo arbitral, se jurisdicional ou não. Hoje, à luz do regime trazido pela LArb, não resta nenhuma dúvida sobre o caráter jurisdicional da atividade do árbitro, isto é, de aplicar o direito ao caso concreto. Além do Poder Judiciário, outros órgãos do Estado podem exercer o poder jurisdicional. Isto ocorre, por exemplo, quando o Senado Federal julga o Presidente da República por crime de responsabilidade (art. 52, I, CF). (...). Disto se pode concluir, primeiramente, que a atividade jurisdicional é típica, mas não exclusiva do Poder Judiciário.[52]

E arremata:

> Com a celebração do compromisso, as partes não estão renunciando ao direito de ação nem ao juiz natural. Apenas estão transferindo, deslocando a jurisdição, que, de ordinário, é exercida pelo órgão estatal, para um destinatário privado. (...). O que se exclui pelo compromisso arbitral é o acesso à via judicial, mas não à jurisdição. Não se poderá ir à justiça estatal, mas a lide será resolvida pela justiça arbitral. Em ambas há, por óbvio, a atividade jurisdicional.[53]

Milita também a favor do entendimento de que há exercício de jurisdição pelo árbitro o disposto no art. 475-N, inc. IV, do vigente CPC, segundo o qual, a sentença arbitral é título executivo judicial.

Assim, a impropriedade técnica aqui aventada com relação à parte final do art. 3º do Projeto reside, justamente, na aparente eleição de um conceito incompleto

---

[52] *Princípios do processo na Constituição Federal*, 9. ed., p. 153.
[53] *Idem*, p. 162.

ou equivocado de jurisdição, que nega o caráter de atividade jurisdicional à justiça arbitral. Se tal reflexão não se justificar por razões práticas, parece fazê-lo em termos de compromisso com o avanço da ciência processual, especialmente se se considerar que a temática da jurisdição (conceito, características etc.) não tem sido objeto de merecida atenção por parte da doutrina brasileira.

Outro ponto que merece reflexão em torno do art. 3º do Projeto diz respeito à sua suposta ofensa ao art. 217 da CF. Isso porque a parte final somente teria ressalvado da apreciação jurisdicional os litígios voluntariamente submetidos à solução arbitral e o parágrafo primeiro do art. 217 diz que o "Poder Judiciário só admitirá ações relativas à disciplina e às competições desportivas após esgotarem-se as instâncias da justiça desportiva, reguladas em lei".

É bem certo que o parágrafo segundo fixa o prazo máximo de sessenta dias, constados da instauração do processo, para a Justiça Desportiva proferir decisão final, mas, independentemente de tal referência temporal, o fato é que, nos termos da CF, o Poder Judiciário somente admitirá ações que já tenham esgotado as instâncias da justiça desportiva, e tal circunstância não foi mesmo considerada na elaboração do art. 3º. A rigor, trata-se de desdobramento de equívoco de técnica legislativa, pois, ao se alterar o texto original, previsto na Constituição, entre outras consequências, perde-se, também, em sistematicidade.

Dentro da ideia defendida no presente trabalho de se invocarem dispositivos do Projeto que digam respeito ao princípio que estiver sendo objeto de análise, convém evidenciar hipótese que constava do Projeto e parece ter sido excluída nas alterações apresentadas no relatório-geral do Senador Valter Pereira, não constando da versão final aprovada pelo Senado em 15 de dezembro de 2010.

Trata-se do parágrafo segundo do art. 839, constante no Projeto original, segundo o qual "A ausência de embargos obsta à propositura de ação autônoma do devedor contra o credor para discutir o crédito". Quer dizer, de acordo com tal dispositivo, aquele que não embargasse a execução perderia a possibilidade de ingressar em juízo em desfavor do credor, por intermédio de ação autônoma, para se insurgir com relação ao crédito. O texto padecia de flagrante inconstitucionalidade, por ofensa justamente ao princípio da inafastabilidade, na sua concepção mais clara e básica de garantir o direito do jurisdicionado de provocar o Poder Judiciário para proteger seus eventuais direitos. Além do mais, a existência no Projeto de dispositivo dessa natureza e com esses contornos representava uma contradição com o declarado anseio da Comissão de criar um projeto que guardasse sintonia fina com a Constituição e no qual se consagrou, inclusive, logo em seu primeiro artigo, comando estabelecendo que o processo civil será ordenado, disciplinado e interpretado em consonância com os valores e princípios fundamentais da Constituição Federal.

9 Art. 4º

O princípio da celeridade e da duração razoável do processo, previsto no art. 5º, inc. LXXVIII, da CF, acrescentado pela EC nº 45/04, segundo o qual "A todos, no âmbito judicial e administrativo, são assegurados a razoável duração do processo e os meios que garantam a celeridade de sua tramitação", foi consagrado parcialmente no Projeto. Diz-se de forma parcial porque inexiste referência, pelo menos explícita, à celeridade.⁵⁴

Se a Comissão decidiu repetir os princípios constitucionais no Projeto, não faz sentido deixar de contemplar parte de um deles. De fato, a EC nº 45/04, ao acrescentar o inc. LXXVIII aos direitos fundamentais do art. 5º, consagra o princípio da celeridade e da duração razoável do processo. Assim, excluir a redação concernente à celeridade significa diminuir o conteúdo do princípio da celeridade e da duração razoável do processo, além de gerar patente desconformidade com o texto constitucional.

A doutrina tem entendido que:

> O princípio da duração razoável possui dupla função porque, de um lado, respeita ao tempo do processo em sentido estrito, vale dizer, considerando-se a duração que o processo tem desde seu início até o final com o trânsito em julgado judicial ou administrativo, e, de outro, tem a ver com a adoção de meios alternativos de solução de conflitos, de sorte a aliviar a carga de trabalho da justiça ordinária, o que, sem dúvida, viria a contribuir para abreviar a duração média do processo. O prazo razoável é garantido para que o processo se inicie e termine, incluída, portanto, a fase recursal, já que só se pode entender como terminado o processo no momento em que ocorre o trânsito em julgado, isto é, quando não couber mais recurso contra a última decisão proferida no processo.⁵⁵

O art. 4º dá um amplíssimo elastério ao princípio, ao incluir a atividade satisfativa na ideia de prazo razoável para solução integral da lide.

10 Art. 5º

Diz o art. 5º do Projeto que "As partes têm direito de participar ativamente do processo, cooperando com o juiz e fornecendo-lhe subsídios para que profira decisões, realize atos executivos ou determine a prática de medidas de urgência".

A redação original proposta pela Comissão previa cooperação também entre as partes. Correta a supressão dessa passagem na versão final do Projeto aprovada pelo Senado, pois a colaboração se dá do juiz para com as partes e não entre partes. Assim é nosso modelo constitucional processual civil.

Talvez se pudesse ter avançado mais no que concerne à delimitação do teor e alcance do que significa o direito das partes de participar do processo. O dispositivo ficou mais voltado para o juiz, no sentido de garantir-lhe subsídios para a prática dos atos que lhe competem. É claro que essa é uma faceta (relevante, por sinal) do modelo de cooperação no processo civil, que deriva do princípio da participação, consagrado no art. 5º, inc. LV, da CF. Mas, parece importante avançar, com o propósito de garantir sua aplicação, com a enumeração, ainda que exemplificativa, de tais direitos de forma objetiva. Ressalte-se que fazê-lo, no âmbito do capítulo sobre princípios no Projeto do novo CPC, confere especial "força" ao intento de garantir-lhes efetividade.

---

⁵⁴ De fato, o Projeto prevê, em seu art. 4º, que "As partes têm direito de obter em prazo razoável a solução integral da lide, incluída a atividade satisfativa".
⁵⁵ Ver NERY JÚNIOR. *Princípios do processo civil na Constituição Federal*, p. 314.

11 Art. 6º

Nos termos do art. 6º do Projeto, "Ao aplicar a lei, o juiz atenderá aos fins sociais a que ela se dirige e às exigências do bem comum, observando sempre os princípios da dignidade da pessoa humana, da razoabilidade, da legalidade, da impessoalidade, da moralidade, da publicidade e da eficiência".

O referido dispositivo constitui-se em mais um importante vetor para a interpretação das disposições do Projeto. Embora não se desconheça o sentido pedagógico, de difusão e sedimentação de valores contidos na ideia de repetição dos princípios constitucionais, impõe-se reconhecer que as referências aos princípios referidos no citado art. 6º revelam-se, em larga medida, despiciendas, não somente em função da previsão dos mesmos na Constituição, mas, sobretudo, em virtude da existência do art. 1º do Projeto, que consagra o princípio da supremacia do texto constitucional, segundo o qual "o processo civil será ordenado, disciplinado e interpretado conforme os valores e os princípios fundamentais estabelecidos na Constituição". Sem contar que o princípio da publicidade, por exemplo, já está previsto no próprio capítulo dos princípios e garantias fundamentais desse Projeto, mais precisamente no art. 11.

O art. 6º deve ser analisado e aplicado em conjunto com o art. 119, que dispõe: "O juiz não se exime de decidir alegando lacuna ou obscuridade do ordenamento jurídico (é isso), cabendo-lhe, no julgamento, aplicar os princípios constitucionais, as regras legais e os princípios gerais de direito, e, se for o caso, valer-se da analogia e dos costumes".

Como a Constituição brasileira é composta de normas, que se subdividem em princípios e regras, o art. 119, a rigor, deveria ter feito menção a "normas constitucionais" e não somente a "princípios constitucionais", para, assim, guardar coerência com nosso modelo constitucional.

Ainda sobre o art. 119, vale observar que seu teor se liga umbilicalmente ao princípio da inafastabilidade. Isso porque, como bem observa Gilson Delgado Miranda, por este

> preceito constitucional, que inicialmente parece ter sido direcionado apenas ao legislador (diante da locução: "a lei"), tem aplicação indistinta, pois ninguém, o legislador com mais razão, poderá obstar que o jurisdicionado deduza em juízo a sua pretensão. Tem mais: por esse princípio, nem sequer o juiz poderá escusar-se de proferir a decisão, sob a desculpa de que existe, à espécie, lacuna ou obscuridade da lei (impossibilidade de declinação da jurisdição); por imposição legal, deverá aplicar as normas existentes, mas, não havendo, terá de se valer da analogia, dos costumes e dos princípios gerais de direito.[56]

Por outro lado, o legislador deveria excluir a disposição do art. 109 da proposta original (120 do substitutivo aprovado pelo Senado), nos termos da qual "o juiz só decidirá por equidade nos casos previstos em lei", pois está em completa desarmonia ou afronta ao art. 6º.

Como bem destacam Luiz Guilherme Marinoni e Daniel Mitidiero,

---
[56] *Procedimento sumário*, p. 33.

Ora, se o juiz tem o dever de aplicar as normas jurídicas com razoabilidade — e uma das possíveis significações da razoabilidade é justamente a da razoabilidade como equidade —, então de modo nenhum pode o art. 109 afirmar que "o juiz só decidirá por equidade nos casos previstos em lei". O art. 127 do Código vigente, de que o art. 109 é o sucedâneo, fazia sentido dentro de um Estado Legislativo, em que se separava o sistema de legalidade do sistema de equidade na aplicação das normas jurídicas. Não faz qualquer sentido, contudo, no Estado Constitucional, em que é natural ao ato de julgar o julgar com equidade. Cumpre suprimir o art. 109 do Projeto.[57]

12 Art. 7º

Nos termos do art. 7º do Projeto, "É assegurada às partes paridade de tratamento em relação ao exercício de direitos e faculdades processuais, aos meios de defesa, aos ônus, aos deveres e à aplicação de sanções processuais, competindo ao juiz velar pelo efetivo contraditório".

O texto consagra o princípio da paridade das partes no Projeto, que é decorrência do princípio do contraditório e dele tem sido destacado pela doutrina em face de sua importância enquanto manifestação, no processo, dos princípios da igualdade, do direito ao justo processo e, naturalmente, do contraditório.[58]

Sua previsão no Projeto indica a elogiável intenção do legislador de que a segurança da paridade de tratamento às partes não se limite à mera formalidade, mas seja garantida de forma substancial ou efetiva.

Foi excluída a parte final do texto original elaborado pela Comissão que trazia a expressão "em casos de hipossuficiência técnica". Aprovada nestes moldes, a proposta conteria, pelo menos, dois problemas.

O primeiro diria respeito à possibilidade de interpretação que limitasse a garantia de efetivo contraditório somente aos casos de hipossuficiência técnica. A confusão na aplicação do princípio se anunciava naquelas hipóteses em que há efetivamente hipossuficiência, mas, não, de natureza técnica, e, sim, de outras espécies, como a econômico-financeira, por exemplo. Em tais situações, o juiz não deveria também garantir o efetivo contraditório, com base no princípio da paridade?

O segundo problema se relacionaria às discussões que certamente iriam surgir em torno do próprio conceito de hipossuficiência técnica, dificultando que se desse concretude ao princípio. De fato, como o conceito de hipossuficiência técnica não está sedimentado em sede de doutrina e jurisprudência, acabaria suscitando naturais dúvidas sobre seus contornos e alcance. Nesse ponto, é interessante notar que nossa legislação é conhecida por ser extremamente detalhista, conceitual e, no caso, que merecia maior precisão, pecava pela omissão, ao não definir ou, pelo menos, indicar meios de apuração do significado de hipossuficiência técnica. Se fosse para manter a referência ao termo hipossuficiência, talvez teria sido mais adequado referir-se somente ao gênero hipossuficiência, conceito que, embora não se possa dizer que esteja sedimentado no meio jurídico, é mais conhecido, trabalhado em função da sua previsão no Código de Defesa do Consumidor.

---

[57] *O Projeto do CPC*: crítica e propostas, p. 71-72.
[58] Ver, por todos na doutrina, Nery Júnior (*Princípios do processo na Constituição Federal*, 9. ed., p. 239-240).

Mas o legislador excluiu no texto aprovado pelo Senado a referência à hipossuficiência. E andou bem ao fazê-lo. Independentemente de haver referência ou não ao termo hipossuficiência na redação que consagra o princípio da paridade, o fato é que, de acordo com a doutrina,[59] é o juiz que deve avaliar e decidir o que significa garantir, de forma substancial, o que seja paridade de armas diante do caso concreto que lhe é submetido. Portanto, o fundamental é que o princípio está previsto, de forma expressa e autônoma, no Projeto, com o que se evidencia a preocupação do legislador com o efetivo contraditório, que deve ser garantido pelo juiz no processo.

13 Art. 8º

Segundo o art. 8º do Projeto, "As partes e seus procuradores têm o dever de contribuir para a rápida solução da lide, colaborando com o juiz para a identificação das questões de fato e de direito e abstendo-se de provocar incidentes desnecessários e procrastinatórios".

A Comissão inseriu o tema do dever das partes e dos procuradores no capítulo de princípios provavelmente com o salutar propósito de realçar a importância da probidade processual.

Contudo, o Projeto não inovou no que tange à natureza da sanção, limitando-se a manter uma pena, que, de acordo com a proposta original da Comissão, embora majorada,[60] não parecia suficiente para coibir a litigância de má-fé.

Esse panorama levou Luiz Manoel Gomes Júnior e Gregório Assagra de Almeida a concluírem que havia sido (...) "mantida a tímida disciplina normativa, com multa de 2% do valor da causa (art. 70), quando já se sabe ser tal tipo de sanção totalmente ineficaz".[61]

Com as alterações realizadas em virtude do parecer do Relator do Projeto, houve outra majoração da pena, que passou a ser de, no mínimo, dois e, no máximo, dez por cento do valor corrigido da causa, portanto, em proporção bem mais elevada que a atual percentagem (um por cento) do CPC vigente e os dois por cento da proposta original da Comissão. Também foi alterado o parâmetro para fixação da multa quando o valor da causa for inestimável ou irrisório. A proposta original da Comissão era de ser fixada em até o décuplo do valor das custas processuais, enquanto a proposta aprovada na versão final foi de fixação em até dez vezes o valor do salário mínimo.[62]

---

[59] Segundo Nelson Nery Jr., "Trata-se de cláusula geral processual, na medida em que o juiz, na situação específica que lhe é submetida, deve dar concretude ao preceito, decidindo o que significa igualdade de armas na hipótese" (*op. cit.*, p. 240).

[60] De acordo com o art. 18 do CPC vigente, o litigante de má-fé será condenado a pagar multa não superior a 1% (um por cento) do valor da causa e a indenizar a parte contrária dos prejuízos que esta sofreu, além dos honorários advocatícios e todas as despesas efetuadas. O art. 70 do Projeto original, ainda sem as alterações propostas pelo parecer do Relator, previa a mesma disciplina, com a diferença de a multa ter sido estipulada em 2% (dois por cento) sobre o valor da causa.

[61] *Um novo Código de Processo Civil para o Brasil*, p. 209.

[62] Os textos do art. 18 do CPC vigente, do art. 70 da proposta original da Comissão e, finalmente, do art. 84 do Projeto aprovado pelo Senado são os seguintes, para fins de comparação: "*Art. 18*. O juiz ou tribunal, de ofício ou a requerimento, condenará o litigante de má-fé a pagar multa não excedente a um por cento sobre o valor da causa e a indenizar a parte contrária dos prejuízos que esta sofreu, mais os honorários advocatícios e todas as despesas que efetuou. §1º Quando forem dois ou mais os litigantes de má-fé, o juiz condenará cada

Talvez a inovação mais importante no regime diga respeito à inclusão dos procuradores no *caput* do art. 8º e, também, no dispositivo que inaugura o capítulo que trata dos deveres das partes e dos procuradores (seção I — dos deveres — art. 80). Essa mudança foi incorporada ao Projeto pelo parecer do relator.

A relevância da alteração está na responsabilização por dano processual, que na sistemática atual é do litigante ou interveniente. Quer dizer, na prática, de acordo com Nelson Nery, a norma vigente "não sanciona o advogado da parte, de modo que se esta for reputada litigante de má-fé por conduta de seu advogado, terá de indenizar a parte contrária, podendo exercer o direito de regresso contra o advogado".[63]

14 Art. 9º

De acordo com o art. 9º do Projeto, "Não se proferirá sentença ou decisão contra uma das partes sem que esta seja previamente ouvida, salvo se se tratar de medida de urgência ou concedida a fim de evitar o perecimento de direito".

O dispositivo, ao lado do art. 10 do Projeto, possui o salutar propósito de evitar decisões que causem surpresa. Sob esse aspecto, teceremos mais comentários na análise ao citado artigo dez.

Vale destacar aqui ponto concernente à nova sistemática dos embargos de declaração. Diz o art. 976: "Cabem embargos de declaração contra qualquer decisão monocrática ou colegiada para: I – esclarecer obscuridade ou eliminar contradição; II – suprir omissão de ponto sobre o qual devia pronunciar-se o juiz ou tribunal; III – corrigir erro material. Parágrafo único. Eventual efeito modificativo dos embargos de declaração somente poderá ocorrer em virtude da correção do vício, desde que ouvida a parte contrária no prazo de cinco dias".

Com relação ao artigo correspondente no CPC vigente (535), notam-se, de logo, duas diferenças ou alterações. A primeira (*caput*) para substituir sentença ou acórdão por decisão monocrática ou colegiada.

---

um na proporção do seu respectivo interesse na causa, ou solidariamente aqueles que se coligaram para lesar a parte contrária. §2º O valor da indenização será desde logo fixado pelo juiz, em quantia não superior a 20% (vinte por cento) sobre o valor da causa, ou liquidado por arbitramento".
"*Art. 70*. O juiz ou tribunal, de ofício ou a requerimento, condenará o litigante de má-fé a pagar multa não excedente a dois por cento sobre o valor da causa e a indenizar a parte contrária dos prejuízos que esta sofreu, além de honorários advocatícios e de todas as despesas que efetuou. §1º Quando forem dois ou mais os litigantes de má-fé, o juiz condenará cada um na proporção do seu respectivo interesse na causa ou solidariamente aqueles que se coligaram para lesar a parte contrária. §2º O valor da indenização será desde logo fixado pelo juiz, em quantia não superior a vinte por cento sobre o valor da causa, ou liquidado por arbitramento. §3º Quando o valor da causa for irrisório ou inestimável, a multa referida no *caput* poderá ser fixada em até o décuplo do valor das custas processuais".
"*Art. 84*. O juiz ou tribunal, de ofício ou a requerimento, condenará o litigante de má-fé a pagar multa que não deverá ser inferior a dois por cento, nem superior a dez por cento, do valor corrigido da causa e a indenizar a parte contrária dos prejuízos que esta sofreu, além de honorários advocatícios e de todas as despesas que efetuou. §1º Quando forem dois ou mais os litigantes de má-fé, o juiz condenará cada um na proporção do seu respectivo interesse na causa ou solidariamente aqueles que se coligaram para lesar a parte contrária. §2º O valor da indenização será desde logo fixado pelo juiz, em quantia não superior a vinte por cento sobre o valor da causa, ou, caso não seja possível mensurá-la desde logo, liquidada por arbitramento ou pelo procedimento comum. §3º Quando o valor da causa for irrisório ou inestimável, a multa referida no *caput* poderá ser fixada em até dez vezes o valor do salário mínimo".

[63] *Código de Processo Civil comentado*, p. 225-226.

No entanto, o centro de nossa atenção está na segunda alteração, representada pelo acréscimo do parágrafo único à sistemática anterior. De acordo com a nova regra, o efeito modificativo somente ocorrerá se ouvida a parte contrária no prazo de cinco dias. Quer dizer, toda vez que o resultado da decisão a ser proferida em embargos de declaração tiver o efeito de modificar a decisão, alterando a situação jurídica do embargado, este terá que ser ouvido, o que parece estar em consonância com o princípio constitucional do contraditório e com os arts. 9º e 10 do próprio Projeto. Vale destacar que o STJ já havia decidido no sentido de que "A garantia constitucional do contraditório impõe que se ouça, previamente, a parte embargada na hipótese excepcional de os embargos de declaração haverem sido interpostos com efeito modificativo" (JSTJ 206/221).

Anoto uma última observação que não se liga diretamente ao nosso tema, mas refere-se ao mesmo parágrafo primeiro do citado dispositivo e que por sua importância merece comentário.

O Projeto, ao dizer que o efeito modificativo somente poderá ocorrer em virtude de correção de vício parece ter encampado o entendimento doutrinário, segundo o qual a infringência do julgado pode ser apenas a consequência do provimento dos embargos, mas não seu pedido principal, pois, nesta última hipótese, caracterizaria pedido de reconsideração, objetivo estranho aos embargos. Assim, a infringência está em momento posterior ao do julgamento do mérito dos embargos, mais precisamente na consequência decorrente do que já foi julgado. Como diz Nelson Nery, "A infringência é mera decorrência do suprimento da omissão e não ofende o sistema recursal do CPC. Na verdade, não haverá propriamente infringência do julgado, mas *decisão nova*, pois a matéria não foi objeto de consideração pela decisão embargada".[64]

15 Art. 10

Em consonância com o art. 10 e seu parágrafo único, "O juiz não pode decidir, em grau algum de jurisdição, com base em fundamento a respeito do qual não se tenha dado às partes oportunidade de se manifestar, ainda que se trate de matéria sobre a qual tenha que decidir de ofício" e "O disposto no *caput* não se aplica aos casos de tutela de urgência e nas hipóteses do art. 307".[65]

Como bem assinalaram Luiz Manoel Gomes Júnior e Gregório Assagra de Almeida, é

> Extremamente positiva a norma do art. 10 (...) no ponto em que vedou decisões surpresa, não sendo possível que uma decisão seja prolatada sem que haja a análise das partes

---

[64] *Código de Processo Civil comentado*, 11. ed., p. 947.
[65] Diz o art. 307 do Projeto: "O juiz julgará liminarmente improcedente o pedido que se fundamente em matéria exclusivamente de direito, independentemente da citação do réu, se este: I – contrariar súmula do Supremo Tribunal Federal ou do Superior Tribunal de Justiça; II – contrariar acórdão proferido pelo Supremo Tribunal Federal ou pelo Superior Tribunal de Justiça em julgamento de recursos repetitivos; III – contrariar entendimento firmado em incidente de resolução de demandas repetitivas ou de assunção de competência; §1º O juiz também poderá julgar liminarmente improcedente o pedido se verificar, desde logo, a ocorrência, a decadência ou a prescrição. §2º Não interposta a apelação, o réu será intimado do trânsito em julgado da sentença. §3º Aplica-se a este artigo, no que couber, o disposto no art. 306".

sobre o referido tópico (acolhimento de matéria cognoscível de ofício sem que qualquer das partes tenha alegado), como adotado pelo Código de Processo Civil Português e defendido por Nelson Nery Júnior.[66]

A crítica que se fazia à redação original, que não excepcionava determinadas situações, notadamente relacionadas às medidas urgentes, foi sanada no parecer do Relator, que incluiu ao projeto o parágrafo único acima citado.

No título que trata dos poderes, deveres e responsabilidade do juiz há uma questão que é digna de ser analisada no âmbito do presente tópico.

Diz o art. 111 do Projeto: "Convencendo-se, pelas circunstâncias da causa, de que autor e réu se serviram do processo para praticar ato simulado ou conseguir fim vedado por lei, o juiz proferirá sentença que obste aos objetivos das partes, aplicando, de ofício, as penalidades da litigância de má-fé".

O artigo correspondente no CPC atual é o 129, que se distingue da redação proposta pelo Anteprojeto somente pela parte final, que prevê a aplicação de ofício das penalidades de litigância de má-fé.

A razão de tratar aqui esse dispositivo está na ideia de que a Comissão pode ter perdido a oportunidade de, por um lado, corrigir uma atecnia processual e, por outro, evitar afronta ao princípio do contraditório.

Não se trata de discutir a razão de ser do texto proposto. Pelo contrário, a finalidade do dispositivo, que já existe no CPC atual, de obstar a utilização do processo para a prática de ato simulado ou consecução de fim proibido por lei, é elogiável. O acréscimo que prevê a aplicação da penalidade de litigância de má-fé também se justifica. Significa, em certa medida, até a sedimentação em lei de posicionamento que já vinha sendo adotado nos tribunais (*RT* 613/121), que aponta para a condenação do faltoso em litigância de má-fé, bem como para remessa das peças ao MP.

A questão é que o dispositivo parece possibilitar julgamento sem que haja pedido e, também, sem contraditório.

Com efeito, como o juiz deve, pela regra, proferir sentença que impeça as partes de obter a finalidade com o processo simulado e como nem sempre o julgamento pela improcedência atenderá a tal objetivo da lei, o juiz terá que proferir sentença sem pedido correspondente expresso e, também, sem a existência de contraditório.

Com relação ao contraditório, a regra soa destoante do próprio art. 10 do Projeto, segundo o qual, como se viu, o juiz não pode decidir, com base em fundamento a respeito do qual não se tenha dado às partes oportunidade de se manifestar, ainda que se trate de matéria sobre a qual tenha que decidir de ofício.

A melhor saída poderia, talvez, ser a previsão de extinção do processo sem julgamento do mérito, anulando todos os atos processuais anteriores, com remessa das peças ao MP.

Também é digno de nota neste espaço o asseguramento de defesa oral na sessão de julgamento dos recursos (e da ação rescisória) previstos no art. 892 do Projeto.[67]

---

[66] *Um novo Código de Processo Civil para o Brasil*, p. 161-162.
[67] Diz o art. 892 do Projeto: "Na sessão de julgamento, depois da exposição da causa pelo relator, o presidente dará a palavra, sucessivamente, ao recorrente e ao recorrido, pelo prazo improrrogável de quinze minutos para cada um, a fim de sustentarem as razões nas seguintes hipóteses: I – no recurso de apelação; II – no recurso especial; III – no recurso extraordinário; IV – no agravo interno originário de recurso de apelação ou recurso

Esse dispositivo se coaduna com a previsão, já adotada pelo legislador da Lei do Mandado de Segurança (Lei nº 12.016, de 2009), em seu art. 16, na qual se assegura a defesa oral na sessão de julgamento do *writ*. Do mesmo modo, está em harmonia com a disposição do art. 554 do CPC vigente, de acordo com o qual, nos recursos de apelação e embargos infringentes, também poderá haver sustentação oral na sessão de julgamento.[68] Pode-se dizer que tais dispositivos estão em estrita consonância com a preservação do princípio do contraditório e da ampla defesa no âmbito do processo civil, ao assegurar a efetiva participação das partes durante todo o arco procedimental, inclusive, em grau recursal, de modo a possibilitar-lhes influenciar na formação da convicção do julgador.

E será que a defesa oral, na forma prevista no Projeto, influenciará negativamente quanto à celeridade processual e/ou quem sabe até mesmo no cumprimento do princípio da duração razoável do processo?

Conforme já dissemos em outro trabalho com relação à previsão de defesa oral no julgamento do mandado de segurança, as respostas parecem negativas, uma vez que o ato processual da sustentação oral materializa-se com intervenção muito rápida, no caso, no prazo improrrogável de quinze minutos, além do que a prática da defesa oral se dá durante a própria sessão de julgamento, em nada retardando a regular tramitação do recurso ou ação, pelo que descabe eventual alegação de prejuízo à celeridade processual e à consecução da duração razoável do processo.[69]

16 Art. 11

Nos termos do art. 11 e seu parágrafo único, "Todos os julgamentos dos órgãos do Poder Judiciário serão públicos, e fundamentadas todas as decisões, sob pena de nulidade" e, "Nos casos de segredo de justiça, pode ser autorizada somente a presença das partes, de seus advogados ou defensores públicos, ou ainda, quando for o caso, do Ministério Público".

A primeira parte do *caput* do art. 11 do Projeto é repetição da primeira parte do inc. IX do art. 93 da Constituição Federal, que, ao lado do inc. LX do art. 5º,[70] também da Constituição Federal, consagram o princípio da publicidade dos atos processuais.

Já a segunda parte do *caput* do art. 11, de acordo com a qual serão "fundamentadas todas as decisões, sob pena de nulidade", é repetição da segunda parte

---

especial ou recurso extraordinário; V – no agravo de instrumento interposto de decisões interlocutórias que versem sobre questão de mérito; VI – nos embargos de divergência; VII – no recurso ordinário; VIII – na ação rescisória. §1º A sustentação oral no incidente de resolução de demandas repetitivas observará o disposto no art. 993. §2º Os procuradores que desejarem proferir sustentação oral poderão requerer, até o início da sessão, que seja o feito julgado em primeiro lugar, sem prejuízo das preferências legais".

[68] Diz o referido art. 554: "Na sessão de julgamento, depois de feita a exposição da causa pelo relator, o presidente, se o recurso não for de embargos declaratórios ou de agravo de instrumento, dará a palavra, sucessivamente, ao recorrente e ao recorrido, pelo prazo improrrogável de 15 (quinze) minutos para cada um, a fim de sustentarem as razões do recurso".

[69] Para uma análise mais aprofundada do assunto, ver item 3 dos comentários ao art. 16 da Lei nº 12.016/09 na obra *Comentários à nova Lei do mandado de segurança*, p. 227-230.

[70] Art. 5º, inc. LX, da CF: "a lei só poderá restringir a publicidade dos atos processuais quando a defesa da intimidade ou o interesse social o exigirem".

do inc. IX do art. 93 da Constituição Federal, que encerra, com o restante do mesmo inc. IX, o princípio da motivação das decisões judiciais.

É notória a preocupação do legislador com a necessidade de fundamentação das decisões judiciais, tanto em primeiro, quanto em segundo grau, haja vista as diversas menções à expressão "decisão fundamentada" ao longo do Projeto, conforme se constata nos arts. 283 (*caput*), 354 (parágrafo único), 358 (*caput*), 633 (parágrafo único), 875 (parágrafo segundo), 939 (parágrafo primeiro) e 991 (parágrafo terceiro).

O parágrafo único é parte do restante ou da terceira parte do inc. IX do art. 93 da Constituição Federal, que diz: a lei pode "limitar a presença em determinados atos, às próprias partes e a seus advogados, ou somente a estes, em casos nos quais a preservação do direito à intimidade do interessado no sigilo não prejudique o interesse público à informação".

É elogiável a previsão no Projeto de dispositivo que obriga a publicação em pauta dos recursos de que trata o Livro dos Processos nos Tribunais e dos meios de impugnação das decisões, conforme se infere da redação do art. 855 do Projeto.[71]

Como diz a Comissão na Exposição de Motivos,

> Prestigiando o princípio constitucional da publicidade das decisões, previu-se a regra inafastável de que à data de julgamento de todo recurso deve-se dar publicidade (= todos os recursos devem constar em pauta), para que as partes tenham oportunidade de tomar providências que entendam necessárias ou, pura e simplesmente, possam assistir ao julgamento.[72]

17 Art. 12

De acordo com o art. 12 e parágrafos do Projeto,

> Os juízes deverão proferir sentença e os tribunais deverão decidir os recursos obedecendo à ordem cronológica de conclusão.
> §1º A lista de processos aptos a julgamento deverá ser permanentemente disponibilizada em cartório, para consulta pública.
> §2º Estão excluídos da regra do *caput*:
> I – as sentenças proferidas em audiência, homologatórias de acordo ou de improcedência liminar do pedido;
> II – o julgamento de processos em bloco para aplicação da tese jurídica firmada em incidente de resolução de demandas repetitivas ou em recurso repetitivo;
> III – a apreciação de pedido de efeito suspensivo ou de antecipação da tutela recursal;
> IV – o julgamento de recursos repetitivos ou de incidente de resolução de demandas repetitivas;
> V – as preferências legais.

---

[71] Segundo o art. 855 do Projeto, "Os autos serão, em seguida, apresentados ao presidente, que designará dia para julgamento, mandando, em todos os casos tratados neste Livro, publicar a pauta no órgão oficial.
§1º Entre a data da publicação da pauta e a sessão de julgamento mediará, pelo menos, o prazo de quarenta e oito horas.
§2º Afixar-se-á a pauta na entrada da sala em que se realizar a sessão de julgamento.
§3º Salvo caso de força maior, participará do julgamento do recurso o juiz que houver lançado o 'visto' nos autos".
[72] Ver Exposição de Motivos, p. 6.

Esse dispositivo não constava no Projeto original, tendo sido incluído no substitutivo do Senado, passando a integrar o texto aprovado. Deve ser visto como expressão do princípio da inafastabilidade, na medida em que, ao assegurar a apreciação dos recursos, em regra, pela ordem cronológica de conclusão, busca ir além da garantia de simples ingresso em juízo, para propiciar uma decisão efetiva e tempestiva, conferindo, assim, a devida concretude ao princípio da inafastabilidade.

Como bem salientam Gilson Delgado Miranda e Patrícia Miranda Pizzol,

> Realmente, o princípio traçado no inc. XXXV do art. 5º da CF não garante apenas o acesso formal aos órgãos judiciários, mas o acesso à justiça que permita a real e tempestiva proteção contra a ameaça ou a violação do direito. É dessa marca que se ressalta a imperiosidade de organizar o processo visando a alcançar o tríplice predicado *justiça-efetividade-tempestividade*.[73]

Referências

ALEXY, Robert. *Teoria de los derechos fundamentales*. Traducción Ernesto Garzón Valdés. Madrid: Centro de Estudios Políticos y Constitucionales, 2001.

ALVIM NETTO, José Manoel Arruda. Anotações sobre as perplexidades e os caminhos do processo civil contemporâneo: sua evolução ao lado do direito material. *In*: TEIXEIRA, Sálvio de Figueiredo (Coord.). *As garantias do cidadão na justiça*. São Paulo: Saraiva, 1993.

ALVIM NETTO, José Manoel Arruda. *Manual de direito processual civil*. 7. ed. rev. atual. e ampl. São Paulo: Revista dos Tribunais, 2001. v. 1, v. 2.

ASSIS, Araken de. Teoria geral do processo de execução. *In*: WAMBIER, Teresa Arruda Alvim (Coord.). *Processo de execução e assuntos afins*. São Paulo: Revista dos Tribunais, 1998.

ÁVILA, Humberto. *Teoria dos princípios*: da definição à aplicação dos princípios jurídicos. 4. ed. rev. São Paulo: Malheiros, 2004.

BARROSO, Luís Roberto. *Interpretação e aplicação da Constituição*. São Paulo: Saraiva, 1996.

BASTOS, Celso Ribeiro; MARTINS, Ives Gandra da Silva. *Comentários à Constituição do Brasil*. 2. ed. São Paulo: Saraiva, 1989, v. 2.

BASTOS, Celso Ribeiro; MEYER-PFLUG, Samantha. A interpretação como fator de desenvolvimento e atualização das normas constitucionais. *In*: SILVA, Virgílio Afonso da (Org.). *Interpretação constitucional*. São Paulo: Malheiros, 2005.

BONAVIDES, Paulo. *Curso de direito constitucional*. 12. ed. rev. atual. São Paulo: Malheiros, 2002.

BUENO, Cassio Scarpinella. Inafastabilidade do controle judicial da administração. *In*: SUNDFELD, Carlos Ari; BUENO, Cassio Scarpinella. *Direito processual público*: a fazenda em juízo. São Paulo: Malheiros, 2003.

CANOTILHO, José Joaquim Gomes. *Direito constitucional*. 6. ed. Coimbra: Almedina, 1993.

COELHO, Inocêncio Mártires. *Interpretação constitucional*. Porto Alegre: Sergio Antonio Fabris, 1997.

CRETELLA NETO, José. *Fundamentos principiológicos do processo civil*. Rio de Janeiro: Forense, 2002.

DINAMARCO, Cândido Rangel. *Instituições de direito processual civil*. 2. ed. São Paulo: Malheiros, 2002. v. 1.

FREITAS, Juarez. A melhor interpretação constitucional versus a única resposta correta. *In*: SILVA, Virgílio Afonso da (Org.). *Interpretação constitucional*. São Paulo: Malheiros, 2005.

GERAIGE NETO, Zaiden. *O princípio da inafastabilidade do controle jurisdicional*: art. 5º, inciso XXXV, da Constituição Federal. São Paulo: Revista dos Tribunais, 2003.

---

[73] *Recursos no processo civil*, p. 180.

GOMES JÚNIOR. Luiz Manoel; ALMEIDA, Gregório Assagra. *Um Novo Código de Processo Civil para o Brasil*: análise teórica e prática da proposta apresentada ao Senado Federal. Rio de Janeiro: GZ, 2010.

GRAU, Eros Roberto. *Ensaio e discurso sobre a interpretação/aplicação do direito*. São Paulo: Malheiros, 2002.

GUERRA FILHO, Willis Santiago. *Processo constitucional e direitos fundamentais*. São Paulo: Celso Bastos, 1999.

GUERRA FILHO, Willis Santiago. *Teoria processual da Constituição*. São Paulo: Celso Bastos, 2000.

GUTIÉRREZ, Daniel Mota. Art. 16. *In*: MAIA FILHO, Napoleão Nunes et al (Org.). *Comentários à nova lei do mandado de segurança*. São Paulo: Revista dos Tribunais, 2010.

GUTIÉRREZ, Daniel Mota. *Princípios do processo civil coletivo na Constituição Federal*: análise baseada na discussão de institutos e questões polêmicas da tutela coletiva. 2006. Dissertação (Mestrado) – Pontifica Universidade Católica de São Paulo, São Paulo, 2006.

LOPES, João Batista. *A prova no direito processual civil*. São Paulo: Revista dos Tribunais, 1999.

LOPES, João Batista. Efetividade da tutela jurisdicional à luz da constitucionalização do processo civil. *Revista de Processo*, São Paulo, v. 29, n. 116, 29-38, jul./ago. 2004.

MARINONI, Luiz Guilherme. *Novas linhas do processo civil*. 2. ed. São Paulo: Malheiros, 1996.

MARINONI, Luiz Guilherme; MITIDIERO, Daniel. *O Projeto do CPC*: crítica e propostas. São Paulo: Revista dos Tribunais, 2010.

MENDONÇA JÚNIOR, Delosmar. *Princípios da ampla defesa e da efetividade no processo civil brasileiro*. São Paulo: Malheiros, 2001.

MIRANDA, Gilson Delgado. *Procedimento sumário*. São Paulo: Revista dos Tribunais, 2000.

MIRANDA, Gilson Delgado; PIZZOL, Patricia Miranda. *Recursos no processo civil*. 6. ed. São Paulo: Atlas, 2009.

MOREIRA, José Carlos Barbosa. A efetividade do processo de conhecimento. *Revista de Processo*, São Paulo, n. 74, p. 126-137, 1994.

MOREIRA, José Carlos Barbosa. Efetividade do processo e técnica processual. *Revista de Processo*, São Paulo, n. 77, p. 168-176, 1995.

NERY JÚNIOR, Nelson. *Princípios do processo civil na Constituição Federal*. 9. ed. rev. aum. São Paulo: Revista dos Tribunais, 2009.

NERY JÚNIOR, Nelson; NERY, Rosa Maria de Andrade. *Código de Processo Civil comentado e legislação processual civil extravagante em vigor*. 11. ed. rev. atual. São Paulo: Revista dos Tribunais, 2010.

NERY JÚNIOR, Nelson; NERY, Rosa Maria de Andrade. *Código de Processo Civil comentado e legislação processual civil extravagante em vigor*. 6. ed. rev. atual. São Paulo: Revista dos Tribunais, 2002.

PORTANOVA, Rui. *Princípios do processo civil*. 4. ed. Porto Alegre: Livraria do Advogado, 2001.

SOUZA, Artur César de. *Contraditório e revelia*: perspectiva crítica dos efeitos da revelia em face da natureza dialética do processo. São Paulo: Revista dos Tribunais, 2003.

WAMBIER, Teresa Arruda Alvim. Apresentação. *In*: WAMBIER, Teresa Arruda Alvim (Coord.). *Processo de execução e assuntos afins*. São Paulo: Revista dos Tribunais, 1998.

WAMBIER, Teresa Arruda Alvim. *Omissão judicial e embargos de declaração*. São Paulo: Revista dos Tribunais, 2005.

WAMBIER, Teresa Arruda Alvim. Prefácio. *In*: GERAIGE NETO, Zaiden. *O princípio da inafastabilidade do controle jurisdicional*: art. 5º, inciso XXV, da Constituição Federal. São Paulo: Revista dos Tribunais, 2003.

Informação bibliográfica deste texto, conforme a NBR 6023:2002 da Associação Brasileira de Normas Técnicas (ABNT):

GUTIÉRREZ, Daniel Mota. Notas sobre os princípios e as garantias fundamentais do processo civil no Projeto do novo CPC. *In*: ROSSI, Fernando et al. (Coord.). *O futuro do processo civil no Brasil*: uma análise crítica ao Projeto do Novo CPC. Belo Horizonte: Fórum, 2011. p. 83-111. ISBN 978-85-7700-511-6.

NOTAS SOBRE A MEDIAÇÃO E A CONCILIAÇÃO NO PROJETO DO NOVO CÓDIGO DE PROCESSO CIVIL

DELTON RICARDO SOARES MEIRELLES
FERNANDO GAMA DE MIRANDA NETTO

1 Introdução

A comunidade jurídico-processual brasileira, neste momento, vive a expectativa da elaboração do nosso terceiro Código Processual Civil unitário e republicano. Diferentemente das legislações anteriores (1939 e 1973), gestadas em épocas de repressão e centralizadas no trabalho de um jurista (respectivamente Pedro Baptista Martins e Alfredo Buzaid), agora houve a preocupação do Senado Federal (não mais o Executivo) em formar uma comissão de especialistas para redigir o Anteprojeto, contando com audiências públicas dos debates. Além deste procedimento legislativo diferenciado, merece destaque o contemporâneo cenário de busca de legitimação democrática e positivação das políticas públicas de estímulo a métodos alternativos de resolução de controvérsias,[1] contexto no qual se apresenta a inserção da mediação no Anteprojeto de futuro Código de Processo Civil.

Com a aprovação pela Comissão Temporária da Reforma do Código de Processo Civil do texto substitutivo no dia 15 de dezembro de 2010 (Projeto de Lei do Senado nº 166, agora na Câmara dos Deputados como Projeto de Lei nº 8.046/10), parece que a disciplina da mediação e da conciliação não terá grandes modificações, não obstante várias sugestões de aperfeiçoamento do texto, em especial, nas audiências públicas convocadas para esta finalidade em diversos estados. Este estudo pretende lançar algumas reflexões sobre o projeto de lei, comentando artigo por artigo o regramento da mediação e da conciliação.

---

[1] Compatíveis com a terceira onda sistematizada por Cappelletti; Garth em: *Acesso à justiça*, p. 67 *et seq*.

É entre os Auxiliares da Justiça (Seção V, Cap. III, Livro I, do Projeto do Novo Código de Processo Civil) que encontraremos as normas sobre a mediação e conciliação. Pode parecer paradoxal que a mediação, concebida como meio alternativo de resolução de conflitos, possa aparecer inserida dentro do âmbito judicial. É como se o Estado afirmasse que a alternativa existente à jurisdição estatal se encontra dentro do próprio Poder Judiciário. No entanto, verificaremos nos comentários aos dispositivos que tal proceder é estratégico. Nesta linha, a pesquisa pretende:

1. apontar experiências com a mediação que possam servir de subsídio para a regulação do Projeto;
2. identificar os princípios que informam a mediação e a conciliação;
3. perquirir como o Projeto procura estimular a mediação e conciliação;
4. distinguir mediação de conciliação;
5. questionar a forma de escolha do mediador e do conciliador;
6. verificar a disciplina do registro, exclusão e impedimento de conciliadores e mediadores.

2 Experiências com a mediação no Brasil

Verificam-se, mesmo antes da entrada em vigor do Novo Código de Processo Civil, algumas experiências que demonstram a utilidade da mediação como método alternativo à jurisdição estatal, em vários pontos do território nacional. No Rio de Janeiro, Estado com o maior número de iniciativas neste sentido,[2] uma das experiências mais relevantes é a do "Balcão de Direitos", projeto criado em 1997 pela ONG "Viva Rio" em comunidades carentes para, entre outras contribuições, organizar *mediações comunitárias*. Pesquisa desenvolvida pela cientista social norte-americana Corinne M. Davis, cujo campo foram os conflitos individuais na favela da Rocinha, mostra como a mediação conduzida pelo Balcão de Direitos tornou-se mais efetiva do que o sistema de juizados especiais, especialmente quando o posto local foi desativado e os processos passaram a tramitar na Barra da Tijuca.[3]

Walsir Edson Rodrigues Júnior relata experiências desenvolvidas pelo Centro de Mediação e Arbitragem (CMA) da PUC Minas, órgão ligado ao serviço de assistência jurídica da faculdade de Direito. Entre agosto de 2000 e julho de 2004, dos 1508 casos encaminhados ao CMA, em 799 houve comparecimento voluntário das partes (53%) e foram obtidos 581 acordos (38%).[4] Em Pernambuco, Carlos Eduardo de Vasconcelos informa que um projeto apoiado pela Fundação Joaquim Nabuco, envolvendo duzentos mediadores voluntários, obteve em 2006 uma média mensal de cinquenta mediações com acordo formal, consistindo os conflitos de vizinhança como

---

[2] Conforme dados do Ministério da Justiça, 16,42% dos programas alternativos de administração de conflitos eram fluminenses, enquanto São Paulo detinha 14,93% e Bahia 8,96% (BRASIL. Ministério da Justiça. *Acesso à justiça por sistemas alternativos de administração de conflitos*: mapeamento nacional de programas públicos e não governamentais, p. 40).

[3] DAVIS. Pequenas causas e assistência jurídica: usos, transformações e adaptações na favela, p. 125-152. Frise-se que estas experiências comunitárias serão mais bem desenvolvidas posteriormente, ao se analisar a hipótese da adoção de meios alternativos para a resolução de conflitos de vizinhança.

[4] RODRIGUES JÚNIOR. *A prática da mediação e o aceso à justiça*, p. 170-190.

os mais presentes (22%).⁵ No Ceará, Lília Maia de Morais Sales narra a experiência da Casa de Mediação Comunitária da Parangaba (bairro de Fortaleza) em que, entre 26.06.2000 e 31.05.2005, houve 51% de mediações com acordo.⁶

No Distrito Federal, o "Programa Justiça Comunitária", implantado em 2000 por iniciativa do Tribunal de Justiça, realiza trabalhos de assistência jurídica e mediação comunitária, com o auxílio de voluntários.⁷ A Secretaria de Reforma do Judiciário (vinculada ao Ministério da Justiça), a partir dos resultados do projeto brasiliense, garante suporte a outros projetos para formação de núcleos de Justiça Comunitária.⁸

A propósito, esta secretaria mostra respeitável relatório sobre os meios alternativos no Brasil. Dados de 2005 mostram que 49,2% dos programas de administração alternativa de conflitos foram criados por instituições públicas governamentais, ao passo que entidades não governamentais respondem por 47,7% (destes, apenas 16,4% por ONGs especificamente criadas para esta finalidade).⁹ Das entidades governamentais, o Poder Judiciário é responsável por 60% dos programas.¹⁰

Assim, além da sociedade civil organizada, devem ser ressaltadas as experiências desenvolvidas pelo Poder Público. Veja-se, a propósito, a Resolução Administrativa nº 72 (13), de 18 de dezembro de 2009, do Órgão Especial do Tribunal de Justiça do Estado do Rio de Janeiro, que dispõe sobre a *mediação no âmbito judicial*. É este o ato normativo que tem servido de base para o processo de mediação judicial e conta com experiências em diversos bairros na cidade (Centro, Méier, Barra etc.). Alguém poderia lançar alguma suspeita sobre a sua constitucionalidade, porque compete privativamente à União legislar sobre direito processual (art. 22, I, CRFB). No entanto, a parte final do art. 96, I, "a", do texto constitucional, parece legitimar o uso da mediação judicial, ao dispor que compete privativamente aos tribunais dispor "sobre a competência e o funcionamento dos respectivos órgãos jurisdicionais e administrativos".¹¹

Outras iniciativas são encontradas na Administração Pública. Um dos exemplos mais presentes é o PROCON (Procuradoria de Defesa do Consumidor), presente em vários Estados.¹² No Rio de Janeiro, o art. 3º, V, do Decreto Estadual nº 35.686, de 14.06.2004, inclui como sua competência "mediar soluções negociadas entre fornecedores e consumidores".

---

5   VASCONCELOS. *Mediação de conflitos e práticas restaurativas*, p. 121.
6   SALES. *Mediação de conflitos*: família, escola e comunidade, p. 217.
7   Relatório do Projeto disponível em : <http://portal.mj.gov.br/services/DocumentManagement/FileDownload. EZTSvc.asp?DocumentID=%7B2E8739F7-7B6D-42FC-91A2-1CB517826403%7D&ServiceInstUID=%7BA66B 7CBD-FB21-4FBB-85EA-5ECD10C73B39%7D>. Acesso em: 04 maio 2011.
8   Conforme noticia seu portal oficial, em: <http://www.mj.gov.br/data/Pages/MJDA9EC2A8ITEMIDF85A 266875414D7D8FBF08649EFC9BA7PTBRNN.htm>. Acesso em: 04 maio 2011.
9   BRASIL. Ministério da Justiça. *Acesso à justiça por sistemas alternativos de administração de conflitos*: mapeamento nacional de programas públicos e não governamentais. p. 26. Disponível em: <http://www.mj.gov.br/services/ DocumentManagement/FileDownload.EZTSvc.asp?DocumentID={EA52A210-8F54-40EB-9165-2DEB2129A 2FA}&ServiceInstUID={74528116-88C5-418E-81DB-D69A4E0284C0}>. Acesso em: 04 maio 2011.
10 *Ibidem*, p. 27.
11 Nesta linha, o art. 144 do PL nº 8.046/10 dispõe que "cada tribunal pode criar setor de conciliação e mediação ou programas destinados a estimular a autocomposição".
12 No Rio de Janeiro, cuida-se de órgão ligado à *Secretaria da Casa Civil* e criado pelo Decreto Estadual nº 9.953, de 22 de maio de 1987. *Em analogia com* o Sistema Nacional de Defesa do Consumidor, foi modificado pelo Decreto Estadual nº 35.686, de 14 de junho de 2004, para integrá-lo ao Sistema Estadual de Defesa do Consumidor.

Também é exemplo de instituição oficial o Conselho Tutelar, conceituado pelo Estatuto da Criança e do Adolescente (ECA) como "órgão permanente e autônomo, não jurisdicional, encarregado pela sociedade de zelar pelo cumprimento dos direitos da criança e do adolescente" (art. 131). Tal Conselho é estabelecido em bases locais, pois a lei prevê que, "em cada Município haverá, no mínimo, um Conselho Tutelar composto de cinco membros, escolhidos pela comunidade local para mandato de três anos, permitida uma recondução" (art. 132), obedecidos os requisitos do art. 133, sendo o processo eleitoral regulamentado por lei municipal e realizado sob a responsabilidade do Conselho Municipal dos Direitos da Criança e do Adolescente (art. 139, com a redação dada pela Lei nº 8.242/91).[13]

Outro caso é a assinatura de termo ajustamento de conduta, meio alternativo instituído pelo art. 5º, §6º, da Lei nº 7.347/85 para se evitar a ação civil pública, mas que limitado apenas às pessoas jurídicas de direito público.[14]

Também a Defensoria Pública Estadual do Rio de Janeiro tem feito uso da mediação com a participação de profissionais de outras áreas (núcleo de Vila Isabel).

Sobre a distinção entre iniciativas públicas e privadas, merece nota o trabalho de Jean-François Six que, ao analisar o caso francês, reconhece dois tipos de mediação: a institucional (estabelecida burocraticamente de cima para baixo) e a cidadã (naturalmente nascidos nos grupos sociais).[15]

3 Princípios informativos da conciliação e da mediação

As diretrizes da conciliação e da mediação são estabelecidas no §1º, do art. 144, do PL nº 8.046/10: "a conciliação e a mediação são informadas pelos princípios da independência, da neutralidade, da autonomia da vontade, da confidencialidade, da oralidade e da informalidade".[16]

Independência e neutralidade não se confundem. Independência, na literatura processual, significa a não subordinação do Poder Judiciário a qualquer outro Poder (no plano horizontal) e, ao mesmo tempo, impede que um magistrado, de instância inferior, tenha que decidir um caso (não repetido e sem orientação jurisprudencial) em determinado sentido por pressão de órgão judicial superior. No contexto da mediação, *independência* significa equidistância das partes durante o processo. Para tanto, basta a ausência de ligação anterior com as partes. Do contrário, cabe ao mediador esclarecer qualquer dúvida quanto a um eventual contato anterior com uma ou ambas as partes, consultando-as sobre a conveniência de tê-lo como agente da mediação.

---

[13] Para ilustrar, no município do Rio de Janeiro, atualmente, há dez conselhos tutelares (Centro, Lagoa, Vila Isabel, Méier, Ramos, Madureira, Jacarepaguá, Bangu, Campo Grande e Santa Cruz).

[14] Lei nº 7347/85, art. 5º, §6º: "Os órgãos públicos legitimados poderão tomar dos interessados compromisso de ajustamento de sua conduta às exigências legais, mediante cominações, que terá eficácia de título executivo extrajudicial".

[15] SIX. *Dinâmica da mediação*, p. 28-35.

[16] Perceba-se que, no sistema jurídico-processual, há diretrizes semelhantes na Lei de Juizados Especiais (art. 2º, Lei nº 9.099/95: "o processo orientar-se-á pelos critérios da oralidade, simplicidade, informalidade, economia processual e celeridade, buscando, sempre que possível, a conciliação ou a transação)" e na Lei de Arbitragem (art. 13, §6º, Lei nº 9.307/96: "No desempenho de sua função, o árbitro deverá proceder com imparcialidade, independência, competência, diligência e discrição").

Já a *neutralidade* diz respeito às valorações e opiniões pessoais do mediador. O mediador que zela pelo equilíbrio de poder entre as partes não permite que os seus preconceitos interfiram na condução do processo de mediação. Isto inclui qualquer tipo de expressão verbal ou não verbal, como, por exemplo, um simples gesto de desaprovação facial.

O mediador é um facilitador do diálogo que respeita a *autonomia das partes*. Isto ocorre porque a mediação é um processo que exige a participação voluntária dos sujeitos interessados. É de se ressaltar aqui três pontos:

1. liberdade de escolha do processo de mediação (a mediação não pode ser imposta);
2. liberdade de escolha das questões (compete às partes definir quais os temas que serão abordados);
3. liberdade de decisão (as partes podem decidir sobre qualquer questão incidental e final do processo).

O Projeto do Código de Processo Civil estabeleceu a *confidencialidade* como característica da mediação e da conciliação e isto impõe ao conciliador e ao mediador o *dever de sigilo*, nestes termos:

> §2º A confidencialidade se estende a todas as informações produzidas ao longo do procedimento, cujo teor não poderá ser utilizado para fim diverso daquele previsto por expressa deliberação das partes.
>
> §3º Em virtude do dever de sigilo, inerente à sua função, o conciliador e o mediador e sua equipe não poderão divulgar ou depor acerca de fatos ou elementos oriundos da conciliação ou da mediação.

O sigilo permite acalmar os ânimos e confere tranquilidade na busca de uma solução que atenda aos interesses das partes em conflito.

4 Justiça coexistencial frente à cultura da sentença

O PL nº 8.046/10, procurando abraçar novas tendências, estimula não só a conciliação, mas também a mediação, preventivamente e durante a marcha processual.

> Art. 145. A realização de conciliação ou mediação deverá ser estimulada por magistrados, advogados, defensores públicos e membros do Ministério Público, inclusive no curso do processo judicial.

No Brasil, a justiça conciliatória era regra durante o Império,[17] possuindo o juiz de paz forte papel.[18] Com o avanço do cientificismo e a unificação legislativa, prevaleceu a concepção autoritária no Código de Processo Civil de 1939, no qual não havia

---

[17] Constituição de 1824, art. 161: "Sem se fazer constar, que se tem intentado o meio da reconciliação, não se começará processo algum".

[18] Constituição de 1824, art. 162: "Para este fim haverá juizes de Paz, os quaes serão electivos pelo mesmo tempo, e maneira, por que se elegem os Vereadores das Camaras. Suas attribuições, e Districtos serão regulados por Lei".

previsão para conciliação no procedimento comum ordinário, inclusive na audiência de instrução e julgamento (arts. 263/272).[19]

Em 1973, o vigente código incorpora a tendência global de estímulo à conciliação, e a insere como etapa da audiência de instrução e julgamento (arts. 447/449). Pouco tempo depois, a articulação entre a experiência gaúcha das comissões de conciliação e o plano nacional de desburocratização determinou a instituição dos juizados de pequenas causas (Lei nº 7.244/84).

Com a redemocratização e o novo cenário mundial, a justiça coexistencial ganha um novo fôlego no Brasil. A Constituição prevê, em seu art. 98, I, a instalação de juizados especiais competentes para a conciliação cível e a transação penal. Sua regulamentação pela Lei nº 9.099/95 reforça estes papéis em vários dispositivos,[20] prevendo não apenas uma etapa específica (arts. 21/22), como também agentes conciliadores exclusivos (art. 7º).

Paralelamente, a Lei nº 8.952/94 reformara o Código de Processo Civil a fim de impor ao juiz o dever de tentar conciliar as partes em qualquer fase do processo (art. 125, IV), além de instituir uma audiência específica para este fim (art. 331). Em âmbito penal, além da transação prevista na Lei nº 9.099/95, merecem destaque também a remissão prevista pelo Estatuto da Criança e do Adolescente[21] e as práticas de *justiça restaurativa*.[22]

Como se pode perceber, ao invés de um procedimento voltado apenas para a imposição de uma sentença fundada num contraditório técnico (*resolução estatal imperativa*), surgiriam oportunidades (predeterminadas em audiências ou não) para tentativas de acordo, evitando-se o prolongamento do processo com a produção de provas e interposição de recursos.

Diga-se, aliás, que, para o advogado, estimular a conciliação entre os litigantes é um dever ético, nos termos art. 2º, parágrafo único, do art. 2º, do Código de Ética e Disciplina da OAB.

Entre outros institutos, merecem destaque a regulamentação da arbitragem, em que é possível a escolha de qualquer pessoa capaz de gerar confiança nas partes (Lei nº 9.307/96, art. 13); e as Comissões de Conciliação Prévia, órgãos paritários formados

---

[19] Ressalve-se a Justiça do Trabalho, cuja formação se deveu a uma forma bem peculiar, a qual estimula a conciliação como elemento obrigatório na resolução dos conflitos laborais, como se percebe no art. 764 da CLT.

[20] Entre outros, emergem os arts. 1º ("os Juizados Especiais Cíveis e Criminais, órgãos da Justiça Ordinária, serão criados pela União, no Distrito Federal e nos Territórios, e pelos Estados, para conciliação, processo, julgamento e execução, nas causas de sua competência"); 2º ("o processo orientar-se-á pelos critérios da oralidade, simplicidade, informalidade, economia processual e celeridade, buscando, sempre que possível, a conciliação ou a transação"); 3º ["o Juizado Especial Cível tem competência para conciliação, processo e julgamento das causas cíveis de menor complexidade" (...)].

[21] Lei nº 8.069/90, art. 126: "Antes de iniciado o procedimento judicial para apuração de ato infracional, o representante do Ministério Público poderá conceder a remissão, como forma de exclusão do processo, atendendo às circunstâncias e consequências do fato, ao contexto social, bem como à personalidade do adolescente e sua maior ou menor participação no ato infracional".

[22] Recomendam-se, aqui, duas publicações do Ministério da Justiça: *Justiça Restaurativa* (fruto do Projeto "Promovendo práticas restaurativas no sistema de Justiça brasileiro", realizada em parceria com Programa das Nações Unidas para o Desenvolvimento – (PNUD) voltada à difusão do modelo restaurativo e de seus princípios e valores, consistente na compilação de diversos artigos elaborados por especialistas brasileiros e estrangeiros. (SLAKMON, Catherine; DE VITTO, R; PINTO, R. Gomes (Org.). Brasília: Ministério da Justiça: Programa das Nações Unidas para o Desenvolvimento – PNUD, 2005) e a terceira parte da coletânea *Novas direções na governança da justiça e da segurança* (SLAKMON, Catherine; MACHADO, Maíra; BOTTINI, Pierpaolo Cruz (Org.). Brasília: Ministério da Justiça, 2006).

por representantes dos empregadores e dos empregados, instituídos nas sedes das empresas e nos sindicatos (CLT, art. 625-A, com a redação da Lei nº 9.958/00).

Ainda no final do século XX, a Deputada Federal Zulaiê Cobra Ribeiro apresentou o Projeto de Lei nº 4.287, de 1998, contendo sete artigos, visando institucionalizar e disciplinar a mediação no Brasil. Em 2002, houve a apresentação de um substitutivo com pouco mais de quarenta artigos que restou aprovado como Projeto de Lei Câmara nº 94 pela Comissão de Constituição, Justiça e Cidadania, que segue aguardando votação parlamentar.[23]

5 Diferenças entre conciliação e mediação

Apenas nos §§1º e 2º, do art. 145, é que iremos encontrar uma distinção entre a atividade do conciliador e do mediador. Pelo que parece, o legislador preferiu ser prudente e deixou a cargo da doutrina apontar as semelhanças e as diferenças entre os institutos. Rezam os dispositivos supracitados que:

> §1º O conciliador poderá sugerir soluções para o litígio, sendo vedada a utilização de qualquer tipo de constrangimento ou intimidação para que as partes conciliem.
>
> §2º O mediador auxiliará as pessoas interessadas a compreenderem as questões e os interesses envolvidos no conflito e posteriormente identificarem, por si mesmas, alternativas de benefício mútuo.

Afinal, o que se deve entender por conciliação e mediação? Para José Maria Rossani Garcez, tanto a mediação como a conciliação permitem o intercâmbio comunicativo entre as partes e abrem caminho para um possível acordo, constituindo, na verdade, "táticas psicológicas destinadas a minimizar conflitos desnecessários ao corrigir percepções unilaterais e desproporcionais em relação ao conflito".[24] Mas o autor observa que a conciliação, na realidade, representa "um degrau a mais em relação à mediação, isto significando que o conciliador não se limita apenas a auxiliar as partes a chegarem, por elas próprias, a um acordo, mas também pode aconselhar e tentar induzir as mesmas a que cheguem a este resultado".[25]

Recentemente, foi aprovado na Itália o Decreto Legislativo nº 28, de 4 de março de 2010, que versa sobre a mediação civil e comercial. Do ponto de vista teórico, a lei mistura os conceitos de mediação e conciliação. Assim, o art. 1, "c" define: "conciliazione: *la composizione di una controversia a seguito dello svolgimento della mediazione*" (conciliação: a resolução de um litígio, após o curso da mediação). E no art. 2º estabelece que: "Chiunque può accedere alla mediazione per la conciliazione di una controversia civile e commerciale vertente su diritti disponibili, secondo le disposizioni del presente decreto" (Qualquer um pode utilizar a mediação para a conciliação de

---

[23] O referido Projeto foi objeto de comentário na obra organizada por PINHO, Humberto Dalla Bernardina de. *Teoria geral da mediação à luz do projeto de lei e do direito comparado*. Rio de Janeiro: Lumen Juris, 2008.

[24] GARCEZ, José Maria Rossani. *Técnicas de negociação*: resolução alternativa de conflitos: ADRS, mediação, conciliação e arbitragem. Rio de Janeiro: Lumen Juris, 2002. p. 3.

[25] *Idem*, p. 54. Segue esta orientação: CÂMARA, Alexandre Freitas. Conciliação e mediação no processo civil brasileiro: estado da questão. *Revista Dialética de Direito Processual*, São Paulo, n. 22, p. 10, jan. 2005.

uma controvérsia civil ou comercial versando sobre direitos disponíveis, segundo as disposições do presente decreto).[26] Nesta linha, a conciliação figura como parte do processo de mediação, consistindo a própria proposta de acordo.[27]

Entre nós, Humberto Dalla Bernardina de Pinho conceitua a mediação como "o processo por meio do qual os litigantes buscam o auxílio de um terceiro imparcial que irá contribuir na busca pela solução do conflito".[28] Amparado no direito norte-americano, o autor prefere utilizar os termos mediação ativa e mediação passiva para designar o que comumente são conhecidas a conciliação e a mediação. Com isso, aponta como diferença que "na mediação passiva, o terceiro apenas ouve as partes, agindo como um facilitador",[29] enquanto na "mediação ativa, o mediador funcionará como uma espécie de conciliador; ele não se limita a facilitar; terá ele também a função de apresentar propostas, soluções alternativas e criativas para o problema".[30]

Bem diferente é a proposta de Luis Alberto Warat, que separa bem os conceitos. A mediação é concebida como um "ato de amor". O autor assevera que "a conciliação e a transação não trabalham o conflito, ignoram-no, e, portanto, não o transformam, como faz a mediação. O conciliador exerce a função de 'negociador do litígio', reduzindo a relação conflituosa a uma mercadoria. O termo de conciliação é um termo de cedência de um litigante a outro, encerrando-o. Mas, o conflito no relacionamento, na melhor das hipóteses, permanece inalterado, já que a tendência é a de agravar-se devido a uma conciliação que não expressa o encontro das partes com elas mesmas".[31]

Nesta linha, Tânia Almeida sustenta que a mediação mira a desconstrução do conflito e a restauração da convivência pacífica entre as pessoas, o que significa

---

[26] Art. 11 (*Conciliazione*). 1. *Se è raggiunto un accordo amichevole, il mediatore forma processo verbale al quale è allegato il testo dell'accordo medesimo. Quando l'accordo non è raggiunto, il mediatore può formulare una proposta di conciliazione. In ogni caso, il mediatore formula una proposta di conciliazione se le parti gliene fatto concorde richiesta in qualunque momento del procedimento. Prima della formulazione della proposta, il mediatore informa le parti delle possibili conseguenze di cui all'articolo 13.*
2. *La proposta di conciliazione è comunicata alle parti per iscritto. Le parti fanno pervenire al mediatore, per iscritto ed entro sette giorni, l'accettazione o il rifiuto della proposta. In mancanza di risposta nel termine, la proposta si ha per rifiutata. Salvo diverso accordo delle parti, la proposta non può contenere alcun riferimento alle dichiarazioni rese o alle informazioni acquisite nel corso del procedimento.*
3. *Se è raggiunto l'accordo amichevole di cui al comma 1 ovvero se tutte le parti aderiscono alla proposta del mediatore, si forma processo verbale che deve essere sottoscritto dalle parti e dal mediatore, il quale certifica l'autografia della sottoscrizione delle parti o la loro impossibilità di sottoscrivere. Se con l'accordo le parti concludono uno dei contratti o compiono uno degli atti previsti dall'articolo 2643 del codice civile, per procedere alla trascrizione dello stesso la sottoscrizione del processo verbale deve essere autenticata da un pubblico ufficiale a ciò autorizzato. L'accordo raggiunto, anche a séguito della proposta, può prevedere il pagamento di una somma di denaro per ogni violazione o inosservanza degli obblighi stabiliti ovvero per il ritardo nel loro adempimento.*
4. *Se la conciliazione non riesce, il mediatore forma processo verbale con l'indicazione della proposta; il verbale è sottoscritto dalle parti e dal mediatore, il quale certifica l'autografia della sottoscrizione delle parti o la loro impossibilità di sottoscrivere. Nello stesso verbale, il mediatore dà atto della mancata partecipazione di una delle parti al procedimento di mediazione.*
5. *Il processo verbale è depositato presso la segreteria dell'organismo e di esso è rilasciata copia alle parti che lo richiedono.*

[27] Em outro sentido, ao comentar o Decreto Legislativo nº 17 gennaio 2003, n. 5, que contempla a conciliação extrajudicial, Francesco Luiso, "Presente e futuro della conciliazione in Italia", p. 579 *et seq*, critica o art. 40, porque estabelece um modelo de "conciliazione/aggiudicazione", e não de "conciliazione/mediazione".

[28] PINHO. *Mediação: a redescoberta de um velho aliado na solução de conflitos*, p. 106.

[29] *Ibidem*, p. 111.

[30] *Ibidem*, p. 112.

[31] WARAT. *Surfando na pororoca: o ofício do mediador*, p. 60.

examinar a *demanda de todos*.³² Na conciliação, ao revés, as partes sentam-se à mesa procurando satisfazer, exclusivamente, as suas *demandas pessoais* (postura adversarial). A autora esclarece que, como o objetivo principal da conciliação é o acordo, o diálogo tende a ser monodisciplinar — na maioria dos casos com profissionais da área jurídica; já a mediação apregoa um olhar multidisciplinar sobre o conflito, de modo que profissionais de outras áreas (Psicologia, Antropologia, Sociologia etc.) podem ajudar na identificação de fatores sociais e emocionais do conflito.³³ A autora lembra que a conciliação (judicial) é marcada pela publicidade, enquanto a mediação exige confidencialidade do mediador. No que diz respeito à postura do negociador, o mediador atua como facilitador do diálogo, sendo-lhe vedado oferecer visão técnico-jurídica sobre o caso; já o conciliador age de forma intervencionista, posto que a postura das partes revela-se, em regra, antagônica e não colaborativa como na mediação.³⁴

Outra diferença importante entre os institutos diz respeito à natureza do relacionamento. É corrente a opinião de que a mediação é técnica adequada para resolver conflitos envolvendo relações continuadas, enquanto a conciliação melhor se presta a solucionar contendas marcadas por um vínculo circunstancial. Pelo fato de inexistir nesta uma relação contínua entre as partes, não há que existir maiores esclarecimentos sobre o conflito. A discussão deve girar diretamente em torno da solução do problema (ex.: acidente de trânsito), e não sobre o relacionamento interpessoal (ex.: relação de vizinhança). Por esta razão, entende-se que os conflitos a serem mediados são, em regra, de maior complexidade, porque envolve aspectos psicológicos.³⁵

Nesta linha de raciocínio, percebe-se que o objeto imediato da mediação não é — como na conciliação — o *acordo*, mas a *relação humana*, o que faz das partes protagonistas de seu próprio destino. Na mediação, os advogados devem trocar a posição de *defensores* para a de *assessores*, de modo a recuperar o diálogo e sugerir uma solução que traga benefícios mútuos.³⁶

Embora a disciplina seja restrita à mediação e conciliação judiciais, o próprio Anteprojeto estabelece que as suas disposições "não excluem outras formas de conciliação e mediação extrajudiciais vinculadas a órgãos institucionais ou realizadas por intermédio de profissionais independentes" (art. 153). Fundamental é que o mediador ajude as partes a retomar o diálogo e possam decidir por elas mesmas como pôr fim ao conflito. Isto exige, em primeiro lugar, a própria desconstrução do conflito pelo mediador (o acordo é consequência). Tal conduta pode exigir mais de uma reunião ou sessão de mediação — o que é uma prática usual para que as pessoas possam refletir e avaliar melhor a decisão que devem tomar.³⁷

---

[32] ALMEIDA, Tânia. Mediação e conciliação: dois paradigmas distintos, duas práticas diversas. *In*: CASELLA Paulo Borba; SOUZA, Luciane Moessa de (Coord.). *Mediação de conflitos*: novo paradigma de acesso à justiça. Belo Horizonte: Fórum, 2009. p. 94-95.
[33] *Idem*, p. 96-97.
[34] *Idem*, p. 99.
[35] No sentido do texto: DEMARCHI, Juliana. Técnicas de mediação e de conciliação. *In*: WATANABE, Kazuo *et al.* (Coord.). *Mediação e gerenciamento do processo*. São Paulo: Atlas, 2007. p. 54.
[36] ALMEIDA. Mediação e conciliação: dois paradigmas distintos, duas práticas diversas. *In*: CASELLA; SOUZA (Coord.). *Mediação de conflitos*: novo paradigma de acesso à justiça, p. 100.
[37] Neste sentido: ALMEIDA. Mediação e conciliação: dois paradigmas distintos, duas práticas diversas. *In*: CASELLA; SOUZA (Coord.). *Mediação de conflitos*: novo paradigma de acesso à justiça, p. 96.

6 Sobre a escolha do conciliador e do mediador

Diferentemente da *garantia do juiz natural*, que impede a eleição do magistrado, as partes poderão escolher o seu mediador e também o seu conciliador para a audiência preliminar, desde que haja acordo, nos termos do Anteprojeto:

> Art. 146. O conciliador ou o mediador poderá ser escolhido pelas partes de comum acordo, observada a legislação pertinente.
>
> *Parágrafo único*. Não havendo acordo, haverá distribuição a conciliador ou o mediador entre aqueles inscritos no registro do tribunal, observada a respectiva formação.[38]

O parágrafo único poderia estar mais bem redigido. Nesta linha de raciocínio, sugere-se que, na impossibilidade de acordo quanto à escolha do negociador, "haverá distribuição *da causa* ao conciliador ou ao mediador".

O Anteprojeto não esclarece as hipóteses em que seria preferível audiência de conciliação ou sessão de mediação. No entanto, como dito acima, a mediação é técnica adequada para resolver conflitos envolvendo relações jurídicas continuadas (ex.: regulação de direito de visita dos avós), enquanto a conciliação melhor se presta a solucionar contendas marcadas por um vínculo efêmero (ex.: troca de aparelho defeituoso). Por esta razão, entende-se que os conflitos a serem mediados são, em regra, de maior complexidade, porque envolvem aspectos psicológicos.[39]

A audiência de conciliação é hoje obrigatória em vários procedimentos judiciais. O parágrafo único do Anteprojeto estabelece, aparentemente, esta obrigatoriedade também para a *mediação*. Isto romperia com o caráter voluntário do processo de mediação e tornaria real o risco de que a confiança não se revelasse em um mediador imposto. Por esta razão, torna-se imprescindível a realização de cursos de capacitação para que o conciliador e o mediador judiciais saibam conquistar a confiança das partes, mantendo a sua imparcialidade. Diga-se que ainda hoje muitos tribunais, principalmente no âmbito dos Juizados Especiais Cíveis, "lançam" como conciliadores estudantes da graduação na arena judicial sem qualquer preparo. Isto não pode mais acontecer.

Observe-se, no entanto, que o Anteprojeto, ao regular a audiência de conciliação (abrangendo também a sessão de mediação), a partir do art. 323, estabelece em seu §5º que "A audiência não será realizada se uma das partes manifestar, com dez dias de antecedência, desinteresse na composição amigável. A parte contrária será imediatamente intimada do cancelamento do ato".

Isto faz com que tanto a conciliação como a mediação sejam facultativas, dependendo da vontade das partes.

Diferentemente, a Lei nº 24.573, de 1995, *de Mediación y Conciliación*, estabeleceu na Argentina a obrigatoriedade da mediação prévia à propositura da ação, a ser realizada em centros oficiais ou privados de mediação e conciliação no prazo máximo de 60 (sessenta) dias. A lei exige que a pessoa seja advogada com curso de capacitação

---

[38] Destaque-se que esta foi uma das modificações em relação ao PLS nº 166/10, pois este falava em "sorteio" entre os mediadores/conciliadores do tribunal (art. 136, parágrafo único).

[39] No sentido do texto: DEMARCHI, Juliana. Técnicas de mediação e de conciliação. *In*: WATANABE, Kazuo *et al.* (Coord.). *Mediação e gerenciamento do processo*. São Paulo: Atlas, 2007. p. 54.

reconhecido para ser mediador (art. 16), o que significa uma reserva de mercado criticável. Há apenas dois dispositivos sobre a conciliação propriamente dita, que se limitam a discipliná-la no Código de Processo Civil e Comercial no âmbito da audiência judicial (art. 33 e 34). Interessante destacar que a iniciativa partiu do Ministério da Justiça, e não do Judiciário. Mais tarde, este mesmo Ministério, por meio da Resolução nº 121 de 22.02.02, criou uma comissão de estudos para a reforma do Judiciário, justificando da seguinte forma:

> Que la sociedad civil en su totalidad y las principales Organizaciones de la Sociedad Civil relacionadas con la Justicia, han manifestado la convicción de la necesidad de llevar a cabo una profunda reforma del Sistema Judicial, pues ya nadie discute que su mal funcionamiento, con el resultado de la ruptura de la previsibilidad y el resquebrajamiento de la seguridad jurídica, repercuten en la vida cotidiana de todos los habitantes e implican un serio obstáculo para nuestro desarrollo social y económico.[40]

Explica Osvaldo Alfredo Gozaíni, que a mediação prévia deve ser considerada uma etapa do processo judicial e, como consequência, um pressuposto processual necessário.[41] O autor informa que o emprego da mediação prévia tem sido satisfatório e que ela serve para aliviar a carga emocional provocada pelo processo judicial que separa ganhadores e perdedores.[42]

7 Registro, exclusão e impedimento de conciliadores e mediadores

O PL nº 8.046/10 regula quem pode ser conciliador. No PLS nº 166/10, havia a previsão de odiosa reserva de mercado,[43] o que limitava as possibilidades do processo de mediação.[44] Agora, outros profissionais como psicólogos, antropólogos, sociólogos, médicos etc. podem ser mediadores, nos termos da lei. Esta é a única modificação importante no que diz respeito ao texto original:

> Art. 147. Os tribunais manterão um registro de conciliadores e mediadores, que conterá o cadastro atualizado de todos os habilitados por área profissional.
> §1º Preenchendo os requisitos exigidos pelo tribunal, entre os quais, necessariamente, a capacitação mínima, por meio de curso realizado por entidade credenciada, o conciliador ou o mediador, com o certificado respectivo, requererá inscrição no registro do tribunal.
> §2º Efetivado o registro, caberá ao tribunal remeter ao diretor do foro da comarca ou da seção judiciária onde atuará o conciliador ou o mediador os dados necessários para que o nome deste passe a constar do rol da respectiva lista, para efeito de distribuição alternada e aleatória, obedecendo-se rigorosa igualdade.

---

[40] Disponível em: <http://www.justiciaargentina.gov.ar/actividades/proyect_ley.htm>. Acesso em: 22 maio 2007.
[41] *Ley de mediación y conciliación 24.573*, p. 52-53.
[42] *Idem*, p. 1.
[43] Com efeito, a redação original do §1º, do art. 137, estabelecia que: "Preenchendo os requisitos exigidos pelo tribunal, entre os quais, *necessariamente, a inscrição na Ordem dos Advogados do Brasil*..." (grifos nossos).
[44] Como foi apontado pelo relator do PLS nº 166/10, senador Valter Pereira, "entendemos não ser necessário que os mediadores sejam advogados, flexibilizando, assim, o acesso ao desempenho daquele munus público a outras pessoas, mesmo que não habilitadas para o exercício da advocacia" (Parecer, p. 145).

O PL nº 8.046/10, de modo inovador, permite avaliar mediadores e conciliadores, mas isto dependerá em parte de cada tribunal, que terá que reunir as informações necessárias sobre o mediador e do conciliador. A realização do acordo em juízo não pode ser o único critério avaliativo do negociador para fins estatísticos. É preciso verificar se o acordo foi de fato observado, se as partes não foram pressionadas pelo negociador, e se houve, realmente, satisfação dos interessados. Seria conveniente disponibilizar esses dados nas páginas eletrônicas dos tribunais.

> §3º Do registro de conciliadores e mediadores constarão todos os dados relevantes para a sua atuação, tais como o número de causas de que participou, o sucesso ou o insucesso da atividade, a matéria sobre a qual versou a controvérsia, bem como quaisquer outros dados que o tribunal julgar relevantes.
>
> §4º Os dados colhidos na forma do §3º serão classificados sistematicamente pelo tribunal, que os publicará, ao menos anualmente, para conhecimento da população e fins estatísticos, bem como para o fim de avaliação da conciliação, da mediação, dos conciliadores e dos mediadores.

No parágrafo §5º, do art. 147, o Anteprojeto pretende assegurar a independência e a imparcialidade de conciliadores e mediadores, *in verbis*:

> §5º Os conciliadores e mediadores cadastrados na forma do *caput*, se inscritos na Ordem dos Advogados do Brasil, estão impedidos de exercer a advocacia nos limites da competência do respectivo tribunal e de integrar escritório de advocacia que o faça.

O PL nº 8.046/10 prevê, em seu art. 148, causas de exclusão do registro de conciliadores pela própria vontade (inc. I) e por violação de um dever jurídico (inc. II a IV), nestes termos:

> Art. 148. Será excluído do registro de conciliadores e mediadores aquele que:
> I – tiver sua exclusão motivadamente solicitada por qualquer órgão julgador do tribunal;
> II – agir com dolo ou culpa na condução da conciliação ou da mediação sob sua responsabilidade;
> III – violar os deveres de confidencialidade e neutralidade;
> IV – atuar em procedimento de mediação, apesar de impedido.
> §1º Os casos previstos no *caput* serão apurados em regular processo administrativo.
> §2º O juiz da causa, verificando atuação inadequada do conciliador ou do mediador, poderá afastá-lo motivadamente de suas atividades no processo, informando ao tribunal, para instauração do respectivo processo administrativo.

O PL nº 8.046/10 também regula o procedimento para as hipóteses de impedimento, impossibilidade temporária de exercício da função:

> Art. 149. No caso de impedimento, o conciliador ou o mediador devolverá os autos ao juiz, que realizará nova distribuição; se a causa de impedimento for apurada quando já iniciado o procedimento, a atividade será interrompida, lavrando-se ata com o relatório do ocorrido e a solicitação de distribuição para novo conciliador ou mediador.
>
> Art. 150. No caso de impossibilidade temporária do exercício da função, o conciliador ou o mediador informará o fato ao tribunal para que, durante o período em que perdurar a impossibilidade, não haja novas distribuições.

O parágrafo §5º, do art. 147, deve ser lido em conjunto com o art. 151. Isto para que não seja lançado qualquer tipo de suspeita quanto ao processo em que houve a conciliação ou mediação. Por isto, o Anteprojeto estabelece que:

> Art. 151. O conciliador ou o mediador fica impedido, pelo prazo de um ano contado a partir do término do procedimento, de assessorar, representar ou patrocinar qualquer dos litigantes.

Em boa hora, o trabalho do conciliador e do mediador começa a ser valorizado. Obviamente a tradição não permitirá que a sua atividade seja equiparada à do magistrado em termos de remuneração. Assim, dispõe o art. 152, do Anteprojeto:

> Art. 152. O conciliador e o mediador perceberão por seu trabalho remuneração prevista em tabela fixada pelo tribunal, conforme parâmetros estabelecidos pelo Conselho Nacional de Justiça.

É possível, no entanto, que a figura do mediador cause uma boa surpresa e, aos olhos da população, seja tão importante quanto à figura do juiz.

8 Considerações finais

Embora o PL nº 8.046/10 não regule a mediação e a conciliação extraprocessuais, ele não as exclui.[45] Pode ser que com o estímulo dado à mediação judicial a mediação e até a conciliação fora do juízo sejam impulsionadas.

Quanto à mediação judicial, não há como prever o seu êxito ou fracasso no Brasil. Isto depende de uma série de fatores extrajurídicos.

Importa é assinalar que, caso o Estado pretenda utilizar os institutos da conciliação e da mediação dentro do processo judicial, não poderá utilizá-los simplesmente com o escopo de esvaziar as prateleiras do Poder Judiciário, e sim com a finalidade de incrementar as políticas públicas de acesso à Justiça. Do contrário, o compromisso de humanização dos conflitos e a busca de decisões mais justas estarão esquecidos, garantindo-se apenas a maior eficiência da máquina judiciária.

Referências

ALMEIDA, Tânia. Mediação e conciliação: dois paradigmas distintos, duas práticas diversas. *In*: CASELLA Paulo Borba; SOUZA, Luciane Moessa de (Coord.). *Mediação de conflitos*: novo paradigma de acesso à justiça. Belo Horizonte: Fórum, 2009.

BRASIL. Ministério da Justiça. *Acesso à justiça por sistemas alternativos de administração de conflitos*: mapeamento nacional de programas públicos e não governamentais. Disponível em: <http://www.mj.gov.br-services-DocumentManagement-FileDownload.EZTSvc.asp?DocumentID={EA52A210-8F54-40EB-9165-2DEB2129A2FA}&ServiceInstUID={74528116-88C5-418E-81DB-D69A4E0284C0}>.

CADIET, Loïc; GUINCHARD, Serge. Justice et ville. *Revue Justices*, Paris, n. 2, p. 1-8, juil./dec. 1995.

---

[45] PL nº 8.046/10, art. 153. "As disposições desta Seção não excluem outras formas de conciliação e mediação extrajudiciais vinculadas a órgãos institucionais ou realizadas por intermédio de profissionais independentes".

CALAMANDREI, Piero. *Opere giuridiche*. Napoli: Morano editore, 1965. v. 1.

CALMON FILHO, Petrônio. *Fundamentos da mediação e da conciliação*. Rio de Janeiro: Forense, 2008.

CALMON FILHO, Petrônio. O conflito e os meios de sua solução. *In*: JORDÃO, Eduardo Ferreira; DIDIER JÚNIOR, Fredie Souza (Coord.). *Teoria do processo*: panorama doutrinário mundial. Salvador: JusPodivm, 2007.

CÂMARA, Alexandre Freitas. Conciliação e mediação no processo civil brasileiro: estado da questão. *Revista Dialética de Direito Processual*, São Paulo, n. 22, p. 9-18, jan. 2005.

CAPPELLETTI, Mauro. Acesso à justiça como programa de reforma e como método de pensamento. *In*: CAPPELLETTI, Mauro. *Processo, ideologias e sociedade*. Tradução de Elicio de Cresci Sobrinho. Porto Alegre: Sergio Antonio Fabris, 2008.

CAPPELLETTI, Mauro. Formações sociais e interesses coletivos diante da justiça civil. *Revista de Processo*, São Paulo, v. 2, n. 5, p. 128-159, jan./mar. 1977.

CAPPELLETTI, Mauro. O acesso à justiça e a função do jurista em nossa época. *In*: CONFERÊNCIA NACIONAL DA OAB, 13., 1990, Belo Horizonte. *Anais*... Belo Horizonte: OAB, 1990. p. 115-130.

CAPPELLETTI, Mauro. O acesso dos consumidores à justiça. *In*: CAPPELLETTI, Mauro. *As garantias do cidadão na justiça*. São Paulo: Saraiva, 1993.

CAPPELLETTI, Mauro. O problema de reforma do processo civil nas sociedades contemporâneas. *In*: MARINONI, Luiz Guilherme (Coord.). *O processo civil contemporâneo*. Curitiba: Juruá, 1994.

CAPPELLETTI, Mauro. Os métodos alternativos de solução de conflitos no quadro do movimento universal de acesso à justiça. *Revista de Processo*, São Paulo, v. 19, n. 74, p. 82-97, abr./jun. 1994.

CAPPELLETTI, Mauro; GARTH, Bryant. *Acesso à justiça*. Tradução de Ellen Gracie Northfleet. Porto Alegre: SAF, 1988.

CASELLA, Paulo Borba; SOUZA, Luciane Moessa de (Coord.). *Mediação de conflitos*: novo paradigma de acesso à justiça. Belo Horizonte: Fórum, 2009.

CHASE, Oscar G. The Rise of ADR in Cultural Context. *In*: CHASE, Oscar G. *Law, Culture and Ritual*: Disputing Systems in Cross-Cultural Context. New York: University Press, 2005.

DAMASKA, Mirjan R. *The Faces of Justice and State Authority*: a Comparative Approach to the Legal Process. New Haven: Yale University Press, 1986.

DAVIS, Corinne M. Pequenas causas e assistência jurídica: usos, transformações e adaptações na favela. *In*: RIBEIRO, Paulo Jorge; STROZENBERG, Pedro (Coord.). *Balcão de direitos*: resoluções de conflitos em favelas do Rio de Janeiro. Rio de Janeiro: Mauad, 2001.

DEMARCHI, Juliana. Técnicas de mediação e de conciliação. *In*: WATANABE, Kazuo *et al.* (Coord.). *Mediação e gerenciamento do processo*. São Paulo: Atlas, 2007.

DINAMARCO, Cândido Rangel. Princípios e critérios no processo das pequenas causas. *In*: WATANABE, Kazuo (Coord.). *Juizado especial de pequenas causas*. São Paulo: Revista dos Tribunais, 1985.

DURKHEIM, Émile. *Da divisão do trabalho social*. Tradução de Carlos Alberto Ribeiro de Moura. São Paulo: Abril Cultural, 1978. (Os Pensadores).

FISS, Owen. Contra o acordo. *In*: FISS, Owen. *Um novo processo civil*: estudos norte-americanos sobre jurisdição, Constituição e sociedade. Tradução de Daniel Porto Godinho da Silva e Melida de Medeiros Rós. São Paulo: Revista dos Tribunais, 2004.

FISS, Owen. Fora do paraíso. *In*: FISS, Owen. *Um novo processo civil*: estudos norte-americanos sobre jurisdição, Constituição e sociedade. Tradução de Daniel Porto Godinho da Silva e Melida de Medeiros Rós. São Paulo: Revista dos Tribunais, 2004.

FOUCAULT, Michel. Sobre a justiça popular. *In*: FOUCAULT, Michel. *Microfísica do poder*. 14. ed. Tradução de Roberto Machado. Rio de Janeiro: Graal, 1999.

FRASER, Nancy. A justiça social na globalização: redistribuição, reconhecimento e participação. Tradução de Teresa Tavares. *Revista Crítica de Ciências Sociais*, n. 63, p. 7-20, out. 2002. Disponível em: <http://www.ces.uc.pt-publicacoes-rccs-artigos-63-RCCS63-Nancy%20Fraser-007-020.pdf>. Acesso em: 24 jun. 2009.

GARCEZ, José Maria Rossani. *Técnicas de negociação*: resolução alternativa de conflitos: ADRS, mediação, conciliação e arbitragem. Rio de Janeiro: Lumen Juris, 2002.

GOZAÍNI, Osvaldo Alfredo. *Ley de mediación y conciliación 24.573*. Buenos Aires: La Ley, 2003.

GRECO, Leonardo. A reforma do Poder Judiciário e o acesso à justiça. *In*: GRECO, Leonardo. *Estudos de direito processual*. Campos dos Goytacazes: Faculdade de Direito de Campos, 2005.

GRECO, Leonardo. O acesso ao direito e à justiça. *In*: GRECO, Leonardo. *Estudos de direito processual*. Campos dos Goytacazes: Faculdade de Direito de Campos, 2005.

GRECO, Leonardo. Publicismo e privatismo no processo civil. *Revista de Processo*, São Paulo, v. 33, n. 164, p. 29-56, out. 2008.

GRINOVER, Ada Pellegrini. Deformalização do processo e deformalização das controvérsias. *In*: GRINOVER, Ada Pellegrini. *Novas tendências do direito processual*. 2. ed. Rio de Janeiro: Forense, 1990.

JUNQUEIRA, Eliane Botelho; VIEIRA, José Ribas; FONSECA, Maria Guadalupe Piragibe da. *Juízes*: retrato em preto e branco. Rio de Janeiro: Letra Capital, 1997.

LEITE, Ângela Moreira. *Em tempo de conciliação*. Niterói: Ed. UFF, 2003.

LUISO, Francesco P. Presente e futuro della conciliazione in Itália. *In*: YARSHELL, Flávio; MORAIS, Maurício Z. de (Coord.). *Estudos em homenagem à professora Ada Pellegrini Grinover*. São Paulo: DPJ, 2005.

MARINONI, Luiz Guilherme. A jurisdição no Estado contemporâneo. *In*: MARINONI, Luiz Guilherme (Coord.). *Estudos de direito processual*. São Paulo: Revista dos Tribunais, 2005.

MARIO, Camila Gonçalves de. Ouvidorias públicas municipais no Brasil. *In*: CONGRESSO BRASILEIRO DE SOCIOLOGIA, 14., 2009. Anais... Disponível em: <http://starline.dnsalias.com:8080-sbs-arquivos-5_6_2009_15_45_15.pdf>.

MEIRELLES, Delton R. S. Meios alternativos de resolução de conflitos: justiça coexistencial ou eficiência administrativa?. *Revista Eletrônica de Direito Processual*, n. 1, p. 70-85. Disponível em: <http://www.revistaprocessual.com-REDP_1a_30dezembro2007_RJ.pdf>.

MEIRELLES, Delton R. S.; MIRANDA NETTO, Fernando Gama de. Meios alternativos de resolução de conflitos envolvendo a Administração Pública. *In*: ENCONTRO NACIONAL DO CONPEDI, 18., 2009, Maringá. Conferências... Maringá, Santa Catarina: Fundação Boiteux, 2009.

MELLO, Marcelo Pereira de; MEIRELLES, Delton R. S. A cultura legal do cidadão de Niterói. *Cadernos CEDES-IUPERJ*, p. 1-42, 2009.

MENDES, Aluísio Gonçalves de Castro. Inafastabilidade da prestação jurisdicional. *In*: MARINONI, Luiz Guilherme (Coord.). *Estudos de direito processual*. São Paulo: Revista dos Tribunais, 2005.

MORAIS, José Luis Bolzan de; SPENGLER, Fabiana Marion. *Mediação e arbitragem*: alternativa à jurisdição!. 2. ed. Porto Alegre: Livraria do Advogado, 2008.

MOREIRA, José Carlos Barbosa. Privatização do processo?. *In*: MOREIRA, José Carlos Barbosa. *Temas de direito processual*: sétima série. Rio de Janeiro: Saraiva, 2001.

PEREIRA, Luiz Carlos Bresser *et al*. *Reforma do Estado e Administração Pública gerencial*. Rio de Janeiro: FGV, 1998.

PINHEIRO, Armando Castelar. O judiciário e a economia: evidência empírica para o caso brasileiro. *In*: PINHEIRO, Armando Castelar *et al*. (Org.). *Judiciário e economia no Brasil*. São Paulo: Sumaré, 2000.

PINHO, Humberto Dalla Bernardina de. A dimensão da garantia do acesso à justiça na Jurisdição coletiva. *In*: PINHO, Humberto Dalla Bernardina de (Coord.). *Temas contemporâneos de direito processual*. Rio de Janeiro: Lumen Juris, 2004.

PINHO, Humberto Dalla Bernardina de. Mediação: a redescoberta de um velho aliado na solução de conflitos. *In*: PRADO, Geraldo Luiz Mascarenhas (Coord.). *Acesso à justiça e efetividade do processo*. Rio de Janeiro: Lumen Juris, 2005.

PINHO, Humberto Dalla Bernardina de. *Teoria geral da mediação à luz do projeto de lei e do direito comparado*. Rio de Janeiro: Lumen Juris, 2008.

RODRIGUES JÚNIOR, Walsir Edson. *A prática da mediação e o aceso à justiça*. Belo Horizonte: Del Rey, 2006.

SALES, Lília Maia de Morais. *Mediação de conflitos*: família, escola e comunidade. Florianópolis: Conceito Editorial, 2007.

SANTOS, Boaventura de Sousa. *Pela mão de Alice*: o social e o político na pós-modernidade. 10. ed. São Paulo: Cortez, 2005.

SILVA, Ovídio A. Baptista da. *Processo e ideologia*: o paradigma racionalista. Rio de Janeiro: Forense, 2004.

SILVESTRI, Elisabetta. Osservazioni in tema di strumenti alternativi per la risoluzione delle controverse. *In*: SILVESTRI, Elisabetta. *I metodi della giustizia civile*. Padova: Cedam, 2000.

SIX, Jean François. *Dinâmica da mediação*. Tradução de Giselle Groeninga de Almeida, Águida Arruda Barbosa e Eliana Riberti Nazareth. Belo Horizonte: Del Rey, 2001.

TARTUCE, Fernanda. *Mediação nos conflitos civis*. São Paulo: Método, 2008.

TARUFFO, Michele. Dimensioni transculturali della giustizia civile. *Rivista Trimestale di Diritto e Procedura Civile*, Milano, ano 54, n. 1.

VASCONCELOS, Carlos Eduardo de. *Mediação de conflitos e práticas restaurativas*. São Paulo: Método, 2008.

VAZ, Alexandre Mário Pessoa. *Direito processual civil*: do antigo ao novo código. 2. ed. Coimbra: Almedina, 2002.

WARAT, Luis Alberto. *Surfando na pororoca*: o ofício do mediador. Florianópolis: Fundação Boiteux, 2004.

Informação bibliográfica deste texto, conforme a NBR 6023:2002 da Associação Brasileira de Normas Técnicas (ABNT):

MEIRELLES, Delton Ricardo Soares; MIRANDA NETTO, Fernando Gama de. Notas sobre a mediação e a conciliação no Projeto do Novo Código de Processo Civil. *In*: ROSSI, Fernando *et al*. (Coord.). *O futuro do processo civil no Brasil*: uma análise crítica ao Projeto do Novo CPC. Belo Horizonte: Fórum, 2011. p. 113-128. ISBN 978-85-7700-511-6.

O NOVO CPC E A LEITURA TARDIA DE LIEBMAN – A POSSIBILIDADE JURÍDICA COMO MATÉRIA DE MÉRITO

DHENIS CRUZ MADEIRA

A chegada do professor italiano Enrico Tullio Liebman ao Brasil, com apenas 36 anos de idade, foi quase simultânea à entrada em vigor do primeiro Código de Processo Civil (CPC) vigente em todo o território nacional, o CPC de 1939. Antes de tal norma, inexistia um único CPC, aplicável a todo o Brasil, havendo apenas Códigos estaduais, muitos deles, de baixa qualidade técnico-jurídica.[1] Dito Código, como se sabe, contou com a participação de Francisco Campos, principal mentor jurídico do Estado Novo (e ditatorial) de Getúlio Vargas,[2] sendo fortemente influenciado pelo Direito lusitano, que, por sua vez, ainda se inspirava nas Ordenações do Reino. Como anota Dinamarco,[3] apesar das inovações alardeadas pela Exposição de Motivos do CPC de 1939, dita norma carregava uma tradição formalista irracional.

Diante desse contexto jurídico, Liebman[4] se surpreendeu com as regras processuais então aplicadas no Brasil, chegando a afirmar, após seu retorno à Itália, que tinha a impressão de estar diante do Direito comum medieval, que era apoiado no formalismo exacerbado e em técnicas abandonadas ou nunca aplicadas, de fato, no território italiano. Por isto, dizia-se surpreso e interessado ao ver, em plena vida, a aplicação de institutos jurídicos medievais que só havia tido contato pelos livros.

---

[1] DINAMARCO, Cândido Rangel. Liebman e a cultura processual brasileira. *In*: COSTA, Hélio Rubens Batista Ribeiro; RIBEIRO, José Horário Halfeld Rezende; DINAMARCO, Pedro da Silva (Coord.). *Linhas mestras do processo civil*: comemoração dos 30 anos de vigência do CPC. São Paulo: Atlas, 2004. p. 83-85.

[2] Cf. CAMPOS, Francisco. *O Estado nacional*: sua estrutura, seu conteúdo ideológico. Brasília: Senado Federal, 2001. Sobre a influência ideológica do Estado Novo no Direito Processual, conferir o nosso; MADEIRA, Dhenis Cruz. Igualdade e isonomia processual. *In*: THEODORO JÚNIOR, Humberto; CALMON, Petrônio et al. *Processo e constituição os dilemas do processo constitucional e dos princípios processuais constitucionais*. Rio de Janeiro: GZ, 2010. v. 1, p. 434-440.

[3] DINAMARCO. Liebman e a cultura processual brasileira, p. 84-85.

[4] Cf. LIEBMAN, Enrico Tullio. Istituti del diritto comune nel processo civile brasiliano. *In*: LIEBMAN, Enrico Tullio. *Problemi del processo civile*. Nápoles: Morano, 1962. p. 491; DINAMARCO. Liebman e a cultura processual brasileira, p. 83.

Antes de aportar ao Brasil, Liebman já havia iniciado sua carreira docente, tendo ocupado a função de *professore ordinario* e, logo após, exercido a cátedra de *diritto processuale civile* na Universidade de Parma. Graduou-se na Faculdade de Direito de Roma, onde teve como mestre Giuseppe Chiovenda,[5] sendo que este último, juntamente com Francesco Carnelutti e Piero Calamandrei, fundou o chamado *pensamento processual científico* na Itália, responsável por sistematizar o estudo do Direito Processual Civil em seu país, além de ter criado, mais uma vez em conjunto com Carnelutti e Calamandrei, em 1924, a famosa *Rivista di Diritto Processuale (Civile)*, ainda hoje em circulação. Aliás, o próprio Liebman cuidou de fazer as anotações e remissões ao Direito brasileiro na obra traduzida de Chiovenda,[6] cujos direitos autorais ajudaram-no na difícil subsistência material em território brasileiro.[7]

Ainda na Itália, Liebman, mesmo estando no início da carreira docente, já havia travado verdadeiras batalhas teóricas com Carnelutti, quer seja sobre a natureza do título executivo,[8] quer seja sobre a coisa julgada. De se lembrar que, quando Liebman resolveu polemizar com Carnelutti em seu *Le opposizioni di merito nel processo di esecuzione* (publicado na Itália no ano de 1931 e, no Brasil, com o título "Embargos do executado"), tinha menos de 30 anos de idade, enquanto este último contava com mais de 50 anos e já era professor consagrado. O combate acadêmico travado entre os dois grandes processualistas, mesmo frequentando a órbita da ironia e aspereza, porém, não chegou a abalar a relação pessoal entre os dois. Mais tarde, Carnelutti chegou a convidar Liebman para codirigir um dos campos de batalha, a *Rivista di Diritto Processuale*, sendo que o mais jovem chegou a ter, em seu escritório de advocacia, um retrato autografado do primeiro, situando-o ao lado das fotografias de Chiovenda e Calamandrei. Semelhante combate (e reconciliação) ocorrera, antes, em 1903, entre o já consagrado Lodovico Mortara e o então jovem Giuseppe Chiovenda, quando este publicou o artigo *Sulla provvisoria esecuzione delle sentenze e sulle inibitorie*, o qual recebeu da dura crítica de Mortara no artigo publicado no mesmo ano, *Qualche osservazione intorno ai poteri del giudice d'appello in tema d'esecuzione provvisoria*. Após algum tempo, Mortara reconheceu o acerto e a grandeza de seu opositor teórico, reconciliando-se com Chiovenda, o que acabou por enterrar a escola exegética, que via em Mortara seu último representante.[9]

Antes de chegar às terras brasileiras, Liebman já havia publicado,[10] além do já mencionado *Le opposizioni di merito nel processo d'esecuzione*, no ano 1931, seu *Efficacia ed autorità delle sentenza*, no ano de 1935, também com tradução brasileira.

---

[5] DINAMARCO. Liebman e a cultura processual brasileira, p. 84-85.
[6] Ainda hoje encontrada em: CHIOVENDA, Giuseppe. *Instituições de direito processual civil*. Tradução de Paolo Capitanio. Anotações do Prof. Enrico Tullio Liebman. 4. ed. Campinas: Bookseller, 2009.
[7] Cf. BUZAID, Alfredo. A influência de Liebman no direito processual civil brasileiro. *Revista de Processo*, São Paulo, ano 7, n. 27, p. 14, jul./set. 1982.
[8] Confronto entre a teoria do ato (defendida por Liebman) e a teoria documental (defendida por Carnelutti).
[9] Cf. Informações extraídas do interessante levantamento feito por Cândido Rangel Dinamarco em: Polêmicas do processo civil. *Revista dos Tribunais*, São Paulo, n. 424, p. 26-31, fev. 1971.
[10] Como narrado por Cândido Rangel Dinamarco, no discurso que proferiu, em 16.11.1977, no *Museo Nazionale della Scienza e della Tecnica*, em Milão, por ocasião da outorga da Comenda da Ordem do Cruzeiro do Sul entregue a Liebman por decreto do então Presidente Ernesto Geisel, em reconhecimento aos relevantes serviços prestados à ciência do Direito Processual Civil no Brasil. Cf. Homenagem a Enrico Tullio Liebman. *Revista de Processo*, São Paulo, ano 7, n. 27, p. 36, jul./set. 1982.

Pois bem, como já dito, Liebman chegou jovem ao Brasil, influenciando — como ainda influencia, o que se percebe no Projeto do Novo Código de Processo Civil (o qual identificaremos, a partir daqui, pela sigla NCPC)[11] — a legislação processual brasileira.

Dentre os vários discípulos diretos de Liebman, um deles, Alfredo Buzaid, exerceu o cargo de Ministro da Justiça, sendo apontado como o principal mentor do CPC de 1973, que foi assumidamente influenciado pelas lições liebmanianas, sem a exclusão de outros processualistas, dentre os quais destacamos Carnelutti. O Anteprojeto do CPC de 1973 foi revisto por uma comissão de juristas formada por José Carlos Moreira Alves, Luís Antônio de Andrade, José Frederico Marques e Cândido Dinamarco, os quais, como se sabe,[12] também se apoiaram nas lições de seu antigo e estimado professor Liebman.

Dentre as várias proposições de Liebman que foram estampadas no CPC vigente, uma delas, acreditamos, foi inserida na legislação por um mero desencontro. Alfredo Buzaid, ao formular o CPC de 1973, consignou, em um de seus artigos (art. 267, inc. VI), que havia três condições da ação: a possibilidade jurídica do pedido, a legitimidade *ad causam* e o interesse de agir. Por que inseriu tal dispositivo por desencontro? Explicar-se-á nas linhas seguintes. Antes, vejamos o que o próprio processualista italiano nos ensinou sobre a possibilidade jurídica, lembrando que, neste tempo, não existia lei de divórcio:

> *Possibilidade jurídica.* O terceiro requisito da ação é representado pela admissibilidade em abstrato do provimento pedido, isto é, pelo fato de se incluir entre aqueles que a autoridade judiciária pode pronunciar, quando não expressamente vedado. É claro que qualquer análise do mérito é inútil se o autor propõe uma demanda sobre a qual o juiz não possa se pronunciar, quaisquer que sejam os fatos do caso concreto. Por exemplo, **o juiz não pode pronunciar o divórcio entre os cidadãos italianos, nem pode ordenar a prisão do devedor por uma dívida**, nem anular um ato administrativo, ainda que ilegítimo e lesivo a um direito do cidadão.[13] (tradução livre, sem negrito no original)

Assim, o que fez Buzaid foi, nada mais, nada menos, seguir as lições de seu mestre, as quais, como se viu, eram encontradas em seus livros e, principalmente, em sua aula inaugural (*prolusione*) de Turim, proferida em 24 de novembro de 1949,[14] já que o

---

[11] Projeto de Lei do Senado nº 166/10 e Projeto de Lei nº 8.046/10, atualmente na Câmara dos Deputados.

[12] BUZAID, Alfredo. A influência de Liebman no direito processual civil brasileiro. *Revista de Processo*, São Paulo, ano 7, n. 27, p. 13-14, 24, jul./set. 1982.

[13] LIEBMAN, Enrico Tullio. *Corso di diritto processuale civile*: nozioni introduttive: parte generale: il processo di cognizione. Milano: Giuffrè, 1952. p. 51. No original: "*Possibilità giuridica*. Il terzo requisito dell'azione è dato dall'ammissibilità in astratto del provvedimento domandato, cioè dal fatto che esso rientri tra quelli che l'autorità giudiziaria può pronunciare e non sia espressamente vietato. È chiaro che ogni esame del merito è inutile se l'attore propone una domanda per un provvedimento che il giudice non può pronunciare, quali che siano i fatti del caso concreto. Per es. il giudice non può pronunciare il divorzio tra cittadini italiani, nè può ordinare l'arresto del debitore, nè annullare un atto amministrativo anche illegittimo e lesivo di un diritto del cittadino".

[14] Cf. LIEBMAN, Enrico Tullio. L'azione nella teoria del processo civile. *In*: *Problemi del processo civile*. Nápoles: Morano, 1962. p. 22 *et. seq.*; DINAMARCO. Liebman e a cultura processual brasileira, p. 95-96; LIEBMAN, Enrico Tullio. *Manual de direito processual civil*. 3. ed. Tradução e notas de Cândido Rangel Dinamarco. São Paulo: Malheiros, 2005. v. 1, p. 202, nota 126 da lavra de Cândido Rangel Dinamarco. Tradução da 4. ed. italiana do *Manuale di diritto processuale civile*. Milano: Giuffrè, 1980; MARINONI, Luiz Guilherme. *Teoria geral do processo*. 3. ed. São Paulo: Revista dos Tribunais, 2008. p. 170.

próprio Liebman, até 1973, defendia a tríade das condições da ação. Vale lembrar que o próprio Alfredo Buzaid, em trabalho específico,[15] reconheceu a influência de Liebman para a elaboração do CPC de 1973, afirmando, em clara voz, que as três condições da ação seriam fruto do magistério de seu preceptor. Tanto é que, escrevendo de forma emocionada ("sob emoção", como afirmou), chega a dizer: "Este Código de Processo Civil é um monumento imperecível de glória a Liebman, representando o fruto do seu sábio magistério no plano da política legislativa".[16]

Registre-se que, quando Liebman esteve no Brasil, e nos anos que se seguiram, o pedido de divórcio, na Itália, era juridicamente impossível, porquanto não existia norma jurídica que autorizava esta pretensão. Não havia lei de divórcio naquele tempo. Porém, em 1970, aprovou-se na Itália a lei de divórcio (Lei nº 898, de 01.12.1970),[17] o que, embora esta não fosse a única causa, induziu Liebman a abandonar a tríade das condições da ação, passando a defender, a partir da terceira edição de seu *Manuale di diritto processuale civile*, em 1973, que só havia duas condições da ação: a legitimidade *ad causam* e o interesse de agir. A partir deste ano, Liebman entendeu que as hipóteses de impossibilidade jurídica do pedido configuravam, na verdade, a falta de interesse de agir.[18]

Interessante observar que esta mudança de posicionamento teórico ocorrera, justamente, no ano em que o CPC vigente viria a lume, qual seja, 1973.[19] Na verdade, o autor do Anteprojeto do CPC de 1973, Alfredo Buzaid, parece não ter tido contato prévio com a terceira edição do *Manuale di diritto processuale civile*, pois tal obra, como dito, foi publicada no mesmo período em que o CPC de Buzaid entrou em vigor. Além disto, é importante lembrar que o atual CPC é fruto de um Anteprojeto cujo texto foi entregue em 1964 e que, após, foi revisto por uma Comissão de Juristas e encaminhado ao Congresso Nacional em 02 de agosto de 1972, para sanção em 11 de janeiro de 1973.[20] Ou seja, parece-nos que Buzaid não teve a oportunidade de ler a nova obra de Liebman antes de entregar seu Projeto de CPC, motivo pelo qual manteve, como está ainda hoje, a possibilidade jurídica como uma das três condições da ação.

Aí reside o possível desencontro.

Diz-se "possível", pois, até o instante em que escrevemos este trabalho, não tivemos acesso a nenhum texto de Buzaid reconhecendo tal fato. É apenas uma hipótese e, como tal, pode ser desbancada com a mera apresentação de um texto indicando que Buzaid, conscientemente, deixou de seguir o novo posicionamento adotado por Liebman, preferindo sua antiga posição sobre as condições da ação. Porém, não parece ser o que ocorreu, já que, em 1982, muitos anos, portanto, após a entrada em vigor do CPC de 1973, Buzaid escreveu sobre o tema, não noticiando a mudança teórica de seu mestre:

---

[15] BUZAID. A influência de Liebman no direito processual civil brasileiro, p. 12-26.
[16] BUZAID. A influência de Liebman no direito processual civil brasileiro, p. 24.
[17] Conforme bem lembra Dinamarco na nota 127 da obra traduzida: LIEBMAN. *Manual de direito processual civil*, p. 204. No mesmo sentido: MARINONI. *Teoria geral do processo*, p. 175, *in fine*.
[18] Neste sentido, dentre outros, conferir: LIEBMAN. *Manual de direito processual civil*, p. 204, nota 126 *in fine*, da lavra de Cândido Rangel Dinamarco; MARINONI. *Teoria geral do processo*, p. 171, nota de rodapé nº 55.
[19] Cf. LIEBMAN. *Manual de direito processual civil*, p. 204, nota 127, da lavra de Cândido Rangel Dinamarco.
[20] Cf. BUZAID. A influência de Liebman no direito processual civil brasileiro, p. 24.

O Código de Processo Civil vigente perfilha a doutrina de Liebman. Na verdade, o processo se extingue com julgamento do mérito (art. 269), ou sem julgamento do mérito (art. 267). Dentre os casos em que o processo se extingue sem julgamento do mérito, inclui o Código de n. VI, que se expressa nos seguintes termos: "quando não concorrer qualquer das condições da ação, como a *possibilidade jurídica*, a legitimidade das partes e o interesse processual".

Eis aí as **três condições de admissibilidade da ação**, cujo concurso é indispensável para que o juiz conheça o mérito da causa.[21] (sem negrito no original)

Como se vê, se até então Alfredo Buzaid conhecia o abandono da possibilidade jurídica realizado por Liebman em 1973, não deu a importância devida, porquanto, nas notas bibliográficas do artigo dedicado ao seu professor, não citou — ao que percebemos — a famosa 3ª edição do *Manuale*. De se notar que faz menção à edição de 1947 dos *Estudos sobre o processo civil brasileiro*,[22] obra formada por pareceres que Liebman elaborou quando ainda residia no Brasil.[23]

O que causa estranheza é que, no próprio CPC de 1973, Alfredo Buzaid consignou apenas duas condições da ação no art. 3º, olvidando-se da possibilidade jurídica: "Art. 3º Para propor ou contestar ação é necessário ter interesse e legitimidade".

Entretanto, mais à frente, no inc. VI do art. 267 do CPC, prescreveu:

Art. 267. Extingue-se o processo, sem resolução de mérito:
VI – quando não concorrer qualquer das condições da ação, como a possibilidade jurídica, a legitimidade das partes e o interesse processual.

Ou seja, consciente ou inconscientemente, no art. 3º do CPC de 1973, Buzaid fez constar o posicionamento adotado por Liebman após a terceira edição de seu *Manuale*, enquanto que no inc. VI, do art. 267, previu a tríade das condições da ação. Neste aspecto, como o Anteprojeto do CPC de 1973 foi entregue antes da publicação da terceira edição do *Manuale*, de Liebman, acreditamos que tenha ocorrido uma mera coincidência, tese que é reforçada pelo trecho retro transcrito e que foi lavrado pelo próprio Buzaid muitos anos após a vigência do CPC de 73. Fato é que, com ou sem o propósito de Buzaid — e a intenção do legislador, a nosso ver, pouco importa para a interpretação da norma jurídica —, tanto na jurisprudência de nossos tribunais quanto nos livros de direito processual civil, com ou sem crítica, vê-se a adoção maciça das três condições da ação, prevalecendo tal posição em nossa prática forense.

Ao que parece, o NCPC veio tentar corrigir esta leitura tardia da obra de Liebman, já que, como se disse, mesmo para o processualista italiano, a possibilidade jurídica não seria mais uma das condições da ação, restando para a nova legislação processual apenas o interesse de agir e a legitimidade *ad causam* como condições da ação.

Vê-se, confessadamente, na Exposição de Motivos do NCPC, a intenção de adotar a proposição mais próxima de Liebman, abandonando a ideia de que a possibilidade

---

[21] BUZAID. A influência de Liebman no direito processual civil brasileiro, p. 17.
[22] LIEBMAN, Enrico Tullio. *Estudos sobre o processo civil brasileiro*. 2. ed. com notas de Ada Pellegrini Grinover. São Paulo: Saraiva, 1947 (nota 12). Na nota nº 5, Buzaid também apontou, como editora de publicação, a editora paulista José Bushatsky.
[23] Cf. BUZAID. A influência de Liebman no direito processual civil brasileiro, p. 14, 25.

jurídica seja uma das condições da ação, incluindo-a como uma matéria de mérito. Diz-se "mais próxima" porque, segundo nossa interpretação, não foi exatamente isto que Liebman afirmou. Aliás, segundo nossa interpretação, disse algo bem diferente: para Liebman, a possibilidade jurídica do pedido deixaria de ser uma condição da ação específica para, diferentemente, integrar o interesse de agir,[24] não deixando de fazer parte das preliminares. É o que defendeu quanto à prisão por dívidas, que, se antes era um dos exemplos para a impossibilidade jurídica,[25] após a 3ª edição do *Manuale*, tornou-se exemplo de falta de interesse de agir.[26] Ou seja, para Liebman, o que antes era exemplo de impossibilidade jurídica passou a ser uma hipótese de falta de interesse de agir. Na visão liebmaniana, entretanto, ambas as hipóteses continuam habitando a matéria preliminar, e não o mérito.

No NCPC, porém, a possibilidade jurídica sequer integraria o interesse de agir, passando a ser uma matéria de mérito, sendo, portanto, diferente da visão liebmaniana, não obstante a (equivocada, *data venia*) menção a Liebman e Dinamarco em nota de rodapé da Exposição de Motivos. Importante transcrever o trecho:

> Com o objetivo de se dar maior *rendimento* a cada processo, individualmente considerado, e, atendendo a críticas tradicionais da doutrina, **deixou a possibilidade jurídica do pedido, de ser condição da ação. A sentença que, à luz da lei revogada seria de carência da ação, à luz do Novo CPC é de improcedência e resolve definitivamente a controvérsia**.[27] (sem negrito no original)

Ou seja, para os respeitáveis juristas que compuseram a Comissão de Juristas do NCPC, Liebman teria dito que a possibilidade jurídica do pedido seria uma matéria de mérito, porém, tal afirmação não é, a nosso ver e como sobredito, acertada, na medida em que, na proposição liebmaniana, os exemplos de impossibilidade jurídica passaram a residir em outra condição da ação, ou melhor, no interesse de agir.

Diga-se de passagem, o próprio Cândido Rangel Dinamarco, autor citado em nota de rodapé (nº 29) da Exposição de Motivos para justificar a alteração da norma e o apoio no processualista italiano, em comentário à obra de Liebman, é muito claro ao afirmar: "Anota-se que na **terceira e na quarta edições** os casos de provimento jurisdicional *não admitido pela lei* (*v.g.*, **prisão por débitos**) **passam a ser encarados como de ausência de interesse de agir, quando era justamente ali que residia, para Liebman, a impossibilidade jurídica**"[28] (sem negrito no original).

---

[24] Neste mesmo sentido, dentre outros autores, Luiz Guilherme Marinoni (*Teoria geral do processo*, p. 171, nota de rodapé nº 55) afirmou: "Como está claro, Liebman inseriu a idéia da impossibilidade jurídica do pedido na ausência de interesse de agir".

[25] Quando exemplifica, na possibilidade jurídica, que o juiz não poderia prender o devedor por uma dívida (*nè può ordinare l'arresto del debitore*). Cf. LIEBMAN, Enrico Tullio. *Corso di diritto processuale civile*: nozioni introduttive: parte generale: il processo di cognizione. Milano: Giuffrè, 1952. p. 51.

[26] Percebe-se que Liebman, quando exemplifica o interesse de agir, a partir da 3ª edição de seu *Manuale*, afirma: "...quando esse provimento fosse em si mesmo inadequado ou inidôneo a remover a lesão, ou, finalmente, quando ele não pudesse ser proferido, porque não admitido pela lei (p. ex.: a prisão por dívidas)". Ou seja, Liebman usou o mesmo exemplo que antes servia para a possibilidade jurídica e, após abandonar esta condição da ação, inseriu-o no interesse de agir. Cf. LIEBMAN. *Manual de direito processual civil*, p. 206.

[27] Anteprojeto do Novo Código de Processo Civil/Comissão de Juristas Responsável pela Elaboração do Anteprojeto do Novo Código de Processo Civil. Brasília: Senado Federal, Subsecretaria de Edições Técnicas, 2010. p. 34. Citam Cândido Rangel Dinamarco na nota de rodapé nº 29, justificando, por Liebman, o abandono da possibilidade jurídica como condição da ação.

[28] LIEBMAN. *Manual de direito processual civil*, p. 204, nota 126 *in fine*, da lavra de Cândido Rangel Dinamarco.

Nesse sentido, mesmo após ler a Exposição de Motivos do NCPC, não se pode dizer que, finalmente, será corrigido o equívoco daqueles que elaboraram o CPC de 1973 e que, agora sim, será adotada a última proposta de Liebman. Isto não é verdade. O que o NCPC quer é eliminar a possibilidade jurídica como condição da ação e reconhecê-la como matéria de mérito, algo diferente do que Liebman afirmou, nem sendo necessário adentrar na discussão sobre a teoria da asserção neste caso. Trata-se de mera análise do que realmente disse Liebman e se é correta ou não a menção de seu nome para justificar a mudança da norma jurídica. Sendo assim, pelos motivos apresentados, não nos parece correta a menção a Liebman e Dinamarco na Exposição de Motivos.

Aliás, há grande diferença entre se reconhecer a falta de interesse de agir e se julgar improcedente o pedido, afinal, na primeira hipótese, teremos apenas a coisa julgada formal, enquanto que na segunda, teremos também a coisa julgada material, que, via de regra, impede a obtenção de uma decisão de mérito pela instauração de idêntico procedimento. Assim, saber se a impossibilidade jurídica pertencerá ou não ao mérito fará toda a diferença para nossa prática forense, motivo pelo qual, se entrar em vigor como está, o NCPC inaugurará uma divergência doutrinária e jurisprudencial indesejável.

A discussão que até aqui tratamos não é, portanto, de interesse exclusivamente acadêmico.

Diga-se de passagem, se a intenção da Comissão de Juristas do NCPC era aderir à teoria da asserção (*prospettazione*), como parece ser o caso, pode-se dizer que a menção a Liebman e Dinamarco na Exposição de Motivos continua a ser infeliz, já que ambos, ao que se sabe, não adotaram dita teoria. Aliás, Dinamarco, ao criticar a posição de Calmon de Passos,[29] é explícito ao interpretar a obra de seu mestre, chegando a, enfaticamente, dizer: "Precisa ser dito que o arquiteto da doutrina que inclui a possibilidade jurídica entre as condições da ação (notoriamente, **Liebman**) **jamais aderiu à teoria da asserção**"[30] (sem negrito no original).

Logo após o trecho transcrito, Dinamarco cita as palavras do próprio Liebman, que se afasta da mencionada teoria da asserção, porquanto, também para este último, ainda que a ausência de condições da ação seja constatada após o recebimento da inicial, em qualquer grau, haverá hipótese de extinção sem resolução de mérito: "A ausência de apenas uma delas já induz carência de ação, podendo ser declarada, mesmo de ofício, em qualquer grau do processo".[31]

Para facilitar a compreensão, cabe-nos explicar, em brevíssimas linhas, as diferenças fundamentais entre as duas teorias que orientam o tema.

Pela *teoria da asserção* (*prospettazione*), o demandante não precisaria, a rigor, provar a presença das condições da ação, bastando sua alegação na petição inicial. A aferição da presença ou não das condições da ação seria realizada pela simples análise da inicial, à vista do afirmado (*in statu assertionis*) pelo demandante, por meio de um juízo hipotético, portanto, provisório. Porém, se após o recebimento da exordial

---

[29] PASSOS, J. J. Calmon de. Em torno das condições da ação: a possibilidade jurídica. *Revista de Direito Processual Civil*, v. 4, 1961.
[30] DINAMARCO. *A instrumentalidade do processo*, p. 223, nota de rodapé nº 26.
[31] LIEBMAN. *Manual de direito processual civil*, p. 203-204.

restar demonstrado que as condições da ação não foram preenchidas, pela mesma teoria, deverá o juiz prolatar uma sentença de improcedência, exarando, assim, um *provimento de mérito*.

Já para a *teoria da demonstração ou exposição*, a presença das condições da ação podem ser comprovadas pelo demandante após a apresentação da petição inicial e, caso se constate, por ato posterior, que as condições da ação não estão presentes, deve o julgador encerrar o procedimento *sem a resolução do mérito*.

Percebe-se, portanto, que as consequências são distintas para uma e outra teoria, pois, para os que defendem a asserção (*prospettazione*), se ficar demonstrado, após a petição inicial, que não estão presentes as condições da ação, haverá resolução de mérito por improcedência (decisão definitiva), já para os que defendem a teoria da demonstração ou exposição, o mérito não será apreciado (decisão terminativa). Neste último caso, pela legislação processual brasileira (tanto a vigente, quanto a apresentada pelo NCPC),[32] se corrigido o vício, poderá o demandante instaurar novo procedimento e obter uma decisão de mérito, o que não é possível para aqueles que seguem a teoria da asserção, pela ocorrência de coisa julgada material.

Como visto, Liebman e Dinamarco, citados na Exposição de Motivos do NCPC, não se filiam à teoria da asserção, defendendo, ao revés, a teoria da demonstração ou exposição.[33]

Fato é que, para ambos os processualistas, as condições da ação devem ser, mais do que mencionadas, demonstradas pelo demandante, cabendo-lhe produzir provas neste sentido. Sendo assim, tanto para Liebman quanto para Dinamarco, se o juiz, após aceitar a petição inicial, perceber que as condições da ação não foram, em realidade, preenchidas, deverá, neste caso, encerrar o procedimento sem resolução de mérito. É, portanto, uma posição bem diferente daqueles que adotam a teoria da asserção, pois, para estes últimos, o juiz deveria, na mesma situação, julgar improcedente o pedido, proferindo, consequentemente, uma decisão meritória.

Nesse tom, repisa-se, equivocou-se a Comissão do NCPC ao citar Liebman e Dinamarco como autores que justificariam a exclusão da possibilidade jurídica como condição da ação e sua inclusão no âmbito meritório, primeiro, porque Liebman inseriu os exemplos de possibilidade jurídica dentro do interesse de agir (continuando a ser uma matéria preliminar), segundo, porque os dois autores citados não adotam, como dito, a teoria da asserção.

O NCPC parece passar por uma crise de identidade, não sabendo, ao certo, se adotará ou não a teoria da asserção, porque, embora mencione que a possibilidade jurídica agora é uma matéria de mérito (Exposição de Motivos), ao longo de seu texto normativo,[34] adota a tese de Liebman, afirmando que as condições da ação são

---

[32] É o que diz o art. 473, *caput*, e §1º do NCPC (com a numeração dada no relatório-geral do Senado Federal, com a lembrança de que, no Anteprojeto, tal dispositivo recebeu outra numeração – art. 468): "Art. 473. A sentença sem resolução de mérito não obsta a que a parte proponha de novo a ação. §1º No caso de ilegitimidade ou falta de interesse processual, a propositura da nova ação depende da correção do vício".

[33] Neste sentido, dentre outros, conferir: CÂMARA, Alexandre Freitas. *Lições de direito processual civil*. 20. ed. Rio de Janeiro: Lumen Juris, 2010. v. 1, p. 130-131; DINAMARCO, Cândido Rangel. *A instrumentalidade do processo*. 11. ed. rev. e atual. São Paulo: Malheiros, 2003. p. 223.

[34] É o que está expresso no art. 472, inc. VI e §3º do NCPC (com nova numeração e redação dada pelo relatório-geral do Senado Federal, correspondendo ao art. 467 do Anteprojeto), que, expressamente, prevê que a

causas de extinção sem resolução de mérito e que podem, a qualquer tempo e em qualquer grau, serem reconhecidas oficiosamente.

Por conseguinte, se o NCPC quer adotar a teoria da asserção, então que deixe isto claro, expresso, afastando-se tanto de Liebman quanto de Dinamarco. Com isto, evitar-se-á indesejáveis dissídios jurisprudenciais sobre o tema, o que só geraria a multiplicação de Recursos Especiais (REsps) ao Superior Tribunal de Justiça (STJ), atrasando a fluidez procedimental, o que, certamente, não é o objetivo da Comissão de Juristas. Para isto, será necessário alterar os dispositivos do NCPC que versam sobre o tema.[35]

Ainda assim, sabendo que muitos aplaudirão a iniciativa de abandonar a possibilidade jurídica como condição da ação (com o que concordamos, mas não da forma como está sendo feita), é necessário, antes dos aplausos, perguntarmo-nos: com a evolução da Teoria do Processo e Teoria da Constituição, justifica-se a manutenção das condições da ação, ainda que somente duas, no Novo CPC? O exercício do direito-de-ação[36] se sujeita a alguma condição?

Fato é que, nos dias atuais, com ou sem a possibilidade jurídica, não nos parece acertado adotar as lições de Liebman e seus seguidores quanto às condições

---

ausência de legitimidade e interesse é causa de encerramento do procedimento sem resolução de mérito, devendo ser reconhecida em qualquer tempo e grau de competência (e não de jurisdição, como está expresso no dispositivo, já que a jurisdição é una. O que se têm são graus distintos de competência jurisdicional. Neste sentido, dentre outros: NUNES, Dierle José Coelho. *Direito constitucional ao recurso*. Rio de Janeiro: Lumen Juris, 2006. p. 112). Transcreve-se o dispositivo citado: "Art. 472. O juiz proferirá sentença sem resolução de mérito quando: (...) VI – o juiz verificar ausência de legitimidade ou de interesse processual; (...) §3º O juiz conhecerá de ofício da matéria constante dos incs. IV, V e VI, em qualquer tempo e grau de jurisdição, enquanto não ocorrer o trânsito em julgado".

[35] Como os arts. 17; 327, XI; 472, VI, §3º; 473, §1º, dentre outros do NCPC (numeração conforme o relatório-geral do Senado Federal), somente para citar alguns dispositivos.

[36] Aqui usado, com hífen, apenas para distinguir a expressão daquela vinculada ao direito infraconstitucional apregoado por Liebman (quando fala em condição da ação, para obtenção de uma decisão de mérito). Usou-se a expressão "direito-de-ação" como direito, constitucional e abstrato de provocar a jurisdição pela via procedimental, com o significado bem próximo do atribuído pelo saudoso processualista uruguaio Eduardo Couture (*Fundamentos del directo procesal civil*. Buenos Aires: Depalma, 1974. p. 57-79), que vinculou a ação ao direito de petição, e tal como fez Rosemiro Pereira Leal (*Teoria geral do processo*. 7. ed. rev. e atual. Rio de Janeiro: Forense, 2008. p. 129) para evitar a polissemia no uso da locução "ação". Este último jurista utiliza o neologismo "direito-de-ação" (com hífen) para designar este direito de ação constitucional e incondicional de movimentar a jurisdição pela instauração de um procedimento, o termo "ação" como sinônimo de procedimento (de matriz fazzalariana) e "direito de agir" como direito de estar no procedimento e obter uma sentença de mérito, este sim, ligado ao conceito infraconstitucional de Liebman, pois exigiria o preenchimento de condições. Percebe-se que Rosemiro Leal, em realidade, parece ter criado tais neologismos, justamente, por entender que a palavra "ação", na legislação quanto fora dela possui vários significados, gerando problemas de comunicação. Aliás, tal polissemia já fora denunciada por vários autores, dentre eles, o próprio Couture, quando disse: "Antes de entrar en el tema, debe subrayarse la influencia que ha tenido, en torno a este instituto, el ambiguo sentido del vocablo acción" (*op. cit.*, p. 59). Sendo assim, consideramos pertinente o uso dos termos "direito-de-ação", "ação" e "direito de agir" feito por Rosemiro Leal, cada qual com seu significado, para, justamente, evitar dificuldade de entendimento no uso da locução "ação", pois, como sobredito, esta é uma palavra equívoca. Se não for assim, toda vez que lermos um texto jurídico e encontramos a palavra "ação" teremos que suspender a leitura e nos fazer as perguntas: que tipo de ação o autor do texto faz menção? É a ação abstrata, o direito de provocar a jurisdição, de cunho constitucional? É a ação como sinônimo de procedimento fazzalariano? Ou seria a ação infraconstitucional liebmaniana, como direito de estar no procedimento e obter um provimento de mérito? Só após conseguirmos responder às perguntas poderemos prosseguir na leitura, sob pena de não compreendermos, com exatidão, o que quer dizer o autor do texto que estamos lendo. Por isto, o uso dos neologismos citados evita tais ruídos de linguagem, e, caso se opte por não utilizá-los, o que também é justificável, deve o autor do texto, por rigor técnico-científico, esclarecer qual o significado conferido à locução "ação" que utiliza.

da ação. Diz-se isto porque, para o processualista italiano, a ação se traduzia num direito ao provimento de mérito, separando uma modalidade de ação constitucional (incondicionada) e outra de índole infraconstitucional (condicionada).[37] Embora não seja totalmente concreta — como queria Wach,[38] que atrelava a ideia de ação ao provimento favorável —, a nosso ver, a Teoria Eclética de Liebman está mais próxima do concretismo do que do abstratismo, porquanto ainda enxerga a necessidade de preencher determinadas condições para o exercício do direito-de-ação, como também lhe interessa o conteúdo da decisão. Melhor dizendo, a teoria liebmaniana ainda vê a necessidade de aferir a natureza — meritória ou não — do provimento jurisdicional para, só então, constatar ou não a existência da ação. Sendo assim, para Liebman e seus discípulos, se não forem preenchidas as condições, o autor seria carecedor de ação. Por isto é que, pedindo vênia pela repetição, recordando-me da imagem das nuvens e relógios de Popper,[39] podemos afirmar que Liebman está mais próximo da visão concreta da ação do que da concepção abstrata,[40] embora não possa ser enquadrado, integralmente, nem no concretismo, nem no abstratismo. Diz-se isto porque, embora Liebman não se preocupasse com o fato de a decisão ser de procedência ou improcedência, preocupava-se em saber se havia existido ou não uma decisão de mérito, pois, somente assim, na visão liebmaniana, poder-se-ia atestar ou não a existência da ação. Neste sentido, o conteúdo do provimento tinha alguma importância para a concepção liebmaniana da ação, embora não fosse tão grande quanto era para os concretistas, que exigiam uma sentença favorável. Talvez por isto a proposta de Liebman para a ação seja identificada como *eclética*.

Percebe-se, portanto, que Liebman quis se situar numa posição intermediária entre a teoria concreta e a teoria abstrata da ação, o que é irrealizável.[41]

Por isso, melhor seria se os judiciosos juristas responsáveis pelo Novo CPC e, por consequência, os legisladores, ousassem abandonar por completo a teoria das

---

[37] Cf. LIEBMAN. *Manual de direito processual civil*, p. 203, nota 126, da lavra de Cândido Rangel Dinamarco.

[38] Cf. WACH, Adolf. *La pretensión de declaración*. Tradução de Juan M. Semon. Buenos Aires: Europa-America, 1962. p. 68.

[39] Riquíssima conferência apresentada por Karl Popper na Universidade de Washington no dia 21 de abril de 1965. No Brasil, pode ser encontrada em: POPPER, Karl Raimund. *Conhecimento objetivo*: uma abordagem evolucionária. Tradução de Milton Amado. Belo Horizonte: Itatiaia, 1999. p. 193-233.

[40] Veja que o posicionamento aqui assumido é distante e, ao mesmo tempo, próximo do posicionamento adotado por Dinamarco. Explicamos melhor. Distante porque consideramos que Liebman está mais próximo do concretismo do que do abstratismo, pois, como dissemos, para ele interessa o conteúdo da decisão (se meritório ou não, embora não exija a procedência do pedido), mas próximo, porque um dos maiores discípulos de Liebman, Dinamarco, também tem dificuldade para situar seu preceptor, diferenciando um abstratista comum dos, segundo afirmou, "abstratistas mais extremados". Disse Dinamarco ao comentar a obra de Liebman: "Por outro lado, embora repudie o Mestre aquelas concepções da *ação como direito* abstrato que a põem como um direito inerente à própria personalidade e por isso acima de qualquer requisito ou condição de existência, não é correto negar que seja também ele um *abstratista*; são abstratistas todas as teorias para as quais a ação se considere existente ainda quando inexistente o direito subjetivo material afirmado (ou seja, *abstraindo-se* da existência deste), e isto é expressa e reiteradamente afirmado na obra de Liebman". Mais à frente, diz o mesmo autor: "O que afasta nosso Mestre dos abstratistas mais extremados é a distinção, que ele faz, entre a *ação como garantia constitucional* (esta, sim, incondicionada) e a ação como instituto disciplinado em nível infraconstitucional"... Sobre esta última distinção liebmaniana (entre a ação de índole constitucional e a ação de índole infraconstitucional), teceremos algumas críticas ao longo deste trabalho. Cf. LIEBMAN. *Manual de direito processual civil*, p. 202-203, nota 126, da lavra de Cândido Rangel Dinamarco.

[41] No mesmo sentido, com razão, são as palavras de Ovídio Araújo Baptista da Silva e Fábio Gomes (*Teoria geral do processo civil*. 3. ed. rev. e atual. São Paulo: Revista dos Tribunais, 2002. p. 117).

condições da ação, tão cara a Liebman e seus seguidores, passando a se aproximar mais da ideia de ação constitucional, incondicionada e abstrata da ação, mais ligada ao direito de petição. Assim, poderíamos compreender o interesse de agir e a legitimidade *ad causam* como meros pressupostos para o julgamento meritório, e não como condições para exercício do direito-de-ação.[42] Diz-se isto porque, como podemos perceber facilmente, não se justifica mais, como fez Liebman,[43] fazer a distinção entre uma ação de índole constitucional e outra de matriz infraconstitucional, vez que, com o Princípio da Supremacia da Constituição, todo direito é constitucional. Neste sentido, toda ação, independentemente de onde esteja prevista, possui uma raiz constitucional.

Por mais teratológica que seja a pretensão do demandante, não se pode retirar o direito de ele provocar a jurisdição e obter uma resposta, ainda que esta não venha a ser de mérito. Este direito à ação, portanto, é incondicional, constitucional e abstrato por excelência.

Por isto é que, por exemplo, se alguém exerce seu direito-de-ação, provocando a jurisdição e obtendo uma resposta, ainda que negativa e com o reconhecimento de sua ilegitimidade *ad causam*, terá, ainda assim, exercido seu direito constitucional à ação. Em suma: se o juiz decidiu, com ou sem mérito, terá dado uma resposta ao demandante, com o que se pode concluir que este provocou a jurisdição e, por consequência, exerceu seu direito-de-ação. As condições da ação não são requisitos para exercício do direito-de-ação, mas, simplesmente, obstáculos ao julgamento de mérito, assim como também o são os pressupostos processuais. Associar conteúdo da decisão ao direito-de-ação nos parece equivocado, ou, no mínimo, é complicar algo que não é tão complicado assim. Ligar o direito-de-ação à pretensão, ao objeto do processo, à causa de pedir ou a qualquer outra matéria meritória — como ainda fazem muitos processualistas que, conscientemente, deixaremos de citar — não nos parece acertado do ponto de vista constitucional.

Defender a tese de que há duas ações, uma abstrata, incondicional, de previsão constitucional, e outra, eclética, condicional, de previsão infraconstitucional, vista somente no CPC, não mais se justifica, a não ser, como já dito, por uma homenagem, meramente emotiva, ao processualista italiano que lecionou brevemente em Minas Gerais e, bem mais intensamente, em São Paulo.[44] Do ponto de vista racional e

---

[42] Na verdade, como bem disse o Prof. Leonardo de Faria Beraldo em intercâmbio de ideias mantido em março de 2011, por meio eletrônico (*e-mail*), as expressões "direito de ação" ou mesmo "direito-de-ação" são pleonásticas, pois, quando empregamos a palavra "ação" já estamos fazendo menção ao direito de provocar a jurisdição. Segundo ele, não deveríamos, portanto, falar em "direito de ação". Consentimos integralmente com as palavras do colega e entendemos que esta balbúrdia linguística foi gerada, não por desatenção dos processualistas, mas pela influência negativa da Teoria Eclética de Liebman no Direito brasileiro, que acabou por diferenciar a ação de índole constitucional (incondicionada) da ação de índole infraconstitucional (condicionada). Nos dias de hoje, dada esta influência perniciosa, toda vez que utilizamos o termo "ação", devemos explicitar qual o significado atribuído à expressão (se direito incondicionado de provocar a jurisdição, se procedimento ou se direito condicionado de obter uma decisão de mérito), sob pena de não sermos compreendidos, daí porque, a nosso ver, ao menos até nos livrarmos da teoria liebmaniana da ação, mostra-se útil a distinção semântica entre "direito-de-ação", "ação" e "direito de agir" proposta por Rosemiro Leal (*op. cit.*). Assim que a doutrina e jurisprudência brasileira conseguir abandonar a teoria eclética da ação, poderemos, aí sim, usar a locução "ação" com um só significado: direito constitucional, abstrato e incondicionado de provocar a jurisdição. Oxalá este dia não demore a chegar!

[43] Conferir nota de rodapé nº 40 *retro*.

[44] Alfredo Buzaid noticia que Liebman lecionou, em primeiro lugar e por pouco tempo, em Minas Gerais, onde existia uma prestigiada Escola de Processo, para, depois, rumar para São Paulo, onde se firmou como professor e permaneceu até 1946 (Cf. A influência de Liebman no direito processual civil brasileiro, p. 13).

científico, é ilógica a manutenção das condições da ação no CPC brasileiro. Dizer, diante da ausência de uma das condições da ação, que a parte é carecedora da ação[45] ou que a ação só existe se estiverem presentes suas condições,[46] não faz mais nenhum sentido, afinal, se o juiz encerrar o procedimento sem resolução de mérito, poderemos nos perguntar: se não houve o exercício do direito-de-ação, o que houve? Seria um fenômeno jurídico (como alguns gostam de dizer genericamente quando não conseguem explicar algo)? Não houve a provocação e resposta jurisdicional, ainda que sem a resolução do mérito? Não houve um procedimento? Como dizer que a ação não existiu? Destarte, por rigor científico, não podemos mais manter as condições da ação em nosso CPC, pois não é mais necessário dizer, como está no NCPC, que para propor a ação é imprescindível ter interesse e legitimidade, pois ninguém, do ponto de vista constitucional, pode impedir o direito de provocar a jurisdição. Seria melhor, portanto, excluir o art. 17 do NCPC, que diz: "para propor a ação é necessário ter interesse e legitimidade", vez que, ao contrário do que está dito no dispositivo, todos podem propor a ação, independentemente de ter interesse e legitimidade, o que não quer dizer que todos farão jus a uma decisão de mérito. Sendo assim, o interesse e a legitimidade podem muito bem ser meros requisitos para o julgamento meritório, e não condições para exercício do direito à ação.

Por isto, neste ponto, mostra-se interessante a afirmação de Luiz Guilherme Marinoni: "Na verdade, caso as condições da ação fossem admitidas como requisitos da existência da ação, seria necessário explicar o que teria provocado a jurisdição e determinado a instauração do processo. Somente poderia ser a ação fundada na Constituição".[47]

Como dito, a manutenção das condições da ação, em sua visão tripla ou dupla, só se justifica por uma homenagem póstuma ao insigne processualista Enrico Tullio Liebman, homenagem esta que, na verdade, não poderia ocorrer em sede normativa. Aliás, se estivesse vivo, Liebman provavelmente apoiaria a evolução do Direito Processual, pois ele mesmo já havia dado mostras de que era um grande cientista, não era um jurista apegado ao excesso de formalismos[48] ou rígido mentalmente, tanto é que, como dito ao longo deste texto, modificou sua compreensão acerca das condições da ação. A melhor forma de os discípulos de Liebman prestarem uma (sempre merecida) homenagem ao seu mestre é, justamente, repensar as proposições teóricas de seu professor, abandonando-as ou aprimorando-as, passando a trilhar um caminho próprio, sem nunca esquecer o sentimento de gratidão devido ao preceptor. Isto sim é assumir a verdadeira condição de discípulo! Isto sim é ser cientista! Talvez, se Liebman estivesse entre nós, estaria de mãos dadas com as recentíssimas conquistas da Teoria do Processo e da Constituição, abandonando muitas das afirmações que fez no século passado, afinal, um grande cientista sempre está disposto a desistir de suas próprias convicções.

Neste instante, impossível esquecer o discurso científico de Popper: "Eu sou partidário da audácia intelectual. Nós não podemos ser intelectualmente covardes

---

[45] Como está no art. 301, inc. X, do CPC vigente (1973), quando usa a expressão "carência de ação".
[46] LIEBMAN. *Manual de direito processual civil*, p. 203.
[47] MARINONI. *Teoria geral do processo*, p. 181.
[48] "Formalismo", no sentido pejorativo, como uma anomalia procedimental, e não "formalidade", sempre necessária ao procedimento.

e ao mesmo tempo buscar a verdade. Aquele que busca a verdade deve ousar ser sábio — ele deve ousar ser um revolucionário no campo do pensamento".[49]

Por esse motivo, reiteradamente, compreendemos que os responsáveis diretos pelo Novo CPC deveriam abrir mão das condições da ação, encarando o interesse de agir e a legitimidade *ad causam*, à semelhança dos pressupostos processuais, como meros requisitos para o julgamento meritório. Deveremos, portanto, abandonar a expressão "carência de ação", o termo "condições da ação", assim como a visão da ação como direito público subjetivo,[50] para, finalmente, abraçarmos a teoria da ação como direito incondicionado, constitucional e abstrato de provocar a jurisdição. Teríamos, assim, uma só ação, de raiz constitucional, de forma que passaremos a não mais nos preocupar com a separação teórica entre uma ação de índole constitucional e outra de índole inconstitucional, o que, para a Ciência do Processo, é um desserviço.

Longe de ser uma crítica pessoal aos integrantes da Comissão de Juristas, por quem guardamos o mais profundo e sincero respeito, responsáveis pela (dificílima) tarefa de elaborar um Novo CPC, estas linhas devem ser lidas como meras sugestões dadas por um processualista que inicia sua vida acadêmico-profissional e que anela o melhor para o Direito Processual Civil de seu país.

Referências

BUZAID, Alfredo. A influência de Liebman no direito processual civil brasileiro. *Revista de Processo*, São Paulo, ano 7, n. 27, jul./set. 1982.

CÂMARA, Alexandre Freitas. *Lições de direito processual civil*. 20. ed. Rio de Janeiro: Lumen Juris, 2010.

CAMPOS, Francisco. *O Estado nacional*: sua estrutura, seu conteúdo ideológico. Brasília: Senado Federal, 2001.

CHIOVENDA, Giuseppe. *Instituições de direito processual civil*. Tradução de Paolo Capitanio. Anotações do Prof. Enrico Tullio Liebman. 4. ed. Campinas: Bookseller, 2009.

COSTA, Hélio Rubens Batista Ribeiro; RIBEIRO, José Horário Halfeld Rezende; DINAMARCO, Pedro da Silva (Coord.). *Linhas mestras do processo civil*: comemoração dos 30 anos de vigência do CPC. São Paulo: Atlas, 2004.

COUTURE, Eduardo. *Fundamentos del direcho procesal civil*. Buenos Aires: Depalma, 1974.

DINAMARCO, Cândido Rangel. *A instrumentalidade do processo*. 11. ed. rev. e atual. São Paulo: Malheiros, 2003.

DINAMARCO, Cândido Rangel. Liebman e a cultura processual brasileira. *In*: COSTA, Hélio Rubens Batista Ribeiro; RIBEIRO, José Horário Halfeld Rezende; DINAMARCO, Pedro da Silva (Coord.). *Linhas mestras do processo civil*: comemoração dos 30 anos de vigência do CPC. São Paulo: Atlas, 2004.

DINAMARCO, Cândido Rangel. Polêmicas do processo civil. *Revista dos Tribunais*, São Paulo, n. 424, fev. 1971.

GONÇALVES, Aroldo Plínio. *Técnica processual e teoria do processo*. Rio de Janeiro: Aide, 1992.

LEAL, André Cordeiro. *Instrumentalidade do processo em crise*. Belo Horizonte: Mandamentos, 2008.

---

[49] POPPER, Karl Raimund. *Lógica das ciências sociais*. 3. ed. Rio de Janeiro: Tempo Brasileiro, 2004. p. 91.

[50] Pois, segundo defendemos, a concepção de direito subjetivo e a própria relação jurídica é de matriz autoritária, e não democrática. Em crítica ao direito subjetivo, aponta-se: GONÇALVES, Aroldo Plínio. *Técnica processual e teoria do processo*. Rio de Janeiro: Aide, 1992. p. 91-96; LEAL, André Cordeiro. *Instrumentalidade do processo em crise*. Belo Horizonte: Mandamentos, 2008; MACIEL JÚNIOR, Vicente de Paula. *Teoria das ações coletivas*: as ações coletivas como ações temáticas. São Paulo: LTr, 2006. p. 69-116; MADEIRA, Dhenis Cruz. Medida cautelar ex officio e legitimidade decisória. *In*: TAVARES, Fernando Horta (Coord.). *Urgências de tutela*. Curitiba: Juruá, 2007; ORESTANO, Riccardo. *Azione, diritti soggettivi, persone giuridiche*. Bolonha: Il Mulino, 1978.

LEAL, Rosemiro Pereira. *Teoria geral do processo*. 7. ed. rev. e atual. Rio de Janeiro: Forense, 2008.

LIEBMAN, Enrico Tullio. *Corso di diritto processuale civile*: nozioni introduttive: parte generale: il processo di cognizione. Milano: Giuffrè, 1952.

LIEBMAN, Enrico Tullio. *Estudos sobre o processo civil brasileiro*. 2. ed. com notas de Ada Pellegrini Grinover. São Paulo: Saraiva, 1947.

LIEBMAN, Enrico Tullio. Istituti del diritto comune nel processo civile brasiliano. *In: Problemi del processo civile*. Nápoles: Morano, 1962.

LIEBMAN, Enrico Tullio. L'azione nella teoria del processo civile. *In: Problemi del processo civile*. Nápoles: Morano, 1962.

LIEBMAN, Enrico Tullio. *Manual de direito processual civil*. 3. ed. Tradução e notas de Cândido Rangel Dinamarco. São Paulo: Malheiros, 2005. v. 1. Tradução da 4. ed. italiana do *Manuale di diritto processuale civile*. Giuffrè: Milano, 1980.

MACIEL JÚNIOR, Vicente de Paula. *Teoria das ações coletivas*: as ações coletivas como ações temáticas. São Paulo: LTr, 2006.

MADEIRA, Dhenis Cruz. Igualdade e isonomia processual. *In*: THEODORO JÚNIOR, Humberto; CALMON, Petrônio *et al. Processo e constituição os dilemas do processo constitucional e dos princípios processuais constitucionais*. Rio de Janeiro: GZ, 2010.

MADEIRA, Dhenis Cruz. Medida cautelar ex officio e legitimidade decisória. *In*: TAVARES, Fernando Horta (Coord.). *Urgências de tutela*. Curitiba: Juruá, 2007.

MARINONI, Luiz Guilherme. *Teoria geral do processo*. 3. ed. São Paulo: Revista dos Tribunais, 2008.

NUNES, Dierle José Coelho (Org.). *Processo e Constituição*. Rio de Janeiro: GZ, 2010.

NUNES, Dierle José Coelho. *Direito constitucional ao recurso*. Rio de Janeiro: Lumen Juris, 2006.

ORESTANO, Riccardo. *Azione, diritti soggettivi, persone giuridiche*. Bolonha: Il Mulino, 1978.

PASSOS, J. J. Calmon de. Em torno das condições da ação: a possibilidade jurídica. *Revista de Direito Processual Civil*, v. 4, 1961.

POPPER, Karl Raimund. *Conhecimento objetivo*: uma abordagem evolucionária. Tradução de Milton Amado. Belo Horizonte: Itatiaia, 1999.

POPPER, Karl Raimund. *Lógica das ciências sociais*. 3. ed. Rio de Janeiro: Tempo Brasileiro, 2004.

SILVA, Ovídio Araújo Baptista da; GOMES, Fábio. *Teoria geral do processo civil*. 3. ed. rev. e atual. São Paulo: Revista dos Tribunais, 2002.

WACH, Adolf. *La pretensión de declaración*. Tradução de Juan M. Semon. Buenos Aires: Europa-America, 1962.

Informação bibliográfica deste texto, conforme a NBR 6023:2002 da Associação Brasileira de Normas Técnicas (ABNT):

MADEIRA, Dhenis Cruz. O Novo CPC e a leitura tardia de Liebman: a possibilidade jurídica como matéria de mérito. *In*: ROSSI, Fernando *et al*. (Coord.). *O futuro do processo civil no Brasil*: uma análise crítica ao Projeto do Novo CPC. Belo Horizonte: Fórum, 2011. p. 129-142. ISBN 978-85-7700-511-6.

PODERES DO RELATOR E JULGAMENTO MONOCRÁTICO DOS RECURSOS NA LEGISLAÇÃO PROCESSUAL VIGENTE E NO PROJETO DO NOVO CÓDIGO DE PROCESSO CIVIL

EDUARDO CHEMALE SELISTRE PEÑA

1 Evolução legislativa e aspectos gerais do julgamento monocrático dos recursos pelo relator

O Código de Processo Civil, em sua redação original de 1973, foi econômico na outorga de poderes ao relator para o julgamento unipessoal dos recursos. Admitia o art. 557 apenas que o relator indeferisse "por despacho" o agravo manifestamente improcedente.[1]

Com notório intuito de esvaziar as pautas dos tribunais, o legislador, por meio de sucessivas reformas, ampliou as atribuições, os poderes e, mesmo, a competência do relator.[2]

A Lei nº 8.038/90, em seu art. 38,[3] concedeu ao relator, no STF e no STJ, poderes para indeferir de plano o recurso manifestamente intempestivo, incabível ou improcedente ou ainda, que contrariar, nas questões predominantemente de direito, súmula do respectivo tribunal.[4]

---

[1] A redação original do art. 557 era a seguinte: "Art. 557. Se o agravo for manifestamente improcedente, o relator poderá indeferi-lo por despacho. Também poderá convertê-lo em diligência se estiver insuficientemente instruído. Parágrafo único. Do despacho de indeferimento caberá recurso para o órgão a que competiria julgar o agravo".

[2] PINTO, Nelson; MARCATO, Antônio Carlos (Coord.). *Código de Processo Civil interpretado*. 3. ed. São Paulo: Atlas, 2008. p. 1872.

[3] Art. 38 – O Relator, no Supremo Tribunal Federal ou no Superior Tribunal de Justiça, decidirá o pedido ou o recurso que haja perdido seu objeto, bem como negará seguimento a pedido ou recurso manifestamente intempestivo, incabível ou improcedente ou ainda, que contrariar, nas questões predominantemente de direito, Súmula do respectivo Tribunal.

[4] O dispositivo foi duramente criticado pela doutrina. Veja-se, por todos, PINTO, Nelson Luiz. Recurso especial e recurso extraordinário: a Lei 8.038, de 28.5.90 e as alterações no Código de Processo Civil. *Revista de Processo*, São Paulo, v. 15, n. 57, p. 122, jan./mar. 1990.

Significativas alterações robustecendo os poderes do relator em todos os tribunais e recursos vieram com a edição da Lei nº 9.139/95, que alterou o art. 557 para autorizá-lo a negar seguimento a recurso manifestamente inadmissível, improcedente, prejudicado ou em confronto[5] com súmula do respectivo tribunal, do STF ou de Tribunal Superior.

Com o advento da Lei nº 9.756/98, que deu nova redação ao art. 557 e incluiu os seus parágrafos 1º-A, 1º e 2º, o relator do recurso no tribunal passou a ter poder não só de negar-lhe seguimento, mas também de prover-lhe de plano.[6] Criou-se, assim, um procedimento abreviado para julgamento dos recursos em determinados casos.

Consoante preceitua o *caput* do art. 557, na sua atual redação, deverá o relator negar seguimento a recurso "manifestamente inadmissível, improcedente, prejudicado ou em confronto com súmula ou com jurisprudência dominante do respectivo tribunal, do Supremo Tribunal Federal, ou de Tribunal Superior".

O advérbio "manifestamente" qualifica não apenas o adjetivo "inadmissível", mas também os demais, ou seja, "improcedente", "prejudicado" ou em "confronto com súmula ou com jurisprudência dominante". Por manifesto se entende o que é claro, evidente, inequívoco.[7]

Vale gizar que, embora a lei sugira a ideia de imperatividade ao pronunciar que "o relator negará seguimento" ao recurso naquelas hipóteses, a norma, para que possa estar em harmonia com a Constituição, deve ser interpretada no sentido de que se trata de mera faculdade do relator.[8] Isso porque o relator tem competência funcional horizontal, que não exclui a competência do órgão colegiado do qual é componente.[9]

De outro lado, no que tange à hipótese de julgamento unipessoal amparado em súmula ou jurisprudência dominante, há que admitir que não pode o julgador — excetuando o caso de edição de súmulas vinculantes (art. 103-A da CF) — ser obrigado a julgar conforme o entendimento seja de qual tribunal for.[10]

---

[5] Na opinião de Barbosa Moreira, a palavra "contraste" é mais adequada para o caso do que o termo confronto (MOREIRA, José Carlos Barbosa. *Comentários ao Código de Processo Civil*. 14. ed. Rio de Janeiro: Forense, 2008. v. 5, p. 682).

[6] Consoante Fabiano Carvalho, trata-se de competência funcional, porque o relator julga sem a participação do órgão colegiado. Pode-se dizer que o relator tem competência funcional horizontal, uma vez que o recurso tramita no mesmo grau de jurisdição, e ele, o relator, pertence ao órgão colegiado, que também pode ser competente para julgar esse recurso (CARVALHO, Fabiano. *Poderes do relator nos recursos*: art. 557 do CPC. São Paulo: Saraiva, 2008. p. 52).

[7] PONTES DE MIRANDA, Francisco Cavalcanti. *Comentários ao Código de Processo Civil*. 3. ed. Rio de Janeiro: Forense, 2001. t. VIII, Arts. 539 a 565, p. 227 (comentários do atualizador Sérgio Bermudes); NERY JUNIOR, Nelson; NERY, Rosa Maria Andrade. *Código de Processo Civil comentado e legislação processual civil extravagante em vigor*. 4. ed. São Paulo: Revista dos Tribunais, 1999. p. 960.

[8] Nesse sentido: CARNEIRO, Athos Gusmão. *Recurso especial, agravos e agravo interno*. 2. ed. Rio de Janeiro: Forense, 2002. p. 42; MOREIRA, José Carlos Barbosa. *Comentários ao Código de Processo Civil*. 14. ed. Rio de Janeiro: Forense, 2008. v. 5, p. 681; DINAMARCO, Cândido Rangel. O relator, a jurisprudência e os recursos. *In*: WAMBIER, Teresa Arruda Alvim; NERY JR., Nelson. *Aspectos polêmicos e atuais dos recursos cíveis de acordo com a Lei 9.756/98*. São Paulo: Revista dos Tribunais, 1999. p. 132. Em sentido contrário, entendendo se tratar de poder-dever do relator, e não mera faculdade: CARVALHO, Fabiano. *Poderes do relator nos recursos*: art. 557 do CPC. São Paulo: Saraiva, 2008. p. 64.

[9] CARVALHO, Fabiano. *Poderes do relator nos recursos*: art. 557 do CPC. São Paulo: Saraiva, 2008. p. 52.

[10] PEÑA, Eduardo Chemale Selistre. *O recurso de agravo como meio de impugnação das decisões interlocutórias de primeiro grau*. Porto Alegre: Livraria do Advogado, 2008. p. 87. No mesmo sentido: Nesse sentido: WAMBIER, Teresa Arruda Alvim. *O novo regime do agravo*. 2. ed. São Paulo: Revista dos Tribunais, 1996; NERY JUNIOR, Nelson. *Atualidades sobre o Processo Civil, a reforma do Código de Processo Civil brasileiro de 1994*. 2. ed. São Paulo:

Destarte,

mesmo quando ao relator pareça induvidoso o acerto do provimento recorrido tanto no exame dos fatos como no das *questiones juris*, ainda assim, em determinados casos, apresentar-se-á conveniente — até pela relevância do tema no aspecto jurídico (*tot capita, tot sententia*) ou em suas repercussões sociais, que sobre a lide se pronuncie desde logo o colegiado (inclusive às partes, contraditório com maior amplitude, até mesmo, quando permitida, a sustentação oral).[11]

Decerto, sob o ponto de vista da economia processual, parece incongruente a opção do relator por não julgar individualmente o recurso quando admissível; "porém, a variedade dos fundamentos do ato atribuído ao relator recomenda, salvo engano, maior comedimento na abreviação do procedimento".[12]

Contudo, no que tange à súmula vinculante, criada pela EC nº 45/04, há que ser dado tratamento distinto. É tão flagrante o desprovimento do recurso que ataca decisão conforme com súmula vinculante, que o seu processamento afrontará de forma demasiadamente violenta o princípio da economia processual, de modo que passa a ser obrigatório o julgamento monocrático.

A negativa de seguimento, como se constata pela leitura da norma, abrange tanto as hipóteses que levariam ao não conhecimento do recurso, como aquelas que conduziriam ao seu improvimento.[13] O recurso manifestamente inadmissível, assim como o prejudicado, na melhor técnica, não é conhecido. O recurso manifestamente improcedente ou em contraste com súmula ou com jurisprudência, "salvo se estas forem pertinentes à admissibilidade", é desprovido.[14]

Poderá o relator, ainda, dar provimento de plano ao recurso, consoante permite o §1º-A do art. 557, quando verificar que a decisão recorrida está em manifesto contraste com súmula ou com jurisprudência do Supremo Tribunal Federal, ou de Tribunal Superior.

2 Julgamento monocrático dos recursos pelo relator no Projeto de Novo Código de Processo Civil

Atualmente tramita no Congresso Nacional Projeto de Lei que propõe um Novo Código de Processo Civil. O Projeto tramitou no Senado sob o número 166/10 e seguiu com alterações para a Câmara, onde ganhou o número 8.046/10.

O Projeto apresentado também prevê um procedimento abreviado de julgamento dos recursos, autorizando o relator a julgar o recurso de forma monocrática, contudo altera as hipóteses de sua admissibilidade.

Revista dos Tribunais, 1996; ALVIM, Eduardo Arruda. *Direito processual civil*. 2. ed. São Paulo: Revista dos Tribunais, 2008. p. 940.

[11] CARNEIRO, Athos Gusmão. *Recurso especial, agravos e agravo interno*. 2. ed. Rio de Janeiro: Forense, 2002. p. 42.
[12] ASSIS, Araken de. *Manual dos recursos*. 2. ed. São Paulo: Revista dos Tribunais, 2008. p. 272. Finaliza o autor, após referir a existência de entendimento contrário, afirmando que por não existir sanção para a inércia do relator naqueles casos, de toda sorte a obrigatoriedade revela-se inútil.
[13] DINAMARCO, Cândido Rangel. *A reforma da reforma*. São Paulo: Malheiros, 2002.
[14] PONTES DE MIRANDA, Francisco Cavalcanti. *Comentários ao Código de Processo Civil*. 2. ed. Rio de Janeiro: Forense, 2000. t. VIII, Arts. 539 a 565, p. 226-227.

No Anteprojeto encaminhado ao Senado, constava no inc. III do art. 853 a incumbência ao relator de negar seguimento ao recurso inadmissível, prejudicado ou que afrontar:
a) súmula do Supremo Tribunal Federal, de tribunal superior ou do próprio tribunal;
b) decisão proferida pelo Supremo Tribunal Federal ou por tribunal superior em julgamento de casos repetitivos.

Também o provimento de plano dos recursos foi previsto no Anteprojeto, com a condição de que a decisão recorrida estivesse a afrontar súmula do Supremo Tribunal Federal, de tribunal superior ou do próprio tribunal ou contrastar com decisão proferida pelo Supremo Tribunal Federal ou por tribunal superior em julgamento de casos repetitivos.

O texto foi alterado naquela Casa e dirigido à Câmara com a seguinte redação:

Art. 888. Incumbe ao relator:
(...)
III – negar seguimento a recurso inadmissível, prejudicado ou que não tenha atacado especificamente os fundamentos da decisão ou da sentença recorrida;
IV – negar provimento a recurso que contrariar:
a) súmula do Supremo Tribunal Federal, do Superior Tribunal de Justiça ou do próprio tribunal;
b) acórdão proferido pelo Supremo Tribunal Federal ou pelo Superior Tribunal de Justiça em julgamento de casos repetitivos;
c) entendimento firmado em incidente de resolução de demandas repetitivas ou de assunção de competência.
V – dar provimento ao recurso se a decisão recorrida contrariar:
a) súmula do Supremo Tribunal Federal, do Superior Tribunal de Justiça ou do próprio tribunal;
b) acórdão proferido pelo Supremo Tribunal Federal ou pelo Superior Tribunal de Justiça em julgamento de casos repetitivos;
c) entendimento firmado em incidente de resolução de demandas repetitivas ou de assunção de competência.

O Projeto com a atual redação, como se vê, separou, nos incs. III e IV, as hipóteses em que o seguimento do recurso é obstado em razão de um *juízo de admissibilidade negativo* — o que se dá quando o recurso não preenche qualquer um dos pressupostos recursais, seja intrínseco ou extrínseco (como *v.g.*, tempestividade, preparo, legitimidade, interesse recursal) —, daquelas em que a morte prematura ocorre em razão de um *juízo de mérito desfavorável*, isto é, quando constatado que ao recorrente não assiste de razão, pois infundados os motivos pelos quais impugna a decisão.[15]

Na Lei vigente, ao revés, a *negativa de seguimento* abarca, genericamente, tanto as hipóteses que são de não conhecimento do recurso (inadmissibilidade), como aquelas que, no rigor técnico, são de improvimento.[16]

---

[15] MOREIRA, José Carlos Barbosa. *Comentários ao Código de Processo Civil*. 8. ed. Rio de Janeiro: Forense, 1999. v. 5, p. 645.
[16] PONTES DE MIRANDA, Francisco Cavalcanti. *Comentários ao Código de Processo Civil*. 2. ed. Rio de Janeiro: Forense, 2000. t. VIII, Arts. 539 a 565, p. 226-227; DINAMARCO, Cândido Rangel. *A reforma da reforma*. São Paulo: Malheiros, 2002. p. 183.

No inc. III do art. 888 do Projeto estão previstas, então, as situações que impendem o conhecimento do recurso: *recurso inadmissível, prejudicado ou que não tenha atacado especificamente os fundamentos da decisão ou da sentença recorrida*.

Por sua vez, o inc. IV do art. 888 do Projeto, prevê os casos em que o recurso, nada obstante conhecido, não deve seguir o trâmite normal por ser evidente o seu insucesso. Aliás, no que concerne a tal aspecto, possibilidade de improvimento do recurso por decisão monocrática (inc. IV), inova o Projeto ao não admitir que esse se dê em razão de a inconformidade contrastar com a jurisprudência majoritária do próprio tribunal, do STJ ou do STF. A norma proposta é mais rigorosa que lei vigente: exige para a negativa de provimento por decisão monocrática que a decisão contrarie *súmula*, e não apenas *jurisprudência majoritária*, de um dos indigitados tribunais.

De outro lado, o Projeto sugere que ao relator seja dado negar provimento a recurso que afrontar *acórdão* (e não qualquer *decisão*, como dava a entender o Anteprojeto encaminhado ao Senado) proferido pelo Supremo Tribunal Federal ou pelo Superior Tribunal de Justiça (e não qualquer tribunal superior como mencionava o Anteprojeto) *em julgamento de casos repetitivos*.[17]

O provimento de plano do recurso, da mesma forma, segundo o Projeto, é admitido se a decisão recorrida afrontar súmula do Supremo Tribunal Federal, do Superior Tribunal de Justiça ou do próprio tribunal ou contrastar com *acórdão* (e não qualquer *decisão*, como referia o Anteprojeto encaminhado ao Senado) proferido pelo Supremo Tribunal Federal ou pelo Superior Tribunal de Justiça (e não qualquer tribunal superior como mencionava o Anteprojeto) em julgamento de casos repetitivos (inc. V do art. 888).

Destarte, conforme o Projeto, não mais será admitido o provimento por decisão monocrática do relator com amparo em jurisprudência majoritária. De outro lado, admitir-se-á o provimento quando a decisão combatida afrontar decisão tomada pelo Supremo Tribunal Federal ou por tribunal superior em julgamento de casos repetitivos.

Induvidosamente, prestigiou-se, como disse Luiz Fux na exposição de motivos do Anteprojeto, "tendência a criar estímulos para que a jurisprudência se uniformize, à luz do que venham a decidir tribunais superiores e até de segundo grau, e se estabilize".[18]

Guardou-se coerência, assim, com o princípio expresso no art. 882, IV, do Projeto de Lei que dispõe que "a jurisprudência do Supremo Tribunal Federal e dos Tribunais Superiores deve nortear as decisões de todos os tribunais e juízos singulares do país, de modo a concretizar plenamente os princípios da legalidade e da isonomia".

---

[17] Sobre o julgamento dos processos repetitivos conferir os arts. 930 e seguintes do Projeto. O art. 930 tem a seguinte redação:
É admissível o incidente de demandas repetitivas sempre que identificada controvérsia com potencial de gerar relevante multiplicação de processos fundados em idêntica questão de direito e de causar grave insegurança jurídica, decorrente do risco de coexistência de decisões conflitantes.
§1º O pedido de instauração do incidente será dirigido ao Presidente do Tribunal:
I – pelo juiz ou relator, por ofício;
II – pelas partes, pelo Ministério Público ou pela Defensoria Pública, por petição.
§2º O ofício ou a petição a que se refere o §1º será instruído com os documentos necessários à demonstração da necessidade de instauração do incidente.
§3º Se não for o requerente, o Ministério Público intervirá obrigatoriamente no incidente e poderá assumir sua titularidade em caso de desistência ou de abandono.

[18] CÓDIGO de Processo Civil: anteprojeto. Comissão de Juristas Responsável pela Elaboração de Anteprojeto de Código de Processo Civil. Brasília: Senado Federal, Presidência, 2010. p. 17.

3 Constitucionalidade do julgamento monocrático pelo relator na lei processual vigente e no Projeto de Novo Código de Processo Civil

A modificação imposta com as sucessivas reformas do art. 557, consagrada também nos incs. III, IV e V do art. 888 do Projeto do Novo Código de Processo Civil, "quebrou o caráter colegiado dos pronunciamentos do Tribunal (art. 555), dogma incontestado no direito pátrio, refundindo as funções do relator".[19] O relator passou a ter competência para julgar singularmente, enquanto antes lhe cabia apenas "preparar o julgamento, do qual participaria, com seu voto, na ocasião própria".[20]

Tais disposições, contudo, como afirmou o STF[21] em mais de uma oportunidade, com amplo apoio da doutrina,[22] nada têm de inconstitucionais.[23]

O art. 101, *caput*, §4º, da LC nº 35/79 admite a divisão dos tribunais em órgãos fracionários como câmaras, turmas e seções, cada qual funcionando como o próprio tribunal.[24] "Essa norma deita por terra a tese da 'unidade' do Tribunal. Ele é apenas uno nas suas frações e a menor delas", em alguns casos, como na hipótese do art. 557 do Código vigente e 888 do Projeto do Novo Código, chama-se "relator".[25]

De fato, como diz voz autorizada, "em segundo grau, o órgão é a câmara ou turma, bem como o relator *que integre* tais órgãos colegiados, igualmente competentes, *in abstracto*, para julgar a causa".[26]

E releva anotar que a Constituição Federal em momento algum exige que os recursos sejam obrigatoriamente julgados por órgãos colegiados. Aliás, há diversos

---

[19] ASSIS, Araken de. Introdução aos sucedâneos recursais. *In*: NERY JR., Nelson; WAMBIER, Teresa Arruda Alvim *et al*. *Aspectos polêmicos e atuais dos recursos e outros meios de impugnação às decisões judiciais*. São Paulo: Revista dos Tribunais, 2002. p. 23.

[20] MOREIRA, José Carlos Barbosa. *Comentários ao Código de Processo Civil*. 8. ed. Rio de Janeiro: Forense, 1999. v. 5, p. 613.

[21] STF-1ª Turma, AI 360.424-MG-AgRg, rel. Min. Moreira Alves, j. 26-02-2002; STF-2ª Turma, AI 375.370-CE-AgRg, rel. Min Carlos Velloso, j. 25-06-2002.

[22] ALVIM, Eduardo Arruda. *Direito processual civil*. 2. ed. São Paulo: Revista dos Tribunais, 2008. p. 938; CAMBI, Accácio. Aspectos polêmicos na aplicação do art. 557 do CPC. *In*: NERY JR., Nelson; WAMBIER, Teresa Arruda Alvim *et al*. *Aspectos polêmicos e atuais dos recursos e outros meios de impugnação às decisões judiciais*. São Paulo: Revista dos Tribunais, 2003. v. 7. p. 13-23; CARVALHO, Fabiano. *Poderes do relator nos recursos*: art. 557 do CPC. São Paulo: Saraiva, 2008. p. 41-48. Para Nery Jr. o dispositivo somente é constitucional se houver possibilidade de que, mediante recurso, possam as decisões ser submetidas ao controle do Colegiado (NERY JUNIOR, Nelson; NERY, Rosa Maria Andrade. *Código de Processo Civil e legislação processual civil extravagante em vigor*. 4. ed. São Paulo: Revista dos Tribunais, 2007. p. 960).

[23] Em sentido contrário, defendendo a inconstitucionalidade do dispositivo: PINTO, Nelson Luiz. Recurso especial e recurso extraordinário: a Lei 8.038, de 28.5.90 e as alterações no Código de Processo Civil. *Revista de Processo*, São Paulo, v. 15, n. 57, p. 123, jan./mar. 1990; MARTINS, Francisco Peçanha. A reforma do art. 557 do CPC: inconstitucionalidade e ilegalidade. *Revista do Instituto dos Advogados de São Paulo*, São Paulo, v. 3, n. 5, p. 53-56, jan./jun. 2000; BORGES, Marcos Afonso. Alterações do Código de Processo Civil oriundas da Lei 9.756, de 17 de dezembro de 1998. *Revista de Processo*, v. 24, n. 94, p. 7-11, abr./jun. 1999.

[24] Cf. Moniz de Aragão, seja qual for a sua divisão interna, o tribunal é sempre uno, mesmo quando por "um de seus membros integrantes, os quais, agindo isoladamente, se assim determinar a lei interna, são o próprio colégio judiciário, que fala por intermédio de seus juízes, no caso o presidente ou o relator" (ARAGÃO, Egas Dirceu Moniz de. Do agravo regimental. *Revista dos Tribunais*, São Paulo, v. 315, p. 130, 1962).

[25] ASSIS, Araken de. Introdução aos sucedâneos recursais. *In*: NERY JR., Nelson; WAMBIER, Teresa Arruda Alvim *et al. Aspectos polêmicos e atuais dos recursos e outros meios de impugnação às decisões judiciais*. São Paulo: Revista dos Tribunais, 2002. p. 49. No mesmo sentido: CARVALHO, Fabiano. *Poderes do relator nos recursos*: art. 557 do CPC. São Paulo: Saraiva, 2008. p. 54.

[26] ALVIM NETTO, José Manuel de Arruda. *Manual de direito processual civil*. 12. ed. São Paulo: Revista dos Tribunais, 2008. v. 2, p. 395.

recursos previstos no ordenamento que são julgados por decisão unipessoal, como os embargos infringentes cabíveis da sentença que julga execuções fiscais de valor inferior ou igual a 50 ORTN (art. 34 da Lei nº 6.830/80), assim como os embargos de declaração opostos de decisão singular.[27] De sua vez, o recurso interposto contra a sentença proferida no juizado especial cível, embora julgada por órgão colegiado, não o é por um tribunal.

Assim, o relator, ao julgar singularmente recursos, é o próprio tribunal,[28] e não apenas delegado deste.[29] Até porque "as competências não podem ser 'delegadas', uma vez que o poder de julgar não pertence ao juiz, mas ao Estado — cumprindo a este, mediante legislação pertinente, atribuir o exercício da jurisdição aos ocupantes dos cargos ali indicados".[30] E não se encontram normas delegando[31] esta ou aquela competência ao relator, mas sim lhe atribuindo, verdadeiramente, competência para julgar, como ocorre na hipótese do art. 557 do CPC vigente,[32] assim como na sugestão dos incs. III, IV e V do art. 888 do Projeto de Lei nº 8.046/10.

Dessa forma, não há qualquer afronta ao princípio do juiz natural,[33] porquanto o exame da questão terá sido realizado pelo órgão previamente definido como competente para tanto: o tribunal, apresentado pelo relator.

Com efeito, "o relator — como órgão individualizado do tribunal — exerce competência funcional para julgamento de recursos, competência esta advinda da lei. Daí a conclusão: o relator é o juiz natural, quando julga antecipadamente o recurso com fundamento no art. 557 do CPC";[34] e o mesmo se passará quando julgar singularmente com amparo nos incs. III, IV e V do art. 888 do Novo Código.

---

[27] CARVALHO, Fabiano. *Poderes do relator nos recursos*: art. 557 do CPC. São Paulo: Saraiva, 2008. p. 45-46.

[28] Sérgio Cruz Arenhart também concorda com esse entendimento, tendo afirmado que nenhuma restrição existe a que se confira ao relator, que também é um dos órgãos do tribunal, poderes para julgar monocraticamente qualquer espécie de recurso, nem mesmo se exigindo possibilidade de recurso para órgão colegiado (ARENHART, Sérgio Cruz. A nova postura do relator no julgamento dos recursos. *Revista de Processo*, São Paulo, n. 103, p. 37-58, 2001). No mesmo sentido: MANCUSO, Rodolfo de Camargo. *Recurso extraordinário e recurso especial*. 10. ed. São Paulo: Revista dos Tribunais, 2009. p. 188-189.

[29] Em sentido contrário pensa Tesheiner, para quem "a Constituição não constituiu tribunais, órgãos colegiados, para que funcionem monocraticamente. Ao conferir atribuições ao relator, a lei ou o regimento interno não retiram, do respectivo órgão colegiado, qualquer competência" (TESHEINER, José Maria Rosa. *Recurso das decisões do relator*. Disponível em: <http://www.tex.pro.br>. Acesso em: 10 nov. 2005). Também: ALMEIDA, José Antônio. Agravo interno e ampliação dos poderes do relator. *In*: NERY JR., Nelson; WAMBIER, Teresa Arruda Alvim *et al*. *Aspectos polêmicos e atuais dos recursos e outros meios de impugnação às decisões judiciais*. São Paulo: Revista dos Tribunais, 2003. v. 7, p. 375-435; MOREIRA, José Carlos Barbosa. *Comentários ao Código de Processo Civil*. 14. ed. Rio de Janeiro: Forense, 2008. v. 5, p. 680.

[30] DINAMARCO, Cândido Rangel. *Instituições de direito processual civil*. São Paulo: Malheiros, 2001. v. 1, p. 327.

[31] E, consoante refere De Plácido e Silva, "A delegação pública, conferida a autoridades ou aos poderes públicos, é sempre autorizada pela própria lei, em virtude de princípio instituído no Direito Constitucional. E se indica a soma de poderes atribuídos a um poder ou autoridade pública para desempenho de suas funções políticas ou administrativas" (DELEGAÇÃO. *In*: SILVA, De Plácido e. *Vocabulário jurídico*. São Paulo: Forense, 1999. Edição eletrônica).

[32] ASSIS, Araken de. Introdução aos sucedâneos recursais. *In*: NERY JR., Nelson; WAMBIER, Teresa Arruda Alvim *et al*. *Aspectos polêmicos e atuais dos recursos e outros meios de impugnação às decisões judiciais*. São Paulo: Revista dos Tribunais, 2002. p. 13-60.

[33] Na atual Constituição o princípio é extraído da interpretação do inc. XXXVII, do art. 5º, que preceitua que "Não haverá juízo ou tribunal de exceção" e também da exegese do inc. LIII, que reza: "Ninguém será processado nem sentenciado senão pela autoridade competente". Completam o arcabouço de consagração do princípio as garantias outorgadas aos juízes de vitaliciedade, inamovibilidade e irredutibilidade de subsídios, previstas no *caput* do art. 95 da Constituição Federal (PEÑA, Eduardo Chemale Selistre. *O princípio do juiz natural*. Disponível em: <http:\\www.tex.pro.com.br>. Acesso em: 6 maio 2006).

[34] CARVALHO, Fabiano. *Poderes do relator nos recursos*: art. 557 do CPC. São Paulo: Saraiva, 2008. p. 54.

Ademais, o art. 975 do Projeto do Novo Código de Processo Civil,[35] tal qual faz o §1º do art. 557 do Código vigente, prevê a possibilidade de recurso ao órgão colegiado do qual faz parte o relator, esvaziando qualquer alegação de inconstitucionalidade que se baseie em afronta ao princípio do juiz natural,[36] já que, inegavelmente, não será extraída daquele que se sentir injustiçado a possibilidade de levar o caso à sessão de julgamento na qual se farão presentes os outros membros da câmara ou turma.[37]

---

[35] Dispõe o art. 975 do Projeto de CPC: Ressalvadas as hipóteses expressamente previstas neste Código ou em lei, das decisões proferidas pelo relator caberá agravo interno para o respectivo órgão fracionário, observadas, quanto ao processamento, as regras dos regimentos internos dos tribunais.

[36] O STF afirma a constitucionalidade do julgamento monocrático, em razão de haver possibilidade de recurso que conduza a questão ao órgão colegiado. Nesse sentido: (...) Poderes processuais do Ministro-Relator e princípio da colegialidade. – Assiste, ao Ministro-Relator, competência plena, para, com fundamento nos poderes processuais de que dispõe, exercer, monocraticamente, o controle de admissibilidade das ações, pedidos ou recursos dirigidos ao Supremo Tribunal Federal. Cabe-lhe, em consequência, poder para negar trânsito, em decisão monocrática, a ações, pedidos ou recursos, quando incabíveis, intempestivos, sem objeto ou, ainda, quando veicularem pretensão incompatível com a jurisprudência predominante na Suprema Corte. Precedentes. – O reconhecimento dessa competência monocrática, deferida ao Relator da causa, não transgride o postulado da colegialidade, pois sempre caberá, aos órgãos colegiados do Supremo Tribunal Federal (Plenário e Turmas), recurso contra as decisões singulares que venham a ser proferidas por seus Juízes (STF-Pleno, AgRg no MS nº 27.216/RJ, Rel. Min. Celso de Melo, j. 18.09.2008). Na mesma linha é o entendimento do STJ: Processual civil. Agravo interno. Decisão singular do relator. Apreciação pelo órgão colegiado. Exigibilidade. Embargos de declaração. Prequestionamento. Multa. Não cabimento. 1. A apreciação postecipada do órgão colegiado confere constitucionalidade ao art. 557, do CPC. Nesse sentido, a doutrina do tema: "Enquanto a CF disciplina a atividade dos tribunais superiores, notadamente o STF e o STJ, cabe ao CPC regular os poderes do relator nos tribunais federais e estaduais, de sorte que as atribuições conferidas ao relator pela norma comentada encontram-se em harmonia com os sistemas constitucional e processual brasileiros. A constitucionalidade da norma é de ser reconhecida, inclusive porque o CPC 557, §1º, torna a decisão monocrática do relator recorrível para o órgão colegiado" (NERY JUNIOR, Nelson. *Código de Processo Civil comentado*. 9. ed., p. 815). 2. O poder conferido ao relator, pela novel sistemática do CPC, visa desestimular o abuso do direito de recorrer, mercê de autorizar o relator a evitar que se submeta ao ritualismo do julgamento colegiado causas manifestamente insustentáveis. Mantendo o princípio do duplo controle de admissibilidade, a lei concede recurso dessa decisão do relator, denominando-o de agravo, a ser apreciado pelo órgão competente para o julgamento do recurso (FUX, Luiz. *Curso de direito processual civil*. Rio de Janeiro: Forense, 2004. p. 965). 3. O agravo regimental ou agravo interno é o recurso servil à retratação da decisão monocrática, ou exame pelo colegiado, de quem não pode ser suprimido o conhecimento, sob pena de violação ao princípio do devido processo legal. Precedentes: REsp 727090/RJ, Rel. Ministro Fernando Gonçalves, *DJ*, 25 fev. 2008; MS 8093/DF, Rel. Ministra Eliana Calmon, Corte Especial, *DJ*, 21 out. 2002; REsp 431.307/MS, Rel. Ministro Barros Monteiro, *DJ*, 10 mar. 2003; RMS 16.150/DF, Rel. Ministro Castro Filho, *DJ*, 28 out. 2003. 4. As decisões judiciais nos Tribunais, como regra, deverão ser proferidas por seus órgãos colegiados. Os princípios da celeridade e economia processual apontam as hipóteses em que os recursos podem receber decisões monocráticas do relator, que age como delegado do órgão colegiado. Por isso que é defeso ao relator suprimir da apreciação colegiada, por mais inadmissível que sejam as fundamentações do recurso interposto. 5. Recurso especial provido, para determinar o retorno dos autos à instância de origem, para que o agravo regimental seja apreciado pelo órgão colegiado (STJ-1ª Turma, REsp nº 1.084.437-RJ, Rel. Min. Luiz Fux, j. 12.05.2009).

[37] Sérgio Cruz Arenhart critica as decisões do STF que condicionam a constitucionalidade do julgamento monocrático à possibilidade de recurso ao colegiado. Refere que "é, no mínimo, curiosa esta decisão. Isto porque, ao que parece – e não obstante venha rechaçar qualquer argumentação no sentido da inconstitucionalidade da nova previsão — suas conclusões conflitam diretamente com o fundamento aqui utilizado. Afinal, se efetivamente não há (como de fato é o que parece) qualquer determinação que imponha o julgamento de recursos por órgãos colegiados, então fica sem sentido a advertência do julgado, no sentido de que não existiria inconstitucionalidade quando houvesse a possibilidade de que a decisão do relator pudesse ser revista pela corte. Ora, ou não existe óbice constitucional ao julgamento monocrático do recurso pelo relator, ou existe esta restrição (caso em que realmente não poderia prescindir do reexame do julgamento, em qualquer hipótese, pelo colegiado original) e, mais que isto, a delegação desta função ofenderia, diretamente, a proibição constitucional, ainda que se previsse, desta atribuição, reexame da matéria pelo órgão originário. Esta última orientação, que parece ter sido adotada pelo STF no caso narrado, poderia ser comparada à hipótese em que se previsse a possibilidade de um Juiz do Trabalho julgar as causas submetidas à Justiça Comum, desde que se autorizasse recurso desta sua deliberação para o Juiz de Direito" (ARENHART, Sérgio Cruz. A nova postura do relator no julgamento dos recursos. *Revista de Processo*, São Paulo, n. 103, p. 37-58, 2001).

De outro lado, a norma está em plena consonância com o processo civil moderno, que tem como tendência aumentar os poderes do juiz e diminuir o número de recursos. É o triunfo de uma justiça célere e firme sobre a necessidade de uma justiça boa, mas lenta.[38]

Efetivamente é assim que se passam as coisas hoje, relevando anotar que nem sempre são da forma por nós desejada. Há que ter cautela para não confundir o que é, com o que almejaríamos que fosse. Nada impede, contudo, as críticas e sugestões de *lege ferenda*.

4 Hipóteses que autorizam o julgamento monocrático pelo relator

Cumpre examinar cada uma das hipóteses que dão ensejo ao julgamento monocrático dos recursos pelo relator, seja conforme o art. 557 do atual Código, seja consoante a previsão do art. 888, III, IV e V, do Projeto de Novo Código de Processo Civil.

4.1 Hipóteses que autorizam o julgamento monocrático no vigente Código de Processo Civil

Menciona o art. 557, *caput*, do Código vigente, quatro classes de recursos que podem ter o seguimento obstado: "inadmissíveis, improcedentes, prejudicados e contrários à súmula ou à jurisprudência dominante do tribunal competente para o julgamento, do Supremo Tribunal Federal ou de tribunal superior".

Todas essas qualificações são precedidas pelo advérbio "manifestamente", que se faz presente para, limitando o poder do relator, exigir que para a negativa de seguimento sejam elas flagrantes, inequívocas, verificáveis ao primeiro contato.

A negativa de seguimento, como já se disse, abarca as hipóteses que são de não conhecimento do recurso, assim como casos de improvimento.[39] O recurso manifestamente inadmissível, assim como o prejudicado, na melhor técnica, não é conhecido. O recurso manifestamente improcedente ou em contraste com súmula ou com jurisprudência, "salvo se estas forem pertinentes à admissibilidade", é desprovido.[40]

Inadmissível é o recurso que não preenche algum dos pressupostos recursais, sejam intrínsecos ou extrínsecos. Assim, deve ter seguimento negado o recurso intempestivo, incabível, deserto, interposto por parte ilegítima, deficientemente instruído e todos mais que receberiam julgamento de não conhecimento se viessem a ser julgados pelo órgão colegiado.

Improcedente, por sua vez, é o recurso quando o recorrente carece de razão no mérito, "isto é, quando infundados os motivos por que impugna decisão recorrida".[41]

---

[38] COUTURE. Eduardo J. *Fundamentos del derecho procesal civil*. 4. ed. Montevideo, Buenos Aires: Ed. B de F, 2004.
[39] PONTES DE MIRANDA, Francisco Cavalcanti. *Comentários ao Código de Processo Civil*. 2. ed. Rio de Janeiro: Forense, 2000. t. VIII, Arts. 539 a 565, p. 226-227; DINAMARCO, Cândido Rangel. *A reforma da reforma*. São Paulo: Malheiros, 2002. p. 183.
[40] PONTES DE MIRANDA, Francisco Cavalcanti. *Comentários ao Código de Processo Civil*. 2. ed. Rio de Janeiro: Forense, 2000. t. VIII, Arts. 539 a 565, p. 226-227.
[41] MOREIRA, José Carlos Barbosa. *Comentários ao Código de Processo Civil*. 8. ed. Rio de Janeiro: Forense, 1999. v. 5, p. 645.

Assim, sendo a pretensão posta no recurso flagrantemente contrária à norma jurídica aplicável à hipótese, há que reconhecer a sua improcedência. Isso ocorre quando a doutrina ou a jurisprudência pacificamente interpreta a norma de forma contrária à pretensão do recorrente.[42]

Prejudicado fica o recurso que *perdeu o objeto*, ou seja, aquele que não mais tem utilidade para o recorrente, caindo no vazio.[43] Tal hipótese é comum em relação ao agravo de instrumento, já que pode haver reconsideração da decisão agravada por parte do juiz *a quo*, ocorrendo o desaparecimento superveniente do interesse recursal. Pode ocorrer também com a apelação contra a sentença que indeferiu a petição inicial, consoante prevê o art. 296. Prejudicado, outrossim, fica o recurso do qual o recorrente desistiu.

Por fim, tem-se a hipótese de recurso "em confronto com súmula ou com jurisprudência dominante do respectivo tribunal, do Supremo Tribunal Federal, ou de Tribunal Superior".

Tal hipótese requer maior atenção, diante das peculiaridades que apresenta.

Por muito tempo afirmou-se que, embora a lei sugira imperatividade, não está o relator obrigado a adotar o entendimento defendido majoritariamente no Tribunal em que atua ou em tribunais superiores e nem mesmo o exprimido por súmulas, já que estas não detinham efeito vinculante para os demais juízes.[44]

Ocorre que após a EC nº 45/04, o nosso ordenamento passou a admitir a existência de súmulas vinculantes, de tal sorte que o entendimento anteriormente defendido pela doutrina há que ser lido com ressalvas: quando se tratar de súmula editada sem as formalidades exigidas para a súmula vinculante.[45] Permanecerá válida a lição da doutrina anterior. De outra sorte, tratando-se de súmula que ganhe o *status* de vinculante, a sua adoção passa a obrigar a todos os julgadores.

Por outro lado, no que tange à súmula impeditiva de recursos, criada pela Lei nº 11.276/06, como foi reservada apenas ao recurso de apelação (art. 518, §1º), em nada alterará a interpretação do indigitado artigo.

No que tange ao julgamento monocrático com amparo em jurisprudência majoritária do tribunal do qual faz parte o relator, malgrado a leitura da lei conduza ao pensamento de que se deva levar em conta o entendimento de todos os órgãos jurisdicionais da Corte, não parece essa a melhor interpretação.

Com efeito, o que quer a lei é possibilitar que o relator antecipe o julgamento de um recurso que já se sabe de antemão que solução teria se viesse a ser julgado pela Câmara ou Turma; ou seja, como afirmou o STJ,[46] a aplicação do art. 557 supõe que o julgador ao, isoladamente, negar seguimento ao recurso, confira à parte prestação jurisdicional equivalente a que seria concedida acaso o processo fosse julgado pelo órgão colegiado.

---

[42] PONTES DE MIRANDA, Francisco Cavalcanti. *Comentários ao Código de Processo Civil*. 2. ed. Rio de Janeiro: Forense, 2000. t. VIII, Arts. 539 a 565, p. 227.
[43] Assim: BERMUDES, Sérgio. *A reforma do Código de Processo Civil*. 2. ed. São Paulo: Saraiva, 1996. p. 122.
[44] Assim: ALLA, Valentina Jungmann Cintra. *O recurso de agravo e a Lei 9.139, de 30.11.1995*. São Paulo: Revista dos Tribunais, 1998. p. 143.
[45] Consoante o art. 103-A da Constituição Federal, a súmula vinculante para ser aprovada depende dos votos de dois terços dos membros do STF. De outro lado, as súmulas já existentes somente produzirão efeito vinculante após sua confirmação por dois terços dos Ministros do STF.
[46] STJ, 1ª Turma, REsp nº 517.358/RN, rel. Min. Luiz Fux, j. 4.9.2003.

Tal pensamento deu origem ao princípio da jurisdição equivalente, que tem sido defendido em alguns tribunais.⁴⁷

Assim, não há razão de se exigir o paralelismo com a jurisprudência dominante de todo o tribunal, mas simplesmente do órgão que iria julgar o recurso caso ele tivesse seguimento, que, aliás, será o órgão competente para o julgamento de eventual agravo interno que venha a ser interposto. Afinal, este órgão é o próprio Tribunal naquele julgamento.

4.2 Hipóteses que autorizam o julgamento monocrático no Projeto de Novo Código de Processo Civil

Como já se referiu em capítulo anterior, optou-se no Projeto de Novo Código por separar as hipóteses em que o seguimento do recurso é obstado em razão de se verificar uma situação que impede o *conhecimento do recurso*, daquelas em que a morte prematura ocorre em razão de um *juízo de mérito desfavorável*.

No inc. III do art. 888 do Projeto estão previstas as situações que ***impendem o conhecimento do recurso***: *recurso inadmissível, prejudicado ou que não tenha atacado especificamente os fundamentos da decisão ou da sentença recorrida*.

Inadmissível, já se disse no item anterior, é o recurso que não preenche algum dos pressupostos recursais, sejam intrínsecos ou extrínsecos. Assim, deve ter seguimento negado o recurso intempestivo, incabível, deserto, interposto por ou contra parte ilegítima, deficientemente instruído (sem as peças obrigatórias e/ou necessárias) e todos mais que receberiam julgamento de não conhecimento se viessem a ser julgados pelo órgão colegiado.

Prejudicado, também já se referiu, é o recurso que *perdeu o objeto*, ou seja, aquele que não mais tem utilidade para o recorrente, caindo no vazio.⁴⁸ No mais das vezes isso ocorre quando a decisão impugnada não mais subsiste, tendo em vista que reconsiderada pelo prolator. Prejudicado, outrossim, fica o recurso do qual o recorrente desistiu.

O recurso que não ataca especificamente os fundamentos da decisão impugnada não permite ao órgão julgador conhecer o motivo da inconformidade e nem ao recorrido defender-se. É necessário, destarte, que o recorrente demonstre o equívoco, a incongruência, a injustiça que vê na decisão da qual recorre. Trata-se do princípio da dialeticidade. "Segundo este, o recurso deverá ser dialético, isto é, discursivo. Só assim a parte contrária poderá contra-arrazoá-lo, formando-se o imprescindível contraditório em sede recursal".⁴⁹

A exigência da motivação do recurso consta em diversos dispositivos do Código atual, como, por exemplo, nos arts. 514, II e III, 524 e 525, e a sua inobservância pode dar ensejo à negativa de seguimento do recurso. O Projeto optou por explicitar que

---

⁴⁷ Nesse sentido, *v.g.*: STJ, 1ª Turma, RESP nº 517.358/RN, Luiz Fux, relator, j. 4.9.2003; TJRS, 1ª Câmara Cível, Agravo Interno nº 70008100133, Rel. Des. Irineu Mariani, j. 10.03.2004; Agravo nº 70006271092, 12ª Câmara Cível, TJRS, Rel. Des. Carlos Eduardo Zietlow Duro, j. 15.10.2003; TJRS, Agravo Interno nº 70002490720, 4ª Câmara Cível, TJRS, Rel. Des. João Carlos Branco Cardoso, j. 09.05.2001.

⁴⁸ Assim: BERMUDES, Sérgio. *A reforma do Código de Processo Civil*. 2. ed. São Paulo: Saraiva, 1996. p. 122.

⁴⁹ NERY JUNIOR, Nelson. *Princípios fundamentais*: teoria geral dos recursos. 5. ed. São Paulo: Revista dos Tribunais, 2000. p. 149.

a ausência de dialeticidade é causa de negativa de seguimento do recurso, o que a lei vigente consagra implicitamente.

O inc. IV do art. 888 do Projeto prevê as hipóteses em que o recurso, malgrado conhecido, não deve seguir o trâmite normal por ser flagrante a improcedência dos seus argumentos. Aqui o Projeto autoriza o relator a, individualmente, *improver* o recurso quando verificar que este contraria:

> a) súmula do Supremo Tribunal Federal, do Superior Tribunal de Justiça ou do próprio tribunal;
> b) acórdão proferido pelo Supremo Tribunal Federal ou pelo Superior Tribunal de Justiça em julgamento de casos repetitivos;
> c) entendimento firmado em incidente de resolução de demandas repetitivas ou de assunção de competência.

A contrariedade da tese recursal com o entendimento pacificado por súmula do Supremo Tribunal Federal, do Superior Tribunal de Justiça ou do próprio tribunal competente para o julgamento do recurso é a primeira hipótese que autoriza o relator a negar provimento ao recurso por decisão unipessoal. Súmulas "são a cristalização de entendimentos jurisprudenciais que predominam nos Tribunais em certo espaço de tempo. A palavra quer indicar as decisões reiteradamente proferidas em determinado sentido pelos Tribunais. Não se trata de verificar a ocorrência de um ou outro julgamento em dado sentido mas, bem mais amplamente, de constatar *objetivamente* a tendência de que o Tribunal ou, quando menos, seus órgãos fracionários, tendem a decidir certas questões de determinada forma. Súmula é indicativo de *jurisprudência*, e não de *julgados*".[50]

A segunda hipótese de negativa de provimento por decisão monocrática do relator é a contrariedade do recurso com acórdão proferido pelo Supremo Tribunal Federal ou pelo Superior Tribunal de Justiça em julgamento de casos repetitivos.

A lei vigente prevê a possibilidade de o relator negar seguimento a recurso em contraste com a jurisprudência dominante do "respectivo tribunal, do Supremo Tribunal Federal, ou de tribunal superior". O Projeto não mais admite que a jurisprudência majoritária ampare a negativa de seguimento do recurso, mas, em contrapartida, prevê que o recurso que contrariar acórdão proferido em julgamento de casos repetitivos seja improvido. Induvidosamente o acórdão proveniente de um julgamento de casos repetitivos refletirá a jurisprudência dominante da corte.

Dispõe o art. 883 do Projeto que se considera julgamento de casos repetitivos o do incidente de resolução de demandas repetitivas e o dos recursos especial e extraordinário repetitivos.

O incidente de resolução de demandas repetitivas, conforme o art. 930, é admissível "sempre que identificada controvérsia com potencial de gerar relevante multiplicação de processos fundados em idêntica questão de direito e de causar grave insegurança jurídica, decorrente do risco de coexistência de decisões conflitantes".

Por sua vez os arts. 990 e seguintes preveem o julgamento dos recursos extraordinários e especiais repetitivos sempre que houver multiplicidade de recursos com fundamento em idêntica questão de direito.

---

[50] BUENO, Cássio Scarpinella. *Curso sistematizado de direito processual civil*. São Paulo: Saraiva, 2008. v. 5, p. 371.

A assunção de competência, de sua vez, está prevista no art. 900 do Projeto. Não se diferencia do instrumento previsto no §1º do art. 555 do CPC vigente. "Trata-se de ferramenta que permite a remessa de um recurso que contenha questão de interesse público, com repercussão extra-partes, a um órgão de hierarquia interna superior, de composição mais ampla, com o fito de fixar a orientação do tribunal, prevenindo ou compondo divergências internas sobre a matéria".[51] O seu desiderato, como se vê, é o mesmo da uniformização de jurisprudência, constituindo-se mais uma ferramenta em favor da harmonização das correntes jurisprudenciais dentro dos tribunais, com o intuito de tornar congruentes e previsíveis os julgamentos de causas repetitivas[52] e abreviar a sua marcha processual.[53]

O provimento de plano, de sua vez, conforme o inc. V do art. 888 do Projeto, é admitido quando *a decisão recorrida contrariar*:

a) súmula do Supremo Tribunal Federal, do Superior Tribunal de Justiça ou do próprio tribunal.

Como já se disse ao examinar as hipóteses de negativa de provimento, o Projeto de Lei não mais autoriza que o julgamento monocrático se ampare em jurisprudência, ainda que amplamente majoritária. A exigência do Projeto é de que a decisão esteja em desacordo com súmula ou com o julgamento proferido em casos repetitivos.

b) *acórdão* proferido pelo Supremo Tribunal Federal ou pelo Superior Tribunal de Justiça em julgamento de casos repetitivos.

O Projeto, ao revés do Anteprojeto encaminhado ao Senado, optou por explicitar que a exigência é de que a decisão recorrida contrarie um *acórdão*, e não qualquer *decisão* proferida pelo STF ou pelo STJ em casos repetitivos.

c) Entendimento firmado em incidente de resolução de demandas repetitivas ou de assunção de competência.

Já se falou acima sobre o incidente de demandas repetitivas e sobre a assunção de competência.

Todas as hipóteses, logo se vê, estão em plena consonância com o que dispõe o art. 882 que em seus incs. faz uma verdadeira ode em homenagem ao respeito pelas orientações firmadas pelos tribunais.[54]

5 Recursos que admitem o julgamento monocrático

Nada obstante o art. 557 do atual CPC, tal qual o art. 853 do Projeto de Novo CPC, não excluírem de sua incidência nenhum recurso, há que fazer ressalvas às

---

[51] PEÑA, Eduardo Chemale Selistre. *Curso e julgamento dos processos nos tribunais*. Porto Alegre: Livraria do Advogado, 2010. p. 82.
[52] ASSIS, Araken de. *Manual dos recursos*. 2. ed. São Paulo: Revista dos Tribunais, 2008. p. 343.
[53] PORTO, Sérgio Gilberto; USTÁRROZ, Daniel. *Manual dos recursos cíveis*. Porto Alegre: Livraria do Advogado, 2007. p. 200.
[54] Dispõe o art. 882: Os tribunais, em princípio, velarão pela uniformização e pela estabilidade da jurisprudência, observando o seguinte: I – sempre que possível, na forma e segundo as condições fixadas no regimento interno, deverão editar enunciados correspondentes à súmula da jurisprudência dominante; II – os órgãos fracionários seguirão a orientação do plenário, do órgão especial ou dos órgãos fracionários superiores aos quais estiverem vinculados, nesta ordem; III – a jurisprudência pacificada de qualquer tribunal deve orientar as decisões de todos os órgãos a ele vinculados; IV – a jurisprudência do Supremo Tribunal Federal e dos tribunais superiores deve nortear as decisões de todos os tribunais e juízos singulares do país, de modo a concretizar plenamente os princípios da legalidade e da isonomia (...).

suas aplicações, ora em respeito à coerência, ora para garantir a harmonia do sistema recursal.

Com efeito, não parece adequado o julgamento unipessoal do agravo interno[55] — recurso cabível justamente para impugnar a decisão monocrática —, porquanto configuraria flagrante cerceamento de defesa, ferindo o princípio constitucional do contraditório e da ampla defesa. Assim, descabido ao relator negar seguimento ao agravo interno, ainda que verifique, por exemplo, ausência de um pressuposto de admissibilidade. Adequado, nesses casos, levar o recurso para que o órgão colegiado o examine e, se for o caso, não o conheça.[56]

Também inaplicável a regra para o julgamento do mérito dos embargos de declaração opostos de acórdão, tendo em vista que "compete ao órgão judiciário que proferiu o provimento embargado julgar o recurso. Só o autor do ato poderá explicá-lo ou complementá-lo a contento".[57] Ademais, determina o art. 537, *fine*, do atual CPC que "o relator apresentará o processo em mesa".[58] De sua vez, o art. 978 do Projeto de Novo CPC que "nos tribunais, o relator apresentará os embargos em mesa, proferindo voto. Não havendo julgamento nessa sessão, será o recurso incluído em pauta".

De outro lado, nada obstante as normas acima referidas, não parece em consonância com o princípio da economia processual vedar-se o julgamento monocrático dos embargos de declaração quando se verificar a ausência de um dos pressupostos de admissibilidade, ou seja, quando se verificar que é o caso de não conhecimento do recurso por ser ele prejudicado ou inadmissível.[59]

Importa, todavia, ressaltar que se os embargos de declaração forem opostos da decisão unipessoal, caberá apenas ao relator examinar e decidir o recurso, sendo de todo equivocado levá-lo a julgamento no colegiado.[60]

As ações impugnativas autônomas (rescisória, mandado de segurança e *habeas corpus*), por não se tratarem de recursos, não podem ser julgadas individualmente pelo relator com amparo nos arts. 557 do atual CPC ou 853 do Novo CPC. Isso não impede, todavia, que o relator, agindo como o juiz da causa, indefira a inicial, nas hipóteses autorizadas pela lei, como, *v.g.*, às do art. 295 e 490 do CPC vigente.[61]

Há que ressalvar, contudo, as ações impugnativas autônomas originárias do STF e do STJ, tendo em vista que o art. 38 da Lei nº 8.038/90 autoriza o relator, nesses tribunais, a negar seguimento a *pedido* ou recurso manifestamente intempestivo, incabível ou, improcedente ou ainda, que contrariar, nas questões predominantemente

---

[55] Nesse sentido: MOREIRA, 1999a, v. 5, p. 645; SLAIB FILHO, Nagib. Notas sobre o art. 557 do CPC (competência do relator de prover e de negar seguimento a recurso). *Revista Forense*, Rio de Janeiro, v. 98. n. 361, p. 95-107, maio/jun. 2002; CARNEIRO, 2000, p. 9; CAMBI, *op cit.*, p. 13-23.

[56] Assim: STJ-Corte Especial, MS nº 8.093-DF, rel. Min. Eliana Calmon , j. 15.05.2002, *DJU*, p. 263, 21 out. 2002.

[57] ASSIS, Araken de. *Manual dos recursos*. 2. ed. São Paulo: Revista dos Tribunais, 2008. p. 632.

[58] Barbosa Moreira, utiliza o argumento do texto legal para sustentar o descabimento do julgamento monocrático dos embargos em qualquer hipótese (MOREIRA, José Carlos Barbosa. *Comentários ao Código de Processo Civil*. 14. ed. Rio de Janeiro: Forense, 2008. v. 5, p. 681).

[59] CARVALHO, Fabiano. *Poderes do relator nos recursos*: art. 557 do CPC. São Paulo: Saraiva, 2008. p. 257-258.

[60] Inadequado o proceder de alguns tribunais, a exemplo do STF (1ª Turma, Edcl no AI nº 335.836-SP, Rel. Min. Moreira Alves) que, sob o argumento da fungibilidade, recebem os embargos de declaração opostos contra decisão monocrática como agravo interno ou regimental e julgam-no diretamente no órgão colegiado. Nesse sentido: CARVALHO, Fabiano. *Poderes do relator nos recursos*: art. 557 do CPC. São Paulo: Saraiva, 2008. p. 256.

[61] ASSIS, Araken de. *Manual dos recursos*. 2. ed. São Paulo: Revista dos Tribunais, 2008. p. 278.

de direito, Súmula do respectivo Tribunal. Destarte, a norma autoriza expressamente o julgamento unipessoal também de ações originárias.

Plenamente cabível, outrossim, o julgamento unipessoal dos recursos extraordinário e especial.[62] Além de abrangidos pela norma geral (art. 557 do CPC vigente e art. 888 do Projeto), há previsão expressa de julgamento monocrático desses recursos na Lei nº 8.038/90, que trata do procedimento dos processos no STJ e no STF. Com efeito, o art. 38 da indigitada lei autoriza "o Relator, no Supremo Tribunal Federal ou no Superior Tribunal de Justiça" a negar seguimento "a pedido ou recurso manifestamente intempestivo, incabível ou, improcedente ou ainda, que contrariar, nas questões predominantemente de direito, Súmula do respectivo Tribunal".

Na mesma linha, dispõe o §1º do art. 21 do RISTF (com a redação dada pela ER nº 21 de 2007) que "poderá o(a) Relator(a) negar seguimento a pedido ou recurso manifestamente inadmissível, improcedente ou contrário à jurisprudência dominante ou a *Súmula* do Tribunal, deles não conhecer em caso de incompetência manifesta, encaminhando os autos ao órgão que repute competente, bem como cassar ou reformar, liminarmente, acórdão contrário à orientação firmada nos termos do art. 543-B do Código de Processo Civil". O §2º, por sua vez, preceitua: "Poderá ainda o Relator, em caso de manifesta divergência com a *Súmula*, prover, desde logo, o recurso extraordinário".

No que tange ao agravo interposto contra a decisão que inadmite os recursos excepcionais, há também expressa previsão de cabimento do julgamento monocrático, tanto no atual CPC como no Projeto de Novo CPC.

De fato, o §3º do art. 544, dispõe que o relator poderá: a) se o acórdão recorrido estiver em confronto com a súmula ou jurisprudência dominante do Superior Tribunal de Justiça, conhecer do agravo para dar provimento ao próprio recurso especial ou b) se o instrumento contiver os elementos necessários ao julgamento do mérito, determinar sua conversão, observando-se, daí em diante, o procedimento relativo ao recurso especial. O §4º do mesmo dispositivo, por sua vez, estende ao relator do recurso extraordinário os mesmos poderes concedidos ao relator no Recurso Especial.

De sua vez, menciona o §6º do art. 996 do Projeto de Lei nº 8.046/10 que "no Supremo Tribunal Federal e no Superior Tribunal de Justiça, o julgamento do agravo de admissão obedecerá ao disposto no respectivo regimento interno, podendo o relator, se for o caso, decidir na forma do art. 888".

6 Momento adequado para o julgamento monocrático do recurso

Um dos ideais do processo é lograr estruturar procedimentos com os quais se obtenha o máximo rendimento, com o mínimo dispêndio de esforço, tempo e dinheiro.[63] Extrai-se tal substância do princípio informativo econômico ou da economia processual.[64]

Com efeito, os procedimentos devem ser estruturados de forma a render o máximo, com a menor atividade possível, tudo para a maior celeridade da atividade judicial.

---

[62] ALVIM, Eduardo Arruda. *Direito processual civil*. 2. ed. São Paulo: Revista dos Tribunais, 2008. p. 938.
[63] ARRUDA ALVIM, José Manuel. Princípios fundamentales y formativos del procedimiento civil brasileño. *Revista de Processo*, v. 38, p. 103, 1985.
[64] PORTANOVA, Rui. *Princípios do processo civil*. 6. ed. Porto Alegre: Livraria do Advogado, 2005. p. 24.

Em observância a esse princípio, a doutrina tem afirmado ser descabido o julgamento unipessoal quando já praticados atos incompatíveis com os princípios que estruturam o art. 557 (também informativos do art. 888 do Projeto de Novo CPC), notadamente celeridade, economia e efetividade.[65]

A ocasião apropriada para que o relator negue seguimento, ou dê provimento de plano ao recurso, é a que segue à conclusão dos autos, para o seu exame.[66]

7 Motivação da decisão monocrática do relator

A decisão do relator de negativa de seguimento ou de provimento de plano — assim como todo e qualquer pronunciamento judicial capaz de gerar prejuízo —, há de ser, obviamente, fundamentada, em obediência ao preceito constitucional (art. 93, IX, da CRFB).

A motivação das decisões de um lado assegura à parte conhecer as razões pelas quais decidiu o julgador de determinada forma, contribuindo para a conformidade ou permitindo a adequada e coerente impugnação; de outro é garantia contra o arbítrio que desprestigiaria o Judiciário.

Deverá estar explicitado na decisão por quais razões se concluiu que o recurso é inadmissível ou improcedente. Na hipótese de se alegar contrariedade à jurisprudência majoritária, devem ser referidos, ainda que exemplificativamente, os julgados utilizados como parâmetro.[67]

Destarte, "o relator não poderá usar fórmulas como: 'nego seguimento ao recurso, porque manifestamente inadmissível', ou, então, 'dou provimento ao recurso, porque a decisão recorrida está em divergência com a jurisprudência dominante do Tribunal Superior'. Todas são formas artificiais suficientes para torná-las inválidas".[68]

Contudo, tratando-se de adoção de súmula, a motivação poderá ser bastante singela. "A noção de súmula é objetiva, motivo por que bastará ao relator indicar, na motivação do provimento, o número do verbete — a transcrição do texto é supérflua —, assinalando a adequação e a compatibilidade com a espécie sob julgamento".[69]

A ausência de fundamentação, sempre é bom recordar, nulifica a decisão.[70]

8 Impugnação do julgamento monocrático pelo relator no Código de Processo Civil vigente e no Projeto de Novo Código de Processo Civil

Conforme o Código de Processo Civil vigente, a decisão do relator que julga de forma unipessoal o recurso abre a via impugnatória do agravo interno, previsto

---

[65] Nesse sentido: CARVALHO, Fabiano. *Poderes do relator nos recursos*: art. 557 do CPC. São Paulo: Saraiva, 2008. p. 77.
[66] MOREIRA, José Carlos Barbosa. *Comentários ao Código de Processo Civil*. 14. ed. Rio de Janeiro: Forense, 2008. v. 5, p. 683; CARVALHO, Fabiano. *Poderes do relator nos recursos*: art. 557 do CPC. São Paulo: Saraiva, 2008. p. 76.
[67] MOREIRA, José Carlos Barbosa. *Comentários ao Código de Processo Civil*. 8. ed. Rio de Janeiro: Forense, 1999. v. 5, p. 647.
[68] CARVALHO, Fabiano. *Poderes do relator nos recursos*: art. 557 do CPC. São Paulo: Saraiva, 2008. p. 80.
[69] ASSIS, Araken de. *Manual dos recursos*. 2. ed. São Paulo: Revista dos Tribunais, 2008. p. 282.
[70] ASSIS, Araken de. *Manual dos recursos*. 2. ed. São Paulo: Revista dos Tribunais, 2008. p. 285; CARVALHO, Fabiano. *Poderes do relator nos recursos*: art. 557 do CPC. São Paulo: Saraiva, 2008. p. 82.

no §1º do art. 557.⁷¹ Tal recurso obriga o órgão colegiado a examinar a adequação do julgamento monocrático realizado pelo relator e a decidir se: a) o confirma — quando verificar que a decisão está amparada em alguma das hipóteses previstas no art. 557, *caput*, ou §1º-A, e reflete o entendimento do órgão colegiado —, negando provimento ao agravo interno, ou, b) ao revés, o rechaça por entender que não se amolda a hipótese ao permissivo legal, determinando o prosseguimento do recurso com o provimento do agravo interno.

Impende anotar, todavia, que, nos termos dos §§1º e 2º do art. 557 (aplicável também ao agravo previsto pelo art. 545), se o agravo interno for manifestamente inadmissível ou infundado, o tribunal condenará o agravante a pagar multa ao agravado entre 1% e 10% do valor corrigido da causa, ficando a interposição de qualquer outro recurso condicionada ao depósito do respectivo valor.

O Projeto de Novo Código de Processo Civil também prevê a possibilidade de a decisão monocrática proferida pelo relator ser impugnada pela via do agravo interno. Aliás, foi o Projeto mais generoso com essa via impugnativa, autorizando o seu uso genericamente contra qualquer decisão do relator.

Com efeito, dispõe o art. 975 do Projeto do Novo Código de Processo Civil que "ressalvadas as hipóteses expressamente previstas neste Código ou em lei, das decisões proferidas pelo relator caberá agravo interno para o respectivo órgão fracionário, observadas, quanto ao processamento, as regras dos regimentos internos dos tribunais".

Também há no Projeto a previsão de multa para o agravante que interpuser agravo interno considerado manifestamente inadmissível por decisão unânime do órgão colegiado.

O §2º do seu art. 975 reza que "quando manifestamente inadmissível o agravo interno, assim declarado em votação unânime, o tribunal condenará o agravante a pagar ao agravado multa fixada entre um e dez por cento do valor corrigido da causa, ficando a interposição de qualquer outro recurso condicionada ao depósito prévio do respectivo valor, ressalvados os benefícios da gratuidade da justiça que, conforme a lei, farão o pagamento ao final".

Referências

ALLA, Valentina Jungmann Cintra. *O recurso de agravo e a Lei 9.139, de 30.11.1995*. São Paulo: Revista dos Tribunais, 1998.

ALMEIDA, José Antônio. Agravo interno e ampliação dos poderes do relator. *In*: NERY JR., Nelson; WAMBIER, Teresa Arruda Alvim et al. *Aspectos polêmicos e atuais dos recursos e outros meios de impugnação às decisões judiciais*. São Paulo: Revista dos Tribunais, 2003. v. 7.

ALVIM, Eduardo Arruda. *Direito processual civil*. 2. ed. São Paulo: Revista dos Tribunais, 2008.

ALVIM, J. E. Carreira. *Novo agravo*. 5. ed. Rio de Janeiro: Forense, 2003.

---

71 Contudo, como alerta Eduardo Arruda Alvim, pode ocorrer de não haver a interposição do recurso e a decisão transitar em julgado. Nesse caso, eventual ação rescisória voltar-se-á contra essa decisão que, nada obstante seja monocrática, é decisão do tribunal e que contém o chamado efeito substitutivo de que trata o art. 512 (ALVIM, Eduardo Arruda. *Direito processual civil*. 2. ed. São Paulo: Revista dos Tribunais, 2008. p. 942).

AMARAL JR., José Levi Mello do. *Incidente de argüição de inconstitucionalidade*. São Paulo: Revista dos Tribunais, 2002.

ARAGÃO, Egas Dirceu Moniz de. Do agravo regimental. *Revista dos Tribunais*, São Paulo, v. 315, 1962.

ARENHART, Sérgio Cruz. A nova postura do relator no julgamento dos recursos. *Revista de Processo*, São Paulo, n. 103, p. 37-58, 2001.

ASSIS, Araken de. Introdução aos sucedâneos recursais. *In*: NERY JR., Nelson; WAMBIER, Teresa Arruda Alvim *et al*. *Aspectos polêmicos e atuais dos recursos e outros meios de impugnação às decisões judiciais*. São Paulo: Revista dos Tribunais, 2002.

ASSIS, Araken de. *Manual dos recursos*. 2. ed. São Paulo: Revista dos Tribunais, 2008.

ASSIS, Araken de. *Notas sobre o direito transitório na Lei 10.352/2001*. Disponível em: <http://www.tjrs.gov.br>. Acesso em: 12 fev. 2009.

AZEM, Guilherme Beux Nassif. *Processo nos tribunais, arts. 476 a 479*. Disponível em: <http://www.tex.pro.br>. Acesso em: 04 abr. 2009.

BARROSO, Darlan. *Manual de direito processual civil*. Barueri: Manole, 2007. (Recursos e processo de execução, v. 2).

BERMUDES, Sérgio. *A reforma do Código de Processo Civil*. 2. ed. São Paulo: Saraiva, 1996.

BERMUDES, Sérgio. *Comentários ao Código de Processo Civil*. 2. ed. São Paulo: Revista dos Tribunais, 1977. v. 7.

BERMUDES, Sérgio. *Introdução ao processo civil*. 4. ed. Rio de Janeiro: Forense, 2006.

BORGES, Marcos Afonso. Alterações do Código de Processo Civil oriundas da Lei 9.756, de 17 de dezembro de 1998. *Revista de Processo*, v. 24, n. 94, p. 7-11, abr./jun. 1999.

BUENO, Cássio Scarpinella. *Curso sistematizado de direito processual civil*. São Paulo: Saraiva, 2008. v. 5.

BUENO, Cássio Scarpinella; MARCATO, Antônio Carlos (Coord.). *Código de Processo Civil interpretado*. 3. ed. São Paulo: Atlas, 2008.

CALAMANDREI, Piero. *Eles, os juízes, vistos por nós, advogados*. 2. ed. Lisboa: Clássica Ed., 1943.

CALAMANDREI, Piero. *Eles, os juízes, vistos por um advogado*. São Paulo: Martins Fontes, 2000.

CALAMANDREI, Piero. *Processo e democracia*. Pádua: Cedam, 1952.

CÂMARA, Alexandre Freitas. *Lições de direito processual civil*. 2. ed. Rio de Janeiro: Lumen Juris, 2004. v. 2.

CÂMARA, Alexandre Freitas. O objeto da cognição no processo civil. *Livro de Estudos Jurídicos, n. 11*. Rio de Janeiro: Instituto de Estudos Jurídicos, 1995.

CAMBI, Accácio. Aspectos polêmicos na aplicação do art. 557 do CPC. *In*: NERY JR., Nelson; WAMBIER, Teresa Arruda Alvim *et al*. *Aspectos polêmicos e atuais dos recursos e outros meios de impugnação às decisões judiciais*. São Paulo: Revista dos Tribunais, 2003. v. 7.

CARNEIRO, Athos Gusmão. *O novo recurso de agravo e outros estudos*. 4. ed. Rio de Janeiro, Forense: 1998.

CARNEIRO, Athos Gusmão. Poderes do relator e agravo interno: arts. 557, 544 e 545 do CPC. *Revista Síntese de Direito Civil e Processual Civil*, Porto Alegre, n. 6, p. 9-18, jul./ago. 2000.

CARNEIRO, Athos Gusmão. *Recurso especial, agravos e agravo interno*. 2. ed. Rio de Janeiro: Forense, 2002.

CARVALHO, Fabiano. *Poderes do relator nos recursos*: art. 557 do CPC. São Paulo: Saraiva, 2008.

CÓDIGO de processo civil: anteprojeto. Comissão de Juristas Responsável pela Elaboração de Anteprojeto de Código de Processo Civil. Brasília: Senado Federal, Presidência, 2010.

COUTURE. Eduardo J. *Fundamentos del derecho procesal civil*. 4. ed. Montevideo, Buenos Aires: Ed. B de F, 2004.

CRUZ E TUCCI, José Rogério. A lição de Calamandrei, os vasos comunicantes e o direito do advogado ser recebido pelo magistrado. *Revista do Advogado*, São Paulo, v. 28, n. 100, p. 66-69, out. 2008.

DELEGAÇÃO. *In*: SILVA, De Plácido e. *Vocabulário jurídico*. São Paulo: Forense, 1999. Edição eletrônica.

DIDIER JR., Fredie. *Recurso de terceiro*: juízo de admissibilidade. São Paulo: Revista dos Tribunais, 2002.

DIDIER JR., Fredie; CUNHA, Leonardo José Carneiro da. *Curso de direito processual civil*. 7. ed. Salvador: JusPodivm, 2009. v. 3.

DINAMARCO, Cândido Rangel. *A reforma da reforma*. São Paulo: Malheiros, 2002.

DINAMARCO, Cândido Rangel. *Instituições de direito processual civil*. São Paulo: Malheiros, 2001. v. 1.

DINAMARCO, Cândido Rangel. O relator, a jurisprudência e os recursos. *In*: WAMBIER, Teresa Arruda Alvim; NERY JR., Nelson. *Aspectos polêmicos e atuais dos recursos cíveis de acordo com a Lei 9.756/98*. São Paulo: Revista dos Tribunais, 1999.

FADEL, Sérgio Sahione. *Código de Processo Civil comentado*. Rio de Janeiro: J. Konfino, 1974. t. III.

FAGUNDES, M. Seabra. *Dos recursos ordinários em matéria civil*. Rio de Janeiro: Forense, 1946.

FERREIRA FILHO, Manuel Caetano. *Comentários ao Código de Processo Civil*. São Paulo: Revista dos Tribunais, 2001. v. 7.

FRANCO, Fábio Luis. *Algumas considerações acerca do recurso do agravo pós reforma da reforma*. São Paulo: Revista dos Tribunais, 2003.

FRANZÉ, Luís Henrique Barbante. *O agravo frente aos pronunciamentos de primeiro grau no processo civil*. 4. ed. Curitiba: Juruá, 2006.

FRANZÉ, Luís Henrique Barbante. *Tutela antecipada recursal*. Curitiba: Juruá, 2007.

FUX, Luiz. *Curso de direito processual civil*. Rio de Janeiro: Forense, 2004.

GRECO FILHO, Vicente. *Direito processual civil brasileiro*. 16. ed. São Paulo: Saraiva, 2003. v. 2.

JORGE, Flávio Cheim. *Apelação cível*: teoria geral e admissibilidade. São Paulo: Revista dos Tribunais, 1999.

KASPARY, Adalberto J. *Linguagem do direito*. Disponível em: <http://www.espacovital.com.br>. Acesso em: 30 jun. 2003.

LIMA, Alcides de Mendonça. *Introdução aos recursos cíveis*. São Paulo: Revista dos Tribunais, 1976.

MANCUSO, Rodolfo de Camargo. *Recurso extraordinário e recurso especial*. 10. ed. São Paulo: Revista dos Tribunais, 2009.

MARCATO, Antonio Carlos (Coord.). *Código de Processo Civil interpretado*. 3. ed. São Paulo: Atlas, 2008.

MARINONI, Luiz Guilherme; ARENHART, Sérgio Cruz. *Manual do processo de conhecimento*. 5. ed. São Paulo: Revista dos Tribunais, 2006.

MATOS, Miguel. *Migalhas de Euclides da Cunha*. São Paulo: Migalhas, 2009.

MIRANDA, Gilson Delgado. *Recursos no processo civil*. 6. ed. São Paulo: Atlas, 2009.

MOREIRA, José Carlos Barbosa. *Comentários ao Código de Processo Civil*. 14. ed. Rio de Janeiro: Forense, 2008. v. 5.

MOREIRA, José Carlos Barbosa. *Comentários ao Código de Processo Civil*. 8. ed. Rio de Janeiro: Forense, 1999. v. 5.

NEGRÃO, Theotonio; GOUVÊA, José Roberto F. *Código de Processo Civil e legislação processual em vigor*. 41. ed. São Paulo: Saraiva, 2009.

NERY JUNIOR, Nelson. *Princípios fundamentais*: teoria geral dos recursos. 5. ed. São Paulo: Revista dos Tribunais, 2000.

NERY JUNIOR, Nelson; NERY, Rosa Maria Andrade. *Código de Processo Civil comentado e legislação processual civil extravagante em vigor*. 4. ed. São Paulo: Revista dos Tribunais, 1999.

ORIONE NETO, Luiz. *Recursos cíveis*. 2. ed. São Paulo: Saraiva, 2006.

PARÁ FILHO, Tomás. A chamada uniformização de jurisprudência. *Revista de Processo*, São Paulo, v. 1, n. 1, p. 71-82, jan./mar. 1976.

PAULA, Alexandre de. *Código de Processo Civil anotado*. 3. ed. São Paulo: Revista dos Tribunais, 1986.

PEÑA, Eduardo Chemale Selistre. *Cognição no processo civil*: plena e limitada; exauriente e sumária. Disponível em: <http:\\www.tex.pro.com.br>. Acesso em: 11 nov. 2008.

PEÑA, Eduardo Chemale Selistre. *Curso e julgamento dos processos nos tribunais*. Porto Alegre: Livraria do Advogado, 2010.

PEÑA, Eduardo Chemale Selistre. *O princípio do juiz natural*. Disponível em: <http:\\www.tex.pro.com.br>. Acesso em: 6 maio 2006.

PEÑA, Eduardo Chemale Selistre. *O recurso de agravo como meio de impugnação das decisões interlocutórias de primeiro grau*. Porto Alegre: Livraria do Advogado, 2008.

PINTO, Nelson Luiz. Recurso especial e recurso extraordinário: a Lei 8.038, de 28.5.90 e as alterações no Código de Processo Civil. *Revista de Processo*, São Paulo, v. 15, n. 57, p. 114-125, jan./mar. 1990.

PINTO, Nelson; MARCATO, Antônio Carlos (Coord.). *Código de Processo Civil interpretado*. 3. ed. São Paulo: Atlas, 2008.

PIZZOL, Patrícia Miranda; MARCATO, Antônio Carlos (Coord.). *Código de Processo Civil interpretado*. 3. ed. São Paulo: Atlas, 2008.

PONTES DE MIRANDA, Francisco Cavalcanti. *Comentários ao Código de Processo Civil*. Rio de Janeiro: Forense, 1975. t. VIII, Arts. 539 a 565.

PONTES DE MIRANDA, Francisco Cavalcanti. *Comentários ao Código de Processo Civil*. 2. ed. Rio de Janeiro: Forense, 2000. t. VIII, Arts. 539 a 565.

PONTES DE MIRANDA, Francisco Cavalcanti. *Comentários ao Código de Processo Civil*. 3. ed. Rio de Janeiro: Forense, 2001. t. VIII, Arts. 539 a 565.

PORTO, Sérgio Gilberto. *Comentários ao Código de Processo Civil*. São Paulo: Revista dos Tribunais, 2000. v. 6.

PORTO, Sérgio Gilberto; USTÁRROZ, Daniel. *Manual dos recursos cíveis*. Porto Alegre: Livraria do Advogado, 2007.

SANCHES, Sidney. *Uniformização da jurisprudência*. São Paulo: Revista dos Tribunais, 1976.

SANDOVAL, Ovídio Rocha Barros. *O poder judiciário brasileiro a partir da independência*. São Paulo: Revista dos Tribunais, 1978.

SANTOS, Ernani Fidélis dos. *Curso de direito processual civil*. 13. ed. São Paulo: Saraiva, 2009. v. 1.

SANTOS, Moacyr Amaral. *Primeiras linhas de direito processual civil*. 21. ed. São Paulo: Saraiva, 1999. v. 1.

SILVA, Ovídio Araújo Baptista da. *Curso de processo civil*: processo de conhecimento. 5. ed. São Paulo: Revista dos Tribunais, 2000. v. 1.

SILVA, Ovídio Araújo Baptista da. *Curso de processo civil*: processo de conhecimento. 7. ed. São Paulo: Revista dos Tribunais, 2006. v. 1.

SOUZA, Bernardo Pimentel. *Introdução aos recursos cíveis e à ação rescisória*. 4. ed. São Paulo: Saraiva, 2007.

TALAMINI, Eduardo. Decisões individualmente proferidas por integrantes dos tribunais: legitimidade e controle (agravo interno). *In*: NERY JR., Nelson; WAMBIER, Teresa Arruda Alvim. *Aspectos polêmicos e atuais dos recursos cíveis de acordo com a Lei 10.352/2001*. São Paulo: Revista dos Tribunais, 2002b. v. 5.

TEIXEIRA, Sálvio de Figueiredo. *Código de Processo Civil anotado*. 7. ed. São Paulo: Saraiva, 2003.

TESHEINER, José Maria Rosa. *Recurso das decisões do relator*. Disponível em: <http://www.tex.pro.br>. Acesso em: 10 nov. 2005.

TESHEINER, José Maria Rosa. Uniformização de jurisprudência. *Revista da Ajuris*, Porto Alegre, v. 17, n. 50, p. 178-183, nov. 1990.

THEODORO JÚNIOR, Humberto. Inovações da Lei 10.352/2001, em matéria de recursos cíveis e duplo grau de jurisdição. *In*: NERY JR., Nelson; WAMBIER, Teresa Arruda Alvim *et al*. *Aspectos polêmicos e atuais dos recursos e outros meios de impugnação às decisões judiciais*. São Paulo: Revista dos Tribunais, 2002.

VELOSO, Zeno. *Controle jurisdicional de constitucionalidade*. Belém: Cejup, 1999.

VIGLIAR, José Marcelo Menezes; MARCATO, Antônio Carlos (Coord.). *Código de Processo Civil interpretado*. 3. ed. São Paulo: Atlas, 2008.

WAMBIER, Luiz Rodrigues; ALMEIDA, Renato Correia de; TALAMINI, Eduardo. *Curso avançado de processo civil*. 2. ed. São Paulo, 1999.

WAMBIER, Teresa Arruda Alvim. A nova lei do agravo. *Revista Jurídica Consulex*, São Paulo, ano 10, n. 217, p. 36-39, 31 jan. 2006.

WAMBIER, Teresa Arruda Alvim. *Nulidades da sentença*. 3. ed. São Paulo: Revista dos Tribunais, 1993.

WAMBIER, Teresa Arruda Alvim. *O novo regime do agravo*. 2. ed. São Paulo: Revista dos Tribunais, 1996.

WAMBIER, Teresa Arruda Alvim. *Os agravos no CPC brasileiro*. 3. ed. São Paulo: Revista dos Tribunais, 2000.

WATANABE, Kazuo. *Da cognição no processo civil*. São Paulo: Revista dos Tribunais, 1987.

ZAVASCKI, Teori Albino. *Antecipação da tutela*. 2. ed. São Paulo: Saraiva, 1999.

Informação bibliográfica deste texto, conforme a NBR 6023:2002 da Associação Brasileira de Normas Técnicas (ABNT):

PEÑA, Eduardo Chemale Selistre. Poderes do relator e julgamento monocrático dos recursos na legislação processual vigente e no Projeto do Novo Código de Processo Civil. *In*: ROSSI, Fernando *et al.* (Coord.). *O futuro do processo civil no Brasil*: uma análise crítica ao Projeto do Novo CPC. Belo Horizonte: Fórum, 2011. p. 143-163. ISBN 978-85-7700-511-6.

TUTELA DE EVIDÊNCIA NO PROJETO DO NOVO CPC – UMA ANÁLISE DOS SEUS PRESSUPOSTOS

EDUARDO JOSÉ DA FONSECA COSTA

1 Introdução

O regime jurídico único das liminares sempre foi um *Santo Graal* da dogmática processual civil. Uma tentativa desse regime está contemplada no Título IX do texto do Anteprojeto do Novo CPC, apresentado pela Comissão de Juristas instituída pelo Ato do Presidente do Senado Federal nº 379, de 2009. Aqui, os idealizadores buscaram regular a *tutela de urgência cautelar*, a *tutela de urgência satisfativa* e a *tutela de evidência* sob um mesmo corpo normativo. Nem é preciso dizer que essa tentativa foi *malograda*, seja porque essas não são as únicas modalidades de tutela liminar (como se estudará melhor adiante), seja porque a Processualística brasileira ainda está longe de encontrar o Cálice Sagrado. Na verdade, só se conseguiu estabelecer entre a tutela de urgência e a tutela de evidência uma *uniformidade procedimental*. Nada mais. Entretanto, existe entre as mais diferentes modalidades de liminar uma verdadeira *unidade ontológica*. Uma *unidade na pluralidade*, pois. Entre as diversas espécies de liminar há uma *conexão vital*, que as interliga.

Pois bem. Compreendendo-se os "princípios constituintes" de cuja concatenação resulta toda a multiplicidade de medidas liminares possíveis e imagináveis, pretende-se no presente artigo desenvolver um estudo crítico sobre os *pressupostos* para a concessão da *tutela de evidência* (e tão só sobre eles). Para que o estudo não se estenda sobremodo e ultrapasse os limites impostos pelos coordenadores desta obra doutrinária coletiva, não se enfrentarão outros aspectos, conquanto importantes, do "novel" instituto. Daí por que o centro de todas as atenções será o art. 278 do Projeto (correspondente ao art. 285 do Anteprojeto), em sua última versão divulgada pelo Senado Federal.

De acordo com o Projeto:

Art. 269. A tutela de urgência e a tutela de evidência podem ser requeridas antes ou no curso do processo, sejam essas medidas de natureza satisfativa ou cautelar.
(...)
Art. 276. A tutela de urgência será concedida quando forem demonstrados elementos que evidenciem a plausibilidade do direito, bem como o risco de dano irreparável ou de difícil reparação.
(...)
Art. 278. A tutela de evidência será concedida, independentemente da demonstração de risco de dano irreparável ou de difícil reparação, quando:
I – ficar caracterizado o abuso de direito de defesa ou o manifesto propósito protelatório do requerido;
II – um ou mais dos pedidos cumulados ou parcela deles mostrar-se incontroverso, caso em que a solução será definitiva;
III – a inicial for instruída com prova documental irrefutável do direito alegado pelo autor a que o réu não oponha prova inequívoca; ou
IV – a matéria for unicamente de direito e houver tese firmada em julgamento de recursos repetitivos, em incidente de resolução de demandas repetitivas ou em súmula vinculante.
Parágrafo único. Independerá igualmente de prévia comprovação de risco de dano a ordem liminar, sob cominação de multa diária, de entrega do objeto custodiado, sempre que o autor fundar seu pedido reipersecutório em prova documental adequada do depósito legal ou convencional.

Antes de dissecar-se o dispositivo, pois, apresentar-se-á o *arquétipo dinâmico* e *unificador* que está por trás de toda e qualquer liminar.

2 As diferentes modalidades de liminar

A prematura "ciência processual dos professores" (*law-in-books*) defende que o pressuposto para a concessão das tutelas de urgência são *cumulativos* e *autônomos* entre si: se estiverem presentes, o juiz tem o dever de conceder a tutela; se um deles faltar, há o dever de denegá-la. É como uma porta com duas fechaduras: é preciso ter duas chaves para abri-la; uma apenas não basta. Todavia, a "ciência processual do cotidiano forense" (*law-in-action*) revela que as coisas não se dão de maneira tão simplista e mecânica. No dia a dia do foro, quanto mais "denso" é o *fumus boni iuris*, com menor rigor se exige o *periculum in mora*; por outro lado, quanto mais "denso" é o *periculum in mora*, exige-se com menor rigor o *fumus boni iuris*.[1] Noutros termos:

---

[1] Segundo a jurisprudência, "à luz do princípio da proporcionalidade é forçoso concluir que: a) quanto mais denso o *fumus boni juris*, com menos rigor deverá o juiz mensurar os pressupostos concernentes ao *periculum in mora*; b) quanto maior o risco de perecimento do direito invocado ou a probabilidade de ocorrer dano de difícil reparação, com maior flexibilidade deverá considerar os pressupostos relativos ao *fumus boni iuris*" (TJSC, 1ª Câmara de Direito Público, AI nº 2008.031776-5, rel. Desembargador Newton Trisotto, j. 24.03.2009). Disponível em: <http://ap.tjsc.jus.br/jurisprudencia/>. Acesso em: 16 jun. 2009. Agustín Gordillo, ao estudar no direito argentino tutelas cautelares no controle judicial da Administração, afirma existir uma "balanza entre el periculum y la verosimilitud": "Los dos requisitos para otorgar una cautelar – el fumus y el peligro en la demora o la gravedad o irreparabilidad del daño — funcionam en vasos comunicantes: a mayor verosimilitud del derecho cabe exigir menor peligro en la demora; a una mayor gravedad o irreparabilidad del perjuicio se corresponde una menor exigencia en la verosimilitud prima facie del derecho. Dicho en otras palabras, tales requisitos se hallan relacionados en que a mayor verosimilitud del derecho cabe ser menos exigente en la gravedad e inminencia del daño y viceversa, cuando existe el riesgo de un daño extremo e

é possível que a presença "forte" de um pressuposto "compense" a presença "fraca" do outro, cabendo ao juiz a valoração dessa "suficiência compensatória", que a realiza em cada caso concreto e dentro de uma "margem controlada de discricionariedade". Logo, do "direito vivo", extrai-se que esses pressupostos são *interdependentes*, i.e., que entre *fumus* e *periculum* existe um "vínculo de complementaridade", um "vaso comunicante", um "liame elástico". Trata-se, enfim, de um "padrão normativo", só verificável por observação metódica da rotina espontânea dos Tribunais, não por leitura exclusiva dos textos de direito positivo.

É comum ver tutelas liminares sendo concedidas com a só presença de um *fumus boni iuris* extremado. Nelas, o juiz defronta-se com uma pretensão de direito material de existência *quase-certa*, cuja procedência salta aos olhos *simpliciter et de plano*. Nesses casos, entende-se que há *causa* suficiente para a concessão da liminar, sem tomar-se em consideração a eventual presença de *periculum in mora*. Não raro decisões liminares em matéria *tributária* e *previdenciária* são proferidas com lastro exclusivo nas súmulas dos Tribunais Superiores, em jurisprudência uníssona dos Tribunais Inferiores, nas decisões do STF em controle abstrato de constitucionalidade, ou nos precedentes que se cunham em recursos especiais ou extraordinários. Daí já se nota que a tutela de evidência não é novidade alguma na experiência quotidiana forense.

Da mesma forma, vários são os casos em que o juiz praticamente se vale apenas de um *periculum in mora* extremado, de uma *emergência crítica*, para conceder a tutela liminar. Vejam-se as situações que envolvem: *planos de saúde*, em que são concedidas liminares determinando a internação do autor, o tratamento de enfermidades descritas na petição inicial ou a realização de consultas e exames, embora haja cláusulas contratuais de exclusão expressa da cobertura requerida; *concursos públicos*, nos quais é permitido ao candidato, eliminado em exame médico ou psicotécnico, que participe das próximas etapas, sob pena de impossibilitar-se a efetivação de eventual sentença de procedência futura; *licitações*, em que não raro o concorrente eliminado pede a concessão de liminar para prosseguir no certame, sob pena tornar-se difícil a efetivação da eventual sentença favorável de mérito, visto que o autor não terá participado das demais fases da licitação; *degradações ambientais*, nos quais, embora seja muitas vezes incipiente a demonstração de que a legislação ambiental foi desrespeitada, a liminar é concedida só com arrimo no *periculum in mora*, reforçado pela incidência do *princípio da precaução* (*in dubio pro securitate*); *títulos protestados*, cuja publicidade é liminarmente sustada para evitar-se o desgaste do crédito da empresa cuja atividade dependa de uma boa reputação perante o mercado.[2]

Em meio a essas duas extremidades, há uma sucessão *infinitesimal* de liminares possíveis. Dentro dessa infinitude, podem-se destacar oito tipos fundamentais: (1) tutela pura de *fumus* extremado (que é a "tutela de evidência" do Projeto); (2) tutela pura de *periculum* extremado; (3) tutela de *fumus* extremado e *periculum* não extremado; (4) tutela de *periculum* extremado e *fumus* não extremado; (5) tutela de *fumus* e *periculum* extremados; (6) tutela de *fumus* e *periculum* não extremados; (7) tutela pura

---

irreparable, el rigor acerca del fumus se debe atenuar" (*Tratado de derecho administrativo*. 5. ed. Belo Horizonte: Del Rey, 2003. t. 2, p. 8-32).

[2] Para uma análise mais aprofundada dos acórdãos que confirmam tais constatações, ver nosso *O "direito vivo" das liminares...*, p. 75 *et seq*.

de *fumus* de extremidade presumida (ex.: liminar de desocupação de imóvel em ação de despejo – Lei nº 8.245/91, art. 59, §1º; liminar de busca e apreensão em alienação fiduciária – Decreto-Lei nº 911/69, art. 3º); (8) tutela pura de *periculum* de extremidade presumida (ex.: liminar de imissão de posse provisória em desapropriação – Decreto-Lei nº 3.365/41, art. 15).[3] Como é possível notar, todas essas medidas liminares nada mais são do que "combinações" não axiomáticas dos diferentes graus de *fumus boni iuris* e *periculum in mora*.

3 A dinâmica tipológica da concessão de liminares

Tudo isso mostra que, na prática, a concessão de tutelas liminares obedece a uma estrutura *tipológica*, não a uma estrutura conceitualista.

Lembre-se que um conceito é formado de *algumas* notas distintivas particulares, que se *desligam* e se *abstraem* do objeto no qual se apresentam e, na sua generalização, são *isoladas* e *separadas* umas das outras. Portanto, aqui, não há "mais ou menos": ou um objeto é enquadrado no conceito porque possui marcas características concretas que se subsomem a *todas* as notas distintivas abstratas descritas na definição, ou ele não se enquadra. Logo, no conceito, não se apreende o objeto na plenitude substancial de todas as suas partes e particularidades, como um todo único. Assim sendo, quando se enxerga a concessão de tutelas liminares à luz de um pensamento conceitualista, tende-se a dizer que essa concessão é uma mera subsunção por operação silogística, que ocorre porque, no caso concreto, as alegações do autor são enquadradas no conceito de *fumus boni iuris* e a situação que o aflige se encaixa no conceito de *periculum in mora*. Entretanto, se um desses encaixes não for possível, a medida liminar não será concedida. É uma aplicação baseada na alternativa "tudo ou nada". Nesse sentido, a explicação conceitualista está em consonância com a velha cantilena racional-iluminista de inspiração cartesiana. De acordo com ela, basta ao juiz averiguar metodicamente — dentro de um *raciocínio linear* e de uma *neutralidade axiológica* — se os pressupostos descritos na lei estão presentes: se todos estiverem concretizados, o juiz terá o dever de conceder a providência liminar; se algum deles faltar, terá o dever de denegá-la.

Contudo, a vida mostra que a concessão de medidas liminares não se subsome a essa rigidez procedimental. Nessa matéria, a prática cotidiana forense sói enveredar um raciocínio *tipológico*, que, por sua vez, pressupõe *circularidade* e *avaliações subjetivas*. Ora, diferentemente do conceito, o tipo é mais fluido e adaptável. Nele, são permitidas formas intermediárias e "figuras híbridas", as quais geralmente não se podem incluir no esquema previamente dado. Isso porque a composição do *tipo* nunca parte dum método isolante e abstrativo de notas singulares que são pensadas isoladamente, mas sempre de um método de agrupamento e concretização de notas distintivas, que somente se podem apreender em seu todo. Assim, se o conceito é uma forma abstrata e fragmentada à qual os objetos são subsumidos por *encaixes*, o tipo é um esquema mais concreto e íntegro a que os objetos se achegam por *comparações* (motivo pelo qual os traços do tipo podem aparecer na imagem particular do objeto com diferentes matrizes e combinações).

---

[3] Para uma análise mais aprofundada desses oito tipos: *Idem. Ibidem*, p. 123 *et seq.*

Nesse sentido, o *fumus boni iuris* e o *periculum in mora* são vistos como pautas "móveis", que podem se apresentar em graus ou níveis distintos e que, por isso, não são suscetíveis de fixação em termos genéricos. Ou seja, o *fumus boni iuris* e o *periculum in mora* são vistos como pressupostos que precisam ser antes concretizadas pelo julgador, e relacionados entre si em uma espécie de "coordenação valorativa", para poderem ser aplicadas ao caso. Isso mostra que é inútil definir *fumus boni iuris* e *periculum in mora*: é melhor que sejam "explicitáveis", "descritíveis" ou "explicáveis", e não propriamente "definíveis".[4]

Conseguintemente, para conceder-se a liminar, não há a necessidade da presença simultânea dos dois pressupostos. Entre eles há uma espécie de *permutabilidade livre*. Se o caso concreto desviar-se do "tipo normal" e somente um dos pressupostos estiver presente em "peso decisivo", mesmo assim será possível conceder-se a medida, embora por força de uma "configuração atípica" ou "menos típica", que se afasta do *modelo* descrito na lei. Tudo se passa como se, nos processos concretos de concessão de tutelas liminares, o *fumus boni iuris* e o *periculum in mora* fossem "elementos" ou "forças" que se articulam de forma variável, sem absolutismo e fixidez dimensional. O que importa, no final das contas, é a "imagem global" do caso, ainda que a relação entre o *fumus* e o *periculum* seja assimétrica.[5]

(a) Modelo *conceitualista* de *subsunção*:
(Hipótese de Incidência) $N'(1)$ + $N'(2)$ + $N'(3)$ ... $N'(n)$

$\uparrow$ $\uparrow$ $\uparrow$ $\uparrow$

(Suporte Fático) $N(1)$ + $N(2)$ + $N(3)$ ... $N(n)$

(b) Modelo *tipológico* de *comparação*:
(Hipótese de Incidência) $N'(1)$ ↔ $N'(2)$ ↔ $N'(3)$ ... $N'(n)$

(Suporte Fático) $N(1)$ ↔ $N(2)$ ↔ $N(3)$ ... $N(n)$

---

[4] O próprio *periculum in mora* constitui um "sistema móvel", cujos elementos são a "relevância do bem jurídico ameaçado", a "irreversibilidade do dano", a "gravidade do dano", "probabilidade de ocorrência do dano" e a "proximidade da ocorrência do dano". Portanto, para que exista o *periculum in mora*, não é necessário que todos os seus elementos estejam presentes: faltando um ou mais, mesmo assim pode ser que o juiz o entenda presente, desde que os demais se revelem em "densidade especial". Sobre o tema, ver nosso *O "direito vivo" das liminares...*, p. 178, nota 2. Ou seja, trata-se de um "sistema móvel" dentro de um outro "sistema móvel". Sobre a noção de "sistema móvel": CANARIS. *Pensamento sistemático e conceito de sistema na ciência do direito*, p. 127-148; FRADA. *Teoria da confiança e responsabilidade civil*, p. 289, nota 268; LARENZ. *Metodologia da ciência do direito*, p. 668-669, 680-682; CORDEIRO. *Da boa fé no direito civil*, p. 1262; VIEHWEG. *Tópica y jurisprudencia*, p. 138-143; WILBURG. *Desenvolvimento de um sistema móvel no direito civil*, p. 55-73.

[5] Para uma diferenciação entre *conceito* e *tipo*: DERZI. *Direito tributário, direito penal e tipo*, p. 37 *et seq.*; KAUFMANN. *Filosofia do direito*, p. 188 *et seq.*; LARENZ. *Metodologia da ciência do direito*, p. 621 *et seq.*; YARSHELL. *Tutela jurisdicional*, p. 42 *et seq.*

4 E a tutela de urgência sem evidência?

A essa altura do texto, surge uma pergunta inadiável: se o Projeto previu a *tutela de evidência sem urgência* (= tutela pura de *fumus* extremado), por que razão não previu também a *tutela de urgência sem evidência* (= tutela pura de *periculum* extremado)?

Embora o Projeto não tenha previsto a figura, é inevitável que a prática forense subliminarmente continue — como até hoje tem feito — a preencher essa lacuna.

Como já visto, na prática forense, existem casos em que o juiz se vale apenas do *periculum in mora* para conceder a liminar. Não faz qualquer consideração explícita, ou de relevo, a respeito do *fumus boni iuris*. É como se o *periculum in mora* fosse o único pressuposto para a concessão da tutela. Quando isso ocorre, o perigo de dano irreparável mostra-se extremado. O seu exagero é tamanho que ele absorve todo o foco de atenção do juiz. Isso porque o perigo de irreversibilidade do dano é *máximo*. Assim sendo, nada de qualidade acaba sobrando para o enfrentamento do *fumus boni iuris* (mesmo porque, tendo em vista o risco de perecimento do direito afirmado, muitas vezes o juiz não tem *tempo* para sequer formular um simples juízo de aparência). É o preço que se paga para se conceder uma tutela de urgência *urgentíssima*.[6]

Há casos em que o juiz se dá por satisfeito concedendo a liminar só com base no *periculum*. Ou seja, ele dispõe de todos os elementos de convicção e, mesmo apoiando-se num único pressuposto, concede a liminar (= tutela pura de *periculum* extremado sob convicção *completa*). Logo, não profere a decisão sob a promessa de que a reverá após a vinda da resposta ou dos esclarecimentos do autor. Para ele, o suporte fático da tutela de urgência está completo. Cabe ao réu, se quiser, recorrer. Nesse caso, poder-se-ia cogitar que o juiz está sensibilizado com os dramas do autor e concede a tutela: a) nada tratando sobre o *fumus*, embora convicto de que ele não está presente; ou ii) evitando enfrentar a tese jurídica para não correr o risco de denegar a medida. De toda maneira, é impossível arriscar-se em qualquer dessas afirmações, pois, se há essa convicção íntima do juiz, ela não é externada na motivação. Se ele conceder a liminar mesmo tendo razões *subjetivas* para desconfiar da existência da pretensão alegada em juízo, não se poderá reprovar sua conduta se essas razões não forem *objetivadas*.

Em contraposição, há casos em que o juiz concede a liminar, mas não se dá por satisfeito. Após ler a petição inicial, sente necessidade de mais elementos de convicção. Porém, diante da urgência radical que lhe é posta, não tem tempo para ouvir o réu antes de apreciar o pedido (= tutela pura de *periculum* extremado sob convicção *incompleta*). Ele não quer cingir-se ao que já tem; no entanto, se postergar a análise, há o sério risco de o direito perecer. Logo, em situações como essa, é comum o juiz, num único jato: a) conceder a tutela *inaudita altera parte*; b) determinar a citação e intimação do réu; e c) ordenar o retorno dos autos com a manifestação do réu para poder *reapreciar* o pedido de liminar. É preciso haver, portanto, uma reavaliação das coisas. Com isso, o juiz terá o seu espectro de visão mais ampliado e sentir-se-á mais confortável para a concessão do provimento.

Note-se que os efeitos dessa primeira decisão ficam vinculados a uma *condição resolutiva*: ou a tutela será *revogada* se o juiz ficar ulteriormente convencido de que os

---

[6] Portanto, se toda a *matéria de fato* já estiver demonstrada *ab initio* por prova literal pré-constituída e se o juiz tiver *dúvida* acerca da *matéria de direito* ("juízo de *fumus* zero" ou "falta de evidência do direito"), ainda assim será possível a concessão da liminar se o *periculum* se apresentar em grau extremado. Essa constatação produz fraturas no âmbito de incidência do princípio *iura novit curia* (o juiz tem o dever de conhecer o direito), pois ele tem aplicação relativa no campo das tutelas sumárias.

seus pressupostos não estão preenchidos, ou a tutela será *mantida* e *substituída* por outra se o juiz se convencer da presença dos pressupostos. De qualquer modo, essa decisão é sempre um *ato de passagem*, uma *escalada* em direção a uma "tutela pura de *periculum* extremado sob convicção *completa*" (lastreada da presença "exagerada" do *periculum*), ou a uma tutela de urgência típica (fundada na comunhão do *periculum* com o *fumus*).

Antes de prosseguir, é indispensável esclarecer um detalhe sobre a tutela pura de *periculum* extremado. Aqui, o juiz não concede a medida mesmo descrente da demanda (hipótese em que haveria um *fumus negativo*, ou seja, a convicção de que o direito não existe). Ora, se na decisão o juiz afirma que não há *fumus*, deve ele indeferir o pedido de liminar. Logo, com a expressão "tutela de urgência sem evidência" quer-se dizer que o juiz concede a tutela sem tecer qualquer juízo de aparência (hipótese em que haveria um *vazio de fumus*, isto é, uma dúvida não tangenciada). Desse modo, tem-se que: no *fumus positivo*, o juiz exterioriza uma posição *favorável* a respeito do direito alegado (é o que ocorre na decisão que *concede* a tutela pura de *fumus* extremado); no *fumus negativo*, o juiz exterioriza uma posição *desfavorável* a esse respeito (é o que ocorre na decisão que *denega* a tutela pura de *fumus* extremado); no *vazio de fumus* ou *fumus zero*, o julgador não exterioriza posição alguma (é o que ocorre na decisão que *concede* a tutela pura de *periculum* extremado).[7]

5 O *caput* do art. 278

Feitos os parênteses, é chegado o instante de serem analisados os pressupostos para a concessão da tutela de evidência.

A descoberta desses pressupostos somente é possível interpretando-se os arts. 269, 276 e 278, sistematicamente.

O *caput* do art. 269 do Projeto do Novo CPC prescreve que "a tutela de urgência e a tutela de evidência podem ser *requeridas* antes ou no curso do processo, sejam essas medidas de natureza satisfativa ou cautelar" (d.n.).[8] Dá-se a entender que a tutela de evidência depende de *requerimento* do autor. Não pode o juiz concedê-la *ex officio*. Aliás, o verbo "requerer" aparece no *caput* e no parágrafo único do art. 272, que são dispositivos que se referem ao instituto da tutela de evidência. Quando muito o sistema admite, "em casos excepcionais ou expressamente autorizados por lei", a concessão *ex officio* da *tutela de urgência* (art. 277). Nada similar existe para a tutela de evidência. E nem poderia ser diferente: se a concessão *ex officio* da tutela de urgência é excepcional, mesmo havendo *periculum in mora* (que é *majus*), razão nenhuma há para a concessão *ex officio* de tutela de evidência *sem* urgência (que é *minus*).

Ademais, para conceder-se a tutela de evidência, não basta que qualquer um dos incs. do art. 278 esteja concretizado. É também necessário que haja "elementos que evidenciem a plausibilidade do direito". É o que se pode extrair da leitura conjugada do *caput* do art. 276 e do *caput* do art. 278. Afinal de contas, o direito do autor não se *evidencia* pelo mero fato de haver um abuso do direito de defesa: o réu com razão pode

---

[7] Em lugar de *fumus negativo*, Fux usa a expressão "inexistência de direito evidente"; em lugar de *fumus zero*, a expressão "inexistência de evidência do direito" (*Tutela de segurança e tutela da evidência*, p. 317).

[8] São logicamente possíveis a *tutela de urgência cautelar*, a *tutela de urgência satisfativa* e a *tutela de evidência satisfativa*, mas não uma "tutela de evidência cautelar": não há cautelaridade onde se dispensa a demonstração de *periculum in mora*.

praticar atos de má-fé processual; Todavia, se houver "plausibilidade do direito + abuso do direito de defesa", a existência da pretensão de direito material, alegada em juízo pelo autor, salta do plano da simples *verossimilhança* para o plano da *certeza*.

Por conseguinte, a tutela de evidência, tal como lançada no texto do Projeto, tem três pressupostos: (1) a existência de requerimento expresso do autor + (2) a presença de elementos que evidenciem a plausibilidade do direito + (3) a concretização de qualquer uma das hipóteses descritas nos incs. do art. 278.

A questão é saber se o rol do art. 278 é taxativo, o que se enfrentará adiante.

Assim sendo, ao deduzir pedido de concessão de tutela de evidência, o autor tem o ônus de demonstrar a presença de um *fumus boni iuris* extremado. Para obter esse tipo de tutela, portanto, não precisa demonstrar a presença de *periculum in mora*. O Projeto o "dispensa". Porém, se o *periculum in mora* se fizer presente, nada impede que o autor o alegue em reforço ao seu pedido. Nesse caso, se houver a concessão de uma liminar, o juiz tê-la-á outorgado como uma *tutela de fumus extremado e periculum não extremado*, ou como uma *tutela de fumus e periculum extremados* (as quais constituem um *plus* em relação à tutela de evidência pura e simples).

6 O inc. I do art. 278

De acordo com o inc. I do art. 278 do Projeto do Novo Código, será concedida a tutela liminar quando "ficar caracterizado o abuso do direito de defesa ou o manifesto propósito protelatório do requerido".

Não há qualquer novidade. Trata-se de hipótese semelhante à do inc. II do art. 273 do atual CPC.

Como já dito acima, aqui, a "plausibilidade do direito" é *reforçada* pelo "abuso do direito de defesa ou manifesto propósito protelatório do réu".[9] Ou seja, *por força de lei*, o *fumus boni iuris* é arrastado da condição de mera *verossimilhança* para a condição de *certeza*. Ora, ainda que seja verossímil o direito afirmado em juízo pelo demandante, a configuração do dolo processual do réu não deflagra, por si só, a presunção de certeza do direito. Enfim, não há nexo lógico entre o dolo processual de uma parte e a certeza do direito afirmado pela outra. *Em tese*, é possível que a razão esteja com o demandado, mas que ainda assim ele exerça o direito de defesa de forma abusiva, ou com manifesto intuito protelatório. Daí ser necessário que o salto da *verossimilhança* para a *certeza* se realize por uma *presunção relativa* e se opere *ex vi legis*. E nem poderia ser diferente: as presunções são calcadas na *probabilidade* e é sempre provável que o litigante de má-fé não tenha razão. Não se trata, portanto, de tutela de direito *naturalmente* evidente, mas do que já se chamou acima de "tutela pura de *fumus* de extremidade *presumida*".

Não se alegue, pois, que o inc. I do art. 278 do Projeto contempla hipótese de tutela liminar "sancionatória". Decididamente, não se cuida de *sanção*.[10] Se de sanção se

---

[9] Cf. WAMBIER. *Nulidades do processo e da sentença*, p. 393-394.
[10] Nesse mesmo sentido: FUX. *Tutela de segurança e tutela da evidência*, p. 346-347; GIANNICO; CHIOVITTI. Tutela de urgência e tutela de evidência sob a ótica da efetividade, p. 591; SILVA. *Curso de direito processual civil*, v. 1, p. 142; TALAMINI. *Tutela relativa aos deveres de fazer e de não fazer*, p. 358. O certo é que não se trata de tutela de "*periculum* presumido". Assim: ALVIM. Tutela antecipatória, p. 33; BUENO. *Tutela antecipada*, p. 40. Contra, entendendo que se trata de sanção: ARAÚJO. *Coisa julgada progressiva e resolução parcial do mérito*, p. 295; BEDAQUE. *Tutela cautelar e tutela antecipada*, p. 325; CÂMARA. *Lições de direito processual civil*. v. I, p. 469; DIDIER JR.; BRAGA; OLIVEIRA. *Curso de direito processual civil*, v. 2, p. 624; DINAMARCO. *A reforma do Código*

tratasse, a medida não poderia ser revogada por eventual sentença de improcedência (repise-se: nada impede que a razão esteja com quem litiga de má-fé). Ora, inadmissível é que a sentença de improcedência possua o condão de *anistiar* o *improbus litigator*. Se no curso do processo for ao réu imposta sanção punitiva ou reparatória, especificamente direcionada à prática de litigância de má-fé, a condenação permanecerá incólume com a sentença de improcedência. Em contrapartida, sobrevindo a sentença de improcedência, não há justificativa para a liminar manter-se, mesmo que ela haja sido concedida contra quem tenha abusado do direito de defesa: não existe motivo para que os efeitos práticos da tutela final pretendida sejam antecipados em favor de quem não tem razão.

7 O inc. II do art. 278

De acordo com o inc. II do art. 278 do Projeto do Novo Código, quando "um ou mais dos pedidos cumulados ou parcela dele mostrar-se incontroverso, caso em que a solução será definitiva", será dispensada a demonstração do *periculum in mora*.

Tratando-se de solução *definitiva*, de plano já se nota que não se está em face de tutela propriamente *liminar*. "Liminar" — que deriva do latim *liminaris*, de *limen* (porta, entrada, soleira) — indica o que se realiza *inicialmente*. Trata-se de tutela concessível no começo, junto ao despacho da inicial ou após a ouvida da parte contrária. Para o homem do foro, não é mero adjetivo, que qualifica o que se concede *inaudita altera parte*, mas *substantivo*, que designa a tutela obtenível *ex ante*, ou seja, tutela que se concede *antes* ou *após* a citação do réu, dês que antes da sentença. Ele fala tanto em "liminar *inaudita altera parte*" quanto em "liminar concedida após a ouvida do réu".[11] [12] Daí por que, na liminar, se está sempre diante de *cognição sumária*.[13] Quem

---

de Processo Civil, p. 146; idem. O regime jurídico das medidas urgentes, p. 69; FRIEDE; KLIPPEL; ALBANI. *A tutela de urgência no processo civil brasileiro*, p. 157-158; GUERRA. As liminares na reforma do CPC, p. 192; LOPES. *Tutela antecipada sancionatória*, p. 49 et seq.; MACHADO. *Tutela antecipada*, p. 365-379; NEVES. Tutela antecipada sancionatória, p. 17-28; VILELA. Abuso do direito no Novo Código Civil e o abuso processual, p. 83; ZAVASCKI. *Antecipação da tutela*, p. 74-75.

[11] Cf. ALVAREZ. Liminares: atos vinculados ou discricionários, p. 14; CUNHA. *Comentários ao Código de Processo Civil*, v. 11, p. 691 *et seq.*; DIAS. *A jurisdição na tutela antecipada*, p. 52; LARA. A satisfatividade no âmbito das liminares, p. 140; ZAVASCKI. *Antecipação da tutela*, p. 162. Segundo José Antônio de Castro, a concessão de liminar depois da citação "não será tecnicamente liminar (= soleira, à frente); porém, não havendo ainda sentença na cautelar, impõe-se esse chamamento" (*Medidas cautelares*, p. 47). Contra, empregando critério exclusivamente *cronológico* e entendendo que a *liminar* é medida concessível "no início da lide, sem que tenha havido ainda a oitiva da parte contrária": BEDAQUE. *Tutela cautelar e tutela antecipada*, p. 293; PASSOS. *Comentários ao Código de Processo Civil*, v. 3, p. 18; CAVALCANTE. Os novos rumos da jurisdição cautelar, p. 130; CUNHA. *A Fazenda Pública em juízo*, p. 201; DIDIER JR.; BRAGA; OLIVEIRA. *Curso de direito processual civil*, v. 2, p. 615-616; FABRÍCIO. Breves notas sobre provimentos antecipatórios, cautelares e liminares, p. 195-196; FRIEDE; KLIPPEL; ALBANI. *A tutela de urgência no processo civil brasileiro*, p. 40-41; MAIA FILHO. As oportunidades processuais de deferimento de tutela antecipada, p. 92; SIDOU. *Processo civil comparado*, p. 362. Para esses autores, a expressão "liminar *inaudita altera parte*" seria redundante.

[12] Não se acolhe a separação entre *liminar* e *cautelar*, como se as duas palavras designassem realidades distintas, que nunca se interpenetram. Há quem diga que à liminar cabe a *resolução sumária da pretensão litigiosa* e à cautelar a *asseguração de uma futura execução* (ALVES. *Ação de imissão na posse de bem imóvel*, p. 208-209; SHIMURA. A eficácia das medidas liminares, p. 106). No entanto, quem assim procede, confunde *antecipação* com *satisfação*. A liminar pode antecipar os efeitos da tutela final pretendida *principaliter* (= liminar *satisfativa*) ou na ação cautelar (= liminar *cautelar*). Portanto, no sistema processual vigente, pode haver *cautelares liminares* (medidas cautelares concedidas *in initio litis*), *cautelares não liminares* (medidas cautelares concedidas na sentença do processo cautelar) e *liminares não cautelares* (medidas satisfativas concedidas *in initio litis*).

[13] Adota-se a classificação de *cognição* desenvolvida por Kazuo Watanabe, segundo a qual pode ela ser: 1) em nível *horizontal* (extensão, amplitude): 1.1) *plena*; 1.2) *limitada* ou *parcial*; 2) em nível *vertical* (profundidade): 2.1)

concede liminar, *antecipa-se* ao provimento final, motivo por que se encontra em fase processual em que não teve ainda ocasião para analisar *com profundidade* todas as alegações e provas produzidas ou a serem produzidas pelas partes. Essa a razão por que se diz que liminares se concedem sob um juízo de *verossimilhança* a respeito da pretensão material afirmada pelo autor.

Estabelecidas essas marcas, já se pode perceber que, no conceito de liminar, não se encaixa a "tutela de evidência" lastreada no inc. II do art. 278 do Projeto. Aqui, não havendo controvérsia, não há motivo para pospor-se o julgamento do pedido. Logo, não são antecipados sob *summaria cognitio* só os efeitos práticos do capítulo sentencial que julga o pedido incontroverso. Na verdade, traz-se para o presente capítulo, em sua integridade. Ele desprega-se *definitivamente* da sentença de procedência, sem desfazer-se. Traz consigo declaração, constituição, condenação, mandamento e execução. *Todo* o capítulo é destacado da sentença favorável de mérito e apresentado desde esse instante, rompendo-se com o dogma da "unicidade do julgamento". Assim, há formação de coisa julgada *material*. Fraciona-se a resolução do mérito, pois. Logo, não se está em face de uma *decisão liminar* propriamente dita, mas de uma *decisão interlocutória autônoma de resolução parcial definitiva do mérito*, proferida sob *cognição exauriente*. Com isso se pode notar que a colocação do instituto no art. 278 do Projeto está topologicamente equivocada (assim como equivocada está a colocação do instituto no art. 273 do atual CPC).[14]

8 O inc. III do art. 278

De acordo com o inc. III do art. 278, conceder-se-á a liminar quando "a inicial for instruída com prova documental irrefutável do direito alegado pelo autor a que o réu não oponha prova inequívoca".

Aqui, portanto, o juiz não reconhece a presença de um *fumus* extremado atendo-se ao campo *jurídico-normativo*; necessário é que ele também examine o campo *fático-probatório*. O juiz só poderá declarar a incidência *aparente* da norma de direito se antes verificar a completude *aparente* do seu suporte fático. Ou seja: antes de tecer um juízo interino sobre a existência da pretensão material afirmada em juízo, o juiz deve tecer um juízo provisório sobre a suficiência da prova coligida *ab initio*. Certamente, para o juiz, essa é a hipótese mais difícil de concessão de tutela de evidência. Afinal

---

exauriente ou *completa*; 2.2) *sumária* ou *incompleta* (*Da cognição no processo civil*, p. 127). Para o mencionado autor, sempre existe cognição vertical sumária ou incompleta por ocasião da concessão das medidas liminares em geral, urgentes ou não urgentes, cautelares ou satisfativas (*Da cognição no processo civil*, p. 138-139, 153 *et seq.*).

[14] Nesse mesmo sentido: ARAÚJO. *Coisa julgada progressiva e resolução parcial do mérito*, p. 311 *et seq.*; *idem*. Tutela antecipada do pedido incontroverso: estamos preparados para a nova sistemática processual?, p. 214-218; BUENO. *Tutela antecipada*, p. 47 *et seq.*; CÂMARA. *Lições de direito processual civil*. v. 1, p. 90-92; CUNHA. O §6º do art. 273 do CPC: tutela antecipada parcial ou julgamento antecipado parcial da lide?, p. 109-126; DIDIER JR. Inovações na antecipação dos efeitos da tutela e a resolução parcial do mérito, p. 233-236; DIDIER JR.; BRAGA; OLIVEIRA. *Curso de direito processual civil*, v. 2, p. 660-663; FRIEDE; KLIPPEL; ALBANI. *A tutela de urgência no processo civil brasileiro*, p. 161-162; MARINONI. *Abuso de defesa e parte incontroversa da demanda*, p. 204-214; NERY JR; NERY. *Código de Processo Civil e legislação extravagante*, p. 530-531. Entendendo que se trata de uma decisão *provisória*, a ser substituída por provimento definitivo, p. ex.: BEDAQUE. *Código de Processo Civil interpretado*, p. 843-844; CARNEIRO. *Da antecipação de tutela no processo civil*, p. 60; ALVIM. *Alterações do Código de Processo Civil*, p. 57; DINAMARCO. *O regime jurídico das medidas urgentes*, p. 78-79; RODRIGUES. *Elementos de direito processual civil*, v. 2, p. 220; VAZ. Tutela antecipada fundada na técnica da ausência de controvérsia sobre o pedido..., p. 137-141; WAMBIER; WAMBIER. *Breves comentários...*, p. 56-58; ZAVASCKI. Antecipação da tutela em face de pedido incontroverso, p. 33-34.

de contas, nos incs. I, II e IV do art. 278, a evidência é aferida a partir de critérios mais *objetivos*; já no inc. III, a aferição de irrefutabilidade da prova documental exige maior carga de *subjetividade*. Ora, a valoração qualitativa da prova resulta de um livre convencimento *justificado* do juiz: o sistema processual civil brasileiro vigente não atribui a cada prova um valor inalterável e constante (embora haja sequelas desse sistema de prova legal em nosso direito — p. ex.: art. 405 do CPC atual). Portanto, a decisão concessiva de tutela de evidência fundada no inc. III exige do juiz que fundamente com maior esforço tópico-argumentativo.

O problema do inc. III é que ele circunscreve a possibilidade de concessão de liminar à irrefutabilidade da prova *documental*. Porém, é cediço que outros elementos de prova podem conduzir à evidência:

a) *fatos notórios* (p. ex., direito à indenização decorrente de acidente notório provocado por obras do Estado);
b) *presunções absolutas* (*e.g.*, direito da consorte de adquirir, a crédito, coisas necessárias à economia doméstica, visto que se opera em favor dela a autorização do marido);
c) *provas emprestadas* (*e.g.*, direito à reparação e realização dos consertos necessários caso exista perícia anterior na qual se tenha verificado a causa e a autoria de vazamentos danificadores da propriedade vizinha);
d) *questão prejudicial decidida como coisa julgada e posta como premissa de direito submetido a outro juízo* (ex.: direito de exigir um *não fazer* caso o *fazer* se funde em contrato anulado por outro juízo);
e) *conduta* contra legem *aferível* prima facie (*e.g.*, direito à demolição de construção que afronte distância mínima fixada entre os prédios);
f) *provas produzidas antecipadamente*;
g) *fatos confessados noutro processo*;
h) *exame de DNA* (a mais "divinizada das provas");[15]
i) *decadência e prescrição* (p. ex., direito à cessação de moléstia baseada num direito decadente); etc.[16]

Em todos esses casos, como se pode ver, o grau de *fumus* aumenta à medida que a prova do suporte fático do direito se mostra incontestável ou, ao menos, impassível de contestação séria.[17] De toda maneira, é lamentável que o inc. III não contenha redação mais genérica. Decididamente, existem outras hipóteses de elementos probatórios não documentais, que despertam evidência merecedora de tutela liminar.

9 O inc. IV do art. 278

De acordo com o inc. IV do art. 278, conceder-se-á tutela de evidência quando "a matéria for unicamente de direito e houver tese firmada em julgamento de recursos

---

[15] Na prática, é irrefutável o pedido liminar de exoneração alimentícia fundado em prova de DNA tomada de empréstimo de ação de impugnação de paternidade julgada procedente. Para uma dessacralização do exame de DNA, porém, dentre centenas de manifestações doutrinárias, *v.g.*: ALMEIDA. Prova do DNA: uma evidência absoluta?, p. 143-149.
[16] Sobre o papel desses elementos de prova na caracterização dos direitos evidentes: FUX. *Tutela de segurança e tutela da evidência*, p. 313 et seq.
[17] Cf. FUX. *Tutela de segurança e tutela da evidência*, p. 311.

repetitivos, em incidente de resolução de demandas repetitivas ou em súmula vinculante".

Quem está familiarizado com o quotidiano forense, bem sabe a importância que os precedentes dos Tribunais têm na concessão das liminares. Premido pela necessidade de conceder rapidamente a tutela jurisdicional, o juiz nem sempre dispõe de tempo para refletir a contento sobre questões jurídicas que lhe são levadas ao conhecimento (muitas delas intrincadas e a exigir pesquisa e detida reflexão). Nesses casos, o precedente opera como elemento de convencimento confiável, pois reflete decisão proferida por um órgão colegiado, que, presumivelmente, teve melhores condições de analisar caso semelhante. Nesse sentido, o juiz utiliza-se de técnica decisória fundada num princípio de economia de meios. Escorando-se em precedentes verticais, os juízes produzem, com um mínimo de esforço, liminares que provavelmente serão mantidas pelas instâncias superiores.[18]

O problema do inc. IV do art. 278 está em confinar a concessão da tutela de evidência à tese firmada em julgamento de recursos repetitivos (pelo Superior Tribunal de Justiça), em incidente de resolução de demandas repetitivas (v. arts. 930 a 941 do Projeto), ou nas súmulas vinculantes (do Supremo Tribunal Federal).

É verdade que o "grau de *auctoritas*" de uma decisão judicial se dá em função da instância de julgamento em que é proferida, não sendo de se estranhar que, na hierarquia dos precedentes, a jurisprudência do STJ firmada no julgamento de casos repetitivos e as súmulas vinculantes do STF ocupem um lugar de destaque.[19] Todavia, existem outras formas de expressão institucional, que podem reconhecer direitos e dar-lhes "certeza": jurisprudência unânime dos Tribunais Superiores; julgamento de recurso extraordinário dotado de repercussão geral; resolução do Senado Federal que suspenda a eficácia de lei declarada inconstitucional por decisão definitiva do STF; decisão definitiva do STF em ação declarativa de constitucionalidade, ação direta de inconstitucionalidade e arguição de descumprimento de preceito fundamental; portaria do Poder Executivo que dispense a oferta de contestação, ou a interposição de recurso pelos seus órgãos de representação judicial; lei interpretativa. Ademais, não se pode ignorar que de "elevada probabilidade" estão revestidos os direitos cuja declaração de existência seja objeto de: jurisprudência altamente majoritária dos

---

[18] Sobre a importância crescente da jurisprudência no *civil law* e a formação de um "direito judicial": LARENZ. *Metodologia da ciência do direito*, p. 611-612; MELLO. *Precedentes*: o desenvolvimento judicial do direito no constitucionalismo contemporâneo, p. 48 *et seq*.

[19] De acordo com Carlos Aurélio Mota de Souza, "apreciando-se a produção jurisdicional como um todo, podemos encontrar julgados: a) de 1ª instância (juízos singulares), que apresentam *auctoritas* simples ou primária; b) de 2ª instância (juízos colegiados), com *auctoristas* média ou secundária; c) de 3ª instância ou constitucional (tribunais superiores), com *auctoritas* plena ou absoluta" (Direito judicial, jurisprudencial e sumular, p. 211). Segundo ainda o autor, "as sentenças de 1ª instância podem tornar-se caso julgado quando as partes não recorrem, mas tais decisões não fazem jurisprudência e apresentam menor grau de certeza jurídica. Somente decisões múltiplas, sobre temas jurídicos semelhantes, levam à formação de Jurisprudência; e por serem colegiadas as decisões de 2ª instância oferecem maior grau de certeza jurídica. Um máximo grau de certeza jurídica encontramos nas decisões constitucionais de 3º grau ou (STF) porque, além do conteúdo material do Direito, elas definem, apuram e determinam a constitucionalidade das leis mesmas. Quando estes julgados terminativos (de 2ª ou 3ª instâncias) passam por processo de uniformização de Jurisprudência dominante, produzem-se as Súmulas, como forma especialíssima de Jurisprudência. De fato, as Súmulas contém *auctoritas* superior à Jurisprudência esparsa porque: recebem sanção quase legislativa; são de nível constitucional; e são mais rígidas que as decisões assistemáticas, por sua maior qualificação na hierarquia dos enunciados jurisprudenciais" (*op. cit.*, p. 212-213).

Tribunais Superiores e jurisprudência unânime dos Tribunais Inferiores; liminar do STF em ação direta de inconstitucionalidade, ação declaratória de constitucionalidade e arguição de descumprimento de preceito fundamental; súmula de força não vinculativa (do STF, não aprovada por 2/3 dos seus membros, ou dos demais Tribunais Superiores). Ainda assim, o precedente citado como fundamento de evidência perderá seu relevo se for dogmaticamente insustentável, desprezar precedente superior, desatender a precedente do próprio Tribunal ou for produzido em meio a *revirements* de jurisprudência. É natural, p. ex., que seja desprovido de evidência o direito reconhecido pelo STJ em jurisprudência, ainda que firmada em julgamento de casos repetitivos, que contrarie precedente do STF (o que não é impossível de ocorrer).

Como se não bastasse, pode haver tutela de evidência fundada em jurisprudência de órgãos colegiados não judiciários de julgamento estatal (*e.g.*, Conselho de Recursos do Sistema Financeiro Nacional; Câmara Superior de Recursos Fiscais do Ministério da Fazenda; Conselho de Recursos da Previdência Social; Tribunal de Impostos e Taxas da Secretaria da Fazenda do Estado de São Paulo; Tribunal Administrativo de Recursos Tributários do Município de Porto Alegre; Conselho de Recursos do Sistema Nacional de Seguros Privados, de Previdência Privada Aberta e de Capitalização; CADE; etc.). Trata-se de uma jurisprudência importante quando se está diante de questões inéditas no Judiciário, não obstante venham sendo enfrentadas há algum tempo por esses Tribunais Administrativas. Por motivos autógenos, a tendência do Poder Judiciário seria desprezar esses precedentes administrativos. Porém, três fatores têm sido relevantes para que essa tendência caia cada vez mais por terra.

Em primeiro lugar, é recoberto de evidência o direito subjetivo do administrado cuja existência seja declarada em jurisprudência administrativa unânime *desfavorável* à Administração. Ora, se a própria Administração Pública reconhece que o indivíduo tem direito contra ela, em princípio, não há razão para o Poder Judiciário não reconhecê-lo. O contribuinte pode valer-se de jurisprudência administrativa tributária para obter tutela de evidência contra o Fisco, assim como o segurado pode amparar-se em jurisprudência administrativa previdenciária para conseguir uma tutela de evidência contra o INSS. As decisões administrativas irrecorríveis favoráveis ao administrado não fazem tão apenas *coisa julgada* contra a Administração: se *reiteradas*, podem servir de fundamento para a concessão de tutela de evidência contra a Fazenda Pública.

Em segundo lugar, algumas dessas Cortes vêm atraindo atenção — embora sejam órgãos da própria Administração Pública — pela qualidade jurídica e pela imparcialidade impressas às suas decisões (imparcialidade, aliás, que tem importunado muitas vezes a própria Administração e despertado iniciativas legislativas para a extinção desses órgãos de julgamento).

Em terceiro lugar, a essas instâncias de julgamento administrativo são recrutados expertos da mais gabaritada formação, razão por que se tornam superiores ao Judiciário no enfrentamento das questões fáticas mais intrincadas, especialmente em sede tributária (qualificação técnico-contábil de despesas operacionais suscetíveis de dedução para fins de delimitação da base de cálculo do Imposto de Renda das Pessoas Jurídicas; estratégia comprobatória de vendas de mercadorias efetuadas sem emissão de nota fiscal e registro nos livros próprios, para fins de apuração do valor de ICMS sonegado; etc.). Por essa razão, tanto maior será a importância de um precedente não judiciário quanto maior for o *prestígio* de que goza a corte administrativa que o produziu.[20]

10 O parágrafo único do art. 278

Segundo o parágrafo único do art. 278 do Projeto, "independerá igualmente de prévia comprovação de risco de dano a ordem liminar, sob cominação de multa diária, de entrega de objeto custodiado, sempre que o autor fundar seu pedido reipersecutório em prova documental adequada do depósito legal ou convencional".

Trata-se de outra hipótese de "tutela pura de *fumus* de extremidade *presumida*".

Não raro, o legislador institui hipóteses em que a presença "exagerada" do *fumus boni iuris* não é verificada *in concreto* pelo juiz, mas *presumida* caso estejam coligidos certos elementos fático-probatórios, os quais a lei qualifica como de evidência suficiente para a concessão da liminar. Ou seja, nessas tutelas, existe uma *presunção* (relativa) da certeza do direito. Daí por que o juiz não tem, aqui, a liberdade de estimar a "suficiência compensatória" do *fumus* em face da ausência de *periculum*: a própria lei presume que essa suficiência existe e, portanto, que o direito afirmado pelo autor é certo.

Essa técnica já é conhecida no sistema processual vigente. É o que se acontece, *v.g.*, com a liminar de desocupação de imóvel em ação de despejo (Lei nº 8.245/91, art. 59, §1º), a liminar de busca e apreensão em alienação fiduciária (Decreto-Lei nº 911/69, art. 3º), a liminar de manutenção ou de reintegração de posse nova (CPC atual, art. 928; Projeto, art. 548) e a liminar dos embargos de terceiro (CPC atual, art. 1.051; Projeto, art. 664).[21] Nelas, o autor tem o ônus de provar tão apenas a presença dos elementos que a lei reputa suficientes para a configuração do *fumus* extremado, prescindindo-se, pois, da demonstração do *periculum*.[22]

---

[20] Exemplos de fundamentação com base em jurisprudência administrativa do Conselho de Contribuintes podem ser encontrados nos seguintes julgados: TRF da 5ª Região, Quarta Turma, AC nº 348.485-CE, rel. Juiz Edílson Nobre, j. 15.02.2005, *DJU*, p. 673, 07 mar. 2005; TRF da 5ª Região, Primeira Turma, AC nº 311.254-AL, rel. Juiz Hélio Sílvio Ourem Campos, j. 20.11.2003, *DJU*, p. 607, 19. mar. 2004; TRF da 5ª Região, Quarta Turma, AMS nº 81.454-CE, rel. Desembargador Federal Napoleão Maia Filho, j. 05.11.2002, *DJU*, p. 546, 10 abr. 2003; TRF da 5ª Região, Quarta Turma, AC nº 260.487-PB, rel. Desembargador Federal Luiz Alberto Gurgel de Faria, j. 10.12.2002, *DJU*, p. 86525, mar. 2003; TRF da 4ª Região, Primeira Turma, AMS nº 96.04.09158-1-SC, rel. Juíza Vânia Hack de Almeida, j. 10.11.1998, *DJU*, p. 668, 09 dez. 1998; TRF da 3ª Região, Turma Suplementar da Segunda Seção, AC nº 266.513-SP, rel. Juíza Eliana Marcelo, j. 26.04.2007, *DJU*, p. 1377, 04 maio 2007; TRF da 2ª Região, Terceira Turma, AC nº 105.791-RJ, rel. Desembargador Federal José Antônio Lisboa Neiva, j. 09.11.2004, *DJU*, p. 198, 16 dez. 2004; TRF da 2ª Região, Segunda Turma, AMS nº 8.599-RJ, rel. Desembargador Federal Sérgio Feltrin Correa, j. 22.09.2007, *DJU*, p. 145, 26 out. 2004,; TRF da 2ª Região, Quarta Turma Especializada, AC nº 390.981-RJ, rel. Desembargador Federal Luiz Antônio Soares, j. 03.06.2008, *DJU*, p. 88, 08 out. 2008; TRF da 2ª Região, Quinta Turma Especializada, AC nº 65.577-RJ, rel. Desembargador Federal Antônio Cruz Netto, j. 31.01.2007, *DJU*, p. 181, 15 fev. 2007; TRF da 1ª Região, Sétima Turma, AGTAG nº 2006.01.00.029038-3-DF, rel. Desembargador Federal Luciano Tolentino Amaral, j. 10.10.2006, *DJU*, p. 119, 20 out. 2006; TRF da 1ª Região, Oitava Turma, AC nº 1999.34.00.033841-5-DF, rel. Juiz Antônio Osmane dos Santos, j. 25.05.2007, e-*DJF*1, p. 382, 11 abr. 2008; TRF da 1ª Região, Terceira Turma, AC nº 1999.01.00.016830-8-DF, rel. Desembargador Federal Cândido Ribeiro, j. 26.06.2002, *DJU*, p. 76, 04 out. 2002.

[21] Cf. CASTAGNA. *Tutela de urgência*: análise teórica e dogmática, p. 235-240; FISZMAN. *Estudo sobre a atividade cognitiva do juiz na tutela antecipada*, p. 144-145; LARA. *Liminares no processo civil*, p. 172 *et seq*.

[22] Em contrapartida, na "tutela pura de *periculum* de extremidade *presumida*", a presença exagerada do *periculum in mora* não é verificada concretamente pelo juiz, mas presumida se estiverem presentes certos elementos qualificados pela lei como de urgência suficiente para a concessão da liminar. É o que se vê, p. ex.,

Esse fenômeno foi captado com rara acuidade por Alcides Munhoz da Cunha:

> A lei, diante da imprescindível tipicidade, pode prever condições favoráveis para a produção de provimentos sumários interinais, *que presumem a certeza do direito* no caso concreto até que sobrevenha o provimento de cognição exauriente, eficaz, potencialmente definitivo no mesmo organismo processual sobre a mesma lide. São casos em que se pode dizer que, endoprocessualmente, *existe uma presunção de certeza relativa*, porque no mesmo processo pode sobrevir o provimento de cognição exauriente e eficaz, incidente sobre a mesma lide (v.g. liminares nas ações possessórias de força nova, nos embargos de terceiro, nas ações de despejo, de busca e apreensão em alienação fiduciária, enfim, em situações em que se prescinde da alegação de perigo de dano irreparável). (...) A satisfatividade ou antecipação fática dos efeitos do provimento que presume a existência do direito se dá na medida da presunção e deve perdurar, em face da previsão legal, até que surja o provimento cognitivo, não mais sujeito a recurso com efeito suspensivo. (d.n)[23]

Em sentido similar Luiz Fux:

> O fato de o legislador prever liminares em outros procedimentos não exclui a mesma quando se tratar de "evidência". É que naqueles casos o legislador entendeu de fixar uma *presunção legal de evidência do direito*, como, v.g., quando a lesão data de menos de ano e dia, o direito assim evidenciado e lesado merece proteção imediata. Com isso, o

---

na liminar de imissão de posse provisória em desapropriação, prevista no art. 15, do Decreto-Lei nº 3.365, de 21.06.1941. Aqui, para obter-se a liminar, basta que o expropriante (a) alegue a urgência e (b) deposite o valor apurado em avaliação prévia. Contudo, se na "tutela pura de *fumus* de extremidade *presumida*" a presunção de certeza do direito é *relativa*, na "tutela pura de *periculum* de extremidade *presumida*" existe presunção *absoluta* de emergência contundente no caso concreto. Isso porque a avaliação da urgência fica a cargo da Administração e é incontrolada pelo Poder Judiciário. No mesmo sentido, p. ex.: CARVALHO FILHO. *Manual de direito administrativo*, p. 739-740; CRETELLA JR. *Tratado geral da desapropriação*, v. 2, p. 37-38; SALLES. *A desapropriação à luz da doutrina e da jurisprudência*, p. 349-352; FAGUNDES. *Da desapropriação no direito brasileiro*, p. 215. Contra, dizendo que o juiz não está manietado pela lei: FIGUEIREDO. *Curso de direito administrativo*, p. 319-320; PEREIRA. *Manual da Fazenda Pública em juízo*, p. 471-472; ROCHA. Observações sobre a desapropriação no direito brasileiro, p. 45. Para Betina Rizzato Lara, "a imissão provisória da posse depende (...) da demonstração de urgência", de modo que "esta urgência só pode decorrer de eventuais prejuízos que possam advir ao poder público da demora até a obtenção definitiva da posse" (*Liminares no processo civil*, p. 188). Entendendo que o pedido de imissão provisória poderá ser indeferido se o expropriado "puder demonstrar de modo objetivo e indisputável que a alegação de urgência é inverídica": MELLO. *Curso de direito administrativo*, p. 829-830; ORIONE NETO. *Tratado das liminares*, v 2, p. 288. Entendendo que a urgência tem de ser comprovada e que as necessidades concretas e determinadas têm de ser apontadas de modo preciso: JUSTEN FILHO. *Curso de direito administrativo*, p. 446-447. No campo jurisprudencial, é pacífico o entendimento de que para a imissão provisória são suficientes a mera alegação de urgência e o depósito. Assim, p. ex.: STJ, Segunda Turma, RESP nº 76.466-SP, rel. Min. Peçanha Martins, j. 06.05.1996, *DJ*, p. 21477, 17 jun. 1996; STJ, Primeira Turma, RESP nº 83.735-SP, rel. Min. José Delgado, j. 29.04.1966, *DJ*, p. 19215, 03 jun. 1996; STJ, Primeira Seção, ERESP nº 920-SP, rel. Min. Hélio Mosimann, j. 19.04.1994, *DJ*, p. 16049, 20 jun. 1994; STJ, Primeira Turma, RESP nº 12.578-SP, rel. Ministro Demócrito Reinaldo, j. 22.09.1993, *DJ*, p. 21839, 18 out. 1993; STJ, Primeira Seção, ERESP nº 22.604-SP, rel. Min. Garcia Vieira, j. 08.6.1993, *DJ*, p. 19770, 27 set. 1993; TRF da 1ª Região, Terceira Turma, AG nº 2008.01.00.024534-0-PA, rel. Juiz Convocado Cesar Cintra Fonseca, j. 27.04.2009, e-*DJF1*, p. 39, 08 maio 2009. Existe também entendimento no sentido de que, "ainda que a inicial não tenha sido explícita na alegação de urgência, o pedido de imissão na posse do imóvel objeto da ação de expropriação, acompanhado do depósito a que alude a Lei Geral de Desapropriações deixa implícita a urgência" (STJ, Segunda Turma, RESP 80.637-AP, rel. Min. Castro Meira, j. 03.06.2004, *DJU*, p. 156, 16 ago. 2004). No mesmo sentido: TRF da 1ª Região, Quarta Turma, AG 93.01.09426-6-AP, Juíza Convocada Sele Maria de Almeida, j. 25.06.1999, *DJ*, p. 325, 20 ago. 1999; TRF da 1ª Região, Quarta Turma, AG 93.01.06803-6-AC, rel. Juiz Eustáquio Silveira, j. 29.03.1995, *DJ*, p. 21573, 17 abr. 1995; TRF da 1ª Região, Quarta Turma, AG 93.01.09638-2-AP, rel. Juiz Leite Soares, j. 07.06.1993, *DJ*, p. 24908, 24 jun. 1993.

[23] A tutela jurisdicional de direitos e a tutela autônoma do *fumus boni iuris*. *Revista Jurídica*, p. 44-45.

legislador insculpiu norma *in procedendo*, retirando o arbítrio do juiz. *Havendo a lesão, nesse prazo, nada recomenda o aguardo do delongado e ritual procedimento ordinário. A tutela deve engendrar-se de plano.*[24] (d.n.)

E prossegue:

(...) os procedimentos satisfativos que prevêem a concessão inicial de "sentença liminar", como o despejo liminar irreversível, a nunciação de obra nova *initio litis*, inclusive com possibilidade de embargo extrajudicial, e os embargos de terceiro contrato "esbulho judicial". Esses casos representam hipóteses em, que a evidência é tutelada pela legitimidade da rápida resposta judicial e não pelo só *periculum in mora*, como se costuma justificar esses imperativos jurídico-processuais ínsitos nas concessões liminares.[25]

11 Remate

O art. 278 do Projeto tem propósitos nobres. Todavia, contém imperfeições. O inc. II não traz hipótese de tutela de evidência propriamente dita. Ademais, os incs. III e IV deixam de lado várias situações que despertam evidência merecedora de tutela *in initio litis*. Com isso, nasce o grave risco de que os Tribunais venham a interpretar os incs. e o parágrafo único do art. 278 como um rol *taxativo* (*numerus clausus*), e não como um rol meramente exemplificativo (*numerus apertus*). Caso isso aconteça, terá o legislador contribuído para a frustração da magnânima ideia que o inspirou. Como já foi visto, a tutela de evidência já ocorre na prática viva do dia a dia forense, conquanto não esteja expressamente prevista em textos de lei. Por conseguinte, há o perigo de que, uma vez legislado, o instituto se engesse e seus pressupostos sejam mecanizados. O "direito vivo" revela que as diversas liminares concedidas pelo Poder Judiciário nada mais tem sido do que diferentes "combinações" não axiomáticas dos diferentes graus de *fumus* e *periculum*. Logo, é sempre problemático que se legisle sobre um fenômeno marcado por *valorações, subjetividade* e *discricionariedade*.

Melhor talvez seria se o Projeto contivesse um dispositivo que estabelecesse os pressupostos fundamentais da tutela de urgência (*fumus* e *periculum*) e lhe acrescentasse um parágrafo prescrevendo que "o juiz pode mensurar um pressuposto com menor rigor se o outro se mostrar com maior densidade".[26] Ganhar-se-ia em generalidade, visto que a tutela de evidência não seria submetida a simplórias designações

---

[24] *Tutela de segurança e tutela da evidência*, p. 323. Reis Friede, Rodrigo Klippel e Thiago Albani entendem que nas liminares das ações possessórias de força nova há presunção de *periculum in mora* (*A tutela de urgência no processo civil brasileiro*, p. 155, nota 22). Sem razão, porém. Não há necessidade de presumi-lo, pois em toda lide possessória há *quid* de periculosidade. Mas não se trata, necessariamente, de risco de dano *atual* e *iminente*, mas de risco de dano *meramente possível*, muitas vezes remoto. Logo, não há *periculum in mora* num grau suficiente para que a referida liminar se impregne de *cautelaridade*. Fica-se ainda no plano da *preventividade*, pois o que se pretende é o resguardo da paz social mediante tutela rápida do *status quo*. Ainda assim, não se pode afirmar que, nas liminares das ações possessórias de força nova, há *tutela de urgência não extremada* propriamente dita, visto que nenhuma situação de perigo é tida em consideração quando da concessão daquelas medidas. Basta que estejam presentes os elementos fático-probatórios previstos pela lei para que nasça a presunção relativa de certeza ao direito alegado pelo autor.

[25] FUX. *Tutela de segurança e tutela de evidência*, p. 329.

[26] Nesse caso, as hipóteses de *"fumus de extremidade presumida"* teriam de ser expressamente previstas. Isso porque, aqui, a "suficiência compensatória" entre *fumus boni iuris* e *periculum in mora* é "normada", ou seja, não depende de uma avaliação do juiz.

casuísticas. Mais: em uma única frase, haveria a previsão da propalada *tutela de evidência sem urgência* e da olvidada (mas não menos corrente) *tutela de urgência sem evidência*. Certamente, uma redação desse jaez conferiria aos juízes uma liberdade arredia a objetivações excessivas e controles racionais rígidos. Porém, nem mesmo ante leis cerradas as decisões judiciais deixam de ser um evento *axiológico* para serem um acontecimento puramente *lógico*. É verdade que a figura do juiz que *valora* ainda incomoda. Afinal de contas, nem todo juiz que *pondera* é *ponderado*. Entretanto, é absolutamente impossível desempenhar-se uma jurisdição de liminares sem a boa e velha *prudência*.

Ideal mesmo seria que a liminar de evidência não fosse prevista expressamente e que a comunidade dos processualistas interpretasse o compósito *fumus-periculum* como uma estrutura tipológica, não como um emaranhado de conceitos. Com isso, não haveria necessidade de se alterar um único dispositivo do CPC atual e o sistema modernizar-se-ia pelo tino lento e seguro de juristas, não pela mão afoita e desajeitada dos legisladores. Todavia, a Processualística brasileira é uma ciência fascinada por conceitos, definições, distinções, classificações e sistematizações. Desenvolve poucos estudos convincentes de hermenêutica. Não se desvencilha de argumentos coerentes para pautar-se naqueles que promovam maior praticidade de resultados. Isso faz dela uma *episthéme* conservadora. Não sem razão o nosso CPC não consegue oxigenar-se pelas mãos dos processualistas. Portanto, ao sistema resta somente atualizar-se pelas páginas dos Diários Oficiais. Sinal disso são as sucessivas reformas legislativas por que o processo civil passou nos últimos anos e a cogitação desnecessária de um novo Código.

Tristes trópicos...

Referências

ALMEIDA, Maria Christina de. Prova do DNA: uma evidência absoluta?. *Revista Brasileira de Direito de Família*, Porto Alegre, v. 1, n. 2, p. 143-149, jul./set. 1999.

ALVAREZ, Osvaldo. Liminares: atos vinculados ou discricionários. *LEX: Jurisprudência do Superior Tribunal de Justiça e Tribunais Regionais Federais*, São Paulo, v. 7, n. 65, p. 9-19, jan. 1995.

ALVES, Vilson Rodrigues. *Ação de imissão na posse de bem imóvel*. Campinas: Bookseller, 1996.

ALVIM, Arruda. Tutela antecipatória: algumas noções: contrastes e coincidências em relação às medidas cautelares satisfativas. *In*: WAMBIER, Teresa Arruda Alvim (Coord.). *Repertório de jurisprudência e doutrina sobre liminares*. São Paulo: Revista dos tribunais, 1995.

ALVIM, José Eduardo Carreira. *Alterações do Código de Processo Civil*. 3. ed. Rio de Janeiro: Impetus, 2006.

ARAÚJO, José Henrique Mouta. *Coisa julgada progressiva e resolução parcial do mérito*: instrumentos de brevidade da prestação jurisdicional. Curitiba: Juruá, 2007.

ARAÚJO, José Henrique Mouta. Tutela antecipada do pedido incontroverso: estamos preparados para a nova sistemática processual?. *Revista de Processo*, São Paulo, v. 29, n. 116, p. 207-230, jul./ago. 2004.

BEDAQUE, José Roberto dos Santos. *In*: MARCATO, Antônio Carlos (Coord.). *Código de Processo Civil interpretado*. 2. ed. São Paulo: Atlas, 2005.

BEDAQUE, José Roberto dos Santos. *Tutela cautelar e tutela antecipada*: tutelas sumárias e de urgência: tentativa de sistematização. 2. ed. São Paulo: Malheiros, 2001.

BUENO, Cassio Scarpinella. *Tutela antecipada*. São Paulo: Saraiva, 2004.

CÂMARA, Alexandre Freitas. *Lições de direito processual civil*. 15. ed. Rio de Janeiro: Lumen Juris, 2006. v. 1.

CANARIS, Claus-Wilhelm. *Pensamento sistemático e conceito de sistema na ciência do direito*. 2. ed. Tradução de A. Menezes Cordeiro. Lisboa: Calouste Gulbekian, 1996.

CARNEIRO, Athos Gusmão. *Da antecipação de tutela no processo civil*. 2. ed. Rio de Janeiro: Forense, 1999.

CARVALHO FILHO, José dos Santos. *Manual de direito administrativo*. 18. ed. Rio de Janeiro: Lumen Juris, 2007.

CASTAGNA, Ricardo Alessandro. *Tutela de urgência*: análise teórica e dogmática. São Paulo: Revista dos Tribunais, 2008.

CASTRO, José Antônio de. *Medidas cautelares*: doutrina, prática, jurisprudência. São Paulo: LEUD, 1979.

CAVALCANTE, Mantovanni Colares. Os novos rumos da jurisdição cautelar. *Revista Dialética de Direito Processual*, São Paulo, n. 1, p. 127-145, abr. 2003.

CORDEIRO, Antônio Manuel da Rocha e Menezes. *Da boa fé no direito civil*. Coimbra: Almedina, 2001.

COSTA, Eduardo José da Fonseca. *O "direito vivo" das liminares*: um estudo pragmático sobre os pressupostos para sua concessão. São Paulo: Saraiva, 2011.

CRETELLA JÚNIOR, José. *Tratado geral da desapropriação*. Rio de Janeiro: Forense, 1980. v. 2.

CUNHA, Alcides Munhoz da. A tutela jurisdicional de direitos e a tutela autônoma do *fumus boni iuris*. *Revista jurídica*, Porto Alegre, v. 49, n. 288, p. 40-46, out. 2001.

CUNHA, Alcides Munhoz da. *Comentários ao Código de Processo Civil*. São Paulo: Revista dos Tribunais, 2001. v. 11.

CUNHA, Leonardo José Carneiro da. *A Fazenda Pública em juízo*. 5. ed. São Paulo: Dialética, 2007.

CUNHA, Leonardo José Carneiro da. O §6º do art. 273 do CPC: tutela antecipada parcial ou julgamento antecipado parcial da lide?. *Revista Dialética de Direito Processual*, São Paulo, n. 1, p. 109-126, abr. 2003.

DERZI, Misabel de Abreu Machado. *Direito tributário, direito penal e tipo*. São Paulo: Revista dos Tribunais, 1988.

DIAS, Beatriz Catarina. *A jurisdição na tutela antecipada*. São Paulo: Saraiva, 1999.

DIDIER JR., Fredie. Inovações na antecipação dos efeitos da tutela e a resolução parcial do mérito. *Revista de Processo*, São Paulo, v. 28, n. 110, p. 225-251, abr./jun. 2003.

DIDIER JR., Fredie; BRAGA, Paula Sarno; OLIVEIRA, Rafael. *Curso de direito processual civil*. 2. ed. Salvador: JusPodivm, 2008. v. 2.

DINAMARCO, Cândido Rangel. *A reforma do Código de Processo Civil*. 2. ed. São Paulo: Malheiros, 1995.

DINAMARCO, Cândido Rangel. O regime jurídico das medidas urgentes. *In*: DINAMARCO, Cândido Rangel. *Nova era do processo civil*. 2. ed. São Paulo: Malheiros, 2007.

FABRÍCIO, Adroaldo Furtado. Breves notas sobre provimentos antecipatórios, cautelares e liminares. *In*: FABRÍCIO, Adroaldo Furtado. *Ensaios de direito processual*. Rio de Janeiro: Forense, 2003.

FAGUNDES, Miguel Seabra. *Da desapropriação no direito brasileiro*. 2. ed. Rio de Janeiro: Freitas Bastos, 1949.

FIGUEIREDO, Lúcia Valle. *Curso de direito administrativo*. 6. ed. São Paulo: Malheiros, 2003.

FISZMAN, Silvia Rajsfeld. *Estudo sobre a atividade cognitiva do juiz na tutela antecipada*. 201 f. Dissertação (Mestrado) – Faculdade de Direito, Universidade de São Paulo, São Paulo, 2002.

FRADA, Manuel Antônio de Castro Portugal Carneiro da. *Teoria da confiança e responsabilidade civil*. Coimbra: Almedina, 2004.

FRIEDE, Reis; KLIPPEL, Rodrigo; ALBANI, Thiago. *A tutela de urgência no processo civil brasileiro*. Niterói: Impetus, 2009.

FUX, Luiz. *Tutela de segurança e tutela da evidência*: fundamentos da tutela antecipada. São Paulo: Saraiva, 1996.

GIANNICO, Maurício; CHIOVITTI, Alexandre Paulichi. Tutela de urgência e tutela de evidência sob a ótica da efetividade. *In*: CIANCI Mirna *et al.* (Coord.). *Temas atuais das tutelas diferenciadas*: estudos em homenagem ao Professor Donaldo Armelin. São Paulo: Saraiva, 2009.

GORDILLO, Agustín. *Tratado de derecho administrativo*. 5. ed. Belo Horizonte: Del Rey, 2003. t. 2.

GUERRA, Marcelo Lima. As liminares na reforma do CPC. *In*: WAMBIER, Teresa Arruda Alvim (Coord.). *Repertório de jurisprudência e doutrina sobre liminares*. São Paulo: Revista dos Tribunais, 1995.

JUSTEN FILHO, Marçal. *Curso de direito administrativo*. 2. ed. São Paulo: Saraiva, 2006.

KAUFMANN, Arthur. *Filosofia do direito*. Tradução de Antônio Ulisses Cortês. Lisboa: Calouste Gulbekian, 2004.

LARA, Betina Rizzato. A satisfatividade no âmbito das liminares. *In*: WAMBIER, Teresa Arruda Alvim. (Coord.). *Repertório de jurisprudência e doutrina sobre liminares*. São Paulo: Revista dos Tribunais, 1995.

LARA, Betina Rizzato. *Liminares no processo civil*. São Paulo: Revista dos Tribunais, 1993.

LARENZ, Karl. *Metodologia da ciência do direito*. Tradução de José Lamego. 3. ed. Lisboa: Fundação Calouste Gulbenkian, 1997.

LOPES, Bruno Vasconcelos Carrilho. *Tutela antecipada sancionatória*: art. 273, inc. II, do Código de Processo Civil. São Paulo: Malheiros, 2006.

MACHADO, Antônio Cláudio da Costa. *Tutela antecipada*. 3. ed. São Paulo: Juarez de Oliveira, 1999.

MAIA FILHO, Napoleão Nunes. As oportunidades processuais de deferimento de tutela antecipada. *Revista Dialética de Direito Processual*, São Paulo, n. 5, p. 90-98, ago. 2003.

MARINONI, Luiz Guilherme. *Abuso de defesa e parte incontroversa da demanda*. São Paulo: Revista dos Tribunais, 2007.

MELLO, Celso Antônio Bandeira de. *Curso de direito administrativo*. 20. ed. São Paulo: Malheiros, 2006.

MELLO, Patrícia Perrone Campos. *Precedentes*: o desenvolvimento judicial do direito no constitucionalismo contemporâneo. Rio de Janeiro: Renovar, 2008.

NERY JR., Nelson; NERY, Rosa Maria de Andrade. *Código de Processo Civil comentado e legislação extravagante*. 10. ed. São Paulo: Revista dos Tribunais, 2007.

NEVES, Daniel Amorim Assumpção. Tutela antecipada sancionatória. *Revista Dialética de Direito Processual*, São Paulo, n. 43, p. 17-28, out. 2006.

ORIONE NETO, Luiz. *Tratado das liminares*. São Paulo: LEJUS, 2000. v. 2.

PASSOS, J. J. Calmon de. *Comentários ao Código de Processo Civil*. 8. ed. Rio de Janeiro: Forense, 2001. v. 3.

PEREIRA, Hélio do Valle. *Manual da Fazenda Pública em juízo*. Rio de Janeiro: Renovar, 2003.

ROCHA, Cármen Lúcia Antunes. Observações sobre a desapropriação no direito brasileiro. *Revista de Direito Administrativo*, Rio de Janeiro, n. 204, p. 33-52, abr./jun. 1996.

RODRIGUES, Marcelo Abelha. *Elementos de direito processual civil*. 2. ed. São Paulo: Revista dos Tribunais, 2003. v. 2.

SALLES, José Carlos de Moraes. *A desapropriação à luz da doutrina e da jurisprudência*. 5. ed. São Paulo: Revista dos Tribunais, 2006.

SHIMURA, Sérgio. A eficácia das medidas liminares. *In*: THEODORO JÚNIOR, Humberto; WAMBIER, Teresa Arruda Alvim (Coord.). *Repertório de jurisprudência e doutrina sobre liminares*. São Paulo: Revista dos Tribunais, 1995.

SIDOU, J. M. Othon. *Processo civil comparado*: histórico e contemporâneo: à luz do código de processo civil brasileiro, modificado até 1996. Rio de Janeiro: Forense Universitária, 1997.

SILVA, Ovídio Araújo Baptista da. *Curso de direito processual civil*. 4. ed. São Paulo: Revista dos Tribunais, 1998. v. 1.

SOUZA, Carlos Aurélio Mota de. Direito judicial, jurisprudencial e sumular. *Revista de Processo*, São Paulo, v. 20, n. 80, p. 208-214, out./dez. 1995.

TALAMINI, Eduardo. *Tutela relativa aos deveres de fazer e de não fazer*. 2. ed. São Paulo: Revista dos Tribunais, 2003.

VAZ, Paulo Afonso Brum. Tutela antecipada fundada na técnica da ausência de controvérsia sobre o pedido: §6º do art. 273 do CPC. *Revista de Processo*, São Paulo, v. 31, n. 131, p. 124-144, jan. 2006.

VIEHWEG, Theodor. *Tópica y jurisprudencia*. Madrid: Taurus, 1964.

VILELA, Danilo Vieira. Abuso do direito no Novo Código Civil e o abuso processual. *In*: MAZZEI, Rodrigo (Coord.). *Questões processuais do Novo Código Civil*. Vitória: ICE, 2006.

WAMBIER, Luiz Rodrigues; WAMBIER, Teresa Arruda Alvim. *Breves comentários à 2ª fase da reforma do Código de Processo Civil*. 2. ed. São Paulo: Revista dos Tribunais, 2002.

WAMBIER, Teresa Arruda Alvim. *Nulidades do processo e da sentença*. 5. ed. São Paulo: Revista dos Tribunais, 2004.

WATANABE, Kazuo. *Da cognição no processo civil*. 3. ed. São Paulo: Perfil, 2005.

WILBURG, Walter. Desenvolvimento de um sistema móvel no direito civil: *Revista Direito e Justiça*, Faculdade de Direito da Universidade Católica Portuguesa, Lisboa, v. 14, n. 3, p. 55-73, 2000.

YARSHELL, Flávio Luiz. *Tutela jurisdicional*. 2. ed. São Paulo: DPJ, 2006.

ZAVASCKI, Teori Albino. Antecipação da tutela em face de pedido incontroverso. *Revista Jurídica*, Porto Alegre, v. 50, n. 301, p. 30-35, nov. 2002.

ZAVASCKI, Teori Albino. *Antecipação da tutela*. 2. ed. São Paulo: Saraiva, 1999.

Informação bibliográfica deste texto, conforme a NBR 6023:2002 da Associação Brasileira de Normas Técnicas (ABNT):

COSTA, Eduardo José da Fonseca. Tutela de evidência no Projeto do Novo CPC: uma análise dos seus pressupostos. *In*: ROSSI, Fernando *et al*. (Coord.). *O futuro do processo civil no Brasil*: uma análise crítica ao Projeto do Novo CPC. Belo Horizonte: Fórum, 2011. p. 165-184. ISBN 978-85-7700-511-6.

O PAPEL DA JURISPRUDÊNCIA E OS INCIDENTES DE UNIFORMIZAÇÃO NO PROJETO DO NOVO CÓDIGO DE PROCESSO CIVIL

FÁBIO VICTOR DA FONTE MONNERAT

1 A valorização da jurisprudência no Projeto do Código de Processo Civil

Nosso sistema processual, historicamente, sempre foi pautado pelo individualismo, sendo o direito de ação e o processo, bem como todo o sistema judiciário, pensados, estudados e regulados de forma a solucionar as lides individuais.

Essa filosofia, contudo, era suficiente e coerente diante das demandas da época em que o sistema foi concebido. Hoje, com o avanço da tecnologia e com a formação de grandes grupos de pessoas, como consumidores de determinados serviços (por exemplo, telefonia, internet, planos de saúde, dentre outros), sem contar o crescimento considerável no número de servidores públicos ou contribuintes, é impraticável pensar o processo e o sistema judicial como um sistema capaz dar soluções individuais para cada caso.

A par disso, o tão buscado acesso à Justiça, prometido pela Constituição Federal foi, em grande medida, alcançado, sobretudo após a criação dos Juizados Especiais Cíveis estaduais e federais.

Entretanto, o alcance dessa meta, algo elogiável e digno de ser comemorado, também coloca em risco o sistema processual e judicial, haja vista a patente incapacidade dos órgãos jurisdicionais, dentre os quais os próprios Juizados Especiais, de dar vazão a todos os pedidos de maneira efetiva e em tempo razoável.

A louvável ampliação do acesso à Justiça, portanto, somada à massificação dos conflitos e ao crescimento dos denominados casos múltiplos, que se identificam por veicular uma mesma questão de direito, impôs a necessidade de que o modelo processual civil e o próprio sistema judicial tivessem de ser repensados, à luz dessa nova realidade.

Uma primeira solução, apontada nos idos dos anos 80, foi o processo coletivo que, se em teoria poderia solucionar sobretudo as questões de massa e as causas repetitivas, dando um tratamento coletivo e uniforme a todos os membros de um grupo ligados por determinadas características ou circunstâncias fáticas ou jurídicas, na prática, não se mostrou eficiente.

Isso porque, não obstante a engenhosidade e logicidade do sistema de jurisdição coletiva, esse procedimento, por si só, talvez não tenha solucionado a questão plenamente, devido a três principais motivos:

a) a decisão de *improcedência* não atingir os integrantes de grupo, classe ou categoria de pessoas abrangidas pelo objeto da ação coletiva;

b) a pendência do processo coletivo não inviabilizar o ajuizamento da ação individual pelo integrante de grupo, classe ou categoria de pessoas; e

c) as constantes restrições impostas, ora pela lei, ora pela jurisprudência, que impedem a tutela coletiva de determinadas matérias, cujo maior exemplo talvez seja a vedação de ajuizamento de ações coletivas para tutelar contribuintes, que, por definição, são um grupo que possui o mesmo *status* jurídico e que merece igual tratamento, quer da administração pública, quer do Poder Judiciário.

Enfim, apesar da existência do processo coletivo, voltado a tutelar uniformemente questões jurídicas que atingem da mesma maneira centenas, milhares e, muitas vezes, milhões de pessoas, perduram, nessas mesmas proporções, em nosso sistema judicial, centenas, milhares ou milhões de ações individuais.

É nesse contexto que o Projeto do CPC (Projeto de Lei do Senado nº 166/10), em mais de uma passagem, estabelece normas direcionadas a racionalizar o processamento e o julgamento das demandas individuais repetitivas, assim entendidas as demandas ajuizadas aos milhares individualmente, mas que, no fundo, tratam da mesma matéria de direito, sendo mínima ou inexistente a controvérsia acerca de fatos e questões probatórias.[1]

Essas regras pautam-se, especialmente, pela formação e valorização dos precedentes e pela jurisprudência previamente uniformizada, sumuladas ou não, que, uma vez consolidadas, autorizam, ou podem autorizar, legitimamente, a aceleração do procedimento e a repetição da aplicação da tese consagrada no julgamento de todas as demandas individuais idênticas ajuizadas.

A valorização dos precedentes, portanto, é legitimadora de técnicas de aceleração da prestação jurisdicional que, se bem aplicadas, podem não só levar a um processo mais rápido e eficiente, homenageando o princípio da duração razoável do processo, como também torná-lo mais justo, aplicando a todos que se encontram na mesma situação no plano do direito material o mesmo entendimento.

Tal sistema de valorização, observação e preferência pela estabilidade dos entendimentos jurisprudenciais, destarte, rende homenagem ao princípio da igualdade, permitindo tratamento idêntico a todos os jurisdicionados, maior margem de segurança jurídica, e previsibilidade.

O Projeto, nesse aspecto, combate a concepção antiga de que cada processo e cada um dos autos é *um mundo*, o que implica aceitar a já denominada *loteria jurisdicional* e

---

[1] O Ministro do Superior Tribunal de Justiça, Sidnei Agostinho Beneti (Assunção de competência e *fast-track* recursal. *Revista de Processo*, São Paulo, v. 171, p. 9, maio 2009) sustenta que, em muitos dos casos repetitivos, não se tem uma "lide individual" no sentido clássico da expressão, mas sim uma *macrolide*, que se desdobra em vários processos e ações individuais, porém que, na verdade, envolvem os mesmos argumentos e as mesmas questões de direito, sendo, por esse motivo, a composição dessas apenas *ilusoriamente individual*.

tolerar que duas pessoas em uma mesma situação jurídica recebam tratamentos rigorosamente opostos por terem sido julgadas por juízes com diferentes "entendimentos".

Valorizar os precedentes, e não apenas os vinculantes, é viabilizar um processo mais ágil, justo e équo, possibilitando, naqueles processos que discutam causas idênticas já pacificadas pelos tribunais, cortes procedimentais e a repetição do entendimento consagrado.[2]

Teresa Arruda Alvim Wambier,[3] relatora final do Anteprojeto do Novo Código de Processo Civil, elenca três vantagens advindas deste sistema de valorização de precedentes, a saber:

a) mais efetividade do processo, na medida em que, uma vez decidida a questão de maneira reiterada, o gasto de atividade jurisdicional e das partes tende a ser menor na solução da mesma questão em casos futuros;

b) maior respeito ao princípio da isonomia, por estar se dando tratamento igual, ou seja, a mesma resposta jurisdicional a casos idênticos; e

c) maior previsibilidade e tranquilidade para o jurisdicionado, representações do princípio da segurança jurídica que estaria sendo prestigiado a partir do momento em que há um sistema voltado a garantir que a resposta do Poder Judiciário, órgão constitucionalmente competente para dar a última palavra sobre a interpretação e aplicação da lei, é respeitada nos casos pendentes e terá respaldo pela aplicação futura.

Nesse sentido, especialmente, deve ser destacado o art. 882 do Projeto, que recomenda que os tribunais velem pela uniformidade e estabilidade da jurisprudência e determina que, sempre que possível, devem os tribunais, na forma e segundo as condições fixadas no regimento interno, editar enunciados correspondentes à súmula da jurisprudência dominante (art. 882, *caput* e inc. I). Na sequência, os demais incisos continuam a valorizar a jurisprudência dos tribunais, em especial a do Supremo Tribunal Federal (STF) e a dos tribunais superiores; e a indicar práticas voltadas a garantir a buscada estabilidade e uniformidade das decisões jurisdicionais.

Ressalte-se que, pela sistemática adotada no Projeto, os órgãos de jurisdição inferior devem observar o entendimento consolidado, quanto a questões de direito, pelos órgãos colegiados de jurisdição superior, notadamente o plenário ou corte especial do tribunal, conforme o caso.

Da mesma forma, outros órgãos fracionários numericamente menores que a corte especial ou o plenário, sobretudo se representarem todos os demais órgãos fracionários com competência para a matéria (seções, câmaras reunidas etc.), devem ter seus entendimentos jurisprudenciais respeitados e observados, conforme expresso no inc. II do art. 882.

O inc. III do dispositivo estende a necessidade de observância da jurisprudência do tribunal a todos os demais órgãos a ele vinculados, assim entendidos juízes de primeiro grau, relatores e magistrados dos Juizados Especiais, tanto de 1ª instância, quanto as turmas recursais.

---

[2] No Projeto são exemplos destas técnicas de aceleração fulcradas em jurisprudência uniformizada o processamento e julgamento dos recursos especial e extraordinários repetitivos (arts. 990-995), a autorização de atuação monocrática do relator (art. 888, incs. IV e V), e a rejeição liminar da demanda (art. 307, incs. I, II e III).

[3] *Recurso especial, recurso extraordinário e ação rescisória*. 2. ed. São Paulo: Revista dos Tribunais, 2008, p. 210.

Especialmente, as decisões do STF e as dos demais tribunais superiores, dado o caráter nacional e a própria missão constitucional dessas cortes, são destacadas, restando consignado, no inc. IV, do mesmo art. 882, que a jurisprudência desses órgãos deve nortear a atuação dos demais tribunais e juízos de primeiro grau com o declarado intuito de prestigiar os princípios da legalidade e isonomia.

Interessante observar que, devido à natureza de lei federal de que se revestirá o Novo Código de Processo Civil, certo é que a decisão que não se nortear pela jurisprudência dominante dos tribunais superiores, ou que não seguir a orientação do plenário ou da corte especial do tribunal a que estiver vinculado o juízo, só por esse motivo já autoriza a interposição do recurso especial para o Superior Tribunal de Justiça (STJ), com fulcro no art. 105, inc. III, "a" da Constituição Federal.

Nesse passo, é digno de nota que o Projeto, apesar de claramente se inclinar pela valorização e estabilidade dos precedentes jurisprudenciais, não estabelece força vinculante a todos os precedentes.

A eficácia vinculante é expressamente atribuída pela Constituição Federal às súmulas vinculantes do Supremo Tribunal Federal, introduzidas no ordenamento jurídico pátrio através da Emenda Constitucional nº 45/04.

É certo, todavia, que uma eficácia muito próxima da vinculante, com a determinação legal de observância obrigatória e com o cabimento de reclamação contra a decisão que contrariar seu entendimento (conforme o art. 942, IV e V), é atribuída pelo Projeto do CPC ao resultado do incidente de uniformização de jurisprudência (art. 900, §2º) e ao decidido no incidente de resolução de demandas repetitivas (art. 938), ambos a seguir comentados.

Na realidade, o disposto no art. 882 do Projeto possui estrutura de princípio jurídico, assim entendido como a espécie normativa que se caracteriza por veicular um mandamento de otimização, que pode ser satisfeito em diversos graus, a depender das possibilidades fáticas e jurídicas,[4] não encerrando, portanto, uma regra, isto é, não se estruturando como uma norma de determinação de se fazer exatamente aquilo que se determina, nem mais nem menos,[5] e que deva necessariamente e sempre ser observada.

O Projeto consagra, dessa maneira, o que podemos denominar de princípio da estabilidade da jurisprudência, indicando que as próprias cortes e os demais órgãos jurisdicionais de inferior hierarquia devem, preferencialmente, aplicar a orientação jurisprudencial dominante ou consagrada em súmula e só afastá-la em casos excepcionais, em que o precedente não se aplique, ou não mais se justifique a aplicação de dado entendimento em virtude da modificação das circunstâncias jurídicas, políticas ou sociais entre o momento da formação do precedente e a ocasião de sua aplicação.

A mudança de orientação jurisprudencial é admitida por exceção, no próprio art. 882, que, em seus parágrafos, estabelece mecanismos de rediscussão, revisão e eventual modificação do entendimento consolidado, nos termos comentados a seguir.

---

[4] ALEXY, Robert. *Teoria dos direitos fundamentais*. São Paulo: Malheiros, 2008. p. 91. No mesmo sentido: GUERRA FILHO, Willis Santiago. *Processo constitucional e direitos fundamentais*. 5. ed. São Paulo: RCS, 2007. p. 62.
[5] ALEXY, *op. cit., loc. cit.*

2 Possibilidade de revisão da jurisprudência dominante

A referida tendência de valorização dos precedentes jurisprudenciais, obviamente, não pressupõe um engessamento da jurisprudência, sempre suscetível a modificações com o passar do tempo por força de alterações tanto legislativas quanto político-sociais.

O indesejável engessamento é combatido no próprio corpo do art. 882 que, em seu §2º, prevê a possibilidade de um procedimento autônomo, voltado à revisão e à eventual modificação da jurisprudência, a ser detalhado no regimento interno do tribunal, mas tendo assegurada uma ampla publicidade e um extenso contraditório, com a possibilidade de realização de audiências públicas e participação de pessoas, órgãos ou entidades, que possam elucidar a discussão da matéria.

Aqui, o maior avanço é a previsão, ainda que pendente de detalhamento por regimentos internos dos tribunais, de um incidente próprio e especificamente voltado à revisão do entendimento jurisprudencial, o que indica, ou pelo menos aponta, para a impossibilidade de um órgão fracionário da corte no julgamento de um recurso específico, simplesmente, contrariar a tese até então consagrada.

Ademais, para evitar simples viradas jurisprudenciais, as decisões judiciais que contrariem a jurisprudência consolidada devem ser especialmente motivadas, "considerando o imperativo de estabilidade das relações jurídicas", o que parece apontar para a necessidade de uma demonstração fundamentada na decisão antagônica de sensíveis modificações no plano jurídico, social ou político, que autorizem uma mudança de entendimento (art. 882, §1º).

3 A modulação de efeitos da jurisprudência dominante

Até por admitir a hipótese de mudança da jurisprudência dominante, devidamente fundamentada e precedida de um procedimento específico para tanto, mas sempre preocupado, por outro lado, com a estabilidade das relações jurídicas de acordo com a jurisprudência até então consolidada, o inc. V, do art. 882, do Projeto, cita a possibilidade de modulação de efeitos da nova orientação jurisprudencial.

Nitidamente inspirada no modelo do controle concentrado de constitucionalidade,[6] a referida modulação de efeitos, também admitida no controle difuso, dada a aptidão de o pronunciamento do STF, nessa sede, também expandir-se para demais processos semelhantes,[7] consiste em possibilitar que o entendimento pacificado surta efeitos apenas a partir do trânsito em julgado da decisão (*ex nunc*) ou a partir de determinada data fixada na decisão, não atingindo os processos já julgados, *sub judice* ou ajuizados até determinada data, por exemplo.

A aplicação de efeitos *ex nunc* ou em algum ponto futuro deve se dar por exceção, ou seja, apenas nos casos em que a aplicação retroativa da jurisprudência contrária à até então consagrada desestabilize as situações já consolidadas e gere insegurança jurídica, fatores que devem estar devidamente justificados na decisão judicial.

---

[6] Art. 27 da Lei nº 9.868/99.
[7] Nesse sentido: MENDES, Gilmar Ferreira; COELHO, Inocêncio Mártires; BRANCO, Paulo Gustavo Gonet. *Curso de direito constitucional*. 4. ed. São Paulo: Saraiva, 2009. p. 1147.

4 Do incidente de uniformização de jurisprudência

A par de propor genericamente a valorização da jurisprudência e incentivar a adoção de súmulas de jurisprudência dominante no já comentado art. 882, o Projeto, em mais de uma passagem, instituiu incidentes de uniformização de jurisprudência voltados a racionalizar o julgamento de causas e recursos repetitivos, bem como a formalizar o entendimento jurisprudencial acerca de questões exclusivamente de direito julgadas reiteradamente.

O primeiro deles é disciplinado no art. 900, que substitui e faz as vezes dos dois incidentes previstos no CPC/73: o disciplinado no art. 476 e seguintes; e outro, com sutis modificações, previsto no art. 555, §1º, do CPC, introduzido pela Lei nº 10.352/01.

Na sistemática do Projeto, o incidente de uniformização de jurisprudência, até então duplamente tratado, restou unificado.

Prevaleceu a sistemática do art. 555, §1º, do CPC atual, pois o art. 900 do Projeto admite que o incidente seja suscitado não apenas quando já caracterizada a divergência, voltando-se a compô-la, como também para prevenir a possível divergência capaz de surgir a partir da multiplicidade de demandas com fundamento em idêntica controvérsia.

Diferentemente da letra do art. 476, e nos termos do art. 555, §1º, do CPC/73, uma vez verificado o cabimento do incidente, o colegiado maior competente para julgá-lo não apenas se pronuncia sobre o ponto polêmico como também perfaz o julgamento do recurso que veiculou a tese, em uma verdadeira assunção de competência, para usarmos a expressão consagrada na doutrina[8] e na própria lei.

O artigo, em comento, não estabelece expressamente qual órgão colegiado do tribunal possui competência para o julgamento do incidente de uniformização, deixando isso a cargo do regimento interno de cada tribunal. Tal norma regimental, por sua vez, deve atribuir a competência ao órgão necessariamente representativo de todo o tribunal ou de os todos órgãos fracionários competentes para a análise da matéria, notadamente o plenário, a corte especial, ou mesmo seções especializadas que abarquem todas as câmaras ou turmas competentes em relação à matéria.

Dois pontos decorrentes do incidente de uniformização merecem destaque, por não encontrarem antecedentes similares no Código de 1973.

O primeiro deles é a possibilidade de suspensão de todos os recursos que versem sobre a mesma matéria, ressalvada a possibilidade de apreciação de questões urgentes a teor do art. 934, *p.u.*, do Projeto aplicável, na hipótese, por analogia.

O segundo decorre da previsão do §2º do art. 900 que estabelece a vinculação dos demais órgãos fracionários à tese consagrada no incidente, medida perfeitamente coerente com o sistema de valorização dos precedentes e zelo pela estabilidade da jurisprudência consolidada, até porque, por se tratar de frações, tais órgãos são parte de um todo, o tribunal, que, através de sua composição máxima com competência para a matéria, firmou o entendimento em determinado sentido.

A tese contrária, ou seja, aquela que admite a possibilidade de órgãos fracionários aplicarem entendimentos diferentes do decidido em sede de incidente

---

[8] BENETI, Sidnei Agostinho. Assunção de competência e *fast-track* recursal. *Revista de Processo*, São Paulo, v. 171, p. 9, maio 2009.

de uniformização, esvazia o sentido do mesmo, e ofende a isonomia, permitindo o tratamento diferente de dois sujeitos em uma mesma situação no plano do direito material, além de atentar contra a segurança jurídica e a própria legalidade.

A par disso, o inconformismo da parte derrotada com fulcro em uma tese rechaçada em sede de incidente de uniformização, certamente, gerará a interposição de outros recursos ou mesmo ação rescisória, ferindo os princípios da celeridade, eficiência e economia processual.

Contudo, em que pese a necessidade e a utilidade de previsão do incidente de uniformização de jurisprudência semelhante aos dois incidentes previstos no CPC vigente, a uniformização regulada no art. 900 do Projeto tende a ter sua aplicação mitigada pela previsão de outros dois incidentes de resolução de causas e recursos repetitivos, com finalidade e efeitos bastante similares, que serão sucintamente tratados no item seguinte.

5 Demais mecanismos voltados à uniformização da jurisprudência previstos no Projeto do Novo CPC

Outros dois mecanismos de uniformização jurisprudencial e prevenção de decisões divergentes voltados a racionalizar o julgamento de causas e recursos repetitivos são estabelecidos no Projeto, a saber: a) incidente de resolução de demandas repetitivas; e b) julgamento dos recursos excepcionais repetitivos.

O incidente de resolução de demandas repetitivas tem cabimento toda vez que "identificada controvérsia com potencial de gerar relevante multiplicação de processos fundados em idêntica questão de direito e de causar grave insegurança jurídica, decorrente do risco de coexistência de decisões conflitantes" (art. 930), podendo ser proposto pelas partes, Ministério Público, Defensoria Pública, ou ainda, de ofício, pelo juiz ou relator.

O julgamento dos recursos extraordinário e especial repetitivos tem lugar nos termos do art. 990 do Projeto sempre que houver multiplicidade de recursos especial ou extraordinário com fundamento em idêntica questão de direito.

Os dois itens subsequentes serão dedicados a breves comentários acerca dessas duas técnicas processuais de uniformização jurisprudencial e seus principais desdobramentos.

5.1 Do incidente de resolução de demandas repetitivas

Além do genérico incidente de uniformização de jurisprudência previsto no art. 900 do Projeto, comentado anteriormente, outra forma de pacificação de entendimentos jurisprudenciais para posterior aplicação uniforme é viabilizada pelo procedimento estabelecido nos arts. 930 a 941, que é a especificamente voltada à resolução de demandas repetitivas.

Podemos entender por demandas repetitivas aquelas que não possuam questões controvertidas acerca de fatos, mas exclusivamente de direito, e que, por disciplinar uma relação jurídica massificada, atingem individualmente um grande grupo de jurisdicionados (contribuintes de determinado tributo, consumidores de certos serviços, aposentados etc.), e, ainda, em caso de conflito ou ambiguidades na interpretação e aplicação do direito, proporcionam uma enorme quantidade de ações propostas com pedido e causa de pedir semelhantes.

Muitas vezes, inclusive, é comum que as diversas demandas sejam propostas contra um mesmo sujeito, em especial entes públicos (União Federal, autarquias federais, empresas públicas, fazendas estaduais e municipais), significando um motivo a mais para o tratamento coletivo, uma vez que, nessas hipóteses, além da demanda representada na petição inicial, também as respostas do réu, notadamente a contestação, tendem a ser padronizadas, o que justifica um procedimento mais simples, se comparado com o de uma demanda inédita ou única, e, mais do que isso, uma decisão com conteúdo equivalente.

Em grande medida, os objetivos e as finalidades do incidente de uniformização de jurisprudência, previsto no art. 900 e comentado acima, se aproximam do julgamento do incidente de resolução de demandas repetitivas ora analisado.

Algumas diferenças, entretanto, podem ser identificadas entre os dois institutos. A primeira delas é que o art. 900 só possui aplicação para recursos, ao passo que o incidente de resolução de demandas repetitivas pode ser instaurado na pendência de "controvérsia com potencial de gerar relevante multiplicação de processos fundados em idêntica questão de direito e causar grave insegurança jurídica, decorrente do risco de coexistência de decisões conflitantes", ainda no primeiro grau.

Além disso, a expressão "relevante questão de direito" parece ter um alcance um pouco mais abrangente do que "demandas repetitivas", tratadas no incidente do art. 930 e seguintes do Projeto.

Questões de natureza processual, por exemplo, não se enquadram no conceito de "demandas repetitivas", mas, quando polêmicas e de aplicação divergente, necessitam de uniformização, sendo certo que, nessas hipóteses, em princípio, seria cabível o incidente previsto no art. 900 do Projeto.

Outra distinção relevante entre os incidentes é a determinação da suspensão dos processos perante o primeiro grau de jurisdição e dos recursos pendentes no segundo grau, que envolvam a mesma tese jurídica, quando admitido o incidente de resolução de demandas repetitivas nos termos do art. 934 do Projeto, ao passo que o §1º, do art. 900, diz respeito apenas à suspensão dos recursos pendentes.

A instauração do incidente pode ser realizada de ofício pelo juiz ou relator, nos termos do art. 930, §1º, inc. I, ou a requerimento da parte, Ministério Público ou Defensoria Pública, conforme permite o inc. II do mesmo dispositivo, sempre dirigido ao presidente do tribunal.

Apesar de o requerimento de instauração do incidente dever ser dirigido ao presidente do tribunal ao qual esteja vinculado o juiz ou relator perante o qual pende de julgamento o processo representativo da controvérsia, a competência para decidir acerca da admissibilidade do incidente, assim como o julgamento do mérito do deste, pertence ao plenário do tribunal ou a seu órgão especial, nas hipóteses em que houver esse órgão na estrutura do tribunal.

O referido requerimento deverá ser distribuído a um relator, que terá a incumbência de conduzir o procedimento, observando as regras constantes nos arts. 930 a 941, além de, obviamente, proferir o voto condutor do julgamento.

Em função da força emprestada às decisões tomadas em sede do incidente de resolução de demandas repetitivas, o que será tratado a seguir, a sistemática prevista no Projeto potencializa os princípios processuais constitucionais no curso de seu procedimento, especialmente a publicidade e o contraditório.

O princípio da publicidade é potencializado especialmente pelo art. 931, que, em seu *caput*, reza que "a instauração e julgamento do incidente serão sucedidos da mais ampla e específica divulgação e publicidade, por meio do registro eletrônico no Conselho Nacional de Justiça".

O parágrafo único do mesmo dispositivo projetado, por sua vez, determina que "os tribunais promoverão a formação e atualização de banco de dados eletrônico sobre questões de direito submetidas ao incidente, comunicando, imediatamente, ao Conselho Nacional de Justiça, para a inclusão no cadastro".

Tais regras possuem um claro intuito de promover o mais amplo conhecimento possível da instauração e do julgamento do incidente, viabilizando uma participação abrangente dos magistrados, advogados e demais operadores de direito e da própria sociedade como um todo, no procedimento e maior observância do decidido.

Também o princípio do contraditório é potencializado no incidente pela participação do Ministério Público, quando este não for o requerente (art. 930, §3º), e pela possibilidade de o relator, antes de proferir decisão sobre a questão de direito, ouvir as partes e os demais interessados, assim entendidas "pessoas, órgãos e entidades com interesse na controvérsia".

A participação desses interessados possui clara natureza de *amicus curiae*, modalidade de intervenção de terceiro já existente na legislação processual extravagante vigente e que passa a possuir tratamento no sistema codificado do Projeto, em seu art. 322.

A legitimidade para intervir como *amicus curiae*, segundo a mais autorizada doutrina sobre o tema,[9] decorre da demonstração, cumulativamente:

a) do interesse institucional, conceito mais abrangente do que o de interesse jurídico previsto na regulamentação do instituto da assistência; e

b) de adequada representação, ou seja, a representatividade dos postulantes.

Cassio Scarpinella Bueno[10] sugere como "um referencial importantíssimo, mas não suficiente", o rol de legitimados pelo Direito Processual para propor ações coletivas, salientando, todavia, que não há como recusar que quaisquer interessados, "mesmo não admitidos pela lei brasileira como legitimados para propor ações coletivas, possam pretender desempenhar a função de *amicus curiae*".[11]

É possível, ademais, vislumbrar um interesse jurídico objetivamente constatável, para que, com fulcro no princípio do contraditório e na qualidade de *amicus curiae*, determinados sujeitos possam participar de procedimentos de uniformização de entendimentos jurisprudenciais, quais sejam, exatamente, aqueles que figurem em demandas individuais que versam sobre a mesma matéria e que potencialmente serão atingidos pelo decidido no procedimento.

---

[9] BUENO, Cassio Scarpinella. *Amicus curiae no processo civil brasileiro*: um terceiro enigmático. São Paulo: Saraiva, 2006. p. 141.
[10] *Op. cit.*, p. 648.
[11] *Op. cit.*, p. 647.

Portanto, nesse grupo, também incluem-se todas as partes dos processos que envolvam a mesma questão de direito, que, apesar de não possuírem interesse institucional, têm interesse jurídico na solução do incidente.

O sistema projetado, visando combater o proferimento de decisões divergentes durante o curso do procedimento de resolução concentrada, determina a paralisação dos processos que versem sobre a mesma questão de direito.

Nesse sentido, o art. 934 determina: "admitido o incidente, o presidente do tribunal determinará, na própria sessão, a suspensão dos processos pendentes, em primeiro e segundo graus de jurisdição".

A suspensão decorrente da instauração do incidente de resolução de demandas repetitivas pode ainda ser, a requerimento das partes, Ministério Público, Defensoria Pública e demais interessados, estendida pelo STJ ou STF, a depender da natureza da matéria, a todo território nacional, conforme prevê o art. 937 do Projeto.

Suspensos os processos, fica proibida a prática de atos processuais até o julgamento do incidente, restando apenas autorizada, nos termos do art. 934, *p.u.*, a concessão de medidas de urgência no juízo de origem.

A suspensão, todavia, possui, nos termos do art. 939, §1º, prazo máximo de duração de seis meses.

O referido período, aliás, é o tempo determinado pelo *caput* do dispositivo, para que o incidente seja julgado, e sendo a consequência de seu descumprimento a retomada do curso do procedimento de todos os processos até então suspensos.

Considerando o potencial prejuízo dessa retomada, razões de ordem sistemática impõem a rigorosa observância do prazo de seis meses pelo tribunal competente para o julgamento do incidente.

Uma vez julgado o incidente, a tese deve ser aplicada a todos os processos que envolvam a questão, em função do disposto no art. 938, que, apesar de não se utilizar da expressão "eficácia vinculante", determina a observância obrigatória do entendimento firmado no incidente por todos os órgãos de jurisdição inferior vinculados ao tribunal prolator da decisão.

Nesse ponto, diferentemente do já comentado art. 882, em que se verifica a recomendação para que os tribunais *zelem* pela observância da jurisprudência e os órgãos inferiores se *orientem* pela jurisprudência do tribunal ao qual estejam vinculados, o art. 938 determina categoricamente que "a tese jurídica será aplicada a todos os processos que versem idêntica questão de direito".

Prova dessa maior eficácia e observância obrigatória é o cabimento da reclamação, contra a decisão que contrarie o decidido no incidente, conforme dispõe o art. 942, inc. IV, do Projeto.

Portanto, ao contrário da jurisprudência consolidada ou até mesmo sumulada pelos tribunais, que devem ser observadas, sem contudo possuírem efeitos vinculantes e autorizarem o ajuizamento de reclamação, o produto do incidente de resolução de demandas repetitivas possui maior força emprestada pelo sistema processual projetado.

Tal distinção justifica-se em função de o incidente ter um procedimento em que restam potencializados a publicidade e o contraditório, o que legitima a observância obrigatória de seu resultado.

O estudo da reclamação obviamente escapa ao objeto deste trabalho, mas, em apertada síntese, pode ser entendido como uma técnica de aceleração da cassação ou reforma do julgado contrário a entendimento consagrado no incidente de resolução de demandas repetitivas.

5.2 Do julgamento dos recursos extraordinário e especial repetitivos

O Projeto, em seus arts. 990 a 995, estabelece um procedimento de julgamento dos recursos excepcionais repetitivos, assim entendidos os recursos especial ou extraordinário múltiplos, fundados em idêntica questão de direito.

Nesse aspecto, a primeira inovação é a padronização do procedimento, no âmbito legislativo, do tratamento tanto do recurso especial, quanto do recurso extraordinário, o que não ocorre com o Código de Processo Civil vigente, no qual o tratamento procedimental dos recursos excepcionais repetitivos, não obstante semelhantes, encontram-se disciplinados em dispositivos distintos, art. 543-A, 543-B, dedicados ao recurso extraordinário, e art. 543-C, que trata do procedimento do recurso especial repetitivo.

Todavia, diferenças procedimentais podem se mostrar presentes, não apenas pelo fato de o art. 990 do Projeto determinar a observância do regimento interno do Superior Tribunal de Justiça e do Supremo Tribunal Federal, como também pelo fato de a exigência da repercussão geral da questão discutida no recurso ser uma exigência constitucional apenas para o recurso extraordinário.

A principal novidade talvez seja a possibilidade de suspensão dos recursos excepcionais que envolvam a mesma questão de direito, pelo presidente do tribunal *a quo* (art. 991, *caput*) ou pelo Ministro relator no tribunal superior (art. 991, §1º), e dos processos pendentes de julgamento em primeiro grau de jurisdição, nos termos do art. 991, §3º, que limita a referida suspensão ao período de 12 meses, prazo que, então, torna-se o limite máximo ideal para o julgamento do incidente.

Igualmente, o §4º do mesmo dispositivo projetado estabelece a suspensão de todos os recursos pendentes nos tribunais superiores e de segundo grau de jurisdição que versem sobre a matéria veiculada nos recursos repetitivos.

No que se refere ao procedimento do julgamento do recurso "representativo da controvérsia", resta mantida de forma coerente com os efeitos potenciais da decisão a necessidade de maximização dos princípios constitucionais da publicidade e do contraditório, este último pela expressa previsão de participação do Ministério Público e demais pessoas, órgãos ou entidades com "interesse na controvérsia", que atuariam na qualidade de *amicus curiae*, de modo extremamente semelhante à participação destes no incidente de resolução de demanda repetitiva comentada no item 5.2, acima, (art. 992, §2º).

Também é prevista a participação dos tribunais de segundo grau de jurisdição, a quem o relator pode requisitar informações acerca da controvérsia a teor do art. 992.

Restou igualmente mantido, sem maiores alterações, o procedimento de aplicação do entendimento consagrado no incidente inserido no ordenamento jurídico pátrio pela Lei nº 11.672/08, que acrescentou o art. 543-C ao Código de Processo Civil de 1973.

Assim, nos termos do art. 993 do Projeto, uma vez julgado o recurso excepcional paradigma, os órgãos fracionários do próprio tribunal superior se pronunciarão sobre os demais recursos repetitivos, dando provimento caso a decisão recorrida esteja em confronto com a tese consagrada no incidente, ou "julgando-os prejudicados" caso o recurso veicule tese afastada pelo tribunal no julgamento da questão.

Da mesma forma, tal como no sistema atual, o Projeto atribui ao tribunal de segundo grau a possibilidade de aplicar a tese consagrada no incidente nos recursos sobrestados naquela sede.

Assim, uma vez apreciada a tese jurídica por ocasião do julgamento do recurso excepcional representativo da controvérsia, os efeitos do julgamento deverão atingir todos os recursos excepcionais sobrestados na origem, devendo, a depender da hipótese:

 a) ter seguimento denegado quando o acórdão recorrido consagrar a tese decidida pelo Tribunal Superior no julgamento do recurso paradigma; e

 b) ser reexaminado pelo tribunal *a quo* na hipótese contrária, em que o acórdão recorrido divergir da orientação do Tribunal Superior, momento em que está autorizado o tribunal *a quo* a exercer o juízo de retratação, adaptando o acórdão recorrido ao entendimento consagrado no julgamento concentrado.

Se, após a referida reanálise pelo tribunal de origem, for mantido o acórdão em termos contrários à orientação firmada pelo Tribunal Superior quando do julgamento do recurso paradigma, o procedimento deve ser:

 - análise da admissibilidade do recurso excepcional e encaminhamento para o Tribunal Superior competente (art. 994, §1º).

Obviamente, esta última hipótese é frontalmente combatida pelo sistema, até porque razões de ordem sistemática recomendam que, não obstante a ausência de efeito vinculante do decidido no julgamento do recurso excepcional repetitivo, devem os tribunais de 2º grau de jurisdição consagrar a tese vencedora no julgamento do recurso paradigma independentemente da "jurisprudência local", pois o contrário significa negar sentido ao procedimento de resolução concentrada.

Interessante destacar que, em razão da previsão de processamento do recurso nos termos do art. 994, §1º, ao contrário da decisão que não aplica o decidido em sede de julgamento de demandas repetitivas, contra o acórdão que contrarie a tese consagrada no julgamento dos recursos excepcionais repetitivos não é admissível a reclamação.

No caso de ocorrência da indesejável manutenção da tese contrária ao entendimento formado pelo Superior Tribunal de Justiça, subindo o recurso, caberá ao relator, monocraticamente, apreciar e, se for o caso, reformar o acórdão recorrido.

Outra novidade que merece ser destacada é a produção de efeitos procedimentais, também em primeiro grau, uma vez julgado o recurso especial ou extraordinário repetitivo representativo da controvérsia.

Isso porque o sistema projetado, além de determinar a suspensão dos processos que envolvam a questão idêntica, também no primeiro grau, estabelece que, uma vez julgada e declarada a tese dominante, o juiz de 1º grau deverá proferir sentença aplicando a tese firmada (art. 995).

Nesse passo, mais uma vez, apesar da não utilização do termo "eficácia vinculante", o Projeto parece indicar a necessidade de observância obrigatória do decidido no julgamento dos recursos especial e extraordinário repetitivos, sendo defensável, inclusive, o cabimento da reclamação com fulcro no art. 942, inc. II do Projeto, interpretado sistematicamente.

O parágrafo único do referido dispositivo possibilita que a parte desista da ação em 1º grau após o julgamento do recurso excepcional paradigma, ficando, inclusive, dispensada do pagamento de custas e honorários se a desistência se der antes da citação do réu, o que é bastante possível ocorrer dada a determinação de suspensão do processo na pendência de julgamento da tese pelo Tribunal Superior.

6 A jurisprudência uniformizada como pauta para o julgamento liminar de improcedência

Tal como o sistema vigente do Código de Processo Civil de 1973 reformado, o Projeto do CPC mantém a possibilidade de indeferimento da petição inicial antes mesmo da citação do réu, ora por razões de mérito, ora por razões processuais.

No sistema originário do CPC de 1973, a petição inicial poderia ser liminarmente indeferida, independentemente da citação do réu, basicamente por razões processuais como inépcia da inicial, ausência de condições da ação e pressupostos processuais, sendo as únicas hipóteses de improcedência por razões de mérito a verificação de prescrição e a decadência.

Posteriormente, com o advento da Lei nº 11.277/06, que inseriu no Código o art. 285-A, a improcedência da demanda, por razões de mérito, antes da citação, foi sensivelmente ampliada pela autorização do proferimento de sentença de total improcedência, quando, no juízo, já houvesse "precedentes" sobre a mesma questão de direito, hipótese em que a sentença anterior deveria ser reproduzida nos demais processos.

O indeferimento por razões processuais, em função do reconhecimento da prescrição e decadência, foi mantido com pequenas alterações no Projeto e escapam do objeto deste trabalho.

Digno de destaque nesta sede é o art. 307 do Projeto que, sob o título de "improcedência liminar do pedido", substitui o art. 285-A do CPC vigente.

A principal alteração é a substituição da possibilidade de julgamento de total improcedência deixar de ser baseada nos "precedentes do juízo", para ser autorizada apenas quando houver jurisprudência sumulada ou decisão proferida em procedimento especificamente voltado à solução concentrada de questões de direito.

Logo, ao contrário do sistema vigente que autoriza o proferimento da sentença de total improcedência com fulcro nos precedentes do próprio juízo, o julgamento liminar de improcedência antes da citação do réu, autorizado pelo Projeto, está condicionado à jurisprudência formalizada pela edição de súmula do Supremo Tribunal Federal ou Superior Tribunal de Justiça ou consagrada em outro procedimento específico para discussão e consagração do entendimento acerca da questão de direito, notadamente o julgamento de recursos repetitivos, à resolução de demandas repetitivas, ou à assunção de competência, todas aqui já comentadas.

Restam excluídas, portanto, a atuação do magistrado de 1º grau baseada em seus próprios precedentes, e até mesmo a jurisprudência pacificada, mas não formalizada, do tribunal ao qual esteja vinculado o juízo, ou mesmo do STF ou STJ.

Essa, aliás, vem sendo a tendência do Projeto do Código de Processo Civil, que, além de prever os três procedimentos de uniformização, valoriza seu resultado em diversas passagens, dando preferência aos entendimentos consagrados e formalizados nessas sedes, em comparação aos efeitos emprestados à jurisprudência consolidada ou pacificada pela via de julgamentos reiterados de recursos e ações originárias pelos tribunais.

Essa preferência, diga-se de passagem, traz maior segurança jurídica, haja vista ser muito mais claros, e de fácil e segura verificação, os entendimentos consagrados após um procedimento específico para tanto, se comparados à verificação e caracterização da predominância de determinado entendimento jurisprudencial.

Isso porque a interpretação do que vem a ser jurisprudência dominante ou pacificada, que envolve conceitos jurídicos indeterminados, como *quantidade expressiva de julgados*, "*atualidade*" da divergência ou da pacificação pelo operador do direito, torna-se desnecessária.

Dessa potencial dificuldade decorre a utilidade e até a justificativa da maior valorização dos entendimentos consagrados via um dos três procedimentos previstos no Projeto, o que afasta a necessidade de identificação empírica do entendimento jurisprudencial uniforme e de interpretação e aplicação de conceitos jurídicos indeterminados ou de difícil determinação.

Não por acaso, o inc. I, do art. 882, comentado no item 1 deste artigo, dispõe que, sempre que possível, devem os tribunais, na forma e segundo as condições fixadas no regimento interno, editar enunciados correspondentes à súmula da jurisprudência dominante.

Além de modificar o requisito de cabimento para o julgamento liminar de improcedência, o Projeto de CPC modifica alguns aspectos da apelação contra a sentença liminar, unificando o procedimento do recurso contra a sentença que indefere a petição inicial, em todas as situações, quer seja fulcrada em inépcia da inicial, ou outra razão processual, ou mesmo de mérito, algo que não ocorre no sistema atual, haja vista o tratamento distinto entre o regime da apelação previsto nos atuais art. 296 e 285-A, §§1º e 2º, vigentes.

Restam mantidas a possibilidade do juízo de retratação e a necessidade de proceder-se à citação do réu para responder ao recurso, caso mantida a decisão e processada a apelação.

O regime projetado determina que, em caso de provimento da apelação, o processo deve ser devolvido à primeira instância para processamento regular, inclusive com a possibilidade de apresentação de contestação em primeiro grau e o proferimento de nova sentença.

Outro ponto esclarecido pelo Projeto é a necessidade de intimação do réu após o trânsito e julgado da sentença, para que ele tenha ciência de sua vitória e possa eventualmente alegar a formação da coisa julgada em uma possível nova interposição da mesma ação pelo autor, algo que poderia ser deduzido, no sistema atual, por uma interpretação sistemática.[12]

---

[12] Em um trabalho específico sobre o art. 285-A do CPC (Primeiras Aplicações do art. 285-A do CPC. *Revista de Processo*, São Paulo, n. 157, p. 238, mar. 2008), concluímos, nesse sentido, aduzindo que "Ao contrário do sistema previsto nos arts. 295 c/c 296 do Código de Processo Civil que, em regra, o magistrado antes de citar

Informação bibliográfica deste texto, conforme a NBR 6023:2002 da Associação Brasileira de Normas Técnicas (ABNT):

MONNERAT, Fábio Victor da Fonte. O papel da jurisprudência e os incidentes de uniformização no Projeto do Novo Código de Processo Civil. *In*: ROSSI, Fernando *et al*. (Coord.). *O futuro do processo civil no Brasil*: uma análise crítica ao Projeto do Novo CPC. Belo Horizonte: Fórum, 2011. p. 185-199. ISBN 978-85-7700-511-6.

o réu pode proferir sentenças terminativas ou quando muito 'falsas sentenças de mérito' ao reconhecer a prescrição e decadência, a regra quando da aplicação do art. 285-A é que a decisão liminar seja de mérito. A consequência prática dessa constatação reside na vocação deste pronunciamento judicial ser atingido pela imutabilidade da coisa julgada. Este fato impõe o dever ao juízo de intimar o réu não citado da decisão para que o mesmo tome conhecimento do trânsito em julgado da sentença e possa alegar em um eventual novo processo proposto pelo autor a existência de coisa julgada e requerer a extinção do segundo feito sem julgamento de mérito, com fulcro no art. 267, V, do CPC. Tal intimação é prevista no art. 219, §6º do Código de Processo Civil, aplicável ao caso por analogia".

A LIMITAÇÃO TEMPORAL DA DEFESA HETEROTÓPICA COMO FORMA DE REAÇÃO DO DEVEDOR NA EXECUÇÃO DE TÍTULOS EXTRAJUDICIAIS

FLÁVIA PEREIRA RIBEIRO

A ação executiva não está preordenada à discussão e declaração do direito, já devidamente certificado no título. Sua função concentra-se na realização material do direito não cumprido voluntariamente, por meio de uma sub-rogação. Apenas compete ao juiz forçar, sob autoridade estatal, o deslocamento de bens do patrimônio do executado para o do exequente. O órgão público invade a esfera patrimonial do devedor para de lá extrair o bem ou o valor com o qual se dá o cumprimento forçado da prestação, a fim de satisfazer o direito do credor.[1]

O fato de a ação executiva não se endereçar a um acertamento, mas tão somente à realização material do direito, não significa que o devedor será privado de um meio de defesa contra os atos executivos os quais atinjam seu patrimônio. Poderá o devedor discutir questões processuais e substanciais, sempre visando neutralizar a execução ou, eventualmente, até o próprio direito a executar.

No entanto, em contrassenso, três meios de reação são disponibilizados ao devedor na execução de títulos extrajudiciais:

  i) defesa incidental (embargos do devedor);
  ii) defesa endoprocessual (exceção de pré-executividade); e
  iii) defesa heterotópica (ação autônoma). Cada forma de reação tem suas especificidades próprias, conforme se verá em breves linhas.
  i) Os embargos do devedor representam a forma legal de defesa do executado nos casos de execução de títulos extrajudiciais (art. 736 e seguintes do CPC),

---

[1] THEODORO JÚNIOR, Humberto. *A Reforma da execução do título extrajudicial*. Rio de Janeiro: Forense, 2006. p. 174.

e desde o advento da Lei nº 11.382/06 passaram a não mais exigir qualquer penhora ou outra forma de segurança do juízo para sua oposição. Ademais, o prazo para sua propositura passou de 10 (dez) para 15 (quinze) dias, cuja contagem do termo inicial se dá a partir citação da execução e não mais da penhora. Convém salientar, também, que os embargos não têm mais efeito suspensivo da execução, como dantes. A eventual suspensão pode ser requerida pelo devedor e determinada pelo Magistrado diante da existência de graves danos ou de difícil reparação, e mediante caução suficiente para garantia do juízo.

ii) A exceção de pré-executividade surgiu da necessidade de uma via de defesa no processo de execução sem a necessária garantia do juízo. Pontes de Miranda, em 1966, sustentou tal possibilidade.

A ideia passou a ser amplamente debatida pela doutrina e jurisprudência, e, aos poucos, foi incorporada à prática forense. Inicialmente, a exceção de pré-executividade tinha sua utilização restrita às questões de ordem pública por não parecer razoável que o devedor sofresse constrição patrimonial, ou pior, fosse impedido de se defender por não possuir bens passíveis de penhora, nos casos em que as matérias alegadas deveriam ter sido declaradas de ofício pelo Juízo. Já em uma segunda fase, passou-se a aceitá-la também nos casos que diziam respeito ao direito material subjacente à execução, desde que não fosse necessária qualquer instrução probatória para a demonstração do alegado.

Em tese, não há prazo, forma ou procedimento específico para a sua apresentação, principalmente por tratar-se de construção pretoriana do direito. Todavia, a alteração trazida pela Lei nº 11.382/06, que afastou a necessidade de garantia do juízo para a apresentação dos embargos do devedor, acabou por minguar a importância dessa forma de reação do devedor.

iii) Defesa heterotópica é o nome que parte da doutrina dá às ações autônomas ajuizadas com o fim de discutir o título executivo ou o direito a executar, tais como a ação de invalidade do título, a declaratória de inexistência da relação jurídica, entre outras. Trata-se de meio de defesa estranho ao procedimento executivo, mas que se revela prejudicial à pretensão executiva em si.

O art. 585, §1º, do Código de Processo Civil, ainda que indiretamente, prevê a possibilidade de o executado propor "qualquer ação relativa ao débito constante do título executivo". Essa é a previsão legal das chamadas defesas heterotópicas, maneira imprópria de opor-se contra a execução forçada, independentemente de garantia do juízo e sem prazo determinado para a sua distribuição.

Feitos tais esclarecimentos, pretende-se questionar essa pluralidade de formas de defesa do executado na execução de títulos extrajudiciais, bem como discutir o assunto tal como tratado no Projeto de Lei nº 166/10. No entanto, faz-se necessário estabelecer alguns conceitos, antes de iniciar os debates.

O Presidente do Senado Federal, Sr. José Sarney, nomeou uma comissão formada por 11 juristas de notável saber, com o fim de que fosse elaborado um Projeto de Lei para um Novo Código de Processo Civil Brasileiro, que foi apresentado ao Senado em 08.06.2010, tendo tramitado naquela Casa sob o nº 166/10 — neste artigo chamado de "Projeto Original".

O Senador Valter Pereira foi nomeado relator do Projeto para o Novo Código de Processo Civil. Ele constitui uma comissão técnica de apoio à elaboração do seu Relatório-Geral, formada pelos juristas Athos Gusmão Carneiro, Cássio Scarpinella Bueno, Dorival Renato Pavan e Luis Henrique Volpe Camargo. Essa comissão analisou as muitas emendas enviadas ao Senado, bem como realizou audiências públicas para ouvir a opinião da sociedade a respeito do Projeto Original.

Findando seus trabalhos, o Senador Valter Pereira apresentou sua emenda ao Projeto Original, que foi votada e aprovada em 15.02.2010. Agora o PLS nº 166/10 encontra-se tramitando na Câmara dos Deputados. Neste artigo, usa-se o termo "Projeto Substitutivo" para fazer menção ao texto da emenda aprovada no Senado Federal.

Retomando a discussão proposta, na época da elaboração da sua dissertação de mestrado, que posteriormente veio a ser publicada pela Editora Juruá sob o título "Impugnação ao Cumprimento de Sentença", perguntava-se esta autora como poderiam conviver tantos meios de reação do executado na execução judicial — cumprimento de sentença —, nos termos da Lei nº 11.232/05. Naquela ocasião, buscando respostas, deparou-se com um artigo de Paulo Hoffman, que a instigou, fazendo constar de sua obra o quanto segue:

> (...) Não parece lógico que o devedor de uma obrigação constante de um acertamento judicial — no qual pesa a certeza e liquidez do título — seja intimado para impugnar, e, ao quedar-se inerte e desidioso por não tomar as providências devidas dentro do prazo legal, ainda assim faculte-lhe o ordenamento jurídico outras oportunidades para defender-se. A desídia processual configurada na perda do prazo da impugnação não geraria nenhuma consequência para o devedor, podendo ele, livremente, optar por outras formas de defesa — exceção de pré-executividade ou defesa heterotópica?
>
> Seria o executado um litigante diferenciado? Essa é a indagação que Paulo Hoffman faz em relação aos embargos do devedor. O mesmo questionamento é ainda mais pertinente para a impugnação, que é forma de defesa na fase executiva, a qual sucede a fase de cognição do processo. São palavras dele: "Por qual motivo um devedor é regularmente citado em um processo de execução para efetuar o pagamento da dívida, no prazo de 3 dias — sendo que da juntada aos autos do mandado de citação também já corre o prazo de 15 dias para interposição dos embargos —, e que simplesmente nada faz pode, posteriormente, ajuizar sua 'defesa' por meio de ação autônoma, as chamadas defesas heterotópicas, quando melhor lhe convier? Será realmente lógico deixar um processo de execução correr com todo o custo que esse desperdício de jurisdição representa para que, quando bem entender, o executado ajuíze outra ação, na qual — aí sim — se dignará a representar suas alegações, mesmo que o faça anos depois e como repetição de indébito? Por que aquele (devedor) que tem contra si um título já formado pode 'escolher' a melhor hora para apresentar-se em juízo e o próprio credor tem prazo fixo e certo para fazê-lo, assim como o réu somente tem o prazo de 15 dias da contestação?"[2]
>
> A perda do prazo da impugnação gera preclusão para todo e qualquer tipo de defesa dentro do próprio processo, inclusive a exceção de pré-executividade. Mas será que, em relação às defesas heterotópicas, as quais são ajuizadas e praticadas fora da fase de execução, poder-se-ia falar em preclusão — fenômeno endoprocessual?

---

[2] HOFFMAN, Paulo. Consequências da perda do prazo para interposição dos embargos à execução: será o executado o único litigante diferenciado de todos os demais?. *In*: SANTOS, Ernane Fidélis dos *et al*. (Coord.). *Execução civil*: estudos em homenagem ao professor Humberto Theodoro Júnior. São Paulo: Revista dos Tribunais, 2007. p. 679-680.

Nessa ocasião, não se pretende discutir se seria a preclusão, ou outro instituto, a impedir a propositura de uma ação autônoma, caso não fosse observado o prazo de 15 dias da impugnação, mas apenas questionar e marcar posição no sentido de que não se pode conceber que o executado conte infinitamente com oportunidades para defender-se, diferentemente de outros litigantes.[3]

Pois bem, o assunto acerca da pluralidade de formas de reação do devedor não poderia ser mais atual, vez que na esteira dessas indagações uma das propostas do Projeto Original para um Novo Código de Processo Civil Brasileiro apresentado ao Senado Federal foi exatamente a eliminação da possibilidade do executado utilizar-se da ação autônoma (heterotópica) após o decurso do prazo para os embargos do devedor, nos seguintes termos:

> Projeto Original de Lei 166/2010
> Artigo 839, parágrafo 2º:
> A ausência de embargos obsta a propositura de ação autônoma do devedor contra o credor para discutir o crédito.

Nesta oportunidade, a autora gostaria de consagrar a importância do artigo de Paulo Hoffman, intitulado "Conseqüências da perda do prazo para interposição dos embargos à execução. Será o executado o único litigante diferenciado de todos os demais?", publicado na coletânea Execução Civil: estudos em homenagem ao professor Humberto Theodoro Júnior pela Editora Revista dos Tribunais em 2007.

Atreve-se a dizer que referido texto foi propulsor da corajosa sugestão de alteração realizada pela Comissão do Projeto Original, razão pela qual merece destaque, principalmente porque era (e ainda é) muito polêmico, já que contrário a tudo que se defendia (e se defende), como será demonstrado.

Pela excelência do artigo e pelo esgotamento do assunto em razão da citação dos mais renomados processualistas, especialmente daqueles reconhecidamente competentes na matéria relativa à execução, nesta oportunidade faz-se um breve resumo dos referidos escritos.

Paulo Hoffman questiona se seria o executado um litigante diferenciado, uma vez que todos os demais têm responsabilidades e ônus, cujo não atendimento implica em sérias consequências, inclusive perda de seus direitos. O trabalhador deve ingressar com a competente reclamação trabalhista no prazo prescricional de dois anos após a extinção do contrato laboral; o alimentando tem igual prazo para ajuizar a execução dos alimentos não pagos; o interessado em retirar do ordenamento jurídico uma sentença transitada em julgado em razão de algum vício tem o mesmo prazo de dois anos para ajuizar a ação rescisória; o locatário de imóvel comercial conta com prazo específico para a ação renovatória — um ano a seis meses antes do fim do contrato; o réu de qualquer ação cognitiva tem o prazo peremptório de quinze dias para contestar o pedido inicial; etc.[4]

Se todos os jurisdicionados devem, no processo, praticar determinados atos em específico prazo de tempo e se ficarem inertes, sofrem consequências danosas,

---

[3] RIBEIRO, Flávia Pereira. *Impugnação ao cumprimento de sentença*. Curitiba: Juruá, 2009. p. 142-143.
[4] HOFFMAN, Paulo. Consequências da perda do prazo para interposição dos embargos à execução: será o executado o único litigante diferenciado de todos os demais?. *In*: SANTOS, Ernane Fidélis dos *et al.* (Coord.). *Execução civil*: estudos em homenagem ao professor Humberto Theodoro Júnior. São Paulo: Revista dos Tribunais, 2007. p. 678-679.

qual a razão do mesmo tratamento não ser dispensado ao executado? Ao devedor concedem-se diversas oportunidades, já que, caso perca o prazo para embargos do devedor, ainda lhe será facultado outros meios de defesa. Nem mesmo ao credor é concedido tal benefício, pois contra ele o decurso do prazo também é implacável. Hoffman questiona se haveria coerência nesse sistema processual.[5]

Entende ele que não há nenhum óbice para que a ação visando à declaração da nulidade do título ou a inexistência da dívida seja realizada *antes* do momento dos embargos do devedor, mas defende que passado o prazo legal para a reação do devedor através dos embargos do devedor não se possa mais utilizar de outra forma de reação. Paulo Hoffman, então, apresenta a posição da doutrina sobre o tema, frisando que ela é maciçamente contrária àquilo que sustenta.[6]

Para a doutrina, em breves linhas, não se pode cogitar em preclusão para a propositura de uma ação autônoma, vez que esse é um acontecimento que surge dentro do próprio processo. A preclusão implica, tão somente, na impossibilidade de apresentar-se uma defesa endoprocessual, sem impedir, porém, a propositura de uma ação estranha ao processo. Nesse sentido: Sandro Gilbert Martins,[7] Sérgio Shimura,[8] Teresa Arruda Alvim Wambier e José Miguel Garcia Medina,[9] Celso Neves,[10] Paulo Henrique Lucon,[11] Araken de Assis,[12] Cândido Rangel Dinamarco[13] e Humberto Theodoro Júnior[14]

Em conclusão, Hoffman afirma que não pretende discutir se é a preclusão, a coisa julgada, a prescrição, ou outro instituto, que deva coibir que o executado possa ignorar uma citação e o prazo para embargar e que não sofra ele nenhuma consequência dessa desídia. Nessa linha de raciocínio, termina seu artigo da seguinte forma:

> Sabemos que a posição defendida no presente texto é, no mínimo, polêmica e provavelmente, não encontrará eco na doutrina, mas, mesmo cientes do risco, vislumbramos esta oportunidade como sendo uma excelente ocasião para submeter nossa opinião à crítica dos operadores do direito. Não pretendemos — somente com argumentos de ordem prática — repudiar o posicionamento que até hoje prevalece com relação à possibilidade de apresentação de embargos do executado a qualquer tempo, ainda que passado o prazo previsto no art. 736 do CPC, mas, sim, repercutir uma nova forma de analisar essa delicada questão, a fim de tornar o processo de execução ainda mais

---

[5] *Op. cit.*, p. 679-680.
[6] *Op. cit.*, p. 680-681.
[7] MARTINS, Sandro Gilbert. A defesa heterotópica do executado. *In*: MARTINS, Sandro Gilbert. *A defesa do executado por meio de ações autônomas*. 2001. Dissertação (Mestrado) – Pontifícia Universidade Católica de São Paulo, São Paulo, 2001. f. 116 *et seq*. Dissertação publicada pela Revista dos Tribunais.
[8] SHIMURA, Sérgio. *Título executivo*. 2. ed. atual. e ampl. São Paulo: Método, 2005. p. 559 *et seq*.
[9] WAMBIER, Teresa Arruda Alvim; MEDINA, José Miguel Garcia. *O dogma da coisa julgada*: hipóteses de relativização. São Paulo: Revista dos Tribunais, 2003. p. 115-117.
[10] NEVES, Celso. *Comentários ao Código de Processo Civil*: arts. 646 a 795. 4. ed. Rio de Janeiro: Forense, 1992. v. 7, p. 248-249.
[11] LUCON, Paulo Henrique; MARCATO, Antônio Carlos (Coord.). *Código de Processo Civil interpretado*. São Paulo: Atlas, 2004. p. 2084-2085.
[12] ASSIS, Araken. *Manual de execução*. 9. ed. rev. atual. e ampl. São Paulo: Revista dos Tribunais, 2006. p. 1078.
[13] DINAMARCO, Cândido Rangel. *Instituições de direito processual civil*. São Paulo: Malheiros, 2004. v. 2, p. 710-711.
[14] THEODORO JÚNIOR, Humberto. A preclusão no processo civil. *Revista de Processos*, São Paulo, n. 784, p. 24, fev. 2001.

efetivo. Se da interpretação sistemática e teleológica do atual Código de Processo Civil não se chegar a essa conclusão, conclamamos que, ao menos, de lege ferenda, se defina que a não apresentação dos embargos do devedor acarreta a perda do direito de desconstituir o título executivo, como forma de impedir que o devedor venha, posteriormente, valer-se de ação autônoma para a mesma finalidade.[15]

Parece que os membros da Comissão que elaboraram o Projeto Original ouviram os brados de Paulo Hoffman, uma vez que definiram, *de lege ferenda*, uma forma de evitar que o executado desidioso tenha nova oportunidade para discutir a obrigação.

Sistematicamente pode-se questionar a proposição da Comissão de Juristas do Projeto Original, pois não se pode dizer ser coerente com o direito processual, ou seja, em conexão com as normas e com os elementos típicos que o compõem.

Diz-se isso porque não houve alteração no Código (nos termos do Projeto Original) que sustente a previsão de que *a ausência de embargos obsta a propositura de ação autônoma do devedor contra o credor para discutir o crédito*; diz-se isso porque os conceitos de preclusão, coisa julgada, prescrição, entre outros, permanecem os mesmos; diz-se isso porque foi utilizado o vocábulo "obstar" para contornar maiores polêmicas[16] em torno da solução apresentada para a "situação" esdrúxula que se apresentava — ser o devedor um litigante privilegiado!

De fato, à primeira vista, trata-se de uma construção sem articulação, pois não existe embasamento para a referida proposta de alteração à luz da doutrina tradicional. E nesse sentido Humberto Theodoro Júnior já publicou artigo questionando a juridicidade (e constitucionalidade) do art. 839, §2º, do Projeto Original.[17]

---

[15] *Op. cit.*, p. 686-687.

[16] Polêmica sempre haverá. Humberto Theodoro Júnior, em sua palestra proferida na VIII Jornada de Processo Civil, realizada nas datas de 21 a 24 de junho de 2.010, na cidade de Vitória, Estado do Espírito Santo, demonstrou a sua indignação com a alteração proposta, dizendo que todos os princípios e conceitos processuais estavam sendo rasgados.

[17] THEODORO JÚNIOR, Humberto. Primeiras observações sobre o projeto do Novo Código de Processo Civil. *Revista Magister de Direito Civil e Processual Civil*, Porto Alegre, v. 36, p. 5-11, maio/jun. 2010. "4. *Defeito Gravíssimo Ocorrido na Disciplina do Processo de Execução*. Por fim, para não aumentar exageradamente, por ora, a exposição das imperfeições do Projeto, há uma que merece ser destacada pela gravidade que encerra. Trata-se do art. 839, §2º, onde se acha, *data venia*, uma verdadeira barbaridade, que atinge as raias da inconstitucionalidade. Ali simplesmente se cassa o direito de ação (direito de acesso à justiça) àquele que não embargar a execução nos quinze dias da lei. Afirma-se textualmente. *A ausência de embargos obsta à propositura de ação autônoma do devedor contra o credor para discutir o crédito*. Fui o encarregado de rever a linguagem final do livro relativo ao Processo de Execução; e para o §2º do art. 839 sugeri o seguinte texto: *A intempestividade dos embargos não obsta o prosseguimento da ação do devedor contra o credor através de procedimento autônomo, observando-se o disposto no art. 738, §1º*. No entanto, por razões não explicadas, a conclusão do anteprojeto inseriu, no referido parágrafo, texto de sentido justamente contrário à minha sugestão, que era, aliás, de mero aprimoramento redacional, de um dispositivo que já se achava tranquilamente assentado, quanto ao seu conteúdo, tanto na doutrina como na jurisprudência. Como ficou, o dispositivo atenta, de forma sumária e radical, contra o direito da parte de ver apreciado seu direito em juízo, sem nunca tê-lo submetido a julgamento do Poder Judiciário. É importante lembrar que os embargos não são simples resistência do réu a pedido do autor. São uma ação de conhecimento que o devedor pode ou não manejar, segundo suas conveniências pessoais. Além do mais, são os embargos apenas uma das ações de que o devedor pode lançar mão, e nunca uma única via de que se possa valer o litigante para obter o acertamento de sua eventual controvérsia com o credor. Enquanto não prescrita a pretensão do devedor, não pode a lei processual privá-lo do direito fundamental de postular a tutela jurisdicional de cognição. Daí porque, à luz da garantia constitucional, não pode a ausência da ação de embargos representar a perda de um direito fundamental, como é o direito de ação que nunca chegou a ser exercitado, e que sequer foi transformado em objeto de

Data máxima vênia, há de se entender a reticência dos estudiosos em acolher o Novo e quebrar paradigmas, mas deve-se pensar, inclusive, em uma reconstrução dogmática, necessária para eliminar entraves, injustiças e desigualdades de tratamento. A Comissão do Projeto Original foi extremamente corajosa e prática ao encontrar uma solução talvez pouco jurídica — e sistemática —, mas efetiva. Tal efetividade acompanhava o espírito do Projeto Original, nos termos da sua Exposição de Motivos: *Não se deixou de lado, é claro, a necessidade de se construir um Código coerente e harmônico interna corporis, mas não se cultivou a obsessão em elaborar uma obra magistral, estética e tecnicamente perfeita, em detrimento de sua funcionalidade.*

Em determinadas situações é necessário fazer escolhas. O que é mais relevante? Manter a clássica sistemática jurídica ou adotar medidas pragmáticas para solucionar graves problemas, como aquele apresentado? Ademais, nenhuma solução melhor surgiu para a incoerência verificada no privilégio garantido ao devedor desidioso.

Conclui-se, portanto, que andou bem a Comissão de Juristas incumbida de elaborar o Projeto Original para um Novo Código de Processo Civil, pois não se pode permitir que o executado mantenha-se inerte da citação para embargar, discutindo a questão pela via de uma ação autônoma quando bem lhe convier. Pelo decurso do prazo legal, a faculdade de defender-se deve precluir, impedindo discussões de matérias que tenham sede e oportunidade próprias para serem alegadas.

No entanto, qual não foi a grande surpresa da autora ao deparar-se com o texto do Projeto Substitutivo — PLS nº 166/10 em trâmite na Câmara dos Deputados —, que simplesmente, e covardemente, eliminou o §2º incluído ao art. 839 (equivalente ao vigente art. 739 do Código de Processo Civil) do Projeto Original. O art. 874 no Projeto Substitutivo, paralelo aos anteriores mencionados, nada fala sobre o assunto.

Assim, o Projeto Substitutivo deixa de oferecer ao processo civil um enorme passo rumo à efetividade, mantendo paradigmas, dogmas, entraves, injustiças e desigualdades.

Talvez a Comissão do Projeto Substitutivo tenha cedido às pressões da sociedade e juristas renomados, em razão de emendas e mais emendas enviadas ao Senado Federal, além de críticas ferrenhas, a exemplo daquela mencionada neste artigo, escrita pelo respeitadíssimo Professor Humberto Theodoro Júnior. Ainda assim, na visão da autora, houve um enorme retrocesso no Projeto Substitutivo, em relação ao Projeto Original, ao menos nesse ponto.

---

solução dentro do processo de execução. É por demais sabido que o processo de execução não é palco de acertamento de controvérsia alguma quanto à existência ou inexistência do direito do credor ou da obrigação do devedor. Ele se sustenta apenas na existência de um documento que — mesmo sem o prévio acertamento judicial — a lei considera suficiente para a prática de atos forçados de pagamento. Como, então, perder o direito de discutir uma questão não trazida a juízo em momento algum? O próprio Projeto reconhece a autonomia da execução perante as ações de impugnação ao crédito constante do título executivo, segundo o disposto no §1º de seu art. 710, *in verbis: A propositura de qualquer ação relativa ao débito constante de título executivo não inibe o credor de promover-lhe a execução.* É ainda de ressaltar que a incongruência do anteprojeto não é apenas com a garantia constitucional do acesso à justiça (CF, art. 5º, XXXV). Há contradição interna com a parte geral do próprio anteprojeto, onde se acha solenemente proclamado que o processo civil *será ordenado, disciplinado e interpretado conforme os valores e os princípios fundamentais estabelecidos na Constituição* (art. 1º). E não por outra razão que, repetindo o disposto no art. 5º, XXXV, da CF, o Projeto proclama que *não se excluirá da apreciação jurisdicional ameaça ou lesão a direito.* Está, portanto, em contradição com esse enunciado fundamental, que o anteprojeto incorporou de maneira expressa, o estranho e injustificável preceito do §2º de seu art. 839".

Tudo o que se elogiava até então se transforma em crítica, mantendo-a integralmente, já que o benefício ao devedor que se mantém inerte perante a citação para embargar permanece intacto, infelizmente.

Referências

ASSIS, Araken. *Manual de execução*. 9. ed. rev. atual. e ampl. São Paulo: Revista dos Tribunais, 2006.

DINAMARCO, Cândido Rangel. *Instituições de direito processual civil*. São Paulo: Malheiros, 2004. v. 2.

HOFFMAN, Paulo. Conseqüências da perda do prazo para interposição dos embargos à execução: será o executado o único litigante diferenciado de todos os demais?. *In*: SANTOS, Ernane Fidélis dos *et al.* (Coord.). *Execução civil*: estudos em homenagem ao professor Humberto Theodoro Júnior. São Paulo: Revista dos Tribunais, 2007.

LUCON, Paulo Henrique; MARCATO, Antônio Carlos (Coord.). *Código de Processo Civil interpretado*. São Paulo: Atlas, 2004.

MARTINS, Sandro Gilbert. A defesa heterotópica do executado. *In*: MARTINS, Sandro Gilbert. *A defesa do executado por meio de ações autônomas*. 2001. Dissertação (Mestrado) – Pontifícia Universidade Católica de São Paulo, São Paulo, 2001. Dissertação publicada pela Revista dos Tribunais.

NEVES, Celso. *Comentários ao Código de Processo Civil*: arts. 646 a 795. 4. ed. Rio de Janeiro: Forense, 1992. v. 7.

RIBEIRO, Flávia Pereira. *Impugnação ao cumprimento de sentença*. Curitiba: Juruá, 2009.

SHIMURA, Sérgio. *Título executivo*. 2. ed. atual. e ampl. São Paulo: Método, 2005.

THEODORO JÚNIOR, Humberto. A preclusão no processo civil. *Revista de Processos*, São Paulo, n. 784, fev. 2001.

THEODORO JÚNIOR, Humberto. *A Reforma da execução do título extrajudicial*. Rio de Janeiro: Forense, 2006.

THEODORO JÚNIOR, Humberto. Primeiras observações sobre o Projeto do Novo Código de Processo Civil. *Revista Magister de Direito Civil e Processual Civil*, Porto Alegre, v. 36, maio/jun. 2010.

WAMBIER, Teresa Arruda Alvim; MEDINA, José Miguel Garcia. *O dogma da coisa julgada*: hipóteses de relativização. São Paulo: Revista dos Tribunais, 2003.

Informação bibliográfica deste texto, conforme a NBR 6023:2002 da Associação Brasileira de Normas Técnicas (ABNT):

RIBEIRO, Flávia Pereira. A limitação temporal da defesa heterotópica como forma de reação do devedor na execução de títulos extrajudiciais. *In*: ROSSI, Fernando *et al.* (Coord.). *O futuro do processo civil no Brasil*: uma análise crítica ao Projeto do Novo CPC. Belo Horizonte: Fórum, 2011. p. 201-208. ISBN 978-85-7700-511-6.

DESAFIOS E AVANÇOS DO PROCESSO DE EXECUÇÃO NO PROJETO DE CÓDIGO DE PROCESSO CIVIL (PLS Nº 166/10)

GILBERTO NOTÁRIO LIGERO

1 Considerações introdutórias

A presente pesquisa teve como enfoque principal a análise das prescrições do texto normativo do Processo de Execução apresentadas na redação original do Projeto de Lei do Senado nº 166/10 e do substitutivo votado e aprovado pelo Plenário daquela casa no mês de dezembro de 2010.

Não foi somente acadêmica a justificativa para a realização do trabalho, mas, antes de tudo, tratou-se de um tema de grande relevância social e democrática.

O estudo do Projeto referiu-se ao Processo de Execução, que é um dos mais importantes para a realização da verdadeira tutela jurisdicional, uma vez que os cidadãos-jurisdicionados, ao buscarem o Poder Judiciário, pretendem a satisfação plena de suas pretensões. Socialmente pensando, buscou-se valorizar essa perspectiva.

Por outro lado, a análise dos textos normativos resultou na discussão da linguagem empregada pelos projetistas, visando, dessa forma, verificar se os desafios do Processo de Execução foram vencidos, bem como os avanços já alcançados. Dessa maneira, procurou-se participar democraticamente do processo legislativo, que também deve ser guiado pelo diálogo aberto com a sociedade, visando à elaboração de disposições mais próximas dos anseios do povo.

A pesquisa partiu de uma breve exposição sobre o histórico do processo legislativo ao qual foi submetido o PLS nº 166/10. Na sequência estabeleceram-se os marcos teóricos da pesquisa e adotou-se como parâmetro, a filosofia da linguagem de Ludwig Wittgenstein e a diferenciação entre texto normativo e norma jurídica.

Com esse pensar filosófico, procurou-se levantar algumas questões sobre o Projeto de um Novo Código de Processo Civil, especificamente no que diz respeito ao processo de execução, como alhures mencionado.

São exemplos de questões que surgiram por força desse pensar:
a) O processo civil brasileiro, regido pelo atual e vigente Código de Processo Civil, está atendendo aos anseios dos jurisdicionados?
b) Há necessidade de um Novo Código de Processo Civil?
c) O modelo de processo de tutela executiva que atualmente se utiliza é suficiente para concretizar as pretensões oriundas dos títulos executivos extrajudiciais?
d) Se se almeja um novo modelo de processo de tutela executiva, o que se pretende com ele?

Na sequência, em outro tópico, desenvolveu-se a análise dos dispositivos legais do Processo de Execução no Projeto e no substitutivo e, ao final, foram apresentadas as considerações finais.

2 Considerações sobre o processo legislativo do Projeto de Lei do Senado nº 166/10

Em setembro de 2009, por força de um Ato do Presidente do Senado Federal,[1] foi nomeada Comissão de Juristas responsável pela elaboração de Anteprojeto de um Novo Código de Processo Civil.

Constam do ato de nomeação, como justificativa para sua edição, considerações bastante importantes, que resumidamente são:
1. antiguidade do CPC de 1973;
2. grande número (64 normas legais editadas) de alterações do atual CPC;
3. instrumentos processuais de proteção aos direitos fundamentais em descompasso com o desenvolvimento teórico moderno;
4. o acesso à justiça e a duração razoável do processo ganharam *status* de garantias constitucionais;
5. comprometimento da sistematicidade do CPC atual, por força das contínuas alterações legislativas;
6. experiência de sucesso da Comissão de Juristas para o Anteprojeto de um Novo Código de Processo Penal e
7. contribuição que a Comissão de Juristas pode proporcionar aos trabalhos legislativos do Senado Federal.

Louváveis e plausíveis tais considerações, pois, de certa forma, não só resumem, efetivamente, a necessidade de uma novel codificação para o processo civil brasileiro, bem como expressam a ideia de que, redigir um instrumento legislativo, que elenca os instrumentos de atuação e realização da tutela jurisdicional, é uma tarefa que merece atenção e apoio daqueles que conhecem a matéria.

Uma vez instalada a Comissão Especial de Juristas, verificou-se que os trabalhos sempre foram intensos, não só quando todos estavam juntos em Brasília (DF), mas, principalmente, quando cada um dos seus membros passou a pensar na estrutura e na linguagem que seria empregada no Anteprojeto.[2]

A comunidade jurídica, durante os meses que a Comissão se reuniu, pensou e repensou as ideias e propostas, ficou bastante ansiosa, pois todos queriam um "texto".

---

[1] Ato do Presidente nº 379, de 2009, publicado no *Diário Oficial da União* de 02.10.2009.
[2] A leitura das atas das reuniões da Comissão de Juristas e das atas das audiências públicas pode ser feita pelo *site* do Senado Federal: <http://www.senado.gov.br/senado/novocpc/lista_atas.asp>.

Em 08 de junho de 2010, o Anteprojeto foi apresentado ao Senado da República e se tornou disponível a todos para a mais ampla discussão e, na sequência, pelas mãos do Senador José Sarney, foi transformado no Projeto de Lei do Senado nº 166 de 2010.

Imediatamente, foi nomeada Comissão Especial Interna de Senadores, presidida pelo Senador Demóstenes Torres e tendo como relator-geral o Senador Valter Pereira. Com o propósito de aprimorar o Projeto e colocá-lo na mira da população e da comunidade jurídica para os necessários debates, foram agendadas novas audiências públicas, bem como, por meio do sítio eletrônico do Senado Federal, autorizou-se a participação para o encaminhamento de sugestões, propostas e críticas.

Após quatro meses de trabalho, o relatório final foi apresentado à Comissão Interna, que o aprovou à unanimidade e, na sequência, submetido ao plenário do Senado, também o aprovou como substitutivo do Projeto, encaminhando-o à Câmara Federal, dando-se prosseguimento ao processo legislativo.

3 Premissas metodológicas

No processo legislativo mencionado no item anterior, pôde-se verificar certa participação da sociedade nas discussões, e ela se tornou mais intensa e frutífera quando um texto foi apresentado.

Antes disso, apenas tinham sido ventiladas intenções e propostas de temas que seriam objeto do texto normativo. As dúvidas foram surgindo e até mesmo instalou-se a ansiedade entre os doutrinadores, professores, magistrados, advogados e em todos aqueles que têm o processo civil como instrumento de estudo e de trabalho.

Com o texto, desnudaram-se, *a priori*, algumas dúvidas e a comunidade jurídica foi inserida em outra realidade, pois convocada para "ler, reler e treler" o texto e, não só isto e o mais importante, colaborar diretamente com novas ideias e sugestões. A "hora da filosofia" chegou de maneira que o Projeto precisava, e ainda, precisa ser estudado.

As questões que foram apresentadas no tópico das considerações introdutórias demonstram a importâncias de se pensar sobre as disposições normativas projetadas, vislumbrando-se sugestões para seu aprimoramento.

3.1 Atividade cognitiva e linguagem

Existem algumas ideias e conceitos bastante conhecidos e debatidos. Em alguns casos, acabam se transformando em lugar comum e qualquer debate sobre a questão acaba sendo tautológico.

Entretanto, quando o tema é a atividade cognitiva humana, a repetição nunca é demais. Pensar e repensar sobre as formas de conhecimento, suas teorias e princípios somente colaboram para o desenvolvimento do homem e da sua cosmovisão.

A atividade cognitiva é de fundamental importância para a vida social, não importa por quem e onde ela é desenvolvida, desde os habitantes da remota Tristão da Cunha[3] até por aqueles que estão na abarrotada Xangai.[4]

---

[3] Trata-se de um arquipélago localizado no Atlântico Sul, próximo ao cabo da Boa Esperança, com área de 10 km quadrados e população de aproximadamente 270 habitantes, considerados de origem britânica.

[4] Cidade chinesa considerada a mais populosa do mundo, com aproximadamente 14 milhões de habitantes.

Cada um ao seu modo, conforme a sua realidade e necessidade, conhece as coisas à sua volta e procura construir significados para elas, visando compreendê-las.

Para continuar na construção do raciocínio aqui pretendido, necessário se faz trazer uma definição para o conhecimento. Aurora Tomazini de Carvalho o define, com base em Kant, da seguinte forma:

> Caracteriza-se, o conhecimento (na sua redução mais simples), como a forma da consciência humana por meio da qual o homem atribui significado ao mundo (isto é, o representa intelectualmente). Neste sentido, conhecer algo é ter consciência sobre este algo, de modo que, se perde a consciência o ser humano nada mais conhece.[5]

Verifica-se, por intermédio das palavras da citada autora, a importância da consciência para a formação gradativa do conhecimento no intelecto humano, que pode ser representado, portanto, por um processo lento que se constrói pela percepção, pensamento, memória e intuição.

Aurora Tomazini de Carvalho, ainda, cita Leonidas Hegenberg para identificar três importantes etapas do conhecimento, que são: "(i) saber de; (ii) saber como e (iii) saber que".[6]

Parafraseando a autora, o saber de é a etapa mais comum e habitual da atividade cognitiva, pois é construída com a somatória de sensações oriundas da visão, olfato, audição e paladar. A repetição dessas percepções permite identificar rapidamente determinados objetos.

Por seu turno, o saber como é uma etapa melhorada do conhecimento, pois nela o homem desenvolve atividades mais complexas, conseguindo estabelecer, por exemplo, as relações de ação e reação.

O saber que é concretizado a partir da utilização da razão, que se soma às ações, e daí o homem atribui lógica às coisas.

Exemplificando, com o saber como se conhece a existência de um dado objeto: um veículo; com o saber como se aprende a utilizá-lo: dirigir o veículo; e com o saber que se conhece que se deve ter cuidado com o veículo, pois o mesmo pode causar sérios acidentes, ou que, para dirigi-lo, é indispensável o seu bom estado de conservação.

Na medida do possível e de acordo com a realidade e necessidade de cada indivíduo, atingir o saber que é a meta principal e mais valiosa, pois se caracteriza pela etapa da atividade cognitiva que leva o ser humano à sabedoria.

O que se falou até agora é de suma importância para se entender a atividade cognitiva, contudo, não é suficiente para solucionar problemas e questões relacionadas aos mais variados tipos de objeto.

O conhecimento só é válido se o sujeito cognoscente for capaz de afirmar ou construir proposições concretamente, e isso se faz mediante a utilização da linguagem.

Para Aurélio Buarque de Holanda Ferreira, entre tantos outros significados, a linguagem é: "O uso da palavra articulada ou escrita como meio de expressão e de comunicação entre pessoas".[7]

---

[5] CARVALHO, Aurora Tomazini de. *Curso de teoria geral do direito*: o constructivismo lógico-semântico. São Paulo: Noeses, 2009. p. 6.
[6] CARVALHO. *Curso de teoria geral do direito*: o constructivismo lógico-semântico, p. 7.
[7] FERREIRA, Aurélio Buarque de Holanda. *Aurélio século XXI*: o dicionário da língua portuguesa. 3. ed. Rio de Janeiro: Nova Fronteira, 1999. p. 1219.

Da definição acima, fica a ideia de que a linguagem nada mais é do que um meio de comunicação e de expressão.

Considerando-se, então, que o conhecimento tem sua validade quando a linguagem pode ajudar o indivíduo a construir seu mundo, como forma de comunicação e de expressão de proposições concretas, pode-se perguntar como é que tal linguagem foi vista no decorrer da evolução da sociedade humana.

Historicamente, se verifica que a linguagem passou por estágios de amadurecimento, passando de uma concepção simplista até o momento em que se transformou em um elemento que pressupõe o conhecimento.

Autora Tomazini de Carvalho[8] refere-se a esta transformação histórica da linguagem, afirmando que na filosofia antiga, que remonta ao IV século a.C., era tida como mero elemento reprodutor da realidade; secundário, portanto.

Passados muitos séculos, Kant inaugura a filosofia da consciência na qual a linguagem continua sendo instrumento de representação da realidade, pois o sujeito, mediante atos de consciência, conhece o mundo, fixa-o e comunica-o aos demais.

Nessas duas fases, a relação entre sujeito e objeto é de fundamental importância para a atividade cognitiva e para a construção do conhecimento, e a linguagem fica, secundariamente, no plano da descrição da realidade que se obtém a partir da citada relação.

Mas, uma terceira concepção surge como fruto do giro-linguístico, na primeira parte do século XX, por meio da qual a linguagem se torna um pressuposto do conhecimento. Nesse momento vale destacar a participação fundamental de Ludwig Wittgenstein, com seu "Tractatus logico-philosophicus" de 1922.

Esta nova visão passa a ser conhecida como filosofia da linguagem e para Aurora Tomazini de Carvalho:

> Não existe mais um mundo "em si", independente da linguagem, que seja copiado por ela, nem uma essência nas coisas para ser descoberta. Só temos o mundo e as coisas na linguagem; nunca "em si". Assim, não há uma correspondência entre a linguagem e o objeto, pois este é criado por ela. A linguagem, nesta concepção, passa a ser o pressuposto por excelência do conhecimento.
>
> [...]
>
> De acordo com esta nova perspectiva filosófica, nunca conhecemos os objetos tal como eles se apresentam fisicamente, fora dos discursos que falam acerca deles e que os constituem. Conhecemos sempre uma interpretação. Por isso a afirmação segundo a qual o mundo exterior não existe para o sujeito cognoscente sem uma linguagem que o constitua. Isto que chamamos de mundo nada mais é do que uma construção (interpretação), condicionada culturalmente e, por isso, incapaz de refletir a coisa tal qual ela é livre de qualquer influência ideológica.[9]

De acordo com os pressupostos que são extraídos da filosofia da linguagem, esta se transformou em um elemento decisivo para a construção da realidade; não

---

[8] CARVALHO. *Curso de teoria geral do direito*, p. 12-15.
[9] CARVALHO. *Curso de teoria geral do direito*, p. 13, 15.

mais secundário, mas protagonista. Podendo-se afirmar que a realidade não é simplesmente uma descrição dos objetos que são percebidos, antes a linguagem a constrói com a interpretação dos objetos percebidos.

Com efeito, é imperioso destacar que a linguagem sofre a influência do meio ambiente em que o sujeito cognoscente habita e a condição cultural que experimenta.

Assim, o resultado da realidade construída variará conforme tais condicionantes.

3.2 Direito, Direito Processual Civil e linguagem

O que toda essa filosofia tem a ver com o Direito e mais especificamente em uma pesquisa sobre o processo de execução no Direito Processual Civil?

Afirma-se, em resposta à indagação, que a relação é de fundamental importância, pois o Direito e não importa qual o ramo dele se trate, somente existe por força da linguagem, seja ela verbalizada ou escrita.

Gregorio Robles Morchon defende uma teoria comunicacional do Direito, partindo do pressuposto de que onde há sociedade, há Direito e onde há sociedade, há linguagem. Para o autor, não é concebível:

> [...] una sociedad sin lenguaje, como tampoco es concebible sin Derecho. Sociedad, lenguaje Y Derecho son realidades que siempre han unidas. Para organizarse y resolver los conflictos es preciso poder comunicarse, y para poder comunicarse es imprescindible un lenguaje.[10]

Parafraseando Morchon, pode-se afirmar que tudo no Direito é suscetível de se tornar escrito, especialmente no Direito moderno em que o legislador ao promulgar uma lei o faz com palavras; o juiz ao sentenciar também o faz com palavras; além de tantas outras formas de construção do Direito, tais como os contratos.

Especialmente nos países que adotam o *civil law*, em que o Direito surge principalmente pela atividade legislativa do Estado, estudar o processo de comunicação é entender suas origens, os próprios direitos subjetivos nele contidos, os fins sociais a que se destina e até mesmo sobre quem os manipulará.

As palavras utilizadas pelo legislador e pelo intérprete do Direito serão o caminho, ainda que inicial, para a sua concretização, pois sabemos que outros atos são necessários para sua efetivação, tais como os sub-rogatórios no processo de execução.

Reforçando, ainda, toda essa construção teórica, vale lembrar que as palavras têm uma força (poder) especial no Direito Processual, tanto que o sistema jurídico brasileiro e outros sistemas estrangeiros adotam as denominadas tutelas mandamentais, ou seja, aquelas que contêm ordens expressas para fazer alguma coisa, deixar de fazer, entregar algo, pena de multas e outras medidas coercitivas.

Nesse caso, não é difícil enxergar a importância do processo comunicacional para a construção, desenvolvimento e efetivação do Direito Processual Civil.

---

[10] MORCHON, Gregorio Robles. *Teoria del derecho*: fundamentos de teoria comunicacional del derecho. Madrid: Civitas, 1998. v. 1, p. 66, tradução livre do texto: (...) "uma sociedade sem linguagem, como tampouco é concebível sem Direito. Sociedade, linguagem e Direito são realidades que sempre estão unidas. Para organizar-se e resolver os conflitos é preciso poder comunicar-se, e para poder comunicar-se é imprescindível usar uma linguagem".

A linguagem empregada na legislação do Direito Processual não é a mesma empregada pelo legislador ao criar as leis do Direito Material, uma vez que este último é voltado principalmente para estabelecer direitos e obrigações dos cidadãos, enquanto aquele é criado para regulamentar instrumentos capazes de fazer valer os direitos materiais violados.

Ademais, a linguagem do Código Civil, por exemplo, é voltada para o cidadão mediano entender, pelo menos assim deveria ser, pois se trata do estatuto que regulamenta as relações do dia a dia do homem comum. Por outro lado, o Código de Processo Civil emprega uma linguagem diferenciada, muito mais técnica, pois não é voltado para a população, mas àqueles que atuam diretamente com o processo judicial.

Dessa forma, pode-se afirmar que existe uma língua que fala o Direito Civil e uma língua que fala o Direito Processual Civil.

Não se pretende aqui defender a plena e exagerada separação entre processo e direito material, tal como se pregou na fase autonomista da ciência processual. Ao contrário, apenas se defende a ideia de que direito material e direito processual são verbalizados de modo diferentes.

Vilém Flusser defende, ao contrário da filosofia kantiana da consciência, a existência de uma multiplicidade de línguas. Eis uma parte de suas lições sobre o assunto:

> Com efeito, se existisse uma única língua, seríamos todos, muito naturalmente, kantianos (isto é, se essa única língua fosse o alemão ou língua aparentada). As regras da língua única seriam as "categorias da razão pura" e representariam o aspecto interno, o aspecto do "conhecimento" das leis da natureza, as quais seriam as "categorias da realidade". A análise da língua única seria a verdadeira "crítica da razão pura".[11]

Apesar de existirem "línguas" diferentes, não se pode afirmar que elas se excluem. Elas podem muito bem conviver e no caso do Processo Civil, somente ser interpretado e aplicado quando sua linguagem favorecer a realização do Direito Material. Nada impede que se realize o já conhecido diálogo das fontes.

A realidade processual surgirá com a interpretação das palavras escritas ou faladas que envolvem o mundo do Processo, visando, na medida do possível, estabelecer instrumentos que, não só colaborem diretamente na solução dos conflitos de interesses, bem como proporcionem a satisfação das mais diversas pretensões veiculadas em tais instrumentais.

Essa análise sobre a construção do conhecimento no Direito Processual Civil, por intermédio da linguagem, não é simplesmente acadêmica, como se disse anteriormente.

Em tempos de tramitação de um Projeto de lei para a criação de Novo Código de Processo Civil, nunca é demais discutir sobre a linguagem nele empregada.

Conhecer a língua do Processo Civil, nesse caso, é imprescindível, pois a análise do texto normativo projetado se transforma em uma tarefa que objetiva vislumbrar os avanços e retrocessos legislativos.

Como o próprio nome do trabalho explicita, pretende-se, considerando essa filosofia da linguagem, como elemento que pressupõe o conhecimento, verificar as mudanças substanciais do processo de execução no Projeto do Novo CPC.

---

[11] FLUSSER, Vilém. *Língua e realidade*. 3. ed. São Paulo: AnnaBlume, 2007. p. 52-53.

3.3 Texto normativo e norma

Ainda, de acordo com a proposta apresentada neste capítulo de premissas metodológicas, procurar-se-á, no plano da Teoria Geral do Direito, estabelecer uma necessária diferenciação entre texto normativo e norma jurídica.

As atuais tendências do Direito conduzem a uma exata separação entre aquilo que está simplesmente escrito e o que realmente se constrói como norma jurídica, fruto da interpretação conforme o caso concreto.

Nelson Nery Júnior (2010, p. 22), citando Canotilho, entende que: "*Norma* é o sentido atribuído a qualquer disposição. Disposição é parte de um texto ainda a interpretar. Norma é a parte de um texto interpretado".[12]

Justificando sua proposição, citado doutrinador, ainda, menciona:

> A normatividade não se relaciona com o texto da norma, pois é o *resultado* da interpretação que se apresenta como norma jurídica. O que, diferentemente, caracteriza o "texto da norma" é a sua validade, que consiste, de um lado, na obrigação dirigida aos destinatários da norma de conformarem a esta o seu comportamento e, de outro, na obrigação dirigida ao juiz (ou à autoridade habilitada a interpretar) de utilizar, na sua integralidade, os textos das normas jurídicas adequados ao caso particular e de trabalhar corretamente de um ponto de vista metódico.
>
> A teoria da norma jurídica repousa na ideia fundamental de que a norma, objeto da interpretação, não se identifica com o texto. Antes, se apresenta como resultado de um trabalho de *construção*, designado de *concretização*.[13]

Esta pesquisa adota o ponto de vista da separação entre norma jurídica e texto normativo, como citado no posicionamento doutrinário acima, para que haja coerência com o que vem se defendendo até agora, ou seja, de que a linguagem é um pressuposto do conhecimento, considerando-se que ela não representa apenas um elemento que descreve a realidade,[14] mas que exerce papel fundamental no processo de interpretação dos mais variados objetos que são apresentados para o intelecto humano.

Afirmar, de forma categórica, que a norma jurídica corresponde exatamente ao seu dispositivo normativo, é reduzir em demasia seu campo de atuação, subtraindo-lhe a sua principal função que é a de apresentar soluções para a vida do homem comum, evitando os indesejáveis conflitos de interesses e mantendo a paz social.

Neste sentido, merece destaque a posição de Friedrich Müller em sua Teoria Estruturante do Direito:

> Se em termos da teoria da norma, o âmbito normativo é parte integrante da norma, então a norma não pode ser colocada no mesmo patamar do texto normativo. Essa conclusão decorre do enfoque feito até aqui e deve ainda ser discutida. Somente o positivismo científico-jurídico rigoroso pôde fiar-se em "aplicar" a lei, na medida em que tratou o texto literal desta como premissa maior e "subsumiu" as circunstâncias

---

[12] NERY JÚNIOR, Nelson. *Princípios do processo na Constituição Federal*. 10. ed. São Paulo: Revista dos Tribunais, 2010. p. 22.

[13] NERY JÚNIOR. *Princípios do processo na Constituição Federal*, p. 22.

[14] Elemento que descreve coisas, vinculando o objeto conhecido a uma dada realidade pronta e acabada, fruto da filosofia kantiana da consciência.

reais a serem avaliadas aparentemente de forma lógica ao caminho do silogismo na verdade vinculado ao conceito e, assim, vinculado à língua.[15]

Percebe-se claramente que Müller se afasta da subsunção pragmática e vislumbra um caminho diferente para a realização e concretização da norma jurídica, na qual o Direito não pode "falar uma única língua", qual seja a vinculação pura e simples às palavras do teto normativo.

A linguagem da norma jurídica é o resultado de uma combinação de fatores que, unidos, se estruturam em busca de uma concretização muito mais próxima da realidade. Assim, o Direito acaba sendo muito mais do que palavras escritas pelo legislador, uma vez que é fruto de uma linguagem da interpretação conforme o caso concreto.

Vale destacar mais uma vez a posição de Friedrich Müller sobre a citada separação:

> Somente o texto normativo é de fato abstrato. Ao lado dele e da norma de decisão concludente, a noção estruturante de norma deve ser tipologicamente elaborada, sendo que seu âmbito normativo possível no real, potencialmente, visto que estruturante, engloba casos que se subordinam à norma.[16]

Para decifrar a posição mülleriana, pode-se comparar a norma jurídica estruturada a uma barra de ferro pronta e acabada, utilizada para a construção de prédios, que foi obtida mediante o minério de ferro (matéria-prima bruta), submetido a um processo estruturante de alta temperatura que o leva à fusão, transformando-o em barras com bitolas diferentes para atender o interesse do cliente.

O texto normativo também é uma espécie de matéria-prima bruta que necessita de fusão; o resultado desse processo é a sua transformação em norma jurídica para atender à realidade social e aos cidadãos que dela necessitam para viver em paz.

Todo esse raciocínio se aplica não só ao Direito Material, seja ele público ou privado, bem como ao Direito Processual, em que pese sua carga mais tecnicista. Os textos normativos processuais também precisam ser estruturados conforme a situação prática apresentada.

4 O processo de execução no Projeto do Novo CPC

Promovidas todas essas considerações, de ordem metodológica, que elencam os marcos teóricos e orientam a pesquisa, é chegado o momento de aplicá-las para a análise do texto normativo do Projeto do Novo Código de Processo Civil, especificamente de algumas disposições contidas no Processo de Execução, que foi aprovado no Plenário do Senado Federal.[17]

---

[15] MÜLLER, Friedrich. *Teoria estruturante do direito*. 2. ed. rev. atual. e ampl. São Paulo: Revista dos Tribunais, 2009. p. 192.
[16] MÜLLER. *Teoria estruturante do direito*, p. 254.
[17] Não se trata da análise do substitutivo aprovado no Senado, mas do texto original, com as eventuais modificações apresentadas pelo relator-geral.

Trata-se de uma verificação do texto normativo em sede de atividade executiva. Não se pretende construir a norma jurídica, até porque faltariam elementos para tanto, pois como já se defendeu alhures, esta é estruturada ao conjugar o texto normativo com outros elementos.

4.1 Estrutura do Código de Processo Civil projetado

O legislador, avançando no seu desiderato, atendeu a um reclame da comunidade processual e adotou, inicialmente, um livro que contém regras gerais, aplicáveis, em tese, a todos os tipos de processo e procedimentos. É o livro I, denominado de Parte Geral, contendo os arts. 1º a 291.

No livro II, que compreende os arts. 292 a 729, tem-se o Processo de Conhecimento e o Cumprimento de Sentença. Trata-se do livro que contém o maior número de dispositivos do Projeto.

Já no livro III encontra-se o Processo de Execução, composto pelos arts. 730 a 881. São disposições voltadas, salvo melhor juízo, para o cumprimento das obrigações de fazer, não fazer, de entregar coisa e de dar contidas em títulos executivos extrajudiciais.

Os arts. 882 a 998, que estão inseridos no livro IV, tratam Dos Processos nos Tribunais e dos Meios de Impugnação das Decisões Judiciais. O tratamento específico, em livro próprio, dessas matérias é, sem dúvidas, um avanço legislativo, pois no atual Código de Processo Civil os recursos e a ação rescisória estão confinados no livro do Processo de Conhecimento, como se fossem institutos aplicáveis somente a esta espécie processual.

Por fim, o livro V, que trata das Disposições Finais e Transitórias entre os arts. 999 a 1007.

4.2 Dos desafios e avanços no processo de execução projetado

Pode-se afirmar que, em termos gerais, o processo de execução não sofreu grandes modificações, principalmente porque os atos processuais desenvolvidos nos procedimentos previstos para esse tipo de tutela jurisdicional, conforme é possível verificar da análise das disposições normativas, ainda são basicamente sub-rogatórios.

Contudo, percebem-se alguns avanços significativos e que merecem destaque.

4.2.1 Disposições gerais, dever de colaboração, partes, competência, requisitos necessários e responsabilidade patrimonial

Neste capítulo inicial do processo de execução o legislador fez importante modificação, não só realocando as disposições gerais — se comparadas ao CPC/73 — e as colocando no início do Livro, bem como acrescentando o dever de colaboração.

Ao incluir o dever de colaboração no nome do capítulo, o legislador pretendeu fortalecer um dever processual, que vem sendo considerado pela doutrina como essencial para o salutar desenvolvimento de qualquer espécie de processo.

Isso porque, o dever de colaboração é guiado pela boa-fé objetiva, que ganha seu espaço no processo mediante o princípio da lealdade processual. Espera-se, dessa forma, que todos os sujeitos envolvidos no processo de execução, possam colaborar em todos os atos processuais visando à realização e efetivação de tal tutela, o que interessa ao exequente, com o menor gravame possível ao executado.

Essa tendência legislativa pode ser verificada no art. 731 (art. 599 do CPC/73), com a inclusão de mais um inciso. Assim, no inc. III, o legislador autoriza o juiz, ampliando seus poderes, a determinar que terceiros (pessoas naturais ou jurídicas), indicados pelo exequente, forneçam informações relacionadas ao objeto da execução.

Em complemento a esta ampliação de poderes, verifica-se o art. 732, que autoriza o juiz, *ex officio* ou a requerimento, a determinar medidas de apoio ao cumprimento da ordem de entrega dos documentos e dados.

No parágrafo único do citado dispositivo, o legislador faz importante ressalva aos dados que estejam acobertados pela confidencialidade, tais como os fiscais e os bancários. Nesse caso, o juiz estará livre para adotar as medidas para preservar o sigilo necessário, utilizando-se de dados que realmente possam interessar à atividade executiva.

O art. 733, diferentemente do art. 600 do CPC atual, deixou bastante claro, no *caput*, que tanto condutas comissivas quanto omissivas do executado podem representar atentado à dignidade da justiça.

No inc. III do dispositivo comentado, apesar de se entender que as disposições dos incs. II e IV englobariam tal dever do executado, o legislador achou por bem tipificar, como atentatórias, as condutas que dificultam ou embaraçam a penhora, que é considerada o ato executivo sub-rogatório por excelência, de forma específica para a execução das obrigações de dar quantia.

Essa tipificação tem sua razão de ser, pois na prática forense diária, comumente os processos de execução ficam sobrestados, para não dizer emperrados porque o executado se utiliza de todos os meios possíveis para evitar a penhora de seus bens: ocultando-os, transferindo-os ilegalmente a terceiros, não indicando a localização dos mesmos, enfim, causando sérios transtornos processuais.

Nesta sede também merece destaque o fato de o legislador ter deixado de adotar no projetado art. 733 o perdão que atualmente está previsto no parágrafo único do art. 601 do CPC. A possibilidade do juiz relevar as penas referentes às condutas atentatórias à dignidade da justiça pode representar mais uma saída para o executado ludibriar a Jurisdição.

No mais, apesar da valorização do dever de colaboração, o legislador deveria, para aprimoramento da atividade executiva, ter adotado expressamente disposições sobre as medidas executivas de apoio, também denominadas pela doutrina de meios de execução indireta (Marcelo Lima Guerra – 1999, p. 17-34) como regra geral para todos os procedimentos executivos, uma vez que atualmente tais medidas estão direcionadas basicamente para as tutelas específicas.

Como sugestão para o legislador, poder-se-ia incluir mais um inciso no art. 731, dando a ele redação semelhante ao que está definido no do §5º do art. 461 do CPC atual.

Para justificar tal sugestão pode-se afirmar que, em sede de execuções de títulos extrajudiciais, o grande número é o daquelas que adotam o procedimento da execução por quantia certa, cujos atos processuais são basicamente de atividades executivas sub-rogatórias, ou seja, o exequente é substituído pelo Estado-Juiz, que emprega seu poder para a realização e efetivação da obrigação de dar.

Entrementes, porque não dotar o juiz de poderes que ofereçam também mecanismos de execução indireta, tais como: a prisão por descumprimento de suas ordens até que o executado, por exemplo, indique onde estão seus bens para penhora; cassação, temporária, de alguns direitos relacionados à atividade desenvolvida pelo executado, além das já conhecidas multas.

No que diz respeito às partes, o art. 738 que trata da legitimidade passiva para a execução, contém mais um responsável, além de apresentar uma nova redação para a responsabilidade do fiador. O inc. IV passou a considerar como legitimado passivo "o fiador do débito constante em título extrajudicial", afastando-se, de modo correto, do previsto no atual CPC, que menciona apenas o fiador judicial. É uma correção bem vinda e que pode afastar discussões sobre matéria processual (condições da ação) na execução.

O artigo citado ganhou um novo inciso (V), sendo que o legislador passa a considerar também como legitimado passivo *o responsável, titular do bem vinculado por garantia real, ao pagamento do débito*. É uma situação que, em tese não necessitaria de regulamentação, pois, normalmente, o devedor de uma obrigação, prevista no título, é o titular do bem vinculado pela garantia real. O dispositivo pode ter sua importância prática se o bem móvel, imóvel ou semovente pertencer a terceiro, que neste caso deve compor o polo passivo da execução em litisconsórcio necessário com o devedor da obrigação principal.

No capítulo da competência, vale à pena destacar a inclusão como foro competente para a propositura da demanda executiva *o foro de eleição* constante do título executivo. É uma modificação legislativa que apenas explicita a competência executiva, dispensando a mera remissão a outros livros e títulos do Código, como faz o atual art. 576.

O art. 743 projetado, que apresenta o rol dos títulos executivos extrajudiciais, passa a conter os incs. X e XI. Desta forma, acertadamente, o legislador transforma a parcela de rateio das despesas do condomínio edilício em título executivo.

Esse rateio que é, normalmente, representado por um boleto bancário, apresenta todas as características de outros títulos que têm força executiva, pois contém credor e devedor determinados, obrigação de dar certa, exigível e líquida.

Como ilustração, vale a pena lembrar que no Estado de São Paulo, a Lei nº 13.160/08, desde 21 de julho de 2008, obriga os cartórios de protestos de títulos a receber os créditos oriundos do rateio da taxa condominial para protesto, o que viabilizou mais uma forma de cobrança dos inadimplentes.

A possibilidade de protesto desse crédito, sem dúvidas, orientou o legislador para a tipificação do rateio como título executivo extrajudicial.

Com o acréscimo do inc. XI ao art. 743, o legislador insere no texto projetado uma cláusula geral, por meio da qual são reforçados os princípios da taxatividade e da tipificação dos títulos executivos.

O tema da responsabilidade patrimonial é tratado no Projeto pelos arts. 747 a 753. O destaque positivo inicial fica por conta da inclusão no art. 748 do inc. VI, que amplia o rol de bens sujeitos à execução, precisamente os bens gravados com ônus reais que tenham sido alienados a terceiros e posteriormente reconhecida a fraude contra credores.

Por força do que vem entendendo a jurisprudência pátria sobre o art. 593 do CPC, o Projeto que foi apresentado ao Senado continha a previsão (art. 716, I) de que a fraude à execução deveria se considerada, além de outros casos, quando sobre os bens alienados ou gravados pendesse *ação fundada em direito real ou obrigação reipersecutória, desde que haja registro público;* **ou prova da má-fé de terceiro adquirente**.

Com essa previsão de prova de má-fé do terceiro, a Comissão de Juristas pretendia favorecer e proteger o terceiro de boa-fé. Entretanto, no substitutivo, apresentado pelo relator-geral do Projeto, a parte final do inc. I do art. 749 é retirada do texto, o que parece um retrocesso legislativo.

Na tentativa de corrigir o retrocesso, no substitutivo é apresentado um parágrafo único ao citado dispositivo, no qual se prevê a inversão do ônus da prova para que o terceiro prove sua condição de portador de boa-fé, na ausência de registro do título.

Nesse mesmo dispositivo, o legislador acrescentou dois importantes incisos, ampliando as hipóteses de fraude à execução. O inc. II trata da hipótese de fraude quando sobre os bens existir averbação da existência da ação executiva, nos termos do art. 785. É uma forma de valorizar e dar validade ao mecanismo da averbação da existência da demanda executiva nos registros que se referem aos bens do executado.

O inc. III vem fortalecer a esquecida hipoteca judiciária, devidamente registrada na matrícula do imóvel pertencente ao executado, como importante mecanismo favorecedor do exequente e que se transforme, definitivamente, em uma forma de tipificação da fraude.

4.2.2 Das diversas espécies de execução

Passando à análise dos dispositivos referentes às execuções em espécie, as verificações ficam em dispositivos que trazem as disposições gerais, tal como o art. 754 projetado que excluiu a insolvência civil como ressalva à preferência obtida pelo exequente com a penhora em relação a outros credores.

Essa exclusão encontra respaldo no fato de que o substitutivo, no art. 1007 das Disposições Finais e Transitórias põe fim à execução por quantia certa contra devedor insolvente.

No art. 755, o legislador transformou o demonstrativo do débito, que é requisito obrigatório para a execução das obrigações de dar, em um ato processual complexo, que deverá conter uma série de informações importantes para o processo executivo, buscando, na verdade, uma uniformização na sua utilização.

Vê-se que o legislador, por força dos princípios da correlação e do contraditório, passa a exigir que no demonstrativo constem dados, como o índice de correção monetária adotado, taxa dos juros de mora, especificação dos eventuais descontos obrigatórios, que não só demonstrem a correspondência entre o título executivo e o que se pede como crédito, bem como facilitem a defesa do executado ou se verifique o excesso de execução.

Entre outros requerimentos que o credor deve fazer no pedido inicial do procedimento executivo está o de medidas urgentes. O Projeto original previa no art. 723, além dessas medidas urgentes, a possibilidade de requerimento pelo exequente de indisponibilidade de ativo financeiros que existissem em nome do executado.

Já no art. 756 do substitutivo foi suprimida, a autorização para o exequente requerer a indisponibilidade de ativos. O legislador deu um passo atrás nesse caso, porque a medida é urgente e, em determinadas situações, é um mecanismo auxiliar da Jurisdição para a efetivação da tutela executiva. Sem dúvidas, a linguagem do dispositivo fica prejudicada.

Por outro lado, andou bem o substitutivo no art. 760 ao manter a proposta do parágrafo único do art. 727 da Comissão de Juristas, que prevê a possibilidade do juiz decretar, de ofício ou a requerimento, a nulidade da execução independentemente de embargos. É uma maneira de evitar a formalismo exacerbado.

Ademais, nas disposições comuns às obrigações de fazer ou não fazer, o legislador poderia ter suprimido o parágrafo único do art. 780, pois a linguagem nele empregada atenta contra a autonomia privada e a multa prevista contratualmente pode perder seus resultados práticos.

No substitutivo, o capítulo IV passa a ter nova denominação, *Da Execução por Quantia Certa*, excluindo-se o restante do nome *Contra Devedor Solvente*, uma vez que, como alhures mencionado, a execução contra devedor insolvente deixa de existir para o legislador.

Ainda, tratando dos dispositivos da execução por quantia certa, o legislador não avançou muito, pois continuou preso aos mecanismos de expropriação, previstos no atual CPC.

O legislador perdeu a chance de ousar (fica aqui uma proposta para a Câmara dos Deputados) no sentido prever a possibilidade de aplicação de outros meios coercitivos, tal como a multa coercitiva em amparo aos meios expropriatórios, forçando o cumprimento da obrigação pelo executado, sem a necessidade de penhora, adjudicação, etc.

Como sugestão, a redação do art. 786 poderia ficar da seguinte forma, com a inclusão de mais um parágrafo:

> O executado será citado para pagar a dívida no prazo de três dias, contados da juntada do mandado de citação, sob pena de multa coercitiva, fixada no despacho inicial, entre 10% e 20% sobre o valor da execução.
>
> §1º...
>
> §2º...
>
> §3º A multa fixada no despacho inicial poderá ser relevada ou diminuída na hipótese dos bens indicados pelo devedor terem sido aceitos pelo juiz, e que aquele tenha apresentado, por escrito, proposta de pagamento da dívida, com parcela mínima inicial de 40% do valor da execução e o remanescente em até 10 parcelas de igual valor.
>
> §4º A intimação da penhora ao executado será feita pessoalmente, na ausência ou ocultação deste, na pessoa de seu advogado.

Nessa proposta de redação, diferentemente do substitutivo, que simplesmente suprimiu a possibilidade de intimação da penhora na pessoa do advogado do executado (§3º), mantém-se a necessidade de intimação da penhora. Sugere-se que, primeiramente, a intimação seja feita na pessoa do executado e, com a ausência (não é a ausência do direito material) ou ocultação deste, intima-se o advogado, dando-se prosseguimento ao procedimento executivo, sem que se verifique qualquer nulidade ou prejuízo.

Também neste procedimento por quantia certa, passa-se a admitir a citação por hora certa no art. 787, §1º, desde que fique caracterizada a suspeita de ocultação do executado. O Projeto da Comissão previa no art. 755, §1º tal forma de citação, exigindo apenas que o executado não tivesse sido encontrado pelo oficial de justiça. Por uma questão de coerência com o instituto da citação por hora certa, andou bem o substitutivo.

Na subseção que trata do objeto da penhora, mais uma vez fica registrada a crítica ao legislador, que poderia, no art. 790, ter autorizado a penhora de bens imóveis de alto valor, mesmo aqueles considerados bens de família, bem como a penhora de altos salários.

A impenhorabilidade desses bens não fere a dignidade da pessoa humana, muito menos o princípio do patrimônio mínimo.

Não se pode admitir que o exequente aproveite-se do fato de ter um imóvel, bem de família legal ou voluntário, que vale R$1.000.000,00, portanto, absolutamente impenhorável.

Porque não autorizar a penhora do mesmo, para saldar a dívida e o exequente e sua família passar a residir em outro imóvel que valha R$700.000,00, ou seja, demonstrando-se, assim, que o bem é suficiente para pagamento da dívida e possibilite a manutenção da moradia. Onde está a ofensa à dignidade da pessoa humana ou prejuízo ao patrimônio mínimo?

Neste sentido Gilson Delgado Miranda e Patrícia Miranda Pizzol manifestam-se da seguinte forma:

> Bem se sabe que a crise da execução é, sem dúvida nenhuma, o "calcanhar de Aquiles" do Poder Judiciário.
>
> Entendemos que as modificações da Lei 11.232/2005 não serão suficientes para afastar essa crise. Houve, sim, uma simplificação procedimental, mas urge, com rapidez, a modificação também do Livro II do Código de Processo Civil, aplicado ao cumprimento de sentença subsidiariamente.
>
> (1) Não tem sentido mais resistir à penhora *on-line*, desde que aplicada com equilíbrio pelo magistrado, à luz do devido processo legal; (2) impõe-se prestigiar, em casos especiais, a penhora do faturamento da empresa devedora, como já reconhece o STJ; (3) não parece justo não impor uma limitação (em valores) à impenhorabilidade do bem imóvel de família, pois não raro o hipossuficiente é o credor e não o devedor; (...) (6) o dogma da impenhorabilidade do salário deve ser afastado. Por que não admitir para devedores com altos salários, sem prejudicar sua subsistência, a penhora centro de alguns parâmetros?[18]

Assim, o raciocínio exposto anteriormente não só tem respaldo em abalizada doutrina, bem como se aplica também aos altos salários que não podem ser absolutamente impenhoráveis em detrimento do exequente.

---

[18] MIRANDA, Gilson Delgado; PIZZOL, Patrícia Miranda. Novos rumos da execução por quantia certa contra devedor solvente: o cumprimento de sentença. *In*: WAMBIER, Teresa Arruda Alvim (Coord.). *Aspectos polêmicos da nova execução de títulos judiciais*: Lei 11.232/2005. São Paulo: Revista dos Tribunais, 2006. p. 216.

Em que pesem esses problemas levantados, em sede de ordem preferencial dos bens a serem penhorados, o legislador adotou a preferência expressa da penhora em dinheiro em relação aos demais bens, o que se pode verificar pela redação do §1º do art. 792.

Não importa a situação, a penhora de dinheiro sempre será mais interessante para o exequente, tendo em vista a sua facilidade de manuseio, além de não exigir avaliação, hasta pública e outros atos executivos. O processo fica muito mais rápido e barato, além de aumentar, consideravelmente, as chances da realização de acordos, que sempre são bem vindos.

Atendendo aos reclames da doutrina, o legislador aperfeiçoou e regulamentou de forma mais precisa a penhora de dinheiro em depósito ou em aplicação financeira. A Comissão de Juristas havia projetado para tanto o art. 778, com vários parágrafos, que mereciam uma revisão.

O substitutivo do Projeto apresenta o art. 810 com algumas modificações significativas, no sentido dessa revisão.

No *caput* do citado dispositivo legal, acrescentou-se a autorização para a penhora de dinheiro *on-line*, sem a prévia oitiva do executado, o que pode evitar a inocuidade do ato sub-rogatório.

O Projeto originalmente apresentava como pressupostos para a indisponibilidade de dinheiro, nos §§ 1º, 2º e 7º do art. 778, a necessária requisição de informações sobre a existência de ativos financeiros em nome do executado, bem como a exigência de caução para assegurar eventual ressarcimento de danos.

Ora, tais exigências não se coadunam com o mecanismo da indisponibilidade, que deve ser caracterizado pela celeridade. Tanto é verdade que o substitutivo suprimiu tais pressupostos, viabilizando a imediata indisponibilidade de ativos e determinando o cancelamento de eventual excesso, sem que haja necessidade de prestação de caução.

Em se tratando de atos expropriatórios, na hipótese de se verificar a necessidade de alienação judicial do bem penhorado, o substitutivo manteve a opção do Projeto original, no sentido de não exigir a designação de uma segunda hasta pública.

É o que se tem na linguagem do art. 837 que não mais prevê a designação de duas datas para hastas públicas. Assim, já na primeira hasta pública o bem poderá ser arrematado, nos termos do art. 841, desde que o lance não ofereça preço aviltante, considerado aquele que não for inferior a cinquenta por cento da avaliação (parágrafo único do art. 841).

4.2.3 Defesa do executado

Na tentativa de facilitar a expropriação, o Projeto original previu a extinção dos embargos à arrematação e o substitutivo o acompanhou, pois o §3º, do art. 857, menciona que os vícios previstos no §1º do mencionado artigo serão arguidos em ação autônoma.

Não se vislumbra aqui nenhum atentado ao acesso à justiça ou ao princípio do contraditório, pois se manteve a possibilidade de arguir vícios da arrematação, nos próprios autos, antes de expedida a carta ou após a sua expedição por intermédio de ação própria.

Quanto aos embargos do devedor, poucas foram as modificações. Entretanto, o Projeto original apresentava uma inconstitucionalidade flagrante no §2º do art. 839, que foi consertada pelo substitutivo.

No mencionado dispositivo, as palavras foram usadas no sentido de obstar a propositura de ações autônomas, por parte do executado, para discussão do crédito, caso este não tivesse ofertado os embargos do devedor.

Atendendo à sugestão de emenda constante do relatório parcial da subrelatoria, responsável pelo processo de execução e cumprimento de sentença, sob o comando do Senador Antonio Carlos Valadares, o substitutivo suprimiu tal dispositivo flagrantemente inconstitucional.

4.2.4 Execução por quantia certa contra devedor insolvente

Na redação original do Projeto e nas palavras do substitutivo, ao menos dentro do processo de execução, tal procedimento deixou de existir.

A matéria foi tratada em sede de disposições finais e transitórias. O Projeto originalmente previa a necessidade de lei para regulamentar o procedimento da execução por quantia certa contra devedor solvente e o CPC atual continuaria a regulamentá-la até a edição da lei, conforme a redação do art. 970.

O substitutivo, no art. 1007, foi mais longe e extinguiu de uma vez por todas este procedimento executivo, regulando transitoriamente as execuções propostas até a data da entrada em vigor do Novo Código, às quais devem ser aplicados os dispositivos do CPC/73.

4 Considerações finais

Ao final dessa pesquisa, em que pese terem sido analisados os dispositivos referentes apenas ao Processo de Execução, pode-se afirmar que entre avanços e retrocessos legislativos, o Projeto de um Novo Código de Processo Civil é muito bem vindo.

Considerando-se, principalmente, o grande número de alterações legislativas que recaíram sobre o CPC atual, a ponto de enfraquecer sua coerência sistemática, conclui-se, também, que o Projeto é necessário para devolver a sistematização que um Código deve ter.

No que tange ao Processo de Execução, apesar do apego às fórmulas de atos processuais construídos conforme as tendências da mera expropriação, alguns avanços são notáveis, especialmente, na execução por quantia certa em que penhora de dinheiro tem preferência sobre qualquer outra espécie e a facilitação da realização de tal penhora.

Contudo, ainda, em sede de execução das obrigações de dar quantia, aos mecanismos de execução direta deveriam ser somados, de forma mais veemente, os mecanismos de execução indireta. Sem contar, ainda, que alguns bens considerados impenhoráveis deveriam sofrer uma relativização, para atender as expectativas de satisfação do exequente, como nos casos de imóveis e salários de alto valor.

Por fim, é importante deixar claro que, por mais que se utilize da linguagem para construir textos normativos objetivos e que possam facilitar a interpretação estruturante da norma jurídica, nada adianta se aqueles que fazem a interpretação não tiverem preparados para tal tarefa.

Todos aqueles que atuam com o Direito Processual Civil, especialmente os juízes, devem pensar em um processo de resultados práticos e efetivos, longe dos formalismos exacerbados e despidos de preconceitos ou medos quanto ao novo, que apenas atentam contra os interesses dos jurisdicionados.

Também serão inócuas todas e quaisquer mudanças legislativas se o próprio Estado não rever a sua estrutura administrativa, aplicando de forma correta seu orçamento, proporcionando condições dignas de trabalho aos serventuários, informatizando o processo tal como já prevê a legislação atual.

Após todas essas considerações, resta a espera em torno do procedimento legislativo na Câmara dos Deputados e a esperança de que o Novo Código de Processo Civil possa representar novos rumos para a realização da tão sonhada justiça adequada, célere e concreta.

Referências

CARVALHO, Aurora Tomazini de. *Curso de teoria geral do direito*: o constructivismo lógico-semântico. São Paulo: Noeses, 2009.

DINAMARCO, Cândido Rangel. *Instituições de direito processual civil*. 2. ed. rev. e atual. São Paulo: Malheiros, 2005.

FERREIRA, Aurélio Buarque de Holanda. *Aurélio século XXI*: o dicionário da língua portuguesa. 3. ed. Rio de Janeiro: Nova Fronteira, 1999.

FLUSSER, Vilém. *Língua e realidade*. 3. ed. São Paulo: AnnaBlume, 2007.

GUERRA, Marcelo Lima. *Execução indireta*. São Paulo: Revista dos Tribunais, 1999.

HEGENBERG, Leônidas. *Significado e conhecimento*. São Paulo: EDUSP, 1975.

MARINONI, Luiz Guilherme; MITIDIERO, Daniel. *O Projeto do CPC*: críticas e propostas. São Paulo: Revista dos Tribunais, 2010.

MIRANDA, Gilson Delgado; PIZZOL, Patrícia Miranda. Novos rumos da execução por quantia certa contra devedor solvente: o cumprimento de sentença. *In*: WAMBIER, Teresa Arruda Alvim (Coord.). *Aspectos polêmicos da nova execução de títulos judiciais*: Lei 11.232/2005. São Paulo: Revista dos Tribunais, 2006.

MORCHON, Gregorio Robles. *Teoria del derecho*: fundamentos de teoria comunicacional del derecho. Madrid: Civitas, 1998. v. 1.

MÜLLER, Friedrich. *Teoria estruturante do direito*. 2. ed. rev. atual. e ampl. São Paulo: Revista dos Tribunais, 2009.

Informação bibliográfica deste texto, conforme a NBR 6023:2002 da Associação Brasileira de Normas Técnicas (ABNT):

LIGERO, Gilberto Notário. Desafios e avanços do processo de execução no Projeto de Código de Processo Civil (PLS nº 166/10). *In*: ROSSI, Fernando et al. (Coord.). *O futuro do processo civil no Brasil*: uma análise crítica ao Projeto do Novo CPC. Belo Horizonte: Fórum, 2011. p. 209-226. ISBN 978-85-7700-511-6.

O INCIDENTE DE RESOLUÇÃO DE DEMANDAS REPETITIVAS NO PROJETO DO CPC

GISELE MAZZONI WELSCH

1 Introdução

O Projeto do CPC foi redigido de acordo com finalidades centrais e com o espírito de buscar maior sintonia do processo com a Constituição Federal. Tais objetivos se focam na busca de maior organicidade e coesão do sistema, norteando-se pela aplicação de cláusulas gerais e conceitos jurídicos indeterminados (adequação direito material às formas de tutela), além da observância da colaboração do juiz com as partes e o enaltecimento do diálogo judicial (contraditório como dever de consulta).[1]

Dentro da perspectiva de estabelecer maior sintonia com a Constituição Federal, situa-se a inovação mais festejada: o incidente de resolução de demandas repetitivas, previsto nos arts. 895 a 906 do Projeto 166/10 do Novo CPC da redação original do Projeto 166/10 e arts. 930 a 941, de acordo com as alterações apresentadas no relatório geral do Senador Valter Pereira.[2]

O presente artigo tem por escopo a abordagem do novel instituto do incidente de resolução de demandas repetitivas, desde as causas de sua concepção, conformação de sua sistemática no novo CPC e breve cotejo com o Direito Comparado, no que tange à tutela coletiva.[3]

---

[1] MARINONI, Luiz Guilherme; MITIDIERO, Daniel. *O Projeto do CPC*: crítica e propostas. São Paulo: Revista dos Tribunais, 2010. p. 55-61.
[2] Fonte: SENADO FEDERAL. Disponível em: <www.senado.gov.br>. Acesso em: 24 jan. 2010.
[3] Sobre a ideia de Processo Coletivo, Mariângela Guerreiro Milhoranza: "Na nossa acepção, o processo coletivo é o instrumento utilizado para a solução de conflitos de massa. É o meio utilizado para tutelar os direitos coletivos *lato sensu* desde que sempre observada a ordem temporal pré definida da sequência dos atos jurisdicionais" (MILHORANZA, Mariângela Guerreiro. Processo e processo coletivo. *In*: TESHEINER, José Maria Rosa; MILHORANZA, Mariângela Guerreiro. *Temas de direito e processos coletivos*. Porto Alegre: HS, 2010. p. 35).

2 O incidente de resolução de demandas repetitivas e o Projeto do CPC

O princípio da colaboração no processo civil, vigorosamente tratado na obra de doutoramento de Daniel Mitidiero,[4] revela-se um vetor na interpretação e aplicação do processo civil, o que se evidencia de modo geral (o Projeto nº 166/10 do novo CPC apresenta o princípio como um balizador da aplicação dos dispositivos processuais)[5] e do ponto de vista da técnica legislativa, por meio dos institutos dos conceitos jurídicos indeterminados e cláusulas gerais.[6]

Seguindo tal diretriz proposta pelo novo Código e seus princípios norteadores, o referido instituto em análise consiste na possibilidade de suspensão de casos análogos que versem sobre idêntica questão de direito[7] e que sejam capazes de gerar insegurança jurídica em razão da coexistência de decisões conflitantes. O pedido de instauração do incidente será dirigido ao Presidente do Tribunal pelo juiz ou relator por ofício, pelas partes, pelo Ministério Público ou pela Defensoria Pública por petição.

Assim, o novel instituto privilegia a obtenção da segurança jurídica e da unidade do Direito, além de promover a uniformização da jurisprudência, militando pela igualdade, coerência e o desafogamento do Poder Judiciário, visando à celeridade da tramitação do processo (art. 5º, LXXVIII da CF/88).[8] Ainda se percebe a possibilidade da participação da sociedade civil no julgamento do incidente, haja vista a previsão

---

[4] Quanto a tal temática aduz o autor: "o juiz no processo cooperativo é um juiz isonômico na condução do processo e assimétrico quando da decisão das questões processuais e materiais da causa". Assim, a atuação do juiz no processo permite que ele dialogue, pois, desse modo, o magistrado poderá verificar a impressão das partes perante o rumo do processo. Nesse sentido, o autor sustenta que a condução do processo dar-se-á com a observância ao contraditório, princípio constitucional disposto na CF, art. 5º, LV (MITIDIERO, Daniel. *Colaboração no processo civil*: pressupostos sociais, lógicos e éticos. São Paulo: Revista dos Tribunais, 2009. p. 71-77).

[5] O Projeto nº 166/10 dispõe no Capítulo I, do Título I, sobre os princípios e garantias fundamentais do processo civil: "Art. 5º As partes têm direito de participar ativamente do processo, cooperando entre si e com o juiz e fornecendo-lhe subsídios para que profira decisões, realize atos executivos ou determine a prática de medidas de urgência".

[6] Por sua vez, Fredie Didier Jr. aborda o princípio da cooperação com base na doutrina portuguesa. O autor afirma que o princípio da cooperação é espécie normativa que estabelece um fim a ser atingido, no caso, o processo cooperativo, diálogo, leal. Enfoca a influência do princípio da boa-fé e a cooperação obrigacional, pois o princípio da cooperação consiste em um subprincípio derivado do princípio da boa-fé. Também, mostra que no Direito português, o princípio da cooperação é uma cláusula geral que concretiza um novo modelo equitativo do Direito português, bem como independe de concretização por regras jurídicas específicas (DIDIER JR., Fredie Souza. *Fundamentos teóricos e metodológicos para a compreensão do princípio da cooperação no direito processual civil português*. Lisboa, 2009. Relatório de conclusão do estágio de pós-doutoramento. p. 81).

[7] Sobre a questão da separação da matéria de direito e de fato, destaca-se a ideia de Karl Larenz: "o juiz julga sobre a 'questão de facto' com base no que é aduzido pelas partes e na produção de prova; a questão de direito decide-a sem depender do que é alegado pelas partes, com base no seu próprio conhecimento do Direito e da lei, que tem de conseguir por si (*jura novit curia*)". E sobre a prova em relação aos fatos, completa o autor alemão dizendo que "só os factos, isto é, os estados e acontecimentos facticos, são susceptíveis e carecem de prova; a apreciação jurídica dos factos não é objeto de prova a aduzir por uma das partes, mas tão-só de ponderação e decisão judicial" (LARENZ, Karl. *Metodologia da ciência do direito*. Lisboa: Fundação Calouste Gulbenkian, 1997. p. 370-371).

[8] Segundo José Maria Rosa Tesheiner, a Constituição Federal de 1988 apresenta os seguintes princípios fundamentais do processo: o da inafastabilidade do Poder Judiciário (CF, art. 5º, XXXV); do juiz natural (CF, art. 5º, XXXVII e LIII); da imparcialidade (princípio implícito na Constituição Federal, pois está vinculado às garantias da magistratura: vitaliciedade, inamovibilidade e irredutibilidade dos vencimentos); ação; do contraditório (CF, art. 5º, LV); da publicidade (CF, art. 5º, LX e art. 93, IX); da licitude das provas (art. 5º, LVI); da persuasão racional (CF, art. 93, IX); do devido processo legal (CF, art. 5º, LIV); da representação por advogado (CF, art. 5º, LXXIV e art. 133) e do controle hierárquico (duplo grau de jurisdição) (TESHEINER, José Maria Rosa. *Elementos para uma teoria geral do processo*. São Paulo: Saraiva, 1993. p. 30).

de oitiva de interessados (pessoas, órgãos e entidades com interesse na controvérsia) no prazo de 15 dias (art. 901, da redação original).

O incidente deverá ser julgado no prazo de 6 (seis) meses e terá preferência sobre os demais feitos, a exceção daqueles que envolvam réu preso e *habeas corpus*. Tal aspecto se mostra muito relevante na medida em que o espírito do instituto é justamente imprimir maior celeridade ao processo e evitar os ônus do tempo do processo. Ainda é importante destacar que não terá cabimento o reexame necessário em orientação adotada em incidente de resolução de demandas repetitivas, atendendo aos reclamos de restrição das hipóteses de cabimento da remessa necessária[9] das sentenças proferidas contra a Fazenda Pública (art. 478, §3º, da redação original do Projeto nº 166/10 e art. 483, §3º, III, de acordo com as alterações apresentadas no relatório geral do Senador Valter Pereira).[10]

Julgado o incidente, a tese jurídica será aplicada a todos os processos que versem idêntica questão de direito (art. 903, da redação original). O recurso especial ou extraordinário interposto por qualquer das partes, pelo Ministério Público ou por terceiro interessado, será dotado de efeito suspensivo, presumindo-se a repercussão geral de questão constitucional eventualmente discutida e, nesse caso, os autos serão remetidos ao tribunal competente, independentemente da realização de juízo de admissibilidade na origem (art. 905 e parágrafo único, da redação original).

Não observada a tese adotada pela decisão proferida no incidente, caberá reclamação para o tribunal competente e o processamento e julgamento da reclamação serão regulados pelo regimento interno do respectivo tribunal (art. 905 e parágrafo único, da redação original).

A implantação do dispositivo se mostra positiva e necessária em função da existência de ações de massa[11] no Judiciário e pela falta de um sistema consolidado de tutela coletiva de Direitos,[12] hoje ainda calcado nos microssistemas do Código de Defesa do Consumidor e leis esparsas, sem a devida codificação e unidade merecidas. Ainda é preciso considerar o problema da coisa julgada nas ações coletivas, limitada à competência territorial do órgão prolator e dependente da suficiência de provas para produzir efeito *erga omnes*.[13]

---

[9] Sobre as reformas legislativas no sentido de restringir a aplicação do instituto do reexame necessário, porém observando-se critérios de proporcionalidade e razoabilidade, o tema já foi enfrentado em: WELSCH, Gisele Mazzoni. *O reexame necessário e a efetividade da tutela jurisdicional*. Porto Alegre: Livraria do Advogado, 2010. p. 130.

[10] Fonte: SENADO FEDERAL. Disponível em: <www. senado.gov.br>. Acesso em: 24 jan. 2010.

[11] Segundo Mauro Cappelletti: (...) "Essa grandiosa revolução assumiu uma característica que se pode sintetizar numa palavra certamente pouco elegante, mas assaz expressiva: 'massificação'. Todas as sociedades avançadas do nosso mundo contemporâneo são, de fato, caracterizadas por uma organização econômica cuja produção, distribuição e consumo apresentam proporções de massa" (CAPPELLETTI, Mauro. *Juízes legisladores?*. Tradução de Carlos Alberto Alvaro de Oliveira. Porto Alegre: Sergio Antonio Fabris, 1993. Reimpressão, 1999. p. 56-57).

[12] Teori Albino Zavascki promove importante separação entre a tutela coletiva de direitos e a tutela de direitos coletivos: "Ressalvadas as aplicações subsidiárias admitidas por lei ou impostas pelo princípio da analogia, pode-se identificar, em nosso sistema processual, um subsistema que delineia claramente os modos e os instrumentos de tutela dos direitos coletivos (que são as ações civis públicas e a ação popular) e os modos e os instrumentos para tutelar coletivamente os direitos subjetivos individuais (que são as ações civis coletivas, nelas incluído o mandado de segurança coletivo)" (ZAVASCKI, Teori Albino. *Processo coletivo*: tutela de direitos coletivos e tutela coletiva de direitos. 3. ed. São Paulo: Revista dos Tribunais, 2008. p. 59).

[13] Com relação ao regime da coisa julgada nas ações coletivas no Brasil, pondera María Carolina Eguren: "Ademais de la cosa juzgada *erga omnes* y de la extensión *in utilibus — secundum eventum litis* — el régimen

De toda a sorte, é preciso considerar que, apesar das críticas e problemas apresentados pela atual sistemática das ações coletivas no Brasil, ela tem se mostrado "como um meio muito eficaz para a realização do Direito objetivo, bem como para assegurar direitos individuais".[14]

3 A uniformização da jurisprudência e a obtenção da unidade do direito por meio da técnica do incidente de resolução de demandas repetitivas

A necessidade da prestação jurisdicional de forma justa, efetiva e célere e, sobretudo, compatível com os direitos fundamentais constitucionalmente assegurados determina à jurisdição moderna novas funções e compromissos. Em razão de tal realidade, surge a questão da criação judicial do Direito, situação cada vez mais evidenciada na prática forense e privilegiada pela criação de mecanismos legislativos viabilizadores de tal atividade. Porém, é necessária uma ponderação quanto aos seus limites e deficiências, em razão da possibilidade de invasão da competência do Poder Legislativo e da inobservância do modelo constitucional de divisão dos poderes como forma de tornar viável a consecução do Estado Democrático de Direito.

Assim, além de se pontuar os limites e contornos da jurisdição contemporânea, englobando o fenômeno da criação judicial do Direito, devem ser discutidas a necessidade e a pertinência da obtenção da unidade do Direito, relativa à uniformização da jurisprudência com caráter vinculante, a qual representa uma tendência atual, em virtude da necessidade de efetivação do Estado Constitucional e seus preceitos. Tal ponderação tem, neste estudo, como objeto de análise o novel instituto previsto pelo Projeto do Novo CPC nos arts. 895 a 906, correspondente ao incidente de resolução de demandas repetitivas, já apresentado. Como já referido alhures, tal instituto representa mais uma técnica de uniformização de jurisprudência, buscando a instauração de decisões iguais para casos que versem sobre idêntica questão de Direito com potencial de gerar relevante multiplicação de processos, privilegiando a segurança jurídica e isonomia de tratamento a casos análogos.

Dentro da análise da criação judicial do Direito, seguindo a linha do pensamento de Mauro Cappelletti em sua obra *Juízes Legisladores?*, transcreve-se o seguinte:

> Não se nega, com isto, que a ficção do caráter declarativo e "meramente" interpretativo da função judiciária possa oferecer, em certas circunstâncias, algumas vantagens e ter certas justificações. Ela pode ter sido útil como instrumento dirigido a tornar mais visível as "virtudes passivas" da função judiciária, que embora não efetivamente fundadas sobre a mencionada não criatividade do processo jurisdicional, podem todavia parecer mais evidente quando o juiz se apresente como a "inanimada boca da lei". Parece claro, por outro lado, que atualmente as vantagens dessa ficção são amplamente superadas pelas desvantagens — especialmente nas sociedades democráticas, nas quais

---

brasileño se integró con la modalidad de cosa juzgada material si la reclamación colectiva resultare rechazada por insuficiencia probatoria" (EGUREN, Maria Carolina. La cosa juzgada en el proceso colectivo. *In*: OTEIZA, Eduardo (Coord.). *Procesos colectivos*. Santa Fe: Rubinzal, Culzoni, 2006. p. 401).

[14] TESHEINER, José Maria Rosa. Ações coletivas no Brasil: atualidades e tendência. *In*: TESHEINER, José Maria Rosa; MILHORANZA, Mariângela Guerreiro. *Temas de direito e processos coletivos*. Porto Alegre: HS, 2010. p. 36).

o processo legislativo tornou-se particularmente lento, obstruído e pesado, forçando, por conseqüência, o aumento do grau de criatividade da função judiciária.[15]

Dessa forma, a questão da criação judicial do Direito, e a aplicação de técnicas nesse sentido, devem ser enfrentadas com o escopo de definir a necessária atuação e função da Jurisdição moderna,[16] analisando-se as naturezas dessas atividades e o papel dentro do contexto do Estado Constitucional, no qual o processo civil deve servir de instrumento de efetivação dos direitos materiais envolvidos no caso concreto e observando os ditames e preceitos constitucionais.[17]

A respeito de tal temática, essencial para o entendimento e análise da atual função jurisdicional e pertinência do instituto em comento, a qual aponta para o respeito aos precedentes, destaca Luiz Guilherme Marinoni em recente obra:

> Não há dúvida que o papel do atual juiz do *civil law* e especialmente o do juiz brasileiro, a quem é deferido o dever-poder de controlar a constitucionalidade da lei no caso concreto, muito se aproxima da função exercida pelo juiz do *common law*, especialmente a realizada pelo juiz americano.[18]

Como consequência do ativismo judicial representado pela criação judicial, insere-se a crescente busca de unidade do Direito pela atividade jurisdicional, evidenciada por técnicas de uniformização e valorização da jurisprudência, cada vez mais presentes em nosso ordenamento, como, por exemplo, a inserção da técnica de solução de recursos repetitivos, conforme analisa Luiz Guilherme Marinoni:

> Ou melhor: a técnica do julgamento por amostragem e do sobrestamento dos recursos repetitivos constitui um paliativo ao grave problema da insubordinação à autoridade dos precedentes do Superior Tribunal de Justiça — espoliado, pela prática forense, de sua missão constitucional de uniformizar a interpretação da lei federal. Ora, não são apenas os precedentes elaborados em "causas repetitivas" que devem ser respeitados

---

[15] CAPPELLETTI, Mauro. *Juízes legisladores?*. Tradução de Carlos Alberto Alvaro de Oliveira. Porto Alegre: Sergio Antonio Fabris, 1993. Reimpressão, 1999. p. 130-131.

[16] Ovídio Baptista da Silva, ao promover análise histórico-evolutiva da função jurisdicional desde Roma até a contemporaneidade, ponderou que: "Com o objetivo de impedir o arbítrio judicial e garantir a segurança da liberdade civil, as leis haveriam de determinar-se de tal modo que a função judicial reduzir-se-ia à pura aplicação do texto legal. Uma indeterminação do sentido da lei, que permitisse ao juiz converter-se em criador do direito, em última análise em legislador, afigurava-se contraditória com a doutrina da divisão de poderes". Em outra passagem, o autor ainda refere que: (...) "a doutrina de Hobbes ofereceu contribuição decisiva para a sustentação do conceito romano de jurisdição como função subalterna, atribuída aos 'magistrados servidores', a fim de que estes fossem o oráculo do soberano, pronunciando os comandos claramente contidos na lei" (SILVA, Ovídio Araújo Baptista da. *Jurisdição e execução na tradição romano-canônica*. 2. ed. São Paulo: Revista dos Tribunais, 1997. p. 104,123).

[17] Acerca da necessária observação à força normativa da Constituição, destaca Ingo Wolfgang Sarlet: (...) "a concepção de uma vinculação direta dos particulares aos direitos fundamentais encontra respaldo no argumento segundo o qual, em virtude de os direitos fundamentais constituírem normas expressando valores aplicáveis para toda a ordem jurídica, como decorrência do princípio da unidade da ordem jurídica, bem como em virtude do postulado da força normativa da Constituição, não se poderia aceitar que o Direito Privado viesse a formar uma espécie de gueto à margem da Constituição, não havendo como admitir uma vinculação exclusivamente do poder público aos direitos fundamentais" (SARLET, Ingo Wolfgang. Direitos fundamentais e direito privado: algumas considerações em torno da vinculação dos particulares aos direitos fundamentais. *Revista Jurídica*, ano 55, n. 352, p. 58, fev. 2007).

[18] MARINONI, Luiz Guilherme. *Precedentes obrigatórios*. São Paulo: Revista dos Tribunais, 2010. p. 100.

pelos tribunais inferiores. E aqui surge outro sério problema: ao se criar fórmula para impor o respeito às decisões proferidas em "causas repetitivas", corre-se o risco de se estar abrindo mão da autoridade natural de um tribunal superior em nome da agilização dos processos de massa — como se a razão de se fazer respeitar um precedente estivesse aí.[19]

Assim, como técnica análoga, e denotando a tendência de uniformização da jurisprudência e unidade do Direito, insere-se o incidente de resolução de demandas repetitivas.

Portanto, percebe-se que a interpretação do novel instituto passa pela ponderação das funções da Jurisdição moderna[20] e a sua crescente e necessária atividade normativa dentro dos reclamos do Estado Constitucional[21] e da efetivação de direitos intimamente interligados com os princípios e regras constitucionais,[22] o que evidencia a fase protagonizada pelo Formalismo Valorativo.[23]

4 Breves notas de Tutela Coletiva e Direito Comparado

A análise e ponderação acerca do novo instituto do incidente de resolução de demandas repetitivas podem ser otimizadas se feitas à luz de institutos de Direito Comparado. Assim, como existem modelos de tutela coletiva na legislação estrangeira, mister se faz uma breve abordagem de tal aspecto.

No que tange ao modelo de tutela coletiva, os países da Europa, de um modo geral, podem ser todos enquadrados dentro do modelo do *group litigation* ou das ações associativas. Embora parte da doutrina veja com bons olhos e entenda ser necessária

---

[19] MARINONI, Luiz Guilherme. *Precedentes obrigatórios*. São Paulo: Revista dos Tribunais, 2010. p. 495.

[20] Nesse desiderato e seguindo o pensamento já apontado por Mauro Cappelletti, aduz Nicola Picardi: "A verdade é que hoje o juiz é chamado a desenvolver funções que, ontem, pareciam reservadas a outras instituições. Registra-se, de fato, um considerável aumento dos poderes do juiz, tanto no confronto da legislação quando da administração" (PICARDI, Nicola. *Jurisdição e processo*. Organizador e revisor técnico da tradução Carlos Alberto Alvaro de Oliveira. Rio de Janeiro: Forense, 2008. p. 5).

[21] A efetivação do Estado Constitucional remete à corrente do formalismo valorativo, como pondera Daniel Mitidiero: (...) "formalismo valorativo, entendido esse como movimento cultural destinado a concretizar valores constitucionais no tecido processual (...) à força do caráter nitidamente instrumental do processo, trazendo novamente ao plano dos operadores do processo a busca pelo justo" (MITIDIERO, Daniel Francisco. *Elementos para uma teoria contemporânea do processo civil brasileiro*. Porto alegre: Livraria do Advogado, 2005. p. 19-20).

[22] Com relação aos critérios de distinção entre regras e princípios, é salutar citar o pensamento de Humberto Ávila: "Em primeiro lugar, há o critério do caráter hipotético-condicional, que se fundamenta no fato de as regras possuírem uma hipótese e uma consequência que predeterminam a decisão, sendo aplicadas ao se, então, enquanto os princípios apenas indicam o fundamento a ser utilizado pelo aplicador para futuramente encontrar a regra para o caso concreto. (...) Em segundo lugar, há o critério do modo final de aplicação, que se sustenta no fato de as regras serem aplicadas de modo absoluto *tudo ou nada*, ao passo que os princípios são aplicados de modo gradual *mais ou menos*. Em terceiro lugar, o critério do relacionamento normativo, que se fundamenta na idéia de a antinomia entre as regras consubstanciar verdadeiro conflito, solucionável com a declaração de invalidade de uma das regras ou com a criação de uma exceção, ao passo que o relacionamento entre os princípios consiste num imbricamento, solucionável mediante ponderação que atribua uma dimensão de peso a cada um deles. Em quarto lugar, há o critério do fundamento axiológico, que considera os princípios, ao contrário das regras, como fundamentos axiológicos para a decisão a ser tomada" (ÁVILA, Humberto. *Teoria dos princípios*: da definição à aplicação dos princípios jurídicos. 4. ed. São Paulo: Malheiros, 2004. p. 30-31).

[23] A ideia da expressão "Formalismo Valorativo" provém da investigação científica feita pelo autor Carlos Alberto Alvaro de Oliveira a respeito do formalismo no processo civil (OLIVEIRA, Carlos Alberto Alvaro de. *Do formalismo no processo civil*. 2. ed. rev. ampl. São Paulo: Saraiva, 2003).

a aproximação com o modelo da *class action*, essa corrente é amplamente minoritária e existe forte resistência a tal movimento.[24]

Com relação a institutos de Direito Comparado, é importante referir o modelo alemão, de acordo com o estudo de Luiz Felipe Otharan:

> Há um incidente de resolução de demandas repetitivas denominado *musterverfahren*, onde não existe a substituição processual típica das ações coletivas. Assim, mostra-se inexistente a dificuldade da legitimação (que ocorre nas lides representativas), uma vez que "o escopo do Procedimento-Modelo é estabelecer uma esfera de decisão coletiva de questões comuns a litígios individuais, sem esbarrar nos ataques teóricos e entraves práticos da disciplina das ações coletivas de tipo representativo".[25]

A tutela coletiva na Alemanha[26] desenvolveu-se a partir de incidente ocorrido no mercado de ações, em razão de irregularidade cometida pela Deutsch Telekon ao lançar suas ações na Bolsa de Frankfurt, fato que acabou ocasionando a propositura de ações em massa perante o Tribunal de Frankfurt (sede da bolsa) com o fim reparatório, gerando obstrução na seção de direito comercial. Assim, em 2005 instaurou-se a *Kapitalanleger-Musterverfahrensgesetz* (*KapMug*). Tal mecanismo objetivou resolver de modo idêntico e vinculante, seja sobre o perfil fático ou jurídico, uma questão controversa surgida em causas paralelas através de uma decisão modelo remetida ao Tribunal de Apelação.[27]

O modelo do *group litigation* foi introduzido em maio de 2000 no *Civil Procedural Rules, Part 19, Section III*. Tal sistema consiste em uma ordem de gestão de processos que permite ao Tribunal administrar coletivamente casos que dão origem a questões de direito ou de fatos comuns ou relacionados (Rule 19.10). De acordo com este procedimento, uma *group litigation* é um mecanismo de *opt-in* coletiva.[28]

Dessa forma, pode o juiz, ao perceber que uma série de demandas tem questões comuns, criar um *group litigation* (19.11). Uma vez criado o mecanismo, este deve, obrigatoriamente, conter as especificações sobre o caso para o registro do grupo, a especificação das questões comuns tratadas no grupo e a designação do Tribunal

---

[24] ROSSONI, Igor Bimkowski. *O "incidente de resolução de demandas repetitivas" e a introdução do group litigation no direito brasileiro*: avanço ou retrocesso?. Disponível em: <www.tex.pro.br>. Acesso em: 24 jan. 2011.

[25] OTHARAN, Luiz Felipe. *Incidente de resolução de demandas repetitivas como uma alternativa às ações coletivas*: notas de direito comparado. Disponível em: <www.processoscoletivos.net>. Acesso em: 02 nov. 2010. Ainda sobre a análise das ações coletivas no Direito Comparado: CRUZ E TUCCI, José Rogério (Coord.). *Direito processual civil europeu contemporâneo*. São Paulo: Lex, 2010.

[26] A Reunificação da Alemanha (1990) propiciou a nova reforma no processo civil alemão (novela 1990), a qual foi motivada pelas dificuldades econômicas geradas com a inserção do país no contexto Europeu. O propósito desta reforma era harmonizar o Direito Processual sob os seguintes aspectos: do envio da causa ao juiz singular e da imposição de limites ao princípio da oralidade. Aliado a isso, o volume de processos iniciados começou a aumentar, e, mesmo após a reunificação, estes não pararam de crescer. Tal fato gerou a necessidade de uma modernização da Justiça a fim de atender aos anseios de uma ordem econômica complexa, do cenário de modificação nas comunicações e da integração com a Europa e com o mundo (PRADILLHO, Juan Carlos Ortiz; RAGONE, Álvaro J. Pérez (Trad.). *Código Procesal Civil alemán* (ZPO). Traducción con un estudio introductorio al proceso civil alemán contemporáneo. Montevideo: Fundación Konrad-Adenauer, 2005. p. 35-134,155-301).

[27] ROSSONI, Igor Bimkowski. *O "incidente de resolução de demandas repetitivas" e a introdução do group litigation no direito brasileiro*: avanço ou retrocesso?. Disponível em: <www.tex.pro.br>. Acesso em: 24 jan. 2011.

[28] ROSSONI, Igor Bimkowski. *O "incidente de resolução de demandas repetitivas" e a introdução do group litigation no direito brasileiro*: avanço ou retrocesso?. Disponível em: <www.tex.pro.br>. Acesso em: 24 jan. 2011.

(*management court*) que gerirá o caso. A instauração do Grupo pode ser feita tanto de ofício como pelo autor ou réu sem uma *cut-off date* preestabelecida legalmente.[29]

No sistema do *group litigation* não há a possibilidade de os intervenientes não serem atingidos pelos efeitos da decisão, caso demonstrada a má gestão processual, diferentemente do que ocorre no mecanismo alemão da *Kapitalanleger-Musterverfahrensgesetz* (*KapMug*). No último caso, devem demonstrar que não puderam fazer uso de meios de ataque e defesa, em razão do estágio avançado do processo. Além dessa hipótese, escapam dos efeitos da decisão no caso de o *Musterkläger* não ter feito uso dos meios de ataque e defesa, voluntariamente ou por culpa grave, quando tais meios eram ignorados pelos intervenientes.[30]

Assim, se percebe nitidamente a influência da sistemática de tutela coletiva da Alemanha na conformação do instituto do incidente de resolução de demandas repetitivas projetado para o Novo Código de Processo Civil a ser aprovado, destacando-se a diferença substancial de que no procedimento do novel instituto brasileiro apenas questões de direito podem ser analisadas, distintamente do que acontece no modelo alemão e inglês, nos quais as questões de fato também são apreciadas pelo tribunal.

5 Conclusão

Conforme esposado nas linhas anteriores, o instituto do incidente de resolução de demandas repetitivas, previsto nos arts. 895 a 906, do Projeto nº 166/10, do Novo CPC da redação original do Projeto nº 166/10 e arts. 930 a 941, de acordo com as alterações apresentadas no relatório geral do Senador Valter Pereira, representa importe ferramenta de evolução e progresso para a tutela coletiva. Isso porque, além de tornar mais viável a efetivação de princípios constitucionais basilares, como a segurança jurídica e a duração razoável do processo, também significará avanço na seara da tutela coletiva, uma vez que serão possíveis ações coletivas relativas a variadas matérias, e não somente de acordo com o estabelecido na legislação atual, calcada na Lei da Ação Civil Pública, Ação Popular e Código de Defesa do Consumidor.

Contudo, é necessário que tal mecanismo seja devidamente aplicado pelo ordenamento para que possa promover seus positivos efeitos e não apenas integrar o conjunto de reformas legislativas processuais incapazes de promover as tão aclamadas e necessárias efetividade e celeridade do processo civil brasileiro.

Referências

ÁVILA, Humberto. *Teoria dos princípios*: da definição à aplicação dos princípios jurídicos. 4. ed. São Paulo: Malheiros, 2004.

CAPPELLETTI, Mauro. *Juízes legisladores?*. Tradução de Carlos Alberto Alvaro de Oliveira. Porto Alegre: Sergio Antonio Fabris, 1993. Reimpressão, 1999.

---

[29] ROSSONI, Igor Bimkowski. *O "incidente de resolução de demandas repetitivas" e a introdução do group litigation no direito brasileiro*: avanço ou retrocesso?. Disponível em: <www.tex.pro.br>. Acesso em: 24 jan. 2011.

[30] ROSSONI, Igor Bimkowski. *O "incidente de resolução de demandas repetitivas" e a introdução do group litigation no direito brasileiro*: avanço ou retrocesso?. Disponível em: <www.tex.pro.br>. Acesso em: 24 jan. 2011.

CRUZ E TUCCI, José Rogério (Coord.). *Direito processual civil europeu contemporâneo*. São Paulo: Lex, 2010.

DIDIER JR., Fredie Souza. *Fundamentos teóricos e metodológicos para a compreensão do princípio da cooperação no direito processual civil português*. Lisboa, 2009. Relatório de conclusão do estágio de pós-doutoramento.

EGUREN, Maria Carolina. La cosa juzgada en el proceso colectivo. *In*: OTEIZA, Eduardo (Coord.). *Procesos colectivos*. Santa Fe: Rubinzal, Culzoni, 2006.

LARENZ, Karl. *Metodologia da ciência do direito*. Lisboa: Fundação Calouste Gulbenkian, 1997.

MARINONI, Luiz Guilherme. *Precedentes obrigatórios*. São Paulo: Revista dos Tribunais, 2010.

MARINONI, Luiz Guilherme; MITIDIERO, Daniel. *O Projeto do CPC*: crítica e propostas. São Paulo: Revista dos Tribunais, 2010.

MILHORANZA, Mariângela Guerreiro. Processo e processo coletivo. *In*: TESHEINER, José Maria Rosa; MILHORANZA, Mariângela Guerreiro. *Temas de direito e processos coletivos*. Porto Alegre: HS, 2010.

MITIDIERO, Daniel Francisco. *Elementos para uma teoria contemporânea do processo civil brasileiro*. Porto alegre: Livraria do Advogado, 2005.

MITIDIERO, Daniel. *Colaboração no processo civil*: pressupostos sociais, lógicos e éticos. São Paulo: Revista dos Tribunais, 2009.

OLIVEIRA, Carlos Alberto Alvaro de. *Do formalismo no processo civil*. 2. ed. rev. ampl. São Paulo: Saraiva, 2003.

OTHARAN, Luiz Felipe. *Incidente de resolução de demandas repetitivas como uma alternativa às ações coletivas*: notas de direito comparado. Disponível em: <www.processoscoletivos.net>. Acesso em: 02 nov. 2010.

PICARDI, Nicola. *Jurisdição e processo*. Organizador e revisor técnico da tradução Carlos Alberto Alvaro de Oliveira. Rio de Janeiro: Forense, 2008.

PRADILLHO, Juan Carlos Ortiz; RAGONE, Álvaro J. Pérez (Trad.). *Código Procesal Civil alemán (ZPO)*. Traducción con un estudio introductorio al proceso civil alemán contemporáneo. Montevideo: Fundación Konrad-Adenauer, 2005.

ROSSONI, Igor Bimkowski. *O "incidente de resolução de demandas repetitivas" e a introdução do group litigation no direito brasileiro*: avanço ou retrocesso?. Disponível em: <www.tex.pro.br>. Acesso em: 24 jan. 2011.

SARLET, Ingo Wolfgang. Direitos fundamentais e direito privado: algumas considerações em torno da vinculação dos particulares aos direitos fundamentais. *Revista Jurídica*, ano 55, n. 352, fev. 2007.

SENADO FEDERAL. Disponível em: <www.senado.gov.br>. Acesso em: 24 jan. 2010.

SILVA, Ovídio Araújo Baptista da. *Jurisdição e execução na tradição romano-canônica*. 2. ed. São Paulo: Revista dos Tribunais, 1997.

TESHEINER, José Maria Rosa. Ações coletivas no Brasil: atualidades e tendência. *In*: TESHEINER, José Maria Rosa; MILHORANZA, Mariângela Guerreiro. *Temas de direito e processos coletivos*. Porto Alegre: HS, 2010.

TESHEINER, José Maria Rosa. *Elementos para uma teoria geral do processo*. São Paulo: Saraiva, 1993.

WELSCH, Gisele Mazzoni. *O reexame necessário e a efetividade da tutela jurisdicional*. Porto Alegre: Livraria do Advogado, 2010.

ZAVASCKI, Teori Albino. *Processo coletivo*: tutela de direitos coletivos e tutela coletiva de direitos. 3. ed. São Paulo: Revista dos Tribunais, 2008.

Informação bibliográfica deste texto, conforme a NBR 6023:2002 da Associação Brasileira de Normas Técnicas (ABNT):

WELSCH, Gisele Mazzoni. O incidente de resolução de demandas repetitivas no Projeto do CPC. *In*: ROSSI, Fernando *et al.* (Coord.). *O futuro do processo civil no Brasil*: uma análise crítica ao Projeto do Novo CPC. Belo Horizonte: Fórum, 2011. p. 227-235. ISBN 978-85-7700-511-6.

O REGIME DOS PROVIMENTOS DE URGÊNCIA NO PROJETO DE LEI Nº 166/10

GUSTAVO DE MEDEIROS MELO

1 Introdução

Pretendemos fazer uma resenha crítica sobre as linhas fundamentais do PLS nº 166/10 em relação aos provimentos de urgência, considerando a versão recentemente aprovada pelo Senado Federal, que acolheu o substitutivo apresentado pelo Senador Valter Pereira.

Para se ter uma noção sistemática do projeto, esse assunto está inserido na parte geral, especificamente no Título IX do Livro I, denominado "Tutela de urgência e tutela da evidência", reunindo ali provimentos que hoje se encontram espalhados no processo de conhecimento (CPC, art. 273 e 461) e no Livro III do CPC de 73.

Ao lado dos provimentos de urgência, o PLS prevê situações que apresentam um grau de cognição muito mais forte do que aquele juízo de verossimilhança que normalmente retrata a fase inicial do processo. São hipóteses que evidenciam, já de início, a existência do direito material, independentemente de haver urgência, ora representado pelo estado incontroverso das questões de fato, ora pelo amadurecimento da interpretação jurídica consolidada pela jurisprudência dos tribunais superiores, a revelar uma "juridicidade ostensiva", conforme está explicado na exposição de motivos do Anteprojeto.

Por isso, o Projeto elenca alguns casos que podem caracterizar a chamada "tutela da evidência",[1] ao que parece acolhendo proposta doutrinária de integrantes da comissão de juristas encarregada do Anteprojeto de reforma.[2] Por enquanto, nosso

---

[1] Procuramos nas fontes de onde provavelmente proveio a expressão "tutela da evidência", como também na exposição de motivos do Anteprojeto, mas não encontramos explicação para a junção da preposição "de" com o artigo feminino "a".

[2] FABRÍCIO, Adroaldo Furtado. Breves notas sobre provimentos antecipatórios, cautelares e liminares. *In*: FABRÍCIO, Adroaldo Furtado. *Ensaios de direito processual*. Rio de Janeiro: Forense, 2003. p. 189; FUX, Luiz.

foco de análise ficará nos provimentos de urgência, deixando para outra oportunidade o exame da tutela de evidência.

2 Proposta de um regime jurídico uniforme

O PLS nº 166/10 acertou na opção política que fez ao acolher as boas lições da doutrina. O Projeto unifica os pressupostos e o procedimento para submeter as tutelas de urgência a regime jurídico uniforme, procurando evitar que questões menores de natureza procedimental venham a atrapalhar o funcionamento dessas medidas que podem ser tomadas em qualquer fase do processo.

Pelo Projeto, não há mais separação formal entre tutela cautelar e tutela antecipada, passando ambas a receber o mesmo tratamento, o que é mais condizente com providências típicas da cognição sumária. O Projeto partiu da premissa de que eventuais distinções de cunho metodológico não são relevantes diante da função prática que se espera da jurisdição de pronto atendimento comprometida com a garantia de *acesso adequado à Justiça* (CF, art. 5º, XXXV e LXXVIII).[3]

De fato, as medidas de urgência, cautelar e satisfativa, apresentam semelhanças que só justificam a adoção de um regime jurídico uniforme. Podem até apresentar relativa diferença de alcance, mas ambas carregam a mesma função preventiva, conforme vem assinalando autorizada corrente doutrinária nos últimos 15 anos.[4]

A técnica de unificação dos provimentos de urgência deve ser aplaudida. Com a unificação, a concessão da tutela de urgência, seja cautelar, seja antecipatória, depende basicamente de elementos que evidenciem a plausibilidade dos fundamentos e o perigo de dano irreparável ou de difícil reparação.

O PLS não só reuniu esses provimentos num canal comum de postulação, como também aboliu o capítulo das medidas cautelares específicas (ou nominadas), considerando não haver mais necessidade de se manter um tratamento formal apartado para outorgar uma proteção que muito se assemelha à que vem de ser prestada pela via genérica do poder geral de cautela.

Tutela de segurança e tutela da evidência: fundamentos da tutela antecipada. São Paulo: Saraiva, 1996. p. 305; BEDAQUE, José Roberto dos Santos. *Tutela cautelar e tutela antecipada*: tutelas sumárias e de urgência: tentativa de sistematização. São Paulo: Malheiros, 2006. p. 338.

[3] MELO, Gustavo de Medeiros. O acesso adequado à justiça na perspectiva do justo processo. *In*: FUX, Luiz; NERY JR., Nelson; WAMBIER, Teresa Arruda Alvim (Coord.). *Processo e Constituição*: estudos em homenagem ao Prof. José Carlos Barbosa Moreira. São Paulo: Revista dos Tribunais, 2006. p. 684.

[4] MOREIRA, J. C. Barbosa. A antecipação da tutela jurisdicional na reforma do Código de Processo Civil. *Revista de Processo*, n. 81 p. 201; ZAVASCKI, Teori Albino. Medidas cautelares e medidas antecipatórias: técnicas diferentes, função constitucional semelhante. *Revista de Processo*, v. 21, n. 82, p. 58, abr./jun. 1996; THEODORO JR., Humberto. Tutela de emergência: antecipação de tutela e medidas cautelares: *In*: THEODORO JR., Humberto. *O processo civil brasileiro*: no liminar do novo século. Rio de Janeiro: Forense, 1999. p. 92; OLIVEIRA, Carlos Alberto Álvaro. Perfil dogmático da tutela de urgência. *Revista Forense*, v. 94, n. 342, p. 26-27, abr./jun. 1998; BEDAQUE, José Roberto dos Santos. *Tutela cautelar e tutela antecipada*: tutelas sumárias e de urgência: tentativa de sistematização. São Paulo: Malheiros, 2006. p. 311; DANTAS, Marcelo Navarro Ribeiro. Suspensão de execução em face da ação rescisória: ligeiras reflexões sobre a baixa eficácia da tutela satisfativa no sistema processual brasileiro. *Revista Forense*, v. 95, n. 348, p. 168, out./dez. 1999; DINAMARCO, Cândido Rangel. O regime jurídico das medidas urgentes. *Revista Forense*, v. 97, n. 356, p. 29, jul./ago. 2001; RAMOS, Glauco Gumerato; CURIONI, Rossana Teresa. Perfil das tutelas de urgência no Processo Civil brasileiro. *Revista Nacional de Direito e Jurisprudência*, v. 3, n. 40, p. 20-36, abr. 2003. p. 27; TALAMINI, Eduardo. Medidas urgentes: cautelares e antecipadas: a Lei 10.444/2002 e o início de correção de rota para um regime jurídico único. *Revista Dialética de Direito Processual*, v. 2, p. 24, 2003.

3 Fungibilidade de provimentos

O PLS autoriza o juiz a determinar a providência que considerar adequada para evitar lesão à esfera jurídica de quem aparenta ter razão, em pronunciamento sujeito a agravo de instrumento. O juiz poderá também, até de ofício, *substituir* a medida requerida (ou eventualmente concedida) pela prestação de caução ou outra garantia menos gravosa para o requerido, sempre que adequada e suficiente para evitar o dano ou repará-lo integralmente.

Nesse tipo de operação, a fungibilidade reside no conteúdo do provimento. É a lógica segundo a qual *quem pode o mais pode também o menos*, no sentido de que o juiz pode outorgar outra providência menos agressiva ou de equivalente gravidade, desde que adequada e suficiente para evitar a lesão.

É a interpretação que sugerimos para o atual art. 805 do CPC, o qual permite — já hoje — essa espécie de *fungibilidade de provimentos* não só entre as medidas cautelares, como também entre estas e a tutela antecipada, no sentido de substituir a mais agressiva por algo mais brando, desde que suficiente para evitar o dano.[5]

Com essa fisionomia, o PLS possibilita que a técnica de substituição do provimento, cuja previsão hoje é aparentemente restrita ao Livro III do processo cautelar (art. 805), tenha mais abrangência para alcançar as medidas satisfativas, deixando o julgador mais confortável para adequar a providência que considerar mais eficaz ao escopo de prevenção do dano no caso concreto.

4 O nome dado à petição não tem relevância na técnica dos provimentos de urgência

O Projeto é indiferente ao uso de nomenclatura para o pedido da parte interessada. As medidas podem ser requeridas antes ou no curso do processo, independente da natureza que elas tenham, seja cautelar, seja satisfativa.

Não faz a menor diferença nominar essa postulação de tutela cautelar ou de tutela antecipada. O juiz haverá de examinar o mérito do pedido de urgência à luz da plausibilidade do direito e do perigo da demora, ferramenta correspondente aos pressupostos tradicionais do poder geral de cautela do art. 798 do CPC vigente.

Se for solicitada uma medida a que o autor chamou de cautelar, o juiz deve submeter o pedido aos pressupostos correspondentes, independente do nome posto na petição. Se acaso a providência requerida tiver caráter antecipatório, seja como demanda preparatória, seja nos autos da ação principal, o órgão julgador deve analisar o mérito da providência à luz dos pressupostos que passam a ser uniformes pelo Projeto.

Muito acima de questiúnculas acadêmicas que giram em torno da natureza jurídica do requerimento está a necessidade de proteção do bem jurídico material,

---

[5] MELO, Gustavo de Medeiros. O princípio da fungibilidade no sistema de tutelas de urgência: um departamento do processo civil ainda carente de sistematização. *Revista Forense*, Rio de Janeiro, n. 398, p. 96, jul./ago. 2008; MELO, Gustavo de Medeiros. O princípio da fungibilidade no sistema de tutelas de urgência: um departamento do processo civil ainda carente de sistematização. *Revista de Processo*, São Paulo, n. 167, p. 83, jan. 2009.

tanto pela técnica da tutela cautelar (que nada antecipa em relação ao pedido final), quanto pela via da antecipação de efeitos da tutela.

O nome dado ao pedido ou a etiqueta estampada na petição não tem relevância alguma para a análise da providência, como já não o tem no sistema atual. De qualquer modo, *a experiência tem ensinado que a melhor forma é não dar nome ao pedido*. Basta expor os fatos, anexar os documentos e requerer um provimento de urgência específico para o caso, demonstrando a probabilidade de êxito e a necessidade de atendimento imediato.

5 Necessidade de um preceito pedagógico sobre o princípio da fungibilidade

Apesar da saudável flexibilidade do PLS quanto à técnica de manuseio dos provimentos de urgência, seria politicamente bom e conveniente que houvesse também um preceito tratando da fungibilidade entre as medidas, nem que seja para fins pedagógicos de advertência ao órgão julgador. Isso poderá evitar deslizes cometidos por quem ainda carrega ranços burocráticos do passado e ainda não aprendeu que o juiz está vinculado ao *conteúdo do pedido e da causa de pedir, independente do nome dado à petição*.

O juiz deve submeter o pleito de urgência aos pressupostos que a lei prevê para sua concessão, por mais "errada" ou "grosseira" que lhe pareça a qualificação formal atribuída na estampa do requerimento. Se o advogado chamou de tutela cautelar uma providência que, a toda nitidez, constitui uma tutela antecipada, o juiz pode e deve conhecer do pedido tal como apresentado para outorgar a proteção correspondente à tutela antecipada, desde que presentes os pressupostos da plausibilidade e do risco de dano irreparável (ou de difícil reparação).

Essa subsunção do pedido às condições legais é uma técnica que independe de haver "erro grosseiro". Por esse motivo, a proposta que se faz aqui vem no sentido de inserir um §1º no art. 276 do PLS (na versão aprovada pelo Senado), que passaria a ter a seguinte redação:

> Art. 276. A tutela de urgência será concedida quando forem demonstrados elementos que evidenciem a plausibilidade do direito, bem como o risco de dano irreparável ou de difícil reparação.
> §1º. *O juiz deve analisar o requerimento de acordo com os pressupostos legais, independentemente do nome dado à petição.*
> §2º. Na concessão liminar da tutela de urgência, o juiz poderá exigir caução real ou fidejussória idônea para ressarcir os danos que o requerido possa vir a sofrer, ressalvada a impossibilidade da parte economicamente hipossuficiente.

A proposta tem cunho pedagógico em prol do acesso à justiça. A presença desse comando reitera na consciência do juiz o dever de examinar o mérito da providência, porque não lhe é dado avaliar o que, no seu entendimento pessoal, configuraria "erro grosseiro".

Isso reforça a cultura pela instrumentalidade do processo, confirma a experiência com a campanha acadêmica que gerou o §7º do art. 273 do CPC (Lei nº 10.444/02) e evita um perigoso retrocesso, fechando a porta para quem, amante do formalismo, sem compromisso com a tutela do direito material, prefere sair pela tangente a enfrentar o drama da vida cotidiana que lhe é dado resolver em nome da Constituição e do Estado.

6 Um procedimento antecedente para as duas espécies de tutela de urgência

O procedimento das medidas de urgência pode ser antecedente (preparatório) ou incidental. Será *antecedente* quando a parte necessitar de uma intervenção imediata do Estado e não houver tempo para mover a ação principal com todos os documentos e a fundamentação completa necessária. Nesse caso, o requerente deverá indicar a lide (leia-se: futuro pedido principal), seu fundamento e a exposição sumária do direito ameaçado. Será *incidental* quando já estiver instaurada a ação principal, bastando um requerimento fundamentado nos próprios autos do processo em curso.

A experiência tem demonstrado que o procedimento antecedente deve ser comum às duas espécies. O procedimento prévio de cognição sumária, preparatório de uma possível demanda principal, pode perfeitamente ser utilizado pelas duas modalidades de tutela. Basta submeter o pleito ao crivo dos respectivos pressupostos, que, pelo PLS, representam basicamente a plausibilidade do direito e o risco de dano irreparável (ou de difícil reparação).

Nesse ponto, o PLS nº 166 absorveu a experiência construída ao longo de décadas com o poder geral de cautela previsto no art. 798 do CPC. Por esse caminho vinham sendo canalizados, porque não havia outro, pedidos de antecipação de tutela de forma antecedente à ação principal, fenômeno que ficou conhecido como a prática das "falsas cautelares" ou "cautelares satisfativas".[6]

E não poderia ser diferente. O pedido de urgência, muitas vezes, tem natureza antecipatória de efeitos da provável sentença. Com ou sem previsão de procedimento para amparar esse tipo de necessidade, a Constituição assegura a todos brasileiros e estrangeiros (residentes ou não) o acesso aos instrumentos da tutela jurisdicional adequada contra o estado de ameaça (CF, art. 5º, XXXV e LXXVIII).[7]

É o que basta. A forma do requerimento — se preparatório ou incidental — é questão que está muito abaixo da preocupação que se deve ter com as condicionantes de mérito da providência a ser examinada imediatamente.

Mesmo após a Lei nº 8.952/94, que não foi clara quanto a um procedimento preparatório para o art. 273 e 461 do CPC, parcela considerável da doutrina deu sinal verde a essa forma de requerimento quando for necessária e urgente a intervenção estatal. O fundamento apresentado pelos autores, uns mais explícitos, outros menos,

---

[6] Na doutrina clássica, a providência obtida pela atriz francesa do episódio narrado por Calamandrei, que se viu ultrajada com a exposição do seu corpo quase nu em evento aberto ao público, vem sendo encarado pela moderna doutrina como um exemplo de medida satisfativa. Como se sabe, antes de decidir o mérito da controvérsia, o juiz simplesmente mandou cobrir com um lençol as partes íntimas da requerente (CALAMANDREI, Piero. *Introduzione allo studio sistematico dei provvedimenti cautelari*. Padova: CEDAM, 1936. p. 48, §17).

[7] MELO, Gustavo de Medeiros. A tutela adequada na reforma constitucional de 2004. *Revista de Processo*, São Paulo, n. 124, p. 76, jun. 2005.

é de caráter constitucional, porque eventual ausência de procedimento não pode ser empecilho ao direito de acesso tempestivo à Justiça.[8]

Quem trabalha no contencioso sabe que existem inúmeras situações da vida que, quando aparecem de repente, não dão tempo de preparar a ação principal com as alegações e documentos que seriam necessários para abordar o litígio em suas devidas dimensões. Em casos assim, a pessoa não tem outro caminho senão requerer, a título precário, uma tutela de urgência, indicando a sobrevinda de um pedido posterior complementar a ser examinado em nível de cognição exauriente.

Pena que essa necessidade social, por longo tempo, não foi devidamente compreendida por muitos órgãos do Poder Judiciário e até por alguns setores da doutrina.[9]

Nessa perspectiva, o PLS reserva um regime unificado de pressupostos e procedimento, autorizando sejam veiculadas as medidas urgentes em caráter preparatório ou incidental.

7 Trânsito livre entre o procedimento antecedente e o pedido principal

Nessa disciplina do procedimento antecedente, o Projeto foi feliz com a remoção de alguns entulhos desnecessários que existem na porta de entrada do Poder Judiciário. Pela regra de hoje, quem obtém providência cautelar em ação preparatória deve pagar *novas custas* para ajuizar uma *segunda ação*, que será a principal.

O PLS facilitará o acesso à justiça. A futura lei, se aprovada for, acabará com esse embaraço financeiro e burocrático. O autor continua com o ônus de provocar a demanda principal no prazo de um mês, ou em prazo que o juiz lhe assinar, mas pode fazê-lo através de requerimento *nos próprios autos do processo já instaurado de forma antecedente, sem pagamento de taxa judiciária*. Não será mais necessária uma ação subsequente, como também não haverá novo pagamento de custas para instauração do processo.

8 Contraditório e estabilização dos efeitos do provimento de urgência

O PLS prevê as possíveis formas de comportamento do requerido no processo antecedente. Citado, o réu tem o ônus de contestar o pedido, indicar as provas que pretende produzir e impugnar a tutela concedida liminarmente, tudo isso no prazo de 5 dias.

Se o requerido contestar o pedido, impugnando o provimento liminar, o processo seguirá para eventual audiência de instrução e julgamento, se houver necessidade. Após isso, o Projeto nada fala, mas presume-se que haverá decisão. A natureza dessa decisão também ficou oculta, mas imagina-se seja ela uma decisão interlocutória.

---

[8] Com ampla indicação bibliográfica: MELO, Gustavo de Medeiros. O princípio da fungibilidade no sistema de tutelas de urgência: um departamento do processo civil ainda carente de sistematização. *Revista Forense*, Rio de Janeiro, n. 398, p. 125, jul./ago. 2008; MELO, Gustavo de Medeiros. O princípio da fungibilidade no sistema de tutelas de urgência: um departamento do processo civil ainda carente de sistematização. *Revista de Processo*, São Paulo, n. 167, p. 122, jan. 2009.

[9] Para um exame mais profundo do assunto, cf. MELO, Gustavo de Medeiros. O princípio da fungibilidade no sistema de tutelas de urgência: um departamento do processo civil ainda carente de sistematização. *Revista Forense*, Rio de Janeiro, n. 398, p. 119, jul./ago. 2008; MELO, Gustavo de Medeiros. O princípio da fungibilidade no sistema de tutelas de urgência: um departamento do processo civil ainda carente de sistematização. *Revista de Processo*, São Paulo, n. 167, p. 114, jan. 2009.

Aqui, a dinâmica do contraditório foi alterada. Pela sistemática atual, quem é contemplado com medida cautelar em caráter preparatório tem o ônus de ajuizar a ação principal em 30 dias contados da efetivação da providência, sob pena de perder sua eficácia (CPC, art. 806 e 808, inc. I).

Pela proposta do PLS, o critério ficará balanceado. Esse ônus será dos dois litigantes, a depender da situação. Se o requerido, uma vez citado, não impugnar o provimento concedido liminarmente (ou após o contraditório), o autor ficará dispensado de propor o pedido principal e o processo poderá ser extinto com manutenção dos efeitos da medida preventiva.

Do contrário, se houver impugnação da liminar, o requerente passa a carregar o ônus da formulação do pedido principal no prazo de 30 dias ou em outro prazo que venha a ser fixado pelo juiz.

9 Críticas à estrutura do procedimento desenhado pelo Projeto

O PLS não é claro quanto ao critério de contagem desse prazo do autor. O Projeto fala que é da *impugnação da liminar* pelo réu, mas não esclarece o modo pelo qual o autor terá ciência dessa impugnação. Será ele intimado de sua juntada aos autos ou deverá fazer vigília diária no cartório (ou secretaria) para saber que foi protocolada uma impugnação?

Eis um problema prático que merece um ajustamento.

Pode acontecer também a hipótese da tutela de urgência ser concedida *após a resposta do réu*. Nesse caso, a contestação basta para repassar o encargo ao autor ou será necessária uma segunda contestação (chamada "impugnação") requerendo a revogação do provimento dado após a primeira? Em outras palavras, se o réu contestar, mas não impugnar a providência tomada após sua resposta, o autor ficará liberado de propor o pedido principal ou continua ele com o ônus de dar sequência à segunda fase do processo?

Pela redação do PLS, tudo indica que o réu deve mesmo impugnar a providência de qualquer forma, tenha ela saído antes de sua citação (*inaudita altera parte*) ou tenha saído após o contraditório.

Quanto à contagem do prazo do autor, o problema inicial volta a confundir o raciocínio. Será ele intimado da juntada da impugnação ou deverá fazer vigília diária no cartório (secretaria) para se certificar de que foi protocolada uma impugnação?

São questões que não encontram resposta na estrutura atual do PLS.

10 Sugestões para um procedimento mais simples

Ao que parece, existe algo aí no meio atrapalhando a compreensão do processo de urgência. É a figura da "impugnação de liminar" instituída pelo PLS como algo distinto da contestação. Isso não parece necessário nem conveniente para o funcionamento desse processo preparatório.

Além disso, falta-lhe clareza e uma melhor disciplina, sob pena de criar inúmeras confusões dentro de uma fase que deve primar pela simplicidade. Por exemplo, o réu não tem prazo para ofertar essa impugnação? E se ele não impugnar a liminar, mas apresentar contestação? Ou, do contrário, se ele impugnar a liminar, mas não contestar o pedido? E se ele não impugnar, preferindo agravar direto da decisão, isso não tem relevância para efeito de disparar contra o autor o prazo de formulação do pedido principal?

São alguns problemas que brotarão aos montes desse processo antecedente tal como estruturado, para os quais o PLS não dá resposta satisfatória.

Nossa sugestão é suprimir a ideia da "impugnação de liminar" para se adotar a *contestação* como critério para definir a necessidade do pedido principal. No entanto, só isso não resolve o problema, porque a contagem do prazo do autor dependerá de duas circunstâncias básicas: (1) se a medida de urgência foi concedida *antes* da citação, como provimento liminar, ou (2) se foi ela deferida *após* a contestação.

Na primeira hipótese, a contestação, onde a tutela de urgência foi deferida liminarmente, daria ao autor o ônus de formular o pedido principal no prazo de 30 dias (ou outro que lhe for assinado) contados da sua ciência de que houve uma contestação. Na segunda hipótese, se houve contestação, mas só depois dela o juiz veio a deferir o pedido, o prazo do autor começaria a correr da ciência desse provimento.

Fora daí, não sendo contestado o pedido, o autor não precisará deduzir o pleito principal, incidirão os efeitos da revelia e o processo poderá ser extinto sem perder a eficácia da providência.

11 Proposta de redação para alguns dispositivos do capítulo do procedimento

À vista das sugestões aqui lançadas, nossa proposta vem no sentido de reescrever e recolocar os seguintes dispositivos do Capítulo II para deixá-los assim:

Art. 280...
§1º Do mandado de citação constará a advertência de que, não contestado o pedido, os fatos alegados pelo requerente presumir-se-ão verdadeiros e a medida eventualmente concedida continuará a produzir efeitos independentemente da formulação de um pedido principal pelo autor.
§2º...
I –...
II –...
Art. 281. Contestado o pedido no prazo legal, o juiz designará audiência de instrução e julgamento se houver necessidade de produzir prova.
§1º O pedido principal deverá ser apresentado pelo requerente no prazo de trinta dias, ou em outro prazo que o juiz fixar, contado de sua ciência sobre a contestação.
§2º O prazo de que trata o parágrafo anterior será contado da ciência do provimento quando a medida for concedida após a contestação.
§3º A apresentação do pedido principal será desnecessária se o réu, citado, não apresentar contestação, caso em que o juiz extinguirá o processo após a efetivação integral da providência eventualmente concedida, conservando sua eficácia.
Art. 282. O pedido principal será apresentado nos mesmos autos em que tiver sido veiculado o requerimento da medida de urgência, não dependendo do pagamento de novas custas processuais quanto ao objeto da medida requerida em caráter antecedente.
§1º A parte será intimada para se manifestar sobre o pedido principal, por seu advogado ou pessoalmente, sem necessidade de nova citação.

§2º Na hipótese do parágrafo anterior, qualquer das partes poderá discutir pela via adequada o direito que tenha sido acautelado ou cujos efeitos tenham sido antecipados.
Art. 284. Cessa a eficácia da medida concedida em caráter antecedente se:
I – tendo o requerido apresentado contestação, o pedido principal não for deduzido no prazo do art. 281, §§1º e 2º.

12 Conclusões

1. O PLS nº 166/10 representa significativo avanço na técnica de aplicação dos provimentos de urgência, trazendo a metodologia mais adequada para operar com providências típicas da cognição sumária, independente da natureza jurídica que apresentem.
2. As tutelas de urgência, cautelar ou antecipada, passam a depender dos mesmos pressupostos, desde que haja elementos que evidenciem a plausibilidade do direito e o risco de dano irreparável ou de difícil reparação.
3. Por disposição expressa do PLS, as medidas de urgência poderão ser requeridas em procedimento preparatório ou em caráter incidental.
4. O nome dado à petição não tem relevância para o exame de mérito que deve ser feito à luz dos pressupostos legais que condicionam a concessão da providência.
5. Para fins pedagógicos, propomos a introdução de um §1º no art. 276 do PLS para dizer que "O juiz deve analisar o requerimento de acordo com os pressupostos legais, independentemente do nome dado à petição".
6. O PLS acaba com a exigência de uma ação principal, bastando ao autor requerer a providência complementar nos próprios autos do processo preparatório já instaurado, sem pagamento de taxa judiciária.
7. O PLS estabelece um critério balanceado para definir o ônus do autor de apresentar o pedido principal.
8. Se o requerido não impugnar o provimento concedido liminarmente (ou após o contraditório), o autor ficará dispensado de propor o pedido principal e o processo poderá ser extinto com manutenção dos efeitos da medida preventiva.
9. A figura da "impugnação de liminar" instituída pelo PLS como resposta distinta da contestação não está bem arrumada na dinâmica do processo preparatório.
10. Sugerimos que a contestação seja o critério para definir a necessidade de se propor o pedido principal pelo requerente.

Referências

BEDAQUE, José Roberto dos Santos. *Tutela cautelar e tutela antecipada*: tutelas sumárias e de urgência: tentativa de sistematização. São Paulo: Malheiros, 2006.

CALAMANDREI, Piero. *Introduzione allo studio sistematico dei provvedimenti cautelari*. Padova: CEDAM, 1936.

DANTAS, Marcelo Navarro Ribeiro. Suspensão de execução em face da ação rescisória: ligeiras reflexões sobre a baixa eficácia da tutela satisfativa no sistema processual brasileiro. *Revista Forense*, v. 95, n. 348, p. 159-173, out./dez. 1999.

DINAMARCO, Cândido Rangel. O regime jurídico das medidas urgentes. *Revista Forense*, v. 97, n. 356, p. 29-50, jul./ago. 2001.

FABRÍCIO, Adroaldo Furtado. Breves notas sobre provimentos antecipatórios, cautelares e liminares. *In*: FABRÍCIO, Adroaldo Furtado. *Ensaios de direito processual*. Rio de Janeiro: Forense, 2003.

FUX, Luiz. *Tutela de segurança e tutela da evidência*: fundamentos da tutela antecipada. São Paulo: Saraiva, 1996.

MELO, Gustavo de Medeiros. A tutela adequada na reforma constitucional de 2004. *Revista de Processo*, São Paulo, n. 124, jun. 2005.

MELO, Gustavo de Medeiros. O acesso adequado à justiça na perspectiva do justo processo. *In*: FUX, Luiz; NERY JR., Nelson; WAMBIER, Teresa Arruda Alvim (Coord.). *Processo e Constituição*: estudos em homenagem ao Prof. José Carlos Barbosa Moreira. São Paulo: Revista dos Tribunais, 2006.

MELO, Gustavo de Medeiros. O princípio da fungibilidade no sistema de tutelas de urgência: um departamento do processo civil ainda carente de sistematização. *Revista Forense*, Rio de Janeiro, n. 398, jul./ago. 2008.

MELO, Gustavo de Medeiros. O princípio da fungibilidade no sistema de tutelas de urgência: um departamento do processo civil ainda carente de sistematização. *Revista de Processo*, São Paulo, n. 167, jan. 2009.

MOREIRA, J. C. Barbosa. A antecipação da tutela jurisdicional na reforma do Código de Processo Civil. *Revista de Processo*, n. 81.

OLIVEIRA, Carlos Alberto Álvaro. Perfil dogmático da tutela de urgência. *Revista Forense*, v. 94, n. 342, p. 13-28, abr./jun. 1998.

RAMOS, Glauco Gumerato; CURIONI, Rossana Teresa. Perfil das tutelas de urgência no Processo Civil brasileiro. *Revista Nacional de Direito e Jurisprudência*, v. 3, n. 40, p. 20-36, abr. 2003.

TALAMINI, Eduardo. Medidas urgentes: cautelares e antecipadas: a Lei 10.444/2002 e o início de correção de rota para um regime jurídico único. *Revista Dialética de Direito Processual*, v. 2, 2003.

THEODORO JR., Humberto. Tutela de emergência: antecipação de tutela e medidas cautelares: *In*: THEODORO JR., Humberto. *O processo civil brasileiro*: no liminar do novo século. Rio de Janeiro: Forense, 1999.

ZAVASCKI, Teori Albino. Medidas cautelares e medidas antecipatórias: técnicas diferentes, função constitucional semelhante. *Revista de Processo*, v. 21, n. 82, p. 53-69, abr./jun. 1996.

Informação bibliográfica deste texto, conforme a NBR 6023:2002 da Associação Brasileira de Normas Técnicas (ABNT):

MELO, Gustavo de Medeiros. O regime dos provimentos de urgência no Projeto de Lei nº 166/10. *In*: ROSSI, Fernando *et al.* (Coord.). *O futuro do processo civil no Brasil*: uma análise crítica ao Projeto do Novo CPC. Belo Horizonte: Fórum, 2011. p. 237-246. ISBN 978-85-7700-511-6.

A EXECUÇÃO FORÇADA NO PROJETO DO NOVO CÓDIGO DE PROCESSO CIVIL APROVADO PELO SENADO FEDERAL (PL Nº 166/10)

HUMBERTO THEODORO JÚNIOR

1 Introdução

O sistema civil de execução forçada passou por ampla reforma muito recentemente. A Lei nº 11.232, de 22.12.2005 completou a abolição da ação autônoma de execução de sentença, generalizando, no processo civil, a chamada ação executiva *lato sensu*, em que uma única relação jurídica processual se presta ao acertamento do direito violado e ao cumprimento da sentença que o define e tutela. Fala-se, agora, em processo sincrético e em execução imediata da sentença como parte do mesmo ofício do juiz que o leva a pronunciar o julgado. A prestação jurisdicional não acaba com a prolação da sentença, mas só se completa e exaure quando a condenação se torna real e efetiva por meio dos atos de seu cumprimento. Somente quando o bem da vida a que tem direito o credor lhe é transferido é que a tutela jurisdicional estará realizada, de fato e de direito.

Por outro lado, a Lei nº 11.382, de 06.12.2006, reduziu o Livro II do Código de Processo Civil à regulamentação da ação executiva autônoma, cuja aplicação restou, praticamente, limitada aos títulos executivos extrajudiciais. Apenas subsidiariamente suas regras procedimentais passaram a ter aplicação aos atos de cumprimento de sentença (CPC, art. 475-R).

2 Como se procedeu progressivamente à eliminação da *actio iudicati* no Direito Processual Civil Brasileiro

Nos últimos anos do século passado e nos primeiros do século atual, o legislador brasileiro procedeu a profundas reformas no Código de Processo Civil e, em quatro etapas, logrou abolir por completo os vestígios da indesejável dualidade de processos para promover o acertamento e a execução dos direitos insatisfeitos.

Num primeiro momento, a Lei nº 8.952, de 13.12.94, alterou o texto do art. 273 do CPC, acrescentando-lhe vários parágrafos (que viriam a sofrer adições da Lei nº 10.444, de 7.05.2002), com o que se implantou, em nosso ordenamento jurídico, uma verdadeira revolução, consubstanciada na *antecipação de tutela*. Com isso fraturou-se, em profundidade, o sistema dualístico que, até então, separava por sólida barreira o processo de conhecimento e o processo de execução, e confinava cada um deles em compartimentos estanques. É que, nos termos do art. 273 e seus parágrafos, tornava-se possível, para contornar o perigo de dano e para coibir a defesa temerária, a obtenção imediata de medidas executivas (satisfativas do direito material do autor) dentro ainda do processo de cognição e antes mesmo de ser proferida a sentença definitiva de acolhimento do pedido deduzido em juízo. É certo que essa antecipação é provisória, não ocorre em todo e qualquer processo, e pode vir a ser revogada. Mas, quando deferida em relação a todo o pedido da inicial, uma vez obtida a condenação do réu na sentença final, não haverá o que executar por meio de *actio iudicati*. A sentença definitiva encontrará, em muitos casos, o autor já no desfrute do direito subjetivo afinal acertado. A sentença, dessa forma, apenas confirmará a situação já implantada executivamente pela decisão incidental proferida com apoio no art. 273.

A inovação do art. 273 a um só tempo desestabilizou a pureza e autonomia procedimental do processo de conhecimento e do processo de execução. Em lugar de uma *actio* que fosse de pura cognição ou de uma *actio iudicati* que fosse de pura realização forçada de um direito adrede acertado, instituiu-se um procedimento híbrido, que numa só relação processual procedia às duas atividades jurisdicionais. Em vez de uma ação puramente *declaratória* (que era, na verdade, a velha ação *condenatória*), passou-se a contar com uma *ação interdital*, nos moldes daqueles expedientes de que o pretor romano lançava mão, nos casos graves e urgentes, para decretar, de imediato, uma composição provisória da situação litigiosa, sem aguardar o pronunciamento (*sententia*) do *iudex*.

Dessa maneira, a reforma do art. 273, ao permitir genericamente o recurso à antecipação de tutela, sempre que configurados os pressupostos nele enunciados, na verdade abalou, em profundidade, o caráter declaratório do processo de conhecimento. De *ordinária* a ação de conhecimento se tornou *interdital*, pelo menos em potencial.

O segundo grande momento de modernização do procedimento de execução de sentença no processo civil brasileiro ocorreu com a reforma do art. 461 do CPC. Pela redação que a Lei nº 8.952, de 13.12.94, deu a seu *caput* e parágrafos (complementada pela Lei nº 10.444, de 07.05.2002), a sentença em torno do cumprimento de obrigação de fazer ou não fazer deve conceder à parte a "tutela específica"; de modo que, sendo procedente o pedido, o juiz "determinará providências que assegurem o resultado prático equivalente ao do adimplemento". Para alcançar esse desiderato, dever-se-á, conforme o caso, adotar medida de antecipação de tutela e poder-se-ão observar medidas de coerção e apoio, como multas, busca e apreensão, remoção de pessoas e coisas, desfazimento de obras e impedimento de atividade. Enfim, o credor deve ter acesso aos atos de satisfação de seu direito, desde logo, sem depender do complicado procedimento da ação de execução de sentença. Em outras palavras, as sentenças relativas à obrigação de fazer ou não fazer não se cumprem mais segundo as regras da *actio iudicati* autônoma, mas de acordo com as regras do art. 461 e seus parágrafos, como deixa claro o texto atual do art. 644, com a redação dada pela Lei nº 10.444, de 07.05.2002.

Num terceiro e importante momento da sequência de inovações do processo civil brasileiro, deu-se a introdução no CPC do art. 461-A, por força da Lei nº 10.444, de 07.05.2002. Já então, a novidade se passou no âmbito das ações de conhecimento cujo objeto seja a entrega de coisa. Também em relação às obrigações de dar ou restituir, a tutela jurisdicional deverá ser específica, de modo que o não cumprimento voluntário da condenação acarretará, nos próprios autos em que se proferiu a sentença, a pronta expedição de mandado de busca e apreensão ou de imissão na posse (art. 461-A, §2º). Não cabe mais, portanto, a *actio iudicati* nas ações condenatórias relativas ao cumprimento de obrigações de entrega de coisas. Tudo se processa sumariamente dentro dos moldes da *executio per officium iudicis*.

Por fim, concluiu-se o processo de abolição da ação autônoma de execução de sentença com a reforma da execução por quantia certa, constante da Lei nº 11.232, de 22.12.2005.

Também as condenações a pagamento de quantia certa, para serem cumpridas, não mais dependerão de manejo da *actio iudicati* em nova relação processual posterior ao encerramento do processo de conhecimento.

Ao condenar-se ao cumprimento de obrigação de quantia certa, o juiz assinará na sentença o prazo em que o devedor haverá de realizar a prestação devida.[1] Ultrapassado dito termo sem o pagamento voluntário, seguir-se-á, na mesma relação processual em que a sentença foi proferida, a expedição do mandado de penhora e avaliação para preparar a expropriação dos bens necessários à satisfação do direito do credor (novo art. 475-J).

3 Vias de execução adotadas pelo vigente Código de Processo Civil

A realização material do direito do credor não é mais objeto exclusivo do processo de execução. O processo de conhecimento quando atinge o nível da condenação não se encerra com a sentença. Prossegue, na mesma relação processual, até alcançar a realização material da prestação a que tem direito o credor e a que está obrigado o devedor. O *cumprimento da sentença* é ato do ofício do juiz que a profere (*executio per oficium iudicis*).

Processo de execução, como relação processual instaurada apenas para realização ou satisfação de direito subjetivo já acertado, é remédio processual que apenas se aplica à execução de títulos executivos extrajudiciais.

Atualmente, no Direito Processual brasileiro, cumprimento de sentença e processo de execução são realidades distintas e inconfundíveis. Embora o juiz utilize atos

---

[1] O art. 475-J, introduzido no CPC pela Lei nº 11.232, de 22.12.2005, fixa em 15 dias o prazo para cumprir a sentença que condena a pagamento de quantia certa. No caso de condenação ilíquida, dito prazo será contado da decisão que fixar o *quantum debeatur* no procedimento de liquidação da sentença (arts. 475-A a 475-H). Nas condenações líquidas, o entendimento do STJ é de que os 15 dias do art. 475-J sejam contados após a intimação do devedor, na pessoa de seu advogado, acerca da memória de cálculo elaborada pelo credor (STJ, Corte Especial, REsp nº 940.274/MS, Rel. p/ac. Min. João Otávio de Noronha, ac. 07.04.2010, *DJe*, 31.05.2010).

e procedimentos do processo de execução para fazer cumprir a sentença condenatória, isto se passa sem a instauração de uma nova relação processual, ou seja, sem a relação própria do processo de execução. Em lugar de receber uma citação para responder por um novo processo, o devedor recebe um mandado para realizar a prestação constante da condenação, sujeitando-se imediatamente à inovação em sua esfera patrimonial, caso não efetive o cumprimento do mandamento sentencial.

Em sendo o caso de título extrajudicial, é claro que os atos executivos sobre o patrimônio do devedor somente serão possíveis mediante a instauração de uma relação processual típica, correspondente a uma *ação executiva* em sentido estrito. É que não existirá uma prévia ação de acertamento, em cuja relação processual se poderia prosseguir rumo aos atos de execução.

Em síntese: a) para a sentença condenatória (e títulos judiciais equiparados), o remédio executivo é o procedimento do "cumprimento da sentença"; b) para o título executivo extrajudicial, cabe o processo de execução, provocável pela ação executiva, que é independente de qualquer acertamento prévio em processo de conhecimento.

4 Síntese da execução ou cumprimento da sentença

A Exposição de Motivos, que acompanhou o Projeto do Ministério da Justiça do qual se originou a Lei nº 11.232/05, resumiu as posições fundamentais da nova execução de sentença da seguinte forma:

> a) "a *efetivação forçada* da sentença condenatória 'será feita como etapa final do processo de conhecimento, após um *'tempus iudicati'*, sem necessidade de um 'processo autônomo' de execução (afastam-se princípios teóricos em homenagem à eficiência e brevidade); processo 'sincrético', no dizer de autorizado processualista. Assim, no plano doutrinário, são alteradas as 'cargas de eficácia' da sentença condenatória, cuja 'executividade' passa a um primeiro plano'; em decorrência desse novo papel, a sentença deixa de ser o ato que põe fim ao processo, passando simplesmente a um estágio dele, ou seja, 'o ato de 'julgamento da causa, com ou sem apreciação do mérito'";
>
> b) não haverá *"embargos do executado"* na etapa de cumprimento da sentença, devendo qualquer objeção do réu ser veiculada mediante mero incidente de *"impugnação"*, à cuja decisão será oponível agravo de instrumento;
>
> c) o Livro II passa a regrar somente as *execuções* por título extrajudicial, cujas normas, todavia, se aplicam subsidiariamente ao procedimento de "cumprimento" da sentença.[2]

5 Síntese da execução renovada dos títulos extrajudiciais

O Livro II do CPC, após a Lei nº 11.232/05, como já observado, tornou-se regulador apenas da execução forçada dos títulos extrajudiciais. Somente a sentença condenatória pronunciada contra a Fazenda Pública ou a que contiver condenação a prestação de alimentos subsistem, por razões peculiares à natureza de tais obrigações, como

---

[2] Exposição de Motivos do Min. Márcio Thomaz Bastos, nº 5.

objeto de ações autônomas de execução, disciplinadas no bojo do Livro II (arts. 730-731 e 732-735, respectivamente).

Segundo esclarece a Exposição de Motivos do Ministro da Justiça Márcio Thomaz Bastos, que sustentou o Projeto do qual originou a Lei nº 11.382, de 06.12.2006, as posições inovadoras adotadas, com vistas ao aprimoramento da execução dos títulos extrajudiciais,[3] são basicamente as seguintes:

> a) citação será "para o pagamento em três dias e, não sendo tal pagamento efetuado, a realização (pelo oficial de justiça) da *penhora e da avaliação em uma mesma oportunidade*, podendo o credor indicar, na inicial da execução, os bens a serem preferencialmente penhorados" (aliás, conforme recentes alterações, o CPC de Portugal também manda que o exeqüente, na inicial executiva, indique tais bens – art. 810º, nº 5);
>
> b) "a defesa do executado, que *não mais dependerá da 'segurança do juízo'*, far-se-á através de embargos, de regra *sem efeito suspensivo* (a serem opostos nos quinze dias subseqüentes à citação), seguindo-se instrução probatória e sentença; com tal sistema, desaparecerá qualquer motivo para a interposição da assim chamada (mui impropriamente) 'exceção de pré-executividade', de criação pretoriana e que tantos embaraços e demoras atualmente causa ao andamento das execuções";
>
> c) "é prevista a possibilidade de o executado requerer, no prazo para embargos (com o reconhecimento da dívida e a renúncia aos embargos), o pagamento em até seis parcelas mensais, com o depósito inicial de trinta por cento do valor do débito";
>
> d) quanto aos *meios executórios*, são introduzidas relevantíssimas mudanças: "A alienação em hasta pública, de todo anacrônica e formalista, além de onerosa e demorada, apresenta-se sabidamente como a maneira menos eficaz de alcançar um justo preço para o bem expropriado". Passa-se a adotar, "como meio expropriatório preferencial, *a adjudicação pelo próprio credor*, por preço não inferior ao da avaliação";
>
> e) "não pretendendo adjudicar o bem penhorado, o credor poderá solicitar sua alienação por iniciativa particular ou através (de) agentes credenciados, sob a supervisão do juiz";
>
> f) "somente em último caso far-se-á a alienação em *hasta pública*, simplificados seus trâmites (prevendo-se até o uso de meios eletrônicos) e permitido ao arrematante o pagamento parcelado do preço do bem imóvel, mediante garantia hipotecária";
>
> g) "é abolido o instituto da '*remição*', que teve razão de ser em tempos idos, sob diferentes condições econômicas e sociais, atualmente de limitadíssimo uso. Ao cônjuge e aos ascendentes e descendentes do executado será lícito, isto sim, exercer a faculdade de adjudicação, em concorrência com o exeqüente";
>
> h) foram, finalmente, introduzidas "muitas alterações no sentido de propiciar *maior efetividade* à execução, pela adoção de condutas preconizadas pela doutrina e pelos tribunais ou sugeridas pela dinâmica das atuais relações econômicas, inclusive com o apelo aos meios eletrônicos, limitando-se o formalismo ao estritamente necessário";
>
> i) "as regras relativas à *penhorabilidade* e *impenhorabilidade* de bens (atualmente eivadas de anacronismo evidente) são atualizadas, máxime no relativo à penhora de dinheiro".

Nota-se, numa visão geral da nova execução, a abertura para oportunidades de atuação das partes com maior autonomia e mais significativa influência sobre

---

[3] Conforme se vê da Exposição de Motivos, o Projeto foi de iniciativa original do Instituto Brasileiro de Direito Processual, sob a coordenação final dos processualistas Athos Gusmão Carneiro (do STJ), Sálvio de Figueiredo Teixeira (do STJ) e Petrônio Calmon Filho (da Procuradoria de Justiça do DF).

os atos executivos e a solução final do processo. Com isso, reconhece o legislador, acompanhando o entendimento da melhor doutrina, que as partes não são apenas figurantes passivos da relação processual, mas agentes ativos com poderes e deveres para uma verdadeira e constante cooperação na busca e definição do provimento que, afinal, pela voz do juiz, virá pôr fim ao conflito jurídico. Aliás, ninguém mais do que as partes tem, na maioria das vezes, condições de eleger, ou pelo menos tentar eleger, o melhor caminho para pacificar e harmonizar as posições antagônicas geradoras do litígio, endereçando-as para medidas consentâneas com a efetividade esperada da prestação jurisdicional. Merecem destaque, por exemplo, as inovações introduzidas na nomeação de bens à penhora, cuja iniciativa passa basicamente para o exequente, que também assume o comando da expropriação dos bens penhorados, podendo, desde logo, adjudicá-los ou submetê-los à venda particular, evitando os inconvenientes da alienação em hasta pública. Do lado do devedor, ampliaram-se as possibilidades de substituição da penhora, desde que não prejudicado o interesse do credor na pronta exequibilidade da garantia judicial. A defesa do executado, por sua vez, ficou grandemente facilitada, porque não depende mais da existência de prévia penhora.

Em compensação, o credor pode prosseguir na execução com maior agilidade, porque só por exceção os embargos terão efeito suspensivo. A execução provisória não mais dependerá de carta de sentença nos moldes tradicionais. À própria parte caberá obter e autenticar as cópias de peças necessárias para promovê-la. A prevenção contra fraude do devedor é bastante ampliada e facilitada pelo remédio singelo da averbação em registro público da distribuição do feito, antes mesmo da citação, graças à pura iniciativa do exequente. Tudo isso e muitas outras medidas práticas e eficientes que a reforma introduz no processo de execução conferem-lhe o moderno feitio de instrumento útil à plena cooperação entre partes e juiz, mitigando o excesso de publicismo que vinha minimizando a participação dos litigantes no destino do processo. Em boa hora, o aspecto cooperativo sai da retórica e entra no plano prático da execução judicial.

6 A execução forçada no Projeto do Novo Código de Processo Civil

Diante das recentes a profundas remodelações da execução forçada levada a cabo pelas Leis nº 11.232/05 e 11.382/06, o Projeto de Novo Código de Processo Civil, ora em tramitação no Congresso Nacional (PL nº 166/10), e que já foi aprovado pelo Senado, não pretendeu introduzir alterações substanciais, fosse no regime do cumprimento de sentença, fosse na execução dos títulos extrajudiciais. Mesmo porque o sistema atual ainda se acha, praticamente, em fase de implantação prática.

Como se pode deduzir da Exposição de Motivos da Comissão de Juristas encarregada da elaboração do Anteprojeto, nada de relevante foi inovado no âmbito da execução. Apenas se procurou afastar pequenas controvérsias ainda não solucionadas de maneira definitiva pela jurisprudência posterior às Leis nºs 11.232/05 e 11.382/06, como, por exemplo, as relativas à aplicação da multa do atual art. 475-J e ao procedimento da penhora *on line*.

Abordaremos nos itens que se seguem algumas inovações pontuais adotadas pelo Projeto.

7 Reorganização das normas regedoras do cumprimento de sentença

A liquidação e o cumprimento da sentença continuam figurando no Livro reservado para o Processo de Conhecimento (Livro II do Código projetado). Em melhor tratamento sistemático, que, aliás, foi aprimorado pelo substitutivo aprovado no Senado Federal, a matéria se distribuiu em vários capítulos, assim organizados:

a) o *Capítulo XIII* (do Título I – Do procedimento comum) ocupou-se da *liquidação de sentença* (arts. 496 a 499);

b) o *Capítulo I* (do Título II – Do cumprimento da sentença) cuidou da *Disposições gerais* observáveis na execução dos diversos títulos judiciais (arts. 500 a 505);

c) o *Capítulo II* (do Título II) disciplinou o *cumprimento provisório da sentença condenatória em quantia certa* (arts. 506 a 508);

d) o *Capítulo III* (do Título II) regulou o *cumprimento definitivo da sentença condenatória em quantia certa* (arts. 509 a 513);

e) o *Capítulo IV* (do Título II) dispôs sobre o *cumprimento da obrigação de prestar alimentos* (arts. 517 e 518);

f) o *Capítulo V* (do Título II) disciplinou o *cumprimento de obrigação de pagar quantia certa pela Fazenda Pública* (arts. 519 e 520);

g) o *Capítulo VI* (do Título II) cuidou das sentenças condenatórias de fazer, não fazer ou de entregar coisa, e desdobrou-se em duas seções: (i) a *Seção I*, relativa ao *cumprimento da sentença condenatória de fazer e de não fazer* (arts. 521 e 522); e (ii) a *Seção II*, referente ao *cumprimento da sentença condenatória de entregar coisa* (art. 523).

8 Disposições gerais do cumprimento da sentença

São novidades do Projeto aprovado pelo Senado Federal, em matéria de cumprimento da sentença:

a) uma *parte geral* com regras aplicáveis a todas as modalidades de obrigações (arts. 500 a 505);

b) a *intimação pessoal* do devedor antes dos atos executivos, que em regra se fará na pessoa do advogado, e só excepcionalmente se endereçará ao próprio devedor (art. 500, §§2º e 3º);

c) o início dos atos executivos dependerá de requerimento do credor (art. 500, §1º);

d) a impossibilidade de cumprimento da sentença em face do fiador, do coobrigado ou do corresponsável que não houver participado da fase de conhecimento (art. 501, parágrafo único);

e) o regime da execução provisória, com ressalva de casos em que seu processamento será liberado da exigência de caução (art. 491, §2º);

f) a ampliação do rol dos títulos que autorizam o incidente do cumprimento da sentença, deixando claro que não são apenas as condenatórias, mas todo e qualquer julgado que reconheça "a exigibilidade de obrigação de pagar quantia, de fazer, de não fazer ou de entregar coisa" (art. 502, *caput*, e inc. I);

g) a previsão de que, sem a formalidade dos embargos à execução e sem a previsão de um incidente específico para fazer as vezes dos embargos, as questões relativas à validade do procedimento de cumprimento da sentença e dos atos executivos subsequentes sejam sumariamente suscitados pelo executado nos próprios autos e nestes sejam solucionados, de plano, pelo juiz, através de decisão interlocutória (art. 504);

h) a previsão de que as decisões dos incidentes do procedimento de cumprimento da sentença sejam atacáveis por agravo de instrumento, se não implicarem na extinção do processo ou na declaração de satisfação da obrigação exequenda (art. 504, parágrafo único). Fica ressalvado, portanto, que será a apelação o recurso cabível sempre que a solução do incidente acarretar a extinção da fase processual de cumprimento da sentença.

8.1 Intimação pessoal do devedor

O Anteprojeto do Novo Código previa originariamente que, da sentença que impusesse cumprimento de obrigação, seria o devedor pessoalmente intimado, antes de expedir-se o mandado executivo, como regra geral (art. 490, §1º, versão primitiva).

O dispositivo foi criticado, sob o argumento de conter um retrocesso em face do regime do Código atual, que, na jurisprudência do STJ, teria abolido a intimação pessoal e se contentado com a intimação do advogado, para a abertura do cumprimento de sentença relativa a obrigação de quantia certa.[4]

Observou-se, em defesa do Anteprojeto, que o art. 490 não estava cogitando apenas da execução de obrigação por quantia certa, mas de toda e qualquer obrigação, não se podendo ignorar que há prestações obrigacionais que, pela própria natureza, exigem a convocação pessoal do devedor e dar-lhes cumprimento, ainda que não seja por meio de uma citação tecnicamente formalizada.

É oportuno consignar que na execução de obrigações de fazer, não fazer e entregar coisa certa, a intimação pessoal sempre foi a regra deduzida da natureza das ações mandamentais ou executivas. Basta lembrar que, em matéria de obrigação de fazer e não fazer existe até súmula do STJ exigindo a intimação pessoal do obrigado, antes de considerá-lo sujeito à multa (*astreinte*) por descumprimento da condenação judicial.[5] Igual entendimento é de se aplicar também em relação ao cumprimento das obrigações de entrega de coisa, já que o atual art. 461-A, §3º, do CPC, manda observar em relação a essa modalidade obrigacional o mesmo regime executivo das obrigações de fazer, inclusive no tocante à multa por retardamento na prestação devida.

A propósito do tema, é fora de dúvida que as *astreintes* são exigíveis, independentemente do trânsito em julgado da condenação, desde o momento em que se verifique o descumprimento da ordem judicial, seja esta dada por meio de sentença ou de decisão interlocutória.

O que tem sido objeto de discussão é a necessidade (ou não) de que a cominação seja intimada pessoalmente ao devedor, antes da exigência judicial da multa. Na 2ª Turma do STJ, por exemplo, chegou-se a um paralelismo entre o cumprimento da sentença relativa a quantia certa e o da condenação a prestação de fazer. Se no primeiro

---

[4] O Min. Athos Gusmão Carneiro sugere a revogação do §1º do art. 490 e a explicitação no art. 495, *caput*, de que a intimação nele mencionada será feita na pessoa do advogado do executado.
[5] Súmula nº 410/STJ.

caso, o art. 475-J do CPC é interpretado como aplicável mediante simples intimação do advogado da parte, também o cumprimento da obrigação de fazer, com cominação de multa deveria seguir o mesmo padrão; e, assim, a execução da multa, como incidente de um processo sincrético em curso, haveria de dispensar a intimação pessoal do devedor e contentar-se com a intimação de seu advogado, como de regra ocorre com todos os atos processuais, enquanto flui a relação jurídica processual.[6]

No entanto, levada a divergência à 2ª Seção do STJ, que reúne as Turmas competentes para as causas de direito privado, prevaleceu o entendimento (afinal sumulado) de que o regime da multa do art. 461 do CPC (obrigação de fazer e não fazer) não é igual ao do art. 475-J do mesmo Código (obrigações de quantia certa). Afastando qualquer dúvida que acaso ainda subsistisse, ficou assentado que "A prévia intimação pessoal do devedor constitui *condição necessária* para a cobrança de multa pelo descumprimento de obrigação de fazer ou não fazer" (Súmula nº 410-STJ).

A base legal da tese foi o art. 632 do CPC, onde se prevê o início da execução de obrigação de fazer mediante citação pessoal do devedor. Como o art. 644 do CPC manda observar no cumprimento de sentença relacionada com as obrigações da espécie as regras do art. 461, e subsidiariamente o disposto para a execução de títulos extrajudiciais, e como do referido art. 461 nada consta acerca da exigência da multa, a conclusão é que o art. 632 realmente se aplica supletivamente também nos casos de títulos judiciais.

O art. 632 é justamente aquele que determina o início da execução de obrigação de fazer e não fazer mediante citação *pessoal* do devedor. Uma vez que não há citação na execução de sentença, seu lugar seria ocupado pela intimação *pessoal* da parte. Foi assim que se consolidou o entendimento que afinal o STJ sumulou sob nº 410.

Quanto às ações especiais qualificadas como executivas *lato sensu* ou mandamentais, a intimação pessoal do demandado para cumprir a sentença sempre foi regra, mesmo fora da ação executiva autônoma (*actio iudicati*). Assim, por exemplo, se passa na ação de despejo, cuja sentença de procedência acarreta a expedição de mandado, no qual se concederá um prazo para que o locatário desocupe o imóvel, sob pena de, não ocorrendo a desocupação voluntária, ser executado forçadamente o despejo (Lei nº 8.245/91, arts. 63, *caput*, e 65, *caput*). Também nas ações possessórias, a sentença de procedência acarreta a expedição de mandado a ser cumprido em face da parte vencida, tendo em vista sua eficácia executiva *lato sensu*.[7]

Significativo é o regime das *astreintes*, aplicável a todos os interditos possessórios (CPC, art. 921, II), e mais especificamente ao interdito proibitório (CPC, art. 932). A exemplo do que se passa com as obrigações de fazer em geral, o STJ já decidiu que,

---

[6] "Na definição do termo inicial para adimplemento da prestação, seja de pagar quantia certa ou de não fazer, tem aplicação o entendimento firmado no acórdão embargado segundo o qual se a opção legislativa foi operar o sincretismo processual, trazendo para um único processo as fases de conhecimento e de execução, não faz sentido que, após toda a tramitação do feito, tendo-se ensejado às partes a vasta sistemática recursal disponível, volte-se a impor ao credor o ônus de localizar o devedor e de promover a sua intimação pessoal". Daí a conclusão do acórdão de que a exigência do pagamento da multa não dependeria de prévia intimação pessoal do devedor (STJ, 2ª T., EDcl no REsp nº 1.087.606/RJ, Rel. Min. Castro Meira, ac. 18.06.2009, *DJe* 1º.07.2009).

[7] STJ, 4ª T., REsp nº 739/RJ, Rel. Min. Athos Carneiro, ac. 21.08.1990, *RSTJ*, 17/293, jan/1991; STJ, 4ª T., REsp nº 14.138-0/MS, Rel. Min. Sálvio de Figueiredo, ac. 20.10.1993, *DJU*, p. 25882, 29.11.1993.

também nas possessórias, a fixação do *dies a quo* para incidência da multa se dá "a partir da citação do devedor para o cumprimento da obrigação de fazer".[8]

A posição do STJ, que se contenta com a intimação do advogado, e dispensa a da parte, diz respeito apenas ao cumprimento de sentença que verse sobre pagamento de quantia certa (CPC, art. 475-J). Além disso, a intimação pessoal de que cogita genericamente o art. 490, §1º, do Anteprojeto, não procrastinaria o andamento da execução, porque seria feita por carta, para pura ciência daquele que irá sujeitar o peso da condenação e da multa de retardamento.

Bastará que a correspondência seja encaminhada ao endereço declarado pela parte em juízo. Se não for encontrado lá ou se for revel, nem mesmo a tentativa de intimação será necessária, como se achava ressalvado no §2º do mesmo art. 490. Note-se que não exigia o §1º que a correspondência fosse expedida com aviso de recepção. Trata-se de expediente simples como aquele em que o escrivão dá notícia ao réu de sua citação feita com hora certa (CPC, art. 229).[9]

8.2 Posição adotada pelo Projeto substitutivo do Senado

O substitutivo afinal aprovado pelo Senado remodelou a abertura do procedimento inicialmente proposta no sentido de que o cumprimento da sentença fosse instaurado de ofício pelo juiz e de que a intimação pessoal do devedor fosse obrigatória, em regra. O que se estabeleceu, na versão última do Senado, foi:

    a) o cumprimento da sentença não pode ser de iniciativa do próprio juiz, de modo que ao credor compete sempre requerê-lo (art. 500, §1º), ainda que o faça por meio de simples petição, e não dependa da propositura de uma ação nova, como a antiga *actio iudicati* (ação executória de sentença);

    b) o devedor, por sua vez, terá de ser intimado a cumprir a sentença, antes que os atos executivos sejam deflagrados (art. 500, §2º).

A substancial inovação do substitutivo foi que a intimação para o cumprimento da sentença se dará na pessoa do advogado que representa o devedor no processo, observado o seguinte:

    a) a *intimação* seguirá a regra geral de que os atos do processo são comunicados aos advogados das partes por meio de *publicação* no Diário da Justiça (Projeto substitutivo, art. 500, §2º, I);

    b) a intimação será por *via postal*, se o devedor estiver representado pela Defensoria Pública (idem, II).

Ocorrerá intimação endereçada diretamente ao devedor em duas situações:

    a) se houver revelia do devedor, durante a fase de conhecimento, caso em que a intimação será feita por *edital* (art. 500, §2º, III);

    b) quando o devedor, não tendo sido revel, não tem mais advogado que o represente nos autos, caso em que a intimação será feita por *carta* (art. 500, §2º, II, *in fine*).

---

[8] STJ, 3ª T., REsp nº 110.344/RJ, Rel. p/ac. Min. Waldemar Zveiter, ac. 01.06.2000, *DJU*, p. 164, 14.08.2000.

[9] "A jurisprudência do STJ, nas hipóteses de citação por hora certa, tem se orientado no sentido de fixar, como termo inicial do prazo para a contestação, a data da juntada do mandado de citação cumprido, e não a data da juntada do Aviso de Recebimento da correspondência a que alude o art. 229 do CPC" (STJ, 3ª T., REsp nº 746.524/SC, Rel. Min. Nancy Andrighi, ac. 03.03.2009, *DJe*, 16.03.2009; no mesmo sentido: STJ, 3ª T., REsp nº 180.917/SP, Rel. Min. Ari Pargendler, ac. 06.02.2003, *DJU*, 16.06.2003, p. 332.

Na última hipótese a correspondência será encaminhada ao endereço fornecido nos autos pelo devedor. Se a carta não chegar às suas mãos, em virtude de não ser ele encontrado naquele local, ter-se-á, não obstante, como realizada a intimação, se a mudança de endereço ocorreu sem ciência do juízo (art. 500, §3º).

8.3 O cumprimento da sentença em face do fiador e de outros coobrigados ou corresponsáveis

A sentença faz lei entre as partes do processo, não beneficiando nem prejudicando terceiros (Projeto substitutivo, art. 493). Assim, partes legítimas para promover o seu cumprimento e suportar seus efeitos são as partes entre as quais o processo se formou e se desenvolveu.

Por isso, o art. 501, em seu parágrafo único, prevê que "o cumprimento da sentença não poderá ser promovido em face do fiador, do coobrigado ou do corresponsável que não tiver participado da fase de conhecimento".

A regra, como se vê, não se restringe ao fiador, e aplica-se a qualquer outro terceiro que preste garantia real à dívida de outrem ou que seja devedor solidário do demandado. Quem não figurou no processo antes da sentença não se sujeita a seus efeitos, ainda que, segundo o direito material, tenha vínculo com a obrigação reconhecida no julgamento.

Isto não quer dizer que o credor perca o direito material contra aquele que não integrou a relação jurídica processual. O que não lhe cabe é executar a sentença contra quem não foi condenado. Em outro processo poderá buscar e obter a condenação do garante ou do coobrigado.

Se o título originário de garantia ou coobrigação for dotado de força executiva, possível será a propositura de ação autônoma de execução. Esta, entretanto, não será uma execução de sentença, mas uma execução de título extrajudicial, que não se beneficiará da garantia da coisa julgada e que ensejará ao devedor ampla defesa por meio de embargos.

Observe-se, outrossim, que a limitação traçada pelo parágrafo único do art. 500 do Projeto aprovado pelo Senado aplica-se às coobrigações e corresponsabilidades preexistentes à sentença, geralmente de origem negocial. Há, porém, responsabilidade executiva de terceiros que surgem durante a pendência do processo, como é o caso do adquirente da coisa litigiosa (Projeto, arts. 748, I, e 765) ou de bem do litigante em situação que configura a *fraude de execução* (Projeto, art. 748, V). Em tais hipóteses, a sentença será exequível contra o terceiro, atual proprietário do bem adquirido do litigante, independentemente de ter o *responsável* figurado como parte ou interveniente no processo de conhecimento, antes do julgamento da causa.

8.4 Cumprimento da sentença por iniciativa do devedor no caso de quantia certa

O mandado de execução, necessário para que os atos preparatórios da expropriação executiva tenham início, depende, não só de requerimento, mas ainda de uma diligência atribuída ao credor e que consiste no levantamento atualizador do montante da dívida (Projeto, art. 510). Cabe-lhe, portanto, instruir o requerimento de execução por dívida de quantia certa "com demonstrativo discriminado e atualizado do crédito" (art. 510) o qual terá de ser precedido de dados que explicitem:

> I – o nome completo, o número do cadastro de pessoas físicas ou do cadastro nacional de pessoas jurídicas do exeqüente e do executado;
> II – o índice de correção monetária adotado;
> III – a taxa dos juros de mora aplicada;
> IV – o termo inicial e o termo final dos juros e da correção monetária utilizados;
> V – especificação dos eventuais descontos obrigatórios realizados.

Se a elaboração do demonstrativo depender de dados que estejam em poder de *terceiros* ou do *executado,* o juiz, a requerimento do credor, "poderá requisitá-los, sob cominação do crime de desobediência" (Projeto substitutivo, art. 510, §2º). O "poderá", *in casu,* haverá de ser entendido como "deverá", uma vez que, em se tratando de dado indispensável à efetividade da tutela executiva a que tem direito o credor, não será admissível sonegar-lhe o acesso, sob pena de denegação de justiça. É tão grave o dever de fornecer tais dados que se atribui à ordem judicial respectiva o caráter *mandamental,* ou seja, se não acatada pelo destinatário, configurar-se-á o crime de desobediência.

O que acontecerá se tal medida não for praticada pelo credor? O devedor ficará indefinidamente sujeito aos efeitos da inércia do credor? Ou terá de propor uma ação autônoma de consignação em pagamento para liberar-se?

O devedor não tem só a obrigação de cumprir a condenação, tem também o direito de fazê-lo para liberar-se do vínculo obrigacional. O credor, portanto, não tem o arbítrio de obstar o pagamento. Se não toma a iniciativa de facilitar o adimplemento, ao devedor é lícito adotar as providências para viabilizá-lo.

Tendo sido condenado ao pagamento, não teria sentido, diante da inércia do credor, impor ao devedor o pesado ônus de promover uma ação consignatória para cumprir o comando sentencial. O cumprimento da sentença é parte do processo condenatório, que não se encerra com o simples pronunciamento da decisão do mérito. Se o processo tem de prosseguir até a realização completa da prestação devida pelo devedor, é lógico que este pode suprir a inércia do credor para levar a prestação jurisdicional até seu efeito último. O interesse pela satisfação do crédito é bilateral. Cabe tanto ao credor como ao devedor e, por isso, há de ser atuado por iniciativa ou impulso de qualquer dos sujeitos processuais.

O que inviabiliza momentaneamente a execução é apenas a liquidação do *quantum* da dívida, a qual, não sendo diligenciada pelo credor, poderá perfeitamente ser promovida pelo devedor.

É bom lembrar que a liquidação de sentença não é mais uma ação que a lei atribua ao credor com exclusividade; é apenas um momento processual que o juiz ordinariamente promove à instância do credor, e que a rigor pode ser provocado por qualquer das partes. Nessa diligência, é lícito ao juiz exigir das partes os dados e provas necessários à liquidação (Projeto substitutivo, arts. 497 e 510, §2º).

Daí que se o credor não promove o levantamento do valor atualizado da condenação, e o juiz não exige dele essa providência, tem o devedor o inegável direito de tomar a iniciativa da liquidação. O próprio devedor organizará a memória de cálculo e, com base nela, requererá o depósito em juízo do montante apurado, a fim de que o juiz, após ouvido o credor, reconheça cumprida a sentença e, assim, declare encerrada a fase executória e extinto o processo.

Tudo, portanto, haverá de se passar da maneira mais simples e econômica, dentro dos próprios autos em que a sentença condenatória foi pronunciada. Qualquer divergência entre as partes será dirimida de plano pelo juiz, por meio de decisão interlocutória, respeitada sempre a audiência bilateral exigida pelo contraditório.

8.5 Execução provisória, com ou sem caução

O cumprimento provisório é permitido, como sempre foi no Direito brasileiro, quando a sentença se acha sob impugnação de recurso desprovido de efeito suspensivo (Projeto, art. 506, *caput*). O que mereceu um tratamento novo foram os casos em que a caução, em regra necessária, pode ser dispensada.

O §2º do art. 491 elenca quatro casos em que a execução provisória pode alcançar suas últimas consequências (levantamento de depósito em dinheiro e transferência da propriedade), sem que o exequente tenha de prestar caução. São eles:

I – crédito de natureza alimentar;
II – credor em situação de necessidade e impossibilidade de prestar caução;
III – pendência de agravo de admissão do recurso no Supremo Tribunal Federal ou no Superior Tribunal de Justiça;
IV – sentença proferida com base em súmula ou em conformidade com acórdão de recursos extraordinário e especial repetitivos ou firmado em incidente de resolução de demandas repetitivas.

As duas novidades mais significativas são as dos incs. II e IV, isto é, a do credor em "situação de necessidade" e a da sentença apoiada em "súmula" ou em "julgamento de casos repetitivos".

A hipótese do inc. II, na versão original do Projeto, não regulava apenas o estado de *necessidade* do credor; falava-se também na sua *impossibilidade* de prestar caução. Poder-se-ia pensar na dispensa de caução em face da necessidade inadiável (premente) do objeto da condenação, assim como na falta de recursos para caucionar a execução provisória, como dois requisitos para sua promoção, independentemente da segurança do juízo.

O substitutivo aprovado no Senado eliminou a referência à impossibilidade de a caução ser prestada pelo credor. Dessa forma, configurada "a situação de necessidade", ou seja, da inadiabilidade da prestação devida, poderá o credor exigi-la provisoriamente, sem estar sujeito a caucioná-la.

No caso do inc. IV é necessário, para a liberação da caução, que a súmula seja o fundamento determinante do julgado. Se o recurso cogitar de impugnação a *fatos* e outras questões de direito que ultrapassem a súmula, não será o caso de dispensar a caução para a execução provisória. Observe-se que o texto aprovado no Senado não exige que se trate de Súmula *vinculante*, como constava do Projeto original. A Súmula terá, porém, de ser oriunda do Supremo Tribunal Federal.

Quanto às causas repetitivas, não é a existência de causas iguais já julgadas que, por si só, autoriza a dispensa da caução, mas que a repetitividade tenha ocorrido em julgamentos do Superior Tribunal de Justiça ou do Supremo Tribunal Federal, proferidos em recurso especial ou extraordinário, que aquelas Cortes hajam tratado como repetitivos. Fora disso, a dispensa também será possível quando o acórdão corresponder a julgamento em instância superior do incidente regulado pelos arts. 930 a 941 do Projeto substitutivo, sob o título de "Incidente de Resolução de Demandas Repetitivas". É esse julgamento coletivo que, sendo acolhido na resolução de demandas singulares posteriores, tornará dispensável a caução para a execução provisória.

8.6 Rol dos títulos autorizadores do cumprimento de sentença

Os casos em que o cumprimento forçado da sentença é autorizado constam do art. 475-N do Código vigente. O Projeto aprovado no Senado, em seu art. 502 não cria, propriamente, novos títulos executivos judiciais. Apenas desdobra as hipóteses já existentes, facilitando a compreensão dos títulos que, de alguma forma, já se achavam no elenco do Código de 1973.

Assim, o *caput* do art. 502 refere-se ao padrão básico do título executivo judicial, qual seja, a sentença condenatória. Em seguida, arrola um vasto elenco de outras sentenças, que, mesmo não sendo enquadráveis na categoria das condenatórias, se prestam a autorizar o cumprimento forçado do título judicial.

No inc. I, a hipótese é de sentença que mesmo não tendo cogitado imediatamente do cumprimento da obrigação, tenha, no entanto, procedido ao acertamento ou certificação de todos os seus elementos. É o que pode acontecer em certas sentenças declaratórias ou em algumas sentenças constitutivas.

No Código vigente a definição de título executivo judicial já se havia afastado do vínculo do instituto com a sentença condenatória (CPC, art. 475-N). O Projeto ressalta essa concepção, separando as hipóteses de título condenatório de outros títulos judiciais que também definem obrigações exequíveis, embora sem expedir o comando típico da condenação judicial.

Os incs. II e III cuidam da transação e da conciliação, cuja homologação em juízo não representa, em si, uma sentença condenatória, mas podem conter um reconhecimento voluntário definitivo da obrigação existente entre as partes. Os textos projetados não alteram o que já constava dos incs. III e V do vigente art. 475-N. Houve apenas a aproximação de incisos que tratam de matéria correlata.

O Projeto originário fazia um desdobramento do inc. VII do art. 475-N do Código atual, para estatuir que o título executivo correspondente à partilha engloba tanto a do juízo do sucessório *causa mortis* como a do juízo divisório *inter vivos*. O substitutivo do Senado manteve o texto atual do art. 475-N, VII, sem fazer referência à possibilidade de equiparação entre as duas modalidades de partilha conhecidas no direito material. A omissão, todavia, é irrelevante, visto ser antiquíssima a concepção de que o juízo divisório *inter vivos* (divisão e demarcação) traz implícita a força reivindicatória, dispensando até mesmo a cumulação entre a pretensão de dividir e demarcar e a de reivindicar a área que afinal venha a ser adjudicada ao condômino ou ao vizinho.

Portanto, haja ou não previsto o substitutivo a executividade da sentença do juízo divisório ou demarcatório, essa força é inerente à sua natureza.[10]

8.7 O cumprimento de sentença de julgados não condenatórios

Sem dúvida, as sentenças condenatórias, ao definirem o direito da parte a uma prestação do adversário é o exemplo típico de título executivo, para legitimar a atividade coercitiva da jurisdição a que se atribui o *nomen iuris* de *execução forçada*. Mas não são, na moderna visão do processo civil, apenas as condenatórias que têm o poder de constituir título executivo, e, além disso, nem toda sentença condenatória ostenta a força de título executivo, bastando lembrar aquelas que acolhem pedido genérico, já que, sem embargo da condenação que veiculam, não atendem às exigências de certeza, liquidez e exigibilidade impostas pelos arts. 586 e 475-J do CPC. Há também aquelas que, pela natureza da obrigação, não autorizam senão medidas coercitivas, mas nunca uma execução forçada propriamente dita, como *v.g.*, a condenação a emitir declaração de vontade, a perder o sinal pago, a perder as benfeitorias realizadas de má-fé, ou a cumprir obrigação de fazer infungível, entre outras.[11]

8.8 A exequibilidade de sentença não condenatória no CPC de 1973

Ao descrever o título executivo judicial básico, o art. 475-N, redigido pela Lei nº 11.232, de 22.12.2005, não mais o restringe à sentença condenatória civil, pois considera como tal toda "sentença proferida no processo civil que reconheça a existência de obrigação de fazer, não fazer, entregar coisa ou pagar quantia". Alargou-se, desta forma, a força executiva das sentenças para além dos tradicionais julgados de condenação, acolhendo corrente doutrinária e jurisprudencial que, mesmo antes da reforma do CPC, já vinha reconhecendo possibilidade, em certos casos, de instaurar execução por quantia certa também com base em sentenças declaratórias.

Na clássica tripartição das sentenças, somente às condenatórias se reconhecia a qualidade de título executivo, porque seriam elas a únicas que conteriam o comando ao devedor no sentido de compeli-lo à realização de uma prestação. As declaratórias, limitadas à determinação de certeza, não gerariam força alguma para sustentar a pretensão de realização coativa em juízo de qualquer prestação. As constitutivas, também, não seriam títulos executivos, porque seu efeito não é a certificação de direito a alguma prestação, mas simplesmente a instituição de uma nova situação jurídica que

---

[10] THEODORO JÚNIOR, Humberto. *Terras particulares*. 5. ed. São Paulo: Saraiva, 2009. p. 494-497, n. 299.
[11] Numa exata compreensão da tutela condenatória, Proto Pisani divisa nela uma duplicidade de funções — repressiva e preventiva. Daí que a atuação dos efeitos da condenação tanto pode transitar pela *execução forçada* como pelas *medidas coercitivas* (PISANI, Andrea Proto. *Lezioni di diritto processuale civile*. 3. ed. Napoli: Jovene, 1999. p. 161). Também Barbosa Moreira aponta vários exemplos de sentença condenatória que não correspondem a título executivo e, portanto, não desencadeiam o processo de execução, como a que condena à perda do sinal pago, a relativa à prestação futura de alimentos a serem descontados em folha de pagamento, as referentes a prestações de obrigações de fazer infungíveis; em todas elas o credor poderá apenas utilizar medidas coercitivas em face do obrigado, mas nunca terá como realizar a execução forçada para obter a prestação objeto da condenação (MOREIRA, José Carlos Barbosa. *Temas de direito processual*: oitava série. São Paulo: Saraiva, 2004. p. 135).

se estabelece imediatamente por emanação da própria sentença, independentemente de qualquer modalidade de cooperação ou comportamento do sujeito passivo.

Mesmo essa visão que parecia tão singela e tão óbvia acabou por sofrer, no Direito brasileiro, uma releitura, da qual adveio interessantíssima doutrina com reflexos notáveis sobre a jurisprudência do Superior Tribunal de Justiça.

Já no antigo texto do CPC frestas se abriam fragilizando a teoria de que apenas as sentenças condenatórias produziam título executivo, porque, por exemplo, o art. 584 incluía no rol dos títulos executivos judiciais sentenças em que, de forma alguma, o juiz cogitara de ordenar ao vencido qualquer tipo concreto de prestação (sentença penal condenatória, sentença homologatória de conciliação ou transação, formal de partilha). Portanto, não estabeleceu o Código um monopólio da executibilidade para a sentença condenatória.

Dois outros fatores contribuíram para a doutrina fragilizar, ainda mais, a pretensa exclusividade outrora reconhecida à sentença de condenação:

a) a ação declaratória, pelo art. 4º, parágrafo único, do CPC atual, passou a ser cabível até mesmo depois de a obrigação ser exigível, isto é, assegurou-se o acesso da parte à declaração de seu direito, quando já era possível reclamar o adimplemento do obrigado por via de provimento condenatório;

b) nos últimos anos do século XX, o CPC de 1973 passou por uma série de reformas, todas preocupadas com a melhor e mais efetiva prestação jurisdicional. Boa parte das inovações ocorreram no terreno da execução forçada, tendo como objetivo eliminar entraves burocráticos à rápida satisfação do direito do credor, e, ainda, facilitar o seu acesso ao processo executivo. Nesse sentido, instituíram-se em leis extravagantes novos e numerosos títulos executivos extrajudiciais. No rol do art. 585 do CPC, a mais significativa inovação deu-se no seu inc. II, onde, a partir da Lei nº 8.953, de 13.12.1994, se conferiu força de título executivo a qualquer documento público ou particular assinado pelo devedor, desde que, no último caso, fosse subscrito também por duas testemunhas. Obviamente o documento haveria de retratar obrigação certa e líquida, e exigível, por imposição do art. 586 do mesmo Código.

Eis aí o momento propício para rever a doutrina clássica de que a sentença declaratória nunca poderia ser utilizada como título executivo. E foi o que nos últimos tempos se deu na jurisprudência sob liderança do Superior Tribunal de Justiça:

> 1. No atual estágio do sistema do processo civil brasileiro não há como insistir no dogma de que as sentenças declaratórias jamais têm eficácia executiva. O art. 4º, parágrafo único, do CPC, considera admissível a ação declaratória ainda que tenha ocorrido violação do direito, modificando, assim, o padrão clássico da tutela puramente declaratória, que a tinha como tipicamente preventiva. Atualmente, portanto, o Código dá ensejo a que uma sentença declaratória possa fazer juízo completo a respeito da existência e do modo de ser da relação jurídica concreta.
>
> 2. Tem eficácia executiva a sentença declaratória que traz definição integral da norma jurídica individualizada. Não há razão alguma, lógica ou jurídica, para submetê-la, antes da execução, a um segundo juízo de certificação, até porque a nova sentença não poderia chegar a resultado diferente do da anterior, sob pena de comprometimento da garantia da coisa julgada assegurada constitucionalmente. E instaurar um processo de

cognição sem ofertar às partes e ao juiz outra alternativa de resultado que não um, já prefixado, representaria atividade meramente burocrática e desnecessária, que poderia receber qualquer outro qualificativo, menos o de jurisdicional.[12]

De fato, se nosso Direito Processual positivo caminha para a outorga de força de título executivo a todo e qualquer documento particular em que se retrate obrigação líquida, certa e exigível, por que não se reconhecer igual autoridade à sentença declaratória? Esta, mais do que qualquer instrumento particular, tem a inconteste autoridade para acertar e positivar a existência de obrigação líquida, certa e exigível.[13] Seria pura perda de tempo exigir, em prejuízo das partes e da própria Justiça, a abertura de um procedimento condenatório em tais circunstâncias. Se o credor está isento da ação condenatória, bastando dispor de instrumento particular para atestar-lhe o crédito descumprido pelo devedor inadimplente, melhor será sua situação de acesso à execução quando estiver aparelhado com prévia sentença declaratória onde se ateste a existência de dívida líquida e já vencida.[14]

Observe-se, porém, que nem toda sentença declaratória pode valer como título executivo, mas apenas aquela que na forma do art. 4º, parágrafo único, do CPC, se refira à existência de relação obrigacional já violada pelo devedor. As que se limitam a conferir certeza à relação de que não conste dever de realizar modalidade alguma de prestação (como, *v.g.*, a nulidade de negócio jurídico ou a inexistência de dívida ou obrigação) não terão, obviamente, como desempenhar o papel de título executivo, já que nenhuma prestação terá a parte a exigir do vencido.[15]

---

[12] STJ, 1ª T., REsp nº 588.202/PR, Rel. Min. Teori Albino Zavascki, ac. un. 10.02.2004, *DJU* 25.02.2004, p. 123. O caso decidido pelo acórdão referia-se a uma sentença declaratória que reconheceu direito de crédito oriundo de pagamento indevido para fins de compensação tributária, a qual, todavia, veio a inviabilizar-se na prática. Daí ter o contribuinte optado por executar a sentença para haver o montante de seu crédito, em dinheiro. Já outros procedentes do STJ haviam adotado igual entendimento: REsp. nº 207.998/RS, 1ª T. Rel. Min. Humberto Gomes de Barros, ac. 18.11.1999, *RSTJ* 134/90; REsp. nº 551.184/PR, 2ª T. Rel. Min. Castro Meira, ac. 21.10.2003, *DJU*, p. 341, 01.12.2003.

[13] É interessante registrar que a primeira causa de grande repercussão, lastreada no parágrafo único do art. 4º do atual CPC, se deu no famoso caso Herzog, jornalista torturado e morto nas dependências do Exército em São Paulo, durante a ditadura militar. A viúva, não desejando pleitear indenização, mas visando a tornar certa a responsabilidade do Estado pela morte do marido, pleiteou simplesmente a sua declaração por sentença. O Tribunal Federal de Recursos, por maioria de votos, desacolheu a preliminar de carência de ação por falta de interesse, mas proclamou que a declaração, na espécie, apoiada no permissivo do parágrafo único do art. 4º do CPC, era, *in concreto*, acolhida com força condenatória, visto que outro não poderia ser o acertamento nas circunstâncias da causa trazida a juízo (TFR, 1ª T., Ap. Cív. nº 59.873/SP, Rel. Min. Leitão Krieger, ac. 21.06.1983, *RTFR* 114/39). Já antes, porém, da vigência do CPC de 1973, o mesmo TFR decidira: "Admissível é a ação declaratória, ainda que a parte já disponha de ação condenatória, para a reintegração do seu direito" (TFR, 1ª T., Ap. Civ. nº 28.342, *DJU*, p. 1526, 19.03.1973; FADEL, Sérgio Sahione. *Código de Processo Civil Comentado*. 7. ed. Rio de Janeiro: Forense, 2003. p. 11).

[14] "Não procede a afirmação de que a sentença declaratória jamais é título executivo; ela terá força executiva quando contiver certificação de todos os elementos de uma norma jurídica concreta, relativa à obrigação com características acima referidas", ou seja, quando contiver obrigação "líquida, certa e exigível de entregar coisa, ou de fazer, ou de não fazer ou de pagar quantia em dinheiro, entre sujeitos determinados" (ZAVASCKI, Teori Albino. Sentenças declaratórias, sentenças condenatórias e eficácia executiva dos julgados. *Revista de Processo*, v. 28, n. 109, p. 45-56, jan./mar. 2003. p. 56).

[15] Já se chegou ao extremo, que não merece incentivo, de pretender que toda sentença de improcedência do pedido, sendo declaratória negativa em relação à pretensão do autor, poderia funcionar como título executivo em favor do réu, sempre que este invocasse na contestação defesa indireta para contrapor relação obrigacional extintiva daquela em que se fundara a ação. O que, entretanto, é objeto do acertamento judicial é o direito pretendido pelo autor, e não o possível direito do demandado. Este apenas resiste à pretensão

Eis aí mais uma evidência de que o dado relativo à execução forçada não deve ser parâmetro obrigatório a influir nas categorias de sentenças do processo de conhecimento. O que nesse campo se procura, por meio da atividade jurisdicional, é certificar a existência ou não de direitos subjetivos materiais e estabelecer definições de situações jurídicas materiais preexistentes ou formadas pela própria sentença. Os efeitos práticos, manifestáveis pelo cumprimento de prestações ou comportamentos da parte sucumbente, não interferem na essência do ato sentencial e se regem por regras e princípios próprios conectados às exigências do direito material e às conveniências políticas de se estabelecer um procedimento executivo mais singelo ou mais complexo para atingir o efeito concreto ordenado pelo ato sentencial.

Assim, uma sentença condenatória pode ser cumprida com ou sem necessidade do processo autônomo de execução forçada; uma sentença condenatória, pela natureza da prestação violada, pode nunca desaguar numa *actio iudicati*, ficando apenas no terreno das medidas coercitivas indiretas; uma sentença declaratória, que, em regra, nada tem a executar, pode, em determinadas circunstâncias, tornar-se título executivo judicial.

Nessa maleabilidade de manejo que as figuras processuais adquiriram no processo efetivo e justo dos novos tempos é que reside a grande riqueza da prestação jurisdicional moderna. Saber fazer uso da abundância dessa fonte de justiça é a virtude por que aspiram os processualistas realmente comprometidos com os novos recursos das garantias constitucionais de tutela jurídica.[16]

9 O cumprimento da sentença relativa à obrigação de quantia certa e os honorários advocatícios sucumbenciais

Após a instituição do cumprimento de sentença como mero incidente do procedimento condenatório, surgiu uma polêmica sobre o cabimento ou não de honorários de advogado naquele simples incidente engendrado pela Lei nº 11.232/05. O Superior Tribunal de Justiça, no desempenho da função uniformizadora da interpretação da lei federal, dirimiu a controvérsia.

Inicialmente, a 3ª Turma afirmou, em diversos recursos, que não havia razão para tratar o *cumprimento* da sentença diversamente da antiga *execução* de sentença, em matéria de encargos processuais.[17] Depois a 4ª Turma trilhou igual caminho, proclamando que a Lei n.º 11.232/05 não trouxe "nenhuma modificação no que tange aos

---

tornada objeto do processo. Sentença de mérito, para o art. 269, I, é aquela em que o juiz *acolhe* ou *rejeita* "o pedido do autor". Quando, pois, se desacolhe o pedido, a definição sentencial, que vai transitar em julgado é a afirmação de que o autor não tem o direito que intentou exercitar contra o réu. A defesa do réu, quando acolhida, é apenas o motivo em que se apoia a sentença, motivo que sabidamente não entra na coisa julgada, visto não configurar o objeto do acertamento proposto pela parte e realizado pela sentença (art. 469, I – Daí por que não se deve atribuir à sentença de improcedência do pedido do autor a força de título executivo judicial em favor do réu, em relação às matérias de resistência levantadas na contestação.

[16] Cf. THEODORO JÚNIOR, Humberto. *Curso de direito processual civil*. 45. ed. Rio de Janeiro: Forense, 2010. v. 2, p. 19-22, n. 636-a.
[17] STJ, 3ª T., REsp. nº 978.545/MG, Rel. Min. Nancy Andrighi, ac. 11.03.2008, *DJe*, 01.04.2008; STJ, 3ª T., REsp. nº 1.050.435/SP, Rel. Min. Sidnei Beneti, ac. 10.06.2008, *DJe*, 20.06.2008; STJ, 3ªT., AgRg. no REsp. nº 1.036.528/RJ, Rel. Min. Nancy Andrighi, ac. 16.12.2008, *DJe*, 03.02.2009.

honorários advocatícios em sede de execução".[18] Por fim, a Corte Especial endossou a tese de que "o fato da execução agora ser um mero 'incidente' do processo não impede a condenação em honorários".[19]

Restava, porém, definir qual o momento em que o juiz arbitrará os honorários da execução, já que não há mais citação executiva nem o procedimento de cumprimento da condenação se submete a uma nova e necessária sentença. Segundo a orientação traçada pela Corte Especial do STJ, através do voto da Relatora do REsp nº 1.028.855/SC, haverá de ser aguardado o prazo para cumprimento voluntário da sentença, dentro do qual a condenação será satisfeita na forma e extensão preconizadas pelo referido ato decisório. Ultrapassado aquele momento processual e tornando-se necessária a realização dos atos próprios da execução forçada, ocorrerá a imposição dos novos honorários, para "remuneração do advogado em relação ao trabalho desenvolvido nessa etapa do processo".

Portanto, haja ou não, o incidente de impugnação ao cumprimento da sentença (art. 475-L), a verba honorária incidirá se o devedor não cuidar de promover o pagamento voluntário antes de escoado o prazo para requerimento de expedição do mandado executivo (art. 475-J). Para o STJ, destarte, a ultrapassagem do termo legal de cumprimento voluntário da sentença, sem que este tenha sido promovido, acarreta não só a sujeição à multa legal do art. 475-J, *caput*, como também à nova verba de honorários sucumbenciais (art. 20, §4º).

O arbitramento, de regra, será feito na decisão da eventual impugnação do art. 475-L, ou, quando esta não ocorrer, em qualquer momento em que o credor o requerer, ou o levantamento do produto da execução houver de ser feito para satisfação do crédito exequendo. Trata-se de arbitramento equitativo, que levará em conta os serviços advocatícios realmente desempenhados na fase executiva do processo pelo patrono do credor. Não se vincula, portanto, o juiz, ao parâmetro de 10% a 20%, do §3º do art. 20, mas à regra de equidade do §4º do mesmo dispositivo legal.

Não se pode pretender a exigência de nova verba honorária pelo simples fato de o credor somente receber o *quantum debeatur* depois da sentença condenatória. Mesmo já existindo a coisa julgada, a lei ainda prevê a hipótese de pagamento voluntário e só impõe a multa correspondente ao inadimplemento depois de transcorrido o prazo de quinze dias a que alude o art. 475-I do CPC. É a partir daí que se torna cabível a expedição do mandado executivo, tendente à penhora e avaliação dos bens a serem expropriados, com que se abre a execução por quantia certa.

Vale dizer, não são devidos honorários de execução, antes que esta tenha se iniciado, ou tenha se tornado possível. É que "poderá haver o cumprimento espontâneo da obrigação, sendo desnecessária a execução e, portanto, incabíveis os honorários advocatícios, por não haver previsão legal para a remuneração de advogado sem a prestação de serviços".[20]

---

[18] STJ, 4ª T., AgRg. no Ag. nº 1.066.765/RS, Rel. Min. João Otávio de Noronha, ac. 06.11.2008, *DJe*, 24.11.2008; STJ, 4ª T., AgRg. no Ag. nº 1.001.439/RS, Rel. Min. Luis Felipe Salomão, ac. 18.11.2008, *DJe*, 15.12.2008.

[19] STJ, Corte Especial, REsp. nº 1.028.855/SC, Rel. Min. Nancy Andrighi, ac. 27.11.2008, *DJe* 05.03.2009.

[20] STJ, 2ª T., EDcl. no REsp nº 1.130.893/SP, Rel. Min. Castro Meira, ac. 20.10.2009, *DJe* 29.10.2009; *Revista Dialética de Direito Processual*, n. 82, p. 210-211, jan. 2010.

9.1 O regime sucumbencial do projeto

O Projeto aprovado pelo Senado cuida de novos honorários de sucumbência aplicáveis apenas ao cumprimento de sentenças que tenham por objeto obrigação de quantia certa (art. 509), certamente por ser o caso em que a execução do título judicial oferece maior complexidade e enseja incidentes mais onerosos para as partes. As execuções de obrigações de entrega de coisa ou de fazer e não fazer podem, em regra, ser solucionadas rápida e singelamente, o que não justificaria, por exemplo, nova verba honorária apenas porque houve o despejo compulsório do inquilino (ação de despejo) ou o cumprimento da imissão na posse após a sentença proferida numa ação reivindicatória ou numa possessória. É claro, porém, que se houver, impugnação de difícil solução, com debate, instrução e gastos profissionais suportados pelo exequente, mesmo nestas execuções tidas como ordinariamente singelas (mero cumprimento de mandado judicial), surgirá oportunidade para impor-se ao executado a verba sucumbencial advocatícia.

Quanto ao procedimento executivo das dívidas de dinheiro, sua natureza é naturalmente complicada, pela necessidade de expropriarem-se bens do devedor para convertê-los em moeda e, assim, chegar-se ao termo do cumprimento da sentença. Além de demorado, esse procedimento não se ultima sem dispêndio de custos elevados e sem trabalhos advocatícios complexos.

É por isso que, não tendo havido cumprimento espontâneo do julgado, ao credor já será lícito intimá-lo a fazê-lo em juízo, segundo levantamento atualizado da dívida, no prazo de 15 dias, que já incluirá o principal, juros, correção e novos honorários de advogado fixados em 10% sobre o total da condenação (Projeto, art. 509, *caput*). Chegando, portanto, a esse estágio do processo, o executado suportará duas verbas honorárias: uma fixada na sentença e outra acrescida na fase de execução.

Para que essa segunda verba sucumbencial não incida, o devedor terá, espontaneamente, de diligenciar o pagamento do débito previsto na sentença, antes de o credor requerer o cumprimento forçado. Caberá ao devedor adiantar-se ao credor, comparecendo em juízo para oferecer em pagamento o valor que entender devido, segundo demonstrativo atualizado, por ele mesmo elaborado (Projeto, art. 512, *caput*).

Se o credor impugnar o depósito, considerando-o incompleto, caberá ao juiz decidir o incidente (art. 512, §1º). Sendo acolhida a impugnação, ficará o devedor sujeito a honorários de dez por cento sobre a diferença apurada (art. 512, §2º).

9.2 Multa legal moratória

A exemplo do sistema adotado pelo vigente CPC (a partir da Lei nº 11.232/05), o Projeto prevê multa de 10% para o devedor que não efetuar, em quinze dias, o pagamento da obrigação prevista na sentença exequenda (art. 509, §1º).

A propósito dessa sanção moratória, o art. 475-J do Código atual ensejou na jurisprudência grandes conflitos interpretativos, em torno do momento de sua exigibilidade e da necessidade, ou não, de intimação do devedor.

Em torno do assunto, o STJ, depois de sucessivos julgamentos, que se apresentavam como reiterados e uniformes, assentou "o termo inicial do prazo de que trata o art. 475-J, *caput*, do Código de Processo Civil é o próprio *trânsito em julgado* da sentença condenatória, não sendo necessário que a parte vencida seja intimada pessoalmente ou por seu patrono para saldar a dívida".[21] Ou seja, de maneira mais explícita:

> 1 – A intimação da sentença que condena ao pagamento de quantia certa consuma-se mediante publicação pelos meios ordinários a fim de que tenha início o prazo recursal. Desnecessária a intimação pessoal do devedor.
>
> 2 – Transitada em julgado a sentença condenatória, não é necessário que a parte vencida, pessoalmente ou por seu advogado, seja intimada para cumpri-la.
>
> 3 – "Deve a parte vencida cumprir espontaneamente a obrigação, em quinze dias, sob pena de ver sua dívida automaticamente acrescida de 10%".[22] Pode-se afirmar que, sem sombra de dúvida, a controvérsia em torno da questão pertinente ao prazo de aplicação da multa do art. 475-J foi solidamente superada pelo STJ.[23]

Quanto à execução provisória, a posição do STJ também superou as divergências e definiu que a ela não se aplica a multa do art. 475-J, com os seguintes fundamentos:

> 1 – O artigo 475-J, com redação dada pela Lei n. 11.232/2005, foi instituído com o objetivo de estimular o devedor a realizar o pagamento da dívida objeto de sua condenação, evitando assim a incidência da multa pelo inadimplemento da obrigação constante do título executivo.
>
> 2 – A execução provisória não tem como escopo primordial o pagamento da dívida, mas sim de antecipar os atos executivos, garantindo o resultado útil da execução.
>
> 3 – Compelir o litigante a efetuar o pagamento sob pena de multa, ainda pendente de julgamento o seu recurso, implica obrigá-lo a praticar ato incompatível com o seu direito de recorrer (art. 503, parágrafo único, do CPC), tornando inadmissível o recurso.
>
> 4 – Por incompatibilidade lógica, a multa do artigo 475-J do CPC não se aplica na execução provisória. Tal entendimento não afronta os princípios que inspiraram o legislador da reforma. Doutrina.[24]

O problema da fluência do prazo para o pagamento voluntário pelo devedor, com elisão da multa, parecia estar superado no seio do STJ, quando a 4ª Turma reviu sua posição e decidiu que não se podia iniciar o cumprimento forçado sem prévia intimação do devedor. A aplicação da multa legal de 10% do art. 475-J, portanto, deveria ocorrer depois de requerida pelo credor a expedição do mandado de penhora e depois de intimado o executado a efetuar o pagamento da quantia constante da memória de cálculo elaborada pelo exequente, no prazo de quinze dias. Ou seja,

---

[21] STJ, 3ª T. AgRg no REsp. nº 1.076.882/RS, Rel. Min. Sidnei Beneti, ac. 23.09.2008, DJe, 08.10.2008; STJ, 3ª T., AgRg no REsp. nº 1.076.744/RS, Rel. Min. Sidnei Beneti, ac. 21.10.2008, DJe, 01.12.2008; STJ, 3ª T., AgRg no REsp. nº 1.064.064/RJ, Rel. Min. Sidnei Beneti, ac. 04.11.2008, DJe, 03.03.2009; STJ, 3ª T., REsp. nº 954.859/RS, Rel. Min. Humberto Gomes de Barros, ac. 16.08.2007, DJU, 27.08.2007, p. 252; STJ, 2ª T., AgRg no REsp. nº 995.804/RJ, Rel. Min. Mauro Campbell Marques, ac. 25.11.2008, DJe, 17.12.2008; STJ, 4ª T., AgRg no Ag. nº 1.046.147/RS, Rel. Min. João Otávio Noronha, ac. 09.09.2008, DJe, 06.10.2008; STJ, 1ª T., AgRg no REsp. nº 1.074.563/RS, Rel. Min. Denise Arruda, ac. 02.04.2009, DJe, 04.05.2009.

[22] STJ, 4ª T., Ag nº 1.046.147/RS, Rel. Min. João Otávio de Noronha, ac. 09.09.2008, DJe 06.10.2008.

[23] STJ, 4ª T., AgRg. no Ag. nº 1.080.378/RS, Rel. Min. Fernando Gonçalves, ac. 14.04.2009, DJe, 27.04.2009.

[24] STJ, 2ª T., REsp. nº 1.100.658/SP, Rel. Min. Humberto Martins, ac. 07.05.2009, DJe, 21.05.2009. STJ, 2ª T., REsp nº 1.100.658/SP, ac. 07.05.2009, Rel. Min. Humberto Martins, DJe, 21.05.2009.

segundo esse novo posicionamento jurisprudencial, "a fase de cumprimento de sentença não se efetiva de forma automática, ou seja, logo após o trânsito em julgado da decisão".

Dessa maneira, segundo o mesmo aresto, "concedida a oportunidade para o adimplemento voluntário do crédito exequendo, o não pagamento no prazo de quinze dias importará na incidência sobre o montante da condenação de multa no percentual de dez por cento (art. 475-J do CPC), compreendendo-se o termo inicial do referido prazo o primeiro dia útil posterior à data da publicação de intimação do devedor na pessoa de seu advogado".[25]

Essa posição se tornou definitiva no STJ, uma vez que levada a controvérsia interna à apreciação da Corte Especial, restou decidido, por maioria, que não há, no cumprimento da sentença relativo às obrigações por quantia certa, a *intimação pessoal do devedor*, mas é necessária a intimação do seu advogado para que corra o prazo de quinze dias previsto no art. 475-J do CPC.

Assentou, também, a Corte Especial que, tendo ocorrido o trânsito em julgado durante o trâmite do processo no Tribunal, o prazo para pagamento somente correria após a baixa dos autos e a competente intimação do advogado do devedor.[26]

O Projeto aprovado pelo Senado acompanhou a orientação afinal preconizada pelo Superior Tribunal de Justiça, tendo estatuído no art. 509, §1º que, após a apresentação do demonstrativo de cálculo pelo exequente, o executado "será intimado" para o pagamento em quinze dias, sob pena de multa de dez por cento.

O Projeto prevê uma intimação pessoal, por carta, logo após a sentença, mas não é dela que corre o prazo para pagar, mas sim da intimação da memória de cálculo. Nessa altura a intimação é de ato do processo já em andamento na fase executiva. A intimação, portanto, é do advogado do devedor (art. 500, §2º, I).

Sobre a situação do revel, ou daquele que tiver abandonado o processo após a condenação não tendo mais advogado nos autos, a intimação do devedor será pessoal, observado o disposto nos incs. II e III do §2º, do art. 500, e no §3º do mesmo dispositivo.[27]

9.3 Execução de alimentos

O Projeto resolve a dúvida sobre ser ou não aplicável a multa moratória de dez por cento no cumprimento da sentença da ação de alimentos.

Se for cumprido o procedimento especial de averbação em folha de pagamento (Projeto, art. 515), não há lugar para cogitar-se da multa. Adotando-se, porém, o procedimento comum da execução por quantia certa, por inviabilidade da averbação do pensionamento, o rito dos arts. 509 a 513 será o aplicável, como dispõe o art. 516: o credor, portanto, elaborará a memória de cálculo e o devedor será intimado a efetivar

---

[25] STJ, 4ª T., AgRg no REsp nº 1.052.774/RS, Rel. Min. João Otávio de Noronha, ac. 05.11.2009, *DJe* 16.11.2009.
[26] STJ, Corte Especial, REsp nº 940.274/MS, Rel. p/acórdão Min. João Otávio de Noronha, ac. 07.04.2010, *DJe*, 31.05.2010. Precedentes: REsp nº 954.859/RS, da 3ª T.; *DJU*, p. 252, 27.08.2007; REsp nº 1.039.232/RS, da 3ª T., *DJe* 22.04.2008; Ag nº 965.762/RJ, da 3ª T., *DJe*, 01.04.2008; Ag nº 993.387/DF, da 4ª T., *DJe*, 18.03.2008; e Ag nº 953.570/RJ, da 4ª T., *DJU*, 27.11.2007.
[27] Esses dispositivos já foram apreciados no item 8.2 deste trabalho.

o pagamento em quinze dias, sob pena da multa, de 10% e sujeição ao acréscimo de novos honorários de advogado (Projeto, art. 509, *caput*, e §1º).

10 Cumprimento de sentença relativa à obrigação de fazer e de não fazer

O Projeto mantém, em linhas gerais, o regime do Código atual para o cumprimento das sentenças relativas às obrigações de fazer e de não fazer, que privilegia a chamada *tutela específica* (art. 501). A tutela pelo equivalente econômico (dita "tutela substitutiva" ou "subsidiária") conserva-se em segundo plano (art. 486).

Fiel aos moldes do art. 461 do CPC, oriundo da modernização promovida pelas Leis nºs 8.952, de 13.12.1994, e 10.444 de 07.05.2002, no Projeto, a sentença que der provimento ao pedido de cumprimento de obrigação de fazer ou não fazer deverá condenar o devedor a realizar, *in natura*, a prestação devida. Para que essa condenação seja dotada de maior efetividade, a norma do art. 461 se afasta do complexo procedimento tradicionalmente observável nas execuções das obrigações de fazer e não fazer (arts. 632 a 643) e recomenda uma providência prática e funcional: na sentença de procedência do pedido, compete ao juiz determinar "providências que assegurem o resultado prático equivalente ao do adimplemento".

Dessa maneira, tão logo transitada em julgado a condenação, as providências determinadas na sentença (ou em complemento desta) serão postas em prática por meio de mandado dirigido ao devedor ou por meio de autorização para as medidas a cargo do credor ou de terceiros sob sua direção. Assim, tarefas que, primitivamente, eram do devedor podem ser autorizadas ao próprio credor, que as implementará por si ou por prepostos, como previsto no art. 249 do Código Civil. Concluída a obra, caberá ao credor apresentar nos autos as contas dos gastos efetuados e dos prejuízos acrescidos, para prosseguir na execução por quantia certa. As medidas de cumprimento devem ser, em regra, precedidas de autorização judicial, inseridas na sentença ou em decisão subsequente. Entretanto, nos casos de urgência, como, *v.g.*, na premência de demolir edificação em perigo de ruína, ou diante da necessidade inadiável de afastar riscos ecológicos ou de danos à saúde, e outros, de igual urgência, há autorização legal para que o credor execute ou mande executar o fato, independentemente de autorização judicial, para posteriormente reclamar o cabível ressarcimento (Código Civil, art. 249, parágrafo único).

Os poderes do juiz para fazer cumprir especificamente a obrigação de fazer não ficam restritos à autorização para que o credor realize ou mande realizar por terceiro o fato devido. Pode o juiz adotar outras providências que, mesmo não sendo exatamente o fato devido, correspondam a algo que assegure o resultado prático equivalente ao do adimplemento. Por exemplo, o fabricante de um aparelho eletrônico ou de um veículo automotor, que deve garantir seu funcionamento durante certo tempo, não efetua a contento os reparos necessários. Diante da gravidade do defeito e da impossibilidade de manter o objeto em condições de funcionamento dentro de um prazo razoável, pode o juiz ordenar que, em lugar dos fracassados reparos, o fabricante substitua a máquina defeituosa por uma equivalente, mas que esteja em condições de perfeito funcionamento. Outras vezes, diante da insuficiência técnica da oficina que deve efetuar os reparos, o juiz pode autorizar o credor que confira o serviço a outra oficina. Há, portanto, muitos caminhos para que a tutela específica proporcione ao credor de obrigação de fazer o resultado prático que deveria advir do fiel cumprimento da prestação devida.

10.1 O emprego da multa coercitiva (*astreinte*)

O Projeto deixa claro que a multa de coerção (medida de apoio para forçar o cumprimento da prestação pelo próprio devedor) independe de requerimento do credor e pode ser cominada em liminar, na sentença ou na execução (art. 522).

Sua exigibilidade pode acontecer tanto em execução definitiva como em execução provisória, seja esta da sentença ou de decisão interlocutória (art. 522, §1º). Vale dizer: mesmo que a decisão proferida na fase cognitiva não mencione a multa de coerção, o juiz não fica inibido de a ela recorrer na fase executiva (art. 522, *caput*). Cabe-lhe, ainda, o poder de revê-la, para alterar o seu valor ou a periodicidade de sua incidência (art. 522, §3º).

Tem, ainda, o poder de excluí-la, se julgar que, na situação atual da demanda a medida se tornou inadequada ou descabida, quando, por exemplo, houver, "justa causa para o descumprimento da obrigação" (art. 522, §3º, II, *in fine*).

Prevê o Projeto dois casos de alteração da multa:

> I – quando esta se tornar insuficiente ou excessiva (art. 522, §3º, I); ou
>
> II – quando se demonstrar o cumprimento parcial superveniente da obrigação (art. 522, §3º, II, 1ª parte).

O Projeto não limita o teto de incidência da multa. Prevê, no entanto, que atingido o valor da obrigação exequenda, o excedente não reverterá mais em favor do credor, e será destinado ao Estado ou à União (art. 522, §5º).

A totalidade da multa, mesmo acima do teto legal, reverterá ao exequente se o devedor for a Fazenda Pública (art. 522, §7º).

Duas grandes novidades:

> a) na execução provisória é possível exigir a multa, mas ela permanecerá depositada em juízo, podendo o credor levantá-la somente após o trânsito em julgado, ou durante a tramitação de agravo contra a decisão denegatória de seguimento de recurso extraordinário ou especial (art. 522, §1º);
>
> b) além da sujeição à multa, o descumprimento injustificado da ordem judicial, relativa ao cumprimento da obrigação de fazer e das medidas coercitivas ou de apoio, pode, em caso de omissão ou recusa do devedor, sujeitá-lo às penas do crime de desobediência (art. 521, 2º).

11 A multa coercitiva nos casos de obrigação de fazer infungíveis

No plano de direito material há duas espécies de obrigação de fazer:
 i) as *fungíveis*, cujo cumprimento específico é possível mesmo sem a participação direta do devedor;
 ii) as *infungíveis*, porque somente o devedor em pessoa pode cumpri-las de forma específica.

Para estas últimas modalidades, o Código Civil prevê a resolução da obrigação em perdas e danos, sempre que o devedor "se recusar à prestação a ele só imposta, ou só por ele exequível" (art. 247). A nosso ver, esse dispositivo da lei material veio pôr fim à discussão sobre cabimento, ou não, da *astreinte* nas obrigações personalíssimas ou infungíveis. A sanção legalmente estabelecida é a conversão da obrigação de fazer em perdas e danos, pelo que não cabe ao credor impor-lhe multa como meio de coação a realizar a prestação específica. Esta é, claramente, afastada pela lei substancial. Nessa sistemática de direito positivo, portanto, a multa cominatória fica restrita aos casos de obrigações fungíveis, ou seja, aquelas cuja prestação pode ser realizada por terceiro ou substituída por "resultado prático equivalente" determinado pela sentença (CPC, art. 461, *caput*).[28]

Estando o destino da obrigação de fazer infungível definido pelo direito material, parece-nos que não cabe sequer condenar o devedor inadimplente a cumpri-la *in natura*, mas sempre ao pagamento das perdas e danos, em que legalmente se converter. E se tal condenação for praticada, seu efeito não pode ser outro senão aquele predeterminado pelo art. 247 do Código Civil, qual seja, o da execução pelas equivalentes perdas e danos.[29]

Não obstante, é forçoso admitir que há respeitáveis opiniões doutrinárias que defendem o cabimento das *astreintes* nos casos tanto de obrigação fungíveis como de infungíveis;[30] e que a posição do Superior Tribunal de Justiça prestigia essa tese ampliativa da incidência das *astreintes*.[31]

Observo, por último, que se o devedor não pode ser compelido ao cumprimento específico, não é lógico impor-lhe sanção que é medida própria para instrumentalizar justamente a execução específica (CPC, art. 461, §5º).

---

[28] É que, inexistindo meio de se obter, por outras vias, o "resultado prático equivalente" de que cogita o art. 461 do CPC, "estará comprovado que se trata de obrigação que só pelo réu poderá ser cumprida, hipótese em que se converterá a obrigação em perdas e danos, conforme previsto no art. 461, §1º, do Código de Processo Civil, e no art. 247 do Novo Código Civil" (MESQUITA, José Ignácio Botelho de *et al*. Breves considerações sobre a exigibilidade e a execução das *astreintes*, *Revista Jurídica*, v. 53, n. 338, p. 36, dez. 2005.).

[29] Diante da controvérsia acerca do cabimento, ou não, de condenação a um *facere* ou *non facere* infungível, a solução tradicional é no sentido negativo, porque há uma "correlação necessária entre condenação e execução forçada" da qual deriva a "admissibilidade da condenação somente pelas obrigações (de pagar, de dar, de entregar, de fazer ou não fazer) suscetíveis de execução forçada" (TARZIA, Giuseppe. *Lineamenti del processo civile di cognizione*. 2ª ed. Milano: Giuffrè, 2002. p. 239, n. 55).

[30] Para Barbosa Moreira, os meios de coerção, inclusive a multa, são utilizáveis, "não havendo outra solução, em qualquer hipótese de obrigação de fazer (com prestação fungível ou infungível), ou de obrigação de não fazer" (*O novo processo civil brasileiro*. 25. ed. Rio de Janeiro: Forense, 2007. p. 228). Igual é a doutrina de Araken de Assis (*Manual de execução*. 12. ed. São Paulo: Revista dos Tribunais, 2009. p. 623, n. 207).

[31] "As obrigações de fazer infungíveis também são objeto de pedido cominatório, eis que irrelevante seja o objeto da prestação fungível ou infungível" (STJ, 3ª T., REsp. nº 6.314/RJ, Rel. Min. Waldemar Zveiter, ac. 25.02.1991, *DJU*, p. 3222, 23.05.1991). "Conquanto se cuide de obrigação de fazer fungível, ao autor é facultado pleitear a cominação da pena pecuniária" (STJ, 4ª T., REsp. nº 6.377/SP, Rel. Min. Barros Monteiro, ac. 25.08.1991, *RSTJ*, 25/389). Como se vê, o STJ, para aplicação da *astreinte*, não distingue entre obrigações fungíveis e infungíveis. É necessário, entretanto, que a prestação, fungível ou infungível, ainda seja suscetível de execução *in natura* pelo devedor. Por outro lado, urge ponderar que o efeito previsto pela lei material para o descumprimento da obrigação de fazer infungível é sua automática conversão em perdas e danos, e não a coação para induzir o inadimplente a realizar a prestação que só a ele cabe implementar (Código Civil, art. 247). A execução forçada da prestação devida só está prevista para a obrigação fungível (Código Civil, art. 249), o que autoriza a conclusão de que, no direito brasileiro, a multa coercitiva tem cabimento quando a execução específica é exigível, e não no cumprimento do equivalente econômico em que se converte, necessariamente, a obrigação de prestação infungível, cuja exigência em juízo se dá pelo procedimento da execução por quantia certa.

Se a lei material não o obriga à prestação específica, não se lhe pode recusar o direito de converter a execução de fazer em execução de quantia certa, mediante requerimento de liquidação das perdas e danos que a lei material lhe impõe como única sanção cabível diante da natureza da obrigação contraída (CPC, art. 638, parágrafo único, conjugado com Código Civil, art. 247).

Ora, requerida essa conversão não terá como ser indeferida a pretensão, porque amparada pelo direito material. E uma vez operada a conversão, totalmente incabível será a manutenção da *astreinte*.[32]

É justamente este o procedimento que o art. 638 do CPC traça para as execuções em torno de obrigações de fazer infungíveis, procedimento que é integralmente conservado pelo art. 777 do Projeto.

Com efeito, na obrigação de fazer, "quando for convencionado que o devedor a faça pessoalmente", caberá ao credor "requerer ao juiz que lhe assine prazo para cumpri-la" (CPC, art. 638, *caput*; Projeto, art. 777, *caput*). "Havendo recusa ou mora do devedor, a obrigação pessoal do devedor será convertida em perdas e danos, caso em que se observará o procedimento de execução por quantia certa" (Projeto, art. 777, parágrafo único; CPC, art. 638, parágrafo único).

Na verdade, a execução de prestação de fazer, *in casu*, não passa de uma interpelação do devedor para colocá-lo em situação de mora ou inadimplemento. Mas, dessa interpelação não nasce, de forma alguma, a possibilidade de prosseguir no processo em perseguição da prestação específica, isto é, da prestação infungível de fazer. O efeito é, simples e automaticamente, o da conversão em perdas e danos e na transformação do feito executivo em execução por quantia certa.

Onde entraria a *astreinte* nesse curtíssimo hiato entre a citação e a exaustão do prazo assinado para cumprimento voluntário, se ao termo do mesmo prazo a obrigação de fazer descumprida já estará *ex lege* convertida em dívida de quantia certa?

Seja, pois, pelas regras do Direito Civil, seja pelas do Processo Civil, a conclusão é uma só: nosso ordenamento jurídico não abre oportunidade a aplicar ao devedor inadimplente de obrigação de fazer infungível a multa coercitiva. Se esta foi legalmente instituída para forçar em juízo a execução específica, como pensar em aplicá-la a uma obrigação que a própria lei qualifica como insuscetível de execução específica?

Aquilo que originariamente só pode ser executado judicialmente pela expressão monetária (execução por quantia certa) jamais poderá ser coagido por meio de expediente cuja instrumentalidade é típica de obrigações de fazer a serem especificamente realizadas pelo processo de execução judicial. Não há *astreinte* na execução por quantia certa, motivo pelo qual não se aplica, no Direito brasileiro, multa da espécie, no cumprimento de obrigação de fazer infungível, visto que fatalmente sua execução forçada cairá sempre no procedimento da execução por quantia certa.

---

[32] "No caso da conversão em perdas e danos, seja ela da obrigação de fazer, não fazer (neste caso, desfazer) ou de entregar coisa, opera-se, sem dúvida, a conversão da própria obrigação (...) Por essa razão, 'não tem sentido, por exemplo, insistir na sua aplicação [das *astreintes*] enquanto não forem pagas as perdas e danos' (...) Ademais, a execução das perdas e danos dar-se-á pelo rito da execução por quantia certa (art. 475-J), por meio de expropriação. Ora, nesses casos, é inviável a aplicação das *astreintes*, restando ausente qualquer previsão legal que a autorize" (AMARAL, Guilherme Rizzo. *As astreintes e o processo civil brasileiro*. 2. ed. Porto Alegre: Livraria do Advogado, 2010. p. 151).

11.1 Precisão do sistema sancionatório das obrigações de fazer no Direito brasileiro

O Direito positivo brasileiro, como já demonstrado, distingue as obrigações de fazer agrupando-as em duas categorias — as *fungíveis* e as *infugíveis* —, e submete cada uma dessas categorias a regime sancionatório próprio: (i) as *fungíveis* (que admitem feitura pelo devedor ou por outrem, em seu lugar), quando inadimplidas, são sancionadas por meio de execução forçada *específica*; (ii) as *infungíveis* (que só admitem feitura pelo próprio obrigado), quando inadimplidas, convertem-se no dever de perdas e danos e são sancionadas por meio de execução *substitutiva*, na modalidade de execução por *quantia certa*.

Esse duplo regime está nitidamente estatuído tanto no direito material como no processual. Quando a execução específica é possível, ao devedor é assinado um prazo judicial para que a obra devida seja por ele realizada (CPC, art. 632). Esgotado esse prazo, começa a funcionar a medida coercitiva da *multa* progressiva em função do atraso (CPC, arts. 461, §5º, e 645), cuja aplicação perdurará até que o credor resolva optar pela feitura por ele ou por terceiro (CPC, art. 633). Nesse instante, cessa a fluência das *astreintes* porque a responsabilidade do devedor se desloca para o custo financeiro da obra. Sua dívida se transforma em obrigação por quantia certa, representada esta pelo preço da obra em execução. Transmudada a obrigação, seu novo regime executivo já não comportará a aplicação da multa periódica como medida de apoio, sem prejuízo das *astreintes* já vencidas.

Quando, desde a origem de direito material, já se define o caráter personalíssimo da obrigação de fazer, fica definitivamente assentada a impossibilidade de execução forçada específica. Descumprida a prestação, a execução forçada se inicia pela convocação do devedor a cumprir o fato dentro do prazo que o juiz lhe assinar, sob pena de converter-se a obrigação em perdas e danos e prosseguir o processo como execução por quantia certa (CPC, art. 638, parágrafo único). No momento, portanto, em que se tornaria aplicável a multa periódica (se se tratasse de execução específica), ocorre a extinção da obrigação de fazer infungível, inviabilizando qualquer tentativa do credor de submeter o devedor inadimplente a uma medida de apoio que nada tem a ver com a obrigação de quantia certa.

Em suma: as *astreintes*, no Direito brasileiro estão atreladas à execução *específica* que só é possível em relação às obrigações de fazer *fungíveis*. É o que se deduz dos arts. 249, ao Código Civil[33] e 461, *caput* e §5º do Código de Processo Civil.[34] Como as obrigações *infungíveis* não admitem execução específica, mas apenas execução da obrigação *substitutiva* do equivalente econômico, não há cabimento das *astreintes* a seu respeito. É o que se impõe diante dos arts. 247, do Código Civil,[35] e 638, do Código de Processo Civil.[36]

---

[33] "Se o fato puder ser executado por terceiro, será livre ao credor mandá-lo *executar* à custa do devedor, havendo *recusa* ou *mora* deste, sem prejuízo da indenização cabível" (Código Civil, art. 249).

[34] "Para a efetivação da tutela específica ou a obtenção do resultado prático equivalente, poderá o juiz, de ofício ou a requerimento, determinar as medidas necessárias, tais como a *imposição de multa por tempo de atraso*, busca e apreensão, remoção de pessoas, desfazimento de obras"... (CPC, art. 461, §5º).

[35] "Incorre na obrigação de indenizar *perdas e danos* o devedor que recusar a prestação *a ele só imposta*, ou *só por ele exequível*" (Código Civil, art. 247).

[36] "Nas obrigações de fazer, quando for convencionado que o devedor a faça pessoalmente, o credor poderá requerer ao juiz que lhe assine prazo para cumpri-la" (CPC, art. 638, *caput*). "Havendo recusa ou mora do

Esse regime harmônico entre o Código Civil e o atual Código de Processo Civil não foi alterado pelo Projeto legislativo de implantação de um Novo Código de Processo Civil. De maneira que a interpretação preconizada para a vigente legislação haverá de perdurar no tocante ao referido Projeto.

12 Algumas inovações interessantes no âmbito da execução dos títulos extrajudiciais

No livro III do Código projetado, destinado a regulamentar o processo de execução, cuja função precípua é de disciplinar o procedimento de execução forçada com base nos títulos extrajudiciais, mas cuja aplicação também se estende completamente ao cumprimento de sentença (Projeto, art. 730), ocorreram algumas inovações significativas, que a seguir passaremos a apreciar.

12.1 Fraude à execução

O art. 749 do Projeto substitutivo do Senado, que pretende ocupar o lugar do atual art. 593 do CPC de 1973, superou vários pontos do regime da fraude à execução que ainda intranquilizam a doutrina e a jurisprudência de nosso tempo.

Em lugar das três hipóteses arroladas pelo art. 593 do Código vigente, o Projeto elenca cinco possibilidades de configuração da fraude à execução verificáveis através de *alienação* ou *oneração* de bens pelo devedor, quando realizadas na pendência de algum processo, cuja eficácia prática possa ser prejudicada. São elas, segundo o art. 749 do Projeto:

> I – quando sobre os bens "pender ação fundada em direito real ou obrigação reipersecutória, desde que haja registro público";
>
> II – "quando sobre eles existir a averbação da existência da ação, na forma do art. 785";
>
> III – "quando sobre eles existir registro de hipoteca judiciária ou de ato de constrição judicial originário da ação onde for arguida";
>
> IV – "quando, ao tempo da alienação ou oneração, corria contra o devedor ação capaz de reduzi-lo à insolvência";
>
> V – "nos demais casos expressos em lei".

A primeira novidade foi a tomada de posição sobre se a alienação do bem afetado por penhora ou outra constrição judicial configuraria, ou não, fraude à execução, ou seja se sobre essa modalidade de ato dispositivo violador da segurança do juízo incidiria a disciplina da fraude à execução ou algum regime ineficacial distinto.

A divergência doutrinária provinha justamente da falta de uma disposição legal clara a respeito da matéria. Procuravam, alguns, uma natureza diferente para a indevida alienação do bem penhorado justamente porque não estava ela diretamente enquadrada em nenhum dos incs. do art. 593 do CPC, muito embora não fosse difícil

---

devedor, a obrigação pessoal do devedor *converter-se-á em perdas e danos,* aplicando-se outrossim o disposto no art. 633" (CPC, art. 638, parágrafo único).

aplicar-lhe, por analogia ou interpretação extensiva, a regulamentação daquele dispositivo.

O Projeto, no inc. III de seu art. 749, deixa expresso que há fraude à execução quando o devedor dispõe de bem objeto de *hipoteca judiciária* ou de *ato de constrição judicial,* desde que submetidos a registro público.

A situação é a mesma quando, antes da penhora, o credor, logo após o ajuizamento da execução admitida pelo despacho da petição inicial, obtém certidão do feito e a faz averbar no registro de imóveis, no registro de veículos ou no registro de outros bens sujeitos a penhora, arresto ou indisponibilidade (Projeto, art. 785). A fraude à execução ocorrerá quando o bem averbado for alienado pelo executado. A averbação, na espécie, é um ato de preparação e garantia da futura constrição judicial, de modo que o desvio dominial do bem representa frustração da medida executiva programada. Assim, a fraude pode acontecer depois da penhora ou antes dela, desde que exista registro público comprobatório *erga omnes* do gravame judicial, em qualquer das hipóteses.

Outro problema que o Projeto enfrentou foi o da ausência de registro público. Nas três situações contempladas nos primeiros incs. do art. 749 ocorrerá a fraude *ipso iure* se preexistir assento em registro público que ligue o bem alienado ao processo havido como prejudicado.

Inexistindo, porém, tal registro, não estará o terceiro adquirente, só por isso, imune aos efeitos da fraude. Isto só ocorrerá se comprovar sua boa-fé, já que o Projeto lhe impõe "o ônus da prova de que adotou as cautelas necessárias para a aquisição, mediante a exibição das certidões pertinentes, obtidas no domicílio do vendedor e no local onde se encontra o bem" (art. 749, parágrafo único).

É uma cautela elementar, a cargo do adquirente, a busca de informação nas fontes públicas acerca da situação do alienante e dos bens a adquirir. Em matéria de imóveis, essa diligência é preconizada por lei, e quanto a outros bens, a medida corresponde a providência que a experiência da vida impõe a todos os que se dispõem a negociar bens e valores patrimoniais. Dessa maneira, estando a verificação ao alcance do adquirente, e não se diligenciando para praticá-la, não poderá fugir das consequências de sua imprevidência ou desleixo, para escudar a pretensa boa-fé apenas na falta de registro público da ação ou da constrição judicial.

O parágrafo único do art. 749, muito criteriosamente, censura o adquirente que deixa de investigar os assentos públicos disponíveis no *domicílio do vendedor* e no *local onde se encontra o bem.* É razoável que apenas estes são as fontes ao alcance imediato do adquirente cauteloso, já que seria despropositado exigir uma pesquisa em todos os fóruns e todos os registros do país. Se, pois, o gravame oponível se achava fora do domicílio do alienante e em local que não o da situação do bem negociado, não haverá o adquirente de ser qualificado como omisso ou desidioso. Se outro motivo não existir para demonstrar que sabia do ônus ou gravame, prevalecerá em seu favor a boa-fé, impeditiva da configuração da fraude, e que isentará o bem adquirido de ser alcançado pela execução em curso contra o vendedor.

12.2 Desconsideração da personalidade jurídica

O Projeto enfrenta o problema da *desconsideração da personalidade jurídica,* de modo a permitir o redirecionamento da execução iniciada contra a sociedade, a fim de alcançar bens particulares dos sócios.

O fenômeno da desconsideração da personalidade jurídica é, originariamente, de direito material, porque é nele que se estabelece a distinção e autonomia da pessoa jurídica em face das pessoas físicas que a integram e administram.

O que cabe ao Direito Processual, *in casu*, é estabelecer o procedimento por meio do qual se pode definir a ocorrência do fenômeno de direito material, no caso concreto.

Assim, o ponto de partida no campo processual é a afirmação de que "os bens particulares dos sócios não respondem pelas dívidas da sociedade senão nos casos previstos em lei" (CPC, art. 596). É entre as regras do direito material que haverão de ser encontradas as exceções que levam os sócios a responder, em determinadas circunstâncias, por obrigações contraídas pela pessoa jurídica.

Nessa ordem de ideias, é que o Código Civil estabelece: "Em caso de abuso da personalidade jurídica, caracterizado pelo desvio de finalidade, ou pela confusão patrimonial, pode o juiz decidir, a requerimento da parte, ou do Ministério Público quando lhe couber intervir no processo, que os efeitos de certas e determinadas relações de obrigações sejam estendidos aos bens particulares das administradoras ou sócios da pessoa jurídica" (art. 50).

É bom lembrar que a execução forçada é o meio que, em processo, se presta à realização da responsabilidade patrimonial, sendo certo que é, do inadimplemento da obrigação que nasce a responsabilidade patrimonial, ou seja, a sanção a ser aplicada ao *devedor*. É este, não qualquer outro, que em regra haverá de suportar em seus bens a sanção correspondente ao descumprimento da obrigação. É o que diz o art. 391 do Código Civil: "Pelo inadimplemento das obrigações respondem todos os bens do devedor".[37]

Para o deslocamento da responsabilidade, no caso de desconsideração da personalidade, o juiz não pode agir discricionariamente. Deve, antes de tudo, proceder à verificação de que se acham comprovados nos autos os requisitos enumerados no art. 50 do Código Civil, o que terá de acontecer, a requerimento do credor, em incidente no qual se cumpra adequadamente o contraditório.

No Código de Processo Civil atual inexiste procedimento específico para o caso, o que, com frequência, enseja conflitos nem sempre conduzidos e solucionados a contento.

Uma das novidades do Projeto do Novo Código de Processo Civil é, justamente, o estabelecimento da forma procedimental a ser observada na tramitação do pedido de aplicação da responsabilidade extraordinária prevista no art. 50 do Código Civil. Em primeiro lugar, estatui que não se pode admitir a responsabilidade do sócio senão depois de observado o procedimento legal, editado para o incidente de desconsideração da personalidade jurídica (Projeto, art. 752, §4º). Por sua vez, os arts. 77 a 79, colocados na Parte Geral da codificação projetada, preveem o cabimento do incidente "em qualquer processo ou procedimento" (art. 77, *caput*), deixando clara sua admissibilidade tanto no processo de conhecimento como no de execução (art. 77, parágrafo. único, II). Fica, também, evidenciada a desnecessidade de uma ação separada para a definição da possibilidade de ser desconsiderada a personalidade jurídica. Tudo se resolve em

---

[37] O CPC repete a mesma regra: "O devedor responde, para o cumprimento de suas obrigações, com todos os seus bens presentes e futuros, salvo as restrições estabelecidas em lei" (art. 591).

mero incidente instaurado dentro do processo já existente, antes ou depois da sentença (art. 77, parágrafo único).

Provocado o incidente, pela parte ou pelo Ministério Público (quando este tiver legitimidade para intervir no processo) (Projeto, art. 77), serão citados o sócio ou o terceiro (administrador) a que se pretenda estender a responsabilidade patrimonial, bem como a pessoa jurídica interessada, conferindo-lhes o prazo comum de quinze dias, para "se manifestar e requerer as provas cabíveis" (art. 78).

Concluída a instrução probatória, quando necessária, o incidente será resolvido por decisão interlocutória impugnável por agravo de instrumento (Projeto, art. 79).

De tal forma, o contraditório e a ampla defesa são assegurados, e a penhora dos bens particulares do sócio somente acontecerá após o julgamento do incidente. Não há necessidade, porém, de se aguardar o trânsito em julgado, visto que o recurso manejável não é provido de efeito suspensivo.

Pode ocorrer perigo de desvio de bens e frustração da medida, caso se tenha de aguardar a decisão do incidente para efetivar a constrição executiva. Isto, contudo, não será motivo para realizar de imediato a penhora, já que esta pressupõe a citação e o transcurso do prazo para pagamento voluntário, e o sócio não pode ser citado ou intimado a pagar sem que antes sua responsabilidade extraordinária seja definida. O perigo de dano, *in casu*, quando configurado, se contorna mediante a medida cautelar de arresto, deferível de imediato, a exemplo do que se passa quando o executado não é encontrado para a citação (CPC, art. 653; Projeto, art. 787). É de se recordar, também, que se confere ao exequente, ao propor qualquer execução, o direito de requerer cumulativamente as "medidas acautelatórias urgentes", acaso cabíveis (CPC, art. 615, III), inclusive a indisponibilidade de ativos financeiros existentes em nome do executado, para posterior penhora (Projeto, art. 810).

Enfim, para mais ampla tutela dos interesses do exequente, permite o Projeto, mesmo antes da citação e penhora, a averbação em registro público para conhecimento de terceiros, do ato de ajuizamento da execução e dos eventuais atos de constrição (Projeto, art. 785, IV).

12.3 Ordem legal de preferência para a penhora

Ainda na execução por quantia certa, o Projeto contém dispositivo que, de forma expressa, esclarece não ter caráter absoluto a ordem legal de preferência para a penhora, salvo a prioridade do dinheiro, de modo a permitir sua alteração pelo juiz "de acordo com as circunstâncias do caso concreto" (art. 792, §1º).

12.4 Penhora de dinheiro em depósito ou em aplicação financeira

O Projeto disciplina de forma mais detalhada o procedimento da apelidada penhora *on line*, assim entendida aquela que recai sobre saldo de depósito bancário ou sobre aplicação financeira.

Faz, de início, a necessária distinção entre (i) a medida cautelar de *bloqueio* ou *indisponibilidade* dos ativos financeiros do executado, que serão atingidos sempre no limite do "valor indicado na execução" (art. 810, *caput*), e (ii) a medida constritiva principal ou definitiva, que é a *penhora* (art. 810, §5º).

O procedimento a ser cumprido é o seguinte:
1. o juiz, a requerimento do exequente, e sem prévia ciência do executado, determinará o bloqueio, transmitindo sua decisão, de preferência por meio eletrônico, à autoridade supervisora do sistema bancário (art. 810, *caput*);
2. deverá indicar que os ativos financeiros do executado a serem bloqueados deverão limitar-se ao "valor indicado na execução" (art. 810, *caput, in fine*);
3. recebida a resposta sobre a execução do bloqueio, o juiz terá 24 horas para verificar se houve excesso na indisponibilidade efetivada, e para comunicar o ocorrido à instituição financeira; caberá a esta desbloquear o excesso em igual prazo, isto é, nas 24 horas após a comunicação judicial (art. 810, §1º);
4. consumado o bloqueio, o executado será imediatamente intimado na pessoa de seu advogado, ou, não o tendo, pessoalmente (Projeto, art. 810, §2º);
5. antes de converter-se o bloqueio em penhora, o devedor terá cinco dias (art. 810, §3º) para:

I – comprovar que as quantias indisponibilizadas são *impenhoráveis;*
II – indicar que ainda remanesce excesso na indisponibilidade excessiva.

Na hipótese da alínea I, a comprovação mais frequente será a de que a conta bancária é alimentada apenas por salários, vencimentos e outras verbas remuneratórias legalmente impenhoráveis.

Além dessa situação corriqueira, será cogitável, também, a ocorrência de inviabilidade da penhora em virtude de destinação preferencial inadiável para o ativo financeiro atingido. Poderá, por exemplo, o devedor empresário demonstrar que, no saldo bancário bloqueado, está todo o seu capital de giro (ou grande parte dele), de sorte que a sua penhora virá a impedir a solução de seus compromissos inadiáveis com a folha de pagamento dos empregados, com os recolhimentos dos tributos e encargos sociais do mês, com os fornecedores etc. Existindo outros bens penhoráveis será o caso de preferi-los, para não inviabilizar a continuidade da empresa. Poder-se-á, entre outras penhoras, optar pela de parte do faturamento, em proporção que não prive a empresa dos recursos necessários para mantê-la em funcionamento, segundo o regime previsto no art. 821 do Projeto; ou até mesmo poder-se-á dirigir a penhora para toda a empresa, dentro das cautelas do art. 818 do Projeto. Em face da função social atribuída à empresa, a execução haverá de preservá-la em atividade, sempre que possível, zelando assim pela realização forçada do direito do exequente pela maneira menos onerosa para o executado (CPC, art. 620).

Urge lembrar que a Lei de Falências foi totalmente remodelada com o propósito primordial de proporcionar, sempre que possível, a recuperação da empresa, levando-a à liquidação apenas quando não houver meio de salvá-la (Lei nº 11.101/05).[38] Se é assim no caso do concurso universal, onde se manifesta com evidência o interesse social na preservação da empresa, não há razão para ser diferente na execução singular. Afinal, o interesse individual do credor não merece tratamento superior ao da sociedade como um todo. Há, pois, de se promover a execução sem aniquilamento

---

[38] "A recuperação judicial tem por objetivo viabilizar a superação da situação de crise econômico-financeira do devedor, a fim de permitir a manutenção da fonte produtora, do emprego dos trabalhadores e dos interesses dos credores, promovendo, assim, a preservação da empresa, sua função social e o estímulo à atividade econômica" (Lei nº 11.101, de 09.02.2005, art. 47).

da empresa, sempre que tal esteja ao alcance da justiça, tanto nos processos coletivos como nos individuais.

12.5 Abolição do usufruto como meio expropriatório e o aprimoramento das formas de alienação dos bens penhorados

Atribuído à execução por quantia certa o objetivo de expropriar bens do devedor ou do responsável, para satisfação do direito do credor (CPC, art. 646; Projeto, art. 781), o Código vigente prevê quatro modalidades de expropriação (art. 647).[39]

O Projeto refaz esse elenco (art. 782), reduzindo-o a três:

I – adjudicação;

II – alienação;

III – apropriação de frutos e rendimentos de empresa ou estabelecimento e de outros bens.

A *Adjudicação*, como forma de transferência forçada do bem penhorado ao exequente ou outras pessoas, não sofreu maiores alterações no Projeto. Merece destaque, porém, alguns acréscimos relativos à observância do contraditório e à oportunidade para se requerer a adjudicação:

a) O §1º do art. 831, nesse sentido, ordena que, após o requerimento de adjudicação por algum legitimado (o executado é o primeiro deles, mas não o único), "será dada *ciência ao executado*, na pessoa de seu advogado".

O Projeto primitivo previa a intimação não só do executado, mas também dos "demais interessados", ou seja, *daqueles que devem ser intimados obrigatoriamente na venda por leilão ou por iniciativa particular*, ou seja, "o senhorio direto, o coproprietário de bem indivisível do qual tenha sido penhorada fração ideal, o credor com garantia real ou com penhora anteriormente averbada" (Projeto originário, art. 807, II, regra mantida pelo art. 839, II, do Projeto substitutivo). Não creio que, sem embargo da redução do dispositivo, feita no texto do art. 831, §1º, do Projeto substitutivo do Senado, se torne lícita a adjudicação consumada em favor do exequente, sem ciência alguma daqueles que têm interesse e até preferência na aquisição do bem penhorado, como, *v.g.*, o condômino, o credor hipotecário e o senhorio direto.

b) É importante ressaltar que o próprio Projeto, como já acontece com o CPC atual, *confere embargos de terceiro ao credor com garantia real* para invalidar a expropriação do bem penhorado, quando praticada sem sua prévia intimação (art. 660, §2º, inc. IV, do substitutivo do Senado). Fica, pois, evidente a necessidade de intimação antes da adjudicação, pelo menos em relação ao credor hipotecário, pignoratício ou titular de qualquer outra garantia real sobre o bem penhorado, dentro da própria sistemática do Código Projetado.

---

[39] O art. 647 do CPC fala em (i) adjudicação; (ii) alienação por iniciativa particular; (iii) alienação em hasta pública; e (iv) usufruto de bem móvel o imóvel.

O executado, como já se dispôs no art. 799, §1º, é ordinariamente *intimado na pessoa de seu advogado*. Sendo revel, será intimado por carta no endereço constante dos autos, por mandado, edital ou outro meio idôneo, a critério do juiz (art. 839, I).

Serão intimados pessoalmente, pelas vias indicadas para ciência do executado, os titulares de direito real ou de penhora sobre o bem a ser adjudicado, desde que haja assento ou averbação no registro público (art. 839, II), ou tenha o interessado feito, previamente, a devida comunicação no processo da execução.

c) Outro caso de intimação de terceiro interessado na adjudicação ocorre quando o bem penhorado seja *quota de sócio*. Nesse caso *a sociedade será intimada*, "ficando responsável por informar aos sócios a ocorrência da penhora, assegurando-se a estes a preferência, na adjudicação" (Projeto, art. 831, §5º).

d) A intimação, em todos os casos, deverá ser promovida de modo a permitir *tempo hábil* à manifestação do interessado. Observar-se-á, após a intimação, a exemplo do leilão ou da venda por iniciativa particular, *o prazo mínimo de cinco dias*, antes de se deferir a adjudicação (Projeto, art. 839, *caput*).

e) Um dispositivo interessante e esclarecedor do Projeto consta de seu art. 831, segundo o qual *não ocorre preclusão do direito do exequente a requerer a adjudicação*. Mesmo que, de início, tenha optado pelas outras formas expropriatórias de alienação do bem penhorado, se estas afinal se frustrarem "será reaberta oportunidade para requerimento de adjudicação". Em tal caso será lícito o pedido de nova avaliação, se se suspeitar que o preço da oferta pública está defasado com o de mercado (Projeto, art. 833, *in fine*).

f) Finalmente, o Projeto procura superar as dificuldades técnicas e práticas do *usufruto judicial*, como forma expropriatória, substituindo-o pela figura da "*apropriação de frutos e rendimentos* de empresa ou estabelecimento e de outros bens" (art. 782, III).

Essa modalidade de satisfação forçada do direito do exequente ocorrerá naquelas hipóteses em que a penhora não atinge necessariamente o bem constrito, mas se volta apenas, ou predominantemente, para os frutos e rendimentos que ele tem aptidão de produzir. Quando isto se dá, o depositário-administrador procede à transferência periódica dessas receitas para o credor até que o seu direito seja inteiramente satisfeito. É o que se passa com a penhora de empresa e de outros estabelecimentos (Projeto, arts. 818 e 819), com a penhora de percentual de faturamento (art. 821, §3º) e com a penhora em geral de frutos e rendimentos de coisa móvel ou imóvel (arts. 822 e 823). É fácil compreender que é muito mais prático e menos oneroso fazer incidir a penhora diretamente sobre os frutos, do que constituir um direito real de usufruto, para que o credor, como usufrutuário, possa extrair a renda que irá resgatar o crédito exequendo. Foi essa a simplificação expropriatória idealizada pelo Projeto, com o fito de ocupar o lugar do usufruto judicial, que, na verdade, nunca se logrou aplicar, com eficiência, na vida forense.

12.6 Eliminação da praça como meio expropriatório

O Código em vigor, segundo longa tradição do Direito Processual brasileiro, prevê duas modalidades de *hasta pública* para praticar a expropriação executiva:

(i) a *praça*, para os bens imóveis, e (ii) o *leilão*, para os móveis (CPC, art. 686, IV). O Projeto elimina essa dicotomia, para adotar apenas o *leilão*, que se pretende seja praticado de forma *eletrônica* ou *presencial* (art. 834, II). Aponta, outrossim, para o caráter preferencial do meio eletrônico (art. 836, §1º). Prevê o credenciamento de corretor e leiloeiro público perante a autoridade judiciária, segundo regras traçadas pelo Tribunal (art. 835, *caput,* §3º). Nas localidades em que não houver corretor ou leiloeiro público credenciado, a indicação "será de livre escolha do exeqüente" (art. 835, §4º).

Aos Tribunais é atribuído o detalhamento do procedimento da alienação com o concurso de meios eletrônicos (art. 835, §3º), de modo que apenas quando as condições da sede do juízo não permitirem o uso de tal técnica, é que o leilão será presencial (art. 836, §1º).

12.7 Objetivação do "preço vil" na arrematação

Tal como já prevê o Código em vigor (art. 692), o Projeto não permite que na hasta pública o bem penhorado seja arrematado por "preço vil" (art. 841, *caput*). Entretanto, sempre foi um problema de difícil definição jurisprudencial o de conceituar e estimar, *in concreto*, quando o lance formulado no leilão deva ser qualificado como representativo de preço vil.

Optando por uma solução pragmática, o Projeto qualifica como *vil* "o preço inferior a cinquenta por cento do valor de avaliação" (art. 841, parágrafo único). Reconhecendo, contudo, que circunstâncias particulares do caso concreto podem aconselhar a adoção de outro parâmetro, o dispositivo aludido ressalva a hipótese de o juiz fixar outro limite de preço mínimo a ser observado na alienação judicial. É claro, portanto, que o padrão de cinquenta por cento funcionará apenas como regra geral, que, por isso mesmo, poderá ser alterado para mais ou para menos por decisão judicial. A deliberação, porém, haverá de ser tomada antes do leiloamento e figurará no respectivo edital, para que não haja surpresa para os interessados.

12.8 Eliminação dos embargos à arrematação

As nulidades ou vícios da execução que possam comprometer a eficácia da arrematação serão arguidas e solucionadas como incidente processual dentro do próprio procedimento executivo, sem necessidade de instauração de uma ação própria, como são os atuais embargos à arrematação. Mas, segundo o Projeto, esta forma sumária do incidente somente prevalecerá "enquanto não for expedida a carta de arrematação ou a ordem de entrega" (art. 857, §2º). Lembre-se que a carta de arrematação é necessária quando o bem licitado é imóvel, para servir de título a ser transcrito no Registro Imobiliário. Para as coisas móveis, há apenas uma ordem judicial, endereçada ao depositário, para que entregue ao interessado o bem arrematado (Projeto, art. 856, parágrafo único). Igual regime se observa também em relação à adjudicação (Projeto, art. 832, §1º) e à alienação por iniciativa particular (Projeto, art. 835, §2º).

Quando a carta de arrematação ou a ordem de entrega já houverem sido expedidas, o que deverá ocorrer após dez dias do ato alienatório, não será mais admitida sua invalidação dentro do processo executivo. O vício invalidante terá de ser arguido em *ação autônoma*, "na qual o arrematante figurará como litisconsorte necessário" (Projeto, art. 857, §3º).

12.9 Embargos do devedor

O Projeto, entre outras medidas, simplifica a defesa do executado, quando esta verse sobre "incorreção da penhora ou da avaliação". Essas arguições podem ser incluídas nos embargos do devedor, conforme prevê o art. 873, inc. II. Não é, porém, obrigatório que tal defesa só se faça por meio da referida ação incidental. A situação é a mesma da nulidade do título executivo, que tanto pode figurar nos embargos (art. 873, I), como em arguição avulsa (art. 760, parágrafo único). A respeito da nulidade, o juiz está, até mesmo, autorizado a pronunciar-se de ofício, como esclarece o último dispositivo. Não há necessidade de embargos nem mesmo de requerimento da parte.

Nessa perspectiva, o art. 873, §4º, do Projeto, dispõe que "a incorreção da penhora ou da avaliação poderá ser impugnada por simples petição". Aliás, é muito frequente que tais vícios ocorram quando já ultrapassado o prazo de manejo dos embargos. Assim, necessariamente, teriam que ser enfrentados em incidente de impugnação interna do próprio procedimento executivo.

12.10 A ação anulatória e os embargos à execução

No §2º do art. 839 do Projeto original fora estatuído que o devedor, que não embargasse a execução nos quinze dias da lei, perderia o direito de recorrer a uma ação autônoma contra o credor para "discutir o crédito".

O texto restritivo, tal como fora inicialmente proposto, atentava, de forma sumária e radical, contra o direito da parte de ver apreciado seu direito em juízo, sem nunca tê-lo submetido ao julgamento do Poder Judiciário. Em boa ora, foi suprimido pelo substitutivo aprovado no Senado.

É importante lembrar que os embargos não são simples resistência do réu a pedido do autor. São uma *ação de conhecimento* que o devedor pode ou não manejar, segundo suas conveniências pessoais.

Além do mais, são os embargos apenas uma das ações de que o devedor pode lançar mão, e nunca uma única via de que se possa valer o litigante para obter o acertamento de sua eventual controvérsia com o credor.

Enquanto não prescrita a pretensão do devedor, não pode a lei processual privá-lo do direito fundamental de postular a tutela jurisdicional de cognição, pelas vias ordinárias.

Daí porque, à luz da garantia constitucional, não pode a ausência da ação de embargos representar a perda de um direito fundamental, como é o direito de ação que nunca chegou a ser exercitado e que sequer foi transformado em objeto de solução dentro do processo de execução, por meio de algum incidente adequado.

É por demais sabido, que o processo de execução não é palco de acertamento de controvérsia alguma quanto à existência ou inexistência do direito do credor ou da obrigação do devedor. Ele se sustenta apenas na existência de um documento que — mesmo sem o prévio acertamento judicial — a lei considera suficiente para a prática de atos forçados de pagamento.

Como, então, perder o direito de discutir uma questão não trazida a juízo em momento algum?

O próprio Projeto já reconhecia, em seu texto primitivo, a autonomia da execução perante as ações de impugnação ao crédito constante do título executivo, segundo o disposto no §1º de seu art. 710, que o substitutivo manteve em seu art. 743,

§1º, *in verbis:* "A propositura de qualquer ação relativa ao débito constante do título executivo não inibe o credor de promover-lhe a execução".

É ainda de ressaltar que a incongruência da versão originária do anteprojeto não era apenas com a garantia constitucional do acesso à justiça (CF, art. 5º, XXXV).[40] Havia contradição interna com a Parte Geral do próprio Anteprojeto, onde se achava solenemente proclamado que o processo civil "será ordenado, disciplinado e interpretado conforme os valores e os princípios fundamentais estabelecidos na Constituição" (art. 1º). E não foi por outra razão que, repetindo o disposto no art. 5º, XXXV, da CF, o Projeto proclama que "não se excluirá da apreciação jurisdicional ameaça ou lesão a direito". Estava, portanto, em contradição com esse enunciado fundamental, que o Anteprojeto incorporou de maneira expressa, o estranho e injustificável preceito do §2º de seu primitivo art. 839.

12.11 Antecedentes históricos do concurso de ações

Foi pela inconteste autonomia tanto da execução como da ação de impugnação ao negócio causal subjacente ao título executivo — autonomia que o CPC de 1973 reconhece em seu art. 585, §1º, em termos idênticos ao do art. 711, §1º, do Projeto primitivo —, que a jurisprudência mansa e pacífica do STJ fixou, de longa data, o entendimento de que:

> Se é certo que a propositura de qualquer ação relativa ao débito constante do título não inibe o direito do credor de promover-lhe a execução (CPC, art. 585, §1º), o inverso também é verdadeiro: *o ajuizamento da ação executiva não impede que o devedor exerça o direito constitucional de ação para ver declarada a nulidade do título ou a inexistência da obrigação, seja por meio de embargos (CPC, art. 736), seja por outra ação declaratória ou desconstitutiva.*[41](grifamos)

Em outras palavras:

> Em curso processo de execução, não há impedimento a que seja ajuizada ação, tendente a desconstituir o título em que aquele se fundamenta. *Inexistência de preclusão,* que essa opera dentro do processo, *não atingindo outros que possam ser instaurados,* o que é próprio da coisa julgada material[42] (grifamos), fenômeno que — acrescentamos — *inocorre no seio da execução não embargada.*[43]

Para a jurisprudência do STJ, nem mesmo o encerramento por sentença da execução não embargada é empecilho a que o devedor demande a declaração judicial, em ação posterior, da nulidade ou inexistência da obrigação executada:

> A execução não embargada, e assim também aquela em que os embargos não foram recebidos ou apreciados pelo mérito, é simples *sucedâneo do adimplemento,* de molde

---

[40] CF, art. 5º, XXXV: "A lei não excluirá da apreciação do Poder Judiciário lesão ou ameaça a direito".
[41] STJ, 1ª T., REsp nº 741.507/RS, Rel. Min. Teori Albino Zavascki, ac. 02.10.2008, *Dje,* 17.12.2008. No mesmo sentido: STJ, 3ª T., REsp nº 817.829/MT, Rel. Min. Nancy Andrighi, ac. 25.11.2008, *DJe,* 16.12.2008.
[42] STJ, 3ª T., REsp nº 135.355/SP, Rel. Min. Eduardo Ribeiro, ac. 04.04.2000, *DJU,* p. 140, 19.06.2000.
[43] Cf. nossos *Processo de execução.* 25. ed. São Paulo: LEUD, 2008. p. 509-522, n. 437-443; e Curso de Direito Processo Civil. 45. ed. Rio de Janeiro: Forense, 2010. v. 2, p. 482-484, n. 963, 964.

a resguardar ao executado o direito de acionar o exequente sob alegação de enriquecimento sem causa e repetição do indébito.[44]

O que merece destaque no posicionamento do STJ em torno da matéria em foco é a circunstância de que suas raízes não estavam plantadas sobre normas meramente processuais, mas em fundamentos constitucionais. Por isso, não se pode introduzir na reforma do Código regra que o contradiga, sob pena de incorrer em grave inconstitucionalidade.

Ademais, se a execução correr à revelia do executado, e se este não for realmente devedor (a dívida já foi paga, já houve remissão ou compensação, ou título é falso ou nulo), que defesa teria o devedor contra o resultado ilícito da execução? Tudo culminará num *pagamento indevido*, sem embargo de realizado pelas vias judiciais. A não se permitir a ação ordinária para discutir, repetir ou impedir essa desastrosa ilicitude, o executado não contaria com nenhuma forma de tutela jurisdicional, não obstante tenha sido vítima de enorme e inaceitável esbulho judicial.

É que, sem que a relação obrigacional tivesse sido definida por sentença, não se poderia recorrer à ação rescisória, que só se presta a atacar julgamentos de mérito (CPC, art. 485; Projeto substitutivo, art. 919). Caso prevalecesse a regra preconizada pelo art. 839, §2º, do primitivo Projeto, mesmo sendo evidente a ilegalidade cometida por meio do locupletamento ilícito perpetrado pelo falso credor, o executado não teria como sair da injustiça que lhe fosse imposta com a conivência da própria justiça. É que não teria acesso à rescisória, porque não haveria contra si sentença de mérito. E não poderia usar a ação ordinária, porque a esdrúxula regra do §2º, do art. 839, do Projeto original, o impediria de fazê-lo.

A regra proposta, *data venia*, não se sustentava quer no plano lógico, quer dentro do próprio sistema do Projeto, onde se encontra a regra segundo a qual são anuláveis pelas vias ordinárias, e, pois, fora do âmbito da rescisória, os atos de disposição praticados pelas partes dentro do processo e homologados pelo juiz (art. 929), assim como os "atos homologatórios praticados no curso do processo de execução" (parágrafo único do art. 929).

Vale dizer: sempre que inexista sentença de mérito a respeito do acertamento de uma relação jurídica de direito material, os atos processuais praticados a seu respeito não se submetem à coisa julgada material. E se assim é, continuam livres das amarras da *res iudicata* e, portanto, passíveis de discussão e julgamento em ação anulatória ou qualquer outro tipo de ação compatível com a natureza e os vícios da relação controvertida.

Por fim, escudar-se no fenômeno da preclusão gerada pelo decurso do prazo fatal ou decadencial previsto para os embargos do devedor, retrata duplo equívoco: *primeiro*, porque a preclusão é fenômeno interno do processo, não projetando seus efeitos para alcançar outros processos. Eficácia externa somente a tem a coisa julgada material, fenômeno que jamais ocorre na execução forçada não embargada; *segundo*, porque a *fatalidade* ou *decadência*, quando ocorrida, dirá respeito à faculdade de manejar os embargos, visto que quando a lei estabelece o exíguo prazo de quinze

---

[44] STJ, 4ª T., AgRg no Ag nº 8.089/SP, Rel. Min. Athos Carneiro, ac. 23.04.1991, *DJU*, p. 6537, 20.05.1991.

dias, o faz para uma ação especial somente admissível no curso da execução forçada. Portanto, nenhuma eficácia negativa pode ter a perda de uma faculdade interna da execução sobre ações cognitivas outras que nunca sequer chegaram a ser esboçadas enquanto se esgotava o prazo processual dos embargos à execução.

Deixar, então, fluir *in albis* o prazo interno de defesa no processo de execução gera a perda da faculdade de manejar os embargos, mas em nada pode prejudicar o acesso da parte em juízo por meio de ações autônomas cujo prazo legal de manejo jamais teria sido afetado por qualquer espécie de decadência ou prescrição.

Referências

AMARAL, Guilherme Rizzo. *As astreintes e o processo civil brasileiro*. 2. ed. Porto Alegre: Livraria do Advogado, 2010.

ASSIS, Araken de. *Manual de execução*. 12. ed. São Paulo: Revista dos Tribunais, 2009.

MESQUITA, José Ignácio Botelho de *et al*. Breves considerações sobre a exigibilidade e a execução das astreintes. *Revista Jurídica*, v. 53, n. 338, dez. 2005.

MOREIRA, José Carlos Barbosa. *O novo processo civil brasileiro*. 25. ed. Rio de Janeiro: Forense, 2007

MOREIRA, José Carlos Barbosa. *Temas de direito processual*: oitava série. São Paulo: Saraiva, 2004.

PISANI, Andrea Proto. *Lezioni di diritto processuale civile*. 3ª ed. Napoli: Jovene, 1999.

TARZIA, Giuseppe. *Lineamenti del processo civile di cognizione*. 2ª ed. Milano: Giuffrè, 2002.

THEODORO JÚNIOR, Humberto. *Curso de direito processual civil*. 45. ed. Rio de Janeiro: Forense, 2010. v. 2.

THEODORO JÚNIOR, Humberto. *Terras particulares*. 5. ed. São Paulo: Saraiva, 2009.

ZAVASCKI, Teori Albino. Sentenças declaratórias, sentenças condenatórias e eficácia executiva dos julgados. *Revista de Processo*, v. 28, n. 109, jan./mar. 2003.

Informação bibliográfica deste texto, conforme a NBR 6023:2002 da Associação Brasileira de Normas Técnicas (ABNT):

THEODORO JÚNIOR, Humberto. A execução forçada no projeto do Novo Código de Processo Civil aprovado pelo Senado Federal (PL nº 166/10). *In*: ROSSI, Fernando *et al*. (Coord.). *O futuro do processo civil no Brasil*: uma análise crítica ao projeto do Novo CPC. Belo Horizonte: Fórum, 2011. p. 247-285. ISBN 978-85-7700-511-6.

CONCILIAÇÃO E TRANSAÇÃO NO PROJETO DO NOVO CPC

JEFFERSON CARÚS GUEDES

1 Introdução

As reformas do processo havidas nos anos 1990 e 2000 não têm se mostrado suficientes à adaptação do processo civil aos novos desafios quantitativos e qualitativos que são exigidos dessas normas. Reclama-se, como há décadas se reclamava, da lentidão e da ineficiência do processo judicial, mas agora, diante da existência de mais de 85 milhões de processos judiciais no Brasil, são esses milhões de pessoas ou entes que reclamam.

Com esse quadro e nessa nova e angustiante quadra histórica que se pretende reformar mais profundamente o Código de Processo Civil, sem as reformas pontuais, mas com uma correção mais profunda, embora mantendo parte da estrutura original do CPC de 1973.

Assim é que a conciliação, já introduzida e valorizada nas reformas dos anos 1990 ganha maior aperfeiçoamento e, principalmente, amplia-se a possibilidade de participação de auxiliares paraestatais, conciliadores e mediadores no auxílio à solução dos conflitos judiciais. De outro lado acredita-se também na mediação, enquanto nova modalidade auxiliar na pacificação, na qual o profissional atua com menor intensidade, indicando vantagens da solução obtida pelas próprias partes em conflito.

2 Audiência de conciliação

A audiência preliminar foi inovação trazida ao processo civil brasileiro pelas reformas da década de 1990. Antes disso a ordem processual posicionava no procedimento comum ordinário apenas a audiência de instrução, após o encerramento da fase de troca de escritos, na abertura da instrução.

A experiência se mostrou útil para parte dos casos, após alterações e interpretações feitas pelos tribunais que tornaram a audiência uma exigência somente nos casos em que dela poderia resultar a conciliação, ou seja, no caso de litigação de direitos que admitam a transação.

O que se propõe agora é a realização de uma audiência exclusiva de conciliação, que poderá ser presidida pelo conciliador ou pelo mediador, que terão a forma de sua atuação previamente balizada pelo juiz (art. 323, §1º).

A designação dessa audiência mantém-se como uma faculdade, pois pode a parte manifestar-se expressamente pela inexistência da tentativa (art. 323, §5º), o que frustraria o objeto ou, também, diante da matéria que indisponível e sem possibilidade de conciliação (nome, estado etc.), não traria resultado nesse tipo de audiência. Nos casos em que não ocorra a manifestação das partes, assim como nos casos em que a matéria seja disponível (direitos patrimoniais privados) ou indisponível que admita transação (alguns interesses públicos, alimentos etc.), a audiência deve ser designada, caracterizando-se a ausência do réu como ato atentatório a dignidade da justiça (art. 323, §6º), desde que antes não se tenha posicionado pela sua não realização.

A intimação para a audiência é feita ao advogado do autor (art. 323, §4º). Em caso conciliação o processo deve ser extinto e diante da frustração de sua tentativa, prossegue o processo em direção ao oferecimento de contestação, instrução e decisão.

(Continua)

Capítulo V DA AUDIÊNCIA DE CONCILIAÇÃO Art. 323. Se a petição inicial preencher os requisitos essenciais e não for o caso de rejeição liminar da demanda, o juiz designará audiência de conciliação com antecedência mínima de quinze dias. §1º O conciliador ou mediador, onde houver, atuará necessariamente na audiência de conciliação, observando o previsto nos artigos 144 e 145, bem como as disposições da lei de organização judiciária. §2º Poderá haver mais de uma sessão destinada à mediação e à conciliação, não excedentes a sessenta dias da primeira, desde que necessárias à composição das partes. §3º As pautas de audiências de conciliação, que respeitarão o intervalo mínimo de vinte minutos entre um e outro ato, serão organizadas separadamente das de instrução e julgamento e com prioridade em relação a estas. §4º A intimação do autor para a audiência será feita na pessoa de seu advogado. §5º A audiência não será realizada se uma das partes manifestar, com dez dias de antecedência, desinteresse na composição amigável. A parte contrária será imediatamente intimada do cancelamento do ato. §6º O não comparecimento injustificado do autor ou do réu é considerado ato atentatório à dignidade da justiça e será sancionado com multa de até dois por cento do valor da causa ou da vantagem econômica objetivada, revertida em favor da União ou do Estado. §7º As partes deverão se fazer acompanhar de seus advogados ou defensores públicos. §8º A parte poderá fazer-se representar por preposto, devidamente credenciado, com poderes para transigir.	Seção III Da Audiência Preliminar Art. 331. [...]

(Conclusão)

§9º Obtida a transação, será reduzida a termo e homologada por sentença.	§1º Obtida a conciliação, será reduzida a termo e homologada por sentença. §3º Se o direito em litígio não admitir transação, ou se as circunstâncias da causa evidenciarem ser improvável sua obtenção, o juiz poderá, desde logo, sanear o processo e ordenar a produção da prova, nos termos do §2º.
Capítulo VI DA CONTESTAÇÃO Art. 324. O réu poderá oferecer contestação em petição escrita, no prazo de quinze dias contados da audiência de conciliação ou da última sessão de conciliação ou mediação.[1] §1º. Não havendo designação audiência de conciliação, o prazo da contestação observará o disposto no art. 249.[2] §2º. Sendo a audiência de conciliação dispensada, o prazo para a contestação será computado a partir da intimação da decisão respectiva.[3]	Seção II Da Contestação Art. 297. O réu poderá oferecer, no prazo de 15 (quinze) dias, em petição escrita, dirigida ao juiz da causa, contestação, exceção e reconvenção.

2.1 A audiência de conciliação como um dos marcos à apresentação da contestação

A resposta do réu, pela nova sistemática, resume-se a contestação, peça única que concentra todo o conteúdo defensivo, seja o direto (contestação propriamente), indireto (exceções) e pedido contraposto (reação). Nas situações em que houver essa audiência de conciliação ou sua reiteração, abre-se o prazo para a defesa do réu é a partir da data desse ato. Essa alteração se coaduna com diversas sugestões e críticas feitas à forma e sequência anterior, que fazia a resposta do réu ficar posicionada antes da audiência de tentativa de conciliação, quando já estavam acirrados os ânimos e despendidos esforços belicosos.

Nas situações em que não houver a audiência de conciliação, conta-se o prazo para a contestação desde os inúmeros atos processuais previstos no art. 249, conforme seja a citação feita por oficial, pelo correio, por carta etc.

Ainda na situação em que a audiência for designada e, depois, dispensada, o prazo para a contestação será contado da intimação da decisão que dispensou a realização da audiência antes designada.

---

[1] A redação do PLS nº 166/10 é melhor que a original do Anteprojeto, que se encerrava na expressão conciliação, pois prevê a possibilidade de mais de uma tentativa de conciliação, antes da abertura do prazo de contestação ou reação do réu.

[2] A redação do Anteprojeto: "será computado a partir da juntada do mandado ou de outro instrumento de citação", não contemplava todas as hipóteses de citação, como no exemplo da citação pelo correio, na qual o prazo começa a correr da juntada do AR ou na hipótese das cartas ou por edital, na qual a contagem são se dá, propriamente, da juntada de mandado.

[3] A redação do §3º deixa ainda mais claro o que estava implícito na redação do §2º do Anteprojeto, para as situações em que não houver a audiência de conciliação, por conta de sua dispensa.

3 Citação e menção à conciliação

Como a citação será feita sempre após a audiência de conciliação, nos casos em que ela for realizada, o chamamento ou a "convocação" do réu agora deve ser feita para integrar a relação processual e não mais para defender-se, visto que pode ser diferente o comportamento do réu, reconhecendo o pedido, por exemplo. O mandado de citação poderá conter, além desse "chamamento à integração da lide", a intimação para a audiência de conciliação, com a designação de prazo para a contestação que se inicie após a audiência de conciliação.

Art. 207. A citação é o ato pelo qual são convocados o réu, o executado ou o interessado para integrar a relação processual.	~~Art. 213~~. Citação é o ato pelo qual se <u>chama a juízo</u> o réu ou o interessado a fim de se defender.
Art. 219. O mandado que o oficial de justiça tiver de cumprir conterá: [...] IV – se for o caso, a intimação do réu para o comparecimento, com a presença de advogado ou defensor público, à audiência de conciliação;	

3.1 Citação por carta e designação de conciliação

No caso de citação por carta a sistemática será a mesma, quanto ao conteúdo do mandado de citação, designando inicialmente a data para audiência, nos casos em que ela se mostre útil, e o prazo para a contestação, além da advertência da presença do advogado a esta audiência.

Art. 217. Deferida a citação pelo correio, o escrivão remeterá ao citando cópias da petição inicial e do despacho do juiz e comunicará o prazo para a resposta, o endereço do juízo e o respectivo cartório. §1º A carta será registrada para entrega ao citando, exigindo-lhe o carteiro, ao fazer a entrega, que assine o recibo. Sendo o réu pessoa jurídica, será válida a entrega a pessoa com poderes de gerência geral ou de administração, ou, ainda, a funcionário responsável pelo recebimento de correspondências. §2º Da carta de citação no processo de conhecimento constarão os requisitos do art. 219.	~~Art. 223~~. Deferida a citação pelo correio, o escrivão ~~ou chefe da secretaria~~ remeterá ao citando cópias da petição inicial e do despacho do juiz, ~~expressamente consignada em seu inteiro teor a advertência a que se refere o art. 285, segunda parte,~~ <u>comunicando, ainda,</u> o prazo para a resposta <u>e o juízo e cartório, com o respectivo endereço.</u> ~~Parágrafo único.~~ A carta será registrada para entrega ao citando, exigindo-lhe o carteiro, ao fazer a entrega, que assine o recibo. Sendo o réu pessoa jurídica, será válida a entrega a pessoa com poderes de gerência geral ou de administração.

4 Produção antecipada de provas com vistas à conciliação

Inovação importante é a que prevê a possibilidade de antecipação de prova para viabilizar a tentativa de conciliação (art. 278, inc. II). Assim, o objetivo imediato da antecipação será sempre o risco de desaparecimento da prova, mas o objetivo mediato pode ser a utilidade dessa prova à demonstração da existência do direito alegado, facilitando a conciliação a ser designada em eventual ação futura.

Capítulo II DA PRODUÇÃO ANTECIPADA DE PROVAS	Seção VI Da Produção Antecipada de Provas
Art. 367. A produção antecipada da prova, que poderá consistir em interrogatório da parte, inquirição de testemunhas e exame pericial, será admitida nos casos em que:	Art. 846. A produção antecipada da prova pode consistir em interrogatório da parte, inquirição de testemunhas e exame pericial.
I – haja fundado receio de que venha a tornar-se impossível ou muito difícil a verificação de certos fatos na pendência da ação;	
II – a prova a ser produzida seja suscetível de viabilizar a tentativa de conciliação;	
III – o prévio conhecimento dos fatos possa justificar ou evitar o ajuizamento de ação.	
Parágrafo único. O arrolamento de bens, quando tiver por finalidade apenas a realização de documentação e não a prática de atos de apreensão, observará o disposto neste Capítulo.	

5 Retirada da possibilidade de conciliação em execução

Uma das iniciativas do Projeto do CPC foi retirar hipótese antes prevista para a fase de instrução nos embargos do devedor.

Art. 876. Recebidos os embargos, o exequente será ouvido no prazo de quinze dias; a seguir, o juiz julgará imediatamente o pedido ou designará audiência, proferindo sentença.	Art. 740. Recebidos os embargos, será o exeqüente ouvido no prazo de 15 (quinze) dias; a seguir, o juiz julgará imediatamente o pedido (art.330) ou designará audiência de conciliação, instrução e julgamento, proferindo sentença no prazo de 10 (dez) dias.
Parágrafo único. Considera-se conduta atentatória à dignidade da justiça o oferecimento de embargos manifestamente protelatórios.	

6 Retomada dos meios autocompositivos da conciliação e da mediação

Prevê o PL a criação pelos tribunais de "setor de conciliação e da mediação", assim como a estipulação de uma política para esse fim, com programas que estimulem a autocomposição dos conflitos já judicializados. Desde a década de 1980, por vários meios, tem-se tentado retomar a via da justiça não conflitiva, perdida desde o início da República, mais e mais necessária em vista do espantoso crescimento do número de processos judiciais e da impossibilidade de crescimento proporcional dos meios para a sua solução.[4] São estabelecidos os princípios que informam as duas técnicas, (art. 144, §1º) assim como a confidencialidade, inerente aos interesses predominantemente privados que podem ser objeto de acordos, bem como a possibilidade de manter sob sigilo as informações em poder do conciliador e do mediador (art. 144, §2º e 3º).

Propõe-se a colaboração ou o estímulo de todos os envolvidos na atividade jurisdicional: Magistratura, Advocacia Pública, Ministério Público, Defensoria Pública, Advocacia em geral (art. 145), órgão de decisão e representantes judiciais essenciais à propositura, ao andamento e à finalização do processo judicial.

Uma inovação do PL nº 166/10 é a substituição da expressão "sorteio" pela detalhada expressão "distribuição alternada e aleatória, obedecendo-se rigorosa igualdade", como forma de distribuição de processos aos conciliadores e mediadores (art. 147, §2º), aproximando-a do sistema de distribuição de processos entre varas judiciais e juízes.

6.1 Conciliação e mediação, conciliadores e mediadores

O Projeto induz pequena diferença conceitual entre as duas técnicas e a atividade dos dois auxiliares ao dizer que o "conciliador pode sugerir soluções" (art. 145, §1º) e o mediador "auxiliará as pessoas a compreenderem (...) por si mesmas as alternativas", criando uma tênue escala de ações que podem ser feitas por um e por outro, sempre em busca da composição do conflito. Diante da possibilidade de realização da conciliação ou da mediação, tanto podem as partes definir dentre as listas de registro desses profissionais aquele que consideram adequado ao litígio e aos interesses de ambos (art. 146) como, não havendo definição conjunta, ser ele escolhido pelo juiz ou por outra forma de escolha (art. 146, parágrafo único).

Embora o Anteprojeto previsse a exclusividade do exercício dessa atividade para inscritos na Ordem dos Advogados do Brasil-OAB, portanto restringindo-o aos bacharéis em direito aprovados e inscritos nessa instituição corporativa, o PL nº 166/10 a excluiu, estendendo a possibilidade do exercício a outras categorias profissionais, técnicas, por exemplo. Os requisitos para a inscrição no "Registro de Conciliadores e Mediadores do Tribunal", contudo, serão exigidos em cada um desses órgãos e dentre esses deverá constar curso em conciliação e mediação, realizado por "entidade credenciada"[5] que habilitará o profissional às especificidades da atividade (art. 147, §1º).

Os conciliadores e mediadores que sejam também advogados ficam impedidos de exercer a advocacia ou integrar banca de advocacia que o faça (art. 147, §5º). Essa exigência permitirá o aperfeiçoamento e a segmentação dos profissionais, mas impede que conciliadores e mediadores em atuação em bancas de advocacia se vinculem

---

[4] Avalia-se que existam cerca de 85 milhões de processos judiciais em tramitação na Justiça (Comum Estadual e Federal, Trabalhista, Eleitoral e Militar Estadual e Federal), segundo as estimativas e estatísticas da *Justiça em Números*, do Conselho Nacional de Justiça (CNJ).

[5] "Entidade credenciada" é expressão que mereça melhor detalhamento, pois pode ser credenciada para a educação superior, que são reguladas pelo Ministério da Educação ou pelas Secretarias de Educação dos Estados e DF ou credenciadas pelo respectivo tribunal, para a realização de curso específico de conciliação e mediação. A pós-graduação lato senso tende cada vez mais a deixar de ser regulada pelo Estado o que faz crer que a regulação prevista será dos tribunais propriamente.

duplamente a bancas e ao tribunal. Assim, os advogados conciliadores ou mediadores terão de escolher se se vinculam ao "Registro do Tribunal" ou a uma "Banca de Advocacia", que pode ser especializada na técnica autocompositiva.

De forma muito clara o PL prevê a remuneração dos conciliadores e mediadores que receberão remuneração pelo seu trabalho, conforme parâmetros estabelecidos pelo Conselho Nacional de Justiça (CNJ) e fixados pelo tribunal ao qual estão vinculados (art. 152). Embora não seja dito que a remuneração advenha do orçamento do próprio tribunal, não se pode concluir que decorra de remuneração paga diretamente pelas partes.

É possível o afastamento do conciliador ou mediador a pedido próprio ou a pedido de órgão do tribunal (art. 148, inc. I), agir com dolo ou culpa (art. 148, inc. II), violar deveres de confidencialidade e neutralidade (art. 148, inc. III) ou atura, embora impedido (art. 148, inc. IV). No art. 148, (Anteprojeto, art. 138), estabelecia que somente os casos previstos nos incs. II a IV, seriam apurados, sendo agora, todos os casos apurados em processo administrativos disciplinares e não apenas os casos em que o conciliador ou o mediador agir com dolo ou culpa na condução da conciliação ou da mediação sob sua responsabilidade e de atuar, apesar de impedido.

6.2 O registro de conciliadores e mediadores nos Tribunais

Cada tribunal, em sua área de abrangência e em sua competência deverá manter o registro dos conciliadores e mediadores que considera habilitados a essa função auxiliar à Justiça (art. 147). Somente esses poderão exercer a atividade no processo judicial, embora não se exclua a possibilidade de atuação extrajudicial de conciliadores e mediadores, seja ela exercida individualmente ou por meio de instituição própria (art. 153).

Desse registro deverá contar, além das informações precedentes sobre a sua área profissional e habilitação decorrente da formação técnica, titulação e a formação específica, os dados sobre o seu desempenho na atividade de conciliação e mediação, tal como o número de causas em que atuou, os índices de sucesso e insucesso, as matérias nas quais atuou e outros dados que contribuam ao aperfeiçoamento pela maior eficiência do profissional (art. 147, §3º). Esses dados terão também publicidade comunitária, de modo a permitirem a avaliação do desempenho das técnicas e dos profissionais envolvidos (art. 147, §4º).

(Continua)

Seção V Dos conciliadores e dos mediadores judiciais	
Art. 144. Cada tribunal pode criar setor de conciliação e mediação ou programas destinados a estimular a autocomposição.	
§1º A conciliação e a mediação são informadas pelos princípios da independência, da neutralidade, da autonomia da vontade, da confidencialidade, da oralidade e da informalidade.	

(Continua)

Seção V Dos conciliadores e dos mediadores judiciais	
§2º A confidencialidade se estende a todas as informações produzidas ao longo do procedimento, cujo teor não poderá ser utilizado para fim diverso daquele previsto por expressa deliberação das partes.	
§3º Em virtude do dever de sigilo, inerente à sua função, o conciliador e o mediador e sua equipe não poderão divulgar ou depor acerca de fatos ou elementos oriundos da conciliação ou da mediação.	
Art. 145. A realização de conciliação ou mediação deverá ser estimulada por magistrados, advogados, defensores públicos e membros do Ministério Público, inclusive no curso do processo judicial.	
§1º O conciliador poderá sugerir soluções para o litígio.	
§2º O mediador auxiliará as pessoas interessadas a compreenderem as questões e os interesses envolvidos no conflito e posteriormente identificarem, por si mesmas, alternativas de benefício mútuo.	
Art. 146. O conciliador ou o mediador poderá ser escolhido pelas partes de comum acordo, observada a legislação pertinente.	
Parágrafo único. Não havendo acordo, haverá distribuição a conciliador ou o mediador entre aqueles inscritos no registro do tribunal, observada a respectiva formação.	
Art. 147. Os tribunais manterão um registro de conciliadores e mediadores, que conterá o cadastro atualizado de todos os habilitados por área profissional.	
§1º Preenchendo os requisitos exigidos pelo tribunal, entre os quais, necessariamente, a capacitação mínima, por meio de curso realizado por entidade credenciada, o conciliador ou o mediador, com o certificado respectivo, requererá inscrição no registro do tribunal. §2º Efetivado o registro, caberá ao tribunal remeter ao diretor do foro da comarca ou da seção judiciária onde atuará o conciliador ou o mediador os dados necessários para que o nome deste passe a constar do rol da respectiva lista, para efeito de distribuição alternada e aleatória, obedecendo-se rigorosa igualdade.	

(Continua)

Seção V Dos conciliadores e dos mediadores judiciais	
§3º Do registro de conciliadores e mediadores constarão todos os dados relevantes para a sua atuação, tais como o número de causas de que participou, o sucesso ou o insucesso da atividade, a matéria sobre a qual versou a controvérsia, bem como quaisquer outros dados que o tribunal julgar relevantes.	
§4º Os dados colhidos na forma do §3º serão classificados sistematicamente pelo tribunal, que os publicará, ao menos anualmente, para conhecimento da população e fins estatísticos, bem como para o fim de avaliação da conciliação, da mediação, dos conciliadores e dos mediadores. §5º Os conciliadores e mediadores cadastrados na forma do caput, se inscritos na Ordem dos Advogados do Brasil, estão impedidos de exercer a advocacia nos limites da competência do respectivo tribunal e de integrar escritório de advocacia que o faça.	
Art. 148. Será excluído do registro de conciliadores e mediadores aquele que:	
I – tiver sua exclusão solicitada por qualquer órgão julgador do tribunal;	
II – agir com dolo ou culpa na condução da conciliação ou da mediação sob sua responsabilidade;	
III – violar os deveres de confidencialidade e neutralidade;	
IV – atuar em procedimento de mediação, apesar de impedido.	
§1º Os casos previstos no caput serão apurados em regular processo administrativo.	
§2º O juiz da causa, verificando atuação inadequada do conciliador ou do mediador, poderá afastá-lo motivadamente de suas atividades no processo, informando ao tribunal e à Ordem dos Advogados do Brasil, para instauração do respectivo processo administrativo.	
Art. 149. No caso de impedimento, o conciliador ou o mediador devolverá os autos ao juiz, que realizará nova distribuição; se a causa de impedimento for apurada quando já iniciado o procedimento, a atividade será interrompida, lavrando-se ata com o relatório do ocorrido e a solicitação de distribuição para novo conciliador ou mediador.	
I – tiver sua exclusão solicitada por qualquer órgão julgador do tribunal;	

(Continua)

Seção V Dos conciliadores e dos mediadores judiciais	
II – agir com dolo ou culpa na condução da conciliação ou da mediação sob sua responsabilidade;	
III – violar os deveres de confidencialidade e neutralidade;	
IV – atuar em procedimento de mediação, apesar de impedido.	
§1º Os casos previstos no caput serão apurados em regular processo administrativo.	
§2º O juiz da causa, verificando atuação inadequada do conciliador ou do mediador, poderá afastá-lo motivadamente de suas atividades no processo, informando ao tribunal e à Ordem dos Advogados do Brasil, para instauração do respectivo processo administrativo.	
Art. 149. No caso de impedimento, o conciliador ou o mediador devolverá os autos ao juiz, que realizará nova distribuição; se a causa de impedimento for apurada quando já iniciado o procedimento, a atividade será interrompida, lavrando-se ata com o relatório do ocorrido e a solicitação de distribuição para novo conciliador ou mediador.	
Art. 150. No caso de impossibilidade temporária do exercício da função, o conciliador ou o mediador informará o fato ao tribunal para que, durante o período em que perdurar a impossibilidade, não haja novas distribuições.	
Art. 151 O conciliador ou o mediador fica impedido, pelo prazo de um ano contado a partir do término do procedimento, de assessorar, representar ou patrocinar qualquer dos litigantes.	
Art. 152. O conciliador e o mediador perceberão por seu trabalho remuneração prevista em tabela fixada pelo tribunal, conforme parâmetros estabelecidos pelo Conselho Nacional de Justiça.	
Art. 153. As disposições desta Seção não excluem outras formas de conciliação e mediação extrajudiciais vinculadas a órgãos institucionais ou realizadas por intermédio de profissionais independentes	

Informação bibliográfica deste texto, conforme a NBR 6023:2002 da Associação Brasileira de Normas Técnicas (ABNT):

GUEDES, Jefferson Carús. Conciliação e transação no Projeto do Novo CPC. In: ROSSI, Fernando et al. (Coord.). *O futuro do processo civil no Brasil*: uma análise crítica ao Projeto do Novo CPC. Belo Horizonte: Fórum, 2011. p. 287-296. ISBN 978-85-7700-511-6.

O PRINCÍPIO DA ORALIDADE – PELA VALORIZAÇÃO DO PRINCÍPIO DA ORALIDADE NO PROJETO DE NOVO CÓDIGO DE PROCESSO CIVIL

JOSÉ ANCHIETA DA SILVA

1 Introdução

A partir do segundo semestre do ano de 2009 os Institutos de Advogados do Brasil, pelo seu Colégio de Presidentes, após dois anos de dedicação a dois temas extraordinariamente caros à comunidade jurídica nacional (O "Ensino Jurídico" e a "Valorização da Advocacia"),[1] por unanimidade, reunidos em Brasília, em sessão do dia 3 de agosto de 2009, adotou, como terceiro tema comum dessas instituições, exatamente: *Um Novo Código de Processo Civil*. A escolha do tema se deu por aclamação. As motivações mais perceptíveis para tanto estavam, de acordo com o discurso geral, na desfiguração do texto do atual Código de Processo Civil, excessivamente alterado por leis pontuais acrescentando-lhe artigos que passaram a ser numerados pelo sistema alfanumérico, tornando-o demasiadamente assistêmico. Isso levou o texto geral a conviver com disposições até contraditórias, confusas e fora de lugar. Disso tem decorrido o aparecimento de uma jurisprudência também confusa e desorientadora em relação a temas gerais, tornando a vida dos advogados, dos magistrados e dos jurisdicionados, um verdadeiro tormento. Afinal, qualquer que seja a tese, há jurisprudência divergente, impossibilitando qualquer exercício no sentido de uma razoável uniformização. Há acórdãos absolutamente contraditórios, num mesmo tribunal e, por vezes, numa mesma câmara e até numa mesma turma. O processo (civil) judicial, quanto a prognósticos ou reconhecimento de tendências dos tribunais, perdeu mesmo qualquer previsibilidade. A situação criada é grave e conduz a gente

---

[1] O Colégio de Presidentes dos Institutos de Advogados, então sob a presidência da advogada paulista e presidente do IASP, Maria Odete Duque Bertazi, em 2008 e 2009, publicou os dois primeiros números de sua revista, cuidando, exatamente, desses dois temas.

brasileira à insegurança jurídica nas suas relações, levando ao descrédito instituições que não podem ser desprestigiadas: o Poder Judiciário, o Processo e a Advocacia.

A iniciativa dos Institutos de Advogados estava correta. Por ato do presidente do Senado Federal (Ato do Presidente nº 379), publicado no dia 2 de outubro de 2009, — dois meses após a deliberação dos Institutos — foi constituída uma *Comissão de Juristas responsável pela elaboração de Anteprojeto de Código de Processo Civil*. À Comissão nomeada se concedeu o prazo de cento e oitenta dias para apresentação do Anteprojeto. A presidência dessa Comissão de juristas veio a ser conferida ao ministro do Superior Tribunal de Justiça Luiz Fux.[2]

Os Institutos trabalharam (e continuam trabalhando) intensamente o tema, a partir de então. A etapa de discussão no Senado foi vitoriosa porque a maioria das proposições encaminhadas pelo Colégio de Presidentes e pelos próprios Institutos, individualmente, foi integral ou parcialmente acolhida.[3] A empreitada, neste ano de 2011, dar-se-á na Câmara dos Deputados, para onde já foi remetido o Projeto, após sua aprovação pelo Senado.

Trazida a texto essa informação inicial indispensável, forçoso nos é reconhecer, de modo muito sincero, que a eleição do tema "valorização do princípio da oralidade" no desenvolvimento dos trabalhos, decorreu, principalmente, da constatação do desapreço em relação a esse ponto, pelos tribunais brasileiros que vêm limitando, impedindo até, o exercício das sustentações orais em vários tipos de recursos. Fiel ao nosso estilo de antecipar a síntese do nosso pensamento, é preciso que fique arredado de dúvidas que, cabe ao advogado — e só a esse — o reconhecer e o decidir quais os casos em que necessário se faz a sua presença na tribuna, para sustentação oral. Um exacerbado regimentalismo, no entanto (referimo-nos aos regimentos internos dos tribunais), tem impedido que o exercício dessa advocacia se dê de acordo com a previsão legal. O "princípio da oralidade", no entanto, reconheçamos, é algo muito maior.

Uma elaboração mais apurada em relação ao tema — a cujo estudo já nos dedicamos há algum tempo, independentemente até do pretexto de uma desejável nova codificação processual — permite ver que o princípio da oralidade está consagrado no texto constitucional; que o descompasso na sua utilização, numa turra empírica entre teoria e prática dos atos forenses, não se justifica; que a utilização da oralidade corresponde ao caminho mesmo da obtenção da celeridade processual e da segurança jurídica, sem conspurcar o processo regular. Percebe-se, afinal, que as novidades da moderna técnica de comunicação — as videoconferências, conferências telefônicas, manifestações em tempo real no processo eletrônico, por exemplo — correspondem àquilo que podemos denominar de uma oralidade de segunda geração.

Olhando pelo retrovisor, tem-se a realidade cruel de um sistema de ensino que, a cada dia mais, se descuida da preparação dos profissionais do direito — na advocacia, principalmente — quanto ao uso da palavra e quanto à indispensável oratória forense. Isso conspira contra o princípio da oralidade.

---

[2] Os demais integrantes da Comissão são os juristas: Adroaldo Furtado Fabrício, Bruno Dantas, Elpídio Donizete Nunes, Humberto Theodoro Júnior, Jansen Fialho de Almeida, José Miguel Garcia Medina, José Roberto dos Santos Bedaque, Marcus Vinicius Furtado Coelho, Paulo Cezar Pinheiro Carneiro, Tereza Arruda Alvim Wambier. A ela veio a ser acrescido o nome de Benedito Cerezzo Pereira Filho.

[3] O Instituto dos Advogados de Minas Gerais encaminhou trinta proposições.

Jamais se chegará a uma explicação aceitável para o fato de a mesma oralidade, que representa o sucesso dos juizados especiais, vir a ser acusada de empecilho nos processos comuns, se ambos reclamam e necessitam da celeridade na prestação jurisdicional. Diante de tanta inovação que se tem verificado no mundo moderno e até mesmo no Poder Judiciário, fica desautorizado o argumento de, simplesmente, culpar a impossibilidade formal da "identidade física do juiz" como o único responsável pelo insucesso na utilização da oralidade processual. Essa presença (física do juiz) há de ser vista e analisada com os olhos voltados para o futuro, adotando-se todas as técnicas novas já disponíveis. O princípio da oralidade que é de previsão constitucional, não pode ficar refém apenas de um de seus componentes, isolando-o dos demais. É preciso lembrar que quando se assentou a oralidade na "identidade física do juiz" os tempos eram outros, porque os processos eram costurados à mão e as audiências eram anunciadas por sineta. O termo de audiência era manuscrito à tinta, tendo ao lado do juiz e do escrivão, um mata-borrão.

É preciso, portanto, retomar o tema discutindo-o com o rigor científico que ele reclama. É preciso reconquistar a prática da oralidade processual, na sua inteireza, para que se obtenha, deveras, um processo civil ágil, moderno, de duração razoável, um processo civil constitucional.

2 A palavra e a oratória forense

Como defensores do princípio da oralidade não podemos deixar de lembrar aos magistrados e aos advogados que a advocacia não nasceu escrita, nasceu falada. Também os processos não nasceram escritos. No princípio, sumarizados, faziam uma ligação direta entre a acusação e a sentença logo executada. Na verdade, a oralidade já existia, não existiam os processos.

O homem, na primeira hora de sua existência, ainda quase um primata, fazia justiça com suas próprias mãos. Era a justiça feita com o tacape e com o bodoque. Matava-se e escalpelava-se. Não havia nem processo e nem advogado.

Mais adiante, a justiça passou a ser assunto da própria comunidade. Apedrejava-se em praça pública. Se defensores havia, muito pouco se podia fazer. Era uma justiça justiceira.

Adiante mais, a justiça passou a ser exercida pelos monarcas, que se achavam dotados de alguma divindade, atribuindo-se o poder de julgar e de dispor sobre a vida e sobre o patrimônio de seus súditos. De modo ainda embrionário, aí começaram a aparecer os defensores, os primeiros advogados. Não existia, contudo, sistema organizado e prevalecia sempre a vontade do rei. O exemplo que se tem desse tempo, está no livro santo (para os cristãos), a Bíblia, quando Salomão ordenou que se partisse a criança ao meio, já que duas mulheres reivindicavam aquela maternidade.[4]

Na antiga Grécia, uma das principais qualidades do cidadão grego estava na coragem de dizer na Ágora,[5] a verdade, independentemente da opinião dos outros. Em contraposição ao *phobos*, que era o medo de revelar o que somos, aparecia a *parresia*:

---

[4] SILVA, p. 12.
[5] Ágora: *Assembléia de povo na praça pública (entre os gregos)*. Caldas Aulete. Verbete.

a coragem de falar em público, fazendo sua pregação, expondo suas ideias. Era o exercício da verdade e da franqueza.[6]

Muito antes do surgimento da escrita, os conhecimentos já se transmitiam oralmente. Os seres humanos — dotados de inteligência — usando dos recursos auditivos e visuais, acabaram compondo uma cultura oral que vinha sendo transmitida de gerações para gerações. Na memória se resumia todo o centro de organização daquilo que se transmitia. Por essa razão é que os anciãos eram considerados os mais sábios; dentre os silvícolas e os aborígenes, destacavam-se as figuras dos caciques e dos pajés.

A memória individual nunca estará isolada em relação à natureza, às coisas e aos interesses de seu grupo social. Seria impossível cogitar-se de oralidade e de memória sem pensar em fontes históricas. As memórias individuais compõem as partes que, por sua vez, fazem o todo. Campos Lima, reportando-se a Graça Filho, sustenta que o todo não é apenas o total das partes,[7] porque se transforma num organismo singular que tem nessa reunião uma qualidade particular.[8]

Em exuberante pronunciamento no Instituto dos Advogados Brasileiros (IAB), no Rio de Janeiro, em sessão solene de homenagem a Luiz Gama, negro forro, vendido quando criança, como escravo, pelo próprio pai, que se fez rábula notável, principalmente na defesa de escravos fugitivos, Fábio Konder Comparato dissertou sobre os elementos da oratória judicial, com base na construção de Cícero. O primeiro elemento a despertar a atenção do orador está no *acumen*, que se pode traduzir por argúcia ou agudeza de espírito; seguido da *ratio*, correspondente à habilidade racional no argumentar; seguido da *diligentia*, isto é, pelo zelo ou pela aplicação constante, correspondente à dedicação profissional; que conduzem ao *ingenium*, isto é, ao talento natural do grande orador. Observa-se que sem uma constante diligência ou zelo e esforço, o engenho retórico inato jamais será alcançado.

Com esses elementos, chega-se aos princípios fundamentais da arte oratória de Cícero: o *probare*, que compreende a capacidade de provar a verdade que se afirma; o *conciliare*, equivale dizer, a arte de atrair ou de granjear a simpatia daqueles a quem o orador se dirige; e o *movere*, que corresponde à destreza em suscitar nos ouvintes a justa emoção para a oração (De Orare, II, 15). A linguagem escrita é descritiva. A oral é performática.

Sobre a palavra, no Brasil, ninguém trabalhou melhor a sua anatomia e a sua força, sua função impulsionadora, como o fez o arcebispo negro de Mariana, Dom

---

[6] Segundo Foucault, em *Coraje y Verdad*: "La parresia es una clase de actividad verbal donde el que habla tiene una relación específica con La verdad a través de La franqueza, una cierta relación con su propia vida a través del peligro, un cierto tipo de relación consigo mismo o con otras personas a través de La crítica (autocrítica o crítica de otras personas), y una específica relación con la ley moral a través de La libertad y El deber. Más precisamente, La parresia es una actividad verbal en La cual El que habla expresa su relación personal con La verdad y arriesga su vida porque reconoce que decir La verdad es una obligación para mejorar o ayudar a otras personas (tanto como a sí mismo). En la parresia, El que habla usa su libertad y elige La franqueza en vez de La persuasión, La verdad en vez de La lisonja, y la obligación moral en vez del propio interés y la apatía moral" (SILVA, p. 27). Fonte recente.

[7] Graça Filho disse em prosa o que o poeta Gregório de Matos disse em verso:
"O todo sem a parte, não é todo;
A parte sem o todo não é parte;
Mas se parte o faz todo, sendo parte;
Não se diga que é parte, sendo todo" (SILVA, p. 36). Fonte recente.

[8] CAMPOS, p. 54.

Silvério Gomes Pimenta, em oração proferida quando de sua posse na Academia Brasileira de Letras.[9]

Um dos decanos da advocacia paulista, integrante do Instituto dos Advogados de São Paulo, Elias Farah, em oportuno ensaio sobre a oratória forense, reúne preciosas considerações pertinentes ao bom discurso do advogado, na condução oral de seus processos. Lembra da boa distribuição formal do texto a ser pronunciado, bem separando o "exórdio" e a "peroração". No primeiro, se tem a exposição da tese e da pretensão. No segundo, se tem a afirmação da tese. Lembra que a eloquência é um fenômeno que tanto está num discurso como na tela de quadro, pelo encantamento das cores, ou está num poema, ou no simbolismo de um monumento, ou na coragem de um líder e até nas lágrimas de uma criança órfã.[10] E arremata trazendo a palavra de Ruy Barbosa, para quem: "eloquencia é o privilégio divino da palavra na sua expressão mais fina, mais natural, mais bela".[11]

3 A indispensável formação dos advogados

O domínio da palavra — escrita e falada — é indispensável a todos os atores das atividades jurídicas, sendo do advogado, a sua arma por excelência. O desabafo de Elias Farah põe à mostra uma vulnerabilidade que necessita ser trazida a texto: "O desencanto pela oratória atingiu as cátedras, o parlamento, a tribuna em geral de onde deve ser desenvolvida a cultura e pregado o civismo". Especialmente em relação aos advogados, conclui colocando o dedo na ferida, ao afirmar que, ao profissional a quem entregam como única arma a palavra, não tem sabido transmiti-la com proficiência.[12]

Ao mesmo tempo que se tem a certeza — triste — de que as Faculdades incumbidas do ensino do direito, não estão dando à "palavra", à "oratória forense", a devida atenção, se tem assistido à uma conspiração expressa contra a dignidade da

---

[9] (...) "Leva a palavra ao entendimento, ao coração, à imaginação dos outros os mais recônditos segredos de nossa alma. Grandes, variados, estupendos os effeitos da palavra! Move as fibras todas do coração humano; consola, afflige, irrita, estimula, acalma. No balbuciar da creancinha tem encantadora magia, na infância é o enlevo dos Paes, nos lábios dos velhos é solemnente triste, como triste é o despedir do crepúsculo cedendo logar às trevas da noite. No jovem é folgazã e alegre, ponderada e madura no varão. Na boca do general dá ímpeto e ânimo ao soldado. No mestre illumina a intelligência, na do orador ora resolve as multidões, ora serena as paixões exaltadas; desperta os frios, infunde brios ao indolente. A mesma palavra reprehende, impera, suplica, attera e anima. Na boca do poeta a palavra falla a phantasia e ao coração, povoando aquella de imagens, revolucionando o coração com affectos.
(...)
A palavra é dom do Ceo, quase tão preciso como a mesma razão que constitue a essencia humana, e tão apreciável que se nos faltasse, de pouco nos serviria a mesma razão. Si não tivéssemos a mesma palavra ficar-nos-ião estéreis a intelligência e a liberdde de que nos ufanamos, e o homem estacionaria sem dar um passo para melhorar sua condição na terra. Não nos serião benefícios senão tormentos essas nobilíssimas faculdades de entender e de querer, se não podessemos transmitir aos outros nossos pensamentos, nossos desejos, nossas mágoas e nossas alegrias; e nós seriamos como um homem prostrado por envenenada setta, cosido de dores atrozes, sem poder por palavra nem por qualquer movimento dar a entender seu supplicio temeroso. Deus porém não faz benefícios truncados. Dando-nos a intelligência e a liberdade dá-nos também a palavra, com que a nós e aos outros podemos aproveitar, e de facto aproveitamos; é pois a palavra dom mimoso de Deus, e por ahi vemos como deve por nós ser tratada" (SILVA, p. 9). Fonte recente. (Com o português da época).
[10] FARAH, p. 57.
[11] FARAH, p. 70.
[12] FARAH, p. 52, 55.

linguagem jurídica, o que é produto da ausência de conhecimento de sua importância e de seu valor científico, institucional, cívico e cultural.

Nos últimos dias, despertou-se uma corrente de profissionais da área jurídica que, levantando-se contra o "juridiquês" (neologismo crítico em relação à terminologia jurídica quando mal utilizada), passou a desfraldar perigosa bandeira contra a linguagem jurídica, a título de simplificação vernacular. Esse movimento não deve ser prestigiado. Uma coisa há de ser a linguagem do advogado em relação a seus clientes; esta, coloquial e simples. Outra coisa há de ser a linguagem jurídica para o processo (diálogo da toga com a beca), com a sua disciplina terminológica e com a necessária liturgia de quem esteja a serviço da justiça.[13]

É fundamental para que o princípio da oratória retome o seu lugar de destaque, que todas as instituições de ensino jurídico assumam o compromisso de retomar essa sua responsabilidade. Sem que se ensine, não terá o que se reclamar daqueles que não aprenderam.

4 O princípio da oralidade no sistema legal brasileiro

O princípio da oralidade, não obstante sempre lembrado, foi objeto de uma consideração um tanto desanimada de parte do próprio responsável pelo Projeto do qual resultou o Código de Processo Civil vigente, de 1973.[14] Na sua exposição de motivos, o ministro Alfredo Buzaid foi expresso em admitir a dificuldade em se manter, na sua inteireza, o princípio da oralidade, e dá as razões de seu pensamento, quais sejam, a "extensão territorial", o "surto do progresso" e as "promoções dos magistrados de entrância para entrância". A motivação invocada, não obstante passados já praticamente quarenta anos, a nosso sentir e muito ao contrário, são argumentos dos quais nos servimos para que o princípio da oralidade venha ser restabelecido de modo significativo, e que não seja abandonado nas estantes do fundo.[15]

O princípio da oralidade, na sua genuinidade, compreende quatro elementos assim identificados:
   i) a imediatidade no contato direto com o juiz da causa;
   ii) a concentração dos atos processuais, de modo que os atores, no andamento processual, propiciem-lhe, de modo célere, condições de julgamento;
   iii) a irrecorribilidade das decisões que impulsionam o processo, de modo a não interromper-lhe a marcha;
   iv) a identidade física do juiz.

De todos esses elementos, o que oferece, em tese, dificuldade na aplicação do princípio, está na chamada "identidade física do juiz" que, originalmente, correspondia

---

[13] SILVA, p. 10
[14] Lei nº 5.869, de 11 de janeiro de 1973.
[15] Da Exposição de Motivos, tópico 4: "A extensão territorial do país, as promoções dos magistrados de entrância para entrância, o surto do progresso que deu lugar à formação de um grande parque industrial e o aumento da densidade demográfica vieram criar considerável embaraço à aplicação dos princípios da oralidade e da identidade física do juiz, consagrados em termos rígidos no sistema do Código. Os inconvenientes resultavam não do sistema, mas de sua adaptação às nossas condições geográficas, a cujo respeito falharam as previsões do legislador. Não se duvidava, pois, da excelência do princípio da oralidade, mas se apontavam os males de uma aplicação irrestrita e incondicional à realidade brasileira".

na certeza de que o mesmo juiz que despachasse a inicial e instruísse o processo, fosse o autor da sentença. É seguro que essa "identidade física" na sua feição original há muito tempo que não é mais possível. Não se deve, no entanto, em face dessa constatação, lançar às traças o princípio da oralidade, colocando-se de costas para todos os mecanismos que, com vantagem — sobretudo em termos de celeridade — podem e devem substituir aquela necessária presença física do juiz. A substituição do juiz não põe a perder os atos processuais já regularmente praticados. O maior defensor do princípio da oralidade e um dos pais do processo moderno, Chiovenda, de acordo com conclusão científica de autoria de Lupetti Baptista, partilhado com outros autorizados praxistas, ao defendê-lo, não assegurou a esse elemento isolado, a responsabilidade pela substância do princípio.[16]

A oralidade está prevista na Lei que dispõe sobre o Estatuto da Advocacia, consignando dentre os direitos do advogado, o de usar da palavra, pela ordem, em qualquer juízo ou tribunal; reclamar, verbalmente ou por escrito, em qualquer instância, sobre a inobservância de preceito legal.[17]

Não ocorrendo mais a possibilidade daquela identidade física do juiz, necessário tornou-se a atualização dos conceitos. É preciso ter presente que, neste século XXI, do qual já se consumiu mais de uma década, as coisas novas tornam-se velhas antes mesmo de se tornarem conhecidas. A bússola orientadora de que o caminho a seguir há de ser esse, está na Constituição da República, de 1988, que deu primazia ao princípio da oralidade.

5 A oralidade – Princípio constitucional

A Constituição da República, na construção dos direitos e dos deveres individuais e coletivos, em seu cantado e decantado art. 5º, foi expressa na consagração do princípio da oralidade, fazendo-o no inc. LXXVIII, assim: *a todos, no âmbito judicial e administrativo, são assegurados a razoável duração do processo e os meios que garantam a celeridade da sua tramitação.*[18]

---

[16] "A oralidade é representada, na dogmática, como um método que proporciona à luta judiciária [o processo] o seu genuíno caráter humano, que comunica vida e eficácia ao processo (...) (MORATO, 1938); é um sistema em que o juiz participa ativamente do processo, entretanto, à sua autoridade pública sobrepõe-se a soberania individual das partes (LEAL, 1938); trata-se de um mecanismo que possibilita 'uma justiça rápida perfeita e barata', é na verdade, 'um remédio heróico' (CUNHA BARRETO, 1938); é o que possibilita a palavra viva em sobreposição à escrita morta, eis que 'na palavra viva fala também o vulto, os olhos, a cor, o movimento, o tom de voz, o modo de dizer e tantas outras pequenas circunstâncias, que modificam e desenvolvem o sentido das palavras e subministram tantos indícios a favor ou contra a própria afirmação delas. A mímica, a eloqüência do corpo, são mais verídicas do que as palavras (...) (CHIOVENDA, 1938); a oralidade, afinal, 'garante uma justiça intrinsecamente melhor; faz o juiz partícipe na causa e permite-lhe dominá-la melhor (...) assegura melhor a veridicidade e a sinceridade dos resultados da instrução" (...) (BAPTISTA, p. 4668).

[17] Lei nº 8.904/94 – "Art. 7º São direitos do advogado: (...) X – Usar da palavra, pela ordem, em qualquer juízo ou tribunal, mediante intervenção sumária, para esclarecer equívoco ou dúvida em relação a fatos, documentos ou afirmações que influam no julgamento, bem como pra replicar acusação ou censura que lhe forem feitas. XI – reclamar, verbalmente ou por escrito, perante qualquer juízo, tribunal ou autoridade, contra a inobservância de preceito de lei, regulamento ou regimento; XII – falar, sentado ou em pé, em juízo, tribunal ou órgão de deliberação coletiva da Administração Pública do Poder Legislativo".

[18] Dispositivo inserido na Constituição com a Emenda Constitucional nº 45, de 8 de dezembro de 2004.

Dois são os tipos de princípios. Os fundamentais e aqueles meramente informativos. Nos princípios informativos se reúnem as regras de natureza técnica, desprovidas de conteúdo ideológico e que são condutoras do raciocínio (por isso, informam), para se atingir os objetivos colimados. Conduzem à lógica processual. Os princípios fundamentais, diferentemente, contêm forte conteúdo ideológico. Por isso mesmo que os enunciados do art. 5º da Carta são denominados de cláusulas pétreas, fundamentais ou fundantes.

Na doutrina de Ovídio Batista da Silva, reproduzida em estudo coletivo de Diana Tessani de Andrade, Gabriela Zanoni e Renata Ceolla Ribeiro, se tem a lição segundo a qual o princípio da oralidade, assim como o princípio da publicidade, se incluem na categoria dos princípios fundamentais. Não são meramente informativos. O primeiro carrega como seus subprincípios a "imediatidade", a "concentração" e até a "identidade física do juiz", e acrescente-se, a "irrecorribilidade das interlocutórias".[19] Apenas este último necessita ser mitigado, sem, todavia, comprometer a fundamentalidade do princípio da oralidade.

6 A oralidade – Teoria e prática – O paradoxo

Reconhecida a sua relevância na exposição de motivos do código vigente; regulado ou pelo menos previsto em vários dispositivos do mesmo código; elevado à categoria de preceito fundamental, juntamente com o da publicidade dos atos processuais (art. 5º, LX), a efetividade desse princípio encontra dificuldade, exatamente, no exercício dos misteres profissionais de parte dos principais atores do processo: o advogado e o magistrado. Eis aí, o paradoxo.

A obra de Bárbara Gomes Lupertti, intitulada "Os Rituais Judiciários e o Princípio da Oralidade – Construção da Verdade no Processo Civil Brasileiro", enfrentou o tema, promovendo uma pesquisa de campo, no âmbito dos magistrados do Estado do Rio de Janeiro, e os "testes" comprovados mediante entrevistas são alarmantes. Transformam o tema em assunto cujo enfrentamento não pode mais ser adiado.[20]

O trabalho de pesquisa foi realizado no foro do Rio de Janeiro e o seu resultado diz o que pensam os entrevistados — todos, magistrados — do princípio da oralidade e dos advogados. A declarada impaciência e a falta de entendimento, desinteresse mesmo, pela oralidade como instrumento, são preocupantes. Há juízes que simplesmente a desconsideram. Vale a pena ouvir um dos depoimentos, antes de

---

[19] ANDRADE, op.cit.

[20] "A oralidade é, ao mesmo tempo, valorizada no campo teórico e desconsiderada na prática forense, o que sugere ser, o Direito, um campo de conhecimento regido por lógicas contrárias, embora, harmoniosas, fato, no mínimo, curioso sob o ponto de vista acadêmico".
"Os dados empíricos demonstram que, de fato, inexiste comunicação entre a 'teoria' e a 'prática' no campo jurídico, bem como que, em relação à oralidade, o referido princípio é incorporado pela dogmática como uma garantia das partes a um processo justo e democrático, ao passo que os rituais judiciários o descartam, sugerindo ser o mesmo um empecilho à celeridade da prestação jurisdicional'.
'Aos cidadãos, raramente, é concedida a oportunidade de falar'.
'A oralidade, consoante se descreverá, é expropriada pelo Estado, que, ao impedir a participação ativa das partes no curso do processo, impõe uma verdade, produzida por escrito, através da sentença, demonstrando que o monopólio de dizer e de interpretar o Direito (e desvendar a verdade) é exclusivo do Juiz". *Op. cit.*, p. 4663, 4664, 4666, 4667.

demonstrar o vazio de seu conteúdo.²¹ O advogado tem o direito-dever de adotar, em benefício do caso, a tese jurídica que for mais conveniente aos interesses demandados. É, e sempre será, absolutamente irrelevante ser ou não, a tese sustentada pelo causídico, de sua convicção científica, respeitados, por evidente, os balizamentos éticos e morais. A lição, nesse caso, vem de Sobral Pinto que, mesmo sendo católico de comunhão diária, aceitou defender os políticos brasileiros que, acusados de comunistas, foram encarcerados na revolução de 1930. Ademais, equivoca-se o entrevistado ao imaginar que o cliente seria patrão do advogado. Responde este senão, invocação tirada do texto de Jansen Machado: "...na lição do advogado francês Maurice Garçon, repassada por Antônio Evaristo de Morais Filho, o advogado 'é o único senhor de sua pessoa; é o juiz de si mesmo".²²

É provável que a maior contribuição dos vários depoimentos e relatos obtidos esteja na sinceridade dos entrevistados. Nem todos os seus argumentos, no entanto, são dotados de razoabilidade.

Embora seja fato que tais depoimentos demonstram ser necessário que integrantes da magistratura revejam seus conceitos, é seguro, também, que os integrantes da advocacia necessitam compreender a oralidade e a oportunidade de sua utilização, de modo que harmonizando-se os comportamentos profissionais de um e de outro, a condução do processo com os mecanismos da oralidade se dê. O desfazimento desse nó — desse paradoxo — não resultará nem de lei nem de ato de autoridade, mas da compreensão do sentido e do alcance do instituto.

7 A oralidade na primeira instância

A utilização da oralidade se harmoniza com todos os demais princípios que buscam a realização de um processo seguro, célere e, sobretudo, justo. Os recursos orais podem, do ponto de vista da utilidade, oferecer vantagens sobre os mais eruditos arrazoados escritos.²³

No Código de Processo Civil em vigor, o princípio da oralidade, mesmo de forma atenuada, se faz presente nas audiências de conciliação, que têm o valor de nelas, em geral, comparecerem as partes (os principais agentes de todo o processo, sua razão de ser); nas razões finais orais, proferidas ou ditadas na própria audiência; nas sentenças proferidas nas próprias audiências (estas, cada vez mais raras); na colheita das provas testemunhais e nos depoimentos pessoais em audiências. Esses

---

[21] Do depoimento de um juiz titular de vara cível do Rio de Janeiro: "Eu acho curioso — e ainda vou morrer achando curioso — o fato de um advogado me dizer o seguinte — ainda dizem hoje em dia, e um só não, vários — 'ah, quando eu sou autor penso de um jeito e quando sou réu penso de outro'. Desculpe, eu acho que isso não é um sistema; isso não é mentalidade. Verdade só tem uma (...) você não pode usar instrumentos jurídicos com propósitos que não sejam morais e éticos. O advogado não tem o direito de dizer que quando é autor tem uma tese e quando é réu tem outra, contrária àquela, só porque mudou de patrão. Acho isso meio estranho. Ou você está convicto de uma coisa ou não está". Obra citada, p. 39, em nota de rodapé.

[22] "O advogado é que deve conduzir o cliente e não por esse ser conduzido (duco non ducor). Diz o velho axioma popular que o advogado é o primeiro juiz da causa. É preciso ter presente, expressão usada pelo saudoso desembargador Garcia Leão (do Tribunal de Justiça de Minas Gerais), segundo a qual o advogado não tem teses, tem casos" (SILVA, p. 5).

[23] Elias Farah anotou que: "os escritos, sábios que são, podem às vezes, dormitar no papelório dos autos, sem que sejam apreciados" (p. 53).

apontamentos quanto à oralidade na primeira instância o são, por evidente, de caráter meramente exemplificativo.

A doutrina, na palavra segura do constitucionalista mineiro Desembargador Almeida Melo (cuja origem é do quinto constitucional pela advocacia), busca em Calamandrei uma sutileza, tratando diferentemente a oralidade da oratória, sem, contudo, perder-lhes a finalidade.[24]

8 A oralidade nos tribunais – Regimentalismo exacerbado

Nos tribunais, a oralidade se apresenta nas sustentações orais e nos pedidos, pela ordem, para esclarecimentos pontuais de questões de fato, principalmente quando da leitura do relatório do caso. Sua previsão está nos arts. 554 e 565, combinados, do código instrumental em vigor.[25] Nesse ponto, a crítica que se faz diz respeito à limitação de processos nos quais se confere a prerrogativa de sustentação oral, o que tem causado prejuízo sem conta à advocacia e, portanto, aos julgamentos, em certa medida, comprometendo a qualidade dos julgados. Afinal, há, por exemplo, recursos aparentemente menores de agravos de instrumento cuja matéria e cuja função no contexto processual ditarão a sorte da sentença. Esta circunstância não passou ao largo da bem conduzida pesquisa de Lupetti Baptista cuja conclusão merece compor o texto pela argúcia de sua mensagem: "Muitas vezes, os julgadores (vogais) desconhecem o processo que vão julgar e, mesmo assim, são capazes de, em minutos, reformar decisões proferidas pelos juízes de 1ª instância em processos que levaram anos para serem instruídos".[26] Disse-se tudo.

De fato, com elogiáveis exceções, as sustentações orais de advogados nos tribunais brasileiros passaram a ser um drama para os advogados. A pretexto de pauta sobrecarregada, o que não pode ser motivo para prejudicar a qualidade dos julgamentos, sufocados por normas regimentais peculiares e casuístas muitas vezes, há situações em que, por divergência de seus órgãos fracionários (principalmente as câmaras) há interpretações para todos os gostos: adia-se e sustenta-se; adia-se mas não se sustenta; sustenta-se mas não se adia; sustenta ou adia de acordo com a presença e concordância de procuradores de todas as partes (nunca é certo, nesse momento, o consenso entre procuradores, pois os interesses são contrapostos); adia-se automaticamente, apenas em face da inscrição para sustentar, ainda que as partes não pretendam o adiamento; e, a mais radical, nem adia e nem sustenta. Essa é uma situação em que o papel de Kafka se transfere do cliente para o seu mandatário. A

---

[24] "Calamandrei indicava até a fragmentação da sustentação oral num diálogo, em que a arte oratória sai perdendo, mas a justiça sairá ganhando" (*op. cit.*, p. 407-408).

[25] "Art. 554. Na sessão de julgamento, depois de feita a exposição da causa pelo relator, o presidente, se o recurso não for de embargos declaratórios ou de agravo de instrumento, dará a palavra, sucessivamente, ao recorrente e ao recorrido, pelo prazo improrrogável de 15 (quinze) minutos para cada um, a fim de sustentarem as razões do recurso".

"Art. 565. Desejando proferir sustentação oral, poderão os advogados requerer que na sessão imediata seja o feito julgado em primeiro lugar, sem prejuízo das preferências legais".

[26] Obra citada, p. 4678.

isso chamamos de regimentalismo exacerbado, situação que conduz a um processo civil inconstitucional e que, portanto, não pode continuar.[27]

9 A oralidade nos juizados especiais

É do sistema adotado nos juizados especiais, que se recolhe a certeza de que o princípio da oralidade está vivo e tem sido de extrema utilidade. Vale a máxima antiga segundo a qual a exceção confirma a regra.[28] A lei que regula os juizados é expressa em dizer que os processos orientar-se-ão pelos critérios da oralidade, da simplicidade, da informalidade, da economia processual e da celeridade.

É preciso fazer um esforço para que tais valores sejam acometidos não apenas em relação às pequenas causas, mas em relação a todas as causas, nos limites do que possível. À toda evidência que não se pretende, com essa afirmativa, sugerir que se queime qualquer das etapas naturais do processo. No confronto entre os princípios da "segurança jurídica" e o da "celeridade", o primeiro será sempre maior do que o segundo.

10 O princípio da oralidade no Projeto de Novo Código de Processo Civil

O ministro Luiz Fux, presidente da comissão de juristas incumbida de elaborar e conduzir o Projeto de Novo Código de Processo Civil, foi claro quanto aos objetivos do Projeto, assim se expressando:[29]

> Com evidente redução da complexidade inerente ao processo de criação de um novo Código de Processo Civil, poder-se-ia dizer que os trabalhos da Comissão se orientaram precipuamente por cinco objetivos:
>
> 1) estabelecer expressa e implicitamente verdadeira sintonia fina com a Constituição Federal;
>
> 2) criar condições para que o juiz possa proferir decisão de forma mais rente à realidade fática subjacente à causa;
>
> 3) simplificar, resolvendo problemas e reduzindo a complexidade de subsistemas, como, por exemplo, o recursal;
>
> 4) dar todo o rendimento possível a cada processo em si mesmo considerado; e,
>
> 5) finalmente, sendo talvez este último objetivo parcialmente alcançado pela realização daqueles mencionados antes, imprimir maior grau de organicidade ao sistema, dando-lhe, assim, mais coesão.

Vê-se, de forma implícita, pelo menos, ambiente fértil para que o princípio da oralidade seja revigorado. O Projeto, como um todo, adota uma linha simplificadora do processo, e isso, é claro, propicia maior utilização da oralidade. Presentes em

---

[27] No Regimento Interno do Tribunal de Justiça de Minas Gerais a matéria está regulada nos arts. 70 a 73. No Regimento do Superior Tribunal de Justiça está regulada a partir do art. 151. Ambos os instrumentos necessitam ser revistos e melhorados.

[28] Lei nº 9.099/95.

[29] Na Exposição de Motivos encaminhada ao Senado, em 8 de junho de 2010.

quase todas as audiências públicas realizadas pela comissão de juristas, os Institutos de Advogados fizeram permanente pregação quanto à valorização do princípio da oralidade, principalmente quanto à prerrogativa de se sustentar, oralmente, nos tribunais, todos os recursos. Adotou-se o discurso segundo o qual a oralidade é instrumento fundamental no êxito do convencimento e compreende trabalho central dos advogados. A partir de interpretações inadequadas, algumas delas casuísticas, um certo e exacerbado regimentalismo (referindo-se a disposições, as mais diversas de regimentos internos de sodalícios brasileiros), o advogado tem sido impedido de fazer uso da palavra. Os regimentos internos dos tribunais são fontes secundárias de direito processual e não podem impedir o exercício da defesa oral pelos advogados. A proposta nesse sentido se apresentava harmonizadora de todos os outros princípios adotados na codificação proposta, privilegiando a ampla defesa, a busca de um processo tão seguro, quanto célere, quanto justo.

A importância da sustentação oral nos processos modernos, mais se soleniza quando se reconhece, a menos que se queira praticar hipocrisia expressa, que a elaboração de votos pelos julgadores nos tribunais é produto de trabalho de assessores. As súplicas, em forma de petições e recursos, não têm, afinal, por destinatários, assessores de magistrados. Sendo aceitável que os magistrados tenham o direito de fazer uso das redações de seus assessores, o único remédio para sopesar os males que dessa outorga possam resultar está na obrigação e no dever de serem ouvidos, nos julgamentos, os advogados, obviamente que em sustentações orais.

11 Novas técnicas – Oralidade de segunda geração

O mundo dos magistrados não é diferente do mundo dos jurisdicionados. O princípio da oralidade, ajustado aos meios modernos de comunicação, representa o caminho mais à mão na obtenção de um processo célere e regular. O progresso verificado nos vários meios de comunicação, a visualização dos eventos em "tempo real" e a chegada do processo pela via eletrônica, anunciam o que poderemos chamar de "oralidade de segunda geração".[30]

A comunicação processual pelos meios eletrônicos, falando no processo de modo direto e em tempo real, é realidade que se aproxima, e isso corresponde a uma forma nova e alvissareira em relação ao princípio da oralidade. E virão as videoconferências processuais.

Independentemente de se tratar de juizados de pequenas causas, as demandas derivadas de conflitos de trânsito, dos incidentes de campo de futebol, dos aeroportos, dos Shoppings Centers, podem, recorrendo-se à oralidade, propiciar uma resposta judicial mais rápida.

Atento ao tema, Alexandre Atheniense, em sua obra, chama a atenção para precedente do 4º Tribunal Regional Federal que, pioneiramente, admitiu a videoconferência para a realização de sustentação oral no ano de 2003. No seu trabalho, o dedicado especialista mineiro em questões de processo judicial eletrônico diz mais: "Cronologicamente, estamos na terceira onda, diante de um inegável momento de

---

[30] Lei nº 11.419/06.

transmissão no qual a informação processual sai do papel e ganha expressão de forma autônoma, independente do suporte físico que era até então necessário para dar validade e compreensão à mensagem".[31] O princípio da oralidade passa, assim, a viver um outro momento.

12 Conclusão

O princípio da oralidade, que integra o rol dos princípios fundamentais de previsão constitucional, nunca foi abolido da legislação processual brasileira. Sua utilização em escala mínima se deve muito mais a questões de meios e de estrutura.[32] Há, tanto de parte dos magistrados, quanto de parte dos advogados, um inaceitável desleixo no tratamento da matéria. O prejudicado acaba sendo o processo, com isso querendo dizer, o próprio jurisdicionado. Nesse diapasão todos concorrem para que o texto constitucional seja conspurcado.

As academias de ensino jurídico necessitam retomar sua tarefa e sua missão de ensinar a linguagem jurídica e de orientar a sua utilização em benefício do princípio da oralidade.

O momento de reinserir a oralidade no seu verdadeiro lugar com a sua real importância é este, quando se está a cuidar da elaboração ou reforma do Código de Processo Civil. É preciso que assumamos nossos erros e retomemos o caminho apontado pelo texto constitucional, como bem o disse o jurista que Itaúna deu a Minas e que Minas emprestou ao Brasil, Oscar Dias Correa: "Não nos envergonhemos de retomar o caminho certo, nem há demérito em reconhecer a culpa. O Deus das Nações é o mesmo das consciências. E perdoa aos que se arrependem. E os redime das culpas, os fortalece na fé e os afasta do erro".[33]

Referências

ANDRADE, Diana Tessari de; ZANONI, Gabriela; RIBEIRO, Renata Ceolla. O princípio da oralidade no sistema processual civil. *Juris Way*, sistema educacional *Online*. Acesso em: 31 jul. 2009.

ASSOCIAÇÃO DOS ADVOGADOS DE SÃO PAULO – AASP. *Boletim* n. 2679, 10 a 16 maio 2010. Editorial.

ATHENIENSE, Alexandre. *Comentários à Lei 11.419/2006 e práticas processuais por meio eletrônico*. Juruá, São Paulo, 2010.

BAPTISTA, Bárbara Gomes Lupertti. O Princípio da oralidade visto sob uma perspectiva empírica: uma alternativa metodológica de pesquisa em direito. *In*: CONGRESSO NACIONAL DO CONPEDI, 17., 2008, Brasília. Anais... Brasília, nov. 2008. Indicado pelo Programa de Pós-Graduação em Direito da Universidade Gama Filho.

BAPTISTA, Bárbara Gomes Lupertti. *Os rituais judiciários e o princípio da oralidade*: construção da verdade no processo civil brasileiro. Porto Alegre: Sergio Antonio Fabris, 2008.

BUZAID, Alfredo. *Código de Processo Civil brasileiro*: Lei nº 5.869/1973. 29. ed. São Paulo: Saraiva, 1999. Texto da exposição de Motivos.

---

[31] Obra citada, primeiro capítulo.
[32] SILVA. *A súmula de efeito vinculante amplo no direito brasileiro*: um problema e não uma solução, p. 133 *et seq*.
[33] CORREA, p. 1108.

CAMPOS, Ivonete Cristina Lima. Por uma história oral revisionada: os múltiplos sentidos da oralidade: teoria e método. Universidade Federal de Pernambuco – UFPE, Recife, 26 a 30 abr. 2010. *Palestra...* Recife, Centro de Filosofia e Ciências Humanas, 2010.

COLÉGIO de Presidentes dos Institutos dos Advogados do Brasil: ensino jurídico no Brasil. São Paulo: Lex, 2008.

COLÉGIO de Presidentes dos Institutos dos Advogados do Brasil: valorização da advocacia. São Paulo: Lex, 2010.

COMPARATO, Fábio Konder. *Luiz Gama, Advogado Emérito.* Arquivos do IAB. Rio de Janeiro: Instituto dos Advogados Brasileiros – IAB. Sessão solene 12 ago. 2009.

CORRÊA, Oscar Dias. *Estudos de direito político-constitucional*: fundação dos cursos jurídicos no Brasil: discurso de comemoração do sesquicentenário da fundação dos cursos jurídicos no Brasil. Rio de Janeiro: Universidade do Estado do Rio de Janeiro, 11 ago. 1977. Renovar, Rio-São Paulo-Recife-Curitiba, 2010.

FARAH, Elias. A oratória forense: reflexões sobre alguns aspectos práticos. *Revista do Instituto dos Advogados de São Paulo*, Revista dos Tribunais, ano 11, n. 22, jun./dez. 2008.

MACHADO, Humberto Jansen. *Discurso proferido como orador oficial no Instituto dos Advogados Brasileiros.* IAB, Rio de Janeiro, sessão 12 ago. 2009.

MELO, José Tarcísio de Almeida. *Direito constitucional do Brasil.* Belo Horizonte: Del Rey, 2008.

SENADO da República. *Textos do Anteprojeto durante a sua tramitação* (eventuais transcrições podem conter erros de referência ou mesmo de texto, tendo em vista a dinâmica da tramitação do projeto e, portanto, serão meramente referenciais).

SILVA, José Anchieta da. A carreira do advogado. *In*: SILVA, José Anchieta da. *20 anos de advocacia.* Belo Horizonte: Del Rey, 2010.

SILVA, José Anchieta da. *A súmula de efeito vinculante amplo no direito brasileiro*: um problema e não uma solução. Del Rey, Belo Horizonte, 1998.

SILVA, José Anchieta da. Aspectos da soberania, direitos dos povos, inclusive das minorias. *In*: SILVA, José Anchieta da. *20 anos de advocacia.* Belo Horizonte: Del Rey, 2010.

TEIXEIRA, Sálvio de Figueiredo. A universidade: compromisso com a excelência e instrumento de transformação. *In: Direito contemporâneo*: estudos em homenagem a Oscar Dias Corrêa. Rio de Janeiro: Forense, 2001.

Informação bibliográfica deste texto, conforme a NBR 6023:2002 da Associação Brasileira de Normas Técnicas (ABNT):

SILVA, José Anchieta da. O princípio da oralidade: pela valorização do princípio da oralidade no Projeto de Novo Código de Processo Civil. *In*: ROSSI, Fernando *et al.* (Coord.). *O futuro do processo civil no Brasil*: uma análise crítica ao Projeto do Novo CPC. Belo Horizonte: Fórum, 2011. p. 297-310. ISBN 978-85-7700-511-6.

PROCESSOS REPETITIVOS E O NOVO CPC – AMPLIAÇÃO DO CARÁTER VINCULANTE DAS DECISÕES JUDICIAIS

JOSÉ HENRIQUE MOUTA ARAÚJO

1 Delimitação do tema – A coletivização dos conflitos no Novo CPC

A sociedade atual vem debatendo acerca da necessidade de um Novo Código de Processo Civil, para substituir a codificação de 1973. O Projeto do Novo CPC (*que passa a ser chamado neste ensaio de NCPC*)[1] procura superar os pontos de estrangulamento do sistema e abreviar o tempo de duração dos processos.

A preocupação quanto ao *tempo do processo* aponta para a ampliação da *verticalização e horizontalização das decisões dos Tribunais Superiores em causas repetitivas*, além da coletivização das causas individuais.

Realmente, com as últimas reformas ocorridas no CPC de 1973, houve clara ampliação do conceito de manutenção e verticalização dos precedentes judiciais, com a *transformação das causas individuais em representativas de categoria*. Esta constatação encontra guarida em institutos como: a) ampliação da atuação dos magistrados de 1º grau na aplicação dos precedentes judiciais (arts. 285-A e 518, §1º, do CPC de 1973) e dos magistrados dos tribunais locais (arts. 527 e 557 da mesma legislação, além das hipóteses negativas de repercussão geral); aumento do caráter vinculativo das decisões dos Ministros dos tribunais superiores na análise de recursos excepcionais (arts. 543-A a C, do CPC de 1973, além das súmulas vinculantes).

Ocorre que, o NCPC apresenta preocupação específica sobre o tema, com maior dimensão ao caráter vinculante das decisões judiciais colegiadas, com o objeto claro de desafogar a tramitação recursal nos tribunais e diminuir o número de julgamentos diversificados envolvendo temas semelhantes, como se passa a demonstrar:

---

[1] Serão indicados dispositivos do Projeto original, bem como os oriundos do substitutivo do Senador Valter Pereira, aprovado pelo Senado Federal.

2 A vinculação dos precedentes, as reformas ocorridas no CPC de 1973 e as perspectivas do NCPC

2.1 A vinculação interna e externa no sistema processual pós-reformas – Os poderes dos magistrados de 1º grau

As reformas ocorridas nos últimos anos no CPC de 1973 prestigiaram o magistrado de 1º grau, atribuindo-lhe poderes de vinculação de suas decisões anteriores na análise da petição inicial em casos repetitivos e dos precedentes dos Tribunais Superiores na negativa de seguimento da apelação (art. 518, §1º, do CPC de 1973).

Destarte, se em período anterior às alterações do CPC de 1973, os poderes dos juízes de 1º grau estavam restritos ao indeferimento da petição inicial (inclusive com caráter definitivo, como nos casos da prescrição e decadência),[2] passou a Lei nº 11.277/06 a permitir a *resolução imediata de improcedência*, desde que atendidos os pressupostos do art. 285-A, da legislação processual em comento.

Em que pese a discutível constitucionalidade do instituto,[3] a pretensão é clara: abreviar tempo para a solução das causas repetitivas, prestigiando os precedentes internos de improcedência. De fato, ao contrário da súmula vinculante e da impeditiva de recurso (decisões colegiadas), o dispositivo consagra precedente interno (do próprio juízo) que permite a resolução superantecipada da lide.[4]

In casu, percebe-se que as decisões anteriores daquele juízo podem ultrapassar os casos decididos para atingir as demandas posteriores. Deve o magistrado, ao interpretar e aplicar a *sentença-tipo*, indicar a absoluta similitude do caso posterior em relação ao julgado paradigma, sob pena de ferir de forma séria e profunda esse sistema de vinculação dos julgados para os casos sucessivos.

O dispositivo legal advindo da reforma de 2006 — mister repisar — caminha no sentido das reformas anteriores, evitando incidentes processuais contra matérias já pacificadas. Mas será que a implantação da *vinculação interna* é realmente a solução para a crise de tempestividade? Será que a garantia do recurso de apelação é suficiente para o exercício dos direitos processuais por parte do indivíduo atingido pelo procedimento do art. 285-A, do CPC?

Vale acrescer que no Projeto do NCPC há dispositivo específico relativo ao poder do magistrado de 1º grau. Pela proposta de redação do art. 317 (art. 307 do

---

[2] Vale ressaltar que a Lei nº 11.280/06 consagrou a possibilidade de o magistrado conhecer, de ofício, a prescrição, consoante alteração do art. 219, §5º, do CPC de 1973. Logo, passa a ser possível, em todas as situações, o indeferimento da inicial por prescrição, *ex vi* art. 295, IV c/c 219, §5º, do CPC. Por outro lado, é interessante notar que o NCPC pretende consagrar o que se pode indicar como *de ofício, mas não sem ouvir o prejudicado*, tendo em vista que, nos termos dos arts. 9º, 10, 110, parágrafo único (dispositivo excluído no substitutivo do Senador Valter Pereira, aprovado pelo Senado Federal) e 317, III (art. 307, §1º, redação do Senado), as matérias de ordem pública apenas poderão ser decretadas após a abertura do contraditório.

[3] O Conselho Federal da OAB ajuizou no STF a ADIN nº 3.695, argumentando que o art. 285-A, do CPC, seria inconstitucional, eis que violador dos princípios da isonomia e segurança jurídicas (art. 5º, *caput*); direito de ação (art. 5º, XXXV), devido processo legal (art. 5º, LIV) e contraditório (art. 5º, LV). O Instituto Brasileiro de Direito Processual (IBDP) pugnou pela constitucionalidade, habilitando-se como *amicus curiae*. A petição do IBDP pode ser conferida no endereço: <http://www.direitoprocessual.org.br/dados/File/enciclopedia/Textos%20Importantes/Microsoft%20Word%20-%20Amicus%20curiae%20-%20285-A%20-%20IBDP.pdf>. Acesso em: 06 jan. 2011.

[4] Utiliza-se a expressão *superantecipado da lide* para diferenciá-la das hipóteses de julgamento antecipado da lide previstas no art. 330 do CPC, apenas permitidas após a oportunidade do contraditório.

Projeto do Senado, com algumas alterações), a resolução superantecipada da lide ocorrerá nos casos de pedido manifestamente improcedente (*inc. I do Projeto*), ou quando contrariar entendimento do STF ou STJ sumulado ou adotado em julgamento de causas repetitivas (*inc. II do Projeto*).[5]

Trata-se, a bem da verdade, de clara ampliação do caráter vinculante dos precedentes.[6] Ora, se no art. 285-A do CPC de 1973 a vinculação advém de precedente interno, o Projeto amplia tal força, afirmando que a rejeição liminar da demanda ocorrerá quando for "manifestamente improcedente o pedido, desde que a decisão proferida não contrarie entendimento do STF ou STJ, sumulado ou adotado em julgamento de casos repetitivos".[7]

O que se deve entender por *manifestamente improcedente*, constante na redação original do Projeto? Acredito que a constitucionalidade do dispositivo pode ficar comprometida acaso se entenda que o posicionamento será exclusivo do Juiz de 1º grau. A análise deve ser pautada em premissa semelhante à do art. 285-A, do CPC de 1973, a saber: casos repetitivos de improcedência interpretados pelos tribunais.

Destarte, o *manifestamente improcedente* não pode ser entendido como a causa ainda não massificada em que o magistrado interprete que não assiste razão ao autor. Se isto ocorrer, deve ser aceita a inicial, aberto o contraditório e, se for o caso, julgado antecipadamente o pedido apresentado pelo autor.

O sistema de precedentes apenas poderá ser vinculante ou mesmo persuasivo em casos absolutamente repetitivos, com posicionamento dos tribunais superiores, e não aquele firmado exclusivamente pelo magistrado de 1º grau.

De mais a mais, este mesmo inciso indica que a interpretação do magistrado "não pode contrariar o posicionamento dos Tribunais Superiores em casos repetitivos ou mesmo sumulado". Logo, a interpretação do magistrado de origem deve ser consoante o posicionamento dos órgãos de hierarquia superior.

Outrossim, em relação ao inc. II, do art. 317 do NCPC (art. 307, II, da redação do Senado), percebe-se um claro reflexo ao sistema de vinculação das decisões repetitivas dos tribunais superiores, permitindo a resolução superantecipada nos casos em que o pedido do autor contrariar os precedentes firmados nas causas repetitivas e nas próprias súmulas.

Haverá, portanto, a resolução superantecipada, como instrumento de massificação das decisões em casos repetitivos, consagrando um sistema de claro estímulo à estabilização da jurisprudência nacional.[8]

---

[5] De acordo com a redação oriunda do Senado, a resolução superantecipada de improcedência do pedido poderá ocorrer, quando a matéria for exclusivamente de direito e (art. 307): "I – contrariar súmula do Supremo Tribunal Federal ou do Superior Tribunal de Justiça; II – contrariar acórdão proferido pelo Supremo Tribunal Federal ou pelo Superior Tribunal de Justiça em julgamento de recursos repetitivos; III – contrariar entendimento firmado em incidente de resolução de demandas repetitivas ou de assunção de competência".

[6] Apesar de o art. 285-A indicar que se trata de competência para o magistrado de 1º grau, não se vislumbra qualquer impedimento para sua aplicação aos tribunais, nas causas de competência originária.

[7] Outrossim, nos termos do art. 848 do NCPC, considera-se julgamento de casos repetitivos as seguintes situações: a) incidente de resolução de demandas repetitivas (que será analisado em momento posterior), b) o resultado dos recursos especial e extraordinário repetitivos.

[8] Esta *rejeição liminar* consagrada no Projeto (*caput* do art. 317 c/c art. 307, redação oriunda do Senado) deve ser entendida decisão julgando improcedente o pedido (com cognição suficiente para a formação de coisa julgada material), como forma de estimular a estabilidade da jurisprudência nacional.

Como ficará claro posteriormente, o Projeto pretende ampliar o caráter vinculante dos precedentes dos tribunais e, como consequência, estender as decisões colegiadas às causas sucessivas, que serão resolvidas sem a necessidade de citação do réu.[9]

2.2 Da súmula impeditiva de processamento de recurso ao resultado do julgamento das causas repetitivas – Os poderes do relator no NCPC

As alterações ocorridas nos últimos anos no CPC de 1973 também ampliaram os poderes dos membros dos tribunais locais, na apreciação dos recursos de apelação e agravo de instrumento. Neste particular, houve maior estímulo à súmula impeditiva de processamento de recurso em 2º grau, ampliando a força de vinculação dos recursos com mesmo móvel dos anteriormente julgados.

Realmente, a modificação ocorrida em 1998 concedeu poderes ao relator para resolver os recursos contrários às súmulas e às jurisprudências dominantes dos respectivos tribunais, STF ou STJ, *ex vi* art. 557 do CPC de 1973. Trata-se, a bem da verdade, de negativa de seguimento ou improvimento monocrático do apelo recursal, dispensando a apreciação colegiada.

In casu, o dispositivo amplia os poderes dos relatores para negar seguimento monocraticamente a recurso em confronto com súmula ou com jurisprudência dominante de tribunal superior. Bem a propósito, o art. 557, do CPC de 1973, tem funcionado como importante instrumento na manutenção do posicionamento dos tribunais superiores, evitando julgamento colegiado de causas repetitivas.

É fácil perceber que, ao lado da ampliação da atividade dos magistrados de 1º grau, as reformas também atribuíram maiores poderes ao membro do tribunal para resolver o recurso monocraticamente e sem a necessidade de chancela do órgão colegiado, inclusive tendo como fundamento os precedentes (aqui entendidos como súmula ou mesmo jurisprudência dominante) internos ou dos tribunais superiores.

Esses dispositivos funcionam como *filtros* no processamento de tais recursos, sendo apenas apreciados de forma colegiada aqueles apelos que não possuam precedentes sumulados pelos tribunais superiores. Estes poderes dos relatores estabelecem claro racionamento de tempo na apreciação de recursos em causas repetitivas.

De outra banda, o Projeto do NCPC também consagra *novos* e *importantes* poderes aos relatores locais.

Já foi mencionado que, como reflexo do julgamento dos recursos repetitivos pelos tribunais superiores, os magistrados de piso passarão a ter novos poderes na resolução imediata das causas sucessivas. Esse sistema de estabilização da jurisprudência também pretende consagrar poderes reflexos aos relatores dos recursos nos tribunais de origem.

Com efeito, o art. 847 do NCPC (art. 882 do Projeto oriundo do Senado) prevê incumbências obrigatórias[10] ao relator, ligadas à admissibilidade dos recursos (negativa de seguimento), quando o apelo afrontar:

---

[9] Por outro lado, se houver interposição de recurso de apelação, será aberto o contraditório recursal, como prevê o art. 316, parágrafo único, do NCPC (art. 306, §1º, redação oriunda do Senado).

[10] Com efeito, neste sistema de ampliação da força do precedente, não parece razoável indicar que se trata de mera faculdade e sim ato obrigatório ao relator. No mesmo sentido, aponta Sérgio Cruz Arenhart: "tratando-se de delegação legal, não se pode imaginar que constitua a previsão mera faculdade do relator, e que ficaria

i) súmula dos tribunais superiores ou do próprio tribunal local;

ii) decisão proferida pelo STF ou por tribunal superior em julgamento dos casos repetitivos. No mesmo prisma, o dispositivo em comento consagra poderes ao relator para dar provimento ao recurso quando a decisão recorrida afrontar as súmulas dos tribunais superiores ou decisões proferidas no julgamento de causas repetitivas.

Trata-se, pelo que se pode observar na redação pretendida ao art. 847 do NCPC (art. 882 da redação do Senado), de poderes reflexos, tendo em vista que os tribunais de origem passam a estender aos casos ainda em tramitação nesses órgãos a interpretação consagrada pelo tribunal superior.

Enfim, é mister afirmar que o NCPC pretende claramente consagrar a estabilização da jurisprudência dos tribunais locais e dos tribunais superiores, refletindo o resultado do julgamento colegiado aos demais casos e, em última análise, ampliando os poderes dos magistrados de 1º grau e 2º graus.

A tendência do sistema processual recursal é a de que apenas as causas em que não há precedente persuasivo é que merecerá o julgamento colegiado no tribunal de origem.[11]

Uma observação deve ser feita: não se incluiu, neste dispositivo, dentre os novos poderes do relator, a estabilização das decisões dos tribunais no julgamento dos incidentes de resolução de demandas repetitivas (art. 895 e seguintes do NCPC — arts. 930 e seguintes, redação oriunda do Senado), mas apenas dos recursos repetitivos oriundos dos tribunais superiores e das súmulas de ambos.

Contudo, uma interpretação sistemática leva à afirmação de que este caráter persuasivo também existirá em relação aos órgãos vinculados ao tribunal que fixar a resolução das demandas repetitivas. Ora, se o objetivo é estabilizar a jurisprudência, não há o menor sentido em se afastar este caráter persuasivo no âmbito dos tribunais locais.

Portanto, entendo que deveria existir item no art. 853 do NCPC (art. 888, redação do Senado) consagrando também essa incumbência, o que afastaria qualquer raciocínio em sentido contrário.

De todo modo, a análise do art. 847 do NCPC (art. 882, redação do Senado) deixa clara a necessidade de o tribunal local uniformizar e zelar pela estabilização de sua jurisprudência, inclusive devendo orientar as decisões de todos os órgãos a ele vinculados e modular os efeitos decorrentes da alteração do posicionamento dos tribunais superiores no julgamento dos casos repetitivos ou de sua jurisprudência dominante.[12]

---

a seu exclusivo alvitre julgar monocraticamente o recurso ou submetê-lo ao colegiado" (A nova postura do relator no julgamento dos recursos. *Revista de Processo*, São Paulo, n. 103, p. 43, jul./set. 2001).

[11] Este aspecto foi objeto de observação de João Violin, ao comentar o art. 557 do CPC de 1973: "conclui-se, assim, que os poderes conferidos pelo CPC ao relator dos recursos implicam que somente serão julgados pelo colegiado os casos em que não há um precedente a seguir — pelo menos não um precedente de hierarquia suficiente para vincular as instâncias inferiores. Tal sistemática valoriza sobremaneira as funções constitucionais dos Tribunais Superiores, desde sempre encarregados de uniformizar a interpretação das normas constitucionais e infraconstitucionais" (O julgamento monocrático pelo relator: o art. 557 do CPC e o reconhecimento dos precedentes pelo direito brasileiro. *In*: MARINONI, Luiz Guilherme (Coord.). *A força dos precedentes*. Salvador: JusPodivm, 2010. p. 201).

[12] Vale notar que, pelo NCPC, considera-se julgamento de casos repetitivos aqueles decorrentes da resolução das demandas repetitivas (de competência dos tribunais de origem) e aqueles que decorrem dos RE e REsp repetitivos (art. 848). Ambos, em última análise, devem gerar reflexos aos magistrados de 1º e 2º graus.

2.3 A repercussão geral e os recursos repetitivos no NCPC

Neste momento, vale registrar a intenção do NCPC em relação aos processos repetitivos dos tribunais superiores.

Com efeito, pretende o NCPC criar a subseção II Do *Julgamento dos Recursos Extraordinário e Especial Repetitivos*, incluída no Capítulo VI do Livro IV. Esta subseção objetiva, tão somente, tratar do processamento nos casos de multiplicidade de recursos com idêntico fundamento.

No que diz respeito aos recursos especial e extraordinário, que não se enquadrem em tais situações, permanece o tratamento regular estabelecido nos arts. 944 e seguintes do NCPC (arts. 983 e seguintes, redação do Senado), inclusive no que respeita à repercussão geral (art. 950 do NCPC c/c art. 989, redação do Senado).

Como se pode perceber pela leitura dos arts. 953 e seguintes do Projeto (arts. 990 e seguintes, redação do Senado), houve um aprimoramento dos institutos previstos no CPC de 1973 (arts. 543-B e C), mantendo o objetivo de ampliar a força dos precedentes dos tribunais superiores.

Em destaque, podem ser indicados os seguintes aspectos procedimentais previstos para o NCPC:

a) possibilidade de suspensão por, no máximo, doze meses dos processos em tramitação no 1º grau enquanto não firmado o precedente (art. 954, §2º, do NCPC c/c art. 991, §3º, redação do Senado);[13]

b) a unificação dos procedimentos do RE por amostragem e do REsp repetitivo;

c) a ampliação da suspensão dos processos em tramitação nos tribunais locais e superiores (incluindo em relação ao que sequer teve apreciada a apelação — art. 954, §3º c/c art. 991, §4º, redação do Senado);

d) os prazos para manifestação do Ministério Público e dos tribunais locais acerca da controvérsia será de 15 dias (art. 955, §1º c/c art. 992, redação do Senado);

e) o resultado do recurso paradigma terá reflexo em relação aos recursos sobrestados (art. 957 do NCPC c/c art. 994, redação do Senado, com pequenas alterações textuais);

f) se o processo ficar sobrestado em 1º grau, a publicação do resultado do recurso paradigma será vinculante ao juiz, que deverá aplicar a tese firmada (art. 958 do NCPC c/c art. 995, redação do Senado).

Em relação ao último item, ratifica-se que haverá reflexo do resultado do julgamento do recurso repetitivo ao Juízo de 1º grau, em relação aos processos em curso e aos que forem ajuizados posteriormente, que inclusive poderão ser rejeitados liminarmente, *ex vi* do art. 317, II, do NCPC c/c art. 307, redação do Senado.

Interessante notar que o NCPC também provocará, como tem provocado o CPC de 1973, sérias discussões acerca da titularidade do recurso afetado. Ora, estando afetado o recurso no tribunal superior, poderá o recorrente desistir, evitando a formação do precedente?

---

[13] Esta suspensão, de toda sorte, será uma forma de interligação entre o sistema dos recursos repetitivos e das causas repetitivas, que será demonstrado no item seguinte.

Interpretando a questão no âmbito do CPC de 1973, tive a oportunidade de me manifestar positivamente, em que pese o entendimento do STJ no julgamento dos RESps nº 1.058.114 e nº 1.063.343.[14]

Com efeito, a partir do momento que a causa é afetada, surge a coletivização do julgamento oriundo de uma causa individual. Assim, se de um lado o sistema processual admite a desistência de forma livre (art. 501 do CPC de 1973), de outro a tese jurídica não é apenas do recorrente.

Esse entendimento é mantido também para o NCPC. Os incidentes de coletivização (no REsp, no RE e nos tribunais locais, como apontado no item seguinte) fazem com que ocorra uma bifurcação do interesse processual, devendo-se manter a tese jurídica mesmo em caso de desistência (*talvez por estratégia, para evitar formação de precedente contrário*) do recurso.

No Projeto, aliás, consta o art. 911, parágrafo único (art. 952, parágrafo único, redação do Senado, com algumas alterações textuais), pretendendo deixar claro que as questões jurídicas objeto do recurso representativo de que se desistiu serão decididas pelo STJ ou pelo STF. Ao que parece, será acolhido o posicionamento de que o recurso pode ser objeto de desistência, mas a tese jurídica será julgada e poderá formar um precedente contrário ao interesse daquele que apresentou o pedido de desistência.

2.4 O julgamento das demandas repetitivas pelos tribunais e a ampliação da vinculação aos seus órgãos

O Capítulo VII, do Livro IV, do NCPC, que é intitulado *Incidente de Resolução de Demandas Repetitivas*, consagra um importante instrumento neste sistema de estabilização das decisões colegiadas.

O Projeto pretende, além dos aspectos citados no decorrer deste ensaio, ampliar a coletivização dos conflitos no âmbito de cada tribunal local (estadual, regional federal ou distrital), estabelecendo decisões com caráter persuasivo a todos os órgãos a eles vinculados.

Trata-se de mais um instrumento de *transformação* de causas individuais em *coletivizadas*, com a fixação da interpretação a ser estabelecida pelos magistrados vinculados aos tribunais locais.

Aliás, é fácil perceber a proximidade da intervenção do Ministério Público neste incidente de fixação da interpretação a ser dada para as demandas repetitivas e nas ações coletivas propriamente ditas. Ora, é sabido, por exemplo, que na Ação Civil Pública[15] e na Ação Popular,[16] a intervenção do *Parquet* é obrigatória e, em caso

---

[14] Naquela ocasião, afirmei que: "caso o recorrente prioritário apresente pedido de desistência do recurso afetado, mister separar a tese jurídica repetitiva discutida naquele apelo, com tramitação distinta e autônoma. *In casu*, seria permitida a desistência, sem qualquer prejuízo ao julgamento da tese jurídica repetitiva, que passaria a tramitar como incidente de coletivização totalmente alheio à causa originária, inclusive em autos judiciais próprios" (ARAÚJO, José Henrique Mouta. É cabível a desistência em caso de recurso especial repetitivo já afetado pelo STJ?. *Revista Brasileira de Direito Processual*, Belo Horizonte, n. 66, p. 180-181, abr./jun. 2009).

[15] Art. 5º, §3º, da Lei nº 7.347/85.

[16] Arts. 6º, §4º e 9º, da Lei nº 4.717/65.

de desistência do autor original, poderá ser sucessor processual, tendo em vista o direito discutido.

Ora, um leitor apressado do art. 895, §3º, do NCPC (art. 930, §3º, redação do Senado) poderá indagar: qual seria a semelhança entre este procedimento de fixação interpretativa e as ações que exigem a intervenção obrigatória do Ministério Público? A resposta é simples: toda.

Com efeito, no incidente previsto nos arts. 895 e seguintes, do NCPC (arts. 930 e seguintes, redação do Senado), há a intervenção obrigatória do Ministério Público, tendo em vista que, uma vez provocado o tribunal local para a formação do precedente, o direito material que está sendo discutido não será mais individual, mas coletivizado, e a "tese jurídica firmada será aplicada a todos os processos que versem idêntica questão de direito" (art. 903, do NCPC).[17]

Logo, pretende o NCPC consagrar a obrigatoriedade da intervenção ministerial, com a possibilidade de este Órgão assumir a titularidade em caso de desistência ou abandono daquele que provocou a formação do precedente (art. 895, §3º, NCPC c/c art. 930, §3º, redação do Senado).

Esta aproximação da legitimidade entre as ações coletivas e o instrumento de coletivização deixa claro que estamos vivendo um novo momento de reflexão, no qual o direito individual pode ser tratado de forma coletiva.

Outrossim, mister destacar os legitimados e o procedimento para a fixação do instrumento de vinculação das decisões no âmbito dos tribunais de origem.

Em expressão vaga, o NCPC prevê que o incidente de resolução das causas repetitivas pode ser instaurado nos casos em que é "identificada controvérsia com potencial de gerar relevante multiplicação de processos fundados em idêntica questão de direito e de causar grave insegurança jurídica, decorrente do risco de coexistência de decisões conflitantes".

Em suma, é razoável afirmar que o objetivo do incidente é estabilizar a jurisprudência dos tribunais locais, evitando divergência interpretativa entre seus membros e, em última análise, o NCPC procura superar um dos pontos de estrangulamento do sistema processual atual, que é a existência de soluções diferentes para casos iguais no âmbito dos membros de um mesmo tribunal.

Esse incidente poderá ser apresentado: a) pelo juiz ou relator da causa originária que já anteveja a possibilidade de ocorrência de casos repetitivos; b) pelas partes das ações originárias; c) pelo Ministério Público; e d) pela Defensoria Pública.

Interessante notar, em relação ao procedimento, alguns aspectos relevantes, como: a possibilidade de aplicação do juízo de admissibilidade do incidente (art. 898 c/c 933, redação do Senado); a suspensão dos processos pendentes, até a formação da tese jurídica a ser aplicada aos casos em tramitação no Judiciário local (art. 899 c/c art. 934, redação do Senado); a possibilidade de ampliação da suspensão para todos os processos em curso no território nacional que versem sobre idêntica matéria (art. 900),[18] mediante requerimento ao STF ou STJ; o caráter obrigatório da tese jurídica

---

[17] Na redação proposta pelo substitutivo do Senador Valter Pereira, aprovada pelo Senado, a *vinculação* apenas ocorrerá, em regra, em relação à área de jurisdição do respectivo tribunal, ressalvadas as hipóteses previstas na proposta de redação para o parágrafo único do art. 938 (redação do Senado).

[18] De acordo com a redação proposta pelo Senado Federal, o art. 900 será excluído.

no âmbito da abrangência do tribunal local (art. 903 c/c art. 938, redação do Senado, com modificações textuais), inclusive com o cabimento de reclamação (art. 906 c/c art. 941, redação do Senado) em caso de desobediência; a concessão de efeito suspensivo aos RE e/ou REsp interpostos contra a decisão local que firmar o precedente, dotando de presunção de repercussão geral (art. 905 c/c art. 940, redação do Senado).

Como já mencionado anteriormente, o que pretende o Projeto do NCPC, a meu ver é, de um lado, ampliar a força das decisões locais em casos repetitivos e, de outro, diminuir o número de recursos oriundos dos tribunais locais que são remetidos aos Superiores. Trata-se, em suma, de mais um instrumento de aproximação dos controles difuso e concentrado de constitucionalidade de constitucionalidade, inclusive permitindo a apresentação de Reclamação Constitucional.[19]

Mister ratificar, mais uma vez, que o sistema de vinculação das decisões reflete também na admissibilidade da demanda repetitiva no 1º grau, permitindo ao magistrado a resolução superantecipada da lide (rejeição da demanda) nos casos em que o pedido contrariar entendimento do STF ou do STJ, sumulado ou adotado em julgamento de casos repetitivos (art. 317, II, do NCPC c/c art. 307, redação do Senado). De mais a mais, a estabilização da jurisprudência também irá refletir na ação rescisória, que passará a ter o prazo de apenas um ano para ajuizamento (art. 893, do NCPC c/c art. 928, redação do Senado).

Visando finalizar este pequeno ensaio, em que se enfrenta um aspecto do Projeto do Novo CPC, é possível concluir que, com o objetivo de evitar controvérsia interpretativa e, consequentemente, um maior número de causas repetitivas e de recursos com idêntica matéria, o NCPC pretende consagrar maiores poderes ao juiz de 1º grau (ampliando a redação do art. 285-A do CPC de 1973), bem como aos tribunais (no incidente previsto nos arts. 895 e seguintes do NCPC c/c arts. 930 e seguintes, redação do Senado) e aos relatores dos recursos, especialmente no que respeita ao juízo de admissibilidade dos recursos que tratam de matéria massificada.

Resta apenas saber se tais modificações irão atingir o objetivo aguardado por todos — apenas o tempo dará a resposta que a sociedade almeja.

Referências

ARAÚJO, José Henrique Mouta. A verticalização das decisões do STF como instrumento de diminuição do tempo do processo: uma reengenharia necessária. *Revista de Processo*, São Paulo, n. 164, out. 2008.

ARAÚJO, José Henrique Mouta. É cabível a desistência em caso de recurso especial repetitivo já afetado pelo STJ?. *Revista Brasileira de Direito Processual*, Belo Horizonte, n. 66, abr./jun. 2009.

ARAÚJO, José Henrique Mouta. Processos repetitivos e o desafio do Judiciário: rescisória contra interpretação de lei federal. *Revista de Processo*, São Paulo, n. 183, maio 2010.

ARENHART, Sérgio Cruz. A nova postura do relator no julgamento dos recursos. *Revista de Processo*, São Paulo, n. 103, jul./set. 2001.

---

[19] Não é objetivo deste trabalho enfrentar a aproximação dos meios de controle de constitucionalidade. Sobre o assunto, recomendo, dentre outros, dois textos de minha autoria, a saber: A verticalização das decisões do STF como instrumento de diminuição do tempo do processo: uma reengenharia necessária (*Revista de Processo*, São Paulo, n. 164, p. 342-359, out. 2008, e Processos repetitivos e o desafio do Judiciário: rescisória contra interpretação de lei federal. *Revista de Processo*, São Paulo, n. 183, p. 145-164, maio 2010).

VIOLIN, João. O julgamento monocrático pelo relator: o art. 557 do CPC e o reconhecimento dos precedentes pelo direito brasileiro. *In*: MARINONI, Luiz Guilherme (Coord.). *A força dos precedentes*. Salvador: JusPodivm, 2010.

Informação bibliográfica deste texto, conforme a NBR 6023:2002 da Associação Brasileira de Normas Técnicas (ABNT):

ARAÚJO, José Henrique Mouta. Processos repetitivos e o Novo CPC: ampliação do caráter vinculante das decisões judiciais. *In*: ROSSI, Fernando *et al.* (Coord.). *O futuro do processo civil no Brasil*: uma análise crítica ao Projeto do Novo CPC. Belo Horizonte: Fórum, 2011. p. 311-320. ISBN 978-85-7700-511-6.

JURISPRUDÊNCIA E PRECEDENTE VINCULANTE – UNIFORMIZAÇÃO NO STF E STJ

JOSÉ HERVAL SAMPAIO JÚNIOR

> *Por outro lado, haver, indefinidamente, posicionamentos diferentes e incompatíveis, nos Tribunais, a respeito da mesma norma jurídica, leva a que jurisdicionados que estejam em situações idênticas, tenham de submeter-se a regras de conduta diferentes, ditadas por decisões judiciais emanadas de tribunais diversos.* **Esse fenômeno fragmenta o sistema, gera intranquilidade e, por vezes, verdadeira perplexidade na sociedade.**
>
> (Exposição de motivos do Anteprojeto do Novo CPC, grifos nossos)

1 Da necessidade de cumprimento das atribuições constitucionais pelos tribunais superiores

O Anteprojeto do Novo CPC tem como premissa, além da simplificação em busca de celeridade que almeje em cada caso a tutela dos direitos lesados ou ameaçados, a missão de fazer com que os tribunais superiores, a partir da interpretação conforme a Constituição, cumpram a sua missão política, na acepção do termo, de unificarem o direito objetivo, primeiro porque o CPC vigente teoricamente já lhe permite tal atuação, todavia não há cultura nesse sentido; segundo e mais importante porque a quantidade de casos iguais que infelizmente recebem soluções diferentes, muitas vezes dentro do próprio tribunal, viola o princípio da isonomia e faz com que a segurança jurídica fique renegada a segundo plano, gerando uma insatisfação geral com a atuação do Poder Judiciário, e isso não pode ser mais tolerado em um país que se intitula como Estado Constitucional Democrático de Direito.

Essa uniformização da jurisprudência é hodiernamente indispensável para que o ordenamento processual e material atinja seus objetivos, já que não é mais possível, sob a pecha de se ferir a independência do magistrado, que os juízes ao decidirem os processos que lhe são afeitos não tenham qualquer limite quanto ao mérito de seus fundamentos jurídicos.

A prerrogativa dessa independência é da sociedade e não individual do magistrado, e não tem nada a ver com a questão do não cumprimento das orientações dos tribunais superiores e sim para que o juiz não seja pressionado, e diz respeito aos fatos e particularidades de cada caso e não quanto à tese jurídica acertada pelos tribunais superiores, em especial o STJ e STF que têm em nosso sistema a função constitucional de dizer a última palavra sobre a compreensão das leis federais e da Constituição respectivamente, fato que hodiernamente não vem sendo cumprindo a contento.

Justamente para que tais funções sejam cumpridas na prática, previu o Anteprojeto do Novo CPC, de maneira coerente e harmônica, um conjunto de expressões normativas, a qual comentaremos de modo simples e objetivo, a fim de que os leitores possam ter a ideia de que hoje não mais se pode dividir como outrora, em nosso ordenamento, o sistema da *civil law* e da *common law*, pois ambos podem coexistir normalmente, sem que se diga que o princípio democrático resta atingido.

E mais, é preciso que não se confunda o sistema dos precedentes, o qual tem origem indiscutivelmente no *common law*, com a inexistência de leis. O fato de o ordenamento jurídico positivar as condutas através de atividade do Poder Legislativo não desautoriza, por si só, que haja por parte do Poder Judiciário uma atuação uniforme quanto a suas teses jurídicas sobre essas mesmas leis. Ledo engano quem pensa que nesse sistema o judiciário age sem qualquer alicerce legal. Sobre tal realidade Marinoni nos chama a atenção:

> No entanto, a codificação, por si só, não pode explicar a distinção entre o common law e o civil law. Não se pense que o civil law é caracterizado pelos Códigos e pela tentativa de completude da legislação, enquanto o common law tem uma característica exatamente contrária. O common law também tem intensa produção legislativa e vários Códigos. O que realmente varia do civil law para o common law é o significado que se atribui aos Códigos e à função que o juiz exerce ao considerá-los. No common law, os Códigos não têm a pretensão de fechar os espaços para o juiz pensar; portanto, não se preocupam em ter todas as regras capazes de solucionar os casos conflituosos. Isso porque, nesse sistema, jamais se acreditou ou se teve a necessidade de acreditar que poderia existir um Código que eliminasse a possibilidade de o juiz interpretar a lei. Nunca se pensou em negar ao juiz desta tradição o poder de interpretar a lei. De modo que, se alguma diferença há, no que diz respeito aos Códigos, entre o civil law e o common law, tal distinção está no valor ou na ideologia subjacente à idéia do Código.[1]

Portanto o que o Novo CPC começa a delinear é a necessidade de que haja uma certa segurança jurídica quanto a aplicação do posicionamento dos tribunais superiores pelos juízos ordinários, sem que tal premissa retire a possibilidade de interpretação dos juízes, os quais constitucionalmente têm suas independências garantidas em prol da sociedade, contudo tal garantia não é ilimitada e principalmente não dá a esses agentes o poder de decidir a partir de seus valores pessoais e sem

---

[1] MARINONI, Luiz Guilherme. *Precedentes obrigatórios*. São Paulo: Revista dos Tribunais, 2010. p. 55-56.

qualquer respaldo na orientação dos órgãos constitucionalmente competentes para definir o direito de modo objetivo.

2 Das expressões normativas que preveem a orientação dos precedentes

O livro IV do Anteprojeto do CPC que formalmente criou um disciplinamento próprio para os meios de impugnação de decisões judiciais, incluídos os recursos, e para os processos nos tribunais foi claro em enunciar a necessidade de que os posicionamentos dos tribunais superiores, em especial o STF e STJ, sejam aplicados em casos fáticos e jurídicos, nos quais sejam os mesmos daqueles já firmados a tese objetiva federal e constitucional pelos respectivos órgãos, sem que se diga que a partir de agora que os juízes estão engessados e somente chancelarão a orientação dos tribunais.[2]

Reza o Anteprojeto do CPC em suas disposições gerais — sem correspondência geral em nosso CPC vigente, pois as existentes são tópicas, ressalvando as disposições dos arts. 103 e 105 da própria CF/88 — um novo tratamento para que as teses jurídicas sejam aplicadas pelos juízos de primeiro e segundo grau, além das outras disposições esparsas constantes no recurso extraordinário e especial, no seguinte sentido:

LIVRO IV
DOS PROCESSOS NOS TRIBUNAIS E DOS MEIOS
DE IMPUGNAÇÃO DAS DECISÕES JUDICIAIS

TÍTULO I
DOS PROCESSOS NOS TRIBUNAIS

CAPÍTULO I
DISPOSIÇÕES GERAIS

Art. 882. Os tribunais, em princípio, velarão pela uniformização e pela estabilidade da jurisprudência, observando-se o seguinte:

I – sempre que possível, na forma e segundo as condições fixadas no regimento interno, deverão editar enunciados correspondentes à súmula da jurisprudência dominante;

II – os órgãos fracionários seguirão a orientação do plenário, do órgão especial ou dos órgãos fracionários superiores aos quais estiverem vinculados, nesta ordem;

III – a jurisprudência pacificada de qualquer tribunal deve orientar as decisões de todos os órgãos a ele vinculados;

IV – a jurisprudência do Supremo Tribunal Federal e dos tribunais superiores deve nortear as decisões de todos os tribunais e juízos singulares do país, de modo a concretizar plenamente os princípios da legalidade e da isonomia;

---

[2] É preciso que se supere o dogma de que os juízes são absolutamente independentes na hora de aplicar a legislação, não tendo obrigação, por conseguinte, de seguir a orientação dos tribunais superiores. Esta visão distorcida do sistema *civil law*, a qual sem sombra de dúvidas é uma das responsáveis pela quebra da isonomia de tratamento entre os jurisdcionados, se constitui como um dos objetivos do Novo CPC, ou seja, o tratamento coerente que se busca na definição das teses jurídicas pelos tribunais superiores e sua consequente aplicação pelos juízos ordinários é pedra angular do novo processo civil brasileiro.

V – na hipótese de alteração da jurisprudência dominante do Supremo Tribunal Federal e dos tribunais superiores ou daquela oriunda de julgamento de casos repetitivos, pode haver modulação dos efeitos da alteração no interesse social e no da segurança jurídica.

§1º A mudança de entendimento sedimentado observará a necessidade de fundamentação adequada e específica, considerando o imperativo de estabilidade das relações jurídicas.

§2º Os regimentos internos preverão formas de revisão da jurisprudência em procedimento autônomo, franqueando-se inclusive a realização de audiências públicas e a participação de pessoas, órgãos ou entidades que possam contribuir para a elucidação da matéria. Para a parte que nos interessa neste artigo, dentro do que foi fixado, percebemos de modo inequívoco que estamos diante de novas ferramentas com o intuito de fazer valer a força dos precedentes, principalmente os do STF e STJ, aos quais por valerem em todo o território nacional e terem uma abrangência muito grande quanto à quantidade de textos normativos a serem albergados pelos direcionamentos, precisam ser realmente aplicados pelos juízes de um modo geral.

Desta forma, percebe-se que não só nesse título e capítulo houve essa orientação legislativa, mas por toda a atuação desses tribunais, em especial nos chamados recursos extraordinários amplo senso, como se pode vê abaixo:

Art. 983. O recurso extraordinário e o recurso especial, nos casos previstos na Constituição da República, serão interpostos perante o presidente ou o vice-presidente do tribunal recorrido, em petições distintas que conterão:

(...)

§3º Quando, por ocasião de incidente de resolução de demandas repetitivas, o presidente do Supremo Tribunal Federal ou do Superior Tribunal de Justiça receber requerimento de suspensão de processos em que se discuta questão federal constitucional ou infraconstitucional, poderá, considerando razões de segurança jurídica ou de excepcional interesse social, estender a eficácia da medida a todo o território nacional, até ulterior decisão do recurso extraordinário ou do recurso especial eventualmente interposto.

(...)

Art. 990. Sempre que houver multiplicidade de recursos com fundamento em idêntica questão de direito, o recurso extraordinário ou o recurso especial será processado nos termos deste artigo, observado o disposto no regimento interno do Supremo Tribunal Federal e do Superior Tribunal de Justiça.

Art. 991. Caberá ao presidente do tribunal de origem selecionar um ou mais recursos representativos da controvérsia, os quais serão encaminhados ao Supremo Tribunal Federal ou ao Superior Tribunal de Justiça independentemente de juízo de admissibilidade, ficando suspensos os demais recursos até o pronunciamento definitivo do tribunal superior.

§1º Não adotada a providência descrita no *caput*, o relator, no tribunal superior, ao identificar que sobre a questão de direito já existe jurisprudência dominante ou que a matéria já está afeta ao colegiado, poderá determinar a suspensão dos recursos nos quais a controvérsia esteja estabelecida.

§2º Na decisão de afetação, o relator deverá identificar com precisão a matéria a ser levada a julgamento, ficando vedado, ao Tribunal, a extensão a outros temas não identificados na referida decisão.

§3º Os processos em que se discute idêntica controvérsia de direito e que estiverem em primeiro grau de jurisdição ficam suspensos por período não superior a doze meses, salvo decisão fundamentada do relator.

§4º Ficam também suspensos, no tribunal superior e nos de segundo grau de jurisdição, os recursos que versem sobre idêntica controvérsia, até a decisão do recurso representativo da controvérsia.

A par dessas inserções do Anteprojeto do Novo CPC, vê-se cristalinamente que estamos diante de um novo modelo em que se prestigiou a isonomia e segurança jurídica necessárias, principalmente naqueles casos que se enquadrarão como demandas repetitivas, contudo, mesmo assim, não se podará a atuação do magistrado, como pensa parte da doutrina, e principalmente dos juízes, que infelizmente foram em sua maioria formados a partir das regras e princípios do sistema romano-germânico e que hoje, e principalmente no futuro, não mais se encontram soberanos, daí porque os precedentes, não com a mesma força dos países culturalmente ligados ao *common law*, entraram em nosso ordenamento jurídico e para tanto precisam ser compreendidos e aplicados, mesmo que de modo parcimonioso, já que a ruptura com os postulados anteriores não se fez e não se fará da noite para o dia.

Tivemos a oportunidade de assim nos manifestar em nosso livro *Processo Constitucional: nova concepção de jurisdição* ao tratarmos da súmula vinculante e a livre interpretação pelos juízes, que se encaixam no raciocínio ora formulado e que é a tônica desse Anteprojeto, no que tange à necessidade de que as diretrizes fixadas pelo STF e STJ sejam respeitadas:

Em obra já citada, em que se teve a oportunidade de escrever um artigo sobre a última reforma do CPC, ainda em andamento, ao se debruçar sobre a questão do novel artigo 285-A, que de modo nítido e claro busca reprimir de plano demandas que contenham teses jurídicas já rechaçadas e sem amparo, destacaram-se a utilidade e constitucionalidade da medida, desde que seja alicerçada em decisões dos Tribunais Superiores, o que reforça o argumento de que a idéia é boa, contudo, merece como toda situação de aplicação, uma interpretação, até mesmo porque interpretar é aplicar: A par do exposto, não se consegue vislumbrar nenhuma afronta aos princípios constitucionais, como verificou a OAB nacional e na pior das hipóteses, isso para evitar uma utilização descabida do instituto em apreço, bem como também reverenciar o prestígio que as Súmulas Vinculantes tem formalmente em nosso país, o STF deverá limitar o manuseio da medida, pelo Juiz, aos casos em que a decisão do Juízo esteja em conformidade com os precedentes dos Tribunais Superiores, pois como bem observa Marinoni, a parte não pode ter direito público subjetivo a ir de encontro contra decisões já sedimentadas destes Tribunais, bem como o próprio Juiz não pode assim agir, em desrespeito a posições já sedimentadas. Por fim, defende-se que a interpretação deste dispositivo seja dada em conformidade com os objetivos da Constituição, ou seja, fazer valer o direito à efetividade e celeridade processual, mais precisamente, de que as decisões consideradas paradigmas tenham uma conformidade jurídica com as posições do STJ e STF.[3] Verifica-se que a posição supra não defende uma aplicação desmedida das orientações dos Tribunais Superiores sem a análise do caso concreto, ou seja, sem a devida contextualização. Muito lógico que em se constatando que um dado caso fático é semelhante, para não dizer idêntico e cair

---

[3] SAMPAIO JÚNIOR, José Herval. Visão panorâmica da última reforma do CPC numa ótica constitucional. *In*: CAVALCANTI, Bruno; ELALI, André; VAREJÃO, José Ricardo (Coord.). *Novos temas de processo civil*. São Paulo: MP, 2007. p. 298.

em uma atecnia, nos termos do CPC, e acaso a Corte Maior já tenha se manifestado com relação à tese jurídica e ao se fazer a interpretação nos termos defendidos neste livro, a súmula pode vir a ser aplicada, o que não se pode é querer, por meio desse instituto ou de qualquer outro, uma previsibilidade das decisões judiciais de um modo universal.[4]

Desta feita, pensamos que as ponderações supra são a melhor maneira de se interpretar e aplicar as súmulas vinculantes, não podendo ser diferente para a análise dessas novas premissas do sistema processual brasileiro, em que os operários do Direito,[5] apesar de se debruçarem sobre textos normativos cada vez mais abertos, encontram o devido equilíbrio para a atuação jurisdicional nos precedentes do STF e STJ. Contudo deve o juiz argumentar, pormenorizadamente, a partir das peculiaridades de cada caso, inclusive podendo afastar dada orientação, desde que conformada com a justificação de que no caso que se quer afastar as premissas fáticas e jurídicas são outras, sob pena de não assim o fazendo, ser autoritário e ir contra a Constituição, já que a sua liberdade de atuação, como todo e qualquer direito, inclusive fundamental, não é absoluto.

3 Vinculação aos precedentes e independência funcional dos magistrados como institutos conciliáveis

O nosso grande problema é cultural. Como destacado, e agora um pouco mais aprofundado pela limitação deste trabalho, inicialmente fomos praticamente adestrados para cumprir a lei fielmente, sem qualquer tipo de questionamento, justamente porque ao Poder Judiciário brasileiro nunca se deu o *status* de Poder na acepção da palavra.[6] Não se defende que os juízes estejam acima da lei, até mesmo porque vivemos em um país eminentemente democrático e essa premissa é inafastável, contudo não poder pensar quando da aplicação desta lei, ou melhor, dos textos e expressões normativas dispostas pelo legislador, formando uma jurisprudência que possa servir de guia para os casos semelhantes é também inadmissível.

É exatamente isso que vem ocorrendo em nosso país. Sob a ótica de que os juízes são a boca que pronunciam a vontade do legislador, ou da lei propriamente dita, podou-se por muito tempo a interpretação dos juízes. Por outro lado, nessa onda neopositivista quer se atribuir aos juízes um poder amplo e irrestrito, como se eles fossem a panaceia para todos os problemas do mundo. Seriam os juízes os intérpretes político e moral de tudo que ocorre na sociedade. E infelizmente essa ideia, com seus exageros, cria uma insegurança jurídica sem precedentes e que a isonomia de tratamento entre os jurisdicionados nada mais é do que um referencial teórico sem qualquer aplicação no dia a dia forense.

---

[4] SAMPAIO JÚNIOR, José Herval. *Processo constitucional*: nova concepção de jurisdição. São Paulo: Método, 2008. p. 195-196.

[5] Indicamos o nosso livro *Processo constitucional*: nova concepção de jurisdição para compreensão dessa expressão que se amolda com mais ênfase à nova hermenêutica que sedimenta a atuação jurisdicional contemporânea.

[6] Mais uma vez indicamos o nosso livro, citado acima, para que se analise a visão clássica e hodierna da jurisdição, já com a ponderação desses novos valores e principalmente problemas complexos, contemporaneamente, os quais exigem uma atuação dos juízes diferenciada e particularizada, não sendo mais possível que os juízes sejam tidos como meros reprodutores de uma vontade preexistente.

Citamos como exemplo negativo dessa insegurança jurídica e desrespeito ao próprio princípio da isonomia, em nome da independência funcional dos juízes de modo absoluto, a partir de nossa experiência judicante, as atuais ações de revisão de contrato de alienação fiduciária e arrendamento mercantil, em que os juízes têm diversas teses em uma mesma comarca, ou seja, para resumir há juízes que dizem claramente que nesses contratos ocorre anatocismo (juros sobre juros), para estes ilegal tal prática, e outros dizem que não há, pois os consumidores já sabiam previamente o valor da prestação e isso seria legal.

Independentemente de quais juízes estão com a razão, é extremamente difícil, pelo menos é o nosso entendimento, explicar para uma parte que se encontra rigorosamente na mesma situação fática e jurídica porque o seu vizinho teve a prestação contratual diminuída em razão da alegação de juros sobre juros e ele não teve. Será que essa situação de indefinição e tratamento distinto deve continuar prevalecendo em nome da independência funcional dos juízes?

Com todo o respeito aos que pensam o contrário, acreditamos que não. Justamente sobre esse norte, entendemos que cabe, em específico nesse caso, ao STJ, órgão constitucionalmente competente para uniformizar o entendimento do Direito Federal em objetivo, definir qual tese jurídica é a que deve prevalecer, e isso normalmente ser aplicado a todos os casos que estejam na situação definida. Não conseguimos entender onde está a violação à independência dos juízes, se a constituição estabelece aos tribunais superiores o acertamento do direito objetivo em suas respectivas áreas de atuação.[7]

Destarte, acreditamos que é possível sim alinhar essa vinculação natural que a Constituição impõe aos juízos ordinários com sua independência funcional, a qual encontra seu ápice nas questões fáticas e naquelas em que os tribunais superiores ainda não definiram as teses jurídicas, além da correlata subsunção ou não dos fatos ao direcionamento dado pelos tribunais, eis que hodiernamente os juízes também constroem a norma para cada caso concreto.[8]

4 Conclusões

Não se pode querer resolver problemas novos com as mesmas ferramentas. Estamos em um novo momento social no qual as pessoas, cada vez mais conscientes de seus direitos, recorrem ao Poder Judiciário, o qual tem de estar preparado e principalmente estruturado para solucionar todos os direitos violados ou ameaçados,

---

[7] Por quase dez anos os juízes e tribunais de segunda instância ficaram decidindo de modo distinto sobre a questão da legalidade ou não dos pulsos automaticamente cobrados pelas operadoras de telefonia fixa até que o STJ se posicionasse. Quanto tempo e dinheiro foram perdidos até que se definisse essa situação, ou melhor, quantos outros processos deixaram de ser julgados?

[8] "A par do exposto até o presente momento, verificou-se que não só a sociedade mudou, mas o próprio Direito evoluiu para atender a essa mudança social como deve ser, conduzindo, por conseguinte, a uma necessidade inarredável de que o processo e a atividade jurisdicional se amoldem à conjuntura atual. Para tanto, aquela ideia do simples desvelar da vontade abstrata da lei, no caso concreto, não mais atende aos anseios, sendo imprescindível que em cada situação específica haja a construção de uma norma jurídica que atenda às necessidades específicas de direito material pleiteada e que ao mesmo tempo estejam em conformidade com os direitos e garantias fundamentais dos Cidadãos. Nesse sentido, a construção da norma jurídica no caso concreto é um corolário dessa nova atividade hermenêutica que tem na Constituição o centro de atuação e os direitos e garantias fundamentais o coração de toda a Carta Magna, daí porque se faz necessário que se distinga norma de texto normativo, pois este pode ter várias acepções, dependendo do contexto fático, assim sendo, a norma nada mais é do que o produto da interpretação de um texto normativo" (SAMPAIO JÚNIOR, José Herval. *Processo constitucional*: nova concepção de jurisdição. São Paulo: Método, 2008. p. 74).

consoante garantia constitucional processual do cidadão de efetivo acesso à justiça, numa ótica material. Logo, não é razoável que para casos iguais este mesmo Poder Judiciário, que somente é dividido por questões organizacionais, decida de modo diferente — e quando isso acontece, se explicar até mesmo para os que trabalham com o Direito é difícil, muito mais é para o cidadão.

Portanto, nesse contexto, e com o escopo de albergar os valores constitucionais da isonomia e segurança jurídica, é que o Anteprojeto do Novo CPC prevê de modo acertado a valorização dos precedentes que, muito mais do que guia para interpretação e aplicação dos textos normativos federais e constitucionais, são referenciais obrigatórios para os que trabalham com o Direito quando na atuação forense.

Particularmente no exercício de nossa carreira como juiz, pensamos sempre em ascender ao mais alto posto do Poder Judiciário brasileiro, todavia, hodiernamente, como juiz de primeiro grau, não podemos querer ser Ministro antes do tempo, já que constitucionalmente cabe ao STF e STJ dizer a última palavra em termos do que deva ser compreendido como lei federal e constitucional na acepção do termo, mesmo sendo crítica a forma atual de ingresso dos membros nestes tribunais superiores, assegurando à população, por conseguinte, uma certa previsibilidade com relações às decisões da Justiça, eis que a independência funcional dos juízes não é absoluta.

Referências

KELSEN, Hans. *Teoria pura do direito*: introdução à problemática científica do direito. Tradução José Cretella Júnior e Agnes Cretella. São Paulo: Revista dos Tribunais, 2002. Versão condensada pelo autor.

MARINONI, Luiz Guilherme. *Precedentes obrigatórios*. São Paulo: Revista dos Tribunais, 2010.

MARINONI, Luiz Guilherme. *Teoria geral do processo*. São Paulo: Revista dos Tribunais, 2006.

MARINONI, Luiz Guilherme; Mitidiero, Daniel. *O Projeto do CPC*: críticas e propostas, São Paulo: Revista dos Tribunais, 2010.

BRASIL. Senado Federal. *Projeto de lei 166/2010*: Anteprojeto do Novo CPC ainda em tramitação no Congresso Nacional, alterado pelo Senado Federal e atualmente na Câmara dos Deputados.

SAMPAIO JÚNIOR, José Herval. *Processo constitucional*: nova concepção de jurisdição. 2. tiragem. São Paulo: Método, 2008.

SAMPAIO JÚNIOR, José Herval; CALDAS NETO, Pedro Rodrigues. *Manual de prisão e soltura sob a ótica constitucional*. 2. ed. São Paulo: Método, 2009.

SAMPAIO JÚNIOR, José Herval. Visão panorâmica da última reforma do CPC numa ótica constitucional. In: CAVALCANTI, Bruno; ELALI, André; VAREJÃO, José Ricardo. (Coord.). *Novos temas de processo civil*. São Paulo: MP, 2007.

ROCHA, José de Albuquerque. *Teoria geral do processo*. 7. ed. São Paulo: Atlas, 2006.

STRECK, Lênio Luiz. *Hermenêutica constitucional e(m) crise*: uma exploração hermenêutica da construção do direito. Porto Alegre: Livraria do Advogado, 1999.

Informação bibliográfica deste texto, conforme a NBR 6023:2002 da Associação Brasileira de Normas Técnicas (ABNT):

SAMPAIO JÚNIOR, José Herval. Jurisprudência e precedente vinculante: uniformização no STF e STJ. In: ROSSI, Fernando et al. (Coord.). *O futuro do processo civil no Brasil*: uma análise crítica ao Projeto do Novo CPC. Belo Horizonte: Fórum, 2011. p. 321-328. ISBN 978-85-7700-511-6.

INCIDENTE DE RESOLUÇÃO DE CAUSAS REPETITIVAS NO NOVO CPC

LEONARDO JOSÉ CARNEIRO DA CUNHA

1 Introdução

Tradicionalmente, o direito processual civil tem um perfil *individualista*. Suas regras foram, ao longo dos tempos, concebidas para resolver conflitos individuais, estruturadas de forma a considerar *única* cada ação, a retratar um litígio específico entre duas pessoas.

Tal perfil individualista, marcado pela influência do liberalismo, foi contemplado no Código de Processo Civil brasileiro em vigor, que se revelou insuficiente para resolver o crescente número de causas que, no mais das vezes, repetem situações pessoais idênticas, acarretando a tramitação paralela de significativo número de ações coincidentes em seu objeto e na razão de seu ajuizamento.

Para examinar e solucionar essas situações repetitivas, as regras processuais previstas no Código de Processo Civil revelaram-se inadequadas, sendo necessário adotar os mecanismos de tutela de direitos coletivos.

Com efeito, para a proteção de direitos coletivos, existem a *ação popular*, a *ação civil pública*, a *ação de improbidade administrativa*, e o *mandado de segurança coletivo*, que se submetem a um subsistema próprio, compreendido pelo conjunto das algumas leis, a que se agregam as regras processuais contidas no Código de Defesa do Consumidor.

Acontece, porém, que as referidas ações não têm o alcance de abranger todas as situações repetitivas, por várias razões. Em primeiro lugar, não há uma quantidade suficiente de associações, de sorte que a maioria das ações coletivas tem sido proposta pelo Ministério Público[1] — e, mais recentemente, pela Defensoria Pública — não

---

[1] Nas palavras de Marcelo Zenkner, "a pífia participação dos demais co-legitimados no ajuizamento de ações civis públicas vem acarretando um preocupante assoberbamento do Ministério Público, instituição que, não obstante o notório comprometimento público de seus integrantes, encontra hoje sérias dificuldades para responder, a contento, aos legítimos reclamos da sociedade" (*Ministério Público e efetividade do processo civil*. São Paulo: Revista dos Tribunais, 2006. p. 144, n. 3.1.1).

conseguindo alcançar todas as situações massificadas que se apresentam a cada momento.

Demais disso, as ações coletivas não são admitidas em alguns casos. No âmbito doutrinário, discute-se se é cabível a ação coletiva para questões tributárias.[2] Por sua vez, a jurisprudência do STF,[3] secundada pela do STJ,[4] *não* admite a ação civil pública em matéria tributária. O entendimento do STF inspirou o Presidente da República, que resolveu, pela Medida Provisória nº 2.180-35/01, acrescentar um parágrafo único ao art. 1º da Lei nº 7.347/85, estabelecendo a vedação de ação civil pública para veicular pretensões que envolvam tributos, contribuições previdenciárias, FGTS e outros fundos de natureza institucional cujos beneficiários podem ser individualmente determinados.

Finalmente, o regime da coisa julgada coletiva contribui para que as questões repetitivas não sejam definitivamente solucionadas nas ações coletivas. A sentença coletiva faz coisa julgada, atingindo os legitimados coletivos, que não poderão propor a mesma demanda coletiva. Segundo dispõem os §§1º e 2º do art. 103 do CDC, a extensão da coisa julgada poderá beneficiar, jamais prejudicar, os direitos *individuais*. Eis aí a extensão *secundum eventum litis* da coisa julgada coletiva. O que é *secundum eventum litis* não é a *formação* da coisa julgada, mas sua *extensão* à esfera individual dos integrantes do grupo. É a extensão *erga omnes* ou *ultra partes* da coisa julgada que depende do resultado da causa, consistindo no que se chama de extensão *in utilibus* da coisa julgada.[5] Julgado procedente o pedido, ou improcedente após instrução suficiente, haverá coisa julgada para os legitimados coletivos, podendo, entretanto, ser propostas as demandas individuais em defesa dos respectivos direitos individuais. Em caso de improcedência por falta de prova, não haverá coisa julgada, podendo qualquer legitimado coletivo repropor a demanda coletiva, sendo igualmente permitido a qualquer sujeito propor sua demanda individual.[6] Quer dizer que as demandas individuais podem ser propostas em qualquer caso de improcedência.

Não bastasse isso, a restrição da eficácia subjetiva da coisa julgada em ação coletiva, estabelecida pelo art. 16 da Lei nº 7.347/85[7] e, igualmente, pelo art. 2º-A da Lei nº 9.494/97,[8] que lhe impõem uma limitação territorial, acarreta uma indevida

---

[2] Conferir, a propósito, com indicação de posições a favor e contra, ALMEIDA, João Batista. *Aspectos controvertidos da ação civil pública*. São Paulo: Revista dos Tribunais, 2001. p. 68, n. 1.7.2.

[3] Acórdão do Pleno do STF, RE nº 195.056, rel. Min. Carlos Velloso, j. 9.12.1999, *DJ*, p. 30, 30.5.2003. *No mesmo sentido*: acórdão da 2ª Turma do STF, RE nº 248.191 AgR, rel. Min. Carlos Velloso, j. 1º.10.2002, *DJ*, p. 64, 25.10.2002). *Ainda no mesmo sentido*: acórdão da 2ª Turma do STF, AI nº 382.298 AgR-ED, rel. Min. Gilmar Mendes, j. 27.2.2007, *DJ*, p. 96, 30.3.2007).

[4] Acórdão da 2ª Turma do STJ, REsp nº 878.312/DF, rel. Min. Castro Meira, j. 13.5.2008, *DJe*, 21.5.2008. *No mesmo sentido*: acórdão da 1ª Seção do STJ, EREsp 505.303/SC, rel. Min. Humberto Martins, j. 11.06.2008, *DJe* 18.08.2008).

[5] GIDI, Antonio. *Coisa julgada e litispendência em ações coletivas*. São Paulo: Saraiva, 1995. *passim*.

[6] GIDI, Antonio. *Rumo a um Código de Processo Civil coletivo*. Rio de Janeiro: Forense, 2008. p. 289-290.

[7] "Art. 16. A sentença civil fará coisa julgada *erga omnes*, nos limites da competência territorial do órgão prolator, exceto se o pedido for julgado improcedente por insuficiência de provas, hipótese em que qualquer legitimado poderá intentar outra ação com idêntico fundamento, valendo-se de nova prova".

[8] "Art. 2º-A. A sentença civil prolatada em ação de caráter coletivo proposta por entidade associativa, na defesa dos interesses e direitos dos seus associados, abrangerá apenas os substituídos que tenham, na data da propositura da ação, domicílio no âmbito da competência territorial do órgão prolator".

fragmentação dos litígios, contrariando a essência do processo coletivo, que tem por finalidade concentrar toda a discussão numa única causa.[9] Como se percebe, as ações coletivas são insuficientes para resolver, com eficiência e de maneira definitiva, as questões de massa, contribuindo para a existência de inúmeras demandas repetitivas, a provocar um acúmulo injustificável de causas perante o Judiciário.

Significa que, mesmo com a implantação de um regime próprio para os processos coletivos, persistem as demandas repetitivas, que se multiplicam a cada dia.

As demandas repetitivas caracterizam-se por veicularem, em larga escala, situações jurídicas homogêneas. Nas palavras de Antonio Adonias Aguiar Bastos, "Além da conformação da causa-padrão pelos seus elementos objetivos, o processamento diferenciado das demandas homogêneas também pressupõe a sua massificação, de modo que elas sejam apresentadas em larga escala ao Judiciário".[10]

Várias demandas individuais podem caracterizar-se como causas repetitivas. De igual modo, várias demandas coletivas podem caracterizar-se como causas repetitivas. O que importa não é o objeto litigioso, mas a homogeneidade, ou seja, a existência de situações jurídicas homogêneas. A litigiosidade de massa é o que identifica as demandas repetitivas, independentemente de o direito ser individual ou coletivo.[11]

As causas repetitivas, que consistem numa realidade a congestionar as vias judiciais, necessitam de um regime processual próprio, com dogmática específica, que se destine a dar-lhes solução prioritária, racional e uniforme.

Tal regime é composto por várias regras extraídas do ordenamento jurídico brasileiro, a exemplo do art. 285-A do CPC, da súmula vinculante, da repercussão geral, do art. 4º, §8º, da Lei nº 8.437/92, do julgamento *por amostragem* do recurso extraordinário e do recurso especial (CPC, arts. 543-B e 543-C), do pedido de uniformização da interpretação da lei federal no âmbito dos Juizados Especiais Cíveis Federais, entre outras.[12]

As mencionadas regras estabelecem técnicas de processamento e julgamento de causas repetitivas, com a finalidade de conferir racionalidade e uniformidade na obtenção dos seus resultados. Por meio de tais regras, pretende-se, enfim, racionalizar o julgamento das causas repetitivas, agilizando seu resultado e evitando a divergência jurisprudencial, com o que se alcança isonomia entre as pessoas que figuram em processos repetitivos, cujos fundamentos são uniformes.

Como se sabe, está a tramitar no Congresso Nacional um projeto de lei com a finalidade de aprovar um Novo Código de Processo Civil. O referido projeto reproduz

---

[9] A respeito do assunto, com críticas aos dispositivos, aos quais se atribui a pecha de inconstitucionalidade, conferir, DIDIER JR., Fredie; ZANETI JR., Hermes. *Curso de direito processual civil*: processo coletivo. 5. ed. Salvador: JusPodivm, 2010. p. 143-150. No âmbito da jurisprudência do Superior Tribunal de Justiça, a regra tem sido aplicada sem restrições. A propósito: "embargos de divergência. Ação civil pública. Eficácia. Limites. Jurisdição do órgão prolator. 1 – Consoante entendimento consignado nesta Corte, a sentença proferida em ação civil pública fará coisa julgada erga omnes nos limites da competência do órgão prolator da decisão, nos termos do art. 16 da Lei n. 7.347/85, alterado pela Lei n. 9.494/97. Precedentes. 2 – Embargos de divergência acolhidos" (Acórdão da 2ª Seção do STJ, EREsp nº 411.529/SP, rel. Min. Fernando Gonçalves, j. 10.03.2010, DJe 24.03.2010).

[10] Situações jurídicas homogêneas: um conceito necessário para o processamento das demandas de massa. (*Revista de Processo*, São Paulo, v. 186, p. 98, ago. 2010).

[11] BASTOS, *idem, passim*.

[12] A propósito, conferir, CUNHA, Leonardo José Carneiro da. O regime processual das causas repetitivas (*Revista de Processo*, São Paulo, v. 179, p. 139-174, jan. 2010).

as regras já citadas — que formam o regime processual atual das causas repetitivas — além de prever novos mecanismos de obtenção de resultados uniformes para tal tipo de litigiosidade de massa.

Nesse sentido, há a previsão do chamado *incidente de resolução de demandas repetitivas*, disciplinado em vários dispositivos contidos no aludido Projeto, que são examinados no presente ensaio.

2 O Projeto do Novo CPC

Por meio do Ato nº 379, de 2009, do Presidente do Senado Federal, foi instituída comissão de juristas destinada a elaborar Anteprojeto de Novo Código de Processo Civil.

Ultimados os trabalhos da comissão, foi elaborado o Anteprojeto que veio a transformar-se no Projeto de Lei do Senado nº 166/10, resultando na apresentação, pelo relator, Senador Valter Pereira, de relatório geral que contém várias alterações, com sugestão de texto substitutivo do Projeto originário. Tal texto final foi aprovado pelo plenário do Senado, seguindo o Projeto para a Câmara dos Deputados.[13]

Na exposição de motivos do Anteprojeto, foi acentuada a preocupação com a necessidade de se obter maior efetividade processual, assegurando-se *isonomia* e *segurança jurídica*.

Nesse sentido, consagra-se, em combinação com o princípio do contraditório, a obrigatória discussão prévia da solução do litígio, conferindo às partes oportunidade de influenciar as decisões judiciais, evitando, assim, a prolação de "decisões-surpresa". Às partes deve-se conferir oportunidade de, em igualdade de condições, participar do convencimento do juiz.

Seguindo a previsão contida no Código de Processo Civil português,[14] da qual se extrai a existência da cooperação das partes com o tribunal, bem como da do tribunal com as partes,[15] o Projeto contém dispositivos que estabelecem ter o juiz o *dever de esclarecimento*, o *dever de prevenção*, o *dever de consulta* e o *dever de auxílio*, havendo, enfim, um *dever* de cooperação.

Também nessa finalidade de obter maior efetividade processual, bem como de assegurar isonomia e segurança jurídica, o Projeto prevê normas que estimulam a uniformização e a estabilização da jurisprudência, sobretudo em casos de demandas repetitivas.

Assim, dispositivo expresso do Projeto estabelece que devem os tribunais velar pela uniformização e pela estabilidade da jurisprudência, devendo editar enunciados de sua súmula de jurisprudência dominante e seguir a orientação firmada em precedentes de seus próprios órgãos internos e dos tribunais superiores. A mudança de entendimento sedimentado na jurisprudência há de observar a necessidade de

---

[13] Durante a tramitação do Projeto no Senado — o que pode suceder na Câmara — houve a alteração no número de vários artigos. Em razão disso, e para evitar dificuldades de remissão, não haverá, ao longo do presente ensaio, referência ao número dos dispositivos, mas apenas ao seu conteúdo.

[14] Para maiores detalhes, consultar, DIDIER JR., Fredie. *Fundamentos do princípio da cooperação no direito processual civil português*. Coimbra: Coimbra Ed., 2010. *passim*.

[15] SOUSA, Miguel Teixeira de. Apreciação de alguns aspectos da "revisão do processo civil: projecto". *Revista da Ordem dos Advogados*, Lisboa, ano 55, p. 361, jul. 1995.

fundamentação adequada e específica, considerando a estabilidade das situações jurídicas.

Com a finalidade de melhor disciplinar as causas repetitivas, almejando obter maior racionalidade e confessada uniformidade, o Projeto mantém várias das regras existentes no atual CPC, a cujo lado faz acrescer o chamado *incidente de resolução de demandas repetitivas*, cujas regras são a seguir destacadas.

3 O incidente de resolução de causas repetitivas

3.1. Noção geral

O Projeto do Novo CPC prevê o chamado *incidente de resolução de demandas repetitivas* a ser instaurado perante o tribunal em razão de provocação do juiz, do relator, de uma das partes, do Ministério Público ou da Defensoria Pública, com a finalidade de ser fixada a tese jurídica a ser aplicada aos diversos casos repetitivos.

O incidente deve ser submetido à admissibilidade do tribunal. Uma vez admitido, será registrado em cadastro a ser mantido junto ao Conselho Nacional de Justiça (CNJ), que promoverá sua ampla divulgação, a fim de que haja a possibilidade de participação de interessados, permitindo, assim, um grande debate sobre o tema.

Admitido o incidente, serão suspensas todas as causas repetitivas que tenham por fundamento a questão nele versada. Julgado o incidente, será definida a tese jurídica, que passará a ser aplicável a todas as demandas repetitivas.

O Superior Tribunal de Justiça ou o Supremo Tribunal Federal, a depender da hipótese, poderá, a requerimento, determinar a suspensão de todos os processos em trâmite no território nacional que tratem da questão objeto do incidente.

Essas são, em linhas gerais, as regras extraídas dos dispositivos previstos no Projeto do Novo CPC a respeito do *incidente de resolução de demandas repetitivas*, as quais serão detalhadas mais adiante.

3.2 Momento de instauração

Na dicção de dispositivo contido no Projeto do Novo CPC, "é admissível o incidente de demandas repetitivas sempre que identificada controvérsia com potencial de gerar relevante multiplicação de processos fundados em idêntica questão de direito e de causar grave insegurança jurídica, decorrente do risco de coexistência de decisões conflitantes".

Literalmente, o dispositivo prevê o incidente de resolução de causas repetitivas de forma *preventiva*. Com efeito, nos termos do dispositivo, caso o juiz identifique uma controvérsia que possa, *potencialmente*, gerar relevante multiplicação de processos fundados na mesma questão de direito deverá suscitar o incidente de demandas repetitivas.[16]

---

[16] O Projeto prevê o incidente apenas para definição de *questões de direito*. Há um procedimento similar, previsto no direito alemão, chamado *Musterverfahren*, a ser instaurado quando houver, pelo menos, dez pedidos relativos à mesma questão *de fato* ou *de direito* (a propósito, conferir, WITTMANN, Ralf-Thomas. Il

Seria mais adequado prever o incidente quando já houvesse algumas sentenças antagônicas a respeito do assunto. Vale dizer que, para caber o incidente, seria mais adequado haver, de um lado, sentenças admitindo determinada solução, havendo, por outro lado, sentenças rejeitando a mesma solução. Seria, enfim, salutar haver uma controvérsia já disseminada para que, então, fosse cabível o referido incidente. Dever-se-ia, na verdade, estabelecer como requisito para a instauração de tal incidente a existência de prévia controvérsia sobre o assunto.

Para que se possa fixar uma tese jurídica a ser aplicada a casos futuros, é preciso que sejam examinados *todos* os pontos de vista, com a possibilidade de análise do *maior número possível* de argumentos. E isso não se concretiza se o incidente for preventivo, pois não há, ainda, amadurecimento da discussão. Definir uma tese sem que o assunto esteja amadurecido ou amplamente discutido acarreta o risco de haver novos dissensos, com a possibilidade de surgirem, posteriormente, novos argumentos que não foram debatidos ou imaginados naquele momento inicial em que, previamente, se fixou a tese jurídica a ser aplicada a casos futuros.

A propósito, é digna de nota a advertência feita por Ronald Dworkin, segundo a qual: "O problema que surge em todos os casos é saber se os assuntos em discussão estão maduros para uma decisão judicial e se a decisão judicial resolveria esses assuntos de forma a diminuir a probabilidade de (ou eliminar as razões para) novos dissensos".[17]

Em qualquer assunto, o dissenso *inicial* gera ambivalência, incerteza e, até mesmo, ignorância a respeito da amplitude das questões envolvidas e de suas implicações na vida de cada um dos sujeitos interessados no tema. A essa altura, quando ainda se iniciam as discussões e se instaura a polêmica, ainda não se chegou ao melhor momento para que o tribunal se posicione e fixe uma tese jurídica a ser aplicável a casos futuros. Tolerar o dissenso por algum tempo é, na verdade, uma maneira de permitir que o debate continue até que se alcance maior clareza sobre o assunto.[18] Uma decisão sobre os pontos em disputa, que fixe a tese jurídica para casos futuros, não estabelece, de uma vez por todas, a *ratio decidendi* a ser seguida, ficando a questão em aberto e sujeita a novos questionamentos, com a apresentação de outros argumentos ainda não apreciados e sobre os quais não houve reflexão, análise, ponderação, exame pelo tribunal. É manifestamente alto o risco de haver sucessivas decisões afastando a aplicação do precedente, em razão de algum *distinguishing, overruling* ou *overriding*.

Impõe-se, por tais razões, interpretar o *texto* contido no dispositivo de maneira a dele extrair a *regra* que reclame a prévia existência de sentenças conflitantes, para que se possa instaurar o incidente. Noutros termos, cumpre conferir ao dispositivo interpretação teleológica, com vistas a dele extrair maior rendimento.

Daí por que não se afigura adequado considerar que o incidente seja preventivo, exigindo-se, para sua instauração, a existência de sentenças antagônicas a respeito do tema.

"contenzioso di massa" in Germania. *In*: GIORGETTI, Alessandro; VALLEFUOCO, Valerio. *Il contenzioso di massa in Italia, in Europa e nel Mondo*. Milano: Giuffrè, 2008. p. 176-178, n. 6.5).
O sistema alemão, como se vê, prevê o incidente tanto para questões de fato como para questões de direito. A opção adotada pelo Projeto do Novo CPC brasileiro foi, diversamente, prever o incidente apenas para questões de direito.

[17] *Levando os direitos a sério*. Tradução de Nelson Boeira. São Paulo: Martins Fontes, 2002. p. 337.
[18] DWORKIN, *op. cit.*, p. 337.

3.3 Legitimidade para postular a instauração do incidente

O incidente de resolução de causas repetitivas, que será dirigido ao Presidente do Tribunal, pode ser suscitado, de ofício, pelo juiz de uma das causas repetitivas ou pelo relator de um recurso interposto numa das causas repetitivas. O incidente pode, ainda, ser suscitado, mediante petição, por uma das partes, pelo Ministério Público ou pela Defensoria Pública.

A propósito, cumpre lembrar que a legitimidade ou legitimação permite que alguém possa agir em *certa situação* e perante outra pessoa determinada.[19] Em outras palavras, legitimidade é um *estar em face de*.[20] A legitimidade supõe certa relação entre o sujeito e o conteúdo concreto do ato. A legitimidade é, enfim, examinada concretamente, devendo ser confrontada com a específica situação submetida ao crivo judicial. A depender do objeto litigioso do processo, pode-se saber se a parte é efetivamente legítima para a causa.

No plano processual, a legitimidade deve fazer-se presente, não somente para o ajuizamento de demandas, mas também para a instauração de incidentes. Para suscitar o *incidente de resolução de demandas repetitivas*, não restam dúvidas de que deve haver legitimidade, com *pertinência temática* relativamente à questão jurídica a ser examinada pelo tribunal.

Assim, não é qualquer um que pode suscitar o mencionado incidente. Para poder suscitá-lo, é preciso ser parte numa demanda que verse sobre tema que repercuta para diversas outras causas repetitivas. Deve, enfim, haver *pertinência subjetiva* da parte com a tese jurídica a ser fixada pelo tribunal.

Ao Ministério Público confere-se legitimidade para suscitar o incidente de resolução de demandas repetitivas. Em tese, o Ministério Público poderia, até mesmo, em vez de suscitar o aludido incidente, ajuizar ação civil pública para resolução coletiva da questão. Esse poder de suscitar o referido incidente guarda total pertinência com as funções institucionais do Ministério Público, não restando dúvidas a respeito de sua legitimidade para tanto.

A legitimidade do Ministério Público, para suscitar o referido incidente, relaciona-se com sua legitimidade para a propositura de ação civil pública. É inegável que o Ministério Público dispõe de legitimação para intentar ação civil pública em defesa dos direitos difusos e coletivos.[21] Quanto à defesa dos direitos individuais homogêneos, há candente discussão doutrinária, despontando várias opiniões: há entendimento no sentido de que a legitimidade do Ministério Público seria ampla e irrestrita. Por sua vez, sobressai a orientação segundo a qual o Ministério Público não detém legitimidade para defesa de direitos individuais homogêneos, por falta de

---

[19] A legitimidade decorre de uma posição do sujeito diante de um objeto e perante outra pessoa determinada. Há, enfim, duplo aspecto no exame da legitimidade: um objetivo e outro subjetivo. Daí por que se diz que a legitimidade constitui o pressuposto *subjetivo-objetivo* do negócio jurídico (BETTI, Emilio. *Teoria generale del negozio giuridico*. 2ª ed. Napoli: Edizioni Scientifiche Italiane, 2002. p. 221).

[20] DANTAS, Marcelo Navarro Ribeiro. *Mandado de segurança coletivo*: legitimação ativa. São Paulo: Saraiva, 2000. p. 71, n. 2.2.

[21] Essa legitimidade conferida ao Ministério Público deve-se muito à sua independência e à sua especialização no trato dos direitos difusos e coletivos, garantidas pela Constituição Federal de 1988, o que não se verifica em relação ao Ministério Público em vários países europeus (CAPPELLETTI, Mauro. *L'acesso alla giustizia dei consumatori*: dimensioni della giustizia nelle società contemporanee. Bologna: Il Mulino, 1994. p. 109-110).

previsão expressa no art. 129, III, da Constituição Federal. Há, ainda, quem admita a legitimidade do Ministério Público para defesa dos direitos individuais homogêneos, que sejam indisponíveis. E, por fim, avulta o entendimento de que o Ministério Público só teria legitimidade para defesa de direitos individuais homogêneos, se presente um *relevante* interesse social, examinado concretamente. Nesse último caso, a legitimidade haveria de ser aferida em cada caso, a depender da relevância do interesse social.[22]

Este último é o entendimento que tem prevalecido e desponta como o mais razoável, sendo necessário, concretamente, verificar se há relevante interesse social, a justificar a legitimidade do Ministério Público para defender direitos individuais homogêneos. Muitas questões contidas em demandas repetitivas caracterizam-se por reproduzir situações jurídicas homogêneas. Quer isso dizer que a legitimidade do Ministério Público para suscitar o incidente de resolução de demandas repetitivas deve, na mesma linha da legitimidade para o ajuizamento de ação civil pública em defesa de direitos individuais homogêneos, ser aferido concretamente, somente sendo reconhecida, se transparecer, no caso, relevante interesse social.

Nesse momento, impõe-se breve referência à legitimidade da Defensoria Pública para suscitar o mencionado incidente.

Sabe-se que os defensores públicos são os advogados oferecidos pelo Estado a pessoas carentes. Eles integram esse importante órgão estatal: a Defensoria Pública. A Defensoria Pública é, então, instituição essencial à Justiça, com a mesma dignidade e importância que o Ministério Público, a Advocacia Pública e a Advocacia. A atuação em favor dos necessitados é determinação constitucional, sendo que a Lei Complementar nº 80, de 12 de janeiro de 1994, é a norma regente das Defensorias Públicas da União, do Distrito Federal e dos Territórios, prescrevendo normas gerais para a organização das defensorias dos Estados. Sua função é a orientação jurídica e a defesa,

---

[22] Para mais detalhes, conferir, DIDIER JR., Fredie; ZANETI JR., *op. cit.*, p. 344-352. Conferir também, VENTURI, Elton. *Processo civil coletivo*. São Paulo: Malheiros, 2007. p. 177-199, n. 7.1.3. No âmbito do STJ, há precedentes que adotam a orientação segundo a qual a legitimidade do Ministério Público em defesa de direito individual homogêneo depende da presença de interesse social da matéria (acórdão da 2ª Turma do STJ, AgRg no REsp nº 739.483/CE, rel. Min. Humberto Martins, j. 06.04.2010, *DJe*, 23.4.2010; no mesmo sentido: acórdão da 2ª Turma do STJ, REsp nº 1.185.867/AM, rel. Min. Mauro Campbell Marques, j. 04.11.2010, *DJe*, 12.11.2010).
Há, diversamente, precedente admitindo, irrestritamente, a legitimidade do Ministério Público em defesa de direitos individuais homogêneos, a saber: "Agravo regimental. Ação civil pública. Legitimidade ativa do ministério público. Direito individual homogêneo. Legitimidade e interesse processuais configurados. Decisão agravada. Manutenção. I – O Ministério Público tem legitimidade processual para a propositura de ação civil pública objetivando a defesa de direitos individuais homogêneos. II – Não é da natureza individual, disponível e divisível que se retira a homogeneidade de interesses individuais homogêneos, mas sim de sua origem comum, violando direitos pertencentes a um número determinado ou determinável de pessoas, ligadas por esta circunstância de fato. Inteligência do art. 81, CDC. III – Agravo Regimental improvido" (Acórdão da 3ª Turma do STJ, AgRg no Ag nº 1.323.205/SP, rel. Min. Sidnei Beneti, j. 19.10.2010, *DJe*, 10.11.2010).
No Supremo Tribunal Federal, há, igualmente, precedentes em ambos os sentidos. Por um lado, já se manifestou o entendimento segundo o qual "O Ministério Público tem legitimidade ativa para a defesa, em juízo, dos direitos e interesses individuais homogêneos, quando impregnados de relevante natureza social, como sucede com o direito de petição e o direito de obtenção de certidão em repartições públicas" (Acórdão da 2ª Turma do STF, RE nº 472.489 AgR, rel. Min. Celso de Mello, j. 29.4.2008, *DJe-162* divulg 28.08.2008 public 29.08.2008). Por outro lado, há precedentes que afirmam que "O Ministério Público detém legitimidade para propor ação civil pública na defesa de interesses individuais homogêneos (CF/88, arts. 127, §1º, e 129, II e III). Precedente do Plenário: RE 163.231/SP, rel. Min. Carlos Velloso, *DJ* 29.06.2001" (Acórdão da 2ª Turma do STF, RE nº 514.023 AgR, rel. Min. Ellen Gracie, j. 04.12.2009, *DJe-022* divulg 04.02.2010 public 05.02.2010).

em todos os graus, dos necessitados, na forma do art. 5º, LXXIV, da Constituição Federal (acesso formal à justiça).

A Defensoria Pública tem a *função típica* de prestar assistência jurídica aos necessitados, representando-os em processos judiciais e administrativos.

O que se questiona é se o incidente de resolução de demandas repetitivas suscitado pela Defensoria Pública deve, necessariamente, estar relacionado com alguma causa que tenha pessoa carente de recursos financeiros como parte ou que diga respeito à questão jurídica que interesse aos necessitados. Em outras palavras, o que se questiona é se a Defensoria Pública pode suscitar o referido incidente em qualquer caso ou se é preciso haver vinculação com interesse de necessitados ou com tema que lhes diga respeito.

Tudo leva a crer que a possibilidade conferida à Defensoria Pública de suscitar o incidente de resolução de causas repetitivas constitui mais uma hipótese de *função típica* que lhe é atribuída pelo ordenamento jurídico, havendo necessidade de o caso envolver interesses de necessitados ou versar sobre tema que a eles esteja relacionado. É preciso, em resumo, que haja a chamada *legitimidade adequada* ou *representação adequada*. A legitimidade da Defensoria Pública, para suscitar o aludido incidente, deve relacionar-se com sua função típica, definida constitucionalmente.

Se, concretamente, o suscitante não ostentar legitimidade, por lhe faltar *pertinência temática* ou *legitimidade adequada*, não deve o tribunal rejeitar, desde logo, o incidente, devendo, isto sim, proporcionar prazo e oportunidade para que o requerente inadequado seja substituído por outro, adequado.[23]

Ao suscitar o incidente, qualquer um desses legitimados deve demonstrar a necessidade de sua instauração, destacando a existência de polêmica em torno de questão jurídica que repercuta em várias demandas repetitivas.

Segundo o *texto* normativo, o incidente há de ser preventivo, tal como já se viu no item 3.2. *supra*. Também ali se viu que não parece ser essa a melhor interpretação a ser extraída do texto, de sorte que cabe ao legitimado, ao suscitar o incidente, demonstrar a existência de efetivo, real e concreto dissenso, indicando sentenças antagônicas proferidas a respeito do tema a ser examinado pelo tribunal. Deve o legitimado, como se percebe, demonstrar a conveniência de definir a tese a ser aplicada a todos os casos.

Diversamente, se se entender que o incidente deva ser preventivo, caberá ao legitimado, ao suscitar o incidente, demonstrar que há potencial risco de sucessivas demandas repetitivas que se fundamentem na mesma questão jurídica, sendo conveniente definir a tese a ser aplicada em todos os casos.

O ofício ou a petição, por cujo intermédio for suscitado o incidente, será instruído com os documentos necessários à demonstração da necessidade de instauração do incidente. As alegações devem, enfim, fundar-se em prova documental, não sendo cabível outro tipo de prova para a demonstração da necessidade de ser admitido o incidente.

Nos casos em que não for o requerente, o Ministério Público intervirá obrigatoriamente no incidente, podendo assumir sua titularidade nas hipóteses em que

---

[23] GIDI, Antonio. A representação adequada nas ações coletivas brasileiras: uma proposta. *Revista de Processo*, São Paulo, v. 108, p. 68, out./dez. 2002.

houver desistência ou abandono pelo suscitante. Realmente, se o suscitante desistir ou abandonar o incidente, o Ministério Público poderá assumir sua posição, passando a conduzir o procedimento. Na verdade, qualquer um dos legitimados pode assumir a posição do suscitante, caso este venha a dele desistir ou a abandoná-lo. Se nenhum legitimado assumir tal posição, poderá o Ministério Público fazê-lo, passando a acompanhar, na condição de suscitante, o procedimento do incidente perante o tribunal.

3.4 Divulgação e publicidade do incidente

Uma vez instaurado o incidente, deverá ser dada ampla publicidade e específica divulgação, mediante registro eletrônico junto ao Conselho Nacional de Justiça (CNJ). Ao julgamento do incidente também se deve dar ampla e específica divulgação e publicidade, igualmente por meio de registro eletrônico no CNJ.

É recomendável, a fim de viabilizar a aplicação dessa regra e torná-la mais efetiva, que o CNJ organize e mantenha um cadastro nacional de incidentes de resolução de demandas repetitivas, com a finalidade de permitir que os órgãos do Poder Judiciário e os interessados tenham amplo acesso às informações relevantes relacionadas com a existência e o estado de tais incidentes.

Como acentuado no item 3.5. *infra*, é possível haver, durante o processamento e julgamento do incidente de resolução de demandas repetitivas, a intervenção de interessados e de *amici curiae*. As referidas divulgação e publicidade são fundamentais para viabilizar essa intervenção de quaisquer interessados e, ainda, de *amici curiae* que queiram contribuir com a discussão, oferecendo elementos técnicos e argumentos para a formação da tese jurídica a ser aplicada nas sucessivas causas repetitivas.

Para viabilizar a divulgação e a publicidade da instauração e do julgamento do incidente, os tribunais promoverão a formação e atualização de banco de dados eletrônico, contendo informações específicas sobre as questões de direito submetidas a julgamento, com a comunicação imediata ao Conselho Nacional de Justiça, a fim de que este faça incluir no seu cadastro eletrônico.

3.5 Contraditório e participação de *amici curiae*

A exemplo do que sucede com a proclamação de inconstitucionalidade, o incidente de resolução de causas repetitivas provoca um julgamento *abstrato* da questão jurídica submetida ao crivo do tribunal. Trata-se de incidente processual de natureza objetiva, sendo certo que a decisão do tribunal irá fixar a *ratio decidendi* a ser seguida não somente no caso concreto que lhe deu origem, mas também em todos os demais casos que envolvam a mesma questão jurídica.

A decisão, proferida no incidente de resolução de demandas repetitivas, consistirá num paradigma para todos os demais feitos, caracterizando-se como um *leading case* a fundamentar as decisões dos casos repetitivos que tenham por fundamento a mesma tese jurídica.

Segundo Peter Häberle, a interpretação constitucional é uma atividade que, potencialmente, diz respeito a todos.[24] Impõe-se, por isso mesmo, ampliar o círculo de intérpretes como consequência natural da necessidade de integração da realidade no processo de interpretação, sendo essa a característica de uma realidade pluralista.[25] Daí por que, no âmbito das ações de controle concentrado de constitucionalidade, é possível a intervenção de *amicus curiae*.

À semelhança do que ocorre nas ações objetivas de controle de constitucionalidade, afigura-se cabível a intervenção do *amicus curiae* no incidente de resolução de demandas repetitivas.

O *amicus curiae*, tido como auxiliar do juízo, pode ser uma entidade privada ou pública, que desempenha atividades relacionadas com o tema a ser examinado pelo tribunal. Sua atuação tem a finalidade de apresentar argumentos, dados ou elementos que contribuam para a prolação de uma melhor decisão, permitindo ao tribunal examinar, adequadamente, todas as nuanças da questão, ponderando vários pontos de vista.

O *amicus curiae* tem interesse *institucional* de contribuir com a decisão a ser proferida pelo tribunal,[26] seja porque sua atividade está relacionada com o assunto a ser examinado, seja porque desenvolve estudos sobre o tema.

Enquanto não definida a tese jurídica a ser aplicada aos casos repetitivos, as partes de cada um dos respectivos processos podem intervir no mencionado incidente, contribuindo com o convencimento do tribunal. Tais partes têm interesse *jurídico* no resultado a ser obtido com o julgamento do incidente de resolução de demandas repetitivas.

Quer isso dizer que as partes das causas repetitivas, cujo processamento deve suspender-se ante a instauração do aludido incidente, podem nele intervir, fazendo-o na condição de *assistentes litisconsorciais*, exatamente porque a questão jurídica discutida também lhes diz respeito. Na verdade, o referido incidente *representa a controvérsia*, concentrando, no tribunal, todas as demandas que se fundam na questão jurídica a ser ali examinada. As partes de cada processo repetitivo podem tornar-se, igualmente, partes no mencionado incidente, nele intervindo na condição de assistentes litisconsorciais.

Tais partes, que passam a figurar como assistentes litisconsorciais no incidente de resolução de demandas repetitivas, não se confundem com os *amici curiae* que possam eventualmente participar do seu processamento e julgamento. Estes figuram como auxiliares do juízo, contribuindo com argumentos, dados e elementos extraídos de sua experiência ou atividade, que se relaciona com o tema a ser examinado pelo tribunal.

A todo sujeito interessado em determinada decisão jurisdicional deve ser concedida a possibilidade de participar no processo de sua formação, sendo-lhe

---

[24] *Hermenêutica constitucional*: a sociedade aberta dos intérpretes da Constituição: contribuição para a interpretação pluralista e "procedimental" da Constituição. Tradução de Gilmar Ferreira Mendes. Porto Alegre: Sergio Antonio Fabris, 2002. p. 24.

[25] *Idem*, p. 30.

[26] BUENO, Cassio Scarpinella. *Amicus curiae no processo civil brasileiro*: um terceiro enigmático. São Paulo: Saraiva, 2006. p. 500-511.

reconhecido o direito de ser ouvido, a fim de poder influenciar o julgador e ajudá-lo na elaboração do conteúdo da decisão,[27] contribuindo para a definição de sua *ratio decidendi*.

Enfim, é possível a qualquer interessado, seja ele portador de um interesse *institucional* (caso do *amicus curiae*), ou *jurídico* (caso das partes das demandas repetitivas), intervir e participar efetivamente do processamento e julgamento do referido incidente.

Já se viu, no item 3.4. *supra*, que, admitido o incidente de resolução de demandas repetitivas, devem ser viabilizadas a divulgação e a publicidade de sua instauração e de seu julgamento. Tais divulgação e publicidade são fundamentais para permitir a intervenção de quaisquer interessados e, ainda, de *amici curiae* que queiram contribuir com a discussão, oferecendo elementos técnicos e argumentos para a formação da tese jurídica a ser aplicada nas sucessivas causas repetitivas.

Aliás, segundo prevê o Projeto do Novo CPC, "o relator ouvirá as partes e os demais interessados, inclusive, pessoas, órgãos e entidades com interesse na controvérsia, que, no prazo comum de quinze dias, poderão requerer a juntada de documentos, bem como as diligências necessárias para a elucidação da questão de direito controvertida; em seguida, no mesmo prazo, manifestar-se-á o Ministério Público".

3.6 Competência para admitir, processar e julgar o incidente

O procedimento, a admissibilidade e o julgamento do incidente cabem, na dicção de dispositivos do Projeto, ao plenário do tribunal ou, onde houver, ao seu órgão especial.

Na verdade, a competência é do plenário. Se, porém, o tribunal tiver número superior a vinte e cinco julgadores, deve, em sua organização, haver um órgão especial, com o mínimo de onze e o máximo de vinte e cinco membros, para o exercício das atribuições administrativas e jurisdicionais do tribunal pleno. O órgão especial do tribunal, nos termos do inc. XI do art. 93 da Constituição Federal, compõe-se, em uma metade, pelos julgadores mais antigos, integrando a outra metade os julgadores eleitos pelo tribunal pleno.

Em outras palavras, se o tribunal for composto por até vinte e cinco membros, o incidente de resolução de demandas repetitivas há de ser processado, admitido e julgado pelo plenário. Caso seja composto por uma quantidade maior de julgadores, o processamento, a admissibilidade e o julgamento do incidente competem ao seu órgão especial, que detém as atribuições do plenário.

Enfim, em razão de dispositivos contidos no Projeto do Novo CPC, é do plenário do tribunal ou, onde houver, do seu órgão especial, a competência para decidir o incidente de resolução de demandas repetitivas.

Tais dispositivos são, todavia, inconstitucionais.

Não é possível ao legislador indicar qual o órgão interno do tribunal deva julgar o incidente de resolução de causas repetitivas. Essa indicação deve constar do regimento interno de cada tribunal.

---

[27] BOVE, Mauro. *Lineamenti di diritto processuali civile*. 3ª ed. Torino: G. Giappichelli Editore, 2009. p. 31.

Segundo estabelece o art. 96 da Constituição Federal, compete *privativamente* aos tribunais elaborar seus regimentos internos, dispondo sobre a competência e o funcionamento dos respectivos órgãos jurisdicionais e administrativos.

A legislação infraconstitucional pode indicar o tribunal competente, seguindo as regras já traçadas pela Constituição Federal. O legislador deve apontar qual o tribunal competente, não estabelecendo qual o órgão interno do tribunal que deva realizar determinado julgamento. Se o órgão julgador, num determinado tribunal, é uma câmara cível, um grupo de câmaras, a corte especial ou o plenário, isso há de ser definido pelo seu respectivo regimento interno. O que importa é que o tribunal seja aquele previsto na Constituição Federal, a não ser em casos especificamente previstos no próprio texto constitucional, como na hipótese da regra de reserva de plenário: somente o plenário ou o órgão especial é que pode decretar, incidentemente, a inconstitucionalidade de lei ou tratado (CF/88, art. 97).

É *privativa* do tribunal a competência para legislar sobre as atribuições de seus órgãos internos, não sendo possível ao legislador tratar desse assunto. A competência funcional dos juízos e tribunais é regida pelas normas da Constituição Federal, das Constituições dos Estados e de organização judiciária. Tais diplomas normativos atribuem competência aos tribunais, mas a estes cabe privativamente definir a competência de seus órgãos internos.

A definição da competência dos órgãos que o compõem, além de ser uma atribuição *privativa* do tribunal, insere-se no âmbito da sua organização interna. Só ao tribunal cabe definir se o incidente de resolução de causas repetitivas será processado, admitido e julgado pelo plenário, pela corte especial ou por outro órgão que lhe pareça mais adequado.

É comum que os órgãos especiais, nos tribunais onde há, sejam compostos, em maioria ou em quantidade considerável, por membros que integram câmaras, turmas ou órgãos criminais. Isso porque a metade de sua composição, como se viu, é constituída de julgadores mais antigos. Não é raro que os mais antigos integrem câmaras ou órgãos criminais, não sendo, em hipóteses assim, conveniente que se atribua a tais julgadores a definição da *ratio decidendi* que deverá orientar a resolução de diversas causas repetitivas.

São, portanto, inconstitucionais as regras contidas no Projeto do Novo CPC que atribuem ao plenário ou, onde houver, à corte especial, a competência para processar, admitir e julgar o incidente de resolução de causas repetitivas. Cabe a cada tribunal, em seu respectivo regimento interno, definir qual o órgão competente para a análise e o julgamento de tal incidente.

3.7 Procedimento e julgamento do incidente

Suscitado perante o tribunal, o incidente submete-se à distribuição, sendo atribuído a um relator, que poderá requisitar informações ao órgão em cujo juízo tiver curso o processo originário, que as prestará no prazo de quinze dias. Findo esse prazo, que é improrrogável, deve ser designada data para exame de admissibilidade do incidente, intimando-se o Ministério Público.

Ao examinar sua admissibilidade, o tribunal irá verificar se os requisitos para a instauração do incidente estão preenchidos e se há efetivamente conveniência de se fixar a tese jurídica a ser aplicada em casos repetitivos, com a adoção de decisão paradigmática.

Rejeitado o incidente, retoma-se o curso dos processos em que se discuta a questão jurídica que deveria ser examinada pelo tribunal.

Diversamente, se admitido o incidente, o presidente do tribunal deve determinar, na própria sessão, a suspensão dos processos pendentes, em primeiro e segundo graus de jurisdição. Tal suspensão não impede, todavia, a concessão de provimentos de urgência no juízo de origem.

O relator ouvirá as partes e demais interessados no prazo comum de quinze dias, sendo, em seguida, concedido idêntico prazo ao Ministério Público para manifestação.

Concluídas as diligências, o relator pedirá dia para julgamento do incidente. Feita a exposição do incidente pelo relator, o presidente do órgão julgador dará a palavra, sucessivamente, pelo prazo de trinta minutos, ao autor e ao réu do processo originário, bem como ao Ministério Público, para sustentar suas razões. Em seguida, os demais interessados (sejam *amici curiae*, sejam partes das causas repetitivas) poderão manifestar-se no prazo de trinta minutos, divididos entre todos, sendo exigida inscrição com quarenta e oito horas de antecedência.

Segundo prevê o Projeto do Novo CPC, o incidente de resolução de demandas repetitivas deve ser julgado no prazo de seis meses, ostentando preferência sobre os demais feitos, ressalvados os que envolvam réu preso e os pedidos de *habeas corpus*. Ultrapassado aquele prazo de seis meses sem que seja julgado o incidente, cessa sua eficácia suspensiva, a não ser que o relator profira decisão fundamentada em sentido contrário.

3.8 Recursos no incidente

Uma vez suscitado, o incidente de resolução de demandas repetitivas será distribuído a um relator, que deve proferir decisões no seu curso. De tais decisões cabe agravo interno. Também é cabível das decisões proferidas no aludido incidente o recurso de embargos de declaração.

O relator, no referido incidente, poderá admitir ou rejeitar a intervenção de interessados e de *amici curiae*. A decisão que admite alguma intervenção é irrecorrível, não sendo razoável permitir qualquer recurso, pois isso conspiraria contra a duração razoável do incidente. Ademais, é recomendável que haja ampla participação e discussão no incidente, revelando-se salutar a ampliação do debate em torno da tese jurídica a ser fixada pelo tribunal.

Se, todavia, o relator rejeitar a intervenção de algum interessado ou *amicus curiae*, será cabível agravo interno dessa sua decisão, a fim de que possa o tribunal avaliar a conveniência e oportunidade da intervenção. Qualquer um dos legitimados a suscitar o incidente de resolução de causas repetitivas pode interpor recursos de decisões nele proferidas pelo tribunal. Com efeito, qualquer das partes, o Ministério Público e a Defensoria Pública podem interpor recursos no referido incidente. Quem atuou — ou quem poderia atuar — como interveniente no incidente também pode interpor recursos no mencionado incidente.

Muito se discute se o *amicus curiae* pode interpor recursos no processo em que foi admitido ou, até mesmo, naqueles em que não interveio, embora pudesse, em tese, fazê-lo.

Partindo do pressuposto de que o *amicus curiae* equipara-se ao Ministério Público quando este atua como *custos legis*, Cassio Scarpinella Bueno entende que o *amicus* ostenta legitimidade recursal. Se é possível ao Ministério Público, como *custos legis*, interpor recursos, ao *amicus curiae* deve, igualmente, ser franqueada essa possibilidade.[28]

Não é esse o entendimento de Carlos Gustavo Rodrigues Del Prá, para quem o *amicus curiae* somente pode

    a) apresentar parecer, memoriais ou qualquer outra forma de esclarecimento por escrito,

    b) juntar documentos,

    c) realizar sustentação oral,

    d) recorrer da decisão que indeferiu sua intervenção, bem como das decisões referentes a forma, conteúdo e extensão da sua participação,

    e) requerer ao relator sejam determinadas medidas para esclarecer matéria insuficientemente informada nos autos,

    f) solicitar designação de perícia,

    g) requerer audiência pública. Não se deve, na sua opinião, permitir que o *amicus curiae* recorra quanto às questões diretamente relacionadas ao objeto da demanda.[29]

O Supremo Tribunal Federal mantém orientação consolidada no sentido de que, nas causas de controle de constitucionalidade, o *amicus curiae* não ostenta legitimidade para interpor recurso, a não ser da decisão que indefira sua intervenção no processo. Segundo anotado em precedente específico, "O entendimento desta Corte é no sentido de que entidades que participam dos processos objetivos de controle de constitucionalidade na qualidade de amicus curiae não possuem, ainda que aportem aos autos informações relevantes ou dados técnicos, legitimidade para recorrer".[30]

Já se viu que a definição da tese jurídica pelo tribunal deve ser precedida de amplo debate, sendo possível a intervenção do *amicus curiae*. Este, também se viu, ostenta interesse institucional de contribuir para a prolação da melhor decisão possível, oferecendo ao órgão julgador elementos técnicos que possam contribuir para a formação de seu convencimento. Ora, se o *amicus curiae* tem legitimidade e interesse de intervir, deve-lhe ser franqueada a possibilidade de recorrer se a decisão afetar ou atingir, em qualquer medida, o *interesse institucional* que justifica sua intervenção. Se se lhe permite participar da discussão e contribuir com a formação do convencimento judicial, tal participação e contribuição podem — e devem — estender-se para o âmbito recursal,

---

[28] *Op. cit.*, p. 567.
[29] *Amicus curiae*: instrumento de participação democrática e de aperfeiçoamento da prestação jurisdicional. Curitiba: Juruá, 2007. p. 141-142.
[30] Acórdão do Pleno do STF, ADI nº 2.359 ED-AgR, rel. Min. Eros Grau, j. 3.8.2009, *DJe-162* divulg 27.08.2009 public 28.08.2009.

a fim de que o órgão *ad quem* considere os elementos fornecidos que eventualmente tenham sido desprezados, desconsiderados ou rejeitados pelo órgão *a quo*.

A amplitude do debate, o contraditório, o *diálogo* entre todos os participantes, o dever de cooperação, tudo isso conspira em favor da possibilidade de o *amicus curiae* interpor recursos no incidente de resolução de demandas repetitivas.

Como restou acentuado, o Supremo Tribunal Federal, no âmbito do controle concentrado de constitucionalidade, não admite a interposição de recursos pelo *amicus curiae*. Há de ser ponderado, entretanto, que os julgamentos proferidos pelo STF, no âmbito do controle concentrado de constitucionalidade, são finais, não podendo o caso ser erigido a qualquer outro órgão do Poder Judiciário. Não é essa, contudo, a situação que se verifica no contexto do *incidente de resolução de demandas repetitivas*. O incidente — instaurado, admitido, processado e julgado em tribunal de segunda instância — enseja a prolação de decisão da qual é cabível recurso para o tribunal superior, ao qual cabe emitir o precedente definitivo a respeito do tema. A possibilidade de o *amicus curiae* recorrer reforça a participação dos tribunais superiores na definição da tese jurídica a ser aplicada aos casos repetitivos.

Enquanto no controle concentrado de constitucionalidade não haverá mais outro órgão jurisdicional a se pronunciar sobre o caso, sendo o próprio STF o intérprete autêntico ou final da questão, no *incidente de resolução de demandas repetitivas* a decisão proferida pelo tribunal de segunda instância não será necessariamente a decisão final ou a última decisão a definir a *ratio decidendi* que será aplicada aos casos repetitivos. Será possível, então, provocar a manifestação de um tribunal superior. E, para isso, é recomendável, salutar, possível, adequado, legítimo que qualquer das partes ou dos interessados possa interpor recursos, aí incluída a figura do *amicus curiae*.

Do acórdão que julgar o incidente cabe recurso especial ou extraordinário, a ser interposto por qualquer das partes, pelo Ministério Público ou por terceiro interessado, o qual será dotado de efeito suspensivo. Embora não previsto expressamente no Projeto, o recurso especial ou extraordinário pode, ainda, ser interposto pela Defensoria Pública, que detém, como visto no item 3.3. *supra,* legitimidade para suscitar o incidente.

No âmbito de tal incidente — instaurado para emissão de precedente, cuja *ratio decidendi* irá aplicar-se aos demais casos repetitivos — o interesse recursal limita-se ao conteúdo da fundamentação da decisão e de suas premissas. Realmente, ao recorrer do acórdão final proferido no incidente, os legitimados pretendem modificar a *ratio decidendi* contida na fundamentação do precedente emitido pelo tribunal.

O Supremo Tribunal Federal, via de regra, não conhece do recurso extraordinário, quando a questão constitucional nele versada não ostentar repercussão geral. Significa que, em regra, deve haver repercussão geral para que seja admitido o recurso extraordinário. E, para efeito de repercussão geral, será considerada a existência, ou não, de questões relevantes do ponto de vista econômico, político, social ou jurídico, que ultrapassem os interesses subjetivos da causa.

Do texto do Projeto do Novo CPC infere-se que se presume haver, no recurso extraordinário interposto de acórdão proferido no incidente de resolução de demandas repetitivas, repercussão geral, devendo, em princípio, ser admitido. Para que se interponha um recurso extraordinário no referido incidente, *não* é necessário que o recorrente demonstre que há repercussão geral. Não há essa exigência, pois a repercussão geral é presumida. Não constitui requisito do recurso extraordinário no aludido incidente a demonstração, pelo recorrente, da demonstração da presença de repercussão geral.

Nessa hipótese, interposto recurso especial ou extraordinário, os autos serão remetidos ao tribunal competente, independentemente da realização de juízo de admissibilidade na origem.

O presidente ou vice-presidente do tribunal local, a quem é dirigida petição de interposição do recurso especial ou extraordinário, não exerce, no particular, juízo de admissibilidade. Em outras palavras, o juízo de admissibilidade do recurso especial ou extraordinário no incidente de resolução de causas repetitivas é exercido, única e exclusivamente, pelo tribunal superior. Ainda que manifestamente inadmissível, não pode nem deve o presidente ou vice-presidente do tribunal local negar-lhe seguimento ou inadmitir o recurso especial ou extraordinário no mencionado incidente. Se o fizer, estará usurpando competência do tribunal superior, cabendo, então, reclamação constitucional.

O recurso extraordinário interposto no incidente deve, nos termos do Projeto do Novo CPC, ser julgado pelo plenário do STF. Já o recurso especial há de ser julgado pela Corte Especial do STJ. Aqui se aplicam as mesmas observações feitas no item 3.6 *supra*, a respeito da inconstitucionalidade dessas previsões: não deve o legislador ordinário imiscuir-se na organização interna dos tribunais, atribuindo competência específica a seus órgãos. Essa é uma atribuição privativa dos tribunais, que devem fazer constar de seus regimentos internos as competências de seus órgãos.

As partes, os interessados, o Ministério Público e a Defensoria Pública poderão requerer ao STF ou ao STJ a suspensão de todos os processos em curso no território nacional que versem sobre a questão objeto do incidente. Se a matéria envolvida for de índole constitucional, a ponto de ser provável o cabimento do recurso extraordinário, tal pedido há de ser dirigido ao STF. Por outro lado, se a matéria for de âmbito infraconstitucional, é ao STJ que se deve pedir a suspensão dos processos que tramitem no território nacional a respeito do tema versado no incidente.

Aquele que for parte em processo em curso, no qual se discuta a mesma questão jurídica que deu causa ao incidente, é legitimado para requerer tal suspensão junto ao STF ou ao STJ, independentemente dos limites da competência territorial. Assim, imagine-se, por exemplo, que foi instaurado incidente de resolução de demandas repetitivas no Tribunal de Justiça de Pernambuco. Uma das partes de uma causa que tramite em São Paulo, em cujo âmbito se discuta a mesma questão jurídica, poderá requerer ao STF ou ao STJ a suspensão dos processos que tenham curso em todo território nacional que tratem do tema discutido no incidente. A ideia é concentrar, no incidente, toda a discussão, sobrestando o andamento das causas que tramitam em todo território nacional que se fundem na mesma questão de direito.

Do acórdão proferido pelo tribunal de justiça caberá, como se viu, recurso especial ou extraordinário, sendo a questão encaminhada ao STJ ou ao STF, a fim de que, julgado o recurso, o resultado final passe a vincular as demandas repetitivas em todo o território nacional.

Já se viu, no item 3.4. *supra*, que, instaurado o incidente, deve ser dada ampla publicidade e específica divulgação junto ao CNJ. Tais divulgação e publicidade põem-se em destaque para que se possa permitir que qualquer interessado, cuja causa esteja sujeita à competência de outro tribunal possa requerer ao STF ou ao STJ a suspensão de todos os processos que tramitem no território nacional, em cujo âmbito haja discussão a respeito da questão jurídica posta a julgamento.

3.9 Consequências do julgamento do incidente

Julgado o incidente, a tese jurídica firmada será aplicada a todos os processos que versem idêntica questão de direito e que tramite no âmbito da competência territorial do tribunal. Havendo recurso extraordinário ou especial no incidente, e vindo a matéria a ser apreciada pelo STF ou STJ, a tese jurídica firmada será aplicada a todos os processos que versem idêntica questão de direito e que tramitem em todo território nacional.

Se algum juízo ou tribunal não observar a tese adotada pela decisão proferida no incidente, caberá reclamação para o tribunal competente.

Após firmada a tese jurídica pelo tribunal no julgamento do incidente, se for proposta alguma demanda cujo fundamento a contrarie, o juiz julgará liminarmente improcedente o pedido independentemente da citação do réu, desde que não haja necessidade de produção de provas a respeito dos fatos alegados pelo autor.

A sentença que se apoie na tese jurídica firmada pelo tribunal no julgamento do incidente não estará sujeita ao reexame necessário, ainda que proferida contra a Fazenda Pública.

Na execução provisória, a caução será dispensada quando a sentença houver sido proferida com base em acórdão firmado em incidente de resolução de demandas repetitivas.

Nos tribunais, os julgamentos serão proferidos isoladamente pelo relator, a quem se permite negar seguimento ao recurso quando fundado em argumento contrário à tese firmada no referido incidente. Poderá, por outro lado, o relator dar provimento imediato ao recurso quando este se fundar exatamente na tese jurídica firmada no incidente de resolução de causas repetitivas.

Enfim, firmada a tese jurídica no incidente de resolução de demandas repetitivas, os juízos deverão aplicá-la a todos os casos que nela se fundarem.

Referências

ALMEIDA, João Batista. *Aspectos controvertidos da ação civil pública*. São Paulo: Revista dos Tribunais, 2001.

BASTOS, Antonio Adonias Aguiar. Situações jurídicas homogêneas: um conceito necessário para o processamento das demandas de massa. *Revista de Processo*, São Paulo, v. 186, ago. 2010.

BETTI, Emilio. *Teoria generale del negozio giuridico*. 2ª ed. Napoli: Edizioni Scientifiche Italiane, 2002.

BOVE, Mauro. Lineamenti di diritto processuali civile. 3ª ed. Torino: G. Giappichelli Editore, 2009.

BUENO, Cassio Scarpinella. *Amicus curiae no processo civil brasileiro*: um terceiro enigmático. São Paulo: Saraiva, 2006.

CAPPELLETTI, Mauro. *L'acesso alla giustizia dei consumatori*: dimensioni della giustizia nelle società contemporanee. Bologna: Il Mulino, 1994.

CUNHA, Leonardo José Carneiro da. O regime processual das causas repetitivas. *Revista de Processo*, São Paulo, v. 179, jan. 2010.

DANTAS, Marcelo Navarro Ribeiro. *Mandado de segurança coletivo*: legitimação ativa. São Paulo: Saraiva, 2000.

DEL PRÁ, Carlos Gustavo Rodrigues. *Amicus curiae*: instrumento de participação democrática e de aperfeiçoamento da prestação jurisdicional. Curitiba: Juruá, 2007.

DIDIER JR., Fredie. *Fundamentos do princípio da cooperação no direito processual civil português*. Coimbra: Coimbra Ed., 2010.

DIDIER JR., Fredie; ZANETI JR., Hermes. *Curso de direito processual civil*: processo coletivo. 5. ed. Salvador: JusPodivm, 2010.

DWORKIN, Ronald. *Levando os direitos a sério*. Tradução de Nelson Boeira. São Paulo: Martins Fontes, 2002.

GIDI, Antonio. A representação adequada nas ações coletivas brasileiras: uma proposta. *Revista de Processo*, São Paulo, v. 108, out./dez. 2002.

GIDI, Antonio. *Coisa julgada e litispendência em ações coletivas*. São Paulo: Saraiva, 1995.

GIDI, Antonio. *Rumo a um Código de Processo Civil Coletivo*. Rio de Janeiro: Forense, 2008.

SOUSA, Miguel Teixeira de. Apreciação de alguns aspectos da "revisão do processo civil: projecto". *Revista da Ordem dos Advogados*, Lisboa, ano 55, jul. 1995.

WITTMANN, Ralf-Thomas. Il "contenzioso di massa" in Germania. *In*: GIORGETTI, Alessandro; VALLEFUOCO, Valerio. *Il contenzioso di massa in Italia, in Europa e nel Mondo*. Milano: Giuffrè, 2008.

ZENKNER, Marcelo. Ministério Público e efetividade do processo civil. São Paulo: Revista dos Tribunais, 2006.

Informação bibliográfica deste texto, conforme a NBR 6023:2002 da Associação Brasileira de Normas Técnicas (ABNT):

CUNHA, Leonardo José Carneiro da. Incidente de Resolução de Causas Repetitivas no Novo CPC. *In*: ROSSI, Fernando *et al.* (Coord.). *O futuro do processo civil no Brasil*: uma análise crítica ao Projeto do Novo CPC. Belo Horizonte: Fórum, 2011. p. 329-347. ISBN 978-85-7700-511-6.

O CUMPRIMENTO DA SENTENÇA NO PROJETO DO NOVO CÓDIGO DE PROCESSO CIVIL

LUCIANO VIANNA ARAÚJO

1 A Comissão de Juristas e o Anteprojeto do Novo Código de Processo Civil

O Senado Federal, por ato do seu Presidente (APS nº 379/09), instituiu uma Comissão de Juristas destinada a elaborar Anteprojeto do Novo Código de Processo Civil.

Compuseram tal comissão Luiz Fux, na qualidade de Presidente, Teresa Arruda Alvim Wambier, na condição de Relatora-Geral, Adroaldo Furtado Fabrício, Benedito Cerezzo Pereira Filho, Bruno Dantas, Elpídio Donizetti Nunes, Humberto Theodoro Júnior, Jansen Fialho de Almeida, José Miguel Garcia Medina, José Roberto dos Santos Bedaque, Marcus Vinicius Furtado Coelho e Paulo Cezar Pinheiro Carneiro.

No aludido Anteprojeto, divide-se o Código de Processo Civil em cinco Livros, a saber: Livro I (Parte geral), Livro II (Do processo de conhecimento), Livro III (Do processo de execução), Livro IV (Dos Processos nos tribunais e dos meios de impugnação das decisões judiciais) e Livro V (Das disposições finais e transitórias).

A Parte geral (Livro I) compõe-se de 11 Títulos,[1] quais sejam: Título I (Princípios e garantias, normas processuais, jurisdição e ação), Título II (Limites da jurisdição brasileira e cooperação internacional), Título III (Da competência interna), Título IV (Das partes e dos procuradores), Título V (Do litisconsórcio), Título VI (Do juiz e dos auxiliares da Justiça), Título VII (Do Ministério Público), Título VIII (Dos atos processuais), Título IX (Das provas), Título X (Tutela de urgência e tutela da evidência) e Título XI (Formação, suspensão e extinção do processo).

O Livro II (Do processo de conhecimento) possui 3 Títulos, isto é, Título I (Do procedimento comum), Título II (Do cumprimento da sentença) e Título III (dos procedimentos especiais).

---

[1] Existe um pequeno erro material na numeração dos Títulos do Livro I, conforme o Anteprojeto apresentado ao Senado Federal.

Divide-se o Livro III (Do processo de execução) em 4 Títulos, ou seja, o Título I (Da execução em geral), o Título II (Das diversas espécies de execução), Título III (Dos embargos de devedor) e o Título IV (Da suspensão e da extinção do processo de execução).

Por sua vez, o Livro IV (Dos processos nos tribunais e dos meios de impugnação das decisões judiciais) contém 2 Títulos, o Título I (Dos processos nos Tribunais) e o Título II (Dos recursos).

Após o término do seu trabalho, a Comissão de Juristas apresentou, em 08 de junho de 2010, o Anteprojeto ao Senado Federal.

2 O procedimento legislativo do Novo Código de Processo Civil

No Senado Federal, o Projeto tomou o número PLS nº 166/10. Em 09 de julho de 2010, a Presidência do Senado comunicou ao Plenário os nomes dos Senadores que, indicados pelas respectivas lideranças, foram designados para compor a Comissão Temporária destinada a examinar o PLS nº 166/10.

Em 04 de agosto de 2010, realizou-se a primeira reunião de instalação da Comissão, quando foram eleitos os Senadores Demóstenes Torres e Antonio Carlos Valadares, Presidente e Vice-Presidente, respectivamente.

Designou-se o Senador Valter Pereira como Relator-Geral e os seguintes Relatores-Parciais: 1 Antonio Carlos Júnior – Processo Eletrônico; 2 Romeu Tuma – Parte Geral; 3 Marconi Perillo – Processo de Conhecimento; 4 Almeida Lima – Procedimentos Especiais; 5 Antonio Carlos Valadares – Cumprimento das Sentenças e Execução; e 6 Acir Gurgacz – Recursos.

Nomeou-se, em seguida, uma comissão técnica de apoio à elaboração do relatório-geral, composta por Athos Gusmão Carneiro, Cassio Scarpinella Bueno, Dorival Renato Pavan e Luiz Henrique Volpe Camargo.

Aprovou-se, em 1º de dezembro de 2010, na 15ª reunião da Comissão Temporária, o relatório-final do Senador Valter Pereira que passou a constituir o parecer da Comissão do Senado pela aprovação do PLS nº 166/10.

Posteriormente, após três sessões de discussão em turno único, o PLS nº 166/10 foi aprovado (texto substitutivo), em 15 de dezembro de 2010, tendo sido determinado o seu envio à Câmara dos Deputados.

Em 22 de dezembro de 2010, através do ofício nº 2.428/10, o Senado Federal apresentou à Câmara dos Deputados o Projeto do Novo Código de Processo Civil, para que realizasse a sua revisão, tendo sido autuado sob o número PL nº 8.046/10.

Na Câmara dos Deputados, em 05 de janeiro de 2011, a Mesa Diretora determinou a constituição de Comissão Especial para emitir parecer sobre o Projeto e emendas, o que, até o presente momento,[2] não foi efetivado.

3 A atividade executiva no Projeto do Novo Código de Processo Civil

O Projeto do Novo Código de Processo Civil mantém a distinção procedimental e, para alguns, processual das atividades realizadas na execução por título

---

[2] Ou seja, 31 de janeiro de 2011.

judicial (cumprimento da sentença) e na execução por título extrajudicial (processo de execução).

Trata-se da execução do título judicial no Livro II (Do processo de conhecimento), mais precisamente em seu Título II (Do cumprimento da sentença), ao passo que se versa sobre a execução do título extrajudicial no Livro III (Do processo de execução).

Para o título judicial, conservou-se, portanto, o denominado "processo sincrético", o qual reúne num único processo as atividades cognitiva e executiva. O sincretismo processual foi incorporado, definitivamente,[3] em nosso ordenamento jurídico pela Lei nº 11.232/05, embora fosse defendido doutrinariamente muito antes.[4]

Vale lembrar que o Código de Processo Civil de 1973 unificou o processo de execução e o respectivo procedimento fosse o título judicial ou extrajudicial, visto que, no Código de Processo Civil de 1939, o tratamento era diferenciado, conforme a natureza do título executivo, judicial ou extrajudicial. No entanto, o Código de Processo Civil de 1973 distinguia, com clareza, o processo de conhecimento do processo de execução, independente de o título executivo ser judicial ou extrajudicial.

Evidentemente, para o título executivo extrajudicial, que prescinde de prévia cognição judicial para a sua formação, necessária se faz a propositura de uma demanda judicial que instaure um processo (de execução).[5]

A bem da verdade, o processo de execução, baseado em título extrajudicial, não exige um *processo autônomo*, mas, sim, por inexistir *processo* prévio, indispensável a propositura de uma demanda judicial, com vistas à formação de um (*único*) processo.[6]

De qualquer forma, haja vista a identidade de atividade (executiva), o art. 697 do Anteprojeto da Comissão de Juristas dispõe que as disposições do Livro III (Do processo de execução) "aplicam-se, também, no que couber, aos atos executivos realizados no procedimento de cumprimento de sentença, bem como aos efeitos de atos ou fatos processuais a que a lei atribuir força executiva". Após as alterações introduzidas no Senado Federal, o art. 697 do Anteprojeto passou a ser o art. 730 do PLS nº 166/10. Todavia, ficou mantida a redação original, sem qualquer mudança.

4 O cumprimento da sentença no Projeto do Novo CPC

4.1 Considerações gerais

O Projeto do Novo Código de Processo Civil aborda, no Título II, do Livro II (Do processo de conhecimento), o cumprimento da sentença.

---

[3] Diz-se *definitivamente* pois, em 1994, por conta da Lei nº 8.952, para as obrigações de fazer e de não fazer (art. 461 do CPC), e em 2002, por força da Lei nº 10.444, para a obrigação de entrega de coisa (art. 461-A do CPC), suprimiu-se a necessidade de 2 (dois) *processos autônomos*, um para a tutela cognitiva e outro para a tutela executiva.

[4] A respeito do tema, leia-se a tese de doutorado de Humberto Theodoro Júnior (*O cumprimento da sentença e a garantia do devido processo legal*. 3. ed. Belo Horizonte: Mandamentos, 2007).

[5] Particularmente, não acredito que os substantivos "ação" e "processo" possam ser qualificados como "de conhecimento" e/ou "de execução". A atividade, seja cognitiva, seja executiva, *preponderantemente* desenvolvida num ou noutro não modifica a natureza da ação e/ou do processo.

[6] À semelhança do título executivo judicial, visto que, no chamado processo sincrético, as atividades cognitiva e executiva se desenvolvem num único processo. No título executivo extrajudicial, tem-se apenas — e da mesma maneira — um único processo.

No Anteprojeto da Comissão de Juristas, o Título II possuía 3 Capítulos, sendo o Capítulo I (Das disposições gerais), o Capítulo II (Da obrigação de pagar quantia certa) e o Capítulo III (Do cumprimento da obrigação de entregar coisa). Por seu turno, o Capítulo II (Da obrigação de pagar quantia certa) subdividia-se em 4 Seções, quais sejam: Seção I (Do cumprimento da obrigação de indenizar decorrente de ato ilícito), Seção II (Do cumprimento da obrigação de prestar alimentos), Seção III (Do cumprimento de obrigação de pagar quantia certa pela Fazenda Pública) e Seção IV (Do cumprimento de obrigação de fazer e de não fazer).

Parece-me que, à semelhança da obrigação de entregar coisa, o cumprimento da obrigação de fazer e de não fazer deveria compor, no Anteprojeto da Comissão de Juristas, um capítulo autônomo do Título II (Do cumprimento da sentença), em vez de ser tratado como uma Seção (IV) do Capítulo II (Da obrigação de pagar quantia certa). A natureza diversa, da obrigação a ser cumprida, exigia um capítulo próprio.

No PLS nº 166/10, dividiu-se o Título II (Do cumprimento da sentença) em seis capítulos, quais sejam: o Capítulo I (Das disposições gerais), o Capítulo II (Do cumprimento provisório da sentença condenatória em quantia certa), o Capítulo III (Do cumprimento definitivo da sentença condenatória em quantia certa), o Capítulo IV (Do cumprimento da obrigação de prestar alimentos), o Capítulo V (Do cumprimento de obrigação de prestar quantia certa pela Fazenda Pública), e o Capítulo VI (Da sentença condenatória de fazer, não fazer ou entregar coisa). O Capítulo VI subdividiu-se em 2 seções, ou seja, Seção I (Do cumprimento da sentença condenatória de fazer e de não fazer) e Seção II (Do cumprimento da sentença condenatória de entregar coisa).

4.2 O art. 490 do Anteprojeto da Comissão de Juristas e os arts. 500 e 501 do PLS nº 166/10

O *caput* do art. 490 do Anteprojeto da Comissão de Juristas dispensava, para o cumprimento da sentença, nova citação do devedor:

> Art. 490. A execução da sentença proferida em ação que tenha por objeto o cumprimento de obrigação independe de nova citação e será feita segundo as regras deste Capítulo, observando-se, no que couber e conforme a natureza da obrigação, o disposto no Livro III deste Código.

O art. 195 do Anteprojeto da Comissão de Juristas dispunha que "a citação é o ato pelo qual se convocam o réu, o executado ou o interessado para integrar a relação processual". Logo, a citação é meio de integração da relação processual, enquanto a intimação é meio de comunicação dos atos e termos do processo, na forma do *caput* do art. 228 do Anteprojeto da Comissão de Juristas. No PLS nº 166/10, o art. 195 do Anteprojeto passou a ser o art. 207, com a seguinte redação: "a citação é o ato pelo qual são convocados o réu, o executado ou o interessado para integrar a relação processual". Por seu turno, no PLS nº 166/10, o *caput* do art. 228 do Anteprojeto passou a ser o *caput* do art. 241, sem qualquer mudança redacional.

Considerando que o réu foi citado no início da fase cognitiva do processo (sincrético), despicienda nova citação para a fase de cumprimento da sentença, pois a relação jurídico-processual já se encontra devidamente formada.

Entretanto, o parágrafo 1º do art. 490 do Anteprojeto da Comissão de Juristas exigia a intimação pessoal da parte para o cumprimento da sentença:

Art. 490
§1º A parte será pessoalmente intimada por carta para o cumprimento da sentença ou da decisão que reconhecer a existência de obrigação.

Lembre-se que, com o advento da Lei nº 11.232/05, diversas correntes doutrinárias, com reflexos na jurisprudência dos tribunais, surgiram a respeito da necessidade ou não de intimação da parte para o cumprimento da sentença, bem como a forma dessa intimação, quando exigida, uma vez que o art. 475-J do CPC não resolve textualmente esta questão.

Resumidamente, pode-se relacionar *até* 6 (seis) correntes doutrinárias apontando diferentes *termos iniciais* para o prazo de 15 (quinze) dias previsto no art. 475-J do CPC:

1. **fluência imediata** – a partir da publicação da sentença. O efeito suspensivo da apelação torna apenas inexigível. Defendida por Bruno Garcia Redondo;[7]
2. **fluência automática** – a partir da exigibilidade da sentença, seja porque não interposto o recurso, seja porque o recurso interposto não possui efeito suspensivo. Defendida por Athos Gusmão Carneiro, Araken de Assis, José Roberto dos Santos Bedaque, Leonardo Greco, Guilherme Rizzo Amaral e Petrônio Calmon Filho;[8]
3. **trânsito em julgado** – a partir do trânsito em julgado da decisão exequenda. Defendida por Ernane Fidélis dos Santos e Carlos Alberto Alvaro de Oliveira *et al*;[9]
4. **"cumpra-se o v. acórdão"** – quando da publicação do despacho "cumpra-se o v. acórdão". Defendida por Cassio Scarpinella Bueno, Hugo Filardi e Paulo Afonso de Souza Sant'Anna;[10]
5. **intimação pelo *D.O.* do advogado** – após a intimação, pelo *Diário Oficial*, do devedor, na pessoa do seu advogado. Defendida por Nelson Nery Jr., Rosa Maria de Andrade Nery e Denis Donoso;[11]

---

[7] REDONDO, Bruno Garcia. Ainda a multa sobre o valor da condenação de 10% do cumprimento de sentença: art. 475-J: uma proposta de releitura para a maior efetividade. *Revista dialética de direito processual*, n. 59, p. 7-14, fev. 2008.

[8] CARNEIRO, Athos Gusmão. Cumprimento da sentença, conforme a Lei nº 11.232/2005: parcial retorno ao medievalismo?: por que não?. *Revista Dialética de Direito Processual*, n. 38, p. 28, maio 2006; ASSIS, Araken de. *Cumprimento de sentença*. Rio de Janeiro: Forense, 2006. p. 212; BEDAQUE, José Roberto dos Santos. Algumas considerações sobre o cumprimento da sentença condenatória. *Revista do Advogado da AASP*, n. 85, p. 3); GRECO, Leonardo. Primeiros comentários sobre a reforma da execução oriunda da Lei nº 11.232/05. *Revista Dialética de Direito Processual*, v. 36, p. 76; AMARAL, Guilherme Rizzo. *Cumprimento e execução da sentença sob a ótica do formalismo-valorativo*. Livraria do Advogado, 2008. p. 184; CALMON FILHO, Petrônio. *A nova execução de títulos judiciais*. São Paulo: Saraiva, 2006. p. 101-103.

[9] SANTOS, Ernane Fidélis dos. *As reformas de 2005 do Código de Processo Civil*. São Paulo: Saraiva, 2006. p. 56; OLIVEIRA, Carlos Alberto Alvaro de *et al*. *A nova execução*: comentários à Lei nº 11.232, de 22 de dezembro de 2005. Rio de Janeiro: Forense, 2006. p. 112.

[10] BUENO, Cássio Scarpinella. *A nova etapa da reforma do Código de Processo Civil*. São Paulo: Saraiva, 2006. v. 1, p. 78; FILARDI, Hugo. Cumprimento de sentença: comentários à Lei nº 11.232. *Revista Dialética de Processo*, v. 49, p. 70; SANT'ANNA, Paulo Afonso de Souza. Primeiras observações sobre o novo art. 475-J do CPC. *Revista de Processo*, v. 139, p. 167.

[11] NERY JR., Nelson; NERY, Rosa Maria de Andrade. *Código de Processo Civil comentado e legislação extravagante*. 9. ed. São Paulo: Revista dos Tribunais, 2006. p. 641; DONOSO, Denis. Aspectos polêmicos sobre o *caput* do novo

6. **intimação pessoal do devedor** – após a intimação, pessoal, do devedor, seja por carta, seja por oficial de justiça. Defendida por Luiz Rodrigues Wambier, Teresa Arruda Alvim Wambier, José Miguel Garcia Medina, Alexandre Freitas Câmara, Flávio Cheim Jorge, Fredie Didier Jr. Marcelo Abelha Rodrigues, Evaristo Santos Aragão e Vitor J. de Mello Monteiro.[12]

O Superior Tribunal de Justiça, de início, decidiu como sendo o termo inicial o trânsito em julgado, conforme o REsp nº 954.859, julgado em 2007 pela 3ª Turma. Todavia, posteriormente, por sua Corte Especial, o Superior Tribunal de Justiça passou a exigir a intimação, pelo *Diário Oficial*, do devedor, na pessoa do seu advogado, quando o trânsito em julgado ocorrer nas instâncias recursais, nos termos do REsp nº 940.274, julgado em 2010.

O §1º do art. 490 do Anteprojeto da Comissão de Juristas impunha a intimação por carta do devedor para o cumprimento da sentença. Verifica-se, portanto, que o §1º do art. 490 do Anteprojeto da Comissão de Juristas tomou partido por uma das correntes doutrinárias surgidas após o advento do art. 475-J do CPC, introduzido pela Lei nº 11.232/05.

Note-se que, em se tratando de pessoa física, "necessária a entrega direta ao destinatário, de quem o carteiro deve colher o ciente", para a validade da *citação* pelo correio, conforme jurisprudência do Superior Tribunal de Justiça.[13]

Se prevalecesse o mesmo entendimento para a *intimação* pelo correio no cumprimento da sentença, ou seja, necessidade de entrega direta ao destinatário, de quem o carteiro deve colher o ciente, frustrar-se-ia, sem dúvida, a efetividade do cumprimento da sentença.

De qualquer forma, a exigência de intimação pessoal, ainda que por carta com aviso de recebimento (e não, necessariamente, por oficial de justiça), dificulta e, por conseguinte, retarda o início da fase de cumprimento da sentença.

O §2º do art. 490 do Anteprojeto da Comissão de Juristas ressalvava, expressamente, algumas hipóteses em que se deveria dispensar a intimação pelo correio:

> Art. 490
> §2º A execução terá início independentemente da intimação pessoal nos casos de revelia, de falta de informação do endereço da parte nos autos ou, ainda, quando esta não for encontrada no endereço declarado.

Portanto, na hipótese de revelia, o §2º do art. 490 do Anteprojeto da Comissão de Juristas dispensava a intimação pessoal do devedor. Observe-se que, segundo o

---

art. 475-J do CPC: termo inicial do prazo para o cumprimento de sentença, sua natureza jurídica e forma de contagem: (des)necessidade de intimação pessoal do devedor. *Revista Dialética de Direito Processual*, n. 45, p. 28, dez. 2006.

[12] WAMBIER, Luiz Rodrigues; WAMBIER, Teresa Arruda Alvim; MEDINA, José Miguel Garcia. *Breves comentários à nova sistemática processual*. São Paulo: Revista dos Tribunais, 2006. v. 2; CÂMARA, Alexandre Freitas *apud* JORGE, Flávio; DIDIER JR., Fredie; RODRIGUES, Marcelo Abelha. *A terceira etapa da reforma processual civil*. São Paulo: Saraiva, 2006. p. 129; ARAGÃO, Evaristo Santos. Breves notas sobre o "novo" regime de cumprimento de sentença. *In*: FUX, Luiz; NERY JR., Nelson; WAMBIER, Teresa Arruda Alvim (Coord.). *Processo e Constituição*: estudos em homenagem ao professor José Carlos Barbosa Moreira. São Paulo: Revista dos Tribunais, 2006. p. 326; MONTEIRO, Vitor J. de Mello. Da multa no cumprimento de sentença. *In*: BRUSCHI, Gilberto Gomes (Coord.). *Execução civil e cumprimento de sentença*, São Paulo: Método, 2006. p. 498.

[13] STJ, Corte Especial, EREsp nº 117.949-SP, relator Ministro Menezes Direito, julgado em 03.08.2005. No mesmo sentido, REsp nº 57.370-RS, REsp nº 164.661-SP, REsp nº 712.609-SP e REsp nº 884.164-SP.

art. 344 do Anteprojeto da Comissão de Juristas, que versava sobre o efeito *processual* da revelia, "os prazos contra o revel que não tenha patrono nos autos correrão a partir da publicação do ato decisório no órgão oficial".

O §2º do art. 490 do Anteprojeto da Comissão de Juristas dispensava, também, a intimação pessoal do devedor para o cumprimento da sentença, quando não houvesse nos autos a informação do endereço do devedor. Em consonância, o §1º do art. 233 do Anteprojeto da Comissão de Juristas impunha às partes, na primeira oportunidade em que se manifestassem nos autos, declinar o endereço, residencial ou profissional, em que receberiam intimações, devendo, ainda, atualizar esta informação sempre que houvesse qualquer modificação, temporária ou definitiva.

O §2º do art. 490 do Anteprojeto da Comissão de Juristas dispensava, por fim, a intimação pessoal do devedor, quando ele não fosse encontrado no endereço declarado. Note-se que, nesta última hipótese, teria havido prévia tentativa de intimar pessoalmente o devedor; todavia, infrutífera.

Por seu turno, o §3º do art. 490 do Anteprojeto da Comissão de Juristas determinava que, após o decurso do prazo para o cumprimento de sentença, se realizasse, *ex officio*, a execução:

> Art. 490.
> §3º Findo o prazo previsto na lei ou na sentença para o cumprimento espontâneo da obrigação, seguir-se-á, imediatamente e de ofício, a sua execução, salvo se o credor expressamente justificar a impossibilidade ou a inconveniência de sua realização.

A parte final do §3º do art. 490 do Anteprojeto da Comissão de Juristas excepciona a regra geral de prosseguimento imediato e de ofício da execução, quando o credor expressamente justificar a impossibilidade ou a inconveniência de sua realização. Na falta desta justificativa, o magistrado deve prosseguir com a execução, com a determinação de penhora de bens do devedor.

Por sua vez, o §4º do art. 490 do Anteprojeto da Comissão de Juristas prescrevia que, em se tratando de relação jurídica sujeita a condição ou termo, o cumprimento da sentença dependeria de prévia demonstração de que se implementou a condição ou de que ocorreu o termo. Nada mais natural, ou seja, dependente o início da atividade executiva da ocorrência do termo ou do implemento da condição, impositiva se faz a demonstração de que o termo ou a condição ocorreu.

Por fim, o §5º do art. 490 do Anteprojeto da Comissão de Juristas impedia que se promovesse o cumprimento da sentença contra o fiador que não houvesse participado da fase de conhecimento. Tal norma proíbe a inclusão, apenas na fase do cumprimento da sentença, do fiador. Faz sentido tal proibição, na medida em que, no processo sincrético, não se tem 2 (dois) processos distintos, um cognitivo e outro executivo, mas, sim, um único processo, com 2 (duas) fases, a de conhecimento e a do cumprimento da sentença. Em sendo assim, não se pode conceber uma cumulação subjetiva[14] e, ao mesmo tempo, objetiva[15] apenas na fase do cumprimento da sentença,

---

[14] Diz-se *cumulação subjetiva* porque, neste caso, ao contrário da fase de conhecimento, na qual figurou apenas o afiançado, se pretenderia a inclusão, na fase do cumprimento da sentença, também do fiador, ao lado do afiançado.

[15] Diz-se *cumulação objetiva* porque, neste caso, ter-se-iam 2 títulos executivos: a sentença, contra o afiançado, que participou da fase de conhecimento, e um título executivo extrajudicial, contra o fiador, que só agora, na fase do cumprimento da sentença, ingressaria na relação jurídico-processual.

visto que, até então, o fiador não participa do processo e, principalmente, porque o procedimento para a execução do título judicial difere sobremaneira do procedimento para a execução do título extrajudicial.

No PLS nº 166/10, alterou-se, completamente, o Anteprojeto da Comissão de Juristas, a respeito da *forma* de intimação do devedor para o cumprimento da sentença, embora se tenha mantido a exigência de intimação.

De início, leia-se o *caput* e o §1º do art. 500 do PLS nº 166/10:

> Art. 500. O cumprimento da sentença condenatória será feito segundo as regras deste Título, observando-se, no que couber e conforme a natureza da obrigação, o disposto no Livro III deste Código.
> §1º O cumprimento da sentença, provisório ou definitivo, far-se-á requerimento do credor.

O *caput* do art. 500 do PLS nº 166/10 prescreve que, além das normas específicas sobre o cumprimento da sentença dispostas no Título II, se deve observar aquelas insertas no Livro III do Código de Processo Civil, as quais versam sobre a tutela executiva. O *caput* do art. 500 do PLS nº 166/10 ressalva, entretanto, que, *somente no que couber e conforme a natureza da obrigação*, se aplicam as normas do Livro III, ou seja, não se trata de uma aplicação *generalizada*.

De outra parte, o §1º do art. 500 do PLS nº 166/10 exige requerimento do credor, seja para o cumprimento da sentença provisório ou definitivo.

No PLS nº 166/10, manteve-se a necessidade de prévia intimação do devedor para o cumprimento *espontâneo* da sentença, sob pena de cumprimento *forçado* da sentença e de incidência da multa. No entanto, a intimação, segundo o inc. I do §2º do art. 500 do PLS nº 166/10, se realiza, em regra, na pessoa do advogado do devedor, pelo *Diário de Justiça*:

> Art. 500.
> §2º O devedor será intimado para cumprir a sentença:
> I – pelo Diário da Justiça, na pessoa do seu advogado constituído nos autos;
> II – por carta com aviso de recebimento, quando representado pela Defensoria Pública ou não tiver procurador constituído nos autos;
> III – por edital, quando tiver sido revel na fase de conhecimento.
> §3º Na hipótese do §2º, inciso II, considera-se realizada a intimação quando o devedor houver mudado de endereço sem prévia comunicação ao juízo.

O PLS nº 166/10 corrige, neste particular, o Anteprojeto da Comissão de Juristas, pois, como acima exposto, a exigência — como regra — de intimação pessoal por carta dificulta *desnecessariamente* o início do cumprimento da sentença.

O inc. II do §2º do art. 500 do PLS ressalva, entretanto, que quando se tratar de devedor representado pela Defensoria Pública, ou de devedor sem procurador constituído nos autos, impõe-se a intimação pessoal do devedor por carta.

Parece-me bem razoável a exigência de intimação do devedor por carta quando for ele representado pela Defensoria Pública, sob pena de se impor à Defensoria Pública, que possui a prerrogativa de ser intimada pessoalmente, o ônus de intimar o devedor.

No entanto, exigir a intimação por carta, quando o devedor não possuir procurador constituído nos autos, não me aparenta correto. Pior ainda é a previsão, contida no inc. III do §2º do art. 500 do PLS nº 166/10, segundo a qual se realiza a intimação por edital quando o devedor tiver sido revel na fase de conhecimento.

Ora, uma vez citado, constitui um ônus para o réu se defender, nomeando, para isso, procurador. Se ele não nomeia procurador e, por conseguinte, não se defende (por ausência de capacidade postulatória), opera-se a revelia. Dentre os efeitos processuais da revelia, encontra-se, justamente, a desnecessidade de intimação do réu revel (art. 344 do Anteprojeto da Comissão de Juristas, correspondente ao art. 133 do PLS nº 166/10, sem qualquer mudança redacional). Por outro lado, não se pode beneficiar o devedor que, após a derrota no processo, por malícia ou não, fica sem procurador constituído nos autos, com a finalidade de exigir sua intimação por carta, para que se inicie o cumprimento da sentença. Em princípio, ou o próprio devedor destitui seu procurador ou o procurador renuncia ao mandato, exigindo-se, para isto, que ele comunique o fato ao seu mandante (art. 5º, §3º, do EOAB). Numa ou noutra hipótese, o devedor tem pleno conhecimento do fato (ausência de procurador nos autos), não podendo se beneficiar da própria inércia ou, pior, solércia.

Por um (ausência de procurador constituído nos autos) ou por outro motivo (revelia), não se pode impor a intimação por carta do devedor (inc. II do §2º do art. 500 do PLS nº 166/10) nem muito menos sua intimação por edital (inc. III do §2º do art. 500 do PLS nº 166/10). Contra o réu revel ou aquele sem procurador constituído nos autos, devem correr os prazos, independentemente de intimação.

Neste ponto específico, parece-me mais acertada a norma do §2º do art. 490 do Anteprojeto da Comissão de Juristas, segundo a qual "a execução terá início independentemente de intimação pessoal nos casos de revelia, de falta de informação do endereço da parte nos autos ou, ainda, quando esta não for encontrada no endereço declarado".

No meu entendimento, o inc. I do parágrafo 2º do art. 500 do PLS nº 166/10 corrigiu o parágrafo 1º do art. 490 do Anteprojeto da Comissão de Juristas quando passou a exigir a intimação do devedor na pessoa do seu advogado (pelo *Diário Oficial*), enquanto o Anteprojeto da Comissão de Juristas impunha a intimação pessoal (por carta) do próprio devedor. Todavia, os incs. II e III do §2º do art. 500 do PLS nº 166/10 modificaram para pior o §2º do art. 490 do Anteprojeto da Comissão de Juristas, na medida em que exigem intimação por carta quando o devedor não possuir procurador constituído nos autos e por edital quando o devedor for revel. Acertada a norma do Anteprojeto da Comissão de Juristas que dispensava qualquer intimação nos casos de revelia, de falta de informação do endereço da parte nos autos ou quando esta não fosse encontrada no endereço declarado.

Nesse sentido, inclusive, o §3º do art. 500 do PLS nº 166/10 dispõe, corretamente, que se considera realizada a intimação quando o devedor houver mudado de endereço sem prévia comunicação ao juízo.

Por seu turno, o art. 501, e o seu parágrafo único, do PLS nº 166/10 reproduzem, *quase textualmente*, o §4º e §5º do art. 490 do Anteprojeto da Comissão de Juristas:

> Art. 501. Quando o juiz decidir relação jurídica sujeita a condição ou termo, o cumprimento da sentença dependerá de demonstração de que se realizou a condição ou de que ocorreu o termo.

Parágrafo único. O cumprimento da sentença não poderá ser promovido em face do fiador, do coobrigado ou do corresponsável que não tiver participado da fase de conhecimento.

No *caput* do art. 501 do PLS nº 166/10 substituiu-se apenas a expressão "execução da sentença", contida no §4º do art. 490 do Anteprojeto da Comissão de Juristas, por "cumprimento da sentença". A meu ver, as locuções "execução da sentença" e "cumprimento da sentença" revelam-se sinônimas, sendo, assim, desnecessária tal mudança introduzida pelo PLS nº 166/10.

Por seu turno, o parágrafo único do art. 501 do PLS nº 166/10, além de uma modificação do verbo empregado no §5º do art. 490 do Anteprojeto da Comissão de Juristas, acrescentou as figuras do coobrigado e do corresponsável à do fiador, já prevista.

4.3 O art. 492[16] do Anteprojeto da Comissão de Juristas e o art. 502 do PLS nº 166/10

O *caput* do art. 492 do Anteprojeto da Comissão de Juristas e o correspondente *caput* do art. 502 do PLS nº 166/10 versam sobre os títulos executivos judiciais, nos seguintes termos:

Anteprojeto da Comissão de Juristas	PLS nº 166/10
Art. 492. Além da sentença proferida em ação de cumprimento de obrigação, serão executados de acordo com os artigos previstos neste Capítulo:	Art. 502. Além da sentença condenatória, serão também objeto de cumprimento, de acordo com os artigos previstos neste Título:

A modificação decorrente do PLS nº 166/10, que substituiu a locução "sentença proferida em ação de cumprimento de obrigação", existente no Anteprojeto da Comissão de Juristas, por "sentença condenatória", reforça a tese de que, além da sentença condenatória, outras sentenças (declaratória, por exemplo) podem ser título executivo judicial, em virtude do disposto no inc. I do próprio art. 502 do PLS nº 166/10.[17]

Isso porque, se o *caput* menciona a sentença condenatória, o inc. I do mesmo art. 502 do PLS nº 166/10 atribui força executiva também às "sentenças proferidas no processo civil que reconheçam a exigibilidade de obrigação de pagar quantia, de fazer, de não fazer ou de entregar coisa".

Isto é, "além da sentença condenatória", prevista no *caput* do art. 502 do PLS nº 166/10, qualquer outra sentença, *de natureza diversa da condenatória*, desde que

---

[16] Não se analisou, neste estudo, o art. 491 do Anteprojeto da Comissão de Juristas, pois este trata especificamente do cumprimento *provisório* da sentença.

[17] A Lei nº 11.232/05, ao introduzir o inc. I do art. 475-N do CPC, reforçou a discussão doutrinária a propósito da executividade da sentença declaratória. Sobre o tema, leia-se ZAVASCKI, Teori Albino. Sentenças declaratórias, sentenças condenatórias e eficácia executiva dos julgados. *Revista de Processo*, v. 28, n. 109, p. 56, jan./mar. 2003. Veja-se, também, o REsp nº 588.202 do Superior Tribunal de Justiça.

reconheça a exigibilidade de obrigação, conforme o inc. I do mesmo art. 502, constitui título executivo judicial.

Note-se que, agora, não haveria qualquer inconstitucionalidade formal na norma que torna título executivo a sentença declaratória, como ocorreu com a Lei nº 11.232/05, como bem apontado pela doutrina.[18] Mesmo com o vício formal, vários doutrinadores admitem, a partir do inc. I do art. 475-N do CPC, a executividade da sentença declaratória.[19]

Os incs. do art. 492 do Anteprojeto da Comissão de Juristas, que se tornaram os incs. do art. 502 do PLS nº 166/10, elencam os títulos executivos judiciais, nos seguintes termos:

(Continua)

Anteprojeto da Comissão de Juristas	PLS nº 166/10
I – outras sentenças proferidas no processo civil que reconheçam a existência de obrigação de pagar quantia, de fazer, de não fazer ou de entregar coisa;	I – as sentenças proferidas no processo civil que reconheçam a <u>exigibilidade</u> de obrigação de pagar quantia, de fazer, de não fazer ou de entregar coisa;
II – a sentença homologatória de conciliação ou de transação, ainda que inclua matéria não posta em juízo;	II – a sentença homologatória de conciliação ou de transação, ainda que inclua matéria não posta em juízo;
III – o acordo extrajudicial, de qualquer natureza, homologado judicialmente;	III – o acordo extrajudicial, de qualquer natureza, homologado judicialmente;
IV – o formal e a certidão de partilha, exclusivamente em relação ao inventariante, aos herdeiros e aos sucessores a título singular ou universal;	IV – o formal e a certidão de partilha, exclusivamente em relação ao inventariante, aos herdeiros e aos sucessores a título singular ou universal;
V – as sentenças homologatórias de divisão e de demarcação;	V – o crédito de serventuário de justiça, de perito, de intérprete, tradutor e leiloeiro, quando as custas, os emolumentos ou os honorários tiverem sido aprovados por decisão judicial;
VI – a sentença penal condenatória transitada em julgado;	VI – a sentença penal condenatória transitada em julgado;
VII – a sentença arbitral;	VII – a sentença arbitral;
VIII – a sentença estrangeira homologada pelo Superior Tribunal de Justiça.	

---

[18] Cassio Scarpinella Bueno apontou o vício formal no processo legislativo da Lei nº 11.232/05, especificamente no inc. I do art. 475-N do CPC (*A nova etapa da reforma do Código de Processo Civil*. Saraiva: São Paulo, 2006. v. 1, p. 132).

[19] Dentre os doutrinadores favoráveis à executividade da sentença declaratória, pode-se elencar SANTOS, Ernane Fidélis. *As reformas de 2005 do Código de Processo Civil*. São Paulo: Saraiva, 2006. p. 29-30; DIDIER JR., Fredie. *Curso de Direito Processual Civil*. 2. ed. Salvador: JusPodivm, 2008. v. 2, p. 480; THEODORO JR., Humberto. *As novas reformas do Código de Processo Civil*, Rio de Janeiro: Forense, 2006. p. 132-138; WAMBIER, Luiz Rodrigues; WAMBIER, Teresa Arruda Alvim; MEDINA, José Miguel Garcia. *Breves comentários à nova sistemática processual civil*. São Paulo: Revista dos Tribunais, 2006. v. 2, p. 165-167; ZAVASCKI, Teori Albino. Sentenças declaratórias, sentenças condenatórias e eficácia executiva dos julgados. *Revista de Processo*, v. 28, n. 109, p. 56. jan./mar. 2003.

(Conclusão)

Anteprojeto da Comissão de Juristas	PLS n° 166/10
§1° Nos casos dos incisos VI a VIII, o devedor será citado no juízo cível para o cumprimento da obrigação no prazo que o juiz fixar, não superior a quinze dias, sob pena de execução. §2° Aplica-se o disposto nos parágrafos do art. 495 às hipóteses previstas no presente artigo.	VIII – a sentença estrangeira homologada pelo Superior Tribunal de Justiça. Parágrafo único. Nos casos dos incisos VI a VIII, o devedor será citado no juízo cível para o cumprimento da sentença no prazo de quinze dias.

Em relação ao inc. I, o PLS nº 166/10 substitui *"existência* da obrigação" por *"exigibilidade* da obrigação". Parece-me mais acertado o texto do Anteprojeto da Comissão de Juristas.

A sentença reconhece a *existência* da obrigação, apontando os elementos de *certeza* da obrigação. Tanto a *liquidez* quanto a *exigibilidade* da obrigação podem ser definidas após a prolação da sentença, seja porque, diante da iliquidez, se faz necessária uma fase de liquidação da sentença, seja porque a exigibilidade da obrigação se dá após o proferimento da sentença, por causa, por exemplo, de um termo ou de uma condição. O que não pode, em hipótese alguma, é se reconhecer a própria *existência* da obrigação após a sentença.

Ressalve-se, todavia, que para iniciar a fase de cumprimento da sentença impõe-se que a obrigação seja certa, líquida e exigível.[20] O atributo de certeza decorre dos elementos *subjetivos* e *objetivos* da obrigação, noutras palavras, a definição das *partes legitimadas* (ativa e passivamente), a *natureza da relação jurídica* e o seu *objeto*. Por seu turno, a liquidez se evidencia pela definição do *gênero* e da *quantidade* ou do *montante devido*. Por fim, a exigibilidade se dá pelo *poder de exigir o cumprimento da obrigação; elemento extrínseco ao título executivo (judicial ou extrajudicial)*.

Os incs. II, III e IV do art. 492 do Anteprojeto da Comissão de Juristas não sofreram qualquer modificação por conta do PLS nº 166/10 e, a bem da verdade, configuram reprodução fiel do texto dos incs. III, V e VII do art. 475-N do CPC, com redação dada pela Lei nº 11.232/05.

A hipótese do inc. V do art. 492 do Anteprojeto da Comissão de Juristas, que versava sobre "as sentenças homologatórias de divisão e de demarcação", como título executivo judicial, foi suprimida pelo PLS nº 166/10.

Por sua vez, o PLS nº 166/10 inseriu, no inc. V do art. 502, a previsão, como título executivo judicial, do "crédito de serventuário de justiça, de perito, de intérprete, tradutor e leiloeiro, quando as custas, os emolumentos ou os honorários tiverem sido aprovados por decisão judicial".

Tal hipótese, exceto leiloeiro que foi acrescentada no PLS nº 166/10, encontra-se, no Código de Processo Civil vigente, como se fosse um título executivo extrajudicial, conforme o art. 585, inc. VI, do CPC.

---

[20] Leia-se, a respeito dos elementos da obrigação (certeza, liquidez e exigibilidade), SHIMURA, Sérgio Seiji. *Título executivo*. 2. ed. São Paulo: Método, 2005. p. 193.

Merece aplausos a introdução dessa hipótese de título executivo como sendo judicial (e não extrajudicial). Trata-se, indiscutivelmente, de um título judicial, embora constituído por uma decisão interlocutória. No entanto, diante dos contornos dessa espécie de pronunciamento jurisdicional no projeto do Novo CPC, inclusive com a previsão das "decisões interlocutórias de mérito", não faz sentido (aliás, já não faz no CPC vigente)[21] tratá-las como se fossem títulos executivos extrajudiciais.

Por fim, os inc. VI, VII e VIII do art. 492 do Anteprojeto da Comissão de Juristas, mantidos, *ipsis litteris*, no PLS nº 166/10, reproduzem os atuais incs. II, IV e VI do art. 475-N do CPC, com redação dada pela Lei nº 11.232/05.

O PLS nº 166/10 suprimiu o §2º do art. 492 do Anteprojeto da Comissão de Juristas, segundo o qual "aplica-se o disposto nos parágrafos do art. 495 às hipóteses previstas no presente artigo".

Por isso, o §1º do art. 492 do Anteprojeto da Comissão de Juristas tornou-se o parágrafo único do art. 502 do PLS nº 166/10, com pequenas modificações: primeiro, substituiu-se "cumprimento da obrigação" por "cumprimento da sentença" e, em segundo lugar (e mais importante), enquanto o Anteprojeto permitia, nos casos de sentença penal, arbitral e estrangeira homologada perante o Superior Tribunal de Justiça, fixar o prazo, para o cumprimento da sentença, limitado ao período máximo de 15 (quinze) dias, o PLS nº 166/10 define, desde logo, para todas as hipóteses o prazo único (e legal) de 15 (quinze) dias. Retirou-se, assim, qualquer possibilidade de fixação de prazo diverso pelo magistrado.

4.4 O art. 493 do Anteprojeto da Comissão de Juristas e o art. 503 do PLS nº 166/10

No que concerne ao art. 493 do Anteprojeto da Comissão de Juristas, que versa sobre a competência para o cumprimento da sentença, o PLS nº 166/10 modificou-o apenas no *caput*.

O PLS nº 166/10 alterou, no *caput*, a locução "execução da sentença" por "cumprimento da sentença", na forma do art. 503. Como já exposto, embora pareça correto uniformizar as locuções empregadas no texto legal e, no caso, para empregar "cumprimento da sentença", não nos parece que exista, conceitualmente, divergência entre os termos "cumprimento" e "execução", no que interessa a este estudo, na medida em que ambos dizem respeito à atividade executiva.

Entretanto, vale dizer que o Anteprojeto da Comissão de Juristas (e o PLS nº 166/10 concordou com tal inovação) acrescentou mais uma hipótese de modificação da competência executiva, em relação ao previsto no art. 475-P, parágrafo único, com redação dada pela Lei nº 11.232/05.

Conforme o parágrafo único do art. 493 do Anteprojeto da Comissão de Juristas, mantido no parágrafo único do art. 503 do PLS nº 166/10, também nos casos de *sentença penal condenatória*, de *sentença arbitral* e de *sentença estrangeira*, o autor pode optar pelo juízo do *atual* domicílio do executado, pelo juízo do *local onde se encontram*

---

[21] Leia-se ZAVASCKI, Teori Albino. *Processo de execução*: parte geral. 3. ed. São Paulo: Revista dos Tribunais, 2004. p. 341 *apud* DIDIER JR., Fredie. *Curso de processo civil*. Salvador: JusPodivm, 2009. v. 5, p. 187.

os bens sujeitos à execução ou *onde deve ser executada a obrigação de fazer ou de não fazer*, casos em que a remessa dos autos do processo será solicitada ao *juízo de origem*.

Tal mudança facilita a prática dos atos executivos na fase de cumprimento da sentença, quando se tratar de sentença penal, arbitral e estrangeira.

Parece-me, no entanto, que a parte final do parágrafo único do art. 503 do PLS nº 166/10 não se aplica a esses casos, visto que, quando se trata de sentença penal, de sentença arbitral e de sentença estrangeira, o exequente deverá distribuir, desde logo, o processo (de execução) no juízo cível competente, segundo as hipóteses do parágrafo único do art. 503 do PLS nº 166/10, e não distribuir no juízo *que seria* competente e, aí, solicitar a remessa dos autos para o outro juízo.

4.5 O art. 495[22] do Anteprojeto da Comissão de Juristas e os arts. 509 e 510 do PLS nº 166/10

O *caput* do art. 495 do Anteprojeto da Comissão de Juristas mencionava a expressão "ação de cumprimento de obrigação de pagar quantia":

> Art. 495. Na ação de cumprimento de obrigação de pagar quantia, transitada em julgado a sentença ou a decisão que julgar a liquidação, o credor apresentará o demonstrativo de cálculo discriminado e atualizado do débito, do qual será intimado o executado para pagamento no prazo de quinze dias, sob pena de multa de dez por cento.

O *caput* do art. 495 do Anteprojeto da Comissão de Juristas adotava, aparentemente, a teoria de que, mesmo no processo sincrético,[23] o demandante precisa exercer, em 2 (dois) momentos, seu direito de ação, em virtude do que haveria uma "ação de conhecimento" e uma "ação de cumprimento de obrigação de pagar quantia".

Na doutrina, Araken de Assis e Luiz Rodrigues Wambier, Teresa Arruda Alvim Wambier, José Miguel Garcia Medina[24] defendem que, para o cumprimento da sentença, o credor deve exercer, novamente, o seu direito de ação.

Particularmente, acredito que, ao propor a demanda judicial, a parte exerce o seu direito de ação, visando tanto à prolação de uma sentença favorável (fase cognitiva) quanto ao cumprimento dela (fase executiva). É da própria essência do "processo sincrético".

Por outro lado, o *caput* do art. 495 do Anteprojeto da Comissão de Juristas dispunha que, "transitada em julgado a sentença ou a decisão que julgar a liquidação", o credor deve apresentar a memória de cálculos. Curiosa a referência à "decisão que julgar a liquidação", aparentemente a Comissão de Juristas não pretendeu definir a natureza da decisão que julga a liquidação (sentença ou decisão interlocutória). Não me restam dúvidas de que se trata de sentença,[25] inclusive a partir dos próprios

---

[22] Não se analisou, neste estudo, o art. 494 do Anteprojeto da Comissão de Juristas, pois trata especificamente da liquidação de sentença.

[23] Lembre-se de que o art. 490 do Anteprojeto da Comissão de Juristas dispensava, expressamente, nova citação para o cumprimento da sentença, bastando a intimação, conforme o seu §1º.

[24] WAMBIER, Luiz Rodrigues; WAMBIER, Teresa Arruda Alvim; MEDINA, José Miguel Garcia. *Breves comentários à nova sistemática processual civil*. São Paulo: Revista dos Tribunais, 2006. v. 2, p. 143.

[25] No caso, sequer seria a *inovadora* "decisão interlocutória de mérito", introduzida, em nosso ordenamento jurídico, pelo Anteprojeto da Comissão de Juristas.

termos do §1º do art. 158 do Anteprojeto da Comissão de Juristas. Isto porque, diante da sentença ilíquida, a decisão, que julga a fase de liquidação, encerra a fase cognitiva do processo sincrético, com apreciação do mérito da causa. À evidência, o *caput* do art. 495 do Anteprojeto da Comissão de Juristas refere-se à decisão que, de fato, liquida a sentença, e não o pronunciamento que, por qualquer outro fundamento, deixa de liquidar a sentença.

Em relação ao sistema vigente, o *caput* do art. 495 do Anteprojeto da Comissão de Juristas trazia uma inovação, quando exigia a apresentação prévia da memória de cálculo, noutras palavras, quando impunha que o credor apresentasse o demonstrativo do cálculo antes da intimação do devedor. Isso porque, na forma do art. 475-J do CPC, somente se não houver o pagamento, após o decurso do prazo de 15 (quinze) dias, é que o credor, ao requerer a penhora de bens do executado, acosta a memória de cálculos.

De acordo com o art. 495 do Anteprojeto da Comissão de Juristas, o prazo é de 15 (quinze) dias para o cumprimento *espontâneo* de obrigação de pagar quantia certa, sob pena de multa de 10% (dez por cento). No PLS nº 166/10, manteve-se o mesmo prazo, conforme o art. 509, o qual suprimiu qualquer referência à "ação de cumprimento de obrigação de pagar quantia":

> Art. 509. No caso de condenação em quantia certa ou já fixada em liquidação, o cumprimento definitivo da sentença far-se-á a requerimento do exeqüente, sendo o executado intimado para pagar o débito, no prazo de quinze dias, acrescido de custas e honorários advocatícios de dez por cento.
>
> §1º Não ocorrendo pagamento voluntário no prazo do *caput*, o débito será acrescido de multa de dez por cento.
>
> §2º Efetuado o pagamento parcial no prazo previsto no *caput*, a multa de dez por cento incidirá sobre o restante.
>
> §3º Não efetuado tempestivamente o pagamento voluntário, será expedido mandado de penhora e avaliação, seguindo-se os atos de expropriação.

Como se vê, o *caput* do art. 509 do PLS nº 166/10 não só eliminou qualquer referência à "ação de cumprimento de obrigação de pagar quantia" como expressamente disse que "o cumprimento definitivo da sentença far-se-á a requerimento do exeqüente". No PLS nº 166/10 adotou-se a corrente doutrinária segundo a qual o cumprimento da sentença decorre de um mero requerimento da parte credora, sendo desnecessário o exercício, *mais uma vez*, do direito de ação.

A parte final do *caput* do art. 509 do PLS nº 166/10 reconhece, expressamente, que o devedor será intimado para pagamento *voluntário* da dívida, já acrescida de custas e de honorários advocatícios, no percentual de 10% (dez por cento). Deve-se entender que tais custas e honorários advocatícios, no percentual de 10% (dez por cento), dizem respeito à própria fase de cumprimento da sentença, ou seja, além da sucumbência (despesas e honorários advocatícios) da fase cognitiva.

Note-se que, no Anteprojeto da Comissão de Juristas, o regramento era outro, conforme o §4º e o §5º do art. 495:

Art. 495.

§4º Transcorrido o prazo para cumprimento espontâneo da obrigação, sobre o valor da execução incidirão honorários advocatícios de dez por cento, sem prejuízo daqueles impostos na sentença.

§5º Findo o procedimento executivo e tendo como critério o trabalho realizado supervenientemente, o valor dos honorários da fase de cumprimento da sentença poderá ser aumentado para até vinte por cento.

Na forma do §4º do art. 495 do Anteprojeto da Comissão de Juristas, os honorários advocatícios só incidiriam se não houvesse o cumprimento espontâneo da obrigação pelo devedor. O percentual inicial era de 10% (dez por cento) sobre o valor da dívida, além dos honorários da fase cognitiva. Entretanto, o parágrafo 5º do art. 495 do Anteprojeto da Comissão de Juristas autorizava o juiz, encerrada a fase executiva, majorar o valor dos honorários sucumbenciais para até 20% (vinte por cento), considerando o trabalho realizado supervenientemente.

Segundo o §1º do art. 509 do PLS nº 166/10, não realizado o pagamento *voluntário* no prazo de 15 (quinze) dias, incide a multa de 10% (dez por cento). Por sua vez, o §2º do art. 509 do PLS nº 166/10 ressalva que, efetuado o pagamento parcial da dívida, a multa incide, evidentemente, sobre a parcela não paga.

Por fim, em decorrência do descumprimento da obrigação de pagar quantia, o §3º do art. 509 do PLS nº 166/10 determina a expedição do mandado de penhora e avaliação, dando-se início à expropriação de bens do devedor inadimplente. Acredito que a expedição do mandado de penhora e avaliação deve ser realizada pelo cartório *ex officio*, ou seja, independentemente de novo despacho do juiz.

Em complemento, o art. 510 do PLS nº 166/10 enumera os requisitos da memória de cálculos:

Art. 510. A inicial será instruída com demonstrativo discriminado e atualizado do crédito contendo:

I – o nome completo, o número do cadastro de pessoas físicas ou do cadastro nacional de pessoas jurídicas do exeqüente e do executado;

II – o índice de correção monetária adotado;

III – a taxa dos juros de mora aplicada;

IV – o termo inicial e o termo final dos juros e da correção monetária utilizados;

V – especificação dos eventuais descontos obrigatórios realizados.

§1º Quando a memória aparentemente exceder os limites da condenação, a execução será iniciada pelo valor pretendido, mas a penhora terá por base a importância que o juiz, se necessário ouvido o contador do juízo, entender adequada.

§2º Quando a elaboração do demonstrativo depender de dados que estejam em poder de terceiros ou do executado, o juiz poderá requisitá-los, sob cominação do crime de desobediência.

Os incisos do *caput* do art. 510 do PLS nº 166/10 trazem elementos *mínimos* para permitir os atos expropriatórios (inc. I), bem como para verificar a correção dos cálculos elaborados pelo credor (incs. II a V). Sem a definição destes elementos fica difícil apontar os equívocos da memória de cálculos.

O §1º do art. 510 do PLS nº 166/10 reproduz, de maneira simplificada, a norma contida no art. 475-B, §4º, do CPC.

Não me soa razoável a solução dada pela lei para resolver o impasse: se o juiz entende que a memória de cálculos excede os limites da condenação, melhor que ele decida, desde logo, esta questão, inclusive permitindo a interposição de recurso(s). Não faz sentido iniciar o cumprimento da sentença pelo valor pretendido pelo credor, mas limitar a penhora ao valor que o juiz compreende como correto. A bem da verdade, esta solução só posterga a questão sobre o valor exequendo para eventual impugnação. Das duas, uma: ou o juiz não faz qualquer análise prévia da memória de cálculos, deixando para o devedor o ônus de impugná-la, ou o magistrado, verificando qualquer incorreção, decide *in continenti* a questão.

5 Conclusão

No que tange ao cumprimento da sentença, o Anteprojeto da Comissão de Juristas e, em seguida, o PLS nº 166/10 não modificaram, *em essência*, as disposições do vigente Código de Processo Civil. Manteve-se o regime do *cumprimento da sentença*, introduzido pela Lei nº 11.232/05.

Vale dizer que, no PLS nº 166/10, os capítulos que compõem o título do cumprimento da sentença foram mais bem divididos, em relação à proposta da Comissão de Juristas.

Algumas alterações realizadas pela Comissão Temporária do Senado, em relação ao texto original do Anteprojeto da Comissão de Juristas, parecem-me bastante corretas (art. 490, §1º, do Anteprojeto da Comissão de Juristas que se tornou o art. 500, §2, inc. I, do PLS nº 166/10), outras não (art. 490, §2º, do Anteprojeto da Comissão de Juristas que se tornou o art. 500, §2º, incs. II e III, do PLS nº 166/10 *e* art. 492, inc. I, do Anteprojeto da Comissão de Juristas que se tornou o art. 502, inc. I, do PLS nº 166/10).

Em verdade, tanto a Comissão de Juristas quanto a Comissão Temporária do Senado Federal (PLS nº 166/10) pretenderam resolver as *questões* surgidas após o advento da Lei nº 11.232/05, tais como: termo inicial da fase de cumprimento da sentença, natureza da fase de cumprimento de sentença, exequibilidade da sentença declaratória etc.

Resta-nos, agora, aguardar o procedimento legislativo na Câmara dos Deputados (PL nº 8.046/10), para saber qual será o texto final do Novo Código de Processo Civil.

Referências

AMARAL, Guilherme Rizzo. *Cumprimento e execução da sentença sob a ótica do formalismo-valorativo*. Porto Alegre: Livraria do Advogado, 2008.

ARAGÃO, Evaristo Santos. Breves notas sobre o "novo" regime de cumprimento de sentença. *In*: FUX, Luiz; NERY JR., Nelson; WAMBIER, Teresa Arruda Alvim (Coord.). *Processo e Constituição*: estudos em homenagem ao professor José Carlos Barbosa Moreira. São Paulo: Revista dos Tribunais, 2006.

ASSIS, Araken de. *Cumprimento de sentença*. Rio de Janeiro: Forense, 2006.

BEDAQUE, José Roberto dos Santos. Algumas considerações sobre o cumprimento da sentença condenatória. *Revista do Advogado da AASP*, v. 26, n. 85, p. 63-77, maio. 2006.

BUENO, Cassio Scarpinella. *A nova etapa da reforma do Código de Processo Civil*. São Paulo: Saraiva, 2006. v. 1.

CALMON FILHO, Petrônio. *A nova execução de títulos judiciais*. São Paulo: Saraiva, 2006.

CARNEIRO, Athos Gusmão. Cumprimento da sentença, conforme a Lei 11.232/2005: parcial retorno ao medievalismo?: por que não?. *Revista Dialética de Direito Processual*, n. 38, p. 17-42, maio 2006.

DIDIER JR., Fredie. *Curso de direito processual civil*. 2. ed. Salvador: JusPodivm, 2008. v. 2.

DIDIER JR., Fredie. *Curso de processo civil*. Salvador: JusPodivm, 2009. v. 5.

DIDIER JR., Fredie; JORGE, Flávio Cheim; RODRIGUES, Marcelo Abelha. *A terceira etapa da reforma processual civil*. São Paulo: Saraiva, 2006.

DONOSO, Denis. Aspectos polêmicos sobre o *caput* do novo art. 475-J do CPC: termo inicial do prazo para o cumprimento de sentença, sua natureza jurídica e forma de contagem: desnecessidade de intimação pessoal do devedor. *Revista Dialética de Direito Processual*, n. 45, p. 21-30, dez. 2006.

FILARDI, Hugo. Cumprimento de sentença: comentários à Lei n 11.232. *Revista Dialética de Direito Processual*, n. 49, p. 64-78, abr. 2007.

GRECO, Leonardo. Primeiros comentários sobre a reforma da execução oriunda da Lei 11.232/05. *Revista Dialética de Direito Processual*, São Paulo, n. 36, p. 70-86, mar. 2006.

MONTEIRO, Vitor J. de Mello. Da multa no cumprimento de sentença. *In*: BRUSCHI, Gilberto Gomes (Coord.). *Execução civil e cumprimento de sentença*. São Paulo: Método, 2006.

NERY JR., Nelson; NERY, Rosa Maria de Andrade. *Código de Processo Civil comentado e legislação extravagante*. 9. ed. São Paulo: Revista dos Tribunais, 2006.

OLIVEIRA, Carlos Alberto Alvaro de. *A nova execução*: comentários à Lei 11.232, de 22 de dezembro de 2005, Rio de Janeiro: Forense, 2006.

REDONDO, Bruno Garcia. Ainda a multa sobre o valor da condenação de 10% do cumprimento de sentença: art. 475-J: uma proposta de releitura para a maior efetividade. *Revista dialética de direito processual*, n. 59, p. 7-14, fev. 2008.

SANT'ANNA, Paulo Afonso de Souza. Primeiras observações sobre o novo art. 475-J do CPC. *Revista de Processo*, v. 139, p. 167.

SANTOS, Ernane Fidélis dos. *As Reformas de 2005 do Código de Processo Civil*. São Paulo: Saraiva, 2006.

SHIMURA, Sérgio. *Título executivo*. 2. ed. São Paulo: Método, 2005.

THEODORO JR., Humberto. *As novas reformas do Código de Processo Civil*. Rio de Janeiro: Forense, 2006.

THEODORO JR., Humberto. *O cumprimento da sentença e a garantia do devido processo legal*. 3 ed. Belo Horizonte: Mandamentos, 2007.

WAMBIER, Luiz Rodrigues; WAMBIER, Teresa Arruda Alvim; MEDINA, José Miguel Garcia. *Breves comentários à nova sistemática processual*. São Paulo: Revista dos Tribunais, 2006. v. 2.

ZAVASCKI, Teori Albino. *Processo de execução*: parte geral. 3. ed. São Paulo: Revista dos Tribunais, 2004.

ZAVASCKI, Teori Albino. Sentenças declaratórias, sentenças condenatórias e eficácia executiva dos julgados. *Revista de Processo*, v. 28, n. 109, p. 45-56, jan./mar. 2003.

Informação bibliográfica deste texto, conforme a NBR 6023:2002 da Associação Brasileira de Normas Técnicas (ABNT):

ARAÚJO, Luciano Vianna. O cumprimento da sentença no Projeto do Novo Código de Processo Civil. *In*: ROSSI, Fernando et al. (Coord.). *O futuro do processo civil no Brasil*: uma análise crítica ao Projeto do Novo CPC. Belo Horizonte: Fórum, 2011. p. 349-366. ISBN 978-85-7700-511-6.

O PROCESSO DEMOCRÁTICO E A ILEGITIMIDADE DE ALGUMAS DECISÕES JUDICIAIS[1][2]

LÚCIO DELFINO

1 Considerações introdutórias

O tema que ora se enfrenta reverbera circunstância que toca sensivelmente na prática jurídica. É natural que o substrato do raciocínio seja teórico, mas, ao fim e ao cabo, se perceberá que o escopo pretendido aqui é mesmo apontar incoerências verificadas no dia a dia forense, sobretudo distinguir decisões judiciais proferidas em desarmonia com a ideologia estatal[3] contemporânea.

Quer-se, afinal: i) sublinhar a opção do constituinte por um regime democrático; ii) abordar a questão da legitimidade do poder estatal no modelo do Estado Democrático de Direito, especialmente a daquele exercido por intermédio dos juízes (jurisdição); iii) enfrentar o problema da (aparente) tensão entre jurisdição e democracia (caráter contramajoritário do Judiciário), bem como demarcar resposta que se apresente consentânea aos ditames constitucionais; iv) situar a importância do contraditório

---

[1] Este texto retrata palestra proferida em 12.05.2011, no II Congresso Mineiro de Direito Processual. Foram acrescidas ao texto original inúmeras notas (de rodapé e no corpo do texto), com a intenção de municiar o leitor com informações ainda mais variadas.

[2] Dedico este trabalho ao Professor Donaldo Armelin, cujo nome se insere no rol dos mais importantes processualistas do planeta. Confesso neste espaço minha admiração, respeito e gratidão pelo mestre.

[3] Para Luiz Fernando Coelho, o conceito de *ideologia* remete à imagem que os homens fazem de si mesmos, da sociedade e do mundo que os envolve; a valoração dos objetos culturais é resultado dela, bem como a maioria das atitudes e comportamentos sociais. A valoração estética, econômica ou de outro tipo, que uma pessoa atribui a algo, é influenciada pelo tipo de educação, pela quantidade de informações que recebem em sua vida, pelas influências ideológicas a que está sujeita (COELHO, Luiz Fernando. *Aulas de introdução ao direito*. São Paulo: Manole, 2004. p. 18-19). Parece acertado, nesse rumo, concluir que a referência à *ideologia estatal* encontra significados no próprio (modelo ou paradigma de) Estado Democrático de Direito, nas suas diretrizes fundamentais e estruturantes positivadas no âmbito constitucional. Daí se afirmar — já se adiantando — que a Constituição é o *referencial lógico-jurídico hermenêutico* de todo o ordenamento jurídico, a partir da qual as práticas jurídicas contemporâneas encontram a devida legitimidade.

no ambiente processual; e v) apresentar um rol de decisões judiciais — atinentes a uma variedade de matérias — que hoje são proferidas pelo Judiciário brasileiro em desatenção ao princípio democrático, pois imbuídas de um ideário que flerta perigosamente com o absolutismo.

Esta é a proposta do presente estudo.

2 A legitimidade do poder no Estado Democrático de Direito

Vive-se num Estado caracterizado como *democrático*. Ou, utilizando-se das expressões eleitas pelo constituinte, vive-se num *Estado Democrático*. É o que se verifica já no preâmbulo da Constituição: "Nós, representantes do povo brasileiro, reunidos em Assembléia Nacional Constituinte para instituir um *Estado Democrático*, destinado a assegurar o exercício dos direitos sociais e individuais, a liberdade, a segurança, o bem-estar, o desenvolvimento, a igualdade e a justiça como valores supremos de uma sociedade fraterna, pluralista e sem preconceitos, fundada na harmonia social e comprometida, na ordem interna e internacional, com a solução pacífica das controvérsias". Também a junção das mesmas expressões — agora reforçadas por outra — encontra registro no art. 1º da Carta Republicana: "A República Federativa do Brasil, formada pela união indissolúvel dos Estados e Municípios e do Distrito Federal, constitui-se em *Estado Democrático de Direito* e tem como fundamentos: I – a soberania; II – a cidadania; III – a dignidade da pessoa humana; IV – os valores sociais do trabalho e da livre iniciativa; V – o pluralismo político". Já no parágrafo único do aludido art. 1º há um dispositivo repleto de simbolismo, que assinala as aspirações do constituinte e funciona como exortação a todos os órgãos incumbidos do exercício do poder estatal: "Todo o poder emana do povo, que o exerce por meio de representantes eleitos ou diretamente, nos termos desta Constituição".

Compreenda-se que *legítimo* é o poder estatal quando praticado conforme diretivas assumidamente adotadas e aceitas pela sociedade.[4] Não é possível — leciona Antonio Carlos Wolkmer — pensar e estabelecer uma dada ordem política e jurídica centrada exclusivamente na força material do poder, visto que, por trás dele — seja político ou jurídico — subsiste uma condição de valores aceitos de maneira consensual e que refletem os interesses, as aspirações e as necessidades de uma determinada comunidade. A legitimidade, afinal, incide na esfera da consensualidade dos ideais, dos fundamentos, das crenças, e dos princípios ideológicos, supõe a transposição da simples detenção do poder e a conformidade com as acepções do justo advogadas pela coletividade.[5]

---

[4] Para Bobbio, a legitimidade está vinculada a uma "situação" e a um "valor", na configuração do Estado Democrático de Direito. A "situação" diz respeito à "aceitação do Estado por um segmento relevante da população"; já o "valor" é identificado no "consenso livremente manifestado por uma comunidade de homens autênticos e conscientes" (BOBBIO, Norberto. *Dicionário de política*. 2. ed. Brasília: Ed. UnB, 1986. p. 678).

[5] WOLKMER, Antonio Carlos. *Ideologia, Estado e direito*. São Paulo: Revista dos Tribunais, 1995. p. 79-81. Ainda com maior profundidade, pontua o aludido jurista: "Legitimidade: entende-se como uma 'qualidade do título de poder'. Implica numa noção substantiva e ético-política, cuja existencialidade move-se no espaço de crenças, convicções e princípios valorativos. Sua força não repousa nas normas e nos preceitos jurídicos, mas no interesse e na vontade ideológica dos integrantes majoritários de uma dada organização social. Enquanto conceituação material, legitimidade condiz com uma situação, atitude, decisão ou comportamento inerente ou não ao poder, cuja especificidade é marcada pelo equilíbrio entre a ação dos indivíduos e os valores

É adequado, nesse rumo, afirmar que essa fonte de consenso social há de ser buscada na própria Constituição, *referente lógico-jurídico hermenêutico*[6] de todo o ordenamento jurídico e, mais acentuadamente, no arquétipo do Estado Democrático de Direito por ela encampado.[7] Lembre-se que o titular do *poder constituinte originário* é o povo, que determina quando e como uma nova Constituição deve ser elaborada, isto é, a *soberania popular* retrata com perfeição a ideia de *poder constituinte*, matriz de todos os poderes exercidos pelo Estado. Por isso se afirma que uma Constituição é fonte de *consenso social*, pois nascida da empreitada de uma assembleia constituinte (uma convenção), à qual se atribuiu o exercício do poder constituinte e cujos integrantes, além de eleitos pelo próprio povo, também tinham por papel representá-lo e assegurar seus interesses.

Em reforço, Cynara Monteiro Mariano:

> A partir da declaração francesa, a legitimidade passou a significar o exercício do poder, em nome do povo, segundo uma constituição que contivesse um conteúdo valorativo mínimo: a proteção à liberdade dos indivíduos e mecanismos para a contenção dos abusos estatais. O seu significado, contudo, teria adquirido maior importância no cenário político com o segundo pós-guerra e o Tribunal Militar Internacional de Nuremberg, que, apesar de ter-se limitado apenas aos fatos relacionados com os crimes de guerra, constatou a natureza criminosa do regime nazista e, por via de consequência, a ilegitimidade do sistema normativo por ele instalado, o que serviu de alerta para a necessidade de estabelecer a distinção entre as categorias da legalidade e da legitimidade, diversamente do que sustentava o formalismo jurídico de Kelsen. (...) A partir de então, os conceitos positivistas, no tocante à identificação da legalidade com a legitimidade, perderam força, enfraquecendo-se ainda mais com o advento do Estado Social, pois, com esse, as leis passaram a veicular prestações sociais, desencadeando o surgimento de uma racionalidade já não mais formal, correspondente ao Estado Liberal, mas material. Ou seja, a racionalidade do direito passou a vincular-se a objetivos de bem-estar social, equidade, ou a uma ética determinada, ou, no dizer de Luigi Ferrajoli, com a expansão do paradigma constitucional presente no constitucionalismo da atualidade, houve uma verdadeira mudança de fundamento de validade das normas jurídicas, que não valem mais somente em virtude de sua conformação com o procedimento de elaboração, mas também porque guardam correspondência, de conteúdo, com os valores e princípios constitucionais.[8]

Em resumo: num Estado Democrático de Direito, as *atividades estatais* e as *decisões públicas* delas oriundas adquirem legitimidade *se* e *quando* conforme aos vetores constitucionalmente estabelecidos. E isso não se dá apenas mediante um único critério, apesar de incluídos todos numa única categoria denominada *legitimidade pelo devido*

---

sociais, ou seja, a prática da obediência transformada em adesão é assegurada por um consenso valorativo livremente manifestado sem que se faça obrigatório o uso da força" (WOLKMER, Antonio Carlos. *Ideologia, Estado e direito*. São Paulo: Revista dos Tribunais, 1995. p. 84).

[6] Essa expressão foi retirada de trabalho elaborado por Ana Flávia Sales (*A legitimidade do provimento jurisdicional no direito democrático*. Disponível em: <http://www.fmd.pucminas.br>. Acesso em: 11 abr. 2011).

[7] É inegável a sintonia hoje verificada entre os conceitos de (i)legitimidade e (in)constitucionalidade. A *legitimidade* afastou-se da *legalidade* para se harmonizar com a *constitucionalidade*.

[8] MARIANO, Cynara Monteiro. *Legitimidade do direito e do Poder Judiciário*: neoconstitucionalismo ou Poder Constituinte permanente?. Belo Horizonte: Del Rey, 2010. p. 3-4.

processo.⁹ Assim é que, no âmbito da atividade jurisdicional, fala-se em *legitimidade pelo contraditório* — ou *legitimidade pela participação*, ou *legitimidade pela cooperação* — o que denota a indispensabilidade da *construção participada dos provimentos* e a consequente abolição de decisões elaboradas segundo os padrões encontrados unicamente num *espaço metafísico não fiscalizável* decorrente da subjetividade do juiz¹⁰ (*messianismo judicial e tirania dos juízes*). Também se alude em doutrina à *legitimidade da decisão pelos direitos fundamentais materiais* — ou *legitimidade pelo conteúdo da decisão*, ou *legitimidade pela própria decisão* —, proveniente do imperativo de se verificar a constitucionalidade da *norma abstrata* antes de propriamente aplicá-la em prol da solução ao caso concreto, assegurando a esta, ademais, exegese que, conquanto oriunda do debate travado ao longo do *iter* procedimental, se afigure hábil para concretizar, na maior medida possível, os princípios materiais constitucionais (incluídos aí, sobretudo, os direitos fundamentais materiais).¹¹

---

⁹ É o que se verifica pelos seguintes comandos emblemáticos, positivados em âmbito constitucional: "ninguém será privado da liberdade ou de seus bens *sem o devido processo legal*" (CF, art. 5º, LIV); e "aos litigantes, em processo judicial ou administrativo, e aos acusados em geral *são assegurados o contraditório e ampla defesa, com os meios e recursos a ela inerentes*" (CF, art. 5º, LV).

¹⁰ A expressão "espaço metafísico não fiscalizável" também foi extraída do ensaio de Ana Flávia Sales (*A legitimidade do provimento jurisdicional no direito democrático*. Disponível em: <http://www.fmd.pucminas.br>. Acesso em: 11 abr. 2011).

¹¹ Para Luiz Guilherme Marinoni, apenas a "legitimação pelo contraditório" vincula-se ao procedimento: (...) "a legitimação da jurisdição não pode ser alcançada apenas pelo procedimento em contraditório e adequado ao direito material, sendo imprescindível pensar em uma legitimação pelo conteúdo da decisão. É que o contraditório e a adequação legitimam o processo como meio, porém não se prestam a permitir a identificação da decisão ou do resultado do processo, ou melhor, a garantir o ajuste da decisão aos compromissos do juiz com os conteúdos dos direitos fundamentais. O procedimento pode ser aberto à efetiva participação em contraditório e adequado ao procedimento material e, ainda assim, produzir uma decisão descompromissada com o conteúdo substancial das normas constitucionais" (MARINONI, Luiz Guilherme. *Teoria geral do processo*. 3. ed. São Paulo: Revista dos Tribunais, 2008. p. 438). Acerta o mestre ao afirmar a possibilidade de o procedimento aberto ao contraditório não produzir decisão compromissada com o conteúdo substancial das normas constitucionais. Enfim, a participação dialógica das partes no arco procedimental não conduz necessariamente a provimentos jurisdicionais afinados às normas constitucionais. Daí a necessidade da *legitimação pela própria decisão*, capaz de assegurar o ajuste da decisão ao conteúdo dos direitos fundamentais materiais. Entretanto, não se afigura correto tratar da *legitimidade pela própria decisão* — ou, como prefere o mestre, *legitimidade pelo conteúdo da decisão* — como uma categoria alheia ao procedimento. A *legitimidade pela própria decisão* traduz-se em subcategoria, inserta dentro daquela maior, denominada *legitimidade pelo devido processo*. Autorizar o juiz a se amparar numa legitimidade alheia ao procedimento, ajustando, ele próprio, o debate travado pelas partes (= contraditório) ao conteúdo dos direitos fundamentais é tão somente endossar a produção de decisões-surpresa, nascidas de um *arranjo mental solipsista*, que não se submete, por isso, à (indispensável) fiscalização das partes. Advogar a existência de uma categoria de legitimidade externa ao *devido processo*, é simplesmente defender postura antidemocrática (= ilegítima, inconstitucional), sobretudo pelo atentado à concepção de que as decisões públicas são fruto da participação de seus destinatários. A *legitimidade pelo conteúdo da decisão* defendida como categoria alheia ao *devido processo legal* afronta aquilo que Daniel Mitidiero denomina de *dever de consulta* — decorrente do *princípio da colaboração* — e que exige do órgão judicial a consulta das partes antes de decidir sobre qualquer questão, possibilitando que elas primeiramente o influenciem a respeito do rumo a ser dado à causa (MITIDIERO, Daniel. Colaboração no processo civil como prêt-à-porter?: um convite ao diálogo para Lenio Streck. *Revista de Processo*, São Paulo, n. 194, p. 55-69, 2011). Daí a conclusão lógica: também a *legitimidade pelo conteúdo da decisão* encontra-se vinculada ao *devido processo legal*, razão pela qual o juiz não está autorizado, segundo seu exclusivo talante, a elaborar provimentos alheios ao material (fático e jurídico) debatido ao longo do procedimento, ainda que motivado pela imperiosa necessidade de ajustar a decisão ao conteúdo dos direitos fundamentais. Caso perceba que o debate travado entre as partes não se apresente suficientemente maduro para garantir o ajuste da decisão ao conteúdo dos direitos fundamentais, deve, exercitando seu *dever de consulta* (decorrente do *princípio da colaboração*), incitar as partes e informá-las sobre isso, direcionando e permitindo um debate complementar. Somente depois é que estará autorizado a proferir o provimento jurisdicional.

3 A tensão entre jurisdição e democracia

O Estado Democrático de Direito é um modelo intencionado a conciliar e superar as colidentes filosofias liberal-burguesa e socialista, que já encamparam as diretrizes ideológicas condutoras de variadas sociedades ocidentais.[12] No Brasil, sua escolha é expressa nos ditames literais do já aludido artigo inaugural da Carta de 1988 (CF, art. 1º). E uma das marcas peculiares a esse paradigma situa-se justamente na criação *democrática* do direito; afinal, vive-se, insista-se nessa ideia, num regime tido por *democrático*. Em última instância, quer isso significar a garantia de que ao povo se assegura a *participação*, direta ou indireta, no processo de formação das *decisões públicas*.[13] Basicamente é o que preconiza o constituinte quando afirma que *todo* poder emana do povo, que o exerce *por meio de representantes* eleitos (democracia representativa), ou *diretamente* (democracia participativa), nos termos desta Constituição (CF, parágrafo único do art. 1º, primeira parte).[14]

---

[12] GUERRA FILHO, Willis Santiago. *Processo constitucional e direitos fundamentais*. 2. ed. São Paulo: RCS, 2005. p. 29. Sobre o Estado Democrático de Direito, são válidas as ponderações extraídas de obra escrita por Bernardo Gonçalves Fernandes. Esclarece o jurista que o Estado Democrático de Direito é também nominado, por autores de tradição alemã, de Estado Constitucional. A razão para isto é clara: as aquisições históricas deixaram evidente que não é a submissão ao Direito que justificam limitações atribuídas ao Estado e aos governantes, mas necessariamente uma subjugação total à Constituição. Numa tentativa didática, alguns explicam o Estado Democrático de Direito como a somatória de dois princípios fundamentais: o Estado de Direito e o Estado Democrático. Porém, além de uma mera junção, o produto desses dois princípios acaba revelando um conceito novo que, mais que adicionar um no outro, equivale à afirmação de um novo *paradigma* de Estado e de Direito. É o Estado Democrático de Direito muito mais que um princípio e se configura, assim, em verdadeiro paradigma — um pano de fundo de silêncio — que compõe e dota de sentido as práticas jurídicas contemporâneas. Representa, sobretudo, uma vertente distinta dos paradigmas anteriores — Estado Liberal e Estado Social —, pois nele a concepção de direito não se limita a um mero formalismo (Estado Liberal), tampouco descamba para uma materialização totalizante (Estado Social). A perspectiva assumida pelo direito caminha para a *procedimentalização*; configura-se pela existência de procedimentos ao longo de todo o processo decisório estatal, permitindo e sendo poroso à participação dos atingidos (a sociedade) (FERNANDES, Bernardo Gonçalves. *Curso de direito constitucional*. 2. ed. Rio de Janeiro: Lumen Juris, 2010. p. 202-203).

[13] Nesse rumo, Henrique Yukio: "...o hodierno Estado Democrático de Direito surgiu apresentando como seu fundamento o princípio da soberania popular e defendendo a transformação do *status quo*, mediante um processo de efetiva incorporação de todos os cidadãos nos mecanismos de produção, controle e fiscalização das decisões. Este novo paradigma representou a adoção da democracia como regime de governo, como princípio basilar de uma nova ordem constitucional, surgida no Brasil com a Carta de 1988, e disciplinador da organização do Estado, da relação deste com os indivíduos e destes entre si" (SOUZA, Henrique Yukio Pereira de. A presunção judicial no Estado democrático de direito: uma análise crítica do artigo 335 do Código de Processo Civil. *Revista Brasileira de Direito Processual*, Belo Horizonte, n. 72, p. 112, 2010).

[14] Sobre o conceito de *democracia*, Bernardo Gonçalves Fernandes aduz que desnudá-lo é tarefa hercúlea. Etimologicamente — continua o jurista —, significa "governo do povo". Porém, mais do que isso, é correto afirmar que democracia é uma lógica na qual o povo participa do Governo e do Estado, razão pela qual a ordem jurídica consagra instrumentos não apenas de *democracia direta* (plebiscito, referendo), como também de *democracia indireta* (eleição de representantes que concorrerão aos cargos públicos). Hoje, entretanto, é fato que a democracia não se justifica unicamente na possibilidade de escolha dos atores políticos, pois inclui ainda uma proteção constitucional que afirma: i) a superioridade da Constituição; ii) a existência de direitos fundamentais; iii) a legalidade as ações estatais; iv) um sistema de garantias jurídicas e processuais. Bernardo Gonçalves vai além e indica que Bobbio traz uma leitura baseada em critérios *quantitativos*, pois para ele a democracia corresponde a um conjunto de regras que estabelecem quem está autorizado a tomar as decisões coletivas e com quais procedimentos — a democracia, aqui, faz uso de um instrumento que é a *regra da maioria*. Também se refere a Habermas, o qual, apostando na racionalidade comunicativa, apresenta outra possibilidade de leitura da democracia, afinada a uma perspectiva *qualitativa*. Vale dizer, com a razão comunicativa a decisão democrática será aquela inserida numa dinâmica procedimental na qual tanto autores como sujeitos da decisão possam consentir e reconhecer que o resultado foi correto, porque fruto do "melhor argumento". Aqui, seja quem tomará a decisão, seja quem sofrerá os seus efeitos, serão e poderão, ambos, assumir-se — ao menos virtualmente — como coautores daquela mesma decisão, porquanto participantes de um mesmo discurso que conduzirá à sua definição. Conclui Bernardo Gonçalves, focando seu raciocínio à realidade brasileira, com a afirmação de que a Constituição de 1988 articulou tanto o plano de *democracia*

De fácil assimilação a ideia de *democracia representativa*. Trata-se de uma licença para que o exercício do poder se dê não propriamente pelo povo, mas por aqueles que ele elegeu. É mediante o sufrágio que o povo escolhe os que irão representá-lo na condução dos órgãos públicos (Legislativo e Executivo), assegurando, por consequência, *algum respaldo* de *legitimidade democrática* (ainda que insuficiente, pois meramente formal) à atuação deles (representantes) em prol dos interesses da sociedade.[15]

É inegável que também o Judiciário é um órgão estatal. Seus regentes, todavia, não são eleitos pelo povo, embora exerçam importantíssima atividade pública (jurisdição) e contribuam para a consecução das normas constitucionais. A atuação do Judiciário, portanto, não se ajusta ao regime da *democracia representativa*. Muitos veem, deste modo, um *déficit democrático* na atividade jurisdicional,[16] sobretudo por não entenderem como uma minoria de juízes, *não eleita democraticamente pelo povo*,

---

direta quanto da *indireta*, criando uma figura semidireta de cunho participativo. Assim, afora a possibilidade de eleição dos representantes políticos, o texto constitucional contempla as modalidades de plebiscito (art. 14, I), *referendum* (art. 14, II) e a iniciativa legislativa popular (art. 14, II, regulada pelo art. 61, §2º). O propósito é criar condições para desenvolvimento de uma cidadania plena, com livre exercício das liberdades públicas (FERNANDES, Bernardo Gonçalves. *Curso de direito constitucional*. 2. ed. Rio de Janeiro: Lumen Juris, 2010. p. 206-207).

[15] Ao se afirmar que a *democracia representativa* atribui apenas *algum respaldo* de legitimidade à atuação dos representantes eleitos pelo povo, quer-se com isso sublinhar que ela se baseia em um *critério formal* e, por isso, insuficiente para legitimar, por completo, atividades estatais e decisões delas provenientes. Em outras palavras, a *democracia representativa* não assegura que a *vontade do povo* abalize o exercício do poder estatal, porque se traduz em mero *método* que permite a eleição de membros do Executivo e Legislativo, maneira indireta de participação nas decisões públicas, mas que, como afirmado, nem sempre reverbera os anseios da maioria. Ao revés, a *democracia participativa*, para além de simples método (ou forma), proporciona, aí sim, a coincidência entre a vontade popular (da maioria) e a prática do poder estatal. A respeito disso, recorde-se a lição do imortal Pontes de Miranda: "Quando se exprobra à democracia indireta o não ser a vontade do povo que se exprime, comete-se o erro de querer que a forma, o método, se transforme em fundo. A escolha do membro do Parlamento ou de Chefe de Estado é participação no poder estatal. Nada mais. Se se quisesse que o povo exprimisse a vontade, por maioria de votos, seria sempre direta a democracia. Sendo indireta, quaisquer exigências de coincidência entre a 'vontade geral' ou a 'vontade do povo' e o que se vota no Parlamento é simples metáfora" (PONTES DE MIRANDA. *Democracia, liberdade e igualdade*: os três caminhos. 2. ed. Saraiva: São Paulo, 1979. p. 195). Sobre o assunto, também é interessante lembrar que Rousseau atacou a *democracia representativa*, dizendo inadmissível que um cidadão (ou um conjunto deles) seja representado por outro em uma assembleia. Em sua ótica, a liberdade e a vida política se realizam de fato apenas quando cada cidadão se faça presente no momento da discussão das leis. Preconizou, referindo-se às eleições do parlamento inglês, que o povo inglês só é livre e soberano durante as eleições; porém, retorna à escravidão depois delas, na medida em que entrega a sua soberania aos deputados [ROUSSEAU, Jean-Jacques. *Do contrato social; Ensaio sobre a origem das línguas*. São Paulo: Abril Cultural, 1999. p. 187. (Os Pensadores)]. Não basta, deste modo, que o texto normativo seja fruto de um procedimento legislativo. Imprescindível que a normatividade sujeite-se, como critério de validade, à comprovação discursiva, algo obviamente que não se reduz à pessoa do juiz, por envolver as próprias partes que também laboram na elaboração participada do provimento jurisdicional. Daí se dizer que o processo é método destinado a conferir legitimidade à atividade jurisdicional e aos seus resultados, sobretudo frente aos direitos fundamentais processuais que compõem a sua essência.

[16] Não parece totalmente adequado resolver o problema segundo uma cômoda posição formalista, que atribui legitimidade à atividade jurisdicional porque a Constituição prevê a nomeação de juízes mediante concurso de provas e títulos (argumento normativo, formal, procedimental). Ainda que tal resposta não possa ser desprezada, é ela simplista e tangencial, pois negligencia o cerne da questão e, de tal modo, não colabora o suficiente para seu desenlace. Ou seja, afirmar que a Constituição é que determina a maneira pela qual os juízes são nomeados não esclarece, na essência, as razões pelas quais o poder jurisdicional, apesar de emanado do povo, não é por ele exercido por intermédio de representantes eleitos (CF, parágrafo único do art. 1º, primeira parte). Tampouco responde como as decisões judiciais, proferidas por juízes não eleitos, detêm autoridade para invalidar atos legislativos e administrativos oriundos da atuação de representantes democraticamente eleitos pelo povo.

possui autoridade de se sobrepor aos demais órgãos do poder, a exemplo do que frequentemente ocorre quando, no exercício do controle de constitucionalidade, o Judiciário invalida leis e/ou atos normativos oriundos da atuação de representantes democraticamente eleitos — fenômeno denominado de *caráter contramajoritário do Judiciário*.[17] Ou como bem resume Roberto Gargarella ao indagar: "Como é possível que um minúsculo grupo de juízes, não eleitos diretamente pela cidadania (como o são os funcionários políticos), e que não estejam sujeitos a periódicas avaliações populares (e, portanto, gozam de estabilidade em seus cargos, livres do escrutínio popular) possam prevalecer, em última instância, sobre a vontade popular"?[18]

---

[17] Confira-se, nesta linha, o raciocínio sempre elucidativo de Luís Roberto Barroso: "Os membros do Poder Judiciário — juízes, desembargadores e ministros — não são agentes públicos eleitos. Embora não tenham o batismo da vontade popular, magistrados e tribunais desempenham, inegavelmente, um poder político, inclusive o de invalidar atos dos outros dois Poderes. A possibilidade de um órgão não eletivo como o Supremo Tribunal Federal sobrepor-se a uma decisão do Presidente da República — sufragado por mais de 40 milhões de votos — ou do Congresso — cujos 513 membros foram escolhidos pela vontade popular — é identificada na teoria constitucional como dificuldade contramajoritária. Onde estaria, então, sua legitimidade para invalidar decisões daqueles que exercem mandato popular, que foram escolhidos pelo povo? Há duas justificativas: uma de natureza normativa e outra filosófica". E continua o mestre: "O fundamento normativo decorre, singelamente, do fato de que a Constituição brasileira atribui expressamente esse poder ao Judiciário e, especialmente, ao Supremo Tribunal Federal. A maior parte dos Estados democráticos reserva uma parcela de poder político para ser exercida por agentes públicos que não são recrutados pela via eleitoral, e cuja atuação é de natureza predominantemente técnica e imparcial. De acordo com o conhecimento tradicional, magistrados não têm vontade política própria. Ao aplicarem a Constituição e as leis, estão concretizando decisões que foram tomadas pelo constituinte ou pelo legislador, isto é, pelos representantes do povo. Essa afirmação, que reverencia a lógica da separação de Poderes, deve ser aceita com temperamentos, tendo em vista que juízes e tribunais não desempenham uma atividade puramente mecânica. Na medida em que lhes cabe atribuir sentido a expressões vagas, fluidas e indeterminadas, como dignidade da pessoa humana, direito de privacidade ou boa-fé objetiva, tornam-se, em muitas situações, co-participantes do processo de criação do Direito". E mais: "A justificação filosófica para a jurisdição constitucional e para a atuação do Judiciário na vida institucional é um pouco mais sofisticada, mas ainda assim fácil de compreender. O Estado constitucional democrático, como o nome sugere, é produto de duas idéias que se acoplaram, mas não se confundem. Constitucionalismo significa poder limitado e respeito aos direitos fundamentais. O Estado de direito como expressão da razão. Já democracia significa soberania popular, governo do povo. O poder fundado na vontade da maioria. Entre democracia e constitucionalismo, entre vontade e razão, entre direitos fundamentais e governo da maioria, podem surgir situações de tensão e de conflitos aparentes. Por essa razão, a Constituição deve desempenhar dois grandes papéis. Um deles é o de estabelecer as regras do jogo democrático, assegurando a participação política ampla, o governo da maioria e a alternância no poder. Mas a democracia não se resume ao princípio majoritário. Se houver oito católicos e dois muçulmanos em uma sala, não poderá o primeiro grupo deliberar jogar o segundo pela janela, pelo simples fato de estar em maior número. Aí está o segundo grande papel de uma Constituição: proteger valores e direitos fundamentais, mesmo que contra a vontade circunstancial de quem tem mais votos. E o intérprete final da Constituição é o Supremo Tribunal Federal. Seu papel é velar pelas regras do jogo democrático e pelos direitos fundamentais, funcionando como um fórum de princípios — não de política — e de razão pública — não de doutrinas abrangentes, sejam ideologias políticas ou concepções religiosas". E conclui: "Portanto, a jurisdição constitucional bem exercida é antes uma garantia para a democracia do que um risco. Impõe-se, todavia, uma observação final. A importância da Constituição — e do Judiciário como seu intérprete maior — não pode suprimir, por evidente, a política, o governo da maioria, nem o papel do Legislativo. A Constituição não pode ser ubíqua. Observados os valores e fins constitucionais, cabe à lei, votada pelo parlamento e sancionada pelo Presidente, fazer as escolhas entre as diferentes visões alternativas que caracterizam as sociedades pluralistas. Por essa razão, o STF deve ser deferente para com as deliberações do Congresso. Com exceção do que seja essencial para preservar a democracia e os direitos fundamentais, em relação a tudo mais os protagonistas da vida política devem ser os que têm votos. Juízes e tribunais não podem presumir demais de si próprios — como ninguém deve, aliás, nessa vida — impondo suas escolhas, suas preferências, sua vontade. Só atuam, legitimamente, quando sejam capazes de fundamentar racionalmente suas decisões, com base na Constituição" (BARROSO, Luís Roberto. *Judicialização, ativismo judicial e legitimidade democrática*. p. 10-12. Disponível em: <http://www.oab.org.br>. Acesso em: 12 maio 2009).

[18] GARGARELLA, Roberto. *La justicia frente al gobierno*. Barcelona: Editorial Ariel, 1996. p. 9. Não escapa de Luiz Guilherme Marinoni esta questão: "O debate em torno da legitimidade da jurisdição constitucional, ou melhor, a respeito da legitimidade do controle da constitucionalidade da lei, funda-se basicamente no problema da legitimidade do juiz para controlar a decisão da maioria parlamentar. Isso porque a lei encontra

A verdade, porém, é que a aparente tensão entre *democracia* e *jurisdição* se caracteriza num falso problema quando se pensa o direito processual segundo uma concepção que lhe é contemporânea. *Não é aceitável ver na jurisdição uma restrição à própria democracia.*[19]

É o processo ambiente democrático porque os resultados dele oriundos não decorrem do labor solitário da autoridade jurisdicional (*solipsismo judicial*),[20] mas, bem diferentemente, também são fruto do empenho dos demais envolvidos (partes), que *participam* e *influenciam* na construção do provimento jurisdicional do qual são destinatários.[21] Vale dizer, na seara processual é *dever* do juiz — *dever de consulta* proveniente do *princípio da colaboração*[22] — assegurar às partes a participação delas

---

respaldo na vontade popular que elegeu o seu elaborador — isto é, na técnica representativa. Por outro lado, os juízes, como é sabido, não são eleitos pelo povo, embora somente possam ser investidos no poder jurisdicional através do procedimento traçado na Constituição, que prevê a necessidade de concurso público para o ingresso na magistratura de 1º grau de jurisdição — de lado outros critérios e requisitos para o ingresso, por exemplo, no Supremo Tribunal Federal" (MARINONI, Luiz Guilherme. *Teoria geral do processo*. 3. ed. São Paulo: Revista dos Tribunais, 2008. p. 431).

[19] O que se pode assegurar com acerto é que o Judiciário, ao controlar a constitucionalidade da lei, não nega a teoria democrática ou mesmo a vontade do povo, mas, bem diferentemente, controla a decisão da maioria que desborda da Constituição (MARINONI, Luiz Guilherme. *Novo CPC esquece da equidade perante as decisões judiciais*. Disponível em: <http://www.conjur.com.br>. Acesso em: 12 nov. 2010).

[20] A expressão *solipsismo judicial* traduz-se num espaço subjetivo o qual se encontra blindado ao exercício pleno do contraditório, dele se originando decisões judiciais decorrentes do labor solitário do juiz, ao arrepio da necessária colaboração das partes. O *juiz solipsista* é aquele que se basta em si, egoísta, encapsulado, que atua solitariamente, pois compromissado apenas com a sua própria subjetividade. Para um aprofundamento acerca dos significados dessas expressões, verificar: STRECK, Lenio Luiz. *O que é isto*: decido conforme minha consciência?. Curitiba: Livraria do Advogado, 2010; DIAS, Ronaldo Brêtas Carvalho; FIORATTO, Débora Carvalho. A conexão entre os princípios do contraditório e da fundamentação das decisões na construção do Estado democrático de direito. *Revista Eletrônica de Direito Processual*, v. 5, p. 228-260. Disponível em: <http://www.redp.com.br/arquivos/redp_5a_edicao.pdf>. Acesso: 11 abr. 2011; MADEIRA, Dhenis Cruz. *Processo de conhecimento & cognição*: uma inserção no Estado democrático de direito. Curitiba: Juruá, 2008.

[21] Consoante esclarece Botelho, é bem verdade que o sufrágio universal nem sempre legitima o parlamento, sobretudo quando se constata dissociação entre eleitos e eleitores (Rousseau). O mesmo autor complementa o raciocínio, citando em nota de rodapé Mauro Cappelletti: "Não há dúvida de que é essencialmente democrático o sistema de governo no qual o povo tem o 'sentimento de participação'. Mas tal sentimento pode ser facilmente desviado por legisladores e aparelhos burocráticos longínquos e inacessíveis, enquanto, pelo contrário, constitui característica *quoad substantiam* da jurisdição (...) desenvolver-se em direta conexão com as partes interessadas, que têm o exclusivo poder de iniciar o processo jurisdicional e determinar o seu conteúdo, cabendo-lhes ainda o fundamental direito de serem ouvidas. Neste sentido, o processo jurisdicional é até o mais participativo de todos os processos da atividade pública" (BOTELHO, Marcos César. *Democracia e jurisdição*: a legitimidade da jurisdição constitucional na democracia participativa de Jürgen Habermas. Disponível em: <http://www.portaldosperiodicos.idp.edu.br>. Acesso em: 04 mar. 2011).

[22] Sobre os *deveres* (= regras) atribuídos à autoridade jurisdicional na condução do processo, decorrentes do *princípio da colaboração*, são imprescindíveis as lições de Daniel Mitidiero: (...) "a colaboração no processo civil que é devida no Estado Constitucional é a colaboração do juiz para com as partes. Gize-se: não se trata de colaboração entre as partes. As partes não colaboram e não devem colaborar entre si simplesmente porque obedecem a diferentes interesses no que tange à sorte do litígio (obviamente, isso não implica reconhecer o processo civil como um ambiente livre dos deveres de boa-fé e lealdade, assunto correlato, mas diverso). A colaboração estrutura-se a partir da previsão de regras que devem ser seguidas pelo juiz na condução do processo. O juiz tem os deveres de esclarecimento, de diálogo, de prevenção e de auxílio para com os litigantes. É assim que funciona a cooperação. *Esses deveres consubstanciam as regras que estão sendo enunciadas quando se fala em colaboração no processo civil*. A doutrina é tranquila a respeito disso. O dever de esclarecimento constitui 'o dever de o tribunal se esclarecer junto das partes quanto às dúvidas que tenha sobre as suas alegações, pedidos ou posições em juízo'. O de prevenção, o dever de o órgão jurisdicional prevenir as partes do perigo de o êxito de seus pedidos 'ser frustrado pelo uso inadequado do processo'. O de consulta, o dever de o órgão judicial consultar as partes antes de decidir sobre qualquer questão, possibilitando antes que essas o influenciem a respeito do rumo a ser dado à causa. O dever de auxílio, o dever de auxiliar as partes na superação de eventuais dificuldades que impeçam o exercício de direitos ou faculdades ou o cumprimento de ônus ou deveres processuais" (MITIDIERO, Daniel. Colaboração no processo civil como prêt-à-porter?: um convite ao diálogo para Lenio Streck. *Revista de Processo*, São Paulo, n. 194, p. 55-69, 2011).

(= contraditório), *de maneira ativa e direta*, na *criação* da *norma jurídica pacificadora*[23] — expressão do poder estatal —, circunstância a qual instala a jurisdição, com suficiente perfeição, no coração do parágrafo único do art. 1º (segunda parte), que igualmente prevê a *democracia participativa* como meio de legitimidade democrática do poder estatal — *"Todo* poder emana do povo, que o exerce por meio de representantes eleitos, *ou diretamente*, nos termos desta Constituição".[24]

E, conforme restará claro a seguir, no Estado Democrático de Direito o *contraditório* é a *ponte de ouro* entre *jurisdição* e *democracia*.

4 A feição contemporânea do contraditório

Mais condizente com a realidade atual e hábil para afiançar legitimidade (democrática) à atividade jurisdicional, o contraditório, imbuído dos significados que hoje lhe são apregoados, garante aos cidadãos participação *direta* e efetiva no exercício da jurisdição e no resultado dela emanado.[25]

Não mais se deve aceitar o contraditório como mera *garantia* conferida às partes de *informação* acerca dos atos processuais que se sucedem no curso procedimental. Não é ele, ademais, simples *direito vazio* de *resistir* a esses mesmos atos, mediante impugnações e requerimentos a serem registrados no caderno processual.[26] Pensar no contraditório como princípio de feições eminentemente formais é desprezar aquilo

---

[23] Segundo Fredie Didier Jr., "falar em processo democrático é falar em processo equilibrado e dialógico. Um processo em que as partes possam controlar-se, os sujeitos processuais tenham poderes e formas de controle previamente estabelecidos. Não adianta atribuir poder, se não houver mecanismos de controle desse poder" (DIDIER JR., Fredie. *Curso de direito processual civil*. 6. ed. Salvador: JusPodivm, 2006. v. 1, p. 62).

[24] Sobre uma ideia mais geral de *democracia participativa* e o porvir, confira-se o ensinamento de Paulo Bonavides: "Na escalada da legitimidade constitucional, o século XIX foi o século do legislador, o século XX o século do juiz e da justiça constitucional universalizada; já o século XXI está fadado a ser o século do cidadão governante, do cidadão povo, do cidadão soberano, do cidadão sujeito de direto internacional, conforme consta, de último, da jurisprudência do direito das gentes, segundo já assinalamos. Ou ainda, do cidadão titular de direitos fundamentais de todas as dimensões; século, por fim, que há de presenciar nos ordenamentos políticos do Terceiro Mundo o ocaso do atual modelo de representação e de partidos. É o fim que aguarda as formas representativas desfalecidas. Mas é também a alvorada que faz nascer o sol da democracia participativa nas regiões constitucionais da periferia". E mais: "Breve, o povo, diretamente, em plebiscitos instantâneos, por via da rede eletrônica, decidirá as grandes questões de interesse nacional e de soberania. E, ao mesmo passo, por meio de referendos, igualmente instantâneos, aprovará as emendas constitucionais daquele teor. O porvir será do povo. Haverá assim mais pureza nas instituições, mais legitimidade, mais democracia, mais poder representativo; portanto, menos corrupção, menos injustiça social, menos falsidade governativa, menos alienação de cidadania" (BONAVIDES, Paulo. *Teoria geral do Estado*. 8. ed. São Paulo: Malheiros, 2010. p. 376-377).

[25] O contraditório é um dos aspectos inerentes ao processo, elemento integrante de sua identidade, nominada por muitos de *modelo constitucional do processo*. O processo, então, condiciona a aferição de legitimidade à jurisdição e ao provimento dela resultante, função que apenas lhe será atribuída se ao contraditório forem conferidos contornos que extrapolem aquela visão lógico-formal, absolutamente vazia e que relega ao limbo toda sua importância.

[26] Dierle José Coelho Nunes elucida, em estudo profícuo, a visão tradicional que se tinha do princípio do contraditório: "Em uma acepção tradicional, o princípio do contraditório é entendido tão somente como um direito de bilateralidade da audiência, possibilitando às partes a devida informação e possibilidade de reação. É a aplicação do denominado direito de ser ouvido pelo juiz. Assim, bastariam o dizer e o contradizer das partes para garantir o seu respeito, mesmo que estas ações não encontrassem ressonância na estrutura procedimental e no conteúdo das decisões, permitindo, deste modo, tão somente uma participação fictícia e aparente" (NUNES, Dierle José Coelho. O princípio do contraditório: uma garantia de influência e de não surpresa. *In*: DIDIER JR., Fredie; JORDÃO, Eduardo Ferreira (Coord.). *Teoria do processo*: panorama mundial. Salvador: JusPodivm, 2008. p. 151-172).

que lhe há de mais peculiar, é ignorar sua própria substância.²⁷ *Contraditório meramente formal é ficção e de nada serve.*²⁸

Daí por que as partes têm assegurado o direito de *influir* na decisão do juiz.²⁹ Não apenas *participam* do processo, mas animam seu resultado.³⁰ Seria insignificante,

---

²⁷ Nesta toada, Henrique Yukio, atento às lições de Rosemiro Pereira Leal, aponta: "O processo, por sua vez, é tratado como uma instituição constitucionalizada (artigo 5º, LIV, da Constituição da República Federativa) essencial à democracia, uma espécie de procedimento, cujo traço distintivo em relação ao gênero consiste na participação, em conjunto, dos destinatários do provimento na atividade preparatória deste. Os interessados no ato estatal participam de sua construção de uma forma especial — em contraditório entre eles —, vez que seus interesses em relação ao ato final do procedimento são opostos. O contraditório, assim, deixa de ser compreendido como a mera bilateralidade de audiência (uma possibilidade de se informar e de reagir a partir das informações recebidas), para ser entendido como a simétrica paridade de participação dos destinatários na atividade preparatória do ato estatal, sendo que esta participação tem que ser levada em consideração pelo juiz no momento da decisão" (SOUZA, Henrique Yukio Pereira de. A presunção judicial no Estado democrático de direito: uma análise crítica do artigo 335 do Código de Processo Civil. *Revista Brasileira de Direito Processual*, Belo Horizonte, n. 72, p. 113, 2010).

²⁸ Para ilustrar, lesam o contraditório julgamentos que tomam como meio probatório legítimo, e neles assentam suas conclusões, depoimentos de testemunhas colhidos pelo perito e utilizados em seu laudo como sustentáculo de determinada tese. Já se decidiu a respeito disso que "perito não é juiz e, pois, não pode assumir a produção da prova testemunhal — até porque, quando isso acontece, o princípio do contraditório (...) deixa de ser observado. Cumpria à apelante, isto sim, arrolar como testemunhas, para inquirição em audiência, na presença das partes e seus advogados, as pessoas que prestaram informação ao perito" (extinto Tribunal de Alçada do Paraná, Apelação Cível nº 585/85, julgado em 17.09.1985, Relator Juiz Ivan Righi, Revista de Processo, São Paulo, n. 43, p. 289-290, 1986).

²⁹ Antes o contraditório era visto como uma garantia de as partes serem *informadas* sobre os atos que se sucedem ao longo do procedimento e de *reagirem* contra eles. Hoje, além de manter essa concepção formal, o contraditório surge como genuíno direito de *influência* na construção do provimento jurisdicional, num viés exegético mais consentâneo aos ideários constitucionais, especialmente à concepção de *democracia*. Assim, é certo sintetizar o contraditório na tríade *informação-reação-influência*. É essa a linha de raciocínio defendida por Sérgio Gilberto Porto e Daniel Ustárroz: "É com esse espírito que a combinação das atividades do autor, do demandado e do juiz assumirá a estrutura ínsita do conceito de cooperação. Se cada um desses sujeitos trabalhar debruçado sobre a mesma matéria fática e jurídica, cada qual poderá trazer valiosas conclusões para iluminar o *thema decidendum*. O processo transforma-se em um laboratório, no qual todas as partes são convidadas a trabalhar, tal como cientistas fossem. (...) Essa seria uma manifestação positiva do princípio da colaboração. A investigação solitária do órgão judicial, nos dias atuais, mostra-se inadequada, pois o diálogo instado entre as partes e o próprio condutor do processo recomendado pelo método dialético amplia o quadro de análise, constrange à comparação, atenua o perigo de opiniões pré-concebidas e favorece a formação de um juízo mais aberto e ponderado". E concluem: "Quando se fala em colaboração entre as partes, admite-se que é justamente pela soma de seus esforços que o órgão judicial encontrará condições plenas para a aplicação do direito. Em outras palavras, é da soma de comportamentos parciais (tese, esposada pela pretensão + antítese, representada pela defesa) que o processo alcançará a justa síntese. Este, então, é o método de trabalho preconizado pela adoção do princípio do contraditório" (PORTO, Sérgio Gilberto; USTÁRROZ, Daniel. *Lições de direitos fundamentais no processo civil*: o conteúdo processual da Constituição Federal. Porto Alegre: Livraria do Advogado, 2009. p. 54). Em linha semelhante, Dierle José Coelho Nunes: "Neste Estado democrático os cidadãos não podem mais se enxergar como sujeitos espectadores e inertes nos assuntos que lhes tragam interesse, e sim serem participantes ativos e que influenciem no procedimento formativo dos provimentos (atos administrativos, das leis e das decisões judiciais), e este é o cerne da garantia do contraditório. Dentro desse enfoque se verifica que há muito a doutrina percebeu que o contraditório não pode mais ser analisado tão somente como mera garantia formal de bilateralidade da audiência, mas, sim, como uma possibilidade de influência (*Einwirkungsmöglichkeit*) sobre o desenvolvimento do processo e sobre a formação de decisões racionais, com inexistentes ou reduzidas possibilidades de surpresa. Tal concepção significa que não se pode mais na atualidade, acreditar que o contraditório se circunscreva ao dizer e contradizer formal entre as partes, sem que isso gere uma efetiva ressonância (contribuição) para a fundamentação do provimento, ou seja, afastando a idéia de que a participação das partes no processo pode ser meramente fictícia e mesmo desnecessária no plano substancial" (NUNES, Dierle José Coelho. O princípio do contraditório: uma garantia de influência e de não surpresa. *In*: DIDIER JR., Fredie; JORDÃO, Eduardo Ferreira (Coord.). *Teoria do processo*: panorama mundial. Salvador: JusPodivm, 2008. p. 151-172). Sobre o tema, sugere-se examinar ainda o estudo desenvolvido por: NEVES, Daniel Amorim Assunção. *Manual de direito processual civil*. São Paulo: Método, 2009. p. 55-61.

³⁰ Confira-se o raciocínio coerente de Fredie Didier Jr.: "O processo é um instrumento de composição de conflito — pacificação social — que se realiza sob o manto do contraditório. O contraditório é inerente ao processo. Trata-se de princípio que pode ser decomposto em duas garantias: participação (audiência; comunicação; ciência)

aliás, permitir-lhes manifestações e produção probatória se ao magistrado fosse conferida a possibilidade de surpreendê-las com provimentos de conteúdo alheio aos fatos e direitos discutidos no palco processual.[31] No campo judicial a surpresa é circunstância que sugere o arbítrio.[32]

---

e possibilidade de influência na decisão. Aplica-se o princípio do contraditório, derivado que é do devido processo legal, nos âmbitos jurisdicional, administrativo e negocial. Democracia no processo recebe o nome de contraditório. Democracia é participação; e participação no processo se opera pela efetivação da garantia do contraditório. O princípio do contraditório deve ser visto como manifestação do exercício democrático de um poder". Mais a frente, o processualista baiano aponta dois elementos que compõem a garantia do contraditório, o formal e o substancial. Sobre o segundo deles esclarece: "Há o elemento substancial dessa garantia. Há um aspecto, que eu reputo essencial, denominado, de acordo com a doutrina alemã, de 'poder de influência'. Não adianta permitir que a parte, simplesmente, participe do processo; que ela seja ouvida. Apenas isso não é o suficiente para que se efetive o princípio do contraditório. É necessário que se permita que ela seja ouvida, é claro, mas em condições de poder influenciar a decisão do magistrado. Se não for conferida a possibilidade de a parte influenciar a decisão do magistrado — e isso é poder de influência, poder de interferir na decisão do magistrado, interferir com argumentos, interferir com idéias, com fatos novos, com argumentos jurídicos novos; se ela não puder fazer isso, a garantia do contraditório estará ferida. É fundamental perceber isso: o contraditório não se implementa, pura e simplesmente, com a ouvida, com a participação; exige-se a participação com a possibilidade, conferida à parte, de influenciar no conteúdo da decisão" (DIDIER JR., Fredie. *Curso de direito processual civil*. 6. ed. Salvador: JusPodivm, 2006. v. 1, p. 58-59). Também acerca dessa visão contemporânea do contraditório, atentem-se para as precisas ponderações de Carlos Alberto Alvaro de Oliveira: "Exatamente em face dessa realidade cada vez mais presente na rica e conturbada sociedade de nossos tempos, em permanente mudança, ostenta-se inadequada a investigação solitária do órgão judicial. Ainda mais que o monólogo apouca necessariamente a perspectiva do observador e em contrapartida o diálogo, recomendado pelo método dialético, amplia o quadro de análise, constrange à comparação, atenua o perigo de opiniões preconcebidas e favorece a formulação de um juízo mais aberto e ponderado. A faculdade concedida aos litigantes de pronunciar-se e intervir ativamente no processo impede, outrossim, sujeitem-se passivamente à definição jurídica ou fática da causa efetuada pelo órgão judicial. E exclui, por outro lado, o tratamento da parte como simples 'objeto' de pronunciamento judicial, garantindo o seu direito de atuar de modo crítico e construtivo sobre o andamento do processo e seu resultado, desenvolvendo antes da decisão a defesa das suas razões. A matéria vincula-se ao próprio respeito à dignidade humana e aos valores intrínsecos da democracia, adquirindo sua melhor expressão e referencial, no âmbito processual, no princípio do contraditório, compreendido de maneira renovada, e cuja efetividade não significa apenas debate das questões entre as partes, mas concreto exercício do direito de defesa para fins de formação do convencimento do juiz, atuando, assim, como anteparo à lacunosidade ou insuficiência da sua cognição" (OLIVEIRA, Carlos Alberto Alvaro de. Garantia do contraditório. p. 6. Disponível em: <http://www.mundojuridico.adv.br>).

[31] O juiz colabora, enquanto sujeito do processo, do diálogo do qual deve resultar a decisão para o caso concreto, mas isso, como adverte Aroldo Plínio Gonçalves, "não o transforma em contraditor, ela não participa 'em contraditório com as partes', entre ele e as partes não há interesses em disputa, ele não é 'interessado', ou um 'contra-interessado' no provimento. O contraditório se passa entre as partes porque importa no jogo de seus interesses em direções contrárias, em divergência de pretensões sobre o futuro provimento que o *iter* procedimental prepara, em oposição. (...) O contraditório realizado entre as partes não exclui que o juiz participe atentamente do processo, mas, ao contrário, o exige, porquanto, sendo o contraditório um princípio jurídico, é necessário que o juiz a ele se atenha, adote as providências necessárias para garanti-lo, determine as medidas adequadas para assegurá-lo, para fazê-lo observar, para observá-lo, ele mesmo" (GONÇALVES, Aroldo Plínio. *Técnica processual e teoria do processo*. Rio de Janeiro: Aide, 1992. p. 121-123). Enfim, consoante se pensa, o juiz não se envolve no contraditório. *O contraditório se dá exclusivamente entre as partes*. Isso, contudo, não significa que o juiz deixa de colaborar na construção do provimento jurisdicional. O juiz coopera com as partes na construção do provimento jurisdicional, pois lhe cumpre exercer os deveres de esclarecimento, de auxílio, de prevenção e de consulta, todos decorrentes do *princípio da colaboração* [sobre o tema, verificar: MITIDIERO, Daniel. *Colaboração no processo civil*: pressupostos sociais, lógicos e éticos. São Paulo: Revista dos Tribunais, 2009. (Temas Atuais de Direito Processual Civil, v. 14)]. O *dever de consulta*, em especial, possui bastante relevância, considerando que é por intermédio dele que o juiz assegura a observação do contraditório — o juiz, então, não é contraditor, não participa do contraditório, mas, sim, assegura-o. É papel do juiz, mediante os aludidos deveres, colaborar com as partes e, deste modo, assegurar-lhes um debate maduro e completo sobre as questões fáticas e jurídicas. Defendendo posicionamento contrário, Hermes Zaneti Júnior, referindo-se a Miguel Reale, Búlgaro, Carlos Alberto Alvaro de Oliveira e Nicolò Trocker: (...) "o contraditório surge como 'valor fonte' do processo constitucional. Para Búlgaro, *judicium est actum trium personorum*: juiz, autor e réu. Como ficou claro dos estudos mais recentes, o juiz também está sujeito ao contraditório" (ZANETI JÚNIOR, Hermes. *Processo constitucional*: o modelo constitucional do processo civil brasileiro. Rio de Janeiro: Lumen Juris, 2007. p. 194).

[32] Carlos Alberto Alvaro de Oliveira e Daniel Mitidiero lecionam: "Na visão atual, o direito fundamental do contraditório situa-se para além da simples informação e possibilidade de reação, conceituando-se de

Vê-se, de tudo isso, a importância desse direito/garantia fundamental, uma das vertentes do *devido processo legal*, norteado — repita-se — não só a permitir a referida participação formal das partes no módulo processual, mas, sobretudo, dirigida a possibilitar-lhes real autoridade na construção da decisão jurisdicional. Mais do que garantia à informação, além de direito à reação, o contraditório tem por escopo permitir a interferência das partes na decisão, de modo que cooperem e influenciem *diretamente* no raciocínio do juiz.[33]

São, a respeito disso, esclarecedoras as palavras do festejado processualista Leonardo Greco:

> O princípio do contraditório pode ser definido como aquele segundo o qual ninguém pode ser atingido por uma decisão judicial na sua esfera de interesses, sem ter tido a ampla possibilidade de influir eficazmente na sua formação em igualdade de condições com a parte contrária. O contraditório é a expressão processual do princípio político da participação democrática, que hoje rege as relações entre o Estado e os cidadãos na Democracia contemporânea. Essa compreensão estendeu o contraditório também aos processos administrativos, o que está, inclusive, expresso na Constituição (art. 5º, inc. LV). O processo se desenvolve através de uma marcha dialética, na qual, na medida em que as questões surjam, o juiz deverá colocá-las em debate para obter o pronunciamento das partes sobre elas e, depois, decidi-las. Esse é um princípio tradicional do processo judicial, que remonta à Antiguidade e é uma consequência da própria imparcialidade do juiz.[34]

---

forma mais ampla na outorga de poderes para que as partes participem no desenvolvimento e no resultado do processo, da forma mais paritária possível, influenciando de modo ativo e efetivo a formação dos pronunciamentos jurisdicionais. Este último elemento não se circunscreve ao ato que resolve a controvérsia, mas compreende todas as decisões do órgão judicial, digam respeito ao mérito da controvérsia, às chamadas condições da ação, aos pressupostos processuais, ou à prova. Estende-se, ademais, à matéria fática ou de puro direito, e em qualquer fase do processo (conhecimento ou execução), abrangendo também a fase recursal, em qualquer grau de jurisdição ou no âmbito de recurso especial ou extraordinário, e a fase ou processo destinado à obtenção de tutela de urgência". E continuam: "Na perspectiva adotada, cada um dos contraditores pode exercer um conjunto de escolhas, de reações, de controles, e ao mesmo tempo deve suportar os controles e as reações dos outros participantes. Além disso, o prolator do pronunciamento deve considerar seriamente os resultados assim obtidos". Afirmam, ademais: "O último requisito exibe suma importância, visto que o direito fundamental constituiria pura ilusão, se ignorada pelo órgão judicial a participação dos interessados. Em tal hipótese não haveria diálogo, mas monólogo, a contradizer o próprio conceito de processo e afrontar o direito fundamental ora sob análise" (OLIVEIRA, Carlos Alberto Alvaro de; MITIDIERO, Daniel. *Curso de processo civil*: teoria geral do processo civil e parte geral do direito processual civil. São Paulo: Atlas, 2010. v. 1, p. 36-37).

[33] Esclarece Enrico Redenti que as partes têm o legítimo interesse de obter uma decisão e de influenciar, com aporte ou com a oferta de contribuições, tanto temáticas quanto informativas, demonstrativas, críticas ou polêmicas, a formação de seu conteúdo; o contraste dialético ou dialógico que deriva do contraditório fornece ao juiz imparcial e prudente os elementos necessários e suficientes (do ponto de vista da lei) sobre o tema e sobre o modo de decidir, com resultantes de relativa justiça (REDENTI, Enrico. *Diritto processuale civile*. 4ª ed. Milano: Giuffrè Editore, 1997. v. 2, p. 25-26).

[34] GRECO, Leonardo. *Instituições de processo civil*: introdução ao direito processual civil. 2. ed. Rio de Janeiro: Forense, 2010. v. 1, p. 540. Em outro trecho de sua obra, Leonardo Greco, avançando no exame do contraditório, acrescenta: "Hoje, o contraditório ganhou uma proteção humanitária muito grande, sendo, provavelmente, o princípio mais importante do processo. Ele é um megaprincípio que, na verdade, abrange vários outros e, nos dias atuais, não se satisfaz apenas com uma audiência formal das partes, que é a comunicação às partes dos atos do processo, mas deve ser efetivamente um instrumento de participação eficaz das partes no processo de formação intelectual das decisões. Assim, impõe-se que as partes sejam postas em condições de, efetivamente, influenciar as decisões. As regras tradicionais da igualdade das partes e da sua audiência

Entretanto, o contraditório, além disso, se presta a outra função. Afirmar que ele se vincula à ideia de legitimidade quer igualmente, e num outro ângulo de visão, traduzir seu papel de *controlar* a atividade jurisdicional e os resultados dela oriundos. O referido princípio constitucional, de tal sorte, colabora para o desígnio, também democrático, de obstar arbítrios e subjetivismos provenientes do órgão jurisdicional (*decisionismos*).

Se o diálogo travado processualmente é pelo juiz considerado na formulação da norma jurídica pacificadora, é evidente que o contraditório assume mesmo função de *controle* do poder estatal jurisdicional. Como meio de controle do ativismo judicial, hoje difundido e necessário, *nada melhor, e mais democrático, do que investir na imposição de um ativismo também das partes, num viés voltado à cooperação na construção do provimento jurisdicional*.[35] Afinal, segundo esse modelo, as partes não se surpreenderão com *decisionismos* oriundos exclusivamente de reflexões solitárias do juiz. De antemão, terão consciência de que a decisão, como manda um adequado regime democrático, será proveniente do debate travado no processo, relativo a questões de fato e de direito por elas mesmas suscitadas ou provocadas pelo próprio juiz na busca da (utópica) verdade real. Abaliza-se, desta forma, o princípio da segurança jurídica, pois às decisões judiciais confere-se previsibilidade e, por consequência, resguardam-se as expectativas das partes no que toca ao resultado oriundo da atividade jurisdicional.

Dito de maneira direta: eventuais surpresas no resultado da jurisdição atentam não só à democracia, senão ainda à própria segurança jurídica.[36] Ulceram o poder de controle que é conferido constitucionalmente às partes através do contraditório. A decisão judicial — repita-se — não é fruto da onipotência solitária do magistrado

---

bilateral são básicas, mas, como já se afirmou, não satisfazem o contraditório participativo como um instrumento do princípio político da participação democrática. É necessário que o contraditório instaure o diálogo humano, por exemplo, ao juiz flexibilizar prazos e oportunidades de defesa, para assegurar a mais ampla influência das partes na formação da sua decisão" (GRECO, Leonardo. *Instituições de processo civil*: introdução ao direito processual civil. 2. ed. Rio de Janeiro: Forense, 2010. v. 1, p. 541).

[35] Importante advertência é formulada por Humberto Theodoro Júnior e Dierle José Coelho Nunes: "Devemos nos preocupar com o reforço do papel do juiz, mas ao mesmo tempo com o reforço do papel das partes e dos advogados, pois caso contrário delinear-se-á um sistema antidemocrático de aplicação de tutela no qual o juiz deverá trabalhar praticamente sozinho, sem subsídio técnico algum do procedimento e dos advogados" (THEODORO JÚNIOR, Humberto; NUNES, Dierle José Coelho. Uma dimensão que urge reconhecer ao contraditório no direito brasileiro: sua aplicação como garantia de influência, de não surpresa e de aproveitamento da atividade processual. *Revista de Processo*, São Paulo, n. 168, p. 110, 2009).

[36] É óbvio que aqui não se inserem as chamadas "decisões liminares", de natureza cautelar ou antecipatória, sempre que proferidas legitimamente, com assento no postulado da proporcionalidade. Nesse caso, admitem-se, de maneira excepcional, *decisões-surpresa*, prolatadas, ao menos inicialmente, ao arrepio do contraditório. Depois de concedidas as tais liminares, o debate processual é oportunizado (contraditório *sucessivo, postecipado* ou *diferido*). Sobre o assunto, Dierle José Coelho Nunes: "A possibilidade de deferimento de provimentos sem a oitiva da parte contrária (*inaudita altera parte*) possui previsão técnica no Brasil tanto para provimentos cautelares (art. 804, CPC) quanto antecipatórios (art. 273, CPC), mas seu exercício deverá somente ser acatado quando além de observados os permissivos legais ocorra no caso concreto maior adequabilidade de aplicação de algum outro princípio constitucional em detrimento da abertura e aplicação do contraditório. Quando não existir melhor adequabilidade de outro princípio em face do contraditório não existiria razão para proferimento de decisão sem a abertura do debate preventivo, ou seja, somente excepcionalmente a liminar deveria ser deferida sem oitiva da parte *ex adversa*" (NUNES, Dierle José Coelho. O princípio do contraditório: uma garantia de influência e de não surpresa. In: DIDIER JR., Fredie; JORDÃO, Eduardo Ferreira (Coord.). *Teoria do processo*: panorama mundial. Salvador: JusPodivm, 2008. p. 151-172).

(= juiz *solipsista*),[37] mas proveniente de uma construção dialética e argumentativa a envolver do mesmo modo o ativismo das próprias partes.[38]

Com alicerce nesse viés, relacionado à *legitimidade* e ao *controle* da própria jurisdição e de seu resultado, aviva-se o entendimento centrado na invalidade de *decisões-surpresa*, referentes a questões fáticas e/ou jurídicas, porque atentatórias ao contraditório em sua acepção dinâmica — e, portanto, atentatórias à própria democracia. Surpreendida a parte com um provimento alheio à dialética processual, salvaguarda-lhe, mediante os instrumentos apropriados (inclusive via *querela nullitatis*) e em clamor a seu direito de *influência* na construção da norma jurídica pacificadora, o direito de obter, perante o Judiciário, a nulidade da decisão ilegítima, em proveito de outra a ser necessariamente prolatada, e que considere, efetiva e exclusivamente, a matéria fática e jurídica objeto do debate travado no processo.[39]

---

[37] Como bem anota Lenio Luiz Streck, acreditar que a decisão judicial é produto "de um ato de vontade (de poder) nos conduz inexoravelmente a um fatalismo. Ou seja, tudo depende(ria) da vontade pessoal (se o juiz quer fazer, faz; se não quer, não faz...!). Logo, a própria democracia não depende(ria) de nada para além do que alguém quer...! Fujamos disso! Aliás, a hermenêutica surgiu exatamente para superar o assujeitamento que o sujeito faz do objeto (aliás, isso é o que é a filosofia da consciência...!)" (STRECK, Lenio Luiz. *O que é isto*: decido conforme minha consciência?. 2. ed. Porto Alegre: Livraria do Advogado, 2010. p. 38). O mesmo autor mostra que a problemática relacionada à jurisdição e o papel destinado ao juiz vem de longe, especificamente desde o século XIX. Esclarece, deste modo, que desde "Oskar von Bülow (...) a relação publicística está lastreada na figura do juiz, 'porta-voz avançado do sentimento jurídico do povo', com poderes para além da lei, tese que viabilizou, na sequência, a Escola do Direito Livre. Essa aposta solipsista está lastreada no paradigma racionalista-subjetivista que atravessa dois séculos, podendo facilmente ser percebida, na sequência, em Chiovenda, para quem a vontade concreta da lei é aquilo que o juiz afirma ser a vontade concreta da lei; em Carnellutti, de cuja obra se depreende que a jurisdição é 'prover', 'fazer o que seja necessário'; também em Couture, para o qual, a partir de sua visão intuitiva e subjetivista, chega a dizer que 'o problema da escolha do juiz é, em definitivo, o problema da justiça'; em Liebman, para quem o juiz, no exercício da jurisdição, é livre de vínculos enquanto intérprete qualificado da lei. No Brasil, essa 'delegação' da atribuição dos sentidos em favor do juiz atravessou o século XX, sendo que tais questões estão presentes na concepção instrumentalista do processo, cujos defensores admitem a existência de escopos metajurídicos, estando permitido ao juiz realizar determinações jurídicas, mesmo que não contidas no direito legislado, com o que o aperfeiçoamento do sistema jurídico dependerá da 'boa escolha dos juízes' (...) e, consequentemente, de seu — como assinalam alguns doutrinadores — 'sadio protagonismo'" (STRECK, Lenio Luiz. *O que é isto*: decido conforme minha consciência?. 2. ed. Porto Alegre: Livraria do Advogado, 2010. p. 40-41).

[38] Cleber Lúcio de Almeida apresenta visão bastante similar a que ora se defende: "O Estado Democrático de Direito tem como característica essencial a criação das normas jurídicas gerais e abstratas pelos seus destinatários (construção participada da ordem jurídica). Nesse sentido, estabelece o art. 1º, parágrafo único, da Constituição da República que todo poder emana do povo. Contudo, no verdadeiro Estado Democrático de Direito, não é suficiente a construção participada da ordem jurídica. Nele, o processo judicial, como instrumento de atuação de uma das funções do Estado, deve estar em sintonia com os princípios adotados constitucionalmente, dos quais decorre o direito fundamental de participação na tomada de decisões. Por essa razão, também a norma jurídica concreta - a norma regente do caso submetido ao Poder Judiciário ou o direito no caso concreto — deve ser construída com a participação dos destinatários dos seus efeitos (construção participada da decisão judicial ou do direito no caso concreto). A participação das partes na formação do direito no caso concreto opera em favor da consolidação do Estado Democrático de Direito, uma vez que ser senhor do próprio destino é participar não só da criação, mas também da aplicação das normas jurídicas gerais e abstratas a casos concretos". Mais à frente, leciona: "Participar da formação da decisão judicial é, também, participar da compreensão do significado das normas jurídicas gerais e abstratas (interpretação). Essa participação legitima a atribuição de significado à norma constante da decisão e a torna mais objetiva, uma vez que construída a partir de diversos pontos de vista" (ALMEIDA, Cleber Lúcio de. *A legitimação das decisões judiciais no Estado democrático de direito*. Disponível em: <http://direito.newtonpaiva.br/revistadireito/professor/professores.asp>. Acesso em: 08 fev. 2010).

[39] É nessa linha o entendimento de Corrado Ferri, citado por Dierle José Coelho Nunes: (...) "o contraditório constitui uma verdadeira garantia de não surpresa que impõe ao juiz o dever de provocar o debate acerca de todas as questões, inclusive as de conhecimento oficioso, impedindo que em 'solitária onipotência' aplique normas ou embase a decisão sobre fatos completamente estranhos à dialética defensiva de uma ou ambas

5 Casos práticos de decisões judiciais proferidas à margem do contraditório

A partir daqui o intento é situar o tema num contexto prático e, de tal modo, apontar um agir estatal ocorrente e que vai de encontro às premissas traçadas até o momento. Quer-se, destarte, indicar algumas decisões judiciais frequentemente verificadas no cotidiano forense e que, entretanto, apresentam-se em desacordo com a atual estruturação do contraditório, desajustadas à ideia de democracia e, por isso, atentatórias ao modelo democrático do processo civil brasileiro.

Questionar-se-á designadamente a legitimidade de decisões judiciais que, em atropelo ao contraditório, condenam: i) à multa por litigância de má-fé; ii) a honorários *sucumbenciais*; e iii) a juros e correção monetária. Segundo a mesma linha de raciocínio, serão examinados — e rotulados de ilegítimos — provimentos jurisdicionais: iv) elaborados com assento em tese jurídica diversa daquelas debatidas ao longo do procedimento; v) que se fundamentam em presunção judicial construída em atentado à dialética processual; vi) proferidos oficiosamente pelo juiz, mas sem a oitiva das partes; vii) que desconsideram abruptamente a personalidade das pessoas jurídicas sem patrimônio a fim de estender aos sócios a responsabilidade patrimonial por dívida contraída por aquela; e viii) que julgam embargos de declaração sem a participação do embargado.

5.1 A condenação à multa por litigância de má-fé

Segundo o Código de Processo Civil, reputa-se litigante de má-fé aquele que: i) deduzir pretensão ou defesa contra texto expresso de lei ou fato incontroverso; ii) alterar a verdade dos fatos; iii) usar do processo para conseguir objetivo ilegal; iv) opuser resistência injustificada ao andamento do processo; v) proceder de modo temerário em qualquer incidente ou ato do processo; vi) provocar incidentes manifestamente infundados; e vii) interpuser recurso com intuito protelatório (CPC, art. 17).

Verificada nos autos postura que sugere ao juiz a caracterização de hipótese justificadora da penalidade por litigância de má-fé (CPC, art. 18 — perceba isso por provocação ou oficiosamente), cumpre-lhe, antes, instaurar o contraditório e, deste modo, permitir aos interessados que se manifestem, robusteçam ou refutem os argumentos sinalizados pela autoridade jurisdicional e, caso necessário, até produzam provas. Não obstante aquilo percebido no dia a dia do foro, não lhe é permitido condenar previamente, sem assinalar sua suspeita às partes e, assim, possibilitar que elas travem debate sobre a questão, assegurando a cada qual o direito de advogarem suas posições, de reagirem e, sobretudo, de influenciarem na formação da convicção judicial.

---

as partes. Toda vez que o magistrado não exercitasse ativamente o dever de advertir as partes quanto ao específico objeto relevante para o contraditório, o provimento seria invalidado, sendo que a relevância ocorre se o ponto de fato ou de direito constituiu necessária premissa ou fundamento para a decisão. Assim, o contraditório não incide sobre a existência de poderes de decisão do juiz, mas, sim, sobre a modalidade de seu exercício, de modo a fazer do juiz um garante de sua observância e impondo a nulidade de provimentos toda vez que não exista a efetiva possibilidade de seu exercício" (NUNES, Dierle José Coelho. O princípio do contraditório: uma garantia de influência e de não surpresa. *In*: DIDIER JR., Fredie; JORDÃO, Eduardo Ferreira. *Teoria do processo*: panorama mundial. Salvador: JusPodivm, 2008. p. 151-172).

Como esclarece Gelson Amaro de Souza, não está o juiz autorizado a aplicar multa por litigância de má-fé, ausente o respeito ao contraditório e à ampla defesa. Em se tratando de regime, que se pretende viver e conviver com um Estado de Direito, não se pode pretender condenar alguém sem que lhe seja concedida, antes, oportunidade de diálogo. Em todo procedimento, administrativo ou judicial, há de se respeitar o *devido processo legal*, algo cuja observância é hoje exigida, inclusive, em procedimentos particulares (exemplos: expulsão de aluno de escola; exclusão de sócio de sociedade, exclusão de plano de saúde etc.). Estar-se-á diante de um princípio universal que deve ser respeitado por todos os povos, mais precisamente por aqueles que se inserem numa democracia.[40]

Num outro giro, verificam-se, com razoável frequência, condenações igualmente precipitadas, estranhas ao *due process*, endereçadas, porém, ao advogado, unicamente a ele ou em solidariedade com seu cliente. Decisões judiciais com esse conteúdo apresentam-se do mesmo modo ilegítimas, por contrariarem violentamente a Constituição e as próprias bases do regime democrático. O arbítrio é seu fundamento maior: i) primeiro, porque atentatórias a texto expresso na lei processual, que veda ao juiz a possibilidade de condenar advogados à multa pela litigância de má-fé (CPC, art. 14, parágrafo único); segundo, porque direcionadas a punir advogados em atropelo a suas prerrogativas profissionais, talhadas em razão de um comando de ordem constitucional (CF, art. 133 — *direito fundamental a um advogado*),[41] e existentes para lhes permitir o exercício de seu ofício, sem receios e retaliações; ii) terceiro, porque, no mais das vezes, são provimentos fabricados ao sabor do engenho solitário do juiz, com desdém às garantias da ampla defesa e do contraditório, voltados a invadir a esfera patrimonial daqueles que sequer integram a relação jurídica processual — afinal, advogado não é parte. Condenações assim escamoteiam ideologia atentatória aos valores constitucionais, além de seu inegável caráter intimidatório, porquanto afrontosas — ainda que indiretamente — a todos aqueles que exercem a advocacia, atividade na qual a liberdade e a independência são predicados essenciais para o satisfatório desempenho na defesa dos cidadãos.[42]

---

[40] SOUZA, Gelson Amaro. Litigância de má-fé e o direito de defesa. *Revista Bonijuris*, n. 550, p. 5-11, 2009.

[41] Se num Estado Democrático de Direito toda a atividade estatal há de ser controlada, é nada menos que lógica a necessidade de advogados funcionando no processo judicial. E assim idealmente deve ser, ao menos segundo impõe a Constituição quando afirma que o advogado é *indispensável* à administração da justiça, sendo inviolável por seus atos e manifestações no exercício profissional (CF/88, art. 133). Por meio desse comando, o constituinte apenas instituiu outra importante garantia ao cidadão, especialmente ao jurisdicionado, àquele que efetivamente haverá de lidar com a autoridade judiciária. Instituiu o *direito fundamental a um advogado*. Confira-se a respeito disso a lição de Rosemiro Pereira Leal: "Assim, por imperativo constitucional, o pressuposto subjetivo de admissibilidade concernente à capacidade postulatória, para a existência legítima de processo, ação e jurisdição, não pode sofrer, no direito brasileiro, restrição, dispensabilidade, flexibilização ou adoção facultativa, porque os procedimentos jurisdicionais estão sob o regime de normas fundamentais que implicam o controle da jurisdição pelo advogado (CR/88, art. 133) e que somente se faz pela presença indeclinável do advogado na construção dos procedimentos jurisdicionais (litigiosos ou não)". E arremata: "O que se extrai do art. 133 da CR/88 é que, muito mais que o retórico controle do judiciário, há que se restabelecer, de imediato, por consectário constitucional, com pronta revogação ou declaração de inconstitucionalidade de leis adversas, o controle da atividade jurisdicional pelo advogado" (LEAL, Rosemiro Pereira. Teoria da defesa no processo civil. *In*: LEAL, Rosemiro Pereira. *Relativização inconstitucional da coisa julgada*: temática processual e reflexões jurídicas. Belo Horizonte: Del Rey, 2005. p. 47-48).

[42] Para um maior aprofundamento sobre o tema, verificar: DELFINO, Lúcio. Condenação de advogado a litigância de má-fé: cariz autoritário da decisão e atentado ao devido processo legal. *Revista Brasileira de Direito Processual*, Belo Horizonte, n. 72, p. 251-260, 2010.

É inaceitável, em conclusão, que a autoridade jurisdicional opere de maneira açodada e forme conjecturas que levem à condenação de multa por litigância de má-fé (seja às partes, seja a seus advogados) sem a prévia instalação do debate processual,[43] tomando de maneira vazia uma regra como se exceção fosse,[44] num agir absolutório pautado unicamente em seu próprio e exclusivo juízo (argumento da autoridade).[45]

---

[43] Essa, sem dúvida, a posição também de Fredie Didier Jr., escorada em importante precedente do Superior Tribunal de Justiça: "Mais condizente com a moderna visão do princípio do contraditório está o art. 599, II, do CPC, que diz que o juiz pode, em qualquer momento do processo, advertir ao devedor que o seu procedimento constitui ato atentatório à dignidade da justiça. Ora, antes de punir, adverte sobre o comportamento aparentemente temerário, para que a parte possa explicar-se. Dispositivo belíssimo, que pode ser aplicado, por analogia, na aplicação de qualquer punição processual — e ressalte-se que este artigo está no Livro II, relacionado ao Processo de Execução, em que as situações processuais das partes são significativamente distintas. Também deve ser assim na aplicação da nova multa do art. 14, par. único, CPC. Deverá o magistrado, ao expedir a ordem ou o mandado para cumprimento da diligência, providenciar advertir esses sujeitos (partes e terceiros) de que o seu comportamento recalcitrante poderá resultar na aplicação da mencionada multa. Sem essa comunicação/advertência prévia, pensamos que a multa porventura aplicada é indevida, por desrespeito ao princípio do contraditório. O responsável precisa saber das possíveis consequências de sua conduta, até mesmo para demonstrar ao magistrado as razões pelas quais não cumpriu a ordem, ou não a fez cumprir, ou até mesmo para demonstrar que a cumpriu ou não criou qualquer obstáculo para o seu cumprimento. Afinal, o contraditório se perfaz com a informação e o oferecimento de oportunidade para influenciar no conteúdo da decisão; participação e poder de influência são as palavras-chave para a compreensão desse princípio constitucional. Correta também a solução encontrada pelo Superior Tribunal de Justiça, no julgamento do Recurso Especial nº 250.781/SP, rel. Min. José Delgado, DJ de 19 jun. 2000: Processual civil. Litigância de má-fé. Requisitos para sua configuração. 1. Para a condenação em litigância de má-fé, faz-se necessário o preenchimento de três requisitos, quais sejam: que a conduta da parte se subsuma a uma das hipóteses taxativamente elencadas no art. 17, do CPC; que à parte tenha sido oferecida oportunidade de defesa (CF, art. 5º, LV); e que da sua conduta resulte prejuízo processual à parte adversa" (DIDIER JR., Fredie. *Curso de direito processual civil*. 6. ed. Salvador: JusPodivm, 2006. v. 1, p. 59-60).

[44] Decisões dessa natureza transformam a regra em exceção porque ignoram a conhecida advertência de Malatesta: "o ordinário se presume e o extraordinário se prova" (DINAMARCO, Cândido Rangel. Desconsideração da personalidade jurídica, fraude, ônus da prova e contraditório. *In*: DINAMARCO, Cândido Rangel. *Fundamentos do processo civil moderno*. 6. ed. São Paulo: Malheiros, 2010. v. 1, p. 538-539). Percebendo indícios de má-fé praticados por quaisquer das partes, é dever do juiz sinalizar sua impressão e, destarte, permitir a participação delas na construção da decisão. Não se encontra autorizado a agir precipitadamente, proferindo condenação assentada unicamente em seu alvedrio, segundo uma postura altamente *solipsista* e num viés que, mesmo apegado à intenção de celeridade, não guarda relação alguma com a democracia.

[45] Tampouco está o intérprete autorizado a advogar que algumas hipóteses elencadas no art. 17 do CPC, em razão de sua "objetividade e clareza" (?), autorizariam um agir "automático" do juiz, alheio à instauração do contraditório. Tome-se como exemplo a hipótese inserta no inciso I desse dispositivo ("deduzir pretensão ou defesa contra texto expresso de lei ou fato incontroverso"). Consoante anota o saudoso Ovídio Batista, supõem alguns que a "lei" tenha sempre univocidade de sentido, *o que é rigorosamente falso*. Afinal, a hermenêutica contemporânea admite que a norma legal tenha suficiente abertura semântica, capaz de admitir dois ou mais sentidos legítimos de concebê-la, o que torna, sob o ponto de vista prático, tarefa extremamente árdua o reconhecimento de que a parte esteja a postular "contra texto expresso de lei". E mesmo nos casos em que se postula contra súmulas de jurisprudência dominante, a caracterização de litigância de má-fé só é aceitável quando a parte não tenha relevantes argumentos jurídicos, capazes de provocar a mudança ou revogação do posicionamento pacificado. Também, como exemplo, atente-se para a hipótese do inciso II ("alterar a verdade dos fatos"). Indaga Ovídio Batista: "Em que hipóteses se diria que a parte alterou a 'verdade' dos fatos"? E apresenta as possíveis respostas, sublinhando a dificuldade de aplicação da regra e a prudência que deve nortear o magistrado: "Quando a sentença proclamasse que o fato afirmado como existente não existe? Ou quando, negada a existência de algum fato, venha a sentença a tê-lo como existente? Fato verdadeiro é aquele comprovado nos autos? A parte que alegue fato cuja prova não lhe foi possível fazer responderá como litigante de má-fé?" (SILVA, Ovídio A. Baptista da. *Comentários ao Código de Processo Civil*. São Paulo: Revista dos Tribunais, 2000. v. 1, p. 112-113). Essas ilustrações realçam que o contraditório aqui não é meramente simbólico ou inútil. Bem ao contrário, é de sua instauração, da influência advinda dele, que terá o juiz condições seguras de determinar a caracterização ou não da litigância de má-fé.

5.2 A condenação por honorários de sucumbência e a incidência dos juros moratórios e correção monetária

5.2.1 Considerações iniciais

Ao juiz é defeso proferir sentença a favor do autor de natureza diversa (*extra petita*) ou a mais (*ultra petita*) daquilo que foi pedido (CPC, art. 460). Há, todavia, ressalvas a essa regra, tratadas pela doutrina sob a nomenclatura "pedidos implícitos", que, por conseguinte, autorizam decisões judiciais que açambarquem circunstâncias não postuladas expressamente. Incluem-se neste rol excepcional: i) honorários advocatícios (CPC, art. 20); ii) despesas e custas processuais; iii) correção monetária (CC/02, art. 404); iv) prestações vincendas e inadimplidas na constância do processo em caso de contratos de trato sucessivo (CPC, art. 290; e v) juros legais/moratórios (CC/02, arts. 404 e 406).

A expressão implícito vincula-se à ausência de formulação certa e determinada na petição inicial sobre alguma pretensão específica. Ainda que não se constate às vezes expressão formal e manifestamente postulada acerca das hipóteses elencadas no parágrafo anterior, no caso de julgamento de procedência (e na maioria das hipóteses também no de improcedência), deverá o juiz sempre considerá-las, porque sua certeza e determinação decorrem da própria lei processual. Não há, enfim, surpresa às partes quanto a sua análise,[46] pois a autorização para que o órgão jurisdicional examine tais postulações (omissas na petição inicial) encontram-se explicitadas no Código de Processo Civil. Portanto, e sob a ótica da legislação processual, são também pedidos certos e determinados, sem embargo de sua falta na peça de ingresso.

Não é lícito ao intérprete, entretanto, confundir "pedido implícito" e "permissão para ignorar o contraditório". Vale dizer: não é porque o juiz deve decidir sobre algumas matérias alheias àquilo que foi expressamente pedido pelo autor, que estaria da mesma forma legitimado a desprezar nessas hipóteses o contraditório. Basta lembrar que a Constituição não faz concessões no que se refere aos direitos fundamentais processuais — embora tais concessões possam ocorrer no caso concreto e segundo a aplicação escorreita do *postulado da proporcionalidade* — e afirma com todas as letras que "ninguém será privado da liberdade ou de seus bens sem o devido processo legal" (CF/88, art. 5º, LIV). Tampouco tergiversa quando estabelece que "aos litigantes, em processo judicial ou administrativo, e aos acusados em geral são assegurados o contraditório e a ampla defesa, com os meios e recursos a ela inerentes" (CF/88, art. 5º, LV). Mediante tais comandos, pretendeu-se, como já anunciado anteriormente, destacar o descompasso entre Estado Democrático de Direito e decisões estatais (administrativas ou jurisdicionais) proferidas à margem de um procedimento atento aos direitos fundamentais processuais.

Como subterfúgio, talvez se intente rotular o contraditório de "inútil" nesses casos, até como forma de provar sua desnecessidade. Por se tratar de princípio que se

---

[46] As partes, portanto, frente à previsão legal, sabem de antemão que a autoridade judicial irá examinar os chamados "pedidos implícitos". Não há surpresa com relação a esse exame. Poderão surpreender-se, todavia, naquilo que diz respeito ao *conteúdo* da decisão judicial. A lei processual autoriza o exame de algumas pretensões, ainda que ausente formulação expressa quanto a elas ("pedidos implícitos"), não significando isso, contudo, autorização para fazê-lo em desatenção ao contraditório.

volta à proteção das partes, não seria mesmo racional que seu desrespeito acarretasse a nulidade dos atos (ou ainda de todo o processo) se ausente prejuízo à parte que seria protegida por sua observação.[47] Todavia, naquilo que diz respeito ao julgamento de alguns "pedidos implícitos", não há como sustentar a inutilidade do contraditório, e assim tanto pela ótica do demandante — que se beneficiou, pois obteve mais do que formalmente pediu — como pela do demandado.

5.2.2 Os honorários sucumbenciais

Enfrente-se, num primeiro momento, a questão referente aos honorários advocatícios (CPC, art. 20).

Perceba-se que tal verba pertence, por força legal, ao advogado, a quem cabe, inclusive, executá-la sozinho sempre que incluída na condenação, podendo requerer que o precatório, quando necessário, seja expedido em seu favor (art. 23, Lei nº 8.906/94).

Evidentemente que advogado não é parte no processo em que atua profissionalmente, em defesa dos interesses daquele que o contratou. Manifesta-se, de regra, em nome de seu constituinte, representando-o em todas as fases procedimentais pelas quais perpassa a atividade jurisdicional. Contudo, naquilo que diz respeito especificamente aos honorários *sucumbenciais* que serão arbitrados em sentença, os advogados de ambos os lados atuam na qualidade de genuínas partes (ativas), cada qual defendendo seus interesses e almejando importância monetária que se ajuste a suas expectativas. Considerando que os causídicos operam num determinado momento do processo atendendo interesses exclusivamente deles próprios, parece natural a conclusão de que cumpre à autoridade julgadora, atenta ao *devido processo*

---

[47] NEVES, Daniel Amorim Assunção. *Manual de direito processual civil*. São Paulo: Método, 2009. p. 58-59. Confira-se a acertada lição do festejado processualista acerca do "contraditório inútil": "O contraditório é moldado essencialmente para a proteção das partes durante a demanda judicial, não tendo nenhum sentido que o seu desrespeito, se não gerar prejuízo à parte que seria protegida pela sua observação, gere nulidade de atos e até mesmo do processo como um todo. Qual o sentido, à luz da efetividade da tutela jurisdicional, em anular um processo porque neste houve ofensa ao contraditório em desfavor do vitorioso? O autor não foi intimado da juntada pela parte contrária de um documento e a seu respeito não se manifestou. Houve ofensa ao contraditório, não há dúvida, mas relevável se o autor ainda assim sagrou-se vitorioso na demanda. A citação ocorreu em homônimo do réu, vício gravíssimo — chamado por alguns de transrescisório pela possibilidade de alegação a qualquer momento, até mesmo depois do prazo da ação rescisória — que impede a regular formação da relação jurídica processual. Ocorre, entretanto, que o pedido do autor foi rejeitado, ou seja, o réu, mesmo sem ter sido citado, sagrou-se vitorioso na demanda. Que sentido teria anulá-la por ofensa ao contraditório? A resposta é óbvia: nenhum. Os exemplos trazidos têm como objetivo demonstrar que no caso concreto a ofensa ao princípio do contraditório não gera nulidade em toda e qualquer situação, não representando uma diminuição do princípio a sua aplicação à luz de outros princípios e valores buscados pelo processo moderno. O afastamento pontual do contraditório, nos termos expostos, é não só admitido, como também recomendável. Por outro lado, também se admite que o próprio procedimento, de forma ampla e genérica, afaste em algumas situações o contraditório, evitando-se o chamado 'contraditório inútil'. A sentença proferida *inaudita altera parte* que julga o mérito em favor do réu (arts. 285-A e 295, IV, do CPC) que nem foi citado certamente não se amolda ao conceito de contraditório, porque nesse caso o réu não é sequer informado da existência da demanda. Mas realmente se pode falar em ofensa ao princípio do contraditório? Exatamente qual seria a função de citar o réu e dele permitir uma reação se o juiz já tem condições de dar a vitória definitiva da demanda (sentença de mérito) a seu favor? Evidentemente, nenhuma digna de nota, não se podendo antever qualquer agressão ao ideal do princípio do contraditório nessas circunstâncias" (NEVES, Daniel Amorim Assunção. *Manual de direito processual civil*. São Paulo: Método, 2009. p. 59).

legal, permitir-lhes o exercício do seu direito de participação e influência na construção desse capítulo (condenatório) do provimento jurisdicional.

As partes em especial, sobretudo porque a condenação a elas será dirigida, detêm naturalmente a garantia de refutar argumentos e de produzir provas e contraprovas, até como meio de evitar a fixação de honorários que, em sua ótica, se apresentariam excessivos. Não há como se aceitar num regime democrático, demarcado pelo *due process* e por todos os *direitos fundamentais processuais* que lhe conferem identidade, condenação proferida em desprezo à ampla defesa, sem que se permita ao sucumbente a oportunidade de manifestar-se previamente. Pensar de outro modo é ferir mortalmente o art. 5º, LIV e LV, da Constituição Federal.[48]

E não há aí a defesa de um contraditório inútil. Basta verificar que a legislação processual não deixa ao exclusivo talante do juiz a fixação dos honorários. Muito pelo contrário, abaliza *critérios gerais* ao afirmar que os honorários serão fixados entre o mínimo de dez por cento (10%) e o máximo de vinte por cento (20%) sobre o valor da condenação, atendidos: i) o grau de zelo do profissional; ii) o lugar de prestação do serviço; iii) a natureza e importância da causa, o trabalho realizado pelo advogado e o tempo exigido para seu serviço (CPC, art. 20, §3º, "a", "b" e "c"). Também há *critérios específicos*, previstos para utilização nas causas "de pequeno valor" e "de valor inestimável", nas em que "não houver condenação" ou "for vencida a Fazenda Pública", além das "execuções, embargadas ou não": nesses casos, estabelece o legislador que os honorários serão fixados consoante apreciação equitativa do juiz,[49] atendidos os critérios já apontados e constantes do art. 20, §3º, "a", "b" e "c" do Código de Processo Civil (CPC, art. 20, §4º).

---

[48] Embora tratando do tema genericamente, a lição adiante, da lavra do ilustre processualista baiano, Fredie Didier Jr., ajusta-se perfeitamente àquilo que ora se defende: "Como poderia o magistrado punir alguém, sem que lhe tenha dado a chance de manifestar-se sobre os fundamentos da punição; por exemplo, demonstrando que os fatos em que se baseia o magistrado ou não ocorreram ou não permitem a aplicação da sanção? Seria punir sem ouvir; seria condenar sem dar a chance de defesa. Não é possível a aplicação de qualquer punição processual, sem que se dê oportunidade de o 'possível punido' manifestar-se previamente, de modo a que possa, de alguma forma, influenciar no resultado da decisão" (DIDIER JR., Fredie. *Curso de direito processual civil*. 6. ed. Salvador: JusPodivm, 2006. v. 1, p. 59).

[49] Não só esse dispositivo autoriza o juiz a julgar "equitativamente" (CPC, art. 20, §4º). Também assim o art. 127 do CPC, sugerindo a possibilidade de julgamento "por equidade" naqueles casos previstos em lei. Apesar da literalidade dos dispositivos, seria equivocado crer que o juiz possa desprezar a lei e julgar "por equidade". Enfim, se interpretados gramaticalmente, ambos os dispositivos são de duvidosa constitucionalidade. Ao instituir os arts. 127 e 20, §4º do Código de Processo Civil, o legislador não vinculou a equidade à interpretação jurídica, senão como substituta da lei. Nessa ótica, a equidade seria uma válvula de escape, algo previsto pelo legislador como possível, conquanto não taxativamente positivado. Decidir por equidade — ainda segundo essa ótica — é pautar-se em critérios não contidos em lei alguma, é permitir ao juiz remontar ao valor do justo e à realidade econômica, política, social ou familiar em que se insere a situação concreta sob análise, para daí retirar os critérios com base nos quais julgará (DINAMARCO, Cândido Rangel. *Instituições de direito processual civil*. 6. ed. São Paulo: Malheiros, 2009. v. 1, p. 331-332). A técnica de decisão via equidade não se harmoniza com os ideais alimentados pelo Estado Democrático de Direito. Não há como — acredita-se — advogar a constitucionalidade desses dispositivos, segundo um parâmetro meramente literal. Num Estado Democrático de Direito não há julgamento "por equidade", isto é, não se admite ao juiz afastar, por critérios próprios, a aplicação do direito objetivo — há, sim e sempre, julgamento *pautado* na equidade. À atividade jurisdicional não é dado parir *decisionismos* tão extremados, em desrespeito absoluto ao *princípio da reserva legal*. Melhor mesmo é forçar a exegese e afirmar que não há decisão jurisdicional que se arrede da equidade. A lei deve ser interpretada *com* equidade — a equidade não é fim, mas meio para se atingir uma adequada interpretação jurídica. A interpretação da lei realizada numa dimensão constitucional, que considere os valores exalados pelos princípios constitucionais e direitos fundamentais, pauta-se seguramente em critérios de equidade; a decisão judicial daí oriunda conquistará um núcleo de justiça e de legitimidade, uma vez que tonificada pelos ideais almejados pelo paradigma do Estado Democrático de Direito.

Se porventura o debate, momentos antes da prolação da sentença, não se aperfeiçoou a ponto de abarcar discussão de todos esses critérios — o que quase sempre ocorre —, manda um processo justo e équo que se instaure breve incidente processual a permitir sua realização. Antes disso, no entanto, poderá a autoridade julgadora — e é salutar que assim o faça — incitar advogados e partes a travarem o diálogo, concretizando não só o contraditório, senão ainda o direito fundamental à duração razoável do processo. É concebível, inclusive, que surja a necessidade de produção de provas a fim de se evidenciar, por exemplo, o "grau de zelo profissional", a "natureza e importância da causa", o "trabalho realizado pelo advogado" e "o tempo exigido para seu serviço", situações não verificáveis apenas *endoprocessualmente* e com amparo na mera percepção do juiz, mas que podem ser objeto de reforço no campo extraprocessual.[50]

Absolutamente ilegítimas, portanto, decisões condenatórias a honorários *sucumbenciais* produzidas em desrespeito à participação. E a frequência com a qual se constata essa realidade não serve, como é óbvio, para justificá-la. O que se vê aí, na verdade, é um atentado ao que impõe a Constituição, sobretudo ao contraditório e à ampla defesa.

5.2.3 Os juros e a correção monetária

O ordenamento jurídico estabelece regras diversas acerca do marco inicial no qual incidem juros de mora e correção monetária, a depender das particularidades dos casos em julgamento. Não bastassem as interpretações conferidas a essas regras são, vez ou outra, variantes e assim acarretam imprecisões e inseguranças.

Enfrentem-se inicialmente os juros moratórios, que são aqueles, convencionais ou legais, que decorrem do descumprimento das obrigações e, mais frequentemente, do retardamento na restituição do capital ou do pagamento em dinheiro ou ainda do pagamento em outro lugar e por outra forma que não os convencionados.[51] Derivam, portanto, da mora, vale dizer, da imperfeição no cumprimento da obrigação, sobretudo quanto ao tempo, sem descartar o lugar e a forma convencionados, independentemente da prova do dano.[52] Sua finalidade, enfim, é a de remunerar o retardo

---

[50] Voltando os olhos para o cotidiano forense, ao advogado mais atento é aconselhável que aproveite o ensejo da *audiência de instrução e julgamento* para produzir prova testemunhal e ali, por exemplo, demonstre seu "grau de zelo profissional", as minúcias do "trabalho realizado" e o "tempo gasto para o serviço". Não há porque se pensar que essas provas devem ser exclusivamente extraídas dos registros contidos no caderno processual, como se a frieza das peças anexadas fosse suficiente para retratar a inteireza do trabalho realizado pelo advogado. Pense-se, para ilustrar: i) nos casos mais complexos, que exigem do advogado inúmeras reuniões em seu escritório e até na residência ou no local de trabalho do cliente; ii) nos telefonemas (às vezes longos e extenuantes) que o advogado faz para o cliente e que dele também recebe; iii) nas investigações *in loco* que, não raramente, exigem do causídico empenho pessoal, até para averiguar as particularidades do caso e, deste modo, retratá-lo mais ajustadamente nas peças processuais que lhe caberá elaborar (casos de reintegração de posse, usucapião, acidentes de veículos, entre outros tantos); iv) nos feitos que exigem do advogado tempo extra, dispensado a profissionais de outras áreas (médicos, dentistas, contadores, engenheiros), que o municiarão de informações indispensáveis ao patrocínio da causa que lhe fora confiada (ações de responsabilidade civil envolvendo erro médico e desabamentos de edifícios, prestações de contas). Todos esses elementos não se encontram historiados nos autos processuais, pois sobrevêm extraprocessualmente e, só por isso, dependem de produção probatória.

[51] SCAVONE JUNIOR, Luiz Antonio. *Juros no direito brasileiro*. São Paulo: Revista dos Tribunais, 2003. p. 96.

[52] SCAVONE JUNIOR, Luiz Antonio. *Juros no direito brasileiro*. São Paulo: Revista dos Tribunais, 2003. p. 96. Mostra o mesmo autor que, de acordo com o art. 1.062 do Código Civil de 1916, "a taxa dos juros moratórios, quando

no pagamento de uma dívida; o prejuízo — leciona Carvalho Santos — é pressuposto pela lei, como resultado da demora culposa do devedor em cumprir sua obrigação, conservando em seu poder a prestação.[53]

Especificamente os juros legais moratórios (espécie de juros moratórios) assim são denominados por serem devidos, mesmo ante a ausência de estipulação pelas partes na constituição da obrigação, com aplicação da taxa determinada por lei.[54] Além da regra geral (CC/02, art. 406),[55] há muitos outros exemplos de juros moratórios legais, devidos independentemente da vontade das partes, em razão da lei: i) juros em razão da prestação de contas sobre o saldo do tutor ou do tutelado (CC/02, art. 1.762); ii) juros em consequência do pagamento de perdas e danos nas obrigações em dinheiro (CC/02, art. 404); iii) juros devidos pelo mandatário ao mandante em virtude do emprego, em proveito próprio, de valores que lhe foram entregues para fazer frente às despesas com o desempenho do mandato, desde o momento em que se apropriou dos valores (CC/02, art. 670); iv) juros devidos pelo segurado em razão de atraso no pagamento de prêmio de seguro (CC/02, art. 772); v) juros devidos pelo afiançado ao fiador que paga a dívida, não havendo juros convencionais na obrigação principal, devidos em razão da sub-rogação legal (CC/02, arts. 831 e 833); vi) juros devidos pelo delinquente em razão da reparação e do ressarcimento dos danos (CC/16, art. 1.544, sem paralelo no Código Civil de 2002); vii) juros devidos ao consumidor cobrados indevidamente, calculados em razão do valor da repetição do indébito (CDC, art. 42).[56]

No que se refere à correção monetária — disciplinada pela Lei nº 6.899/81 —, traduz-se num ajuste periódico de valores financeiros destinado a manter o poder aquisitivo da moeda vigente no País, atenuando-se os efeitos de sua desvalorização. Na seara jurisdicional, é elemento indispensável a ser sempre considerado na prolação de sentenças condenatórias, ainda que inexistente pedido expresso na petição inicial, consoante afirmado noutra parte (CPC, art. 293). Por meio dela compensa-se eventual desvalorização referente à importância monetária atribuída a título de condenação, mantém-se o poder aquisitivo do dinheiro desvalorizado, imperativo de ordem ética e jurídica que assegura a obtenção integral e real da reparação, e isso sem privilegiar ou punir quaisquer das partes envolvidas.[57]

Também são variantes as hipóteses legais acerca de sua incidência, servindo de exemplo a aplicação da correção monetária em decorrência de: i) inexecução contratual

---

não convencionada (art. 1.262), será de 6% ao ano". No Código Civil de 2002, por sua vez, a taxa de juros legais moratórios é estipulada de acordo com a taxa "que estiver em vigor para a mora do pagamento de impostos devidos à Fazenda Nacional", ou seja, 1% ao mês, nos termos dos art. 161, §1º, do Código Tributário Nacional. Convencionada, ademais, a taxa de juros moratórios não pode ultrapassar os limites legais impostos por lei, que, como visto, atualmente é de 1% ao mês (SCAVONE JUNIOR, Luiz Antonio. *Juros no direito brasileiro*. São Paulo: Revista dos Tribunais, 2003. p. 96-97).

[53] SCAVONE JUNIOR, Luiz Antonio. *Juros no direito brasileiro*. São Paulo: Revista dos Tribunais, 2003. p. 96.
[54] *Ibidem*, p. 96.
[55] "Art. 406. Quando os juros moratórios não forem convencionados, ou o forem sem taxa estipulada, ou quando provierem de determinação da lei, serão fixados segundo a taxa que estiver em vigor para a mora do pagamento de impostos devidos à Fazenda Nacional".
[56] SCAVONE JUNIOR, Luiz Antonio. *Juros no direito brasileiro*. São Paulo: Revista dos Tribunais, 2003. p. 107.
[57] WALD, Arnoldo. Correção monetária de condenação judicial em ação de responsabilidade civil. *Revista de Processo*, São Paulo, v. 104, n. 26, p. 133-149, out./dez. 2001.

(CC/02, arts. 389 e 395); ii) débitos oriundos de decisão judicial (Lei nº 6.899/81, art. 1º); iii) títulos de crédito; e iv) ato ilícito (CC/02, art. 398).

A matéria relativa aos juros moratórios e à correção monetária é intrincada e, pela dificuldade que às vezes seu enfrentamento acarreta, constatam-se no cotidiano decisões nem sempre harmonizadas a sua disciplina legal.[58] Verifica-se daí intensificado risco de o juiz não revelar adequadamente a norma jurídica que se amolde às singularidades do caso em julgamento, talvez pela adoção de exegese inoportuna, construída ao arrepio do contraditório e, quem sabe por isso, à margem de algumas nuanças ali envolvidas.

Não obstante a ilegitimidade de decisões que surpreendam as partes, pois apoiadas em ponto fundamental, numa visão jurídica da qual não se tenham apercebido,[59] o tema insere no âmbito daqueles aos quais faz referência Carlos Alberto Alvaro de Oliveira, em que a colaboração das partes com a autoridade jurisdicional encontra sua razão num plano mais amplo, porque não importa apenas a investigação da norma aplicável ao caso concreto, mas igualmente estabelecer seu conteúdo e alcance, evitando surpresas e consequências negativas daí decorrentes, além de

---

[58] Confira-se a lição de Leone Trida Sene que bem elucida divergências sobre o tema em uma de suas especificidades (incidência de juros moratórios e correção monetária em contrato de seguro de vida): "Segundo o estatuído no art. 397 do CC, 'o inadimplemento de obrigação, positiva e líquida, no seu termo, constitui de pleno direito em mora o devedor'. No caso do contrato de seguro, como inexiste um termo previamente fixado para o cumprimento da obrigação, posto que o mesmo depende de fato futuro e incerto, adota-se a regra do parágrafo único desse mesmo artigo, isto é, 'não havendo termo, a mora se constitui mediante interpelação judicial ou extrajudicial'. Judicialmente, é a citação que tem o condão de colocar em mora o segurador, contando, pois, os juros a partir da mesma (CC, art. 405). Extrajudicialmente, configurar-se-á a mora, com a notificação do segurador. Trata-se da denominada *mora ex persona*. Por óbvio, então, somente diante do caso concreto é que será possível definir o termo inicial da contagem dos juros. Consideremos, pois, três hipóteses: 1ª: Sem ter comunicado o sinistro à seguradora, o segurado/beneficiário propõe ação judicial de cobrança. Neste caso, a seguradora somente foi cientificada de seu dever de cumprir o contratado, isto é, somente foi constituída em mora por oportunidade da citação. 2ª: Com o advento do sinistro, o segurado/beneficiário faz a devida comunicação do mesmo. Dentro do prazo contratual, em regra 30 dias, a seguradora decide negar o pagamento. Proposta a ação de cobrança, o termo inicial da contagem do prazo será a data da negativa da seguradora, pois, com a comunicação do sinistro nasceu a obrigação de adimplir o seguro dentro do prazo previsto em contrato ou regulamento da Susep. Assim, com a resposta negativa da seguradora, esta fica constituída em mora. 3ª: Com o advento do sinistro, o segurado/beneficiário faz a devida comunicação do mesmo. Depois do prazo previsto em contrato para o cumprimento de sua obrigação, a seguradora nega o pagamento da indenização/capital segurado. Neste caso, como a seguradora ultrapassou o prazo que dispunha para fazer o pagamento, o termo *a quo* para a contagem dos juros, em caso de ação julgada procedente, será a data limite que tinha a seguradora para adimplir o contrato. Em suma, há que se perquirir no caso concreto quando o segurador foi constituído em mora" (SENE, Leone Trida. *Seguro de pessoas*: negativas de pagamento das seguradoras. 2. ed. Curitiba: Juruá, 2009. p. 232-233). Também Luiz Antonio Scavone Junior fornece exemplo que acarreta divergências na doutrina e jurisprudência. Aduz que, tratando-se de dívida positiva, mas ilíquida, grassa desarmonia entre os doutrinadores acerca do início da contagem dos juros moratórios, tendo em vista a redação do art. 407, ante o que dispõe o art. 405, ambos do Código Civil de 2002. Advogando a caracterização de antinomia entre os dois dispositivos, uns defendem a preponderância do art. 407 do CC/02, de maneira que os juros moratórios seriam devidos depois da sentença. Outros, pontuando a inexistência de antinomia, ressaltam que o termo "desde que", que constava do antigo art. 1.064 do Código Civil tinha o significado de "uma vez que", tratando-se de condição para a contagem dos juros moratórios desde a citação inicial (a expressão "uma vez que" é hoje utilizada na redação do art. 407 do CC/02, correspondente ao antigo art. 1.064 do CC/16). Para Scavone Junior, a segunda posição é a ideal, vale dizer, os juros moratórios, nas obrigações ilíquidas, serão, em regra, devidos desde que o valor equivalente do objeto da prestação seja fixado por sentença, acordo entre as partes ou arbitramento, contados a partir da citação inicial (SCAVONE JUNIOR, Luiz Antonio. *Juros no direito brasileiro*. São Paulo: Revista dos Tribunais, 2003. p. 111).

[59] OLIVEIRA, Carlos Alberto Alvaro de. *A garantia do contraditório*. Disponível em: <http://www.abcpc.org.br>. Acesso em: 1º abr. 2011.

viabilizar o exercício do direito de defesa e a tutela de outros valores, como a concentração e celeridade do processo e a qualidade do pronunciamento judicial.[60]

Ausente discussão travada sobre o termo de incidência dos juros e da correção monetária no palco processual — ou se ela apresentar-se insuficiente ao amadurecimento da convicção judicial —, inadequado ao juiz proferir de imediato a sentença, escorado num "modelo-padrão" antidemocrático, oriundo da prática fria do foro. O contraditório aqui não é infecundo[61] e, por isso, deve, sim, ser instigado, permitindo-se a participação ativa e efetiva das partes e, por resultado, a elaboração de uma decisão que não as surpreenda, que seja por elas influenciada, amadurecida e amoldada às idiossincrasias do feito, afinada, sobretudo aos ideais democráticos.

5.3 Decisões judiciais elaboradas com assento em tese jurídica diversa daquelas debatidas ao longo do procedimento

Caso grave de lesão ao contraditório ocorre quando o juiz conhece de controvérsia não suscitada na petição inicial — e, portanto, não impugnada pelo demandado —, decidindo a lide segundo molde jurídico (enquadramento jurídico) diverso do que foi proposta. Assim agindo, ulcera também de morte o denominado princípio da congruência, que vincula a decisão judicial à causa de pedir e ao pedido.

Sob essa perspectiva, merecem revisão os brocardos *da mihi factum, dabo tibi ius* e *iura novit curia*. Atualmente não há como aceitar que a colaboração das partes se restrinja ao material fático; deve igualmente ser observada no que concerne às matérias jurídicas.[62] A decisão não pode, pois, surpreender as partes, nem faticamente,

---

[60] OLIVEIRA, Carlos Alberto Alvaro de. *A garantia do contraditório*. Disponível em: <http://www.abcpc.org.br>. Acesso em: 1º abr. 2011.

[61] A utilidade do contraditório é verificada no cotidiano forense, sobretudo em recursos de apelação que são providos justamente no que se refere às matérias atinentes ao marco inicial de incidência de juros e correção monetária — algo, aliás, bastante ocorrente também em matéria atinente ao arbitramento de honorários sucumbenciais (tópico anterior). Há, aliás, muitos recursos que abrangem exclusivamente essas questões que, não raro, sequer foram debatidas em primeiro grau de jurisdição, sendo o contraditório sobre elas instaurado somente em grau superior. Se inútil fosse o contraditório, razão não haveria para se instaurar debates nos tribunais, mediante expedientes recursais não raramente providos. Exemplo disso é o seguinte julgado, da lavra do Tribunal de Justiça de Minas Gerais: "Ação monitória. Nota promissória. Inépcia da inicial e impossibilidade jurídica do pedido. Não configuração. Correção monetária e juros moratórios. Termo inicial. Vencimento da dívida. Considera-se a petição inicial inepta quando contiver qualquer dos vícios mencionados no parágrafo único do art. 295 do CPC, que, em síntese, podem ser considerados como obstáculos, existentes na causa de pedir ou no pedido, à defesa do réu ou à prestação jurisdicional. A impossibilidade jurídica do pedido deve ser entendida como a existência, no ordenamento jurídico pátrio, de vedação a que se deduza determinada pretensão em juízo. Em ação monitória, a data de vencimento da cambial prescrita deve ser considerada o termo inicial da correção monetária, de modo a assegurar a ampla recomposição do valor da moeda. Tendo os embargos monitórios natureza jurídica de defesa, subsiste a distribuição do ônus probatório prevista no art. 333 do CPC, razão pela qual cabe ao réu a prova do fato impeditivo, modificativo ou extintivo do direito do autor" (Tribunal de Justiça de Minas Gerais, Apelação Cível nº 1.0701.07.192132-7/002(1), Relator Elpídio Donizetti, julgado em 27.01.2009. Disponível em: <http://www.tjmg.jus.br>).

[62] Segundo Carlos Alberto Alvaro de Oliveira e Daniel Mitidiero, "o conteúdo mínimo do direito fundamental do contraditório não se esgota na ciência bilateral dos atos do processo e na possibilidade de contraditá-los (conceito tradicional), mas se estende a todo o material de interesse jurídico para a decisão, tanto jurídico (debate com as partes de todo material jurídico relevante para a decisão) quanto fático (requerimento de provas, indicação dos meios de prova, participação na produção da prova, manifestação sobre a prova produzida), tanto de natureza processual como material" (OLIVEIRA, Carlos Alberto Alvaro de; MITIDIERO, Daniel. *Curso de processo civil*: teoria geral do processo civil e parte geral do direito processual civil. São Paulo: Atlas, 2010. v. 1, p. 37).

nem juridicamente.⁶³ Vale dizer, a construção do provimento jurisdicional há de ser, insista-se nisso, fruto da cooperação a envolver juiz e partes, e a considerar matérias fáticas e jurídicas.⁶⁴

Nesse sentido, a lição de Junior Alexandre Moreira Pinto:

> O secular adágio *iura novit curia* também merece interpretação à luz do contraditório. A possibilidade do julgador aplicar a regra jurídica conforme seu próprio conhecimento não lhe garante o livre domínio da qualificação jurídica dos fatos discutidos na demanda. Mesmo porque a lei processual exige do autor não somente a exposição dos fatos, mas também o enquadramento jurídico, sua qualificação no plano do direito. O que, contudo, autorizaria o juiz a considerar uma *causa de pedir próxima* diversa da exposta na inicial, quando da decisão, não seria a regra *iura novit curia*, e sim o prévio e efetivo debate entre as partes dessa nova causa.⁶⁵

---

⁶³ A inserção — leciona Dierle José Coelho Nunes — de qualquer entendimento jurídico, a exemplo da aplicação de súmulas da jurisprudência dominante dos Tribunais Superiores, como fundamento da sentença, aplicada oficiosamente pelo juiz, sem anterior debate com as partes, poderá gerar decisões-surpresas, cuja nulidade é medida que se impõe justamente pela lesão que acarretam ao contraditório (NUNES, Dierle José Coelho. O princípio do contraditório: uma garantia de influência e de não surpresa. *In*: DIDIER JR., Fredie; JORDÃO, Eduardo Ferreira (Coord.). *Teoria do processo*: panorama mundial. Salvador: JusPodivm, 2008. p. 151-172).

⁶⁴ Cite-se, uma vez mais, a preciosa doutrina de Fredie Didier Jr.: "Há um velho brocardo: *iura novit curia* (do Direito cuida o juiz). Há outro: *da mihi factum dabo tibi ius* (dá-me os fatos, que eu te darei o direito). São dois axiomas que devem ser repensados. Primeiro, sabe-se que não é sempre que o juiz conhece o Direito. Às vezes, o juiz não sabe do que se trata a causa, não tem idéia do que se trata (pode ser uma causa que verse sobre direito estrangeiro, por exemplo). Mas ele também não precisa saber, a princípio. Ele ouvirá o que uma vai dizer, ouvirá o que a outra disser e, pela (*juris*) prudência, decide. Nenhum juiz é obrigado a saber todo o Direito. *Da mihi factum dabo tibi ius* é expressão que me remete a uma imagem, assim, se me permitem, não muito aprazível. Porque, vejam, não sei se tem uma máquina de Coca-Cola, em que se diz: 'Joga uma moeda e aperta o botão escolhido'. *Da mihi factum* é o jogar a moeda; *dabo tibi ius* é a entrega do refrigerante, sai o 'direito escolhido'. Não é assim. O processo de constituição de direito é muito mais complexo. Não se opera de forma tão simples. Pode o magistrado decidir com base em um argumento, uma questão jurídica não posta pelas partes no processo? Percebam: o magistrado, por exemplo, verifica que a lei é inconstitucional. Ninguém alegou que a lei é inconstitucional. O autor pediu com base na lei tal, a outra parte disse que não se aplicava a lei. E o juiz entende de outra forma, ainda não aventada pelas partes: "Essa lei apontada pelo autor como fundamento do seu pedido é inconstitucional. Portanto, julgo improcedente a demanda. Ele pode fazer isso? Claro. O juiz pode aplicar o Direito, trazer, aportar ao processo questões jurídicas. Pode? Pode. Mas pode sem ouvir, antes, as partes? Não. Não pode. O juiz teria, nestas circunstâncias, já ele o traria ao processo fundamento jurídico que não está nos autos, intimar as partes para manifestar-se a respeito. Ele teria que dizer: 'Intimem-se as partes para se manifestar sobre a constitucionalidade da lei tal'. Tem que fazer isso. Aí pode alguém vir dizer: Está prejulgando? Não, não está prejulgando — até porque pode estar em dúvida sobre o tema, que lhe veio à cabeça quando estava a preparar a sua decisão. Se ele fizer isso, estará sendo leal com as partes. Por que? Porque não pegará as partes de surpresa. Porque, se ele não fizer isso, ele vai reconhecer a inconstitucionalidade na sentença, sem ter dado ao autor a chance de poder tê-lo convencido do contrário: não teve a chance de mostrar ao magistrado que aquela lei era constitucional. E, agora, só com a apelação. Como é que se pode restringir o contraditório ao julgamento do recurso? O recurso confere a oportunidade de nova discussão; e não a primeira discussão. Recurso é para restabelecer o curso e não começar um novo curso, a partir dali, para discutir a questão só agora, no Tribunal. Vamos agravar a situação. Imagine o Tribunal de Justiça decidindo com base em questão jurídica não colocada pelas partes, sem a sua prévia manifestação: só lhes restarão os recursos extraordinário, com todas as dificuldades a eles inerentes. A possibilidade de acontecer isso em tribunal é muito grande, notadamente em razão da praxe forense denominada 'entrega de memoriais'. Quantas e quantas vezes, os advogados nos memoriais, dão uma ajeitada no processo, uma corrigida, acrescentando um argumento novo, que não estará nos autos porque os memoriais foram entregues em gabinete do magistrado. Parece-me, então, que o magistrado deve determinar a juntada dos memoriais ao processo, com a subsequente intimação da parte contrária para manifestar-se a respeito" (DIDIER JR., Fredie. *Curso de direito processual civil*. 6. ed. Salvador: JusPodivm, 2006. v. 1, p. 62-63).

⁶⁵ PINTO, Junior Alexandre Moreira. *A causa petendi e o contraditório*. São Paulo: Revista dos Tribunais, 2007. p. 168-169. (Temas Atuais de Direito Processual Civil, v. 12).

Por isso, Carlos Alberto Alvaro de Oliveira denuncia que a liberdade concedida ao julgador na eleição da norma a aplicar, independentemente de sua invocação pela parte interessada (*iura novit curia*), não dispensa a prévia ouvida das partes sobre os novos rumos a serem impressos ao litígio, em homenagem ao princípio do contraditório. A hipótese não se exibe rara — continua o mestre — porque frequentes os empecilhos enfrentados pelo operador do direito, nem sempre de fácil solução, dificuldade geralmente agravada pela posição necessariamente *parcializada* do litigante, a contribuir para empecer visão clara a respeito dos rumos futuros do processo. Aliás, a problemática não diz respeito apenas ao interesse das partes, conectando-se intimamente com o próprio interesse público, pois qualquer surpresa ou acontecimento inesperado só faz diminuir a fé do cidadão na administração da justiça. O diálogo judicial — conclui — torna-se, no fundo, e dentro dessa perspectiva, autêntica garantia de democratização do processo, e, deste modo, impede que o poder do órgão judicial e a aplicação da regra *iura novit curia* redundem em instrumentos de opressão e autoritarismo, servindo às vezes a um mal explicado tecnicismo, com obstrução à efetiva e correta aplicação do direito e à justiça do caso.[66]

Portanto, provimentos jurisdicionais que seguem esse rumo não apenas lesam os arts. 128, 460 e 515 do Código de Processo Civil, mas igualmente atingem diretamente o contraditório, sobretudo por surpreenderem as partes.[67] De modo que se o juiz, quando de seu pronunciamento judicial, perceber a necessidade de elaborá-la

---

[66] OLIVEIRA, Carlos Alberto Alvaro de. *A garantia do contraditório*. Disponível em: <http://www.abcpc.org.br>. Acesso em: 1º abr. 2011. Noutro trecho de seu ensaio, esclarece Carlos Alberto Alvaro de Oliveira: (...) "nada obstante a liberdade desfrutada pelo órgão judicial nessa matéria [conhecimento e investigação oficiosa do direito], podem e devem as partes aportar a sua cooperação também quanto à valorização jurídica da realidade externa ao processo, investigação que hoje de modo nenhum pode constituir labuta exclusiva do órgão judicial. Entendimento contrário significaria transformar o juiz numa máquina, pois, como já se ressaltou com agudeza, dentro de uma concepção puramente silogística, diria às partes 'date mihi factum' e às leis 'date mihi jus' e, recebidos tais elementos, emitiria a decisão com mecânica indiferença, como um aparelho emissor de bilhetes a toda introdução de duas moedas" (OLIVEIRA, Carlos Alberto Alvaro de. *A garantia do contraditório*. Disponível em: <http://www.abcpc.org.br>. Acesso em: 1º abr. 2011). Assim também o pensamento firme de Ronaldo Brêtas de Carvalho Dias: "No Brasil, ao contrário, a apelidada decisão-surpresa, fruto do mero convencimento solitário do juiz, sem debate prévio com as partes, é moda forense. Vamos exemplificar com uma situação corriqueira nos pretórios, hauridas das regras de experiência comum, ou seja, fundadas nas nossas observações profissionais sobre o que normalmente acontece na prática do foro, na qual surge em algumas oportunidades grosseira supressão da garantia constitucional do contraditório às partes. Considere-se que o autor ajuíze ação, dando início ao processo, sustentando, na petição inicial, como fundamento jurídico de seu pedido, incidência das normas do Código Civil de 1916. O réu, por sua vez, na contestação, resiste à pretensão e, como fundamento de defesa, embora reconhecendo os fatos narrados pelo autor, a eles oponha outras consequências jurídicas, postulando incidência das regras do Código Civil de 2002. Na fase decisória, conclusos os autos, após as partes apresentarem suas razões finais, entende o juiz-diretor do processo que o caso concreto, ao contrário das teses jurídicas alinhadas pelo autor e pelo réu, receberá solução adequada pela aplicação das normas do Código de Defesa e de Proteção ao Consumidor. Pois bem, aqui no Brasil, na prática do foro, é o que observamos em nossa atividade profissional: o juiz lavrará sentença-surpresa, apoiada nas normas do Código de Defesa e de Proteção ao Consumidor, sem permitir às partes possibilidade de prévia manifestação a respeito. É o que acontece na maioria das vezes. Evidentemente, em tal situação, estará sendo violado o contraditório, em concepção científica atualizada, pois as partes destinatárias da sentença, que suportarão seus efeitos, não tiveram a possibilidade de influir no convencimento do juiz, quanto às normas de direito por ele consideradas adequadas à solução decisória do caso reconstruído no processo" (DIAS, Ronaldo Brêtas de Carvalho. *Processo constitucional e Estado democrático de direito*. Belo Horizonte: Del Rey, 2010. p. 98).

[67] Sobre o tema, o Superior Tribunal de Justiça já se manifestou inúmeras vezes, embora segundo análise particularizada ao princípio da congruência (conferir: REsp nº 1.169.755, REsp nº 623.704, RMS nº 18.655, REsp 746.622, REsp nº 380.143).

segundo ponto de vista alheio à dialética processual, cumpre-lhe, antes, intimar as partes e conferir-lhes oportunidade de manifestação e de influência na construção da decisão — basicamente este o sentido que se extrai da Ordenança Processual Civil (ZPO) alemã e do *Nouveau Code de Procédure Civile* da França.[68]

5.4 Decisões judiciais fundadas em presunção judicial construída em atentado à dialética processual

Em elucidativo artigo científico,[69] Henrique Yukio propõe-se a uma análise crítica do art. 335 do Código de Processo Civil, na intenção de demonstrar sua inconstitucionalidade, caso não se lhe atribua leitura à luz "de um direito aberto à participação plural, de caráter procedimental e que demanda a observância de direitos fundamentais".[70]

É que o aludido dispositivo, na falta de normas jurídicas particulares, permite ao juiz valer-se das chamadas "regras de experiência comum", subministradas pela observação do que ordinariamente acontece, e ainda das "regras de experiência técnica", ressalvado, neste último caso, o exame pericial.[71] A aversão externada pelo processualista assenta-se no fato de que tal autorização legal violaria frontalmente o devido processo legal, sobretudo considerando que, no paradigma constitucional

---

[68] Sobre o conteúdo do contraditório nas legislações francesa e alemã, Dierle José Coelho Nunes: "Na França, o art. 16 do *Nouveau Code de Procédure Civile* impede o juiz de fundamentar a sua decisão sobre aspectos jurídicos que ele suscitou de ofício sem ter antecipadamente convidado as partes a manifestar as suas observações. Assim, a garantia opera não somente no confronto entre as partes, transformando-se também num dever-ônus para o juiz que passa a ter que provocar de ofício o prévio debate das partes sobre quaisquer questões de fato ou de direito determinantes para a resolução da demanda. Na Alemanha, o conteúdo da cláusula estabelecida no texto do art. 103, §1º, da Lei fundamental da República Federal da Alemanha como 'direito de ser ouvido pelo juiz' (*Rechliches Gehör*) possui um alcance similar ao francês face à interpretação do Tribunal Constitucional Federal (*Bundesverfassungsgericht*), não só operando seus efeitos no confronto entre as partes, mas sim convertendo-se também num dever para o magistrado, de modo que se atribui às partes a possibilidade de posicionar-se sobre qualquer questão de fato ou de direito, de procedimento ou de mérito, e de tal modo a poder *influir* sobre o resultado dos provimentos. Ao magistrado é imposto o dever de provocar o debate preventivo, com as partes, sobre todas as questões a serem levadas em consideração nos provimentos" (NUNES, Dierle José Coelho. O princípio do contraditório: uma garantia de influência e de não surpresa. *In*: DIDIER JR., Fredie; JORDÃO, Eduardo Ferreira (Coord.). *Teoria do processo*: panorama mundial. Salvador: JusPodivm, 2008. p. 151-172).

[69] SOUZA, Henrique Yukio Pereira de. A presunção judicial no Estado democrático de direito: uma análise crítica do artigo 335 do Código de Processo Civil. *Revista Brasileira de Direito Processual*, Belo Horizonte, n. 72, p. 107-126, 2010.

[70] SOUZA, Henrique Yukio Pereira de. A presunção judicial no Estado democrático de direito: uma análise crítica do artigo 335 do Código de Processo Civil. *Revista Brasileira de Direito Processual*, Belo Horizonte, n. 72, p. 124, 2010.

[71] Sobre o conceito e função das "regras de experiência", Luiz Guilherme Marinoni e Sérgio Cruz Arenhart: "O juiz, para formar o seu raciocínio sobre o litígio, vale-se de regras de experiência, ditas comuns e técnicas. Essas regras têm o objetivo de permitir, entre outras coisas, a análise da relação entre o indício e o fato essencial. As regras de experiência comum decorrem de generalizações formadas no seio da sociedade, as quais podem ter por base em crenças religiosas, regras de moral ou mesmo em leis naturais, lógicas ou científicas. Enquanto isso, as regras de experiência técnica derivam do pensamento técnico-científico sobre uma determinada situação. Como as regras de experiência comum podem se fundar em leis científicas e as regras de experiência técnica delas derivam, alguma confusão pode ocorrer. Mas essa confusão é facilmente eliminada quando se constata que a regra de experiência técnica é ancorada diretamente no pensamento científico (ou em uma lei científica), enquanto regra de experiência comum é uma versão popular acerca de uma lei ou do pensamento da comunidade científica" (MARINONI, Luiz Guilherme; ARENHART, Sérgio Cruz. *Prova*. São Paulo: Revista dos Tribunais, 2009. p. 142).

contemporâneo, os cidadãos prescindem de tradutores, intérpretes ou intermediadores, dotados de (supostas) intuição e sensibilidade extraordinárias, que lhes permitam encontrar uma verdade absoluta mediante uma avaliação *solipsista* do quadro fático delineado nos autos.[72] Aduz, ademais, que no Estado Democrático de Direito o poder emana do povo, que deve fiscalizar irrestritamente toda forma de manifestação e aplicação do poder, uma vez que somente a fiscalização popular confere legitimidade democrática aos atos estatais (soberania popular).[73]

O art. 335 do Código de Processo Civil, segundo a ótica de Yukio, apresenta-se em fina desarmonia com a Constituição quando autoriza o juiz a deduzir presunções judiciais naquilo que ele próprio e exclusivamente deduz serem "regras de experiência".[74] Afinal, a legitimidade dos resultados oriundos do ambiente processual condiciona-se "à possibilidade de participação, ao fato dos indivíduos serem, ao mesmo tempo, destinatários e autores das normas que regerão suas vidas em sociedade".[75] É válida uma decisão somente se oriunda de uma construção coletiva, intermediada por procedimentos discursivos e que viabilizem o contraditório.[76]

No atual paradigma constitucional não há realmente como se encarar as "regras de experiência" como "expressão da cultura dos juízes", intérpretes que seriam dos valores e da experiência acumulada pela sociedade em que vivem, como se a eles exclusivamente fosse atribuído o dever de captá-las por seus próprios sentidos e atentos às realidades do mundo, desenvolvendo no intelecto a significação dos fatos que os circundam na vida ordinária, para traduzirem decisões sensatas àquilo que o homem comum sabe e os conhecimentos que certas técnicas elementares lhe transmitem.[77]

---

[72] SOUZA, Henrique Yukio Pereira de. A presunção judicial no Estado democrático de direito: uma análise crítica do artigo 335 do Código de Processo Civil. *Revista Brasileira de Direito Processual*, Belo Horizonte, n. 72, p. 124, 2010.

[73] SOUZA, Henrique Yukio Pereira de. A presunção judicial no Estado democrático de direito: uma análise crítica do artigo 335 do Código de Processo Civil. *Revista Brasileira de Direito Processual*, Belo Horizonte, n. 72, p. 124, 2010. Encorpa a tese de Yukio citação de trecho doutrinário, extraído de trabalho elaborado pelo professor Dhenis Cruz (MADEIRA, Dhenis Cruz. *Processo de conhecimento e cognição*: uma inserção no Estado democrático de direito. Curitiba: Juruá, 2008. p. 212): "Toda e qualquer motivação decisional deve ser extraída do discurso dialógico-processual. Assim, decisões baseadas na metajuridicidade (v.g., interesse público, equidade, bom senso, adequabilidade, proporcionalidade, justiça, sensibilidade, intuição, experiência) são ilegítimas, porquanto é impossível que os destinatários se reconheçam como coautores do provimento. A metajuridicidade cria o espaço infiscalizável do soberano" (SOUZA, Henrique Yukio Pereira de. A presunção judicial no Estado democrático de direito: uma análise crítica do artigo 335 do Código de Processo Civil. *Revista Brasileira de Direito Processual*, Belo Horizonte, n. 72, p. 111, 2010).

[74] Nesse rumo, Dhenis Cruz Madeira: "Justamente por isso, e por não ser mais possível a exigência de uma autoridade sensível, sábia, intuitiva e experiente, é que tais elementos metajurídicos não podem ser utilizados como fundamentação do provimento, a não ser que se queira exigir das partes uma esdrúxula investigação acerca da vida pessoal do juiz para fins de argumentação processual. Decerto, um fundamento não extraído da plataforma procedimental, como o é a experiência ou qualidade individual do magistrado, é imprestável à motivação do provimento, eis que não se oferta à crítica, tornando a decisão ilegítima juridicamente" (MADEIRA, Dhenis Cruz. *Processo de conhecimento e cognição*: uma inserção no Estado democrático de direito. Curitiba: Juruá, 2008. p. 171-172).

[75] SOUZA, Henrique Yukio Pereira de. A presunção judicial no Estado democrático de direito: uma análise crítica do artigo 335 do Código de Processo Civil. *Revista Brasileira de Direito Processual*, Belo Horizonte, n. 72, p. 114, 2010.

[76] SOUZA, Henrique Yukio Pereira de. A presunção judicial no Estado democrático de direito: uma análise crítica do artigo 335 do Código de Processo Civil. *Revista Brasileira de Direito Processual*, Belo Horizonte, n. 72, p. 114, 2010.

[77] DINAMARCO, Cândido Rangel. *Instituições de direito processual civil*. 4. ed. São Paulo: Malheiros, 2003. p. 122.

No Estado Democrático de Direito — continua Henrique Yukio — cumpre tanto ao juiz como às partes participarem da construção discursiva do provimento no mesmo plano argumentativo, inexistindo posição de superioridade, tampouco esferas de atuação judicial obscuras e impassíveis de fiscalização pela sociedade.[78]

Não se acredita, contudo, que as "regras de experiência" devam simplesmente ser abolidas do ordenamento processual, impedindo-se ao juiz, frente a lacunas, fundar naquelas suas conclusões (= raciocínio presuntivo). Melhor, ao menos assim se crê, é condicionar a legitimidade de provimentos jurisdicionais que se alicercem nessas máximas ao controle deles, mediante a indispensável observação do contraditório e da motivação.

O que não se deve aceitar são deduções sedimentadas no sentimento íntimo e no labor intelectual ermo do julgador, como se unicamente ele estivesse capacitado a estabelecer quais generalizações formadas no seio da sociedade e no âmbito do pensamento técnico-científico se enquadrariam, de forma ajustada, nos conceitos de "regras de experiência comum e técnica". Apesar daquilo constatado no cotidiano forense,[79] trata-se de critério cuja utilização é inaceitável se utilizado dissimuladamente, como anteparo invisível que auxilie o juiz na formulação das inferências necessárias a sua convicção, elaboradas sem a (necessária) consulta às partes e, portanto, em desatenção à construção participativa e argumentativa exigida no âmbito procedimental, escamoteando — sob uma falsa impressão de sagacidade — a ilegitimidade da prática do poder segundo parâmetros arbitrários.

Portanto, na intenção e necessidade da utilização de raciocínio fundado em "regras de experiência" (comuns ou técnicas), é indispensável que a autoridade jurisdicional acione as partes para que com ele dialoguem e se manifestem sobre os possíveis sentidos que dessas máximas podem ser extraídos, evitando-se, assim, surpresas que só deslegitimam a decisão judicial. Além do que, haverá, ademais, de aludir explicitamente às "regras de experiência" empregadas na construção do provimento, explicar seus conteúdos e fundamentos, os significados e as bases de sustentação delas, valer-se de critérios básicos que assegurem sua idoneidade e racionalidade, para que, então, restem claras as razões que conduziram à decisão.[80]

5.5 Decisões judiciais produzidas de ofício

Conquanto a praxe ratifique postura diversa, também as matérias de ordem pública (exemplos: condições da ação e pressupostos processuais), e outras mais cognoscíveis oficiosamente, merecem interpretação à luz do princípio democrático.

---

[78] SOUZA, Henrique Yukio Pereira de. A presunção judicial no Estado democrático de direito: uma análise crítica do artigo 335 do Código de Processo Civil. *Revista Brasileira de Direito Processual*, Belo Horizonte, n. 72, p. 123, 2010.

[79] Assim pensam Luiz Guilherme Marinoni e Sérgio Cruz Arenhart: "Embora isso pareça evidente, o fato é que as decisões, na prática, não aludem sequer às regras de experiência, e muitas vezes o juiz e as partes nem mesmo percebem a sua utilização. Portanto, a exigência de argumentação racional da validade das regras de experiência, embora imprescindível para a racionalidade da decisão e para o adequado uso do recurso, lamentavelmente não existe no cotidiano forense — o que é extremamente grave, especialmente quando considerada a dimensão da garantia da motivação das decisões" (MARINONI, Luiz Guilherme; ARENHART, Sérgio Cruz. *Prova*. São Paulo: Revista dos Tribunais, 2009. p. 145).

[80] Para um exame profundo e esclarecedor sobre o problema das "regras de experiência" e, sobretudo, acerca da necessidade de sua motivação, de seu controle e dos filtros que lhe conferem racionalidade, consultar: MARINONI, Luiz Guilherme; ARENHART, Sérgio Cruz. *Prova*. São Paulo: Revista dos Tribunais, 2009. p. 142-158.

Talvez oriundo da comodidade que proporciona, prospera um entendimento equivocado, e infelizmente generalizado, de que matérias apreciáveis de ofício estariam isentas da influência do contraditório, de maneira que o juiz se encontraria liberto de ouvir, apreciar e considerar as manifestações das partes a respeito delas. Não há, todavia, racionalidade alguma nesse argumento.

Matérias apreciáveis de ofício são aquelas às quais o juiz está autorizado, sem provocação das partes e por iniciativa própria, a encaminhar (indicar, apontar) aos autos do processo. No entanto, a autoridade do juiz restringe-se a essa condução da matéria ao processo, jamais lhe sendo lícito julgá-las sem antes abrir oportunidade para as partes se manifestarem;[81] somente depois, já imbuído pela influência do contraditório, cumpre-lhe, aí sim, decidir.[82]

Entendimento contrário avalizaria a surpresa como resultado da atividade jurisdicional, em desatenção à ideia de democracia participativa que deve vigorar no desenrolar procedimental. Afrontosa à Constituição decisão judicial que, sob o fundamento de julgar matéria que dispensa a iniciativa das partes, é prolatada em desatenção à construção dialógico-participativa que marca e legitima o procedimento na seara jurisdicional.

A respeito do assunto, Daniel Amorim Assumpção Neves:

> Infelizmente não se percebe a diferença basilar entre "decidir de ofício" e "decidir sem a oitiva das partes". Determinadas matérias e questões devem ser conhecidas de ofício, significando que, independentemente de serem levadas ao conhecimento do juiz pelas partes, elas devem ser conhecidas, enfrentadas e decididas no processo. Mas o que isso tem a ver com a ausência de oitiva das partes? Continua a ser providência de ofício o juiz levar a matéria ao processo, ouvir as partes e decidir a respeito dela. Como a surpresa das partes deve ser evitada em homenagem ao princípio do contraditório, parece que, mesmo nas matérias e questões que deva conhecer de ofício, o juiz deve intimar as partes para manifestação prévia antes de proferir sua decisão, conforme inclusive consagrado na legislação francesa e portuguesa.[83]

---

[81] Confira-se, a respeito disso, a precisa lição de Fredie Didier Jr.: "Uma coisa é o juiz poder conhecer de ofício, poder agir de ofício, sem provocação da parte. Essa é uma questão. Outra questão é poder agir sem ouvir as partes. É completamente diferente. Poder agir de ofício é poder agir sem provocação, sem ser provocado para isso; não é o mesmo que agir sem provocar as partes. Esse poder não lhe permite agir sem ouvir as partes" (DIDIER JR., Fredie. *Curso de direito processual civil*. 6. ed. Salvador: JusPodivm, 2006. v. 1, p. 62).

[82] Esta a posição de Leonardo Greco: "Hoje, exige-se um contraditório participativo, em que o juiz dialogue com as partes e não apenas as escute. Ao expor as suas opiniões ou os possíveis reflexos das alegações e das provas que estão sendo objeto da sua cognição, o juiz confere às partes a oportunidade de acompanharem o seu raciocínio e de influenciarem na formação do seu juízo, do seu convencimento. Ora, como as partes podem influir no convencimento do juiz se não sabem o que ele pensa? O contraditório participativo precisa ser efetivado até em relação às questões que, por expressa disposição legal, o juiz pode ou deve apreciar de ofício, como as relativas à concorrência das condições da ação ou à falta de pressupostos processuais que possam acarretar nulidades absolutas. Atualmente, os direitos francês, italiano e português possuem disposições expressas estabelecendo que os juízes não podem decidir de ofício nenhuma questão sem antes ouvir as partes" (GRECO, Leonardo. *Instituições de processo civil*: introdução ao direito processual civil. 2. ed. Rio de Janeiro: Forense, 2010. v. 1, p. 541).

[83] O mesmo autor aponta o risco de decisões-surpresa não só em casos de matérias de ordem pública, mas também em outras, igualmente problemáticas. Confira-se: "Partindo-se do pressuposto de que durante todo o desenrolar procedimental as partes serão informadas dos atos processuais, podendo reagir para a defesa de seus direitos, parece lógica a conclusão de que a observância do contraditório é capaz de evitar a prolação de qualquer decisão que possa surpreendê-las. Em matérias que o juiz só possa conhecer mediante a alegação das partes, realmente parece não haver possibilidade de a decisão surpreender as partes. Os

Não é, afinal, porque os juízes se encontram autorizados a examinar de ofício determinadas questões, que estariam igualmente desobrigados a se curvarem ao contraditório.[84] Nada há na Constituição que os desobrigue a afastar a participação das partes em questões de tal natureza.[85]

5.6 Decisões judiciais que desconsideram abruptamente a personalidade de pessoas jurídicas

É com razoável frequência que se observam abusos praticados contra pessoas jurídicas e seus sócios, mediante decisões justiceiras proferidas com o propósito de desconsiderar a personalidade das primeiras.

A desconsideração da personalidade jurídica não é simples consequência da ausência patrimonial da sociedade empresária devedora. Não há, enfim, extensão *objetiva* da responsabilidade patrimonial aos sócios, como se bastasse para a aplicação da *disregard doctrine* a mera ausência de patrimônio por parte da pessoa jurídica devedora.[86]

---

problemas verificam-se no tocante às matérias de ordem pública, na aplicação de fundamentação jurídica alheia ao debate desenvolvido no processo até o momento da prolação da decisão, e aos fatos secundários levados ao processo pelo próprio juiz. São matérias e temas que o juiz pode conhecer de ofício, havendo, entretanto, indevida ofensa ao contraditório sempre que o tratamento de tais matérias surpreender as partes. Ainda que a matéria de ordem pública e a aplicação do princípio do *iura novit curia* permitam uma atuação do juiz independentemente da provocação da parte, é inegável que o juiz, nesses casos — se se decidir sem dar oportunidade de manifestação prévia às partes —, as surpreenderá com sua decisão, o que naturalmente ofende o princípio do contraditório" (NEVES, Daniel Amorim Assunção. *Manual de direito processual civil.* São Paulo: Método, 2009. p. 58).

[84] Assim também advoga o insigne Fredie Didier Jr.: "Será que o magistrado pode levar em consideração um fato de ofício, sem que as partes se manifestem sobre esse fato? Imaginem a seguinte situação: A e B estão litigando, cada um argumenta o que quis e o juiz na hora da sentença, se baseia em um fato que não foi alegado pelas partes, não foi discutido por elas, mas está provado nos autos. Ele trouxe esse fato para fundamentar a sua decisão com base no art. 131, conjugado com o 462, ambos do CPC. Ele pode fazer isso? Pode. Está autorizado? Está. Mas ele poderia ter feito isso sem submeter esse fato ao prévio debate entre as partes? Sem submeter esse fato antes, ao diálogo das partes? A parte pode ter, contra si, uma decisão baseada em fatos sobre os quais ela não se manifestou? Não. Isso fere, escancaradamente, o contraditório. Por quê? A decisão forma-se com elemento de fato sobre o qual as partes não falaram, e, portanto, baseia-se em ponto a respeito do qual as partes não puderam ter exercitado o 'poder de influência'; elas não puderam dizer se o fato aconteceu ou não aconteceu, ou aconteceu daquela forma, ou de outra forma" (DIDIER JR., Fredie. *Curso de direito processual civil.* 6. ed. Salvador: JusPodivm, 2006. v. 1, p. 62).

[85] Também este é o entendimento de Junior Alexandre Moreira Pinto ao assinalar que o contraditório se aplica às matérias que em princípio seriam cognoscíveis de ofício, pois essa prática não desobriga o julgador de submeter à participação todas e quaisquer matérias [PINTO, Junior Alexandre Moreira. *A causa petendi e o contraditório.* São Paulo: Revista dos Tribunais, 2007. p. 168-169. (Temas Atuais de Direito Processual Civil, v. 12)].

[86] Alguns defendem uma liberalidade bem maior na aplicação da *disregard doctrine* quando o litígio envolvido se referir à relação de consumo. Escoram seu posicionamento na perigosa (e inconstitucional) abertura conferida pelo §5º do art. 28 do Código de Defesa do Consumidor: "Também poderá ser desconsiderada a pessoa jurídica sempre que sua personalidade for, de alguma forma, obstáculo ao ressarcimento de prejuízos causados aos consumidores". No entanto, os mais prestigiados consumeristas também combatem essa ideia, consoante se verifica nas lições de Cláudia Lima Marques, Antônio Herman V. Benjamim e Bruno Miragem: "A doutrina da desconsideração tem seu fundamento nos princípios gerais da proibição do abuso de direito e permite ao Judiciário, excepcionalmente, desconsiderar (ignorar no caso concreto) a personificação societária, como se a pessoa jurídica não existisse, atribuindo condutas e responsabilidades diretamente aos sócios e não à pessoa jurídica. O reflexo desta doutrina no esforço de proteção aos interesses do consumidor é facilitar o ressarcimento dos danos causados aos consumidores por fornecedores-pessoas jurídicas. No direito tradicional é o patrimônio societário que responde pelas dívidas da sociedade, estando a responsabilidade dos sócios restrita conforme o tipo de sociedade criada (sociedade por quotas de responsabilidade limitada, sociedade anônima, comandita etc.)". Em outro trecho, concluem os citados juristas: "...a melhor doutrina

Tal ilação é extraída da leitura do art. 50 do Código Civil,[87] que evidencia a preocupação do legislador em regular ajustadamente o instituto da desconsideração da personalidade jurídica e, destarte, evitar decisões judiciais de cariz autoritário, que atentem abertamente contra direitos de terceiros.

Não se deve olvidar que a desconsideração da personalidade jurídica é medida excepcionalíssima, admissível tão só quando demonstrado o *abuso da personalidade jurídica*, que se caracteriza pelo "desvio da personalidade" ou pela "confusão patrimonial". Assim é, até em respeito a dois princípios capitais, que servem de orientação ao Direito Societário, vale dizer: i) as pessoas jurídicas têm existência própria e distinta da de seus membros; e ii) o patrimônio da sociedade e o de seus membros não se confundem.[88]

Atenta a essa lógica, o voto proferido pela Ministra Nancy Andrigi, relatora do REsp nº 948.117:

> (...) A desconsideração da personalidade jurídica configura-se como medida excepcional. Sua adoção somente é recomendada quando forem atendidos os pressupostos específicos relacionados com a fraude ou abuso de direito estabelecidos no art. 50 do CC/2002. Somente se forem verificados os requisitos de sua incidência, poderá o juiz, no próprio processo de execução, "levantar o véu" da personalidade jurídica para que o ato de expropriação atinja os bens da empresa.[89]

Como se sabe, a doutrina, responsável pela edificação da *disregard doctrine*, foi desenvolvida pelos tribunais norte-americanos para impedir o abuso por meio do uso da personalidade jurídica. Também no Brasil, quando o art. 50 do Código Civil estabelece que os bens dos sócios *poderão* vir a responder por obrigações da sociedade, sempre que houver *abuso* de sua personalidade jurídica, verdadeiramente impõe *a contrario sensu* que, ausente esse mau uso, sempre será respeitada a autonomia patrimonial de cada um.[90]

---

fixará que na desconsideração o problema é de imputação do ato jurídico aos sócios. A doutrina encarregar-se-á de considerar a teoria aplicável somente em casos de desvio das finalidades da sociedade ou abuso de direito, casos graves que justifiquem desconsiderar a pessoa jurídica regularmente constituída, que praticou determinado ato jurídico. O método é mais uma vez tópico e funcional, bem ao gosto do CDC no sentido de resolver o problema concreto do conflito de valores entre manutenção do dogma da separação patrimonial e os interesses da outra parte contratante com a pessoa jurídica insolvente" (MARQUES, Cláudia Lima; BENJAMIN, Antônio Herman V.; MIRAGEM, Bruno. *Comentários ao Código de Defesa do Consumidor*. 2. ed. São Paulo: Revista dos Tribunais, 2006. p. 440-441).

[87] Confira-se o teor do aludido dispositivo legal: "Art. 50. Em caso de *abuso da personalidade jurídica*, caracterizado pelo *desvio de finalidade*, ou pela *confusão patrimonial*, pode o juiz decidir, a requerimento da parte, ou do Ministério Público quando lhe couber intervir no processo, que os efeitos de certas e determinadas relações de obrigações sejam estendidos aos bens particulares dos administradores ou sócios da pessoa jurídica".

[88] LIMA, Osmar Brina Corrêa. *Responsabilidade civil dos administradores de sociedade anônima*. Rio de Janeiro: Aide, 1989. p. 140. Completa Osmar Brina que é do somatório desses dois princípios capitais que advém o efeito benéfico de se encorajar o aparecimento e o desenvolvimento de empresas privadas no âmbito nacional (LIMA, Osmar Brina Corrêa. *Responsabilidade civil dos administradores de sociedade anônima*. Rio de Janeiro: Aide, 1989. p. 141).

[89] Superior Tribunal de Justiça, REsp nº 948.117-MS, Relatora Ministra Nancy Andrigi, julgado em 22.06.2010. Disponível em: <http://www.stj.jus.br>.

[90] DINAMARCO, Cândido Rangel. Desconsideração da personalidade jurídica, fraude, ônus da prova e contraditório. *In*: DINAMARCO, Cândido Rangel. *Fundamentos do processo civil moderno*. 6. ed. São Paulo: Malheiros, 2010. v. 1, p. 531.

Nessa toada, é indispensável para a aplicação da desconsideração da personalidade jurídica não apenas a ocorrência da fraude (abuso do direito),[91] mas, sobretudo, que tal circunstância seja demonstrada pelo credor, que é aquele que a postula e poderá dela beneficiar-se.[92] Ou parafraseando Cândido Rangel Dinamarco, o pilar

---

[91] Consoante lição precisa do conceituadíssimo Cândido Rangel Dinamarco, a expressão "abuso da personalidade jurídica" foi a encontrada pelo legislador de 2002 para definir o que a doutrina e os tribunais vêm qualificando como fraude (DINAMARCO, Cândido Rangel. Desconsideração da personalidade jurídica, fraude, ônus da prova e contraditório. *In*: DINAMARCO, Cândido Rangel. *Fundamentos do processo civil moderno*. 6. ed. São Paulo: Malheiros, 2010. v. 1, p. 535).

[92] É imperioso que a aplicação da teoria da desconsideração seja precedida, portanto, de criteriosa análise, isso para que não seja vulnerado o instituto societário. Sabe-se que a personalidade jurídica e a limitação da responsabilidade dos sócios permitem proteger o empregador de riscos não aceitáveis no empreendimento societário, prefixando sua participação nos prejuízos da sociedade. Se assim não fosse, a maioria das pessoas não se disporia a atuar no mercado, o que acarretaria aumento no desemprego, crescimento da criminalidade, mitigação no desenvolvimento do País, menor contribuição fiscal, entre outros fatores maléficos (GONTIJO, Vinícius José Marques. Responsabilização no direito societário de terceiro por obrigação da sociedade. *Revista dos Tribunais*, São Paulo, n. 854, p. 48, 2006). Daí por que — leciona Dinamarco — cumpre àquele que postula a aplicação da teoria — reforce-se isso — *demonstrar* a presença de uso abusivo da personalidade jurídica, seja mediante a prova do "desvio de finalidade", seja ainda provando a "confusão patrimonial". Essa afirmação é autoexplicativa a partir da ideia, positivada no direito processual brasileiro, de que compete a cada uma das partes a prova dos fatos de seu interesse. Tal, aliás, é a regra *chiovendiana* que transparece nos dois incisos do art. 333 do Código de Processo Civil: i) o autor prova os fatos constitutivos de seu direito; ii) o réu prova os fatos extintivos, modificativos ou impeditivos da eficácia jurídica dos fatos constitutivos alegados pelo autor (DINAMARCO, Cândido Rangel. Desconsideração da personalidade jurídica, fraude, ônus da prova e contraditório. *In*: DINAMARCO, Cândido Rangel. *Fundamentos do processo civil moderno*. 6. ed. São Paulo: Malheiros, 2010. v. 1, p. 539). Diante da questão referente à desconsideração da personalidade jurídica, a eventual fraude (ou abuso do direito) que se atribui à sociedade empresária devedora (ou a seus sócios) é *fato constitutivo* do direito que alega possuir a exequente. Reside, afinal, na prova dos eventuais atos fraudulentos a causa hábil para legitimar a aplicação da *disregard doctrine*. Aliás, nada mais lógico, uma vez que, sendo a fraude alegada pelo credor e tendo-se em vista que seu reconhecimento beneficiará a ele, é a este exclusivamente que cabe o ônus de demonstrar a ocorrência do alegado fato fraudulento, pois o contrário violaria frontalmente a regra de distribuição do ônus da prova, contida no art. 333, I, do Código de Processo Civil (DINAMARCO, Cândido Rangel. Desconsideração da personalidade jurídica, fraude, ônus da prova e contraditório. *In*: DINAMARCO, Cândido Rangel. *Fundamentos do processo civil moderno*. 6. ed. São Paulo: Malheiros, 2010. v. 1, p. 540). Nas palavras de Cândido Rangel Dinamarco, "sem fraude nada se desconsidera; sem prova a fraude não pode ser reconhecida" (DINAMARCO, Cândido Rangel. Desconsideração da personalidade jurídica, fraude, ônus da prova e contraditório. *In*: DINAMARCO, Cândido Rangel. *Fundamentos do processo civil moderno*. 6. ed. São Paulo: Malheiros, 2010. v. 1, p. 540). Perceba-se sobre o tema a melhor orientação jurisprudencial: "Execução diversa. Desconsideração da personalidade jurídica. Hipóteses de cabimento. A desconsideração da personalidade societária é hipótese a ser considerada somente nos casos de comprovado abuso de direito para fraudar a lei ou prejudicar terceiros, nos termos da jurisprudência pátria" (Tribunal Regional Federal, 4ª Região, 3ª Turma, Agravo de Instrumento nº 2005.04.01.051620-5-PR, Relatora Juíza Federal Vânia Hack de Almeida, julgado em 06.03.2006. Disponível em: <http://www.trf4.gov.br>). "Execução de sentença. Redirecionamento para o sócio-gerente. Hipóteses de cabimento. Os tribunais vêm admitindo a tese da desconsideração da personalidade jurídica nos casos em que sociedade se presta como disfarce para ato abusivo ou em fraude a credores. Todavia, para que seja declarada é necessária a prova cabal da fraude realizada pelos sócios ou administradores da pessoa jurídica" (Tribunal Regional Federal, 4ª Região, 3ª Turma, Agravo de Instrumento nº 2006.04.00.011446-9-SC, Relatora Juíza Federal Vânia Hack de Almeida, julgado em 17.10.2006. Disponível em: <http://www.trf4.gov.br>). "Processual civil. Execução. Redirecionamento à pessoa do sócio. Desconsideração da pessoa jurídica da empresa executada. Pressupostos. Inexistência. 1. Não comprovada a alegada extinção irregular da empresa executada, assim como a sua utilização pelos sócios para fraudar credores, pressuposto indispensável para ensejar o redirecionamento da execução ao sócio, correta a decisão que indeferiu pedido da exeqüente, visando a desconsideração da personalidade jurídica da empresa executada. 2. Agravo desprovido" (Tribunal Regional Federal, 1ª Região, 6ª Turma, Agravo de Instrumento nº 2005.01.00.058867-5-MG, Relator Desembargador Daniel Paes Ribeiro, julgado em 28.08.2006. Disponível em: <http://www.trf1.gov.br>). "Agravo de instrumento. Desconsideração da personalidade jurídica da pessoa jurídica. A importância do princípio da autonomia patrimonial da pessoa jurídica impõe a aplicação da desconsideração apenas em casos excepcionais, atendidos determinados requisitos bem específicos, não sendo o caso em questão" (Tribunal Regional Federal, 4ª Região, 1ª Turma, Agravo de Instrumento nº 2005.04.01.052195-0-PR, Relator Desembargador Edgard Antônio Lippmann Júnior, julgado em 31.01.2006. Disponível em:

fundamental da teoria da desconsideração consiste no combate à fraude, isto é, sua aplicação só será legítima quando houver um vício de tal jaez e cujos efeitos clamem por neutralização. Sem isso não se desconsidera a personalidade jurídica, sendo extraordinários na ordem jurídica os casos de desconsideração precisamente porque a fraude e a má-fé não são fatos ordinários da vida das pessoas e no giro de seus negócios. Ausente a prova da fraude, enfim, não se legitima a extensão da responsabilidade ao patrimônio daqueles integrantes das pessoas jurídicas.[93]

Além disso, e no que interessa mais especificamente a este estudo, é indispensável, também como condição legitimadora da decisão judicial, permitir aos sócios o exercício do contraditório e da ampla defesa, de maneira que possam argumentar e até produzir provas se necessário. Afinal, até então sua esfera patrimonial não se encontrava em risco, sequer integravam a relação jurídica processual e, por conseguinte, não se haviam ainda manifestado no processo.[94]

<http://www.trf4.gov.br>). "Desconsideração da personalidade jurídica para penhora de bens particulares dos sócios proprietários da empresa devedora. Sociedade de responsabilidade limitada por quotas. Inexistência de bens passíveis de constrição em nome da empresa executada. Fechamento do estabelecimento. Condutas que não configuram, desde logo, infração à lei ou fraude na administração da empresa. Recurso provido" (Tribunal de Justiça do Estado de São Paulo. Agravo de Instrumento nº 7.361.495-4, Vigésima Câmara de Direito Privado, Relator Desembargador Cunha Garcia, julgado em 03.08.2009. Disponível em: <http://www.tjsp.jus.br>).

[93] DINAMARCO, Cândido Rangel. Desconsideração da personalidade jurídica, fraude, ônus da prova e contraditório. *In*: DINAMARCO, Cândido Rangel. *Fundamentos do processo civil moderno*. 6. ed. São Paulo: Malheiros, 2010. v. 1, p. 536. Em reforço, vale a citação de excerto, recordado também da prestigiosa doutrina de Cândido Rangel Dinamarco: "Precisamente porque a má-fé, malícia, fraude ou abuso constituem fatos extraordinários na vida dos negócios, prevalece a multisecular necessidade de provar essas máculas de conduta, sob pena de ser o juiz impedido de reconhecê-las — fora esses casos em que algum indício muito forte faça presumir essa causa para a desconsideração. Andrea Torrente não fez mais que expressar uma consistente máxima da cultura ocidental ao dizer que '*La buona fede si presume: chi allega mala fede di un'altra persona deve provarla*' (A boa-fé se presume: quem alega má-fé de outra pessoa deve prová-la). A má-fé precisa sempre ser provada, a não ser quando fortemente sugerida ou algum indício particularmente expressivo, porque é fato extraordinário (na clássica lição de Malatesta, *o ordinário se presume e o extraordinário se prova*). A norma é respeitar as barreiras representadas pela personalidade jurídica, que constitui notória realidade do direito positivo — e, obviamente, o ônus desta prova será sempre do credor interessado em ser reconhecendo e na imposição das consequências da má-fé ou abuso da personalidade jurídica" (DINAMARCO, Cândido Rangel. Desconsideração da personalidade jurídica, fraude, ônus da prova e contraditório. *In*: DINAMARCO, Cândido Rangel. *Fundamentos do processo civil moderno*. 6. ed. São Paulo: Malheiros, 2010. v. 1, p. 538-539). Este também o entendimento de Vinícius José Marques Gontijo: "Para que seja decretada a desconsideração (...) é necessária a prova do *vício*. Dois são os vícios que mais comumente maculam uma pessoa jurídica, autorizando a decretação da ineficácia da personalidade jurídica no caso concreto: a fraude e o abuso de direito" (GONTIJO, Vinícius José Marques. Responsabilização no direito societário de terceiro por obrigação da sociedade. *Revista dos Tribunais*, São Paulo, n. 854, p. 47, 2006). Em idêntica entoação, Ana Caroline Santos Ceoli: "É imperioso que se aplique a teoria da desconsideração à luz dos princípios gerais de hermenêutica, sempre se tendo em conta os pressupostos que lhe são inerentes e as peculiaridades dos casos levados a juízo. Analisada sob um enfoque fragmentário e sectário, não resta dúvida de que seu uso abusivo e indiscriminado atende aos fins imediatistas, como imprimir celeridade e efetividade à prestação jurisdicional em prol daqueles que postulam a satisfação de seus direitos creditícios. Porém, sob ponto de vista global e mais abrangente, é imperioso reconhecer que a aplicação descriteriosa da desconsideração da pessoa jurídica descura-se de valores supremos como a segurança e a justiça, para cuja proteção ela foi concebida. (...) Indubitável, pois, que a teoria da desconsideração, se moderada e corretamente aplicada, servirá para o aprimoramento da pessoa jurídica, coibindo os abusos praticados pelos indivíduos que a constituem, encobertos pelo princípio da autonomia patrimonial e da separação de personalidades. Inversamente, porém, se transformada em miraculosa panaceia, essa teoria ensejará o desvirtuamento do ente personificado e comprometerá a função institucional que se lhe confere, gerando, por conseguinte, graves prejuízos de ordem econômica e social para todo o País" (CEOLI, Ana Caroline Santos. *Abusos na aplicação da teoria da desconsideração da personalidade jurídica*. Belo Horizonte: Del Rey, 2002. p. 174).

[94] É providente o Projeto nº 166/10 (Novo Código de Processo Civil) ao regulamentar a abertura de *incidente procedimental* próprio para se desconsiderar a personalidade jurídica (arts. 77 a 79). Nele é clarividente a

O Judiciário não atua como se justiceiro fosse. Não é órgão (estatal) a serviço unicamente do autor (demandante, exequente), determinado a satisfazer seu direito a todo custo, mesmo que em atropelo aos direitos de terceiros. A aplicação da *disregard of legal entity* configura-se — insista-se sempre na ideia — medida de exceção, e só por isso a cautela deve nortear a autoridade jurisdicional, mormente para se evitar afronta aos mais comezinhos princípios constitucionais (sobretudo aos direitos fundamentais materiais e processuais), postura inaceitável no paradigma do Estado Democrático de Direito.

5.7 Decisões que julgam embargos de declaração

Os embargos de declaração agregam-se ao catálogo recursal,[95] embora não se prestem, de regra, a reformar ou a invalidar o provimento impugnado, mas, sim, a integrá-lo ou a aclará-lo, escoimando-o dos defeitos considerados relevantes a sua compreensão e alcance: a omissão, a contradição e a obscuridade.[96] Excepcionalmente, corrigem ainda a dúvida, além do que há defeitos atípicos que, na falta de outro expediente hábil ou por medida de saudável economia, se emendam mediante os declaratórios.[97]

O procedimento altamente concentrado dos embargos declaratórios abstraiu a abertura de prazo para o embargado respondê-los, antes ou depois de o recurso submeter-se àquele controle da admissibilidade a cargo do relator, ou de o juiz singular julgá-los, algo, aliás, que no art. 840 do Código Processual de 1939, se visualizava explicitamente.[98] Tenta-se explicar o atentado ao contraditório mediante razões variadas; nenhuma, contudo, aceitável para justificar sua inutilidade.[99]

Segundo a acertada lição de Cassio Scarpinella Bueno, a omissão da atual legislação processual acerca da incidência do contraditório nos embargos de declaração há de ser encarada à luz da Constituição, o que leva à conclusão de que seu estabelecimento é providência irrecusável, ainda mais naqueles casos em que o magistrado constata que o acolhimento dos declaratórios tem aptidão, em tese, de alterar

---

necessidade de o juiz, frente a um requerimento de desconsideração, determinar a citação dos sócios a fim de, no prazo de 15 (quinze) dias, manifestarem e requererem a produção das provas cabíveis. Somente depois, concluída a instrução, é que cumprirá à autoridade jurisdicional decidir.

[95] É nessa linha também o entendimento de Fredie Didier Jr. e Leonardo José Carneiro da Cunha: "Os embargos de declaração constituem um recurso, por estarem capitulados no rol do art. 496 do CPC, atendendo, com isso, ao princípio da taxatividade; são cabíveis quando houver, na sentença ou no acórdão, obscuridade ou contradição, sendo igualmente cabíveis quando houver omissão, ou seja, quando o juiz ou tribunal tiver deixado de apreciar ponto sobre o qual deveria pronunciar-se" (DIDIER JR., Fredie; CUNHA, Leonardo José Carneiro da. *Curso de direito processual civil*: meios de impugnação às decisões judiciais e processo nos tribunais. 3. ed. Salvador: JusPodivm, 2007. v. 3, p. 159).

[96] ASSIS, Araken. *Manual dos recursos*. São Paulo: Revista dos Tribunais, 2007. p. 578.

[97] *Idem*, p. 578.

[98] *Ibidem*, p. 617.

[99] Basicamente são essas as justificativas, todas extraídas da obra de Araken de Assis: i) os vícios embargáveis prejudicariam, de maneira uniforme, as partes e os terceiros, motivo pelo qual se pressupõe falta de interesse para se opor ao pedido formulado nos embargos; ii) os embargos declaratórios não ventilam questão inédita ou nova, mas, sim, reportam-se àquilo já debatido no curso do procedimento; e iii) os embargos não se prestam precipuamente a modificar o provimento (ASSIS, Araken. *Manual dos recursos*. São Paulo: Revista dos Tribunais, 2007. p. 617).

o conteúdo da decisão anterior.[100] Assim, a parte contrária àquela que formulou os declaratórios deve ser ouvida a seu respeito, no prazo de cinco dias (CPC, art. 523, §2º); só depois, então, é que o recurso será julgado. Incoerente o argumento de que o exercício do contraditório seria desnecessário, pois seu exercício já se dera antes de proferida a decisão e, por conseguinte, antes da imposição dos declaratórios. Assim, porque o contraditório há de ser contemporâneo à prática dos atos processuais, deve realizar-se em função dos embargos de declaração, tais quais apresentados, segundo suas particulares razões, viabilizando que a decisão que o julgue considere a oitiva da parte contrária.[101]

Em reforço, elucida Araken de Assis:

> (...) Na verdade, o princípio do contraditório há de ser sempre observado nos embargos de declaração, apesar do elastério provocado ao procedimento. A desvantagem mínima ficará largamente compensada pelos bons frutos que o diálogo das partes com o órgão judiciário gera no processo. Nada assegura que o defeito que se pretende corrigir, averbado de manifesto, de fato exista no pronunciamento, errando-se no segundo momento, a pretexto de corrigi-lo, vício que pode ser evitado através da vigilante manifestação do embargado.[102]

Logo, razões de ordem prática e jurídica sinalizam rumo ao estabelecimento da *democracia participativa* também no seio dos embargos declaratórios, não somente quando estes se mostrarem hábeis para modificar a decisão embargada, mas sempre e invariavelmente. Postura diversa, apesar de contrastar com o cotidiano forense, implica nulidade do julgamento dos declaratórios, desde que, obviamente, se constate prejuízo ao embargado, decorrente da alteração do pronunciamento para desfavorecê-lo.[103]

---

[100] Naquilo que diz respeito à hipótese na qual os embargos de declaração assumem caráter "infringente", é praticamente pacífico o entendimento, jurisprudencial e doutrinário, no sentido de que cumpre ao juiz, ou ao tribunal, antes de julgar o recurso, dar audiência ao embargado, sob pena de ferir mortalmente o contraditório. Num determinado caso, julgado pelo Tribunal de Justiça de Minas Gerais, uma instituição de ensino interpôs recurso de apelação e nele argumentou, em suma, que a sentença, naquilo que dizia respeito ao arbitramento de honorários advocatícios, foi alterada após o acolhimento parcial de embargos declaratórios sem, contudo, ter sido chancelada oportunidade de sua manifestação quanto ao pleito. Evidenciou, ademais, que sequer a hipótese admitia os declaratórios. Postulou, por fim, a nulidade da decisão embargada porque lesiva ao contraditório e à ampla defesa; se caso outro o entendimento, fosse o recurso provido e reformada a sentença, mantendo-se a fixação originária dos honorários. Esta a ementa do acórdão: "Apelação. Ação declaratória c/c pedido condenatório. Sentença integrada por decisão posterior. Embargos declaratórios com efeito infringente. Prévia intimação do embargado. Devido processo legal. A atribuição de efeito modificativo aos embargos de declaração reclama prévia intimação da parte adversa para se manifestar acerca do pedido, sob pena de nulidade absoluta" (Tribunal de Justiça de Minas Gerais, Apelação Cível nº 1.0701.09.266872-5/001, 13ª Câmara Cível, Relator Desembargador Francisco Kupidlowski, julgado em 10.02.2001. Disponível em: <http://www.tjmg.jus.br>).

[101] BUENO, Cassio Scarpinella. *Curso sistematizado de direito processual civil*. São Paulo: Saraiva, 2008. p. 2001. (Recursos. Processos e incidentes nos tribunais. Sucedâneos recursais: técnicas de controle das decisões jurisdicionais, v. 5).

[102] ASSIS, Araken. *Manual dos recursos*. São Paulo: Revista dos Tribunais, 2007. p. 617.

[103] ASSIS, Araken. *Manual dos recursos*. São Paulo: Revista dos Tribunais, 2007. p. 619.

6 Conclusões[104]

A expressão "absolutismo" designa toda doutrina — a despeito de variações nos fundamentos — que prega o exercício sem limitações ou restrições do poder estatal.[105]

Conquanto inserido num regime democrático, o cidadão brasileiro ainda é vítima de expressões do poder estatal que se apresentam estranhas à *soberania popular*, capazes de atingi-lo em sua esfera física, psíquica e patrimonial de maneira absolutamente arbitrária, o que se dá quando lhe é negado o direito de participação ativa na construção das decisões públicas. Não é, por isso, exagero algum afirmar que há, sim, alguma manifestação embrionária de absolutismo instalada no regime democrático do País. Estar-se-á a referir-se em específico a algumas decisões judiciais proferidas em manifesto atentado ao contraditório, direito/garantia constitucional que estabelece a *democracia participativa* no ambiente processual e, por conseguinte, colabora flagrantemente para a legitimidade da jurisdição e dos resultados dela oriundos.

Já é hora de o operador jurídico atentar para essa realidade e, sobretudo, obrar esforços a fim de suplantar tais desvios despóticos,[106] os quais só fazem desgastar

---

[104] Conforme afirmado na *nota de rodapé nº 1*, este ensaio representa a versão escrita e melhorada de palestra proferida pelo autor, na data de 12.05.2011, no *II Congresso Mineiro de Direito Processual*. Naquela oportunidade, concluiu-se a exposição nos seguintes termos: Há outros exemplos de *decisões ilegítimas*, atentatórias a ideia de *democracia participativa* que deve, hoje, iluminar o direito processual civil. Entretanto, já é hora de concluir, até porque o tempo que me fora concedido esgotou-se. E finalizo com uma reflexão filosófica, iniciada nos tempos antigos, naquela época marcada pelos pensamentos de Platão e Aristóteles. Esses filósofos, e outros mais que posteriormente despontaram, cada qual a sua maneira, trataram do tema *admiração*. Elucidaram que o amor pela sabedoria é suscitado pelo admirar-se. A admiração seria uma *sensação de dúvida*, um *sentimento que exprime espanto*, que *revela uma súbita surpresa da alma diante de novidades*, diante de algo que não se esperava. É ela, a *admiração*, que *impulsiona o pensar*; é um *estado de ânimo*; a *primeira das paixões*... A rotina forense nos impõe uma realidade dura. O dia a dia do operador do direito — juízes, promotores e advogados — é árduo e extenuante. Muitas vezes nos leva a perder a própria capacidade de admiração, fazendo com que encaremos as práticas jurídicas sem um mínimo de reflexão. Não podemos perder nossa capacidade de admiração, de nos surpreendermos, de nos espantarmos diante do novo e diante do velho também. Afinal, hodiernamente vivemos em um novo paradigma, no Estado Democrático de Direito, instalado no Brasil a partir da Constituição de 1988. São muitas, contudo, as práticas que ainda não se ajustaram a esse modelo. Cabe a nós, que lidamos no cotidiano forense, exercitar nossa capacidade de admiração, a fim de corrigir desvios e incoerências e, deste modo, obrar em prol de uma sociedade mais consentânea às diretrizes democráticas.

[105] São exemplos: i) o absolutismo utopista de Platão em República; ii) o absolutismo papal afirmado por Gregório VII e por Bonifácio VIII, que reivindica para o Papa, como representante de Deus sobre a Terra, a *plenitudo potestatis*, isto é, a soberania absoluta sobre todos os homens, inclusive os príncipes, os reis e o imperador; iii) o absolutismo monárquico do século XVI, cujo defensor é Hobbes; iv) o absolutismo democrático, teorizado por Rousseau no Contrato Social, por Marx e pelos escritores marxistas como "ditadura do proletariado" (ABBAGNANO, Nicola. *Dicionário de filosofia*. São Paulo: Martins Fontes, 2000. p. 2); v) o absolutismo de Maquiavel que, partindo da constatação sobre a perversidade da natureza humana, defende que somente um homem excepcional (de *virtù*) pode proporcionar estabilidade a uma comunidade política.

[106] As hipóteses de absolutismo incutido em decisões judiciais não se restringem aos casos aventados neste ensaio. A visão dinâmica (ou substancial) do contraditório impõe uma revisão de exegeses, hoje praticamente pacíficas, atribuídas também a várias outras normas processuais. Veja-se, por exemplo, que os arts. 131 e 462 do CPC exigem esforço hermenêutico que lhes garantam sentidos adequados aos ditames do Estado Democrático de Direito. Lembre-se, nesse rumo, que o intérprete, por dever de lealdade aos valores-guia do Estado Democrático de Direito, continuamente deve interpretar a lei numa dimensão constitucional. Assim, do comando que determina tocar ao juiz a apreciação livre da prova, atendendo aos fatos e circunstâncias constantes dos autos, ainda que não alegados pelas partes (CPC, art. 131), não se pode, decerto, entender uma determinação legislativa concedendo a possibilidade de uma decisão despótica, plenamente apta a desconsiderar todo o debate travado nos autos pelas partes e pelo juiz e, portanto, flagrantemente individual, visto que nascida apenas do esforço intelectivo solitário do juiz. De igual modo, a permissão para que o juiz, depois da propositura da ação, tome em consideração, mesmo de ofício, algum fato constitutivo, modificativo

as bases do Estado Democrático de Direito e contribuem para o descrédito do Judiciário, órgão estatal a quem cabe, acima de todos os outros, o papel de sentinela do ordenamento jurídico e, em especial, da Constituição.[107]

Não se pode deixar de verificar, nesse particular, que o Projeto de Lei nº 166/10 (Novo Código de Processo Civil) avançou. Afinal, um de seus propósitos é positivar, de forma expressa, aquilo que já devia fazer parte do senso comum de todos, mormente daqueles que lidam, por ofício, com a atividade jurisdicional (juízes, promotores e advogados). Constata-se nele verdadeira intenção de se realizar a indispensável interface entre a Constituição e o ordenamento processual, percebida já em seu artigo inaugural, que impõe a ordenação, a disciplina e a interpretação do Código de Processo Civil segundo os valores e princípios fundamentais estabelecidos na Carta Magna.

No que se refere ao *princípio democrático*, nota-se que o legislador do Projeto nº 166/10 se conscientizou de sua importância, tanto que está previsto em diversos dispositivos. Ali, em seu corpo normativo, atesta-se que as partes têm direito de participar ativamente no ambiente processual, cooperando com o juiz, fornecendo-lhe subsídios para que profira decisões, realize atos executivos ou determine a prática de medidas de urgência (art. 5º). Veda-se ao juiz, no mesmo rumo, proferir decisão ou sentença contra uma das partes, desimportante a natureza da matéria envolvida, sem que antes seja ela previamente ouvida, excepcionados os casos de medida de urgência ou concedida a fim de evitar o perecimento de direito (art. 9º). Tampouco é aceitável à autoridade judicial decidir em qualquer grau de jurisdição, com base

---

ou extintivo do direito na formação de sua convicção no momento de proferir a sentença (CPC, art. 462), não pode ser compreendida como uma autorização para que ele, o juiz, decida questões à revelia das partes, sem consultá-las, sem considerar seus argumentos. Exige-se uma conformação desses dispositivos com o princípio do contraditório, isso em consideração a seu aspecto dinâmico e não puramente formal. É certo que ao juiz é lícito avaliar os fatos, circunstâncias e matérias de direito, ainda que não alegadas pelas partes. Também é dado a ele refletir sobre fatos surgidos após o ajuizamento da ação, plenamente capazes de influir nos rumos de sua decisão. Afinal, o processo não é um plano alheio à realidade, e a busca da "verdade real" é sempre um objetivo a ser perseguido. De todo modo, se assim pretender agir, é imperioso que antes conceda às partes a possibilidade de se manifestarem sobre aquilo que considera relevante, bem assim deixar-se influenciar por essas manifestações, revestindo sua decisão da necessária legitimidade constitucional.

[107] Com a afirmação de que o juiz é uma sentinela (ou um guardião) da Constituição Federal não se quer dispensar a ele tratamento soberano. Não se pretende com isso endeusar o ser humano que se encontra por detrás da toga, como se esta lhe retirasse magicamente o coração e a própria humanidade, transformando-o nalguma divindade suprema. Sublinha-se sempre a importância do juiz no Estado Democrático de Direito; não, contudo, para lhe atribuir onipotência e sabedoria super-humanas, que justifiquem um agir dele pautado unicamente em seu próprio engenho e, deste modo, a prolação de julgamentos descompassados com o debate travado ao longo do procedimento. Quer-se tão somente assinalar que seu papel ganhou relevante importância na contemporaneidade, razão pela qual deve manter-se familiarizado com a doutrina e jurisprudência, atento aos diversos palcos de diálogos sociais, sempre em busca da ampliação de seus horizontes de conhecimento, algo natural num País que necessita do *ativismo judicial*. De outro lado, e até para se evitar arbitrariedades atentatórias ao regime democrático e aos direitos fundamentais processuais, há de laborar com o propósito de fomentar também um *ativismo das próprias partes*, atribuindo a elas, por igual, o papel de canalizar os valores da sociedade para o ambiente processual, conferindo-lhes a possibilidade real de influência nos provimentos judiciais (contraditório em sua feição substancial). Decerto que o ativismo judicial, somado ao ativismo das partes, proporcionará decisões judiciais mais bem elaboradas e amadurecidas, alheias ao fenômeno absolutista que representam as surpresas não raramente verificadas na prática da atividade jurisdicional. Enfim, advoga-se um ativismo judicial responsável, praticado por juízes verdadeiramente preparados técnica e socialmente, mas que seja controlado por um ativismo das partes, em respeito à *democracia participativa* que legitima a atividade jurisdicional e os resultados dela oriundos. O equilíbrio é, portanto, a solução.

em fundamento a respeito do qual não se tenha dado às partes oportunidade de se manifestar, ainda que se trate de matéria sobre a qual tenha que se decidir de ofício (art. 10).

É bem verdade que essa leitura constitucionalizada da legislação processual já é realidade viva no Brasil (ao menos doutrinariamente), consequência da onda renovatória que conduziu a todos ao constitucionalismo. Contudo, é sensato que a lei processual se ajuste aos regramentos constitucionais e que assim conscientize — de uma vez por todas — aqueles que ainda resistem às inovações, que só enxergam com nitidez diante do texto expresso e particularizado da lei, mantendo-se, por isso, cativos numa rotina forense já há muito descompassada com o ideal democrático.

Informação bibliográfica deste texto, conforme a NBR 6023:2002 da Associação Brasileira de Normas Técnicas (ABNT):

DELFINO, Lúcio. O processo democrático e a ilegitimidade de algumas decisões judiciais. *In*: ROSSI, Fernando *et al*. (Coord.). *O futuro do processo civil no Brasil*: uma análise crítica ao Projeto do Novo CPC. Belo Horizonte: Fórum, 2011. p. 367-405. ISBN 978-85-7700-511-6.

A FUNGIBILIDADE ENTRE O RECURSO ESPECIAL E O RECURSO EXTRAORDINÁRIO NO PROJETO DO NOVO CPC E A OFENSA REFLEXA E FRONTAL À CONSTITUIÇÃO FEDERAL

LUIZ HENRIQUE VOLPE CAMARGO

1 Introdução

Como é de conhecimento geral, foi constituída uma comissão de juristas para elaborar um Anteprojeto para reforma do Código de Processo Civil, presidida pelo Ministro Luiz Fux, na qual figurou como Relatora-Geral a emérita professora Teresa Arruda Alvim Wambier.

Elaborado o Anteprojeto, ele foi entregue ao Senador José Sarney, Presidente do Senado Federal, que, por sua vez, o subscreveu como autor, dando início à tramitação legislativa do Projeto de Lei do Senado nº 166, de 2010.

Por força do regimento interno do Senado Federal, a apreciação de projetos de Código deve ser realizada por uma comissão especial de 11 Senadores, designada especificamente para tal fim. Cumprindo o regimento, foram designados os 11 Senadores, ocasião em que foram eleitos o Presidente, Senador Demóstenes Torres, e o Vice-Presidente, Senador Antonio Carlos Valadares, e designado o Relator-Geral, Senador Valter Pereira.

Tão logo designado, o Relator-Geral elaborou um *Plano de Trabalho* que previu visitas a autoridades em Brasília; a remessa de diversos ofícios para outras autoridades de todos os Estados brasileiros, disponibilizando canal para a remessa de sugestões; a realização de 10 audiências públicas — tudo com um único objetivo: colher subsídios para aperfeiçoar o texto originário.

No *Plano de Trabalho* também foi constituída uma comissão de quatro técnicos, no âmbito do Senado Federal, para auxiliar a elaboração do relatório-geral, com a revisão do Projeto e a análise, uma a uma, de todas as sugestões encaminhadas. A convite do

Senador Valter Pereira, tive a honra de participar desta equipe de trabalho ao lado do Ministro aposentado do STJ Athos Gusmão Carneiro, do professor da PUC-SP e advogado Cassio Scarpinella Bueno e do Desembargador do TJ/MS Dorival Renato Pavan.

Sob a batuta do Relator-Geral, foram apreciados 58 outros projetos de Lei da Câmara e do Senado que foram apensados ao Projeto do Novo Código (PLS nº 166, de 2010) e as 220 emendas a artigos específicos do Projeto apresentados por 12 Senadores.

Também analisamos mais de 800 *e-mails*, cartas e sugestões encaminhadas pelo *site* do Senado Federal; 106 notas técnicas enviadas por diversas instituições e órgãos, além das sugestões orais feitas em 224 manifestações realizadas nas 10 audiências públicas ocorridas Brasil afora.

Dando voz às diversas ponderações feitas pela comunidade jurídica, foi realizada ampla revisão e alteração do texto inicial. Ao todo, foram alterados/excluídos 447 artigos e introduzidos 75 novos dispositivos.

Tudo isso resultou na elaboração de um relatório-geral pelo Senador Valter Pereira de 550 páginas[1] e na consolidação de um texto, tecnicamente denominado de *substitutivo*. Também foi elaborado um *quadro comparativo* entre o texto do Código em vigor (que tem 1.220 artigos), o Projeto Original (que tem 970 artigos) e o *substitutivo* (que, ao final, foi aprovado com 1.007 artigos), para a compreensão de todos e que está disponível para consulta pública.[2]

É de se registrar que depois da apresentação do relatório-geral, reconhecendo a qualidade do Projeto elaborado pela Comissão de Juristas e do trabalho do Senado Federal, bem assim a relevância do Novo Código para o país, importantes entidades manifestaram apoio ao pronto prosseguimento da tramitação legislativa, quais sejam: a Advocacia-Geral da União; o Conselho Federal da OAB; a Associação de Magistrados Brasileiros; a Confederação Nacional do Ministério Público e a Associação Nacional dos Defensores Públicos.

Diante disso, e diante do consenso entre os Senadores, o relatório-geral foi aprovado na Comissão Especial à qual me referi, e também no plenário do Senado Federal. Depois disto, em 19.12.2010, foi remetido para a Casa revisora, isto é, para a Câmara dos Deputados. Lá foi renumerado para Projeto de Lei nº 8.046/10 e seguirá sua tramitação legislativa.

Trata-se de uma proposta que, como diz a exposição de motivos do então Anteprojeto, não representa "uma ruptura com o passado, mas um passo à frente".

Dentre as várias diretrizes que nortearam os trabalhos iniciais da Comissão de Juristas e, depois, do Senado Federal, está claro que se buscou a simplificação, com a apresentação de soluções para problemas do atual sistema.

Em meio a tantas novidades nessa direção, uma em especial merece destaque: a fungibilidade entre o recurso especial e o recurso extraordinário prevista nos arts. 986 e 987 do *substitutivo*, isto é, da versão final aprovada no Senado, que, corresponde, com pequeno ajuste, à redação dos arts. 947 e 948 do Projeto Original.

De forma muito objetiva, o presente artigo visa expor o problema atual e a bem pensada proposta apresentada para resolvê-lo.

---

[1] PEREIRA, Valter; CAMARGO, Luiz Henrique Volpe (Org.). *Projeto de reforma do Novo Código de Processo Civil aprovado no Senado Federal*. Brasília: Senado Federal, 2011.

[2] Disponível em: <http://www.volpecamargo.com.br/materiais.php?id=2>. Acesso em: 04 abr. 2011.

2 Do contexto histórico e atual

Há muitos anos prevalece no Supremo Tribunal Federal o entendimento de que para conhecimento e provimento do recurso extraordinário fundado na alínea "a" do art. 102, III, da Constituição Federal é indispensável que a contrariedade ao texto constitucional seja *direta e frontal*.

E qual a origem deste entendimento?

A resposta a tal pergunta demanda, em primeiro lugar, a análise histórica das Constituições. A primeira Constituição que tinha dispositivo similar ao art. 102, III, "a" da atual Carta da República foi a Constituição de 1946 (art. 101, III), pois se utilizou da expressão "for contrária a dispositivo desta Constituição ou à letra de tratado ou lei federal". A Constituição de 1967 (art. 114, III), ao seu turno, se valeu da expressão "contrariar dispositivo desta Constituição ou negar vigência de tratado ou lei federal", o que foi repetido no ato institucional nº 6 (art. 114, III), de 1º de fevereiro de 1969 e na emenda Constitucional nº 1 (art. 114, III), de 17 de outubro de 1969. Isto demonstra que a exigência de ofensa *direta* e *frontal* não consta nos textos constitucionais pretéritos, como, aliás, também não consta do art. 102, III, "a" da Constituição Federal atual que diz:

> Compete ao Supremo Tribunal Federal, precipuamente, a guarda da Constituição, cabendo-lhe: (...)
>
> III – julgar, mediante recurso extraordinário, as causas decididas em única ou última instância, quando a decisão recorrida:
>
> a) contrariar dispositivo desta Constituição;

A segunda análise demanda o estudo dos precedentes do STF. Conforme pesquisa no endereço eletrônico da Corte, salvo melhor juízo, o precedente mais antigo de exigência de ofensa *frontal* é o RE nº 27.011[3] de relatoria do Ministro Henrique D'Avila (em 18.11.1954). Este precedente revela uma curiosidade porque indica que, na origem, a exigência de contrariedade *frontal* existia para justificar a ausência de violação a Lei Federal e não, apenas, à Constituição Federal como ocorre atualmente, *verbis*: "não há, portanto, como vislumbrar nesse passe ofensa frontal a norma consubstanciada no art. 209, do Código de Processo Civil".

Trata-se de curiosidade porque se até 1988 o Supremo Tribunal Federal tinha a missão constitucional de decidir tanto alegações de violação à lei federal quanto contrariedade à Constituição Federal, logo, parece claro que era irrelevante a existência ou não de ofensa *direta e frontal* porque, repita-se, não havia qualquer divisão de atribuições na guarda da Carta da República e das Leis Federais, já que tudo cabia apenas ao STF, pela exclusiva via do Recurso Extraordinário.

Também em consulta ao endereço eletrônico do STF, se constatou que o precedente mais antigo exigindo a ofensa *direta e frontal* é o AI nº 93.155[4] de relatoria do

---

[3] "O deslinde relativo ao alcance e amplitude de determinada cláusula contratual envolve matéria de fato insusceptível de reexame por via de recurso extraordinário. O repudio, com base na prova, de certa pretensão do autor, não contestada formalmente pelo réu, por outro lado não constitui ofensa frontal ao disposto no art. 209, do código do processo civil" (RE nº 27.011, Relator(a): Ministro Henrique D'Avila, Segunda Turma, julgado em 18.11.1954).

[4] AI nº 93.155 AgR, Relator(a): Ministro Soares Muñoz, Primeira Turma, julgado em 02.08.1983, *DJ*, 23 set. 1983.

Ministro Soares Muñoz (02.08.1983), no qual restou esclarecido que: "A vulneração não vence o *óbice regimental* porque se radica em violação de legislação ordinária. A ofensa à Constituição, para ensejar recurso extraordinário, deve ser direta e frontal".

Esta base (RI/STF) seria legítima porque, na época, por força do art. 119, parágrafo único,[5] da CF de 1967 (e depois do art. 119, §1º [6] da CF de 1967, com redação dada pela Emenda Constitucional nº 7, de 1977), o regimento interno do Supremo Tribunal Federal tinha força de lei, logo, poderia, sim, regulamentar a Constituição Federal para adicionar dois adjetivos (*direta e frontal*) ao verbo *contrariar*, constante no texto constitucional.

Contudo, a leitura dos arts. 304,[7] 305,[8] 306,[9] 307[10] e 308[11] do regimento interno de 1970, em vigor na época em que foi proferido o voto do Ministro Soares Muñoz, comprova que não havia absolutamente nenhum dispositivo que amparasse o requisito da existência de violação *direta e frontal* ao texto constitucional.

A mesma fonte revela a existência de outro precedente (RE nº 100.464),[12] julgado em 13.09.1983, no qual o mesmo Ministro Soares Muñoz invocou a ausência de "ofensa, direta e frontal, aos arts. 153, par-2, e 85, I, da CF" como motivo para *não*

---

[5] "Parágrafo único. As causas a que se refere o item III, alíneas a e d, dêste artigo, serão indicadas pelo Supremo Tribunal Federal no regimento interno, que atenderá à sua natureza, espécie ou valor pecuniário".

[6] "§1º As causas a que se refere o item III, alíneas a e d, deste artigo, serão indicadas pelo Supremo Tribunal Federal no regimento interno, que atenderá à sua natureza, espécie, valor pecuniário e relevância da questão federal".

[7] "Art. 304 – O recurso extraordinário para o Tribunal será interposto com precisa indicação do dispositivo ou alínea, que o autorize, dentre os casos previstos nos arts. 119, III, a, b, c, d, 139 e 173 da Constituição (art. 60, XX). Parágrafo único – O recurso extraordinário não tem efeito suspensivo (art. 283)".

[8] "Art. 305 – A divergência iniciada no recurso extraordinário deverá ser comprovada por certidão, ou cópia autenticada, ou mediante a citação do repositório de jurisprudência, oficial ou autorizado (art. 95), com a transcrição dos trechos que configurem o dissídio, mencionadas as circunstancias que identifiquem ou assemelhem os casos confrontados. Parágrafo único – Se o repositório de jurisprudência, embora autorizado, for de circulação restrita ou de difícil acesso, o relator poderá mandar que a parte interessada junte cópia, cuja autenticidade se presumirá, se não for impugnada (art. 121)".

[9] "Art. 306 – Distribuído o recurso, o relator, após vista ao Procurador-Geral, por cinco dias, se necessária, pedirá dia para julgamento, sem prejuízo das atribuições que lhe conferem o art. 22, VI e IX e seu §1º".

[10] "Art. 307 – No julgamento do recurso extraordinário, verificar-se-á, se o recurso é cabível. Decidida a preliminar, pela negativa, a Turma ou o Plenário não conhecerá do mesmo; se pela afirmativa, julgará a causa, aplicando o direito à espécie".

[11] "Art. 308 – Salvo nos casos de ofensa à Constituição ou discrepância manifesta da jurisprudência predominante no Supremo Tribunal Federal, não caberá o recurso extraordinário, a que alude o seu art. 119, parágrafo único, das decisões proferidas: I – nos processos por crime ou contravenção a que sejam cominadas penas de multa, prisão simples ou de detenção, isoladas, alternadas ou acumuladas, bem como as medidas de segurança com eles relacionadas; II – nos litígios decorrentes: a) de acidente de trabalho; b) das relações de trabalho mencionadas no item III da Constituição; III – nos mandados de segurança, quando julgado o mérito; IV – nas causas cujo benefício patrimonial, determinado segundo a lei, estimado pelo autor do pedido, ou fixado, ou fixado pelo juiz em caso de impugnação, não exceda, em valor, de sessenta (60) vezes o maior salário mínimo vigente no país, na data de seu ajuizamento, quando uniforme os pronunciamentos das instâncias ordinárias; e de trinta (30), quando entre elas tenha havido divergência, ou se trate de ação sujeita a instância única".

[12] "Rede Ferroviária Federal S.A. Correção de enquadramento com base no tempo de serviço do empregado. Ausência no acórdão recorrido de ofensa, direta e frontal, aos arts. 153, par-2, e 85, I, da CF. Correção de enquadramento deferido com base na interpretação das normas disciplinadoras do P.C.C. da empresa, cuja validade não negou, mandando computar o tempo em que o servidor trabalhou como 'adventício'. Se houve, em razão dessa inclusão, alguma infringência, não foi a Constituição, mas as normas da empresa sobre enquadramento, através de erro na sua interpretação, que não dá ensejo a instauração da instância extraordinária, 'ex vi' do art-143 da CF. Recurso extraordinário não conhecido" (RE nº 100.464, Relator(a): Ministro Soares Muñoz, Primeira Turma, julgado em 13.09.1983, *DJ*, 14 out. 1983).

conhecer do recurso extraordinário. Desta vez, a justificativa apresentada foi o teor do art. 143 da Constituição em vigor na época que dizia que: "Das decisões do Tribunal Superior do Trabalho somente caberá recurso para o Supremo Tribunal Federal quando contrariarem esta Constituição". Esta afirmação do Ministro Soares Muñoz claramente indica que tal exigência (contrariedade *direta e frontal*) era fruto de sua interpretação pessoal do verbo "contrariar" que constava no art. 143 da Constituição em vigor à época, o que, na ocasião, foi confirmado pela Turma.

Em 1985, em outro processo trabalhista (AI nº 105.934),[13] o Ministro Djaci Falcão negou provimento a agravo de instrumento em recurso extraordinário ao argumento de que: "pacífica é a jurisprudência desta Corte, no sentido de que a violação à Constituição tem de ser frontal e direta, não se admitido de forma reflexa, para a viabilização do recurso extraordinário trabalhista".

Nesse caso, implicitamente reconheceu-se que se tratava de um óbice fruto da jurisprudência, ou seja, de um obstáculo criado não pelo regimento interno, pela lei ou pela Constituição Federal, mas pela jurisprudência do próprio Supremo Tribunal Federal.

Nesse sentido, assim também sugere Alexandre de Moraes:[14]

> A *jurisprudência do STF* exige para o cabimento do recurso extraordinário que a ofensa à Constituição tenha sido direta e frontal (RTJ 107/661), não o admitindo nas hipóteses de ofensa reflexa, ou seja, quando para comprovar a contrariedade à Constituição, houver necessidade de, antes, demonstrar a ofensa à lei ordinária (RTJ 105/704; RTJ 135/837).

E também Mirian Cristina Generoso Ribeiro Crispin:[15]

> (...) é exigência jurisprudencial que a ofensa à Constituição autorizadora do recurso extraordinário tenha sido direta e frontal, não se admitindo nas hipóteses de ofensa reflexa, sendo esta entendida quando para comprovar a contrariedade, houver primeiramente, necessidade de demonstrar ofensa à norma infraconstitucional.

Assim, em 1985, todos os demais Ministros já exigiam a violação *direta e frontal*, sem, contudo, demonstrar a sua efetiva origem, a não ser, repita-se, a *construção jurisprudencial*.

Contudo, no tempo em que se consolidou este pensamento, *data maxima venia*, não havia qualquer base para fazê-lo, porque, como visto, ao Supremo Tribunal Federal cabia julgar tanto alegações de violação à lei federal quanto de contrariedade à Constituição Federal, logo, se esta (a contrariedade à Constituição) passasse, também, por aquela (violação à Lei Federal), o STF tinha o dever de decidir aplicando o direito à espécie (RI/STF de 1970, art. 307)[16] e não se negar a julgar a causa.

---

[13] "Agravo regimental trabalhista. O acórdão recorrido ao limitar-se ao exame dos pressupostos legais do recurso, não atendidos pelo recorrente, não cuidou de tema constitucional. Ademais, o apelo extremo não é via adequada para a discussão de matéria fática. Inexistindo ofensa frontal e direta a constituição incabível e o recurso extraordinário trabalhista. Agravo regimental improvido" (AI nº 105.934 AgR, Relator(a): Ministro Djaci Falcão, Segunda Turma, julgado em 29.10.1985, *DJ*, 29 nov. 1985).

[14] MORAES, Alexandre. *Constituição do Brasil interpretada e legislação constitucional*. São Paulo: Atlas, 2005. p. 1471.

[15] CRISPIN, Cristina Generoso Ribeiro. *Recurso especial e recurso extraordinário*. São Paulo: Pilares, 2006. p. 75.

[16] "Art. 307 – No julgamento do recurso extraordinário, verificar-se-á, preliminarmente, se o recurso é cabível. Decidida a preliminar, pela negativa, a Turma ou o Plenário não conhecerá do mesmo; se pela afirmativa, julgará a causa, aplicando o direito à espécie".

Atualmente é diferente. A rigor, a partir do fracionamento de atribuições ocorrido em 1988 a exigência de ofensa *direta e frontal* tem argumento em seu favor, mas, em hipótese alguma, antes disso.

Tanto é assim que a justificativa apresentada por Rodolfo de Camargo Mancuso[17] assenta-se exatamente nessa divisão de atribuições entre STF e STJ, *verbis*:

> Antes, convém deixar claro um relevante aspecto: "a contrariedade", quando se dê em face da CF, desfiando recurso extraordinário, fica restrita aos casos em que essa ofensa seja "direta e frontal" (RTJ 107/704), ou seja, quando o próprio texto constitucional que resultou ferido, sem "lei federal" de permeio (ainda que acaso também tenha sido violada). Justifica-se a restrição a mais de um título: O STF, através de recurso extraordinário, só pode fazer o controle da CF, e não da legislação ordinária; esse tipo de recurso é de tipo procedimental rígido, não comportando exegese ampliativa em suas hipóteses de cabimento; por fim, se a ofensa foi bifronte, abarcando Constituição e lei federal, o correto é a interpretação simultânea do extraordinário e do especial.

Osmar Mendes Paixão Côrtes[18] comunga do mesmo pensamento, *verbis*:

> Entendemos que a afronta indireta à Constituição constitui violação da mesma forma que a direta, e é lamentável que o STF não possa examinar todas as hipóteses de contrariedade à Carta. Justifica-se, entretanto, o entendimento adotado, pois o cabimento amplo do recurso, para alcançar hipóteses de afronta indireta, além de esvaziar a competência do STJ, poderia inviabilizar o funcionamento da Corte Suprema.

Wagner Amorin Madoz[19] também chega ao mesmo resultado, ao sustentar que:

> Naturalmente, a ofensa à Constituição Federal deverá ser direta e frontal, ou direta e não por via reflexa, de maneira que o próprio texto constitucional que é violado e não por um ato normativo infraconstitucional, "de permeio (ainda que acaso também tenha sido violada)".

Bruno Dantas[20] discorre na mesma direção ao afirmar que:

> (...) a partir do fracionamento da competência do STF promovido pela Constituição de 1988, concedendo-a parcialmente ao STJ, aquela Corte se viu diante do desafio de enrijecer a solução para o freqüente problema da justaposição de matérias nas ordens constitucional ou infraconstitucional.

---

[17] MANCUSO, Rodolfo de Camargo. *Recurso extraordinário e recurso especial*. 9. ed. São Paulo: Revista dos Tribunais, 2006. p. 229.

[18] CÔRTES, Osmar Mendes Paixão. O cabimento do recurso extraordinário pela alínea "a" do art. 102, III, da Constituição Federal e a causa de pedir aberta. *In*: NERY JR., Nelson; WAMBIER, Teresa Arruda Alvim (Coord.). *Aspectos polêmicos e atuais dos recursos cíveis e assuntos afins*. São Paulo: Revista dos Tribunais, 2007. v. 11, p. 246-255.

[19] MADOZ, Wagner Amorin. Recurso extraordinário pela alínea a. *In*: NERY JR., Nelson; WAMBIER, Teresa Arrruda Alvim (Coord.). *Aspectos polêmicos e atuais dos recursos cíveis e assuntos afins*. São Paulo: Revista dos Tribunais, 2006. p. 573-646.

[20] DANTAS, Bruno. *Repercussão geral*: perspectiva histórica, dogmática e de direito comparado: questões processuais. São Paulo: Revista dos Tribunais, 2008. p. 170.

Contudo, com o máximo respeito, como visto, desde 1954 o Supremo Tribunal Federal já tinha posicionamento rígido, sempre no sentido de negar a decidir o mérito do recurso, ao argumento de que a ofensa deveria ser *frontal e direta*. Vale dizer, não foi a partir da atual Constituição Federal que a postura mudou, com a divisão de tarefas e a criação do STJ. Em verdade, depois de 1988 a postura foi mantida e ai sim se apresentou um argumento que justificaria a exigência de violação *direita e frontal*, qual seja, repita-se, a de que haveria outro Tribunal que ocupa a função de manter a higidez das leis federais (STJ), logo, o STF não poderia realizar esta tarefa.

Contudo, no modesto ponto de vista do autor deste artigo, mesmo atualmente tal exigência é injustificável.

Com efeito, a correta interpretação do art. 102, III, "a" da Constituição Federal indica que inexiste a obrigação da contrariedade ser *direta e frontal* ao texto constitucional. Tal exigência trata-se de filtro criado pelo próprio Supremo Tribunal Federal em 1954 em entendimento que, depois de tantas vezes repetido, passou a ser tido como óbice corriqueiro ao julgamento do mérito de recursos extraordinários.

Em verdade, a Assembleia Nacional Constituinte, ao inserir o disposto no art. 102, III, "a", na Constituição Federal, foi clara no seu objetivo de dar ao STF a atribuição de guardar a integridade da Constituição Federal, *sem qualquer ressalva*.

O verbo *contrariar*, disposto no art. 102, III, "a", da Constituição Federal, não está acompanhado dos adjetivos *direta e frontal*. O Código de Processo Civil em vigor, nos arts. 541 a 543-B, também não contém qualquer previsão neste sentido. O atual regimento interno do STF, nos arts. 321 a 329, também não contém tal exigência e, aliás, nem poderia fazê-lo porque, atualmente, qualquer *limitação* ao cabimento do recurso extraordinário por esta via (RI/STF) seria inconstitucional.

Apesar disso, tratando-se de temas que estão previstos na Constituição Federal e, também, em lei ordinária, o Supremo Tribunal Federal, invariavelmente, não conhece dos recursos extraordinários interpostos, ao argumento de que a ofensa é *indireta e reflexa*. No STF, em 1994, a violação *reflexa* foi assim definida pelo Ministro Sepúlveda Pertence: "Tem-se violação reflexa a Constituição, quando o seu reconhecimento depende de rever a interpretação dada a norma ordinária pela decisão recorrida, caso em que é a hierarquia infraconstitucional dessa última que define, para fins recursais, a natureza de questão federal".[21]

Isso significa que, em casos nos quais a matéria é tratada de forma genérica na Constituição Federal e, depois, de forma mais específica na legislação infraconstitucional, os recursos extraordinários que tratam do tema não ultrapassam o juízo de admissibilidade.

Nesse rol de ofensa *indireta* ou *reflexa*, o Supremo Tribunal Federal cotidianamente inclui alegações de contrariedade à coisa julgada; à legalidade; ao devido processo legal; à ampla defesa e ao contraditório, ao acesso ao Poder Judiciário, tudo porque embora tais garantias estejam na Constituição Federal, também foram repetidas na legislação ordinária. Veja-se, pois, o exemplo a seguir:

> I – O acórdão recorrido decidiu a questão com base em normas processuais, sendo pacífico na jurisprudência desta Corte o não cabimento de recurso extraordinário sob

---

[21] AI nº 134.736 AgR, Relator(a): Ministro Sepúlveda Pertence, Primeira Turma, julgado em 21.06.1994, *DJ*, 17 fev. 1995.

alegação de má interpretação, aplicação ou inobservância dessas normas. A afronta à Constituição, se ocorrente, seria indireta.

II – A Corte tem se orientado no sentido de que a discussão em torno dos limites objetivos da coisa julgada, matéria de legislação ordinária, não dá ensejo à abertura da via extraordinária. Precedentes.

III – É de natureza infraconstitucional o debate acerca dos pressupostos de admissibilidade de ação rescisória. Inadmissibilidade do RE, porquanto a ofensa à Constituição, se ocorrente, seria indireta.

IV – A exigência do art. 93, IX, da Constituição, não impõe seja a decisão exaustivamente fundamentada. O que se busca é que o julgador informe de forma clara e concisa as razões de seu convencimento, tal como ocorreu.

V – Agravo regimental improvido.[22]

Em outras palavras, exemplos desse posicionamento são encontrados em recursos que versam sobre ofensa: a coisa julgada, que está prevista no art. 5º, XXXVI da CF e nos arts. 472 (limites subjetivos) e arts. 468, 469, 470 e 474 do CPC (limites objetivos); a proteção ao ato jurídico perfeito, que tem previsão no art. 5º, XXXVI da CF e no art. 6º da LICC; a reparação ao dano moral prevista no art. 5º, V, da CF e, também, no art. 186 do CC; a motivação dos pronunciamentos judiciais positivada no art. 93, IX da CF e novamente nos arts. 165 e 458, II do CPC; a legitimidade ativa do Ministério Público para ajuizar ação civil coletiva para tutelar direitos individuais homogêneos, contemplada nos arts. 127 e 129, III da CF e no art. 82, I do CDC; o acesso ao Poder Judiciário (prevista no art. 5º, XXXV da CF e no art. 2º, 128, 460 e 535, II do CPC); e o contraditório e ampla defesa (prevista no art. 5º, LV da CF e no CPC e CPP em diversos momentos, como nos que tratam da produção de provas, do cabimento de defesas, manifestações e recursos).

O traço comum de todos os casos é que quando o Tribunal local se ampara em fundamento infraconstitucional e constitucional, a parte sucumbente deve interpor recurso especial e, ao mesmo tempo, recurso extraordinário, sob pena de, na inércia, incidir as Súmulas nº 283[23] do STF e nº 126[24] do STJ.

O curioso é que, no sistema atual, quando a parte é inerte e não interpõe ambos os recursos simultaneamente, tais Súmulas (STF, nº 283 e STJ, nº 126) são aplicáveis com rigor implacável. Mas quando interpõe ambos, usualmente o recurso extraordinário não é conhecido, sob o argumento de que a ofensa não é *direta ou frontal*. Em outras palavras, quando é para não conhecer do recurso especial pela ausência de interposição do recurso extraordinário o fundamento constitucional *é bastante* para a manutenção do acórdão, mas quando a parte também interpõe o recurso extraordinário, paradoxalmente, o fundamento constitucional *não é bastante* para abrir a via ao Supremo Tribunal Federal pela inexistência de ofensa *frontal e direta*. Com o máximo respeito, nitidamente se constata que há dois pesos e duas medidas para o

---

[22] AI nº 702.182 AgR, Relator(a): Ministro Ricardo Lewandowski, Primeira Turma, julgado em 03.03.2009, *DJe*, 059.

[23] Súmula nº 283 do STF: É inadmissível o recurso extraordinário, quando a decisão recorrida assenta em mais de um fundamento suficiente e o recurso não abrange todos eles.

[24] Súmula nº 126 do STJ: É inadmissível recurso especial, quando o acórdão recorrido assenta em fundamentos constitucional e infraconstitucional, qualquer deles suficiente, por si só, para mantê-lo, e a parte vencida não manifesta recurso extraordinário.

tema, sendo que a interpretação prevalente é sempre para impedir a tramitação dos recursos excepcionais.

E o pior é que STJ e STF têm pensamentos diferentes acerca de suas atribuições, sendo certo que os dois acórdãos abaixo transcritos são emblemáticos na demonstração deste lamentável conflito.

Veja-se o que decidiu o STF:[25]

> Se a discussão em torno da integridade da coisa julgada reclamar análise prévia e necessária dos requisitos legais, que, em nosso sistema jurídico, conformam o fenômeno processual da *res judicata*, revelar-se-á incabível o recurso extraordinário, eis que, em tal hipótese, a indagação em torno do que dispõe o art. 5º, XXXVI, da Constituição — por supor o exame, *in concreto*, dos limites subjetivos (CPC, art. 472) e/ou objetivos (CPC, arts. 468, 469, 470 e 474) da coisa julgada — traduzirá matéria revestida de caráter infraconstitucional, podendo configurar, quando muito, situação de conflito indireto com o texto da Carta Política, circunstância essa que torna inviável o acesso à via recursal extraordinária. Precedentes.

O STJ, por sua vez, decidiu da seguinte forma:[26] [27]

> I – Se a matéria tratada na legislação federal e também de natureza constitucional, o recurso próprio para alegar contrariedade a regra inserta em ambos os dispositivos (infraconstitucional e constitucional) e o extraordinário, e não o especial.
>
> II – alegação de desrespeito a direito adquirido e a ato jurídico perfeito deve ser formulada em recurso extraordinário, pois o inciso XXXVI do art. 5º da CF/88 reproduziu

---

[25] RE nº 220.517 AgR, Relator(a): Ministro Celso de Mello, Segunda Turma, julgado em 10.04.2001, *DJ* 10.08.2001. Na mesma direção: "E M E N T A: AGRAVO DE INSTRUMENTO – ALEGADA VIOLAÇÃO AOS PRECEITOS INSCRITOS NO ART. 5º, II, XXXV, XXXVI E LV, NO ART. 93, IX, E NO ART. 105, III, TODOS DA CONSTITUIÇÃO DA REPÚBLICA – AUSÊNCIA DE OFENSA DIRETA À CONSTITUIÇÃO – CONTENCIOSO DE MERA LEGALIDADE – RECURSO IMPROVIDO. – As alegações de desrespeito aos postulados da legalidade, da inafastabilidade do controle jurisdicional, da coisa julgada, da motivação dos atos decisórios e da plenitude de defesa, por dependerem de exame prévio e necessário da legislação comum, podem configurar, quando muito, situações caracterizadoras de ofensa meramente reflexa ao texto da Constituição, o que não basta, só por si, para viabilizar o acesso à via recursal extraordinária. Precedentes. – A discussão em torno da integridade da coisa julgada, por reclamar análise prévia e necessária dos requisitos legais, que, em nosso sistema jurídico, conformam o fenômeno processual da 'res judicata', torna incabível o recurso extraordinário. É que, em tal hipótese, a indagação em torno do que dispõe o art. 5º, XXXVI, da Constituição — por supor o exame, 'in concreto', dos limites subjetivos (CPC, art. 472) e/ou objetivos (CPC, arts. 468, 469, 470 e 474) da coisa julgada — traduz matéria revestida de índole infraconstitucional, podendo caracterizar situação de eventual conflito indireto com o texto da Carta Política (*RTJ* 182/746), circunstância que pré-exclui a possibilidade de adequada utilização do recurso extraordinário. Precedentes. – A jurisprudência do Supremo Tribunal Federal firmou entendimento no sentido de que o exame dos requisitos de admissibilidade do recurso especial, dirigido ao Superior Tribunal de Justiça, não viabiliza o acesso à via recursal extraordinária, por tratar-se de tema de caráter eminentemente infraconstitucional, exceto se o julgamento emanado dessa Alta Corte judiciária apoiar-se em premissas que conflitem, diretamente, com o que dispõe o art. 105, III, da Carta Política. Precedentes. Situação inocorrente no caso" (AI nº 452.174 AgR, Relator(a): Ministro Celso de Mello, Segunda Turma, julgado em 09.09.2003, *DJ*, 17 out. 2003).

[26] REsp nº 7.526/SP, Rel. Ministro Adhemar Maciel, Segunda Turma, julgado em 19.02.1998, *DJ*, p. 70, 06 abr. 1998. Na mesma linha: AgRg no Ag nº 306.038/SP; REsps. nº 244.002-SP; nº 247.212-SP e nº 247.227-SP.

[27] Na mesma direção: "Processo civil. Recurso especial. Princípio constitucional reproduzido em norma legal. A norma constitucional absorve o artigo de lei que a reproduz, atraindo a questão resultante da aplicação deste para o âmbito do recurso extraordinário perante o Supremo Tribunal Federal. Hipótese em que, independentemente disso, o acórdão recorrido decidiu a causa à base do princípio constitucional sem qualquer alusão ao clone legal. Recurso especial não conhecido" (REsp nº 94.528/RJ, Rel. Ministro Ari Pargendler, Segunda Turma, julgado em 16.04.1998, *DJ*, p. 136 04 maio 1998).

o disposto no art. 6º da LICC, o que revela a natureza constitucional da questão. Do contrário, ou seja, se o STJ emitisse juízo sobre as supostas violações do art. 6º da LICC, esta corte se tornaria apenas mais um degrau rumo ao STF, deixando de ser uma instância excepcional, pois os acórdãos proferidos pelo STJ seriam constantemente impugnados através de recurso extraordinário.

Como se viu, caso o tema objeto do recurso extraordinário fosse tratado na Constituição e em norma infraconstitucional, o STF assentou que era o STJ quem deveria decidir a questão e, de outro lado, em um recurso especial, quando a matéria dizia respeito à norma infraconstitucional e também à Constituição Federal, o STJ assentou que a matéria deveria ser decidida pelo STF. Conclusão: em nenhum dos casos a matéria de fundo foi decidida.

Quando os tribunais se omitem e *um relega para o outro* o julgamento da questão, quem perde é o jurisdicionado, que deixa de receber, do Estado-Juiz, a correta prestação jurisdicional pelo respectivo órgão que tem o dever de fazê-lo pela última vez, vale dizer, tanto do STJ que deixa de decidir qual a correta aplicação da Lei Federal quanto do STF que também deixa de dizer qual a adequada interpretação da Constituição Federal.

Tais razões demonstram, portanto, que há no sistema um problema, atualmente justificado pela divisão de atribuições do STF e STJ.

3 A solução apresentada no Projeto do Novo Código de Processo Civil para a questão

Para solucionar esse impasse, o Projeto do Novo Código de Processo Civil pretende instituir a fungibilidade entre o recurso extraordinário e o recurso especial, de modo a assegurar ao jurisdicionado a efetiva resposta judiciária de mérito por um dos tribunais superiores, ao prever que:

> Art. 986. Se o relator, no Superior Tribunal de Justiça, entender que o recurso especial versa sobre questão constitucional, deverá conceder prazo de quinze dias para que o recorrente deduza as razões que revelem e existência de repercussão geral, remetendo, em seguida, os autos ao Supremo Tribunal Federal, que procederá à sua admissibilidade, ou o devolverá ao Superior Tribunal de Justiça, por decisão irrecorrível.
>
> Art. 987. Se o relator, no Supremo Tribunal Federal, entender que o recurso extraordinário versa sobre questão legal, sendo indireta a ofensa à Constituição da República, os autos serão remetidos ao Superior Tribunal de Justiça para julgamento, por decisão irrecorrível.

Com isso, havendo violação à Lei Federal e, ao mesmo tempo, contrariedade à Constituição, um dos dois tribunais superiores efetivamente terá de decidir o mérito da questão, colocando fim ao problema do sistema atual, o qual, pura e simplesmente, se nega ao trânsito aos recursos excepcionais na hipótese de reprodução do texto tido por violado na Constituição Federal e em lei Federal.

Se determinado tema é previsto na Constituição e, novamente, em lei ordinária, significa que o legislador, sensível aos anseios populares, deu ao assunto um grande valor, daí porque, se judicializada a questão, esta deve, havendo repercussão geral, ser decidida, em último nível, pelo órgão que tem o dever de dar a palavra final em matéria constitucional.[28] Se, de outro lado, o STF entender que a matéria é afeta ao STJ, deve remeter o recurso a outra Corte e não, como ocorre hoje, negar seguimento ao recurso extraordinário, porque, com a devida vênia, o Poder Judiciário não pode aplicar uma interpretação que deixe o jurisdicionado sem resposta, positiva ou negativa, às suas pretensões.

E os citados arts. 986 e 987, da versão aprovada no Senado Federal, têm, exatamente, a virtude de permitir, vez por todas, uma solução concreta para o conflito negativo de atribuições.

Sobre o tema, em acórdão emblemático, assim decidiu o STJ:[29]

> Uma causa que, potencialmente, exigiria o exame de questões constitucionais ou de questões federais infraconstitucionais pode, e isso não é raro, ser decidida sem qualquer referência a esses temas. Hipótese em que, decidindo a respeito do direito adquirido, embora sem citação do artigo 5º, inciso XXXII, da Constituição Federal e do artigo 6º, §2º, da Lei de Introdução ao Código Civil, o acórdão tem fundamento constitucional. Mesmo que tivesse sido referido o artigo 6º, §2º, da Lei de Introdução ao Código Civil, isso não transformaria esse fundamento do julgado em tema de direito infraconstitucional. As normas constitucionais não perdem o caráter quando reproduzidas em leis ordinárias; pelo contrário atraem a questão resultante da aplicação do *clone legal para o âmbito do recurso extraordinário*.

A Constituição Brasileira é excessivamente detalhista e, ao mesmo tempo, é rica em dispositivos com *conceitos vagos* ou *normas abertas*. Estas normas abertas, quando regulamentadas em leis ordinárias, não perdem o caráter constitucional, daí porque cabe, sim, ao STF decidir a matéria. A lei ordinária, como assentou o Ministro Ari Pargendler no precedente acima, é um *clone legal* da norma constitucional e, como tal, não afasta a natureza da *matriz* Constituição Federal. Mas se não for esse o entendimento prevalente, os autos deverão ser remetidos ao Superior Tribunal de Justiça para julgamento, pondo fim, portanto, à questão da divergência de atribuições entre as Cortes Superiores.

Afinal, como registrado pelo eminente Ministro Celso de Mello, em discurso[30] na solenidade de posse do Ministro Gilmar Mendes, na presidência da Suprema Corte do Brasil ocorrida em 23 de abril de 2008: "Nada mais nocivo, perigoso e ilegítimo do que elaborar uma Constituição, sem a vontade de fazê-la cumprir integralmente, ou, então, de apenas executá-la com o propósito subalterno de torná-la aplicável

---

[28] Em sentido contrário: "Imagine-se realmente a quantidade de causas que poderiam ser atacadas mediante o recurso extraordinário, sob o pretexto da violação dos princípios da isonomia, do devido processo legal, da legalidade, da razoabilidade, da proporcionalidade etc. Na verdade, quando o princípio está explicitado na legislação infraconstitucional, é preciso demonstrar a ofensa à mencionada lei, ensejando por isso o manejo do recurso especial para que se verifique se o acórdão recorrido contrariou determinada lei, que é uma decorrência de qualquer desses princípios constitucionais" (CAVALCANTE, Mantovani Colares. *Recurso especial e recurso extraordinário*. São Paulo: Dialética, 2003. p. 80).

[29] EDcl no REsp nº 156.608/PR, Rel. Ministro Ari Pargendler, Segunda Turma, julgado em 04.03.1999, *DJ*, p. 110, 19 abr. 1999.

[30] Disponível em: <http://www.stf.jus.br/arquivo/cms/noticiaNoticiaStf/anexo/discursoCM.pdf>. Acesso em: 04 abr. 2011.

somente nos pontos que se mostrarem convenientes aos desígnios dos governantes, em detrimento dos interesses maiores dos cidadãos".

Sobre o tema, ao interpretar o sistema atual, Teresa Arruda Alvim Wambier[31] discorre que:

> (...) há casos em que o excesso de regras em torno da admissibilidade desses recursos (excepcionais) leva a contra-sensos. Exemplo disso é a regra no sentido de que ao STF só cabe conhecer de "ofensa direta" à Constituição Federal. Isto significa dizer que, se para demonstrar que houve a ofensa à Constituição Federal, a argumentação da recorrente tem necessariamente de passar pela lei ordinária (que, v.g., repete o princípio constante na Constituição Federal) e porque se estaria diante de ofensa "indireta" à Constituição Federal, que, por isso, não deveria ser examinada pela via do recurso extraordinário. Esta regra, em nosso entender, leva a um paradoxo: a Constituição Federal consagra certo princípio e se, pela relevância, a lei ordinária repete, por isso, o tribunal, cuja função é a de zelar pelo respeito à Constituição Federal, abdica de examinar a questão. Como se viu, nos primeiros itens deste estudo, a doutrina está hoje de acordo no sentido que existe marcante tendência a que os valores encampados pelas sociedades contemporâneas devem passar cada vez mais a integrar os textos das Constituições, sob forma de princípios. Ironicamente, todavia, se a lei ordinária passa a encampar o mesmo princípio, "colorindo-o" conforme as circunstâncias (pense-se no exemplo do princípio da ampla defesa — Constituição Federal — e do princípio do contraditório, na sua dimensão processual civil), deixa de ser da alçada do Supremo Tribunal Federal corrigir a decisão que o desrespeite!

Na mesma linha, assim comenta Cassio Scarpinella Bueno:[32]

> A jurisprudência do Supremo Tribunal Federal, contudo, sempre foi e continua a ser bastante restritiva a este respeito, exigindo que a inconstitucionalidade que desafia o recurso extraordinário com fundamento na "letra a" seja *direta*, e não *indireta, reflexa* ou *oblíqua*. O entendimento poderia até querer justificar a necessidade de redução do número de recursos extraordinários em trâmite perante aquela Corte. No sistema atual, em que há um legítimo filtro de contenção daqueles recursos, não há razão para distinguir aquelas situações. O que importa é que a decisão tenha abstrato, tenha fundamento, tenha se baseado em uma tese de direito constitucional federal.

4 Conclusão

Por tais razões, conclui-se que a ofensa *direta e frontal* não é efetivamente exigida pelo art. 102, III, "a" da Constituição Federal, nem pelo Código de Processo Civil, nem pelo regimento interno da Corte Constitucional Brasileira, sendo, portanto, ilegítimo o filtro criado pela jurisprudência do Supremo Tribunal Federal. A aprovação dos arts. 986 e 987 do Projeto do Novo Código de Processo Civil pelo Poder Legislativo representará um grande avanço, pois permitirá que na hipótese de um tema ser

---

[31] WAMBIER, Teresa Arruda Alvim. *Controle das decisões judiciais por meio dos recursos de estrito direito ação rescisória*: o que é uma decisão contrária à lei?. São Paulo: Revista dos Tribunais, 2001. p. 169.
[32] BUENO, Cassio Scarpinella. *Curso sistematizado de direito processual civil*. São Paulo: Saraiva, 2009. v. 5, p. 254.

tratado na Constituição e, ao mesmo tempo, em norma infraconstitucional, o efetivo enfrentamento do mérito da matéria por um dos tribunais superiores.

Referências

BUENO, Cassio Scarpinella. *Curso sistematizado de direito processual civil*. São Paulo: Saraiva, 2009. v. 5.

CAVALCANTE, Mantovani Colares. *Recurso especial e recurso extraordinário*. São Paulo: Dialética, 2003.

CÔRTES, Osmar Mendes Paixão. O cabimento do recurso extraordinário pela alínea "a" do art. 102, III, da Constituição Federal e a causa de pedir aberta. *In*: NERY JR., Nelson; WAMBIER, Teresa Arruda Alvim (Coord.). *Aspectos polêmicos e atuais dos recursos cíveis e assuntos afins*. São Paulo: Revista dos Tribunais, 2007. v. 11.

CÔRTES, Osmar Mendes Paixão. *Recurso extraordinário*: origem e desenvolvimento no direito brasileiro. Rio de Janeiro: Forense, 2005.

CRISPIN, Cristina Generoso Ribeiro. *Recurso especial e recurso extraordinário*. São Paulo: Pilares, 2006.

DANTAS, Bruno. *Repercussão geral*: perspectiva histórica, dogmática e de direito comparado: questões processuais. São Paulo: Revista dos Tribunais, 2008.

FILARDI, Hugo. Conceito de ofensa direta à Constituição para fins de cabimento de recurso extraordinário: normas constitucionais abertas de direito processual, inafastabilidade da tutela jurisdicional e motivação das decisões judiciais. *Revista de Processo*, v. 33, n. 155, p. 267-281, jan. 2008.

MADOZ, Wagner Amorin. Recurso extraordinário pela alínea "a". *In*: NERY JR., Nelson; WAMBIER, Teresa Arrruda Alvim (Coord.). *Aspectos polêmicos e atuais dos recursos cíveis e assuntos afins*. São Paulo: Revista dos Tribunais, 2006.

MANCUSO, Rodolfo de Camargo. *Recurso extraordinário e recurso especial*. 9. ed. São Paulo: Revista dos Tribunais, 2006.

MORAES, Alexandre. *Constituição do Brasil interpretada e legislação constitucional*. São Paulo: Atlas, 2005.

PEREIRA, Valter; CAMARGO, Luiz Henrique Volpe (Org.). *Projeto de reforma do Novo Código de Processo Civil aprovado no Senado Federal*. Brasília: Senado Federal, 2011.

WAMBIER, Teresa Arruda Alvim. *Controle das decisões judiciais por meio dos recursos de estrito direito ação rescisória*: o que é uma decisão contrária à lei?. São Paulo: Revista dos Tribunais, 2001.

Informação bibliográfica deste texto, conforme a NBR 6023:2002 da Associação Brasileira de Normas Técnicas (ABNT):

CAMARGO, Luiz Henrique Volpe. A fungibilidade entre o recurso especial e o recurso extraordinário no Projeto do Novo CPC e a ofensa reflexa e frontal à Constituição Federal. *In*: ROSSI, Fernando *et al.* (Coord.). *O futuro do processo civil no Brasil*: uma análise crítica ao Projeto do Novo CPC. Belo Horizonte: Fórum, 2011. p. 407-419. ISBN 978-85-7700-511-6.

AÇÃO RESCISÓRIA E ANULATÓRIA

MÁRCIA CONCEIÇÃO ALVES DINAMARCO

1 Introdução

No Código vigente (CPC/73) a ação rescisória e a anulatória são tratadas no Título IX — do Processo nos Tribunais, inserido no Livro I — do Processo de Conhecimento (arts. 485 a 495). Pelo Anteprojeto do Novo Código de Processo Civil os institutos foram mantidos, mas cada um é tratado em uma seção específica dentro do Capítulo VI – da Ação Rescisória e da Ação Anulatória, do Título I – Dos Processos nos Tribunais, que integra o Livro IV – Dos Processos nos Tribunais e dos Meios de Impugnação das Decisões Judiciais (arts. 884 a 894).

Estruturalmente temos que:
a) a ação rescisória e a ação anulatória constam de ambos os diplomas;
b) são tratados nos Títulos que dispõem a respeito dos Processos nos Tribunais;
c) temos 11 dispositivos legais e continuarão sendo 11 os dispositivos legais tratando a respeito de ambos os institutos.

Por essa breve apresentação dos institutos, levando em consideração apenas a estrutura e a sua manutenção, já se constata que são remédios importantes no sistema processual e por isso não se pensou e sequer foi tomada a iniciativa de excluí-los ou mesmo alterá-los radicalmente, sendo que a Comissão tomou o cuidado de inseri-los em local adequado, tratando-os de forma distinta, exatamente para desfazer todos os mal-entendidos e dúvidas que vivenciamos hoje, em especial com relação ao cabimento de um ou outro remédio.[1]

---

[1] *Vide* artigo de autoria da autora, publicado na *Revista de Processo,* n. 128.

2 Importância dos institutos

Ambos os institutos são de suma importância na nossa estrutura processual exatamente pelo fato de que representam um equilíbrio no sistema[2] — coisa julgada x justiça.

O pensamento atual não só dos juristas, mas de todos os operadores do direito é de que as decisões judiciais sejam de tal forma que não onere nenhuma das partes em detrimento da outra, bem como estejam em conformidade com os reclamos da sociedade atual de forma isonômica (princípio da proporcionalidade e da razoabilidade). Resumo, as decisões judiciais têm que ser proferidas levando em conta o fato de que o juiz ao decidir deve observar os reclamos da sociedade e não criar instabilidade social a ponto de causar prejuízo para a sociedade como um todo, devendo observar e levar em conta o aspecto político, social, econômico e jurídico. Inclusive isso vem bem retratado nos arts. 847 e 848 do Anteprojeto no Capítulo das Disposições Gerais inserido no Título I dos Processos nos Tribunais.

Tanto a ação rescisória como a ação anulatória são remédios excepcionais e como tal devem ser tratados e não podem ser considerados como recursos ou sucedâneos de recursos. Ambas as ações são consideradas pela nossa sistemática processual como impugnativas autônomas e, assim, iniciam-se por uma demanda e dão ensejo à formação de um processo, cujos atos deverão ser realizados em conformidade com o procedimento próprio e observadas todas as garantias constitucionais, em especial o contraditório e a ampla defesa, finalizando-o por uma sentença.

Apenas vícios de grande monta é que ensejarão referidas demandas excepcionais, pois não se concebe sacrificar a garantia da coisa julgada e a estabilidade das relações jurídicas e sociais em razão de irregularidades mínimas.

Chamo aqui a atenção para o fato de que me valho do termo vícios/irregularidades exatamente porque não existe coincidência plena entre os conceitos de nulidades, sejam elas relativas ou absolutas e mesmo as inexistências, com os vícios que ensejam a propositura de referidas demandas. Algumas das hipóteses que ensejam a sua propositura sequer se caracterizam como nulidades/inexistências — para tanto sugiro uma leitura mais aprofundada em outras obras específicas a respeito do tema.

3 Alterações previstas para os institutos

As alterações propostas pela Comissão são das seguintes ordens:
a) terminológica;
b) exclusão de hipóteses de cabimento;
c) prazo;
d) sistema recursal;
e) cabimento da ação anulatória e;
f) competência originária.

---

[2] A ação rescisória tem por finalidade servir como fator de equilíbrio entre dois ideais opostos de suma importância no nosso sistema processual: (a) a garantia da estabilidade social representada pela coisa julgada e (b) a eliminação das injustiças através da sanação dos vícios tidos pelo legislador como graves. *Vide* obra da autora (*Ação rescisória*. São Paulo: Atlas, 2004).

3.1 Alterações terminológicas

As inclusões, exclusões e alterações de termos ou correções foram agrupadas aqui em um único item denominado genericamente de alterações terminológicas, pois todas as sugestões dessa classe apresentadas pela Comissão, na realidade, refletem apenas o que a doutrina e a jurisprudência já vinham afirmando e preconizando a respeito da interpretação da letra da lei em vigor.

3.1.1 Inclusão do termo acórdão

O *caput* do art. 919, do PLS nº 166/10, que se correlaciona com o *caput* do art. 485 do Código de Processo Civil incluiu o termo acórdão de mérito, sendo que na lei vigente consta apenas a menção às sentenças de mérito.

Exatamente pelo fato de que tanto os pronunciamentos judiciais de primeiro grau como os de Tribunais (acórdãos), podem ser caracterizados como sendo uma sentença de mérito, é que a Comissão incluiu o termo acórdão, espancando assim toda e qualquer dúvida a respeito do cabimento de ação rescisória para desconstituir a coisa julgada que torna imutável o comando contido em referido pronunciamento judicial.

Pacífico na doutrina e na jurisprudência que atualmente o que caracteriza o pronunciamento judicial como sentença é o seu conteúdo, sendo certo que o fato de estarmos diante de um acórdão, não faz com que esse pronunciamento seja automaticamente caracterizado como uma sentença, podendo muito bem tratar-se de uma decisão interlocutória.

Também é sabido que o fato de termos inúmeros acórdãos proferidos no curso de um processo, não leva a que seja objeto da ação rescisória o último pronunciamento proferido nos autos. O que precisa ser analisado com vagar e que será objeto da ação rescisória será o último pronunciamento de mérito proferido no processo — que pode ser o pronunciamento de primeiro grau ou de Tribunal.

O disposto no *caput* do art. 919 já era reconhecido pela doutrina e jurisprudência, ou seja, tanto as sentenças como os acórdãos de mérito poderiam ser objeto de ação rescisória, desde que de mérito e que fosse ele o pronunciamento do qual os efeitos eram emanados e que pretende ver afastados.[3]

3.1.2 Flexão gramatical de número

Inúmeras foram as adaptações sugeridas pela Comissão com relação à flexão gramatical das palavras.

---

[3] Para melhor compreendermos qual pronunciamento judicial é suscetível de ser vulnerado através da ação rescisória e o alcance do *caput* do art. 485 do Código de Processo Civil, devemos ter em mente que a expressão "sentença de mérito" foi usada em sentido amplo, *a abranger decisões de juízos singulares e de órgãos colegiados superiores, indiferentemente.*
Ressalta-se que não é o recurso cabível contra o pronunciamento judicial, e sim sua natureza jurídica, que é importante para podermos apontar com exatidão se dado ato é ou não uma sentença. Pode ocorrer que em razão de disposição legal, determinado pronunciamento judicial, apesar de recorrível através de agravo de instrumento (por disposição expressa da lei), tenha natureza jurídica de sentença de mérito. Portanto, para sabermos se é cabível ação rescisória, não podemos nos ater ao recurso que foi julgado e deu ensejo à propositura de referida ação, e sim à natureza jurídica do pronunciamento. O caminho, portanto, é inverso, ou seja, devemos partir do pronunciamento judicial e não do recurso que fora julgado.

Nesse sentido temos:

a) *caput* do art. 919, pois onde tínhamos apenas a menção a um pronunciamento judicial (sentença de mérito) sugere-se a inclusão de outro (sentença e acórdão de mérito), e por isso foi adaptado o texto do singular para o plural; e

b) dessa mesma forma nos incs. III (resultar para resultarem); V (violar para violarem); e VI (fundar para fundarem), *caput* art. 920 (tem para têm), já que não é apenas um o legitimado.

Referidas sugestões não alteram em nada o conteúdo e o entendimento anterior a respeito da ação rescisória, tratando-se apenas de aplicação exata da linguagem para aplicar alteração ou correção em relação ao número.

3.1.3 Adequação terminológica

Algumas sugestões terminológicas foram apontadas com o intuito de adequar ao tecnicismo e/ou aos reclamos da doutrina e da jurisprudência, para adequar às novas tendências.

Referidas sugestões são as seguintes:

a) inc. I do art. 919 do Anteprojeto sugerindo a alteração do termo "dada por..." para "proferidos por força de...". Nada mais natural essa sugestão, pois os pronunciamentos judiciais que poderão ser objeto de rescindibilidade são proferidos e não dados;

b) inc. V do art. 919 do Anteprojeto sugerindo a alteração de "violação a literal disposição de lei" para "violarem manifestamente a norma jurídica" reflete as novas tendências. Esse entendimento de que o disposto no inc. V é mais amplo do que o que efetivamente está escrito, está mais do que sedimentado na doutrina e jurisprudência pátria, pois o sistema jurídico é compreendido não só de normas expressas, sendo que para chegar-se efetivamente à pacificação social alcançando a justiça, se faz necessária não só a aplicação da norma expressa como também dos princípios e regras muitas vezes inerentes ao sistema e que sequer chegam a constar de texto legal. E é exatamente isso que a Comissão sugere em consonância não só com a teoria tridimensional de Miguel Reale como também com a recente teoria do Capitalismo Humanista que está influenciando e ganhando espaço não só na esfera nacional como também na internacional;[4]

c) inc. VI, alterando o termo "ou seja provada" para "venha a ser demonstrada". Sugestão completamente técnica, já que a ocorrência dos fatos é demonstrada por meio das provas, ou seja, a prova é o veículo e não o fim;

d) inc. VII, sugere alterar "depois da sentença" para "posteriormente ao trânsito em julgado", já que após a sentença é possível a apresentação de prova nova em sede recursal, então fica mais coerente que se altere para após o trânsito em julgado, já que nessa oportunidade não se terá mais como produzir prova. Nesse mesmo sentido e exatamente para que a nomenclatura seja mais adequada, pela proposta apresentada pelo Senado, alterou-se o termo

---

[4] Para uma breve noção visite o site <http://www.pucsp.br/capitalismohumanista/>.

"documento novo", para "prova nova"; exatamente pelo fato de prova é muito mais amplo que documento que é apenas um dos meios de prova;

e) inc. VIII, antes inc. IX, que além de ter sugerido a renumeração, exclui os dois parágrafos, deixando apenas um, e corrigindo o que sempre foi criticado pela doutrina que é exatamente a tradução mal feita do texto italiano para o texto brasileiro. Assim sugere que se altere "resultante de atos ou documentos da causa" para "verificável do exame dos autos", e continua no parágrafo explicando quando isso é cabível e altera o termo sentença para decisão rescindenda, que é mais adequada e técnica;

f) no art. 920, alínea "b" do inc. III, a Comissão sugere a alteração técnica de sentença para decisão rescindenda, em consonância com a alteração do *caput* do art. 919;

g) no art. 921, adequaram o número do artigo de lei que dispõe a respeito dos requisitos da petição inicial (art. 282 CPC para art. 293 Anteprojeto). Então só adequação, pura e simples. Sugerem ainda a inclusão das autarquias e as fundações de direito público, por serem pessoas jurídicas de direito público como isentas do depósito da multa de 5% do valor da causa, exatamente pelo fato de que se uma pessoa jurídica de direito público foi incluída, as demais também devem ser (princípio da isonomia) e nessa linha incluíram também como isentos os beneficiários da justiça gratuita; e

h) no art. 927 altera-se o termo "julgando procedente a ação" para "julgando procedente o pedido". Muito mais técnico. Direito de ação é o direito abstrato constitucional que é materializado pelo pedido da parte, sendo que esse é que será objeto de apreciação pelo Poder Judiciário.

3.2 Exclusão de hipóteses de cabimento

Em boa hora a Comissão excluiu o inc. VIII do art. 485 do Código de Processo Civil, pois muita discussão e adaptações interpretativas sempre foram feitas para enquadrar referidas hipóteses ao instituto.[5]

---

[5] Os três fundamentos elencados no inc. VIII geram inúmeras dúvidas, inclusive a respeito de seu sentido e alcance.
O primeiro deles, referente à existência de elementos para invalidar confissão na qual se baseou a sentença, é o que traz maiores problemas, pois a matéria encontra-se disciplinada tanto no art. 485, que trata especificamente das taxativas hipóteses de cabimento da ação rescisória, como no art. 352, inc. II do Código de Processo Civil, inserto no Livro I, Título VIII, Capítulo VI, Seção III, onde se trata especificamente das provas. O legislador, ao disciplinar a matéria em dois dispositivos legais, à primeira vista sem qualquer sentido, pretendeu delimitar que, quando estivéssemos diante de uma confissão que resultou de um vício de vontade (erro, dolo ou coação – arts. 82 a 130, CC), será cabível ação rescisória com fundamento no inc. VIII, do art. 485 do Código de Processo Civil. Ao contrário, se a confissão não decorreu de vício de vontade, mas sim de qualquer outro elemento (ex.: se praticado por absolutamente incapaz; por pessoa diversa àquela que deveria depor etc.), estaremos diante de uma prova falsa e, portanto, o fundamento para a ação rescisória estará no inc. VI do art. 485 do Código de Processo Civil.
Na verdade, deveríamos interpretar o dispositivo lendo no lugar de "confissão", *reconhecimento jurídico do pedido*. Realmente, a questão é bastante interessante, pois se no mesmo inciso prevê-se a invalidação no caso de *desistência* (entendida como *renúncia ao direito*), porque não interpretar a confissão (que pode ser ato praticado tanto pelo réu como pelo autor), como sendo "reconhecimento jurídico do pedido", apesar de este ser ato unilateral a ser praticado pelo réu? Não há nada que impeça esta interpretação. Mas mesmo que assim não fosse, por encontrar-se disposto nesse mesmo inciso a *desistência*, esta pode abranger tanto o

A desistência enseja sentença processual ou terminativa, não estando presente o requisito de admissibilidade para a ação rescisória que é exatamente a sentença/acórdão de mérito, sendo que a doutrina interpretava o termo como sendo reconhecimento jurídico do pedido, esta sim ensejadora de pronunciamento suscetível de ser atacado via ação rescisória; já a confissão é um meio de prova, veículo para convencimento do juiz de como os fatos ocorreram e serve de fundamento para decidir, ou seja, conduz o resultado a ser expresso no dispositivo da sentença, assim a confissão é fundamento da sentença e não transita em julgado, sendo que a doutrina interpretava como reconhecimento jurídico do pedido, que é sentença de mérito e possível de ser objeto de rescisória e; a transação, apesar de ensejar uma sentença/acórdão de mérito, acabava criando confusão se esse pronunciamento deveria ser atacado pela ação rescisória ou anulatória, já que o juiz ao homologar a transação apenas chancela a vontade das partes, desde que presentes as condições da ação, pressupostos processuais e verse sobre direito disponível.

Portanto, diante de toda essa ginástica para enquadrar as hipóteses enumeradas no inc. VIII, dentro do instituto, em boa hora foi excluída.

Também foi sugerida a exclusão de uma das hipóteses prevista no inc. II — cabimento de ação rescisória quando proferida a sentença/acórdão de mérito por juízo absolutamente incompetente, mas o Senado propõe a sua manutenção, voltando a incluí-la no inc. II do art. 919.

A Comissão entendia que apesar de a competência absoluta ser um pressuposto processual de validade, a violação à referida regra não poderia ensejar a propositura de ação rescisória, pois a previsão de regras de competência absoluta nada mais seria do que a distribuição de atividades aos órgãos de um mesmo Poder — Poder Judiciário — para bem administrar a justiça. Mas essa "divisão" seria só para organizar

---

ato de trégua do réu como do autor (respectivamente, renúncia do direito e reconhecimento jurídico). Aqui, lembre-se que temos que fazer as ressalvas que foram levantadas no item subsequente, qual seja, a de estar o ato contaminado por algum vício de vontade (erro, dolo ou coação).
A desistência, tal qual se encontra aposta no inciso, não enseja a extinção do processo com julgamento do mérito e sim, extinção do processo sem julgamento do mérito (art. 267, inc. VIII, CPC). Portanto, seria grave erro afirmar que a decisão que homologa *desistência* (art. 267, VIII) é suscetível de rescisória, pois, a tanto, obsta a regra do "caput" do art. 485, que faz alusão à sentença de mérito. Segue-se daí que a palavra *desistência* só pode ser entendida no sentido de *renúncia do direito sobre o qual se funda a ação* (art. 269, V), emprestando-se, assim, significado ao termo no plano da rescindibilidade, pois, a prática da *figura do art. 269, V, do Código leva à sentença de mérito*.
Com relação ao termo transação utilizado pelo legislador, o que demanda maior discussão é que à primeira vista o Código teria tratado em dois dispositivos distintos, do mesmo instituto, dentro do mesmo capítulo, só que *prevendo diferentes caminhos para a rescindibilidade (conforme* inc. VII do art. 485 e art. 486, ambos do Código de Processo Civil).
Toda decisão que homologa transação é sentença de mérito, de modo que pesa sobre ela a autoridade da coisa julgada material. Portanto, para sua desconstituição, cabível a ação rescisória.
O art. 486, ao dizer que os atos jurídicos e aqueles atos meramente homologatórios podem ser rescindidos, (na realidade deveria ter dito *anulados*), está querendo se referir aos atos judiciais proferidos nos chamados processos de jurisdição voluntária, processos onde não temos sentença de mérito propriamente dito e vícios e irregularidades não no pronunciamento judicial de mérito, mas no ato da parte que levou a que fosse proferido o pronunciamento (vício do ato da parte), que como já afirmado anteriormente, "é o instrumento de que se serve o Estado para resguardar por ato do juiz quando solicitado, bens reputados pelo legislador como de alta relevância social. Porém, não se deve por essa afirmação entender estarmos ante um processo cautelar nem preventivo, mas simplesmente ante um procedimento destinado a integrar atos jurídicos para que tenham validade".

e administrar o serviço e não poderia se sobrepor ao próprio poder e finalidade do Poder Judiciário que é o de dizer o direito. Então sugeriram a sua exclusão, mas o Senado voltou a incluí-lo exatamente como forma de garantir que a estrutura e organização do Estado sejam observados, evitando-se com isso que se criem exceções que possam acarretar o desmoronamento dos pilares que asseguram o Estado e garantam a estabilidade da sociedade.

Diante disso, sentença/acórdão proferido pelo Poder Judiciário continuam ensejando a propositura da ação rescisória no caso de ter sido proferida por juízo absolutamente incompetente, exatamente pelo fato de se tratar de regra estrutural do Estado e como tal caracterizada como questão de ordem pública que pode e deve ser conhecida a qualquer tempo e grau de jurisdição (art. 64, §1, PLS nº 166/10).

3.3 Alteração do prazo

Falar sobre a contagem de determinado prazo nada mais é do que conseguir apontar com clareza o marco divisor de fronteiras entre o fato que enseja seu início, sua duração e a oportunidade em que cessa a possibilidade de exercer dado direito, seja pelo seu próprio exercício ou pela inércia de quem deveria realizar o ato.

O art. 495 do Código de Processo Civil dispõe que o prazo para a propositura da ação rescisória é de 2 (dois) anos, sendo pacífico que esse é decadencial.

A Comissão sugere que esse prazo seja reduzido para 1 (um) ano — art. 928 — exatamente pelo fato de que deixar as relações da vida sujeitas a discussão e sem uma imutabilidade completamente estável por um longo período gera tanta instabilidade e ansiedade no seio individual ou da sociedade, da mesma forma que o conflito individual/coletivo levou a que fosse proposta a demanda instaurando-se o processo.

Por isso, também em boa hora reduziram esse prazo, fazendo assim que as sentenças/acórdãos de mérito se tornem efetivamente imutáveis em um curto espaço de tempo. Uma coisa é a imutabilidade para efeito de satisfação da obrigação — possibilidade de prática de atos executivos de forma definitiva — e outra é a imutabilidade diante da sociedade e que afasta completamente toda e qualquer discussão a respeito do objeto da demanda.

Em momento algum se nega a possibilidade do que a doutrina convencionou chamar de relativização da coisa julgada, que inclusive não fica sujeita ao prazo decadencial da ação rescisória e prescinde do uso de referido instituto. A chamada relativização da coisa julgada continuará a existir — que no meu entender sequer se trata de relativização já que não se pode conceber a própria coisa julgada — pois o que se está discutindo nessa sede são dois valores de alta relevância, tendo de um lado a coisa julgada que é uma garantia constitucional e de outro outra garantia constitucional (exemplo, direito à vida, direito ao trabalho, à remuneração pelo trabalho, etc.), sendo que ao ser apreciada a questão e valendo-se o julgador do princípio da proporcionalidade, chegar-se-á a uma conclusão de qual garantia deverá prevalecer (exemplo: um devedor é condenado a prestar serviços de forma gratuita pelo resto de sua vida ao credor, já que não detém patrimônio para suportar os seus débitos. Referida solução mesmo que em sede de sentença/acórdão de mérito não poderá prevalecer e sequer poderá falar-se em coisa julgada exatamente pelo fato de que viola a dignidade da pessoa humana e as regras trabalhistas).

A regra é que o direito à ação rescisória nasça com o trânsito em julgado da sentença/acórdão de mérito, mas sabemos também que muitas situações da vida acabam levando a que o instituto da chamada relativização da coisa julgada seja usado indiscriminadamente, inclusive em casos que seriam de ação rescisória exatamente pelo fato de que "a descoberta" do fato que enseja a rescindibilidade se deu após escoado o prazo decadencial. Exatamente para que a relativização da coisa julgada não seja vulgarizada e para que as partes fiquem asseguradas que em certas situações o prazo não será computado do trânsito em julgado e sim do conhecimento do fato que leva à rescindibilidade, é que a Comissão aponta no parágrafo único do art. 928 do Anteprojeto que: "se fundado no art. 919, incs. I e VI, primeira parte, o termo inicial do prazo será computado do trânsito em julgado da sentença penal".

Referida regra temporal e a fixação do momento em que terá início o seu cômputo, resolve parte dos problemas que estamos vivenciando atualmente e que geram tantas discussões e recursos.

Outra alteração no prazo, que não podemos considerar como alteração propriamente dita, é a sugestão para que no lugar de 30 dias (CPC, art. 491) conste um mês.

Entendo que essa sugestão trará dificuldades, pois temos mês com 28 (vinte e oito), 30 (trinta), 31 (trinta e um) dias, e poderá surgir a discussão de violação à garantia constitucional da igualdade (isonomia), pois o réu citado em dezembro terá mais prazo que o citado em fevereiro.

3.4 Das tutelas de urgência

O Código de Processo Civil sofreu inúmeras reformas para se adequar aos reclamos da realidade e com a finalidade de dar guarida à efetividade e celeridade do processo. Dentre todas as reformas, o que nos interessa para efeito deste artigo é a ampliação do instituto da antecipação de tutela — anteriormente reservado apenas a determinados processos e procedimentos — e a previsão da possibilidade de aplicação da fungibilidade entre as liminares de natureza cautelar e as antecipatórias (CPC, §7º, art. 273).

Inclusive a doutrina passou a nominar as liminares, sejam elas de que natureza for, de tutelas de urgência.

Exatamente nesse sentido a Comissão agrupou referidas liminares em um título próprio, denominando-as de tutela de urgência ou da evidência (arts. 269 a 286 do Anteprojeto).

Exatamente para que o Novo Código fique em consonância com as demais regras ali contidas, foi alterada a redação do art. 489 do Código de Processo Civil (art. 922 do Anteprojeto), fazendo constar no lugar de "medidas de natureza cautelar ou antecipatória de tutela", o termo "tutelas de urgência ou da evidência".

Assim, tal qual já era previsto, continuará sendo possível a suspensão da decisão rescindenda (sentença/acórdão de mérito objeto da rescisória), desde que preenchidos os requisitos para a concessão de referida tutela.

3.5 Alteração dos recursos cabíveis

A Comissão alterou a sistemática recursal e os recursos cabíveis, assim deixa de serem cabíveis os embargos infringentes, pois esse recurso deixa de existir na nossa sistemática processual (art. 948, Anteprojeto).

Os demais recursos continuam podendo ser interpostos, especialmente os recursos denominados extraordinários (especial e extraordinário *stricto sensu*).

3.6 Defesa do réu

Da mesma forma que a Comissão sugere a alteração dos recursos, também sugere alterações nas respostas do réu, reunindo em uma única peça — a contestação — as várias espécies de defesas previstas no nosso Código de Processo Civil (arts. 334 a 341 do Anteprojeto).

Assim, a única defesa prevista é a contestação (art. 923, primeira parte, Anteprojeto).

3.7 Cabimento da ação anulatória

Atualmente muito se discute a respeito do cabimento de ação rescisória ou anulatória, em especial quando estamos diante de um ato homologatório de transação.

Essa discussão é acirrada exatamente pelo fato de parecer à primeira vista que o Código de Processo Civil tratou da mesma matéria em dois dispositivos diversos.[6]

A Comissão, para afastar essa discussão, alterou completamente a redação do art. 486 do Código de Processo Civil, passando a dispor que "os atos de disposição de direitos, praticados pelas partes ou por outros participantes do processo e homologados pelo juízo estão sujeitos à anulação, nos termos da lei. São anuláveis também atos homologatórios praticados no curso do processo de execução" (art. 929 e parágrafo único do Anteprojeto).

Em manifestação anterior, a autora deste artigo[7] já afirmava que

> temos à nossa disposição dois meios processuais adequados a desconstituir os acordos homologados — rescisória e anulatória — sendo que a jurisprudência acertadamente tem decidido que quando a parte pretende impugnar o próprio ato negocial por ter sido celebrado com algum vício — seja de forma, conteúdo ou mesmo de vontade — a ação competente é a anulatória. Agora quando a parte pretende impugnar o próprio ato homologatório sem em momento algum alegar qualquer vício interno do próprio ato de transação, a ação competente é a ação rescisória.

Exatamente nesse sentido e em consonância com a doutrina mais autorizada[8] e a jurisprudência, é que a Comissão sugere a alteração da redação deixando claro quando é cabível a ação anulatória e não a ação rescisória.

---

[6] Os dois dispositivos legais que aparentemente se contrapõem são (a) art. 485 e (b) art. 486, ambos do CPC.
[7] *Revista de Processo*, v. 30, n. 128, p. 293-301, out. 2005.
[8] DINAMARCO, Cândido Rangel. *Fundamentos do processo civil moderno*. 3. ed. São Paulo: Malheiros, 2000. v. 1; LAZZARINI, Alexandre Alves, Notas sobre a ação anulatória no direito de família. *In*: ALVIM, Teresa Celina Arruda (Coord.). *Direito de família*: aspectos constitucionais, civis e processuais. São Paulo: Revista dos Tribunais, 1993. v. 3.

3.8 Competência originária

Como a ação rescisória e a ação anulatória, apesar de constarem de seções distintas pela sugestão da Comissão, estão alocadas no mesmo Capítulo (VI), mesmo Título (I – dos Processos nos Tribunais) e mesmo Livro (IV – dos Processos nos Tribunais e dos Meios de Impugnação das Decisões Judiciais).

Como os dois institutos estão inseridos no Título que trata dos Processos nos Tribunais, tudo leva a crer que a Comissão pretendeu fixar a competência originária não só da ação rescisória como também da ação anulatória, perante os Tribunais.

Inclusive se essa minha percepção for verdadeira, entendo ser salutar essa alteração da competência da ação anulatória (pela sistemática atual a competência da ação anulatória é do juízo de primeiro grau), pois caso haja alguma discussão a respeito do cabimento de um ou de outro remédio e seja possível aplicar-se a fungibilidade, não será necessária a remessa dos autos a outro juízo, fazendo com que seja efetiva a celeridade, já que a remessa e a redistribuição do processo acaba retardando o andamento do processo — mesmo com o processo digital e a numeração única, é mais célere manter-se o processo onde está do que fazer processar em outro juízo.

4 Conclusão

Diante do que foi exposto importante frisar que a Comissão não alterou substancialmente os institutos, o que sugere é que os institutos fiquem mais delimitados cada um com as suas hipóteses de cabimento e mais adequados aos reclamos constitucionais da efetividade e celeridade, sem perder de vista os princípios: dispositivo, contraditório e ampla defesa.

Referências

CHIOVENDA, Giuseppe. *Principii di diritto processuale civile*. 4ª ed. Napoli: Jovene, 1928.

CRUZ, José Raimundo Gomes da. *Estudos sobre o processo e a Constituição de 1988*. São Paulo: Revista dos Tribunais, 1993.

DINAMARCO, Cândido Rangel. *Fundamentos do processo civil moderno*. 3. ed. São Paulo: Malheiros, 2000. v. 1.

DINAMARCO, Márcia Conceição Alves. *Ação rescisória*. São Paulo: Atlas, 2004.

DINAMARCO, Márcia Conceição Alves. Transação cabimento de ação rescisória ou anulatória. *Revista de Processo*, v. 30, n. 128, p. 293-301, out. 2005.

FORNACIARI JUNIOR, Clito. *Reconhecimento jurídico do pedido*. São Paulo: Revista dos Tribunais, 1977.

GOMES, Orlando. *Transformações gerais dos direitos e das obrigações*. São Paulo: Revista dos Tribunais, 1967.

LAZZARINI, Alexandre Alves, Notas sobre a ação anulatória no direito de família. *In*: ALVIM, Teresa Celina Arruda (Coord.). *Direito de família*: aspectos constitucionais, civis e processuais. São Paulo: Revista dos Tribunais, 1993. v. 3.

MAGRI, Berenice Soubhie Nogueira. Ação anulatória, art. 486 do CPC. São Paulo: Revista dos Tribunais, 1999. (*Coleção Estudos de Direito de Processo Enrico Tullio Liebman*, v. 41).

MOREIRA, José Carlos Barbosa. *Comentários ao Código de Processo Civil*. 15. ed. Rio de Janeiro: Forense, 2009.

MOREIRA, José Carlos Barbosa. *O novo processo civil brasileiro*. 28. ed. Rio de Janeiro: Forense, 2010.

PRATA, Edson. Reconhecimento jurídico do pedido. *Revista Brasileira de Direito Público – RBDP*, 2/45.

WAMBIER, Teresa Arruda Alvim; MEDINA José Miguel Garcia. *O dogma da coisa julgada*: hipótese de relativização. São Paulo: Revista dos Tribunais, 2003.

Informação bibliográfica deste texto, conforme a NBR 6023:2002 da Associação Brasileira de Normas Técnicas (ABNT):

DINAMARCO, Márcia Conceição Alves. Ação rescisória e anulatória. *In*: ROSSI, Fernando *et al.* (Coord.). *O futuro do processo civil no Brasil*: uma análise crítica ao Projeto do Novo CPC. Belo Horizonte: Fórum, 2011. p. 421-431. ISBN 978-85-7700-511-6.

O INCIDENTE DE RESOLUÇÃO DE DEMANDAS REPETITIVAS E SUA LEGITIMIDADE

MARCO ANTONIO DOS SANTOS RODRIGUES

1 O microssistema da tutela coletiva

O Código de Processo Civil de 1973, que se pretende seja substituído pelo que tramita perante o Congresso Nacional por meio do Projeto de Lei nº 166/10, possui caráter essencialmente individualista. O Estatuto Processual Civil vigente visivelmente se presta à tutela de interesses individuais.

Demonstração do que se afirmou acima são as sistemáticas da legitimidade e da coisa julgada nesse diploma.[1] O art. 6º do Código de Processo Civil prevê que somente se pode defender direito próprio em juízo, salvo mediante autorização legal; em outras palavras, a legitimidade em regra é ordinária, dependendo a extraordinária de previsão normativa para que exista.[2] Já o art. 472 da mesma lei consagra que a coisa julgada incide apenas às partes entre as quais é dada, ou seja, é *inter partes*, não atingindo terceiros, seja para beneficiá-los, seja para prejudicá-los.

---

[1] Note-se que DINAMARCO, Cândido Rangel. *Instituições de direito processual civil*. 5. ed. São Paulo: Malheiros, 2005. v. 1, p. 177) vê nesses dois aspectos características essenciais da tutela coletiva, em distinção à individual, já que naquela há a outorga de legitimidade a órgãos e entidades determinados, para a defesa de direitos, bem como a extensão dos efeitos da sentença e da autoridade da coisa julgada a terceiros.

[2] Criticando a sistemática da legitimidade ordinária, enuncia José Augusto Garcia de Sousa: "Ocorre que o mundo atual rejeita a hegemonia quase absoluta desse modelo centrado na legitimidade ordinária, um modelo individualista e subjetivista. Goste-se ou não, vivemos em uma sociedade de massa, extremamente complexa, marcada pela interdependência das condutas. Tornou-se inevitável a retração do modelo subjetivista. É certo que ele ocupa espaço considerável. Mas agora já divide atenções com outro modelo, antes quase invisível. Como já foi visto, especialmente em razão de influxos solidaristas (nas suas duas vertentes), os institutos jurídicos ganharam tonalidades muito mais objetivas. Feneceram o poder e o magnetismo da figura do direito subjetivo. (...) Todas essas tendências levaram, logicamente, a uma sensível dessubjetivação da ordem jurídica, reforçando a imperiosidade de uma não menos profunda reformulação na legitimação processual clássica" (SOUSA, José Augusto Garcia de. A nova Lei 11.448/07: os escopos extrajurídicos do processo e a velha legitimidade da defensoria pública para ações coletivas. *In*: SOUSA, José Augusto Garcia de (Coord.). *A defensoria pública e os processos coletivos*: comemorando a Lei Federal 11.448, de 15 de janeiro de 2007. Rio de Janeiro: Lumen Juris, 2008. p. 221).

Ao longo do século passado, porém, verificou-se que a tutela coletiva a direitos é meio de grande eficácia à obtenção de uma prestação jurisdicional justa e em tempo célere. Nesse sentido, vale recordar que Mauro Cappelletti e Bryant Garth, em seus estudos acerca do acesso à Justiça, identificaram na representação dos interesses difusos a segunda onda renovatória desse acesso.[3]

De fato, a tutela coletiva permite que múltiplas pretensões sejam apreciadas de uma só vez, evitando a necessidade de que sejam propostas ou processadas milhares de ações com a mesma questão em jogo, as quais acabam por atravancar o Poder Judiciário desnecessariamente.[4]

Nesse contexto, nosso processo civil adota diversas ações coletivas como instrumentos de proteção conjunta a direitos. Pode-se elencar como ações coletivas a ação popular, a ação civil pública, a ação coletiva de defesa do consumidor, a ação de usucapião coletivo, a ação civil pública por ato de improbidade, o mandado de segurança coletivo, dentre outras.

Vê-se, portanto, que há um microssistema de tutela coletiva.[5] Diversos diplomas legais procuram instituir modalidades de ações coletivas, que podem ter maior ou menor cabimento, dependendo da regulação que foi promovida: Lei da Ação Civil Pública (Lei nº 7.347/85), Lei da Ação Popular (Lei nº 4.717/65), Estatuto da Cidade (Lei nº 10.257/01), Código de Defesa do Consumidor (Lei nº 8.078/90), Lei do Mandado de Segurança (Lei nº 12.016/09), Lei da Improbidade Administrativa (Lei nº 8.429/92), dentre outros.

Como o legislador não regulou exaustivamente em todos esses diplomas as regras aplicáveis a cada uma dessas ações, a constatação de que se está diante de um microssistema faz com que sejam aplicadas as regras de alguma dessas ações a outra, em caso de omissão, e se não houver incompatibilidade nessa aplicação subsidiária.

Nesse sentido, duas situações recentes merecem destaque. A primeira delas diz respeito à prescrição das ações civis públicas de defesa do consumidor, referentes a fatos ocorridos em período prévio à edição do Código de Defesa do Consumidor. Como não há previsão expressa na Lei da Ação Civil Pública quanto a prazo prescricional, houve precedente do Superior Tribunal de Justiça pela aplicação do interregno previsto na Lei da Ação Popular, já que se está diante de um microssistema de tutela coletiva.[6]

---

[3] CAPPELLETTI, Mauro; GARTH, Bryant. *Acesso à justiça*. Tradução de Ellen Gracie Northfleet. reimpr. Porto Alegre: Fabris, 2002.

[4] "Ora, são comuns e cada vez mais frequentes, no mundo atual, as situações em que se configura o nascimento de direitos subjetivos que, pertencentes a um grande número de pessoas diferentes, derivam de um mesmo fundamento de fato ou de direito ou guardam, entre si, relação de afinidade em alto grau, em razão das referências jurídicas e fáticas que lhes servem de base. A sua defesa coletiva em regime de litisconsórcio ativo é, conforme reconhece o próprio Código de Processo Civil, inviável do ponto de vista prático. E a alternativa de sujeitar cada um dos interessados a demandar individualmente é ainda mais acabrunhadora" (...) (ZAVASCKI, Teori Albino. *Processo coletivo*: tutela de direitos coletivos e tutela coletiva de direitos. 4. ed. São Paulo: Revista dos Tribunais, 2009. p. 150).

[5] Na doutrina brasileira, diversos autores vêm defendendo a existência de um microssistema voltado à tutela coletiva, como é o caso, dentre outros, de DIDIER JR., Fredie; ZANETI JR., Hermes. *Curso de direito processual civil*: processo coletivo. Salvador: JusPodivm, 2007. v. 4, p. 45.

[6] "CIVIL E PROCESSUAL CIVIL. AÇÃO CIVIL PÚBLICA DECORRENTE DE DIREITOS INDIVIDUAIS HOMOGÊNEOS. POUPANÇA. COBRANÇA DOS EXPURGOS INFLACIONÁRIOS. PLANOS BRESSER E VERÃO. PRAZO PRESCRICIONAL QUINQUENAL. 1. A Ação Civil Pública e a Ação Popular compõem um

A segunda hipótese cuida do reexame necessário. Apesar de não haver previsão deste no âmbito da ação civil pública, o Superior Tribunal de Justiça entendeu pela aplicação do art. 19 da Lei da Ação Popular àquela ação, que estabelece a necessidade de remessa *ex officio* da sentença da ação popular que tiver julgado o feito extinto sem resolução de mérito, ou tiver sido pela improcedência do pedido. Como se extrai dessa última lei, a ação popular se presta ao ataque de ato lesivo ao patrimônio público ou a certos bens jurídicos, buscando invalidá-lo e, como consequência, obter a reparação dos danos daí decorrentes. Tendo em vista que foi proposta ação civil pública também com a finalidade daquela outra demanda coletiva, foi aplicado o regime do duplo grau obrigatório da ação popular àquela primeira causa, como forma de integração dentro do microssistema da tutela coletiva.[7]

O Projeto de Lei do Novo Código de Processo Civil, por seu turno, trouxe novo instrumento para proteção coletiva a direitos: o incidente de resolução de demandas repetitivas, regulado a partir do art. 930 até o art. 941.[8] Trata-se de um mecanismo que possui característica distinta das ações coletivas em geral, pois procura, através de uma cisão de competência, resolver questão de direito comum a múltiplas ações individuais.[9]

Pode-se constatar que o Projeto em tela traz à tona uma nova forma de tutela coletiva, não presente no Código de Processo Civil de 1973, a das ações de grupo, isto é, um procedimento de resolução coletiva de demandas diversas, sem que se esteja diante de uma ação proposta por um legitimado extraordinário em nome da coletividade.[10]

Nesse tipo de tutela coletiva,[11] os próprios titulares do direito vão a juízo em defesa de seu interesse, sendo que haverá um incidente para a prolação de uma solução

---

microssistema de tutela dos direitos difusos, por isso que, não havendo previsão de prazo prescricional para a propositura da Ação Civil Pública, recomenda-se a aplicação, por analogia, do prazo quinquenal previsto no art. 21 da Lei nº 4.717/65" (STJ, 2ª Seção, REsp nº 1.070.896, rel. Min. Luis Felipe Salomão, publ. *DJ*, 04 ago. 2010).

[7] "PROCESSUAL CIVIL. AÇÃO CIVIL PÚBLICA. REPARAÇÃO DE DANOS AO ERÁRIO. SENTENÇA DE IMPROCEDÊNCIA. REMESSA NECESSÁRIA. ART. 19 DA LEI nº 4.717/64. APLICAÇÃO. 1. Por aplicação analógica da primeira parte do art. 19 da Lei nº 4.717/65, as sentenças de improcedência de ação civil pública sujeitam-se indistintamente ao reexame necessário. Doutrina. 2. Recurso especial provido" (STJ, 2ª Turma, REsp 1.108.542, rel. Min. Castro Meira, publ. *DJ*, 29 maio 2009).

[8] Antes das modificações ocorridas no Senado Federal, os dispositivos que tratavam do incidente eram os arts. 895 a 906.

[9] Sobre esse diferente mecanismo de tutela a direitos, menciona Antonio Cabral: "A premissa é de que uma parte da fattispecie constitutiva dos interesses individuais pode ser definida na demanda coletiva. A cognição judicial, portanto, é cindida: neste incidente seriam apreciadas somente questões comuns a todos os casos similares, deixando para um procedimento complementar a decisão de cada caso concreto. No incidente coletivo é resolvida parte das questões que embasam a pretensão, complementando-se a atividade cognitiva no posterior procedimento aditivo.
Preserva-se, dentro da multiplicidade interior da classe, a identidade e a especificidade do indivíduo e as particularidades de sua situação, já que os membros do grupo envolvido são tratados como uma verdadeira parte, ao invés de uma 'não parte substituída'. É a tentativa de estabelecer 'algo análogo a uma class action, mas sem classe'" (CABRAL, Antonio do Passo. A causa de pedir nas ações coletivas. *In*: SOUSA, José Augusto Garcia de (Coord.). *A defensoria pública e os processos coletivos*: comemorando a Lei Federal 11.448, de 15 de janeiro de 2007. Rio de Janeiro: Lumen Juris, 2008. p. 138-139).

[10] Sobre a configuração das ações de grupo, vale conferir o trabalho de CABRAL, Antonio do Passo. O novo procedimento-modelo (Musterverfahren) alemão: uma alternativa às ações coletivas. *Revista de Processo*, São Paulo, n. 147, p. 123-146, maio 2007.

[11] Ressalte-se que Teori Zavascki efetua distinção entre defesa de direitos coletivos e defesa coletiva de direitos: "Uma das principais causas, senão a principal, dos equívocos nesse novo domínio processual foi a

que se incidirá aos casos que tratam da mesma questão. A identidade da questão em jogo fará com que haja uma resolução de aplicação coletiva.

Ressalte-se que esse tipo de mecanismo de proteção a direitos possui a vantagem de evitar prejuízos ao contraditório, à ampla defesa e ao devido processo legal dos titulares do direito envolvido. Isso por que estes irão diretamente ao Judiciário defender seu direito, tendo em seu favor todas as garantias constitucionais do processo. Evita-se, outrossim, a alegação de falta de representatividade adequada do legitimado extraordinário das ações de classe.[12]

Antes de analisar o regime trazido pelo Projeto, porém, primeiro serão vistos institutos semelhantes do Direito Comparado — sem exaustividade, dados os limites deste estudo —, para a adequada compreensão do instituto pátrio.

2 A Resolução coletiva de demandas no Direito Comparado

2.1 Alemanha

Um primeiro tipo de ações de grupo que se pode mencionar é o caso do procedimento modelo alemão — *Musterverfahren*.

Inicialmente, cumpre salientar que na Alemanha não há regulação significativa da tutela coletiva, porque muitas das necessidades que demandariam ações desta espécie são resolvidas por órgãos fiscalizatórios governamentais. É de se destacar, inclusive, que havia mecanismos coletivos só para tutela declaratória ou inibitória, não existindo mecanismo para obtenção de prestação condenatória por ações de classe.[13]

---

de confundir direito coletivo com defesa coletiva de direitos, que trouxe a consequência, a toda evidência distorcida, de se imaginar possível conferir aos direitos subjetivos individuais, quando tutelados coletivamente, o mesmo tratamento que se dá aos direitos de natureza transindividual" (ZAVASCKI, *op. cit.*, p. 32).

[12] Nas ações coletivas, os legitimados à sua propositura estão previstos diretamente nas leis que as instituem, não havendo em geral um controle da sua representatividade adequada: os possíveis autores dessas demandas foram escolhidos abstratamente pelo legislador. Excepcionalmente, contudo, há hipóteses de controle da legitimidade. É o caso das associações, que devem estar constituídas há pelo menos um ano e ter entre seus objetivos institucionais a defesa do interesse protegido pela causa ajuizada, na forma dos arts. 5º, V, da Lei nº 7.347/85 e 82, IV, do CDC, mas que, por força dos parágrafos 4º e 1º dos mesmos dispositivos, respectivamente, podem ter esse segundo requisito dispensado pelo magistrado, em razão da gravidade do dano ou da relevância do bem em jogo. Ademais, também o Ministério Público, quando atua na proteção de interesses individuais homogêneos, deve ter sua atuação justificada na relevância social do direito em jogo, não podendo propor demanda que se refira a qualquer interesse dessa espécie. Nesse sentido: "LOCAÇÃO. AÇÃO CIVIL PÚBLICA PROPOSTA EM FACE DE APENAS UMA ADMINISTRADORA DE IMÓVEL. CLÁUSULA CONTRATUAL ABUSIVA. ILEGITIMIDADE ATIVA DO MINISTÉRIO PÚBLICO ESTADUAL. DIREITO INDIVIDUAL PRIVADO. CÓDIGO DE DEFESA DO CONSUMIDOR. INAPLICABILIDADE. 1. Nos termos do art. 129, inciso III, da Constituição Federal e do art. 25, inciso IV, letra a, da Lei nº 8.625/1993, possui o Ministério Público, como função institucional, a defesa dos interesses difusos, coletivos e individuais indisponíveis e homogêneos. 2. No caso dos autos, a falta de configuração de interesse coletivo afasta a legitimidade ativa ad causam do Ministério Público para ajuizar ação civil pública objetivando a declaração de nulidade de cláusulas abusivas constantes de contratos de locação realizados com apenas uma administradora do ramo imobiliário. 3. É pacífica e remansosa a jurisprudência, nesta Corte, no sentido de que o Código de Defesa do Consumidor não é aplicável aos contratos locatícios, que são reguladas por legislação própria. Precedentes. 4. Recurso especial desprovido" (STJ, 5ª Turma, REsp nº 605.295, rel. Min. Laurita Vaz, publ. *DJ*, 02 ago. 2010).

[13] O procedimento modelo da Alemanha é objeto de profunda análise por Antonio do Passo Cabral, no trabalho já citado, para o qual se remete o leitor.

Em agosto de 2005, a Lei de Introdução ao Procedimento-Modelo para investidores em mercado de capitais foi editada, com eficácia limitada até 2010, e com âmbito de aplicação bastante restrito, apenas para os conflitos referentes a este âmbito. Sua finalidade é a fixação de pressupostos fáticos ou questões prévias de pretensões repetitivas, com a possibilidade de ampliação de seu objeto a qualquer momento, mas o juízo de origem deve concordar e esta modificação deve se inserir no objetivo do procedimento para o caso concreto.[14]

O procedimento em questão gera, à semelhança de certos institutos do Direito pátrio,[15] uma espécie de cisão de competência, pois haverá uma atividade cognitiva pelo órgão de competência originária da causa, enquanto a questão objeto do incidente tramitará no tribunal regional ou, em razão de necessidade da segurança jurídica, no tribunal superior.

O Procedimento-Modelo se inicia com um pedido de instalação pelo autor ou pelo réu, com indicação dos pontos litigiosos que pretenda ver decididos na via coletiva. O juízo de origem deve decidir sobre este pleito, e caso o admita, a questão é remetida a um tribunal de hierarquia superior, devendo ser publicada em cadastro público e gratuito a admissão do requerimento.[16] No entanto, para que seja admitido o incidente pelo tribunal, devem ocorrer pelo menos mais nove requerimentos no mesmo sentido no prazo de quatro meses, contados da publicação do registro.

Com a admissão do incidente, haverá a suspensão dos processos individuais em curso, e o tribunal competente para julgá-lo escolherá líder para ambas as partes, tanto do polo ativo como do passivo, sendo possível, outrossim, a intervenção de terceiros, sendo que as partes dos processos individuais são consideradas intervenientes automaticamente, o que representa uma consagração do contraditório em favor daqueles que serão diretamente atingidos desde logo pela decisão, já que a admissão de sua participação permite que influenciem na formação da decisão coletiva pelo órgão competente.[17]

A decisão do incidente vinculará os juízos de origem quanto aos processos pendentes que ficaram suspensos, mas não quanto aos processos futuros,[18] sendo que recurso interposto em face daquele ato decisório paradigma exige a significação fundamental, semelhante à repercussão geral exigida para o recurso extraordinário.[19]

---

[14] CABRAL. O novo procedimento-modelo (Musterverfahren) alemão:..., p. 132-133
[15] É o caso do incidente de inconstitucionalidade, previsto nos arts. 901 a 903 do Projeto de Lei nº 166/10 — no Projeto Original da Comissão Elaboradora, arts. 866 a 868 —, uma vez que também provoca uma divisão de competências dentro do tribunal entre o órgão fracionário, que julgará a causa ou o recurso propriamente dito, e o Órgão Especial ou o Pleno, que apreciará a questão de direito sobre a qual há indícios de inconstitucionalidade.
[16] Nesse mesmo sentido, o Projeto traz, em seu art. 896 (pelo relatório-geral no Senado Federal, este artigo passou a ter o nº 931), a previsão de que a instauração e o processamento do incidente serão objeto de ampla divulgação e publicidade através do registro eletrônico do Conselho Nacional de Justiça, sendo que os tribunais deverão, também, manter registro de dados atualizados sobre as questões submetidas ao incidente, para comunicação ao aludido Conselho.
[17] Nessa esteira, GRECO, Leonardo. O princípio do contraditório. In: GRECO, Leonardo. *Estudos de direito processual*. Campos dos Goytacazes: Faculdade de Direito de Campos, 2005. p. 554 defende que o contraditório impõe o direito de influência na formação da decisão da demanda.
[18] Para CABRAL. O novo procedimento-modelo (Musterverfahren) alemão:..., p. 141, está-se diante de uma coisa julgada limitada pela litispendência individual.
[19] Idem, p. 142.

2.2 Jurisdição administrativa espanhola

Na Espanha, a Lei nº 29/98, conhecida como Lei da Jurisdição Contencioso-Administrativa (LJCA), instituiu a figura do "caso-teste", conforme se extrai da cumulação dos arts. 37 e 111.[20] Havendo uma pluralidade de recursos administrativos com o mesmo objeto, o órgão jurisdicional poderá selecionar um ou alguns para tramitação em caráter preferencial, ouvindo-se previamente os envolvidos e suspendendo os demais até o julgamento dos selecionados.

O mecanismo espanhol da seleção de recursos representativos da controvérsia para julgamento, além de se assemelhar ao incidente de resolução de demandas repetitivas do Projeto de Lei nº 166/10, também tem muita aproximação com o sistema de apreciação de recursos especiais e extraordinários repetitivos, previsto no Código de Processo Civil atual, nos arts. 543-B e 543-C, também trazido no Projeto em tela, nos arts. 990 a 995, originariamente arts. 953 a 958.

O sistema espanhol em questão procura simplificar a tramitação de recursos, evitando que desnecessariamente tenham de se desenvolver. Ademais, é importante mecanismo voltado à segurança jurídica, na medida em que, com a suspensão das impugnações para julgamento das selecionadas, evitam-se decisões contraditórias sobre o mesmo objeto.

Para a escolha do caso ou casos-teste, a lei em tela não estabeleceu critérios claros. Dessa forma, dois critérios parecem ser fundamentais na seleção dos casos-teste.[21] O primeiro é o da diversidade, isto é, devem ser selecionados recursos que demonstrem as especificidades de casos concretos acerca do mesmo objeto. O segundo, por seu turno, é o da completude: serão escolhidos os recursos que cuidem da questão de maneira mais completa. Com efeito, esses critérios procuram evitar inclusive que haja um prejuízo na escolha de um recurso que não esteja bem formulado, deixando de abordar questões relevantes que podem levar a uma solução mais adequada do conflito.

Um problema, porém, que também pode ser encontrado no sistema alemão e na regulação do incidente brasileiro, é a definição de quais recursos possuem o mesmo objeto. Muitas vezes, há questões que se afiguram semelhantes entre recursos administrativos, mas que não se revelam como pretensões idênticas, e que podem

---

[20] Confiram-se os aludidos arts.: "Artículo 37. 1. Interpuestos varios recursos contencioso-administrativos con ocasión de actos, disposiciones o actuaciones en los que concurra alguna de las circunstancias señaladas en el artículo 34, el órgano jurisdiccional podrá en cualquier momento procesal, previa audiencia de las partes por plazo común de cinco días, acordar la acumulación de oficio o a instancia de alguna de ellas. 2. Cuando ante un Juez o Tribunal estuviera pendiente una pluralidad de recursos con idéntico objeto, el órgano jurisdiccional podrá no acumularlos y tramitar uno o varios con carácter preferente, previa audiencia de las partes por plazo común de cinco días, suspendiendo el curso de los demás hasta que se dicte sentencia en los primeros. La sentencia deberá ser notificada a las partes afectadas por la suspensión, quienes podrán optar por solicitar la extensión de sus efectos en los términos del artículo 111, por la continuación de su procedimiento o por el desistimiento". "Artículo 111. Cuando se hubiere acordado suspender la tramitación de uno o más recursos con arreglo a lo previsto en el artículo 37.2, los recurrentes afectados por la suspensión podrán interesar del Juez o Tribunal de la ejecución que extienda a su favor los efectos de la sentencia o sentencias firmes recaídas en los recursos resueltos, con arreglo a lo establecido en los apartados 3, 4 y 5 del artículo anterior en cuanto resulten aplicables".

[21] Nesse sentido, ANDRÉS, Antonio Alfonso Pérez. *Los efectos de las sentencias de la jurisdicción contencioso-administrativa*. Navarra: Aranzadi, 2000. p. 286-287. Vale registrar que o texto em tela procura trazer um panorama geral sobre esse sistema dos casos-teste.

acabar por ser agrupadas indevidamente.[22] Neste caso, parece-nos que devem ser escolhidos tantos recursos quantos sejam necessários para efetivamente representar todas as controvérsias, já que pretensões distintas podem revelar pontos diferentes para análise.

Com o julgamento do caso ou casos selecionados, surgem três soluções distintas para os casos que ficaram suspensos: a desistência do recurso; a continuação do recurso suspenso de forma individual; e a extensão dos efeitos da decisão do caso paradigma, desde que seja decisão dotada de firmeza.[23]

3 O Incidente de resolução de demandas repetitivas do Projeto de Lei nº 166/10

3.1 Aspectos gerais

O incidente de resolução de demandas repetitivas, regulado dos arts. 930 a 941 do Projeto de Lei nº 166/10, procura trazer ao processo civil pátrio a possibilidade de solução única de uma questão de direito, a ser aplicada em diferentes demandas que tratam do mesmo ponto. Como dito acima, cuida-se de diferente forma de prestação jurisdicional coletiva, no sentido de que é proferida uma decisão que será aplicada a múltiplas ações em curso.[24] Tal qual visto nos sistemas alemão e espanhol, evita-se com isso a necessidade de tramitação desnecessária de muitas causas — por vezes até milhares — desafogando-se o Poder Judiciário para a decisão de pretensões singulares, afastando-se, ainda, a prolação de atos decisórios contraditórios, em flagrante prejuízo à segurança jurídica.

Note-se que o referido incidente poderá ser utilizado até mesmo em caráter preventivo, na medida em que o art. 930 admite que seja utilizado na ocorrência de controvérsia que tenha potencial de gerar multiplicidade de causas, não exigindo que já existam repetidas ações sobre o tema.

Uma vez instaurado o mecanismo em tela, ser-lhe-á dada ampla publicidade em registro eletrônico no Conselho Nacional de Justiça,[25] e o presidente do tribunal competente para sua apreciação suspenderá os processos pendentes em primeiro e segundo graus de jurisdição.[26] Como o presidente do Tribunal de Justiça ou do Tribunal Regional Federal possui competência limitada territorialmente, apenas poderá

---

[22] Imagine-se, por exemplo, que se está diante de um recurso que cuida do direito a certa verba por um funcionário estatal, enquanto outro recurso trata de verba semelhante, porém diferente daquela discutido na primeira impugnação.

[23] É o que se extrai da análise conjunta dos arts. 37.2 e 111 da LJCA.

[24] "Outras alternativas vêm sendo testadas no direito comparado, talvez restritas aos direitos coletivos ou individuais homogêneos, mas ainda assim dignas de nota. Todas procuram evitar as discrepâncias do sistema de legitimação extraordinária, relegando a questão representativa a um segundo plano. Procuram-se métodos de decisão em bloco que partam de um caso concreto entre contendores individuais. Trata-se da instauração de uma espécie de 'incidente coletivo' dentro de um processo individual.
São mecanismos que devem ser compreendidos como meios concorrentes, armas que se somam ao arsenal judicial para ofertar ao jurisdicionado a melhor tratativa da causa, um verdadeiro instrumento de case management, buscando resolver os problemas da legitimidade extraordinária. Não são, entretanto, sucedâneos das ações coletivas, mas outros meios que com estas devem conviver" (CABRAL. A causa de pedir nas ações coletivas, p. 138).

[25] Art. 931 do Projeto, originalmente art. 896.

[26] Art. 934 do Projeto, originalmente art. 899.

suspender causas nos limites da sua competência. Assim, como forma de preservação da uniformidade das decisões sobre esta questão de interesse coletivo, os legitimados à propositura do incidente podem requerer ao presidente do Supremo Tribunal Federal ou do Superior Tribunal de Justiça que suspenda todos os processos em andamento no território nacional.[27]

O Projeto consagrou o contraditório participativo nesse incidente: serão ouvidas as partes e terceiros com interesse na controvérsia, que poderão, inclusive, requerer diligências,[28] findas as quais haverá o julgamento.

No sistema da resolução de demandas repetitivas do Projeto de Lei nº 166/10, entretanto, é previsto que a tese jurídica adotada pelo órgão competente na análise da questão de massa será aplicada aos processos que versem sobre idêntica questão de direito,[29] sendo que não é feita distinção entre processos pendentes e futuros, vista anteriormente na legislação alemã.

Ademais, importante notar que, diferentemente da regulação alemã, o Projeto estabeleceu uma presunção de repercussão geral a eventual recurso extraordinário interposto em face da decisão do incidente,[30] o que nos parece bastante pertinente, pois, tratando-se de questão repetitiva, existe um interesse coletivo na sua adequada solução, evitando-se prejuízos à autoridade da Constituição da República.

Note-se que o Projeto não prevê expressamente a vinculação da decisão da demanda representativa para as que ficaram sobrestadas, mas como mencionado, prevê sua aplicação aos demais casos. Na realidade, seria até mesmo questionável, à luz da independência dos membros do Poder Judiciário — garantida constitucionalmente a partir de diversas proteções aos magistrados no art. 95, como a vitaliciedade e inamovibilidade —, que um órgão jurisdicional fique expressamente vinculado aos atos decisórios do outro, exceto naquelas hipóteses consagradas na Lei Maior, como as decisões definitivas de mérito das ações diretas de inconstitucionalidade e das demandas declaratórias de constitucionalidade (art. 102, §2º), e as súmulas vinculantes (art. 103-A).

No entanto, o art. 941[31] estabelece o cabimento de reclamação ao tribunal competente, caso desrespeitada a tese adotada, o que acaba, na prática, gerando uma vinculação à decisão tomada no incidente. Com efeito, a obediência à solução proferida no incidente se coaduna com seus objetivos de celeridade e de segurança jurídica, já que evita a proliferação do desenvolvimento de demandas, bem como que estas sofram resultados distintos, até mesmo em prejuízo da igualdade.

3.2 Ampliação de legitimidade como propulsor do acesso à justiça

O art. 930 do Projeto de Lei nº 166/10[32] prevê, em seu §1º, quais são os legitimados a pleitear a instauração do incidente de resolução de demandas repetitivas, assim estabelecendo:

---

[27] Art. 937 do Projeto, originalmente art. 900.
[28] Art. 935 do Projeto, originalmente art. 901.
[29] Art. 938 do Projeto, originalmente art. 903.
[30] Art. 989, §3º, do Projeto, originalmente art. 950, §3º.
[31] Originalmente, art. 906.
[32] Originalmente, art. 895.

§1º. O pedido de instauração do incidente será dirigido ao Presidente do Tribunal:
I – pelo juiz ou relator, por ofício;
II – pelas partes, pelo Ministério Público ou pela Defensoria Pública, por petição.

A partir da redação do referido dispositivo, verifica-se que são legitimados ativos as partes da demanda, o Ministério Público e a Defensoria Pública, podendo, ainda, o juiz ou relator requerer de ofício a sua instauração.

Note-se que, apesar de as partes serem as grandes interessadas em se iniciar esse procedimento de solução coletiva de conflitos individuais, terceiros podem ter evidente interesse em inaugurar tal incidente. Imagine-se, por exemplo, que se encontram em curso múltiplas ações individuais sobre relação de telefonia. Uma associação de defesa de consumidores tem clara intenção em que haja uma solução para a questão de direito envolvida nessas diversas ações, já que, com isso, estará protegendo os interesses que defenderia por meio de uma ação civil pública, que muito comumente tem longa tramitação e grande complexidade.

Assim sendo, a legitimação das associações — que inclusive muitas vezes estão mais próximas dos titulares dos direitos defendidos por meio de uma ação coletiva do que outros legitimados, como o Ministério Público —, é fator que pode auxiliar a promoção desse mecanismo de tutela coletiva, favorecendo, outrossim, a celeridade e a segurança jurídica que o norteiam.

Da mesma forma, têm-se a Fazenda Pública e as entidades da Administração Indireta. Muitas vezes, os fins que pretenderiam por meio de uma ação civil pública podem ser atingidos por meio da instauração do incidente de resolução repetitiva de demandas, obtendo-se uma solução desde logo para a questão, e que, como visto, será aplicada aos casos em andamento.

Nesse sentido, cumpre observar que a ampliação da legitimidade para o incidente evitaria decisões contraditórias, como se pode observar na sistemática do *opt out* prevista no Código de Defesa do Consumidor, em seu art. 104, e que é aplicável subsidiariamente à ação civil pública. Os termos deste último dispositivo indicam que, proposta uma ação coletiva, podem os autores individuais optarem por se sujeitar ou não à decisão daquela ação, caso requeiram a suspensão de suas ações no prazo de 30 dias, contados da ciência da demanda coletiva nos autos de sua causa individual.

Vê-se, portanto, que o sistema do *opt out* das ações coletivas ora vigente acaba por permitir decisões contraditórias, prejudicando a segurança jurídica. Diante disso, inclusive o próprio Superior Tribunal de Justiça já admitiu que fosse de ofício determinada a suspensão das ações individuais, na pendência de ação coletiva com o mesmo objeto, calcado na sistemática do julgamento de recursos repetitivos, prevista para aquele tribunal pela Lei nº 11.672/08.[33]

---

[33] "RECURSO REPETITIVO. PROCESSUAL CIVIL. RECURSO ESPECIAL. AÇÃO COLETIVA. MACRO-LIDE. CORREÇÃO DE SALDOS DE CADERNETAS DE POUPANÇA. SUSTAÇÃO DE ANDAMENTO DE AÇÕES INDIVIDUAIS. POSSIBILIDADE. 1. Ajuizada ação coletiva atinente a macro-lide geradora de processos multitudinários, suspendem-se as ações individuais, no aguardo do julgamento da ação coletiva. 2. Entendimento que não nega vigência aos arts. 51, IV e §1º, 103 e 104 do Código de Defesa do Consumidor; 122 e 166 do Código Civil; e 2º e 6º do Código de Processo Civil, com os quais se harmoniza, atualizando-lhes a interpretação extraída da potencialidade desses dispositivos legais ante a diretriz legal resultante do disposto no art. 543-C do Código de Processo Civil, com a redação dada pela Lei dos Recursos Repetitivos (Lei nº 11.672, de 08.05.2008). 3. Recurso Especial improvido" (STJ, 2ª Seção, REsp 1.110.549, rel. Min. Sidnei Beneti, publ. *DJ*, 14 dez. 2009).

De outro lado, o incidente de resolução de demandas repetitivas possui o mérito de solucionar a questão de direito, com aplicação da tese para outros casos, como dispõe o art. 938 do Projeto, sendo, portanto, instrumento de grande eficiência, e com a vantagem da participação das partes das ações individuais, conforme visto anteriormente, possibilitando-se amplo contraditório.

Dessa forma, parece-nos de grande valia que seja ampliada a legitimidade para o pleito de instauração do incidente, para que também os demais legitimados à ação civil pública possam propô-lo. Trata-se de medida que contribuiria para a própria coesão do microssistema da tutela coletiva, pois os legitimados a essa ação também poderiam se valer de mecanismo de notável eficiência, evitando o risco de decisões contraditórias, o que favorece a segurança jurídica, bem como a própria igualdade, na medida em que indivíduos na mesma situação acabariam por ter a mesma solução para a questão em jogo.

Note-se, ainda, que pode ser que as partes individuais não possuam conhecimento de que a questão por elas suscitada tem potencial relevância coletiva, ou mesmo não tenham interesse em suscitar o incidente para a solução paradigmática da pretensão. Desta forma, a ampliação do rol de legitimados contribuiria para a maior efetividade do instituto, o que, em última análise, promoveria o acesso à justiça enquanto direito à obtenção de uma prestação jurisdicional justa e tempestiva, não podendo ser tal garantia indiferente à realidade social em que se aplica.[34]

4 Conclusões

O incidente de resolução de demandas repetitivas é um instrumento que contribuirá sobremaneira para a solução mais célere de demandas, evitando a tramitação desnecessária de centenas ou até milhares de causas com idêntico objeto. Trata-se de mecanismo de tutela coletiva, na medida em que confere uma solução que se aplicará a outros casos com a mesma pretensão e causa de pedir.

No entanto, essa forma de proteção coletiva a direitos difere das ações coletivas previstas no ordenamento jurídico brasileiro, pois nesse mecanismo as partes diretamente levaram seu conflito ao Poder Judiciário, tendo a possibilidade de exercício das garantias constitucionais do processo.

Apesar de o Projeto de Lei nº 166/10 prever a legitimidade para a propositura do incidente às partes, Ministério Público e Defensoria Pública, e ao juiz ou relator de ofício, é preciso ampliar este rol de legitimados, para que outras entidades representativas de interesses venham a pleitear sua instauração. Esta ampliação contribuirá para a maior efetividade do instituto, já que permitirá que outras pessoas o utilizem, contribuindo para a segurança jurídica, a igualdade e o acesso à Justiça.

Referências

ANDRÉS, Antonio Alfonso Pérez. *Los efectos de las sentencias de la jurisdicción contencioso-administrativa*. Navarra: Aranzadi, 2000.

---

[34] MARINONI, Luiz Guilherme. *Teoria geral do processo*. 2. ed. São Paulo: Revista dos Tribunais, 2007. p. 189.

ANDREWS, Neil. *O moderno processo civil*: formas judiciais e alternativas de resolução de conflitos na Inglaterra. Orientação e revisão da tradução Teresa Arruda Alvim Wambier. São Paulo: Revista dos Tribunais, 2010.

BEDAQUE, José Roberto dos Santos. *Direito e processo*: influência do direito material sobre o processo. 4. ed. São Paulo: Malheiros, 2006.

BEDAQUE, José Roberto dos Santos. *Efetividade do processo e técnica processual*. São Paulo: Malheiros, 2007.

CABRAL, Antonio do Passo. A causa de pedir nas ações coletivas. In: SOUSA, José Augusto Garcia de (Coord.). *A defensoria pública e os processos coletivos*: comemorando a Lei Federal 11.448, de 15 de janeiro de 2007. Rio de Janeiro: Lumen Juris, 2008.

CABRAL, Antonio do Passo. O novo procedimento-modelo (Musterverfahren) alemão: uma alternativa às ações coletivas. *Revista de Processo*, São Paulo, n. 147, p. 123-146, maio 2007.

CAPPELLETTI, Mauro; GARTH, Bryant. *Acesso à justiça*. Tradução de Ellen Gracie Northfleet. reimpr. Porto Alegre: Fabris, 2002.

DIDIER JR., Fredie; ZANETI JR., Hermes. *Curso de direito processual civil*: processo coletivo. Salvador: JusPodivm, 2007. v. 4.

DINAMARCO, Cândido Rangel. *Instituições de direito processual civil*. 5. ed. São Paulo: Malheiros, 2005. v. 1.

GRECO, Leonardo. *Estudos de direito processual*. Campos dos Goytacazes: Faculdade de Direito de Campos, 2005.

MARINONI, Luiz Guilherme. *Teoria geral do processo*. 2. ed. São Paulo: Revista dos Tribunais, 2007.

SOUSA, José Augusto Garcia de. A nova Lei 11.448/07: os escopos extrajurídicos do processo e a velha legitimidade da defensoria pública para ações coletivas. In: SOUSA, José Augusto Garcia de (Coord.). *A defensoria pública e os processos coletivos*: comemorando a Lei Federal 11.448, de 15 de janeiro de 2007. Rio de Janeiro: Lumen Juris, 2008.

ZAVASCKI, Teori Albino. *Processo coletivo*: tutela de direitos coletivos e tutela coletiva de direitos. 4. ed. São Paulo: Revista dos Tribunais, 2009.

Informação bibliográfica deste texto, conforme a NBR 6023:2002 da Associação Brasileira de Normas Técnicas (ABNT):

RODRIGUES, Marco Antonio dos Santos. O incidente de resolução de demandas repetitivas e sua legitimidade. In: ROSSI, Fernando et al. (Coord.). *O futuro do processo civil no Brasil*: uma análise crítica ao Projeto do Novo CPC. Belo Horizonte: Fórum, 2011. p. 433-443. ISBN 978-85-7700-511-6.

AS TUTELAS DE URGÊNCIA E AS DE EVIDÊNCIA – ESPECIFICIDADES E EFEITOS

MARIA LÚCIA BAPTISTA MORAIS

1 Introdução

O Judiciário brasileiro vive um problema que não é exclusividade dele, mas que afeta diretamente o jurisdicionado. Trata-se da morosidade da Justiça. Foram muitas as tentativas para resolver essa dificuldade, mas, até agora, não foi obtido o sucesso desejado.

A introdução, no CPC, da tutela antecipada, para os procedimentos comuns, foi uma das alterações que tinham o objetivo de amenizar o problema da demora do processo. Até então, só havia, no CPC, a previsão da tutela cautelar e tutelas satisfativas, em procedimentos especiais.

Na nova previsão da antecipação de tutela, mesmo sem uma nomenclatura específica, foi introduzida a tutela satisfativa provisional ou interinal e também a autônoma.

A partir da previsão legal, a doutrina empenhou-se em fazer a distinção entre os dois institutos. Assim, os autores perceberam, inicialmente, a diferença entre tutela de aparência e de evidência. Essa distinção servia para delimitar a tutela cautelar da satisfativa.

O presente estudo tem como objetivo traçar a distinção entre as tutelas de urgência e de evidência, partindo do surgimento da fungibilidade entre as medidas. Visa analisar as implicações práticas que a distinção oferece e, por fim, pretende fazer uma distinção entre o conceito de evidência, utilizado no CPC atual e o do Projeto do Novo CPC. Consequentemente, faz a distinção entre os tipos de tutelas de evidência e a análise de questões, como: a cognição, realizada para a obtenção de uma liminar e a exigência de perigo de dano.

Trata-se de tema de extrema importância, tendo em vista que — apesar das tentativas de alterações procedimentais, previstas no Projeto do Novo CPC, com o objetivo de resolver o problema da morosidade — diante da questão estrutural e de logística, em que se encontra o Judiciário brasileiro, a perspectiva é que não haja grandes avanços, apenas com alterações de previsão legal. É, e continuará sendo, extremamente importante a utilização de tutelas de urgência e de evidência.

Por outro lado, a proposta do Novo CPC traz várias modificações para as tutelas de urgências, previstas no CPC atual, e que merecem ser abordadas. Por essa razão, este artigo foi dividido em duas partes. No primeiro item, serão tratadas as tutelas de urgência, cautelar e satisfativas, com uma abordagem específica sobre as correspondes espécies. Faz-se, igualmente, uma comparação entre a legislação atual e o Projeto apresentado. No segundo item, será tratada a tutela de evidência, com uma análise do conceito, tipos e o eventual perigo de dano.

2 Tutelas de urgência

2.1 Tutelas de urgência e a fungibilidade

Apesar das diferenças, que realmente existem,[1] algumas situações permanecem em uma zona intermediária, dificultando a aplicação prática e a atuação dos profissionais do Direito.

---

[1] Para alguns autores, as cautelares diferem, substancialmente, das antecipações de tutela, porque não satisfazem, de pronto, a pretensão do autor. As ações cautelares asseguram, apenas, a possibilidade de realização do direito no futuro (SILVA, Ovídio A. Baptista da. *Curso de processo civil*: processo cautelar: tutela de urgência. 2. ed. rev. e atual. Rio de Janeiro: Forense, 1998. v. 3, p. 37). No mesmo sentido, MARINONI, Luiz Guilherme; ARENHART, Sérgio Cruz. *Processo cautelar*. 2. ed. São Paulo: Revista dos Tribunais, 2007. (Curso de processo civil, v. 4) (Curso de processo civil, v. 3, p. 23) e TAVARES, Fernando Horta *et al*. Urgência de tutelas: por uma teoria da efetividade do processo adequada ao Estado de direito democrático = Urgency of guardianships: for a theory of the effectiveness of the process adequate to the democratic rule of law. *Revista da Faculdade Mineira de Direito*, Belo Horizonte, v. 11, n. 21, p. 149, jan./jul. 2008.
Para Cândido Rangel Dinamarco, há um ponto de união entre os dois institutos, que é o fator tempo do processo e que faz com que a distinção entre eles não seja tão importante. DINAMARCO, Cândido Rangel. *Nova era no processo civil*. São Paulo: Malheiros, 2004. p. 55. Aliás, pode-se afirmar que existem outras semelhanças, como: a cognição sumária, a não definitividade, a postergação do contraditório para o deferimento da medida, sob a forma de uma liminar.
A verdadeira função das cautelares também é ponto divergente na doutrina. O posicionamento predominante é o de que a cautelar é um "instrumento do instrumento" e que visa proteger o resultado útil do processo de conhecimento ou de execução. A proteção se dá ao império da decisão do Estado, que não pode se tornar inútil, ao final do processo, onde se desenvolve a ação principal. Esses autores basearam-se nos primeiros ensinamentos de Piero Calamandrei, para quem a instrumentalidade que vinculava a cautelar à ação principal é a mais importante distinção entre o processo cautelar e os demais. CALAMANDREI, Piero. *Introdução ao estudo sistemático dos procedimentos cautelares*. Tradução de Carla Roberta Andreasi Bassi. Campinas: Servanda, 2000. p. 42. No mesmo sentido: CARNELUTTI, Francesco. *Instituições do processo civil*. Tradução de Adrián Sotero de Witt Batista. São Paulo: Classic Book, 2000. v. 1, p. 43. DINAMARCO, Cândido Rangel. *Nova era no processo civil*. São Paulo: Malheiros, 2004. p. 53; THEODORO JUNIOR, Humberto. *Curso de direito processual civil*. 38. ed. Rio de Janeiro: Forense, 2005. v. 2, p. 406.
Contrapondo o posicionamento anterior, aparece Ovídio A. Baptista da Silva, para quem a cautelar protege não o resultado útil do processo de conhecimento ou de execução, mas, sim, a realizabilidade prática do direito da parte. O referido autor argumentou que, se a cautelar visasse à proteção da decisão do Estado, o juiz deveria poder decidir, sempre, de ofício e não, somente, em casos autorizados por lei. Este último posicionamento é o que merece acolhimento (SILVA, Ovídio A. Baptista da. *Curso de processo civil*: processo cautelar: tutela de urgência. 2. ed. rev. e atual. Rio de Janeiro: Forense, 1998. v. 3, p. 48). No mesmo sentido: MARINONI, Luiz Guilherme; MARINONI, Luiz Guilherme; ARENHART, Sérgio Cruz. *Processo cautelar*. 2. ed. São Paulo: Revista dos Tribunais, 2007. p. 26-27. (Curso de processo civil, v. 4) e TAVARES, Fernando Horta *et al*. Urgência de tutelas: por uma teoria da efetividade do processo adequada ao Estado de direito democrático = Urgency of guardianships: for a theory of the effectiveness of the process adequate to the democratic rule of law. *Revista da Faculdade Mineira de Direito*, Belo Horizonte, v. 11, n. 21, p. 149, jan./jul. 2008.

A insegurança na escolha entre as duas formas de tutelas, por parte dos advogados — em razão das divergências na interpretação, pela doutrina e jurisprudência —, fazia com que o próprio jurisdicionado ficasse sem uma explicação ou solução plausível. Diante de tanta insegurança, surgiu a necessidade da fungibilidade.

A distinção entre as tutelas de urgência, que parecia primordial, cedeu à necessidade de uma prestação jurisdicional mais efetiva.[2] Aliás, isto tem ocorrido frequentemente. Há uma tendência atual do abandono da técnica, do formalismo, em prol da efetividade e da celeridade processual. Inclusive, muitas das mudanças de posicionamentos, em termos jurisprudencial e doutrinário, ocorreram em razão da incidência destes princípios e o mesmo se verifica pela proposta do Novo CPC.

Visando solucionar as divergências da distinção entre as tutelas de urgência e, principalmente, a falta de segurança na aplicação prática dos dois institutos, o legislador alterou o art. 273, incluindo, nele, o parágrafo 7º.

A adoção do princípio da fungibilidade decorre do fato de que o importante não é o nome do que foi postulado, mas a concreta necessidade da tutela jurisdicional pretendida.[3]

Antes que o legislador incluísse o referido parágrafo ao art. 273, a doutrina já questionava a importância da distinção, exatamente pela presença de uma zona comum entre os dois institutos. Este era o posicionamento de José Carlos Barbosa Moreira.[4]

É importante relembrar que, apesar de a previsão do parágrafo 7º ser no sentido de que, se for postulada a tutela antecipada, o juiz pode conceder a medida acautelatória, em realidade, a doutrina entende que o inverso também é possível.[5]

A previsão do legislador não trouxe nenhuma grande novidade, pois, na prática, já eram concedidas medidas acautelatórias, no curso de processos de conhecimento e de execução. A inovação, entretanto, foi a interpretação doutrinária dada ao referido parágrafo. Segundo ela, a antecipação de tutela também pode ser concedida, mesmo que a tutela cautelar tenha sido postulada. Essa leitura do parágrafo vislumbrava a possibilidade de que a tutela antecipada fosse, inclusive, concedida com autonomia procedimental, o que, em regra, não acontece.

---

[2] Ver, sobre o tema: OLIVEIRA, Carlos Alberto de. Efetividade e processo de conhecimento. *Revista Forense*, Rio de Janeiro, v. 348, p. 67-75, out./dez. 1999. No mesmo sentido, LIVONESI, André Gustavo. Fungibilidade das tutelas de urgência: a tutela cautelar e a tutela antecipada do art. 273 do CPC. *Revista Dialética de Direito Processual – RDDP*, n. 28, p. 10, jul. 2005.

[3] LAGE, Lívia Regina Savergnini Bissoli. Aplicação do princípio da fungibilidade entre as tutelas de urgência cautelar e genérica. *Revista de Processo*, São Paulo, v. 35, n. 182, abr. 2010, p. 325. AMARAL, Rafael Lopes do. Fungibilidade das tutelas de urgência. *Revista Dialética de Direito Processual – RDDP*, n. 46, p. 100-101, jan. 2007.

[4] Para Moreira: "A própria ciência processual reconhece hoje que muito do que se tentou fazer em matéria de distinção rigorosa, de quase que separação absoluta entre institutos, na verdade, constituía uma preocupação metodologicamente discutível e, em certos casos, francamente equivocada, porque há sempre uma passagem gradual de uma realidade a outra, e quase sempre se depara uma espécie de zona de fronteira, uma faixa cinzenta, que nem o mais aparelhado cartógrafo saberia dizer com precisão em qual dos dois terrenos estamos pisando" (MOREIRA, José Carlos Barbosa. A antecipação da tutela jurisdicional na reforma do Código de Processo Civil. *Revista de Processo*, p. 198-211, n. 81, jul./set. 1996. p. 201).

[5] Marinoni e Mitidiero ensinam que: "Entretanto, aceitando-se a possibilidade de requerimento de tutela cautelar no processo de conhecimento, é correto admitir a concessão de tutela de natureza antecipatória ainda que ela tenha sido postulada com o nome de cautelar, desde que devidamente preenchidos os pressupostos inerentes à concessão da tutela antecipatória" (MARINONI, Luiz Guilherme; MITIDIERO, Daniel. *Código de Processo Civil*: comentado artigo por artigo. São Paulo: Revista dos Tribunais, 2008. p. 276).

A doutrina já admitia a cumulação de um pedido acautelatório, feito em processo de cognição. Este era o posicionamento, por exemplo, de Araken de Assis[6] e José Roberto Bedaque.[7]

Há uma relação possível entre os princípios da fungibilidade e o da instrumentalidade das formas.[8] O primeiro significa que se pode conceder a tutela cautelar se for uma hipótese de tutela antecipada ou vice-versa. O último indica que, mesmo que o ato tenha sido realizado de maneira diferente, se atingiu a finalidade, ele não precisará ser anulado; pelo contrário, deverá ser reaproveitado. O princípio da instrumentalidade das formas tem sido o norte do processo civil, pois há uma tendência de abandonar o formalismo processual.[9]

A doutrina predominante[10] posiciona-se no sentido de que a tutela antecipada não pode ser concedida de ofício, inclusive pela própria previsão do art. 273, mas o magistrado pode revogá-la ou modificá-la, quando e como bem entender, desde que em decisão fundamentada. Sendo assim, há uma evidente flexibilização do princípio da adstrição ao pedido ou da congruência. Não se pode esquecer, entretanto, que, quando a tutela é antecipada, ela deve ser concedida dentro dos limites do pedido feito na inicial.[11]

O princípio da fungibilidade deve, segundo a doutrina majoritária, ser usado nas tutelas de urgência, em casos similares aos dos recursos, ou seja, quando houver dúvida e inexistir erro grosseiro.[12] Inexistindo dúvida na escolha do tipo de tutela de

---

[6] ASSIS, Araken de. Fungibilidade das medidas inominadas cautelares e satisfativas. *Revista de Processo*, São Paulo, v. 25, n. 100, p. 40, out./dez. 2000.

[7] BEDAQUE, José Roberto dos Santos. *Tutela cautelar e tutela antecipada*: tutelas sumárias e de urgência: tentativa de sistematização. São Paulo: Malheiros, 1998. p. 291.

[8] MELO, Gustavo de Medeiros. O princípio da fungibilidade no sistema de tutelas de urgência: um departamento do processo civil ainda carente de sistematização. *Revista Forense*, Rio de Janeiro, v. 104, n. 398, p. 93, jul./ago. 2008.

[9] Oliveira refere que: "Como se verifica, o excesso de formalismo no contexto do direito brasileiro decorre, em princípio, mais da cegueira do aplicador da lei ou dos demais operadores coadjuvantes — desatentos aos valores do processo, pouco afeitos ao manejo das possibilidades reparadoras contidas no ordenamento ou ansiosos por facilitar o seu trabalho — do que do próprio sistema normativo. Nesse aspecto, influi também a excessiva valorização do rito, com afastamento completo ou parcial da substância, conduzindo à ruptura com o sentimento de justiça" (OLIVEIRA, Carlos Alberto de. *Do formalismo no processo civil*. São Paulo: Saraiva, 1997. p. 207). Para Theodoro Júnior, "Ao contrário do que se passa com o processo anglo-saxônico e o francês, em que o Direito Processual se apresenta caracterizado por regras objetivas e funcionais, 'despreocupadas com o tecnicismo', visando sempre, e sobretudo, propiciar o 'acesso à justiça' e a 'efetividade do processo', o nosso Direito Processual anseia por um primado técnico-científico e é dentre esse tecnicismo exacerbado que suas regras são interpretadas pela doutrina e aplicadas pelos tribunais, quase sempre" (THEODORO JÚNIOR, Humberto. Um Novo Código de Processo Civil para o Brasil. *Revista Magister de Direito Civil e Processual Civil*, Porto Alegre, v. 7, n. 37, p. 96, jul./ago. 2010).

[10] Por todos, CARNEIRO, Athos Gusmão. *Da antecipação de tutela*. 6. ed. Rio de Janeiro: Forense, 2005. p. 61.

[11] BAUR, Fritz. *Estudos sobre tutela jurídica mediante medidas cautelares*. Tradução de Armindo Edgar Laux. Porto Alegre: Sergio Antonio Fabris, 1985. p. 103. Para o autor, "O juiz não está cerceado à opção entre deferir o provimento que foi requerido ou então indeferi-la, mas — dentro do 'limite extremo' estabelecido pelo direito material e pelo fim da tutela jurídica pretendida pelo autor — pode determinar livremente o que tem por necessário para a segurança de uma pretensão ou de uma regulação transitória de um estado-de-coisas".

[12] DIAS, Jean Carlos. Ainda a fungibilidade entre as tutelas de urgência. A atual posição doutrinária e jurisprudencial sobre o tema. *Revista Dialética de Direito Processual – RDDP*, n. 60, p. 78, mar. 2008. Marinoni e Arenhart entendem que "Esse novo dispositivo, partindo da premissa de que dificuldades como as apontadas podem ocorrer, tem por objetivo permitir que o juiz conceda a necessária tutela urgente no processo de conhecimento, e assim releve o requerimento realizado, *quando for nebulosa a natureza da tutela postulada, vale dizer, quando for fundado e razoável o equívoco do requerente*" (MARINONI, Luiz Guilherme; ARENHART, Sérgio Cruz. *Processo de conhecimento*. 7. ed. São Paulo: Revista dos Tribunais, 2007. p. 228, grifo dos autores. Curso de processo civil, v. 2.

urgência, não se justifica a aplicação do princípio. O juiz terá que ponderar, no caso concreto, a possibilidade de aplicação do mesmo.[13]

Até agora, a aplicação do princípio da fungibilidade foi necessária, pode-se dizer, imprescindível. Não se deve olvidar, entretanto, que os dois institutos são distintos. Passa-se, a seguir, à análise da evolução das tutelas de urgência, nos dias atuais e as perspectivas mudanças.

2.2 Aspectos contemporâneos e futuros das tutelas de urgência

A preocupação com a morosidade da justiça[14] não é recente. Não basta, porém, apenas fazer uma crítica à atual situação. É preciso compreensão a respeito do surgimento do processo civil brasileiro, para que se possa refletir e entender as propostas atuais.

Acredita-se que, antes de mais nada, seja possível pensar nos ensinamentos de Miguel Reale: "Opera-se, desse modo, através da história, o processo de 'modelagem jurídica' da realidade social, em virtude de sempre diversas e renovadas qualificações valorativas dos fatos". O autor, conceituando modelo jurídico, escreve:

> (...) em todas as espécies de ciências. Não obstante as suas naturais variações, está sempre ligado à ideia de projeto, de planificação lógica e à representação simbólica e antecipada dos resultados a serem alcançados por meio de uma sequência ordenada de medidas ou prescrições. Cada modelo expressa, pois, uma ordenação lógica de meios a fins, constituindo, ao mesmo tempo, uma preordenação lógica, unitária e sintética de relações sociais.[15]

Ainda, não fugindo dessa linha de pensamento e atestando a real ligação das alterações das legislações e a realidade e, também, parecendo prever a mutação entre privilegiar a segurança jurídica e a celeridade processual, Miguel Reale, complementa:

> A "modelagem" da experiência jurídica é feita, portanto, pelo jurista em contato direto com as relações sociais, como o faz o sociólogo, mas enquanto este se limita a descrever e explicar as relações existentes entre os fatos, em termos de leis casuais

---

[13] BASTOS, Cristiano de Melo; MEDEIROS, Reinaldo Maria de. Tutelas de urgência e o princípio da fungibilidade como garantia da instrumentalidade e efetividade processual. *Revista IOB de Direito Civil e Processual Civil*, São Paulo, v. 11, n. 62, p. 126, nov./dez. 2009.

[14] Cappelletti e Garth afirmaram: "O novo enfoque de acesso à justiça, no entanto, tem alcance muito mais amplo. Essa 'terceira onda' de reforma inclui a advocacia, judicial ou extrajudicial, seja por meio de advogados particulares ou públicos, mas vai além. Ela centra sua atenção no conjunto geral de instituições e mecanismos, pessoas e procedimentos utilizados para processar e mesmo prevenir disputas nas sociedades modernas. Nós o denominamos 'o enfoque do acesso à justiça por sua abrangência'" (CAPPELLETTI, Mauro; GARTH, Bryant. *Acesso à justiça*. Tradução de Ellen Gracie Northfleet. Porto Alegre: Sergio Antonio Fabris, 1988. p. 68-67). Também preocupado com a morosidade da Justiça, Watanabe posiciona-se no sentido de que o acesso "à Justiça seria desrespeitado se não pudessem ser deferidas tutelas de urgência, pois é preciso uma prestação jurisdicional efetiva e total" (WATANABE, Kazuo. Assistência judiciária como instrumento de acesso à ordem jurídica justa. *Revista da Procuradoria-Geral do Estado de São Paulo*, n. 22, São Paulo, p. 134, jan./dez. 1985).

[15] REALE, Miguel. *Fontes e modelos do direito*: para um novo paradigma hermenêutico. São Paulo: Saraiva, 1999. t. II, p. 40.

ou motivacionais, o jurista opera mediante regras ou normas produzidas segundo o processo correspondente a cada tipo de fonte que espelha a solução exigida por cada campo de interesses e valores.[16]

De uma forma mais específica, igualmente importante, tem-se a abordagem sobre o surgimento e formação do Direito Processual no Brasil, encontrada em um texto de Daniel Francisco Mitidiero. Ele traz as características do atual CPC e, consequentemente, a necessidade de uma reforma de paradigma. O autor ressalta também uma preocupação, com a qual se compartilha. O CPC de 1973 primava pela segurança jurídica, enquanto o Projeto no Novo CPC tem uma preocupação mais voltada à celeridade e à morosidade da Justiça.[17]

As tutelas de urgências foram pensadas, exatamente, com o objetivo de minimizar esse problema, pois não seria possível esperar o desenvolvimento de um procedimento demorado, para que, ao final, o juiz desse a tutela jurisdicional.[18]

Além das tutelas de urgência, outras alterações foram e continuam sendo propostas, com o objetivo de eliminar os efeitos que a morosidade produz e, para isso, está em tramitação um Novo Código de Processo Civil brasileiro. O Novo Código apresenta uma série de alterações, quanto às tutelas de urgência, e o que se percebe é que todas as alterações propostas visam obter uma prestação jurisdicional mais efetiva e tempestiva.

Humberto Theodoro Junior analisou o Projeto do Código de Processo Civil e apresentou críticas à redação. Destaque-se que o próprio autor faz parte da comissão de juristas que elaboraram o referido documento; entretanto, em razão da urgência com que o documento foi redigido, o autor apresenta os defeitos existentes. Dentre outros, o autor critica o tratamento processual homogêneo, dado à cautelar e à antecipação de tutela. O autor critica, especificamente, o fato de que o juiz pode conceder de ofício, tanto um, quanto outro instituto. Ele admite que essa seja uma boa previsão para a tutela cautelar, mas não para a antecipada.[19]

Em sentido contrário ao posicionamento anterior, aparecem Luiz Guilherme Marinoni e Daniel Francisco Mitidiero. Os autores, ainda interpretando o CPC atual, afirmam que é possível que o juiz, (...) "em casos graves e de evidente disparidade de armas entre as partes, contudo, à luz da razoabilidade" (...) antecipe tutela.[20]

---

[16] REALE, Miguel. *Fontes e modelos do direito*: para um novo paradigma hermenêutico. São Paulo: Saraiva, 1999. t. II, p. 40-41.

[17] Mitidiero conclui: "Ao lado desta estrutura, o Código Buzaid acaba sendo um contra a realidade social e os direitos próprios da cultura oitocentista, por força do neutralismo inerente ao Processualismo e por ter levado em consideração como referencial substancial o Código Beviláqua, o que redundou na construção de um processo civil individualista, patrimonialista, dominado pelos valores da liberdade e da segurança, pensando a partir da idéia de dano e vocacionado tão somente à prestação de uma tutela jurisdicional repressiva" (MITIDIERO, Daniel Francisco. O processualismo e a formação do Código Buzaid. *Revista de Processo*, São Paulo, v. 35, n. 183, p. 165-194, maio 2010. p. 191).

[18] Alvim ensina que o poder geral de cautela era o fundamento para a postulação da tutela pretendida, na busca de uma pretensão do direito do autor, em razão da morosidade da Justiça. Aos poucos, na doutrina e na jurisprudência, começaram a ser concedidas medidas que não tinham somente cunho assecuratório, preservativo, mas, sim, aquelas que traziam a possibilidade de realização efetiva de um direito material. (ALVIM, Arruda. A evolução do direito e a tutela de urgência. *Revista Jurídica*, Porto Alegre, v. 57, n. 378, p. 33), abr. 2009.

[19] THEODORO JÚNIOR, Humberto. Primeiras observações sobre o Projeto do Novo Código de Processo Civil. *Revista Magister de Direito Civil e Processual Civil*, Porto Alegre, v. 6, n. 36, p. 5-11, maio/jun. 2010. p. 7.

[20] MARINONI, Luiz Guilherme; MITIDIERO, Daniel. *Código de Processo Civil*: comentado artigo por artigo. São

Acredita-se na pertinência desse último posicionamento, pois, nele, não há a total e absoluta concordância de que o juiz, de ofício, defira uma tutela antecipada, mas isso é considerado como possibilidade, em casos excepcionais e com análise do caso concreto.

Daisson Flach, analisando as propostas de alteração das tutelas de urgência, levanta uma questão interessantíssima. Trata-se da proposta do Novo CPC, no sentido de estabilizar a decisão concedida em tutela antecipada, com a justificativa de uma maior efetividade da prestação jurisdicional. Em que pese a importância da justificativa apresentada, o autor questiona: (...) "é possível atribuir o selo da imutabilidade a decisões não submetidas ao contraditório sem violação direta à Constituição".[21]

O autor lembra que a doutrina, em geral, entende que a tutela oriunda de cognição plena e exauriente é a que resguarda os princípios constitucionais. Ele acrescenta que há uma preocupação doutrinária com o conflito entre a efetividade da tutela jurisdicional e a segurança jurídica. Conclui que a permissão de que as tutelas de urgência, que são tutelas com cognição sumária e juízo de verossimilhança, produzam coisa julgada merece um estudo mais aprofundado, pois trazem implicações inclusive constitucionais.[22]

Fazem sentido as preocupações do autor, pois o Projeto estabelece que, deferida a liminar, sem que haja impugnação por parte do réu e efetivada a medida, ela se tornará definitiva. Entende-se, porém, que há, sim, uma mudança de paradigma e que o valor efetividade do processo foi, para os mentores do Novo CPC, mais importante do que a segurança jurídica. Para Luiz Guilherme Marinoni e Daniel Francisco Mitidiero, a possibilidade de estabilização dos efeitos da tutela de urgência é uma (...) "tentativa de sumarizar formal e materialmente o processo, privilegiando-se a cognição sumária como meio para prestação da tutela de direitos".[23]

Apesar da certeza de que virá uma enorme discussão doutrinária sobre o tema e das implicações práticas que a interpretação da previsão legal trará, entende-se que a mudança será adequada e que, apesar da sumariedade existente, os princípios constitucionais estarão sendo respeitados, pois é possível a impugnação e a propositura da ação principal, com cognição plena e exauriente. Haverá, portanto, apenas a necessidade de provocação da parte.[24]

Paulo: Revista dos Tribunais, 2008. p. 270.

[21] FLACH, Daisson. A estabilidade e controle das decisões fundadas em verossimilhança: elementos para uma oportuna reescrita. In: ARMELIN, Donaldo (Coord.). *Tutela de urgência e cautelares*: estudos em homenagem a Ovídio A. Baptista da Silva. São Paulo: Saraiva, 2010. p. 308.

[22] FLACH, Daisson. A estabilidade e controle das decisões fundadas em verossimilhança: elementos para uma oportuna reescrita. In: ARMELIN, Donaldo (Coord.). *Tutela de urgência e cautelares*: estudos em homenagem a Ovídio A. Baptista da Silva. São Paulo: Saraiva, 2010. p. 310-311.

[23] MARINONI, Luiz Guilherme; MITIDIERO, Daniel Francisco. *O Projeto do CPC*: críticas e propostas. São Paulo: Revista dos Tribunais, 2010. p. 111.

[24] Costa conclui: "A marcha, então, segue rumo a uma tutela de urgência (e também de evidência) tornada cada vez mais autônoma em relação aos juízos plenários, com uma crescente sumarização da justiça civil, que, feita de modo a respeitar as garantias processuais (aqui deve residir a futura discussão), pode adaptar o processo aos novos tempos e ajudar a superação da notória crise em que nos encontramos" (COSTA, Guilherme Recena. Entre função e estrutura: Passado, presente e futuro da tutela de urgência no Brasil. In: ARMELIN, Donaldo (Coord.). *Tutela de urgência e cautelares*: estudos em homenagem a Ovídio A. Baptista da Silva. São Paulo: Saraiva, 2010. p. 675).

Observe-se, também, que, para que seja possível a hipótese tratada, ou seja, a postulação de uma tutela de urgência, deferida sob a forma de uma liminar e a impugnação, com a propositura de ação principal posterior, é preciso admitir que a tutela antecipada pode ser concedida com autonomia procedimental.

Na redação atual do CPC, esta autonomia não existia, em sua literalidade, mas era admitida por parte da doutrina. Nesse sentido, posicionou-se José Roberto dos Santos Bedaque, para quem "Também não se pode afastar de forma absoluta, como se pretende, a possibilidade de a antecipação de efeitos da sentença final ser requerida em procedimento autônomo, antecedente ao pedido de tutela cognitiva".[25] A regra era, no entanto, a concessão da tutela antecipada, no curso do processo, e a tutela cautelar é que poderia ser postulada de forma antecedente, preparatória ou incidente. Essa distinção não aparece na proposta do Novo CPC.

Outra preocupação doutrinária, com pertinência, é a de que o Novo CPC mistura e dá tratamento homogêneo à tutela cautelar e à antecipatória. Elas, em realidade, têm requisitos distintos.

O Projeto do Novo CPC generalizou e afirmou que as tutelas de urgência dependem, para sua concessão, do "perigo de dano iminente e de difícil reparação". Têm razão Marinoni e Mitidiero, entretanto, quando afirmam que, tecnicamente, esse é um requisito da tutela cautelar e, principalmente, quando criticam a falta de previsão para as tutelas inibitórias: "É gravíssima a sua omissão neste particular, dado que os novos direitos, característicos do Estado Constitucional, requerem de um modo geral tutela inibitória contra o ilícito, independente da ocorrência de qualquer espécie de dano"[26] (...)

Esse sempre foi o posicionamento de Ovídio B. da Silva, para quem a tutela cautelar é temporária, enquanto a antecipação é provisória, no sentido de que esta última será substituída por uma decisão posterior, e a primeira durará até que perdure a situação acautelanda.[27] Por outro lado, a cautela será concedida, quando houver o perigo de dano iminente ou de difícil reparação, logo, o perigo pela inutilidade do provimento. Para a concessão da tutela antecipada basta o *periculum in mora*, ou seja, o perigo pelo retardamento do processo.[28]

Com base nas distinções apresentadas, propõe-se uma comparação entre o CPC atual e o Projeto do Novo CPC, no que tange às tutelas de urgências e às de evidência.

2.3 As tutelas de urgência no código atual e o Projeto do Novo CPC

- O CPC atual não faz a distinção entre as tutelas de urgência e as de evidência, deixando a análise para a interpretação doutrinária;

---

[25] BEDAQUE, José Roberto dos Santos. *Tutela cautelar e tutela antecipada*: tutelas sumárias e de urgência: tentativa de sistematização. 4. ed. São Paulo: Malheiros, 2008. p. 290. No mesmo sentido, o posicionamento de ALVIM, Eduardo Arruda. Irreversibilidade de decisão antecipatória de tutela e direitos fundamentais. *Revista Forense*, Rio de Janeiro, v. 105, n. 403, p. 142, maio/jun. 2009.

[26] MARINONI, Luiz Guilherme; MITIDIERO, Daniel Francisco. *O Projeto do CPC*: críticas e propostas. São Paulo: Revista dos Tribunais, 2010. p. 107.

[27] SILVA, Ovídio A. Baptista da. *Curso de processo civil*: processo cautelar: tutela de urgência. 2. ed. rev. e atual. Rio de Janeiro: Forense, 1998. v. 3, p. 55.

[28] SILVA, Ovídio A. Baptista da. *Curso de processo civil*: processo cautelar: tutela de urgência. 2. ed. rev. e atual. Rio de Janeiro: Forense, 1998. v. 3, p. 41.

- O Projeto do Novo CPC separa, claramente, as tutelas de urgência cautelar e satisfativas, tratando de hipóteses de tutelas cautelares e satisfativas provisionais e autônomas, sem usar esta última terminologia;
- O CPC atual tem requisitos específicos para a concessão de uma tutela antecipada e eles são mais rígidos do que os da cautelar;[29]
- O Projeto do Novo CPC unifica os requisitos para concessão de todas as tutelas de urgência;
- No CPC atual, a cautelar pode ser postulada de forma antecedente, preparatória ou incidental, e a tutela antecipada, no curso do processo, embora já houvesse alguns posicionamentos doutrinários admitindo a postulação em separado;
- O Projeto do Novo CPC permite, claramente, a autonomia procedimental dos dois tipos de tutelas, sem distinção;
- No CPC atual, concedida a tutela acautelatória ou antecipatória, ela poderá ser revogada ou modificada, a qualquer tempo, no curso do processo;
- No Projeto do Novo CPC, concedida a tutela de urgência, em sentido geral, e não havendo impugnação da concessão da liminar e a consequente propositura da ação principal, no prazo legal, haverá estabilização da decisão. Essa estabilização só será afastada, se for prolatada decisão favorável, em ação ajuizada por qualquer das partes, para esta finalidade;
- A partir da interpretação do CPC atual, a doutrina admite a concessão de ofício da referida tutela;
- No Projeto do Novo CPC, há autorização expressa para que, em casos excepcionais, o juiz conceda, de ofício, as tutelas de urgência: cautelar e satisfativas;
- O CPC atual é omisso quanto à tramitação prioritária dos processos com postulação de tutelas de urgência;
- O Projeto do Novo CPC prioriza a tramitação das tutelas de urgência.

3 Tutela de evidência

Apesar de não constar, expressamente na legislação atual, a referência à tutela de evidência, como aparece no Projeto do Novo CPC, a doutrina percebeu a distinção entre uma tutela de aparência e uma de evidência.

Há muito se discute a questão da morosidade da justiça e a implicação disso na atuação do Estado, no momento de resolver os conflitos. O Estado proibiu a autotutela, mas não está sendo capaz de dar uma prestação jurisdicional tempestiva, efetiva.

Como referido anteriormente, as tutelas de urgência servem para minimizar problemas decorrentes dessa demora. Ao lado das cautelares, aparecem situações em que o Direito se mostra com um grau de probabilidade tão elevado, que se torna

---

[29] Para Takoi "Há evidentemente casos concretos 'moldados' para a aplicação direta da lei, em que a subsunção do fato à norma pela interpretação do juiz é imediata; mas em casos difíceis é cabível falar-se em alternativas jurisdicionais possíveis, sempre com o auxílio do princípio da proporcionalidade, e com vistas ao fundamento maior de nosso Estado de Direito, que é a dignidade da pessoa humana" (TAKOI, Sérgio Massaru. Princípios constitucionais, tutela antecipada e a proporcionalidade. *Revista Dialética de Direito Processual – RDDP*, São Paulo, p. 115, n. 61, abr. 2008).

evidente. Há, por vezes, como demonstrá-lo de pronto, e o juiz, ao acolher o pedido de uma liminar, em algumas hipóteses, até decide de forma que os efeitos se tornam irreversíveis.

Existe consenso, na doutrina, no sentido de que, em uma hipótese como a descrita acima, seria injusto que houvesse o mesmo tratamento de uma tutela apenas aparente. À luz do código atual, essa percepção já existe, sendo que ela ficou expressa com a proposta do Novo CPC.

A doutrina entende como denegação de justiça não dar um tratamento diferenciado à tutela evidente, pois, certamente, haveria o sacrifício do autor, com o tempo do processo.[30]

Fazendo uma análise doutrinária, é possível perceber que foram diversas as formas de abordagem da tutela de evidência. Constata-se que existiram muitas tentativas de encontrar os elementos que caracterizam, expressamente, a tutela de evidência; porém, quando se faz um confronto com as posições doutrinárias e os exemplos oferecidos, percebe-se que, ora os autores falam de uma evidência, que apenas difere da aparência, ora falam de um grau de evidência tão elevado que beira à certeza do processo. Diante dessa situação e do confronto com o Novo Projeto do CPC, que traz uma proposta ainda diferente, passa-se, agora, à análise do conceito e a sua evolução.

3.1 A flexibilização do conceito da evidência

Quando entrou em vigor a atual redação do art. 273, a doutrina preocupou-se em traçar as distinções entre as cautelares e a antecipação de tutela. Um aspecto salientado foi, exatamente, o relativo à diferença entre o direito aparente e o evidente. A medida acautelatória deveria ser deferida, quando o direito fosse aparente e a tutela antecipada, em caso de direito evidente.

Para a concessão de tutela com base em direito evidente, o juiz deve observar o grau de probabilidade de existência do direito afirmado pelo autor e exigir dele a prova da verossimilhança da alegação. Esses são requisitos para a concessão de uma tutela antecipada, prevista no art. 273 do CPC.

Essa técnica implica em dar às partes um equilíbrio no processo, pois, se o direito do autor mostra-se evidente, não há porque penalizá-lo com a demora para receber a tutela jurisdicional. A justificativa para o deferimento da tutela de evidência, sob a forma de uma liminar, é o tempo dilatado do processo e a busca pela efetividade da tutela jurisdicional.

Ovídio A. Baptista da Silva ensinou que, se a tutela fosse evidente, não adiantaria oferecer a mesma proteção estatal dada à tutela de simples aparência, como a cautelar. O autor exemplifica com a ação de mandado de segurança. Ele afirma que, como o direito, nesta ação, é postulado com base em direito líquido e certo, o Estado deve dar uma resposta mais efetiva.[31]

---

[30] FUX, Luiz. *Tutela de segurança e tutela de evidência*: fundamentos da tutela antecipada. São Paulo: Saraiva, 1996. p. 321.

[31] SILVA, Ovídio A. Baptista da. *Curso de processo civil*: processo cautelar: tutela de urgência. 2. ed. rev. e atual. Rio de Janeiro: Forense, 1998. v. 3, p. 61.

Luiz Fux, iniciando a abordagem sobre o direito evidente, cita como exemplos: o (...) "direito líquido e certo que autoriza a concessão do *mandamus* ou o direito documentado do exeqüente".[32] Posteriormente, o mesmo autor pondera (...) "não excluir a tutela da evidência qualquer que seja a pessoa jurídica, quer de direito público, quer de direito privado".[33]

Luiz Fux esclarece o que é um direito evidente, da seguinte forma:

> (...) demonstrável *prima facie* através de prova documental que o consubstancie líquido e certo, como também o é o direito assentado em fatos incontroversos, notórios, o direito a coibir um suposto atuar do *adversus* com base em "manifesta ilegalidade", o direito calcado em questão estritamente jurídica, o direito assentado em fatos confessados noutro processo ou comprovados através de prova emprestada obtida sob contraditório ou em provas produzidas antecipadamente, bem como o direito dependente de questão prejudicial, direito calcado em fatos sobre os quais incide presunção *jure et de jure* de existência e em direitos decorrentes da consumação de decadência ou da prescrição.[34]

O mesmo autor, discorrendo sobre o tema da evidência, em rodapé explicativo, afirma: (...) "evidência é um critério à frente da probabilidade". Efetivamente, as hipóteses descritas permitem o deferimento de uma tutela com um grau de probabilidade tão alto que beira à "certeza".[35]

Rafael Augusto Paes de Almeida afirma que probabilidade é menos que certeza e mais que verossimilhança.[36] Assim, os direitos evidentes, apresentados pelo autor, são prováveis e, como afirma Piero Calamandrei, passíveis de serem provados.[37]

Luiz Fux afirma também que, quando o direito for evidente, o juiz pode conceder a tutela liminarmente e que, em alguns casos, o legislador fixou presunção legal de evidência do direito. O referido autor exemplifica: (...) "quando a lesão à posse data de menos de ano e dia, e o direito à posse, assim evidenciado e lesado merece proteção imediata".[38]

Constata-se, pelo exemplo, que o nível de evidência, do caso da ação de reintegração de posse, é diferente dos demais exemplos, na medida em que se distancia da

---

[32] FUX, Luiz. *Tutela de segurança e tutela de evidência*: fundamentos da tutela antecipada. São Paulo: Saraiva, 1996. p. 305.

[33] FUX, Luiz. *Tutela de segurança e tutela de evidência*: fundamentos da tutela antecipada. São Paulo: Saraiva, 1996. p. 310.

[34] FUX, Luiz. A tutela dos direitos evidentes. *Jurisprudência do Superior Tribunal de Justiça*. p. 8. Disponível em: <http://bdjur.stj.gov.br>. Acesso em: 10 mar. 2011.

[35] FUX, Luiz. A tutela dos direitos evidentes. *Jurisprudência do Superior Tribunal de Justiça*. p. 5. Disponível em: <http://bdjur.stj.gov.br>. Acesso em: 10 mar. 2011.

[36] ALMEIDA, Rafael Augusto Paes de. A cognição nas tutelas de urgência no Processo Civil brasileiro. *Jus Navigandi*, Teresina, ano 5, n. 41, 1º maio 2000. Disponível em: <http://jus.uol.com.br/revista/texto/868/a-cognicao-nas-tutelas-de-urgencia-no-processo-civil-brasileiro>. Acesso em: 11. mar. 2011.

[37] Calamandrei traça a distinção entre possibilidade, verossimilitude e probabilidade, dizendo: "Possível é o que pode ser verdadeiro; verossímil é o que tem aparência de ser verdadeiro. Provável seria, etimologicamente, o que se pode provar como verdadeiro" (...) O autor prossegue: "Quem diz que o fato é verossímil, está mais próximo a reconhecê-lo verdadeiro que quem se limita a dizer que é possível; e quem diz que é verossímil, já que vá (sic) além da aparência, e começa a admitir que há argumentos para fazer crer que à aparência corresponda a realidade. Mas trata-se de matizes psicológicas que cada julgador entende de seu modo" (CALAMANDREI, Piero. Direito processual civil. Tradução de Luiz Abezia e Sandra Drina Fernandes Barbery. Campinas: Bookseller, 1999. v. 3, p. 276).

[38] FUX, Luiz. A tutela dos direitos evidentes. *Jurisprudência do Superior Tribunal de Justiça*. p. 18. Disponível em: <http://bdjur.stj.gov.br>. Acesso em: 10 mar. 2011.

liquidez e certeza. Como referido anteriormente, a concessão de uma liminar, nesse caso, pode ser deferida com base em prova testemunhal produzida em audiência de justificação e não, necessariamente, em prova documental. Por outro lado, nos exemplos do mandado de segurança e de execução, o direito será líquido e certo, e a prova será, estritamente, documental.

Afirma Luiz Fux que a (...) "evidência sugere sumariedade 'formal', como pretendem alguns, vale dizer: procedimento comprimido, que pode se ordinarizar conforme considere ou não evidente o direito alegado". Mais adiante, ele completa: "Repita-se: a liminar, *in casu*, é deferível mediante cognição exauriente, decorrência mesmo da evidência, diferentemente do que ocorre nos juízos de aparência (*fumus boni juris*) peculiares à tutela de urgência cautelar ou de segurança".[39] O autor exemplifica com a seguinte hipótese:

> Imaginemos, por exemplo, um caso prático que nos foi dado examinar. Um cidadão adquiriu imóvel mobiliado, por escritura pública, tendo pago o preço adiantado no ato da escritura, conforme lavrado pelo notário. Sessenta dias após aguardar a mobília em seu imóvel, ingressou em juízo alegando que, por força do negócio pago adiantadamente, desfizera-se de todos os seus móveis de seu imóvel, por isso encontrava-se em dificuldades, sem dispor de uma residência mobiliada conforme o pactuado e quitado. O juízo cível deferiu uma liminar satisfativa, determinando a colocação de toda a mobília no prazo de cinco dias. Impõe-se esclarecer que o comando restou cumprido.[40]

No exemplo em que o autor postula a entrega dos móveis comprados, o deferimento da liminar ocorreu com base em evidência do direito do autor, evidência essa demonstrada pela prova documental (escritura), mas discorda-se que a cognição realizada tenha sido exauriente. Entende-se que ela foi sumária, embora, no caso concreto, tenha, ao final, produzido o mesmo efeito de uma tutela definitiva.

No momento do deferimento da tutela antecipada, o juiz baseou-se em um documento, que tinha de pronto a presunção de veracidade, pois foi elaborado por um oficial público. A presunção, entretanto, é apenas relativa.

Para a concessão da liminar, a questão da validade do documento não foi examinada, pois não se havia estabelecido, ainda, o contraditório. Hipoteticamente pensando, porém, pode-se imaginar que seria possível, diante de outra situação concreta similar, postular a anulação da escritura. Deferida a tutela antecipada, contudo, sob a forma de uma liminar, o juiz, depois de examinar toda a prova e permitir a bilateralidade da audiência, prolatará uma sentença mantendo ou revogando a tutela concedida. Prolatada a sentença, aí sim, a tutela será exauriente.

A distinção não é fácil, porque, mesmo sendo uma tutela de evidência e tendo sido deferida com cognição não aprofundada, o resultado final será de tutela definitiva, pois, por ser uma hipótese de tutela satisfativa autônoma, houve o esvaziamento do conteúdo da sentença. Uma futura sentença de procedência, rigorosamente, só servirá para determinar o arquivamento do feito.

---

[39] FUX, Luiz. *Tutela de segurança e tutela de evidência*: fundamentos da tutela antecipada. São Paulo: Saraiva, 1996. p. 310.

[40] FUX, Luiz. *Tutela de segurança e tutela de evidência*: fundamentos da tutela antecipada. São Paulo: Saraiva, 1996. p. 306-307.

No mesmo sentido do posicionamento de Luiz Fux, aparece Luiz Guilherme Marinoni, que admite a possibilidade de deferimento de tutela urgente, com cognição exauriente, com sumariedade só formal e não material.

Teori Albino Zavascki diverge dos autores mencionados anteriormente e afirma que a liminar de uma ação de mandado de segurança é tutela satisfativa, mas é deferida com cognição sumária. "E no mandado de segurança — para citar caso de típico processo sumário — o juízo sobre a liminar é de cognição sumária, assim considerada porque menos aprofundada que a cognição — que é exauriente — prevista para a sentença definitiva".

Zavascki explica que não há como confundir cognição sumária e processo sumário:

> O processo sumário de conhecimento é autônomo, porque gera prestação jurisdicional definitiva, de cognição exauriente (embora, como se fez ver, não absoluta), apta a produzir coisa julgada material. A cognição sumária é própria de tutela jurisdicional não autônoma, de caráter temporário, inapta a formar coisa julgada material, sempre relacionada a uma tutela definitiva à qual serve. Nos processos sumários há cognição exauriente, embora limitada à natureza da situação controvertida e da redução — horizontal — do objeto cognoscível. E o conceito de "cognição sumária", nos processos sumários, também há de ser buscado tomando-se por referencial a peculiar cognição exauriente que nele se exercita.

O autor admite que a cognição sumária está presente na tutela provisória e enseja a juízos de probabilidade, verossimilhança, aparência, *fumus boni iuris*. Ele afirma, porém, que existem situações que excepcionam esta regra, em razão da urgência.[41] Segundo Zavascki, estas tutelas podem ser definitivas, mas são deferidas com base em cognição não exauriente. Ele exemplifica:

> Imagine-se a hipótese em que a autoridade alfandegária se nega a liberar a entrada no País de determinado cavalo de raça, destinado a uma exposição de animais a ocorrer nos dias imediatos, sob alegação de que o animal deve ser previamente submetido a exame pelos técnicos sanitários que, entretanto, se acham em greve por prazo indeterminado. Provocado por mandado de segurança, estará o juiz diante de situação em que, qualquer que seja sua decisão liminar terá, do ponto de vista da satisfação do direito, caráter definitivo: negada a tutela "provisória", o animal não poderá participar da exposição, sendo absolutamente inútil a tutela definitiva; se ocorrer o contrário, ou seja, deferida a liminar, liberado o ingresso do animal no País, onde participou do evento e, quem sabe, até já retornou ao País de origem, a sentença definitiva já não terá qualquer razão de ser.[42]

---

[41] ZAVASCKI, Teori Albino. *Antecipação da tutela*. 7. ed. São Paulo: Saraiva, 2009. p. 33.

[42] ZAVASCKI, Teori Albino. *Antecipação da tutela*. 7. ed. São Paulo: Saraiva, 2009. p. 34. Eduardo Righi, analisando a irreversibilidade dos efeitos da tutela antecipada, à luz da Constituição Federal, conclui: "As tutelas antecipatórias que podem vir a ser faticamente irreversíveis enquadram-se nos chamados 'casos extremos', em que o conflito entre segurança e efetividade é tão profundo que apenas um deles poderá sobreviver, já que a manutenção de um importará o sacrifício completo do outro. Logo, torna-se essencial o emprego do princípio da proporcionalidade" (...) (RIGHI, Eduardo. Tutelas de urgência e efetividade do processo. *Revista Forense*, Rio de Janeiro, v. 105, n. 401, p. 151-186, jan./fev. 2009. p. 158).

Percebe-se, pelo exemplo apresentado, que, no caso concreto, a tutela satisfativa com efeito definitivo precisava ser deferida ou não com urgência, pois a hipótese é, como afirma Athos Gusmão Carneiro, de "irreversibilidade recíproca".[43] Portanto, no momento da concessão da liminar, a cognição realizada foi sumária e com a sentença final. Mesmo que o processo tenha sumariedade formal, a cognição será exauriente.

Percebe-se que o juiz não pode ter deferido esta tutela de evidência, com uma cognição exauriente, pois, no momento da concessão da liminar, ele ainda não dispunha de todos os elementos para formar a sua convicção. Admitir essa possibilidade seria ir de encontro aos princípios constitucionais do contraditório e da ampla defesa.

O exame não havia sido feito no animal; logo, a sua cognição foi apenas sumária. Em razão da urgência, o juiz, diante da evidência do direito do autor, teve que usar o princípio da proporcionalidade. Se em geral, porém, há reversão fática, no caso concreto, a tutela concedida teve efeitos irreversíveis. Trata-se, portanto, de mais uma hipótese de tutela satisfativa autônoma.

O próprio ministro Luiz Fux afirmou que o CPC atual tratou de hipótese de tutela de evidência e admite a tutela antecipada, com base em cognição sumária, no caso do inc. II do art. 273.[44] O autor responde a crítica à utilização de cognição sumária para concessão de tutela satisfativa. Afirma que isso não se aplica para a tutela de evidência, pois a cognição é exauriente; portanto, não há porque questionar a constitucionalidade.

Luiz Guilherme Marinoni relaciona a situação de aparência e a de evidência à produção de provas. Quando não se pode, de pronto, produzir uma prova documental, a situação é de aparência; por outro lado, quando for possível a referida prova, a tutela será de evidência. O autor esclarece:

> Quando os fatos não podem ser evidenciados independentemente de instrução probatória, ou seja, quando as afirmações dos fatos não podem ser demonstradas através de prova documental anexa à petição inicial, estamos diante de uma situação de aparência. A situação de aparência, quando ligada a uma situação de perigo, portanto, é que legitima a tutela urgente de cognição sumária. A situação perigosa indica a necessidade de uma tutela urgente, mas é a aparência que conduz à tutela de cognição sumária. Esta tutela de cognição sumária, realmente, pode ser satisfativa ou cautelar, conforme o caso. Mas pode acontecer que a necessidade da tutela urgente se compatibilize com a cognição exauriente. Ou seja, em determinadas hipóteses, tão somente a sumariedade formal é suficiente para tornar eficaz a prestação jurisdicional.[45]

---

[43] Para Carneiro, "É que em muitos casos, realmente, ocorre a irreversibilidade recíproca, ou seja, a negativa de antecipação é igualmente suscetível de ocasionar o perecimento do alegado direito do demandante, ou dano maior e irreversível às suas pretensões do que benefício ou vantagem ao demandado" (CARNEIRO, Athos Gusmão. *Da antecipação de tutela*. 6. ed. Rio de Janeiro: Forense, 2005. p. 88).

[44] FUX, Luiz. A tutela dos direitos evidentes. *Jurisprudência do Superior Tribunal de Justiça*. p. 15. Disponível em: <http://bdjur.stj.gov.br>. Acesso em: 10 mar. 2011. Por outro lado, divergindo deste posicionamento, aparecem Galeno e Oliveira, quando afirmam: "Por exceção, pode ser dispensada a tutela antecipada depois de realizada a instrução, ou na hipótese do art. 273, II, em que o órgão judicial, especialmente o de segundo grau de jurisdição, verificar manifesto propósito protelatório de qualquer das partes, portanto já se tem verificado cognição plena e exauriente" (LACERDA, Galeno; OLIVEIRA, Carlos Alberto Alvaro de. *Comentários ao Código de Processo Civil*. 3. ed. Rio de Janeiro: Forense, 1998. v. 8, t. II, p. 19).

[45] MARINONI, Luiz Guilherme. *Tutela cautelar e tutela antecipatória*. São Paulo: Revista dos Tribunais, 1994. p. 83.

Uma conclusão que se pode tirar dos ensinamentos do autor é no sentido de que, além dos diferentes níveis de evidência, algumas vezes a tutela de evidência é deferida em uma situação que demanda urgência. Em outras vezes, dispensa-se este requisito. O autor afirma, e com razão, que quando a aparência estiver ligada à urgência, a tutela será deferida com cognição sumária.

Entende-se, realmente, que existem situações em que a tutela é de evidência, que, em havendo necessidade de deferimento da tutela, sob a forma de liminar, há necessidade da prova documental, como ocorre, por exemplo, no mandado de segurança. Aliás, o mandado de segurança, assim como uma ação de execução, tem um procedimento sumário documental, pois nele não é permitida a produção de outro tipo de prova.

Na maior parte dos exemplos de tutelas antecipadas, onde o direito deve ser evidente e não simplesmente aparente (como na cautelar), a prova pode ser documental ou de qualquer outro tipo. Torna-se, claro, que o conceito de evidência utilizado agora é no sentido amplo, sem ponderar as diferenças de níveis.[46]

Se for considerado o fato de que a tutela antecipada nem sempre é deferida sob a forma de uma liminar, a conclusão retro fica cristalina. Quando a tutela for deferida liminarmente, pode, por exemplo, ser realizada uma audiência de justificação para o deferimento da liminar. Nesse caso, serão ouvidas as testemunhas do autor, e pode a tutela ser antecipada, com base nesta prova. É o que ocorre nas ações possessórias.

A tutela de evidência pode ser provisional — como, em regra, acontece com as antecipações — ou autônoma. Athos Gusmão Carneiro, analisando o risco de perecimento do direito e a irreversibilidade da tutela antecipada, cita muitos exemplos de tutelas satisfativas autônomas, ou seja, tutela que, uma vez deferidas, terão efeitos irreversíveis.

Na sequência, o referido autor, conclui que (...) "ação autônoma adequada aos casos de urgência urgentíssima, sumária no rito e sumária na cognição, mas com eficácia satisfativa plena (por certo, através de sentença não causadora de coisa julgada material)".[47]

Os exemplos apresentados por Athos Gusmão Carneiro são típicos casos de tutelas satisfativas autônomas, como as ações em que o autor postulava a liberação dos cruzados confiscados no plano Collor ou a transfusão de sangue, não autorizada por motivos religiosos.

Os dois exemplos merecem também uma análise. Quando foram propostas as ações para a liberação dos cruzados — naquela época, chamadas de cautelares autônomas, pois tudo que era de urgência era cautelar —, o pedido de concessão da liminar era feito com base no perigo pela demora do processo. Seria impossível esperar

---

[46] Lacerda e Oliveira, referindo-se ao inc. I do art. 273 conclui: "A cognição, portanto, continua sendo incompleta, não exauriente: nada impede, por exemplo, venha a ser provado no curso do processo que determinada alegação fática, a princípio considerada evidente, não corresponda exatamente à realidade. Mesmo a prova documental *initio litis* não retira à cognição prima facie, exercida na tutela antecipada, a sua condição de sumária, pois continua a trabalhar com a aparência, ainda sujeita ao crivo do contraditório, e a instrução poderá demonstrar a falsidade do elemento que serviria de base à convicção inicial do órgão judicial" (LACERDA, Galeno; OLIVEIRA, Carlos Alberto Alvaro de. *Comentários ao Código de Processo Civil*. 3. ed. Rio de Janeiro: Forense, 1998. v. 8, t. II, p. 18).

[47] CARNEIRO, Athos Gusmão. *Da antecipação de tutela*. 6. ed. Rio de Janeiro: Forense, 2005. p. 86.

a tramitação de um processo, com procedimento comum, e aguardar a decisão sobre se o valor deveria ou não ser liberado, diante de obrigações assumidas ou necessidades urgentes do autor.

Demonstrada a necessidade e diante do risco pelo retardamento do processo, os juízes concediam a liminar e, consequentemente, tudo que pretendia o autor, ou melhor, o dinheiro. Liberado o valor, não havia mais o que fazer. A sentença de procedência, em síntese, servia para determinar o arquivamento do processo.

Nesse momento, cabe lançar as perguntas sobre os exemplos antes citados: que tipo de cognição realizava o juiz? A tutela era de aparência ou de evidência?

A cognição, no momento da concessão da liminar, era sumária,[48] mas produzia efeitos definitivos. A tutela era de evidência, certamente, mas havia a urgência, pois o autor corria risco de dano, decorrente do tempo do processo e não resultaria a inutilidade do provimento para resguardar o direito da parte.

No exemplo da transfusão de sangue, o juiz defere a liminar e os efeitos fáticos serão também irreversíveis. Há evidência para a concessão da medida, e a cognição realizada é também sumária. A tutela foi deferida em razão da urgência e com consequências ainda mais graves e que pesam na decisão do magistrado.

Repita-se, apesar disso, como haverá irreversibilidade da situação fática, aquela decisão, deferida sem uma cognição mais aprofundada, assume o caráter definitivo e produz o mesmo resultado de uma tutela que tivesse permitido, antes de sua concessão, todo o contraditório.

Observe-se que, em um primeiro momento, a doutrina ora incluía a hipótese de evidência, nas tutelas de urgência, ora a excluía dessa hipótese. Por exemplo: Ovídio A. Baptista da Silva, quando fez a referida distinção, abordou o tema dentro do capítulo da tutela urgente satisfativa autônoma e concluiu:

> Não havendo, todavia, urgência que impeça a observância da bilateralidade da audiência, não será legítima a concessão de liminares satisfativas e de efeitos irreversíveis, sem que se estabeleça o contraditório regular, mesmo que o direito se mostre desde logo evidente ao magistrado.[49]

Os exemplos e as posições doutrinárias analisadas permitem que sejam lançadas algumas conclusões parciais, quanto à modificação do conceito de tutela de evidência. A tutela de evidência era vista em um sentido mais amplo, para distinguir o grau de verossimilhança que o magistrado tem que analisar, no momento de conceder uma tutela acautelatória ou antecipatória.

Portanto, adota-se, até aqui, o posicionamento de que nem toda tutela de evidência decorre de direito líquido e certo, e que nem sempre é absolutamente necessária a produção de prova documental, para o deferimento da liminar e, ainda, que a cognição exercida para a concessão das liminares, com base em direito evidente e

---

[48] Seria possível equiparar esta hipótese àquelas que Kazuo Watanabe chama de plena e exauriente *secundum eventum probationis*, mas se, para se tornar exauriente, depende da produção de provas, é porque, no momento da concessão dela, ela era sumária (não completa) (WATANABE, Kazuo. *Da cognição no processo civil*. 3. ed. São Paulo: Saraiva, 2005. p. 128).

[49] SILVA, Ovídio A. Baptista da. *Curso de processo civil*: processo cautelar: tutela de urgência. 2. ed. rev. e atual. Rio de Janeiro: Forense, 1998. v. 3, p. 75.

urgente, é sumária. Admite-se, igualmente, que existem situações de tutela evidente, sem urgência e com cognição exauriente.

Não há como fechar um conceito de tutela de evidência e ligá-lo sempre a direito líquido e certo, que demanda da produção da prova documental. Os diversos exemplos apresentadas pela doutrina e que acabaram de ser analisados demonstram isso, pois são deferidos com base não em simples aparência e tampouco em certeza.

3.2 Tutela de evidência provisional ou autônoma

Acredita-se que o ponto de partida das discussões seja a própria compreensão da evidência de um direito. Ela pode ser determinada por níveis diversos e não apenas quando o direito for líquido e certo.

O direito é evidente, quando tiver um grau de probabilidade elevado e por ser mais do que verossímil. Ele pode ser demonstrado, através de qualquer meio de prova e não somente a prova documental. Entretanto, existem situações em que, o direito evidente pode exigir de pronto a referida prova, como é o caso dos procedimentos sumários documentais. É mais do que a simples aparência do direito, prevista para as cautelares. Algumas vezes, supera a "verossimilhança" exigida pelo art. 273 do CPC, para a concessão da tutela antecipada.

O direito evidente pode ser deferido sob a forma de uma liminar, antecipando-se, assim, efeitos da provável sentença de procedência. Pode, inclusive, em sendo antecipado, ser capaz de resolver todo o mérito, mesmo que tenha sido deferida inicialmente, com base em cognição não aprofundada.

Para a concessão da liminar, o juiz terá que se basear em alguma prova documental ou documentada, anexada à petição inicial ou com base em prova produzida antes da resposta do réu, dependendo do nível de probabilidade. Essa prova é que dará a ele, o grau de probabilidade, necessário para o deferimento liminar.

Para deferimento da tutela antecipada, durante o processo, o juiz poderá se valer de meios de provas, diversos da prova documental, como, por exemplo, a pericial e a testemunhal.

A liminar concedida, a partir de um direito evidente, pode ser uma medida provisional ou uma medida autônoma. A primeira produzirá efeitos fáticos reversíveis, é provisória e será substituída pela decisão final, que terá cognição exauriente. A segunda terá efeitos irreversíveis, definitivos e antecipará, de forma total, o que foi postulado. A medida antecipatória do direito evidente, no entanto, no momento de sua concessão, terá cognição sumária. Se não for admitida esta conclusão, o juiz estará diante de uma hipótese de julgamento antecipado da lide.

Quando o juiz, em uma ação de reintegração de posse, concede uma liminar, na ação de força nova, ele defere a medida com base em evidências de que houve o esbulho possessório e a perda da posse; logo, que o autor tinha a posse. Essa decisão é passível de reversão fática. A posse que foi dada ao autor, no início do processo, poderá ser devolvida ao réu. A decisão pode ser cassada ou modificada, durante todo o processo, e poderá ser mantida ou rejeitada, na sentença final.

Por outro lado, quando o juiz determina a realização de uma transfusão de sangue ou a liberação dos animais, para a exposição, os efeitos fáticos serão irreversíveis, mesmo que deferidos sob a forma de uma liminar. A tutela é de evidência e é satisfativa autônoma.

Assim, pode-se afirmar que a evidência enseja a concessão de todas as tutelas antecipadas, com diversos níveis de probabilidade, podendo ter efeitos fáticos reversíveis ou não, dependendo do caso concreto.

3.3 Tutela de evidência – Urgência e risco de dano

Outra questão que envolve uma maior complexidade é a existência de urgência ou de risco de dano, nos casos de tutela de evidência. À luz do atual CPC, a doutrina examinou esta questão e, pelo Projeto do Novo CPC, o legislador posicionou-se no sentido de excluir os casos de evidência dos casos de urgência.

Inicialmente, é preciso não esquecer que existem dois tipos de perigo de danos. O perigo de dano iminente e irreparável, que é elemento do conceito da cautelar,[50] porque gera a possibilidade de não realização do direito afirmado pela parte e, também, o perigo que decorre do tempo do processo, ou seja, da demora do processo.[51] Esse último perigo está vinculado às tutelas antecipatórias, que, por sua vez, são deferidas, como já mencionado, a partir de evidências e não de simples aparência.

É possível que haja antecipação de uma tutela de evidência com risco de dano ou sem risco de dano. Os exemplos examinados mostraram que, em alguns casos, o perigo de dano estava presente e eram situações de urgência.

O dano previsto decorre da impossibilidade de o Estado dar uma tutela efetiva, tempestiva. Para não prejudicar o autor e não lhe causar danos paralelos, a tutela é autorizada. São as tutelas deferidas, com base, por exemplo, no inc. I do art. 273 do CPC. Nestas situações, o autor recebe de pronto, o que receberia no final do processo, se o pedido fosse julgado procedente. Algumas vezes, isso ocorre com efeitos reversíveis; em outras, com efeitos definitivos.

Existem hipóteses, porém, em que o perigo de dano não existe e que a urgência não é um elemento determinante. A primeira é a prevista no inc. II do art. 273 do CPC, que estabelece: "fique caracterizado o abuso de direito de defesa ou o manifesto propósito protelatório do réu".[52]

Luiz Guilherme Marinoni e Daniel Mitidiero afirmam que (...) "essa tutela antecipatória independe de perigo de dano. Baseia-se simplesmente na maior evidência das alegações da parte autora quando comparadas com as alegações da parte ré".[53]

---

[50] Apesar de constar expressamente do inc. 1º do art. 273 do CPC, o perigo de dano iminente e irreparável, como requisito para concessão da tutela antecipada, entende-se, concordando com Silva e Marinoni, que ele, na verdade, é um dos elementos da tutela cautelar. O dano que surge na tutela antecipada decorre do tempo do processo [SILVA, Ovídio A. Baptista da. *Curso de processo civil*: processo cautelar: tutela de urgência. 2. ed. rev. e atual. Rio de Janeiro: Forense, 1998. v. 3, p. 41. MARINONI, Luiz Guilherme; ARENHART, Sérgio Cruz. *Processo cautelar*. 2. ed. São Paulo: Revista dos Tribunais, 2007. p. 28. Curso de processo civil, v. 4].

[51] SILVA, Ovídio A. Baptista da. *Curso de processo civil*: processo cautelar: tutela de urgência. 2. ed. rev. e atual. Rio de Janeiro: Forense, 1998. v. 3, p. 41.

[52] OLIVEIRA, Carlos Alberto de. Perfil dogmático da tutela de urgência. *AJURIS*, Porto Alegre, n. 70, p. 214-239, jul. 1997, p. 223. O autor tem um posicionamento peculiar, quanto ao inc. II, do art. 273, do CPC: "Não se trata aqui, à evidência, de antecipação do efeito ou efeito da sentença de mérito, pois a própria atitude do demandado já indica que, em regra, a causa encontra-se madura para julgamento, podendo o órgão judicial empregar perfeitamente o instituto do julgamento antecipado da lide, previsto no art. 330". O autor afirma ainda: "De tal sorte; a aplicação do inc. II do art. 273 encontrará campo propício por ocasião da prolação da sentença de primeiro grau, ou quando o processo chegar ao juízo de apelação, momentos mais adequados para aferição de estar ocorrendo abuso de defesa ou manifesto propósito protelatório".

[53] MARINONI, Luiz Guilherme; MITIDIERO, Daniel. *Código de Processo Civil*: comentado artigo por artigo. São Paulo: Revista dos Tribunais, 2008.

Teori Albino Zavascki, analisando o abuso de direito de defesa, conclui que as hipóteses de incidência são raras. Ele justifica, dizendo que o juiz pode ter poderes para impedir esses abusos, com base nos art. 125 e 130 do CPC. O autor afirma:

> Desse modo, os casos de abuso de direito de defesa poderão ser prevenidos ou superados, no geral das vezes, ou pelo indeferimento de providências impertinentes ou pela técnica do julgamento antecipado da lide, o que tornará desnecessária a antecipação.[54]

Quando o juiz entende que houve abuso no direito de defesa, significa que a defesa foi absolutamente infundada. Há, por parte da doutrina, uma divergência quanto à necessidade ou não de que o juiz encontre esta hipótese, após a contestação.

Segundo alguns, só assim o juiz poderia concluir abusiva a defesa. É o caso de Daniel Francisco Mitidiero, que diverge de Cassio Scarpinella Bueno, pois, para o primeiro, para que ocorra a hipótese de procrastinação, há obrigatoriedade da manifestação do réu. Para o segundo, é possível que ocorra tal hipótese, independentemente de o réu ter-se manifestado no processo.[55]

Mitidiero conclui que a previsão do art. 273, II (...) "constitui sede normativa para tutela antecipatória fundada na evidência da posição jurídica de uma das partes e cujo pressuposto de aplicação reside na ausência de defesa séria articulada pelo demandado".[56]

Luiz Fux concorda com Cassio Scarpinella Bueno e afirma:

> Assente-se, ainda, por oportuno, que não é preciso ao juízo aguardar a defesa para considerá-la abusiva, haja vista que nos casos de evidência é lícito atender o requerimento de tutela antecipada, tal como se faz quando se analisa o pedido liminar de mandado de segurança, proteção possessória etc.
>
> A insubsistência da defesa exercitável ou exercida, em resumo, configura, para a lei, caso de direito evidente, passível de receber a antecipação final após longo e oneroso procedimento.[57]

Luiz Guilherme Marinoni e Sérgio Arenhart afirmam que, para a concessão da tutela antecipada, prevista no art. 273, II, podem ser aplicadas duas técnicas, a da reserva da cognição da exceção substancial indireta infundada e a monitória.

A primeira decorre do fato de que o ônus de provar a exceção indireta de mérito é do réu, conforme art. 333, do CPC, e de ele não poder usar esse ônus para ganhar tempo no processo. Se não fosse assim, o autor seria penalizado em razão do ônus da prova ser do réu. Sensível ao fato de que o "tempo do processo também é um ônus", o juiz pode antecipar a tutela.

A segunda técnica, a monitória, ocorre quando o autor cumpre o preceito do inc. I do art. 333 e produz a prova sobre o fato constitutivo, e o réu apresenta defesa

---

[54] ZAVASCKI, Teori Albino. *Antecipação da tutela*. São Paulo: Saraiva, 2009. p. 82.
[55] BUENO, Cassio Scarpinella. *Curso sistematizado de direito processual civil*: tutela antecipada, tutela cautelar, procedimentos cautelares específicos. 2. ed. São Paulo: Saraiva, 2010. v. 4, p. 19.
[56] MITIDIERO, Daniel. Tutela antecipatória e defesa inconsistente. *In*: ARMELIN, Donaldo (Coord.). *Tutela de urgência e cautelares*: estudos em homenagem a Ovídio A. Baptista da Silva. São Paulo: Saraiva, 2010. p. 339.
[57] FUX, Luiz. Tutela de segurança e tutela de evidência: fundamentos da tutela antecipada. São Paulo: Saraiva, 1996. p. 347.

de mérito inconsistente, mas que demanda a produção de prova. Nesse caso, assim como no anterior, o ônus do tempo do processo não pode ser do autor. Segundo os autores, as duas técnicas citadas exigem direito evidente do autor e a defesa infundada, que demanda provas.[58]

No Projeto do Novo CPC, o legislador, no art. 285, separou as hipóteses que entendeu de evidência, daquelas de urgência satisfativas ou cautelares. No primeiro inciso, tratou daquela previsão do inc. II do art. 273 do atual código.

Daniel Mitidiero[59] entende que o art. 273, inc. II do CPC trata de tutela antecipatória, fundada em direito evidente, ou seja, aquela concedida diante da maior probabilidade do direito de uma parte, no caso, o autor. Para o doutrinador, o que o se pretende é amenizar o problema com a demora do processo. Ele difere de Teori Albino Zavascki, para quem a tutela concedida com base no intuito procrastinatório é punitiva do réu.[60]

José Roberto Bedaque também entende que a tutela antecipada pode deferida com base no inc. II do art. 273, independentemente do perigo de dano concreto. O autor aproxima a situação concreta à litigância de má-fé. Bedaque afirma que o objetivo da previsão legal é no sentido de acelerar o andamento do processo e que (...) "a existência do direito é provável não só pelos argumentos deduzidos pelo autor, como por aqueles apresentados na defesa". Mais adiante, o autor ensina: "Na verdade, utilizou-se o legislador da técnica da antecipação provisória mediante cognição sumária, para punir ilícito processual".[61]

Aqui cabe uma ressalva, é evidente que o objetivo da previsão legal foi beneficiar o autor, em razão do tempo do processo. A antecipação, porém, será cabível, mesmo que este tempo não seja longo, ou que, concretamente, dele não decorra prejuízo.

A previsão legal teve como preocupação a proteção do direito do autor, que, se mostrando evidente, tem obstado a sua efetivação de pronto, pela intenção do réu de retardar o andamento do processo.

O "dano" que, para os autores, não existe, em realidade, limita-se à questão do tempo, do retardamento do processo e a injustiça que isso pode significar. Se a demora do processo for vista como um ônus, haverá a compreensão de que algum dano poderia ocorrer.

Concorda-se com Bedaque, no sentido de que o dano concreto não ocorre e, mais, igualmente não se admite a existência de dano eminente e de difícil reparação, justificador da concessão da tutela cautelar. Por outro lado, também assiste razão ao autor, quando ele afirma que, no caso do inc. II do art. 273, a tutela é antecipada com base em cognição sumária.[62]

---

[58] MARINONI, Luiz Guilherme; ARENHART, Sérgio Cruz. *Processo de conhecimento*. 7. ed. São Paulo: Revista dos Tribunais, 2007. p. 232-233. Curso de processo civil, v. 2.

[59] MITIDIERO, Daniel. Tutela antecipatória e defesa inconsistente. *In*: ARMELIN, Donaldo (Coord.). *Tutela de urgência e cautelares*: estudos em homenagem a Ovídio A. Baptista da Silva. São Paulo: Saraiva, 2010. p. 338.

[60] ZAVASCKI, Teori Albino. *Antecipação da tutela*. São Paulo: Saraiva, 2009. p. 77.

[61] BEDAQUE, José Roberto dos Santos. *Tutela cautelar e tutela antecipada*: tutelas sumárias e de urgência: tentativa de sistematização. 4. ed. São Paulo: Malheiros, 2008. p. 309.

[62] BEDAQUE, José Roberto dos Santos. *Tutela cautelar e tutela antecipada*: tutelas sumárias e de urgência: tentativa de sistematização. 4. ed. São Paulo: Malheiros, 2008. p. 311.

Portanto, o inc. II do art. 273, do CPC, permite o deferimento da liminar, antecipando uma tutela de evidência, que é concedida para evitar o dano decorrente do retardo do processo e não do dano iminente e irreparável. A cognição realizada para deferimento da liminar é sumária.

Entende-se pertinente a afirmação de Luiz Guilherme Marinoni, no sentido de que, se a antecipação da tutela foi deferida, com a postergação do contraditório, a cognição será sumária. Caso contrário, ela será exauriente.[63]

Outra hipótese de tutela de evidência está na previsão do §6º do art. 273 do CPC, ou seja: "A tutela antecipada poderá ser concedida quando um ou mais dos pedidos cumulados, ou parcela deles, mostrar-se incontroverso". Previsão similar existe no Projeto do Novo CPC, art. 285, inc. II.

Antes da análise desta situação, cabe transcrever a ressalva feita por Cândido Rangel Dinamarco, ao tratar do tema:

> Se nenhuma outra parcela do pedido houvesse para ser decidida depois (após a realização da prova), em vez de conceder a tutela antecipada o juiz julgaria antecipadamente o mérito (supra, n. 50), e para tanto, obviamente, não se preocuparia com os riscos da irreversibilidade. A circunstância de haver mais algum *petitum* pendente não compromete a segurança para permitir que se produzam efeitos irreversíveis.[64]

Marcus Vinícios Rios Gonçalves entende que, se a incontrovérsia for em relação à totalidade dos fatos e não ocorrer hipótese de não incidirem os efeitos da revelia, o juiz proferirá o julgamento antecipado da lide. Mas, se apenas parte do pedido formulado ou um dos pedidos formulados se tornarem incontroversos, o juiz deverá antecipar a tutela.

O autor destaca, igualmente, que a literalidade do artigo pode induzir em erro, pois não há obrigatoriedade de que exista, sempre, a cumulação de pedidos. Basta que um único pedido formulado seja impugnado só parcialmente, para que o restante seja incontroverso.[65] Não se pode esquecer que, além de o pedido não ter sido impugnado, para que ele seja, efetivamente, incontroverso, não pode ser duvidoso.

Outro aspecto polêmico é que, apesar da crítica feita ao sistema atual, a doutrina tem entendido que o legislador não permitiu que a parte incontroversa do pedido fosse, de pronto, objeto de sentença de mérito.[66] O posicionamento predominante na doutrina é o de que o mecanismo autorizado foi o da concessão de uma tutela que antecipe essa parte incontroversa do pedido.

Segundo a doutrina, a antecipação com base na incontrovérsia do pedido pode ser deferida, mesmo que o resultado seja irreversível. Aliás, é o que ocorrerá na prática. Deferida a tutela antecipada, em razão da evidência do direito do autor, gerado pela própria incontrovérsia, haverá um provimento que, de regra, se tornará definitivo. O fato de ter sido tido como incontroverso fará com que esse pedido seja, na sentença, julgado procedente.

---

[63] MARINONI, Luiz Guilherme. *Tutela antecipada e julgamento antecipado*: parte incontroversa da demanda. 5. ed. São Paulo: Revista dos Tribunais, 2002. p. 145.
[64] DINAMARCO, Cândido Rangel. *A reforma da reforma*. 3. ed. São Paulo: Malheiros, 2002. p. 97.
[65] GONÇALVES, Marcus Vinícios Rios. *Novo curso de direito processual civil*. 3. ed. São Paulo: Saraiva, 2006. v. 1, p. 303.
[66] DINAMARCO, Cândido Rangel. *A reforma da reforma*. 3. ed. São Paulo: Malheiros, 2002. p. 95-96.

João Batista Lopes, analisando a cognição para deferimento dessa tutela, com base em pedido ou parte de pedido incontroverso, afirma que (...) ao antecipar a tutela nas hipóteses em exame, o juiz pronuncia a certeza do direito, e, portanto, a cognição é exauriente".[67]

No mesmo sentido Luiz Guilherme Marinoni e Sérgio Arenhart, para quem o juiz exercerá tutela exauriente, quando conceder tutela da parte incontroversa do pedido. Os autores afirmam:

> Após a Emenda Constitucional 45/2004, que instituiu o direito fundamental à duração razoável do processo, uma melhor análise impõe a conclusão de que a tutela da parte incontroversa adquire estabilidade. O postulado constitucional autônomo que dá fundamento ao direito fundamental à duração razoável (art. 5º, LXXVIII, da CF), vinculando a interpretação judicial e, desta forma, a compreensão da regra do §6º do art. 273, faz obrigatoriamente surgir a interpretação de que a tutela da parte incontroversa da demanda, apesar de instrumentalizada através da técnica antecipatória, não pode ser modificada ou revogada ao final do processo.[68]

Os mesmos autores também apresentam duas técnicas para concessão de tutela antecipada, com base no referido parágrafo 6º do art. 273 do CPC. Trata-se da não contestação ou do reconhecimento jurídico parcial e a técnica do julgamento antecipado de parcela do pedido ou de um dos pedidos cumulados.

Teori Albino Zavascki questiona se a ausência de impugnação resultaria, automaticamente, em incontrovérsia do pedido. O autor alerta que não, pois o juiz, apesar da falta de contestação, poderia entender inadequado o deferimento do pedido.[69] O autor usa, inclusive, um conceito amplo de pedido incontroverso, ou seja, (...) "será considerado incontroverso o pedido, mesmo contestado, quando os fundamentos da contestação sejam evidentemente descabidos ou improcedentes. Em outras palavras: quando não haja contestação séria".

Aliás, o autor não menciona, mas esta questão está relacionada à do ônus da prova. Pode não ter havido a contestação ou a impugnação de determinado pedido; no entanto, se o autor não produziu a prova do fato constitutivo, o juiz não é obrigado a acolher o pedido.

Teori Albino Zavascki conclui sobre a efetivação da medida que antecipa a parte incontroversa do pedido, dizendo:

> (...) o regime a ser adotado será o mesmo da execução provisória da correspondente sentença de procedência: em se tratando de antecipação de prestação de fazer, não fazer ou entregar, o procedimento e os meios executivos previstos no art. 461 e 461-A do Código de Processo Civil; e, em se tratando de prestação de pagar quantia, o da execução provisória disciplinado no art. 475-O, antecedido, se for o caso, de liquidação, caso em que a decisão interlocutória que deferiu a medida servirá como título executivo.[70]

---

[67] LOPES, João Batista. *Tutela antecipada no processo civil brasileiro*. 3. ed. São Paulo: Revista dos Tribunais, 2007. p. 177-178.
[68] MARINONI, Luiz Guilherme; ARENHART, Sérgio Cruz. *Processo de conhecimento*. 7. ed. São Paulo: Revista dos Tribunais, 2007. p. 235. Curso de processo civil, v. 2. Os autores informam, em nota de rodapé, que alteraram o posicionamento da sexta edição do livro.
[69] ZAVASCKI, Teori Albino. *Antecipação da tutela*. São Paulo: Saraiva, 2009. p. 110-111.
[70] ZAVASCKI, Teori Albino. *Antecipação da tutela*. São Paulo: Saraiva, 2009. p. 116.

Luiz Guilherme Marinoni, assim como Zavascki na citação anterior, analisa a natureza jurídica do ato concessivo da medida, da antecipação da parte incontroversa do pedido e afirma:

> Poderia alguém dizer, contudo, que se a decisão que concede a tutela configura decisão interlocutória, e assim é impugnável por meio de agravo, que não é recebido no efeito suspensivo, esta decisão pode ser executada na pendência do recurso, o que seria contraditório em relação ao pedido que somente pode ser julgado ao final (mediante sentença, uma vez que o recuso aí cabível (apelação) deve ser recebido, em regra, nos efeitos devolutivo e suspensivo). Essa contradição é fruto de política legislativa, e também está presente em relação à tutela antecipada baseada no art. 273, inc. I, uma vez que o legislador da "2ª etapa da reforma" alterou o art. 520 do CPC simplesmente para dizer que o recurso de apelação não deve ser recebido no efeito suspensivo quando confirmar a tutela antecipatória, esquecendo-se do caso em que o juiz não concede a tutela antecipatória e, ao final, está presente o perigo e evidenciado o direito.[71]

O Projeto do Novo CPC, no art. 929, trata do recurso de agravo e prevê a utilização deste recurso para atacar as decisões interlocutórias que versem sobre urgência ou evidência e sobre o mérito da causa, além de outros dois casos. No parágrafo único, o artigo prevê a não incidência de preclusão de outras decisões interlocutórias, proferidas antes da sentença. Admite, porém, que a parte faça a sua impugnação em preliminar, nas razões ou contrarrazões de apelação.

Luiz Guilherme Marinoni e Daniel Mitidiero, após apresentarem como exemplo de decisão interlocutória, a que reconhece a (...) "existência, validade e eficácia da convenção de arbitragem (...), criticam a previsão legal, afirmando: "Ao condicionar a revisão da decisão interlocutória de primeiro grau ao advento do julgamento da apelação, corre-se o risco de despojar o instituto da arbitragem de uma das suas principais características: a tempestividade da tutela arbitral".[72]

Jaqueline Mielke Silva e José Tadeu Neves Xavier afirmam que a natureza jurídica do ato que concede a tutela antecipada, antecipando a parte incontroversa do pedido, tem natureza de sentença parcial. Os autores concluem que, diante do nosso sistema recursal, haverá dificuldades práticas e que o legislador deveria ter criado um novo tipo de recurso.[73]

---

[71] MARINONI, Luiz Guilherme. *Tutela antecipada e julgamento antecipado*: parte incontroversa da demanda. 5. ed. São Paulo: Revista dos Tribunais, 2002. p. 141.

[72] MARINONI, Luiz Guilherme; MITIDIERO, Daniel. *O Projeto do CPC*: Críticas e propostas. São Paulo: Revista dos Tribunais, 2010. p. 183.

[73] SILVA, Jaqueline Mielke; XAVIER, José Tadeu Neves. *Reforma do processo civil*. Porto Alegre: Verbo Jurídico, 2006. p. 53. Neste mesmo sentido, SILVA, Ovídio A. Baptista da. *Processo e ideologia*: o paradigma racionalista. Rio de Janeiro: Forense, 2004. p. 253. Também concluiu no sentido de que há necessidade de um novo tipo de recurso, CAMBI, Accácio. Novo conceito de sentença: sua repercussão no ordenamento processual (na classificação das sentenças e no sistema recursal). *Revista de Processo*, São Paulo, v. 35, n. 182, p. 17-55, abr. 2010, p. 52. Rafael Corte MELLO, com base nos ensinamentos de Ovídio B. da SILVA, afirma que a definitividade não deve ser tida como elemento diferenciador entre sentença e decisão interlocutória. Existem interlocutórias que se tornam definitivas, em razão da preclusão, como, por exemplo, quando o juiz indefere a produção de provas e encerra a instrução. Por outro lado, existem também sentenças que, só excepcionalmente, fazem coisa julgada, como é o caso das cautelares, razão pela qual os autores retro citados entendem que existem sentenças provisórias (MELLO, Rafael Corte. *Tutelas de urgência e cautelares*: estudos em homenagem a Ovídio A. Baptista da Silva. Coordenador Donaldo Armelin. São Paulo: Saraiva, 2010. p. 974).

O Projeto do Novo CPC, no art. 158, §1º apresenta o novo conceito de sentença: "Ressalvadas as previsões expressas nos procedimentos especiais, sentença é o pronunciamento por meio do qual o juiz, com fundamento nos arts. 473 e 475, põe fim à fase cognitiva do procedimento comum, bem como o que extingue a execução".

Pode-se verificar que houve um erro material, pois os casos de prolação das sentenças estão nos arts. 467 e 468 do Projeto e não nos artigos citados. É possível constatar, assim, que o Projeto não admitiu a ideia da sentença parcial e deixou bem clara, de forma expressa, a posição pela previsão quanto aos recursos.

Entende-se que Luiz Guilherme Marinoni e Daniel Mitidiero têm razão, quando afirmam que o Projeto deveria prever conceito de sentença mais amplo, com o consequente: (...) "reconhecimento da existência de sentenças provisórias, temporárias e de sentenças que tratem definitivamente apenas de parcela do litígio ao longo do procedimento comum".[74]

Segundo os próprios autores mencionam, além disso, é notório que o motivo determinante para não ousar, com uma alteração ainda maior, foi que teria que ter sido alterado, também, o sistema recursal.

No Projeto do Novo CPC, o art. 285, que trata da tutela de evidência, contém mais dois incisos, ou seja, o III e o IV.

Os incs. III e IV não podem ser interpretados em sua literalidade. No primeiro caso, isto ocorre, porque, se o autor tiver prova "irrefutável do direito alegado" e o réu não opôs "prova inequívoca", haverá o julgador que julgar antecipadamente a lide. O mesmo ocorrerá se, no segundo inciso, "a matéria for unicamente de direito e houver jurisprudência firmada em julgamento de casos repetitivos ou súmula vinculante".

Acredita-se que a única solução será dar, à situação concreta, a interpretação de Luiz Guilherme Marinoni e Daniel Mitidiero. Nos dois incisos, deve-se considerar as hipóteses de cognição sumária. No inc. III, pode-se entender que a prova do autor ainda não permite o julgamento de pronto e o réu não apresentou provas suficientes para demonstrar o contrário, e, no IV, que há a necessidade de concessão da liminar.[75]

Se a interpretação dos autores, acima descrita, não for a adotada, serão dois casos de julgamento antecipado da lide, não tendo sentido a previsão do Projeto no art. 353.

4 Conclusão

O estudo das tutelas de urgência e de evidência mostrou, primeiramente, que a realidade forense contribuiu diretamente para as alterações da legislação, ao longo das reformas, e também no Projeto de Novo CPC.

Partiu-se de uma contundente necessidade de distinção entre as tutelas de urgência e, pouco tempo depois, a realidade impôs uma mudança. Era necessária a fungibilidade entre os dois institutos, pois o jurisdicionado não poderia ser penalizado pela morosidade e pela divergência doutrinária e jurisprudencial sobre o tema.

---

[74] MARINONI, Luiz Guilherme; MITIDIERO, Daniel. *O Projeto do CPC*: críticas e propostas. São Paulo: Revista dos Tribunais, 2010. p. 91.

[75] MARINONI, Luiz Guilherme; MITIDIERO, Daniel. *O Projeto do CPC*: críticas e propostas. São Paulo: Revista dos Tribunais, 2010. p. 109.

Durante essa trajetória, pode-se perceber uma mudança de paradigma. Havia uma grande preocupação com a segurança jurídica, que acabou cedendo espaço à questão da celeridade processual. As reformas propostas, até agora, e as que virão, reforçam essa ideia.

Algumas constatações podem ser listadas objetivamente:

Há uma evidente intenção em distinguir as tutelas de urgência e de evidência; entretanto, dentre as de urgência, praticamente, serão inócuas as diferenças, não só pela aplicação da fungibilidade, quanto pelo procedimento previsto no Projeto do Novo CPC.

As decisões com base em tutelas de urgência — inclusive, de evidência — são não definitivas; no entanto, a proposta do Novo CPC pretende que, deferida a liminar, sem que haja impugnação por parte do réu e efetivada a medida, ela se estabilize.

Apesar da discussão doutrinária envolvendo a constitucionalidade dessa previsão, entende-se que é adequada a mudança, pois a decisão pode ser impugnada e também proposta ação principal. A previsão força, apenas, a provocação da parte.

Para viabilizar a hipótese anterior, é preciso admitir, sem restrição, a autonomia procedimental da tutela antecipada, o que se entende viável.

Há, também, uma proposta de que o juiz desempenhe um papel mais ativo dentro do processo, deferindo, se entender cabível, de ofício, a tutela antecipada, concedida com base em tutela de urgência ou, até mesmo, só de aparência.

O direito evidente possui um alto grau de probabilidade e é mais do que verossímil. Pode ser demonstrado pela prova documental ou outros meios de provas.

O grau de evidência oscila. Às vezes, a evidência, que é mais do que aparência, serve para deferimento de uma tutela antecipada, com base no art. 273 do CPC; outras vezes, o grau é bem mais elevado, como na hipótese do levantamento da parte incontroversa do pedido.

O direito evidente pode ser deferido liminarmente e resolver ou não todo o mérito, apesar da cognição sumária. O acolhimento do direito evidente, de forma liminar, pode conduzir a resultados fáticos reversíveis ou irreversíveis. O direito evidente pode ser deferido, a partir da constatação ou não do risco de dano.

Em realidade, entende-se que apenas as alterações procedimentais e conceituais, propostas no Projeto do Novo CPC, não serão suficientes para solucionar o problema existente no Judiciário. Elas, certamente, trarão muitas indagações no dia a dia forense, além de divergências doutrinárias e jurisprudenciais. Espera-se, porém, que, ao fim e ao cabo, haja, ao menos, uma melhora na efetividade da prestação jurisdicional.

Referências

ALMEIDA, Rafael Augusto Paes de. A cognição nas tutelas de urgência no Processo Civil brasileiro. *Jus Navigandi*, Teresina, ano 5, n. 41, 1º maio 2000. Disponível em: <http://jus.uol.com.br/revista/texto/868/a-cognicao-nas-tutelas-de-urgencia-no-processo-civil-brasileiro>. Acesso em: 11. mar. 2011.

ALVIM, Arruda. A evolução do direito e a tutela de urgência. *Revista Jurídica*, Porto Alegre, v. 57, n. 378, p. 11-37, abr. 2009.

ALVIM, Eduardo Arruda. Irreversibilidade de decisão antecipatória de tutela e direitos fundamentais. *Revista Forense*, Rio de Janeiro, v. 105, n. 403, p. 139-155, maio/jun. 2009.

AMARAL, Rafael Lopes do. Fungibilidade das tutelas de urgência. *Revista Dialética de Direito Processual – RDDP*, São Paulo, n. 46, p. 90-10, jan. 2007.

ARMELIN, Donaldo (Coord.). *Tutela de urgência e cautelares*: estudos em homenagem a Ovídio A. Baptista da Silva. São Paulo: Saraiva, 2010.

ASSIS, Araken de. Fungibilidade das medidas inominadas cautelares e satisfativas. *Revista de Processo*, São Paulo, v. 25, n. 100, p. 33-60, out./dez. 2000.

BASTOS, Cristiano de Melo; MEDEIROS, Reinaldo Maria de. Tutelas de urgência e o princípio da fungibilidade como garantia da instrumentalidade e efetividade processual. *Revista IOB de Direito Civil e Processual Civil*, São Paulo, v. 11, n. 62, p. 116-133, nov./dez. 2009.

BAUR, Fritz. *Estudos sobre tutela jurídica mediante medidas cautelares*. Tradução de Armindo Edgar Laux. Porto Alegre: Sergio Antonio Fabris, 1985.

BEDAQUE, José Roberto dos Santos. *Tutela cautelar e tutela antecipada*: tutelas sumárias e de urgência: tentativa de sistematização. 4. ed. São Paulo: Malheiros, 2008.

BUENO, Cassio Scarpinella. *Curso sistematizado de direito processual civil*: tutela antecipada, tutela cautelar, procedimentos cautelares específicos. 2. ed. São Paulo: Saraiva, 2010. v. 4.

CALAMANDREI, Piero. *Instituciones de derecho procesal civil*. Traducción Santiago Sentís Melendo. Buenos Aires: Librería "El foro", 1996. v. 3.

CALAMANDREI, Piero. *Introdução ao estudo sistemático dos procedimentos cautelares*. Tradução de Carla Roberta Andreasi Bassi. Campinas: Servanda, 2000.

CAMBI, Accácio. *Da antecipação de tutela*. 6. ed. Rio de Janeiro: Forense, 2005.

CAMBI, Accácio. Novo conceito de sentença: sua repercussão no ordenamento processual: na classificação das sentenças e no sistema recursal. *Revista de Processo*, São Paulo, v. 35, n. 182, p. 17-55, abr. 2010.

CAPPELLETTI, Mauro; GARTH, Bryant. *Acesso à Justiça*. Tradução de Ellen Gracie Northfleet. Porto Alegre: Sergio Antonio Fabris, 1988.

CARNELUTTI, Francesco. *Instituições do processo civil*. Tradução de Adrián Sotero de Witt Batista. São Paulo: Classic Book, 2000. v. 1.

COSTA, Guilherme Recena. Entre função e estrutura: passado, presente e futuro da tutela de urgência no Brasil. *In*: ARMELIN, Donaldo (Coord.). *Tutela de urgência e cautelares*: estudos em homenagem a Ovídio A. Baptista da Silva. São Paulo: Saraiva, 2010.

DIAS, Jean Carlos. Ainda a fungibilidade entre as tutelas de urgência: a atual posição doutrinária e jurisprudencial sobre o tema. *Revista Dialética de Direito Processual –RDDP*, São Paulo, n. 60, p. 75-81, mar. 2008.

DINAMARCO, Cândido Rangel. *A reforma da reforma*. 3. ed. São Paulo: Malheiros, 2002.

DINAMARCO, Cândido Rangel. *Nova era no processo civil*. São Paulo: Malheiros, 2004.

FLACH, Daisson. A estabilidade e controle das decisões fundadas em verossimilhança: Elementos para uma oportuna reescrita. *In*: ARMELIN, Donaldo (Coord.). *Tutela de urgência e cautelares*: estudos em homenagem a Ovídio A. Baptista da Silva. São Paulo: Saraiva, 2010.

FUX, Luiz. A tutela dos direitos evidentes. *Jurisprudência do Superior Tribunal de Justiça*. Disponível em: <http://bdjur.stj.gov.br>. Acesso em: 10 mar. 2011.

FUX, Luiz. *Tutela de segurança e tutela de evidência*: fundamentos da tutela antecipada. São Paulo: Saraiva, 1996.

GONÇALVES, Marcus Vinícios Rios. *Novo curso de direito processual civil*. 3. ed. São Paulo: Saraiva, 2006. v. 1.

LACERDA, Galeno; OLIVEIRA, Carlos Alberto Alvaro de. *Comentários ao Código de Processo Civil*. 3. ed. Rio de Janeiro: Forense, 1998. v. 8, t. II.

LAGE, Lívia Regina Savergnini Bissoli. Aplicação do princípio da fungibilidade entre as tutelas de urgência cautelar e genérica. *Revista de Processo*, São Paulo, v. 35, n. 182, p. 315-330, abr. 2010.

LIVONESI, André Gustavo. Fungibilidade das tutelas de urgência: a tutela cautelar e a tutela antecipada do art. 273 do CPC. *Revista Dialética de Direito Processual – RDDP*, São Paulo, n. 28, p. 9-23, jul. 2005.

LOPES, João Batista. *Tutela antecipada no processo civil brasileiro*. 3. ed. São Paulo: Revista dos Tribunais, 2007.

MARINONI, Luiz Guilherme. *Curso de processo civil*: processo de conhecimento. 7. ed. São Paulo: Revista dos Tribunais, 2007.

MARINONI, Luiz Guilherme. *O Projeto do CPC*: críticas e propostas. São Paulo: Revista dos Tribunais, 2010.

MARINONI, Luiz Guilherme. *Tutela antecipada e julgamento antecipado*: parte incontroversa da demanda. 5. ed. São Paulo: Revista dos Tribunais, 2002.

MARINONI, Luiz Guilherme. *Tutela cautelar e tutela antecipatória*. São Paulo: Revista dos Tribunais, 1994.

MARINONI, Luiz Guilherme; ARENHART, Sérgio Cruz. *Processo cautelar*. 2. ed. São Paulo: Revista dos Tribunais, 2007. Curso de processo civil, v. 4.

MARINONI, Luiz Guilherme; MITIDIERO, Daniel. *Código de Processo Civil*: comentado artigo por artigo São Paulo: Revista dos Tribunais, 2008.

MELO, Gustavo de Medeiros. O princípio da fungibilidade no sistema de tutelas de urgência: um departamento do processo civil ainda carente de sistematização. *Revista Forense*, Rio de Janeiro, v. 104, n. 398, p. 91-131, jul./ago. 2008.

MITIDIERO, Daniel Francisco. O processualismo e a formação do Código Buzaid. *Revista de Processo*, São Paulo, v. 35, n. 183, p. 165-194, maio 2010.

MITIDIERO, Daniel Francisco. Tutela antecipatória e defesa inconsistente. *In*: ARMELIN, Donaldo (Coord.). *Tutela de urgência e cautelares*: estudos em homenagem a Ovídio A. Baptista da Silva. São Paulo: Saraiva, 2010.

MOREIRA, José Carlos Barbosa. A antecipação da tutela jurisdicional na reforma do Código de Processo Civil. *Revista de Processo*, n. 81, p. 198-211, jul./set. 1996.

NOTARIANO JUNIOR, Antônio; BRUSCHI, Gilberto Gomes. O julgamento antecipado da lide e a antecipação de tutela em caso de pedidos incontroversos. *In*: ARMELIN, Donaldo (Coord.). *Tutela de urgência e cautelares*: estudos em homenagem a Ovídio A. Baptista da Silva. São Paulo: Saraiva, 2010.

OLIVEIRA, Carlos Alberto de. *Do formalismo no processo civil*. São Paulo: Saraiva, 1997.

OLIVEIRA, Carlos Alberto de. Efetividade e processo de conhecimento. *Revista Forense*, Rio de Janeiro, v. 348, p. 67-75, out./dez. 1999.

OLIVEIRA, Carlos Alberto de. Perfil dogmático da tutela de urgência. *AJURIS*, Porto Alegre, n. 70, p. 214-239, jul. 1997.

REALE, Miguel. *Fontes e modelos do direito*: para um novo paradigma hermenêutico. São Paulo: Saraiva, 1999. II t.

RIGHI, Eduardo. Tutelas de urgência e efetividade do processo. *Revista Forense*, Rio de Janeiro, v. 105, n. 401, p. 151-186, jan./fev. 2009.

SILVA, Jaqueline Mielke; XAVIER, José Tadeu Neves. *Reforma do processo civil*. Porto Alegre: Verbo Jurídico, 2006.

SILVA, Ovídio A. Baptista da. *Curso de processo civil*: processo cautelar: tutela de urgência. 2. ed. rev. e atual. Rio de Janeiro: Forense, 1998. v. 3, 406 p.

SILVA, Ovídio A. Baptista da. *Processo e ideologia*: o paradigma racionalista. Rio de Janeiro: Forense, 2004.

SOUZA, Adriano Stanley Rocha; FIUZA, César. A tutela antecipada e o instituto da evidência no processo civil americano. *Revista da Faculdade Mineira de Direito*, Belo Horizonte, v. 2, n. 3/4, p. 253-257, jan./dez. 1999.

TAKOI, Sérgio Massaru. Princípios constitucionais, tutela antecipada e a proporcionalidade. *Revista Dialética de Direito Processual – RDDP*, São Paulo, n. 61, p. 105-119, abr. 2008.

TAVARES, Fernando Horta *et al*. Urgência de tutelas: por uma teoria da efetividade do processo adequada ao Estado de direito democrático = Urgency of guardianships: for a theory of the effectiveness of the process adequate to the democratic rule of law. *Revista da Faculdade Mineira de Direito*, Belo Horizonte, v. 11, n. 21, p. 145-162, jan./jul. 2008.

THEODORO JÚNIOR, Humberto. Primeiras observações sobre o Projeto do Novo Código de Processo Civil. *Revista Magister de Direito Civil e Processual Civil*, Porto Alegre, v. 6, n. 36, p. 5-11, maio/jun. 2010.

THEODORO JÚNIOR, Humberto. Um Novo Código de Processo Civil para o Brasil. *Revista Magister de Direito Civil e Processual Civil*, Porto Alegre, v. 7, n. 37, p. 86-97, jul./ago. 2010.

WATANABE, Kazuo. Assistência Judiciária como instrumento de acesso à ordem jurídica justa. *Revista da Procuradoria-Geral do Estado de São Paulo*, São Paulo, n. 22, p. 134, jan./dez. 1985.

WATANABE, Kazuo. *Da cognição no processo civil*. 3. ed. São Paulo: Saraiva, 2005.

ZAVASCKI, Teori Albino. *Antecipação da tutela*. São Paulo: Saraiva, 2009.

Informação bibliográfica deste texto, conforme a NBR 6023:2002 da Associação Brasileira de Normas Técnicas (ABNT):

MORAIS, Maria Lúcia Baptista. As tutelas de urgência e as de evidência: especificidades e efeitos. *In*: ROSSI, Fernando *et al.* (Coord.). *O futuro do processo civil no Brasil*: uma análise crítica ao Projeto do Novo CPC. Belo Horizonte: Fórum, 2011. p. 445-472. ISBN 978-85-7700-511-6.

AS PRERROGATIVAS PROCESSUAIS DA FAZENDA PÚBLICA NO PROJETO DO CÓDIGO DE PROCESSO CIVIL (PLS N° 166/10)

MIRNA CIANCI

RITA QUARTIERI

LILIANE ITO ISHIKAWA

1 Prerrogativas processuais da Fazenda Pública

O tratamento conferido à Fazenda Pública no campo do processo se exterioriza por um sistema processual diferenciado previsto no Código de Processo Civil e em legislação extravagante.

Os institutos processuais favoráveis à Fazenda Pública, denominados "prerrogativas", decorrem da necessidade de estabelecer equilíbrio na relação processual em que o Poder Público figura como parte, com o objetivo precípuo de resguardar o interesse público, na medida da superioridade que representa em relação ao interesse individual.

Sob esse prisma, o princípio da igualdade insculpido na regra do atual Código de Processo Civil, ao dispor que "O juiz dirigirá o processo (...) competindo-lhe: assegurar às partes igualdade de tratamento" (CPC, art. 125, I),[1] deve ser interpretado de acordo com abrangente sentido.

---

[1] Tratando do princípio da igualdade no processo, José de Albuquerque Rocha afirma que: "Dessa maneira, no processo, refletem-se as duas dimensões da igualdade: a igualdade formal de corte liberal que, hoje, funciona como princípio geral limitador da atuação dos poderes públicos, e a igualdade material própria do Estado social que visa a realizar a igualdade pelo tratamento normativo diferenciado a pessoas e situações diferentes. Manifestações processuais da igualdade formal são o princípio do acesso à justiça (direito de ação em sentido abstrato), o princípio do devido processo legal, do contraditório, da paridade de armas, etc., todos destinados a garantir um tratamento uniforme às partes, atribuindo-lhes as mesmas situações subjetivas jurídicas diante do órgão jurisdicional. Quanto à igualdade material, sua função, no processo é a mesma desempenhada no campo do direito dito substancial, ou seja, visa a diminuir a existência concreta de diferenças de fato entre as partes. Exemplo de igualdade material no processo, temos na assistência aos pobres, objetivando tornar

Luiz Guilherme Marinoni afirma que "O princípio do contraditório, na atualidade, deve ser desenhado com base no princípio da igualdade substancial, já que não pode se desligar das diferenças sociais e econômicas que impedem a todos de participar efetivamente do processo". (...) Conclui o autor que para que a participação no processo ocorra em igualdade de condições, o legislador e o juiz devem dispensar tratamento desigual aos desiguais.[2]

Desse modo, tendo em vista o tipo de "interesse" defendido pela Fazenda Pública, e o adequado aparelhamento a promoção dessa defesa, é razoável conferir ao ente público tratamento diferenciado. José Roberto de Moraes[3] apropriadamente destaca que

> (...) no momento em que a Fazenda Pública é condenada, no momento em que a Fazenda Pública sofre um revés, no momento em que a Fazenda Pública tenha que contestar uma ação ou recorrer de uma decisão, o que se estará protegendo, em última análise, é o erário. É exatamente esta massa de recursos que foi arrecadada e que evidentemente supera, aí sim, o interesse particular. Na realidade a autoridade pública é mera administradora. É lamentável, não há como omitir isto — e esta é uma das deficiências extremamente sérias que nosso sistema apresenta —, que não exista a possibilidade eficaz de punição pela chamada responsabilidade política, ou seja: se um administrador, qualquer que seja, gastar mal o dinheiro público desde que ele faça por meio que a lei permite (licitação, procedimentos administrativos, etc.), ele não pode ser apenado dentro da sua opção. Esta é uma desvantagem nossa, do nosso sistema que dá ao governante um arbítrio completo sobre como ele vai utilizar estes recursos, mas não se pode penalizar o sistema tal qual foi concebido porque eventual governante errou. Na realidade o procurador da Fazenda Pública quando está defendendo dada causa, está sempre, obrigatoriamente, necessariamente defendendo o erário.

Portanto, legítima[4] a previsão no ordenamento processual das prerrogativas processuais da Fazenda Pública as quais, tendo em conta as especificidades do direito

---

efetivo o direito abstrato de acesso ao Judiciário; no processo trabalhista, na dispensa aos trabalhadores da prestação de depósitos, quando recorrentes; e, ações coletivas promovidas por consumidores, na não formação da coisa julgada, quando o pedido tenha sido julgado improcedente, etc." (O Estado em juízo e o princípio da isonomia. *Revista Pensar*, Fortaleza, v. 3, n. 3, p. 76, 1995).

[2] O direito à tutela jurisdicional efetiva na perspectiva da teoria dos direitos fundamentais. *Jus Navigandi*, Teresina, ano 8, n. 278. Disponível em: <http://www1.jus.com.br/doutrina/texto.asp?id=5281>. Acesso em: 22 fev. 2011.

[3] Segundo o autor, "A Fazenda Pública quando está em juízo está defendendo o erário. Na realidade aquele conjunto de receitas públicas que possam fazer face às despesas não é de responsabilidade, na sua formação, do governante do momento. É toda a sociedade que contribui para isso. Ficando no terreno estadual, todos nós aqui pagamos diariamente uma razoável quantidade, por exemplo, de ICMS, desde o momento que nós acordamos, tomar banho, escovar os dentes e tomamos nosso café da manhã etc. E passamos fazendo isso o dia inteiro e toda a sociedade faz isso, nesse sistema tributário nosso, com toda certeza, até com razoável exagero" (As prerrogativas e o interesse da Fazenda Pública. *In*: BUENO, Cassio Scarpinella; SUNDFELD, Carlos Ari. *Direito processual público*. São Paulo: Malheiros, 2003. p. 66-78).

[4] O Superior Tribunal de Justiça, em diversos julgados, assim tem se pronunciado:
"Processo civil – Intimação – Prerrogativas da Fazenda Pública – Igualdade das partes – Assimetria de relações – Lei 11.033/2004.
1. Dentre os princípios constitucionais que regem a relação processual está o da igualdade entre as partes, o qual não afasta as prerrogativas de partes em circunstâncias especiais, tais como: Ministério Público, Defensoria Pública e Fazenda Pública, abrangendo também as autarquias e as fundações públicas.
2. A intimação pessoal instituída para estas entidades não desequilibra a relação, na medida em que representam elas a coletividade ou o interesse público.
3. A Corte Especial, em recente decisão, interpretando a regra que ordena a intimação da Fazenda Pública, deixou sedimentado que tal ato processual se realiza por oficial de justiça, contando-se o prazo da juntada do mandado, devidamente cumprido.

material "público", dão ensejo a uma tutela jurisdicional diferenciada, com previsão, no *iter* processual, de prazos diferenciados, do duplo grau de jurisdição obrigatório e de modelo de execução adequado à realidade constitucional de pagamento de precatórios. Mencione-se ainda o distinto critério de fixação de honorários advocatícios quando a Fazenda Pública é vencida, a desnecessidade de adiantamento de custas processuais, a prescrição quinquenal, as vedações à concessão de liminares, etc.

Cabe indagar, nesse âmbito, se o Novo Código de Processo Civil (Projeto de Lei do Senado nº 166, de 2010) contempla tais prerrogativas ou se houve mitigação dessas regras processuais que favorecem a defesa do interesse público em prol do objetivo que norteia a nova ordem, o de conferir efetividade e celeridade à prestação jurisdicional.

Já de início, cabe notar que o Projeto, sem precedente anterior, confere especial destaque à Advocacia Pública, estabelecendo que ela possui como mister "a defesa e promoção dos interesses públicos".[5] O novo ordenamento, assim, parte desse paradigma, considerando que a Advocacia Pública[6] tem contornos distintos da Advocacia Privada, o que evidencia a necessidade de se dispensar tratamento apropriado à sua atuação.

---

4. (...); (Processo: EDcl no REsp 531.308 / PR Embargos de Declaração no Recurso Especial 2003/0070943-0. Relatora: Ministra Eliana Calmon. Órgão Julgador: T2 – Segunda Turma. Data do Julgamento: 08.03.2005. Data da Publicação/Fonte: *DJ* 04.04.2005 p. 262 RDDP vol. 27 p. 122)".
O Supremo Tribunal Federal tem o mesmo entendimento:
"Discute-se a constitucionalidade do art. 1º-F da Lei nº 9.494, de 10 de setembro de 1997 (...) A Lei nº 9.494, de 1997, (...) disciplina a aplicação da tutela antecipada contra a Fazenda Pública. O núcleo da discussão (...) no art. 1º-F da Lei nº 9.494, de 1997, que dispõe: 'os juros de mora, nas condenações impostas à Fazenda Pública para pagamento de verbas remuneratórias devidas a servidores e empregados públicos, não poderão ultrapassar o percentual de seis por cento ao ano'. (...) A decisão teve por base no Enunciado nº 32 das Turmas Recursais dos Juizados Especiais Federais do Rio de Janeiro que dispõe: 'O disposto no art. 1º-F da Lei nº 9.494/97 fere o princípio constitucional da isonomia (art. 5º, caput, da CF) ao prever a fixação diferenciada de percentual a título de juros de mora nas condenações impostas à Fazenda Pública para pagamento de verbas remuneratórias devidas a servidores e empregados públicos federais'. Não penso assim! O atentado à isonomia consiste em se tratar desigualmente situações iguais, ou em se tratar igualmente situações diferenciadas, de forma arbitrária e não fundamentada. É na busca da isonomia que se faz necessário tratamento diferenciado, em decorrência de situações que exigem tratamento distinto, como forma de realização da igualdade. É o caso do art. 188 do Código de Processo Civil (...). Razões de ordem jurídica podem impor o tratamento diferenciado. O Supremo Tribunal Federal admite esse tratamento, em favor da Fazenda Pública, enquanto prerrogativa excepcional (AI-AgR 349.477/PR — rel. Min. Celso de Mello, DJ 28-2-2003.) Esta Corte, à vista do princípio da razoabilidade, já entendeu, por maioria, que a norma inscrita no art. 188 do CPC é compatível com a CF/88 (RE 194.925-ED-EDV Emb. Div. nos Emb. Decl. no RE, Rel. Min. Ilmar Galvão, DJ 19-4-02). (...) Não é, porém, a questão que se põe nos presentes autos. O conceito de isonomia é relacional por definição. O postulado da igualdade pressupõe pelo menos duas situações, que se encontram numa relação de comparação. Essa (...). Se a Lei trata igualmente os credores da Fazenda Pública, fixando os mesmos níveis de juros moratórios, inclusive para verbas remuneratórias, não há falar em inconstitucionalidade do art. 1º-F, da Lei nº 9.494, de 1997. (...) A análise da situação existente indica não haver qualquer tratamento discriminatório, no caso, entre os credores da Fazenda Pública, que acarretem prejuízo para servidores e empregados públicos (RE 453.740, voto do Min. Gilmar Mendes, julgamento em 28.02.2007, *DJ* de 24.08.2007)".

5   Art. 105. Incumbe à Advocacia Pública, forma da lei, defender e promover os interesses públicos da União, dos Estados, do Distrito Federal e dos Municípios, por meio da representação judicial, em todos os âmbitos federativos, das pessoas jurídicas de direito público que integram a Administração direta e indireta.

6   A Advocacia Pública, na Constituição Federal de 1888, é "função essencial à justiça" (CF, arts. 131 e 132).

2 Prazos duplicados e intimação pessoal

A primeira regra que confere tratamento processual diferenciado à Fazenda Pública consta do atual art. 188 do Código de Processo Civil, que dispõe que o Ministério Público, a União, os Estados, o Distrito Federal e os Municípios, bem como as suas Autarquias e Fundações gozarão do prazo em dobro para recorrer e quádruplo para contestar.

Leonardo José Carneiro da Cunha[7] afirma que

> a regra aplicar-se a qualquer procedimento, seja ordinário, seja sumário, seja especial, aplicando-se igualmente ao processo cautelar e ao de execução (com ressalva dos embargos do devedor, que constituem uma ação, e não um recurso nem uma contestação, (...). Somente não se aplica o art. 188 quando há regra específica fixando prazo próprio, a exemplo do prazo de 20 (vinte) dias para contestar a ação popular (Lei nº 4.717/1965, art. 7º, IV).

Cuida-se de norma excepcional, razão pela qual deve ser interpretada de forma restritiva, "o que equivale a dizer que a Fazenda Pública só se beneficia do prazo quadruplicado para contestar e dobrado para recorrer, não alcançando os demais atos processuais".[8] [9]

O novo ordenamento mantém a prerrogativa de prazo diferenciado. Será, porém, sempre em dobro e vigora para "todas as manifestações processuais" da Fazenda Pública.[10]

Se por um lado houve redução do prazo para contestar — a nova ordem não prevê prazo em quádruplo —, a duplicação de prazo, hoje restrita à via recursal, foi estendida para *todas as manifestações do Advogado Público*, o que é mais benéfico que a

---

[7] *A Fazenda Pública em juízo.* 8. ed. São Paulo: Dialética, 2010. p. 40.

[8] Cf. OLIVEIRA, Othoniel Alves de. As prerrogativas processuais da fazenda pública em face do princípio constitucional da igualdade. *Âmbito Jurídico*, Rio Grande, 63, abr. 2009. Disponível em: <http://www.ambito-juridico.com.br/site/index.php?n_link=revista_artigos_leitura&artigo_id=6098>. Acesso: 22 fev. 2011.

[9] A regra aplica-se também quando a Fazenda Pública atua como assistente simples. A exemplo, julgado do STJ: Processo civil – Recurso especial – Interpretação do disposto no art. 188 do CPC – Fazenda Pública na qualidade de assistente simples de empresa pública estadual – Prazo em dobro para recorrer – Finalidade da norma.
1 – Interpretando literalmente o disposto no art. 188 do Código de Processo Civil, que dispõe: "computar-se-á em quádruplo o prazo para contestar e em dobro para recorrer quando a parte for a Fazenda Pública ou o Ministério Público", a figura do assistente simples não está contida no termo "parte". Contudo, a interpretação gramatical, por si só, é insuficiente para a compreensão do "sentido jurídico" da norma, cuja finalidade deve sempre ser buscada pelo intérprete e aplicador, devendo ser considerado, ainda, o sistema jurídico no qual a mesma está inserta. Desta forma, o termo "parte" deve ser entendido como "parte recorrente", ou seja, sempre que o recorrente for a Fazenda Pública, o prazo para interpor o recurso é dobrado.
Esta é a finalidade da norma. In casu, o Estado de Pernambuco, na qualidade de assistente simples de empresa pública estadual, tem direito ao prazo em dobro para opor Embargos de Declaração, cuja natureza jurídica é de recurso, previsto no art. 496, IV, da Lei Processual Civil.
2 – Precedente (REsp nº 88.839/PI).
3 – Recurso conhecido e provido para, reformando o v. acórdão recorrido, determinar o retorno dos autos à Corte a quo, a fim de que esta aprecie os Embargos Declaratórios em questão, porquanto tempestivos.
(REsp nº 663.267/PE, Rel. Ministro Jorge Scartezzini, Quarta Turma, julgado em 17.05.2005, *DJ*, p. 317, 13 jun. 2005).

[10] Art. 106. A União, os Estados, o Distrito Federal, os Municípios e suas respectivas autarquias e fundações de direito público gozarão de prazo em dobro para todas as suas manifestações processuais, cuja contagem terá início a partir da vista pessoal dos autos.

regra anterior. O prazo duplicado não se aplica quando houver prazo próprio estabelecido pelo Projeto, como é o caso do prazo para impugnação à execução contra a Fazenda Pública, fixado em trinta (30) dias (Projeto nº 166/10, art. 520).

Há ainda distinta regra quanto ao termo inicial do prazo, que no Projeto tem fluência a partir da vista pessoal dos autos.[11] Com isso, os Procuradores Estaduais e Municipais passaram a ser beneficiados com a prerrogativa da *intimação pessoal de seus procuradores*, que hoje favorece apenas os representantes judiciais da União (Advogados da União, Procuradores da Fazenda Nacional, e Procuradores Federais, que representam as autarquias e fundações públicas federais, assim como Procuradores do Banco Central).[12]

3 Honorários advocatícios

O Projeto estabelece nova formulação para o arbitramento de honorários advocatícios em desfavor da Fazenda Pública. Se, no sistema atual, a verba é fixada mediante apreciação equitativa do juiz,[13] na nova ordem os honorários são tarifados de acordo com o valor da causa.

No texto apresentado ao Senado constava inicialmente que quando vencida a Fazenda Pública, os honorários deveriam ser arbitrados entre os percentuais de cinco por cento (5%) e dez por cento (10%) sobre o valor da condenação, do proveito, do benefício ou da vantagem econômica obtidos.[14]

Essa disposição motivou acesa polêmica, uma vez que não raras vezes as ações judiciais propostas contra o Poder Público envolvem discussão de políticas

---

[11] O substitutivo apresentado pelo Senado Federal eliminou a expressão "mediante carga ou remessa", que constava na versão original do Projeto.

[12] A prerrogativa de citação pessoal foi conferida aos membros da Advocacia-Geral da União e da Procuradoria da Fazenda Nacional, nos termos da Lei Complementar nº 73/93, que dispõe:
Art. 35. A União é citada nas causas em que seja interessada, na condição de autora, ré, assistente, oponente, recorrente ou recorrida, na pessoa:
I – do Advogado-Geral da União, privativamente, nas hipóteses de competência do Supremo Tribunal Federal;
II – do Procurador-Geral da União, nas hipóteses de competência dos tribunais superiores;
III – do Procurador-Regional da União, nas hipóteses de competência dos demais tribunais;
IV – do Procurador-Chefe ou do Procurador-Seccional da União, nas hipóteses de competência dos juízos de primeiro grau.
Art. 38. Intimações e notificações são feitas nas pessoas do Advogado da União ou do Procurador da Fazenda Nacional que oficie nos respectivos autos.
Art. 20. As intimações e notificações de que tratam os arts. 36 a 38 da Lei Complementar nº 73, de 10 de fevereiro de 1993, inclusive aquelas pertinentes a processos administrativos, quando dirigidas a Procuradores da Fazenda Nacional, dar-se-ão pessoalmente mediante a entrega dos autos com vista.
A Lei nº 9.028/95 também dispõe: "Art. 6º A intimação de membro da Advocacia-Geral da União, em qualquer caso, será feita pessoalmente". Roberto de Aragão Ribeiro Rodrigues considera que "a modificação revela-se adequada e justa, pois o tratamento diferenciado dispensado aos representantes judiciais dos diversos entes da federação pela sistemática atual não possui qualquer justificativa plausível" (*As prerrogativas processuais da Fazenda Pública no Projeto do Novo Código de Processo Civil*. Disponível em: <http://jus.uol.com.br/revista/texto/17425>. Acesso em: 22 fev. 2011).

[13] Art. 20 (...)
§4º Nas causas de pequeno valor, nas de valor inestimável, naquelas em que não houver condenação ou for vencida a Fazenda Pública, e nas execuções, embargadas ou não, os honorários serão fixados consoante apreciação equitativa do juiz, atendidas as normas das alíneas "a", "b" e "c" do parágrafo anterior.

[14] §3º Nas causas em que for vencida a Fazenda Pública, os honorários serão fixados entre o mínimo de cinco por cento e o máximo de dez por cento sobre o valor da condenação, do proveito, do benefício ou da vantagem econômica obtidos, observados os parâmetros do §2º.

públicas, como concessão de rodovias, construção de grandes obras, com atribuição de milionário valor à causa. Não obstante venha a ser vencida apenas ocasionalmente, suportaria a Fazenda Pública, nesse caso, o pagamento de elevada verba honorária.

O legislador se sensibilizou com o fato de que a tarifação de honorários em percentual sobre o valor da demanda poderá implicar em demasiada onerosidade ao erário em prejuízo da coletividade, que irá suportar esse dispêndio. Por isso, o Senado Federal apresentou no substitutivo nova proposta estipulando percentuais ajustados ao valor da causa:

> Art. 87
> §3º. Nas causas em que a Fazenda Pública for parte, os honorários serão fixados dentro seguintes percentuais, observando os referenciais do §2º:
> I – mínimo de dez e máximo de vinte por cento nas ações de até duzentos salários mínimos;
> II – mínimo de oito e máximo de dez por cento nas ações de duzentos até dois mil salários mínimos;
> III – mínimo de cinco e máximo de oito por cento nas ações de dois mil até vinte mil salários mínimos;
> IV – mínimo de três e máximo de cinco por cento nas ações de vinte mil até cem mil salários mínimos;
> V – mínimo de um e máximo de três por cento nas ações acima de cem mil salários mínimos.

Determina ainda a regra que se observe os referenciais do §2º do art. 87, ou seja, o grau de zelo do profissional, o lugar de prestação do serviço, a natureza e a importância da causa e o trabalho exigido pelo advogado e o tempo exigido para o seu serviço.

Embora os percentuais sejam adaptados ao valor da causa, certo é que a regra não evita distorções, diante de seu caráter impositivo ao magistrado, que não poderá fixar valores inferiores aos percentuais estabelecidos. Por exemplo, em ações com valor da causa acima de cem mil salários mínimos a verba honorária não poderá ser inferior a um por cento sobre o valor da causa, o que resultará em milionário valor de honorários advocatícios, em prejuízo ao erário.

Ao contrário, o disposto no §4º do art. 20 do Código de Processo Civil em vigor demonstra claramente a preocupação do legislador em não onerar em demasia os cofres fazendários, o que importaria em prejuízo à comunidade como um todo em benefício de uns poucos privilegiados, bem como em evitar a flagrante ofensa ao princípio de igualdade de tratamento das partes em juízo, que ocorre no tocante à fixação da verba honorária sempre que a Fazenda do Estado é parte na ação.[15]

---

[15] O Supremo Tribunal Federal, em mais de uma oportunidade, decidiu o seguinte:
"Sendo a parte vencida Fazenda Pública Municipal, fixam-se os honorários consoante apreciação eqüitativa do juiz, nos termos do §4º do art. 20 do CPC. Não está o magistrado, portanto, adstrito à percentagem mínima sobre o valor total da condenação, ao contrário do que sucede normalmente por força do disposto no §3º do citado dispositivo legal" (Ac. unân. Da 2ª T. do STF, de 12.9.75, no Agr. Reg. Mp Agr nº 62.727-SP, Rel. Min. Moreira Alves).
"Não viola dispositivo do CPD, a decisão que fixa os honorários do advogado devidos pela Fazenda Pública em menos de 10% do valor da condenação, eis que aplicável, no caso, é o §4º e não, o §3º do art. 20 do referido Código" (Ac. unân. da 1ª T. do STF, de 24.11.77, no RE nº 87.648-SP, Rel. Min. Cunha Peixoto; *DJ*, p. 1175, 10 mar. 78).

4 Reexame necessário

O reexame necessário é "condição de eficácia da sentença, que, embora existente e válida, somente produzirá efeitos depois de confirmada pelo Tribunal. Não é recurso por lhe faltar: tipicidade, voluntariedade, tempestividade, dialeticidade, legitimidade, interesse em recorrer e preparo, características próprias dos recursos. Enquanto não reexaminada a sentença pelo Tribunal, não haverá trânsito em julgado e, conseqüentemente, será ela ineficaz".[16]

O instituto teve diverso tratamento no Projeto nº 166/10,[17] destacando-se a ampliação do limite de sua dispensa para mil salários mínimos. Hoje, o limite é de sessenta (60) salários mínimos.

O critério *valor* para a sujeição das causas ao reexame necessário encontra dificuldades e verdadeira inadequação. Acontece que — e isso só quem atua diariamente na defesa do interesse público tem perfeita noção — não é nada raro que questões de altíssima relevância do Estado não tenham conteúdo econômico algum.

Exemplificando: em ação visando anular nada menos que a venda do Banespa, o valor da causa é R$1.000,00 (mil reais), apesar da enorme relevância do tema. Nas ações de privatização de estatais, onde inúmeras ações são propostas, visando evitar o leilão de privatização e o valor dessas causas é ínfimo (por falta de conteúdo econômico), sendo que o alto interesse público é indiscutível.[18]

O substitutivo apresentado pelo Senado[19] não resolve a questão, uma vez que estabelece percentuais de maior valor de acordo com a entidade da Federação, o que

---

"Nas causas em que for vencida a Fazenda Pública, os honorários serão eqüitativamente fixados pelo juiz — art. 20, §4º do CPC. Desatenção a esse critério legal enseja o apelo extraordinário". (Ac. Unân. da 2ª T. do STF, de 15.12.78, no RE nº 90.273-2-RJ, Rel. Min. Cordeiro Guerra, *DJ*, p. 12240, 23 fev. 79).

[16] Cf. NERY JUNIOR, Nelson. *Código de Processo Civil comentado e legislação extravagante*. 9. ed. São Paulo: Revista dos Tribunais, 2006.

[17] Art. 475. Está sujeita ao duplo grau de jurisdição, não produzindo efeito senão depois de confirmada pelo tribunal, a sentença:
I – proferida contra a União, o Estado, o Distrito Federal, o Município, e as respectivas autarquias e fundações de direito público;
II – que julgar procedentes, no todo ou em parte, os embargos à execução de dívida ativa da Fazenda Pública (art. 585, VI).
§1º Nos casos previstos neste artigo, o juiz ordenará a remessa dos autos ao tribunal, haja ou não apelação; não o fazendo, deverá o presidente do tribunal avocá-los.
§2º Não se aplica o disposto neste artigo sempre que a condenação, ou o direito controvertido, for de valor certo não excedente a 60 (sessenta) salários mínimos, bem como no caso de procedência dos embargos do devedor na execução de dívida ativa do mesmo valor.
§3º Também não se aplica o disposto neste artigo quando a sentença estiver fundada em jurisprudência do plenário do Supremo Tribunal Federal ou em súmula deste Tribunal ou do tribunal superior competente.
Art. 478
(...)
§2º Não se aplica o disposto neste artigo sempre que a condenação ou o direito controvertido for de valor certo não excedente a mil salários mínimos, bem como no caso de procedência dos embargos do devedor na execução de dívida ativa do mesmo valor.
(...)
§4º Quando na sentença não se houver fixado valor, o reexame necessário, se for o caso, ocorrerá na fase de liquidação.

[18] Mais importante que limitar ao valor, será possibilitar a *não sujeição* ao reexame sob autorização administrativa, o que viabilizaria que os advogados públicos pudessem deixar de recorrer em casos que entendem dispensável esse reexame, como de rotineiro ocorre nos casos de recurso especial/extraordinário.

[19] Art. 483
(...)

não condiz com a realidade — não é a entidade de direito público que determina o valor e a importância do reexame. Além disso, também não garante a regra o reexame de questões de relevância para os vários entes federativos e com valor da causa inferior aos percentuais estabelecidos pelo dispositivo e, pior, deixa ao desabrigo a situação de Municípios desprovidos de Procuradorias.

Disso resulta ainda mais evidente que o critério "valor", além de não atender relevantes questões envolvendo o interesse público, também não leva em conta as dimensões quase continentais do país e suas diferenças particulares.

Dando ênfase na valorização dos precedentes judiciais e na busca pela uniformização das decisões proferidas em ações idênticas, o §3º do art. 483 estabelece a dispensa quando a sentença estiver fundada em

> I – súmula do Supremo Tribunal Federal ou do Superior Tribunal de Justiça;
> II – acórdão proferido pelo Supremo Tribunal Federal acrescenta a hipótese de dispensa do reexame necessário quando a sentença estiver fundada em orientação adotada em recurso representativo da controvérsia ou incidente de resolução de demandas repetitivas;
> III – entendimento firmado em incidente de resolução de demandas repetitivas ou de assunção de competência.

Como afirma Roberto de Aragão Ribeiro Rodrigues[20]

> Tal alteração guarda perfeita sintonia com o objetivo principal do novo Código, qual seja, a busca pela maior celeridade na entrega da prestação jurisdicional. Com efeito, não haveria sentido em obstaculizar a via recursal e, em sentido diametralmente oposto, viabilizar a subida dos processos aos tribunais por força de reexame necessário sobre matérias já pacificadas pelo promissor instituto do incidente de resolução de demandas repetitivas.

5 Execução contra a Fazenda Pública

Na seara da execução, não mais subsiste a execução autônoma em face da Fazenda Pública, estabelecendo a nova ordem processual, na linha do sincretismo, o "cumprimento de obrigação de pagar quantia pela Fazenda Pública".[21]

---

§2º Não se aplica o disposto neste artigo sempre que o valor da condenação, do proveito, do benefício ou da vantagem econômica em discussão for de valor certo inferior a:
I – mil salários mínimos para União e as respectivas autarquias e fundações de direito público;
II – quinhentos salários mínimos para os Estados, o Distrito Federal e as respectivas autarquias e fundações de direito público, bem assim para as capitais dos Estados;
III – cem salários mínimos para todos os demais municípios e respectivas autarquias e fundações de direito público.

[20] *As prerrogativas processuais da Fazenda Pública no Projeto do Novo Código de Processo Civil*. Disponível em: <http://jus.uol.com.br/revista/texto/17425>. Acesso em: 22 fev. 2011.

[21] Os arts. 730 e 731 do CPC/73 regem o tema da execução contra a Fazenda Pública.
Art. 730. Na execução por quantia certa contra a Fazenda Pública, citar-se-á a devedora para opor embargos em 10 (dez) dias; se esta não os opuser, no prazo legal, observar-se-ão as seguintes regras: (*Vide* Lei nº 9.494, de 10.9.1997)
I – o juiz requisitará o pagamento por intermédio do presidente do tribunal competente;
II – far-se-á o pagamento na ordem de apresentação do precatório e à conta do respectivo crédito.

O art. 501[22] do Projeto estabelece que na obrigação de pagar quantia devida pela Fazenda, transitada em julgado a sentença ou a decisão que julgar a liquidação, o autor apresentará memória de cálculo e a Fazenda será "intimada", e não mais citada.

Seria adequado esse novo formato com as garantias previstas no ordenamento processual como um todo, em prol do interesse público? É compatível ainda com o sistema constitucional de pagamento de precatórios?

Dentre os principais aspectos, cabe destacar que não sendo autônoma a execução, a defesa da Fazenda Pública é endoprocessual. Embora não rotulada como impugnação, estabelece o Projeto que "a Fazenda, intimada, poderá demonstrar as hipóteses que abaixo especifica".

O Projeto, na versão inicial, reduziu os temas de defesa para o excesso de execução, a inexigibilidade da sentença ou a existência de causa impeditiva, modificativa ou extintiva da obrigação, desde que superveniente à sentença. Sensível a essa redução, o substitutivo apresentado pelo senador Valter Pereira[23] restabeleceu as mesmas hipóteses de defesa que vigoram no ordenamento atual.

Quanto aos efeitos dos embargos opostos em execução contra a Fazenda Pública, possuem os mesmos efeitos suspensivos, uma vez que o §1º do art. 739, que estabelece

---

Art. 731. Se o credor for preterido no seu direito de preferência, o presidente do tribunal, que expediu a ordem, poderá, depois de ouvido o chefe do Ministério Público, ordenar o seqüestro da quantia necessária para satisfazer o débito.

[22] Art. 501. Na ação de cumprimento de obrigação de pagar quantia devida pela Fazenda Pública, transitada em julgado a sentença ou a decisão que julgar a liquidação, o autor apresentará demonstrativo discriminado e atualizado do crédito. Intimada a Fazenda Pública esta poderá, no prazo de um mês, demonstrar:
I – fundamentadamente e discriminadamente, a incorreção do cálculo apresentado pelo autor ou que este pleiteia quando superior à que resultaria da sentença;
II – a inexigibilidade da sentença ou a existência de causa impeditiva, modificativa ou extintiva da obrigação superveniente à sentença.
§2º. Não impugnada a execução ou rejeitadas as alegações da devedora, expedir-se-á, por intermédio do presidente do tribunal competente, precatório em favor do credor, observando-se o disposto no art. 100 da Constituição da República.
§3º. Tratando-se de obrigação de pequeno valor, nos termos da Constituição da República e reconhecida por sentença transitada em julgado, o pagamento será realizado no prazo de dois meses contados da entrega da requisição de débito, por ordem do juiz, à autoridade citada para a causa, na agência mais próxima de banco oficial, independentemente de precatório.
§4º. Na execução por precatório, caso reste vencido o prazo de seu cumprimento, seja omitido o respectivo valor do orçamento ou, ainda, seja desprezado o direito de precedência, o presidente do tribunal competente deverá, a requerimento do credor, determinar o seqüestro de recursos financeiros da entidade executada suficientes à satisfação da prestação.

[23] Art. 520. A Fazenda Pública será intimada para, querendo, no prazo de trinta dias e nos próprios autos, impugnar a execução, cabendo nela arguir:
I – falta ou nulidade da citação, se o processo correu à revelia;
II – ilegitimidade de parte;
III – a inexigibilidade do título;
IV – o excesso de execução;
V – cumulação indevida de execuções;
VI – incompetência do juízo da execução, bem como suspeição ou impedimento do juiz;
VII – qualquer causa impeditiva, modificativa ou extintiva da obrigação, como pagamento, novação, compensação, transação ou prescrição, desde que supervenientes à sentença.
(...)
§4º Para efeito do disposto no inciso III do caput deste artigo, considera-se também inexigível o título judicial fundado em lei ou ato normativo declarados inconstitucionais pelo Supremo Tribunal Federal, ou fundado em aplicação ou interpretação da lei ou ato normativo tidas pelo Supremo Tribunal Federal como incompatíveis com a Constituição da República em controle concentrado de constitucionalidade ou quando a norma tiver sua execução suspensa pelo Senado Federal.

que os embargos não terão mais esse efeito, não se aplica à Fazenda, em razão do regime especial constitucional. No Projeto não há qualquer menção à suspensão com o oferecimento da impugnação. Porém, estabelece o texto que o precatório será expedido após "rejeitadas as alegações da devedora", pois, antes disso, haverá controvérsia a respeito do objeto da execução, não se tendo ainda um valor certo. Com isso, admite-se a suspensão da execução com o oferecimento dessa espécie de defesa.

Há importante polêmica na doutrina e na jurisprudência sobre a possibilidade de execução provisória contra a Fazenda Pública, a qual, no ordenamento constitucional, encontra o óbice do "trânsito em julgado" (CF, art. 100), assim considerado o esgotamento dos recursos no processo de conhecimento e no processo de execução.

A jurisprudência tem admitido a execução de decisão condenatória provisória contra a Fazenda desde que não haja a expedição de precatório ou, pelo menos, desde que prestada caução idônea. A expedição de precatório é que fica condicionada ao prévio trânsito em julgado da sentença. O Projeto mantém o mesmo sistema, valendo destacar que o substitutivo do Senado admite, na linha hoje dominante, expedição de precatório da parte incontroversa,[24] o que não se encarta no conceito de provisoriedade, uma vez que indiscutível a parcela em questão.

Por fim, no âmbito da execução, o Projeto traz disposições para regulamentar o pagamento das obrigações de pequeno valor que as Fazendas devam fazer em virtude de sentença transitada em julgado, que não se submetem à regra do precatório.

No sistema atual, a matéria é regulada apenas pela Constituição Federal, que delega ao legislador infraconstitucional a definição dos valores que serão assim considerados, estabelecendo a possibilidade de que se estabeleça valores distintos para as entidades de direito público, segundo a respectiva capacidade econômica.

O Projeto, indo além da Constituição Federal, estabelece o prazo de dois (2) meses para cumprimento das obrigações de pequeno valor. A previsão é inconstitucional, uma vez que o legislador constituinte, ciente das peculiaridades de cada ente federativo, delegou aos mesmos estabelecer o valor para configuração de OPV, bem como o *prazo* para pagamento dessas obrigações.[25]

Inovou ainda o texto quanto à previsão de sequestro. Na nova ordem a medida é devida não só em caso de preterição e omissão do valor no orçamento, mas em hipótese de vencimento do prazo para o seu cumprimento, o que não está previsto no texto constitucional. Por conta da inconstitucionalidade — a disposição amplia as hipóteses constitucionais de sequestro —, a regulamentação do sequestro foi retirada do substitutivo apresentado pelo Senado.[26]

---

[24] Art. 520.
§3º Tratando-se de impugnação parcial, a parte não questionada pela executada será, desde logo, objeto de cumprimento.

[25] Art. 100
(...)
§3º O disposto no caput deste artigo relativamente à expedição de precatórios não se aplica aos pagamentos de obrigações definidas em leis como de pequeno valor que as Fazendas referidas devam fazer em virtude de sentença judicial transitada em julgado. (Redação dada pela Emenda Constitucional nº 62, de 2009).
§4º Para os fins do disposto no §3º, poderão ser fixados, por leis próprias, valores distintos às entidades de direito público, segundo as diferentes capacidades econômicas, sendo o mínimo igual ao valor do maior benefício do regime geral de previdência social. (Redação dada pela Emenda Constitucional nº 62, de 2009).

[26] Art. 520
(...)

6 Dispensa do adiantamento de despesas processuais

O art. 19 do Código de Processo Civil atual trata das despesas processuais prevendo, como regra geral, que as partes devem adiantar as despesas do processo em curso, cabendo ao autor pagar as despesas dos atos determinados pelo juízo, de ofício ou requeridas pelo Ministério Público. Regra semelhante é prevista no art. 85 do Projeto, na redação que consta do substitutivo.

O diploma processual dispensa a Fazenda Pública do pagamento prévio das despesas dos autos processuais, que poderão ser pagas no final do processo, se for vencida (CPC, art. 27).

Muito se discutia se as despesas restringem-se aos atos processuais relacionados às atribuições dos serventuários da Justiças ou de outros agentes públicos, não alcançando os serviços prestados por particulares, a exemplo dos peritos. Por conta dessa polêmica foi editada a Súmula nº 232 do Superior Tribunal de Justiça, que estabeleceu: "A Fazenda Pública, quando parte no processo, fica sujeita à exigência do depósito prévio dos honorários do perito".

O Projeto adotou o entendimento sumulado, mantendo a regra da dispensa de adiantamento de despesas processuais pela Fazenda Pública, com exceção das despesas periciais, que deverão ser pagas de plano por aquele que requerer a prova.[27]

7 Conclusões

Após o exame das principais prerrogativas da Fazenda Pública no novo ordenamento, podemos concluir que não houve, exceto quanto ao tratamento do reexame necessário, relevante redução.[28]

---

§2º Não impugnada a execução ou rejeitadas as argüições da executada:
I – expedir-se-á por intermédio do presidente do tribunal competente, precatório em favor do exequente, observando-se o disposto na Constituição da República;
II – por ordem do juiz, dirigida à autoridade citada para a causa, o pagamento de obrigação de pequeno valor será realizado no prazo de sessenta dias contados da entrega da requisição, mediante depósito na agência mais próxima de banco oficial.

[27] Art. 93. As despesas dos atos processuais efetuados a requerimento da Fazenda Pública serão pagas ao final pelo vencido, exceto as despesas periciais, que deverão ser pagas de plano por aquele que requerer a prova.

[28] Roberto de Aragão Ribeiro Rodrigues conclui no mesmo sentido: "No que concerne às modificações pontuais na Lei Adjetiva quanto às prerrogativas processuais da Fazenda Pública, pode-se dizer que apenas a limitação das hipóteses de reexame necessário converge, em última análise, para a busca da implementação das ideias centrais acima expostas, as quais norteiam a dinâmica do processo civil contemporâneo, chamado de processo de resultados, o qual preza, acima de tudo, pela efetividade dos direitos processuais e, por via de consequência, dos direitos materiais assegurados pela Constituição da República e pela legislação ordinária. Em razão de tal limitação, que trará como consequência a subida aos tribunais de um número consideravelmente menor de ações nas quais a Fazenda Pública figure no pólo passivo, parece ser possível afirmar que haverá uma considerável economia de tempo, recursos e esforços por parte do Poder Judiciário, aliviando, deste modo, sua notória sobrecarga de serviço. O mesmo não se passa com as demais modificações relativas às prerrogativas processuais conferidas à Fazenda Pública. Como já afirmado, a substituição do prazo processual em quádruplo pelo prazo em dobro para a Fazenda Pública contestar não trará nenhuma contribuição significativa para a maior celeridade do Poder Judiciário. Não se verificará nenhum ganho sistêmico, pois nenhum processo deixará de ingressar nos tribunais. A medida não promoverá nenhuma redução no número de processos, mas apenas um encurtamento daqueles feitos no prazo de quinze dias. Tal prazo revela-se ínfimo se considerado em termos de duração total de um processo, mas precioso para os advogados públicos reunirem informações, documentos e provas imprescindíveis à elaboração de uma defesa eficaz do ente político que representam. Do mesmo modo, a extensão da intimação pessoal aos

Vale observar, contudo, que a nova ordem estabeleceu inovações prejudiciais à Fazenda Pública, na medida que não a excepcionou de sua abrangência. É o caso, por exemplo, da duplicação de honorários nas fases recursais, da excessiva previsão de multas, da abreviação do procedimento, etc., que irão dificultar a sua defesa e onerar os cofres públicos.

Palco de acirradas críticas, as prerrogativas processuais da Fazenda Pública, guardada a razoabilidade, não comprometem a desejada efetividade da prestação jurisdicional, senão por conta de análise superficial (e simplista) incapaz de alcançar o verdadeiro retrato da realidade forense.

Esse desiderato — alçado à bandeira da nova ordem processual — deve ser buscado não só em novos e céleres desenhos legislativos, mas na reforma abrangente e adequada.

Nessa concepção, cabe à administração do Judiciário a árdua tarefa de localizar as causas internas de enredo das demandas judiciais, eliminar as etapas "mortas" do processo, enfim, modernizar o aparelho,[29] pois não há na seara do Legislativo aptidão para, pelo meio normativo, ainda que com autoridade constitucional, reduzir o tempo no processo ou o volume de demandas que hoje atulham os escaninhos.

Referências

CUNHA, Leonardo José Carneiro da. *A Fazenda Pública em juízo*. 8. ed. São Paulo: Dialética, 2010.

DIDIER JR., Fredie. *Curso de direito processual civil*: teoria geral do processo e processo de conhecimento. 9. ed. Salvador: JusPodivm, 2008. v. 1.

MARINONI, Luiz Guilherme. O direito à tutela jurisdicional efetiva na perspectiva da teoria dos direitos fundamentais. *Jus Navigandi*, Teresina, n. 278. Disponível em: <http://www1.jus.com.br/doutrina/texto.asp?id=5281>. Acesso: 22 fev. 2011.

---

representantes judiciais dos Estados, Distrito Federal e Municípios, a despeito de consistir em alteração legítima, que visa corrigir uma distorção injustificada do atual sistema, não possui o condão de promover a efetivação dos princípios constitucionais aqui ventilados" (*As prerrogativas processuais da Fazenda Pública no Projeto do Novo Código de Processo Civil*. Disponível em: <http://jus.uol.com.br/revista/texto/17425>. Acesso em: 22 fev. 2011).

[29] Recente pesquisa levada a efeito pela Fundação Getulio Vargas traz conclusão que não soa estranha a quem milita no foro: "Os cartórios judiciais produzem grande impacto na morosidade do processo e no acesso à Justiça. Esta é a conclusão de pesquisa inédita, divulgada pela Secretaria da Reforma do Judiciário, órgão do Ministério da Justiça, na última semana, em Brasília. De acordo com estudo encomendado à Fundação Getulio Vargas, outros aspectos contribuem para o mau desempenho dos cartórios, entre eles o fato de eles não serem vistos como co-responsáveis do sistema de Justiça, dos funcionários não estarem motivados e do quadro organizacional e de funcionamento em vigor serem ineficientes.
O chefe de gabinete da Secretaria da Reforma do Judiciário, Vinícius Wu, explicou que o estudo envolveu a análise de quatro diferentes cartórios de São Paulo, durante período de seis meses. Duas dessas instâncias situam-se na Capital, sendo que uma funciona há algumas décadas e a outra há mais de 100 anos. Os outros dois cartórios são do interior, um de uma comarca onde o juiz está lotado há mais de dez anos e o outro de localidade onde o magistrado responsável atua há menos de um ano. Fatores como o acervo processual, a relação de processos por escrevente e o relacionamento dos responsáveis com os funcionários foram levados em consideração.
Uma das constatações foi de que o tempo em que o processo fica no cartório é alto, se comparado ao tempo total de tramitação. Descontados os casos em que os autos são levados ao juiz para alguma decisão ou retirados por advogados para vista e manifestação, *eles ficam nos cartórios por cerca de 80% a 95% do tempo total de processamento*. Segundo o estudo, no período em que estão sob o domínio do cartório, as ações estão aguardando alguma providência a ser realizada pelo funcionário ou o cumprimento de prazo pelos advogados". <http://www.refad.com.br/viewnot.php?id=55>. Acesso em: 23 maio 2008, g. n.

MELO, Celso Antônio Bandeira de. *Curso de direito administrativo*. 17. ed. São Paulo: Malheiros, 2004.

MORAES, José Roberto de. As prerrogativas e o interesse da Fazenda Pública. *In*: BUENO, Cassio Scarpinella; SUNDFELD, Carlos Ari. *Direito processual público*. São Paulo: Malheiros, 2003.

OLIVEIRA, Othoniel Alves de. As prerrogativas processuais da Fazenda Pública em face do princípio constitucional da igualdade. *Âmbito Jurídico*, Rio Grande, 63, abr. 2009. Disponível em: <http://www.ambito-juridico.com.br/site/index.php?n_link=revista_artigos_leitura&artigo_id=6098>. Acesso: 22 fev. 2011.

PARAHYBA, Ana Cristina de Paula Cavalcante; VIANA, Juvêncio Vasconcelos. As prerrogativas processuais da Fazenda Pública e os princípios fundamentais do processo. Disponível em: <http://www.conpedi.org.br/manaus/arquivos/anais/brasilia/03_448.pdf>. Acesso em: 27 fev. 2011.

ROCHA, José de Albuquerque. O Estado em juízo e o princípio da isonomia. *Revista Pensar*, Fortaleza, v. 3, n. 3, 1995.

RODRIGUES, Roberto de Aragão Ribeiro. *As prerrogativas processuais da Fazenda Pública no Projeto do Novo Código de Processo Civil*. Disponível em: <http://jus.uol.com.br/revista/texto/17425>. Acesso em: 22 fev. 2011.

Informação bibliográfica deste texto, conforme a NBR 6023:2002 da Associação Brasileira de Normas Técnicas (ABNT):

CIANCI, Mirna; QUARTIERI, Rita; ISHIKAWA, Liliane Ito. As prerrogativas processuais da Fazenda Pública no Projeto do Código de Processo Civil (PLS nº 166/10). *In*: ROSSI, Fernando *et al.* (Coord.). *O futuro do processo civil no Brasil*: uma análise crítica ao Projeto do Novo CPC. Belo Horizonte: Fórum, 2011. p. 473-485. ISBN 978-85-7700-511-6.

A PRESCRIÇÃO INTERCORRENTE NO NOVO CÓDIGO DE PROCESSO CIVIL

PAULO LEONARDO VILELA CARDOSO

1 Introdução

O Projeto que busca a alteração do Código de Processo Civil tem por objetivos agilizar a prestação jurisdicional de uma forma mais sucinta e consistente, diminuindo os recursos, operacionalizando os casos de antecipação da tutela, bem como munindo os operadores de meios objetivos para a satisfação de seu pleito de forma atenta aos princípios do contraditório e da ampla defesa.

Sabe-se, contudo, que essa operacionalização depende muito mais da estrutura receptora, operacional e de julgamento destas demandas do que, propriamente, de reforma normativa.

Não obstante estas e várias outras novidades trazidas pelo Projeto, o presente artigo busca o regramento instrumental de apenas uma, a da prescrição intercorrente. Trata-se de um novo regulamento, inspirada, por certo, naquele já utilizado nas execuções fiscais.

De todo modo, cuida-se de explicitar os seus institutos de forma singela, afim de despertar as novas consequências advindas de sua prática instrumentalização.

2 A prescrição

Antes de trabalhar especificadamente o tópico referente à prescrição intercorrente no Anteprojeto do Novo Código de Processo Civil, é de suma importância buscar as origens do instituto, seu conceito, fundamentos, natureza, evolução histórica, e as mais diversas espécies aplicadas tanto pelo direito brasileiro quanto no comparado. De fato, a elucidação destes tópicos trará melhor clareza e compreensão à sua inserção no diploma processual que está por vir.

2.1 Conceito

Antes de conceituarmos a prescrição, torna-se necessário buscar nas fontes do direito os fundamentos que criaram o instituto.

Câmara Leal, remontando as fontes romanas, encontrou três fundamentos da prescrição, quais sejam:
- a) O da necessidade de fixar as relações jurídicas incertas, evitando as controvérsias;
- b) O castigo à negligência; e
- c) O do interesse público.

Colocada a questão neste contexto, deve-se reconhecer que o principal fundamento da prescrição é o interesse jurídico-social, considerando que o instituto da prescrição, medida de ordem pública, tem por finalidade extinguir as ações, para que a instabilidade do direito não viesse a perpetuar-se, com sacrifício da harmonia social.

Diante dos fundamentos que criaram a Prescrição, Clóvis Beviláqua, citado por Washinton de Barros Monteiro, assim conceituou o instituto:

> Prescrição é a perda da ação atribuída a um direito, e de toda a sua capacidade defensiva, em conseqüência do não-uso dela, durante determinado espaço de tempo.

Câmara Leal, por sua vez, conceituou prescrição como sendo:

> A extinção de uma ação ajuizável, em virtude da inércia de seu titular durante um certo lapso de tempo, na ausência de causas preclusivas de seu curso.

Extrai-se, portanto, deste conceito, que para ocorrer a prescrição há que se conjugar os seus diversos elementos integrantes, quais sejam
- a) Objeto: ação ajuizável;
- b) Causa eficiente: a inércia do titular;
- c) Fator operante: o tempo;
- d) Fator neutralizante: as causas legais preclusivas de seu curso;
- e) Seu efeito: extinguir as ações.

Desta forma, se o titular do direito pleiteado em juízo se conserva inativo, deixando de protegê-lo pela ação, e cooperando para a permanência do desequilíbrio antijurídico, ao Estado compete remover essa situação e restabelecer o equilíbrio, por uma providência que corrija a inércia do titular do direito. E essa providência de ordem pública foi o que o Estado teve em vista e procurou realizar pela prescrição, tornando a ação inoperante, declarando-a extinta, e privando o titular, por essa forma, de seu direito, como justa consequência de sua prolongada inércia e, por esse meio, restabelecendo a estabilidade do direito, pela cessação de sua incerteza.

Como visto, a prescrição foi criada para pôr fim ao direito de ação do titular do direito, em virtude de sua inércia, privilegiando, assim, a segurança jurídica e a ordem social.

Conclui-se, também, que não é a inércia momentânea que a lei pune com a prescrição, mas sim a inércia prolongada, fruto da negligência do titular do direito. Por esta razão, a lei fixa um prazo para o exercício da ação. Passado o prazo fixado para o ajuizamento da ação, sem que a esta seja ajuizada, opera-se a prescrição, ficando o titular privado de seu exercício.

2.2 A prescrição intercorrente

A prescrição pode ser intercorrente, ou seja, após a citação; se o processo ficar paralisado, a prescrição interrompida inicia novo curso e com o mesmo prazo, referente a pretensão condenatória, a contar da data da paralisação.

O mestre Yussef Said Cahali lembra que a prescrição intercorrente é contada a partir do último ato praticado pela parte ou desde a paralisação do feito, se suceder por inércia da parte, que dê causa à impossibilidade do prosseguimento. Quem deve impulsionar o processo é o juiz, mas em determinadas circunstâncias o andamento fica condicionado à prática de ato pela parte. É o caso em que o feito não pode prosseguir sem que o autor efetue o pagamento de custas em aberto.

E conclui Cahali, ao dizer que o último ato a que se refere o Código é o praticado no processo e que expressa, de qualquer forma, o direito do credor de fazer valer o seu direito e prosseguir na causa, ou de submissão do réu a esses efeitos — portanto, simples despacho judicial de rotina, de ordem correcional, de remessa dos autos ao arquivo, não constitui termo de novo prazo prescricional.

Segundo a regra do art. 202, parágrafo único, do Código Civil de 2002, durante o curso do processo, em cujo bojo ocorreu a interrupção da prescrição, o prazo desta não flui, permanecendo suspenso até o último dia do feito. Somente após o encerramento do processo é que o prazo prescricional voltará a correr.

Conforme preleciona o mestre Humberto Theodoro Júnior, essa eficácia suspensiva, todavia, pressupõe um processo de andamento regular. Se o autor abandona a causa e, por deixar de praticar os atos que lhe incumbem para que o desenvolvimento da relação processual se dê, a condena a paralisia, não pode sua inércia ficar impune. A mesma causa que justificava a prescrição antes do ajuizamento da ação volta a se manifestar frente ao abandono do feito a meio caminho. O processo, paralisado indefinidamente, equivale, incidentalmente, ao não exercício da pretensão e, por isso, justificará ao réu o manejo da exceção de prescrição, sem embargo de não ter-se dado a ainda a extinção do processo.

Porém, para analisarmos a prescrição intercorrente, teremos que levar em consideração todos os requisitos exigíveis para a ocorrência em geral, ou seja, a inércia do titular da ação, durante um certo lapso de tempo, na ausência de causas preclusivas de seu curso.

3 A suspensão do processo e a prescrição intercorrente no atual Código de Processo Civil

3.1 Classificação das normas suspensivas

Entende-se por suspensão do processo, o "sobrestamento temporário da relação processual, face a uma crise provocada em seu curso regular por ato ou fatos jurídicos".

Cândido Rangel Dinamarco conceitua suspensão como sendo uma situação jurídica provisória e temporária, durante a qual o processo (embora pendente, sem deixar de existir) detém o seu curso e entra em vida latente. O procedimento deixa de seguir avante e, em princípio, nenhum ato processual pode ser realizado durante esse período. Estar suspenso o processo significa que serão ineficazes os atos que nesse período eventualmente se realizem (CPC, art. 266).

É de bom alvitre citar, até para melhor compreensão da matéria, as classificações das normas suspensivas.

Isto porque o elenco das causas de suspensão, contidas ou não no art. 791 do Código de Processo Civil, permite algumas classificações úteis ao melhor entendimento da própria mecânica da suspensão do processo executivo.

Em nosso direito existem casos de suspensão determinados por lei, e os casos que admitem a suspensão convencional, ou seja, aquelas que emanam da vontade das partes, que resume-se em apenas um caso (art. 791, II, c/c 265, II).

Existem, porém, casos em que a suspensão é necessária. São os casos de embargos do executado ou de terceiro; morte ou perda da capacidade processual de qualquer das partes, de seu representante legal ou de seu procurador, quando for oposta exceção e demais casos previstos em lei.

3.2 Suspensão do processo executivo no atual Código de Processo Civil

O Código de Processo Civil brasileiro prevê, em seu art. 791, as hipóteses previstas para suspensão do processo de execução, ou seja:

a) embargos do executado;
b) morte ou perda da capacidade processual;
c) convenção das partes;
d) exceções;
e) falta de bens penhoráveis.

O inc. I do art. 791 trata da suspensão da execução por conta do oferecimento de embargos à execução aos quais se tenha atribuído efeito suspensivo. Na execução de títulos judiciais, não há a figura dos embargos à execução, substituída pela impugnação à execução (art. 475-L, do CPC), conforme bem lembrado por Marinoni.

Reforça o digno processualista que são idênticos os regimes das duas figuras quanto à suspensão da execução. Assim, havendo impugnação à execução de título judicial — ou embargos à execução, quando se tratar de título extrajudicial, poderá o juiz atribuir-lhe a virtude de suspender o curso da execução, desde que presentes os requisitos legais para tanto. O efeito suspensivo dos embargos à execução e da impugnação à execução é *excepcional*, cabível apenas diante da relevância dos fundamentos aduzidos pelo devedor e quando o prosseguimento da execução for manifestamente suscetível de causar ao executado grave dano de difícil ou incerta reparação.

Neste sentido, conclui Marinoni que a regra geral, portanto, é a ausência deste efeito, só se justificando a sua atribuição diante da exaustiva argumentação do interessado e adequada fundamentação judicial.

O inc. II do art. 791 trata, exclusivamente, das hipóteses de suspensão do processo de execução quando ocorrer quaisquer das hipóteses previstas no art. 265, I a III; quais sejam: morte ou perda da capacidade processual de qualquer das partes, de seu representante legal ou de seu procurador; convenção das partes; ou quando for oposta exceção de incompetência do juízo, da câmara ou do tribunal, bem como de suspeição ou impedimento do juiz.

Como bem lembrado por Marinoni, tal como ocorre no processo de conhecimento, a suspensão do processo pode ser obrigatória ou facultativa, aplicando-se aqui, quase que integralmente, as referentes ao tema alocadas no art. 265 do CPC (art. 791, II, do CPC). A variação encontrada na execução, em relação aos casos clássicos de suspensão do processo, diz respeito à paralisação do feito por acordo entre as partes (art. 265, II, CPC). Como regra geral, a suspensão do processo por convenção das partes pode ocorrer por período máximo de seis meses (art. 265, §3º, CPC). Na execução, todavia, esta limitação não se opera, podendo as partes acordar o prazo de suspensão livremente (art. 792, CPC). A exceção justifica-se porque, comumente, a suspensão da execução é feita para permitir a satisfação extraprocessual da obrigação executada. É comum que, nestes casos, o acordo extrajudicial para cumprimento inclua moratória da prestação ou o parcelamento da dívida. Diante disso, seria inconveniente fixar-se prazo para a reativação do processo.

A outra hipótese específica de suspensão da execução é resultante da inexistência de bens passíveis de penhora (art. 791, III). A execução de pecúnia se faz sobre o patrimônio do devedor (ou eventualmente de terceiro responsável). Não havendo bens que possam ser arrecadados, inviabiliza-se o prosseguimento da execução. Isto recomenda a sua paralisação, aguardando-se até que sejam localizados bens penhoráveis ou até que o devedor adquira patrimônio suscetível de penhora.

Em qualquer destas hipóteses, e determinada judicialmente a suspensão da execução, é defeso praticar quaisquer atos processuais. O juiz poderá, entretanto, ordenar providências cautelares urgentes, conforme regra expressa do atual art. 793 do CPC.

Durante a suspensão nenhum ato executivo novo pode ser praticado, sob pena de nulidade. Subsistem, contudo, os efeitos do processo, como, por exemplo, a penhora e depósito dos bens executados.

Pode o juiz, em caráter excepcional, determinar medidas cautelares que julgar urgentes, como por exemplo a alienação de bens facilmente deterioráveis (art. 1.113 e §§).

A eficácia da suspensão é *ex nunc*, ou seja, atinge o processo apenas na fase ou situação em que se encontrar, projetando seus efeitos a partir de então só para o futuro. Inibe o prosseguimento da marcha processual, mas preserva intactos os atos já realizados.

Ao final da crise de suspensão, o processo retoma seu curso normal a partir da fase em que se deu a paralisação, salvo se a causa de suspensão transmudar-se, a seu termo, como ocorre nos casos de extinção da execução.

3.3 Suspensão do processo executivo e a prescrição intercorrente

Nos casos de suspensão da execução por força do art. 791, II, do CPC, não se fala em prescrição intercorrente, pois os prazos de suspensão são previamente definidos, conforme art. 265, §§2º, 3º, e 5º do CPC, vejamos:

Art. 265. Suspende-se o processo:
(...)
§2º No caso de morte do procurador de qualquer das partes, ainda que iniciada a audiência de instrução e julgamento, o juiz marcará, a fim de que a parte constitua

novo mandatário, o prazo de 20 (vinte) dias, findo o qual extinguirá o processo sem julgamento do mérito, se o autor não nomear novo mandatário, ou mandará prosseguir no processo, à revelia do réu, tendo falecido o advogado deste.

§3º A suspensão do processo por convenção das partes, de que trata o no II, nunca poderá exceder 6 (seis) meses; findo o prazo, o escrivão fará os autos conclusos ao juiz, que ordenará o prosseguimento do processo.

§5º Nos casos enumerados nas letras a, b e c do no IV, o período de suspensão nunca poderá exceder 1 (um) ano. Findo este prazo, o juiz mandará prosseguir no processo.

Por fim, nos casos de suspensão do processo por não ter encontrado bens suscetíveis de penhora, a suspensão da execução não pode se dar por tempo indefinido. Na falta de localização de bens penhoráveis, os tribunais entendem que a suspensão da execução, por período superior ao prazo de prescrição da dívida, importa na incidência da prescrição intercorrente.

Lembra Luiz Guilherme Marinoni, ainda, que a chamada prescrição intercorrente não se trata, a rigor, de hipótese de prescrição. A prescrição intercorrente constitui hipótese de *extinção da exigibilidade judicial da prestação*, que ocorre pela paralisação injustificada — por culpa do credor — da execução. Por não ter previsão legal, decorrendo da criação jurisprudencial, é difícil delinear seu perfil.

O certo é que os tribunais reconhecem que se aplica, na avaliação da prescrição intercorrente, o mesmo prazo prescricional que regula a dedução da pretensão à tutela jurisdicional do direito material. Assim, se certo direito tem prazo prescricional de dois anos, não poderá a execução ficar paralisada por período maior que este, sob pena de ser a exigibilidade judicial do direito fulminada pela prescrição intercorrente. A prescrição intercorrente também pode ser reconhecida de ofício, regendo-se, mais, pelas regras atinentes à verdadeira prescrição.

Existem casos, todavia, em que não se reconhece a ocorrência da prescrição intercorrente com o impulso processual antes de escoado o prazo de sua caracterização, ainda que deste impulso não resulte localização de qualquer bem penhorável.

Vale dizer que a prescrição intercorrente seja inibida se o exequente, dentro do período apropriado, requer o prosseguimento do feito, indicando providências a serem adotadas para a busca de bens. Ainda que não se encontrem bens, descaracteriza-se a paralisação se não houve culpa do exequente, o que é suficiente para evitar a prescrição intercorrente (STJ, 1ª Turma, REsp nº 646.392-PR, Rel. Min. Teori Zavascki, *DJU*, 28.09.2006).

4 A prescrição intercorrente no Novo Código de Processo Civil

A Comissão de Juristas encarregada de elaborar o Anteprojeto de Novo Código do Processo Civil, nomeada no final do mês de setembro de 2009, sob a coordenação do Ministro Luiz Fux, do Superior Tribunal de Justiça, e recentemente nomeado para o STF, no ponto referente ao processo de execução, buscou, dentre outros pontos, disciplinar a prescrição intercorrente no processo de execução, nos moldes do que hoje é previsto na Lei nº 6.830/80.

Assim, antes de discutir ponto a ponto os novos artigos, importante conhecer a base que deu origem à proposta implementada, qual seja, a prescrição intercorrente na Lei de Execução Fiscal, para, posteriormente, analisar a nova proposta legislativa.

4.1 A prescrição intercorrente na Lei de Execução Fiscal

De fato, a execução fiscal, Lei nº 6.830/80, foi a primeira a regular a prescrição intercorrente, através de seu art. 40, o qual é claro em dispor que, não localizando o devedor, ou patrimônio sujeito a constrição, a execução será suspensa, sem a contagem do prazo prescricional, oportunidade em que os autos deverão ser arquivados até que sejam, a qualquer tempo, encontrados bens penhoráveis.

> Art. 40 – O Juiz suspenderá o curso da execução, enquanto não for localizado o devedor ou encontrados bens sobre os quais possa recair a penhora, e, nesses casos, não correrá o prazo de prescrição.
> (...)
> §2º – Decorrido o prazo máximo de 1 (um) ano, sem que seja localizado o devedor ou encontrados bens penhoráveis, o Juiz ordenará o arquivamento dos autos.
> §3º – Encontrados que sejam, a qualquer tempo, o devedor ou os bens, serão desarquivados os autos para prosseguimento da execução.

O arquivamento do processo, nestes casos, não enseja qualquer penalidade ao credor, ao contrário, a própria Lei de execução fiscal é clara ao dispor que encontrados *a qualquer tempo*, bens passíveis de penhora, os autos serão desarquivados para concretização da penhora.

De fato, e sobre esta expressão, a qualquer tempo, os Tribunais do País pacificaram o uso da expressão *sine die*, ou seja, sem data específica, razão pela qual o processo de execução poderia ficar suspenso por longos períodos.

Tal preceito, contudo, vigorou até 2004, quando o art. 6º da Lei nº 11.051 de 2004, reguladora das normas de desconto de crédito das Contribuições CSLL (Contribuição Social Sobre o Lucro Líquido) e PIS/Pasep, alterou o art. 40 da Lei de Execução Fiscal, e acrescentou o parágrafo quarto, que, expressamente, passou a regulamentar a prescrição intercorrente.

> §4º Se da decisão que ordenar o arquivamento tiver decorrido o prazo prescricional, o juiz, depois de ouvida a Fazenda Pública, poderá, de ofício, reconhecer a prescrição intercorrente e decretá-la de imediato. (*Incluído pela Lei nº 11.051, de 2004*)

Tratou, enfim, da criação de um novo instituto para o processo de execução fiscal, consistente em fixar prazo de suspensão da execução, consistente no mesmo tempo necessário para efetuar a sua cobrança.

Deste modo, e considerando que a ação para execução do crédito tributário prescreve em 05 (cinco) anos, contados de sua constituição definitiva, o mesmo prazo é computado para a suspensão do processo executório, caso não se localizem bens suficientes para garantir a execução, ou seja, os mesmos 05 (cinco) anos.

> Art. 174. A ação para a cobrança do crédito tributário prescreve em cinco anos, contados da data da sua constituição definitiva.
> Parágrafo único. A prescrição se interrompe:
> I – pelo despacho do juiz que ordenar a citação em execução fiscal;
> II – pelo protesto judicial;

III – por qualquer ato judicial que constitua em mora o devedor;

IV – por qualquer ato inequívoco ainda que extrajudicial, que importe em reconhecimento do débito pelo devedor.

O Superior Tribunal de Justiça, aliás, e sobre a matéria, fixou a Súmula nº 314, passando a regular o seguinte:

> **STJ Súmula nº 314** – 12.12.2005 – *DJ* 08.02.2006. Execução Fiscal – Não Localizados Bens Penhoráveis – Suspensão do Processo – Prazo da Prescrição Qüinqüenal Intercorrente. Em execução fiscal, não localizados bens penhoráveis, suspende-se o processo por um ano, findo o qual se inicia o prazo da prescrição qüinqüenal intercorrente.

Conclui-se, portanto, que a funcionalidade da Prescrição Intercorrente na Ação de Execução Fiscal, normativamente, obedece ao seguinte procedimento: não encontrados bens suficientes para garantir execução, o processo é suspenso por 01 (um) ano, e, após o decurso deste prazo, inicia-se novamente a contagem da prescrição, ou seja, no caso de execução fiscal, o período de 05 (cinco anos).

Este é, enfim, o procedimento utilizado para aplicação e contagem da prescrição intercorrente na execução fiscal.

4.2 A prescrição intercorrente no Anteprojeto do Novo Código de Processo Civil

4.2.1 A primeira tratativa da prescrição intercorrente

Como lançado em suas razões, especialmente no Anteprojeto apresentado no Senado Federal, a prescrição intercorrente foi inspirada pelas normas da Lei nº 6.830/80, mas, de fato, sua aplicação prática não será semelhante. De início, e objetivamente, a prescrição intercorrente é tratada no Título IV, Capítulo II, referente a suspensão e extinção do processo de execução.

> **Art. 845**. Extingue-se a execução quando:
> (...)
> V – ocorrer a prescrição intercorrente;
> VI – o processo permanece suspenso, nos termos do art. 842, incisos III e IV, por tempo suficiente para perfazer a prescrição.

A princípio, percebe-se a semelhança na aplicação dos institutos tratados nos incs. V (prescrição intercorrente) e VI (suspensão do processo por tempo suficiente para perfazer a prescrição) do art. 845 CPC, ambos aplicáveis nos casos em que se torna infrutífera a obtenção de bens, ou até mesmo a ausência de alienação ou adjudicação daqueles já penhorados.

Considera-se, portanto, a aplicação da prescrição intercorrente justamente quando a execução é suspensa por um prazo igual ou superior àquele inicialmente fixado para o ajuizamento da ação executória de um determinado título.

Muito embora tenha sido inspirada na Lei de Execução Fiscal, a nova regra processual não estabelece o prazo de um ano de arquivamento para, só então, dar início a contagem da prescrição intercorrente, como ocorre no art. 40, §2º, da Lei nº 6.830/80.

4.2.2 O direito ao contraditório

O parágrafo único do art. 842 do Anteprojeto do CPC diz, expressamente, que, na hipótese de prescrição intercorrente, deverá o juiz, antes de extinguir a execução, ouvir as partes no prazo comum de cinco dias.

> **Art. 845.** Extingue-se a execução quando:
> (...)
> *Parágrafo único. Na hipótese de prescrição intercorrente, deverá o juiz, antes de extinguir a execução, ouvir as partes, no prazo comum de cinco dias.*

Não obstante prever a possibilidade do contraditório, o referido artigo não pondera quais fatos poderão ou não, admitidos para aplicação do instituto extintivo. O que pode, por exemplo, contrariar o fator tempo, se este realmente expirou?

Muitos julgados do CPC em vigor dão conta que a prescrição intercorrente é um instituto para punir o credor negligente. Aquele cujo judiciário não pode ficar a disposição, e, inerte, não pratica os atos necessários para a consecução de seus objetivos. Neste caso, utiliza da máxima imposta por Savigny, no sentido de tipificar a prescrição como um castigo à negligência.

Deste modo, no Código em vigor, não admite o mero transcurso do prazo como bastante para o reconhecimento da prescrição intercorrente, vale dispor:

> O mero transcurso de prazo não é causa bastante para que seja reconhecida a prescrição intercorrente, se a culpa pela paralisação do processo executivo não pode ser imputada ao credor exeqüente. (REsp nº 670350, Ministro Carlos Meira, 2ª Turma, 08.03.2005)

No caso da nova redação do parágrafo único do artigo em comento, ou seja, o argumento lançado na defesa do credor para combater o transcurso do lapso temporal, por óbvio, não será suficiente para convencer o Estado Juiz a manter a suspensão. Aliás, nem valerá o argumento de que não está medindo esforços para encontrar bens passíveis de penhora, ou mesmo de eventual malícia do devedor no sentido de ocultar bens, ou até mesmo transferi-los a terceiros.

Por fim, o parágrafo único do art. 845, que propõe o direito ao contraditório, será útil para atentar-se apenas às questões formais e incidentais ao procedimento em si, mas não será suficiente para impedir o destino fatal da execução em face do decurso do prazo.

4.2.3 A justificativa para não aplicação da prescrição intercorrente na forma indicada

Percebe-se, contudo, que no Código de Processo Civil em vigor há interpretações judiciais diversas quanto a aplicação ou não da prescrição intercorrente. Enfim, se o credor não encontrar em nome do devedor patrimônio passível de ser penhorado, aplicar-se-á o instituto da prescrição intercorrente, iniciando-se, a partir da data do sobrestamento do feito, a contagem do prazo prescricional?

Sustenta Humberto Theodoro Júnior que o objeto da execução forçada são os bens do devedor, dos quais se procura extrair os meios de resgatar a dívida exequenda. Não há no processo de execução provas a examinar, nem sentença a proferir. E sem penhora, nem mesmo os embargos à execução podem ser opostos. Daí porque a falta de bens penhoráveis do devedor importa em suspensão *sine die* da execução no vigente Código de Processo Civil (art. 791, III).

Contra este argumento, assevera Araken de Assis que a suspensão indefinida se afigura ilegal e gravosa, porque expõe o executado, cuja responsabilidade se cifra ao patrimônio, aos efeitos permanentes da litispendência. Mesmo que a responsabilidade respeite a bens futuros, eles servirão ao processo futuro, e não, necessariamente, ao atual.

E também Vicente Grecco Filho, quando afirma que "suspenso o processo, recomeça a correr o prazo prescricional da obrigação. Esta circunstância é especialmente importante no caso de não serem encontrados bens penhoráveis. Decorrido o lapso prescricional, o devedor pode pedir a declaração da extinção da obrigação pela prescrição".

De fato, os posicionamentos são controvertidos quanto a viabilidade ou não de aplicação do instituto.

5 Conclusão

Como isso, acreditamos que a não aplicação da prescrição intercorrente no novo dispositivo processual seja a melhor solução, considerando que a extinção da execução tão somente porque o credor, mesmo diligente, não conseguiu encontrar bens passíveis de penhora é decisão que privilegia o devedor, ainda mais em uma sociedade em que a inadimplência tem se tornado prática usual.

De fato, a contagem regressiva iniciada após a suspensão do processo, sem sombra de dúvidas, privilegia o executado que, neste período, cuidará para o desfazimento de todo e qualquer ato ou atividade capaz de acrescer o seu patrimônio, até o final decurso do prazo.

No Projeto, o art. 845 diz claramente que é motivo suficiente para extinção da execução a ocorrência da prescrição intercorrente, ou seja, após o novo decurso do prazo prescricional, iniciado após a suspensão do feito.

Poderia até justificar o decurso de longos cinco anos, como ocorre nas execuções fiscais, mas como administrar o curto prazo prescricional de alguns títulos de crédito, como o cheque, por exemplo, cujo prazo prescricional é de seis meses?

Ora, se uma das condições elementares da prescrição é a inércia do titular da ação, qual a razão de punir o exequente que, mesmo atento, não consegue encontrar bens suficientes no período seguinte a suspensão da execução?

Enfim, a prescrição nasceu para punir o titular do direito que se conserva inativo e não para punir aquele que, embora diligente, não encontrou patrimônio em nome do executado.

Desta forma, enquanto não localizados bens em nome do devedor, impossibilitado se acha o credor de dar o devido impulso ao feito. A prescrição, assim, é insuscetível de fluir contra aquele que não pode agir, sendo esse o caso do credor que não tem como dar seguimento à execução em razão da inexistência de bem penhorável, a qual, por isso mesmo, deve permanecer suspensa nos termos do atual art. 791, ou seja, *sine die*.

Posto isso, é contrário o nosso entendimento quanto a aprovação do instituto proposto, conforme inserido no Projeto do Novo Código de Processo Civil, especialmente no que se refere a inserção do art. 845, em considerar a extinção da execução, pelo simples decurso da prescrição intercorrente.

Alternativamente, considera-se viável, a fim de evitar a infinita vigência do suspenso processo executório, a fixação de um prazo de suspensão máximo de 05 anos, razoável, e utilizado, inclusive, pela atual Lei de Falências, Lei nº 11.101/05, como forma de evitar que o empreendedor falido venha novamente a constituir outra atividade econômica. Os mesmos 05 (cinco) anos são utilizados pelo Código de Defesa do Consumidor, Lei nº 8.078/90, como benefício ao consumidor inadimplente, para que seu nome não mais seja exposto no cadastro dos inadimplentes.

Ideal, portanto, que a nova redação fosse assim redigida, e aqui registrada a título de sugestão:

Art. 845. Extingue-se a execução quando:

(...)

V – o processo permanece suspenso, nos termos do art. 842, incisos III e IV, por cinco anos, sem que tenha o credor, neste período, encontrado bens suficientes para garantir a execução.

Referências

ASSIS, Araken. *Manual do processo de execução*. 2. ed. São Paulo: Revista dos Tribunais, 1995.

BATALHA, Wilson de Souza Campos. *Títulos de crédito*: doutrina e jurisprudência. Rio de Janeiro: Forense, 1989.

CAHALI, Yussef Said. *Prescrição e decadência*. São Paulo: Revista dos Tribunais, 2008.

LEAL, Antônio Luis da Câmara. *Da prescrição e da decadência*. São Paulo: Saraiva, 1939.

CASTRO, Amílcar de. Prescrição de direito no curso da lide. *Revista Forense*, v. 46, n. 124, p. 17-25, jul./ago. 1949.

DINAMARCO, Cândido Rangel. *Execução civil*. 5. ed. São Paulo: Malheiros, 1997.

FURNO, Carlo. *La sospensione del processo esecutivo*. Giuffrè, Milano, n. 16, p. 65-66, 1956.

LIEBMAN, Enrico Tullio. *Processo de execução*. 4. ed. São Paulo: Saraiva, 1980.

MARINONI, Luiz Guilherme. *Curso de processo civil*. São Paulo: Revista dos Tribunais, 2007. v. 3.

MONTEIRO, Washington de Barros. *Curso de direito civil*. 27. ed. São Paulo: Saraiva, 1988. Parte Geral.

NEGRÃO, Theotonio. *Código Civil e legislação civil em vigor*. 16. ed. São Paulo: Saraiva, 1997.

NEGRÃO, Theotonio. *Código de Processo Civil e legislação processual em vigor*. 28. ed. São Paulo: Saraiva, 1997.

PACHECO, José da Silva. *Tratado das execuções*: processo de execução. São Paulo: Saraiva, 1979. v. 2.

PORTANOVA, Rui. Temporariedade suspensiva do processo de execução. *Ajuris*, Porto Alegre, v. 10, n. 27, p. 131-136, mar. 1983.

SANTOS, Ernane Fidélis. *Manual de direito processual civil*. São Paulo: Saraiva, 1997. Processo de execução, v. 2.

THEDORO JÚNIOR, Humberto. *Processo de execução*. 13. ed. São Paulo: LEUD, 1989.

Informação bibliográfica deste texto, conforme a NBR 6023:2002 da Associação Brasileira de Normas Técnicas (ABNT):

CARDOSO, Paulo Leonardo Vilela. A prescrição intercorrente no Novo Código de Processo Civil. *In*: ROSSI, Fernando *et al.* (Coord.). *O futuro do processo civil no Brasil*: uma análise crítica ao Projeto do Novo CPC. Belo Horizonte: Fórum, 2011. p. 487-498. ISBN 978-85-7700-511-6.

A PRESCRIÇÃO INTERCORRENTE NA EXECUÇÃO SEGUNDO O PROJETO DO CÓDIGO DE PROCESSO CIVIL

PEDRO HENRIQUE PEDROSA NOGUEIRA

1 A prescrição como conceito jurídico-positivo

O legislador é livre para manipular a prescrição da forma como lhe pareça conveniente. Cabe-lhe, assim, fixar os seus pressupostos, dispor sobre o prazo de consumação, os marcos interruptivos ou suspensivos, ou a ausência deles. Assiste-lhe, também, a faculdade de estabelecer as consequências da prescrição.

Conforme assentamos em outra oportunidade, no plano da linguagem descritiva da Ciência Jurídica, quando nos referimos à categoria da prescrição, podemos nos deparar com conceitos e regimes jurídicos distintos em função de cada ramo do Direito objeto de análise.[1]

Não por outra razão, no âmbito do Direito Privado, o Código Civil, art. 189,[2] estabelece que a prescrição extingue a pretensão do credor, em uma dada relação jurídica civil, enquanto no Direito Tributário, extingue o próprio crédito (CTN, art. 156, inc. V).[3]

Diz-se, então, que a prescrição há de ser estudada como um conceito jurídico-positivo.[4] A fixação deste ponto de partida é fundamental, sobretudo quando se estão a examinar propostas de alteração legislativa.

---

[1] NOGUEIRA, Pedro Henrique Pedrosa. *Teoria da ação de direito material*. Salvador: JusPodivm, 2008. p. 146; DIDIER JR., Fredie. *Curso de direito processual civil*. 12. ed. Salvador: JusPodivm, 2010. v. 1, p. 466.
[2] "Art. 189. Violado o direito, nasce para o titular a pretensão, a qual se extingue, pela prescrição, nos prazos a que aludem os arts. 205 e 206".
[3] "Art. 156. Extinguem o crédito tributário:
(...)
V – a prescrição e a decadência";
[4] Os conceitos jurídico-positivos se contrapõem aos conceitos jurídicos fundamentais, também chamados de conceitos "lógico-jurídicos" (TERÁN, Juan Manuel. *Filosofía del derecho*. Mexico: Porrúa, 1998. p. 82-83). Os

A prescrição pode ser entendida como o fato jurídico, em cujo suporte fático há, como elementos essenciais, a inação do titular de uma pretensão ou ação (material) por um determinado lapso temporal. Como ressalta Marcos Bernardes de Mello,[5] a prescrição é espécie de ato-fato jurídico caducificante.

Há, portanto, o fato jurídico prescricional e há os efeitos jurídicos que dele decorrem, embora na linguagem jurídica às vezes se utilize a mesma expressão ("prescrição") para designar ora o fato jurídico, ora o efeito dele decorrente. Pode-se tomar praticamente como consensual[6] a ideia de que o suporte fático da prescrição se compõe da (a) inatividade por (b) certo lapso de tempo. O que tem variado, sendo contingencial, é o regime jurídico e em especial as consequências deste fato jurídico. Sob a vigência do Código Civil revogado, por exemplo, Pontes de Miranda defendia com vigor a ideia de ser a prescrição uma exceção (substancial), uma alegação que geraria o "encobrimento" da pretensão de outro sujeito. Hoje, com a consagração expressa, no sistema do Direito posto, da possibilidade de exame, de ofício, da prescrição (CPC, art. 219, §5º,[7] v.g.), já não se poderia afirmar, com a mesma ênfase, tratar-se sempre de exceção substancial, mesmo porque, como já disse com propriedade o jurista alagoano, "o instituto da prescrição é de direito positivo".[8]

Isso evidencia que as tentativas de distinguir prescrição, com figuras afins tais como a decadência e a preclusão devem ser sempre contextualizadas de acordo com o ordenamento jurídico a que se refiram os institutos, já que nada impede — e às vezes acontece —, a identidade de regimes jurídicos, o que, verdadeiramente, enfraquece a utilidade teórica de se diferenciá-los.[9]

1.1 A prescrição intercorrente

O antídoto da prescrição é o exercício da pretensão. As regras de direito material disciplinam os fatos jurídicos que, quando ocorridos, determinam a interrupção ou a suspensão do curso do prazo prescricional (Código Civil, arts. 197 a 202, v.g.).

Uma vez exercida a pretensão e a ação (material), pela propositura da demanda, seguida do despacho ordenando a citação do réu, tem-se como interrompida a prescrição (Código Civil, art. 202, I).

---

primeiros são contingentes, susceptíveis de variação conforme o ordenamento jurídico a que se refiram; os segundos são universais, servindo à própria estruturação do conhecimento jurídico (v.g., norma jurídica, fato jurídico, relação jurídica). Sobre esta distinção, conferir também: VILANOVA, Lourival. *Causalidade e relação no direito*. 4. ed. São Paulo: Revista dos Tribunais, 2003. p. 238.

[5] MELLO, Marcos Bernardes de. *Teoria do fato jurídico (plano da existência)*. 10. ed. São Paulo: Saraiva, 2000. p. 117.

[6] Nesse sentido, dentre outros: GAGLIANO, Pablo Stolze; PAMPLONA FILHO, Rodolfo. *Novo curso de direito civil*. São Paulo: Saraiva, 2010. v. 1, p. 502; EHRHARDT JR., Marcos. *Direito civil*. Salvador: JusPodivm, 2010. v. 1, p. 462; AMARAL, Francisco. *Direito civil*: introdução. 5. ed. Rio de Janeiro: Renovar, 2003. p. 578; ROQUE, Sebastião José. *Teoria geral do direito civil*. 2. ed. São Paulo: Ícone, 2004. p. 184; GONÇALVES, Carlos Roberto. *Direito civil brasileiro*. 3. ed. São Paulo: Saraiva, 2006. v. 1, p. 470, este último autor adicionando ainda, como pressuposto da prescrição, a "violação do direito com nascimento da pretensão".

[7] "Art. 219. (...)
§5º O juiz pronunciará, de ofício, a prescrição".

[8] PONTES DE MIRANDA. *Tratado de direito privado*. 4. ed. São Paulo: Revista dos Tribunais, 1974. v. 4, p. 100.

[9] Sobre a distinção entre prescrição e decadência, há o estudo clássico de AMORIM FILHO, Agnelo. Critério científico para se distinguir a prescrição da decadência e para identificar as ações imprescritíveis. *Revista dos Tribunais*, São Paulo, n. 744, p. 727-750, out. 1997. Embora não estejamos acordes por inteiro com as ideias desenvolvidas por este autor, trata-se de estudo seminal sobre o tema.

Ocorre que a prescrição pode vir a se consumar mesmo depois de regularmente exercida a pretensão com o ajuizamento da demanda e interrompida a fluência do lapso prescricional. Isto acontece quando o respectivo titular se mantém em estado de inércia, deixando de promover a movimentação do processo quando lhe caberia a prática de algum ato processual por período idêntico ao do prazo prescricional.

Cuida-se da hipótese de "prescrição intercorrente", consagrada em jurisprudência já remansosa do Supremo Tribunal Federal, cristalizada em enunciado sumular[10] e hoje aceita com certa tranquilidade.

Conforme salienta Pontes de Miranda, ainda sob a vigência do Código de Processo Civil de 1939, a interrupção da prescrição "é duradoura: quando se ultima o processo, cessa a eficácia interruptiva; quando se pára o procedimento, retoma-se o curso".[11] A prescrição intercorrente, portanto, pode ser concebida como a que se consuma no curso do procedimento, após a interrupção da prescrição, é aquela "que decorre da prolongada inércia da parte, no curso da ação".[12]

Exige-se, durante a litispendência, uma constante atualização do exercício da pretensão pelo respectivo titular, o que se perfaz com a promoção dos atos processuais cuja prática lhe caibam. O ato-fato jurídico da prescrição se compõe, também, quando a inércia se dá no curso da demanda pelo intervalo de tempo correspondente ao lapso prescricional.

2 O regime jurídico da prescrição na execução segundo o Código de Processo Civil de 1973 e o Código Civil de 2002

A prescrição se liga ao exercício das pretensões e das ações (ou à falta dele). O Código de Processo Civil em vigor prevê que a interrupção da prescrição somente se dá com a citação do réu:

> Art. 219. A citação válida torna prevento o juízo, induz litispendência e faz litigiosa a coisa; e, ainda quando ordenada por juiz incompetente, constitui em mora o devedor e interrompe a prescrição.

Ainda de acordo com o sistema em vigor, a interrupção da prescrição retrocede à data do ajuizamento da demanda, mas desde que a citação do réu se faça no prazo legal:

> Art. 219 (...)
> §1º A interrupção da prescrição retroagirá à data da propositura da ação.

---

[10] "Súmula nº 264 – Verifica-se a prescrição intercorrente pela paralisação da ação rescisória por mais de cinco anos". Posteriormente, a jurisprudência do Supremo Tribunal Federal passou a configurar a prescrição intercorrente pela paralisação da ação rescisória por dois anos: "A circunstância de o atual código de processo civil ter especificado melhor a legislação anterior qual seja a natureza jurídica do prazo para propor ação rescisória, no sentido de que não e de prescrição mas de decadência, não tornou superada a súmula 264, segundo a qual se verifica a prescrição intercorrente pela paralisação da ação rescisória por mais de cinco anos, prazo agora reduzido para dois anos" (STF, RE nº 103.363/PR, Relator Ministro Soares Muñoz, *DJ*, 30 ago. 1985).

[11] PONTES DE MIRANDA. *Comentários ao Código de Processo Civil*. 2. ed. Rio de Janeiro: Forense, 1958. v. 3, p. 41.

[12] PAMPLONA FILHO, Rodolfo. A prescrição intercorrente. *Revista Trabalho & Doutrina*, São Paulo, n. 10, p. 160, set. 1996.

§2º Incumbe à parte promover a citação do réu nos 10 (dez) dias subseqüentes ao despacho que a ordenar, não ficando prejudicada pela demora imputável exclusivamente ao serviço judiciário.
§3º Não sendo citado o réu, o juiz prorrogará o prazo até o máximo de 90 (noventa) dias.
§4º Não se efetuando a citação nos prazos mencionados nos parágrafos antecedentes, haver-se-á por não interrompida a prescrição.

Trata-se, pois, de regime jurídico bem definido: a prescrição se interrompe com a citação, mas desde que o autor a promova nos dez dias subsequentes ao despacho que a ordenar. Esta interrupção se dá de forma retroativa à data do ajuizamento da demanda.

Caso o autor desatenda ao prazo legal e não promova a citação, a consequência também está muito bem claramente estabelecida: a prescrição somente estará interrompida na data da efetiva citação e sem o benefício da retroatividade do marco interruptivo.

Com o advento do Novo Código Civil, além de outras hipóteses de interrupção da fluência do prazo prescricional, conforme o art. 202,[13] previu-se, em regra heterotópica, que ela seria interrompida a partir do despacho que determina a citação (e já não mais com a própria citação):

> Art. 202. A interrupção da prescrição, que somente poderá ocorrer uma vez, dar-se-á:
> I – por despacho do juiz, mesmo incompetente, que ordenar a citação, se o interessado a promover no prazo e na forma da lei processual;

Para eliminar esse conflito (aparente) de normas, a melhor solução está em considerar a revogação parcial da regra extraída do *caput* do art. 219 do CPC, operada por força do art. 202, I do Código Civil de 2002, mantendo-se as ressalvas dos §§1º ao 5º do CPC, tendo em vista ausência de regras derrogatórias em sentido contrário. Neste sentido, parece-nos escorreito o pensamento de Fredie Didier Jr.: (...) "não se pode dizer, contudo, que todo regramento da interrupção da prescrição, previsto no CPC-73, foi revogado. (...) O §1º do art. 219 do CPC-73 segue a sorte do *caput* desse dispositivo: como este foi parcialmente revogado passa agora o parágrafo a 'servir' à regra contida no art. 202 do CC-2002, como seu complemento".[14]

Note-se que do texto do art. 219, *caput*, do CPC é possível extrair outra regra, ainda em vigor: não operada a interrupção da prescrição pelo despacho do juiz ordenando a citação (CC/02, art. 202, I), porque o autor deixara de promovê-la no prazo legal, deve-se tomar como fato interruptivo da fluência do prazo prescricional a própria citação, na data em que vier a ocorrer,[15] e sem se cogitar logicamente dos efeitos retroativos do art. 219, §1º do CPC.

---

[13] "Art. 202. A interrupção da prescrição, que somente poderá ocorrer uma vez, dar-se-á:
(...)
II – por protesto, nas condições do inciso antecedente;
III – por protesto cambial;
IV – pela apresentação do título de crédito em juízo de inventário ou em concurso de credores;
V – por qualquer ato judicial que constitua em mora o devedor;
VI – por qualquer ato inequívoco, ainda que extrajudicial, que importe reconhecimento do direito pelo devedor".
[14] DIDIER JR., Fredie. *Regras processuais no Novo Código Civil*. 2. ed. São Paulo: Saraiva, 2004. p. 12.
[15] NEVES, Daniel Amorim Assumpção. *Manual de direito processual civil*. São Paulo: Método, 2009. p. 281.

Para o processo de execução não há regras específicas em torno da contagem e da interrupção da prescrição; aplicar-se-lhe-ia, por isso, a disciplina do processo de conhecimento (CPC, art. 598). Para a execução dos títulos judiciais, inclusive para o "cumprimento de sentença", o Código também se absteve de introduzir um regime diferenciado, como será visto a seguir.

Assim, despachada a inicial da execução com ordem para citação do executado (ou feita a citação, segundo a disciplina contida no art. 209 do Projeto),[16] interrompe-se o prazo prescricional, retroativamente à data da propositura da ação. Caso o devedor deixe de ser citado no prazo de dez dias, passível de prorrogação judicial por mais noventa dias, a prescrição já não se considera interrompida. O descumprimento do prazo de dez dias (CPC, art. 219, §2º) e de sua prorrogação judicial (CPC, art. 219, §3º) é um ato-fato jurídico processual que apaga *ex tunc* o efeito jurídico de interrupção decorrente do despacho da petição inicial.

Questão delicada diz respeito, no sistema em vigor, à possível fluência do prazo prescricional, no curso da execução (mesmo depois de interrompida), quando o executado não possui bens passíveis de penhora. Isto porque o Código de Processo Civil prescreve, no art. 794, III, a suspensão do curso do procedimento executório quando ocorre esta hipótese:

> Art. 791. Suspende-se a execução:
> (...)
> III – quando o devedor não possuir bens penhoráveis.

A partir desse dispositivo, alguns defendem,[17] considerando a falta de previsão de um prazo suspensivo, no enunciado normativo, que o procedimento executivo poderia ficar suspenso por até seis meses, aplicando-se, no particular, a regra do art. 265, §3º, que permite a suspensão convencional do processo por até aquele período. Após este lapso, a suspensão já não mais teria lugar e o prazo prescricional estaria susceptível a correr na hipótese de inércia do exequente. Araken de Assis[18] admite também que o prazo de suspensão seria de até seis meses, mas em função da regra do art. 475-J, §5º do CPC, após o qual a prescrição intercorrente poderia ser contada.

Há também quem defenda[19] a fluência do prazo prescricional durante a suspensão do processo executivo, porque se por um lado a falta de bens penhoráveis conduz à impossibilidade fática de se promover a execução, por outro lado a paralisia do procedimento executório não poderia ser eterna ou indefinida. Para estes

---

[16] "Art. 209. A citação válida produz litispendência e faz litigiosa a coisa e, ainda quando ordenada por juiz incompetente, interrompe a prescrição e constitui em mora o devedor, ressalvado o disposto no art. 397 do Código Civil".

[17] SILVA, Jaqueline Mielke; XAVIER, José Tadeu Neves. *Curso de processo civil*. Rio de Janeiro: Forense, 2008. v. 2, p. 190.

[18] ASSIS, Araken de. *Manual da execução*. 11. ed. São Paulo: Revista dos Tribunais, 2007. p. 462.

[19] MARINONI, Luiz Guilherme; ARENHART, Sérgio Cruz. *Curso de processo civil*. São Paulo: Revista dos Tribunais, 2007. v. 3, p. 338; FUX, Luiz. *Curso de direito processual civil*. Rio de Janeiro: Forense, 2009. v. 2, p. 82; BUENO, Cassio Scarpinella. *Curso sistematizado de direito processual civil*. São Paulo: Saraiva, 2008. v. 3, p. 52.

autores, a suspensão operaria até a consumação do lapso prescricional — após sua ultimação, a prescrição poderia ser pronunciada pelo juiz. Vicente Greco Filho a propósito assevera: "Suspenso o processo recomeça a correr o prazo prescricional da obrigação. Essa circunstância é especialmente importante no caso de não serem encontrados bens penhoráveis. Decorrido o lapso prescricional, o devedor pode pedir a declaração da extinção da obrigação pela prescrição".[20] Similar é o entendimento de Leonardo Greco, fazendo inclusive referência à suspensão na execução contra devedor insolvente, capaz de desencadear a fluência do prazo de prescrição (CPC, arts. 777 e 778): "Apesar da suspensão não extinguir o processo de execução, recomeça a fluência do prazo prescricional, como na insolvência civil".[21] Para Arlete Inês Aurelli, "em nome do princípio da segurança jurídica, não se pode premiar a inércia",[22] daí admitir a fluência do prazo de prescrição enquanto suspensa a execução.

Outros,[23] contudo, defendem que o prazo de prescrição não pode fluir durante a suspensão da execução, na hipótese de ausência de bens passíveis de constrição judicial, pois aí já não se cuidaria de inércia do exequente, mas sim de uma situação de impossibilidade fática temporária para se prosseguir no feito.[24] Assim, o processo de execução ficaria sobrestando aguardando que o devedor viesse a adquirir novos bens passíveis de apreensão judicial.[25]

O Superior Tribunal de Justiça incorporou em sua jurisprudência o entendimento segundo o qual "estando suspensa a execução, em razão da ausência de bens penhoráveis, não corre o prazo prescricional, ainda que se trate de prescrição intercorrente".[26]

Para as execuções fiscais, há regramento específico desde o advento da Lei nº 11.051/04, em que se prevê a suspensão da execução fiscal na ausência de bens penhoráveis. Decorrido um ano da suspensão, arquivam-se os autos e passa a fluir normalmente o prazo prescricional, que poderá se ultimar e consumar o fato prescricional,

---

[20] GRECO FILHO, Vicente. *Direito processual civil brasileiro*. 19. ed. São Paulo: Saraiva, 2008. v. 3, p. 159.
[21] GRECO, Leonardo. *O processo de execução*. Rio de Janeiro: Renovar, 1999. v. 1, p. 230.
[22] AURELLI, Arlete Inês. Prescrição intercorrente no âmbito do processo civil. *Revista de Processo*, São Paulo, n. 165, p. 339, nov. 2008.
[23] Nesse sentido: DIDIER JR., Fredie; CUNHA, Leonardo José Carneiro da; OLIVEIRA, Rafael; BRAGA, Paula Sarno. *Curso de direito processual civil*. 2. ed. Salvador: JusPodivm, 2010. v. 5, p. 334; GONÇALVES, Marcus Vinicius. *Novo curso de direito processual civil*. São Paulo: Saraiva, 2008. v. 3, p. 237; DONIZETTI, Elpídio. *Processo de execução*. 3. ed. São Paulo: Atlas, 2010. p. 100; SANTOS, Moacyr Amaral. *Primeiras linhas de direito processual civil*. 23. ed. São Paulo: Saraiva, 2009. v. 3, p. 478.
[24] "Trata-se de um obstáculo material à seqüência da execução, que simplesmente não tem como seguir adiante para a satisfação do exeqüente nessas circunstâncias" (BONDIOLI, Luis Guilherme Aidar. A suspensão da execução: causas e mecanismos. *In*: SANTOS, Ernandes de Fidélis *et al*. (Coord.). *Execução civil*: estudos em homenagem ao Professor Humberto Theodoro Júnior. São Paulo: Revista dos Tribunais, 2007. p. 97).
[25] Nesse sentido: CÂMARA, Alexandre Freitas. *Lições de direito processual civil*. 14. ed. Rio de Janeiro: Lumen Juris, 2007. v. 2, p. 462; WAMBIER, Luiz Rodrigues; ALMEIDA, Flávio Renato Correia de; TALAMINI, Eduardo. *Curso avançado de processo civil*. 3. ed. São Paulo: Revista dos Tribunais, 2000. v. 2, p. 242; ROCHA, José de Moura. *Comentários ao Código de Processo Civil*. 2. ed. São Paulo: Revista dos Tribunais, 1976. v. 9, p. 340; MARQUES, José Frederico. *Manual de direito processual civil*. 7. ed. São Paulo: Saraiva, 1987. v. 4, p. 314; NEVES, Celso. *Comentários ao Código de Processo Civil*. Rio de Janeiro: Forense, 1974. v. 7, p. 332; PONTES DE MIRANDA. *Comentários ao Código de Processo Civil*. Rio de Janeiro: Forense, 1976. v. 11, p. 563.
[26] STJ, AgRg nos EDcl no Ag 1130320/DF, Relator Des. (convocado) Vasco Della Giustina. *Dje*, 02 fev. 2010.

conforme estabelece o art. 40 da Lei nº 6.830/80[27] e ratificado na Súmula nº 314 do Superior Tribunal de Justiça.[28]

Humberto Theodoro Jr. defende a extensão às execuções civis do regime jurídico de "prescrição intercorrente" previsto no art. 40 da Lei nº 6.830/80: "valendo a norma para execução do crédito fazendário, não poderá deixar de valer também para as demais execuções por quantia certa. Afinal, a execução fiscal não é mais do que uma execução por quantia certa".[29] Idêntico posicionamento é adotado por Arlete Inês Aurelli.[30]

Como se percebe, há grande controvérsia no sistema em vigor sobre a possibilidade de se configurar a chamada prescrição intercorrente na execução, especialmente durante a suspensão do procedimento executório por ausência de bens penhoráveis do executado.

3 A proposta do Projeto de Lei nº 166/10 para a prescrição na execução

Buscando solucionar a controvérsia, o Projeto do Código de Processo Civil trouxe um regramento diferenciado para a suspensão da execução. Assim consta do seu art. 877:

> Art. 877. Suspende-se a execução:
> (...)
> III – quando o devedor não possuir bens penhoráveis;
> IV – se a alienação dos bens penhorados não se realizar por falta de licitantes e o exequente, em dez dias, não requerer a adjudicação nem indicar outros bens penhoráveis.

Note-se que a proposta, em relação ao art. 877, inc. III, praticamente nada de novo traz em relação ao texto de 1973, art. 791, inc. III. Os enunciados são praticamente idênticos.

O inc. IV do art. 877 do Projeto constitui inovação. Previu-se que a frustração da venda do bem penhorado em hasta pública poderia implicar a suspensão do processo de execução, caso não haja pedido de adjudicação pelo exequente, ou, ainda, caso este não indique outros bens passíveis de constrição.

A proposta é interessante porque estimula a expropriação, evitando que sucedam várias vãs tentativas de alienação forçada do bem penhorado. Vale dizer, não

---

[27] "Art. 40 – O Juiz suspenderá o curso da execução, enquanto não for localizado o devedor ou encontrados bens sobre os quais possa recair a penhora, e, nesses casos, não correrá o prazo de prescrição.
(...)
§2º Decorrido o prazo máximo de 1 (um) ano, sem que seja localizado o devedor ou encontrados bens penhoráveis, o Juiz ordenará o arquivamento dos autos.
§3º Encontrados que sejam, a qualquer tempo, o devedor ou os bens, serão desarquivados os autos para prosseguimento da execução.
§4º Se da decisão que ordenar o arquivamento tiver decorrido o prazo prescricional, o juiz, depois de ouvida a Fazenda Pública, poderá, de ofício, reconhecer a prescrição intercorrente e decretá-la de imediato".

[28] "Súmula nº 314 – Em execução fiscal, não localizados bens penhoráveis, suspende-se o processo por um ano, findo o qual se inicia o prazo da prescrição qüinqüenal intercorrente".

[29] THEODORO JR., Humberto. *Curso de direito processual civil*. 45. ed. Rio de Janeiro: Forense, 2010. v. 2, p. 479.

[30] AURELLI, Arlete Inês. Prescrição intercorrente no âmbito do processo civil. *Revista de Processo*, São Paulo, n. 165, p. 340, nov. 2008.

logrando sucesso na hasta pública por ausência de proponentes, já não poderá mais o exequente insistir na renovação do pedido de designação de novas hastas para a venda do mesmo bem. Caber-lhe-á escolher entre adjudicá-lo ou indicar outros bens passíveis de constrição.

Caso o exequente não se interesse pela adjudicação, nem venha a indicar bens penhoráveis, no prazo de dez dias, o juiz determinará a suspensão da execução.

Outra importante novidade está na previsão de novas hipóteses de extinção da execução, diretamente vinculadas ao fato da suspensão do procedimento executivo:

> Art. 880. Extingue-se a execução quando:
> (...)
> V – ocorrer a prescrição intercorrente;
> VI – o processo permanece suspenso, nos termos do art. 877, incisos III e IV, por tempo suficiente para perfazer a prescrição.

O Projeto do Código de Processo Civil consagra, de forma explícita, a prescrição intercorrente (art. 880, inc. V). Neste ponto, a proposta há de ser elogiada. Embora não se duvidasse da possibilidade de ocorrência da prescrição intercorrente no procedimento executório, revela-se altamente recomendável que o ordenamento preveja esta situação de forma clara e explícita, para evitar dúvidas e questionamentos.

O Projeto, contudo, para além de positivar a prescrição intercorrente na execução, ainda consagra o pensamento daqueles que defendem a possibilidade de fluência do prazo prescricional durante o período de suspensão do processo de execução por inexistência de bens penhoráveis (art. 880, inc. VI).

A nosso ver, o Projeto também merece elogios por tratar separadamente a hipótese da prescrição intercorrente da hipótese de paralisação do processo de execução por falta de bens penhoráveis. Cuidam-se de situações distintas, a merecer, por isso, abordagem legislativa em separado.

As hipóteses e possibilidades de configuração da prescrição intercorrente na execução vão muito mais além da situação de paralisação do procedimento por falta de bens penhoráveis, que, a rigor, nem se amoldaria tão bem ao conceito de prescrição, como se verá a seguir.

Embora seja certo que os defensores da fluência do prazo prescricional durante a suspensão do processo por falta de bens passíveis de penhora argumentem tratar-se de hipótese de prescrição intercorrente, não se pode olvidar que a prescrição intercorrente também se configura em outros casos de paralisação do procedimento por omissão ou inércia do exequente (*v.g.* o credor deixa de fornecer o endereço para a citação do executado, deixando o processo sem movimentação; após a frustração da alienação em hasta pública, o credor deixa de requerer alguma providência; após a citação do devedor, deixa o credor de requerer a penhora, existindo bens penhoráveis etc.).

Os prazos dentro dos quais a prescrição intercorrente irá se consumar quem estabelecem são as regras de direito material e variam, naturalmente, conforme a natureza da pretensão (direito subjetivo exigível) a ser satisfeita. O traço em comum verificado nas hipóteses de prescrição intercorrente na execução está justamente na omissão do exequente em promover no processo os atos que lhe competiam.

Se o exequente haveria de praticar algum ato processual e se abstém de fazê-lo, deixando o procedimento executório sem movimentação pelo lapso de tempo correspondente ao prazo prescricional previsto nas regas de direito material, ocorre o fato jurídico da prescrição intercorrente, devendo a execução ser extinta.

Já a situação indicada no art. 880, inc. VI, do Projeto não configura propriamente hipótese de prescrição intercorrente, daí porque se revelou adequado o tratamento proposto por se evitar o equívoco de nomear "prescrição intercorrente" hipótese que com ela não se confunde.

Apesar de muito se falar em prescrição intercorrente quando o processo fica suspenso por inexistência de bens penhoráveis, a rigor não é de prescrição que se cuida, pois, doutrinariamente, o fato jurídico da prescrição tem sido descrito com a presença em seu suporte fático do fato da omissão do titular de uma pretensão ou ação (material)[31] por um determinado período.

Ora, a ausência de bens penhoráveis é fato (fato jurídico *stricto sensu* processual) que gera a suspensão do procedimento. A prescrição (inclusive a intercorrente), por seu turno, é ato-fato jurídico que pressupõe conduta omissiva do sujeito titular de alguma situação jurídica quanto ao seu exercício.

A hipótese de possível extinção da execução pelo transcurso do lapso *correspondente* ao prazo prescricional (para os que a defendem de acordo com o CPC/73) não se ajusta muito bem ao conceito de prescrição, pois, como bem perceberam Marinoni e Arenhart,[32] não se está a tratar de paralisação injustificada da execução.

O art. 880, inc. V, do Projeto do Código de Processo Civil prevê, na realidade, uma nova modalidade de *caducidade*,[33] a pressupor o simples fato da suspensão da execução devido à ausência de bens penhoráveis por lapso temporal idêntico ao previsto nas regras de direito material que definem os prazos prescricionais para o exercício da pretensão respectiva, sendo irrelevante cogitar aí se houve ou não inércia por parte do exequente.

4 Análise crítica da proposição contida no Projeto

Muito embora se deva destacar aqui o acerto da opção de consagrar legislativamente a extinção da execução por configuração da prescrição intercorrente, e de tratá-la separadamente da hipótese de caducidade da pretensão executória por suspensão da execução ocasionada por falta de bens passíveis de penhora, em alguns pontos, a seguir apontados, o Projeto deveria ser repensado.

---

[31] Sobre a relação entre prescrição e ação de direito material, conferir: NOGUEIRA, Pedro Henrique Pedrosa. *Teoria da ação de direito material*. Salvador: JusPodivm, 2008. p. 145.

[32] MARINONI, Luiz Guilherme; ARENHART, Sérgio Cruz. *Curso de processo civil*. São Paulo: Revista dos Tribunais, 2007. v. 3, p. 338.

[33] Caducidade, segundo o texto, significa a extinção de um efeito jurídico. Trata-se de noção mais ampla do que a de prescrição. Pontes de Miranda, utilizando-se da expressão "preclusão" (em sentido diferente e mais lato, portanto, do que tradicionalmente se vê entre os processualistas), explica: "Preclusão é extinção de efeito — de efeito dos fatos jurídicos, de efeitos jurídicos (direito, pretensão, ação, exceção, 'ação'), em sentido de direito processual" (PONTES DE MIRANDA. *Tratado de direito privado*. 4. ed. São Paulo: Revista dos Tribunais, 1974. v. 6, p. 135). Para evitar ambiguidades, utilizamos o termo "caducidade", que expressa do mesmo modo a noção ampla de preclusão, propugnada por Pontes de Miranda. Sobre a distinção entre caducidade e prescrição, conferir: MELLO, Marcos Bernardes de. *Teoria do fato jurídico (plano da existência)*. 10. ed. São Paulo: Saraiva, 2000. p. 118, nota 139.

A doutrina[34] já vinha propugnando pela necessidade de alteração legislativa para disciplinar a fluência do prazo prescricional durante a suspensão da execução por inexistência de bens penhoráveis. O Projeto, neste aspecto, atende a este anseio doutrinário.

Particularmente, somos contra a solução adotada no Projeto. A positivação da equiparação pura e simples entre o prazo prescricional e o lapso de suspensão da execução por falta de bens penhoráveis pode ser fonte de problemas práticos e de situações iníquas. Embora seja inquestionável, como salientado por Araken de Assis,[35] que a suspensividade indefinida do procedimento executivo se revela extremamente gravosa ao executado por expô-lo indefinidamente à litispendência, não nos parece razoável deixar de levar em consideração a existência de prazos prescricionais significativamente curtos previstos em regras de direito material.

Imagine-se, *v.g.*, uma execução de título extrajudicial fundada em cheque (CPC, art. 585, I). O prazo prescricional estabelecido nas normas de direito material para a ação executiva correspondente é de seis meses (Lei nº 7.357/85, art. 59). Caso a regra constante do Projeto entrasse em vigor, bastaria ao executado deixar de adquirir bens penhoráveis pelo curtíssimo prazo de seis meses, durante o qual a execução contra ele promovida ficaria suspensa, vindo, logo após, a ser extinta. Seria indubitavelmente a consagração de uma clara injustiça contra o credor, que, além de sofrer as consequências do inadimplemento, ainda ficaria de mãos atadas vendo, em tão pouco tempo, sua pretensão executória ser extinta sem que tivesse concorrido para esta situação. Bem percebeu o problema Gisele Kravchychyn,[36] ainda à luz da problemática da fluência do prazo prescricional durante a suspensão da execução fundada na hipótese do art. 791, III do CPC/73.

O Direito Processual deve buscar corresponder e atender às necessidades do direito material,[37] nunca se deve perder de vista esta perspectiva. Há situações de direito material que se revelam incompatíveis com a previsão contida no art. 880, inc. VI do Projeto do Código de Processo Civil. Execuções com prazos prescricionais relativamente curtos, como as fundadas em cheque (seis meses), duplicata, nota promissória (três anos), *v.g.*, não devem ser extintas por ausência de bens penhoráveis durante este curtíssimo espaço de tempo.

A Lei nº 6.830/80, regulando o procedimento das execuções fiscais, estabelece prazo de suspensão de um ano (durante o qual não corre o lapso prescricional), após o qual a contagem do lapso da prescrição inicia, vindo a se consumar em cinco anos. Se o crédito tributário — para cuja cobrança o sistema jurídico posto já assegura uma série de benesses e facilidades —, somente prescreverá, na prática, em seis anos (1 ano de suspensão do processo mais 5 anos do transcurso do prazo prescricional), não poderia o particular detentor de um crédito exequível dispor de prazo menor.

---

[34] Nesse sentido, dentre outros: ASSIS, Araken de. *Manual da execução*. 11. ed. São Paulo: Revista dos Tribunais, 2007. p. 462-463; KRAVCHYCHYN, Gisele Lemos. Da prescrição intercorrente no processo de execução. *Informativo Jurídico Consulex*, Brasília, ano XVII, n. 08, p. 4, fev. 2003.

[35] ASSIS, Araken de. *Manual da execução*. 11. ed. São Paulo: Revista dos Tribunais, 2007. p. 462.

[36] KRAVCHYCHYN, Gisele Lemos. Da prescrição intercorrente no processo de execução. *Informativo Jurídico Consulex*, Brasília, ano XVII, n. 08, p. 4, fev. 2003.

[37] "O sistema processual deve ser construído e organizado de modo tal que as situações tuteladas (situações de direito substancial) trazidas à apreciação do órgão jurisdicional encontrem a necessária proteção" (BEDAQUE, José Roberto dos Santos. *Direito e processo*: influência do direito material sobre o processo. 4. ed. São Paulo: Malheiros, 2006. p. 46).

5 Sugestões

Se a suspensão por falta de bens penhoráveis não pode se perpetuar, também seria injusto abreviar em demasia a extinção da pretensão executória por falta de bens passíveis de penhora.

A melhor solução para o problema seria fixar um prazo (sem fazer correspondência aos prazos prescricionais, que são múltiplos e diversos) para a suspensão do procedimento executivo, ao término do qual a execução deveria ser extinta, seguindo-se o modelo já positivado no Código de 1973 para a extinção das obrigações do insolvente civil (CPC, arts. 777 e 778).

Essa proposta eliminaria os inconvenientes já apontados quanto a possível extinção de execuções, por ausência de bens penhoráveis (fato não imputável ao exequente, é bom se frisar), em lapsos curtíssimos de tempo.

Sugere-se, assim, que se preveja tão somente um prazo, que não seja tão curto, mas que, por outro lado não acarrete uma longevidade excessiva do procedimento executivo com o curso suspenso por inexistência de bens passíveis de constrição.

Nessa perspectiva, a redação do art. 880, inc. VI, do Projeto do Código de Processo Civil, poderia ser sugerida nos seguintes termos:

> Art. 880. Extingue-se a execução quando:
> (...)
> VI – o processo permanece suspenso, nos termos do art. 877, incisos III e IV, pelo prazo de 6 (seis) anos, a contar da decisão que determina a suspensão.

Como se vê, a nossa proposta contempla um prazo fixo de sobrestamento — seis anos —, após o qual a execução deverá ser extinta, caso não existam bens passíveis de penhora. Além disto, a nossa sugestão coteja claramente o marco inicial a partir de quando o prazo de suspensão tem o seu início.

Há, no sistema em vigor, dúvidas fundadas sobre quando fluiria a suspensão da execução por ausência de bens penhoráveis. Ela seria um efeito da simples insuficiência patrimonial do executado, atestada nos autos, como defende Leonardo Greco,[38] ou decorreria da decisão do juiz ordenando o sobrestamento?

Agora, com a consagração no Projeto do Código de Processo Civil da caducidade da pretensão executória após a paralisação do procedimento executivo, torna-se indispensável fixar-se com clareza o marco inicial da contagem do prazo. Foi o que sugestionamos.

6 Análise da proposta de disciplina da prescrição intercorrente no *cumprimento de sentença*

No tocante à execução de título judicial relativa às obrigações de pagamento, denominada pelo CPC/73, após a reforma operada pela Lei nº 11.232/05, de "cumprimento de sentença", não há uma disciplina própria para o cômputo da prescrição intercorrente.

---

[38] GRECO, Leonardo. *O processo de execução*. Rio de Janeiro: Renovar, 1999. v. 1, p. 229.

Segundo o art. 202, parágrafo único, do Código Civil, uma vez interrompida (pelo despacho que ordena a citação), a prescrição retoma seu curso a partir do último ato do processo para interrompê-la.[39]

Com a abolição da ação de execução de sentença (salvo para sentenças arbitrais, penais condenatórias e estrangeiras) e a introdução da execução como fase do procedimento sincrético, surgiram dúvidas sobre qual seria o "último ato" a partir do qual a prescrição voltaria a correr, já que agora, como salienta com precisão José Henrique Mouta,[40] a sentença "não encerra a prestação jurisdicional mas apenas é o capítulo (talvez o mais simples) que identifica o dever a ser cumprido".

A hipótese de considerar o reinício do prazo prescricional a partir do último ato do procedimento sincrético (após a fase de execução, portanto) deve ser rechaçada, pois, como obtempera Rodrigo Klippel, seria "contra-senso que se admitisse a perpetuação *ad eternum*, dos direitos obrigacionais, tutelados por meio de técnicas cognitivas condenatórias e, posteriormente, por técnicas executivas, todas inseridas no mesmo procedimento".[41]

A melhor opção nos parece resolver o problema a partir do que prevê o art. 475-J do CPC/73:

> Art. 475-J. Caso o devedor, condenado ao pagamento de quantia certa ou já fixada em liquidação, não o efetue no prazo de quinze dias, o montante da condenação será acrescido de multa no percentual de dez por cento e, a requerimento do credor e observado o disposto no art. 614, inciso II, desta Lei, expedir-se-á mandado de penhora e avaliação.

O Código estabelece que se o devedor não paga voluntariamente, deverá ser expedido mandado de penhora e avaliação, desde que o credor assim o requeira. E mais: não sendo requerida a execução forçada, o processo deverá ser arquivado provisoriamente (CPC, art. 475-J, §5º).[42] A partir deste arquivamento, o prazo prescricional, interrompido com o despacho que ordena citação, ainda na fase de conhecimento, volta a fluir,[43] sendo certo que o lapso temporal será o mesmo para o exercício da pretensão com a propositura da ação, conforme escorreito entendimento consagrado na Súmula nº 150 do Supremo Tribunal Federal.[44]

---

[39] "Art. 202.
(...)
Parágrafo único. A prescrição interrompida recomeça a correr da data do ato que a interrompeu, ou do último ato do processo para a interromper".

[40] MOUTA, José Henrique. O cumprimento da sentença e a 3ª etapa da reforma processual: primeiras impressões. *Revista de Processo*, São Paulo, n. 123, p. 147, maio 2005.

[41] KLIPPEL, Rodrigo. *Teoria geral do processo civil*. 2. ed. Niterói: Impetus, 2009. p. 440.

[42] "Art. 475-J.
(...)
§5º Não sendo requerida a execução no prazo de seis meses, o juiz mandará arquivar os autos, sem prejuízo de seu desarquivamento a pedido da parte".

[43] SILVA, Beclaute Oliveira. A prescrição na fase de cumprimento da sentença. *Revista Dialética de Direito Processual*, São Paulo, n. 63, p. 15, jun. 2008; BUENO, Cassio Scarpinella. *Curso sistematizado de direito processual civil*. São Paulo: Saraiva, 2008. v. 3, p. 195; CARNEIRO, Athos Gusmão. *Cumprimento da sentença civil*. Rio de Janeiro: Forense, 2007. p. 66.

[44] "Súmula nº 150 – Prescreve a execução no mesmo prazo de prescrição da ação".

Já o Projeto do Código de Processo Civil antecipa a necessidade do requerimento a ser formulado pelo credor para o início da fase do cumprimento de sentença. Eis o texto do art. 509 do Projeto:

> Art. 509. No caso de condenação em quantia certa ou já fixada em liquidação, o cumprimento definitivo da sentença far-se-á a requerimento do exequente, sendo o executado intimado para pagar o débito, no prazo de quinze dias, acrescido de custas e honorários advocatícios de dez por cento.

De acordo com a disciplina proposta, a partir do trânsito em julgado, o prazo prescricional interrompido com a citação na fase de conhecimento voltaria a fluir, até que o vencedor viesse a promover a execução de sentença, requerendo a intimação do devedor para realizar o pagamento.

A solução parece-nos boa, pois praticamente elimina focos de discussões em torno de a partir de quando recomeçaria a fluir o prazo prescricional interrompido com o despacho que ordenara a citação (ou com a própria citação feita no prazo legal, segundo a proposta contida no art. 209 do Projeto).

Referências

AMARAL, Francisco. *Direito civil*: introdução. 5. ed. Rio de Janeiro: Renovar, 2003.

AMORIM FILHO, Agnelo. Critério científico para se distinguir a prescrição da decadência e para identificar as ações imprescritíveis. *Revista dos Tribunais*, São Paulo, n. 744, out. 1997.

ASSIS, Araken de. *Manual da execução*. 11. ed. São Paulo: Revista dos Tribunais, 2007.

AURELLI, Arlete Inês. Prescrição intercorrente no âmbito do processo civil. *Revista de Processo*, São Paulo, n. 165, nov. 2008.

BEDAQUE, José Roberto dos Santos. *Direito e processo*: influência do direito material sobre o processo. 4. ed. São Paulo: Malheiros, 2006.

BONDIOLI, Luis Guilherme Aidar. A suspensão da execução: causas e mecanismos. *In*: SANTOS, Ernandes de Fidélis *et al.* (Coord.). *Execução civil*: estudos em homenagem ao Professor Humberto Theodoro Júnior. São Paulo: Revista dos Tribunais, 2007.

BUENO, Cassio Scarpinella. *Curso sistematizado de direito processual civil*. São Paulo: Saraiva, 2008. v. 3.

CÂMARA, Alexandre Freitas. *Lições de direito processual civil*. 14. ed. Rio de Janeiro: Lumen Juris, 2007. v. 2.

CARNEIRO, Athos Gusmão. *Cumprimento da sentença civil*. Rio de Janeiro: Forense, 2007.

DIDIER JR., Fredie *et al. Curso de direito processual civil*. 2. ed. Salvador: JusPodivm, 2010. v. 5.

DIDIER JR., Fredie. *Curso de direito processual civil*. 12. ed. Salvador: JusPodivm, 2010. v. 1.

DIDIER JR., Fredie. *Regras processuais no Novo Código Civil*. 2. ed. São Paulo: Saraiva, 2004.

DONIZETTI, Elpídio. *Processo de execução*. 3. ed. São Paulo: Atlas, 2010.

EHRHARDT JR., Marcos. *Direito civil*. Salvador: JusPodivm, 2010. v. 1.

FUX, Luiz. *Curso de direito processual civil*. Rio de Janeiro: Forense, 2009. v. 2.

GAGLIANO, Pablo Stolze; PAMPLONA FILHO, Rodolfo. *Novo curso de direito civil*. São Paulo: Saraiva, 2010. v. 1.

GONÇALVES, Carlos Roberto. *Direito civil brasileiro*. 3. ed. São Paulo: Saraiva, 2006. v. 1.

GONÇALVES, Marcus Vinicius. *Novo curso de direito processual civil*. São Paulo: Saraiva, 2008. v. 3.

GRECO FILHO, Vicente. *Direito processual civil brasileiro*. 19. ed. São Paulo: Saraiva, 2008. v. 3.

GRECO, Leonardo. *O processo de execução*. Rio de Janeiro: Renovar, 1999. v. 1.

KLIPPEL, Rodrigo. *Teoria geral do processo civil*. 2. ed. Niterói: Impetus, 2009.

KRAVCHYCHYN, Gisele Lemos. Da prescrição intercorrente no processo de execução. *Informativo Jurídico Consulex*, Brasília, ano XVII, n. 08, fev. 2003.

MARINONI, Luiz Guilherme; ARENHART, Sérgio Cruz. *Curso de processo civil*. São Paulo: Revista dos Tribunais, 2007. v. 3.

MARQUES, José Frederico. *Manual de direito processual civil*. 7. ed. São Paulo: Saraiva, 1987. v. 4.

MELLO, Marcos Bernardes de. *Teoria do fato jurídico (plano da existência)*. 10. ed. São Paulo: Saraiva, 2000.

MOUTA, José Henrique. O cumprimento da sentença e a 3ª etapa da reforma processual: primeiras impressões. *Revista de Processo*, São Paulo, n. 123, maio 2005.

NEVES, Celso. *Comentários ao Código de Processo Civil*. Rio de Janeiro: Forense, 1974. v. 7.

NEVES, Daniel Amorim Assumpção. *Manual de direito processual civil*. São Paulo: Método, 2009.

NOGUEIRA, Pedro Henrique Pedrosa. *Teoria da ação de direito material*. Salvador: JusPodivm, 2008.

PAMPLONA FILHO, Rodolfo. A prescrição intercorrente. *Revista Trabalho & Doutrina*, São Paulo, n. 10, set. 1996.

PONTES DE MIRANDA. *Comentários ao Código de Processo Civil*. 2. ed. Rio de Janeiro: Forense, 1958. v. 3.

PONTES DE MIRANDA. *Comentários ao Código de Processo Civil*. Rio de Janeiro: Forense, 1976. v. 11.

PONTES DE MIRANDA. *Tratado de direito privado*. 4. ed. São Paulo: Revista dos Tribunais, 1974. v. 4.

ROCHA, José de Moura. *Comentários ao Código de Processo Civil*. 2. ed. São Paulo: Revista dos Tribunais, 1976. v. 9.

ROQUE, Sebastião José. *Teoria geral do direito civil*. 2. ed. São Paulo: Ícone, 2004.

SANTOS, Moacyr Amaral. *Primeiras linhas de direito processual civil*. 23. ed. São Paulo: Saraiva, 2009. v. 3.

SILVA, Beclaute Oliveira. A prescrição na fase de cumprimento da sentença. *Revista Dialética de Direito Processual*, São Paulo, n. 63, jun. 2008.

SILVA, Jaqueline Mielke; XAVIER, José Tadeu Neves. *Curso de processo civil*. Rio de Janeiro: Forense, 2008. v. 2.

TERÁN, Juan Manuel. *Filosofia del derecho*. Mexico: Porrúa, 1998.

THEODORO JR., Humberto. *Curso de direito processual civil*. 45. ed. Rio de Janeiro: Forense, 2010. v. 2.

VILANOVA, Lourival. *Causalidade e relação no direito*. 4. ed. São Paulo: Revista dos Tribunais, 2003.

WAMBIER, Luiz Rodrigues; ALMEIDA, Flávio Renato Correia de; TALAMINI, Eduardo. *Curso avançado de processo civil*. 3. ed. São Paulo: Revista dos Tribunais, 2000. v. 2.

Informação bibliográfica deste texto, conforme a NBR 6023:2002 da Associação Brasileira de Normas Técnicas (ABNT):

NOGUEIRA, Pedro Henrique Pedrosa. A prescrição intercorrente na execução segundo o Projeto do Código de Processo Civil. *In*: ROSSI, Fernando *et al.* (Coord.). *O futuro do processo civil no Brasil*: uma análise crítica ao Projeto do Novo CPC. Belo Horizonte: Fórum, 2011. p. 499-512. ISBN 978-85-7700-511-6.

A REPERCUSSÃO DA DECLARAÇÃO DE INCONSTITUCIONALIDADE NO NOVO CÓDIGO DE PROCESSO CIVIL – CRÍTICA À NÃO OBSERVÂNCIA DOS ADEQUADOS DITAMES DA TEORIA DA NULIDADE *AB INITIO* DA LEI DECLARADA INCONSTITUCIONAL

RODRIGO CHININI MOJICA

1 Colocação do problema

No Código de Processo Civil vigente, após as modificações introduzidas pelas MPs nºs 1.997-37/00 e 2.180-35/01 e, posteriormente, pela Lei nº 11.232/05, restou sacramentado que o título executivo judicial, mesmo após o prazo da rescisória, é passível de questionamento por inexigibilidade quando "fundado em lei ou ato normativo declarados inconstitucionais pelo Supremo Tribunal Federal, ou fundado em aplicação ou interpretação da lei ou ato normativo tidas pelo Supremo Tribunal Federal como incompatíveis com a Constituição Federal" (CPC, arts. 475-L, §1º, e 741, parágrafo único).

Seguindo as mesmas diretrizes, mas com vistas ao aprimoramento do referido comando, o Projeto de Lei nº 8.046/10 (Novo CPC), em seus arts. 511, §5º, e 520, §4º, prescreveu que o título executivo judicial em apreço também é passível de ataque quando "fundado em lei ou ato normativo declarados inconstitucionais pelo Supremo Tribunal Federal, ou fundado em aplicação ou interpretação da lei ou ato normativo tidas pelo Supremo Tribunal Federal como incompatíveis com a Constituição da República em controle concentrado de constitucionalidade ou quando a norma tiver sua execução suspensa pelo Senado Federal". No projeto, portanto, inseriu-se que a solução levada a cabo pelo STF teria que ocorrer no controle abstrato de constitucionalidade ou quando houvesse a suspensão da execução da norma pelo Senado Federal (CF/88, art. 52, X).[1]

---

[1] "Art. 52. Compete privativamente ao Senado Federal: [...]
X – suspender a execução, no todo ou em parte, de lei declarada inconstitucional por decisão definitiva do Supremo Tribunal Federal;"

Enfim, tanto no atual Código de Processo Civil quanto no Projeto de Lei nº 8.046/10, fixou-se a regra no sentido de que, em sede de embargos à execução ou impugnação de sentença, aquilo que restou sacramentado pela coisa julgada — mesmo que se trate de coisa soberanamente julgada — pode ser superado por meio dos mecanismos processuais acima referidos, em nome da adequada interpretação da Carta Federal, quando o Supremo Tribunal Federal atestar expressamente a inconstitucionalidade de um dispositivo ou somente afirmar que a interpretação dada ao mesmo é incompatível com o texto constitucional.

Tal mandamento, a propósito, ocasionou várias discussões sobre a possibilidade de pretensões deste quilate serem articuladas por meio de ações autônomas de conhecimento, especialmente por meio da *querella nulitatis insanabilis*. No entanto, ainda que seja pertinente este expediente, aludida controvérsia não nos interessa nesse momento.

O que importa saber, por ora, é que, mesmo com o suposto aprimoramento na redação dos arts. 475-L, §1º, 741, parágrafo único, do atual CPC, o Projeto de Lei nº 8.046 não se ateve aos adequados ditames da teoria da nulidade *ab initio* da lei declarada inconstitucional, já que, no controle de constitucionalidade pátrio, não é toda e qualquer manifestação do STF que acarreta a "declaração de nulidade da lei" e contamina, por consequência, todos os atos e todas as situações jurídicas nela amparadas, inclusive a coisa soberanamente julgada.

À vista desses dados, o presente artigo tem como objetivo sugerir qual seria o correto alcance a ser atribuído aos dispositivos em questão, de tal sorte que, para esse mister, será necessário investigar os seguintes pontos:

i) as características do modelo "híbrido" de controle de constitucionalidade brasileiro;

ii) a teoria da nulidade *ab initio* da lei decretada inconstitucional; e

iii) a adequada exegese dos arts. 475-L, §1º, e 741, parágrafo único, do atual CPC, e 511, §5º, e 520, §4º, do Projeto de Lei nº 8.046/10. A partir daí, poderemos exarar nossa conclusão a respeito do assunto.

2 As características do modelo "híbrido" de controle de constitucionalidade brasileiro

Por conta da influência dos modelos norte-americano e europeu de controle de constitucionalidade, o Brasil detém um modelo que pode ser chamado de híbrido. Explique-se: o juízo de compatibilidade entre a lei e a Carta Federal é feito não apenas com amparo no sistema difuso, ou seja, a partir de casos concretos, cuja decisão, a princípio, é *inter partes*, mas também com respaldo no sistema concentrado, por via das ações diretas, cuja decisão produz efeitos *erga omnes* e vinculantes.

A despeito da adoção do controle de constitucionalidade difuso, não temos, no Brasil, a figura do *stare decisis* — isto é, o precedente vinculante dos americanos. Assim, a vinculatividade das decisões do Pretório Excelso só se verifica excepcionalmente, com a resolução do Senado Federal ou a edição de Súmula Vinculante. No controle concentrado, porém, a situação é completamente diferente, pois as decisões do Pretório Excelso possuem sempre eficácia *erga omnes* e vinculativa, atingindo toda a coletividade.

Esta, aliás, sempre foi a raiz dos problemas do controle de constitucionalidade no Brasil, pois, sem o *stare decisis*, os casos que vão sendo solucionados no controle difuso podem colidir com a palavra final do STF nas hipóteses em que a sua decisão assume caráter geral, vinculante e retroativo, fazendo surgir o seguinte conflito: *res iudicata* anterior *vs.* decisão posterior e definitiva do STF em sentido oposto.[2]

Seja como for, saliente-se que, em se tratando de dados históricos, o modelo difuso foi inserido no Brasil desde a proclamação da República, através do Decreto nº 848, de 11.10.1890, o qual criou a Justiça Federal, sendo reafirmado, em seguida, com a Constituição Federal de 1891, que conferiu competência ao Supremo Tribunal Federal para julgar recursos quando se questionasse sobre a validade ou a aplicação de tratados e leis federais.[3]

Um pouco mais tarde, deixou-se mais evidente a opção pelo modelo incidental de controle de constitucionalidade das leis, eis que a Lei nº 221, de 20.11.1894, em seu §10º, dispôs expressamente que "os juízes e Tribunais apreciarão a validade de leis e regulamentos e deixarão de aplicar aos casos ocorrentes as leis manifestamente inconstitucionais e os regulamentos manifestamente incompatíveis com as leis, ou com a Constituição".

Atualmente, porém, não custa relembrar que o controle difuso é exercido em caráter definitivo pela via do recurso extraordinário, pois, de acordo com a Lei Maior, cabe ao STF julgar as causas decididas em única ou última instância, quando a decisão:

i) contrariar dispositivo da Carta Federal;
ii) declarar a inconstitucionalidade de tratado ou lei federal; ou
iii) julgar válida lei ou ato de governo local contestado em face da Constituição.[4]

Nota-se, assim, que o controle incidental de constitucionalidade das normas é exercido naturalmente no decorrer da prestação jurisdicional, mas com especial destaque para a análise dos apelos extraordinários pelo STF, já que é função específica dessa Corte reformar decisões judiciais em descompasso com a adequada exegese da Lei Maior.

Relativamente ao controle abstrato, o Brasil teve a sua primeira experiência com a EC nº 16/65, que, no bojo da Carta Federal de 1946, deu ao STF a competência para processar e julgar representações encaminhadas pelo Procurador-Geral da República sobre a inconstitucionalidade de leis ou atos normativos. A experiência embrionária, contudo, evoluiu e alcançou seu ápice com a promulgação da Carta Federal de 1988.[5]

Destaque-se que, em relação à Carta Federal de 1946, a Constituição de 1988 deu ao controle abstrato de constitucionalidade traços mais democráticos, na medida

---

[2] Corroborando essa posição, Mauro Cappelletti anota que os problemas relativos a não adoção do princípio do *stare decisis* em sistemas de controle difuso "são os que derivam da necessidade de que, mesmo depois de uma primeira não aplicação ou de uma série de não aplicações de uma determinada lei por parte das Cortes, qualquer sujeito interessado na não aplicação da mesma lei proponha, por sua vez, um novo caso em juízo" (*O controle judicial da constitucionalidade das leis no direito comparado*. Porto Alegre: Sergio Fabris Editor, 1984. p. 76).

[3] ZAVASCKI, Teori Albino. *Eficácia das sentenças na jurisdição constitucional*. São Paulo: Revista dos Tribunais, 2001. p. 19.

[4] CF/88, art. 102, III, "a", "b", "c".

[5] *Idem*, p. 19.

em que a legitimidade para propor a ação direta de inconstitucionalidade — ADIn — foi dada a diversos entes, dentre eles órgãos estatais, partidos políticos e entidades classistas, não sendo limitada, pois, ao Procurador-Geral da República (CF/46, art. 101, I, "k").

Com a EC nº 03/93, fora criado outro mecanismo de controle concentrado de constitucionalidade no Brasil, a saber: a ação declaratória de constitucionalidade (ADC), cujas críticas foram severas por parte da comunidade jurídica não só em relação ao rol mais restrito de legitimados — o que foi revisto com a EC nº 45/04 —,[6] mas também pelo fato de a ação em questão poder servir aos interesses do próprio Poder Público.

A despeito das abalizadas críticas, a ADC convive ao lado da ADIn em nosso sistema, e inclusive ao lado da ADPF e da ADIo, isto é, a arguição de descumprimento de preceito fundamental e a ação direta de inconstitucionalidade por omissão, respectivamente. A ADPF e a ADIo são os últimos veículos de controle concentrado que temos no Brasil, sendo reguladas, a propósito, pelas Leis nºs 9.882/99[7] e 9.868/99,[8] respectivamente.

Consoante dispõe a Lei nº 9.882/99, a finalidade da ADPF é evitar ou reparar lesão a preceito fundamental, resultante de ato do Poder Público, bem como quando se estiver diante de relevante controvérsia constitucional sobre lei ou ato normativo de natureza federal, estadual ou municipal. Por se tratar de hipótese de controle abstrato de constitucionalidade, a decisão deterá eficácia *erga omnes* e vinculante e, eventualmente, efeitos *ex tunc*.

Quanto à ADIo, os arts. 12-A a 12-H da Lei nº 9.868/99 conferiram ao STF a possibilidade de declarar, com efeitos *erga omnes*, a omissão quanto ao cumprimento de dever constitucional de legislar ou quanto à adoção de providências administrativas, impondo-se aos responsáveis as medidas para este fim. Como se vê, a ADIo assemelha-se ao mandado de injunção, não ocasionando os percalços da declaração de inconstitucionalidade da lei.

Nota-se, assim, que, no Brasil, o controle difuso de constitucionalidade é feito, em última análise, por meio de recursos extraordinários — cuja decisão *inter partes* não atinge terceiros a princípio —, e o controle abstrato, por sua vez, é realizado por meio das ADIns, das ADCs, das ADPFs e das ADIos, ações diretas cujas decisões do Supremo Tribunal Federal desfrutam de efeitos *erga omnes* e vinculantes.

Feitas essas observações, cumpre investigar quais as decisões do STF gozam, concomitantemente, de efeitos *erga omnes* e *ex tunc*, a ponto de atingir a coisa julgada que se formou entre terceiros estranhos ao processo em que se deu essa decisão.

---

[6] Após a EC nº 45/04, o art. 103 da Constituição Federal consolidou que podem propor a ação direta de inconstitucionalidade e a ação declaratória de constitucionalidade: (*i*) o Presidente da República; (*ii*) a Mesa do Senado Federal; (*iii*) a Mesa da Câmara dos Deputados; (*iv*) a Mesa de Assembleia Legislativa ou da Câmara Legislativa do Distrito Federal; (*v*) o Governador de Estado ou do Distrito Federal; (*vi*) o Procurador-Geral da República; (*vii*) o Conselho Federal da Ordem dos Advogados do Brasil; (*viii*) partido político com representação no Congresso Nacional; e (*ix*) confederação sindical ou entidade de classe de âmbito nacional.

[7] Eis o fundamento constitucional da ADPF: "Art. 102 [...] §1º A arguição de descumprimento de preceito fundamental decorrente desta Constituição será apreciada pelo Supremo Tribunal Federal, na forma da lei".

[8] Quanto à ADIo, confira-se o seu fundamento constitucional de sustentação: "Art. 103 [...] §2º Declarada a inconstitucionalidade por omissão de medida para tornar efetiva norma constitucional, será dada ciência ao Poder competente para a adoção das providências necessárias e, em se tratando de órgão administrativo, para fazê-lo em trinta dias".

3 A teoria da nulidade *ab initio* da lei declarada inconstitucional

Quando se tem em vista a declaração de inconstitucionalidade da norma, os problemas cruciais a serem enfrentados dizem respeito à natureza, aos efeitos e à repercussão dessa decisão em relação à própria lei declarada inconstitucional e aos atos jurídicos que foram praticados com base nela, seja no âmbito do controle difuso, seja no âmbito do controle abstrato de constitucionalidade. Como é cediço, há duas teorias que explicam o fenômeno: a teoria da nulidade absoluta e a teoria da anulabilidade da norma.

A primeira teoria ampara-se nas vetustas lições de John Marshall, para quem a decisão é o mero reconhecimento da nulidade absoluta da lei, que se dá pela declaração, com a produção de efeitos *ex tunc*.[9] A segunda, ao revés, ampara-se nas lições de Hans Kelsen, para quem a decisão é desconstitutiva, a qual produz efeitos *ex nunc* e, por isso, faz com que a lei seja válida até o momento do seu afastamento do ordenamento jurídico.[10]

No âmbito doutrinário, ambas as teorias têm defensores, sendo acolhidas, com maior ou menor intensidade, pelo Supremo Tribunal Federal.

Defendendo a teoria da nulidade absoluta, Alfredo Buzaid é lacônico ao dizer que "a lei adversa à Constituição é absolutamente nula; e não simplesmente anulável. A eiva de inconstitucionalidade atinge o berço, fere *ab initio*".[11] E arremata o autor: "o que afirma, em suma, a doutrina americana e a brasileira é que a lei inconstitucional não tem nenhuma eficácia e não adquire jamais com o decurso do tempo. Uma lei não pode, a um tempo, ser e deixar de ser válida. As leis inconstitucionais não recebem tratamento diverso. Porém, até o julgamento pelo Tribunal, elas são executórias, embora inválidas".[12]

De acordo com os ensinamentos do saudoso mestre, percebe-se que a decisão que proclama a inconstitucionalidade assume nítido caráter declaratório (com efeitos *ex tunc*), pois, sendo incompatível com a Carta Federal — ou seja, com o seu fundamento de validade —, a norma nunca existiu validamente no ordenamento, de modo que a decisão em apreço aponta vício preexistente e insanável, qual seja: a nulidade absoluta da lei.

Em sentido similar, destacam-se as ponderações de Francisco Campos, para quem "uma lei inconstitucional é lei apenas aparentemente, pois que, de fato ou na

---

[9] Trata-se de orientação que surgiu com o julgamento do célebre caso Marbury *vs.* Madison, ocorrido em 1803, no qual o Presidente da Suprema Corte, Juiz John Marshall, reconheceu que as leis norte-americanas deveriam estar sempre em sintonia com a Constituição dos Estados Unidos da América (*judicial review*). Caso contrário, ou seja, afrontando a Lei Maior, a norma deveria ser expurgada do ordenamento com efeitos retrospectivos. Nas palavras de John Marshall, "ou a Constituição controla todo ato legislativo que a contrarie, ou o ato legislativo, por um ato ordinário, poderá modificar a Constituição; não há meio termo entre tais afirmações" (*Apud* BONAVIDES, Paulo. *Curso de direito constitucional*. 6. ed. São Paulo: Malheiros, 1996. p. 267).

[10] No modelo europeu, idealizado inicialmente por Kelsen, o controle de constitucionalidade das leis funciona de forma completamente contrária ao do modelo americano. Isso porque o juízo de compatibilidade entre a norma e a Constituição é feito *in abstrato*, geralmente por um órgão específico que sequer faz parte do Poder Judiciário, no qual os integrantes são escolhidos por meio de critérios político-democráticos. Trata-se de orientação criada com o escopo de superar os supostos problemas insertos no modelo norte-americano (Cf. KELSEN, Hans. *Jurisdição constitucional*. São Paulo: Martins Fontes, 2003. p. 305).

[11] *Da ação direta de declaração de inconstitucionalidade no direito brasileiro*. São Paulo: Saraiva, 1958. p. 24.

[12] *Idem*, p. 24.

realidade, não o é. O ato ou a lei inconstitucional nenhum efeito produz, pois que inexiste de direito ou é para o direito como se nunca houvesse existido".[13]

É óbvio que, enquanto a declaração de inconstitucionalidade não for levada a cabo, a lei deve ser observada pelos seus destinatários, já que, por existir formalmente, é, ao menos, executória (Alfredo Buzaid). Contudo, uma vez declarada inconstitucional pelo Poder Judiciário, não há como admitir que ela produziu efeitos válidos, razão pela qual os atos e as situações jurídicas nela amparados padecem da mesma nulidade.

Em sentido contrário, porém, há quem assegure que a teoria mais adequada para se resolver o problema é aquela idealizada por Hans Kelsen em 1920, pois, no controle abstrato de constitucionalidade, o Tribunal Constitucional faria as vezes do Poder Legislativo, e a decisão em apreço seria ato semelhante ao ato da revogação.

Entre nós, Regina Maria Macedo Nery Ferrari é defensora contundente desta orientação, pois, ao discorrer sobre o tema em referência, anota que "a norma inconstitucional é simplesmente anulável, visto que esta qualidade lhe é imposta por um órgão competente, conforme o ordenamento jurídico, e opera, eficaz e normalmente, como qualquer disposição normativa válida até a decretação de sua inconstitucionalidade".[14]

Malgrado o respeito que se tem pela autora e por outros mais que adotam a posição de Kelsen, com eles não podemos concordar. Tal fato se dá porque, em se tratando de um juízo de compatibilidade, não há como admitir que o seu resultado seja um "meio-termo". Em outras palavras: ou algo é compatível com aquilo que lhe é confrontado como paradigma, ou não é. Se não o for, a incompatibilidade deve ser anunciada sem ressalvas.

Logo, é forçoso admitir que a decisão que reconhece a inconstitucionalidade de uma lei é, de fato, de índole declaratória, com efeitos *ex tunc*, eis que atesta uma situação preexistente. Ou seja, é necessário fazer com que a decretação retroaja ao momento em que a lei foi indevidamente introduzida no ordenamento jurídico, para que não se cometa o severo equívoco de dizer que algo inconstitucional foi, por certo tempo, constitucional.

Ives Gandra da Silva Martins compartilha desse posicionamento, sendo de sua lavra a ponderação no sentido de que "a inconstitucionalidade atinge a lei desde a origem, não podendo o direito admitir que uma 'inconstitucionalidade' seja 'constitucional' antes de sua declaração e que, somente a partir deste ato, se torne 'inconstitucional'".[15]

Não é diferente, ainda, a posição de Luís Roberto Barroso, que leciona:

> Se a Constituição é a lei suprema, admitir a aplicação de uma lei com ela incompatível é violar a sua supremacia. Se uma lei inconstitucional puder reger dada situação e produzir efeitos regulares e válidos, isso representaria a negativa de vigência da Constituição naquele mesmo período, em relação àquela matéria. A teoria constitucional não poderia conviver com essa contradição sem sacrificar o postulado sobre o qual se

---

[13] CAMPOS, Francisco. *Direito constitucional*. Rio de Janeiro: Freitas Bastos, 1956. v. 1. p. 430.

[14] *Efeitos da declaração de inconstitucionalidade*. 3. ed. São Paulo: Revista dos Tribunais, 1992. p. 181.

[15] MARTINS, Ives Gandra da Silva. Controle concentrado de constitucionalidade e as contribuições sobre intervenção no domínio econômico *In*: GRECO, Marco Aurélio (Coord.). *Contribuições de intervenção no domínio econômico e figuras afins*. São Paulo: Dialética, 2001. p. 89.

assenta. Daí porque a inconstitucionalidade deve ser tida como uma forma de nulidade, conceito que denuncia o vício de origem e a impossibilidade de convalidação do ato.

Corolário natural da teoria da nulidade é que a decisão que reconhece a inconstitucionalidade tem caráter declaratório — e não constitutivo —, limitando-se a reconhecer uma situação preexistente. Como consequência, seus efeitos se produzem retroativamente, colhendo a lei desde o momento de sua entrada no mundo jurídico.[16]

Destaque-se que, com algumas raras exceções, esse posicionamento sempre se mostrou vencedor no âmbito do Supremo Tribunal Federal, sendo inúmeras as manifestações da Corte no sentido de que a lei declarada inconstitucional é nula *ab initio* e, portanto, nunca teve aptidão de produzir os efeitos jurídicos que dela se esperava.

Para se ter uma ideia sobre a posição do Pretório Excelso, digna de destaque é a emblemática decisão proferida na ADIn nº 652-AM, de relatoria do ilustre Ministro Celso de Mello, ocasião em que, a despeito de a ação ter sido julgada prejudicada pela revogação da norma questionada, prestigiou-se a teoria da nulidade *ab origine*. Vejamos:

> O repúdio ao ato inconstitucional decorre, em essência, do princípio que, fundado na necessidade de preservar a unidade da ordem jurídica nacional, consagra a supremacia da Constituição. Esse postulado fundamental de nosso ordenamento normativo impõe que preceitos revestidos de "menor" grau de positividade jurídica guardem, "necessariamente", relação de conformidade vertical com as regras inscritas na Carta Política, sob pena de ineficácia e de consequente inaplicabilidade. Atos inconstitucionais são, por isso mesmo, nulos e destituídos, em consequência, de qualquer carga de eficácia jurídica.
>
> A declaração de inconstitucionalidade de uma lei alcança inclusive os atos pretéritos com base nela praticados, eis que o reconhecimento desse supremo vício jurídico, que inquina de total nulidade os atos emanados do poder público, desampara as situações constituídas sob sua égide e inibe — ante a sua inaptidão para produzir efeitos jurídicos válidos — a possibilidade de invocação de qualquer direito.
>
> A declaração de inconstitucionalidade em tese encerra um juízo de exclusão, que, fundado numa competência de rejeição deferida ao Supremo Tribunal Federal, consiste em remover do ordenamento positivo a manifestação estatal inválida e desconforme ao modelo plasmado na Carta Política, com todas as consequências daí decorrentes, inclusive a plena restauração de eficácia das leis e das normas afetadas pelo ato declarado inconstitucional. Esse poder excepcional — que extrai a sua autoridade da própria Carta Política — converte o Supremo Tribunal Federal em verdadeiro legislador negativo.[17]

Como se vê, ainda que se aceite que o STF faz as vezes do Poder Legislativo no controle abstrato de constitucionalidade, o princípio da supremacia da Constituição impõe que a decisão que declara a inconstitucionalidade da norma produza efeitos retroativos, com o reconhecimento *ab origine* da sua nulidade. Tendo esse perfil, a

---

[16] *O controle de constitucionalidade no direito brasileiro*. 4. ed. São Paulo: Saraiva, 2009. p. 16.
[17] STF, Pleno, ADIn nº 625-MA, Rel. Min. Celso de Mello, DJ 02.04.1993. Em se tratando de julgados mais recentes, destacam-se os seguintes precedentes: RE nº 273844/SP, Pleno, Rel. Min. Maurício Corrêa, DJ, 21.05.2004; RE nº 199522/SP, Pleno, Rel. Min. Maurício Corrêa, DJ, 11.06.2004; ADI nº 2840-ED/ES, Pleno, Rel. Min. Ellen Gracie, DJ, 09.12.2005; ADI nº 2994-ED/BA, Pleno, Rel. Min. Ellen Gracie, DJ, 04.08.2006; AI nº 589789-AgR/RJ, 2ª Turma, Rel. Min. Celso de Mello, DJ, 07.12.2006; ADI nº 2996-ED/SC, Pleno, Rel. Min. Sepúlveda Pertence, DJ, 16.03.2007.

decisão atinge, por reflexo, as situações jurídicas que se formaram invalidamente com base na lei nula.[18]

Ou seja, a lei declarada inconstitucional pelo Supremo Tribunal Federal "não produz efeito, nem gera direito, desde o seu início".[19] Trata-se do resultado útil do exercício da atividade em referência, a qual não pode ser transfigurada sob a alegação de que o Pretório Excelso, nesse caso, atua como se parte do Poder Legislativo fosse.

Mais modernamente, a propósito, já se fala em declaração de nulidade da lei, consoante se infere das abalizadas lições de Gilmar Mendes, a saber:

> O dogma da nulidade da lei inconstitucional pertence à tradição do Direito brasileiro. A teoria da nulidade tem sido sustentada por praticamente todos os nossos importantes constitucionalistas. Fundada na antiga doutrina americana, segundo a qual "the inconstitucional statute is not law at all", significativa parcela da doutrina brasileira posicionou-se em favor da equiparação entre *inconstitucionalidade* e *nulidade*. Afirmava-se, em favor dessa tese, que o reconhecimento de qualquer efeito a uma lei inconstitucional importaria na suspensão provisória da Constituição.[20]

Por todas essas razões, a orientação em apreço acabou sendo positivada pelas Leis nºs 9.868/99 e 9.882/99, eis que os seus arts. 27 e 11, respectivamente, estabelecem que, ao declarar a inconstitucionalidade de lei no controle abstrato de constitucionalidade, o Pretório Excelso, por maioria de dois terços e por razões de segurança e interesse público, poderá "restringir os efeitos daquela declaração ou decidir que ela só tenha eficácia a partir de seu trânsito em julgado ou de outro momento que venha a ser fixado".

Com base na interpretação *contrario sensu* dos referidos artigos, notamos que, entre nós, a declaração de inconstitucionalidade com efeitos *ex nunc* só acontece em situações excepcionais, a teor do que atestam as Leis nºs 9.868/99 e 9.882/99. Ou seja, no Brasil aplica-se fórmula diametralmente oposta àquela proposta por Hans Kelsen. Para nós, a regra são os efeitos *ex tunc* e apenas excepcionalmente os efeitos *ex nunc*.

Além de por a salvo o princípio da supremacia da Constituição, cabe destacar que a posição em apreço tem o condão de desestimular a produção de normas manifestamente inconstitucionais. Isso porque, caso se adotasse as ideias do ilustre jurista austríaco — ou seja, a eficácia prospectiva como regra e a eficácia retrospectiva como exceção —, seria muito fácil para o Poder Público produzir normas inconstitucionais na confiança de que não lhes seriam impostos os dissabores da retroeficácia da decisão.

Esta, a propósito, foi a reflexão do Ministro Sepúlveda Pertence nos autos da ADIn nº 1.102-DF, pois, ao votar, disse que excepcionalmente acataria "a ruptura do dogma da nulidade *ex radice* da lei inconstitucional, facultando-se ao Tribunal protrair o início da eficácia *erga omnes* da declaração". No entanto, advertiu que "essa solução, se generalizada, traz também o grande perigo de estimular a inconstitucionalidade".[21]

Cumpre salientar, entretanto, que, no controle difuso, a decretação de nulidade *ab initio* alcança apenas as partes envolvidas na ação, pois, nesse caso, não há a extirpação da lei do ordenamento jurídico. No controle abstrato, porém, há um *plus*,

---

[18] *Cf.* CAMPOS, Francisco. *Direito constitucional*. Rio de Janeiro: Freitas Bastos, 1956. v. 1, p. 440.
[19] STF, Pleno, RE nº 89.108-GO, Rel. Min. Cunha Peixoto, *DJ*, 19.12.80.
[20] *Curso de direito constitucional*. 7. ed. São Paulo: Saraiva, 2009. p. 1296-1297.
[21] STF, ADIn nº 1.102-DF, Pleno, Min. Rel. Maurício Corrêa, *DJ*, 17 nov. 95.

visto que a decretação de nulidade da lei beneficia a todos, independentemente de provocação judicial, nos termos dos arts. 27 e 11 das Leis nºs 9.868/99 e 9.882/99, respectivamente.

Ou seja, a decisão em referência desfruta de um atributo específico que a faz transcender, com eficácia geral e retrospectiva, às partes envolvidas no processo em que se discutiu a lei em tese, tudo isso por força de expressa autorização legal e com respaldo, frise-se, no princípio da supremacia da Constituição. Como anota Gilmar Mendes, a decretação de inconstitucionalidade equivale à decretação de nulidade da lei.[22]

Diante disso, podemos afirmar que a declaração geral de inconstitucionalidade traz consigo mais outro ponto digno de nota: a contaminação, também em caráter *erga omnes*, de todos os atos que foram com base nela praticados. Tal fato se dá porque a retroeficácia da decisão do STF faz com que tais atos sejam nulos *ab origine*, assim como acontece com a própria lei que foi declarada inconstitucional no controle abstrato.

Com isso, resta evidente que, em sede de controle abstrato, a declaração de inconstitucionalidade torna a lei nula *ipso iure*, vício que compromete as situações jurídicas com base nela constituídas, inclusive a sentença e a coisa julgada, eis que a decisão em questão, além de ter eficácia *erga omnes*, produz efeitos retrospectivos (*ex tunc*). Trata-se de constatação que deve ser considerada quando se tem em vista a adequada exegese dos arts. 475-L, §1º, e 741, parágrafo único, do atual CPC, e, por consequência, dos arts. 511, §5º, e 520, §4º, do Projeto de Lei nº 8.046/10, conforme veremos nas linhas que se seguem.

4 A adequada exegese dos arts. 475-L, §1º, e 741, parágrafo único, do atual CPC, e 511, §5º, e 520, §4º, do Projeto de Lei nº 8.046/10

Levando-se em conta os apontamentos que fizemos alhures, não nos parece adequado permitir o manejo dos embargos à execução ou a apresentação de impugnação por suposta inexigibilidade do título quando a sentença que deu origem ao mesmo fundar-se em aplicação ou exegese de lei ou ato normativo tidos pelo STF como incompatíveis com a Carta Federal, ainda que tal desfecho tenha ocorrido no controle abstrato de constitucionalidade. Não nos parece escorreito, outrossim, permitir mencionado expediente quando a lei declarada inconstitucional for suspensa pelo Senado (PL nº 8.046/10, arts. 511, §5º, e 520, §4º).

Tal posicionamento justifica-se por força da redação dos já referidos arts. 11 da Lei nº 9.882/99 e 27 da Lei nº 9.868/99, que asseveram que somente a declaração de inconstitucionalidade no controle abstrato conta com efeitos gerais e retroativos, salvo quando o próprio STF achar por bem conferir a tal decisão efeitos *ex nunc*. Vale dizer, a dicção dos aludidos dispositivos é o ponto fundamental para se afirmar que a nulidade da sentença só pode ser apontada pelo jurisdicionado quando a norma em que ela se amparou for declarada inconstitucional com efeitos gerais, vinculantes e *ex tunc*.

---

[22] Cf. *Curso de direito constitucional*. 7. ed. São Paulo: Saraiva, 2009. p. 1296-1297.

Nessa situação específica, é possível asseverar que, diante das três hipóteses que costumam ser apontadas pela doutrina como fatores desencadeantes da nulidade absoluta, todas as três estão presentes no caso em exame.[23]

Conforme adverte Leonardo Greco, a sistematização das nulidades absolutas tem sido feita a partir de três aspectos, a saber:

i) a violação a preceitos de interesse público pelo ato a ser decretado nulo;

ii) a ausência dos requisitos essenciais para que o ato jurídico seja tido como válido; e

iii) a previsão legal acerca da nulidade. Em todas essas situações, a doutrina é firme no sentido de dizer que o ato jurídico é absolutamente nulo.[24]

Ora, como a sentença amparada em lei que foi declarada inconstitucional com efeitos gerais e retrospectivos é ato jurídico que:

i) contraria preceito de ordem pública — a supremacia da Constituição Federal,

ii) padece de requisito essencial a todo ato jurídico — a constitucionalidade —, e, por fim,

iii) é nulo por força lei — arts. 11 e 27 das Leis nºs 9.882/99 e 9.868/99 —, não há como refutar a assertiva que ora se faz. Tal decisão é nula ipso iure e, por isso, pode ser atacada a qualquer tempo pelo jurisdicionado.

Tratando-se de vício que se encontra no plano da validade, podemos dizer que a sentença em análise, embora seja um ato jurídico nulo, é, ao menos, existente, já que detém todos os elementos constitutivos essenciais para alcançar este *status*, a saber: juiz prolator, as partes e o *decisium* (Eduardo Talamini).[25] A existência artificial, no entanto, não lhe outorga qualquer estabilidade, inclusive em relação aos seus efeitos.

Verifica-se, assim, que, enquanto desfrutar de uma "vida artificial", a sentença baseada em lei declarada inconstitucional acabará por produzir efeitos — impróprios, frise-se (Teresa Arruda Alvim Wambier) —,[26] os quais, porém, serão cassados quando a nulidade for efetivamente decretada pelo Poder Judiciário, com a destruição, dentro do possível, daqueles que foram indevidamente produzidos com amparo na lei inconstitucional.

Ou seja, da mesma forma que a lei inconstitucional, segundo Alfredo Buzaid, é executória enquanto tal fato não for decretado, a sentença nela baseada também o é até que se ateste referida nulidade *ipso iure*. Trata-se do resultado inexorável dessa "vida artificial", pois, na condição de norma individual e concreta — existente e formal, portanto —, é necessário que o vício seja expressamente reconhecido pelo Estado-Juiz.

Assim sendo, entendemos que, quando a sentença valeu-se de solução baseada em lei declarada inconstitucional no controle concentrado, tem-se, sem a menor dúvida, uma hipótese de nulidade *ipso iure* da decisão, caracterizada que é pela afronta à supremacia da Constituição, preceito de interesse público que dá amparo à teoria da

---

[23] Cf. GRECO, Leonardo. *Instituições de processo civil*. São Paulo: Forense, 2010. v. 1, p. 398-403.

[24] *Idem*, p. 398-403.

[25] TALAMINI, Eduardo. *Coisa julgada e sua revisão*. São Paulo: Revista dos Tribunais, 2005. p. 361.

[26] WAMBIER, Teresa Arruda Alvim. *Nulidades do processo e da sentença*. 5. ed. São Paulo: Revista dos Tribunais, 2004. p. 142.

nulidade *ab initio* da lei declarada inconstitucional, inclusive por expressa disposição legal. É exatamente isso que autoriza a impugnação do título executivo judicial por suposta inexigibilidade, ainda que tal fato ocorra depois do prazo da ação rescisória (CPC, arts. 475-L, §1º, e 741, parágrafo único).

Ou seja, com a "cassação" da lei pelo STF, o legislador percebeu que não se poderia admitir que quaisquer atos jurídicos nela baseados continuassem a produzir efeitos, sob pena de se conferir eficácia parcial à lei que malfere à ordem constitucional. Enfim, restou patenteado que uma decisão que beneficia a todos também deve ser aproveitada por aqueles que foram submetidos indevidamente à suposta coisa julgada.

Destaque-se, a propósito, que, caso a declaração de inconstitucionalidade não tivesse o condão de atingir situações jurídicas pretéritas — dentre elas a coisa julgada —, a lei teria feito ressalvas nesse sentido. Esse, portanto, é um óbice que até pode existir em Portugal, mas que não se verifica no Brasil, por expressa disposição legal.

É o que se denota quando Paulo Otero diz que a eficácia *ex tunc* da declaração de inconstitucionalidade deveria impor "a destruição dos casos julgados fundados em normas desconformes com a Constituição e agora formalmente banidas". No entanto, o próprio autor alerta que tal manobra é vedada pelo art. 282, nº 3, 1ª parte, da Lei Maior daquele país, que dispõe que "a declaração de inconstitucionalidade ressalva os casos julgados".[27]

Para nós, tal ilação nada mais é do que uma consequência lógica do modelo "híbrido" de controle de constitucionalidade que adotamos no Brasil, pois, sem prejuízo de também vivenciarmos o controle difuso, há, entre nós, uma nítida preferência pelo resultado advindo do controle abstrato, já que este se apresenta como uma espécie de palavra definitiva do Poder Judiciário sobre a adequada interpretação do texto constitucional.

Como se nota, a exegese em conjunto dos comandos legais e constitucionais aplicáveis à espécie permite-nos dizer que os arts. 475-L, §1º, e 741, parágrafo único, do atual CPC, incorporam, na verdade, um postulado que, em nome da supremacia da Constituição, autoriza à superação da coisa julgada, inclusive a coisa soberanamente julgada.

É por essa razão que pensamos que, para efeitos de ajuizamento dos embargos à execução ou a apresentação de impugnação de sentença (CPC, arts. 475-L, §1º, e 741, parágrafo único; PL nº 8.046/10, arts. 511, §5º, e 520, §4º), deve-se dar exegese restritiva aos comandos legais em referência, pois, embora tais dispositivos atestem que é inexigível o título fundado em aplicação ou interpretação de lei ou ato normativo tidos pelo Pretório Excelso como incompatíveis com a Lei Maior, os efeitos gerais, vinculantes e *ex tunc* das decisões do STF são exclusivos das declarações de inconstitucionalidade da lei.

Vale dizer, quando o objetivo do jurisdicionado for o ataque a título executivo judicial por pretensa inexigibilidade, os mecanismos processuais acima mencionados devem restringir-se às hipóteses em que a sentença amparou-se em lei que foi efetivamente declarada inconstitucional no controle abstrato. Nessa medida, portanto,

---

[27] OTERO, Paulo Manuel Cunha Costa. *Ensaio sobre o caso julgado inconstitucional*. Lisboa: Lex, 1993. p. 45.

seriam abrangidos os casos em que a decisão, sem a modulação de efeitos, adveio da procedência de ADPF ou de ADIn ou da improcedência de ADC, dado o caráter dúplice destas duas últimas ações.

Assim sendo, fica claro que a redação original do art. 741, parágrafo único, do atual CPC, veiculada pela MP nº 1.997-37/00,[28] era mais fiel à ideologia da Constituição Federal no que toca à teoria da nulidade *ab initio* da lei inconstitucional, já que se limitava a prescrever que os embargos à execução seriam cabíveis somente quando o Pretório Excelso declarasse a inconstitucionalidade da lei. Ou seja, apesar de não fazer referência ao controle concentrado de constitucionalidade, a redação original nada falava a respeito da possibilidade de ataque do título judicial quando houvesse apenas a manifestação do STF acerca da adequada exegese da lei, o que nos conduzia a uma interpretação mais cautelosa e mais restritiva.

Aludidas conclusões afastam, por consequência, a suposta possibilidade de se autorizar o ajuizamento dos embargos à execução ou a apresentação de impugnação quando a lei declarada inconstitucional for suspensa pelo Senado Federal. Isso porque a suspensão da execução da norma declarada inconstitucional não desfruta de efeitos *ex tunc*.

Explique-se:

A resolução senatorial é herança da Constituição Federal de 1934, momento em que ainda havia muita preocupação sobre eventual violação ao princípio constitucional da separação dos poderes. Assim, para se chegar próximo ao modelo norte-americano, mas sem subtrair a autoridade dos demais Poderes (Legislativo e Executivo), idealizou-se o instituto da resolução senatorial como um suposto substituto do *stare decisis*.

Não é por outro motivo que Gilmar Mendes, ao analisar as características da resolução, proclama que "a única resposta plausível nos leva a acreditar que o instituto da suspensão pelo Senado assenta-se hoje em razão exclusivamente histórica".[29]

No entanto, como restou consolidada orientação jurisprudencial no sentido de que o Senado Federal — exatamente por força do princípio constitucional da separação dos Poderes — não estaria obrigado a suspender a eficácia de norma declarada inconstitucional, a resolução senatorial nunca funcionou como deveria no Brasil.[30]

Em adição a isso, saliente-se que a própria jurisprudência deixou de outorgar à resolução qualquer traço de essencialidade em relação à proteção das orientações conclusivas do STF. Nesse sentido, lembremos que o Ministro Sepúlveda Pertence, nos autos do RE nº 196.906-SC, advertiu que a declaração de inconstitucionalidade pelo STF, com ou sem resolução senatorial, "elide a presunção de constitucionalidade da lei".[31]

Dessa forma, parece-nos que a utilidade remanescente da resolução senatorial se restringe à extirpação, com efeitos *ex nunc*, da lei declarada inconstitucional, de modo a evitar que outras situações jurídicas sejam indevidamente formadas com amparo nela. Vale dizer, com a suspensão da execução da norma declarada inconstitucional, evita-se, ao menos, que mais pessoas busquem o Poder Judiciário para questioná-la.

---

[28] Ou seja, antes da edição MP nº 2.180-35/01, que reeditou a MP nº 1.997-37/00, e antes da Lei nº 11.232/05.

[29] MENDES, Gilmar Ferreira; COELHO, Inocêncio Mártires; BRANCO, Paulo Gustavo Gonet. *Curso de direito constitucional*. 7. ed. São Paulo: Saraiva, 2009. p. 1131.

[30] STF, Pleno, MS nº 16.512, Rel. Min. Oswaldo Trigueiro, *DJ*, 31.08.1966.

[31] STF, 1ª Turma, RE nº 196.906-SC, Rel. Min. Sepúlveda Pertence, *DJ*, 29.08.1997.

Enfim, para nós, mostra-se superada qualquer discussão a respeito dos efeitos *ex tunc* que a resolução senatorial teria. Nada obstante, há quem defenda que, no Brasil, por força da adoção da teoria da nulidade *ab initio* da norma declarada inconstitucional, deveria reinar, por coerência, orientação diametralmente oposta.

Esta, a propósito, é a posição de Helenilson Cunha Pontes:

> A ordem jurídica pátria adota o princípio da nulidade da lei inconstitucional, cuja consequência jurídica repousa na automática anulação retroativa (*ex tunc*) dos efeitos gerados pelo ato inconstitucional, ressalvada sempre a possibilidade de manutenção de certas situações jurídicas em nome de princípios protegidos pelo ordenamento.
>
> Neste sentido, não vemos razões plausíveis para se admitir que uma lei declarada inconstitucional pelo Plenário do Supremo Tribunal Federal, e já objeto de Resolução Senatorial, possa continuar gerando no futuro efeitos residuais sobre relações jurídicas constituídas no passado, sob a sua égide (em face do fenômeno da ultratividade), fato que ocorreria caso se admitisse apenas eficácia *ex nunc* à Resolução Senatorial.
>
> Chama-se ultratividade a possibilidade de uma norma não mais vigente continuar a regular os fatos anteriores à sua saída do ordenamento. Eficácia, por outro lado, é conceito que alude à possibilidade de produção de efeitos, isto é, a possibilidade de regulação.
>
> Logo, se a Resolução Senatorial penas suspende a eficácia da norma inconstitucional *pro futuro* (*ex nunc*), i.e., em relação a atos praticados a partir da suspensão (efeito equivalente a uma revogação), estar-se-ia, em consequência, admitindo que a eficácia da norma inconstitucional permanece incólume no futuro, relativamente a situações de ultratividade dessa norma (por exemplo, decisões judiciais ainda pendentes de decisão final discutindo os efeitos da aplicação da norma inconstitucional sobre fatos anteriores à Resolução).[32]

Concessa maxima venia, a orientação do autor não nos parece adequada. Isso porque nem mesmo o sistema norte-americano de controle de constitucionalidade das leis — precursor da teoria em apreço — conta com um expediente deste jaez. Nos Estados Unidos, a norma declarada inconstitucional pela Suprema Corte é tida como nula *ab initio* para o caso concreto e, a partir dessa decisão, em respeito ao princípio do *stare decisis*, deixa de ser aplicada pelos Poderes Executivo, Legislativo e Judiciário.[33]

Como bem alertou Kelsen ao analisar o sistema americano, "não está excluída a possibilidade de que uma corte inferior, em particular uma corte estadual, decida a questão de constitucionalidade de uma lei sem que o caso seja trazido perante a Suprema Corte, e que esta, ao examinar a lei dentro de outro caso, decida a questão

---

[32] *Coisa julgada tributária e inconstitucionalidade*. São Paulo: Dialética, 2005. p. 51.

[33] Consoante lecionam Gagik Harutyunyan e Arne Mavcic: "The 'American' – Judicial Review Model (based on the *Marbury Case* (*1803*), dealt with by the Supreme Court of the United States, and on John Marshall's doctrine), whereunder constitutional matters are dealt with by all ordinary courts (a decentralized or diffuse or dispersed review) under ordinary court proceedings (*incidenter*). It is a specific and a posteriors review, whereby the Supreme (high) Court in the system provides for the uniformity of jurisdiction. In the diffuse system, the decisions as a rule take effect only *inter partes* (except for the principle *stare decisis*, whereunder the courts in the future abide by the ruling). In principle the decision concerning the unconstitutionality of a statute is declaratory and retrospective, i.e. *ex tunc* (with *pro praeterito* consequences)" (*The constitutional review and its development in the modern world*: a comparative constitutional analysis. Yerevan; Ljubljana: Hayagitak, 1999. p. 88).

de forma contrária. Nesse caso o princípio da *res iudicata* impossibilita a outra corte de adaptar a sua decisão".[34]

Ou seja, nada impede que situações jurídicas tenham sido constituídas antes da decretação e, por isso, continuem a produzir efeitos. A despeito de tais situações poderem ser questionadas no âmbito judicial e dentro dos ditames da legislação processual,[35] a decretação de inconstitucionalidade da lei pela Suprema Corte não as alcança de pronto, diferentemente do que acontece no Brasil em sede controle concentrado de constitucionalidade.

É bem verdade que, por força das características do sistema norte-americano, pautado que é nos precedentes, uma decisão passada em julgado poderia ser revista por razões de justiça. É o que observa Cândido Rangel Dinamarco ao citar os precedentes Adams *vs.* Perason e Varsity Amusement Co. *vs.* Butters.[36] Nada obstante, as situações por ele descritas nem de longe afirmam que as decisões da Suprema Corte têm efeitos gerais e *ex tunc*.

Para constatar isso, observemos os casos apontados pelo autor:

"Primeiro *case*. Em um processo relacionado com a compra-e-venda de imóvel, no qual ambas as partes buscavam título de propriedade, a Corte rejeitou a alegação de coisa julgada porque do contrário chegar-se-ia a um resultado injusto e não se teria a definição de um título para a propriedade — quando a orientação jurídica referente à transferência de propriedade exige que alguma definição quanto ao domínio seja oferecida às partes". (Adams *vs.* Pearson, III. 1952.)

"Segundo *case*. A coisa julgada foi afastada em razão das regras da lei salarial, de modo que uma ação anterior, omitindo alguns pedidos possíveis, não teve o efeito de excluir a tutela de direito estatutário, limitando-se a reduzir-lhe o valor". (Varsity Amusement Co. *vs.* Butters. Colo. 1964.)

Tais pensamentos são valorizados e legitimados pela ponderada ressalva de que "são necessariamente limitadas essas exceções à normal aplicação dos princípios da coisa julgada. Elas dependem da presença de razões sociais específicas e importantes, para que a coisa julgada possa ser desconsiderada" (trad. livre).[37]

Por essa razão, não há dúvidas que, no Brasil, dada a adoção de um modelo misto de controle de constitucionalidade, deparamo-nos com situações específicas que não se

---

[34] *Jurisdição constitucional*. São Paulo: Martins Fontes, 2003. p. 308.

[35] Sérgio Gilberto Porto lembra que, muito embora seja difícil traçar considerações gerais acerca dos veículos processuais de revisão da coisa julgada nos Estados Unidos da América — já que se trata de um país pautado no sistema da *commom law* e cujos estados federados têm autonomia legislativa —, pode-se traçar um panorama em matéria federal, já que a Justiça Federal daquele país possui o *Federal Rules of Civil Procedures*. De acordo com o autor, "é possível alterar um julgamento com base em três situações: (a) quando tendo ocorrido meros erros materiais, chamados de *clerical mistakes*; (b) na hipótese de erros escusáveis, tais como provas que a parte não tinha acesso até então, fraude, erros referidos na lei norte-americana como *mistakes; inadvertence; excusable neglect; newly discovery evidence; fraud* etc. e, por fim, (c) *harmless error* que poderia ser considerada como uma nulidade relativa do processo continental, já que não afeta a substância do direito. Em verdade, as Cortes, segundo a regra 61 da *Federal Rule of Civil Procedure*, estão autorizadas a desconsiderar qualquer vício que não afete o direito substancial, exceto se este erro causar prejuízo à justiça substancial do caso concreto". E conclui o autor: "assim, como se percebe, também na *commom law* americana existem hipóteses de revisão do julgamento definitivo, uma vez presentes certas circunstâncias" (*Ação rescisória atípica*: instrumento de defesa da ordem jurídica. São Paulo: Revista dos Tribunais, 2009. p. 33).

[36] DINAMARCO, Cândido Rangel. Relativizar a coisa julgada material. *Revista de Processo*, São Paulo, ano 28, n. 109, p. 19-20, 2003.

[37] DINAMARCO, Cândido Rangel. Relativizar a coisa julgada material. *Revista de Processo*, São Paulo, ano 28, n. 109, p. 19-20, 2003.

verificam no modelo americano e tampouco no modelo europeu, e a maior delas reside na possibilidade de a declaração de inconstitucionalidade gozar, simultaneamente, de efeitos *ex tunc* e *erga omnes*, que é o que pode ocorrer em sede de ADIn, ADC e ADPF. Assim sendo, podemos dizer que, a despeito dos entendimentos de Helenilson Cunha Pontes,[38] Octávio Campos Fischer[39] e Paulo Roberto Lyrio Pimenta,[40] a resolução do Senado Federal sempre terá efeitos prospectivos, ou seja, *ex nunc*, tal como sinaliza a própria redação do mencionado artigo 52, X, da Constituição Federal.[41]

Como consequência desse raciocínio e por coerência, somente as declarações de inconstitucionalidade da lei no controle concentrado devem autorizar a superação do título executivo judicial a qualquer tempo. Somente nessa hipótese é que a decisão do STF goza de efeitos gerais, vinculantes e retrospectivos, sendo capaz de contaminar todos os atos e todas as situações jurídicas que se ampararam na norma manifestamente nula. Trata-se, portanto, de realidade que deve ser observada quando se tem em vista a adequada exegese dos artigos 475-L, §1º e 741, p. único, do atual Código de Processo Civil, e 511, §5º, e 520, §4º, do Projeto de Lei nº 8046/2010 (Novo CPC).

5 Conclusão

Feitas essas colocações, podemos concluir que, no atual Código de Processo Civil, bem como no Projeto de Lei nº 8.046/10, o legislador não observou os adequados ditames da teoria da nulidade *ab initio* da lei declarada inconstitucional, eis que a superação do título executivo judicial por inexigibilidade só deve ocorrer quando a decisão for lançada no controle abstrato. E mais: quando não houver a modulação dos efeitos dessa decisão pelo próprio Pretório Excelso. Tal realidade é indene de dúvidas, pois, somente nessa hipótese, a decisão conta com efeitos *erga omnes* e *ex tunc*, de modo a contaminar todos os atos e todas as situações jurídicas que se formaram com base na lei manifestamente nula.

Ou seja, por conta das características particulares do nosso modelo híbrido de controle de constitucionalidade, não se pode dar tratamento equivalente quando o STF apenas atesta que a interpretação da lei sobre a qual se amparou a sentença é incompatível com o texto constitucional. Nesse caso, vimos que a decisão não conta com efeitos retrospectivos e gerais, à semelhança do que também ocorre quando a execução de uma lei é suspensa pelo Senado por força de uma declaração de inconstitucionalidade no controle difuso.

Dessa forma, caso o projeto seja definitivamente aprovado e convertido em lei, tal realidade deverá ser corrigida pela Câmara dos Deputados, para que apenas as declarações de inconstitucionalidade no controle concentrado autorizem a superação de título executivo judicial por suposta inexigibilidade, ainda que depois do prazo da ação rescisória.

---

[38] *Coisa julgada tributária e inconstitucionalidade*. São Paulo: Dialética, 2005. p. 55-56.
[39] *Efeitos da declaração de inconstitucionalidade no direito tributário brasileiro*. Rio de Janeiro: Renovar, 2004. p. 188.
[40] *Efeitos da declaração de inconstitucionalidade*. São Paulo: Dialética, 2002. p. 194-195.
[41] Nos ensinamentos de Oswaldo Aranha Bandeira de Mello, "o Senado Federal apenas cassa a lei, que deixa de obrigar e, assim, perde a sua executoriedade porque, dessa data em diante, a revoga simplesmente" (*A teoria das Constituições rígidas*. 2. ed. São Paulo: Bushatsky, 1980. p. 211).

Referências

BARROSO, Luís Roberto. *O controle de constitucionalidade no direito brasileiro.* 4. ed. São Paulo: Saraiva, 2009.

BONAVIDES, Paulo. *Curso de direito constitucional.* 6. ed. São Paulo: Malheiros, 1996.

BUZAID, Alfredo. *Da ação direta de declaração de inconstitucionalidade no direito brasileiro.* São Paulo: Saraiva, 1958.

CAMPOS, Francisco. *Direito constitucional.* Rio de Janeiro: Freitas Bastos, 1956. v. 1.

CAPPELETTI, Mauro. *O controle judicial da constitucionalidade das leis no direito comparado.* Porto Alegre: Sergio Antonio Fabris, 1984.

DINAMARCO, Cândido Rangel. Relativizar a coisa julgada material. *Revista de Processo,* São Paulo, ano 28, n. 109, 2003.

FERRARI, Regina Maria Macedo Nery. *Efeitos da declaração de inconstitucionalidade.* 3. ed. São Paulo: Revista dos Tribunais, 1992.

FISCHER, Octávio Campos. *Efeitos da declaração de inconstitucionalidade no direito tributário brasileiro.* Rio de Janeiro: Renovar, 2004.

GRECO, Leonardo. *Instituições de processo civil.* São Paulo: Forense, 2010. v. 1.

HARUTYUNYAN, Gagik; MAVCIC, Arne. *The constitutional review and its development in the modern world*: a comparative constitutional analysis. Yerevan; Ljubljana: Hayagitak, 1999.

KELSEN, Hans. *Jurisdição constitucional.* São Paulo: Martins Fontes, 2003.

MARTINS, Ives Gandra da Silva. Controle concentrado de constitucionalidade e as contribuições sobre intervenção no domínio econômico *In*: GRECO, Marco Aurélio (Coord.). *Contribuições de intervenção no domínio econômico e figuras afins.* São Paulo: Dialética, 2001.

MELLO, Oswaldo Aranha Bandeira de. *A teoria das Constituições rígidas.* 2. ed. São Paulo: Bushatsky, 1980.

MENDES, Gilmar Ferreira; COELHO, Inocêncio Mártires; BRANCO, Paulo Gustavo Gonet. *Curso de direito constitucional.* 7. ed. São Paulo: Saraiva, 2009.

OTERO, Paulo Manuel Cunha Costa. *Ensaio sobre o caso julgado inconstitucional.* Lisboa: Lex, 1993.

PIMENTA, Paulo Roberto Lyrio. *Efeitos da declaração de inconstitucionalidade.* São Paulo: Dialética, 2002.

PONTES, Helenilson Cunha. *Coisa julgada tributária e inconstitucionalidade.* São Paulo: Dialética, 2005.

PORTO, Sérgio Gilberto. *Ação rescisória atípica*: instrumento de defesa da ordem jurídica. São Paulo: Revista dos Tribunais, 2009.

TALAMINI, Eduardo. *Coisa julgada e sua revisão.* São Paulo: Revista dos Tribunais, 2005.

WAMBIER, Teresa Arruda Alvim. *Nulidades do processo e da sentença.* 5. ed. São Paulo: Revista dos Tribunais, 2004.

ZAVASCKI, Teori Albino. *Eficácia das sentenças na jurisdição constitucional.* São Paulo: Revista dos Tribunais, 2001.

Informação bibliográfica deste texto, conforme a NBR 6023:2002 da Associação Brasileira de Normas Técnicas (ABNT):

MOJICA, Rodrigo Chinini. A repercussão da Declaração de Inconstitucionalidade no Novo Código de Processo Civil: crítica à não observância dos adequados ditames da teoria da nulidade *ab initio* da Lei Declarada Inconstitucional. *In*: ROSSI, Fernando *et al.* (Coord.). *O futuro do processo civil no Brasil*: uma análise crítica ao Projeto do Novo CPC. Belo Horizonte: Fórum, 2011. p. 513-528. ISBN 978-85-7700-511-6.

SANÇÕES PENITENCIAIS NO PROJETO DO NOVO CPC

RODRIGO D'ORIO

1 Breve reflexão sobre a efetividade e o controle processual da conduta das partes

Uma das bases do Anteprojeto do *"Novo Código de Processo Civil"* — hoje Projeto nº 8.046, em trâmite perante a Câmara dos Deputados —, consiste na necessária efetividade do ordenamento jurídico — expressão máxima da função sócio-política-jurídica do processo,[1] esboçada pela realização do direito material.

A efetividade, em suma, pode ser entendida como a obtenção dos resultados almejados pela atuação do Estado-Juiz, dentro do menor prazo possível.[2]

Consequência disso é a necessidade do efetivo controle das condutas das partes — e daqueles que, de alguma forma, participam do processo —, haja vista o modo pelo qual elas influenciam, diretamente, o grau da própria efetividade.[3]

---

[1] "A força das tendências metodológicas do direito processual civil na atualidade dirige-se com grande intensidade para a efetividade do processo, a qual constitui expressão resumida da ideia de que o processo deve ser apto a cumprir integralmente toda a sua função sócio-política-jurídica, atingindo em toda a plenitude todos os seus escopos constitucionais" (DINAMARCO, Cândido Rangel. *A instrumentalidade do processo*. 13. ed. São Paulo: Malheiros, 2008. p. 319).

[2] Segundo Barbosa Moreira, a efetividade do processo incluiria a necessidade de que: "a) os instrumentos de tutela sejam 'adequados' aos direitos a resguardar; b) sejam 'praticamente utilizáveis' pelos titulares dos direitos cuja preservação ou reintegração se cogita; c) ao julgador sejam asseguradas condições de convencimento, tanto quanto possível, fiel à 'realidade'; d) 'em toda a extensão da possibilidade prática, o resultado do processo há de ser tal que assegure à parte vitoriosa o gozo pleno da específica utilidade a que faz jus segundo o ordenamento'; e) possa ser atingido semelhante resultado 'com o mínimo dispêndio de tempo e energias" (MOREIRA, José Carlos Barbosa. Efetividade do processo e técnica processual. *In*: MOREIRA, José Carlos Barbosa. *Temas de direito processual*: sexta série. São Paulo: Saraiva, 1997. p. 17-18).

[3] "A efetividade do processo está pois bastante ligada ao modo como se dá curso à participação dos litigantes em contraditório e à participação inquisitiva do juiz, os primeiros sendo admitidos a produzir alegações, a recorrer, a comprovar os fatos de seu interesse e este sendo conclamado a ir tão longe quanto possível em sua curiosidade institucionalizada com aqueles. O grau dessa participação de todos constitui fator de aprimoramento da qualidade do produto final, ou seja, fator de efetividade do processo do ponto-de-vista do escopo jurídico de atuação da vontade concreta do direito" (DINAMARCO. *A instrumentalidade do processo*, p. 346).

Nessa linha, o Projeto nº 8.046 manteve uma série de medidas repressivas — presentes na atual sistemática processual —, consistente em sanções civis, com o intuito de não permitir a ocorrência dos já conhecidos *desvios* que o processo pode tomar pela prática de atos abusivos,[4] haja vista sua natureza combativa.[5]

Dentro das sanções civis de natureza penitencial, pode-se apontar, como sendo as principais mantidas no Anteprojeto, a aplicação de multa (i) pelos embaraços ao exercício da jurisdição, (ii) pelos atos de litigância de má-fé, e (iii) pela conduta atentatória à dignidade da justiça, cujas alterações serão abaixo abordadas.

2 Das sanções processuais penitenciais

2.1 Do embaraço ao exercício da jurisdição

Importante sanção jurídica civil, a penalização pelo embaraço ao exercício da jurisdição consiste em um *"contempt of court"* — originário do direito da *"Common Law"* —, cuja finalidade é a de coibir os atos que ofendam a administração da justiça, como, por exemplo, a desobediência às ordens judiciais.

O atual dispositivo que prevê tal sanção é o parágrafo único do art. 14 do Código de Processo Civil. No Projeto nº 8.046, há correspondência parcial com os §§1º e 5º, de seu art. 80, como será abaixo demonstrado.

(Continua)

REDAÇÃO DO PROJETO Nº 8.046	REDAÇÃO ATUAL
Título IV	~~TÍTULO II~~
DAS PARTES E DOS PROCURADORES	**DAS PARTES E DOS PROCURADORES**
Capítulo III	~~Capítulo II~~
Dos Deveres das Partes e dos seus procuradores	**Dos Deveres das Partes e dos seus procuradores**
Secção I	Secção I
Dos Deveres	**Dos Deveres**
Art. 80. São deveres das partes, de seus procuradores, e de todos aqueles que de qualquer forma participam do processo: (...)	~~Art. 14~~. São deveres das partes e de todos aqueles que de qualquer forma participam do processo: (...)

---

[4] "As normas de celeridade, efetividade, economia, simplicidade e racionalidade integram, profundamente, a garantia do devido processo legal, na sua atual concepção de processo justo (...) O processo moderno adota o princípio de propiciar às partes uma justiça que propicie resultados práticos compatíveis com os direitos subjetivos envolvidos na lide (efetividade), e que se realize de forma barata e rápida (...) Justiça tardia, segundo universal consenso, equivale a denegação de justiça. O mesmo pode-se dizer da prestação jurisdicional que, mesmo deferida, não é capaz de proporcionar à parte que tem razão tudo o que, efetivamente, corresponde ao seu direito. O ato abusivo quando se contrapõe à marcha processual normal do processo, ou ergue barreiras ao juiz para alcançar a meta de tutelar adequadamente o direito subjetivo lesado, compromete gravemente a prevalência dos princípios enfocados" (THEODORO JÚNIOR, Humberto. Abuso de direito processual no ordenamento jurídico brasileiro. *In*: MOREIRA, José Carlos Barbosa (Coord.). *Abusos dos direitos processuais*. Rio de Janeiro: Forense, 2000. p. 110).

[5] "Acentuando, com ênfase, não ser 'irrelevante', Calamandrei criou a célebre alegoria: 'Il processo come gioco'. Nem por isso, os participantes devem agir no escuro, mas devem ter, ao menos, noção, ainda mesmo que pálida ou imperfeita, de suas conseqüências, pois 'il processo serva alla giustizia', como o mestre italiano completa sua original comparação" (LIMA, Alcides Mendonça. O princípio da probidade no Código de Processo Civil brasileiro. *Revista de Processo*, São Paulo, v. 4, n. 16, p. 32, out. 1979).

(Conclusão)

REDAÇÃO DO PROJETO Nº 8.046	REDAÇÃO ATUAL
Título IV DAS PARTES E DOS PROCURADORES Capítulo III Dos Deveres das Partes e dos seus procuradores Secção I Dos Deveres	TÍTULO II DAS PARTES E DOS PROCURADORES Capítulo II Dos Deveres das Partes e dos seus procuradores Secção I Dos Deveres
IV – não produzir provas, nem praticar atos inúteis ou desnecessários à declaração ou defesa do direito. V – cumprir com exatidão as decisões de caráter executivo ou mandamental e não criar embaraços à efetivação de pronunciamentos judiciais, de natureza antecipatória ou final. VI – declinar o endereço, residencial ou profissional, no qual receberão as intimações, atualizando essa informação sempre que ocorrer qualquer modificação temporária ou definitiva. §1º A violação do disposto no inciso V do *caput* deste artigo constitui ato atentatório ao exercício da jurisdição, devendo o juiz, sem prejuízo das sanções criminais, civis e processuais cabíveis, aplicar ao responsável multa em montante a ser fixado de acordo com a gravidade da conduta e não superior a vinte por cento do valor da causa. §2º O valor da multa prevista no §1º deverá ser imediatamente depositado em juízo no prazo a ser fixado pelo juiz. Não sendo paga no prazo estabelecido, a multa será inscrita como dívida ativa da União ou do Estado. §3º A multa prevista no §1º poderá ser fixada independentemente da incidência daquela prevista no art. 509, §1º e da periódica prevista no art. 522. §4º Quando o valor da causa for irrisório ou inestimável, a multa referida no §1º poderá ser fixada em até o décuplo do valor das custas processuais. §5º Aos advogados públicos ou privados, aos membros da Defensoria Pública e do Ministério Público não se aplica o disposto nos §§1º a 4º, devendo sua responsabilização ser apurada pelos órgãos de classe respectivos, aos quais o juiz oficiará.	IV – não produzir provas, nem praticar atos inúteis ou desnecessários à declaração ou à defesa do direito. V – cumprir com exatidão ~~os provimentos mandamentais~~ e não criar embaraços à efetivação de provimentos judiciais, de natureza antecipatória ou final. ~~Parágrafo único. Ressalvados os advogados que se sujeitam exclusivamente aos estatutos da OAB,~~ a violação do disposto no inciso V deste artigo constitui ato atentatório ao exercício da jurisdição, ~~podendo~~ o juiz, sem prejuízo das sanções criminais, civis e processuais cabíveis, aplicar ao responsável multa em montante a ser fixado de acordo com a gravidade da conduta e não superior a vinte por cento do valor da causa; ~~não sendo paga no prazo estabelecido, contado do trânsito em julgado da decisão final da causa, a multa será inscrita sempre como dívida ativa da União ou do Estado.~~

Uma primeira mudança prevista no Projeto consiste no "retorno" da figura dos "procuradores" ao *caput* do artigo que prevê os deveres processuais daqueles que participam do processo.

Até 2001, a redação do *caput* do art. 14 limitava-se à aplicação dos deveres processuais apenas às partes e a seus procuradores, equivalendo-se à terminologia do próprio capítulo a que pertencia: "Art. 14. Compete à parte e aos seus procuradores:".

A partir da Lei nº 10.358/01, a redação do referido dispositivo substitui a figura dos "procuradores" por uma terminologia muito mais abrangente, visando envolver todos aqueles que participassem no processo: "Art. 14. São deveres das partes e de todos aqueles que de qualquer forma participam do processo:".

A redação do Projeto nº 8.046 é, praticamente, uma junção da redação primitiva do art. 14, com alteração ocorrida através da Lei 10358, uma vez que, além da previsão de todas as pessoas que participam do processo, o dispositivo ainda prevê, de forma expressa, a figura dos patronos das partes: "Art. 80. São deveres das partes, de seus procuradores, e de todos aqueles que de qualquer forma participam do processo:".

Por mais que possa aparentar uma redundância, a previsão de uma categoria específica (patronos), ao lado da categoria geral (todos aqueles que participam do processo), não é de se criticar a nova redação, uma vez que, provavelmente, a intenção foi a de realçar uma das categorias que mais intervêm no processo: os advogados — públicos e privados.

Entretanto, tornar-se-ia mais rico o dispositivo se houvesse, ainda, a previsão das duas outras categorias indispensáveis para a administração da justiça, quais sejam, os promotores de justiça e os magistrados, que também se submetem aos deveres processuais previstos pela norma.[6]

Houve também alteração nos incs. IV e V, do atual art. 14 (equivalente aos incs. IV e V do art. 80 do Projeto). No inc. IV, incluiu-se o "à" antes do termo "abuso de direito", atendendo, assim, à correta aplicação do vernáculo na redação do dispositivo.

Já no inc. V, alterou-se o termo "provimentos mandamentais" para "decisões de caráter executivo ou mandamental".

Como é sabido, além dos provimentos mandamentais — como, por exemplo, as liminares nos mandados de segurança, nas ações civis públicas, bem como as decisões finais de mesma natureza —, todos os demais provimentos judiciais (antecipatórios ou finais) podem ser objeto de embaraço ao exercício da jurisdição.

A ampliação prevista no novo texto apenas reflete, de uma forma mais abrangente, o que já é considerado pelo sistema.

Além da alteração do *caput*, e da redação dos incisos citados, pode-se notar que, no novo artigo, há a inserção de uma nova hipótese de dever processual, prevista em seu inc. VI, referente à manutenção atualizada dos endereços (residencial ou profissional) daqueles que participarem do processo: "VI – declinar o endereço, residencial ou profissional, no qual receberão as intimações, atualizando essa informação sempre que ocorrer qualquer modificação temporária ou definitiva".

Como se observa no dispositivo em comento, mesmo que haja alteração provisória do endereço, este deverá ser comunicado no processo.

No atual CPC, há previsões similares, seja ao advogado,[7] ou mesmo às próprias partes,[8] não havendo, contudo, para os demais participantes do processo — no sistema

---

[6] "De fato, sem a necessidade de se resgatar todo o valor que a lealdade processual apresenta, basta perceber-se que a adoção de comportamentos idôneos, íntegros, probos, não poderia ser de responsabilidade apenas das partes, isentando-se o magistrado, procuradores, representantes do Ministério Público, auxiliares da justiça e mesmo os terceiros que venham a praticar no processo de tal responsabilidade" (IOCOHAMA, Celso Hiroshi. *Litigância de má-fé e lealdade processual*. Curitiba: Juruá, 2008. p. 70).

[7] "Art. 39. Compete ao advogado, ou à parte quando postular em causa própria: I – declarar, na petição inicial ou na contestação, o endereço em que receberá intimação; II – comunicar ao escrivão do processo qualquer mudança de endereço. Parágrafo único. Se o advogado não cumprir o disposto no n. I deste artigo, o juiz, antes de determinar a citação do réu, mandará que se supra a omissão no prazo de 48 (quarenta e oito) horas, sob pena de indeferimento da petição; se infringir o previsto no n. II, reputar-se-ão válidas as intimações enviadas, em carta registrada, para o endereço constante dos autos".

[8] "Art. 238. Não dispondo a lei de outro modo, as intimações serão feitas às partes, aos seus representantes legais e aos advogados pelo correio ou, se presentes em cartório, diretamente pelo escrivão ou chefe de

atual, esses dispositivos mais se aproximam da figura de um ônus do que de um dever propriamente dito.

Da mesma forma como ocorre com as demais hipóteses de deveres processuais — exceto a do inc. V[9] —, não há nenhuma sanção pelo seu não cumprimento, o que torna a norma, desde sua gênese, sem "eficácia prática".[10]

Além dessas alterações, é importante ressaltar que, a partir de apenas um parágrafo — que atualmente possui o art. 14 do CPC —, há previsão de cinco parágrafos no artigo equivalente do Projeto nº 8.046 (art. 80).

O §1º é muito similar ao parágrafo único do atual art. 14 – há a exclusão da primeira parte do dispositivo, que será previsto, de forma similar, no §5º: "Ressalvados os advogados que se sujeitam exclusivamente aos estatutos da OAB".

Única alteração da norma consiste na substituição do termo "podendo" para o "devendo" — a aplicação da sanção decorrente do ato de embaraço ao exercício da jurisdição seria um dever do magistrado.

Ocorre que, na atual sistemática, a aplicação de tal sanção não consiste em uma faculdade atribuída ao magistrado, mas sim um real dever — dever de reprimir atos contrários à própria dignidade da justiça, como indica a doutrina pátria.[11]

Dessa forma, a alteração do dispositivo apenas retifica o termo, atribuindo à norma sua real aplicação.

O §2º do art. 80 do Anteprojeto prevê a necessidade do depósito "imediato" do valor referente à multa aplicada pelo embaraço ao exercício da jurisdição, dentro do prazo estipulado pelo juiz — caso não haja o cumprimento pelo apenado, a multa será inscrita como dívida ativa em nome da União ou do respectivo Estado.

Em que pese a intenção da nova sistemática seja a simplificação do procedimento para o recebimento do valor da multa — seja pela União, ou por um dos Estados —, não há, novamente, nenhuma implicação legal pelo seu não cumprimento (como, por exemplo, a aplicação de uma sanção de natureza cominatória).

Importante novidade refere-se à previsão expressa da possibilidade de ser cumulada a multa oriunda dos atos de embaraço da jurisdição com (i) a multa do não cumprimento voluntário da obrigação, prevista no art. 509, §1º, do Anteprojeto (art. 475-J, do CPC), e também com a multa prevista no parágrafo único do art. 522 do Anteprojeto (art. 461, §4º e §5º, do CPC), relativa às medidas de apoio — previsão que reflete o entendimento já pacificado na doutrina e jurisprudência.

Isso porque, como já fora observado em outro trabalho, essas multas possuem natureza diversa, o que possibilita a sua cumulação dentro do sistema.[12]

---

secretaria. Parágrafo único. Presumem-se válidas as comunicações e intimações dirigidas ao endereço residencial ou profissional declinado na inicial, contestação ou embargos, cumprindo às partes atualizar o respectivo endereço sempre que houver modificação temporária ou definitiva".

[9] As demais hipóteses são: I – expor os fatos em juízo conforme a verdade; II – proceder com lealdade e boa-fé; III – não formular pretensões, nem alegar defesa, cientes que são destituídas de fundamento; IV – não produzir provas, nem praticar atos inúteis ou desnecessários à declaração ou defesa do direito.

[10] É importante ressaltar que, apesar das demais hipóteses também não preverem sanções imediatas, elas possuem íntima ligação com as hipóteses de litigância de má-fé (CPC, art. 17), previstas no art. 83 do Projeto nº 8.046.

[11] MAIA, op. cit., p. 188.

[12] OLIVEIRA, Rodrigo D'Orio Dantas de. Reflexões sobre a natureza jurídica da multa do art. 475-J do CPC. In: BRUSCHI, Gilberto Gomes et al. (Coord.). Execução civil e cumprimento de sentença. São Paulo: Método, v. 3. p. 652-653.

Poderia ainda o legislador, ratificando o que também já é consagrado pela jurisprudência, ter previsto a possibilidade de sua cumulação com outras multas, como da litigância de má-fé e do ato atentatório à dignidade da justiça.

Outra importante inovação pode ser observada na possibilidade da multa ser fixada em até dez vezes o valor das custas processuais, caso o valor da causa seja irrisório (art. 80, §4º) — medida que visa aumentar o impacto repressivo daqueles que atribuem valor ínfimo às causas, com o único intuito da prática de atos de chicana, contrários à realização da justiça.

Ressalta-se, por fim, que fora mantida a impossibilidade de punição dos advogados. A novidade foi a previsão expressa de que não se poderia sancionar nem o advogado público nem o privado.

Tal previsão, além de estar em consonância com o entendimento esboçado no ADI nº 2652, atende aos princípios da indispensabilidade do advogado e de sua inviolabilidade profissional (CF, art. 133), conforme entendimento pacificado no Supremo Tribunal Federal.[13]

2.2 Da litigância de má-fé

Como já salientado pela doutrina,[14] a litigância de má-fé consiste em uma norma processual de base ético-moral, imperativa de conduta específica negativa, residente no dever de lealdade processual (e no princípio da boa-fé), cuja infração incidirá em um ato ilícito processual, em detrimento da transgressão de sua estrutura jurídico-formal.

É a prática intencional por uma das partes (dolo/culpa grave), tendo como intuito o de prejudicar a parte adversa, ou ainda conseguir objetivo ilegal.[15]

A partir da alteração da sistemática decorrente da Lei nº 9.667/98, duas são as espécies de sanção aplicáveis ao *improbus litigator*: a multa e a indenização por perdas e danos, nos termos do *caput* do art. 18 do CPC.[16]

No Projeto nº 8.046, grandes foram as alterações efetuadas, como se observa pelos seus novos dispositivos, abaixo relacionados:

---

[13] STF: ADI nº 2652; Rcl nº 5.133/MG.

[14] "O abuso de direito no processo, que não é vetado nem sancionado por norma expressa, constitui uma sobrecapa do sistema ético da lei processual, sendo ilícitas as condutas consistentes em usar de modo abusivo dos meios de defesa oferecidos pela lei, posto que em si mesmos legítimos. Em resumo, têm-se por contrárias ao princípio da boa-fé e lealdade (a) as condutas tipificadas como litigância de má-fé, (b) as definidas como atos atentatórios à dignidade da Justiça e (c) as que, embora não tipificadas, caracterizem abuso de direito no processo" (DINAMARCO, Cândido Rangel. *Instituições de direito processual civil*. São Paulo: Malheiros, 2004. v. 1, 2, p. 261.

[15] "a qualificação jurídica da conduta, legalmente sancionada, daquele que atua em juízo, convencido de não ter razão, com ânimo de prejudicar o adversário ou terceiro, ou criar obstáculos ao exercício de seu direito" (STOCO, Rui. *Abuso do direito e má-fé processual*. São Paulo: Revista dos Tribunais, 2002. p. 87.

[16] (...) "a sanção aplicada ao litigante de má-fé pelo artigo 18, do Código de Processo Civil passou a consistir em multa, o que nos leva à natureza de penalidade, bem como em condenação nos prejuízos sofridos que, por sua vez, nos leva à natureza de indenização (...) em conformidade com uma ou mais das hipóteses de litigância de má-fé previstas no artigo 17 do Código de Processo civil, por força da responsabilidade em indenizar as perdas e danos prevista no artigo 16 do Código, gera uma condenação nos moldes do artigo 18, em ambos os graus de jurisdição, de ofício ou a requerimento da parte interessada, com a natureza de pena e de indenização" (MAIA, Valter Ferreira. *Litigância de má-fé no Código de Processo Civil*. 2000. Dissertação (Mestrado em Direito) – Pontifícia Universidade Católica de São Paulo, São Paulo, 2000. f. 181).

REDAÇÃO DO PROJETO	REDAÇÃO ATUAL
Título IV DAS PARTES E DOS PROCURADORES Capítulo III Dos Deveres das Partes e dos seus procuradores Secção II Da Responsabilidade das partes por dano processual	TÍTULO II DAS PARTES E DOS PROCURADORES Capítulo II Dos Deveres das Partes e dos seus procuradores Secção II Da Responsabilidade das partes por dano processual
Art. 82. Responde por perdas e danos aquele que pleitear de má-fé como autor, réu ou interveniente.	~~Art. 16~~. Responde por perdas e danos aquele que pleitear de má-fé como autor, réu ou interveniente.
Art. 83. Considera-se litigante de má-fé aquele que:	~~Art. 17. Reputa-se~~ litigante de má-fé aquele que:
I – deduzir pretensão ou defesa contra texto expresso de lei ou fato incontroverso;	I – deduzir pretensão ou defesa contra texto expresso de lei ou fato incontroverso;
II – alterar a verdade dos fatos;	II – alterar a verdade dos fatos;
III – usar do processo para conseguir objetivo ilegal;	III – usar do processo para conseguir objetivo ilegal;
IV – opuser resistência injustificada ao andamento do processo;	IV – opuser resistência injustificada ao andamento do processo;
V – proceder de modo temerário em qualquer incidente ou ato do processo;	V – proceder de modo temerário em qualquer incidente ou ato do processo;
VI – provocar incidentes manifestamente infundados;	VI – provocar incidentes manifestamente infundados.
VII – interpuser recurso com intuito manifestamente protelatório.	VII – interpuser recurso com intuito manifestamente protelatório.
Art. 84. O juiz ou tribunal, de ofício ou a requerimento, condenará o litigante de má-fé a pagar multa que não deverá ser inferior a dois por cento, nem superior a dez por cento, do valor corrigido da causa e a indenizar a parte contrária dos prejuízos que esta sofreu, além de honorários advocatícios e de todas as despesas que efetuou.	~~Art. 18~~. O juiz ou tribunal, de ofício ou a requerimento, condenará o litigante de má-fé a pagar multa ~~não excedente a um por cento sobre o valor da causa~~ e a indenizar a parte contrária dos prejuízos que esta sofreu, ~~mais os~~ honorários advocatícios e todas as despesas que efetuou.
§1º Quando forem dois ou mais os litigantes de má-fé, o juiz condenará cada um na proporção do seu respectivo interesse na causa ou solidariamente aqueles que se coligaram para lesar a parte contrária.	§1º Quando forem dois ou mais os litigantes de má-fé, o juiz condenará cada um na proporção do seu respectivo interesse na causa, ou solidariamente aqueles que se coligaram para lesar a parte contrária.
§2º O valor da indenização será desde logo fixado pelo juiz, em quantia sobre o valor da causa, ou, caso não seja possível mensurá-la desde logo, liquidada por arbitramento ou pelo procedimento comum.	§2º O valor da indenização será desde logo fixado pelo juiz, em quantia ~~não superior a 20% (vinte por cento) sobre o valor da causa, ou liquidado por arbitramento~~.
§3º Quando o valor da causa for irrisório ou inestimável, a multa referida no *caput* poderá ser fixada em até dez vezes o valor do salário mínimo.	

    Ainda contido no capítulo dos "Dos deveres das partes e dos seus procuradores", em sua Secção II, a litigância de má-fé manteve não só sua aplicação restrita às partes e aos intervenientes (art. 828), como também as mesmas hipóteses casuísticas do atual diploma (art. 83).

    Novidades podem ser notadas no que se refere à elevação da multa aplicada — mínimo de até 2% (dois por cento), e máximo de 10% (dez por cento) —, bem como na possibilidade dela ser fixada em até dez vezes o valor do salário mínimo, caso o valor da causa seja irrisório (art. 84, §3º).

O art. 736 do Anteprojeto prevê que a cobrança de multa ou da indenização decorrente da litigância de má-fé "será promovida no próprio processo de execução, em autos apensos, operando-se o pagamento por compensação ou por execução", o que já ocorre atualmente no ordenamento.[17] A novidade foi a previsão, no referido dispositivo, da cobrança da multa decorrente de ato atentatório da dignidade da justiça.

Importante alteração que deve ser analisada consiste na exclusão do limite no qual a parte pode ser condenada, no mesmo processo, a título de indenização por litigar de má-fé.

Como se observa no §2º do art. 18 do CPC, há uma limitação, em 20% do valor atribuído à causa, para o montante a ser indenizado pela litigância de má-fé — desde que não seja liquidado por arbitramento.

A interpretação que se dá a tal dispositivo é a de que a referida limitação refere-se ao montante máximo que poderá atingir a condenação, nos próprios autos, uma vez que, nos termos do art. 16 e da sistemática de reparação civil do ordenamento pátrio, seria ilógico limitar-se, literalmente, a reparabilidade de um dano.[18]

Caso a indenização supere o patamar estipulado no dispositivo, haverá a impossibilidade de ocorrer a condenação nos próprios autos, declarando o magistrado o *an debeatur* e remetendo a apuração do *quantum debeatur* para a liquidação.[19] [20]

Com a alteração da norma, constata-se que não existe mais essa limitação da indenização do dano dentro do próprio processo em que se praticou o ato de má-fé processual. O Magistrado, desde que seja possível seja mensurar o *quantum debeatur*, poderá condenar o *improbus litigator* na extensão dos danos por ele gerados, mesmo que superior a vinte por cento do valor atribuído à causa.

---

[17] "Art. 739-B. A cobrança de multa ou de indenizações decorrentes de litigância de má-fé (arts. 17 e 18) será promovida no próprio processo de execução, em autos apensos, operando-se por compensação ou por execução". Como se observa no dispositivo, não há o termo "pagamento", que fora incluído na redação do Projeto.

[18] (...) "na liquidação por arbitramento não basta uma simples operação aritmética. O art. 607 do CPC determina que o juiz nomeará perito para apurar o *quantum debeatur*. Evidentemente, não seria razoável nomear perito para apurar 10% ou 20% incidente sobre o valor da causa, se no momento da apuração esse valor, obrigatoriamente, estará estabelecido. Se assim é a leitura do parágrafo que deve ser feita sob outra ótica. Significa então que o preceito, em verdade, não limitou — a indenização a 20% do valor da causa. Com essa interpretação fica claro que até o limite de 20% o valor da indenização será fixado pelo juiz nos próprios autos e apura-se o *quantum* de forma matemática. Caso o julgador vislumbre que esse limite não indeniza por completo, nem corresponde ao valor do prejuízo suportado, então remeterá a parte interessada ao arbitramento para que se apurem, por completo, as perdas e danos" (STOCO. *Abuso do direito e má-fé processual*, p. 106).

[19] "O §2º do art. 18 foi alterado pela Lei 8.952/94 para estabelecer que 'o valor da indenização será, desde logo, fixado pelo juiz, em quantia não superior a vinte por cento sobre o valor da causa, ou liquidado por arbitramento'. Essa norma previa a contrario sensu que, tendo elementos para declarar de imediato o valor da indenização, deveria o juiz faze-lo, só mandando liquidá-la por arbitramento na hipótese contrária. A expressão 'declarar' soava na verdade como 'condenar', como na hipótese do §1º do art. 18" (ALVIM, J. E. Carreira. *Comentários ao Código de Processo Civil brasileiro*. 2. ed. Curitiba: Juruá, 2010. v. 1, p. 91).

[20] "É decorrência dessa diversidade de critérios, no que diz respeito ao estabelecimento do *quantum debeatur* que, ocorrente a condenação à luz do mandamento da primeira parte do §2º, do art. 18, constituir-se-á título executivo esse *quantum* em título executivo, ao lado daquele que possa se formar, em consequência do julgamento de procedência da ação; ou, então formar-se-á só esse título executivo, se a ação tiver sido meramente declaratória, ou, se não tiver sido declaratória, houver sido julgada improcedente, com efeitos declaratórios negativos sobre o que pretendia o autor. Se, diferentemente, tratar-se de hipótese em que os possíveis danos superem o valor de 20% do valor atribuído à causa, a condenação possível do juiz, no âmbito do §2º, do art. 18, será apenas quanto ao na *debeatur*, ou seja, que existem prejuízos e que estes são devidos; no entanto, necessária a integração deste título mediante a apuração do respectivo quantum no seguimento processual da liquidação, à qual se procederá, de acordo com a lei, por arbitramento" (ALVIM, José Manoel Arruda. *Tratado de direito processual civil*. 2. ed. São Paulo: Revista dos Tribunais, 1996. v. 2, p. 476-477).

No mais, no que se refere à multa, conservou-se a atual sistemática, principalmente quanto ao destinatário da sanção de má-fé processual, mantendo, ainda, os requisitos para a sua aplicação: (i) a configuração de uma das hipóteses previstas no art. 83 do Projeto (art. 17, do CPC), (ii) bem como da necessidade do elemento subjetivo.[21]

2.3 Da conduta atentatória à dignidade da justiça

Com a mesma base da litigância de má-fé, a conduta atentatória à dignidade da justiça é reflexo do dever de lealdade processual,[22] impondo aos executados punição pelo não cumprimento de tal dever.

No Anteprojeto, destaca-se alteração tanto de forma quanto de fundo do instituto.

Além de estar contido no "Livro III", e não mais no "Livro II", o legislador houve por bem em melhorar a redação do conceito do que seria atentatório à dignidade da justiça: não apenas o *ato* do executado — atitude comissiva —, mas também a sua *omissão*.

Quanto às questões de fundo, pode-se observar que, além das hipóteses já previstas na atual sistemática, houve a previsão de duas outras, consistentes nas condutas omissivas/comissivas do executado: (i) que dificultam ou embaraçam a realização da penhora; e (ii) na não exibição da prova de propriedade de seus bens quando devidamente intimado.

Importante inovação refere-se a não mais estar prevista a possibilidade do juiz relevar a pena aplicada, mesmo que o devedor se comprometa a não praticar qualquer das condutas previstas no referido artigo — como consta na atual redação do parágrafo único do art. 601 do CPC:

(Continua)

REDAÇÃO DO ANTEPROJETO	REDAÇÃO ATUAL
LIVRO III	LIVRO II
DO PROCESSO DE EXECUÇÃO	DO PROCESSO DE EXECUÇÃO
TÍTULO I	TÍTULO I
DA EXECUÇÃO EM GERAL	DA EXECUÇÃO EM GERAL
CAPÍTULO I	CAPÍTULO V
DISPOSIÇÕES GERAIS E DEVER DE COLABORAÇÃO	DAS DISPOSIÇÕES GERAIS
Art. 733. Considera-se atentatória à dignidade da justiça a conduta comissiva ou omissiva do executado que:	Art. 600. Considera-se atentatório à dignidade da Justiça o ato do executado que:

---

[21] Neste sentido, STJ: EREsp nº 970339/BA – Rel. Min. JOÃO OTÁVIO DE NORONHA – *DJ*, 03 mar. 2010; REsp nº 1.088.872/SP – Rel. Min. CASTRO MEIRA – *DJ*, 31 mar. 2009; Rel. Min. HERMAN BENJAMIN – *DJ*, 12 ago. 2008; AgRg no Ag nº 1021049/SP – Rel. Min. DENISE ARRUDA – *DJ*, 16 out. 2008; AgRg no REsp nº 753.333/RS – Rel. Min. HUMBERTO MARTINS *DJ*, 02 dez. 2008; AgRg no REsp nº 645.594/ES – Rel. Min. NANCY ANDRIGHI – *DJ*, 16 dez. 2008; EDcl no AgRg no REsp nº 480221/RS – Rel. Min. HÉLIO QUAGLIA BARBOSA – *DJ*, 27 mar. 2007; REsp nº 842688/SC – Rel. Min. HUMBERTO GOMES DE BARROS – *DJ*, 21 maio 2007; REsp nº 334.259/RJ – Rel. Min. CASTRO FILHO – *DJ*, 10 mar. 2003.

[22] O que impossibilita a cumulação da multa da litigância de má-fé com a da conduta atentatória à dignidade da justiça, uma vez que ambas são revertidas para a parte adversa.

(Conclusão)

REDAÇÃO DO ANTEPROJETO	REDAÇÃO ATUAL
LIVRO III DO PROCESSO DE EXECUÇÃO TÍTULO I DA EXECUÇÃO EM GERAL CAPÍTULO I DISPOSIÇÕES GERAIS E DEVER DE COLABORAÇÃO	LIVRO ~~III~~ DO PROCESSO DE EXECUÇÃO TÍTULO I DA EXECUÇÃO EM GERAL CAPÍTULO ~~V~~ DAS DISPOSIÇÕES GERAIS
I – frauda a execução; II – se opõe maliciosamente à execução, empregando ardis e meios artificiosos; III – dificulta ou embaraça a realização da penhora; IV – resiste injustificadamente às ordens judiciais; V – intimado, não indica ao juiz quais são e onde estão os bens sujeitos à penhora e seus respectivos valores, não exibe prova de sua propriedade e, se for o caso, certidão negativa de ônus. *Parágrafo único.* Nos casos previstos neste artigo, o juiz fixará multa ao executado em montante não superior a vinte por cento do valor atualizado do débito em execução, a qual será revertida em proveito do exequente, exigível na própria execução, sem prejuízo de outras sanções de natureza processual ou material.	I – frauda a execução; II – se opõe maliciosamente à execução, empregando ardis e meios artificiosos; ~~III~~ – resiste injustificadamente às ordens judiciais; IV – intimado, não indica ao juiz, ~~em 5 (cinco) dias~~, quais são e onde ~~se encontram~~ os bens sujeitos à penhora e seus respectivos valores. ~~Art. 601.~~ Nos casos previstos ~~no artigo anterior, o devedor incidirá em multa fixada pelo juiz~~, em montante não superior a ~~20%~~ (vinte por cento) do valor atualizado do débito em execução, sem prejuízo de outras sanções de natureza processual ou material, ~~multa essa que reverterá em proveito do credor, exigível na própria execução.~~ ~~Parágrafo único. O juiz relevará a pena, se o devedor se comprometer a não mais praticar qualquer dos atos definidos no artigo antecedente e der fiador idôneo, que responda ao credor pela dívida principal, juros, despesas e honorários advocatícios.~~

Por fim, é importante ressaltar que o art. 333, §5º, do Anteprojeto prevê a possibilidade do réu ser apenado por conduta atentatória à dignidade da justiça, caso o não comparecimento não seja justificado: "O não comparecimento injustificado do réu é considerado ato atentatório à dignidade da justiça, passível de sanção processual".

Referências

ALVIM, José Manoel Arruda. *Tratado de direito processual civil*. 2. ed. São Paulo: Revista dos Tribunais, 1996. v. 2.

MOREIRA, José Carlos Barbosa. Efetividade do processo e técnica processual. *In*: MOREIRA, José Carlos Barbosa. *Temas de direito processual*: sexta série. São Paulo: Saraiva, 1997.

ALVIM, J. E. Carreira. *Comentários ao Código de Processo Civil brasileiro*. 2. ed. Curitiba: Juruá, 2010. v. 1.

DINAMARCO, Cândido Rangel. *A instrumentalidade do processo*. 13. ed. São Paulo: Malheiros, 2008.

DINAMARCO, Cândido Rangel. *Instituições de direito processual civil*. São Paulo: Malheiros, 2004. v. 1, 2.

IOCOHAMA, Celso Hiroshi. *Litigância de má-fé e lealdade processual*. Curitiba: Juruá, 2008.

LIMA, Alcides Mendonça. O princípio da probidade no Código de Processo Civil brasileiro. *Revista de Processo*, São Paulo, v. 4, n. 16, p. 15-42, out. 1979.

MAIA, Valter Ferreira. *Litigância de má-fé no Código de Processo Civil*. 2000. Dissertação (Mestrado em Direito) – Pontifícia Universidade Católica de São Paulo, São Paulo, 2000.

OLIVEIRA, Rodrigo D'Orio Dantas de. Reflexões sobre a natureza jurídica da multa do art. 475-J do CPC. *In*: BRUSCHI, Gilberto Gomes *et al.* (Coord.). *Execução civil e cumprimento de sentença*. São Paulo: Método, 2007. v. 3.

STOCO, Rui. *Abuso do direito e má-fé processual*. São Paulo: Revista dos Tribunais, 2002.

THEODORO JÚNIOR, Humberto. Abuso de direito processual no ordenamento jurídico brasileiro. *In*: MOREIRA, José Carlos Barbosa (Coord.). *Abusos dos direitos processuais*. Rio de Janeiro: Forense, 2000.

Informação bibliográfica deste texto, conforme a NBR 6023:2002 da Associação Brasileira de Normas Técnicas (ABNT):

D'ORIO, Rodrigo. Sanções penitenciais no Projeto do Novo CPC. *In*: ROSSI, Fernando *et al.* (Coord.). *O futuro do processo civil no Brasil*: uma análise crítica ao Projeto do Novo CPC. Belo Horizonte: Fórum, 2011. p. 529-539. ISBN 978-85-7700-511-6.

O INCIDENTE DE RESOLUÇÃO DE DEMANDAS REPETITIVAS

RODRIGO PEREIRA MARTINS RIBEIRO

1 Generalidades

Os mecanismos de valorização dos precedentes judiciais e da jurisprudência, introduzidos em nosso ordenamento em recentes reformas,[1] já estão proporcionando uma melhor qualidade da prestação jurisdicional e foram muito bem recepcionados pela comunidade jurídica, principalmente por terem apresentado, em pouco tempo, notáveis resultados.[2]

Como se sabe, com o escopo de proporcionar uma melhor prestação jurisdicional, os juristas pátrios têm se inspirado em experiências de outros ordenamentos, opção também realizada pela Comissão de Juristas ao elaborar o Anteprojeto que deu origem ao PLS nº 166/10, no Senado e que, atualmente, tramita na Câmara dos Deputados como PL nº 8.046/10. Conforme colocado na Exposição de Motivos do Anteprojeto, o incidente de resolução de demandas repetitivas foi inspirado no direito alemão[3] e consiste em um instrumento a ser utilizado para demandas que possuem questões jurídicas comuns, de modo que essas questões sejam decididas de modo uniforme.

---

[1] Entre outros, súmula vinculante (EC/45 e Lei nº 11.417/06), efeito recursal impeditivo de súmula dos Tribunais Superiores (Lei nº 11.276/06), rejeição liminar da inicial na forma do art. 285-A, CPC (Lei nº 11.277/06) repercussão geral do recurso extraordinário (Lei nº 11.418/06), identidade *ratione materiae* dos recursos especiais (Lei nº 11.672/08).

[2] Essas reformas foram realizadas para racionalizar trabalho dos Tribunais Superiores. Apenas para exemplificar, o STF recebeu 16.226 processos em 1990 e o volume de trabalho cresceu de forma incontrolável até o ano de 2006, atingindo um total de 116.216 processos distribuídos. Em 2007, esse número começou a cair: 112.938 (07), 66.873 (08) e 42.729 (09). Os dados apresentados constam no *site* do STF, no endereço eletrônico: <http://www.stf.jus.br/portal/cms/verTexto.asp?servico=estatistica&pagina=REAIProcessoDistribuido>. Acesso em: 04 out. 2010.

[3] Segundo exposto na Exposição de Motivos: "No direito alemão a figura se chama Musterverfahren e gera decisão que serve de modelo (= Muster) para a resolução de uma quantidade expressiva de processos em que as partes estejam na mesma situação, não se tratando necessariamente, do mesmo autor nem do mesmo réu".

Antes da divulgação do texto final do Anteprojeto, a comissão acenava no sentido de que o incidente funcionaria de forma semelhante às ações coletivas de classe, posição que, coerentemente, não prevaleceu.[4] Com efeito, a opção foi pela utilização daquilo que a doutrina tem denominado de "procedimento-modelo" ou "causa-piloto", em que cada membro do grupo envolvido é tratado como uma parte (ou interessado) e são mantidos os princípios e instrumentos do processo civil individual.[5] Busca-se, assim, resolver questões jurídicas de massa, com a eliminação ou a diminuição de alguns empecilhos da tutela coletiva, tais como representatividade, eficácia da coisa julgada, limites da aplicação do julgado, encargos financeiros e vinculação a terceiros. Ademais, o controle das inúmeras ações coletivas, que tramitam em nosso imenso país, tem se mostrado impraticável, diferentemente do que ocorre com os processos em que se formam precedentes. De fato, parece melhor a opção no sentido de que o incidente funcione de forma semelhante ao que já ocorre no julgamento dos "recursos especiais repetitivos" (art. 543-C do CPC), onde se formam precedentes para casos similares. Registre-se, aliás, que o PL nº 8.046/10 dispõe em seu art. 883 que: (...) "considera-se julgamento de casos repetitivos: I – o do incidente de resolução de demandas repetitivas; II – o dos recursos especial e extraordinário repetitivos".

Conforme idealizado pela comissão, o instituto poderá contribuir para o Estado e para o cidadão, no empenho por um efetivo acesso à justiça. Ora, não se pode pensar em ordem jurídica justa quando a mesma norma jurídica pode ter diversas interpretações para situações fáticas idênticas.[6] Ademais, o incidente tem a vantagem de racionalizar o trabalho de todas as instituições envolvidas na função jurisdicional. Com efeito, é mais eficaz concentrar os esforços para defender determinada tese jurídica em um *leading case*, com amplo contraditório e atenção de toda comunidade jurídica e que, posteriormente, o resultado desse julgamento seja aproveitado nos casos que envolvem a mesma matéria. Contudo, a utilização indevida do incidente pode apresentar sérios riscos a um sistema jurisdicional já assoberbado de dificuldades. Por isso, a relevância de um amplo debate sobre a constitucionalidade, conveniência e modo de utilização do instituto.

2 Dinâmica do incidente

Nos termos do art. 930 do PL nº 8.046/10, o incidente de resolução de demandas repetitivas será admitido quando identificada, em primeiro grau, controvérsia com potencial de gerar as denominadas demandas de massa (repetitivas). Segundo pre-

---

[4] É o que consta da ata da 4ª Reunião da Comissão, realizada em 08.03.2010. Disponível em: <http://www.senado.gov.br/senado/novocpc/pdf/4a%20reuniao%20-%202010%2003%2008%20ata.pdf>. Acesso em: 04 out. 2010.

[5] CABRAL, Antônio do Passo. O novo procedimento-modelo (*Musterverfahren*) alemão: uma alternativa às ações coletivas. *In*: DIDIER JÚNIOR, Fredie. (Org.). *Leituras complementares de processo civil*. 8. ed. Salvador: JusPodivm, 2010.

[6] Essa preocupação com a isonomia ao jurisdicionado está presente em diversas partes do Novo Código. Ainda segundo o Projeto de lei, os tribunais devem velar pela uniformização e estabilidade da jurisprudência. Conforme exposto no texto, a jurisprudência pacificada de qualquer tribunal deve orientar as decisões de todos os órgãos a ele vinculados e a jurisprudência do Supremo Tribunal Federal e dos tribunais superiores deve nortear as decisões de todos os tribunais e juízos singulares do país. A mudança de entendimento sedimentado observará a necessidade de fundamentação adequada e específica, considerando o imperativo de estabilidade das relações jurídicas. (Art. 882, incisos e parágrafos).

visto no texto, não há cabimento do incidente para questões de fato,[7] mas apenas para questões de direito, pois é pressuposto que haja controvérsia "com potencial de gerar relevante multiplicação de processos fundados em idêntica questão de direito e de causar grave insegurança jurídica, decorrente do risco de coexistência de decisões conflitantes" (art. 930, *caput*). Desse modo, ocorre verdadeira cisão funcional de competência, haja vista que o tribunal decidirá tese jurídica prejudicial ao processo, mas a decisão final será proferida pelo órgão jurisdicional onde surgiu o incidente.[8]

O incidente pode ser suscitado pelo magistrado, relator, partes, Ministério Público ou Defensoria Pública. Há previsão para o Ministério Público atuar nos incidentes que não propôs e, em caso de abandono ou desistência, assuma a posição de autor (art. 930, §3º). Está também previsto que deve haver ampla divulgação sobre o incidente, em especial pelo Conselho Nacional de Justiça, que manterá cadastro, alimentado pelos tribunais, sobre os incidentes existentes (art. 931).

Tanto o exame do cabimento, como o julgamento do mérito do incidente, serão feitos pelo plenário ou órgão especial do Tribunal a que se vincula o órgão onde teve origem o incidente. Como previsto, o órgão competente poderá rejeitar ou admitir o incidente, hipótese em que serão suspensas todas as ações consideradas prejudicadas, tanto em primeiro quanto em segundo grau, ressalvadas as medidas urgentes (arts. 932 *usque* 934). Há ainda previsão de que as partes, os interessados, o Ministério Público e a Defensoria Pública, visando à garantia da segurança jurídica, possam requerer, ao tribunal competente para conhecer de eventual recurso extraordinário ou especial, a suspensão de todos os processos em curso no território nacional e que versem sobre a questão objeto do incidente (art. 937).

Uma vez admitido o incidente, serão realizados atos processuais com o intuito de realizar o contraditório necessário para o julgamento, momento em que se faculta a participação dos interessados, no prazo de quinze dias e, depois, do Ministério Público. Segundo previsto no Projeto, o julgamento será então feito pelo colegiado (ou órgão especial), quando poderão se manifestar, na forma oral, autor e réu do processo originário e o Ministério Público, cada um desses no prazo de trinta minutos cada. Depois, manifestam-se os demais interessados, no prazo comum de trinta minutos, prazo exíguo para ser dividido por rol possivelmente bem amplo de interessados. Julgado o incidente, "a tese jurídica será aplicada a todos os processos que versem idêntica questão de direito". Se não for julgado em seis meses, cessa a eficácia da ordem de suspensão dos processos sobre a mesma questão, salvo se houver decisão fundamentada do relator (arts. 938 *usque* 941).

Da decisão proferida no incidente é possível interpor recurso especial e recurso extraordinário[9] por qualquer parte, pelo Ministério Público, ou por terceiro interessado. Esses recursos serão dotados de efeito suspensivo e terão a admissibilidade realizada somente pelo tribunal competente para julgar o recurso interposto (art. 940).

---

[7] No Senado Federal, foi ainda apresentada a Emenda 87 ao PLS nº 166/10, de autoria do Sen. Adelmir Santana para que o incidente contemple também questões de fato.

[8] Essa cisão funcional de competência, *mutatis mutandis*, seria semelhante ao que ocorre hoje com o incidente de uniformização de jurisprudência do art. 476 do CPC, instituto que, aliás, não consta do Projeto. Todavia, os efeitos da decisão, nos dois institutos, são bem diferentes.

[9] Conforme o art. 940, presume-se a repercussão geral da questão constitucional discutida.

Aqui, diferentemente do que tradicionalmente ocorre nas sistemáticas dos recursos para os tribunais superiores, caso o juízo a quo realize juízo de admissibilidade, ocorrerá usurpação de função. Ademais, caso não seja observada a tese firmada, caberá reclamação, junto ao tribunal que julgou o incidente, e que será processada na forma prevista no art. 941 e parágrafo único.

3 Breve notícia de direito comparado – *Musterverfahen* e agregação

Antes de apresentar algumas críticas ao texto do Projeto, é conveniente trazer uma breve notícia de direito comparado sobre a utilização de institutos similares nos países adeptos do sistema continental-europeu de jurisdição.[10] Como antes referido, a comissão de juristas se inspirou no *Musterverfahren*, procedimento-modelo introduzido no ordenamento alemão no ano 2005, como alternativa às ações coletivas de classe.

Em trabalho denominado "O novo procedimento-modelo (*Musterverfahren*) alemão: uma alternativa às ações coletivas",[11] Antônio do Passo Cabral realiza estudo de direito comparado em que trata do instituto no ordenamento alemão. É válido mencionar algumas das peculiaridades do instrumento que o autor classifica como procedimento de grupo, de formato não representativo:

a) a lei tem prazo certo e, em princípio, perde eficácia em 2010;
b) o instituto está previsto na Lei de Introdução do procedimento-modelo para os investidores em mercado de capitais[12] e, portanto, o âmbito de aplicação do instituto é bem restrito;
c) são decididos apenas alguns pontos litigiosos e a decisão tomada é aplicada a vários litígios individuais; e
d) os interessados recebem o processo no estado em que se encontra e é facultada participação e até mesmo a ampliação do objeto do processo.[13]

É importante ainda destacar que, segundo análise do autor mencionado, o incidente não possui efeito vinculante, até porque processos futuros não são atingidos pela decisão coletiva.[14]

---

[10] Como se sabe, historicamente, foi dado um papel diverso para a jurisprudência se compararmos os sistemas de *common law* (anglo-saxão) e *de civil law* (continental-europeu). No *common law*, o Direito se revela mais pelos usos e costumes e pela atividade jurisdicional, e menos pela atividade legislativa, que é a que predomina entre os países de família romano-germânica. Sobre o assunto recomendamos a leitura do seguinte trabalho: SOTELO, José Luis Vasquez. A Jurisprudência Vinculante na *common law* e na *civil law*. *In*: CALMON FILHO, Petrônio; BELTRAME, Adriana. *Temas atuais do direito processual Ibero-americano*. Rio de Janeiro: Forense, 1998. Atualmente, a doutrina aponta a existência de uma aproximação entre os dois sistemas. Nesse sentido MOREIRA, José Carlos Barbosa. O processo civil brasileiro entre dois mundos. *Revista da EMERJ*, Rio de Janeiro, v. 4, n. 16, p. 22, 2001.

[11] CABRAL, *op. cit.*

[12] *GesetzzurEinführung von Kapitalanleger-Musterverfahren (KapMuG)*.

[13] Com efeito, o objeto do *Musterverfahren* pode ser ampliado no curso do processo, mas essa alteração é controlada pelo juízo.

[14] Conforme analisado por CABRAL, Antônio do Passo, e nos termos do §16 (1) da *KapMuG*, a decisão do procedimento-modelo não possui efeito vinculante. Registra o autor: "ao afirmar que o julgado atinge os processos que dependam das questões resolvidas no incidente coletivo, exige litispendência dos processos individuais no momento da decisão do Tribunal. Ou seja, para que haja vinculação, o processo deve estar ajuizado naquele marco temporal" (CABRAL, *op. cit.*, p. 40).

Há também notícia de que, em Portugal, foi adotado regime processual experimental para processos repetitivos (agregação), aprovado pelo Decreto-Lei nº 108/06, cuja finalidade consiste em "testar e aperfeiçoar os dispositivos de aceleração, simplificação e flexibilização processuais consagrados, antes de alargar o âmbito da sua aplicação".[15] O regime processual experimental é aplicável apenas a alguns tribunais daquele país, escolhidos discricionariamente, e tem por finalidade instituir um tratamento especial aos chamados litigantes de massa. Com a agregação, os processos são reunidos de forma transitória para que um ou mais atos (até mesmo decisórios) sejam praticados conjuntamente.[16]

4 Críticas preliminares ao instituto

Uma vez mencionados os modelos de direito comparado, é possível tratar das críticas apresentadas ao instituto proposto pela comissão de juristas. Nesse passo, é de se destacar que, quando o Projeto tramitava no Senado Federal,[17] o PLS nº 166/10 recebeu a Emenda nº 86 do Sen. Francisco Dornelles propondo a supressão dos então arts. 895-906 do PLS (que correspondem aos arts. 930-941 do PL nº 8.048). Segundo os argumentos apresentados, com base em estudo do Instituto dos Advogados Brasileiros (IAB), o incidente violaria princípios constitucionais como direito de ação, juiz natural e contraditório. Ainda segundo a emenda, o instituto seria de conveniência duvidosa, porque o Projeto já conta com instrumentos de eficácia semelhante, sem retirar do magistrado de primeiro grau o exame de causas.[18] Quanto às críticas apresentadas pela emenda, é imprescindível que se analise de que forma o incidente irá tramitar e influenciar outras demandas, presentes e futuras, para que se chegue a uma conclusão sobre a constitucionalidade do texto.

Primeiramente, não parece que se possa se extrair o entendimento de que o incidente possui efeito vinculante.[19] No direito pátrio, o efeito vinculante é encontrado

---

[15] É o que consta da Exposição de Motivos do Decreto-Lei, sendo válido mencionar que o instituto foi criado para vigorar até 2008 e, posteriormente, prorrogado por tempo indeterminado (revogação do art. 20, n. 2 do DL). Para aprofundamento no assunto, remetemos o leitor ao seguinte trabalho: CUNHA, Leonardo José Carneiro da. O regime processual das causas repetitivas. *Revista de Processo*, São Paulo, v. 35, n. 179, p. 139-174, jan. 2010.

[16] Dispõe o art. 6º, nº 1 do DL: "Quando forem propostas separadamente no mesmo tribunal acções que, por se verificar os pressupostos de admissibilidade do litisconsórcio, da coligação, da oposição ou da reconvenção, pudessem ser reunidas num único processo, pode ser determinada, a requerimento de qualquer das partes e em alternativa à apensação, a sua associação transitória para a prática conjunta de um ou mais actos processuais, nomeadamente actos da secretaria, audiência preliminar, audiência final, despachos interlocutórios e sentenças".

[17] Ainda que a emenda não tenha sido acolhida, não se pode afastar a possibilidade de, na Câmara dos Deputados, o PL nº 8.046/10 receber emenda semelhante e críticas no mesmo sentido daquelas que embasaram a referida emenda.

[18] Os argumentos da Emenda nº 86 podem levar à falsa impressão de que o instituto seria, aparentemente, um obstáculo ao acesso à justiça, o que não é verdade. Vale para o incidente a mesma observação feita por Rodrigo Jansen à súmula vinculante: "a súmula vinculante pode contribuir para o acesso à justiça, tida a expressão na sua acepção mais ampla: a de acesso a uma ordem jurídica justa e não apenas de acesso ao Poder Judiciário (...). Tais expedientes somente resultam em prejuízos à parte e aos demais cidadãos. À parte, na medida em que vê o seu processo se prolongar injustificadamente; aos demais cidadãos, porque o funcionamento do aparato Judiciário é extremamente dispendioso, não havendo razões para prolongarem-se em instâncias questões já resolvidas pela jurisprudência" (A Súmula Vinculante como Norma Jurídica. *Revista Forense*, Rio de Janeiro, v. 380, p. 195, 2006).

[19] É de se registrar que o termo "efeito vinculante" tem sido constantemente utilizado por autores que tratam do Projeto. Apenas para exemplificar, esse termo é encontrado em MARINONI, Luiz Guilherme; MITIDIERO, Daniel. *O Projeto do CPC*: críticas e propostas. São Paulo: Revista dos Tribunais, 2010. p 176-177.

em sede de controle concentrado de constitucionalidade e na denominada súmula vinculante.[20] Em ambas as hipóteses o efeito vinculante atinge tantos processos pendentes quanto futuros. Não é o que parece ocorrer no caso do incidente, ao menos de acordo com o texto presente no Projeto de lei. Rigorosamente, em nenhum momento o texto do Projeto de lei fala em efeito vinculante, diferentemente do que ocorre nas hipóteses em que esse efeito aparece em nosso ordenamento.

Ademais, sem expressa previsão no Texto Maior, a possibilidade de efeito vinculante seria de constitucionalidade, ao menos, duvidosa. Assim, parece mais adequado falar em extensão da eficácia do julgado para todos os processos que foram suspensos e que terão, obrigatoriamente, sua decisão afetada pelo julgamento. Quanto aos processos futuros, nada indica que os órgãos do Judiciário estarão necessariamente vinculados ao decidido no incidente, mas existirá um precedente bastante persuasivo, podendo o magistrado se valer de outros mecanismos existentes no ordenamento para evitar a tramitação abusiva de litígios. De qualquer modo, necessariamente "vinculados" ao resultado do julgamento, só estarão os processos que foram efetivamente suspensos nos termos dos arts. 934 e 937.

É também, no mínimo, discutível a constitucionalidade de regra que permita a qualquer tribunal fixar, com eficácia apta a atingir simultaneamente uma gama imensurável de processos, entendimento sobre aplicação de lei federal ou norma constitucional, competências que, pela Constituição, pertencem aos Tribunais Superiores.[21] Nessas situações, a competência para apreciar o incidente deveria ser do STF ou do STJ, com fundamento na teoria dos poderes implícitos,[22] o que inclusive levaria a um julgamento mais célere e definitivo. Além disso, parece mais fácil realizar o controle mencionado no art. 931, se os julgamentos estiverem concentrados nesses tribunais. Mantida a competência na forma prevista no art. 930, §1º, não se pode negar o risco, ainda que ínfimo, de que ninguém recorra aos tribunais superiores, hipótese em que não se sabe o que será feito com os processos suspensos nos termos do art. 937.

Sobre a legitimidade do Ministério Público e da Defensoria para suscitar o incidente, embora o Projeto não tenha sido expresso, parece ser adequado trabalhar com o requisito da pertinência temática, devendo haver relação entre as funções típicas dessas instituições e a tese jurídica a ser discutida nos tribunais.[23]

---

[20] O parágrafo 2º do art. 102 da CRFB/88 expressamente se refere à eficácia da súmula vinculante, que possui fundamento no art. 103-A da CRFB/88.

[21] Ademais, não há qualquer violação ao juiz natural, haja vista que a forma de leitura da norma jurídica será fixada pelo Tribunal determinado na Constituição, sendo ainda preservada a competência do juízo originário para julgamento da causa, onde poderão ser analisados, ainda, outros pontos do processo.

[22] Segundo a teoria dos poderes implícitos, aos tribunais superiores, além dos poderes expressamente previstos na Constituição, foram atribuídos implicitamente outros necessários ao desempenho de suas funções, resguardo de sua autoridade e competência. Essa teoria foi o fundamento da criação do instituto da Reclamação no STF durante os anos 50. Assim, justificou-se a construção pretoriana de "um remédio de direito para vindicar o cumprimento fiel das suas sentenças está na vocação do STF e na amplitude constitucional e natural de seus poderes. Necessária e legítima é, assim, a admissão do processo de reclamação, como o STF tem feito". Rcl 141, rel. Min. Rocha Lagoa, Pleno, por maioria, publicado no *DJ*, 17 abr. 1952, p. 3549. Atualmente, a CRFB/88 trata da reclamação nos processos de competência originária do STF e do STJ.

[23] É o entendimento de CUNHA, Leonardo José Carneiro da. Anotações Sobre o Incidente de Resolução de Demandas Repetitivas Previsto no Novo Código de Processo Civil. *Revista de Processo*, São Paulo, v. 36, n. 193, p. 255-279, mar. 2011. Cito duas conclusões do autor presentes no referido texto: "Quer isso dizer que a legitimidade do Ministério Público para suscitar o incidente de resolução de demandas repetitivas deve, na mesma linha da legitimidade para o ajuizamento de ação civil pública em defesa de direitos individuais homogêneos,

Quanto ao contraditório para aqueles que possuem demandas que serão atingidas pelo incidente, o Projeto é restritivo na forma de participação. Não se pode deixar de atentar para o fato de que o julgamento do incidente é tão importante para os que tenham demandas afetadas quanto para as partes do processo originário. Assim, embora o Projeto preveja o ingresso dos interessados, o momento processual fixado para início dessa participação parece um pouco tardio, sendo mais conveniente que os interessados possam trazer argumentos, e até mesmo pleitear a ampliação do objeto do incidente, antes mesmo da análise da admissibilidade. Seria ainda conveniente, dependendo da relevância da questão, a realização de audiências públicas, que podem ocorrer antes do julgamento da admissibilidade ou do mérito do incidente.

No presente ponto, parece adequado identificar, embora a redação do Código não esteja muito clara, que será possível a participação tanto daquelas partes que possuam causas semelhantes (causas repetitivas) quanto daquelas que possuem um interesse institucional a defender. Na primeira hipótese, a parte irá intervir como assistente litisconsorcial e, na segunda, como *amicus curiae*. Assim, na qualidade de *amicus curiae* poderá atuar entidade privada ou pública, que desempenhe atividades relacionadas com a questão de direito a ser examinada. Sua atuação, como observa Leonardo Carneiro da Cunha, terá o escopo de "apresentar argumentos, dados ou elementos que contribuam para a prolação de uma melhor decisão, permitindo ao tribunal examinar, adequadamente, todas as nuances da questão, ponderando vários pontos de vista".[24]

Ainda em relação ao contraditório, o Projeto, ao prever que os interessados deverão dividir o tempo de trinta minutos para sustentação oral, restringe demasiadamente a participação no momento do julgamento, daqueles que têm controvérsia idêntica.[25] Como se sabe, o acesso à justiça não pode ser visto como uma garantia meramente formal,[26] e todos aqueles que serão afetados pela decisão possuem o direito de efetivamente apresentar seus fundamentos para a melhor solução da controvérsia.

5 Breve conclusão

Como se percebe, ao menos teoricamente, o instrumento concebido pela comissão de juristas favorece o titular de uma posição jurídica de vantagem protegida

---

ser aferido concretamente, somente sendo reconhecida, se transparecer, no caso, relevante interesse social". Mais a frente menciona o autor: "A legitimidade da Defensoria Pública, para suscitar o aludido incidente, deve relacionar-se com sua função típica, definida constitucionalmente".

[24] CUNHA, Leonardo José Carneiro da. Anotações sobre o incidente de resolução de demandas repetitivas previsto no Novo Código de Processo Civil. *Revista de Processo*, São Paulo, v. 36, n. 193, p. 255-279, mar. 2011.

[25] Quanto à exiguidade do tempo assegurado aos interessados no julgamento, são feitas críticas muito pertinentes por Mendes Lobo: "Os interessados na procedência da tese do autor terão de dividir o tempo com os interessados na improcedência da tese do autor? (...) Como o julgamento do incidente terá grande relevância em toda a jurisdição do Tribunal prolator e impedirá a proliferação de demandas repetitivas, o que desafogará o Judiciário, nada impede que o julgamento do incidente se estenda durante um dia inteiro (como acontece no Tribunal do Júri)" (LOBO, Arthur Mendes. Reflexões sobre o incidente de resolução de demandas repetitivas. *Revista de Processo*, v. 35, n. 185, p. 233-244, jul. 2010).

[26] O acesso à justiça não pode ser visto apenas como um mero direito de petição, como forma de acesso a uma ordem jurídica justa acessível a todos e a todas espécies de demandas, individuais e coletivas e que produza resultados individual e socialmente justos (CARNEIRO, Paulo Cezar Pinheiro. *Acesso à Justiça*: Juizados Especiais Cíveis e ação civil pública: uma nova sistematização da teoria geral do processo. 2. ed. Rio de Janeiro: Forense, 2000. p. 26).

pelo ordenamento jurídico e, concomitantemente, proporciona eficiência ao Judiciário, possibilitando ponto comum a centenas, ou até mesmo milhares de causas, sejam decididas de uma só vez. Celeridade e segurança jurídica são os resultados que se buscam alcançar com o novo instituto. Contudo, conforme já exposto, não se pode negar a existência de riscos em sua utilização.

Quanto à conveniência do instituto, não se pode negar que mesmo com o bom resultado das últimas reformas, o Judiciário brasileiro, e em especial os tribunais superiores, continuam com um volume de trabalho muito além do razoável. Por esse motivo, conveniente é que se introduzam em nosso ordenamento novos mecanismos para que o Judiciário possa atender, em tempo hábil, as demandas da sociedade. Ademais, o julgamento do processo não será retirado do órgão jurisdicional competente, mas apenas haverá uniformização prévia sobre questão jurídica comum.

Por outro lado, chama atenção o caráter experimental dos institutos do direito alemão e português que, segundo noticiado, estão sendo gradativamente testados e inseridos naqueles ordenamentos. Ora, o Projeto deveria se inspirar também na perspectiva criteriosa e de cautela dada ao *Musterverfahen*.

Outro ponto a ser enfrentado diz respeito à introdução de mecanismos processuais para evitar que situações aparentemente semelhantes, mas que merecem tratamento diferente, sejam corretamente diferenciadas. Não se pode negar o risco de que alguns processos judiciais sejam indevidamente obstruídos, para que somente muito tempo depois se verifique que o precedente formado não se aplica ao processo que foi suspenso.

Finalmente, quanto ao perigo de estagnação da jurisprudência, é pertinente registrar que o Código tenta minimizar esse problema, prevendo mecanismos de alteração de jurisprudencial.[27] Ademais, conforme colocado, em relação aos processos futuros, o julgamento do incidente terá uma eficácia persuasiva, havendo a possibilidade, e desde que fundamentada, do Judiciário superar o entendimento já fixado. Essa parece ser a opção do Projeto, ao ponderar segurança jurídica, risco de estagnação do direito e acesso à justiça.

Referências

CABRAL, Antônio do Passo. O novo procedimento-modelo (*Musterverfahren*) alemão: uma alternativa às ações coletivas. *In*: DIDIER JÚNIOR, Fredie (Org.). *Leituras complementares de processo civil*. 8. ed. Salvador: JusPodivm, 2010.

CAPPELLETTI, Mauro. *Juízes legisladores?*. Tradução de Carlos Alberto Alvaro de Oliveira. Porto Alegre: Sergio Antonio Fabris, 1999.

CARNEIRO, Paulo Cezar Pinheiro. *Acesso à Justiça*: Juizados Especiais Cíveis e ação civil pública: uma nova sistematização da teoria geral do processo. 2. ed. Rio de Janeiro: Forense, 2000.

CUNHA, Leonardo José Carneiro da. Anotações sobre o incidente de resolução de demandas repetitivas previsto no Novo Código de Processo Civil. *Revista de Processo*, São Paulo, v. 36, n. 193, p. 255-279, mar. 2011.

---

[27] Art. 847 §2º Os regimentos internos preverão formas de revisão da jurisprudência em procedimento autônomo, franqueando-se inclusive a realização de audiências públicas e a participação de pessoas, órgãos ou entidades que possam contribuir para a elucidação da matéria.

CUNHA, Leonardo José Carneiro da. O regime processual das causas repetitivas. *Revista de Processo*, São Paulo, v. 35, n. 179, p. 139-174, jan. 2010.

DAVID, René. *Os grandes sistemas do direito contemporâneo*. 3. ed. São Paulo: Martins Fontes, 1998.

FUX, Luiz. *A reforma do processo civil*: comentários e análise crítica da reforma infraconstitucional do Poder Judiciário e da Reforma do CPC. 2. ed. Niterói: Impetus, 2008.

JANSEN, Rodrigo. A Súmula Vinculante como norma jurídica. *Revista Forense*, v. 101, n. 380, p. 189-218, jul./ago. 2005.

LOBO, Arthur Mendes. Reflexões sobre o incidente de resolução de demandas repetitivas. *Revista de Processo*, v. 35, n. 185, p. 233-244, jul. 2010.

MARINONI, Luiz Guilherme; MITIDIERO, Daniel. *O Projeto do CPC*: críticas e propostas. São Paulo: Revista dos Tribunais, 2010.

MENDES, Aluisio de Castro. *Ações coletivas*: no direito comparado e nacional. São Paulo: Revista dos Tribunais, 2002.

MOREIRA, José Carlos Barbosa. O processo civil brasileiro entre dois mundos. *Revista da EMERJ*, Rio de Janeiro, v. 4, n. 16, 2001.

RIBEIRO, Rodrigo Pereira Martins. *Precedentes judiciais persuasivos e vinculantes*: o direito construído e aplicado pelos Tribunais. Dissertação (Mestrado) – UERJ, 2006. Orientação. Prof. Paulo Cezar Pinheiro Carneiro.

SOTELO, José Luis Vasquez. A Jurisprudência Vinculante na *common law* e na *civil law*. *In*: CALMON FILHO, Patrônio; BELTRAME, Adriana. *Temas atuais do direito processual Ibero-americano*. Rio de Janeiro: Forense, 1998.

TARUFFO, Michele. Observações sobre os modelos processuais de *civil law* e de *common law*. Trad. de José Carlos Barbosa Moreira. *Revista de Processo*, São Paulo, v. 28, n. 110, p. 141-158, abr./jun. 2003.

Informação bibliográfica deste texto, conforme a NBR 6023:2002 da Associação Brasileira de Normas Técnicas (ABNT):

RIBEIRO, Rodrigo Pereira Martins. O incidente de resolução de demandas repetitivas. *In*: ROSSI, Fernando *et al.* (Coord.). *O futuro do processo civil no Brasil*: uma análise crítica ao Projeto do Novo CPC. Belo Horizonte: Fórum, 2011. p. 541-549. ISBN 978-85-7700-511-6.

PROJETO DO NOVO CÓDIGO DE PROCESSO CIVIL APROVADO PELO SENADO – EXAME TÉCNICO E CONSTITUCIONAL

RONALDO BRÊTAS DE CARVALHO DIAS

1 Introdução

Pelo ato de nº 379, de 30.9.2009, assinado pelo Senador José Sarney, Presidente do Senado Federal, foi constituída Comissão Externa de Juristas, alguns dos quais renomados processualistas,[1] com a incumbência de elaborar o Anteprojeto do Novo Código de Processo Civil brasileiro.

Em poucos meses, a Comissão Externa elaborou referido Anteprojeto em desabalada correria, posteriormente convertido no Projeto de Reforma do Código de Processo Civil, que tramitou no Senado Federal sob PLS nº 166/10, apresentado pelo Presidente, Senador José Sarney.

Esse trabalho de elaboração do Anteprojeto foi desenvolvido pela Comissão Externa em exíguo espaço de tempo, de forma visivelmente apressada, o que gerou muitas imperfeições e graves deficiências na sua sistematização e nos seus conteúdos normativos, o que já era esperado, porque, afinal de contas, a sabedoria popular sempre advertiu que a pressa é inimiga da perfeição.

Muitos desses aspectos negativos foram bem destacados por um ilustre membro da Comissão Externa e um de seus mais notáveis processualistas, de renome nacional e internacional, o Professor Humberto Theodoro Júnior, em artigo doutrinário que publicou, no qual prestou o seguinte depoimento:

---

[1] Luiz Fux (Presidente), Teresa Arruda Alvim Wambier (Relatora-Geral), Adroaldo Furtado Fabrício, Benedito Cerezzo Pereira Filho, Bruno Dantas, Elpídio Donizetti Nunes, Humberto Theodoro Júnior, Jansen Fialho de Almeida, José Miguel Garcia Medina, José Roberto dos Santos Bedaque, Marcus Vinicius Furtado Coelho e Paulo Cesar Pinheiro Carneiro.

Como membro da Comissão, pude advertir, desde o princípio, para a impossibilidade material de planejar, redigir e debater, a contento, o anteprojeto no exíguo espaço de tempo, de apenas uns poucos meses, prefixado para a conclusão da complexa tarefa. (...) A pressa, entretanto, com que a obra se concluiu, deixa expostas deficiências evidentes de redação e sistematização que não aconselham a pronta transformação do projeto em lei. Aquilo que não se teve tempo e oportunidade de fazer durante a curtíssima atividade da Comissão terá de ser cumprido durante a tramitação parlamentar.[2]

Com razão o doutrinador e articulista referido, porque, sem dúvida alguma, o Anteprojeto do Novo Código de Processo Civil, posteriormente convertido no Projeto de Lei nº 166/10, no Senado Federal, apresentou inúmeros e graves problemas de sistematização e de redação de seus preceitos normativos, podendo-se afirmar que, em razão disto, infelizmente, seus desacertos superaram os acertos.

No Senado Federal, para exame desse Projeto, foi constituída Comissão Especial de Reforma do Código de Processo Civil, da qual Presidente o Senador Demóstenes Torres e Relator-Geral o Senador Valter Pereira, os quais realizaram audiências públicas em todo o país, promovendo debates e obtendo sugestões de mudanças, visando ao aperfeiçoamento do seu texto.[3]

Acolhendo parte das sugestões apresentadas pela comunidade jurídica nessas audiências públicas, o Senador Valter Pereira, também em curto espaço de tempo, apresentou seu relatório geral,[4] que passou a constituir o Parecer da Comissão Especial de nº 1.624/10, pelo qual apresentou um texto substitutivo para o Projeto, afinal aprovado pelo plenário do Senado Federal, em 15 de dezembro de 2010. No referido relatório, o Senador Valter Pereira consignou que sua elaboração, com a revisão do Projeto e a análise de todas as sugestões encaminhadas àquela Comissão, contou com o auxílio e o assessoramento do Ministro aposentado do Supremo Tribunal Federal, Dr. Athos Gusmão Carneiro, do advogado e Professor de Direito Processual Civil da PUC-SP, Dr. Cassio Scarpinella Bueno, do Desembargador do Tribunal de Justiça do Estado do Mato Grosso do Sul, Dr. Dorival Renato Pavan, e do advogado e Professor de Direito Processual Civil, Dr. Luiz Henrique Volpe Camargo.

Esse texto do Projeto aprovado no Senado e remetido à Câmara dos Deputados para exame contém 1.008 artigos, distribuídos de forma sistemática em cinco Livros.

---

[2] *Revista IOB de Direito Civil e Processual Civil*, v. 66, p. 7-8.

[3] Essas audiências públicas revelaram um dos aspectos da legitimação democrática do Estado de Direito, já que possibilitaram a qualquer do povo influir nos debates travados em torno de relevantes questões nacionais e de participar do processo constitucional de elaboração do Novo Código de Processo Civil, levando ao Estado-legislativo sugestões de aprimoramento do texto do Projeto, afinal aprovado no Senado Federal em 15.12.2010 (sobre legitimação democrática do Estado de Direito, cf. BRÊTAS. *Processo constitucional e Estado democrático de direito*, p. 24-25).

[4] Ao representar a Faculdade Mineira de Direito da PUC Minas, em audiência pública realizada na sede do Tribunal de Justiça de Minas Gerais, na data de 03.09.2010, tivemos a oportunidade de entregar ao Relator-Geral da Comissão Especial um documento contendo várias propostas de alterações do Projeto de Lei do Senado Federal nº 166/10 (a respeito, cf. BRÊTAS. *Reforma do processo civil*: perspectivas constitucionais, p. 99-118). As propostas de alterações apresentadas à Comissão Especial do Senado nas audiências públicas foram apreciadas, algumas acolhidas, ainda que parcialmente, conforme constou do parecer do Relator-Geral, Senador Valter Pereira, *verbis*: "É evidente que o substitutivo ora apresentado contém normas e diretrizes que podem, individualmente consideradas, desagradar este ou aquele setor. Mas estamos convictos de que o texto foi aperfeiçoado e não há um único ponto sensível que ficou sem o devido ajuste, porque todas as notas técnicas, todos os e-mails, todas as sugestões, escritas ou orais, feitas nas audiências públicas, foram lidos, analisados, comparados e, dentro do possível, contempladas no substitutivo a ser apresentado".

Acompanhando a estruturação técnica do Anteprojeto elaborado pela Comissão Externa,[5] o texto substitutivo aprovado manteve a reunião das normas gerais do processo no Livro I (arts. 1º a 291), sistematizando, depois, as normas regentes do processo de conhecimento (procedimentos cognitivos) no Livro II (arts. 292 a 729),[6] as normas regentes do processo de execução (procedimentos executivos) no Livro III (arts. 730 a 881), as normas dos procedimentos nos Tribunais e de impugnação das decisões judiciais (recursos) no Livro IV (arts. 882 a 998) e, finalmente, reservando o Livro V para as disposições normativas finais e transitórias (arts. 999 a 1.008).

Embora sem maiores aprofundamentos, passamos a examinar aspectos do Projeto aprovado no Senado, na perspectiva constitucional, já antecipando nossa impressão de que o texto melhorou, se comparado com o texto original do Anteprojeto que lhe serviu de base, muito embora o texto substitutivo do Projeto ainda esteja muito distante do ideal, à vista das imperfeições observadas na sua sistematização, das graves deficiências técnicas percebidas na redação de alguns dos seus conteúdos normativos, repleto de gritantes impropriedades terminológicas.

Oportuna ao tema aqui tratado, a lição doutrinária de Paulo Nader, quando dissertou sobre a importância da elaboração de um Código, a servir de advertência aos Srs. Deputados, que deverão examinar o texto aprovado pelo Senado:

> A elaboração de um código não é tarefa de agrupamento de disposições já existentes em várias fontes. Não é um trabalho apenas de natureza prática. Implica sempre a atualização científica do direito. (...) A elaboração do código é obra de modernização do Direito, de adoção dos princípios novos elaborados pela ciência do Direito. Nessa tarefa, o legislador deve consultar, inclusive, as fontes externas, pesquisar no Direito Comparado, a fim de criar uma obra que seja, ao mesmo tempo a expressão de uma realidade histórica e um organismo apto à realização da justiça. A renovação do Direito não pode ser um trabalho apenas de gabinete; seus artífices devem consultar as forças vivas da nação, considerar os subsídios apresentados pelos setores especializados da sociedade e ouvir a opinião do homem simples do povo. A construção de um Código pressupõe o conhecimento científico e filosófico do direito e requer um apuro de técnica e beleza. Se a ciência fornece os princípios modernos, as novas concepções, a filosofia estabelece as estimativas, o sentido do justo, o critério da segurança. Conforme Filomusi Guelfi: La forma più alta e riflessa, alla quale puó elevarsi la coscienza di um populo, è il Codice.[7]

2 Linha teórica constitucionalista do Projeto

Leitura da Exposição de Motivos do Anteprojeto convertido em Projeto de Lei, cujo texto substitutivo o Senado aprovou, revela que, de forma louvável, os juristas

---

[5] A respeito, registrou o Senador Valter Pereira, em seu relatório-geral: "a despeito da grande quantidade das propostas que, no desenvolver do processo legislativo perante esta Casa, foram feitas, nenhuma delas questionava a forma de exposição e a distribuição da matéria tal qual sugerida no PLS nº 166, de 2010".

[6] De forma acertada, o Projeto reduziu o elenco de procedimentos especiais (em relação ao existente no Código de Processo Civil de 1973) e os inseriu no Livro II, que sistematiza o processo de conhecimento, conforme estudos e recomendações feitos por boa parte da doutrina (cf. BRÊTAS. Processo civil reformado, p. 441-443, 445-448). No Projeto, o processo de conhecimento contempla o *procedimento comum* e os *procedimentos especiais* (art. 292). O *procedimento comum* torna-se o procedimento-padrão ou *standard*, cujas disposições normativas são aplicáveis supletivamente aos demais procedimentos (*especiais* e *executivos*), substituindo o *procedimento ordinário* do Código de Processo Civil de 1973. O Projeto não acolheu em seu texto o *procedimento sumário* do Código vigente.

[7] *Introdução ao estudo do direito*, p. 202-203.

integrantes da Comissão Externa que o elaborou pretenderam construir um Código de Processo Civil harmonizado com as garantias constitucionais consagradas na principiologia constitucional processual (devido processo constitucional ou modelo constitucional do processo) cultuada no Estado Democrático de Direito brasileiro.[8]

Em várias passagens da referida Exposição de Motivos essa diretriz é considerada, por exemplo, ao esclarecer referido texto que os trabalhos da Comissão Externa elaboradora do Anteprojeto se orientaram por um primeiro objetivo, qual seja, o de "estabelecer expressa e implicitamente verdadeira sintonia fina com a Constituição Federal", em razão da "necessidade de que fique evidente a harmonia da lei ordinária em relação à Constituição Federal da República", o que provocou "se incluíssem no Código, expressamente, princípios constitucionais, na sua versão processual", albergados em vários de seus dispositivos.

Efetivamente, guiada pela teoria constitucionalista do processo, essa apontada idealização surge consagrada em alguns conteúdos normativos do Projeto, a começar pela redação de seu art. 1º: "O processo civil será ordenado, disciplinado e interpretado conforme os valores e os princípios fundamentais estabelecidos na Constituição da República Federativa do Brasil, observando-se as disposições deste Código".

Da mesma forma, o enunciado de seu art. 7º, assegurando às partes a prevalência dos princípios constitucionais da igualdade e da ampla defesa e recomendando ao juiz-diretor do processo velar pela efetiva garantia fundamental do contraditório: "É assegurada às partes paridade de tratamento em relação ao exercício de direitos e faculdades processuais aos meios de defesa, aos ônus, aos deveres e à aplicação de sanções processuais, competindo ao juiz velar pelo efetivo contraditório".

Nesse diapasão, visando a concretizar esse recomendado contraditório efetivo, o conteúdo do art. 10, proibindo ao juiz proferir a chamada decisão-surpresa, ou seja, aquela lastreada em tema fático ou jurídico suscitado de ofício pelo agente público decisor, sem prévio debate com as partes contraditoras: "O juiz não pode decidir, em grau algum de jurisdição, com base em fundamento a respeito do qual não se tenha dado às partes oportunidade de se manifestar, ainda que se trate de matéria sobre a qual tenha que decidir de ofício".[9]

Sobre a garantia constitucional da fundamentação das decisões jurisdicionais, muitas vezes olvidada pelos juízes na prática do foro, a regra do art. 11: "Todos os julgamentos dos órgãos do Poder Judiciário serão públicos, e fundamentadas todas as decisões, sob pena de nulidade".

Impondo ao juiz a permanente observância dos princípios constitucionais, no ato de decidir, as normas do art. 119: "O juiz não se exime de decidir alegando lacuna ou obscuridade do ordenamento jurídico, cabendo-lhe, no julgamento, aplicar os princípios constitucionais, as regras legais e os princípios gerais de direito, e, se for o caso, valer-se da analogia e dos costumes".[10]

---

[8] Sobre os temas processo constitucional, modelo constitucional do processo e teoria constitucionalista do processo, ver SOARES; BRÊTAS. *Manual elementar de processo civil*, p. 27-31, 93-107, 123-127.

[9] Sobre a chamada *decisão-surpresa*, incompatível com o contraditório da estrutura constitucionalizada do processo contemporâneo, ver BRÊTAS. *Processo constitucional e Estado democrático de direito*, p. 93-102.

[10] Lendo-se a atual redação do art. 119 do Projeto aprovado, percebe-se que a Comissão Especial do Senado acolheu as sugestões feitas pelo autor, em trabalho escrito apresentado na audiência pública realizada em 3.9.2010, na sede do Tribunal de Justiça de Minas Gerais, na qualidade de representante da Faculdade

Sem dúvida, essa apontada filiação ideológica do Projeto à linha teórica constitucionalista do processo representa algum avanço, dentro da principiologia do Estado Democrático de Direito, muito embora se perceba que nem sempre o idealizado restou projetado no texto normativo do futuro Código de Processo Civil, comprovar-se-á, em seguida.

3 Críticas à estrutura sistemática

O Projeto, no Título III do seu Livro II (Processo de Conhecimento), arts. 524 a 729, trata dos chamados *Procedimentos Especiais*. Entretanto, ao individualizá-los, nos Capítulos que o integram (Capítulo I, arts. 524 a 534, Capítulo II, arts. 535 e 539, e Capítulos seguintes), o texto não mais faz referência a *procedimentos*, mas, sim, a *ações*: *ação* de consignação em pagamento (Capítulo I), *ação* de prestação de contas (Capítulo II) e assim por diante. Ora, se o referido Título III cuida dos qualificados *procedimentos especiais*, o texto, como está, revela confusão entre *procedimento* e *ação*, porque, nos Capítulos que o integram, o certo seria mencionar *Do procedimento da consignação em pagamento* (Capítulo I), *Do procedimento de prestação de contas* (Capítulo II), *Do procedimento de divisão e da demarcação de terras particulares* (Capítulo III), *Dos procedimentos possessórios* (Capítulo IX) e assim por diante. É de se reparar que o Capítulo X (arts. 685 e seguintes), de forma correta, menciona *Dos procedimentos contenciosos*. Sendo assim, a expressão *ação* deveria ser substituída por *procedimento*. Registre-se que o Código de Processo Civil de 1973, em vigor, no Livro IV (arts. 890 e seguintes), faz a mesma confusão entre *ação* e *procedimento*, originária do praxismo forense de se rotular ou qualificar a ação, na petição inicial.[11]

Apontada miscelânea das ideias de ação e procedimento, consagrada na malsinada prática forense, ainda repercutiu na redação do art. 228 do Projeto, ao tratar do chamado procedimento edital, cabível em situações nas quais o réu é incerto ou desconhecido, o que exige seja feita sua citação por edital.

Essa norma do art. 228 recomenda seja adotado o procedimento edital "na ação de usucapião" (inc. I), "nas ações de recuperação ou substituição de título ao portador" (inc. II), "em qualquer ação..." (inc. III). Ora, tal procedimento não é adotado na "ação",[12] mas sim em razão da *pretensão* do autor, deduzida no processo (= procedimento em contraditório), por meio do pedido formulado na petição inicial, contra o réu incerto ou desconhecido (por exemplo, o detentor dos títulos os quais o autor

---

Mineira de Direito da PUC Minas (cf. BRÊTAS. *Reforma do processo civil*: perspectivas constitucionais, p. 101, 107-108).

[11] Como dito no texto, o Código de Processo Civil de 1973 comete o mesmo equívoco, tratando os *procedimentos especiais* por *ações* (Livro IV, arts. 890 e seguintes). A doutrina sempre o criticou por isto (cf. DINAMARCO. *Fundamentos do processo civil moderno*, t. I, p. 341-342; SANTOS. *Manual de direito processual*, v. 1, p. 54; BRÊTAS. *Processo civil reformado*, p. 445-447).

[12] A ação proposta, quando o autor entrega sua petição inicial ao Estado-Jurisdição, enseja o início do processo, que é procedimento em contraditório, permitindo seja apreciada sua pretensão (retratada no pedido formulado na petição inicial). Assim, a ação ajuizada desencadeia o procedimento, sem qualquer sentido lógico ou técnico cogitar-se em adotar um *procedimento* na *ação*, como prevê o art. 238 do Projeto. O que condiciona seja adotado determinado procedimento — comum ou especial — é a *pretensão* de direito material deduzida em juízo, que é pré-processual (cf. BRÊTAS. *Processo constitucional e Estado democrático de direito*, p. 80-83).

pretende substituir ou recuperar; o proprietário de um dos imóveis confrontantes com o imóvel usucapiendo, que tem de ser citado).[13]

Prosseguindo-se na crítica, ao exame do Livro III do Projeto, que trata do Processo de Execução (arts. 730 e seguintes), constata-se problema na sua estrutura sistemática. No seu Título III (*Das diversas espécies de execução*), Capítulo I (*Das disposições gerais*), o art. 754 prevê que a execução se realiza no interesse do credor, que adquire, pela penhora, o direito de preferência sobre os bens penhorados do devedor, sem qualquer ressalva sobre a hipótese de insolvência do devedor, quando tem lugar o concurso universal de credores. Em princípio, a regra do art. 754 estaria harmonizada com a estrutura sistemática do Projeto de Novo Código de Processo Civil, que não contempla o procedimento da execução por quantia certa contra devedor insolvente (insolvência civil). Puro engano, em havendo leitura apressada, porque os arts. 865 e 1007 do Projeto, de forma mal-ajambrada, preveem a hipótese do concurso universal de credores, se, na fase de pagamento, algum deles alegar a insolvência do devedor. As normas apontadas são manifestamente defeituosas, porque recomendam ao juiz, no caso, ouvidas as partes (credores concorrentes e devedor executado), simplesmente faça a partilha do dinheiro proporcionalmente ao valor de cada crédito.

Ora, esse procedimento não pode ser normatizado com tamanha simplicidade, dir-se-ia melhor, até mesmo, com tanto desmazelo técnico, a revelar total desconhecimento da realidade prática do foro e comezinhas regras da ciência do processo, por vários fundamentos. Por primeiro, saber se o devedor está insolvente pode exigir avaliação (prova pericial) dos bens que integram seu patrimônio, tudo sob efetivo contraditório. Por segundo fundamento, a insolvência detectada exige prévia declaração judicial decisória, que pode ser impugnada por recurso. Por terceiro, declarada a insolvência do devedor, seus bens devem ser arrecadados e entregues ao administrador judicial nomeado e remunerado, o que, aliás, está previsto no art. 75, IV, do Projeto, mas sem a mínima sintonia com os arts. 865 e 1007. Pelo quarto fundamento, a partilha do dinheiro arrecadado, na fase de pagamento, ainda exige a prévia elaboração do quadro de credores, de sorte a resguardar as preferências legais. Por último, não há referência normativa quanto à hipótese de se permitir a qualquer credor alegar a insolvência do devedor, após efetivada a penhora por outro, em processo de execução individual, de sorte a evitar que este último requeira e obtenha a adjudicação do bem penhorado, em prejuízo dos demais credores.

Para se corrigir todos esses desacertos, desordem e tumulto procedimentais, a sugestão que se faz é a de trazer para o texto do Projeto, no seu livro III, que disciplina os procedimentos executivos, as mesmas disposições normativas existentes no Código de Processo Civil de 1973, em vigor, relativas ao procedimento da execução por quantia certa contra devedor insolvente (insolvência civil), arts. 748 a 786-A, e que nunca foi alvo de grandes críticas pela doutrina.[14]

---

[13] Sobre ação como direito constitucional de petição, pretensão de direito material (*prius*, em relação ao processo), pedido, processo e procedimento, ver SOARES; BRÊTAS. *Manual elementar de processo civil*, p. 93-107.

[14] A sugestão posta escora-se na doutrina oportuna e insuperada de Hélio Tornaghi: "O processo é um caminhar para a frente (*pro cedere*); é uma sequência de atos que se encadeiam numa sucessão lógica e com um fim, que é o de possibilitar ao juiz o julgamento. (...). Qualquer ato que signifique um retardamento é um

Anote-se que são desconhecidas as razões pelas quais o Projeto não manteve em seu texto as disposições normativas regentes do procedimento da execução por quantia certa contra devedor insolvente, chamado pelos práticos do direito de insolvência civil, como tal bem estruturado no Código de 1973, preferindo substituí-lo pelo apontado e mal procedimentalizado incidente da insolvência civil requerido por ocasião do concurso universal de credores, de forma deficiente, sob manifesta atecnia (arts. 865 e 1007 do Projeto).

Ainda em crítica à sua estrutura sistemática, notamos que o Projeto, acompanhando o Código de 1973 em vigor, na sua *Parte Geral*, Livro I, Título IV, Capítulo III, trata *Dos deveres das partes e dos seus procuradores* (arts. 80 a 84). No Livro I, Título VI, Capítulo I (arts. 18 e seguintes), o Projeto trata também *Dos poderes, dos deveres e da responsabilidade do juiz*, embora seus deveres ali não estejam bem enumerados.

Sugerimos que o Projeto aponte e enumere os deveres funcionais do juiz, o que se omitiu em fazê-lo, devendo-se lembrar, em justificativa, que o Conselho Nacional de Justiça, no exercício da sua competência constitucional para controlar o cumprimento dos referidos deveres (Constituição Federal, arts. 92, I-A e 103-B, incs. III e IV), editou um *Código de Ética da Magistratura*, aprovado na 68ª Sessão Ordinária do Conselho (Processo Administrativo nº 2008.20000007337).

O texto desse Código de Ética da Magistratura foi publicado no *Diário de Justiça* de 18 set. 2008, ali estabelecidos preceitos deontológicos aos juízes sobre integridade pessoal e profissional, diligência e dedicação, cortesia, prudência, sigilo profissional, conhecimento e capacitação, dignidade, honra e decoro.[15]

Parece-nos aconselhável a inclusão das normas desse Código de Ética no texto do Projeto ou, pelo menos, que o Projeto lhe faça referência. Consideramos seja necessário o Estado Democrático de Direito brasileiro recomendar aos juízes que seleciona e nomeia o cumprimento de seus deveres funcionais, o que, muitas vezes, é esquecido pelos agentes públicos julgadores na direção dos processos e no seu relacionamento com as partes e seus procuradores.[16] Em reforço da presente sugestão, observa-se que o Projeto, acompanhando o Código de 1973 e a Lei Orgânica da Magistratura Nacional (Lei Complementar nº 35/79), no seu art. 123, prevê a responsabilidade civil dos juízes, em situações nas quais causarem prejuízos às partes, no exercício de suas funções.

---

noncesso (...); a balbúrdia, o movimento desordenado (moto multo) é o tumulto" (*Instituições de processo penal*, p. 313).

[15] Sobre o assunto, ver BRÊTAS. *Processo constitucional e estado democrático de direito*, p. 148-152.

[16] Ver matéria jornalística publicada no jornal Folha de São Paulo, edição de 23.8.2010, p. A-18, com o título *Magistratura não tem blindagem contra corrupção*. Referido texto de reportagem se baseia nas declarações e entrevista prestadas ao jornal pelo Ministro Gilson Dipp, ao fazer resumido relato dos dois anos que passou à frente da Corregedoria Nacional de Justiça, órgão do Conselho Nacional de Justiça. As informações ali divulgadas quanto a irregularidades apuradas pela Corregedoria são de estarrecer, se for levado em conta que os juízes, forçosamente, passam por uma Faculdade de Direito durante 5 anos, antes do ingresso na magistratura exercem a advocacia por três anos, no mínimo, são selecionados sob rigoroso concurso público de provas e títulos, submetidos a testes psicotécnicos e, quando se inscrevem nos concursos para o cargo, são alvo de breves sindicâncias sobre seus antecedentes, além de muito bem remunerados pelos jurisdicionados contribuintes. Referido texto jornalístico noticia que, nos últimos dois anos, o Conselho Nacional de Justiça teve de punir disciplinarmente 36 juízes, dos quais 2 colocados em disponibilidade, 18 aposentados compulsoriamente, 1 removido compulsoriamente e 15 afastados cautelarmente.

4 Supressão do art. 120 (decisão por equidade)

O texto normativo do art. 108 apresenta o seguinte conteúdo: "O juiz só decidirá por equidade nos casos previstos em lei".

Entendemos que esse texto deve ser suprimido, por afrontar visivelmente a principiologia constitucional do Estado Democrático de Direito, renumerando-se os artigos subsequentes, que forem mantidos.

Assim o é, porque, no Estado Democrático de Direito brasileiro, que adota o sistema jurídico romano-germânico (*civil law*), o juiz não pode decidir *por equidade*. Se houver alguma norma que o autorize a tanto, será inconstitucional, porque o agente público decisor (juiz) *sempre* estará vinculado à *reserva legal*, garantia fundamental do povo, conforme prevê o art. 5º, inc. II, da Constituição Federal: "Ninguém será obrigado a fazer ou deixar de fazer alguma coisa senão em virtude de lei". A expressão *lei*, no texto constitucional, deve ser entendida como *ordenamento jurídico*, vale dizer, conjunto de princípios e regras constitucionais e infraconstitucionais que o compõem, vinculando os órgãos jurisdicionais, quando proferem suas decisões.[17]

Daí a inarredável sujeição do Estado Democrático de Direito ao princípio constitucional da legalidade, que o estrutura constitucionalmente, como proclamam as normas do art. 37 da Constituição Federal, que mencionam dito princípio estruturante do Estado Democrático de Direito *em primeiro lugar*, na enumeração que empreende.

A respeito, em sede de doutrina, já foi considerado que:

> A legitimidade democrática das decisões jurisdicionais, comprometidas com o princípio do Estado Democrático de Direito, está assentada na exclusiva sujeição dos órgãos jurisdicionais às normas que integram o ordenamento jurídico, emanadas da vontade do povo, porque discutidas, votadas e aprovadas pelos seus representantes, no Congresso Nacional.[18]

Por conseguinte, a orientação doutrinária de Rosemiro Pereira Leal tem lugar na situação em comentário, ao assinalar referido jurista que, nas democracias, "nenhuma norma é exigível se seu destinatário não é o seu próprio autor", porque, "se o povo real não legislou, o direito não existe para ninguém".[19]

A supressão ora sugerida ficará harmonizada com a proposta legislativa apresentada na própria Exposição de Motivos, pois um dos objetivos ali declarados, na elaboração de um Novo Código de Processo Civil, aliás, o primeiro, foi "estabelecer expressa e implicitamente verdadeira sintonia fina com a Constituição Federal", em razão da "necessidade de que fique evidente a harmonia da lei ordinária em relação à Constituição Federal".

Pelas mesmíssimas razões, o parágrafo único do art. 689 também deverá ser suprimido do texto do Projeto, pois permite que, nos procedimentos não contenciosos, possa o juiz decidir com inobservância do critério da *legalidade estrita*, destarte, autorizando-lhe fraudar o texto da Constituição, ao julgar com afronta à inarredável garantia da reserva legal.

---

[17] Cf. BRÊTAS. *Processo constitucional e Estado democrático de direito*, p. 67-74, 114, 118-122.
[18] BRÊTAS. *Responsabilidade do Estado pela função jurisdicional*, p. 134.
[19] *Teoria processual da decisão jurídica*, p. 39.

5 Defeitos normativos do procedimento do recurso de apelação (arts. 949 e 968)

O procedimento do recurso de apelação, no tocante aos efeitos em que é recebido, segundo entendemos, precisa ser revisado e reformulado. Ao que se depreende da leitura de seu texto, o Projeto prevê que o juízo de admissibilidade do referido recurso tocará exclusivamente ao Tribunal, ao qual compete, também, por decisão do Relator, atribuir-lhe o efeito suspensivo, irrecorrível a decisão que o conceder (arts. 949, §§1º, 2º, 3º e 4º, e 968).

Consideramos que a questão do efeito suspensivo atribuído ao recurso de apelação precisa ser revista, de forma que, em primeiro lugar, o Projeto indique clara e expressamente os casos nos quais a apelação será recebida no referido efeito, de modo que o juízo de primeiro grau examine os efeitos que lhe serão atribuídos, tão logo ocorra sua interposição, já que referido recurso sempre será recebido no efeito devolutivo (art. 965).

O Projeto, de forma mal arrumada, retirando do juízo de primeiro grau a possibilidade de examinar e conceder os efeitos que devem ser atribuídos ao recurso de apelação, criou um incidente processual prévio (art. 949, §§1º e 2º), pelo qual a parte apelante, em petição autônoma apresentada no Tribunal, terá de requerer seja atribuído efeito suspensivo à apelação, tendo este requerimento prioridade na distribuição, tornando prevento o relator que o examinar (art. 949, §§1º e 2º). No texto do Projeto, não está claro como tal requerimento será autuado e processado, se instruído com cópias do processo principal e quais seriam elas, ou se o requerimento deve ser dirigido ao Tribunal após a resposta do apelado, inexistindo qualquer procedimento inteligente e bem sistematizado a respeito.

Demais disso, se prevalecer tal procedimento, o mencionado requerimento incidental duplicará o trabalho dos relatores no Tribunal, pois, logicamente, todo apelante irá requerer seja conferido efeito suspensivo à apelação, após sua interposição, ainda estando sendo processado dito recurso no juízo de primeiro grau, já que, em regra, a interposição do recurso não impede a eficácia da decisão recorrida (art. 949). Isto significa dobrar o trabalho dos Desembargadores relatores. Primeiro, criado o incidente, examinará o relator se atribuirá efeito suspensivo à apelação, o que exige contraditório, são as regras postas na parte geral do Projeto, porque nenhum juiz não pode apreciar e decidir requerimento formulado por uma das partes, sem previamente ouvir a outra (arts. 9º e 10º). Depois, em etapa posterior, quando os autos com a apelação chegarem ao Tribunal, examinarão os Desembargadores seus pressupostos e mérito.

Com todo o respeito, o sistema do Projeto peca pela ausência de racionalidade e o sistema do Código de 1973, vigente, é muito mais lógico e racional. Há casos em que, objetivamente, o recurso de apelação não poderá ter efeito suspensivo. Por exemplo, recurso de apelação contra sentença que rejeitou embargos à execução, liminarmente ou não. Por óbvio, em face de normas específicas do processo de execução, neste caso, o recurso de apelação somente terá efeito devolutivo. Outro exemplo, sentença que confirmar decisão interlocutória liminar concessiva de tutela antecipada de mérito, da mesma forma, se impugnada por recurso de apelação, não se admite lhe seja atribuído efeito suspensivo.

Sendo assim, não se vê motivos para que o Projeto se omita em prever as situações nas quais o recurso de apelação somente seja recebido no efeito meramente devolutivo, devendo indicá-las no seu texto. O Projeto, como está, não tem parâmetro normativo algum a respeito e está calcado no máximo da subjetividade conferida ao relator, quando examinar o requerimento incidental do apelante e decidir se atribuirá efeito suspensivo ao recurso de apelação. Sem dúvida, parece consagrar um retrocesso, gerando confusão e insegurança, situações que não se conciliam com a ideia de processo.

6 Conteúdos normativos tecnicamente defeituosos e impropriedades terminológicas

Mesmo que a leitura do texto do Projeto aprovado no Senado Federal seja feita às rápidas, o leitor poderá facilmente detectar grosseiros defeitos na elaboração de seus conteúdos normativos, repletos de impropriedades técnicas, tudo hostilizando a ciência do direito processual, muitos destes vícios resultantes da influência da malsinada prática forense, quilometricamente divorciada da ciência do direito processual.[20]

Para amostragem e comprovação do que ora é afirmado, selecionamos alguns dos preceitos normativos do Projeto, a começar pelo seu art. 39, que recomenda ao juiz federal, na hipótese ali tratada, apreciar pedidos que demandem "prestação jurisdicional". Nota-se aí elipse reprovável, já que "prestação jurisdicional" não tem sentido técnico completo, embora muito utilizada nas decisões judiciais e arrazoados forenses. De forma afeiçoada à teoria do Estado e à ciência processual, a expressão tecnicamente adequada é "prestação da atividade jurisdicional".

A seguir, ao exame do art. 55, vê-se confusão e impropriedade na sua redação, por influência dos mesmos defeitos já percebidos no Código de Processo Civil de 1973, em seu art. 301, §§1º, 2º e 3º, cujos preceitos o Projeto reproduz servilmente.[21] Com efeito, apontado art. 55 prescreve que "reputam-se conexas duas ou mais ações, quando lhes for comum o objeto ou a causa de pedir". Ora, impõe-se corrigenda, porque a conexão não se estabelece entre *ações*, mas sim entre *processos*, nos quais se constata a tríplice identidade de elementos, ou seja, as mesmas partes, a mesma causa de pedir e o mesmo pedido. Não existe *identidade de ações*, visto que, na sua expressão mais simples, como bem acentuou Couture, ação é só isto: "um direito à jurisdição".[22]

---

[20] Sobre a tragédia que é a prática forense, no Brasil, ver BRÊTAS. *Processo constitucional e Estado democrático de Direito*, p. 75-77, 139, textos nos quais o autor focaliza o que classifica de *praxismo forense de caráter infeccioso, golpeando de morte a ciência e a técnica do direito processual*, e o que qualifica de *manicômio jurisprudencial*.

[21] Percucientemente, observaram Fernando Horta Tavares e Maurício Ferreira Cunha que "de uma simples leitura dos 1008 artigos do PLS nº 166/2010 (nos termos do relatório final encaminhado para votação pelo plenário do Senado em dezembro de 2010), é possível constatar que aproximadamente 80% dos dispositivos são reproduções literais do texto vigente, o que representa verdadeiro paradoxo e demonstra que, se se pretendia avançar em direção a uma mudança estrutural, não se conseguiu tal desiderato, antes talvez tenha caminhado para reconhecer-se alguma qualidade técnica ao Código de Processo Civil de 1973, por mais apontamentos críticos que se sobreponham (especialmente por ter vindo ao mundo jurídico anteriormente à Constituição Brasileira de 1988)" (*Reforma do processo civil*: perspectivas constitucionais, p. 253). Aliás, no assunto, a própria Exposição de Motivos do Anteprojeto convertido em Projeto apressou-se em esclarecer que "criou-se um Código novo, que não significa, todavia, uma ruptura com o passado, mas um passo a frente".

[22] Cf. SOARES; BRÊTAS. *Manual elementar de processo civil*, p. 93-99.

Já o *caput* do art. 63 prevê que "a competência em razão da matéria e da função é inderrogável por convenção das partes". Seu parágrafo 1º, contudo, esclarece que "o acordo, porém, só produz efeito quando constar de contrato escrito..." Exsurge do conteúdo descrito duas impropriedades. Primeiro, a expressão acordo é despida de sentido técnico-jurídico, eis que, na ciência do direito, em seu lugar, cogita-se de transação ou de conciliação (=transação obtida em juízo). Acordo é a denominação vulgar de transação. Aconselhável que as normas codificadas utilizem a boa terminologia jurídica. Em segundo lugar, o Projeto desconheceu a técnica de elaboração das normas codificadas. Ora, a finalidade de um parágrafo é a de explicar ou modificar (abrir exceção) ao artigo.[23] Sendo assim, se o *caput* do artigo utilizou a expressão convenção, não deve o parágrafo, abrindo-lhe exceção, substituí-la por outra, máxime leiga, acordo. Correto tecnicamente, no caso, seria o parágrafo explicitar que "a convenção, porém, só produz efeito se escrita" (...)

O art. 64, em sua redação, impõe que a incompetência absoluta ou relativa "será alegada como preliminar da contestação". Outra elipse reprovável, porque a contestação, forma completa de defesa do réu, em síntese, pretensão resistida, suscita *questões preliminares* e *questões de mérito*, devendo o juízo analisá-las e decidi-las. Daí por que o art. 476, incs. II e II, do mesmo Projeto, inclui entre os requisitos estruturais da sentença os fundamentos, nos quais o juiz analisará as *questões* de fato e de direito, e o dispositivo, em que o juiz resolverá as *questões* discutidas pelas partes. Sendo assim, sob o ponto de vista técnico-processual, preservando-se a unidade terminológica, melhor seria que o art. 64 se referisse à *questão preliminar* da contestação.

Outro defeito terminológico desponta na redação do §2º, do art. 99, do Projeto, ao impor que "das decisões relativas à gratuidade de justiça, caberá agravo de instrumento, salvo quando a decisão se der na sentença". Há redundância no texto, pela superfluidade de palavras com semelhante sentido técnico — *decisões, decisão, sentença* — a exigir correção e aclaramento. Melhor ficaria: "Das decisões relativas à gratuidade de justiça, caberá agravo de instrumento, salvo quando tal questão for resolvida na sentença".

Por sua vez, o art. 109 é trágico em sua redação, sob o ponto de vista técnico, consagrando verdadeira barbaridade terminológica. Eis seu conteúdo: "Ocorrendo a morte de qualquer das partes, dar-se-á a sucessão pelo seu espólio ou pelos seus sucessores" (...) Primeiramente, há no texto um vicioso circunlóquio pleonástico: "sucessão pelos seus sucessores". Não bastasse, se ocorrer a morte de qualquer das partes no curso do processo, o fato não acarretará *sucessão* na relação jurídica processual, mas *substituição* da parte. Aliás, o Capítulo no qual inserida a norma do art. 109, erroneamente, também alude à *sucessão das partes*, quando o correto seria referência à *substituição das partes*. Rememore-se que *sucessão* significa transmissão da herança deixada por uma pessoa falecida aos seus herdeiros, em outras palavras, "pela sucessão hereditária são transmitidas a propriedade e a posse da universalidade de bens de uma pessoa, que deixa de existir no mundo físico" (a respeito, ver norma do art. 1.784, do Código Civil).[24]

---

[23] Cf. SOARES; BRÊTAS. *Manual elementar de processo civil*, p. 86-87.
[24] Cf. BRÊTAS; BRÊTAS. *Revista Síntese Direito de Família*, v. 64, p. 11.

Com alguma frequência, o Projeto emprega a expressão *pedido*, no lugar de *requerimento*, assim incorporando no seu texto vícios do praxismo forense, inconciliáveis com os cânones da ciência do direito processual. Tecnicamente, pedido é a pretensão delineada na petição inicial, consequência da causa de pedir, ambos seus requisitos legais e núcleo fundante da narrativa de mérito feita pelo autor, objeto da sentença que será proferida (Projeto, art. 293, incs. III e IV). Qualquer postulação outra que as partes fizerem no curso do processo, na própria petição inicial ou em outras peças, que seja diversa do *pedido*, deverá ser tecnicamente chamada de *requerimento*. Em comprovação, basta reparar a redação do art. 293, inc. VII, prescrevendo que "a petição inicial indicará o requerimento para a citação do réu". O texto do Projeto, art. 123, parágrafo único, ao tratar da responsabilidade civil do juiz, na situação de recusa, omissão ou retardo de providência que, sem justo motivo, deva ordenar, impõe-lhe o pagamento de perdas e danos, desde que a parte requeira ao juiz determinar a providência "e o pedido não for apreciado no prazo de dez dias". Como dito, tal hipótese não é *pedido*, mas *requerimento*, novamente pecando o Projeto pela utilização de terminologia imprópria. De igual forma, na redação do art. 765, inc. II, o texto do Projeto incide no mesmo erro terminológico, ao impor ao credor, quando requerer a execução, "pedir a citação do devedor". Erro crasso de terminologia, como estamos considerando, porque o certo é "requerer a citação do devedor".

O art. 296 exige aperfeiçoamento terminológico, ao recomendar que, na petição inicial, o autor "apresentará o rol de testemunhas cuja oitiva pretende". O termo *oitiva*, cunhado no praxismo forense, não guarda sintonia com a melhor terminologia jurídico-processual. Aconselhável substituí-lo por *inquirição*. O mesmo defeito é encontrado no §3º, do art. 441, ao cogitar o texto, novamente, de "oitiva da testemunha". Repare-se que o mesmo Projeto, ao tratar da admissibilidade da prova testemunhal, normatiza, no art. 442, corretamente, que "o juiz inquirirá as testemunhas", utilizando melhor terminologia. De igual forma, tecnicamente mais correta, na regra do art. 447, inc. I, permite-se ao juiz ordenar "a inquirição de testemunhas referidas".

Na regra do art. 331, o Projeto cuida da revelia, "se o réu não contestar a ação". Impropriedade terminológica, porque o réu não apresenta contestação *à ação*, mas contestação *à pretensão do autor*, formalizada e delineada na petição inicial pelo pedido (ou pedidos) ali formulado, em conclusão da causa de pedir relatada. Daí por que, tecnicamente, a apresentação da contestação pelo réu configura a *pretensão resistida*. Outra vez, vícios do praxismo forense, golpeando de morte a técnica e a ciência processual, influenciando maleficamente o texto do Projeto de Novo Código de Processo Civil.[25]

O art. 353 do Projeto formula enunciado que não se coaduna com a teoria constitucionalista do processo, prestigiada pelo Estado Democrático de Direito e orientadora de seu texto: "As partes têm direito de empregar todos os meios legais, bem como os moralmente legítimos, ainda que não especificados neste Código, para provar fatos em que se funda a ação ou a defesa e influir eficazmente na convicção motivada do juiz". Ao nosso entendimento, conveniente substituir a expressão "livre convicção do juiz" por "convicção motivada do juiz". Dentro da principiologia constitucional do

---

[25] Cf. BRÊTAS. *Processo constitucional e Estado Democrático de Direito*, p. 83.

Estado Democrático de Direito, não mais se pode cogitar de "livre convicção do juiz" no ato de julgar, sob *livre* desprezo às argumentações das partes desenvolvidas em contraditório, em torno das questões discutidas no processo. Convém lembrar que, na Alemanha nazifascista, período de triste memória para a humanidade, *livremente*, a magistratura alemã decidia com base no *sentimento* de pensadores justos e equânimes, visando a proteger os *valores* do povo alemão, personificados na figura do *Führer*.[26] A ideia de *livre convicção* deve ser substituída por *convicção motivada*. É preciso que a redação da norma do art. 353 fique afeiçoada à teoria constitucionalista do processo, que orientou a elaboração do Projeto, conforme confessou a Exposição de Motivos do Anteprojeto que lhe serviu de base.

A regra do art. 660, inc. II, menciona "decretação de fraude à execução", vício corriqueiro na prática forense, porque o juiz não *decreta* nada no processo, mas *declara* a fraude à execução, na situação ali cogitada, impondo-se a correção do texto.

Os textos do art. 872 e de seu §1º apresentam os seguintes conteúdos:

> No prazo para embargos, reconhecendo o crédito do exequente e comprovando o depósito de trinta por cento do valor da execução, inclusive custas e honorários de advogado, o executado poderá requerer seja admitido a pagar o restante em até seis parcelas mensais, acrescidas de correção monetária e juros de um por cento ao mês.
> §1º Sendo a proposta deferida pelo juiz, o exequente levantará a quantia depositada e serão suspensos os atos executivos; caso seja indeferida, seguir-se-ão os atos executivos, mantido o depósito. §2º (...)
> Estamos sugerindo a seguinte redação para o indicado
> §1º Ouvido previamente o credor, no prazo de 5 dias, se a proposta for deferida pelo juiz, o exequente levantará a quantia depositada e serão suspensos os atos executivos; caso seja indeferida, seguir-se-ão os atos executivos, mantido o depósito.

Novamente, ausência de contraditório no texto examinado, em consequência, olvido ao devido processo constitucional. Na redação atual do seu art. 872, §§1º e 2º, o Projeto, repetindo literalmente o Código de 1973, prevê e disciplina normativamente a possibilidade de o devedor-executado renunciar à sua defesa e requerer o pagamento parcelado do valor da dívida objeto da execução, o que a doutrina qualifica de *moratória legal*. No entanto, não contempla o direito de o credor-exequente manifestar-se previamente sobre o parcelamento pretendido pelo devedor. Constata-se o mesmíssimo defeito já detectado no Código de 1973 em vigor, quando criou a figura da chamada *moratória legal*, em seu art. 745-A.

Na matéria, já havia crítica doutrinária ao Código de 1973, que aqui se repete e se estende ao Projeto de Novo Código de Processo Civil, porque o defeito perdura na elaboração do texto deste último:

> Após citado, (...) o devedor, reconhecendo a obrigação e renunciando à sua defesa, poderá requerer pagamento parcelado do montante da dívida ajuizada (principal, acessórios, custas e honorários de advogado), em até 6 parcelas mensais, desde que deposite, à ordem do juízo, de imediato, ou seja, simultaneamente ao requerimento, 30% de seu total (art. 745-A). A expressão utilizada na lei é a de que "poderá o executado

---

[26] A respeito, ver NUNES. *Processo jurisdicional democrático*, p. 88-94.

requerer seja admitido a pagar o restante em até 6 (seis) parcelas mensais". Este enunciado fraseológico "poderá requerer" não significa que o devedor tenha o direito absoluto ou incontestável de efetivar o pagamento do valor da execução parceladamente, entendimento que, tudo indica, consagrou-se erroneamente na malsinada prática forense. Aliás, temos visto que alguns juízes, desautorizados pelo ordenamento jurídico vigente, ao deferirem a petição inicial da execução e determinando a citação do executado (...) também recomendam constar do mandado citatório que o devedor tem o direito de efetuar o pagamento da dívida exeqüenda em parcelas. Cuida-se de incorreção, por vários motivos de direito, que enumeramos a seguir. Em primeiro lugar, as normas do Código de Processo Civil, concernentes ao processo de execução, regem os procedimentos que o Estado coloca à disposição do credor, para que este obtenha, coativamente, o cumprimento da obrigação inadimplida pelo devedor, ou seja, no caso em exame, pagar quantia em dinheiro. (...) Tais regras (de direito processual), por óbvio, não cuidam da relação jurídica obrigacional (regida pelo direito material), que, muito antes do processo de execução existir, ficou estabelecida entre credor e devedor, relação jurídica pré-processual, disciplinada pelas normas de direito material ou de direito substancial existentes no Código Civil, Parte Especial, Livro I, Direito das Obrigações (arts. 233 a 420). Logo, somos levados a entender que o credor não está obrigado a receber prestação diversa da que foi convencionada no título executivo extrajudicial e que lhe é devida, ainda se mais valiosa, também não podendo o credor ser obrigado ou compelido pelo Estado a receber por partes, mesmo que a obrigação tenha por objeto prestação divisível, se assim não foi convencionado ou ajustado no título executivo. Haverá de prevalecer, no caso, os princípios da autonomia da vontade e da legalidade, albergados, respectivamente, nas normas dos arts. 112, 313 e 314 do Código Civil, que o juízo da execução nunca poderá desconhecer (...) Ora, por consequência, em segundo lugar, caso o devedor requeira o pagamento da dívida executada em parcelas mensais, benefício que alguns doutrinadores chamam de moratória legal (art. 745-A), antes de deferir o requerimento, deverá o juízo da execução intimar o credor para se manifestar a respeito, em prazo reputado razoável ao caso (art. 177), mínimo de 5 dias (art. 185), até mesmo em respeito à garantia constitucional do contraditório, que integra a garantia também fundamental e mais extensa do devido processo legal (Constituição Federal, art. 5º, inciso LV). (...) Na situação em comentário, não poderá o juízo da execução desconsiderar o contraditório no processo de execução, até porque o credor talvez possa ter razões de sobra para se opor ao requerimento do executado, recusando-se a receber o valor do seu crédito em parcelas mensais, dentre as quais, por exemplo, a de possuir o devedor vários bens móveis e imóveis no seu vasto patrimônio ou importâncias em dinheiro depositadas em polpudas contas bancárias, passíveis de penhora, para posterior adjudicação daqueles ou indisponibilidade destas, com o levantamento posterior dos seus valores, após transferidos para depósitos à ordem judicial.[27]

7 Conclusões

A forma apressada pela qual se desenvolveu o trabalho da Comissão Externa de Juristas na elaboração do Anteprojeto, que serviu de base ao atual texto do Projeto de Novo Código de Processo Civil, também examinado e aprovado no Senado Federal em desabalada correria, acarretou gama elevada de imperfeições e graves deficiências na sua sistematização e nos seus conteúdos normativos, muitas desrespeitando o devido processo constitucional.

---

[27] BRÊTAS. *Processo civil reformado*, p. 512-513.

Sem dúvida, alguns desses inconvenientes foram corrigidos no texto substitutivo do Projeto aprovado pelo plenário do Senado Federal, embora nem todos, estando o mesmo texto a exigir acurada análise, detida revisão sistemática e terminológica, em suma, muitas correções ainda lhe devem ser feitas, antes de se converter em lei, sem novas e reincidentes correrias ou precipitações por parte dos Membros do Congresso Nacional.

Pode ser afirmado que o texto anterior do Anteprojeto era *péssimo* e que, agora, o texto substitutivo do Projeto aprovado no Senado Federal melhorou um pouco, mas estando longe do ideal, merecendo a qualificação técnica de *defeituoso*, para se dizer o mínimo.

Enfim, como já foi acentuado em outro sítio doutrinário, síntese adequada à conclusão do presente trabalho:

> Elaborar um Código é tarefa complexa, extremamente difícil, a exigir técnica especial, muito trabalho, com a participação de pessoas versadas na ciência jurídica, visando aos objetivos principais de se organizar sistemática e racionalmente as normas de um determinado ramo do Direito, tornando-as acessíveis ao conhecimento de todos, e de se conferir estabilidade aos inúmeros institutos jurídicos.[28]

Referências

BRÊTAS, Ronaldo de Carvalho Dias. Exame preliminar do Projeto de Novo Código de Processo Civil. In: BARROS, Flaviane de Magalhães; MORAIS, José Luis Bolzan. *Reforma do processo civil*: perspectivas constitucionais. Belo Horizonte: Fórum, 2010.

BRÊTAS, Ronaldo de Carvalho Dias. Exame técnico e sistemático do Código de Processo Civil reformado. In: BRÊTAS, Ronaldo de Carvalho Dias; NEPOMUCENO, Luciana Diniz (Coord.). *Processo civil reformado*. 2. ed. Belo Horizonte: Del Rey, 2009.

BRÊTAS, Ronaldo de Carvalho Dias. Procedimento reformado da execução por quantia certa. In: BRÊTAS, Ronaldo de Carvalho Dias; NEPOMUCENO, Luciana Diniz (Coord.). *Processo civil reformado*. 2. ed. Belo Horizonte: Del Rey, 2009.

BRÊTAS, Ronaldo de Carvalho Dias. *Processo constitucional e Estado democrático de direito*. Belo Horizonte: Del Rey, 2010.

BRÊTAS, Ronaldo de Carvalho Dias. *Responsabilidade do Estado pela função jurisdicional*. Belo Horizonte: Del Rey, 2004.

BRÊTAS, Ronaldo de Carvalho Dias; BRÊTAS, Suzana Oliveira Marques. União estável: direitos sucessórios e questões processuais. *Revista Síntese Direito de Família*, São Paulo, v. 64, p. 7-29, fev./mar. 2011.

CARNELUTTI, Francesco. *Instituciones del proceso civil*. Traducción de la quinta edición italiana por Santiago Sentis Melendo. Buenos Aires: EJEA, [s.d.]. v. 1.

DINAMARCO, Cândido Rangel. *Fundamentos do processo civil moderno*. São Paulo: Malheiros, 2001. t. I.

LEAL, Rosemiro Pereira. *Teoria processual da decisão jurídica*. São Paulo: Landy, 2002.

NADER, Paulo. *Introdução ao estudo do direito*. 24. ed. rev. atual. Rio de Janeiro: Forense, 2004.

NUNES, Dierle José Coelho. *Processo jurisdicional democrático*. Curitiba: Juruá, 2008.

SANTOS, Ernane Fidélis. *Manual de direito processual civil*. 11. ed. rev. atual. São Paulo: 2006. v. 1.

---

[28] SOARES; BRÊTAS. *Manual elementar de processo civil*, p. 86.

SOARES, Carlos Henrique. Considerações preliminares sobre o relatório do Novo Código de Processo Civil. *Revista IOB de Direito Civil e Processo Civil*, São Paulo, v. 65, p. 119-133, maio/jun. 2010.

SOARES, Carlos Henrique; BRÊTAS, Ronaldo de Carvalho Dias. *Manual elementar de processo civil*. Belo Horizonte: Del Rey, 2011.

TAVARES, Fernando Horta; CUNHA, Maurício Ferreira. A codificação no direito e a temática recursal no Projeto do Novo Código de Processo Civil Brasileiro. *In*: BARROS, Flaviane de Magalhães; MORAIS, José Luis Bolzan. *Reforma do processo civil*: perspectivas constitucionais. Belo Horizonte: Fórum, 2010.

THEODORO JÚNIOR, Humberto. Primeiras observações sobre o Projeto do Novo Código de Processo Civil. *Revista IOB de Direito Civil e Processo Civil*, São Paulo, v. 66, p. 7-11, jul./ago. 2010.

TORNAGHI, Hélio. *Instituições de processo penal*. São Paulo: Saraiva, 1977. 1. v.

Informação bibliográfica deste texto, conforme a NBR 6023:2002 da Associação Brasileira de Normas Técnicas (ABNT):

BRÊTAS, Ronaldo de Carvalho Dias. Projeto do Novo Código de Processo Civil aprovado pelo Senado: exame técnico e constitucional. *In*: ROSSI, Fernando *et al.* (Coord.). *O futuro do processo civil no Brasil*: uma análise crítica ao Projeto do Novo CPC. Belo Horizonte: Fórum, 2011. p. 551-566. ISBN 978-85-7700-511-6.

DECISÃO INTERLOCUTÓRIA DE MÉRITO

RONALDO CRAMER

1 A importância do tema

Intuitivamente, constatamos, com alguma facilidade, que existem três tipos de pronunciamento judicial: um que nada decide, apenas dá andamento ao processo; outro que julga as questões que surgem durante o processo; e aquele que decide o próprio processo.

Entretanto, no direito positivo, essas definições não são tão simples e tem provocado polêmica.

Não faz muito tempo, a Lei nº 11.232/05, um dos diplomas legais da chamada terceira grande reforma do atual Código, alterou a definição de sentença constante do §1º do art. 162. Se antes sentença era conceituada por sua consequência ou por sua posição no processo (conceito topológico),[1] com a referida Lei, passou a ser definida por seu conteúdo (conceito substancial).[2] O novo conceito de sentença despertou debate na doutrina, alguns autores aceitaram, mas outros insistiram em ainda levar em conta a consequência que o ato acarreta, sustentando o que se convencionou chamar de conceito misto.

O debate não é inútil, pois, caso se adote o conceito substancial, se abre a possibilidade de o juiz cindir o julgamento da causa e proferir a chamada sentença parcial, como, por exemplo, a sentença que julga um dos pedidos cumulados ou julga apenas parte do pedido formulado.

---

[1] Muito embora a maioria da doutrina dissesse que o legislador se inspirou no critério topológico (pronunciamento proferido no fim do processo), percebe-se que o que sobressaía, na antiga definição de sentença, era, na verdade, a alegada consequência desse pronunciamento (extinção do processo). Daí porque talvez seja mais acertado dizer que o critério que fundamentou o antigo conceito de sentença foi o *finalista*.

[2] Cândido Rangel Dinamarco refere-se ao conceito substancial como aquele que define "sentença pelo que ela contém, não por onde ela se situa" (*Instituições de direito processual civil*. 6. ed. rev. e atual. São Paulo: Malheiros, 2009. v. 2, p. 506).

À espera de um Novo Código de Processo Civil, o tema ganha novamente importância, já que tudo leva a crer que a futura legislação promoverá novas mudanças nos conceitos dos pronunciamentos judiciais.

2 Sucinto histórico

Vale a pena investigar, ainda que de forma sucinta, como a legislação processual civil brasileira, antes do Código vigente, tratou os pronunciamentos judiciais.

As Ordenações Afonsinas, Manoelinas e Filipinas previam três pronunciamentos judiciais: despachos, sentenças interlocutórias e sentenças definitivas.[3] Despacho era o pronunciamento que dava apenas andamento ao processo. Sentença interlocutória constituía qualquer decisão que o juiz proferisse antes de julgar o processo. E sentença definitiva correspondia ao ato do juiz que julgava o processo, com ou sem resolução de mérito.

Com o Regulamento nº 737 de 1850, o panorama não se modificou muito. O referido diploma não era específico sobre o tema, mas os artigos que dispunham sobre os recursos (arts. 639 a 671) revelam que havia três pronunciamentos judiciais: despachos, despachos (ou decisões) interlocutórios e sentenças definitivas. Tirante a mudança da denominação de sentença interlocutória para despacho (ou decisão) interlocutório, os pronunciamentos tinham a mesma forma de atuação dos previstos nas Ordenações.

O cenário manteve-se o mesmo com os Códigos de Processo estaduais, que, fora algumas exceções, nada mais fizeram do que acompanhar as regras do Regulamento nº 737, sendo que alguns chegaram a ser cópias fiéis. No dizer de Moacyr Lobo da Costa, "os legisladores estaduais acharam mais fácil copiar do que inovar".[4]

Ao tempo do Código de Processo Civil de 1939, os pronunciamentos judiciais consistiam em despachos, decisões interlocutórias simples, decisões interlocutórias mistas e sentenças. O Código de 1939 não previa expressamente esses quatro pronunciamentos. Tal compreensão era inferida pela doutrina a partir do sistema do Código.

A novidade, no Código de 1939, foi a introdução das decisões interlocutórias mistas, que julgavam questão incidente, mas, ao contrário das simples, punham fim ao processo.[5]

Até esse momento percebia-se, na doutrina e na legislação, certa confusão quanto às diferenças entre cada pronunciamento judicial. Não era incomum ver doutrina dizendo que despacho poderia decidir alguma questão, o que não tornava muito clara sua distinção com a decisão interlocutória. Igualmente, não era raro encontrar

---

[3] Os despachos não têm previsão expressa nas Ordenações, mas são depreendidos de seu sistema. As sentenças interlocutórias estão previstas no Título LXVII das Ordenações Afonsinas, no Título LXVIII das Ordenações Manuelinas e no Título LXV das Ordenações Filipinas. As sentenças definitivas, por seu turno, encontram-se no Título LXVIIII das Ordenações Afonsinas, no Título L das Ordenações Manuelinas e no Título LXVI das Ordenações Filipinas.
[4] *Breve notícia histórica do direito processual civil brasileiro e de sua literatura*. São Paulo: Revista dos Tribunais, 1970. p. 63.
[5] MARQUES, José Frederico. *Instituições de direito processual civil*. 3. ed. rev. Rio de Janeiro: Forense, 1966. v. 2, p. 242-243.

autores que não diferenciavam decisão e sentença, o que os levava a se referir à decisão interlocutória como sentença interlocutória.

Veja-se, como exemplo, essa passagem de Gabriel José Rodrigues de Rezende Filho:

> A sua atividade funcional [a do juiz] resolve-se em atos processuais: *despachos* e *sentenças*.
>
> Despacho é o ato pelo qual o juiz regula a marcha das causas, deferindo, ou não, petições e requerimentos e ordenando diligências, a pedido das partes ou *ex-officio*.
>
> Sentença é a decisão da causa ou de incidente da causa.
>
> Divide-se em interlocutória e definitiva.
>
> Sentença interlocutória é a que decide um incidente processual, podendo ser terminativa, isto é, ter fôrça de definitiva quando, ao resolver o incidente e sem entrar no mérito, põe termo ao processo. Nos demais casos, diz-se interlocutória simples, pois, qualquer que seja o seu conteúdo, o processo segue o seu destino.
>
> Sentença definitiva é a sentença final, que aprecia e decide a espécie ajuizada.[6]

O atual Código, como todos sabem, simplificou a noção dos pronunciamentos judiciais e previu, expressamente, três pronunciamentos judiciais: despachos, decisões interlocutórias e sentenças. Despachos, como sempre se entendeu, são pronunciamentos que apenas impulsionam o processo, sem nada decidir. Decisões interlocutórias consistem nos pronunciamentos que apreciam alguma questão incidente, sem pôr fim ao processo. E sentenças, pelo texto original, eram os pronunciamentos que extinguiam o processo, com ou sem resolução de mérito.

Ao contrário do que se imagina, o acórdão não constitui uma quarta espécie de pronunciamento judicial, mas apenas a denominação que o art. 163 do CPC dá a qualquer deliberação do colegiado do Tribunal, que pode ter conteúdo de decisão interlocutória ou de sentença. A esse respeito, leia-se o que disse Teresa Arruda Alvim Wambier:

> Autores há que criticam a técnica redacional dos arts. 267 e 269 do CPC, pois que aludem à extinção do *processo*, quando, na verdade, o que se extingue é o *procedimento em primeiro grau*.
>
> Cumpre, entretanto, notar que os artigos citados dizem respeito quer a sentença, quer a acórdão, cujo conteúdo seja o de uma sentença.
>
> Acórdão é a decisão colegiada de Tribunal, que pode ter como conteúdo o de uma sentença (de mérito ou não), ou o de uma decisão interlocutória.[7]

Por força da mudança do modelo de execução da sentença, que passou a ser satisfeita no mesmo processo em que foi proferida, a Lei nº 11.232/05 modificou o conceito de sentença no Código atual, para dispor que "é o ato do juiz que implica alguma das situações previstas nos arts. 267 e 269 desta Lei".

---

[6] *Curso de direito processual civil*. 5. ed. São Paulo: Saraiva, 1957. v. 2, p. 17.
[7] *Nulidades do processo e da sentença*. 5. ed. São Paulo: Revista dos Tribunais, 2004. p. 28.

Apesar de ter-se afastado do questionado critério topológico, o novo conceito de sentença, tal como previsto no atual §1º do art. 162 do CPC, também tem gerado polêmica.

Vê-se, logo, a dificuldade de sistematizar a nova redação do §1º do art. 162 com os arts. 267, 269 e 329 do CPC. Enquanto o §1º do art. 162 não se refere mais à extinção do processo, o art. 267 prevê que seus incisos acarretam a extinção do processo, o art. 269 dispõe que suas hipóteses não geram a extinção do processo, e, para piorar, o art. 329 prescreve que o juiz, ao proferir sentença antes da audiência preliminar, julga extinto o processo, conforme os arts. 267 e 269, incs. II a V. Apesar da completa falta de sintonia entre esses dispositivos, parece evidente que o ponto de partida de qualquer interpretação do conceito de sentença deve ser o §1º do art. 162 do CPC, sendo que os demais dispositivos do Código, que ainda mencionam a extinção do processo, devem ser compreendidos à luz da nova redação daquele dispositivo.

Além disso, se levarmos em conta literalmente a nova definição do Código de Processo Civil, adotando o conceito substancial de sentença, esse ato será todo pronunciamento judicial que, simplesmente, tiver por conteúdo qualquer um dos incisos dos arts. 267 e 269 do CPC. Explicando melhor: se entender um dos litisconsortes como parte ilegítima, hipótese do inc. VI do art. 267 do CPC, o juiz proferirá sentença, independentemente da repercussão desse julgamento sobre o processo.

Sustentam essa posição, isto é, que o atual §1º do art. 162 prevê o conceito substancial de sentença, Teresa Arruda Alvim Wambier,[8] Luiz Rodrigues Wambier, Eduardo Talamini e Flávio Renato Correia de Almeida,[9] José Miguel Garcia Medina;[10] Daniel Mitidiero[11] e Araken de Assis.[12]

Esse entendimento tem, sobretudo, duas desvantagens.

A primeira diz respeito ao recurso cabível. Se o pronunciamento judicial que exclui o litisconsorte é sentença, e considerando que os autos ainda devem permanecer na primeira instância para julgamento da outra parte da lide, qual o recurso cabível? Se for apelação, conforme o art. 513 do CPC, os autos subirão para o tribunal e o processo não poderá ter, como deveria, seguimento na primeira instância. Se for agravo de instrumento, tal solução representará uma exceção não prevista em lei, ao contrário do que ocorre, por exemplo, com o agravo de instrumento contra a sentença de falência, expressamente disposto no art. 100 da Lei nº 11.101/05.[13]

---

[8] *Recurso especial, recurso extraordinário e ação rescisória.* 2. ed. São Paulo: Revista dos Tribunais, 2008. p. 483-484.
[9] *Curso avançado de processo civil.* São Paulo: Revista dos Tribunais, 2008. v. 1, p. 543.
[10] *Parte geral e processo de conhecimento.* São Paulo: Revista dos Tribunais, 2009. p. 236.
[11] Conceito de sentença. OLIVEIRA, Carlos Alberto Álvaro de (Coord.). *A nova execução*: comentários à Lei nº 11.232, de 22 de dezembro de 2005. Rio de Janeiro: Forense, 2006. p. 7-9.
[12] *Cumprimento da sentença.* Rio de Janeiro: Forense, 2006. p. 20.
[13] Teresa Arruda Alvim Wambier responde que, por causa da aplicação do princípio da fungibilidade, deve ser admitido o agravo de instrumento: "O recurso mais adequado à decisão que determina a exclusão de litisconsorte é, a nosso ver, o de agravo. Extingue-se o processo em relação a este co-réu, mas o procedimento, como um todo, permanece. Assim, a decisão proferida, embora seja substancialmente, uma sentença, não tem como finalidade a de pôr fim ao procedimento como um todo, *mas só à ação-processo-relação processual*, que se havia estabelecido com relação ao *co-réu*. É, pois, a nosso juízo, agravável. Parece, no entanto razoável, que se aplique, nestes casos, o princípio da fungibilidade dos recursos" (*Os agravos no CPC brasileiro*. 3. ed. São Paulo: Revista dos Tribunais, 2000. p. 144).

A segunda desvantagem refere-se à possibilidade de existirem várias sentenças no mesmo processo. Se o juiz proferiu uma sentença, quando excluiu o litisconsorte, deve-se admitir que ele ainda profira outra sentença, para julgar a outra porção da lide. Alguns autores vêm chamando essa possibilidade de sentença parcial. Para essa doutrina, como a ideia de sentença não se vincula mais à extinção do processo, toda vez que o juiz, durante o processo, emitir um pronunciamento com base num dos incisos dos arts. 267 e 269 do CPC, ele proferirá uma sentença, que poderá ser parcial, caso ainda reste alguma parte da lide a ser apreciada.[14] Muito embora interessante, a tese da sentença parcial, como se verá melhor mais à frente, rompe com a estrutura do Código de Processo Civil, que não está preparada para acolher mais de uma sentença no mesmo processo.

Para evitar esses transtornos, a maioria dos autores sustenta que, para o correto entendimento da nova definição de sentença, sua consequência ainda deve ser considerada. Defendem esses processualistas o que vem sendo chamado de conceito misto de sentença, em que tanto o conteúdo quanto a consequência do ato são considerados.

Defendem o conceito misto Luiz Guilherme Marinoni e Sérgio Cruz Arenhart,[15] Alexandre Freitas Câmara,[16] Cassio Scarpinella Bueno,[17] Fredie Didier Jr., Paula Sarno Braga e Rafael Oliveira,[18] Nelson Nery Jr. e Rosa Maria de Andrade Nery,[19] Marcela Abelha Rodrigues,[20] Humberto Theodoro Jr.,[21] Luiz Fux[22] e Leonardo Greco.[23]

Concordo que a repercussão da sentença sobre o processo não pode ser desprezada no novo conceito, apesar de a nova redação do §1º do art. 162 do CPC não levar isso em conta. Conforme visto acima, o conceito substancial de sentença traz desvantagens, como a questão do recurso cabível e a possibilidade de sentenças parciais. Todavia, ao contrário do que afirma a maioria dos autores acima citados, a sentença não deve ser vista como um pronunciamento que extingue uma fase do processo. Essa noção tem sentido na hipótese de sentença condenatória, quando a execução ocorre numa outra fase do mesmo procedimento. Porém, não se encaixa quando a sentença é declaratória ou constitutiva, que dispensam, como se sabe, a

---

[14] Sobre a tese das sentenças parciais, Bruno Garcia Redondo defende que: "Sendo a sentença definida por seu conteúdo, tornou-se ainda mais clara a possibilidade de o juiz decidir, de imediato, certo pedido, fazendo-o sob a forma de *sentença*. Esse 'julgamento' cindido é possível quando os pedidos cumulados forem autônomos, suscetíveis de resolução em separado e estiverem maduros para julgamento: *v.g.*, nos caos de requerimento de desistência de uma das pretensões cumuladas, de indeferimento liminar de demanda reconvencional por decadência ou prescrição, de resolução de demanda declaratória incidental e de resolução de um pedido já maduro para julgamento antes dos demais" (Sentença parcial de mérito e apelação em autos suplementares. Revista de Processo, São Paulo, v. 33, n. 160, p. 150, jun. 2008).
[15] *Processo de conhecimento*. 7. ed. São Paulo: Revista dos Tribunais, 2008. p. 411.
[16] *Lições de direito processual civil*. 16. ed. Rio de Janeiro: Lumen Juris, 2007. v. 1, p. 447.
[17] *Curso sistematizado de direito processual civil*. São Paulo: Saraiva, 2007. v. 2, t. I, p. 328.
[18] *Curso de direito processual civil*. 2. ed. Salvador: JusPodivm, 2008. v. 2, p. 257.
[19] *Código de Processo Civil comentado e legislação extravagante*. 9. ed. rev. atual. e ampl. São Paulo: Revista dos Tribunais, 2006. p. 373.
[20] *Manual de direito processual civil*. 4. ed. São Paulo: Revista dos Tribunais, 2008. p. 449-450.
[21] Não está claro em sua obra, mas Humberto Theodoro Jr. parece defender o conceito misto de sentença (*Curso de direito processual civil*. Rio de Janeiro: Forense, 2006. v. 1, p. 543-544).
[22] *A reforma do processo civil*. Niterói: Impetus, 2006. p. 80-82.
[23] *Instituições de processo civil*. Rio de Janeiro: Forense, 2009. v. 1, p. 282.

necessidade de posterior atividade jurisdicional de execução. Desse modo, nos processos que geram sentenças declaratórias e constitutivas, não é possível dividir o procedimento em fases, daí porque esse conceito de sentença, como ato que põe fim a uma fase, é insuficiente.

Por outro lado, definir sentença como o ato que encerra o procedimento em primeira instância, como já sustentava a antiga doutrina, também não resolve o problema, porque a sentença condenatória, que extingue apenas uma fase do procedimento, não seria contemplada por esse conceito.

A meu ver, sentença deve ser conceituada como o pronunciamento judicial que tem por conteúdo um dos incisos dos arts. 267 e 269 do CPC e, cumulativamente, dá a solução processual. Além do conteúdo, o pronunciamento judicial para se configurar uma sentença deve gerar a solução processual.[24] E o que é solução processual? A solução processual constitui o julgamento, direto ou indireto, de todos os pedidos de tutela jurisdicional formulados pelo autor, entendido como julgamento direto a apreciação do pedido em si ou qualquer resultado equivalente a essa apreciação, e como julgamento indireto a declaração de que o pedido não pode ser julgado por conta de alguma questão processual. Frise-se que somente haverá solução processual se todos os pedidos cumulados forem julgados.

Abre-se parêntese para dizer que a solução do processo se distingue da solução da lide. Sempre que o juiz julgar o pedido ou declarar que não pode julgá-lo, haverá solução processual, mas somente ocorrerá solução da lide se ele julgar o pedido (o mérito).

Além de se afastar da ideia de extinção do processo, do procedimento ou da fase do procedimento, a definição aqui proposta consegue conviver com a nova realidade das sentenças condenatórias, que são executadas no mesmo processo; serve para as sentenças declaratórias e constitutivas, que dispensam execução; e admite a continuação da atividade jurisdicional, após o proferimento da sentença, seja pela interposição do recurso, seja para a prática de atos de conclusão do procedimento, como a execução da sucumbência.

Em síntese, sentença é o pronunciamento judicial que tem por conteúdo os incisos dos arts. 267 e 269 do CPC e, cumulativamente, dá a solução processual (julgamento, direto ou indireto, de todos os pedidos de tutela jurisdicional formulados pelo autor).

3 A tese da sentença parcial

Há dois princípios que regem a sentença que são muito pouco comentados pela doutrina: o princípio da unidade da sentença e o princípio da unicidade da sentença.

---

[24] Parece-me que esse conceito, que se funda na ideia de solução processual, guarda semelhança com o de Dinamarco, que se baseia na noção de definição da causa. Para Dinamarco, sentença é o "ato com o qual o juiz define a causa com ou sem julgamento de mérito". Continua o autor, explicando que *"definir a causa é emitir solução final referente ao litígio posto em juízo, dissolvendo seu objeto porque a respeito deste é então dada toda a resposta que naquele grau de jurisdição poderia ser dada"* (*Instituições de direito processual civil*. 6. ed. rev. e atual. São Paulo: Malheiros, 2009. v. 2, p. 508).

De acordo com o princípio da unidade, a sentença é considerada um ato indivisível, que não pode ser separado em partes, que teriam autonomia entre si e em relação ao todo. Por força do princípio da unidade da sentença compreende-se que, apesar de o juiz poder decidir algumas questões incidentes (que não dizem respeito, diretamente, ao pedido de tutela jurisdicional) na sentença — como, por exemplo, a incompetência absoluta, algum vício processual ou, até mesmo, a antecipação de tutela[25] —, esses julgamentos não se revestem de autonomia e acabam integrando o ato sentencial.

Conforme o princípio da unicidade, a sentença é um ato único, que ocorre num único momento, no qual o juiz, após formar sua convicção sobre o alegado, soluciona o processo. Somente pode haver um único ato de solução do processo na mesma fase do procedimento.

Hoje, o princípio da unicidade tem sido excepcionado pela tese da sentença parcial. Essa corrente decorre da adoção do conceito substancial de sentença. Quem define sentença apenas pelo conteúdo admite, consequentemente, que o juiz pode cindir o julgamento da causa, proferindo mais de uma sentença no curso do processo. Defendem essa tese, entre outros autores, Cândido Rangel Dinamarco,[26] Luiz Rodrigues Wambier, Teresa Arruda Alvim Wambier e José Miguel Garcia Medina,[27] Ovídio A. Baptista da Silva,[28] Daniel Mitidiero[29] e Bruno Garcia Redondo.[30]

---

[25] "Direito processual civil. Agravo no agravo de instrumento. Recurso especial. Ação de imissão de posse. Tutela antecipada concedida quando da prolação da sentença. Possibilidade. Apelação da concessão da tutela antecipada. Efeito devolutivo. Consonância do acórdão recorrido com a jurisprudência do STJ.
– A antecipação da tutela pode ser deferida quando da prolação da sentença, sendo que, em tais hipóteses, a apelação contra esta interposta deverá ser recebida apenas no efeito devolutivo quanto à parte em que foi concedida a tutela. Precedentes.
– Inviável o recurso especial quando o acórdão impugnado encontra-se em consonância com a jurisprudência do STJ.
Agravo no agravo de instrumento não provido" (STJ, 3ª Turma, Agravo Regimental no Agravo de Instrumento nº 940.317/SC, rel. Min. Nancy Andrighi, j. 19.12.2007).

[26] Dinamarco refere-se à cisão do julgamento da causa (*Instituições de direito processual civil*. 6. ed. rev. e atual. São Paulo: Malheiros, 2009. v. 3, p. 700). Apesar de admitir a sentença parcial, o autor não deixa claro que adota o conceito substancial de sentença, chegando a sustentar, no decorrer de sua obra, o conceito misto, ao afirmar que "em sua atuação sobre o processo a sentença é em princípio o *ato que extingue a fase de conhecimento em primeiro grau de jurisdição*" (*Instituições de direito processual civil*. 6. ed. rev. e atual. São Paulo: Malheiros, 2009. v. 3, p. 682). Aliás, Dinamarco mudou de opinião sobre a sentença parcial, pois, na primeira edição de sua obra, dizia o seguinte: "Diferente da divisão da sentença em capítulos é a *cisão do julgamento*, consistente em antecipar a decisão de alguma questão de mérito suscitada pelas partes, pronunciando-se o juiz sobre ela antes de proferir sentença. Essa prática é absolutamente contrária ao sistema, porque *todas as questões relacionadas com o mérito devem ser julgadas em um ato só*, como emerge do comando contido no art. 459 do Código de Processo Civil. É na sentença que o juiz *acolhe ou rejeita, no todo ou em parte, o pedido formulado pelo autor* (art. 459). Essa prática transgride também o disposto no art. 458, inc. II, do Código de Processo civil, segundo o qual é na motivação *da sentença* que o juiz deve examinar todas as questões relativas ao *meritum causae* (supra, nn. 1223-1224). Tal é o *princípio da unidade da sentença*, que só pode ser contrariado quando uma específica norma de direito o autorizar (Liebman)" (*Instituições de direito processual civil*. São Paulo: Malheiros, 2001. v. 3, p. 668).

[27] *Breves comentários à nova sistemática processual civil*. São Paulo: Revista dos Tribunais, 2006. p. 37. v. 2, Leis 11.187/2005, 11.232/2005, 11.276/2006, 11.277/206 e 11.280/2006; MEDINA, José Miguel Garcia; WAMBIER, Teresa Arruda Alvim. *Parte geral e processo de conhecimento*. São Paulo: Revista dos Tribunais, 2009. p. 242.

[28] Decisões interlocutórias e sentenças liminares. *In*: SILVA, Ovídio A. Baptista da. *Da sentença liminar à nulidade da sentença*. Rio de Janeiro: Forense, 2001. p. 20-21.

[29] Conceito de sentença. OLIVEIRA, Carlos Alberto Álvaro de (Coord.). *A nova execução*: comentários à Lei nº 11.232, de 22 de dezembro de 2005. Rio de Janeiro: Forense, 2006, p. 8-9.

[30] Sentença parcial de mérito e apelação em autos suplementares. *Revista de Processo*, São Paulo, ano 33, n. 160, p. 154-155, jun. 2008.

Assim, seriam exemplos de sentenças parciais: a sentença que exclui o litisconsorte por ilegitimidade; a sentença que indefere liminarmente a reconvenção; a sentença que julga um dos pedidos cumulados; a sentença que aplica o art. 285-A para um dos pedidos cumulados; a sentença que entrega a tutela referente a um dos pedidos, porque o réu não o contestou (art. 273, §6º, do CPC); e a sentença que julga apenas parte do pedido.

Concordo que a tese da sentença parcial prestigia a efetividade do processo, pois admite que, diante de pedidos cumulados, o juiz possa conceder a tutela jurisdicional tão logo se convença do acerto da pretensão, sem a necessidade de esperar a formação do seu convencimento sobre os demais pedidos.

Contudo, coerente com a minha preferência pelo conceito misto de sentença — que, repita-se, é o ato que tem por conteúdo qualquer uma das hipóteses dos arts. 267 ou 269 do CPC e, ao mesmo tempo, soluciona o processo —, não entendo possível a prolação de uma sentença que julga parte do pedido ou apenas um dos pedidos cumulados. Aliás, exatamente por essa coerência, todos os que sustentam o conceito misto de sentença não devem reconhecer a tese da sentença parcial.

Dentre os autores que rejeitam, expressamente, essa tese, encontram-se Athos Gusmão Carneiro,[31] Leonardo Greco,[32] Alexandre Freitas Câmara,[33] Luiz Guilherme Marinoni e Sérgio Cruz Arenhart.[34]

Como explicado acima, não obstante a efetividade da tese da sentença parcial, o Código de Processo Civil não foi pensado, tampouco está preparado para absorver a possibilidade de o juiz proferir várias sentenças, em momentos diferentes, no mesmo processo.

Se considerarmos a sistemática do Código, como o texto legal prevê o desenrolar dos atos processuais até o julgamento do pedido formulado pelo autor, o juiz não pode proferir uma sentença e seguir com o processo, para julgar outro pedido ou o restante da lide. Se levarmos em conta os momentos previstos no Código para o juiz prolatar uma sentença, veremos que nenhuma das disposições reconhece a possibilidade de continuação do processo, para prolação de outra sentença.[35]

O Código não admite que, após a prolação da sentença de indeferimento da petição inicial, possa haver outro julgamento de primeira instância, tanto que o parágrafo único do art. 296 do CPC estabelece que, interposta a apelação contra essa sentença, os autos devem ser remetidos ao tribunal.

O art. 285-A do CPC dispõe que o juiz apenas pode proferir sentença de improcedência liminar do pedido, se dispensar a citação, o que demonstra a impossibilidade de haver outro julgamento na mesma instância.

Nas hipóteses de julgamento conforme o estado do processo, previstas nos arts. 329 e 330, o Código não reconhece a possibilidade de outra sentença após esse julgamento, pois, o *caput* art. 331 do CPC diz que a continuação do processo, com a

---

[31] *Cumprimento de sentença*. Rio de Janeiro: Forense, 2007. p. 118-119.
[32] *Instituições de processo civil*. Rio de Janeiro: Forense, 2009. v. 1, p. 281-282.
[33] *Lições de direito processual civil*. 16. ed. Rio de Janeiro: Lumen Juris, 2007. v. 1, p. 447.
[34] *Processo de conhecimento*. 7. ed. rev. e atual. São Paulo: Revista dos Tribunais, 2008. p. 447.
[35] Refiro-me ao procedimento comum, e não aos procedimentos especiais.

designação de audiência preliminar, somente deve se dar "se não ocorrer qualquer das hipóteses previstas nas seções precedentes" (isto é: o julgamento conforme o estado do processo).

No momento regular de proferimento da sentença, que se dá na audiência de instrução e julgamento, o art. 455 do CPC, ao dizer que essa audiência é una e indivisível, admite que o julgamento da causa deve ser único.

E, finalmente, o *caput* do art. 459 do CPC é categórico quanto à impossibilidade de cindir o julgamento do mérito, porque estabelece que o "juiz proferirá a sentença, acolhendo ou rejeitando, no todo ou em parte, o pedido formulado pelo autor". Não dispõe o art. 459 do CPC que o juiz pode julgar parte do(s) pedido(s) formulado(s), mas sim que deve julgar todo(s) o(s) pedido(s), acolhendo ou rejeitando-o(s), total ou parcialmente.

Vê-se, assim, que, se, por um lado, o Código não disse, expressamente, que não pode haver sentença parcial, por outro, não admitiu, em nenhum dos momentos de julgamento da causa, a possibilidade de o juiz proferir uma sentença e continuar com o processo, para, posteriormente, prolatar outra sentença.

Exatamente por isso, a tese da sentença parcial não se acomoda à estrutura do processo prevista pelo Código, e sua adoção trará inconvenientes incontornáveis, como a execução de sucumbência parcial; a incerteza quanto ao recurso cabível para impugnar a sentença parcial; e a impossibilidade de a sentença parcial ser afetada por nulidade processual posteriormente reconhecida pelo juiz, quando do julgamento do restante da lide.

A confirmar o que se diz, veja-se que o ordenamento processual, quando desejou prever a sentença parcial, o fez expressamente, como, por exemplo, na ação de insolvência civil (arts. 748 a 786-A do CPC) e na ação de prestação de contas (arts. 914 a 919 do CPC).

Sobre a inadequação do sistema do Código para adotar a sentença parcial, leiam-se os pertinentes comentários de Leonardo Greco:

> Parece-me que a criação de um conceito mais amplo de sentença de mérito, para admitir, sem específica previsão legal, o fracionamento do julgamento do direito material em sucessivas decisões, ou seja, a generalização da possibilidade de o juiz adotar, em qualquer processo, sentenças parciais de mérito, é incompatível com o sistema processual brasileiro. Isso porque, em regra, a audiência deve ser una, vale dizer, toda cognição do juiz a respeito das questões de fato e de direito deve concentrar-se em um único momento (artigo 455 do CPC), numa série de atos encadeados, praticados sem qualquer interrupção. Também una é a instrução de todas as questões de fato, a proposição, a admissão e a produção das provas.[36]

De qualquer sorte, independentemente do conceito de sentença, se substancial ou misto, nada impede que o ordenamento processual adapte sua estrutura para admitir a sentença parcial no procedimento comum do processo de conhecimento. Insistimos: é preciso que o procedimento esteja preparado para admitir a sentença

---

[36] *Instituições de processo civil*. Rio de Janeiro: Forense, 2009. v. 1, p. 282.

parcial, como ocorre com os Códigos de Processo Civil italiano[37] e alemão,[38] que preveem, expressamente, a possibilidade de fracionamento do julgamento da causa.

No Código italiano, por exemplo, caso seja proferida uma sentença parcial, a parte vencida tem a possibilidade, conforme lhe garante o art. 340,[39] de interpor imediatamente apelação ou de recorrer somente quando apelar da sentença final, resolvendo, assim, o problema do recurso cabível e demonstrando que a possibilidade de cisão do julgamento da causa deve ser previamente concebida pelo sistema processual, a fim de evitar incompatibilidades procedimentais que, a meu ver, são insuperáveis.

A jurisprudência de nossos tribunais ainda é incipiente, mas já se verificam acórdãos contrários à tese da sentença parcial, como, por exemplo, o julgado da 13ª Câmara Cível do Tribunal de Justiça do Estado do Rio de Janeiro, no agravo de instrumento nº 2008.002.39221.[40]

Portanto, coerente com o conceito misto da sentença e, principalmente, porque o nosso sistema processual não foi desenhado para admitir a sentença parcial, entendo que esse ato não é possível.[41]

---

[37] Veja-se o art. 277 do Código de Processo Civil italiano: "277. Pronuncia sul merito: Il collegio nel deliberare sul merito deve decidere tutte le domande proposte e le relative eccezioni, definendo il giudizio.
Tuttavia il collegio, anche quando il giudice istruttore gli ha rimesso la causa a norma dell'articolo 187 primo comma, può limitare la decisione ad alcune domande, se riconosce che per esse soltanto non sia necessaria un'ulteriore istruzione, e se la loro sollecita definizione è di interesse apprezzabile per la parte che ne ha fatto istanza".
A respeito do tema, verifique-se Salvatore Satta. *Diritto processuale civile*. 31. ed. atual. por Carmine Punzi. Pádua: Cedam, 2000. p. 372.

[38] Leia-se o §301 do Código de Processo Civil alemão: "§301 Teilurteil: (1) Ist von mehreren in einer Klage geltend gemachten Ansprüchen nur der eine oder ist nur ein Teil eines Anspruchs oder bei erhobener Widerklage nur die Klage oder die Widerklage zur Endentscheidung reif, so hat das Gericht sie durch Endurteil (Teilurteil) zu erlassen. Über einen Teil eines einheitlichen Anspruchs, der nach Grund und Höhe streitig ist, kann durch Teilurteil nur entschieden werden, wenn zugleich ein Grundurteil über den restlichen Teil des Anspruchs ergeht. (2) Der Erlass eines Teilurteils kann unterbleiben, wenn es das Gericht nach Lage der Sache nicht für angemessen erachtet".
Sobre a sentença parcial prevista no Zivilprozessordnung, *vide* JAUERNIG, Othmar *Direito processual civil*. 25. ed. Tradução de F. Silveira Ramos. Coimbra: Almedina, 2002. p. 311.

[39] "Art. 340. Riserva facoltativa d'appello contro sentenze non definitive: Contro le sentenze previste dall'articolo 278 e dal n. 4 del secondo comma dell'articolo 279, l'appello puo' essere differito, qualora la parte soccombente ne faccia riserva, a pena di decadenza, entro il termine per appellare e, in ogni caso, non oltre la prima udienza dinanzi al giudice istruttore successiva alla comunicazione della sentenza stessa.
Quando sia stata fatta la riserva di cui al precedente comma, l'appello deve essere proposto unitamente a quello contro la sentenza che definisce il giudizio o con quello che venga proposto, dalla stessa o da altra parte, contro altra sentenza successiva che non definisca il giudizio.
La riserva non puo' piu' farsi, e se gia' fatta rimane priva di effetto, quando contro la stessa sentenza da alcuna delle parti sia proposto immediatamente appello".

[40] "Processual Civil. Execução Fiscal. Decisão que julga prescrita parte dos créditos. Apelação. Não recebimento, ao fundamento de que o ato judicial atacado desafia apenas agravo. Agravo de Instrumento objetivando o processamento do apelo. Erro grosseiro. Princípio da Fungibilidade. Inaplicabilidade. Seguimento negado na forma do art. 557 do CPC. Agravo Interno. Desprovimento.
Diante da redefinição do conceito de sentença pela reforma instituída pela Lei 11.232/05, só pode hoje ser considerada sentença o pronunciamento judicial de primeiro grau que disponha sobre alguma das matérias descritas nos arts. 267 e 269 do CPC e que, ao mesmo tempo, também extinga o processo, ou encerre uma das suas importantes fases.
O ato do juiz que apenas julga prescrita parte dos créditos sem extinção do processo, que segue com a execução dos créditos relativos aos demais exercícios, é decisão interlocutória, só podendo ser impugnado por via do agravo.
Inaplicabilidade do princípio da fungibilidade na espécie dos autos, que revela erro grosseiro" (TJRJ, 13ª Câmara Cível, agravo de instrumento nº 2008.002.39221, rel. Des. Nametala Jorge, acórdão unânime, j. 13.05.2009).

[41] O Projeto de Lei nº 166, que trata do Novo Código de Processo Civil, adota o conceito topológico de sentença e, com isso, inviabiliza a tese da sentença parcial. No entanto, parece-me que o Projeto ainda permite a cisão

4 Decisão interlocutória de mérito

Para tentar superar os problemas acima expostos, Alexandre Freitas Câmara e José Henrique Mouta Araújo afirmam que o pronunciamento que aprecia parte do mérito da causa não é sentença, mas decisão interlocutória de mérito. Os dois autores defendem que o julgamento do mérito não é exclusividade da sentença e pode ser feito por decisão interlocutória, que obedece ao regime da sentença, isto é, tem cognição exauriente, faz coisa julgada e é passível de ação rescisória.

Leia-se o que diz José Henrique Mouta Araújo:

> A resolução de mérito pode ser proferida não só mediante sentença, mas também mediante interlocutórias de conteúdo meritório, capazes de ensejar de um lado, coisa julgada e de outro, ficarem passíveis de ação rescisória.[42]

Agora, veja-se a lição de Alexandre Freitas Câmara:

> É de se notar que no caso previsto no §6º, do art. 273, a decisão antecipatória é interlocutória, sendo pois impugnável por agravo (na forma do art. 522 do CPC). Trata-se, porém, de decisão baseada em cognição exauriente, capaz de declarar a própria existência ou inexistência do direito material, razão pela qual será tal provimento, ao tornar irrecorrível, capaz de alcançar a autoridade de coisa julgada material.[43]

A despeito de criativa, a tese da decisão interlocutória de mérito padece do mesmo problema da sentença parcial: o Código atual não previu essa espécie de pronunciamento e não está preparado para acolhê-lo. Efetivamente, não me parece viável entender que a decisão interlocutória pode apreciar um dos pedidos ou parte deles e fazer coisa julgada, uma vez que o §2º do art. 162 não autoriza esse comportamento e o art. 467 dispõe que somente a sentença faz coisa julgada.

5 O Projeto do Novo CPC

O Projeto de Lei do Senado nº 166/10, que trata do Novo Código de Processo Civil, define os pronunciamentos judiciais nos seguintes termos:

> Art. 170. Os pronunciamentos do juiz consistirão em sentenças, decisões interlocutórias e despachos.
>
> §1º Ressalvadas as previsões expressas nos procedimentos especiais, sentença é o pronunciamento por meio do qual o juiz, com fundamento nos arts. 472 e 474, põe fim à fase cognitiva do procedimento comum, bem como o que extingue a execução.
>
> §2º Decisão interlocutória é todo pronunciamento judicial de natureza decisória que não se enquadre na descrição do §1º.

---

do julgamento da causa, só que o pronunciamento judicial que julga parte do pedido ou um dos pedidos cumulados passou a ser chamado de decisão interlocutória de mérito. O Projeto prevê que cabe agravo de instrumento contra a decisão interlocutória de mérito, mas admite a sustentação oral nesse caso, conforme o art. 857, §1º, e o art. 929, inc. II.

[42] *Coisa julgada e resolução parcial de mérito*. Curitiba: Juruá, 2008. p. 346.

[43] *Lições de direito processual civil*. 16. ed. Rio de Janeiro: Lumen Juris, 2007. v. 1, p. 479.

§3º São despachos todos os demais pronunciamentos do juiz praticados no processo, de ofício ou a requerimento da parte.

Repare-se que o Projeto adota uma postura diferente para conceituar os pronunciamentos judiciais. O legislador definiu expressamente sentença, porém decisão interlocutória e despachos foram conceituados por exclusão.

O Projeto acolhe o conceito misto de sentença, vale repetir, o que leva em conta o conteúdo e a consequência que o ato acarreta.

Apesar de ter abandonado expressamente o conceito substancial, o que já representou um avanço, o Projeto não andou bem ao dizer que a sentença põe fim à fase de cognição. Como todos sabem, nem toda sentença põe fim à fase de cognição. Como as sentenças declaratórias e constitutivas dispensam fase executiva, os processos que ensejam essas sentenças não são divisíveis em fases. Logo, a consequência de extinguir a fase de cognição serve apenas à sentença condenatória, o que torna o conceito do Projeto insuficiente para as sentenças declaratórias e constitutivas.

Insista-se aqui, mais uma vez, que o melhor é reconhecer que a consequência da sentença é a solução do processo. Solução processual não se confunde com extinção e significa o julgamento do pedido (ou de todos os pedidos) ou a declaração de que o pedido (ou todos pedidos) não pode ser julgado em virtude de alguma questão processual.

Os conceitos de decisão interlocutória e de despacho foram mais felizes.

Efetivamente, decisão interlocutória não é apenas, como diz o Código atual, o pronunciamento que aprecia questão incidente. Também constitui decisão interlocutória qualquer decisão que aprecia alguma questão principal (um dos incisos do art. 267 ou 269) e não soluciona o processo, como, por exemplo, a decisão que afasta a alegação de ilegitimidade passiva. Assim, correto definir decisão interlocutória como qualquer pronunciamento que não se enquadre no conceito de sentença.

Igualmente acertado conceituar despacho como o pronunciamento que não se encaixa na definição de decisão interlocutória, o que, na prática, significa afirmar que esse pronunciamento nada decide, apenas põe o processo em marcha.

Ao adotar o conceito misto, o Projeto abandonou, no meu entender, a possibilidade de adoção da tese da sentença parcial. Todavia, o Código dá a impressão de admitir a cisão do julgamento da causa.

Isso porque, no art. 969, inc. II, o Projeto dispõe que cabe agravo de instrumento contra decisão interlocutória que aprecia o mérito:

Art. 969. Cabe agravo de instrumento contra as decisões interlocutórias que versarem sobre:
II – o mérito da causa.

Ou seja, o Projeto prevê expressamente a possibilidade de ser proferida decisão interlocutória de mérito, na esteira do que defendem Alexandre Freitas Câmara e José Henrique Mouta Araújo. Como visto acima, decisão interlocutória de mérito é o pronunciamento que julga um ou parte dos pedidos cumulados e respeita o mesmo regime jurídico da sentença.

Todavia, em nenhum outro momento do texto o Projeto refere-se a essa espécie de interlocutória, tampouco esclarece seu regime jurídico, ou seja, se faz coisa julgada ou é passível de ação rescisória.

Diante disso, creio que o Projeto não contém boa solução, porque adota a decisão interlocutória de mérito, mas não faz adaptações no procedimento para a existência de tão peculiar pronunciamento. Deveria haver dispositivos afirmando que a interlocutória de mérito faz coisa julgada, sujeita-se à ação rescisória e — o mais importante — que o agravo de instrumento contra esse pronunciamento admite sustentação oral. Afinal, o recurso a respeito do julgamento do pedido deve ter defesa oral, sem o que o contraditório restará, claramente, prejudicado.

Referências

ARAÚJO, José Henrique Mouta. *Coisa julgada e resolução parcial de mérito*. Curitiba: Juruá: 2008.

ASSIS, Araken. *Cumprimento da sentença*. Rio de Janeiro: Forense, 2006.

BUENO, Cassio Scarpinella. *Curso sistematizado de direito processual civil*. São Paulo: Saraiva, 2007. v. 2, t. I.

CÂMARA, Alexandre Freitas. *Lições de direito processual civil*. 16. ed. Rio de Janeiro: Lumen Juris, 2007. v. 1.

COSTA, Moacyr Lobo. *Breve notícia histórica do direito processual civil brasileiro e de sua literatura*. São Paulo: Revista dos Tribunais, 1970.

DIDIER JR., Fredie. *Curso de direito processual civil*. 2. ed. Salvador: JusPodivm, 2008. v. 2.

DINAMARCO, Cândido Rangel. *Instituições de direito processual civil*. São Paulo: Malheiros, 2001. v. 3.

DINAMARCO, Cândido Rangel. *Instituições de processo civil*. Rio de Janeiro: Forense, 2009. v. 1.

DINAMARCO, Cândido Rangel. *Instituições de direito processual civil*. 6. ed. rev. e atual. São Paulo: Malheiros, 2009. v. 2.

DINAMARCO, Cândido Rangel. *Instituições de direito processual civil*. 6. ed. rev. e atual. São Paulo: Malheiros, 2009. v. 3.

FUX, Luiz. *A reforma do processo civil*. Niterói: Impetus, 2006.

MARINONI, Luiz Guilherme; ARENHART, Sérgio Cruz. *Processo de conhecimento*. 7. ed. São Paulo: Revista dos Tribunais, 2008.

MARQUES, José Frederico. *Instituições de direito processual civil*. 3. ed. rev. Rio de Janeiro: Forense, 1966. v. 2.

MEDINA, José Miguel Garcia. *Código de processo civil comentado e legislação extravagante*. 9. ed. rev. atual. e ampl. São Paulo: Revista dos Tribunais, 2006.

MEDINA, José Miguel Garcia; WAMBIER, Teresa Arruda Alvim. *Parte geral e processo de conhecimento*. São Paulo: Revista dos Tribunais, 2009.

MITIDIERO, Daniel. Conceito de sentença. *In*: OLIVEIRA, Carlos Alberto Álvaro de (Coord.). *A nova execução*: comentários à Lei nº 11.232, de 22 de dezembro de 2005. Rio de Janeiro: Forense, 2006.

REDONDO, Bruno Garcia. Sentença parcial de mérito e apelação em autos suplementares. *Revista de Processo*, São Paulo, ano 33, n. 160, jun. 2008.

REZENDE FILHO, Gabriel José Rodrigues de. *Curso de direito processual civil*. 5. ed. São Paulo: Saraiva, 1957. v. 2.

RODRIGUES, Marcelo Abelha. *Manual de direito processual civil*. 4. ed. São Paulo: Revista dos Tribunais, 2008.

SILVA, Ovídio A. Baptista da. Decisões interlocutórias e sentenças liminares. *In*: SILVA, Ovídio A. Baptista da. *Da sentença liminar à nulidade da sentença*. Rio de Janeiro: Forense, 2001.

THEODORO JR., Humberto. *Curso de direito processual civil*. Rio de Janeiro: Forense, 2006. v. 1.

WAMBIER, Teresa Arruda Alvim. *Nulidades do processo e da sentença*. 5. ed. São Paulo: Revista dos Tribunais, 2004.

WAMBIER, Teresa Arruda Alvim. *Os agravos no CPC brasileiro*. 3. ed. São Paulo: Revista dos Tribunais, 2000.

WAMBIER, Teresa Arruda Alvim. *Recurso especial, recurso extraordinário e ação rescisória*. 2. ed. São Paulo: Revista dos Tribunais, 2008.

WAMBIER, Teresa Arruda Alvim; WAMBIER, Luiz Rodrigues; MEDINA, José Miguel Garcia. *Breves comentários à nova sistemática processual civil*. São Paulo: Revista dos Tribunais, 2006. v. 2, Leis 11.187/2005, 11.232/2005, 11.276/2006, 11.277/206 e 11.280/2006.

WAMBIER, Luiz Rodrigues; TALAMINI, Eduardo. *Curso avançado de processo civil*. São Paulo: Revista dos Tribunais, 2008. v. 1.

Informação bibliográfica deste texto, conforme a NBR 6023:2002 da Associação Brasileira de Normas Técnicas (ABNT):

CRAMER, Ronaldo. Decisão interlocutória de mérito. *In*: ROSSI, Fernando *et al.* (Coord.). *O futuro do processo civil no Brasil*: uma análise crítica ao Projeto do Novo CPC. Belo Horizonte: Fórum, 2011. p. 567-580. ISBN 978-85-7700-511-6.

O *DUE PROCESS* E O *DEVIR* PROCESSUAL DEMOCRÁTICO

ROSEMIRO PEREIRA LEAL

1 *Law of the land* como devido processo garantista-ativista

É de inesgotável relevância para a ciência jurídica contemporânea (que não é mais dogmática) o registro assinalado por José Alfredo de Oliveira Baracho, em obra clássica,[1] que introduz no Brasil com marcos bem delineados o ensino da novel disciplina *Processo Constitucional*, de que, segundo opinião de Niceto Alcalá-Zamora y Castillo, abonada por Fix-Zamudio, "deve-se a Hans Kelsen a criação desse ramo especial de processo, que vem recebendo a denominação de *Direito Processual Constitucional*, através da sistematização dos conceitos que surgiram empiricamente na prática do Direito Constitucional americano" (grifos nossos). Ao lado desta notícia, colhe-se do mesmo autor a observação de que "As decisões decorrentes do exercício do controle de constitucionalidade das leis, *judicial review* ou a função criadora da Corte Suprema, por meio da interpretação *lata* ou *construction* da Constituição e das leis, demonstram a atuação essencial deste tribunal no sistema jurídico e político dos Estados Unidos".[2] Veremos adiante o que significa o DEVIDO nas interfaces do *due process* e do *judicial review* que colimaram no controle jurisdicional de constitucionalidade anunciado por Kelsen a partir da Constituição austríaca de 1920.

Desses recortes, por proveitosas informações históricas de Nelson Neri Júnior,[3] conclui-se que o *due process*, se estudado desde suas origens pela *law of the land* da Carta Magna de João Sem Terra de 1215, torna-se *due process of law* em 1354 pela lei inglesa do reinado de Eduardo III *como garantia dos nobres contra os abusos da coroa*

---

[1] BARACHO, José Alfredo de Oliveira. *Processo constitucional*. Rio de Janeiro: Forense, 1984. p. 23.
[2] *Ibidem*, p. 214.
[3] NERY JÚNIOR, Nelson. *Princípios do processo civil na Constituição Federal*. 3. ed. São Paulo: Revista dos Tribunais, 1996. p. 28-31.

inglesa, encontrando recepção na Constituição Americana de 1787, uma vez que já em 1776 a "Declaração dos Direitos" de Maryland (inc. XXI), de modo pioneiro, já fazia menção à *law of the land* como *via garantista* e *ativista* dos direitos de vida, liberdade ou propriedade (*life, liberty or property*).

Esse importante aspecto da conjunção do *due process* (*law of the land*) com os direitos de *vida e liberdade como propriedade* é que vem sendo descurado pelos processualistas contemporâneos na investigação dos conteúdos do *devido processo*. A correlação do instituto arcaico do *due process* com a *property*, e não só com as suas consectárias de vida e liberdade, é que marca o axioma histórico de que vida e liberdade são qualidades que se anunciam no exercício, desde sempre, do labor telúrico que é próprio (*property*-causa) da existência do homem (do seu, do que lhe é *devido*, como imanente), a exemplo do instituto jurídico-romanístico da ACTIO à defesa do que lhe é próprio (*property*) advindo da *land* (limite corporal) como sua condição também dinástica de ser pelos *landers* (leis potenciais da *physis*, as *rules of law* como *regras do ir-e-vir* do agir humano) que impunham natural obediência por todos, dado que eram os desígnios (*traditio*) dos *landers* que vincavam os iguais e desiguais em propriedades, logo em qualidade e quantidade do que era o seu mesmo, intrínseco à *land* determinante do *corpus* (fração de *physis*), como *metaphysis* não extensiva ao *potus* (ao despossuído).

Seria de todo importante, para explicitação temática, o estudo dos *landmarks* (leis da *physis* e da *actio*) que demarcaram a *metafísica* da *property* dos nobres ingleses sobre o ilimitado poder régio, antes mesmo de 1215, e que são fontes históricas relevantes à compreensão da *law of the land* e do *due process of law* e das *rules of law* que deram origem, por extensão, às *bills of rights* (declarações de direitos subjetivo-individuais)[4] que não se confundem com os *direitos fundamentais* no Brasil processualmente coinstitucionalizados, porque nestes o suporte histórico-compreensivo ou empírico-analítico dos *landers* perde a sua gênese no *pragma* da *metaphysis* para dar lugar à conjectura teórica por uma linguisticidade jurídico-construtiva (DEVIR) como ponto de alavancagem de uma *hermenêutica isomênica*[5] disponível a todos indistintamente (*teoria neoinstitucionalista do processo*). Admite-se, portanto, que o período medievo sediou os movimentos dos nobres contra os reis a propugnar originariamente um *common law* (igualdade com os reis) como *law of commons* dos que, por direitos iguais (comuns entre si), quanto ao exercício da *property*, não poderiam ser afetados ou surpreendidos por vontades soberanas de governos ou estatalidades que, por sua vez, já deviam submissão aos *landers* (*landmarks*). Este percurso do pragmático-linguístico ao pragmático transcendental (dos *landers* aos *rights*) é que nos interessa para revisitar o DEVIDO e o DEVIR em seus múltiplos vértices lógico-jurídicos que demandam esclarecimentos inadiáveis.

2 O *trial* no *Common* e *Civil Law*

A *doxa* (cláusula) histórica do *devir* como DEVIDO pela *traditio* da *law of the land*, e não do que é *devido* pela vontade do legislador, põe o *trial* (tribunal) nos albores do

---

[4] SALDANHA, Nelson. *Formação da teoria constitucional*. 2. ed. Rio de Janeiro: Renovar, 2000. p. 55.
[5] LEAL, Rosemiro Pereira. *Processo como teoria da lei democrática*. Belo Horizonte: Fórum, 2010. p. 271-283.

sistema de *common law* como lugar privilegiado de reconhecimento — acertamento (*jurisdictio*) de direitos e não o *parliament* (assembleia de legisladores — os *law-makers*). Os procedimentos (*due process-proceedings*) adotados na resolução de conflitos pelo *trial* (origem do *judicial review*) decorriam da *law of the land* como *rito* (*procedural due process of law*) a colocar as partes em paridade de armas (desconsideração dos seus títulos régios e nobiliárquicos que pudessem desfigurar a *isonomia* intrínseca à nobreza e a lhe conceder um tratamento pelo *substantive due process of law* assegurador de paridade de participação no *process* como poder de estar pessoalmente presente), o que historicamente designa o *caráter civil*[6] do *due process* na condução respeitosa (*fair*) dos interesses dos detentores da *property* (*land*) contigenciadora da *vida* e *liberdade*.

Assim, as expressões "paridade de armas", "processo jurisdicional",[7] "jurisdição constitucional" abonam o *modelo civil* do *process* da *law of the land*, por mais que se lhe acrescentem os termos "democrático", "justo", "moderno", "atual", ou outros adjetivos mais sonoros. Daí, os estudos sobre os costumes (*folkways, mores, behaviour, manners, habits, character, morals*) hão de ser feitos, no âmbito do *common law*, de modo atento às peculiaridades milenares (epifenômenos) provenientes da *law of the land* que tem correlações pragmático-transcendentais e repercussões metafísicas na formação do positivismo jurídico kelseniano pelo dogma do *dever-ser* de sua *norma fundamental* ligada à *property* como núcleo normativo (imperativo hipotético) que se expande axiologicamente em *consectários civis* de vida e liberdade pela legalidade (direito legislado) à formação da realidade estatal[8] de bem-viver (*fair play*) do assistencialismo autoritário do Estado Social de Direito (*welfare state*).

A primazia histórica do *trial* (origem do *judicial review*) sobre o *parliament* no clássico sistema de *common law* consolidou de tal sorte o princípio da razoabilidade das leis (substrato da *law of the land*) que mereceu de Nelson Nery Júnior a seguinte observação, *litteris*:[9] "toda lei que não for *razoável*, isto é, que não seja a '*law of the land*' é contrária ao direito e deve ser controlada pelo poder judiciário".

Atente-se que a expressão "deve ser controlada pelo poder judiciário" significa "deve ser" *abolida* pelo poder judiciário. E, na mesma página, o autor, ao ressaltar, na hipótese mencionada, a "incidência do *substantive due process*", lembra que (em pé de página) – *sic*:

> Já em 1798, no caso Calder v. Bull; antes portanto do famoso caso Marbury v. Madison (1803), que marcou o início da doutrina do *judicial review*, a Suprema Corte Americana, pelo voto de Chase, firmou o entendimento de que os atos normativos, quer legislativos, quer administrativos, que ferirem os direitos fundamentais ofendem, *ipso facto*, o devido processo legal, devendo ser nulificados pelo poder judiciário. (Lockhart-Kamisar-Choper-Shiffrin, The American Constitution, cit., p. 246 *et seq.*)

Aduz-se que o devido processo legal como *substantive due process* guardava integral imanência com o que se denominou "direitos fundamentais", que certamente

---

[6] LEAL, Rosemiro Pereira. Processo civil e sociedade civil. *Virtuajus*, PUC Minas, Belo Horizonte. Disponível em: <http://www.fmd.pucminas.br>.
[7] GONÇALVES, Aroldo Plínio. *Técnica processual e teoria do processo*. Rio de Janeiro: Aide, 1992. p. 120, 127, 170.
[8] KELSEN, Hans. *O Estado como integração*. São Paulo: Martins Fontes, 2003. p. 14.
[9] NERY JÚNIOR, *op. cit.*, p. 37.

aqui adquirem o sentido de "direitos fundantes" (*law of the land*) da normatividade (os chamados direitos materiais), a serem protegidos pela *jurisdição constitucional* (justiça dos juízes). Tudo isto é dito para a precípua indagação sobre o *due* nas perspectivas de Estado Liberal e Social de Direito (Kelsen) em face do paradigma processual de Estado Democrático de Direito como posto na Constituição Brasileira de 1988.

O *devido processo* advindo do DEVER-SER kelseniano arrasta pré-compreensões jurisprudenciais (significantes de demarcação) do *trial* medievo[10] (originador do *judicial review*) que, como vimos, remonta às acepções históricas (analógicas) da *law of the land*, cuja ruptura inviabilizaria o pressuposto da *property* como *norma fundamental* validadora do sistema liberal-social de legalidade a ser posto (pós-ativado) pelo *process* legislativo do *parliament*. Assim, o legislador seria mero *ativista* de normas *avant la letre*, isto é, antes mesmo que as repassasse à legalidade. O princípio *essente* da patrimonialidade dos "civis" é que gera uma "razoabilidade" (razão de ser *sein* para o DEVER-SER *sollen*) como *condictio sine qua* da unidade ideal de uma realidade normativa a se constituir Estado de Direito. De conseguinte, é a *law of the land* que dimensiona civilmente o exercício dos direitos de *vida* e *liberdade* inerentes aos sujeitos já historicamente individualizados[11] em patrimonialidade como potenciadores da formação das matrizes (*direitos materiais*) da existência jurídica para um povo (nação), se ficarmos cravados nos paradigmas de Estado Liberal e Social de Direito tal qual se encontra em Kelsen. Seria o mesmo que dizer que o *dever-ser* de Kelsen é dogmático, porque se imuniza ante a possibilidade da problematização do seu enunciado, tendo em vista a endogenia monológica da norma fundamental (*GRUNDNORM*) que semantiza todo o sistema de sua *teoria pura do direito*.

3 A *property* e o mito da neutralidade normativa

Aliás, o próprio Kelsen afirmava que *pura* era sua teoria, e não o Direito que deveria ser purificado, querendo dizer que sua teoria era purificadora do Direito (regras legisladas) a despojá-lo das impregnações que pudessem afetar a *law of the land* (validade-eficácia). Afora o que Luís Fernando Coelho entenda por ideologia (para ele, uma situação inescapável que pode ser boa ou má, útil ou inútil), ou seja, conceber a ideologia por uma teleologia, vê-se de sua conferência pronunciada no fecundo e exponencial encontro sobre "Estudos de Filosofia do Direito" dedicado a uma *Visão Integral da Obra de Hans Kelsen* em 1984 (Maringá),[12] ao pontuar a "neutralidade científica almejada por Kelsen", afirmou que, "para ser ideologicamente neutro, é preciso ter consciência dos elementos ideológicos que se pretende idealizar". Depreende-se que, segundo o que disse, a ideologia é o conscientemente idealizável para se obter neutralidade, como a significar que quanto mais se sublima a idealização mais racional se torna a neutralidade ideológica. O positivismo nesta

---

[10] SALDANHA, *op. cit.*, p. 53.
[11] LEAL, Rosemiro Pereira. Modelos processuais e Constituição democrática. *In*: OLIVEIRA, Marcelo Andrade Cattoni de; MACHADO, Felipe Daniel Amorim (Coord.). *Constituição e processo*. Belo Horizonte: Del Rey, 2009. p. 283-292.
[12] PRADO, Luis Regis; Karam Munir (Coord.). *Estudos de filosofia do direito*: uma visão integral da obra de Hans Kelsen. São Paulo: Revista dos Tribunais, 1985. p. 62-63.

alocução se transmuta em metafísica, porque ao perder a sua origem lógica e a sua base empírica, habita escatologicamente o homem como seu instrumental técnico de coerente autoencarceramento normativo por fontes gnosiológicas radicalmente veladas. Entretanto, o reparo que fez Miguel Reale à fala do eminente conferencista suplica menção por inteiro, *verbis*: "A mim me parece que esse desejo de neutralidade é difícil de ser realizado porque, no momento da interpretação, o elemento 'ideológico' de cada um interfere".

A partir desse reparo, Miguel Reale, surpreendentemente, ao revés, para perplexidade geral, afirma que a

> Ciência do Direito passou a ter vida nova, no momento em que Kelsen lembrou que não é apenas o legislador que põe a norma, mas também o juiz, quando dá sentença e, mais ainda, também o particular, quando firma um contrato. Kelsen desvinculou, pois, o conceito de norma do conceito de legislação posta por um poder soberano. Adiante, Reale pontua que a "outra contribuição de Kelsen é o reconhecimento de que o jurídico abrange tanto o *lícito* quanto o *ilícito*" e logo em seguida anota uma terceira contribuição de Kelsen que "é aquilo que está fora do impacto ideológico que tem caráter puramente técnico, é o reconhecimento de quem diz norma, diz proposição de *dever-ser*, diz uma proposição de caráter hipotético: se A é, B deve ser, e assim por diante. Ao fazer isso, o que Kelsen estabeleceu? Estabeleceu o ponto de partida da lógica-deôntica, Kelsen estava abrindo caminho para apreensão de algo que não tem nada de ideológico".

Ora, no final desse confronto (Luís Fernando – Reale), sobra-nos a obscura versão logomáquica de que a *ideologia* gera neutralidade pela convicta afirmação de ausência de *ideologia*. Não é difícil concluir que o equívoco foi considerar a "lógica deôntica" como *organon* de purificação (expurgo) do dogmatismo. Quando não se indaga da teoria proposicional construtiva (Popper) do enunciado imperativo de produção da norma, o *dever-ser* não se distingue do *ser* da lógica apofântica. Aliás, este aspecto foi motivo de nossas preocupações em obra recente.[13] A autocracia da norma fundamental de Kelsen é inescondível, porque o DEVIR, como o vir-a-ser do *dever-ser*, se anuncia em Kelsen na atemporalidade do *ser* que, ao fluir, não tendo começo nem fim, arrasta consigo mesmo (de modo imanente) o *passado* num *presente in-fieri* que se dirige para um *futuro* interminável,[14] deixando em seus índices semióticos (signos) traços mnêmicos (recalques) de impossibilidade investigativa quanto aos seus conteúdos valorativos (axiológicos). A pureza (neutralidade normativa) assim posta é perversa ao ocultar (escamotear) a *property* mercantilista (civilista) no âmago construtivo das formas de vida e liberdade praticadas pelo homem. O que se deixa de fora desta engenhosa discussão é que, ao tempo de Kelsen, a *episteme* adquirira rumos completamente diversos da *physis* e do *nomos* gregos (platônico-aristotélico) pelas obras dos chamados *intencionalistas*: herdeiros de um sincretismo filosófico que misturava o idealismo hegeliano (*sein-sollen*) com a ontologia fundamental heideggeriana do *dasein*, ambos enraizados nas fenomenologias de Hegel e de Husserl.

---

[13] LEAL. *Processo como teoria da lei democrática*, p. 154-155.
[14] STEIN, Ernildo; BONI, Luís A. de (Org.). *Dialética e liberdade*. Rio de Janeiro: Vozes; Porto Alegre: Universidade Federal do Rio Grande do Sul, 1993. p. 11-25.

Na quadra filosófica kelseniana, trabalhava-se um ucrônico *apeiron* (indeterminismo) que excluía qualquer ligação com a velha etiologia. Estavam em evidência as obras de Jaspers, Dilthey e Freud, nas quais as representações não mais se achavam "regidas pelo princípio da contradição, nem pelo terceiro excluído" e ignoravam as "relações temporais do antes e do depois", colocando-se "fora de qualquer relação causal possível", como se pode ler das relevantes lições de Georges Lanteri-Laura[15] ao examinar o apagamento (dissolução) da gênese individual pelo abandono da compreensão histórica. Sustentava-se um saber do cognitivismo simbólico, no qual "acontecimentos efetivos revelam-se sem importância". e "onde qualquer causalidade real acabava por se afigurar desprovida da mínima pertinência".

Essa desistência filosófica (ceticismo) de pesquisar a "causalidade real" engendrou um *devir* como *dever-ser* irrecusável para o homem, aos moldes da falácia idealista e naturalista que migra do *ser* para o *dever-ser* e deste para o *ser* pela monologia de acepções insuscetíveis à analiticidade, criando pulsões incontroláveis de condutas no substrato vital de forças que se revezam no movimento pendular da fusão-fissão e fissão-fusão por leis inalcançáveis à compreensão humana. A *norma fundamental* de Kelsen foi concebida como comando ordenamental advindo desse acaso-necessidade,[16] cabendo ao homem ineluctavelmente aceitá-la (jurisdicizá-la) segundo a relação condição-consequência (imputabilidade) pela normação (positivação) parlamentar (legislativa). O controle de constitucionalidade balizado por uma norma neutra (*dever-ser*) e perenemente vigorante ("fora do poder soberano" – Reale), como indica o positivismo kelseniano, instala uma tirania da autoridade na eternidade (acaso) pela ideologia dos fatos em nome da necessidade, isto é: é assim *porque é* ou é assim *porque deve ser*. O dilema do *regressum ad infinitum* desaparece ante um *devir* que adquire neutralidade normativa (ausência explicativa de suas fontes causais) na *atemporalidade* em que lícito e ilícito não fazem qualquer diferença. O crime (delito) em Kelsen acata uma relação de custo-benefício em sua dinâmica econômico-estrutural, não encerrando qualquer juízo de valor quanto à proibição de sua prática. As ameaças e lesões a direitos são reparadas pelas repercussões no universo da *property* de seus atores, não se ocupando de valores de vida e liberdade fora da patrimonialidade. O *potus*, o despossuído em Kelsen, é objeto da pena de conversão de sua despatrimonialidade em restrição de vida e liberdade em face da impossibilidade de aplicação de *astreintes*.

O fetiche criado pela *neutralidade normativa* do indeterminismo reinante (1905-1927), que consistia numa atrativa repulsa à busca de causas primeiras-últimas, acenou para o positivismo a possibilidade de extrair da experiência uma lógica do *dever-ser* como estabilizadora do fluxo de uma *law of the land* cujos marcos temporais de sua justificação sucumbiam na eternidade. Tornara-se irrelevante qualquer cogitação sobre a trama dos homens ou do tempo histórico. Preconizava-se uma linguagem universal[17] que precedia e enredava o homem de modo inescapável, situada fora da realidade causal, a lhe ditar um *devir* ininterrogável. Esta vedação à reflexão das causalidades e de sua teorização intercorrente (hermenêutica filosófica), com a

---

[15] LANTERI-LAURA, Georges. *Leitura das perversões*. Rio de Janeiro: Jorge Zahar, 1994. p. 129.
[16] MONOT, Jacques. *O acaso e a necessidade*. 3. ed. Petrópolis: Vozes, 1976.
[17] KUSCH, Martin. *Linguagem como cálculo versus linguagem como meio universal*. Rio Grande do Sul: Unisinos, 2001.

supressão dos juízos de valores ou crítico-analíticos, promoveu o culto a uma *técnica e ciência* dogmática do Direito expungidas de contaminações temporais. A técnica e a ciência de índole positivista (kelsenianas) revelavam uma verdade (*dever-ser*) na subjacência normativa fundamental e atemporal da *ex-sistência* (existência) humana que conferia um equilíbrio perene ao sistema adotado, desde que manejado pelos criadores (achadores compreensivo-ontológicos) de normas (legisladores e juízes) em harmonia ao corolário da "verdade" (compreensão) pressuposta da *norma fundamental*.

Assim, a ilusão de um *devir* puro (purificado das contaminações da temporalidade) acarretou a construção do *mito do referente*[18] diretivo de um justificacionismo (verificacionismo) que já trazia em si mesmo um *saber técnico* indiferente ao bem e ao mal (tudo é permitido, se não é proibido) a vincar impreterivelmente as legislações. Esta suposta *neutralidade normativa* do estruturalismo, causadora, segundo Popper, de violências e guerras, gerou para Kelsen a crença no caráter purificador do Direito como direito DEVIDO, porque, se não acatado em sua *norma fundamental* do vir-a-ser do DEVER por si mesmo (reificação do DEVIR), o sistema fatalmente se romperia em sua base autocriadora. Caberia, então, ao legislador, ao juiz, ao civil, a atividade continuada de certificação normativa (pós-ativação) desse direito DEVIDO mediante produção de leis escritas (direito positivo), sentenças e contratos. Kelsen não atentou para o fato de que sua *norma fundamental*, embora inferida da metafísica fundamental de um *devir* como vir-a-ser compreensivo, não etiológico, porque indeterminado, mas necessário, descendia dos avatares da *law of the land* na qual *ser* e *ter*, significando *land*, são indissolúveis no cerne da formação do mito da *imanência estrutural* de um sistema, aliada a um *dever-ser* irrecusável para todos e para tudo. A pureza da crença no indeterminismo (ausência de causalidade) é o suporte dogmático (deôntico-alético) da norma fundamental de Kelsen e dos gadamerianos. O *devido* é legislativamente posto sob sanção, punição, castigo, aos infratores e delinquentes (o *potus*).[19] A autoridade sancionadora (hércules dworkiano) é dotada aqui de uma pesada carga de saber ontológico (integridade) por juízos monológicos de adequabilidade principiológica, conveniência, equidade, justiça e ponderabilidade, encarregada que é de uma vigilância perpétua que só a ela cabe tecer e conduzir.

4 A *property* e o modelo civil do processo

Nesse passo, a distinção entre ordem e estrutura haveria de ser feita, porque a ordem, o *nomos*, se desligara da *physis* para que esta não mais impusesse uma ordem a ser compreendida pelos homens como *metaphysis*, mas que fosse uma estrutura dogmática (repressiva) em si mesma e imanente (*ethos*) a um *dever-ser* inexorável. Entretanto, o que o positivismo kelseniano do *dever-ser* como DEVIDO deixou à sombra em suas cogitações foi a tradição da *law of the land* que, por milênios e por nomenclaturas que vão da teologia à gnose, estabelece uma trincheira normativa a favor dos que têm (patrimonializados) contra os que querem tomar

---

[18] POPPER, Karl. *O conhecimento e o problema corpo-mente*. Lisboa: Ed. 70, 1996. p. 159-160.
[19] LEAL, Rosemiro Pereira. Processo civil e sociedade civil. *Virtuajus*, Belo Horizonte. Disponível em: <http://www.fmd.pucminas.br>.

(despatrimonializados). Erigiu-se uma *law* garantista (resolutiva de conflitos) a ser ativada no *devir* do *continuum* de uma estrutura mitologizada desde sempre como *land* a significar um *vir-a-ser* do homem no *ter* da terra como condição de sua própria existência material-corporal (*property*) fundadora de *vida* (*vis activa*) e de *liberdade* de ativar a força da vida. Quando se emprega, nesta perspectiva, a expressão *due process*, oculta-se, na escola positivista-normativista e do empirismo lógico, a *law of the land* que, a rigor, solicitaria a denominação de *due process of law* (*law of the land*) que remonta ao proceder do *trial* (*judicial review*), e não ao *parliament*, para recompor, atualizar, reafirmar, a *law* pela *doxa* recursal da máxima *jura novit curia* (o tribunal recompõe o direito) que, a seu turno, se vincula à proibição de autoativismo tribunalício pelas máximas do *nemo judex ex-officio* e *nemo judex sine actore*. O direito que se abre a todos à reparação de *ameaça ou lesão* a direitos pelo *trial* (*judicial review*) é a mímesis de um estruturalismo de fundo normativista (positivismo lógico) em que o exercício do *due process* (devido processo) é o DEVIDO modo do *vir-a-ser* da *law of the land*. A *property*, como se pode ler no art. 5º, XXXV, da CB/88, é o substrato histórico (*conditio sine qua*) da atuação da *jurisdictio* (justiça tribunalícia do *judicial review*) pelo *modelo civil do processo* definitório dos paradigmas de Direito liberal e do social-liberalismo, não contemplando o *devir* do vir-a-ser do DEVIDO PROCESSO na concepção democrática não paideica (não *physis*) como discorremos adiante.

Antes, é oportuno lembrar que a fenomenologia hegeliana plantou a tradição numa crença nomológica de leis que governam a subjacência do *devir* (vir-a-ser), as quais invertidas do céu para a terra, serviram também a Marx para justificar a lógica do materialismo histórico, colocando o homem como ator (não autor) de cenários epocais, de fins inescapáveis pela dialetização dogmática das contradições (conflitos de interesses) a assegurar ao homem (no *trial* da justiça da história) a vitória sobre a sua própria escravidão. A tradição da *law of the land* no socialismo científico sai do privatismo para o coletivismo como a permutar o *devido*, como DEVER-SER do indeterminismo, pelo JUSTO do determinismo hegeliano-marxista. A expressão *processo justo* tem raízes no *substantive due process* da *law of the land* do idealismo alemão a conceber uma substância primal (*property* como corpo-vida-liberdade) que se mostra pelo *agir* como um *ser* tendo o direito fundante (fundamental) de ser ator-destinatário de uma justiça social pela *land* (o ter produtivo desde sempre). Este *justo* sinalizador de um bem-estar geral é posto por uma falange de benfeitores que, inatos a uma estrutura atemporal do *justo agir* (*jurisdictio*), arbitram os conflitos em juízos de vida ou de morte (conveniência ou equidade).

5 O *Dever-Ser* inescapável do agir comunicativo

Hegel, em sua obra-mestra, *Fenomenologia do Espírito*, também inocula um *dever-ser* inescapável na ação do homem. Em suas palavras:[20]

> Assim, o indivíduo que vai agir parece encontrar-se em um círculo onde cada momento já pressupõe o outro, e desse modo não pode encontrar nenhum começo. Com efeito

---

[20] HEGEL, G. W. F. *Fenomenologia do espírito*. 5. ed. Petrópolis: Vozes, 2000. p. 248. Parte I.

só da *ação* aprende a conhecer sua essência originária que *deve ser* seu fim; mas para agir deve possuir antes o *fim*. Mas, por isso mesmo, tem de começar imediatamente, e sejam quais forem as circunstâncias; sem mais ponderações sobre o *começo, meio* e *fim*, deve passar à atividade, pois sua essência e sua natureza *em-si-essente* são princípio, meio e fim: tudo em um só (...)

Se continuarmos a leitura, vemos que em Hegel há um *dever-ser* que se desvela no *agir* e só neste é possível ao indivíduo conhecer seu *em-si-essente* na unidade de seu começo, meio e fim (passado-presente-futuro). Então, a teoria dos sistemas do autoconhecimento em Hegel não passa pela base de uma pura lógica, mas pela dialética (*o pragma*) compreensiva da silogística escatológica do esclarecimento das contradições intrínsecas às atividades vitais (formas materiais de vida, não como em Marx no sentido de técnicas de denominação, mas como modos de descoberta dos *fins* da história humana). Em Kelsen, este *dever-ser* emerso de um sistema jurídico-normativo pelo *DEVIDO* também coleta seus *fins* pela eficácia (potência) revelada de uma *ação* (agir comunicativo como decisões corretivas) de preservação da integridade ordenamental do Estado-Segurança para todos.

Nota-se que, nesse ponto do conceito do *agir*, Hegel aponta o destino próprio do indivíduo como sua natureza originária que se configura e se determina no *interesse* (*estar-entre-outros-homens*) a explicitar o *talento* inato de alguns (predestinados pela *metaphysis*) que põem as coisas como já suas (*law of the land*) por ter "mais forte energia na vontade ou possuir *natureza mais rica*, isto é, cuja determinidade originária é menos limitada. Inversamente, pode entender uma outra natureza como mais fraca e mais pobre" (p. 249-*fine, op. cit.*). Há traços hegelianos na teoria pura de Kelsen que, ao atribuir competência criativa (complementar-suplementar) de normas ao juiz pela via sentencial (decisória), também o faz pela *atividade* jurisdicional de um talento ínsito ao julgador (*jura novit curia*) a se tornar eficaz pelo grau de preservação de uma ontológica integridade (unidade) do sistema normativo. A consistência de um sistema em si pelo *devir* como *dever-ser* de uma norma abstrata a ser positivada (colocada em efetividade-efetuação por individualidades talentosas) encontrou algumas restrições em sua logicidade (fundamentação última) no curso do séc. XX a ponto de, com o crescimento vertiginoso da violência administrativa, parlamentar e judicial, dispensar-se da necessidade de uma *norma fundamental* (norma suprema) para, por mais dogmática que fosse, validar e eficacizar um sistema, a exemplo do *espírito* hegeliano como "a substância e a essência universal, igual a si mesma e permanente: o inabalável e irredutível fundamento e ponto de partida do agir de todos" (*sic*, p. 8, Parte II, *op. cit.*). Talvez em Hegel se desperte também o *dasein* heideggeriano.

É que — conforme acentua Maurício Moreira Portugal Ribeiro, em excelente trabalho de conclusão do Curso de Teoria Geral do Direito, do Programa de Pós-Graduação da PUC-SP em 1998,[21] com pequenos reparos que aqui faremos — estudos foram feitos no sentido de "transformar em algoritmos os processos de tomada de decisão jurídicos" como forma de aproximação da matemática à teoria do ordenamento jurídico. Sabe-se que os *algoritmos* são regras lógico-formais (não

---

[21] RIBEIRO, Maurício Moura Portugal. Influência do teorema de Gödel na concepção kelseniana de consistência do sistema jurídico. *Revista Trimestral de Direito Público*, São Paulo, n. 27, p. 147-155.

analógico-empíricas) para busca de resultados (soluções) em face de problemas semelhantes ou similares em áreas às vezes consideradas rigidamente distintas. O autor traz a socorro o teorema de Gödel desenvolvido na primeira metade do séc. XX para fazer sua proveitosa abordagem. Gödel sustentou "a possibilidade matemática de demonstrar-se a impossibilidade de realizar determinadas demonstrações" (*sic*) e acrescenta, analisando o teorema de Gödel, que "certos teoremas não podiam ser deduzidos de um determinado corpo de axiomas e que, portanto, alguns problemas milenares não encontravam, nem podiam encontrar, soluções no plano do sistema no qual tinham sido formulados". Lançou-se em jogo se era possível provar a consistência de um sistema a partir de axiomas internos ou externos ao sistema. O que Gödel concluiu por uma metamatemática foi que a consistência de um sistema só poderia ser comprovada mediante regras provenientes de um sistema mais complexo e este através de regras mais complexas ainda e assim sucessivamente. Também, por isso, demonstrou-se que qualquer sistema axiomático é essencialmente incompleto.

A teoria da incompletude (indecidibilidade) de Gödel colide com a pretendida consistência normativa do sistema teorizado por Kelsen. O *devir* como vir-a-ser do *dever-ser* vinculado a um referente desconteudizado como crença axiomática a validar todo o sistema (a *norma fundamental*) é, para Gödel, uma axiomatização inócua, porque ainda incompleta (aporítica), a não ser que seja erigida em *dogma*. Aliás, é este *dogma* que, em Direito, institui a *Ciência Dogmática do Direito* e seus doutrinadores (decisores do saber sem compromisso com os fundamentos de veredição) porque, ao dogmatizarem (ideologizarem) a verdade (ser eternal), dispensam-se fundamentos teóricos. O dogma aqui exclui o postulado de Gödel de "que não existe prova de que sabemos tudo que pensamos saber, já que tudo que pensamos saber não pode ser formalizado".[22] No sistema jurídico da *Ciência Dogmática do Direito*, prevalece o dogma da proibição do *non-liquet*[23] como *norma fundamental* a impor uma completude sistemática ao direito (o tudo saber) pelos juízos ontológicos de conveniência e equidade de construção metajurídica do decisor jurisdicional.

O que é relevante aqui examinar é se a "verdade", como axioma absoluto, não é suscetível à formalização por um referente (devido como DEVER-SER) intra ou extrassistêmico de estabilização do sentido normativo. A enunciação autocrática de uma *norma fundamental* não pode criar parâmetros de "verdade" (nem sua justificação ou aplicação proposicionais em juízos axiomáticos). A incompletude estrutural do sistema normativo kelseniano, porque demonstrado pelo teorema de Gödel, não cria, *per se*, o dogma de que, em sendo impossível banir a incompletude, a construção das decisões pelos juízes assumiria a condição completicista de um DEVER-SER imperativo e saneador de anomias extraído do mundo da experiência do decisor. Para Popper, o plano empírico, em sua autopoiese eventiva, não pode entrar para um sistema cognitivo sem prévia testabilidade teórica a pretexto de sua copiosa carga de dígitos algoritmizados em compreensões resolutivas de antinomias no sistema.[24] Elidir-se-ia, nas democracias, se tal se admitisse, o discurso juridicamente teorizado

---

[22] GOLDSTEIN, Rebecca. *A incompletude*: a prova e o paradoxo de Kurt Gödel. São Paulo: Cia das Letras, 2008. p. 172.

[23] LEAL, Rosemiro Pereira. *Teoria processual da decisão jurídica*. São Paulo: Landy, 2002.

[24] POPPER, Karl. *Conhecimento objetivo*: uma abordagem evolucionária: Belo Horizonte: Itatiaia, 1975. p. 236-237.

(normas legisladas processualmente) para reger o *direito igual de argumentação jurídica* para todos os destinatários normativos. Parece que Gödel percebeu, como Popper já afirmara, que a incompletude não está nos sistemas em si, mas na linguagem construtiva dos sistemas. Daí a cogitação popperiana sobre a indispensável demarcação da *teoria da linguagem* antes mesmo de se examinar a validade ou eficácia dos sistemas de verdade em qualquer área do conhecimento, porque a *racionalidade* em Popper não fica imune à *crítica epistemológica* como referente de veredição.[25] Não há em Popper algoritmos que, em si mesmos, já não estivessem impregnados de teorias a serem testadas quanto à oferta de possibilidades (corroborações) refutacionais. A axiomatização é, em qualquer hipótese, um referente mítico.[26]

As ideias de Peirce[27] reforçaram, desde Platão, a tese de que signos instituem uma linguagem universal que, ao preceder a língua humana gramaticalizada, é portadora de uma indimensionável riqueza semântica (sabedoria de vida – Dilthey) que extermina as pretensões de racionalidade (acesso a significados) intradiscursiva. A impressão que se retira da semiótica é a de que o demonstrado pelo teorema de Gödel torna impossível o saber humano sem a fixação dogmática de sentido (sabedoria de vida) por uma autoridade (Kelsen) ou pela aceitação da fatalidade performativa subjacente à fala humana (Apel-Habermas-Brandom). Ora, o que Gödel mostrou com o seu teorema é a impossibilidade de alguém pretender sistematizar verdades absolutas, o que, para uma nova ciência jurídica de *Sociedade Aberta* (Popper), equivale a uma oferta da possibilidade democrática de uma construção decisória não confinada a critérios justificacionistas e verificacionistas pelos quais o *Estado-Juiz* já saberia os fundamentos ou escopos que deveriam prevalecer quanto ao sentido das normas de um ordenamento jurídico antes mesmo de colocar à testabilidade teórica as suas asserções decisórias.

6 O *devir* processual democrático e o paradoxo positivista

Ocorre, na contemporaneidade, nos estudos do Direito, um paradoxo a ser erradicado: o *Direito Processual Constitucional*, por ter raízes no ensino de Kelsen, cuida de conteúdos jurídicos na perspectiva de sua *teoria pura do direito* que, ao trabalhar o *processo* como DEVIR instrumental do *trial*, para decidir entre *livres* e *iguais* em seu *ser* e *haver* pelo *ter* como *property* adquirida na *atemporalidade*, desgarra-se da instrumentalidade bülowiana[28] de cumprimento prévio de pressupostos de delimitação judicante para se transmutar em *substantive process* e significar a atuação jurisdicional (*jurisdictio*) da *law of the land* pelo *rito* de condutas procedurais livremente postas pelos juízes. O *devido processo* pelo *trial* é o DEVIR como *vir-a-ser* conforme a necessidade historizada da *traditio* à solução de conflitos de interesses (Von Jhering) entre patrimonializados. Por isto, ante a recusa de Kelsen "em buscar em fatos ou valores o fundamento último do

---

[25] LEAL. *Processo como teoria da lei democrática*, p. 33-34.
[26] POPPER, Karl. *O conhecimento e o problema corpo-mente*. Lisboa: Ed. 70, 1996. p. 159-160.
[27] NÖTH, Winfried. *Panorama da semiótica*. São Paulo: Annablune, 1995.
[28] BÜLOW, Oscar von. *La teoría de las excepciones procesales y los presupuestos procesales*. Buenos Aires: Ediciones Jurídicas Europa-América, 1973.

direito",[29] é o *substantive due process of law* que imporá um *dever-ser* como *proceder* dos juízes para validar a Constituição (controle de constitucionalidade) aqui considerada a *norma fundamental* (abrigo atemporal do *ser*, *haver* e *ter*, da *law of the land*) que "confere validade à última norma positiva do ordenamento".[30]

Conclui-se que o *devir*, como DEVIDO processo, nos positivismos jurídico e sociológico, assume em Kelsen um esmerado sincretismo, porque este Direito (ordenamento jurídico), ao ocultar a causalidade configurativa da *property*, instala desde sempre um *dever-ser* de fundo procedural (pragmatismo linguístico de geração e aplicação do Direito pela autoridade) que compromete sua apregoada *neutralidade normativa*, porque o controle de constitucionalidade é sempre operado pelo saber do *trial* no exclusivo nível constituído do Direito em que Constituição escrita e norma fundamental (*law of the land*) se dissociam quando a Constituição possa ameaçar prevalecer sobre os conteúdos ontológico-deônticos ou mítico-historicistas da *law of the land*. Também se verifica idêntico simulacro, por mímesis, se o controle de constitucionalidade vir a ser realizado pelo *parliament* segundo a máxima da *Lex posterior revogat legem priori*. Kelsen não refletiu o *Estado Democrático de Direito* para construir sua *teoria pura do direito*, o que nos impõe pensar atualmente o *Processo Constitucional* como disciplina jurídico-científica em acepções diversas das por ele concebidas, excluindo de nossas cogitações a *Ciência Dogmática do Direito* que pelo Direito romano-canônico e germânico se firmou ao longo dos séculos e já adentrando o séc. XXI com engenhosos rótulos tecnicistas a premiar um saber absoluto e ininterrogável de decisores onipotentes escorados em "doutrinadores" talentosos, sensíveis, sensatos e intuitivos.

A *teoria neoinstitucionalista do processo* inaugura uma concepção de *devido processo* como *devir* a partir de uma linguisticidade jurídica que é marco *interpretante* de criação (vir-a-ser) e atuação de um sistema normativo de tal modo a permitir a fusão biunívoca de vida-contraditório, liberdade-ampla defesa, isonomia-dignidade (igualdade), como direitos fundantes (fundamentais) de uma coinstitucionalidade instrumental à sua respectiva implementação. A Constituição não é um mero artefato gráfico-cartular (ou eletrônico), mas um *discurso* cujo *texto* se faz por uma *teoria do processo* como *interpretante* construtivo e operacional do sistema a possibilitar um *igual direito* de interpretação para produtores e destinatários normativos, rompendo-se, assim, com o axioma positivista de que "não é possível construir um saber unitário e coerente sobre o direito, oferecendo respostas no âmbito de uma só teoria".[31] O *devir* processual como *devido processo* é que anuncia o paradigma linguístico de *status* democrático de direito como *instância discursiva* em que fato e direito (faticidade-validade) numa fusão de representação de coisa e palavra não se perdem em significantes analógicos e digitais da psicopatologia do embaralhamento mental do não verbal e do verbal (esfera pública) a impossibilitar a criação de sentido presencial no *discurso textual* da comunicação humano-jurídica.

---

[29] BARZOTTO, Luís Fernando. *O positivismo jurídico contemporâneo*. Porto Alegre: Unisinos, 1999. p. 40.
[30] BARZOTTO, p. 41.
[31] DIMOULIS, Dimitri. *Positivismo jurídico*: introdução a uma teoria do direito e defesa do pragmatismo jurídico-político. São Paulo: Método, 2006. p. 36.

A discussão da "faticidade" em dimensões inefáveis (analógicas) da linguagem humana (representações internas dos fenômenos) gera polissemias (errâncias) que agravam o entendimento humano a pretexto de que possa estar assegurando a integral liberdade de expressão. De outro lado, o debate do direito abstraído dos fatos como "validade" da fala sobre as coisas agiganta a prepotência de um saber apofântico (jurisdicional) de significantes digitais privilegiados. Nessa quadra de transtornos sígnico-representativos é que, a pensar uma democracia expressa pela única e simples liberdade de votar, maior se afigura o peso do silêncio (*voto secreto*) sobre os fundamentos do sistema jurídico praticado, porque a interpretação jurídica oscila entre os rumos dados pelos mitos de um passado-necessário (devir como "devindo" do passado) e das afecções das empatias analógicas do imaginário[32] (sincretismo) sem qualquer controle intrassignificativo de um *interpretante* lógico-jurídico-autocrítico-linguístico (*devido processo*)[33] que possa disponibilizar um direito igual de compreensão e operacionalização (hermenêutica isonômica) de um sistema processualmente coinstitucionalizado para todos os destinatários normativos.

O *devido* do *devido processo* não tem origem, se concebido na democracia não paideica, no *dever-ser* da deôntica kelseniana afirmativa de uma atemporalidade jurídica que torna autopoiética a *norma fundamental* indutora de um sistema legislado que entrega ao *trial* o controle de constitucionalidade pela *law of the land* (direito judicial ou jurisprudencial), mas vai significar um *devir* processualizado que, como *interpretante* construtivo e intradiscursivo do sistema jurídico, expurga o atributo de *necessidade* fatal (escatológica) da *traditio* dos doxólogos direitos materiais como pressupostos míticos da *law of the land*. O *vir-a-ser* pelo *processo* cria juridicamente existência presencial na realidade fracassada (restos institucionais da violência histórica) a promover uma *coinstitucionalidade* a serviço de uma *comunidade jurídica de legitimados ao processo* que, autoincluindo-se na fruição de direitos de sua própria fundação (*direitos fundamentais*), como líquidos, certos e exigíveis (vida-contraditório, liberdade-ampla defesa, isonomia-dignidade),[34] estabelecem uma sociedade humana (democrática) de seres responsáveis pelo seu próprio destino. Portanto, o *devir* processual democrático (DEVIDO PROCESSO) não é um *vir-a-ser* pelo *já ser* (o passado irreflexo), porém se enuncia como construtivo de um *ser* (existência jurídica) teoricamente corroborado (coinstitucionalizado) e operativo de direitos fundamentais *líquidos, certos* e *exigíveis*, desde o nível constituinte da produção normativa.

Referências

BARACHO, José Alfredo de Oliveira. *Processo constitucional*. Rio de Janeiro: Forense, 1984.

BARZOTTO, Luís Fernando. *O positivismo jurídico contemporâneo*. Porto Alegre: Unisinos, 1999.

BÜLOW, Oscar von. *La teoría de las excepciones procesales y los presupuestos procesales*. Buenos Aires: Ediciones Jurídicas Europa-América, 1973.

---

[32] ROSOLATO, Guy. *Elementos da interpretação*. São Paulo: Escuta, 1988. p. 89-106.

[33] LEAL, Rosemiro Pereira. *Processo como teoria da lei democrática*. Belo Horizonte: Fórum, 2010. p. 53-55.

[34] LEAL, Rosemiro Pereira. A principiologia jurídica do processo na teoria neoinstitucionalista. *In*: DIDIER JR., Fredie; JORDÃO, Eduardo Ferreira (Coord.). *Teoria do processo*: panorama doutrinário mundial. Salvador: JusPodivm, 2007. p. 905-916.

PRADO, Luis Regis; KARAM, Munir (Coord.). *Estudos de filosofia do direito*: uma visão integral da obra de Hans Kelsen. São Paulo: Revista dos Tribunais, 1985. p. 62-63.

DIMOULIS, Dimitri. *Positivismo jurídico*: introdução a uma teoria do direito e defesa do pragmatismo jurídico-político. São Paulo: Método, 2006.

GOLDSTEIN, Rebecca. *A incompletude*: a prova e o paradoxo de Kurt Gödel. São Paulo: Cia das Letras, 2008.

GONÇALVES, Aroldo Plínio. *Técnica processual e teoria do processo*. Rio de Janeiro: Aide, 1992.

HEGEL, G. W. F. *Fenomenologia do espírito*. 5. ed. Petrópolis: Vozes, 2000. Parte I.

KELSEN, Hans. *O Estado como integração*. São Paulo: Martins Fontes, 2003.

KUSCH, Martin. *Linguagem como cálculo versus linguagem como meio universal*. Rio Grande do Sul: Unisinos, 2001.

LANTERI-LAURA, Georges. *Leitura das perversões*. Rio de Janeiro: Jorge Zahar, 1994.

LEAL, Rosemiro Pereira. A principiologia jurídica do processo na teoria neoinstitucionalista. *In*: DIDIER JR., Fredie; JORDÃO, Eduardo Ferreira (Coord.). *Teoria do processo*: panorama doutrinário mundial. Salvador: JusPodivm, 2007.

LEAL, Rosemiro Pereira. Modelos processuais e constituição democrática. *In*: OLIVEIRA, Marcelo Andrade Cattoni de; MACHADO, Felipe Daniel Amorim (Coord.). *Constituição e processo*. Belo Horizonte: Del Rey, 2009.

LEAL, Rosemiro Pereira. Processo civil e sociedade civil. *Virtuajus*, Belo Horizonte. Disponível em: <http://www.fmd.pucminas.br>.

LEAL, Rosemiro Pereira. *Processo como teoria da lei democrática*. Belo Horizonte: Fórum, 2010.

LEAL, Rosemiro Pereira. *Teoria processual da decisão jurídica*. São Paulo: Landy, 2002.

MONOT, Jacques. *O acaso e a necessidade*. 3. ed. Petrópolis: Vozes, 1976.

NERY JÚNIOR, Nelson. *Princípios do processo civil na Constituição Federal*. 3. ed. São Paulo: Revista dos Tribunais, 1996.

NÖTH, Winfried. *Panorama da semiótica*. São Paulo: Annablune, 1995.

POPPER, Karl. *Conhecimento objetivo*: uma abordagem evolucionária. Belo Horizonte: Itatiaia, 1975.

POPPER, Karl. *O conhecimento e o problema corpo-mente*. Lisboa: Ed. 70, 1996.

RIBEIRO, Maurício Moura Portugal. Influência do teorema de Gödel na concepção kelseniana de consistência do sistema jurídico. *Revista Trimestral de Direito Público*, São Paulo, n. 27.

ROSOLATO, Guy. *Elementos da interpretação*. São Paulo: Escuta, 1988.

SALDANHA, Nelson. *Formação da teoria constitucional*. 2. ed. Rio de Janeiro: Renovar, 2000.

STEIN, Ernildo; BONI, Luís A. de (Org.). *Dialética e liberdade*. Rio de Janeiro: Vozes; Porto Alegre: Universidade Federal do Rio Grande do Sul, 1993.

Informação bibliográfica deste texto, conforme a NBR 6023:2002 da Associação Brasileira de Normas Técnicas (ABNT):

LEAL, Rosemiro Pereira. O *due process* e o *devir* processual democrático. *In*: ROSSI, Fernando *et al*. (Coord.). *O futuro do processo civil no Brasil*: uma análise crítica ao Projeto do Novo CPC. Belo Horizonte: Fórum, 2011. p. 581-594. ISBN 978-85-7700-511-6.

A RELAÇÃO JURÍDICA COMO TÉCNICA DE SUSPENSÃO DA LEI PELO PODER DO JUIZ E A IDEOLOGIA DA DECISÃO JUDICIAL COMO ATIVIDADE COMPLEMENTAR DA FUNÇÃO LEGISLATIVA E FONTE CRIADORA DO DIREITO AINDA PRESENTES NO NOVO CPC – APONTAMENTOS CRÍTICOS À EXPOSIÇÃO DE MOTIVOS

SÉRGIO TIVERON

1 Técnica e ciência – As formas racionais e irracionais do Direito

Por estudos apontados na proveitosa obra de Aroldo Plínio Gonçalves,[1] sabe-se que, na gênese da humanidade, a prática precede aos estudos teóricos e a técnica precede aos estudos científicos, e que somente a partir da ciência é que novos padrões racionais de saber puderam ser concebidos, não sendo isso suficiente para afastar as formas irracionais em qualquer domínio do conhecimento humano, notadamente em Direito, persistindo, ainda, nos sistemas jurídicos vigentes, a convivência da racionalidade com a irracionalidade, obscurecendo a distinção do pensamento jurídico do rito religioso, ou das prescrições morais e políticas (*formas não jurídicas*), de tal modo que Weber[2] já apontara existir, na criação e na aplicação do direito, formas racionais e irracionais, sendo formalmente irracionais quando, "para a regulamentação da criação do direito e dos problemas de aplicação do Direito, são empregados meios que não podem ser racionalmente controlados", exemplificando com "a consulta a

---

[1] *Técnica processual e teoria do processo*. Rio de Janeiro: Aide, 1982. p. 24-26.
[2] *Economia e sociedade*. Brasília: Ed. UnB, 1999. v. 2, p. 13.

oráculos ou a sucedâneos destes",[3] e materialmente irracionais, "na medida em que a decisão é determinada por avaliações totalmente concretas de cada caso, sejam estas de natureza ética emocional ou política, em vez de depender de normas gerais". Sobre o assunto, conferir, ainda, as lições de Katie Argüello.[4]

Convive-se, pois, com o "paradoxo das conseqüências",[5] pelo qual não se pode afirmar que a procura ou uso de um meio justo sempre resulte no êxito de obter um fim justo e bom, ou, nas próprias palavras de Weber:[6]

> Se há uma coisa que atualmente não mais ignoramos é que uma coisa pode ser santa não apenas sem ser bela, mas porque e na medida em que não é bela. Semelhantemente, uma coisa pode ser bela não apenas sem ser boa, mas precisamente por aquilo que não a faz boa.

Portanto, a técnica compreende "o conjunto dos procedimentos bem definidos e transmissíveis, destinados a produzir certos resultados considerados úteis",[7] sem que sejam necessariamente justos e bons, enquanto que a ciência, necessária ao pensamento crítico, resulta do esclarecimento da técnica, buscando "a produção e o crescimento esclarecido do conhecimento pela testificação teorizada dos enunciados técnico-teóricos".[8]

Ante a realidade jurídico-constitucional brasileira (CB/88, art. 22, I e art. 24, XI), há que se considerar a existência de *normas processuais* ao lado de *normas procedimentais* (entre processo e procedimento), que, conforme lições de Aroldo Plínio Gonçalves,[9] com o auxílio da "lógica da relação entre classes", antes se incluem que se excluem, a partir da conceituação teórica desenvolvida por Elio Fazzalari[10] de *processo* (espécie) *como procedimento* (gênero), entre partes, *em contraditório*, sendo este o ponto de distinção entre a *espécie* e o *gênero*.

Nesse campo temático, o procedimento "que disciplina, organiza ou ordena em sucessão lógica o processo", gera a ideia de *técnica* que ordena e racionaliza uma atividade a ser desenvolvida,[11] entendimento também recepcionado por Liebman[12] que reconhece no procedimento um significado técnico, no sentido de que se dispõe visando à obtenção de resultados úteis, mas que necessita ser esclarecido e aperfeiçoado, sem que se obtenha, contudo, a certeza de que sua utilização sempre resultará em resultados justos ou racionais.

---

[3] Ressalta-se, aqui, a existência, por exemplo, de Associação de Juízes Espíritas que se reúnem para estabelecer fundamentos não jurídicos para auxiliar suas decisões judiciais.
[4] *O Ícaro da modernidade*: direito e política em Max Weber. São Paulo: Acadêmica, 1997. p. 130-133.
[5] MATTOS, Patricia Castro. *As visões de Weber e Habermas sobre direito e política*. Porto Alegre: Sergio Antonio Fabris, 2002. p. 38.
[6] *Ciência e política*: duas vocações. São Paulo: Cultrix. p. 41.
[7] LALANDE, André. *Vocabulário técnico e crítico da filosofia*. Martins Fontes, 1999. p. 1109.
[8] LEAL, Rosemiro Pereira. *Teoria geral do processo*. 9. ed. Rio de Janeiro: Forense, 2010. p. 43.
[9] GONÇALVES, Aroldo Plínio. *Técnica processual e teoria do processo*. Rio de Janeiro: Aide, 1982. p. 43-44, 57-58.
[10] *Instituições de direito processual*. Tradução de Elaine Nassif. Bookseller: Campinas, 2006.
[11] PIMENTEL, Wellington Moreira. *Comentários ao Código de Processo Civil*. 2. ed. Revista dos Tribunais, 1979. p. 9-10.
[12] *Manual de direito processual civil*. Tradução de Cândido Rangel Dinamarco. 3. ed. São Paulo: Malheiros, 2005. p. 295.

2 A relação jurídica como técnica e ideologia da jurisdição em Bülow e sua irrestrita adoção pelos juízes brasileiros como instrumento de positivação do poder estatal

Em Windscheid,[13] "a possibilidade de se impor judicialmente uma injunção da ordem jurídica contra outrem" é que garantiria a prevalência ou exigência de um direito subjetivo de uma pessoa sobre outra, pois que a vontade que prevalece no direito subjetivo "não é a do titular, mas a da ordem jurídica", sendo que esta ordem jurídica, em evidente paradoxismo, só se tornaria válida e eficaz por via de um *comando judicial*. Então, a ordem jurídica não passaria de uma *promessa* só concretizável pela *vontade jurisdicional* estatal.

No ponto mais alto dessa ideia colocam-se os conceitos, comprometidos com pressupostos políticos de índole liberal e burguesa,[14] com sua concepção individualista, de *direito subjetivo* e de *relação jurídica*, como "*um poder da vontade*" conferido pela ordem jurídica (poder jurídico) a uma pessoa[15] contra outra ou sobre um objeto, como, de resto, já haviam afirmado Savigny e Puchta.[16]

Deve-se à pandectística alemã a conciliação da noção de direito subjetivo com a de processo, e com Windscheid, do conceito de *direito subjetivo* originou-se o conceito de *relação jurídica* (*vinculum juris*).[17]

O conceito de *relação jurídica* "aperfeiçoou-se como o vínculo normativo que liga sujeitos, em dois pólos, passivo e ativo, atribuindo ao sujeito ativo o poder de exigir do sujeito passivo uma determinada conduta e impondo a este o dever de prestá-la"[18] (*vínculo de exigibilidade*). É nesse continente que o *direito de ação*, surgido da polêmica entre Windscheid e Muther,[19] foi erigido "de um conceito de relação jurídica engendrado por uma noção de direito subjetivo".[20]

A figura da *relação jurídica*, que se constituíra como *dogma na doutrina civilista*, foi amplamente admitida pelo Direito Processual sem grandes polêmicas ou reflexões.[21]

Oskar von Bülow[22] assenta as bases de sua teoria na distinção da *relação jurídica processual pública* (processo) das relações privadas (materiais) debatidas em juízo, "desde que se trata no processo da função dos oficiais públicos e uma vez que as partes são levadas em conta unicamente no aspecto de seu vínculo e cooperação com a atividade judicial", bem como no caráter dinâmico que apresenta ("a relação jurídica processual está em constante movimento e transformação"), como um "contrato público", pelo qual "o tribunal assume a obrigação concreta de decidir e realizar o direito deduzido em juízo", e "as partes ficam obrigadas... a prestar uma colaboração indispensável e a submeter-se aos resultados desta atividade comum".

---

[13] LARENZ. *Metodologia da ciência do direito*, p. 38.
[14] GUERRA FILHO. *A filosofia do direito*, p. 43.
[15] LARENZ. *Metodologia da ciência do direito*, op. cit., p. 37.
[16] LARENZ. *Metodologia da ciência do direito*, op. cit., p. 15, p. 25.
[17] GONÇALVES. *Técnica processual e teoria do processo*, p. 71-76.
[18] GONÇALVES. *Técnica processual e teoria do processo*, p. 76-77.
[19] WINDSCHEID, Bernhard; MUTHER, Theodor. *Polemica Sobre La "Actio"*. Tradução do alemão por Tomás A. Banzhaf. Buenos Aires: EJEA, 1974.
[20] GONÇALVES. *Técnica processual e teoria do processo*, p. 77.
[21] GONÇALVES. *Técnica processual e teoria do processo*, p. 71.
[22] *A teoria das exceções processuais e dos pressupostos processuais*. 2. ed. Campinas: LZN, 2005. p. 5-7.

Cuidava Bülow de *metamorfosear* a *exceptio* (para excluir a *actio*) dos romanos, conforme as esclarecedoras lições de André Cordeiro Leal,[23] tida como "instrumento de defesa do réu em juízo, destinado a neutralizar a concludência das razões sustentadas pelo autor, no caso em que a normal aplicação do *ius civile* resultaria iníqua",[24] ou seja, o lugar de "*suspensão da lei civil*" pelo poder do magistrado (pretor), para concebê-la como *atividade do juiz alemão* de "verificação do integral acatamento de certos pressupostos para após, e somente após, considerar-se constituída a relação processual... pretensamente zelosa e atenta quanto solipsista",[25] retirando tal iniciativa da esfera pessoal de provocação do réu, agora transformada em matéria procedimental (pressuposto processual de *existência* do processo cuja falta impediria o seu surgimento), "porque essa lei 'processual' é que iria servir de instrumento para a atuação (ou não) da jurisdição (no sentido bülowiano)", o que, afinal, permitiria à própria judicatura controlar a aplicação do Direito mediante filtragem prévia e vigilância restrita, e, assim, só lograria direito à jurisdição (judicação) o que demonstrasse preencher requisitos *subjetivamente* verificados pelo juiz, *de ofício*, configurando-se numa inexorável *soberania da jurisdição*.

O que estava em jogo era, na verdade, uma absoluta "questão de poder que ultrapassa em muito os limites do apego à precisão histórica",[26] ou seja, procurava-se afirmar o puro *objetivo político* de tornar-se *inquestionável* a "autoridade do Estado",[27] atribuindo-se ao processo (relação processual) uma natureza teleológica (finalística) e *instrumental de exercício e positivação do poder estatal do juiz*, em relação ao qual as partes se encontrariam "em situação de sujeição".[28]

Essa subordinação (*instrumentalização*) ao Estado é totalitária, porque promove uma completa desvalorização do papel social e político do indivíduo que, "transformado de sujeito em objecto, se acha totalmente subordinado e instrumentalizado à prossecução dos interesses do Estado".[29]

São significativas, nesse ponto, as lições de André Leal a respeito da *substituição*, formulada por Bülow, da expressão "*exceções processuais*" pela locução "*pressupostos processuais*", para afirmação da *ideologia do poder*, ou seja, em recepção às propostas formuladas para a reforma da processualística alemã, "por exigência de uma alta magistratura que então era, na maior parte dos casos, liberal no campo político":[30]

> A troca de "exceções" por "pressupostos" tornaria patente, a partir de então, o fato de que o controle da relação processual, porque atribuição do julgador, não poderia continuar a ser entendido como uma espécie de autorização do réu, ou algo que se originava exclusivamente de sua provocação.[31]

---

[23] *Instrumentalidade do processo em crise*. Belo Horizonte: Mandamentos, 2008. p. 43.
[24] AGAMBEN, Giorgio. *Homo Sacer*: o poder soberano e a vida nua. Belo Horizonte: Ed. UFMG, 2002. p. 30.
[25] LEAL. *Instrumentalidade do processo em crise*, p. 29-30.
[26] LEAL. *Instrumentalidade do processo em crise*, p. 31.
[27] BÜLOW. *A teoria das exceções processuais e dos pressupostos processuais*, p. 258.
[28] DINAMARCO, Cândido Rangel *et al*. *Teoria geral do processo*. 15. ed. São Paulo: Malheiros, 1999. p. 275-276, 285.
[29] OTERO, Paulo. *A democracia totalitária*: do Estado totalitário à sociedade totalitária; a influência do totalitarismo na democracia do século XXI. p. 20.
[30] WIEACKER, Franz. *História do direito privado moderno*. 2. ed. Tradução de A. M. Botelho Hespanha. Lisboa: Fundação Calouste Gulbenkian, 1993. p. 533.
[31] LEAL. *Instrumentalidade do processo em crise*, p. 31.

De forma que os antigos conceitos de *direito subjetivo* e de *relação jurídica*[32] "são ainda predominantes na ciência do Direito Processual"[33] e estão compreendidos nas teorias de Bülow a Liebman e deste a Dinamarco, como instrumento de positivação do poder estatal,[34] e seus *fiéis* seguidores, ainda que esteja, na Europa, conforme ensino de Elio Fazzalari,[35] "em declínio exatamente pela impossibilidade de empregá-la em relação a complexas relações entre normas", sendo seu uso "impróprio" para "definir a estrutura do processo".

3 Lei e magistratura – O complemento de Bülow à teoria da relação jurídica e o fetiche da condução ético-social por uma atividade criadora do Direito pelos juízes

Para Franz Wieacker,[36] a "descoberta da realidade pelo naturalismo jurídico[37] despertou... novas tendências metodológicas que tiveram em vista a *aplicação* judicial da lei".

> O problema da aplicação do direito parecia ter serenado a partir da vitória do positivismo legal nas modernas codificações, através da limitação do juiz à tarefa da subsunção legal. No entanto, na medida em que o problema do carácter lacunar das ordens jurídicas escritas se voltou a pôr, colocou-se de novo a questão de um método de interpretação da lei capaz de preencher as lacunas; e, quando as mutações sociais postas a descoberto pela primeira Guerra Mundial colocaram os juízes perante a tarefa de ajustar o direito legal ao novo modelo social, a questão da *aplicação* da lei através da interpretação começou a transformar-se na questão da admissibilidade do *desenvolvimento* do direito *praeter* ou mesmo *contra legem*.[38]

Foi nesse domínio que ganhou impacto prático a Jurisprudência dos Interesses, nome que se dá à teoria do achamento da solução jurídica (*Rechtsfindung*) criada por Philipp Heck, sob a influência de Ihering, com a pretensão de substituir a justiça lógica dos conceitos de Puchta pelas categorias de uma *justiça social*, e que "parte do fato de que a ordem jurídica legal é geralmente lacunar", e, por isso, não pode o juiz "obter a solução correta dos casos apenas através da subsunção em relação a um preceito legal".[39]

A Jurisprudência dos Interesses "exortou o juiz a aplicar os juízos de valor contidos na lei com vista ao caso judicando" sem quebrar verdadeiramente "os limites do positivismo", e isto "em medida tanto maior quanto aconselhou idêntico processo para o preenchimento das lacunas das leis, abrindo desta sorte ao juiz a possibilidade

---

[32] Um profundo estudo sobre esses conceitos é o de ESPÍNOLA FILHO, Eduardo, Direito subjetivo. *In*: SANTOS, Carvalho J. M. *Repertório enciclopédico do direito brasileiro*. Rio de Janeiro: Borsoi. v. 12. p. 211-393.
[33] GONÇALVES. *Técnica processual e teoria do processo*, p. 72.
[34] *Da instrumentalidade do processo*. 2. ed. São Paulo: Revista dos Tribunais, 1990.
[35] *Instituições de direito processual*. Tradução de Elaine Nassif. Bookseller: Campinas, 2006. p. 85.
[36] *História do direito privado moderno*. Tradução de A. M. Botelho Hespanha. Lisboa: Calouste Gulbenkian, 1980.
[37] A conferir: o sociologismo teleológico de IHERING.
[38] WIEACKER. *História do direito privado moderno*, p. 664.
[39] WIEACKER. *História do direito privado moderno*, p. 665.

de desenvolver o Direito não apenas na 'fidelidade à lei', mas de harmonia com as exigências da vida".[40]

Portanto, a possibilidade de *lacunas da lei* e o seu *preenchimento pelo juiz* estariam, para Heck,[41] no "centro da metodologia jurídica". Em face da *lacuna da lei*, exigir-se-ia do juiz proceder a uma *formação valorativa do preceito*, em vez de uma derivação lógico-formal a partir de um superior conceito, quando do seu *preenchimento*, considerando os *interesses em jogo*, mas de "harmonia com os princípios de valoração contidos na lei", mediante avaliação autônoma.[42]

A Jurisprudência dos Interesses, que obteve invulgar sucesso na prática jurídica, teria dado aos juízes "uma consciência sã".[43]

Na dogmática alemã se desenvolveu, ao lado da Jurisprudência dos Interesses, uma teoria da interpretação deduzida de um novo *telos*, a subtrair "da determinação finalista da interpretação e da construção conceitual os valores vitais e sociais de uma ética relativista", método que "constitui um estádio intermédio... entre um positivismo legal formal e um naturalismo determinado por razões ético-práticas",[44] como também se proclamou a Escola do Direito Livre, da qual foi precursor um escrito de Oskar von Bülow, de 1885, intitulado Gesetz und Richteramt (Lei e Magistratura),[45] radicalizando o pensamento jurídico da época, com a conclusão "de que *o juiz está legitimado e mesmo obrigado a desviar-se da lei* sempre que considerar injusta ou inadequada a sua aplicação a um dado caso" (g. n.). Não viam os adeptos de tal perspectiva teórica do Direito uma forma de arbítrio ou saber privado do juiz ao decidir, mas, antes, a "satisfação a necessidades ou interesses relevantes da sociedade".[46]

Para Bülow, o "véu ilusório da lei" ocultaria uma pluralidade de significações, e ao juiz caberia escolher dentre elas a que lhe parecesse a mais justa. Observa Larenz[47] que Bülow não fez menção aos critérios que deveria o juiz utilizar ao proceder essa escolha, "se segundo um critério objetivo e, em certa medida, controlável, como o fim da lei, a 'natureza das coisas' ou a concordância com um princípio, se segundo um critério subjetivo, porventura o do seu sentimento jurídico pessoal". Assim, tanto se poderia interpretar o que dissera Bülow no sentido de uma doutrina da interpretação teleológica da lei, como no sentido da teoria do Direito Livre.

Não seria um despropósito coligir (agregar) todas essas correntes do pensamento jurídico, por apresentarem em comum uma proposta de estudo orientada para o tratamento de problemas concretos, tal como ocorre no Direito da *common law*, com base no método-tópico fundado por Aristóteles (*Topiká*),[48] de investigação racional a partir de opiniões (máximas) geralmente aceitas, mediante o isolamento de problemas para serem solucionados, recuperado contemporaneamente por Theodor

---

[40] LARENZ. *Metodologia da ciência do direito*, p. 69-70.
[41] WIEACKER. *História do direito privado moderno*, p. 70.
[42] LARENZ. *Metodologia da ciência do direito*, p. 71.
[43] WIEACKER. *História do direito privado moderno*, p. 77.
[44] WIEACKER. *História do direito privado moderno*, p. 669-670.
[45] LARENZ. *Metodologia da ciência do direito*, p. 78.
[46] WIEACKER. *História do direito privado moderno*, p. 674.
[47] LARENZ. *Metodologia da ciência do direito*, p. 78.
[48] *Organon*, quarto volume, Tópicos, Lisboa: Guimarães Editores, 1985.

Viehweg[49] e sua tópica jurídica que, aplicada ao Direito, coloca na primeira linha da atividade de achamento ou de declaração do direito o juiz à busca de consenso das partes por meio de hipotética negociação em condições de iguais oportunidades,[50] mas que mais guarda afinidade com a Jurisprudência dos Interesses de Philip Heck e a Escola do Direito Livre de Bülow.[51]

Também não seria demasiado absurdo, com idênticos propósitos, vincular a tais ideais os sociologistas (egologistas ou realistas), pois a escola sociológica em Direito deve ser considerada "profundamente positiva e realista na medida em que toma o *sistema jurídico positivo* como o objeto de estudo e o trata como uma coisa (res = coisa; donde, o adjetivo realista), quer dizer, como um *fenômeno social objetivo*", como assevera Michel Miaille.[52] O que antes se explicava por uma hipotética Natureza ou Razão universal (idealismo), os sociologistas explicam pela sociedade. Os realistas consideram as sociedades o lugar do qual se pode extrair o Direito.[53] De considerar, inclusive, como expõe Willis Santiago Guerra Filho,[54] que essas escolas têm em comum entre si o enfatizar o aspecto da *concreção histórico-social*.

Da mesma forma, uma vinculação aos formalistas e positivistas não desfiguraria o que acima se expôs, por mais paradoxal que possa parecer, considerando que, para esses, o direito positivo, em vigor, não aplicado nos fatos, é um **direito incompleto**; a *efetividade do direito*, que se dá, no caso, *pelas mãos redentoras dos juízes*, torna-se, portanto, sua *condição de validade*.[55]

Para Bülow,[56] a *decisão judicial* se constitui numa autêntica **atividade criadora do Direito**. Então, a lei não tem capacidade de criar o Direito imediatamente, ou conforme o autor, "é-lhe somente uma preparação, uma tentativa de realização de uma ordem jurídica".

Pretendera Bülow empreender um resgate histórico da importância dos juízes e a função criadora do Direito pela magistratura, mesmo em recepção ao Direito romano, sendo essa a razão pela qual afirmava com excessiva ênfase a importância dos juízes.

Esse resgate histórico possibilitou-lhe formular críticas tanto à corrente teórica do legalismo (jurisprudência dos conceitos de Puchta) quanto à Escola Histórica (Savigny), que são as seguintes:[57]

> Desse modo, resta esclarecida também como nossa teoria pôde ficar tão pouco receptiva para honrar esse direito não legislado, o qual se desenvolveu continuamente, com força invencível e vívida, mesmo estando no meio do direito legislado. O atual direito dos juízes não pretendia se adaptar sob o esquema de qualquer preceito jurídico abstrato, nem mesmo em encontrar asilo no campo espectro do "direito costumeiro". Com efeito, alguns jurisconsultos teriam se esforçado para criar, a partir da matéria do direito

---

[49] *Tópica e Jurisprudência*, trad. Tércio Sampaio Ferraz Jr., Brasília: Ministério da Justiça.
[50] HESPANHA, Antônio M. *Panorama histórico da cultura jurídica europeia*. Lisboa: Publicações Europa-América. p. 240.
[51] GUERRA FILHO, Willis Santiago. *Teoria da ciência jurídica*. São Paulo: Saraiva, 2001. p. 104-105, nota 167.
[52] *Introdução crítica ao direito*, p. 281.
[53] MIAILLE. *Introdução crítica ao direito*, p. 247.
[54] *Teoria da ciência jurídica*, p. 32.
[55] MIAILLE. *Introdução crítica ao direito*, p. 271.
[56] *Gesetz und Richteramt*, 2003, p. 46, texto sem tradução para o português.
[57] *Gesetz und Richteramt*, 2003, p. 40.

comum, uma ciência para esse direito, mas também todos esses esforços restaram infrutíferos, por que eles simplesmente objetivaram a obtenção de disposições legais, abstratas, gerais e cogentes e por isso receberam, com razão, a mais clara objeção. Assim, restou à teoria nada mais do que ignorar a existência do juiz. Um exemplo curioso de rara, porém, inconsciente autonegação. Uma ciência do direito que não quer saber do direito dos juízes nega a sua própria permissão de existência.

Bülow, de fato, desenvolveu uma teoria sobre a criação do Direito pelos juízes (e do *processo como técnica e ideologia da atuação judicial*), destinada aos juízes, e os persuadiu a acatá-la e a defendê-la de tal forma a fim de comprovar a correção do caminho tomado.[58]

A visão do processo como *relação jurídica de Direito público*, cuja formação e existência devem ser *controladas* pelos juízes, por se constituir já um *instrumento* a serviço da função que exerce, e do *poder* ao qual ficam *sujeitas* as partes, possibilitaria "*o controle de todo o direito vigente*".[59]

O ideário bülowiano, assim se compreende,[60] dá suporte ao desenvolvimento do *paradigma social de Estado* cujo destino é "zelar pelo povo (comunidade vivente) e acomodar suas aspirações nacionais, com promessas de acatamento de seus valores, pouco importando o risco que tal implique às liberdades individuais".

Não explicitando *meios de controle* da atividade jurisdicional (judicial), tanto quanto defendeu sua liberdade criadora do Direito, mediante critérios de inesclarecida subjetividade, decorre do raciocínio que emprega inegável dificuldade, de ordem racional: eis o "*paradoxo de Bülow*".[61]

Esse *paradoxo* constitui-se num *obstáculo* à garantia dos direitos fundamentais, por ser inconcebível que algo (processo) seja instrumento, meio ou método livre de atuação do poder de criação e dicção do Direito e, ao mesmo tempo, sua própria limitação.

À falta de adequadas respostas (crise) do modelo formalista (liberal-burguês), concomitante ao avanço do desenvolvimento técnico proporcionado pelo capitalismo gerador de um mundo desencantado (Weber), contrapôs Bülow a criação do Direito conforme o *sentimento* ou *desejo dos juízes* (*livre e discricionariamente*) hauríveis à coletividade de sangue e solo (nação) e aos seus concretos valores, ainda que *além, contra ou fora dos textos legais*.

Assim se expressa Bülow:[62]

> Então, quando acontece, várias vezes, de as decisões dos juízes contrariarem o sentido e a vontade da lei, isso deve ser aceito tranqüilamente, como um destino inevitável, como um tributo, o qual os legisladores e juízes prestam à fraqueza do poder de expressão e comunicação humanas. Entretanto, nem essa consideração escusante, nem qualquer artifício jurídico, pode nos deixar desviar da verdade em questão, de que todas as muitas divergências sobre as decisões judiciais de dispositivos legais serão, mesmo

---

[58] *Gesetz und Richteramt*, 2003, p. 6.
[59] LEAL. *Instrumentalidade do processo em crise*, p. 44.
[60] LEAL. *Instrumentalidade do processo em crise*, p. 48.
[61] LEAL. *Instrumentalidade do processo em crise*, p. 45.
[62] *Gesetz und Richteramt*, 2003, p. 37.

assim, confirmadas pelo poder estatal. O Estado é obrigado a suportá-las, bem como dotá-las como o selo da força jurídica. Mesmo a decisão contrária à lei possui força de lei. Ela é, como qualquer decisão judicial, uma determinação jurídica originária do Estado, validada pelo Estado e por ele provida de força de lei. Com isso, não se quer dizer outra coisa do que o juiz ser autorizado pelo Estado a realizar determinações jurídicas, as quais não estão contidas no direito legislado, mas sim encontradas pelos juízes, por eles criadas, escolhidas e desejadas.

O *sentimento dos juízes* passa a ser, então, o *eixo central de legitimidade do Direito*, o qual, inclusive, deve ajustar-se às determinações jurídicas por eles criadas, escolhidas e desejadas. E assim parece ser ainda hoje, como se colhe de alguns trechos do voto do Ministro do STJ, Humberto Gomes de Barros, em decisão proferida em agosto de 2002, no Agravo Regimental em Embargos de Divergência em Recurso Especial nº 279.889-AL, 2001/0154059-3:

> (...) Não me importa o que pensam os doutrinadores... assumo a autoridade da minha jurisdição. O pensamento daqueles que não são Ministros deste tribunal como orientação. A eles, porém, não me submeto... Decido, porém, conforme minha consciência. Precisamos estabelecer nossa autonomia intelectual, para que este Tribunal seja respeitado... Esse é o pensamento do Superior Tribunal de Justiça, e a doutrina que se amolde a ele. É fundamental expressarmos o que somos. Ninguém nos dá lições. Não somos aprendizes de ninguém (...)

A não oferta de meios para controle da atividade dos juízes (poder estatal absoluto), que estava à base do constitucionalismo moderno,[63] provocou reações contrárias às propostas do autor alemão, mas, *imprestáveis* para legitimar a atividade judicial fora do paradigma teórico do Estado Social.

> Assim, como Bülow não se alinhara à concepção do processo como meio de controle da atividade dos juízes, mas como um instrumento de viabilização de um movimento hipoteticamente emancipatório pela atividade criadora do direito pela magistratura nacional alemã, o aproveitamento de sua teoria restou prejudicado em paradigmas que não se alinhassem ao do Estado Social, em cujas bases o Direito livre se justificava.[64]

Contudo, ao adotarem em suas concepções teóricas o legado da relação jurídica e jurisdição como poder estatal indiscriminado e incontrolável, *não* apresentaram seus críticos fundamentos consistentes e contrários aos da criação livre do Direito em bases que precursoramente Bülow lançara.

Esse pensamento herdado de Bülow foi recepcionado por Liebman[65] e difundido de tal maneira no Direito Processual brasileiro, que uma grande parcela de estudiosos, como Ovídio Baptista da Silva,[66] admite que *a atividade de aplicação da lei pelo juiz é função criadora de Direito*, "na medida em que o preceito legal, abstrato como ele é, em sua formulação genérica, não passa de um projeto de norma reguladora

---

[63] BOBBIO, Norberto. *Direito e Estado no pensamento de Emanuel Kant*. 2. ed. Brasília: Ed. UnB, 1992. p. 17 *et seq.*
[64] LEAL. *Instrumentalidade do processo em crise*, p. 46.
[65] *Manual de direito processual civil*. Tradução de Cândido Rangel Dinamarco. 3. ed. São Paulo: Malheiros, 2005.
[66] SILVA. *Curso de processo civil*, p. 20.

da conduta humana, projeto que o julgador deve completar na sentença, de modo a concretizá-lo no caso particular submetido ao seu julgamento", sendo a *jurisdição atividade complementar da função legislativa*.

Com Rosemiro Pereira Leal[67] se conclui que a combinação de métodos de compreensão do Direito (*exegese* dos franceses, *pandectística* dos alemães, método analítico dos ingleses), gerando um "hibridismo metodológico", pelo qual somente os juízes "seriam os moralizadores da lei quando esta fosse insuficiente para traduzir o espírito popular (*volksgeist*) e fazer justiça", ou porque "só os juízes descobrem a teleologia da lei ou até mesmo ficam no lugar da lei... porque intérpretes sensitivos das leis sociais e humanas, cabendo-lhes a privilegiada construção de uma jurisprudência de interesses vitais da sociedade", na verdade, é uma "pseudo-ciência jurídica diluída à clarividência do decididor" (juiz Hércules de Dworkin) que "vem entravando... o salto paradigmático para a concretização do direito democrático em face da factualidade hostil ao seu desempenho, deixando, em consequência, a versão de que a Constituição de direito democrático é uma *arca de ilusões* que tem de ser carregada e *não* aberta e aplicada pelo *decididor*, já que este poderia suprir, sanar, arrefecer ou mitigar, por uma inteligência especial e inata, os exageros retóricos das democracias jurídicas inatingíveis".[68]

Na atualidade, um *método positivista* de interpretação jurídica, observa-se,[69] revelaria o "esforço de fundir o pragmatismo de uma solução objetivamente útil com o idealismo de estar ela condizente com a lei", tratando-se de "um positivismo híbrido (caleidoscópio) que descaracteriza as suas próprias origens de oposição aos sociologistas". Assim,

> o positivismo é, atualmente, um *método ocultista*, isto é: abandonam-se os métodos e se encontra um jeito legal de fazer os problemas sumirem momentaneamente. O importante é desconsiderar a lei sem provocar reações fortes ou obedecer a lei se eficaz para a ocultação dos conflitos estruturais.[70]

4 Notas críticas e conclusivas à atuação do Judiciário como atividade complementar da legislação e ao ativismo da criação judicial do Direito

No marco teórico de Estado de Direito Democrático, não se autoriza mais, por observância ao princípio da reserva legal (CB/88, art. 5º, II), o preenchimento ideológico da lei pelo *intérprete-decisor* ou que analogias sejam subtraídas do ordenamento jurídico a pretexto de uma harmoniosa sistematicidade só apreensível pelo

---

[67] LEAL, Rosemiro Pereira. *Teoria processual da decisão jurídica*. São Paulo: Landy Editora, 2002. p. 61-66.
[68] LEAL. *Teoria processual da decisão jurídica*, p. 67. Este autor desenvolve todo um estudo teórico *legitimador* do direito, nas suas bases de produção e aplicação, em que o processo "é instituição-eixo do princípio do existir do sistema (aberto) normativo constitucional-democrático e que legitima o exercício normativo da jurisdicionalidade em todas as esferas de atuação no Estado que, por sua vez, também se legitima pelas bases processuais institutivas de sua existência constitucional" (p. 69). Segundo ele, o "Estado não é mais o ente hegeliano portador etéreo de um *poder* mítico-carismático conferido por um povo icônico que, como Estado-Juiz, promova a catarse urdidora da paz social pela solução de conflitos em seu esotérico arcabouço" (p. 69). É a *Teoria neoinstitucionalista do processo*.
[69] *Teoria processual da decisão jurídica*, p. 64.
[70] LEAL. *Teoria processual da decisão jurídica*, p. 64-65.

talento do juiz. A chamada lacuna da lei (*aporia*) não é defeito do Direito escrito que se resolva pela habilidade dogmática, ética ou sensibilidade do juiz hauríveis fora do ordenamento jurídico, mas "espaço jurídico de liberdade processual isocrítica" (direito de todos de arguir, debater e impugnar a lei),[71] isso porque a norma só se torna exigível se o seu destinatário também for o seu próprio autor.[72]

O Direito Democrático tem sua existência posta pela lei processualmente produzida, ou *a posteriori*,[73] e isso significa que não pode haver realidade jurídica fora dessa existência suscetível de constante testificação processual.

Portanto, e assim se compreende,[74]

> se a lei, em qualquer nível, é obscura, ininteligível, lacunosa, ambígua, antagônica, inadequada, por anomia ou antinomia, caberia ao juiz decidir segundo os conteúdos paradigmáticos da teoria do Estado democrático de direito em suas bases de fundamentalidade jurídica (direitos humanos) já pré-julgados na instância constituinte da institucionalização de direitos.

Pretender ocupar esse vazio (lacuna da lei), que é o "o ponto político da liberdade processual criativa e recriativa de direito formulado, é sair da democracia para o decisionismo autocrático",[75] é se comportar como o porteiro da lei de Kafka (Diante da Lei), algo impensável numa democracia.

5 Primeiros apontamentos críticos à Exposição de Motivos do Novo Código de Processo Civil

Malgrado afirmar harmonia "com as garantias constitucionais de um Estado Democrático de Direito", e de outro modo não poderia ser, por livre escolha do povo brasileiro em texto constitucional (CB/88, art. 1º), não se extrai do Novo CPC, por sua Exposição de Motivos, pelo menos em relação ao *processo constitucional*, que isso tenha de fato ocorrido.

É que por "garantias processuais" *constitucionais* os organizadores do Novo CPC entendem as "que regem, eminentemente, as relações das partes entre si, entre elas e o juiz e, também, entre elas e terceiros", relações entre litigantes, a se configurarem nos procedimentos legais, insuficientes à caracterização de um *devido processo constitucional*.

Desde o início que a Exposição de Motivos do Novo CPC deixa claro a adoção de um *modelo civil de processo de base instrumentalista* (bülowiana), identicamente ao do atual Código de Processo Civil de 1973, *nada inovando* nesse aspecto. Ou seja, o *modelo de processo* da preferência dos doutos ainda se mantém completamente *dissociado do discurso constitucional vigente* (art. 5º, LIV, LV).

---

[71] LEAL, Rosemiro Pereira. Processo e hermenêutica constitucional a partir do Estado democrático de direito. *Revista do Curso de Direito da FUMEC*, col. Acadêmica de Direito, v. 27, p. 14, 2001.
[72] LEAL, Rosemiro Pereira. *Teoria processual da decisão jurídica*. São Paulo: Landy, 2002. p. 44.
[73] Como expõe de forma esclarecedora ALMEIDA, Andréa Alves de. *Processualidade jurídica e legitimidade normativa*. Belo Horizonte: Fórum, 2005.
[74] LEAL, Rosemiro Pereira. *Teoria processual da decisão jurídica*. São Paulo: Landy, 2002. p. 39.
[75] LEAL, Rosemiro Pereira. *Teoria processual da decisão jurídica*. São Paulo: Landy, 2002. p. 46.

Em artigo especializado,[76] Rosemiro Pereira Leal discorre sobre a *insuficiência* desse *modelo civil de processo instrumental* para a efetivação de direitos fundamentais de vida/contraditório, liberdade/ampla defesa e dignidade/isonomia. Eis alguns trechos:

> (...) A *jurisdição* em seu conceito de atividade de dicção e aplicação do direito por grupos humanos patrimonializados, que se mitificavam em dinastias, é perfeitamente aferível no mais antigo e conhecido *sistema* de resolução de conflitos na História do Direito denominado *legis actiones* vigorante na Realeza Romana (séc. VIII ao V a. C.). A jurisdição é tida e exercida a partir desse período como instrumento (processo) da classe poderosa e senhorial para regrar não só as suas próprias condutas, como também para impor seu *imperium* (mando normativo) a todos os seus súditos. Pode-se verificar que a *lei* romana era criada, da Realeza à Monarquia Absoluta (séc. VIII a. C. ao séc. VI d. C.), pelos reis, cônsules, príncipes e monarcas, instalando competências e funções, por via de delegações variadas, num complexo burocrático a permitir a perenização do modelo *civil* de paternalização das classes inferiores pela sociedade patrimonializada (filantrópica) (...)
>
> (...) Por isso, o *processo civil*, ao se definir como instrumento da JURISDIÇÃO ao longo dos séculos, e sendo a *jurisdição*, conforme o ensino dos instrumentalistas, a atividade de o juiz dizer o direito em nome do ESTADO, é certo que a vontade do Estado expressa na *sentença* traduz a ideologia patrimonialista da *sociedade civil*. Nessa perspectiva de dominação social, também a *cidadania* é adquirida pelo *potus* se este obtém a condição de consumidor (...)
>
> Colhe-se das legislações civis, até hoje, principalmente do *Processo civil* codificado, a inexistência de procedimentos efetivadores de pleitos atinentes a direitos fundamentais de vida e dignidade jurídica (...)
>
> De conseguinte, a expressão código de processo civil já suplica, na atualidade, por absoluta contradictio in terminis, erradicação para a elaboração de um código de procedimentos individuais e coletivos regidos (balizados) pela garantia do DEVIDO PROCESSO no marco do Direito Processual Constitucional.

Depois de longa e rica exposição, referido autor apresenta o seguinte *excerto* do seu excelente *artigo*, que já deveria ser *leitura obrigatória* em todos os cursos de Direito do país:

> A singeleza de uma compreensão de um Processo Civil que se opusesse a um processo militar, ou a quaisquer modalidades de processo, obscurece as origens temáticas do processo científico que ainda se intitula, por várias escolas do pensamento jurídico arraigadas na autoridade e tradição, o instrumento de uma jurisdição onividente por excelsas súmulas vinculantes e que se diz, até hoje, redentora por anunciadas realizações de escopos meta-jurídicos (justiça e paz social). Exatamente essa teleologia (teologia?) instrumentalista do processo plantada, por séculos, na técnica e ciência como ideologia de dominação e ocultação dos problemas estruturais da Comunidade Jurídico-Política é que precisa ser interrogada.
>
> A cogitação de uma sociedade civil, como lugar histórico-hipotético, de uma reserva de esfera pública de decolagem integrativa por uma comunicação entre atores sociais supostamente pré-conscientes da problemática da organização humana, como imagi-

---

[76] Processo civil e sociedade civil. *Virtuajus – Revista Eletrônica*, v. 4, n. 2, dez. 2005. Disponível em: <http://www.fmd.pucminas.br/Virtuajus/prod_Docente_2_2005.html>.

nada de Rousseau a Habermas por diversas designações, não retira os traços ideológicos da dominação. Por isso, essa sociedade civil pressuposta, tão miticamente invocada no paroxismo retórico dos palanques eleitoreiros como guardiã da ordem e progresso (Comte), serve-se na atualidade de um processo civil como instrumento fetichizado de propósitos meta-jurídicos para corrigir, de modo privilegiado, os equívocos da sociedade que os civis supõem existir desde sempre por uma criação e aplicação do direito segundo o poder e saber solitários de seus crédulos especialistas.

Portanto, o Novo CPC *não* se harmoniza com as garantias constitucionais do processo apropriadas ao modelo de Estado Democrático de Direito, constitucionalizado desde 1988, em literal *rompimento* com um Direito de matrizes liberal e social.

Peca a Comissão de doutos, também, ao afirmar que o Novo CPC deve *dar continuidade* a uma proposta iniciada na última década do séc. XX, que é a "de adaptar as normas processuais a mudanças na sociedade e ao funcionamento das instituições".

Assistimos incrédulos, conforme pontuou Rosemiro Pereira Leal,[77] o primeiro autor a corajosamente teorizar contra esse *sistema de dominação pelo modelo civil de processo instrumental*, num recinto de *urgencialidades* que marcam o *desmonte* da Constituição brasileira, que "o talento do jurista ortodoxo é sugerir a emenda (ou abandono) da Constituição onde possa emperrar a sabedoria dos juízes", pois se entende que o dever do jurista é o de tornar a lei factível e aplicável, num *fetiche* de graves consequências.

> No Brasil, já no começo dos anos 90 do século XX, a fúria dos *civis* se manifesta em reformas do CPC para pior, estacionando-o longe da Constituição de 1988, tida pelos neoconservadores como inviável e utópica. Jamais se pensou, de pronto, numa nova Lei Processual ajustada à Constituição de 1988. Diga-se o mesmo de várias leis especialíssimas ou extravagantes que, criadas na ditadura, engenhosamente se repetiram ou se mantiveram, com reforço jurisprudencial, após a CB/88.[78]

A sistematização normativa do Novo CPC, conforme anunciado na Exposição de Motivos, afasta qualquer conteúdo de cientificidade, para acudir necessidades de "caráter pragmático" (utilidade), de cunho finalístico (fins da jurisdição) anunciando, sem dúvida, privilegiar uma "técnica da jurisdição" em detrimento do processo como instituição jurídica constitucionalizada (*teoria neoinstitucionalista*) apta a conformar os procedimentos legais (no âmbito de sua existência e incidência) e a produção de provimentos pela conjunção dos princípios (institutos) do contraditório, da ampla defesa e da isonomia (estabilização do processo constitucional).

Por isso é que não há "uma ruptura com o passado", nas palavras da Exposição de Motivos do Novo CPC.

Estranho é que, nesse passo, *o processo nada tem de teórico*, e sua finalidade última continua a ser a que Bülow preconizou, há mais de um século: *método, meio e instrumento para positivação do poder estatal*. Então, *ausente uma* teoria (não técnica

---

[77] A judiciarização do processo nas últimas reformas do CPC brasileiro. *In*: BRÊTAS, Ronaldo; NEPOMUCENO, Luciana. *Processo civil reformado*. Belo Horizonte: Del Rey, 2007. p. 255.

[78] A judiciarização do processo nas últimas reformas do CPC brasileiro. *In*: BRÊTAS, Ronaldo; NEPOMUCENO, Luciana. *Processo civil reformado*. Belo Horizonte: Del Rey, 2007. p. 258-259.

orientada a fins) apta a concretizar garantias constitucionais já preexistentes no plano constituído dos direitos, é duvidoso que uma técnica jurisdicional, de modo personalístico, possa fazê-lo.

Pela Exposição de Motivos do Novo CPC, o texto constitucional será sempre *uma promessa* a ser *concretizada* pela *jurisdição constitucional* (cortes superiores) e o processo apenas um *instrumento* (técnica) que encaminha a *autoridade de juízes guardiães da lei*,[79] ante a ausência de uma *teoria* apta a efetivar a constitucionalidade já legislada (estabelecida).

Ainda se pensa num *processo substancialista*, inseparável do conceito de mérito como objeto de um direito material.[80]

Inserir no Novo CPC *princípios processuais* já *assegurados no texto constitucional* é pura *retórica*, insuficiente à sua aplicabilidade plena.

Aproximar *processo* e Constituição, como se afirmou, por uma dualidade Direito Processual Constitucional/Direito Constitucional Processual, é de nociva consequência, principalmente ao estudante de Direito, por fazê-lo crer no equívoco acadêmico de se colocar o processo *fora* da Constituição, "rebaixando-o à condição de mero sistema procedimental, contido nos códigos e leis extravagantes de livre manejo instrumental da *jurisdição* judiciária" como bem assinalou Rosemiro Pereira Leal.[81]

Há um verdadeiro fascínio (*fetiche instrumentalista*), no discurso processual brasileiro, pela lógica da *eficiência e efetividade do processo* por um *agir estratégico* (pragma) consistente numa *racionalidade orientada a fins* (efeito manipulativo).[82]

Daí a exigência de maiores poderes aos juízes em detrimento de princípios constitucionais (*proporcionalidade; escopos metajurídicos; fins sociais etc.*) à busca insana de paz e justiça social, mediante afirmativas de que ao juiz se deve conceder o papel de "idealizador e realizador prático da justiça",[83] restando às partes (nesse caso, apenas

---

[79] LEAL, Rosemiro Pereira. *Teoria geral do processo*. 9. ed. Rio de Janeiro: Forense, 2010. p. 91.
[80] Surgido de poderes e de sistemas normativos de fundo organicista, "num *sincretismo* fundante (ativação) de uma imaginária *maternidade* (matricialidade) em que os pontos jurídicos se operam num total anonimato que ganha nome, nas metáforas criticistas e sociologistas, de *liberdade de pensamento* e de 'relações humanas e sociais' a criarem uma pauta primordial de direitos a ser recebida, como adequada, por uma *suposta sociedade política* ou transmitida em forma de leis parlamentarizadas para o *povo* praticar e cumprir". Daí o apego à expressão *poder* para as narrativas de direito civil e constitucional, a gerar expressões outras como *força, fluxo normativo, vontade popular, tomada de decisões*, de modo a não explicitar (ocultar) "o que é constituinte no exercício do que se pode exercer". Por isso é que se contrapõe a esse *direito material* (substancialista) uma ordem de normas processuais meramente instrumentais ao seu manejamento, sem que se esclareça que, no Direito Democrático, "a *norma de processo* é precedente-originária e legiferativa (criadora)... do *direito material* que só se constitui de conteúdos institutivos do ser, ter e haver, pela teoria lingüística do discurso processual", que não se limita, como querem os *instrumentalistas*, ao proceder para conduzir e aplicar o direito maternal (*material*) pela atividade judicacional (judicial) dos juízes. Isso porque, em Direito Processual Democrático, "o *devido* da norma é posto no *devir* de seus enunciados criativos (*principiologia do processo*) como direitos fundamentais de conjectura e refutação sobre as causas, efeitos e riscos, dos atos a serem juridicamente criados quanto à preservação continuada da discursividade jurídico-processual de *vida, liberdade* e *dignidade* humanas (*teoria neoinstitucionalista*)", sem considerar que "a *questão merital* pode abranger um direito de defesa lesado ou ameaçado que pertença a um patrimônio jurídico incorpóreo, tal como o direito ao nome, à dignidade, à liberdade, sem que se anuncie qualquer substancialidade (matricialidade jusnatural)" LEAL, Rosemiro Pereira. *Relativização inconstitucional da coisa julgada*. Belo Horizonte: Del Rey, 2005; LEAL, Rosemiro Pereira. *Teoria geral do processo*. 9. ed. Rio de Janeiro: Forense, 2010. p. 228.
[81] *Teoria geral do processo*. 9. ed. Rio de Janeiro: Forense, 2010. p. 49.
[82] ALMEIDA, Andréa Alves de. *Processualidade jurídica e legitimidade normativa*. Belo Horizonte: Fórum, 2005.
[83] THEODORO JÚNIOR, Humberto. A reforma do Código de Processo Civil brasileiro. *Revista do Curso de Direito da Faculdade de Ciências Humanas – FUMEC*, Porto Alegre, v. 2, p. 7, 2000.

destinatários normativos) a mera expectativa de usufruir da ordem-jurídico-política condicionada à vontade do juiz como figura central na solução dos conflitos.

Ora, *eficácia* no Direito Democrático é condição que se obtém (*legitimidade*) na procedimentação (âmbitos legais de produção, interpretação e aplicação do Direito) processualizada da vida/dignidade/liberdade pelo acatamento dos princípios constitucionais de contraditório, ampla defesa e isonomia para a formação e afirmação da vontade normativa,[84] *não* algo que se concebe por uma razão solipsista dos juízes (*filosofia da consciência*).

A se considerar a *eficiência* um produto da racionalidade econômica como "o resultado da maximização do valor, obtido na exploração dos recursos necessários à satisfação das necessidades econômicas do homem",[85] evidente que tal compreensão não pode afetar o Direito Processual Democrático pela redução de princípios asseguradores e legitimantes do exercício de direitos fundamentais de vida/dignidade/liberdade.

Idêntica *crítica* se faz à *infeliz compreensão* que se tem de *celeridade processual* como redução (*economia*) de princípios constitucionais visando a *assegurar resultados práticos e úteis* de imediato, *sem* que se instaure aos legitimados ao processo uma possibilidade argumentativa dialógica (*discursiva*). No Direito Democrático, celeridade se alcança pela legalidade processualmente produzida e produção compartilhada das decisões, não pelo empenho (coerção) pessoal do juiz.

A única *celeridade* que se pretende com o Novo CPC concerne "à atenuação do excesso de carga de trabalho do Poder Judiciário", conforme está na Exposição de Motivos.

A chamada "razoável duração do processo" é *requisito* jurisdicional[86] como *dever público* de dar cumprimento aos prazos processuais (*procedimentais*) assegurados em lei, sem subterfúgios quaisquer, como as desnecessárias e infinitas *vistas às partes*. É *requisito da jurisdição*, não princípio do processo, por se constituir numa *qualidade externa e anterior ao procedimento judicial e ao processo* e que orienta a atividade jurisdicional estatal, sem nenhum impacto direto para a *formação* da estrutura lógica (procedimento) do processo.

> Com efeito, a "razoável duração do processo" é uma expressão que estigmatiza o "processo" (arcaísmo instrumentalista) como *meio* de os juízes fazerem *justiça rápida*, podendo imprimir uma esperada e prestante velocidade (celeridade) pela via de uma "razoabilidade" de senso-comum e satisfazerem os fundamentos de uma *sociedade civil* pressuposta. Está se vendo que "processo" nessa obsoleta concepção assume sentido vitalista: tempo de nascer, viver e morrer. Ora, o *processo*, como instituição constitucionalizante e fundadora do *status* democrático não-paideico, não se desenvolve por reflexões métrico-temporais e espaciais (duração fatal), uma vez que, em sendo paradigma lingüístico-discursivo por princípios autocríticos (*teoria neo-institucionalista*), é interpretante que atua ao longo da validade e legitimidade do sistema jurídico

---

[84] MADEIRA, Dhenis Cruz. *Processo de conhecimento e cognição*: uma inserção no Estado democrático de direito. Curitiba: Juruá, 2008.
[85] POSNER, Richard. *El Análisis Económico del Derecho*. México: Fondo de Cultura Económica, 1998.
[86] TEIXEIRA, Wellington Luzia. *Da natureza jurídica do processo à decisão judicial democratizada*. Belo Horizonte: Fórum, 2008.

sempre aberto a um devir di-alógico (crítico) procedimental construtivo, reconstrutivo, desconstrutivo, afirmativo ou extintivo dos conteúdos de legalidade que possam ameaçá-lo ou lesá-lo (contrapor-se ao processo).[87]

O Novo CPC estabelece um *sincretismo* entre Estado Liberal e Estado Social ao preservar, de um lado, uma *segurança jurídica das decisões*, pela *uniformidade de julgamentos* (uniformização da jurisprudência), e, de outro lado, a *justiça no caso concreto*, mediante decisões *sensíveis* às disparidades e às misérias, situação pela qual o texto legal se tornando vetusto exigiria do juiz (Estado) um papel corretivo da lei, pelo qual assume uma função social, *não jurídica*, de intérprete exclusivo do Direito. Nesse caso, *o contexto* (social) *determina o texto* (legal).

A *segurança jurídica*, tão necessária à contemporaneidade, deveria ser a que assegurasse a existência de um Direito com força normativa somente se construído no *espaço legiferante ou correcional reconstrutivo da procedimentação devidamente processualizada* (autoinclusão cidadã no sistema de direitos).[88] Só assim os jurisdicionados seriam "poupados de surpresa", como está na Exposição de Motivos do Novo CPC.

A manutenção do nocivo *princípio da livre convicção motivada*, contra o sistema legal da persuasão racional que exige a precedência legal ao *logos* subjetivo do julgador, mesmo com as distorções que ocasiona, e que a Exposição de Motivos do Novo CPC, até certo ponto, corretamente as indica, em nome de uma *absoluta liberdade do juiz para decidir* em critério subjetivo sobre o "sentido real da norma" (soberanamente) é *paradoxal* a suscitar reflexões mais sérias que o presente estudo não comportaria.

A apregoada diminuição dos recursos segue tendência *doutrinária* luhmanniana, tão bem absorvida pelo escólio de Barbosa Moreira,[89] no sentido de que se devem "envidar esforços para que as partes se dêem por satisfeitas com a sentença e se abstenham de impugná-la", acompanhando entendimento largamente divulgado de que a principal característica da instrumentalidade do processo reside no binômio *poder/sujeição*.[90]

Rosemiro Pereira Leal,[91] acerca da *doutrina de Luhmann*, que considera entrave ideológico à compreensão do Direito Democrático, porque, entre outras equivocidades, confunde processo e procedimento, assim expõe:

> (...) o procedimento para Luhmann é considerado como um sistema empírico de atos em que normas jurídicas são ativadas e misturadas a comportamentos sociais dos seus atores (juízes, advogados, partes, servidores, peritos, legisladores, administradores), conforme o âmbito de sua atuação: judicial, legislativo ou administrativo. Todos visariam a criar *"situações"* procedimentais aos moldes da teoria do *processo como situação jurídica* de James Goldschimidt ou da *teoria institucionalista do processo* de Jaime Guasp para tomarem decisões, louvando-se em habilidades pessoais e regras de

---

[87] LEAL, Rosemiro Pereira. *Teoria geral do processo*. 9. ed. Rio de Janeiro: Forense, 2010. p. 109-110.
[88] LEAL, Rosemiro Pereira. *Teoria processual da decisão jurídica*. São Paulo: Landy, 2002. p. 104.
[89] Breve notícia sobre a reforma do processo civil alemão. *Revista de Processo*, São Paulo, v. 28, n. 111, p. 103-112, jul./set. 2003. p. 105.
[90] DINAMARCO, Cândido Rangel. *Da instrumentalidade do processo*. São Paulo: Revista dos Tribunais.
[91] *Teoria processual da decisão jurídica*, p. 86.

consenso intrínsecas ao sistema social ou mesmo em normas jurídicas para legitimar aludidas *decisões*. O importante para Luhmann é conferir legitimidade (legitimação) ao procedimento por uma *decisão* mitigante de desilusões e repulsora de um *non-liquet* socialmente desestabilizador. O legitimar, no sentido de Luhmann, é um decidir firme, talentoso, envolvente e preventivo de rebeldias, decepções ou desilusões catastróficas entre os contendores ou interessados em direitos.

O Projeto do Novo CPC ainda afirma a *ideologia* do *processo como instrumento* para a solução de conflitos e à construção de uma *paz social sistêmica* inatingível por uma *garbosa jurisprudência* que, ao se *uniformizar*, garantiria isonomia constitucional à sofrida sociedade brasileira e que poderia ser *alterada* ante *novas condições* (realidades) *econômicas, políticas e sociais,* por *escopos metajurídicos* afirmativos do *ativismo judicial* tão em voga na atualidade, *não sujeitos à crítica e a uma fiscalidade processual democrática,* porque o que está em jogo e que se deve preservar e prestigiar é "a autoridade do Poder Judiciário", como já assinalara Alfredo Buzaid numa *visão já instrumentalista*.[92]

Procura-se preservar o *equívoco da audiência de conciliação antes da contestação do réu,* acreditando ser possível um acordo sem que as partes e seus advogados conheçam integralmente os pontos divergentes do litígio e o eventual *elemento de prova* (o princípio da indiciariedade da prova indica a existência do elemento de prova no *espaço* físico objetivável) aferível à demonstração dos fatos pelo *meio legal de prova* (com o princípio da ideariedade, pelo *tempo* do pensar, o elemento de prova é levado para o bojo dos autos do procedimento pelo meio legal de prova) bem como o *instrumento de prova* (o princípio da instrumentalidade indica a *forma* pela qual o elemento de prova obtido pelo meio de prova se apresenta nos autos do procedimento).[93]

A *supressão*, pelo Novo CPC, da ação declaratória incidental, *veda* a possibilidade de um *direto e difuso controle de constitucionalidade* pelas partes, em *ofensa* ao Direito Processual Democrático (*teoria neo-institucionalista*), porque a resolução compartilhada de conflitos se obtém pela *desconstrução* procedimental jurídico-descritivo-argumentativa processualizada no âmbito de incidência da lei, "o que impõe um controle difuso, incidental, amplo e irrestrito da *lei* pela *lei* reservado aos destinatários normativos".[94]

Segundo se depreende da significativa obra de Karl Popper,[95] da mesma maneira que "nosso mundo exossomático de significados é relacionado com a consciência, também a consciência é relacionada com o comportamento do organismo individual atuante", de modo que há similaridade entre estados conscientes e estado comportamental, já que aqueles antecipam nosso comportamento, "por experiência e erro", e suas prováveis consequências, controlando, mas também experimentando, deliberando.[96] Por isso é que se afirma que "não só nossas teorias nos controlam, como podemos controlar nossas teorias".[97]

---

[92] Uniformização de jurisprudência. *Revista da Associação dos Juízes do Rio Grande do Sul*, 34/139, jul. 1985.
[93] LEAL, Rosemiro Pereira. *Teoria geral do processo*. 9. ed. Rio de Janeiro: Forense, 2010.
[94] LEAL, Rosemiro Pereira. *Processo como teoria da lei democrática*. Rio de Janeiro: Forense, 2010. p. 102.
[95] *Conhecimento objetivo*. Belo Horizonte: Itatiaia, 1999.
[96] *Conhecimento objetivo*. Belo Horizonte: Itatiaia, 1999. p. 230.
[97] *Conhecimento objetivo*. Belo Horizonte: Itatiaia, 1999. p. 220.

Essa situação foi brilhantemente captada e narrada por Rosemiro Pereira Leal,[98] principal articulador do estudo de Popper para o Direito, para assim concluir:

> A consciência gera "sistemas lingüísticos exossomáticos" que, fora da consciência, podem tornar-se "sistema legal" para controle e crescimento da própria consciência e, por óbvio, tais "sistemas" equivalem à antecipação de meios (*universo de significados preventivos*) de sua própria preservação. Não é dado na democracia proposicional-processual excluir alguém da formação (co-institucionalização como direito fundamental) exossomática de sua consciência teórico-coletiva.

Então, a vedação do *tempo do pensar* (consciência), para teorização da existência, pela exclusão de formas (*instrumentos, meios*), tal como se deu na hipótese da ação declaratória incidental, é mais uma agressão que se faz ao Direito Democrático neste país.

A possibilidade jurídica do pedido *deixa* de ser uma das condições da ação, como requisito de procedibilidade, certamente porque se atentou para o fato de que todo pedido (*procedimentalmente* lançado) é juridicamente possível, não o sendo uma situação não amparada ou prevista em lei.

O Projeto do Novo CPC apenas transformou as ações (*procedimentos*) cautelares típicas em medidas cautelares, *sem procedimentação específica*, para afirmar uma liberdade (*acrítica*) do juiz na sua condução, porém ainda condicionando sua concessão, inclusive liminarmente, à demonstração do *periculum in mora* e do *fumus boni iuris*, sem se atentar para o fato de que, inexistindo (*indefinição*) para este último um grau objetivo de previsibilidade necessário ao seu reconhecimento, porque sendo todos legitimados ao processo (*teoria neo-institucionalista*), de rigor, sua presença como requisito específico das cautelares é despicienda, ou mesmo se, na linha do que expôs Ronaldo Cunha Campos,[99] significar o exercício regular do direito de ação relativo ao processo principal.

Por outro lado, o Novo CPC contempla o *absurdo de uma tutela sumária* "que visa a proteger o *direito evidente*, independentemente de *periculum in mora*". Se *evidente* o direito, porque *líquido, certo e exigível* (direito fundamental como título executivo extrajudicial constitucionalizado), por óbvio que a exigência deveria ser de *cumprimento imediato*, tornando despicienda uma demonstração fática precedida de tutela sumária. Não há, em Direito Democrático, decisão acertada que se autojustifique "ante a ausência de procedimento processualizado, que é o elemento teorizador de legitimidade do sistema jurídico constitucionalmente acolhido".[100]

Ora, na processualidade democrática, "as evidências não se mostram sem um *medium* lingüístico-discursivo quanto às decisões terminativas ou terminativas-definitivas (aboliu-se a interditalidade decisória nos sistemas democráticos)",[101] porque o *decidir* significa *instituir discursivamente* a formação da opinião e da vontade, por uma *teoria processual* de ampla abertura, criteriologicamente demarcada por *princípios jurídicos autodiscursivos* (contraditório, ampla defesa e isonomia), como fonte jurídica *legitimadora* do exercício da normatividade.

---

[98] *Processo como teoria da lei democrática*. Belo Horizonte: Fórum, 2010. p. 56-57.
[99] *Estudos de direito processual*. Uberaba: Rio Grande Artes Gráficas, 1974.
[100] LEAL, Rosemiro Pereira. *Teoria processual da decisão jurídica*. São Paulo: Landy, 2002. p. 112.
[101] LEAL, Rosemiro Pereira. *Teoria geral do processo*. 9. ed. Rio de Janeiro: Forense, 2010. p. 231.

Ante o mostrengo que se tornou o *novo mandado de segurança*, mostra-se até lógico que o Novo CPC adote *modelo decisório compatível*, ainda que inconstitucional, *com a ideologia da jurisdição dos juízes* em decidir de modo idiossincrático e solipsista (egoístico).

Contudo, jurisdição nas democracias não é a razão natural dos juízes para atuar as leis, "mas os conteúdos da lei atuados" pelos enunciados da *teoria* de sua construção normativa a interpretar-lhes os sentidos de existência, aplicabilidade e fiscalidade para todos.[102]

Antecipar a tutela para "hipóteses em que as alegações da parte se revelam de juridicidade ostensiva", "independentemente de *periculum in mora*" e "antes" do procedimento (*sic*) é situação que faria corar até mesmo Carl Schmitt. E, por outro lado, não havendo resistência contrária, a medida simplesmente seria efetivada, seguindo-se a extinção (*sic*) de um processo que sequer se iniciou. Trata-se, na hipótese, de *decisionismo*, em que se dispensa uma argumentação prévia seguida de produção da prova, ficando o juiz no lugar da parte, *não de decisão processual democrática*. É *jurisdição sem processo e até sem procedimento*. Suprime a *cognitio*, que é a demonstração dos fatos pela produção da prova na estrutura-técnica do procedimento legal.

É situação que contemplaria a hipótese, também absurda, de atendimento de um *pedido sem causa de pedir* satisfatoriamente demonstrada. O fato (*causa remota*) deve demonstrar a *causa petendi*. Só que a *causa próxima é o direito*, não o fato. Ora, o fato deve ser demonstrado por um direito prévio. Portanto, não há fato a criar o direito necessário à precedência da norma jurídica ao fato.

Em *Direito Democrático*, é necessário *acatar* pressupostos (requisitos) exigidos em lei para assegurar (obviar) à parte contrária o exercício da *ampla defesa*, que é direito fundamental.

6 Novo CPC e instrumentalismo – Notas conclusivas

Percebe-se que o Novo CPC é *mais do mesmo*. Não rompe com os ultrapassados modelos de Estado Liberal e Social de Direito, exigida pela Constituição de 1988 (art. 1º). Recepciona categorias tradicionais da *ação* e da *jurisdição* por uma *instrumentalidade técnica* como *topoi* argumentativa de uma dogmática jurídica mediante uma *teleologia* já *insuficiente* à plena realização de direitos fundamentais, sem nenhum embasamento crítico dos seus conteúdos.

> (...) o desenvolvimento do instrumentalismo não propiciou uma crítica das bases conceituais da teoria tradicional, tendo sido mantidas incólumes as suas categorias fundamentais (ação e jurisdição), bem como a noção de que o processo é voltado à realização da vontade concreta da lei... a própria teoria foi construída sem oferecer categorias capazes de operar o rompimento com a forma de pensar tradicional do processualista... a instrumentalidade não nega à teoria do processo seu caráter unitário e coerente[103] (...)

---

[102] LEAL, Rosemiro Pereira. *Teoria geral do processo*. 9. ed. Rio de Janeiro: Forense, 2010. p. 235.
[103] COSTA, Alexandre Araújo; COSTA, Henrique Araújo. Instrumentalismo x Neoinstitucionalismo: uma avaliação das críticas neoinstitucionalistas à teoria da instrumentalidade do processo. *Revista Brasileira de Direito Processual – RPDPro*, Belo Horizonte, ano 18, n. 72, p. 131, out./dez. 2010.

Critica-se a *instrumentalidade* porque as transformações que propõe ainda se vinculam fortemente à tradição processual que pretende superar.[104]

Para os instrumentalistas, o *poder* que se legitima é apenas o *decisional* extraído do *imperium* do juiz, e isso não possibilita reflexões mais apuradas sobre as relações de dominação que possa desencadear.[105]

Mesmo diante de uma nova ordem constitucional em vigor desde 1988, os adeptos da instrumentalidade *não* reformularam sua teoria do processo, preferindo "apenas a incorporação de viés finalístico ao discurso jurídico processual" já existente. Por isso que, assim formulada, "apresenta-se como uma forma prática de pensar, sem diálogos mais amplos com a filosofia do direito e a hermenêutica contemporâneas", e, portanto, parece ser mais capaz de gerar "um ativismo judicial de magistrados movidos por suas convicções éticas e políticas do que de estabelecer uma estrutura conceitual suficiente" a estruturar uma teoria processual efetivamente renovadora.[106]

Significa dizer que a *instrumentalidade* pretendeu uma superação ideológica dos institutos jurídico-processuais sem descartar a concepção teórica anterior, numa *continuidade* que só poderia mesmo desembocar num *ativismo judicial acrítico*, pelo qual os juízes ganham mais poder, sem nenhuma responsabilização ou controle.

Isso traz à lembrança uma equação demonstrada por Botelho de Mesquita:[107] *Corrupção = Monopólio + Discricionariedade − Responsabilidade*.

Então, o mundo acadêmico em geral assiste impassível à imposição de um Novo Código de Processo Civil, engendrado pela ideologia (*retórica*) que tem impulsionado as últimas reformas processuais, e que perpetuará, por tempo indefinido, um velho modelo de *processo civil* que não é o constitucionalmente acolhido pelo povo brasileiro.

> Por ocasião das últimas reformas do Código de Processo Civil brasileiro em vigor, observamos que o processo continua sendo utilizado pelos reformistas como instrumento de uma jurisdição constitucional como *justiça civil* destinada a compor, resolver e pacificar conflitos de interesses (entre os sujeitos individuais) na esfera restrita das "ameaças ou lesões a seus direitos" subjetivos historicamente já objetivados ou preexistentes ou co-existentes à comunidade jurídica constitucionalizada (art. 5º, XXXV, da CF/88) e, por isso mesmo, essa *justiça civil* nada compõe ou resolve sobre *direitos fundamentais* (direitos fundados para os que não são sujeitos individuais), adotando, por coerência, uma hermenêutica (interpretação já historicamente legitimada e acertada entre decisores ocupantes dos poderes e detentores seculares da autoridade) de bases dispositivas (juízos de eqüidade, conveniência, solidariedade, bom senso) que se recusa a apurar responsabilidades para os inadimplentes da constitucionalidade no paradigma de Estado de Direito Democrático. Por isso é que leis infraconstitucionais brasileiras, após a Constituição de 1988, não precisaram ser revogadas, tendo em vista que os operadores do direito continuaram a ser *civis* sem qualquer formação científica

---

[104] ABBOUD, Georges; OLIVEIRA, Rafael Tomaz de. O dito e o não-dito sobre a instrumentalidade do processo: críticas e projeções a partir de uma exploração hermenêutica da teoria processual. *Revista de Processo*, São Paulo, v. 33, n. 166, p. 27-70, dez. 2008.

[105] O que pode ser feito em LEAL, Rosemiro Pereira (Coord. e Col.). *Uma pesquisa institucional de Estado, Poder Público e União na constitucionalidade brasileira*: significados equívocos e a interpretação do direito; busca de um novo *médium* linguístico na teoria da constitucionalidade brasileira. Belo Horizonte: Del Rey, 2008.

[106] COSTA, Alexandre Araújo; COSTA, Henrique Araújo. Instrumentalismo x Neoinstitucionalismo: uma avaliação das críticas neoinstitucionalistas à teoria da instrumentalidade do processo. *Revista Brasileira de Direito Processual – RPDPro*, Belo Horizonte, ano 18, n. 72, p. 134-134, out./dez. 2010.

[107] *Teses, estudos e pareceres de processo civil*. São Paulo: Revista dos Tribunais. v. 1, A crise do judiciário e o processo.

para atuarem um direito não liberal-republicanista. De conseguinte, nada melhora no Brasil com as conquistas jurídicas asseguradas na Constituição de 1988.[108]

Referências

ABBOUD, Georges; OLIVEIRA, Rafael Tomaz de. O dito e o não-dito sobre a instrumentalidade do processo: críticas e projeções a partir de uma exploração hermenêutica da teoria processual. *Revista de Processo*, São Paulo, v. 33, n. 166, dez. 2008.

AGAMBEN, Giorgio. *Homo Sacer*: o poder soberano e a vida nua. Belo Horizonte: Ed. UFMG, 2002.

ALMEIDA, Andréa Alves de. *Processualidade jurídica e legitimidade normativa*. Belo Horizonte: Fórum, 2005.

ARGÜELLO, Katie. *O Ícaro da modernidade*: direito e política em Max Weber. São Paulo: Acadêmica, 1997.

BOBBIO, Norberto. *Direito e Estado no pensamento de Emanuel Kant*. 2. ed. Brasília: Ed. UnB, 1992.

BÜLOW, Oskar von. *A teoria das exceções processuais e dos pressupostos processuais*. 2. ed. Campinas: LZN, 2005.

BÜLOW, Oskar von. *Gesetz und Richteramt*. 2003.

BUZAID, Alfredo. Uniformização de jurisprudência. *Revista da Associação dos Juízes do Rio Grande do Sul*, 34/139, jul. 1985.

CAMPOS, Ronaldo Cunha. *Estudos de direito processual*. Uberaba: Rio Grande Artes Gráficas, 1974.

COSTA, Alexandre Araújo; COSTA, Henrique Araújo. Instrumentalismo x Neoinstitucionalismo: uma avaliação das críticas neoinstitucionalistas à teoria da instrumentalidade do processo. *Revista Brasileira de Direito Processual – RPDPro*, Belo Horizonte, ano 18, n. 72, out./dez. 2010.

DINAMARCO, Cândido Rangel et al. *Teoria geral do processo*. 15. ed. São Paulo: Malheiros, 1999.

DINAMARCO, Cândido Rangel. *Da instrumentalidade do processo*. São Paulo: Revista dos Tribunais.

ESPÍNOLA FILHO, Eduardo. Direito subjetivo. *In*: SANTOS, Carvalho J. M. *Repertório enciclopédico do direito brasileiro*. Rio de Janeiro: Borsoi. v. 12.

FAZZALARI, Elio. *Instituições de direito processual*. Tradução de Elaine Nassif. Bookseller: Campinas, 2006.

GONÇALVES, Aroldo Plínio. *Técnica processual e teoria do processo*. Rio de Janeiro: Aide, 1982.

GUERRA FILHO, Willis Santiago. *Teoria da ciência jurídica*. São Paulo: Saraiva, 2001.

GUERRA FILHO, Willis. *A filosofia do direito*. São Paulo: Atlas, 2002.

HESPANHA, Antônio M. *Panorama histórico da cultura jurídica europeia*. Lisboa: Publicações Europa-América.

LALANDE, André. *Vocabulário técnico e crítico da filosofia*. Martins Fontes, 1999.

LARENZ, Karl. *Metodologia da ciência do direito*. Lisboa: Fundação Calouste Gulbenkian.

LEAL, André Cordeiro. *Instrumentalidade do processo em crise*. Belo Horizonte: Mandamentos, 2008.

LEAL, Rosemiro Pereira (Coord. e Col.). *Uma pesquisa institucional de Estado, Poder Público e União na constitucionalidade brasileira*: significados equívocos e a interpretação do direito; busca de um novo *médium* linguístico na teoria da constitucionalidade brasileira. Belo Horizonte: Del Rey, 2008.

LEAL, Rosemiro Pereira. A judiciarização do processo nas últimas reformas do CPC brasileiro. *In*: BRÊTAS, Ronaldo; NEPOMUCENO, Luciana. *Processo civil reformado*. Belo Horizonte: Del Rey, 2007.

LEAL, Rosemiro Pereira. Modelos e constituição democrática. *In*: OLIVEIRA, Marcelo Andrade Cattoni de. *Constituição e processo*. Belo Horizonte: Del Rey-IHJ, 2009.

LEAL, Rosemiro Pereira. Processo civil e sociedade civil. *Virtuajus – Revista Eletrônica*, v. 4, n. 2, dez. 2005. Disponível em: <http://www.fmd.pucminas.br/Virtuajus/prod_Docente_2_2005.html>.

---

[108] LEAL, Rosemiro Pereira. Modelos e constituição democrática. *In*: OLIVEIRA, Marcelo Andrade Cattoni de. *Constituição e processo*. Belo Horizonte: Del Rey-IHJ, 2009. p. 290.

LEAL, Rosemiro Pereira. *Processo como teoria da lei democrática*. Rio de Janeiro: Forense, 2010.

LEAL, Rosemiro Pereira. Processo e hermenêutica constitucional a partir do Estado democrático de direito. *Revista do Curso de Direito da FUMEC*, col. Acadêmica de Direito, v. 27, 2001.

LEAL, Rosemiro Pereira. *Relativização inconstitucional da coisa julgada*. Belo Horizonte: Del Rey, 2005.

LEAL, Rosemiro Pereira. *Teoria geral do processo*. 9. ed. Rio de Janeiro: Forense, 2010.

LEAL, Rosemiro Pereira. *Teoria processual da decisão jurídica*. São Paulo: Landy, 2002.

LIEBMAN, Enrico Tullio. *Manual de direito processual civil*. Tradução de Cândido Rangel Dinamarco. 3. ed. São Paulo: Malheiros, 2005.

MADEIRA, Dhenis Cruz. *Processo de conhecimento e cognição*: uma inserção no Estado democrático de direito. Curitiba: Juruá, 2008.

MATTOS, Patricia Castro. *As visões de Weber e Habermas sobre direito e política*. Porto Alegre: Sergio Antonio Fabris, 2002.

MESQUITA, Botelho de. *Teses, estudos e pareceres de processo civil*. São Paulo: Revista dos Tribunais. v. 1, A crise do judiciário e o processo.

MIAILLE, Michel. *Introdução crítica ao direito*. Lisboa: Estampa, 2008.

MOREIRA, Barbosa. Breve notícia sobre a reforma do processo civil alemão. *Revista de Processo*, São Paulo, v. 28, n. 111, jul./set. 2003.

OTERO, Paulo. *A democracia totalitária*: do Estado totalitário à sociedade totalitária; a influência do totalitarismo na democracia do século XXI. João do Estoril: Principia, 2000.

PIMENTEL, Wellington Moreira. *Comentários ao Código de Processo Civil*. 2. ed. Revista dos Tribunais, 1979.

POPPER, Karl. *Conhecimento objetivo*. Belo Horizonte: Itatiaia, 1999.

POSNER, Richard. *El análisis económico del derecho*. México: Fondo de Cultura Económica, 1998.

SILVA, Ovídio A. Baptista da. *Curso de processo civil*. Rio de Janeiro: Forense.

TEIXEIRA, Wellington Luzia. *Da natureza jurídica do processo à decisão judicial democratizada*. Belo Horizonte: Fórum, 2008.

THEODORO JUNIOR, Humberto. A reforma do Código de Processo Civil brasileiro. *Revista do Curso de Direito da Faculdade de Ciências Humanas – FUMEC*, Porto Alegre, v. 2, 2000.

VIEHWEG, Theodor. *Tópica e jurisprudência*. Tradução de Tércio Sampaio Ferraz Jr. Brasília: Ministério da Justiça, 1979.

WEBER, Max. *Ciência e política*: duas vocações. São Paulo: Cultrix.

WEBER, Max. *Economia e sociedade*. Brasília: Ed. UnB, 1999. v. 2.

WIEACKER, Franz. *História do direito privado moderno*. Tradução de A. M. Botelho Hespanha. 2. ed. Lisboa: Fundação Calouste Gulbenkian, 1993.

WIEACKER, Franz. *História do direito privado moderno*. Tradução de A. M. Botelho Hespanha. Lisboa: Calouste Gulbenkian, 1980.

WINDSCHEID, Bernhard; MUTHER, Theodor. *Polemica Sobre La "Actio"*. Tradução do alemão por Tomás A. Banzhaf. Buenos Aires: EJEA, 1974.

Informação bibliográfica deste texto, conforme a NBR 6023:2002 da Associação Brasileira de Normas Técnicas (ABNT):

TIVERON, Sérgio. A relação jurídica como técnica de suspensão da lei pelo poder do juiz e a ideologia da decisão judicial como atividade complementar da função legislativa e fonte criadora do direito ainda presentes no Novo CPC: apontamentos críticos à exposição de motivos. *In*: ROSSI, Fernando *et al.* (Coord.). *O futuro do processo civil no Brasil*: uma análise crítica ao Projeto do Novo CPC. Belo Horizonte: Fórum, 2011. p. 595-616. ISBN 978-85-7700-511-6.

DA INCONSTITUCIONALIDADE DO §5º, DO ART. 333, DO ANTEPROJETO DO CÓDIGO DE PROCESSO CIVIL

WELINGTON LUZIA TEIXEIRA

1 Introdução

De maneira sistemática, o legislador brasileiro vem alterando o Código de Processo Civil objetivando alcançar a decantada celeridade processual, já que o Poder Judiciário é alvo de constantes críticas no que se refere à sua morosidade na entrega da prestação jurisdicional. Não obstante a necessidade de se alcançar tal celeridade, é preciso que fiquemos atentos à complexidade e à transcendência sem precedentes que vivenciamos nos nossos dias. Um tempo mais longo, para os debates, é indispensável à duração do processo em vários casos. Esse é o reverso da moeda que nunca, ou pouco, é lembrado pelos especialistas: o processo precisa de tempo par a atingir decisão madura e democrática!

Em busca da celeridade, várias alterações no Código de Processo Civil foram realizadas nos últimos quinze anos o que o descaracterizou por completo, tornando-o um Código de difícil compreensão e, por isso, de complexa aplicação. Não raro encontramos em suas diretrizes artigos conflitantes entre si e outros que, por descuido, já deveriam ter sido revogados, em face às minirreformas engendradas, e lá estão como esquecidos pelo seu criador.

As alterações processuais foram tantas, e tão constante, que se passou a adotar a indicação alfanumérica buscando, sem sucesso, um enquadramento sistemático das novas regras processuais criadas dentro do Código existente, que já se mostrava de impossível aplicação e compreensão.

Buscando solucionar esse grave problema, o Senado Federal baixou o Ato de nº 379, de 2009, e criou uma Comissão de Juristas destinada a elaborar um Anteprojeto de um Novo Código de Processo Civil. Essa Comissão, por sua vez, viajou por todo o país realizando audiências públicas objetivando ouvir a comunidade jurídica e coletar sugestões para o Novo CPC. Eu mesmo, representando o Instituto dos Advogados de Minas Gerais, participei de cinco delas. Levei sugestões e fui ouvido. No entanto, salvo falsa percepção da minha parte, não acredito que aquelas audiências públicas tenham sido realizadas para ouvir a comunidade jurídica e colher sugestões. Penso, salvo melhor juízo, que elas foram realizadas para dar uma satisfação à comunidade jurídica sem, contudo, levar em consideração as críticas e sugestões propostas em todo o país.

Essa suspeita se agrava, ainda mais, quando sabemos que assim que terminou a última audiência pública realizada em Curitiba/PR, onde estive presente, o Anteprojeto do Novo CPC, como em um passe de mágica, já estava redigido e sendo entregue pelo Presidente da Comissão de Juristas, Min. Luiz Fux, ao Presidente do Senado, Senador José Sarney. Ato contínuo, o Anteprojeto foi enviado à Casa Legislativa e transformou-se em Projeto de Lei (PLS nº 166/10), já com as suas relatorias definidas e divididas por capítulos. De se observar, então, que a celeridade que se busca não é só na aplicação da Lei, mas, sobretudo, na realização desta, já que não houve tempo hábil entre a consulta ao meio jurídico nacional e a redação do Anteprojeto, tudo levando a crer, com o perdão da sinceridade, que, enquanto "ouvia-se" a comunidade jurídica, o Anteprojeto estava sendo redigido às portas fechadas e longe das críticas e sugestões tão necessárias em qualquer processo de criação. Entre a realização da primeira audiência pública em Belo Horizonte (26.02.2010) e a oitava e última, em Curitiba/PR (16.04.2010), e o envio do Anteprojeto ao Congresso Nacional (julho/2010), transcorreram-se, exatos, cinco meses, tempo insuficiente para que um juiz consiga proferir uma sentença em um procedimento de rito sumário. No entanto, nesse pequeno espaço de tempo para se criar uma legislação do porte de um Código de Processo Civil, aquela Comissão encerrou os seus trabalhos e o Novo CPC, em breve, será votado no nosso sempre atento e qualificado Congresso Nacional.

Com essa pressa, não será nenhuma novidade encontrarmos no Novo CPC algumas distorções jurídicas. Uma delas, da qual cuidaremos neste ensaio, é a obrigatoriedade de o réu comparecer à audiência de tentativa de conciliação, sob pena de a sua ausência ser considerada como ato atentatório à dignidade da justiça, passível de punição processual.

Neste trabalho, procuraremos demonstrar que, da forma em que foi redigido, o futuro artigo do CPC irá infringir o princípio da isonomia e, por isso, já nascerá com a mancha da inconstitucionalidade, ainda que o legislador, como veremos abaixo, tenha procurado mitigar a inconstitucionalidade que aqui defenderemos.

2 O princípio da isonomia

O princípio da igualdade tem origem na Revolução Francesa (Estado Liberal), com a Declaração dos Direitos do Homem e do Cidadão, e procurou abolir os privilégios que cercavam duas classes sociais: a nobreza e o clero.

Trata-se tal princípio de uma reafirmação do direito fundamental à igualdade e deve nortear as relações jurídicas, devendo-se fazer presente para que as partes recebam tratamento igualitário e obtenham as mesmas oportunidades — simétrica paridade — no procedimento. O alcance do referido princípio não é apenas nivelar os cidadãos diante da norma legal posta. A própria lei não pode ser editada em desconformidade com a isonomia.[1]

O princípio da isonomia é garantidor de igualdade procedimental de igual tratamento. Sendo assim, não se pode falar em "dar tratamento isonômico às partes significa tratar igualmente os iguais e desigualmente os desiguais, na medida exata de suas desigualdades".[2]

Tal assertiva parte de uma premissa equivocada, uma vez que no Estado Democrático de Direito busca-se a incessante igualdade procedimental para evitar, exatamente, o que está sendo apregoado pela doutrina acima citada; vale dizer: o privilégio de uma parte em detrimento da outra, baseando-se, às vezes, em critérios subjetivos ou, simplesmente, em favor legal que não encontra respaldo em um processo democrático que visa à igualdade procedimental dos litigantes.

Não é por outra razão que

> [...] a asserção de que há de se dar tratamento igual a iguais e desiguais a desiguais é tautológica, porque, na estruturação do procedimento, o dizer e contradizer, em regime de liberdade assegurada em lei, não se opera pela distinção jurisdicional do economicamente igual ou desigual.[3] R21;

Vedam-se distinções legislativas que, por diversas vezes, configuram tratamento jurídico desigual. Não é perante a norma posta que se nivelam os indivíduos, mas a própria edição dela se sujeita ao dever de dispensar tratamento equânime às pessoas e, se por um lado, objetiva propiciar garantia individual, por outro, tolhe favoritismos.[4]

Tal dimensão da isonomia, respaldada pelo Estado Democrático de Direito, não pode ser compreendida conforme concepção aristotélica — tratar igualmente os desiguais e desigualmente os desiguais — na medida de suas desigualdades.

Esse pensamento, conforme acentua Galuppo, foi desenvolvido por Aristóteles e refere-se à igualdade geométrica. Para a compreensão de igualdade geométrica, é importante entender o conceito de justiça distributiva, compreendida em dar a cada um conforme seu valor. Sobre justiça distributiva, destaca-se que

> Ela se baseia num princípio da igualdade geométrica, em que 5/10 equivale a 4/8, que por sua vez equivale a 1/2. Isso significa que os bens comunitários devem ser distribuídos de forma que quem valha para a comunidade 8, deva receber 4, enquanto quem valha 2, deva receber 1, a fim de que tais indivíduos sejam igualados através desta espécie de justiça.[5]

---

[1] BANDEIRA DE MELLO, Celso Antônio. *Conteúdo jurídico do princípio da igualdade*. 3. ed. São Paulo: Malheiros, 2001.
[2] NERY JÚNIOR, Nelson. *Princípios do processo civil na Constituição Federal*. São Paulo: Revista dos Tribunais, 1992. p. 40.
[3] LEAL, Rosemiro Pereira. *Teoria geral do processo*: primeiros estudos. 4. ed. Porto Alegre: Síntese, 2001. p. 104.
[4] BANDEIRA DE MELLO, Celso Antônio. *Conteúdo jurídico do princípio da igualdade*. 3. ed. São Paulo: Malheiros, 2001.
[5] GALUPPO, Marcelo Campos. *Igualdade e diferença*: Estado democrático de direito a partir do pensamento de Habermas. Belo Horizonte: Mandamentos, 2002. p. 40.

Cada um receberá de acordo com a sua virtude. A justiça distributiva aborda a questão de tratamento comparativo de indivíduos, assim compreendida em "dar a cada um conforme o seu valor (arethé), ou seja, proporcionalmente àquilo que cada um agregou à comunidade política".[6]

Dessa concepção resultaria a ideia de que injustiça existiria em um caso em que, havendo dois indivíduos semelhantes, em condições semelhantes, o tratamento dado a um fosse pior, ou melhor, do que aquele dado ao outro.

Se assim pudesse ser concebida a isonomia, o processo, via de consequência, garantia que é, legitimador da atividade jurisdicional que é, passaria a ser entendido como forma de pacificação social, com escopos políticos e metajurídicos,[7] realizados pelo juiz, desvirtuando sua função de possibilitar a formação dos provimentos pelas partes em contraditório.

Além disso, permitir o tratamento desigual a uma das partes, sob o fundamento de alcance de igualdade substancial, é tão somente submeter o processo à jurisdição, esta entendida como o monopólio estatal na aplicação da lei. A simétrica paridade refere-se à igualdade processual, igual oportunidade de dizer e contradizer no processo, sem correlação com igualdade substancial. A simples discriminação sofrida por tais indivíduos já viola a Carta Política, cuja restauração exige propositura urgente de procedimentos executivos por parte do Ministério Público para que todos possam fruir de direitos fundamentais, já elencados na Constituição Federal a exigir, tão somente, a sua execução (art. 5º, inc. 1º).[8]

Ademais, conforme ensina Rosemiro Pereira Leal, "é oportuno distinguir isonomia e simétrica paridade, porque esta significa a condição já constitucionalmente assegurada dos direitos fundamentais dos legitimados ao processo quanto à vida digna, liberdade e igualdade (direitos líquidos e certos) no plano constituinte do Estado Democrático de Direito".[9]

A isonomia processual, pressuposto da democracia, afasta qualquer tipo de privilégio e proíbe quaisquer distinções não autorizadas pelo texto constitucional. Conforme já ressaltado, a Constituição da República de 1988 elencou a isonomia processual como princípio norteador de todo ordenamento jurídico. A partir do momento em que uma Lei, sob a justificativa de equiparar os sujeitos processuais, estabelece privilégios passa a desrespeitar a isonomia processual, já que os efeitos produzidos pela situação fática são incompatíveis com o preceito determinado pela norma constitucional — igualdade de tratamento às partes no procedimento em contraditório.

Não se pode, portanto, deturpar o princípio da isonomia como querem alguns, uma vez que ele "não tem conteúdos de criação de direitos diferenciados pela disparidade econômica das partes, mas é direito assegurador de igualdade de realização construtiva do procedimento".[10]

---

[6] *Idem*, p. 42.
[7] DINAMARCO, Cândido Rangel. *A instrumentabilidade do processo*. São Paulo: Malheiros, 1999. p. 75.
[8] LEAL, Rosemiro Pereira. Isonomia processual e igualdade fundamental a propósito das retóricas ações afirmativas. *Unijus – Revista Jurídica*, v. 6, n. 1, p. 44, 2003.
[9] LEAL, Rosemiro Pereira. *Teoria geral do processo*: primeiros estudos. 5. ed. Porto Alegre: Síntese, 2004. p. 104.
[10] *Idem*, p. 103.

Dessarte, não se pode compreender o princípio da isonomia como garantidor de tratamento igual aos iguais e desigual aos desiguais e, sim, que, pelo princípio processual de primeira geração, poder-se-á atingir a igualdade (simétrica paridade) entre os economicamente desiguais, entre os física e psiquicamente diferentes e entre a maioria e minoria política. Processualmente falando, na democracia, é inconcebível uma desigualdade jurídica fundamental, porque, se tal ocorresse, romper-se-ia com as garantias constitucionais do processo em seus princípios enunciativos do contraditório, isonomia e ampla defesa na produção, correição e aplicação do direito, inclusive do próprio direito processual. Daí, também, a inconstitucionalidade de diversos trechos do ordenamento jurídico brasileiro que estabelecem prazos diferentes, foros diferentes, tratamentos pessoais e funcionais diferentes para os sujeitos do processo.[11]

Sendo assim, é de todo inconcebível, na democracia, coexistir, no espaço procedimental, desigualdade jurídica entre as partes calcadas nas ações afirmativas ou no pseudo direito à diferença, porque o princípio constitucional da isonomia é pressuposto processual da igualdade jurídica, que a todos iguala. Demais disso, "a se considerar uma igualdade ou desigualdade extrassistemático-processual, esta seria psíquica, física, cultural, estética, ideológica ou econômica, não isonomicamente juridificada e não acolhível no arcabouço da teoria processual do direito democrático (processo instituinte, constituinte e constitucional de direito)".[12]

Pode-se concluir que está intrínseca na isonomia a igualdade procedimental não ensejando, via de consequência, o tratamento diferenciado de quem quer que seja intra-autos, por meio das políticas públicas ou de favores legais. A garantia do processo deve ter, então, não somente a previsão do contraditório e da ampla defesa a fim de manter o espaço político assegurado. Devem, o contraditório e a ampla defesa, desenvolverem-se de forma isonômica entre os participantes do processo, sob pena de ineficiência do espaço assegurado.[13]

3 Diferença entre princípio e regra

A Constituição Brasileira instituiu vários princípios. Na nossa visão alguns deles não são princípios, e sim regras. Neste artigo, enfrentaremos essa questão para, depois, concluirmos se o tratamento isonômico lá assegurado, refere-se a um princípio ou a uma regra.

É sabido que um princípio é uma norma que indica um estado ideal de coisas a ser efetivado, sem, contudo, indicar, mostrar quais os meios ou ações devemos tomar para contribuir com a sua efetivação. Os princípios são aplicados levando-se em consideração a otimização e da melhor/maior maneira possível. Já as regras são aplicadas com base no "tudo ou nada", vale dizer, ou uma regra é aplicada ou é revogada por outra regra, levando-se em consideração a Lei de Introdução ao Código Civil (LICC).

---

[11] LEAL, Rosemiro Pereira. Isonomia processual e igualdade fundamental a propósito das retóricas ações afirmativas. *Unijus – Revista Jurídica*, v. 6, n. 1, p. 46, ago. 2003.
[12] LEAL, *op. cit.*, p. 47.
[13] ARAÚJO, Marcelo Cunha de. *O novo processo constitucional*. Belo Horizonte: Mandamentos, 2003. p. 141.

O dever de adequação é decorrência lógica da mera positivação de um princípio. Já a regra não comporta adequação e sim a sua aplicação, ou não. O princípio atrai para si o dever da proporcionalidade. A regra não: ou ela é aplicada ou é revogada.

A doutrina conceitua princípios de diversos modos, utilizando-se de diversos critérios, tais como: o da fundamentalidade, hierarquia, abstração e generalidade. Para Roque Antonio Carrazza, "princípio é um enunciado lógico, implícito ou explícito, que, por sua grande generalidade, ocupa posição de preeminência nos vastos quadrantes do Direito e, por isso mesmo, vincula, de modo inexorável, o entendimento e a aplicação das normas jurídicas que com ele se conectam".[14]

De acordo com José Afonso da Silva, a palavra princípio é equívoca, podendo aparecer com sentidos diversos. Explica o autor que a expressão princípios fundamentais, contida no Título I da Constituição, está exprimindo a noção de mandamento nuclear de um sistema, diferentemente da expressão (...) "norma de princípio (ou disposição de princípio)" que significa norma que (...) "contém o início ou esquema de um órgão, entidade ou de programa, como são as 'normas de princípio institutivo' e as de 'princípio programático'".[15]

O critério da fundamentalidade, adotado pela doutrina para classificar os princípios, diz respeito a serem eles os mesmos mandamentos nucleares de um sistema; o da abstração, ao sustentarem que eles possuem uma alta carga de abstração; da hierarquia, quando afirmam que são considerados como normas superiores dentro do ordenamento jurídico, dentre outros; critérios esses diversos daquele utilizado por Robert Alexy, o qual leva em consideração a estrutura da norma em seu aspecto qualitativo. Confira-se:

> Hasta ahora, lo que interesaba era el concepto de la norma de derecho fundamental o iusfundamental. Ahora hay que considerar su fin, pueden llevarse a cabo numerosas distinciones teórico-estructurales. Para la teoria de los derechos fundamentales, la más importante es la distinción entre reglas e principios. Ella constituye la base de la fundamentación iusfundamental una clave para la solución de problemas centrales de la dogmática de los derechos fundamentales. Sin ella, no puede existir una teoria adecuada de los límites, ni una teoria satisfactoria de la colisión y tampoco una teoria suficiente acerca del papel que jueguan los derechos fundamentales en el sistema jurídico. Es um elemento básico no solo de la dogmática de los derechos de libertad y igualdad, sino también de los derechos a protección, organización y procedimiento y a prestaciones en sentido estricto.[16]

Destarte, para Alexy, os princípios seriam normas que prescrevem um mandamento de otimização, podendo o preceito ser cumprido em diversos graus de intensidade, de acordo com as possibilidades fáticas e jurídicas existentes no caso concreto. Isto é, os princípios são modelos de otimização podendo ou não ser considerados como mandamentos nucleares de um sistema. Ainda segundo o autor,

---

[14] CARRAZZA, Roque Antonio. *Curso de direito tributário*. 10. ed. São Paulo: Malheiros, 1997. p. 31.
[15] SILVA, José Afonso da. *Curso de direito constitucional positivo*. 28. ed. rev. e atual. nos termos da reforma constitucional (EC 48, de 10.08.2005). São Paulo: Malheiros, 2006. p. 91.
[16] ALEXY, Robert. *Teoria de los derechos fundamentales*. Madrid: Centro de Estúdios Políticos y Constitucionales, 2002. p. 81.

pode-se afirmar que existem regras regendo direitos fundamentais, assim como existem princípios que não estão enquadrados nessas disposições.

Segundo Virgílio Afonso da Silva,

> [...] o conceito de princípio, na teoria de Alexy, é um conceito que não faz referência à fundamentalidade da norma em questão. Como visto acima, uma norma é um princípio não por ser fundamental, mas por ter a estrutura de um mandamento de otimização. Por isso, um princípio pode ser um mandamento nuclear de um sistema, mas pode também não o ser, já que uma norma é um princípio apenas em razão de sua estrutura normativa e não de sua fundamentalidade. O mesmo vale para as regras. Pode haver regras que sejam disposições fundamentais do sistema, mas isso é irrelevante para a sua classificação.[17]

Portanto, levando-se em consideração os ensinamentos do mestre alemão, pode-se afirmar que as regras são aplicadas na medida do *tudo ou nada*, as quais descrevem uma situação fática que, ocorrendo, leva à sua incidência e à ocorrência das consequências nelas previstas, enquanto os princípios são aqueles considerados mandamentos de otimização e, portanto, podem ser cumpridos em diferentes graus, dependendo das possibilidades fáticas e jurídicas existentes.

4 Na Constituição Federal a previsão da isonomia é princípio ou regra?

No tópico 2 — O princípio da isonomia — dissemos que ela se refere a um direito fundamental à igualdade e que deve nortear as relações jurídicas, devendo-se fazer presente para que as partes recebam tratamento igualitário e obtenham as mesmas oportunidades — simétrica paridade — no procedimento. O seu alcance, portanto, não é apenas nivelar os cidadãos diante da norma legal posta. A própria Lei não pode ser editada em desconformidade com a isonomia. Pela isonomia, ou através dela, se proíbe que seja dado tratamento desigual a uma das partes, tolhendo favoritismos.

Essa proibição não admite flexibilização, não comportando, via de consequência, interpretações que possam levar ao favorecimento de uma das partes em detrimento da outra, em qualquer situação. Repita-se: a isonomia intra-autos deve ser compreendida no sentido de dar tratamento igualitário (simétrica paridade) a ambas as partes, pouco importando a condição social, econômica ou cultural de cada uma delas.

Em seguida, no tópico III, vimos a distinção entre princípio e regra. Tivemos a oportunidade de afirmar, ancorados na obra de Robert Alexy, que a aplicação dos princípios aceita flexibilização, já que ela é feita na medida do possível e da melhor maneira possível. Já as regras, ainda segundo aquele autor, são aplicadas *na medida do tudo ou nada*. Vale dizer: se a regra existe deve ser aplicada. Se outra existe, contrariando aquela, uma delas deve ser considerada revogada, utilizando-se dos mecanismos existentes na LICC.

---

[17] ALEXY, *op. cit.*, p. 36.

Indo adiante, não há como não constatar a existência de diferenças entre uma norma de direito fundamental que trata, por exemplo, da liberdade de associação, que, na verdade, refere-se a uma regra e não a um princípio, já que não pode ser relativizada para ser aplicada na melhor maneira possível (otimização). A sua aplicação deve ser *na medida do tudo ou nada*, vale dizer, ou é permitida a associação, conforme manda a Lei, ou não é permitida. Já o princípio, por exemplo, da razoável duração do processo, permite flexibilização diante do caso concreto, já que um processo pode ser, e os casos são inúmeros, mais complexos do que outros e, sendo assim, não há condições de serem resolvidos no mesmo espaço de tempo daquele que possui menor complexidade, permitindo a flexibilização (maior tempo para os primeiros e menor para os segundos) contida nos princípios e ausente nas regras. Como exemplo: um processo que necessitou de instrução probatória exaustiva (prova testemunhal e pericial, depoimento pessoal) não pode ser resolvido no mesmo espaço de tempo de um processo onde só se discute matéria de direito, sem necessidade de dilação probatória. Os exemplos são fartos!

Pelo que acima já foi exposto, parece-nos fácil concluir que a isonomia, prevista na Constituição Federal, não é um princípio a permitir a sua aplicação na melhor maneira possível, e sim uma regra que deve ser aplicada ***na medida do tudo ou nada***, sob pena de favorecer uma parte em detrimento da outra. Não se pode, por exemplo, aceitar que, sendo as partes de diferente poder aquisitivo, possa a mais pobre ser privilegiada na prática de atos processuais em detrimento da mais rica. As diferenças existentes entre as partes, quaisquer que sejam elas, não podem ser levadas para a relação processual e, por isso ou por causa disso, não têm nenhuma importância, ou não deveriam ter, para a aplicação da Lei processual.

Destarte, se uma regra é válida deve ser cumprida exatamente pelo que nela está descrito, nem mais nem menos. Por outro lado, os princípios, por conterem diretrizes de maior elasticidade, apenas determinam que algo seja feito da melhor forma possível e na maior medida possível.

5 Da inconstitucionalidade da presença obrigatória do réu na audiência de conciliação no Anteprojeto do Código de Processo Civil

Tenho observado, e ao que tudo indica, com uma certa dose de razão, que existe no Brasil um certo preconceito sobre a figura do réu. O simples fato de alguém ser réu em uma ação já lhe traz vários dissabores. No mínimo será objeto de olhares desconfiados. Em processo de execução, então, valha-me Deus! O réu (permita-me, aqui, o uso inapropriado da palavra) não conseguirá, sequer, fazer um empréstimo ou comprar a crédito na vigência daquele processo. E o que é pior: poderá ter as suas contas bancárias bloqueadas sem maiores delongas. Se ele contestou a ação ou se embargou a execução ou, ainda, impugnou o cumprimento de sentença e saiu vencedor, não importa. Ele é réu e, por isto, já está errado! Após a sua vitória judicial ele terá que provar para a sociedade que, apesar de ter sido réu, o direito estava ao seu lado.

Tal cultura está enraizada na nossa sociedade, jurídica inclusive, e será abraçada pelo Novo Código de Processo Civil já que, de forma expressa, consta do seu

Anteprojeto que "§5º 333 – O não comparecimento injustificado do réu é considerado ato atentatório à dignidade da justiça, passível de sanção processual".

Observe o leitor que o Novo Código determinará a punição do réu, e apenas ele, se não comparecer à audiência de conciliação, de maneira injustificada. É de se perguntar: E se o autor não comparecer, o que acontecerá? Nada! Qual o motivo da discriminação ou, para sermos técnicos, do tratamento não isonômico entre autor e réu? Eu não consigo responder! Será preconceito? Talvez! Será que o legislador parte do princípio de que o simples fato de alguém ser réu já lhe confere o título de malandro? É possível!

No §7º, do mesmo dispositivo, o legislador procura, em vão, amenizar o seu preconceito contra o réu quando afirma que "o juiz dispensará a audiência de conciliação quando as partes manifestarem expressamente sua disposição contrária ou quando, por outros motivos, constatar que a conciliação é inviável".

De se observar, então, que o réu ficará nas mãos do autor e do juiz. Nas mãos do autor, porque ele terá que procurá-lo para fazer uma petição em conjunto informando ao julgador que eles não têm interesse em fazer nenhum acordo. Já imaginaram a situação? Será que o autor, ou o seu advogado, irão receber o réu? Duvido! E se a ação tiver sido distribuída em Manaus e o réu residir em Porto Alegre? Pobre do réu! Se for pobre então... ainda assim terá que fazer tamanho deslocamento para comparecer a uma audiência de conciliação onde, simplesmente, dirá que não tem interesse em fazer acordo. Do contrário, a sua ausência poderá ser considerada ato atentatório à dignidade da justiça passível de punição processual. De outra banda, ficará o réu nas mãos do juiz, porque a Lei não fala em qual situação poderá ele dispensar a audiência de conciliação. Trata-se, portanto, o futuro dispositivo legal aqui em comento, de cláusula aberta, que, de quando em vez, leva ao autoritarismo como mostra a prática forense.

A verdade é que estão dando tratamento diferenciado às partes. O autor está sendo beneficiado em detrimento do réu e isso não pode ocorrer, porque a regra (e não princípio, como já vimos) da isonomia insculpida na Carta Magna não comporta flexibilização, ou seja, tem que ser aplicada na *medida do tudo ou nada*. Não se pode otimizar a regra da isonomia *na medida do possível ou da melhor maneira possível*. Em outras palavras, mas no mesmo sentido: a regra da isonomia existe para proteger as partes uma das outras e do próprio Estado-Juiz, ou não. Sendo assim, deve ser aplicada sem flexibilização, sob pena de desvirtuamento do sistema.

Por outro lado, sabemos que é perfeitamente passível de acontecer a propositura de uma ação temerária. Já contestei várias nos meus longos anos de advocacia. Por que, então, o autor não será obrigado, assim como o réu, a comparecer à audiência de conciliação, sob pena de sanção processual? A não resposta a essa pergunta leva à conclusão de que a regra da isonomia está sendo ferida, o que, ao nosso modesto entendimento, macula de inconstitucional o dispositivo do Anteprojeto aqui comentado.

Mas não é só! Nem o autor nem tampouco o réu estão obrigados a comparecer à audiência de conciliação. Eles praticam ou comparecem a um ato processual se quiserem. Já tivemos a oportunidade de afirmar que o processo é garantia fundamental do cidadão contra o outro cidadão e contra o próprio Estado-Juiz, ou não. Sendo assim, as partes promovem acordo se quiserem. Nada, nem ninguém, nem tampouco o legislador ordinário ou constitucional, tem o poder de obrigar as partes a se conciliarem. O fato de o réu, ou o autor, não comparecer a uma audiência de conciliação deve significar, apenas e tão somente, que eles não querem o acordo, naquele momento ou em qualquer outro. Não podem, por ser o processo uma garantia fundamental do cidadão, ser penalizados por aquela ausência ou por não querer o acordo.

Não estamos, com esse pensamento, pregando a litigiosidade. Não é isso! O que estamos fazendo é procurando dar uma contribuição para o aperfeiçoamento do nosso sistema jurídico que não pode conter leis discriminatórias, já que vivemos em um Estado Democrático de Direito que abomina esse tipo de comportamento e prega a igualdade de tratamento, em simétrica paridade entre as partes litigantes, conforme já visto neste ensaio.

Mesmo se o legislador tivesse inserido o autor, também, como passível de sanção processual pela ausência na audiência de conciliação aqui tratada, ainda assim estaria ele insurgindo em equívoco, já que, conforme já frisamos, processo é garantia fundamental do cidadão e ele só deve comparecer naquela audiência, ou em qualquer outro ato processual, querendo, não por obrigação. A impressão que se tem, salvo engano, é que o legislador pretende, através daquele dispositivo legal, forçar o acordo entre as partes litigantes para esvaziar os escaninhos forenses em busca da celeridade na entrega da prestação jurisdicional, que, em tempos atuais, recebeu o nome de efetividade da decisão judicial ou, ainda, processo justo, pelo simples fato de ter encerrado rápido. Com isso, definitivamente, não podemos concordar.

6 Conclusão

Por tudo que foi exposto, podemos concluir que a isonomia prevista na Constituição Federal não se refere a um princípio que pode ser aplicado na medida do possível ou da melhor/maior maneira possível, mas sim se constitui uma regra que deve ser aplicada *na medida do tudo ou nada*, eis que não se pode admitir que haja flexibilização na sua aplicação para dar privilégio de tratamento a uma parte (autor) em detrimento da outra (réu) ou vice-versa, em face das regras que norteiam o processo no Estado Democrático de Direito.

Sendo assim, o dispositivo legal contido no Anteprojeto do Novo Código de Processo Civil, que irá prever a punição do réu pela sua ausência injustificada na audiência de conciliação, é inconstitucional, por infringir a regra da isonomia, que, por ser regra, não aceita flexibilização não podendo ser aplicada na medida do possível ou da melhor/maior maneira possível, ao contrário dos princípios que permitem tal aplicação.

Referências

ALEXY, Robert. *Teoria de los derechos fundamentales*. Madrid: Centro de Estúdios Políticos y Constitucionales, 2002.

ARAÚJO, Marcelo Cunha de. *O novo processo constitucional*. Belo Horizonte: Mandamentos, 2003.

BANDEIRA DE MELLO, Celso Antônio. *Conteúdo jurídico do princípio da igualdade*. 3. ed. São Paulo: Malheiros, 2001.

CARRAZZA, Roque Antonio. *Curso de direito tributário*. 10. ed. São Paulo: Malheiros, 1997.

DINAMARCO, Cândido Rangel. *A instrumentabilidade do processo*. São Paulo: Malheiros, 1999.

GALUPPO, Marcelo Campos. *Igualdade e diferença*: Estado democrático de direito a partir do pensamento de Habermas. Belo Horizonte: Mandamentos, 2002.

LEAL, Rosemiro Pereira. Isonomia processual e igualdade fundamental a propósito das retóricas ações afirmativas. *Unijus – Revista Jurídica*, v. 6, n. 1, ago. 2003.

LEAL, Rosemiro Pereira. *Teoria geral do processo*: primeiros estudos. 4. ed. Porto Alegre: Síntese, 2001.

NERY JÚNIOR, Nelson. *Princípios do processo civil na Constituição Federal*. São Paulo: Revista dos Tribunais, 1992.

SILVA, José Afonso da. *Curso de direito constitucional positivo*. 28. ed. rev. e atual. nos termos da reforma constitucional (EC 48, de 10.08.2005). São Paulo: Malheiros, 2006.

Informação bibliográfica deste texto, conforme a NBR 6023:2002 da Associação Brasileira de Normas Técnicas (ABNT):

TEIXEIRA, Welington Luzia. Da Inconstitucionalidade do §5º, do art. 333, do Anteprojeto do Código de Processo Civil. *In*: ROSSI, Fernando *et al.* (Coord.). *O futuro do processo civil no Brasil*: uma análise crítica ao Projeto do Novo CPC. Belo Horizonte: Fórum, 2011. p. 617-627. ISBN 978-85-7700-511-6.

PARTE II

NOTAS

LIMITES OBJETIVOS DA COISA JULGADA NO PROJETO DE NOVO CÓDIGO DE PROCESSO CIVIL

ALEXANDRE FREITAS CÂMARA

1 O Projeto de Novo Código de Processo Civil inova, grandemente, em relação ao Código de Processo Civil de 1973, no que diz respeito aos limites objetivos da coisa julgada. Tal inovação, impõe registrar, está diretamente ligada à abolição da "ação declaratória incidental", que o Código Buzaid implantou no ordenamento jurídico brasileiro. O que se pretende examinar neste pequeno ensaio é o modo como a matéria vem tratada no referido Projeto, sendo certo que a exata compreensão do ponto impõe que sejam feitas breves considerações sobre o mesmo no CPC de 1973.

No CPC de 1973 estabeleceu-se, de forma expressa, que a fundamentação da sentença não é alcançada pela autoridade de coisa julgada material. Dito de outro modo, apenas a parte dispositiva da sentença transita em julgado. Este é ponto que, à luz da doutrina concebida sob a égide deste diploma legislativo, pode ser considerado pacífico.[1]

Assim sendo (e nos expressos termos do tautológico art. 469 do CPC de 1973), não são alcançados pela coisa julgada "os motivos" da sentença, "a verdade dos fatos, estabelecida como fundamento da sentença" e a resolução "da questão prejudicial, decidida incidentemente no processo".

A limitação da coisa julgada à parte conclusiva da sentença, excluída de seus limites objetivos a fundamentação do pronunciamento judicial, sempre contou com o apoio da mais autorizada doutrina processual. Assim, por exemplo, na doutrina italiana, isso se encontra afirmado desde o mais clássico dos autores, Chiovenda.[2]

Por conta disso é que, na mais autorizada doutrina, se sustenta que a resolução da questão prejudicial não é alcançada pela autoridade de coisa julgada material,

---

[1] Desnecessário alongar as citações. Sobre o ponto, por todos. SANTOS. *Comentários ao Código de Processo Civil*, v. 4, p. 437.
[2] CHIOVENDA. *Principii di diritto processuale civile*, p. 917.

salvo no caso de ter sido formulada uma expressa demanda com esse objeto ou se assim o determinar expressamente a lei.[3]

Pois no regime do Código de Processo Civil de 1973 a resolução da questão prejudicial não pode ser alcançada pela autoridade de coisa julgada, salvo no caso de haver sido formulada, por qualquer das partes, uma demanda neste sentido, a que se deu, tradicionalmente, o nome de "ação declaratória incidental".

Por conta disso, o art. 5º do CPC de 1973 expressamente estabeleceu que "se, no curso do processo, se tornar litigiosa relação jurídica de cuja existência ou inexistência depender o julgamento da lide, qualquer das partes poderá requerer que o juiz a declare por sentença". Sendo certo que, por força do disposto no art. 469, III, daquele diploma, não faz coisa julgada "a apreciação da questão prejudicial, decidida incidentemente no processo", tal regra é excepcionada pelo que estabelece o art. 470 do mesmo código: "Faz, todavia, coisa julgada a resolução da questão prejudicial, se a parte o requerer (arts. 5º e 325), o juiz for competente em razão da matéria e constituir pressuposto necessário para o julgamento da lide".

Fica claro, então, pela leitura dos dispositivos mencionados, que sob a égide do Código de Processo Civil de 1973, a resolução da questão prejudicial — que, via de regra, se dá na fundamentação da sentença — não é alcançada pela *auctoritas rei iudicatæ*, e só se afasta esta limitação se alguma das partes tiver demandado uma declaração incidental. Neste caso, o que era mera *questão prejudicial* terá se tornado uma *causa prejudicial*, o que exigirá a prolação de uma decisão, que será encontrada no dispositivo da sentença, já que proferida *principaliter*. E assim, a decisão proferida sobre a causa prejudicial alcançará a autoridade de coisa julgada material.

Vale registrar, neste ponto, que, por força do que expressamente estabelece o já citado art. 470, tal decisão *principaliter* acerca da causa prejudicial só poderá ser proferida se a demanda de declaração incidental tiver sido dirigida a juízo competente em razão da matéria (o que decorre da óbvia constatação de que a decisão proferida por juízo absolutamente incompetente é viciada — como expressamente afirma o art. 113, §2º, do Código Buzaid — e pode, se transitar em julgado, ser impugnada e desconstituída por "ação rescisória", na forma do art. 485, II, do mesmo diploma).

2 O Projeto de Novo Código de Processo Civil, porém, afasta-se deste regime. Estabelece o art. 20 do Projeto que "se, no curso do processo, se tornar litigiosa relação jurídica de cuja existência ou inexistência depender o julgamento da lide, o juiz, assegurado o contraditório, a declarará por sentença, com força de coisa julgada".

Daí já se observa uma mudança de orientação. A resolução da questão prejudicial passa a ser alcançada pela autoridade de coisa julgada não mais por força da manifestação de vontade de alguma das partes, que teria ajuizado sua demanda de declaração incidente, mas por força de lei.

Coerentemente com esta primeira disposição, o art. 490 do Projeto (que corresponde, com alterações, ao que consta do art. 468 do CPC de 1973), estabelece que "a sentença que julgar total ou parcialmente a lide tem força de lei nos limites dos pedidos e das questões prejudiciais expressamente decididas".

---

[3] Assim, por exemplo, VERDE. *Il nuovo processo di cognizione*, p. 226.

Fica expresso, então, que a *auctoritas rei iudicatæ*, como projetada, passará a alcançar não só a decisão proferida pelo órgão jurisdicional em resposta ao pedido formulado pelo demandante mas, também, a resolução de questão prejudicial.[4]

O regime, como se vê, é substancialmente alterado. Impõe-se, porém, analisar o que consta do Projeto de Novo Código de Processo Civil, de modo a se poder perceber exatamente quando os limites da coisa julgada realmente abarcarão o que se tiver pronunciado acerca das relações que guardem, com o objeto principal do processo, alguma relação de prejudicialidade.

3 Para compreender-se, exatamente, o sistema projetado, impõe-se também, buscar definir o que sejam três conceitos que são, sempre, manipulados quando se fala sobre este tema: *ponto*, *questão* e *causa*.

Impende afirmar, em primeiro lugar, que *prejudicialidade* é uma relação entre dois postulados, de modo que a solução dada a um deles tem o poder de influir na solução do segundo. Assim, por exemplo, sempre que para solucionar o postulado B tenha o juiz de determinar, antes, a solução do postulado A, e esta influa na resolução daquele, será possível afirmar que entre A e B existe uma relação de prejudicialidade, em que A é prejudicial e B é prejudicado.

Pense-se, por exemplo, na relação que existe entre saber-se se Pedro é ou não o pai de Maria e a solução que se tenha de dar a uma demanda de alimentos proposta por esta em face daquele. Ora, caso se verifique que entre eles não existe a relação de paternidade, logicamente não será possível condenar Pedro a prestar alimentos a Maria.

A prejudicialidade pode ser característica de um *ponto*, de uma *questão* ou de uma *causa*.

Ponto, como ensina importante monografista, "é o fundamento de uma afirmação referente ao mérito, ao processo ou à ação".[5] Em outras palavras, *ponto* é qualquer afirmação, de fato ou de direito, que tenha sido feita no processo. Assim, *e.g.* (e utilizando o exemplo anterior), se Maria afirma que Pedro é seu pai e, com base nesta afirmação, postula sua condenação a lhe pagar alimentos, tem-se na paternidade um *ponto prejudicial*.

Questão, na lição do jurista que, originariamente, refletiu acerca desta categoria, é "a dúvida acerca de uma razão".[6] Dito de outro modo, pode-se afirmar que *questão* é todo ponto controvertido, de fato ou de direito. Assim, e sempre usando o mesmo exemplo, se Pedro contesta a paternidade afirmada por Maria, ter-se-á uma *questão prejudicial*.

Pode, então, acontecer de um ponto ser dotado dessa característica chamada *prejudicialidade*. Tornando-se ele controvertido, ter-se-á uma *questão prejudicial*.

---

[4] Consequência disso tudo é que o art. 491 do Projeto, que corresponde ao art. 469 do Código Buzaid, não reproduz o que consta do inc. III deste último dispositivo, segundo o qual — como visto anteriormente — a resolução de questão prejudicial que se desse incidentemente não seria alcançada pela coisa julgada. É que, no sistema projetado, a resolução de questão prejudicial se daria, sempre, *principaliter*. Isto, contudo, nem sempre corresponderá à verdade, e casos haverá em que a solução da questão prejudicial não será coberta pela *auctoritas rei iudicatæ*. De todo modo, nesses casos tal solução, *incidenter tantum*, se dará na fundamentação da sentença, que não transita em julgado, como expressamente dispõe o inc. I deste mesmo art. 491 do Projeto.

[5] FERNANDES. *Prejudicialidade*, p. 57.

[6] CARNELUTTI. *Instituciones del proceso civil*, v. 1, p. 36.

Tudo isso, porém, ocorre dentro de um processo instaurado, cujo objeto é distinto desse ponto ou questão prejudicial. Pode ocorrer, porém, da questão prejudicial ser suscitada, em outro processo, em caráter principal. Pois neste processo, no qual se buscará resolver *principaliter* a questão que, para o primeiro processo era prejudicial, se desenvolverá o que se pode chamar de *causa prejudicial*.[7] É o que vai acontecer, então, se houver sido instaurado, *e.g.*, um processo cujo objeto seja uma pretensão declaratória de paternidade deduzida por Maria em face de Pedro, enquanto em outro processo pede ela a condenação de seu suposto pai a pagar alimentos. Neste caso, aquele primeiro processo veicula a *causa prejudicial*, enquanto neste segundo processo se terá a *causa prejudicada*.

Os pontos prejudiciais, por não serem controvertidos, não são objeto de resolução judicial. Assim, toda a relação entre prejudicialidade e coisa julgada se restringe às questões e às causas prejudiciais.

Ocorre que, como evidente, na causa prejudicial haverá uma resolução *principaliter* acerca do que é prejudicial. Deste modo, inegavelmente se terá de reconhecer a formação, *in casu*, da coisa julgada material. Assim, e sempre usando o mesmo exemplo, julgado procedente o pedido de declaração de paternidade formulado por Maria em face de Pedro, essa declaração de paternidade será alcançada pela *auctoritas rei iudicatæ* (e não poderá ser objeto de qualquer discussão no processo da causa prejudicada, no qual não será possível negar-se aquela paternidade, sob pena de ofender-se a coisa julgada formada no primeiro processo).

Por tais razões, fica o problema restrito a saber-se como se dá a relação entre a solução de uma questão prejudicial, resolvida *incidenter tantum*, e a coisa julgada que se forme neste processo em que tal resolução ocorreu.

Pois no direito brasileiro, como se viu anteriormente, a resolução *incidenter tantum* de questões prejudiciais nunca foi alcançada pela autoridade de coisa julgada.

É preciso — para facilitar o curso da exposição — afirmar aqui que o problema de que ora se cuida só se põe se a questão prejudicada é de mérito. É que pode haver algum caso em que uma questão seja prejudicial a outra, estranha ao mérito (em outros termos, pode a questão prejudicada ser meramente processual). É o que se dá, por exemplo, quando, para saber-se se uma pessoa é, realmente, o representante legal de uma pessoa jurídica que é parte em um processo, torna-se necessário resolver se foi ou não válida sua eleição. Neste caso, a questão prejudicada diz respeito à capacidade processual da parte e, pois, é estranha ao *meritum causæ*. Sendo certo que a resolução de questões processuais jamais poderia ser alcançada pela coisa julgada material, seria absurdo sequer cogitar-se de ser alcançada pela autoridade de coisa julgada a resolução, *incidenter tantum*, dessa questão prejudicial.[8]

Havendo de resolver-se, em caráter incidental, uma questão prejudicial que subordina a resolução de uma questão de mérito, porém, torna-se necessário saber se a autoridade de coisa julgada ficará limitada à decisão sobre o mérito ou se alcançará, também, o que se diga sobre aquela questão prévia. E — perdoe-se a insistência — no direito brasileiro sempre se negou tal extensão (ressalvada, apenas, a possibilidade

---

[7] SCARANCE, *op. cit.*, p. 60.
[8] Neste sentido, MOREIRA. *Questões prejudiciais e coisa julgada*, p. 126.

de alguma das partes formular demanda declaratória incidental, mas nesse caso a solução da questão prejudicial se dá *principaliter*).

Assim já era ao tempo do Código de Processo Civil de 1939.[9] E assim foi, também, sob o império do CPC de 1973.[10]

Pois o Projeto de Novo Código de Processo Civil rompe, inteiramente, com esta tradição. Propõe-se, no Projeto, o fim da "ação declaratória incidental" (que não é mencionada no texto projetado), estendendo-se os limites objetivos da coisa julgada à solução das questões prejudiciais (arts. 20 e 490, já citados).

É preciso ter claro que o Projeto, claramente, limita a extensão objetiva da coisa julgada à resolução de questões prejudiciais ao mérito (o que se extrai da referência, no texto do Projeto, à resolução "da lide"). Assim, por exemplo, se em um processo cujo objeto seja uma pretensão a receber alimentos tiver surgido controvérsia sobre a paternidade, a solução desta questão também ficará coberta pela autoridade de coisa julgada.

Duas considerações, porém, se impõem. A primeira é que — ao contrário do que pode parecer — a solução proposta pelo Projeto não implica afirmar-se que a coisa julgada alcançará, também, a fundamentação da sentença (ou uma parte dela). O que o Projeto de Novo CPC na verdade propõe é que, tendo surgido no processo uma questão prejudicial ao mérito, a resolução da mesma passe a integrar, por força de lei, o objeto do processo, devendo a mesma ser resolvida *principaliter*. Ter-se-á, pois, aí, uma questão que, por força de lei, integra o objeto do processo independentemente de pedido (como se dá com relação à inclusão, na condenação, de correção monetária ou juros moratórios legais). Há quem fale, em casos assim, em "pedido implícito".[11] Esta, com todas as vênias devidas, não me parece a melhor terminologia. Nesses casos, a meu ver, não se deve considerar que o pedido tenha sido feito implicitamente, mas que a matéria integra o objeto do processo independentemente de pedido.

Assim, é de se reconhecer que, no sistema projetado, haverá uma resolução *principaliter* das questões prejudiciais, independentemente de se ter formulado pedido neste sentido. E, proferida a resolução *principaliter* da questão prejudicial, esta será alcançada pela autoridade de coisa julgada material.

A outra observação que deve ser feita, porém, é no sentido de apontar uma grave falha do Projeto. É que os textos projetados não limitam expressamente esta extensão objetiva da coisa julgada aos casos em que o juízo seja competente em razão da matéria. Isto pode, sem dúvida, gerar problemas. Pense-se, por exemplo, em um processo trabalhista movido por uma empregada doméstica em face de um casal. Os demandados tornam controvertida, no processo, a própria existência da entidade

---

[9] Vale registrar que, àquela época, este tema era tremendamente controvertido. Sempre pareceu melhor, porém, considerar-se que a coisa julgada não alcançava a resolução *incidenter tantum* das questões prejudiciais. Neste sentido pronunciou-se o mais importante monografista do tema entre nós: MOREIRA. *Questões prejudiciais e coisa julgada, op. cit.*, p. 114. No mesmo sentido, sob a égide do Código de 1939, COSTA. *Direito processual civil brasileiro*, v. 3, p. 128 (onde se lê que "se o autor ou o réu pretendem que um pressuposto da sentença também entre para o domínio da coisa julgada, deverão no libelo, na contestação ou em reconvenção fazer tais pedidos").

[10] Aqui sem qualquer controvérsia digna de nota, dados os expressos termos do art. 469, III. Sobre o ponto, por todos, Humberto Theodoro Júnior. *Curso de direito processual civil*, v. 1, p. 550.

[11] Entre outros, usa essa terminologia. PASSOS. *Comentários ao Código de Processo Civil*, v. 3, p. 209.

familiar, querendo um deles demonstrar que não tem qualquer responsabilidade por eventuais direitos trabalhistas da reclamante por ser apenas um namorado da outra reclamada, enquanto esta afirma que eles formavam uma entidade familiar (dessas conhecidas como "uniões estáveis"), sendo, pois, de ambos, a responsabilidade pelos eventuais débitos trabalhistas. O Juiz do Trabalho terá de verificar se os reclamados formavam ou não uma entidade familiar ao tempo em que a reclamante trabalhava como doméstica, a fim de verificar se serão ou não ambos os demandados condenados. Seria razoável conceber que, nesse caso, a solução da questão prejudicial será alcançada pela autoridade de coisa julgada?

Outros exemplos poderiam ser figurados. Cogite-se, por exemplo, de em um juízo cível instaurar-se processo cujo objeto é a declaração da titularidade da propriedade de um imóvel, em que surja discussão sobre questão prejudicial consistente em saber se é ou não nulo um registro civil (em um caso no qual a competência *ratione materiæ* para conhecer dessa matéria seja de um juízo especializado em registros públicos, como se dá na comarca do Rio de Janeiro). Seria razoável que a afirmação, feita pelo juízo absolutamente incompetente, acerca da validade do registro, alcançasse a coisa julgada material?

Penso que a solução deste problema passa pelo que foi dito linhas acima acerca da inclusão da resolução da questão prejudicial no próprio objeto do processo e, também, pelo que consta do art. 42 do Projeto de Novo CPC.

Diz este dispositivo do Projeto que "as causas cíveis serão processadas e decididas pelos órgãos jurisdicionais nos limites de sua competência, ressalvada às partes a faculdade de instituir juízo arbitral, na forma da lei". Fica claro, então, que um órgão jurisdicional só pode decidir "nos limites de sua competência". Ora, sendo certo que as questões prejudiciais ao mérito que surjam no processo passarão a integrar o objeto deste, devendo ser resolvidas *principaliter*, não tenho dúvida em afirmar que tal decisão só poderá ser proferida "nos limites de sua (*do órgão jurisdicional*) competência". Assim, em casos como o anteriormente figurado, não poderia o juízo trabalhista decidir com força de coisa julgada sobre a existência ou não da entidade familiar, nem poderia o juízo cível declarar, com força de coisa julgada, se um registro civil é válido ou nulo, sob pena de infringir o art. 42 do Projeto.

Assim interpretado, o sistema proposto no Projeto de Novo CPC fica, ao menos, imune a críticas mais severas. A única questão que fica no ar, então, é a de se saber se era mesmo conveniente promover-se esta modificação, contrária à tradição do direito processual civil brasileiro, cuja eficácia na busca pela melhoria da prestação jurisdicional é, para dizer o mínimo, duvidosa.

Referências

CARNELUTTI, Francesco. *Instituciones del proceso civil*. Traducción Santiago Sentis Melendo. Buenos Aires: El Foro, 1997. v. 1.

CHIOVENDA, Giuseppe. *Principii di diritto processuale civile*. 3. ed. Nápoles: Jovene, 1923.

COSTA, Lopes da. *Direito processual civil brasileiro*. 2. ed. Rio de Janeiro: José Konfino, 1948. v. 3.

FERNANDES, Antonio Scarance. *Prejudicialidade*. São Paulo: Revista dos Tribunais, 1988.

MOREIRA, José Carlos Barbosa. *Questões prejudiciais e coisa julgada*. Rio de Janeiro: Borsoi, 1967. Tese.

PASSOS, J. J. Calmon de. *Comentários ao Código de Processo Civil*. 8. ed. Rio de Janeiro: Forense, 1998. v. 3.

SANTOS, Moacyr Amaral. *Comentários ao Código de Processo Civil*. 6. ed. Rio de Janeiro: Forense, 1994. v. 4.

THEODORO JÚNIOR, Humberto. *Curso de direito processual civil*. 51. ed. Rio de Janeiro: Forense, 2010. v. 1.

VERDE, Giovanni. *Il nuovo processo di cognizione*. Nápoles: Jovene, 1995.

Informação bibliográfica deste texto, conforme a NBR 6023:2002 da Associação Brasileira de Normas Técnicas (ABNT):

CÂMARA, Alexandre Freitas. Limites objetivos da coisa julgada no Projeto de Novo Código de Processo Civil. *In*: ROSSI, Fernando *et al.* (Coord.). *O futuro do processo civil no Brasil*: uma análise crítica ao Projeto do Novo CPC. Belo Horizonte: Fórum, 2011. p. 631-637. ISBN 978-85-7700-511-6.

PROJETO DE NOVO CÓDIGO DE PROCESSO CIVIL – ESTRUTURAÇÃO E PROCEDIMENTOS

BRUNO GARCIA REDONDO

1 Introdução

O presente e breve estudo tem como objetivo analisar a divisão estrutural do Projeto de Novo Código de Processo Civil (Substitutivo ao PLS nº 166/10, aprovado pelo Senado Federal em 15.12.2010 e remetido à Câmara dos Deputados na mesma data, onde tramita como PL nº 8.046/10), comparando-o com o Código de Processo Civil ainda vigente (Lei nº 5.869/73), levando em conta não apenas a divisão de matérias em Livros distintos como, principalmente, a uniformização de procedimentos, mediante extinção do Livro destinado aos chamados *procedimentos especiais* e fusão dos procedimentos *ordinário* e *sumário* em um procedimento único.

2 Divisão estrutural do Projeto em cinco Livros

O Código de Processo Civil de 1973 foi estruturado em 05 (cinco) Livros mediante a seguinte disposição: Livro I, destinado ao *Processo de Conhecimento*; Livro II, relacionado ao *Processo de Execução*; Livro III, referente ao *Processo Cautelar*; Livro IV, relativo aos *Procedimentos Especiais*; e Livro V, regulando as *Disposições Finais e Transitórias*.

O Projeto de Código de Processo Civil também se encontra estruturado em 05 (cinco) Livros, os quais, todavia, possuem conteúdos diversos daqueles existentes no atual Código.

De acordo com a estruturação do Substitutivo ao PLS nº 166/10, os Livros são distribuídos da seguinte maneira: Livro I, destinado à *Parte Geral*; Livro II, relativo ao *Processo de Conhecimento*; Livro III, voltado ao *Processo de Execução*; Livro IV, referente aos *Processos nos Tribunais e Meios de Impugnação das Decisões Judiciais*; e o Livro V, regulando as *Disposições Finais e Transitórias*.

Como se vê, o Projeto extingue os Livros destinados às *cautelares* e aos *procedimentos especiais* e cria Livros destinados à regulamentação específica da *parte geral* e dos *processos nos tribunais e meios de impugnação das decisões judiciais*.

3 Procedimentos especiais – Inserção no Livro do processo de conhecimento e alteração de suas espécies

O Código de 1973 regula, em seu Livro IV, os *procedimentos especiais*, dividindo-os em 02 (dois) Títulos, o primeiro, destinado aos de "jurisdição contenciosa" e, o seguinte, relativo aos de "jurisdição voluntária".

São 14 (quatorze) os grandes *procedimentos especiais* de "jurisdição contenciosa": ação de consignação em pagamento (arts. 890 a 900); ação de depósito (arts. 901 a 906); ação de anulação e substituição de títulos ao portador (arts. 907 a 913); ação de prestação de contas (arts. 914 a 919); ações possessórias (arts. 920 a 925), divididas em manutenção e reintegração de posse (arts. 926 a 931) e interdito proibitório (arts. 932 e 933); ação de nunciação de obra nova (arts. 934 a 940); ação de usucapião de terras particulares (arts. 941 a 945); ação de divisão e da demarcação de terras particulares (arts. 946 a 981); inventário e partilha (arts. 982 a 1.045); embargos de terceiro (arts. 1.046 a 1.054); habilitação (arts. 1.055 a 1.062); restauração de autos (arts. 1.063 a 1.069); vendas a crédito com reserva de domínio (arts. 1.070 e 1.071); ação monitória (arts. 1.102-A a 1.102-C do CPC, devendo-se essa incongruente disparidade de utilização indistinta de letras minúsculas e maiúsculas, e de ponto e hífen, às reformas pontuais das Leis nºs 9.079/95 e 11.232/05, que utilizaram técnicas distintas de numeração e grafia em artigos regulando o mesmo tema, servindo, aliás, de exemplo hábil a demonstrar a verdadeira "colcha de retalhos" em que infelizmente se transformou o Código de 1973).

Os arts. 1.072 a 1.102 do CPC, que regulavam a arbitragem, foram revogados pela Lei nº 9.307/96, que passou a regular, em lei especial, o procedimento arbitral.

Já os *procedimentos especiais* de "jurisdição voluntária" são 09 (nove): após as disposições gerais (arts. 1.103 a 1.112), encontram-se as alienações judiciais (arts. 1.113 a 1.119); a separação judicial (arts. 1.120 a 1.124); os testamentos e codicilos (arts. 1.125 a 1.141); a herança jacente (arts. 1.142 a 1.158); os bens dos ausentes (arts. 1.159 a 1.169); as coisas vagas (arts. 1.170 a 1.176); a curatela e os interditos (arts. 1.177 a 1.198); a organização e a fiscalização das fundações (arts. 1.199 a 1.204); e a especialização da hipoteca legal (arts. 1.205 a 1.210 do CPC).

No Projeto de Novo Código de Processo Civil viu-se que inexistirá Livro específico destinado à regulamentação dos *procedimentos especiais*, sendo os mesmos inseridos no Livro II, referente ao *processo de conhecimento e cumprimento da sentença*.

Logo após as regras relativas ao *procedimento comum* (arts. 292 a 495 do Projeto), à *liquidação* (arts. 496 a 499) e ao *cumprimento da sentença* (arts. 500 a 523), o Projeto regulamenta os *procedimentos especiais* nos arts. 524 a 729. Percebe-se, assim, que, na organização estrutural do Projeto de Novo Código de Processo Civil, foi privilegiada a *natureza*, comum a todos os procedimentos (tanto o comum, quanto os especiais), da tutela jurisdicional veiculada na primeira fase do processo: tutela de *conhecimento*. Como todos os procedimentos (comum e especiais) iniciam-se com a fase cognitiva (cuja atividade preponderante é a cognição), é possível considerá-los todos como espécies do mesmo gênero, conforme esse critério classificatório.

Relativamente à divisão interna dos procedimentos especiais, percebe-se que foi abolida sua divisão em "jurisdição contenciosa" e "jurisdição voluntária", nomenclatura e separação, aliás, severamente criticadas pela doutrina. O Projeto aparentemente deixa de reunir os primeiros em um único grupo, e, quanto ao segundo grupo, o denomina de "procedimentos não contenciosos". Em interpretação *a contrario sensu*, parece óbvia a conclusão de que os primeiros procedimentos seriam, para o Legislador, os "contenciosos", já que o segundo grupo reúne os denominados "não contenciosos". Em suma, no Projeto deixa-se de fazer referência à "jurisdição", e o adjetivo "voluntária" é substituído pela expressão "não contenciosa".

No Projeto, são 10 (dez) os "procedimentos especiais" ("contenciosos"): "ação de consignação em pagamento" (arts. 524 a 534); "ação de exigir contas" (arts. 535 a 539); "ações possessórias" (arts. 540 a 545), divididas em manutenção e reintegração de posse (arts. 546 a 551) e interdito proibitório (arts. 552 e 553); "ação de divisão e da demarcação de terras particulares" (arts. 554 a 584); "ação de dissolução parcial de sociedade" (arts. 585 a 595); "inventário e partilha" (arts. 596 a 659); "embargos de terceiro" (arts. 660 a 667); "habilitação" (arts. 668 a 673); "restauração de autos" (arts. 674 a 680); e "homologação do penhor legal" (arts. 681 a 684).

Como alterações mais destacadas, nota-se a criação de procedimento especial para a *ação de dissolução parcial de sociedade* (que vinha regulada no Código de 1939, mantida em vigor pelo inc. VII do art. 1.218 do Código de 1973) e a inclusão da *homologação do penhor legal* como um dos *procedimentos especiais* do Livro II (processo de conhecimento) do Projeto de Novo Código de Processo Civil, enquanto, no Código de 1973, esse instituto vem regulado nos arts. 874 a 876, constantes do Livro III, relativo ao processo *cautelar*.

Em segundo lugar, observa-se a abolição das seguintes espécies de procedimentos especiais: "ação de prestação de contas" (permaneceu apenas a "ação de exigir contas"), "ação de nunciação de obra nova" (apesar de o parágrafo único do art. 33 inc. do PLS nº 166/10, que regula a competência territorial em demanda fundada em direito real sobre imóveis, ainda fazer referência a essa "ação"); "ação de usucapião de bens particulares" (a despeito de o inc. I e o parágrafo único do art. 238 do Projeto, que regulam a comunicação por edital, permanecerem fazendo referência a essa espécie de demanda); "ação de anulação e substituição de títulos ao portador" (apesar de o inc. II do art. 238 do Projeto, relativo à comunicação por edital, continuar fazendo referência a esse procedimento, com outra nomenclatura, qual seja, "ação de recuperação ou substituição de título ao portador"); "vendas a crédito com reserva de domínio"; "ação monitória"; e "ação de depósito".

A despeito da extinção da tipificação desses procedimentos, parece evidente que todos esses pedidos (usucapião, substituição de títulos ao portador, nunciação de obra nova, etc.) ainda poderão ser formulados, já que não se tratam de pedidos juridicamente impossíveis. A única diferença é que inexistirá procedimento especial diferenciado para a tramitação das demandas que veicularem essas pretensões: o procedimento será o comum.

Quanto aos procedimentos especiais "não contenciosos" do Projeto, são 11 (onze) as espécies: "notificações e interpelações" (arts. 692 a 695); "alienações judiciais" (art. 696); "divórcio e extinção de união estável consensuais e alteração de regime de bens do matrimônio" (arts. 697 a 700); "testamentos e codicilos" (arts. 701 a 703);

"herança jacente" (arts. 704 a 709); "bens dos ausentes" (arts. 710 e 711); "coisas vagas" (art. 712); "interdição e curatela" (arts. 713 a 722); "organização e fiscalização das fundações" (arts. 723 a 725); "posse em nome do nascituro" (arts. 726 a 728); e "justificação" (art. 729).

Como primeira diferença, observa-se a extinção, no Projeto, do procedimento especial de *separação consensual* (previsto nos arts. 1.120 a 1.124-A do Código de 1973). Trata-se de proposta posterior ao advento da Emenda Constitucional nº 66/10, que alterou o §6º do art. 226 da CRFB passando a permitir o divórcio sem necessidade de prévia separação. Apesar de ainda ser deveras controvertido, entre civilistas e constitucionalistas, se a separação permanece juridicamente possível, o Projeto de deixa de prever procedimento especial específico para a mesma.

A segunda diferença é a inclusão, nos *procedimentos especiais* do Projeto, das *notificações e interpelações* e da *posse em nome do nascituro*, que, no Código de 1973, são regulados nos arts. 867 a 873 e 877 a 878, constantes do Livro III, relativo ao processo *cautelar*.

Como terceira diferença, tem-se a abolição da *especialização da hipoteca legal*.

4 Uniformização do procedimento comum

No Código de Processo Civil de 1973, o chamado "processo de conhecimento" é dividido em 02 (duas) espécies: procedimento *comum* e procedimentos *especiais*. O primeiro subdivide-se, novamente, em 03 (três) espécies: o *ordinário* (art. 274), o *sumário* (arts. 275 a 281) e, apesar da omissão do art. 272 do CPC, o *sumariíssimo* (regulado nas Leis nºs 9.099/95, 10.259/01 e 12.153/09). Já os procedimentos especiais subdividem-se em 02 (duas) espécies: os previstos no Livro IV do Código de 1973, e os constantes de legislação extravagante (*v.g.*, as ações locatícias reguladas na Lei nº 8.245/91).

Na linha do art. 271 do CPC, o procedimento comum *ordinário* pode ser considerado a regra geral do Código de 1973, sendo, inclusive, de aplicação subsidiária no caso de insuficiência do procedimento sumário (art. 277, §4º, CPC).

No Projeto de Novo Código de Processo Civil, deixa de existir a divisão do procedimento comum em *ordinário* e *sumário*, tornando-se *único* (uniforme) o procedimento *comum* (isto é, aquele não especial) regulado no PLS — permanecendo inalterado o chamado procedimento *sumariíssimo* das três Leis que regulam os Juizados Especiais Cíveis, o qual, em verdade, poderia passar a denominar-se *sumário*, já que inexiste razão para se adjetivar o procedimento de *sumariíssimo* se não mais existe o rito *sumário*.

Esse procedimento comum *único* ou *uniforme* consiste em uma "fusão" dos procedimentos *ordinário* e *sumário* do Código de 1973, assemelhando-se, a rigor, mais a este último, porém com algumas alterações.

O procedimento comum *único* ou *uniforme* possui rito simplificado. Inicia-se com a apresentação de *petição inicial*, na qual já deverão constar o requerimento de provas e o rol de testemunhas, como se vê do art. 296 do Projeto. Não sendo o caso de *emenda* da petição inicial, nem de seu *indeferimento* (art. 305), tampouco de *improcedência liminar do pedido* (art. 307) deve o réu ser citado para comparecer à *audiência de conciliação* (art. 323), a partir da qual, inexistindo transação, começará a correr o prazo quinzenal para *resposta* do réu (art. 324). Não sendo designada audiência, o prazo para resposta começará a correr a partir da juntada, aos autos, do mandado ou de outro instrumento de citação (art. 335).

A resposta do réu é, em sua grande parte, concentrada na *contestação*, peça defensiva típica que, além de conter requerimento de provas e o rol de testemunhas, engloba também o pedido contraposto (art. 326, que abole a reconvenção), a alegação de incompetência relativa (inc. II do art. 327), as impugnações ao valor da causa e à gratuidade de justiça (incs. III e XIII do art. 327) e o pedido de declaração incidente (art. 20).

Pelo art. 126 do Projeto, somente as alegações de *impedimento* e *de suspeição* do juiz permanecem sendo apresentadas em petição diversa da contestação.

A indicação de assistentes técnicos e apresentação de quesitos para perícia não serão transferidas para a petição inicial nem para a contestação, permanecendo no mesmo instante processual previsto no Código de 1973, isto é, 05 (cinco) dias após a nomeação de perito pelo juiz (art. 450 do Projeto).

Permanecem reguladas no Projeto as chamadas *providências preliminares*: réplica do autor (na qual poderá ser apresentado rol adicional de testemunhas, conforme o art. 337 do Projeto); *extinção do processo* (art. 340) e "julgamento imediato da lide" (art. 341, nomenclatura que poderia ter sido substituída por outra mais precisa, qual fosse, *resolução imediata do pedido*).

Havendo necessidade de produção de outras provas, logo após a *decisão declaratória de saneamento* (art. 342 do Projeto) desenvolver-se-á a *fase de instrução probatória* (ou *fase instrutória*), destinada principalmente à produção de provas pericial, oral (para depoimento de partes e testemunhas, e esclarecimentos por parte do perito), documental suplementar e inspeção judicial, com possibilidade de designação de Audiência de Instrução e Julgamento (art. 344) se necessária colheita de prova oral.

Não obstante, deve-se ressaltar que esse procedimento comum *único* (uniforme) não é inflexível, já que o inc. V do art. 118 do Projeto consagra o *princípio da adaptabilidade* (*flexibilização procedimental*) — ainda que com aparente reserva, revelada pela nova redação do inc. V do art. 118 do Substitutivo aprovado no Senado em 2010, muito mais restrita do que a dos anteriores arts. 107, V, e 151, §1º constantes da versão original do PLS nº 166/10 —, permitindo que o juiz, em face das peculiaridades da causa e observado o contraditório, modifique o trâmite processual a fim de melhor tutelar o direito material.

5 Conclusão

Como brevemente analisado, o Projeto organiza, de modo mais racional e preciso, o Novo Código de Processo Civil em 05 (cinco) Livros.

Além dessa melhor organização topográfica e estrutural, o Projeto reordena os procedimentos especiais como espécies do chamado "processo de conhecimento", abolindo a regulamentação específica dos menos utilizados (apesar de que outros poderiam ter sido extintos, tais como a posse em nome do nascituro ou o relativo às coisas vagas, cujas tutelas podem ser perfeitamente pleiteadas em sede de demanda pelo procedimento comum).

Finalmente, o Projeto institui o procedimento comum *único* (uniforme), que possui características tanto do procedimento ordinário, quanto do sumário, com dizversas alterações e inovações.

Informação bibliográfica deste texto, conforme a NBR 6023:2002 da Associação Brasileira de Normas Técnicas (ABNT):

REDONDO, Bruno Garcia. Projeto de Novo Código de Processo Civil: estruturação e procedimentos. *In*: ROSSI, Fernando *et al.* (Coord.). *O futuro do processo civil no Brasil*: uma análise crítica ao Projeto do Novo CPC. Belo Horizonte: Fórum, 2011. p. 639-644. ISBN 978-85-7700-511-6.

RELATIVIZAÇÃO DAS REGRAS DE IMPENHORABILIDADE – PROJETO DE NOVO CÓDIGO DE PROCESSO CIVIL E SUGESTÃO NORMATIVA

BRUNO GARCIA REDONDO

1 Introdução

O presente ensaio tem como objetivo o estudo da relativização das regras de impenhorabilidade de bens constante do Projeto de Novo Código de Processo Civil, em trâmite na Câmara dos Deputados como o PL nº 8.046/10 (decorrente da aprovação, em 15.12.2010 pelo Senado Federal, do Substitutivo ao PLS nº 166/10).

Como se verá, as regras de impenhorabilidade originalmente propostas no Anteprojeto de Novo Código de Processo Civil, elaborado pela Comissão de Juristas[1] (versão original do PLS nº 166/10, protocolada em 08.06.2010), eram praticamente idênticas às regras existentes no Código de Processo Civil de 1973 (arts. 649 e 650, na redação das Leis nºs 11.383/06 e 11.694/08).

Durante a tramitação do PLS nº 166/10 no Senado Federal, foi empreendida importante — apesar de ainda tímida — alteração em determinadas regras de impenhorabilidade, que passaram a constar da versão do *Substitutivo*[2] ao PLS nº 166/10,

---

[1] A *Comissão de Juristas* encarregada de elaborar o Anteprojeto de Novo Código de Processo Civil foi instituída em 30.09.2009 por meio do Ato nº 379/09 do Presidente do Senado, José Sarney, tendo a seguinte composição: Min. Luiz Fux (Presidente), Teresa Arruda Alvim Wambier (Relatora-Geral), Adroaldo Furtado Fabrício, Bruno Dantas, Humberto Theodoro Júnior, Jansen Fialho de Almeida, José Miguel Garcia Medina, José Roberto dos Santos Bedaque, Marcus Vinicius Furtado Coelho e Paulo Cezar Pinheiro Carneiro.

[2] O Substitutivo ao PLS nº 166/10 resultou dos trabalhos da *Comissão Temporária de Reforma do Código de Processo Civil* (Requerimento nº 747/10, aprovado em 04.08.2010), que teve a seguinte composição: Senadores Demóstenes Torres (Presidente), Antonio Carlos Valadares (Vice-Presidente), Valter Pereira (Relator-Geral), Antonio Carlos Júnior (Relator Parcial para Processo Eletrônico), Romeu Tuma (Relator Parcial para Parte Geral), Marconi Perillo (Relator Parcial para Processo de Conhecimento), Almeida Lima (Relator Parcial para Procedimentos Especiais), Antonio Carlos Valadares (Relator Parcial para Cumprimento das Sentenças

o qual veio a ser aprovado pelo Plenário do Senado em 15.12.2010 e recebido pela Câmara dos Deputados em 22.12.2010 (PL nº 8.046/10).

Passemos, pois, a analisar as regras de impenhorabilidade e de suas mitigações constantes do Projeto de Novo Código de Processo Civil.

2 Impenhorabilidades no texto original do Código de Processo Civil de 1973 e na Lei nº 8.009/90

O Código de Processo Civil de 1973, em sua redação originária, consagrava a chamada *impenhorabilidade absoluta* de bens no art. 649, que continha nove incisos, sendo o décimo deles fruto de acréscimo da Lei nº 7.513/86.[3]

Conforme entendimento amplamente majoritário nos planos doutrinário e jurisprudencial, a *impenhorabilidade absoluta* consistira em vedação insuperável e absoluta à constrição judicial dos bens ali elencados. Em outras palavras, os bens do executado que se enquadrassem nas hipóteses elencadas nos incisos do art. 649 do CPC estariam totalmente excluídos da *responsabilidade patrimonial genérica* (art. 591), sendo insusceptíveis de penhora e, por consequência, de expropriação judicial. Única exceção em que se admitia a penhora de parte daqueles bens (*v.g.*, parcela de remuneração do executado) destinava-se a satisfazer obrigação dotada de natureza alimentar (*e.g.*, em sede de execução de alimentos).

Já o art. 650[4] do CPC consagraria, também para o entendimento predominante, a chamada *impenhorabilidade relativa*, que consistiria em vedação preferencial à penhora dos bens ali indicados: apenas como última opção — isto é, somente se inexistentes outros bens livres sobre os quais pudesse recair a penhora — é que tais bens poderiam sofrer constrição judicial.

A Lei nº 8.009/90, por seu turno, estabelece ainda a impenhorabilidade dos bens *de residência*, cuja penhora, ainda conforme o posicionamento predominante,

---

e Execução) e Acir Gurgacz (Relator Parcial para Recursos), que contou com a assessoria dos juristas Athos Gusmão Carneiro, Cassio Scarpinella Bueno, Dorival Renato Pavan e Luiz Henrique Volpe Camargo, além dos Consultores Legislativos do Senado.

[3] Art. 649. São absolutamente impenhoráveis: (redação original da Lei nº 5.869/73)
I – os bens inalienáveis e os declarados, por ato voluntário, não sujeitos à execução;
II – as provisões de alimento e de combustível, necessárias à manutenção do devedor e de sua família durante 1 (um) mês;
III – o anel nupcial e os retratos de família;
IV – os vencimentos dos magistrados, dos professores e dos funcionários públicos, o soldo e os salários, salvo para pagamento de prestação alimentícia;
V – os equipamentos dos militares;
VI – os livros, as máquinas, os utensílios e os instrumentos, necessários ou úteis ao exercício de qualquer profissão;
VII – as pensões, as tenças ou os montepios, percebidos dos cofres públicos, ou de institutos de previdência, bem como os provenientes de liberalidade de terceiro, quando destinados ao sustento do devedor ou da sua família;
VIII – os materiais necessários para obras em andamento, salvo se estas forem penhoradas;
IX – o seguro de vida;
X – o imóvel rural, até um modulo, desde que este seja o único de que disponha o devedor, ressalvada a hipoteca para fins de financiamento agropecuário. (incluído pela Lei nº 7.513/1986)

[4] Art. 650. Podem ser penhorados, à falta de outros bens: (redação original da Lei nº 5.869/73)
I – os frutos e os rendimentos dos bens inalienáveis, salvo se destinados a alimentos de incapazes, bem como de mulher viúva, solteira, desquitada, ou de pessoas idosas;
II – as imagens e os objetos do culto religioso, sendo de grande valor.

jamais seria admitida, salvo as exceções expressamente previstas (arts. 3º e 4º daquele diploma).

O rigor da regra do art. 649 do CPC (assim como o da Lei nº 8.009/90) foi objeto de crítica por parte de alguns processualistas,[5] que já defendiam a possibilidade de mitigação da impenhorabilidade em sede de qualquer execução (não somente de créditos alimentares). Em casos excepcionais, seria possível a penhora dos bens ali descritos, em parcela e proporção que ensejasse, ao mesmo tempo, a satisfação do direito do exequente (art. 612) e a preservação do mínimo essencial à dignidade do executado (art. 620), mediante ponderação de princípios, regras e valores no caso concreto.

3 Impenhorabilidade nas recentes reformas do Código de Processo Civil de 1973

Como resultado da mais recente "reforma da execução", a Lei nº 11.382/06 alterou a redação dos arts. 649[6] e 650,[7] sendo o primeiro desses dispositivos objeto de nova alteração empreendida pela Lei nº 11.694/08, que criou nova hipótese de *impenhorabilidade absoluta*.[8]

O PL nº 4.497/04, que veio a ser convertido na Lei nº 11.382/06, continha dispositivos que iriam mitigar, expressamente, algumas regras de *impenhorabilidade*

---

[5] REIS, José Alberto dos. *Processo de execução*. Coimbra: Coimbra Ed., 1985. v. 1, p. 377; GRECO, Leonardo. *O processo de execução*. Rio de Janeiro: Renovar, 2001. v. 2, p. 19-21; DINAMARCO, Cândido Rangel. *Nova era do processo civil*. São Paulo: Malheiros, 2004. p. 298; SILVA, Enio Moraes da. *Considerações críticas sobre o novo bem de família*. Curitiba: Juruá, 1993. p. 30; ARAÚJO, Francisco Fernandes de. *O abuso do direito processual e o princípio da proporcionalidade na execução civil*. Rio de Janeiro: Forense, 2004. p. 211; e TEIXEIRA, Guilherme Freire de Barros. A penhora de salários e a efetividade do processo de execução. *In*: SHIMURA, Sérgio; NEVES, Daniel A. Assumpção (Coord.). *Execução no processo civil*: novidades e tendências. São Paulo: Método, 2005. p. 131-138.

[6] Art. 649. São absolutamente impenhoráveis: (redação conferida pela Lei nº 11.382/06)
I – os bens inalienáveis e os declarados, por ato voluntário, não sujeitos à execução;
II – os móveis, pertences e utilidades domésticas que guarneçam a residência do executado, salvo os de elevado valor ou que ultrapassem as necessidades comuns correspondentes a um médio padrão de vida;
III – os vestuários, bem como os pertences de uso pessoal do executado, salvo se de elevado valor;
IV – os vencimentos, subsídios, soldos, salários, remunerações, proventos de aposentadoria, pensões, pecúlios e montepios; as quantias recebidas por liberalidade de terceiro e destinadas ao sustento do devedor e sua família, os ganhos de trabalhador autônomo e os honorários de profissional liberal, observado o disposto no §3º deste artigo;
V – os livros, as máquinas, as ferramentas, os utensílios, os instrumentos ou outros bens móveis necessários ou úteis ao exercício de qualquer profissão;
VI – o seguro de vida;
VII – os materiais necessários para obras em andamento, salvo se essas forem penhoradas;
VIII – a pequena propriedade rural, assim definida em lei, desde que trabalhada pela família;
IX – os recursos públicos recebidos por instituições privadas para aplicação compulsória em educação, saúde ou assistência social;
X – até o limite de 40 (quarenta) salários mínimos, a quantia depositada em caderneta de poupança.
§1º A impenhorabilidade não é oponível à cobrança do crédito concedido para a aquisição do próprio bem.
§2º O disposto no inciso IV do caput deste artigo não se aplica no caso de penhora para pagamento de prestação alimentícia.

[7] Art. 650. Podem ser penhorados, à falta de outros bens, os frutos e rendimentos dos bens inalienáveis, salvo se destinados à satisfação de prestação alimentícia. (redação da Lei nº 11.382/06).

[8] Art. 649: (*omissis*):
XI – os recursos públicos do fundo partidário recebidos, nos termos da lei, por partido político. (incluído pela Lei nº 11.694/2008).

absoluta, passando a permitir, por exemplo, a penhora de parte da remuneração do executado (proposta de §3º [9] ao art. 649 do CPC) e de imóveis residenciais de elevado valor (proposta de parágrafo único[10] ao art. 650).

Esses dispositivos, contudo, foram objeto de vetos por parte do Presidente da República quando da sanção da Lei nº 11.382/06. *De lege lata*, portanto, permaneceu ausente, no art. 649 do CPC, uma regra que viesse a permitir, expressamente, a penhora de parte dos bens ali elencados em sede de qualquer execução civil. Somente para as excepcionais hipóteses de execução alimentar é que o §2º do art. 649 admite, de modo expresso, a penhora de parte da remuneração do devedor de alimentos.

4 Entendimento doutrinário favorável à mitigação das regras de impenhorabilidade ainda durante a vigência do Código de 1973

Logo após os vetos presidenciais às propostas de §3º ao art. 649 e de parágrafo único ao art. 650 do CPC, começou a tramitar, na Câmara dos Deputados, o PL nº 2.139/07, destinado a promover alteração no inc. IV do art. 649, a fim de permitir a penhora de *um terço* da remuneração do executado.[11] Esse Projeto, contudo, jamais foi aprovado.

Os referidos vetos presidenciais foram contundentemente criticados pela doutrina,[12][13][14] que passou a defender, em grande parte, a penhora tanto de parte da remuneração do executado quanto de imóveis residenciais de elevado valor.

---

[9] Proposta de §3º ao art. 649, objeto de veto presidencial: "§3º Na hipótese do inciso IV do caput deste artigo, será considerado penhorável até 40% (quarenta por cento) do total recebido mensalmente acima de 20 (vinte) salários mínimos, calculados após efetuados os descontos de imposto de renda retido na fonte, contribuição previdenciária oficial e outros descontos compulsórios".

[10] Proposta de parágrafo único ao art. 650, objeto de veto presidencial: "Parágrafo único. Também pode ser penhorado o imóvel considerado bem de família, se de valor superior a 1.000 (mil) salários mínimos, caso em que, apurado o valor em dinheiro, a quantia até aquele limite será entregue ao executado, sob cláusula de impenhorabilidade".

[11] Redação do Projeto de Lei n. 2.139/07:
"Artigo 1º O inciso IV do artigo 649 da Lei 5.869, de 11 de janeiro de 1973 (Código de Processo Civil), passa a vigorar com a seguinte redação:
Art. 649 (*omissis*)
IV – Dois terços dos vencimentos, subsídios, soldos, salários, remunerações, proventos de aposentadoria, pensões, pecúlios e montepios, das quantias recebidas por liberalidade de terceiro e destinadas ao sustento do devedor e sua família, dos ganhos de trabalhador autônomo e dos honorários de profissional liberal".

[12] Igualmente criticando o veto presidencial à proposta de §3º do art. 649 do CPC, CÂMARA, Alexandre Freitas. *Lições de direito processual civil*. 14. ed. Rio de Janeiro: Lumen Juris, 2007. v. 2, p. 315; MARINONI, Luiz Guilherme; ARENHART, Sérgio Cruz. *Execução*. São Paulo: Revista dos Tribunais, 2007. p. 255-256; e NEVES, Daniel Amorim Assumpção. *Reforma do CPC 2*: Leis nº 11.382/2006 e 11.341/2006. São Paulo: Revista dos Tribunais, 2007. p. 200-201, 214.

[13] Também criticando o veto presidencial à proposta de parágrafo único do art. 650 do CPC, CÂMARA, *op. cit.*, p. 324; MARINONI; ARENHART, *op. cit.*, p. 255-256.

[14] De nossa parte, tivemos a oportunidade de criticar ambos os vetos em ensaios anteriores: REDONDO, Bruno Garcia; LOJO, Mário Vitor Suarez. *Penhora*. São Paulo: Método, 2007. p. 98, 134-135; REDONDO, Bruno Garcia. Penhora da remuneração do executado: relativização da regra da impenhorabilidade independentemente da natureza do crédito. *Revista Brasileira de Direito Processual*, Belo Horizonte: Fórum, v. 18, n. 70, p. 179-195, abr./jun. 2010; e GARCIA REDONDO, Bruno. A (im)penhorabilidade da remuneração do executado e do imóvel residencial à luz dos princípios constitucionais e processuais. *Revista Dialética de Direito Processual*, São Paulo, n. 63, p. 22, 24, jun. 2008.

Diversos processualistas, portanto, passaram a sustentar,[15] com razão,[16] interpretação capaz de mitigar o rigor das regras do inc. IV do art. 649 e do art. da Lei nº 8.009/90, a fim de permitir — a despeito da ausência de previsão expressa — a penhora de parcela dos ganhos do executado e de imóveis residenciais que ultrapassem padrão médio de vida.

Realmente parece irrelevante a falta de previsão expressa de possibilidade de mitigação da regra no art. 649 do CPC. Afinal, a penhora da remuneração decorre inafastavelmente dos princípios da *dignidade da pessoa humana* (inc. III do art. 1º da CRFB), da *efetividade da tutela jurisdicional* (inc. LXXVIII do art. 5º da CRFB), da *utilidade da execução para o credor* (art. 612 do CPC) e da *proporcionalidade*.

Caso contrário, se não for permitida a penhora de parte da remuneração do executado, todo devedor possuirá desproporcional "salvo-conduto" garantido pela lei, já que, sempre que não possuir outros bens em seu próprio nome, mas apenas sua remuneração, estará dispensado do pagamento de todas as suas dívidas.[17]

Para evitar absurdos como esses, a interpretação do inc. IV do art. 649 do CPC de 1973 que mais se revela de acordo com a Constituição Federal é a que admite a penhora de parte dos *ganhos* do executado em sede de qualquer execução, ainda que de verba que não possua natureza *alimentar*. O percentual da remuneração a ser penhorado deve ser arbitrado em patamar razoável, capaz de, ao mesmo tempo, assegurar o *mínimo* necessário à sobrevivência *digna* do executado e não violar a *dignidade* do exequente.[18]

---

[15] DINAMARCO, Cândido Rangel. *Instituições de direito processual civil*. 3. ed. São Paulo: Malheiros, 2009. v. 4, p. 396; FUX, Luiz. *A reforma do processo civil*. Rio de Janeiro: Impetus, 2006. p. 251; WAMBIER, Luiz Rodrigues; WAMBIER, Teresa Arruda Alvim; MEDINA, José Miguel Garcia. *Breves comentários à nova sistemática processual civil*. São Paulo: Revista dos Tribunais, 2007. v. 3, p. 94-96; DIDIER JR., Fredie et al. *Curso de direito processual civil*. 2. ed. Salvador: JusPodivm, 2010. v. 5, p. 555-560; MEDINA, José Miguel Garcia. *Processo civil moderno*: execução. São Paulo: Revista dos Tribunais, 2008. v. 3, p. 157-158; ARENHART, Sérgio Cruz. A penhorabilidade de imóvel de família de elevado valor e salários. *In*: WAMBIER, Tereza Arruda Alvim et al. (Coord.). *Direito civil e processo*: estudos em homenagem ao Professor Arruda Alvim. São Paulo: Revista dos Tribunais, 2008. p. 524; MAIDAME, Márcio Manoel. Impenhorabilidade e direito do credor. Curitiba: Juruá, 2007. p. 249-267; NEVES, *op. cit.*, p. 213-214; PUCHTA, Anita Caruso. *Penhora de dinheiro on-line*. Curitiba: Juruá, 2009. p. 125-130.

[16] Também já defendemos, em estudos anteriores, a possibilidade da penhora de parte da remuneração do executado: REDONDO, Bruno Garcia; LOJO, Mário Vitor Suarez. *Penhora*. São Paulo: Método, 2007. p. 98-101; REDONDO, Bruno Garcia. Penhora da remuneração do executado: relativização da regra da impenhorabilidade independentemente da natureza do crédito. *Revista Brasileira de Direito Processual*, Belo Horizonte: Fórum, v. 18, n. 70, p. 179-195, abr./jun. 2010. p. 188-192; REDONDO, Bruno Garcia. A (im)penhorabilidade da remuneração do executado e do imóvel residencial à luz dos princípios constitucionais e processuais. *Revista Dialética de Direito Processual*, São Paulo, n. 63, p. 20-28, jun. 2008. p. 21-23.

[17] Márcio Manoel Maidame pondera que "se o devedor não possui outra atividade ou outros bens que lhe convertam renda mensal, e vive apenas do salário, a presente situação equivale a dizer que este cidadão tem um *salvo-conduto* para não pagar nenhuma das suas dívidas judiciais. [...] Afigura-se bastante plausível que o magistrado, quando por outras diligências não se obteve sucesso em encontrar bens penhoráveis, utilize-se das regras da Lei 10.820/03 para proceder à penhora de parcela dos vencimentos do devedor, independente de qual seja a natureza jurídica do débito. Se o devedor pode, *sponte propria*, alhear parcela de seu salário, *a fortiori*, pode o juiz fazê-lo, em busca de efetivar a tutela jurisdicional, desde que mantenha garantido-a ao executado parcela suficiente da remuneração para sobrevivência" (MAIDAME, *op. cit.*, p. 255-262).

[18] Francisco Alberto da Motta Peixoto Giordani traz as seguintes considerações: "indiscutível a necessidade de se respeitar a dignidade da pessoa humana do devedor, mas não podemos esquecer que, do outro lado, o do credor, há também uma pessoa, que precisa se sustentar e aos seus, e que tem também a sua dignidade, e que, para mantê-la necessita e tem o direito de receber o que lhe foi reconhecido judicialmente como devido" (GIORDANI, Francisco Alberto da Motta Peixoto. O princípio da proporcionalidade e a penhora de salário: novas ponderações: água mole em pedra dura tanto bate até que fura. *Caderno de Doutrina e Jurisprudência da Ematra XV*, São Paulo, v. 4, n. 2, mar./abr. 2008).

Importante observar que a Lei nº 10.820/03 permite que os empregados regidos pela Consolidação das Leis do Trabalho autorizem o desconto em folha de pagamento dos valores referentes ao pagamento de empréstimos, financiamentos e operações de arrendamento mercantil concedidos por instituições financeiras e sociedades de arrendamento mercantil, quando previsto nos respectivos contratos. Os valores legalmente autorizados para desconto são de 30% (trinta por cento) da remuneração disponível, quando se tratar de crédito em favor de instituição financeira ou sociedade de arrendamento mercantil (art. 2º, §2º, I) ou do INSS (art. 6º, §5º). Em que pese não se tratar tecnicamente de *penhora*, mas de mero desconto consensualmente acordado e promovido extrajudicialmente pelo próprio credor, verifica-se que, por meio dessas normas, o direito positivo já reconhece a possibilidade de destinação de parcela da remuneração para pagamento de débito inadimplido. Pela mesma razão, também deve ser admitida a constrição de parte da verba alimentar mediante *penhora* em execução judicial, independentemente da natureza do crédito exequendo (se alimentar ou não).

5 Projeto de Novo Código de Processo Civil – Relativização parcial das regras de impenhorabilidade

Em sua redação original (constante do Anteprojeto entregue pela Comissão de Juristas ao Senado), o PLS nº 166/10 mantinha a rigidez da impenhorabilidade absoluta, consagrando, no art. 758, as hipóteses de impenhorabilidade absoluta, em redação idêntica à do art. 649 do Código de 1973.

De nossa parte, comparecemos à Audiência Pública realizada pela Comissão de Juristas em 11.03.2010 no Rio de Janeiro/RJ, destinada a colher sugestões para o Anteprojeto de Novo Código de Processo Civil, ocasião em que fizemos uso da palavra[19] para defender, expressamente, a inclusão de dispositivo que permitisse ao juiz, caso a caso, mitigar as regras de impenhorabilidade em sede de qualquer procedimento executivo, a fim de permitir maior efetividade da execução sem, por outro lado, fulminar a dignidade mínima que deve ser assegurada ao executado.

Apesar de a Comissão de Juristas não ter acolhido nossa sugestão de relativização da impenhorabilidade formulada na referida Audiência Pública antes mesmo do depósito do Anteprojeto no Senado, a regra original veio a ser relativizada, ainda que parcialmente, durante a tramitação do PLS nº 166/10 no Senado. Acolhendo nossa sugestão, a Comissão Temporária de Reforma do Código de Processo Civil, que elaborou o Substitutivo ao PLS nº 166/10, modificou parcialmente a regra do então art. 758 do Projeto, que veio a se tornar o art. 790 do Substitutivo ao Projeto.

Enquanto o novel art. 790 do Substitutivo permaneceu regulando as hipóteses de impenhorabilidade absoluta, seu §2º [20] passou a conter regra expressa permitindo

---

[19] Verifique-se especialmente as páginas 323 e 325 (que fazem referência à nossa intervenção oral durante a referida Audiência Pública) da versão final, apresentada ao Senado, do Anteprojeto de Novo Código de Processo Civil. Disponível em: <http://www.senado.gov.br/senado/novocpc/pdf/Anteprojeto.pdf>. Acesso em: 15 fev. 2011.

[20] Substitutivo ao PLS nº 166/10:
"Art. 790: (*omissis*):

a penhora da remuneração do executado a partir do patamar de 50 (cinquenta) salários mínimos mensais. Em outros termos, os valores mensais que superarem esse limite poderão ser livremente penhorados em sede de qualquer execução, ainda que o crédito não tenha natureza alimentar.

Com a aprovação, pelo Plenário do Senado, do Substituto ao PLS nº 166/10, o dogma da impenhorabilidade absoluta da remuneração do executado passou a ser mitigado, ainda que parcialmente, pelo Projeto de Novo Código de Processo Civil que se encontra tramitando na Câmara dos Deputados (§2º do art. 790 do PL nº 8.046/10).

6 Desvantagens da estipulação de alçada fixa de impenhorabilidade

Para a maior efetividade do processo, é necessário dotar o magistrado de poderes para, de acordo com as peculiaridades de cada situação, exercer a justiça do caso concreto, verificando, caso a caso, o *quantum* de patrimônio *relativamente impenhorável* que poderá ser objeto de constrição patrimonial, a fim de permitir satisfação mais efetiva do crédito com preservação do mínimo necessário à sobrevivência digna do executado.

Guardando o Brasil dimensões continentais, com graves contrastes socioeconômicos (tanto entre regiões geográficas quanto entre seguimentos sociais), deve ser preferivelmente evitada, pelo legislador, a estipulação de alçadas fixas de impenhorabilidade (fixação de valores ou patamares preestabelecidos pelo Legislativo), como forma, inclusive, de permitir atuação mais ativa do magistrado no caso concreto.

Por essa razão, apesar de louvável a iniciativa do §2º do art. 790 do PL nº 8.046/10 (em trâmite perante a Câmara dos Deputados) em mitigar a regra da impenhorabilidade absoluta de salários, o Projeto peca ao fixar limite aparentemente rígido — e indevidamente elevado para fins nacionais — de impenhorabilidade.

7 Sugestão normativa – Ampliação da relativização de todas as regras de impenhorabilidade

Como resultado do presente ensaio, entendemos razoável trazer ao leitor e à comunidade jurídica sugestão nossa — ainda que modesta — de alteração das regras de impenhorabilidade. Consideramos salutar a inserção, no Projeto de Novo Código de Processo Civil, de dispositivo de redação simples[21] que contenha regra que permita ao magistrado relativizar, no caso concreto, todas as hipóteses de impenhorabilidade, tanto as previstas no Código de Processo Civil quanto na legislação extravagante (*v.g.*, Lei nº 8.009/90), sempre que essa relativização vier a permitir o recebimento, pelo credor, do bem da vida a que faz jus, com garantia de reserva, ao executado, da mínima parte de seus bens que lhe permita sobreviver com dignidade.

---

§2º O dispositivo do inciso IV do *caput* deste artigo não se aplica no caso de penhora para pagamento de prestação alimentícia, bem como relativamente às importâncias excedentes a cinquenta salários mínimos mensais".

[21] Sugerimos a inserção de parágrafo ou de artigo no Projeto de Código de Processo Civil que contenha redação no seguinte sentido: *Na falta de bens livres do executado para penhora, as regras de impenhorabilidade poderão ser parcialmente afastadas pelo magistrado no caso concreto, em decisão fundamentada, para permitir a penhora de parte dos bens protegidos, mantendo-se como impenhorável a estrita parcela do patrimônio do executado que configure o mínimo essencial à sua sobrevivência digna.*

8 Conclusão

O momento especial em que o magistrado realiza a distinção entre os bens que podem ser objeto de penhora, e os que de seu rol estão excluídos, configura ato processual de grande relevância prática. A análise do tema objeto do presente estudo, a partir de uma leitura constitucional do Direito Processual Civil, impõe a revisão de certas premissas em que se baseiam as correntes de viés mais tradicional.

A *crise do inadimplemento* permanece como um fantasma que ainda ronda as execuções, havendo sempre o risco de o credor não vir a receber o bem da vida a que faz jus, ou de vir a recebê-lo tardiamente.

Por essa razão, as regras de impenhorabilidade não devem ser consideradas como *absolutas* ou intransponíveis, mas, na realidade, *relativas*.

Por certo, deverá ser sempre reservada ao executado, sob o manto da *impenhorabilidade absoluta*, parcela mínima de seu patrimônio que seja capaz de proporcionar-lhe a sobrevivência *digna*. Entretanto, a parte restante dos bens, que exceder o mínimo indispensável à digna subsistência do executado, poderá ser objeto de livre penhora, mormente quando o executado não possuir outros bens livres e desimpedidos, a fim de que possa ser satisfeito o crédito exequendo — independentemente de sua natureza, isto é, se alimentar ou não.

Deve o Projeto de Novo Código de Processo Civil, portanto, consagrar regra expressa que permita ao juiz o afastamento, ainda que parcial, das hipóteses de impenhorabilidade. Afinal, como canta o verso, *as glórias que vêm tarde já vêm frias*.[22] [23]

Referências

ARAÚJO, Francisco Fernandes de. *O abuso do direito processual e o princípio da proporcionalidade na execução civil*. Rio de Janeiro: Forense, 2004.

ARENHART, Sérgio Cruz. A penhorabilidade de imóvel de família de elevado valor e salários. In: WAMBIER, Tereza Arruda Alvim et al. (Coord.). *Direito civil e processo*: estudos em homenagem ao Professor Arruda Alvim. São Paulo: Revista dos Tribunais, 2008.

BERMUDES, Sergio. *Direito processual civil*: estudos e pareceres: 2ª série. São Paulo: Saraiva, 1994.

CÂMARA, Alexandre Freitas. *Lições de direito processual civil*. 14. ed. Rio de Janeiro: Lumen Juris, 2007. v. 2.

DIDIER JR., Fredie et al. *Curso de direito processual civil*. 2. ed. Salvador: JusPodivm, 2010. v. 5.

DINAMARCO, Cândido Rangel. *Instituições de direito processual civil*. 3. ed. São Paulo: Malheiros, 2009. v. 4.

DINAMARCO, Cândido Rangel. *Nova era do processo civil*. São Paulo: Malheiros, 2004.

FUX, Luiz. *A reforma do processo civil*. Rio de Janeiro: Impetus, 2006.

GIORDANI, Francisco Alberto da Motta Peixoto. O princípio da proporcionalidade e a penhora de salário: novas ponderações: água mole em pedra dura tanto bate até que fura. *Caderno de Doutrina e Jurisprudência da Ematra XV*, São Paulo, v. 4, n. 2, mar./abr. 2008.

GONZAGA, Tomás Antônio. *Marília de Dirceu*: Lira XIV.

---

[22] GONZAGA, Tomás Antônio; *Marília de Dirceu*: Lira XIV: "Que havemos de esperar, Marília bela? Que vão passando os florescentes dias? As glórias, que vêm tarde, já vêm frias; E pode enfim mudar-se a nossa estrela".

[23] Advertência semelhante, dessa vez relativa ao Direito Processual Civil, pode ser encontrada em BERMUDES, Sergio. *Direito processual civil*: estudos e pareceres: 2ª série. São Paulo: Saraiva, 1994. p. 106.

GRECO, Leonardo. *O processo de execução*. Rio de Janeiro: Renovar, 2001. v. 2.

MAIDAME, Márcio Manoel. *Impenhorabilidade e direito do credor*. Curitiba: Juruá, 2007.

MARINONI, Luiz Guilherme; ARENHART, Sérgio Cruz. *Execução*. São Paulo: Revista dos Tribunais, 2007.

MEDINA, José Miguel Garcia. *Processo civil moderno*: execução. São Paulo: Revista dos Tribunais, 2008. v. 3.

NEVES, Daniel Amorim Assumpção. *Reforma do CPC 2*: Leis nº 11.382/2006 e 11.341/2006. São Paulo: Revista dos Tribunais, 2007.

PUCHTA, Anita Caruso. *Penhora de dinheiro on-line*. Curitiba: Juruá, 2009.

REDONDO, Bruno Garcia. A (im)penhorabilidade da remuneração do executado e do imóvel residencial à luz dos princípios constitucionais e processuais. *Revista Dialética de Direito Processual*, São Paulo, n. 63, p. 20-28, jun. 2008.

REDONDO, Bruno Garcia. Penhora da remuneração do executado: relativização da regra da impenhorabilidade independentemente da natureza do crédito. *Revista Brasileira de Direito Processual*, Belo Horizonte: Fórum, v. 18, n. 70, p. 179-195, abr./jun. 2010.

REDONDO, Bruno Garcia; LOJO, Mário Vitor Suarez. *Penhora*. São Paulo: Método, 2007.

REIS, José Alberto dos. *Processo de execução*. Coimbra: Coimbra Ed., 1985. v. 1.

SILVA, Enio Moraes da. *Considerações críticas sobre o novo bem de família*. Curitiba: Juruá, 1993.

TEIXEIRA, Guilherme Freire de Barros. A penhora de salários e a efetividade do processo de execução. *In*: SHIMURA, Sérgio; NEVES, Daniel A. Assumpção (Coord.). *Execução no processo civil*: novidades e tendências. São Paulo: Método, 2005.

WAMBIER, Luiz Rodrigues; WAMBIER, Teresa Arruda Alvim; MEDINA, José Miguel Garcia. *Breves comentários à nova sistemática processual civil*. São Paulo: Revista dos Tribunais, 2007. v. 3.

Informação bibliográfica deste texto, conforme a NBR 6023:2002 da Associação Brasileira de Normas Técnicas (ABNT):

REDONDO, Bruno Garcia. Relativização das regras de impenhorabilidade: Projeto de Novo Código de Processo Civil e sugestão normativa. *In*: ROSSI, Fernando *et al.* (Coord.). *O futuro do processo civil no Brasil*: uma análise crítica ao Projeto do Novo CPC. Belo Horizonte: Fórum, 2011. p. 645-653. ISBN 978-85-7700-511-6.

INTERVENÇÃO DE TERCEIROS – EXTINÇÃO E NOVAS FIGURAS

CARLOS GUSTAVO RODRIGUES DEL PRÁ

1 Considerações iniciais

A Comissão de Juristas instituída para redigir o Anteprojeto, que deu origem ao Projeto de Lei nº 166/10,[1] propôs profunda alteração no tema da *intervenção de terceiros*, extinguindo figuras já tradicionais no nosso sistema, alterando a conformação de outras e, ainda, inserindo no âmbito do direito processual comum figura já consolidada em procedimentos específicos. Trataremos, com a objetividade e brevidade que a proposta deste trabalho impõe, de cada um desses pontos.

Inicialmente, vale registrar a proposta de adequação sistemática do instituto da *intervenção de terceiros*, que deixaria de estar indevidamente inserido sob a rubrica "Das Partes e dos Procuradores" (Título II do Livro I do atual CPC) e passaria a constituir um capítulo (Capítulo IV) dentro do Título I do Livro II ("Processo de Conhecimento e Cumprimento de Sentença"), deixando, pois, de figurar ao lado de dispositivos atinentes às partes (como *litisconsórcio*, *substituição* e *sucessão*). Com isso, ademais, passaria a *assistência* a corretamente figurar sob o título "Da intervenção de terceiros", corrigindo o seu atual deslocamento.

2 Da proposta de alteração quanto às figuras típicas

O Projeto não propõe alteração substancial no que concerne à *assistência*, mas apenas uma simplificação da redação do atual art. 51 (art. 308 do Projeto, segundo as alterações promovidas pela Emenda nº 1 – Substitutivo).

---

[1] O presente artigo tem como base a Emenda nº 1 – Substitutivo ao Projeto de Lei do Senado nº 166, de 2010, que alterou o texto originalmente encaminhado.

As demais figuras interventivas, contudo, são objeto de profundas modificações.

Propõe-se a exclusão da *oposição* e da *nomeação à autoria*. A Exposição de Motivos não indica, especificamente, a razão para tal proposta, que pode, entretanto, ser atribuída à busca pela celeridade e pela redução da complexidade, valores declaradamente elencados pela Comissão de Juristas.[2]

De fato, quanto à *oposição*, a sua eventual exclusão não importará em vedação da tutela do interesse daquele que poderia ser *opoente* nos moldes tradicionais.

Na verdade, o *opoente* não é terceiro, mas sim parte autora de lide conexa à lide principal, que terá sempre assegurado por norma constitucional o seu acesso à justiça (art. 5º, XXXV, CF), independentemente da manutenção ou extinção da figura da *oposição*.

Portanto, bastará para aquele que "pretender, no todo ou em parte, a coisa ou o direito sobre que controvertem autor e réu" ajuizar demanda em face das partes da *lide primária*,[3] reivindicando a coisa ou o direito controvertido. Referida *lide secundária*, que guarda relação de conexidade com a *lide primária*,[4] será a esta reunida, para julgamento conjunto.[5] Ambas as lides poderão tramitar concomitantemente, ou poderá haver a suspensão do curso da *lide primária*, a possibilitar que seja proferida sentença conjunta.[6]

Vê-se, portanto, que a eventual exclusão da figura interventiva da *oposição* não impede o exercício do mesmo direito pelo "terceiro",[7] não havendo sequer alteração substancial do procedimento.[8]

Com relação à *nomeação à autoria*, parece-nos que a sua eventual exclusão do ordenamento jurídico, tal como proposta no Anteprojeto, também não importaria em qualquer déficit de qualidade ou efetividade na tutela jurisdicional.

Com efeito, em última análise, o instituto da *nomeação à autoria* visa corrigir o polo passivo da demanda[9] nos casos em que o mero detentor é demandado pela coisa detida (art. 62 do CPC) ou quando há ação indenizatória ajuizada em face daquele que praticou o ato danoso "por ordem ou em cumprimento de instruções de terceiro" (art. 63).

Contudo, enquanto na primeira hipótese tem-se, de fato, a ilegitimidade do mero detentor para figurar na demanda reivindicatória ou possessória da coisa detida, na segunda hipótese há casos em que o demandado tem legitimidade para

---

[2] "O novo Código de Processo Civil tem o potencial de gerar um processo mais célere, mais justo, porque mais rente às necessidades sociais e muito menos complexo" (Exposição de Motivos. Disponível em: <http://www.senado.gov.br/senado/novocpc/pdf/Anteprojeto.pdf>).

[3] Deixa-se de utilizar o termo *lide principal*, porque, com a eventual extinção da figura da oposição, deixaria de existir *lide incidental* (oposição) a contrapor a ideia de *lide principal*. Ao contrário, passará a existir duas *lides*, que se colocam em relação de anterioridade/posterioridade (*lide primária* e *lide secundária*).

[4] Conforme art. 103 do CPC em vigor e art. 55 do Projeto, com as alterações da Emenda nº 1 – Substitutivo.

[5] Conforme art. 105 do CPC em vigor e art. 58 do Projeto, com as alterações da Emenda nº 1 – Substitutivo.

[6] Conforme art. 265, IV, "a", do CPC em vigor e art. 288, V, "a", do Projeto, com as alterações da Emenda nº 1 – Substitutivo.

[7] Que, como afirmado acima, na verdade não é terceiro, mas parte autora da lide incidental da oposição (segundo o regime em vigor) ou da lide secundária (segundo o regime proposto).

[8] Ressalvada, unicamente, a possibilidade de citação dos opostos na pessoa de seus advogados (art. 57 do CPC), que deixaria de existir segundo o regime proposto.

[9] Neste sentido: CARNEIRO, Athos Gusmão. *Intervenção de terceiros*. 10. ed. São Paulo: Saraiva, 1998. p. 67.

responder à demanda indenizatória, e solidariamente com aquele que poderia ser nomeado. É o caso, por exemplo, do demandado que pratica ato danoso como preposto de um terceiro: aqui, demandado (preposto) e terceiro (preponente) são responsáveis solidários pela reparação dos prejuízos causados (arts. 932, III, e 942, parágrafo único, do Código Civil). Nesta hipótese específica, a revogação do instituto teria a vantagem de extinguir uma antinomia existente entre a regulamentação da responsabilidade solidária pelo Código Civil e a suposta ilegitimidade do preposto, conforme aduz o art. 63 do CPC.

Assim, a exclusão da figura da *nomeação à autoria*, em ambas as suas hipóteses, não impossibilitaria o atingimento do mesmo objetivo (substituição da parte ilegítima pela parte legítima), que poderia ser alcançado por iniciativa do próprio magistrado (de ofício) ou, ainda, por simples pedido feito nos autos, a qualquer tempo.[10] Deixaria de existir, entretanto, o dever de o demandado indicar a parte legítima nesses casos específicos,[11] como também não existe, aliás, em qualquer outra hipótese de ilegitimidade passiva.

Não obstante a extinção desse dever específico, é certo que nessas hipóteses (mero detentor demandado pela coisa detida e demandado agindo por ordem de terceiro, em demanda indenizatória) e também em qualquer outra, em que esteja configurada *ilegitimidade de parte*, incidiria, em tese, a regra geral de imposição de responsabilidade (arts. 186 e 927 do Código Civil).

Isto é, uma vez comprovada a existência de conduta omissiva ou comissiva do demandado com relação ao vício de ilegitimidade de parte (*v.g.*, sonegação proposital da informação sobre o possuidor ou proprietário), este terá dado causa aos prejuízos experimentados pelo autor quando da extinção do processo sem resolução de mérito, por falta de condições da ação (art. 267, VI, do CPC), devendo por eles responder. Pode-se dizer, portanto, que o dever de "nomeação" subsistiria de forma relativa e casuística.

Quanto aos institutos da *denunciação da lide* e do *chamamento ao processo*, a Comissão de Juristas, inicialmente, propôs a criação de "um só instituto", que deve "ser utilizado quando o chamado puder ser réu em ação regressiva; quando um dos devedores solidários saldar a dívida, aos demais; quando houver obrigação, por lei ou por contrato, de reparar ou garantir a reparação de dano, àquele que tem essa obrigação. A sentença dirá se terá havido a hipótese de ação regressiva, ou decidirá quanto à obrigação comum".[12]

Apesar da proposta de unificação dos institutos sob um mesmo *nomen iuris*, as naturezas jurídicas de ambos continuariam as mesmas, ambas dissociadas e reguladas em dispositivos próprios. Da atual *denunciação da lide* tratariam os arts. 330 a 323 (sob a designação de *chamamento em garantia*), e do atual *chamamento ao processo* tratariam os arts. 327 a 329.

Contudo, com a Emenda nº 1 – Substitutivo ao Projeto de Lei do Senado nº 166/10, retornou-se à opção de tratar os dois institutos separadamente, em seções diferentes,

---

[10] Sim, porque a ilegitimidade da parte é matéria de ordem pública, alegável a qualquer tempo e passível de conhecimento de ofício.
[11] CARNEIRO, *op. cit.*, p. 69.
[12] Exposição de Motivos. Disponível em: <http://www.senado.gov.br/senado/novocpc/pdf/Anteprojeto.pdf>.

sendo que a Seção II cuida da "denunciação em garantia" (arts. 314 a 318, segundo a nova redação dada pela Emenda nº 1) e a Seção III, do "chamamento ao processo" (arts. 319 a 321, da nova redação).

Quanto à "denunciação em garantia", e considerando as modificações promovidas no Projeto original, as principais alterações propostas ao regime atual são as seguintes:

i) Exclusão da menção à "obrigatoriedade" da denunciação, que consta do *caput* do atual art. 70 do CPC. Tal exclusão, entretanto, não tem o condão de modificar o regime em vigor, da obrigatoriedade da denunciação do alienante pelo adquirente, posta como condição para que este possa "exercitar o direito que da evicção lhe resulta", conforme determina a norma de direito material (art. 456 do Código Civil);

ii) Possibilidade da denunciação, pelo adquirente, do "alienante imediato, ou a qualquer dos anteriores na cadeia dominial", mas exclusão da possibilidade das "denunciações sucessivas", como autoriza o atual art. 73 do CPC. Neste ponto, propõe-se que as pretensões contra os "antecessores na cadeia dominial ou [contra os] responsáveis em indenizá-lo" somente poderão ser exercidas em ações autônomas (parágrafo único do art. 314, conforme redação modificada pela Emenda nº 1);

iii) Exclusão da hipótese de denunciação da lide (agora denunciação em garantia) prevista no atual inc. II do art. 70 do CPC;

iv) Manutenção da posição do denunciado como litisconsorte do denunciante em relação à lide principal, como determinado pelo regime em vigor,[13] em contraposição à proposta do Projeto original, que deixava de tratar o denunciado como litisconsorte do denunciante;[14] e

---

[13] ALVIM NETTO, José Manoel de Arruda. *Código de Processo Civil comentado*. São Paulo: Revista dos Tribunais, 1976. v. 3, p. 239.

[14] Há muito se critica a opção legislativa de dotar o denunciado de legitimidade perante a lide principal, mesmo não sendo ele, neste ponto, parte da relação de direito material subjacente. Com a redação original do Projeto, a celeuma seria, se não resolvida, extremamente atenuada, restando ao denunciado participar da lide principal na qualidade de assistente simples, porquanto tem interesse em que a sentença seja favorável ao denunciante. Quanto a este tema, cite-se histórico Acórdão proferido pelo extinto Tribunal de Alçada do Rio Grande do Sul, da relatoria do eminente processualista gaúcho Adroaldo Furtado Fabrício, que magistralmente coloca a questão:
"É importante notar que entre a parte não denunciante e o terceiro a quem se denuncia a lide não há relação de direito material (ou, se há, não é objeto do processo), sequer afirmada por algum dos interessados. Há, sim, relação de direito material suposta (afirmada por uma das partes) entre autor e réu, a constituir objeto da ação dita principal; e ao lado dela uma relação jurídica virtual, que se afirma poderá nascer da sentença — e esta é objeto da ação veiculada pela denunciação. Ainda assim, há certamente interesse jurídico do interveniente a respeito da ação principal, porque a questão central a ser resolvida nesta é prejudicial em relação ao objeto da ação secundária: vencedor que venha a ser naquela e denunciante, sequer caberá cogitar da 'declaração' da responsabilidade do denunciado em face dele. Exatamente porque há duas ações, embora submetidas a '*simultaneus processus*', o denunciado ocupa na relação processual duas posições distintas: quanto à ação principal, seu interesse jurídico na vitória do denunciante colocá-lo-ia na situação de assistente simples deste (como ocorre no Direito alemão; nunca na de litisconsorte, como quer o nosso Código); relativamente à demanda secundária, sua posição é de réu na ação de regresso.
A criticada equiparação do litisdenunciado ao litisconsorte, encontrável em disposições do Código, é fonte de equívocos. Na realidade, ele não se coliga com o denunciante para defender, em face do opositor deste direito próprio, mesmo porque não há relação alguma de direito material que o justifique. No máximo, como ficou visto, sua relação com o denunciante será de assistente-assistido, no que diz respeito à ação principal, única a cujo respeito seria pensável a hipótese de litisconsórcio: na ação dita secundária, veiculada pela

v) Adoção expressa[15] da possibilidade de execução direta do denunciado pelo autor, no caso de procedência do pedido da ação principal (art. 317, IV, do Projeto, segundo a Emenda nº 1).

Como se pode notar, o Projeto, com as atuais modificações, procura solucionar dois entraves à efetividade do processo nas hipóteses fáticas arroladas: impedimento das *denunciações sucessivas*, restringindo a inserção de novas pretensões sob a mesma base procedimental e, portanto, reduzindo a complexidade (e a morosidade) do processo;[16] autorização da execução direta do denunciado, desburocratizando a satisfação do crédito do vencedor na demanda principal e, com isso, encerrando antiga celeuma.

No tocante ao "chamamento ao processo" (arts. 319 a 312 do Projeto, segundo a redação da Emenda nº 1), a principal[17] modificação proposta pelo Projeto é a ampliação das hipóteses de cabimento da forma interventiva, possibilitando a intervenção, também, "daqueles que, por lei ou contrato são também corresponsáveis perante o autor" (art. 319, IV, do Projeto, segundo a redação dada pela Emenda nº 1).

Com isso, passaria a ser possível não apenas o chamamento do devedor principal pelo devedor secundário (art. 80, I, CPC) e o chamamento dos demais devedores solidários, quando demandado apenas um ou uns (art. 80, II e III, CPC), mas também o chamamento de qualquer outro codevedor, não importando o grau e a extensão da sua responsabilidade em relação à responsabilidade do chamante.

Tal redação proposta pode eliminar parte da controvérsia instaurada na interpretação do disposto no art. 1698 do Código Civil. De fato, a forma interventiva prevista no diploma civil, que hoje causa perplexidade em parte da doutrina por suas características *sui generis*, passaria a ter o seu reflexo na norma processual, que admitiria o chamamento de qualquer corresponsável, inclusive aqueles mencionados no art. 1698, CC.

3 Da inclusão da figura do *amicus curiae*

Dentre as propostas no Anteprojeto sobre o tema em análise, a mais inovadora é a inclusão, dentro do *direito processual civil comum*,[18] da possibilidade de participação de um terceiro na qualidade de *amicus curiae*.

---

denunciação, eles são antagonistas um do outro. Portanto, as referências legais a litisconsórcio entre denunciante e denunciado só se podem entender como equiparação para efeitos estritamente procedimentais. Litisconsórcio sem raízes no direito material é falso litisconsórcio, ou litisconsórcio por ficção" (*Revista dos Tribunais*, n. 516/208).
No mesmo sentido, veja-se: SANCHES, Sidney. *Denunciação da lide no direito processual civil brasileiro*. São Paulo: Revista dos Tribunais, 1984. p. 193 *et seq.*

[15] Para Cândido Rangel Dinamarco, a falta de disposição expressa, como no regime atual, deve ser entendida como vedação da execução direta: "Ainda que a condenação direta apresentasse vantagens, só por disposição expressa de lei ela poderia ser admitida" (*Instituições de direito processual civil*. São Paulo: Malheiros, 2001. v. 2, p. 408).

[16] O risco do aumento da complexidade e da demora persiste mesmo assim: mesmo que as demais pretensões sejam deduzidas em ações autônomas, estas, por força da *conexão* (art. 103, CPC), deverão ser reunidas à "ação principal" para julgamento conjunto, provavelmente com a repetição desnecessária de atos dentro de seus respectivos procedimentos.

[17] Há outras modificações que, entretanto, não alteram o instituto em sua essência: mudanças de terminologia (*v.g.*, "devedor principal" por "afiançado", "dos outros fiadores" por "dos demais fiadores", "de todos os devedores solidários" por "dos demais devedores solidários" – art. 319, II, II e III) e imposição de prazo máximo para que ocorra a citação do chamado (art. 320, *caput* e §1º).

[18] E, portanto, não apenas para alguns procedimentos e casos específicos (controle concentrado da constitucionalidade, Juizados Especiais Federais, causas envolvendo participação da CVM, do CADE e do INPI).

Não é de hoje que se vem propondo a ampliação das hipóteses de cabimento da intervenção de um terceiro, nessa qualidade, para envolver outras causas, notadamente naquelas causas em que haja "relevância social do objeto da lide".[19]

De fato, "é a abrangência da questão debatida que revela a existência de outros interesses, não representados em juízo, mas igualmente dignos de proteção". Por essa razão, "a nosso ver, há um vetor hermenêutico que se impõe para as lides cujo objeto tenha *expressão* social: não vige, aqui, o princípio da máxima restrição à intervenção de terceiros". Assim, "a complexidade dos interesses em jogo fulmina o suposto esgotamento desse 'esquema subjetivo abstrato' expressamente previsto no ordenamento. Haverá sempre, aqui, interesses juridicamente relevantes alijados do objeto do processo e, principalmente, das considerações realizadas pelo juiz quando do julgamento".[20]

Essa mesma característica, que embasava as nossas conclusões quanto à admissão da participação do *amicus curiae* em outras causas, foi adotada expressamente no Anteprojeto, como uma das condições para a referida intervenção.

De fato, assim dispõe o Projeto, com a redação dada pela Emenda nº 1:

> Art. 322. O juiz ou o relator, considerando a relevância da matéria, a especificidade do tema objeto da demanda ou a repercussão social da lide, poderá, por despacho irrecorrível, de ofício ou a requerimento das partes, solicitar ou admitir a manifestação de pessoa natural, órgão ou entidade especializada, com representatividade adequada, no prazo de quinze dias da sua intimação.
> Parágrafo único. A intervenção de que trata o caput não importa alteração de competência, nem autoriza a interposição de recursos.

Considerando a importância da inovação proposta e considerando, ainda, a oportunidade de se discutir o tema *de lege ferenda*, passaremos a assinalar alguns pontos que, a nosso ver, merecem melhor adequação.

O primeiro deles remete-se a uma preocupação pela não sobreposição de figuras. A intervenção do *amicus curiae* é instrumento de aperfeiçoamento da atividade jurisdicional e de participação democrática, e isso determina a função que o terceiro desenvolverá dentro do processo. Caso o terceiro pretenda defender interesse jurídico próprio, auxiliando na vitória de qualquer das partes, não estará exercendo a função de *amicus curiae*, mas sim de *assistente*.

A redação proposta, afora definir os requisitos extrínsecos (requisitos quanto à causa em que haverá a intervenção) para a admissão desse terceiro especial, define apenas um único requisito que se remete à posição do próprio terceiro: a existência de representatividade adequada do postulante. Afora esse aspecto, não há qualquer outra condição ou requisito que se remeta à posição e à função a ser desenvolvida pelo próprio terceiro.

---

[19] Já propúnhamos, desde 2005, a adoção desse critério para a autorização da participação do *amicus curiae* em outras causas, que não somente naquelas em que há previsão expressa (dissertação de mestrado "O *amicus curiae* no direito processual civil brasileiro", apresentada perante a PUC-SP em 2005, e posteriormente publicada: *Amicus curiae*: instrumento de participação democrática e de aperfeiçoamento da atividade jurisdicional. Curitiba: Juruá, 2007).

[20] DEL PRÁ, Carlos Gustavo Rodrigues. *Amicus curiae*: instrumento de participação democrática e de aperfeiçoamento da atividade jurisdicional. Curitiba: Juruá, 2007. p. 175, 177-178.

Com isso, pode-se criar uma "vala comum" para a intervenção de qualquer terceiro, mesmo que pretenda defender interesse subjetivo próprio, desde que se esteja diante de uma causa com aquelas determinadas características e que o postulante demonstre sua representatividade adequada. Em prevalecendo a redação proposta, seria possível que um terceiro, que eventualmente detenha a referida representatividade, frustrado em sua tentativa de ingressar na qualidade de *assistente* (por lhe faltar interesse jurídico, por exemplo), fosse autorizado a ingressar na demanda pelo *caminho* do art. 322.

Por essa razão, e para que não haja uma indevida sobreposição de figuras, melhor seria que a previsão legal da figura trouxesse especificada a função a ser desenvolvida pelo *amicus curiae*, tal qual, aliás, se faz com relação ao *assistente* ("o terceiro, que tiver interesse jurídico em que a sentença seja favorável a uma delas, poderá intervir no processo para assisti-la". – art. 50, CPC).

Em segundo lugar, a norma proposta estabelece requisitos em relação de alternatividade que, a nosso ver, possibilitam a distorção da figura.

De fato, a proposta estabelece como requisitos "a relevância da matéria, a especificidade do tema objeto da demanda ou a repercussão social da lide", de forma que a presença de qualquer um deles seria suficiente para admitir a intervenção do *amicus curiae*.

Ora, a nosso ver, a *relevância da matéria* só demandaria a abertura procedimental proposta na exata medida em que tal relevância transcendesse o interesse das partes. Ou seja, não é a relevância da matéria, por si só, que deveria justificar a participação do *amicus curiae*, mas sim a *abrangência* dessa relevância.

Não se negue que o mesmo requisito já se encontra previsto na norma mais emblemática da figura no Brasil: art. 7º, parágrafo único, da Lei nº 9.868/99. Mas, neste caso, a *abrangência* dessa matéria relevante está *in re ipsa*, porquanto se está a tratar de intervenção dentro de processo que tem por objetivo o controle concentrado da constitucionalidade, que envolve, sempre, um *interesse difuso*.[21]

Portanto, pensamos que melhor seria que à *relevância da matéria* se ligasse a ideia de *repercussão social*, também presente entre os requisitos propostos.

Mas, também, não seria somente a efetiva repercussão (*rectius*: produção de efeitos concretos e atuais) social da lide que demandaria a autorização para participação do *amicus curiae*. A discussão sobre uma determinada questão, que por sua relevância, possa levar a uma futura repercussão social, também deve ser fundamento para a intervenção do *amicus curiae*.

Por essas razões, parece-nos que uma melhor forma (dentre outras possíveis) seria a reunião desses dois requisitos, que se complementariam mutuamente, identificando hipóteses de concreta ou potencial influência sobre a sociedade, segundo a seguinte fórmula: *relevância ou repercussão social da lide*.

Quanto ao outro requisito alternativo ("especificidade do tema objeto da demanda"), entendemos que à sua ocorrência não está ligada a necessidade de participação de um terceiro na *função* de *amicus curiae*.

---

[21] "É sabido que no controle abstrato da constitucionalidade das leis e atos normativos federais e estaduais, contestados em face da Constituição Federal, não há interesse subjetivo, mas interesse difuso, de toda a coletividade, na higidez da norma federal ou estadual comparada com o texto constitucional federal" (NERY JR., Nelson. *Teoria geral dos recursos*. 6. ed. São Paulo: Revista dos Tribunais, 2004. p. 62).

Já há hipóteses expressas em que se autoriza a participação do *amicus curiae* em razão da *especificidade do tema objeto da demanda*, como ocorre com a CVM,[22] o CADE[23] e o INPI.[24] Contudo, nestes casos, não é apenas a *especificidade do objeto* que impõe a participação desses sujeitos, mas principalmente o fato de haver "evidente interesse público no controle dessas atividades, eleito pelo legislador como relevante e digno de proteção", "cuja defesa lhes foi outorgada pela lei".[25] Isto é, considerando a função institucional desses sujeitos (CVM, CADE e INPI) e considerando a *especificidade do objeto da demanda*, o legislador houve por bem em prever a sua intervenção como *amicus curiae*. Contudo, não fosse a existência desse interesse institucional, a previsão seria despicienda, porque, diante de uma situação de *especificidade do objeto*, bastaria ao julgador valer-se do disposto no art. 130 do CPC (ou art. 354 do Projeto, conforme a redação dada pela Emenda nº 1) e solicitar a manifestação de qualquer um desses entes.

Portanto, pensamos que a *especificidade do objeto* não pode ser requisito genérico para a admissão do *amicus curiae* no processo, sob pena de se sobrepor hipóteses distintas (intervenção do *amicus curiae* e poderes instrutórios do juiz) e de se confundir a função do *amicus curiae* com a do *perito*.

Em sendo a *especificidade do objeto* um obstáculo ao proferimento da decisão, poderão as partes produzir prova documental esclarecedora ou solicitar a produção de prova pericial, podendo o juiz, ainda, valer-se de seus poderes instrutórios (art. 130 do CPC e art. 354 da atual redação do Projeto).

Fossem adotadas as considerações feitas acima, o texto da proposta ficaria da seguinte forma:

Alterações ao texto original da proposta	Texto alterado
Art. 322. O juiz ou o relator, considerando a relevância da matéria, a especificidade do tema objeto da demanda ou a repercussão *ou a relevância* social da lide, poderá, por despacho irrecorrível, de ofício ou a requerimento das partes, solicitar ou admitir a manifestação de pessoa natural, órgão ou entidade especializada, com representatividade adequada, *desde que destinada a esclarecer pontos de fato e de direito não levantados pelas partes, e que sejam importantes para o proferimento da decisão*, no prazo de quinze dias da sua intimação. *Parágrafo primeiro. O amicus curiae não poderá defender interesse subjetivo próprio, sob pena de sua exclusão do processo.* Parágrafo único *segundo*. A intervenção de que trata o caput não importa alteração de competência, nem autoriza a interposição de recursos.	Art. 322. O juiz ou o relator, considerando a repercussão ou a relevância social da lide, poderá, por despacho irrecorrível, de ofício ou a requerimento das partes, solicitar ou admitir a manifestação de pessoa natural, órgão ou entidade especializada, com representatividade adequada, desde que destinada a esclarecer pontos de fato e de direito não levantados pelas partes, e que sejam importantes para o proferimento da decisão, no prazo de quinze dias da sua intimação. Parágrafo primeiro. O amicus curiae não poderá defender interesse subjetivo próprio, sob pena de sua exclusão do processo. Parágrafo segundo. A intervenção de que trata o caput não importa alteração de competência, nem autoriza a interposição de recursos.

Por fim, apenas para esclarecer ponto já pacificado em dispositivo semelhante, o texto proposto mantém o regime recursal previsto na Lei nº 9.868/99, vedando a

---

[22] Art. 31 da Lei nº 6.385/76.
[23] Art. 89 da Lei nº 8.884/94.
[24] Arts. 57 e 175 da Lei nº 9.279/96.
[25] DEL PRÁ. *Amicus curiae*:..., p. 70.

interposição de recurso contra a decisão que admite a intervenção do *amicus curiae* mas não a de inadmissão.

4 Conclusões

Vê-se da proposta apresentada que o tema *intervenção de terceiros* é objeto de substanciais alterações e inovações, as quais, em linhas gerais, parecem tender para o aperfeiçoamento da tutela jurisdicional.

Eventuais modificações incidentes sobre a regulamentação da *intervenção de terceiros* ganham especial relevo em razão da sua ligação com a problemática da *legitimidade*, a qual, por sua vez, se remete aos critérios e destinatários dessa atribuição de poder. Ou seja, a modificação da conformação desses institutos significa ampliar ou restringir a quem a lei atribui poder de agir perante os órgãos jurisdicionais.

Contudo, para a melhor evolução do instituto, pensamos que serão, ainda, necessários debates mais amplos e profundos, corrigindo distorções e omissões presentes no texto original, com a participação de toda a sociedade. E é o que se espera que ocorra em sua tramitação perante as casas legislativas.

Referências

ALVIM NETTO, José Manoel de Arruda. *Código de Processo Civil comentado*. São Paulo: Revista dos Tribunais, 1976. v. 3.

CARNEIRO, Athos Gusmão. *Intervenção de terceiros*. 10. ed. São Paulo: Saraiva, 1998.

DEL PRÁ, Carlos Gustavo Rodrigues. *Amicus curiae*: instrumento de participação democrática e de aperfeiçoamento da atividade jurisdicional. Curitiba: Juruá, 2007.

DINAMARCO, Cândido Rangel. *Instituições de direito processual civil*. São Paulo: Malheiros, 2001. v. 2.

NERY JR., Nelson. Teoria geral dos recursos. 6. ed. São Paulo: Revista dos Tribunais, 2004.

SANCHES, Sidney. *Denunciação da lide no direito processual civil brasileiro*. São Paulo: Revista dos Tribunais, 1984.

Informação bibliográfica deste texto, conforme a NBR 6023:2002 da Associação Brasileira de Normas Técnicas (ABNT):

DEL PRÁ, Carlos Gustavo Rodrigues. Intervenção de terceiros: extinção e novas figuras. *In*: ROSSI, Fernando *et al*. (Coord.). *O futuro do processo civil no Brasil*: uma análise crítica ao Projeto do Novo CPC. Belo Horizonte: Fórum, 2011. p. 655-663. ISBN 978-85-7700-511-6.

PROCESSO ADMINISTRATIVO COMO SOLUÇÃO DEFINITIVA DE CONFLITOS DE INTERESSES

CLEUCIO SANTOS NUNES

1 Introdução

Está em tramitação no Congresso Nacional Projeto de Lei que pretende substituir o Código de Processo Civil em vigor desde 1973. O presente livro se propõe a analisar o mencionado Projeto, o que permite aos autores lançar luzes sobre a proposta legislativa, sempre com o propósito de aprimorá-la.

Neste artigo, queremos abordar tema de inegável profundidade, o qual remete às raízes do processo, sua evolução conceitual e prática, bem como o que se espera da solução dos conflitos jurídicos no futuro.

É verdade que um Código de Processo não deve ser eterno, mas não é menos verdade que as regras gerais do processo, expressadas em Códigos Processuais, não podem ser instituídas em descompasso com a dinamicidade dos fatos e da realidade. Também não deve um Código de Processo Civil receber a crítica de que nasce frágil por não conseguir cumprir sua principal função, que é resolver os conflitos jurídicos com eficiência.

O ponto fundamental do presente estudo é inserir nas discussões sobre o Novo Código de Processo Civil, a relevância do processo administrativo que poderia, em conjunto com o processo judicial, resolver conflitos entre o Poder Público e o particular de modo eficiente, deixando para o Poder Judiciário outra ordem de conflitos, em geral os que envolvem a tutela penal e a matéria cível que não envolva a Administração Pública.

É evidente que o Código de Processo Civil, exatamente porque rege o processo jurisdicional, não deve regular também o processo administrativo, ainda que em regras gerais. Mas não seria inoportuno pensar novos foros e instrumentos de solução de litígios para além do processo judicial tradicional, caso se pretendesse rediscutir a função jurisdicional do Estado em bases profundas.

A garantia de acesso à jurisdição não pode significar o único meio de se solucionar conflitos de interesses, especialmente quando estes decorrem de opções entre o particular e o poder público, como é caso das divergências em procedimentos licitatórios, concursos públicos, obtenção de licenças, concessões ou permissões de serviço público entre outras. Igualmente, conviria refletir se a garantia de acesso deve ser interpretada como o direito incontornável de busca de solução definitiva de questões tributárias, previdenciárias e entre servidores públicos.

No Brasil dos tempos de nova república, talvez em razão de profundas cicatrizes deixadas pelas ditaduras do passado, excluir ou dividir competência do judiciário soa como ataque à democracia, ou como se poderia dizer mais formalmente, iniciativas inconstitucionais.

É necessário se reler a cláusula constitucional de garantia de acesso à jurisdição destituída dos fantasmas passados e, sem romper com os ensinamentos da história, interpretar esta garantia em seu contexto atual, enxergando-se a força das instituições jurídicas para mais fortalecê-las.

Sustentar que o processo administrativo poderá resolver conflitos jurídicos de forma definitiva é dar força ao Poder Judiciário também. A esta esfera de poder se reservariam as questões em que conceito de justiça fosse mais acentuado. Ao processo administrativo, destinar-se-iam os conflitos em que o indivíduo e a Administração podem evoluir para um ajuste ou, dependendo da composição e estrutura do processo administrativo, possa a lei ser aplicada corretamente, evitando-se a remessa da questão ao Poder Judiciário.

Assim, reformar um Código de Processo Civil não é apenas abreviar a ampla defesa, retirando-se da parte etapas que servem para reafirmar o conceito adequado de justiça. Reformar um Código de Processo Civil, igualmente, não deve ser apenas elaborar instrumentos de automatização da processualização e reverenciar a aplicação de paradigmas e precedentes. Tais técnicas devem ser utilizadas quando se observarem abusos. De modo algum devem ser o caminho da modernização do processo.

A pedra de toque das discussões deveria ser quais as competências do Poder Judiciário e, consequentemente, como se pode construir um Código de Processo Civil mais bem ajustado a essa nova realidade que deveria se abrir. Esta reforma não veio. A reforma das novas competências do Poder Judiciário, alinhada ao Brasil deste novo milênio, de instituições jurídicas e políticas mais seguras era a discussão que sequer iniciou.

O estudo a seguir procurará relacionar o tema da modernização do Código de Processo Civil com a garantia do acesso ao Poder Judiciário, procurando demonstrar que o Processo Administrativo poderá ser valioso instrumento de solução de litígios se vier a ser bem estruturado. O efeito imediato desta restruturação será a satisfação da resolução do conflito por meio do processo administrativo, o que levará naturalmente à diminuição de litígios junto ao Poder Judiciário.

2 Sistemas de jurisdição

No ocidente, a história do processo coincide até certo ponto com a história do Estado de Direito. Tradicionalmente, verificam-se dois sistemas de poder jurisdicional, quais sejam, os regimes de *una* e de *dupla* jurisdição.

O sistema de jurisdição *una* é explicado pela existência de um só poder jurisdicional. No caso brasileiro, trata-se do Poder Judiciário, composto por diversos órgãos federais e estaduais. Quanto ao sistema de jurisdição dupla, observa-se a instituição de pelo menos dois órgãos com competência para solucionar conflitos de interesses. Além do Poder Judiciário, outorga-se à outra estrutura de poder a função de dirimir litígios que envolvam controvérsias entre o indivíduo e o Poder Público. Por conseguinte, no sistema de jurisdição una, o processo administrativo se desenvolve sob a lógica da *revisão da legalidade*, de sorte que ao interessado, inconformado com a solução dada pela Administração à controvérsia jurídica, é permitido demandar o Poder Judiciário a fim de que este se pronuncie sobre a solução aplicada pela Administração Pública.

Na modalidade *jurisdição dupla*, por existir mais de um órgão com atribuições jurisdicionais, divide-se a competência que no sistema de jurisdição una seria apenas do Poder Judiciário, de modo que a atuação deste não incide sobre demandas vinculadas à *jurisdição administrativa*. Assim, a competência da justiça comum — equivalente ao Poder Judiciário do Brasil — é residual, porquanto resolverá os dissídios cuja competência não está reservada ao Tribunal Administrativo.[1]

A França pode ser considerada o país que mais bem representa o sistema de jurisdição dupla. Isto porque, naquele país, há um Conselho de Estado com funções consultivas e jurisdicionais, resultado da emancipação histórica da atividade administrativa em face da intervenção jurisdicional praticada pelo Parlamento sobre os atos do monarca. Com o advento da Revolução de 1789 procurou-se impedir a interferência de órgãos jurisdicionais na Administração Pública.[2]

Em outros países de tradição jurisdicional latina, os sistemas de solução de conflitos entre o particular e o Poder Público não são específicos como o sistema francês. Reside certo hibridismo de funções jurisdicionais a cargo do Poder Executivo e do Poder Judiciário. Mas é comum na Itália, Espanha, Portugal, Argentina e até na Alemanha, a tendência de se tentar resolver definitivamente litígios que envolvem o Estado no âmbito do processo administrativo. O que não se conseguiu até o momento — com exceção da França — foi tornar as decisões administrativas definitivas.[3]

No Brasil, verifica-se a prática rotineira de o cidadão se defender de injunções administrativas perante a Administração e, posteriormente, replicar os argumentos expendidos no processo administrativo no âmbito do Poder Judiciário, que solucionaria a controvérsia na perspectiva do *justo*.

Esse regime, além de não ter-se mostrado racionalmente adequado, tende a fracassar diante da estrutura atual do Poder Judiciário, caracterizada por sistema processual acusado de lento e excessivamente formal, sem contar com o número insuficiente de juízes e servidores para a condução adequada dos processos. É notória, porém, a falta de expectativas reais de alteração deste quadro sequer em médio prazo. As tentativas de "modernização" do processo, qualificadas pela tendência de restrições à ampla defesa, denotam o imediatismo com que se tenta resolver a

---

[1] ROCHA, Sergio André. *O processo administrativo fiscal*: controle administrativo do lançamento tributário. 2. ed. Rio de Janeiro: Lumen Juris, 2007. p. 102.
[2] MEDAUAR, Odete. *A processualidade no direito administrativo*. 2. ed. São Paulo: Revista dos Tribunais, 2008. p. 48.
[3] MARINS, James. *Princípios fundamentais do direito processual tributário*. São Paulo: Dialética, 1998. p. 72-74.

crise do sistema de jurisdição una, isto é, com a mitigação de direitos fundamentais vazados nas garantias processuais e com a relativização de princípios tão caros ao Estado Democrático de Direito.

3 Releitura da garantia de acesso ao Poder Judiciário

É chegado o momento de aperfeiçoar o processo administrativo para que sirva de instrumento à resolução de controvérsia jurídica com maior tecnicidade e isenção de interesses. Isto passa pela reformulação da estrutura dos órgãos administrativos julgadores, que deverá possuir quadro especializado na matéria respectiva e estar imbuído dos valores democráticos, em especial o da neutralidade no trato da aplicação do Direito justo em seu sentido radical. Por outro lado, a experiência do processo judicial pode ser transposta ao processo administrativo, de modo que se garantam a efetividade dos princípios do processo e as técnicas de julgamento dos órgãos jurisdicionais.

Em linhas gerais, este texto se propõe a examinar a interseção entre o processo administrativo da atualidade e as discussões travadas no âmbito do Poder Judiciário em matéria de interesse público. No ponto, observa-se que o processo administrativo é lançado à revisão de sua forma e mérito ao Judiciário, como possível estratégia do particular de procrastinação de obrigações administrativas, utilizando para tanto as instituições republicanas (a Administração Pública primeiramente e, depois, o Poder Judiciário). Tem-se visto também que o interessado opta por demandar diretamente a Justiça (concebida neste ponto simplesmente como outra estrutura de poder estatal), exatamente porque desconfia da neutralidade ou da boa técnica das decisões administrativas.

No fundo, o que se coloca em posição de xeque é o conceito de *revisão da legalidade* como principal finalidade do processo administrativo, na medida em que esta mesma revisão é também exercida pelo Poder Judiciário na hipótese de o cidadão demandá-lo depois de concluído aquele processo. É essencial à racionalidade do sistema processual, ter-se certeza de que a revisão do processo administrativo no seio do Poder Judiciário realmente anula a revisão da legalidade praticada pelas estruturas da Administração Pública, ou se tal revisão não tem consistido em simples repetição de instâncias de poder. Só fará sentido considerar-se o regime de jurisdição una se este puder fluir efetivamente. Esta efetividade ocorrerá de fato, caso a revisão da legalidade promovida no Judiciário seja capaz de complementar o controle de legalidade exercido pela Administração, em prol da garantia do direito fundamental à decisão justa.

Essas observações se alojam no conceito de processo como instrumento de efetivação de justiça, porquanto o que se pondera é a garantia de acesso ao Poder Judiciário (Constituição Federal, art. 5º, XXXV) com o direito fundamental ao processo administrativo justo, eficaz e proporcional aos direitos e garantias constitucionais, a ser exigido pelo cidadão em quaisquer das esferas de poder, conforme sua escolha. Não é aceitável que o processo administrativo se preste à mera fase preliminar ao processo judicial, exatamente porque a solução nele praticada seja vista com desconfiança pelo particular. Em contraponto, fere o direito fundamental de acesso à justiça as restrições atualmente perpetradas à tutela jurisdicional por força da evidente fragilidade do Poder Judiciário diante dos intricados temas do Direito do Estado, dentre os quais se incluem a tributação, licitações, regulação de atividades econômicas, outorga de direitos fundamentais (educação, saúde, moradia), concessões de serviços públicos, previdência, sistema financeiro. As debilidades e hesitações no reconhecimento de direitos do particular em face da Administração, retratadas em decisões judiciais, têm causado restrições às tutelas de urgência contra a Fazenda Pública. Estas restrições ora se alicerçam em entendimentos jurisprudenciais, ora em interpretações legais.

Acresça-se a essa evidência, conforme alertado, a crônica e notória crise da estrutura do Poder Judiciário, insuficiente para suportar a quantidade de demandas, o que também tem levado a interpretações jurisprudenciais limitadoras da garantia da ampla defesa. Igualmente por este motivo, o Legislador tem procurado restringir direitos fundamentais do processo por meio de alterações na legislação processual, sob o falso argumento da modernização do processo.

Por outro lado, decisões favoráveis ao Poder Público em determinados órgãos do judiciário e outras contrárias aos interesses da Administração, proferidas em regiões diversas, como ocorre no âmbito da Justiça Federal, geram panorama de insegurança jurídica não condizente com os valores democráticos, quando sustentam ser o Poder Judiciário o ponto de equilíbrio, na hipótese de ocorrer desarmonia entre interesses privados e públicos.

A abordagem que se pretende dar ao tema considera também a pretensão de se inovar na conformação do conceito de *revisão de legalidade* ou de *controle de legalidade*, atualmente concebido como tarefa a que a Administração Pública se obriga. A relevância da atividade de controle da legalidade exercida pela Administração é tão cara ao Estado Democrático de Direito que ocorrerá ainda que o Poder Público não seja demandado pelo interessado, tudo como meio de efetivar de forma plena o princípio da legalidade.

Nessa linha de entendimento, o processo administrativo, na medida em que se espraia sob o alicerce das garantias constitucionais do processo, deve ser mais do que uma função automática da Administração no campo da revisão de seus atos. O processo administrativo tem que se realizar como meio adequado e justo de solução de controvérsia jurídica, senão por ser esta a principal lógica que permite sejam os atos administrativos revistos, ao menos porque poderá servir de alternativa à crise do sistema de jurisdição una.

Em matéria de interesse público inexiste a alcunhada *justiça* como atribuição institucional única do Poder Judiciário. A "justiça social" que se pretende com a prestação de políticas públicas ou a "outorga justa" de direito privado quando confrontado com o interesse público pode decorrer somente da lei. Cabe ao processo judicial, assim como ao processo administrativo, aplicá-la corretamente. Daí por que ao Poder Judiciário devem se reservar, preferencialmente, controvérsias jurídicas que dependam da ponderação de direitos fundamentais em abstrato, como o controle de constitucionalidade, ou o exame de matéria penal, visando, inclusive, à proteção ao direito fundamental à liberdade.

4 A crise do sistema judiciário atual e as reformas processuais

De 1990 a 2008, o número de medidas processuais de interesse público cresceu. Essa conclusão decorre de dados fornecidos pelo Supremo Tribunal Federal, disponíveis em sua página oficial na internet.[4]

Para ficar com o exemplo das lides tributárias, uma das que mais congestionam o Judiciário, analisando-se os dados, observa-se que a partir de 2009 houve redução aproximada da metade da quantidade de processos de natureza tributária relativa ao ano anterior. Esta tendência de queda é igualmente verificada até 30 de setembro do ano de 2010. Isto é explicável em virtude das medidas legais inseridas no processo civil, as quais visaram restringir a remessa de recursos à Corte Suprema. Exemplo desta assertiva são as disposições da Lei nº 11.418/06, que regulamentou o regime de repercussão geral, instituído na Constituição Federal pela Emenda nº 45/04.

A lei em referência acrescentou os arts. 543-A e 543-B ao Código de Processo Civil. Em síntese, tais dispositivos podem ser considerados mitigadores da garantia constitucional da ampla defesa, na medida em que impedem o exame indiscriminado de matérias de conteúdo constitucional por meio de Recurso Extraordinário. Somente serão examinadas as que contiverem repercussão geral nos termos de decisão da própria Suprema Corte. Outro fator que contribui para a queda do número de processos junto ao Supremo Tribunal Federal em matéria tributária é que a repercussão geral permite sejam os processos resolvidos pelos tribunais inferiores com base na orientação emitida pela Corte Maior. Assim, constata-se que a tendência é realmente cair a quantidade de medidas de natureza tributária naquele tribunal.

Isso não significa dizer, obviamente, que tenha havido diminuição de processos judiciais em matéria tributária nas demais instâncias da justiça. Observe-se que as estatísticas divulgadas pelo Supremo Tribunal Federal permitem concluir que a quantidade de lides tributárias será certamente muito maior nos outros órgãos do Poder Judiciário. Isto porque há muito tempo os tribunais superiores aplicam o entendimento jurisprudencial do prequestionamento dos recursos dirigidos a estas Cortes. Pode-se inferir, pois, que vários processos de natureza tributária não chegaram à Corte Maior nos períodos aferidos. Ainda assim, no Supremo Tribunal Federal, a média de processo de cunho tributário entre 2003 e 2008 superou a marca de doze mil processos por ano.

A lei de repercussão geral esconde a quantidade de processos que pode estar pendente de decisão nos órgãos inferiores.

O problema se agrava, caso se acrescente a perspectiva de que há realmente elevada demanda de processos administrativos tributários em trâmite junto aos órgãos da Administração Pública com possibilidade de revisão pelo Poder Judiciário. Esta conclusão decorre da constatação de que o processo administrativo não se tem prestado ao fim que lhe seria essencial, qual seja, rever a legalidade para que o interessado fique conformado com o resultado do processo, prescindindo de procurar o Poder Judiciário para o reexame da matéria.

Considerando que os exemplos trazidos dizem respeito a questões de natureza tributária, pode-se concluir que a situação de crise do sistema jurisdicional se eleva muito mais quando se colocam na balança — sem qualquer trocadilho com a simbologia da justiça — assuntos gerais dos Direitos Administrativo e Previdenciário.

---

[4] Disponível em: <www.stf.jus.br>.

Deve-se observar também que a demanda direta à Justiça (aqui compreendida como simples estrutura de poder) contribui com o problema da excessiva demanda ao Poder Judiciário. Basta que se reflita sobre o ponto de que o processo administrativo, caso resolvesse as questões de interesse público de forma satisfatória às expectativas do cidadão, tanto para acolher os argumentos do particular quanto para repudiá-los, certamente auxiliaria na redução do congestionamento da estrutura judiciária, sem vulnerar garantias processuais.

A reação das instituições à elevada quantidade de demanda do Poder Judiciário, infelizmente, não tem sido o aprimoramento do processo enquanto instrumento equilibrado de solução de litígios. Por parte do legislador, estimulado pelos meios de comunicação e por segmentos mais conservadores da própria estrutura jurisdicional, a estratégia de solução da problemática em questão tem sido a criação de regras jurídicas restritivas das garantias processuais constitucionais. A pretexto de se "modernizar" o processo, instituíram-se mecanismos de redução da ampla defesa, em clara despreocupação com a essência do sistema processual, que prima pela solução equilibrada e efetiva do litígio. Para isto é imprescindível o respeito à ampla defesa com todos os recursos a ela inerentes, conforme proclama o art. 5º, LV da Carta Magna. São exemplos da tendência de solução da crise do judiciário nesta linha de entendimento os seguintes dispositivos legais: Lei nº 8.437/92, art. 1º; Lei nº 9.494/97, art. 1º e 2º-B; Lei nº 12.016/09, art. 7º, III, §§ 2º, 3º e 5º; CTN, art. 170-A.

Outro ponto a ser salientado consiste na qualidade dos pronunciamentos dos órgãos administrativos. São comuns os casos de reforma da decisão administrativa pelo Poder Judiciário por motivos que deveriam ser perfeitamente domináveis pela autoridade administrativa julgadora. Sucede que a cultura que se gerou em torno do processo administrativo de proteção indiscutível da Administração, ainda que a interpretação da questão jurídica seja manifestamente favorável ao particular. Nestes casos, a preferência do gestor é resolver a pendência administrativa equivocadamente em favor da Administração, na expectativa de que o interessado corrija a ilegalidade da decisão perante a Justiça. Decide-se pelo equívoco mesmo que conscientemente!

É fundamental que as instâncias administrativas de decisão sejam compostas por agentes tecnicamente qualificados e imbuídos de valores democráticos, os quais nortearão o órgão julgador à decisão correta.

Por outro lado, a decisão administrativa inadequada por motivos tendenciosos à proteção dos interesses da Administração influencia negativamente a decisão judicial. Isto porque a competência jurisdicional é vasta.

A inclusão de matérias específicas de interesse da Administração Pública tributária somente aumenta a tendência de sufocamento do Poder Judiciário. São frequentes os casos em que por falhas processuais, carência de provas ou complexidade da matéria posta em juízo, decide-se favoravelmente ao Poder Público, ainda que a melhor interpretação do Direito pendesse a favor do cidadão. Apesar de todo o sistema recursal, nem sempre são atendidos os apelos do particular, atuando o judiciário de forma automatizada, como extensão da Administração, mantendo a decisão em diversos graus sem a adequada reflexão.

Saliente-se, por exemplo, o papel imprestável a que se relegaram as tutelas jurisdicionais de urgência contra a Fazenda Pública, especialmente em matéria tributária. Sem o depósito do montante do crédito tributário, dificilmente se obtém o deferimento da medida. Resgatou-se de forma enviesada o odioso postulado *solve et repete*. Aplacou-se, consequentemente, o interesse do cidadão em demandar o Judiciário para defesa de seus direitos. A tendência será, com efeito, remeter-se o particular para o processo administrativo. No caso do processo tributário, usado como exemplo de necessidade de melhora do sistema de processo administrativo, o ponto angustiante reside na percepção de que o processo administrativo não está totalmente preparado para receber as demandas que a justiça tem repassado à Administração Tributária de forma indireta e silenciosa.

Daí por que são defendidas alterações na legislação com vistas ao aprimoramento do processo administrativo, de modo a adequá-lo plenamente aos pressupostos do Estado Democrático de Direito, o qual não prescinde da decisão correta e isenta de interesses por parte de suas instituições.

Em síntese, este texto se destina à demonstração de entraves experimentados pelo sistema processual de jurisdição *una* em litígios de interesse da Administração e do particular, os quais têm gerado duas incongruências. A primeira se relaciona com o desestímulo do particular em solver dissídios no âmbito do processo administrativo, por não confiar nas instituições destinadas a sua aplicação. Não é aceitável no Estado Democrático de Direito que o interessado se veja receoso em exercitar sua cidadania por descrença nas instituições. Isto necessita ser corrigido. A outra contradição está imbricada na anterior. É que a falta de confiança na instância administrativa obriga o indivíduo a demandar a Justiça para solucionar o conflito. Este fato contribui com o congestionamento da máquina judiciária, já sobrecarregada com matérias jurídicas que em geral não contam com outra forma de solução. A quantidade excessiva de demandas compromete a qualidade dos julgamentos, inserindo o sistema jurídico em situação de vulnerabilidade de direitos constitucionais.

5 Conclusão

A presente abordagem procurou questionar a opção por se instituir Novo Código de Processo Civil sem levar em consideração causas relevantes e reais de congestionamento da prestação jurisdicional.

É notório que uma das causas principais do aumento de demandas na Justiça decorre da relação entre o Poder Público e o indivíduo, nem sempre pautada na conscientização de que é possível evitar a procura da justiça para solucionar conflitos, se o processo administrativo for bem conduzido e estruturado.

Tendo o gestor a percepção de que é possível em certas situações reconhecer-se o direito do particular, não faz qualquer sentido manterem-se entendimentos tradicionais, arraigados à anacrônica noção de defesa do interesse público custe o que custar. Não há risco de se transigir o interesse público se isto for realizado para o alcance do justo da relação jurídica. Esta experiência tem sido tímida no Brasil, e a mudança do Código de Processo poderia criar espaço à ampliação do debate sobre a competência jurisdicional e os sistemas de jurisdição.

O Novo Código de Processo Civil deveria trazer, de reboque, alternativas de solução de conflitos jurídicos fora do Poder Judiciário. O processo administrativo é somente uma destas alternativas.

É tempo de se pensar como é possível fortalecer as bases do processo administrativo. O primeiro passo é a consciência de que o interesse público nem sempre é intransigível e sua proteção não pode vir em detrimento de interesses individuais se a medida de justiça estiver do lado do particular. Se esta circunstância é constatável pelo gestor público, no âmbito do processo administrativo não deve existir hesitações em se solucionar o litígio em favor do cidadão.

Para isso ocorrer o processo administrativo deverá ser bem estruturado, com pelo menos uma instância recursal garantida. É aconselhável também que as soluções sejam sempre colegiadas, garantindo-se o direito à defesa técnica por advogado e julgamentos públicos.

As despesas do processo devem ser ressarcidas pela parte que perder e será sempre fundamental, nos casos em que se tratar de medidas fiscalizatórias, que a autoridade fiscalizadora não participe dos procedimentos decisórios.

A estrutura do processo, dos órgãos que irão tomar as decisões, suas fases e outras regras processuais poderão seguir a experiência do processo judicial no que se tem mostrado positivo, como é caso da outorga de tutelas de urgência e audiências conciliatórias. Tudo dependerá de lei geral que aprimore o processo administrativo como um todo e vincule todas as unidades federadas.

Que venham as mudanças do processo judicial em um Novo Código de Processo Civil, mas também que se criem novos instrumentos de solução de litígios fora do Poder Judiciário com a mesma segurança e grau de isenção. Que se lembre do esquecido processo administrativo.

Informação bibliográfica deste texto, conforme a NBR 6023:2002 da Associação Brasileira de Normas Técnicas (ABNT):

NUNES, Cleucio Santos. Processo administrativo como solução definitiva de conflitos de interesses. *In*: ROSSI, Fernando *et al.* (Coord.). *O futuro do processo civil no Brasil*: uma análise crítica ao Projeto do Novo CPC. Belo Horizonte: Fórum, 2011. p. 665-673. ISBN 978-85-7700-511-6.

PROVA – NOVA DINÂMICA DA DISTRIBUIÇÃO DO ÔNUS

EDUARDO CAMBI

O Projeto de Novo Código Civil (PL nº 166/10), aprovado em Dezembro de 2010 pelo Senado Federal, traz importantes inovações na distribuição do ônus da prova.

O Código de Processo Civil vigente disciplina os ônus probatórios no art. 333.[1] Essa regra pode ser dividida em duas partes. A primeira versa sobre os ônus da prova em sentido subjetivo. Afirma que cabe ao demandante provar os fatos constitutivos de seu direito, enquanto ao demandado, os impeditivos, modificativos ou extintivos. Já a segunda parte trata da possibilidade de convenção, entre as partes, para distribuir, diversamente, o ônus da prova. Veda, contudo, a convenção, considerando-a nula, quando o ônus da prova recair sobre direitos indisponíveis ou quando tornar excessivamente difícil a uma das partes o exercício do direito.

A publicização do direito processual civil, especialmente a partir de meados do século passado, incentivada pela constitucionalização das garantias constitucionais trazidas pelas Constituições contemporâneas, exigiu mudanças significativas na estrutura processual.

O processo civil moderno não pode ser construído sob a égide, exclusiva, do princípio dispositivo. Isto porque o mecanismo processual não está voltado somente à resolução de conflitos de caráter exclusivamente individual e patrimonial.

A distribuição do ônus da prova, na legislação infraconstitucional, deve estar contemplada em técnicas processuais destinadas à efetivação do direito fundamental à tutela jurisdicional adequada, efetiva e célere (art. 5º, incs. XXXV e LXXVIII, CF).

Tal direito fundamental também pode ser sintetizado na fórmula do direito ao *justo processo* que compreende a *dinâmica garantia dos meios e dos resultados*.

---

[1] Cf. CAMBI, Eduardo. *A prova civil*: admissibilidade e relevância. São Paulo: Revista dos Tribunais, 2006.

As provas judiciais são *meios*, colocados à disposição das partes, para poderem influir no convencimento judicial.[2] São, pois, argumentos que recaem sobre as questões fáticas, tendo influência direta na tutela jurisdicional a ser prestada no processo.

Quando se distribuem os ônus probatórios, entre as partes, é fundamental levar em consideração a posição ocupada pelos litigantes no processo, o interesse no reconhecimento no fato a ser provado e a natureza desses fatos.

O art. 357 do Projeto de Código de Processo Civil repete a primeira parte do art. 333 do atual Código de Processo Civil, incluindo a expressão "ressalvados os poderes do juiz".

Tal modelo normativo deixa claro que o demandante terá ônus probatórios maiores que o demandado. Ora, dizer que cabe ao autor provar os fatos constitutivos de seu direito significa afirmar que todo aquele que aciona o Poder Judiciário se encarrega de demonstrar as suas alegações. Quem alega e não prova, não é capaz de alterar o *status quo*: fato alegado e não provado é o mesmo que fato inexistente.

Diante de alegações vazias, pode o demandado simplesmente negar a existência dos fatos sem nenhum outro ônus. Basta impugná-los, para não torná-los incontroversos.

Por outro lado, caso os fatos constitutivos estejam provados, terá que contrapor outros, denominados de negativos, que compreendem os extintivos, modificativos e impeditivos. A defesa se fundará na impugnação da eficácia jurídica dos fatos constitutivos que, mesmo existentes, não são capazes de produzir os efeitos jurídicos desejados pelo demandante.

O demandado, ao alegar a existência de fatos como o pagamento, vícios do consentimento ou a impossibilidade superveniente parcial de cumprimento da obrigação, terá que prová-los. Caso contrário, a tendência é que o julgamento seja favorável ao autor da ação.

Trata-se de tendência, pois a categoria do ônus da prova é imperfeita. Ou seja, a falha ou a insuficiência na produção da prova não assegura a derrota processual.

Daí ser importante a ressalva trazida pelo Projeto de Novo Código de Processo Civil em relação aos poderes instrutórios do juiz. O Projeto, aliás, quanto a esse assunto, no art. 354, *caput*, apenas reproduz o atual art. 130 do Código de Processo Civil vigente. A Reforma poderia ter ido além, deixando mais claro quando o magistrado deve se valer de tais poderes, a fim de não comprometer a sua imparcialidade dentro do processo. De qualquer modo, deve-se ter presente que os poderes instrutórios do juiz visam eliminar as *insuficiências não culpáveis* e as *dificuldades objetivas* da atividade probatória, em nome da melhor reconstrução dos fatos. Com efeito, é um mecanismo que está diretamente relacionado com a justiça da decisão e com a sua legitimação social. O bom uso dos poderes instrutórios, pelo juiz, evita a aplicação acrítica e sistemática do ônus da prova como regra de julgamento.

Porém, os poderes instrutórios do juiz são *complementares* ou *integrativos*, já que a atividade probatória principal é das partes.

Ademais, o critério de distribuição do ônus da prova, previsto no atual art. 333, primeira parte, do CPC e no art. 357 do Projeto de Novo Código de Processo Civil, é

---

[2] Cf. CAMBI, Eduardo. *Direito constitucional à prova no processo civil*. São Paulo: Revista dos Tribunais, 2001.

estático. Não pode ser modificado pelo juiz, ainda que verifique, pelas peculiaridades do caso concreto, que a parte incumbida do ônus, dificilmente, dele se desincumba.

Como a excessiva dificuldade em provar é uma forma de negar direitos materiais, já que quem não consegue demonstrar as suas alegações não pode obter a tutela jurisdicional, o moderno direito processual deve contemplar mecanismos alternativos de distribuição do ônus da prova.[3]

A inversão do ônus da prova é uma técnica que visa proteger a parte que teria excessiva dificuldade na produção da prova ou para oferecer proteção à parte que, na relação jurídica substancial, está em posição de desigualdade, sendo a mais vulnerável. Procura promover o princípio constitucional da isonomia e, ao dar chances iguais aos hipossuficientes e vulneráveis, assegurar as garantias constitucionais do devido processo legal, do contraditório e da ampla defesa.

É louvável a iniciativa do Projeto de Novo Código Civil que, percebendo a influência positiva do art. 6º, inc. VIII, do Código de Defesa do Consumidor, amplia a técnica da inversão do ônus da prova para todas as relações jurídicas marcadas pela *desigualdade de armas*. Com a distribuição dinâmica dos ônus probatórios, os mesmos benefícios atribuídos aos sujeitos da relação de consumo poderão ser estendidos àqueles que integram outros vínculos em que a posição — social, econômica, política, hierárquica etc. — de um dos litigantes seja superior a do adversário, inibindo ou dificultando o exercício do direito constitucional à prova. Além disso, outros interesses não sujeitos à égide do princípio dispositivo poderão ser, mais adequadamente, protegidos pelo mecanismo processual.

No entanto, a utilização do novo art. 358 obedece a critérios limitativos, a fim de que não gere, ao reverso, violação ao princípio constitucional da isonomia.

Em primeiro lugar, a inversão do ônus da prova não pode ser automática. Depende da prévia análise judicial das circunstâncias da causa e das peculiaridades do fato a ser provado.

Em segundo lugar, precisa ser fundamentada, a fim de que a parte contrária possa impugnar as razões que convenceram o juiz a distribuir de modo diverso o ônus da prova.

Em terceiro lugar, a distribuição diversa deve impor o ônus da prova à parte que estiver em melhores condições de provar. Isto é, deve ficar claro, no contexto do caso concreto, que o acesso às fontes probatórias torna mais fácil a uma parte em detrimento da outra. Havendo dúvida sobre as melhores condições de cada um, deve o juiz analisar os benefícios auferidos por aquele que exerce o direito. Quem assume o risco de atividade potencialmente danosa ou aparentemente ilícita, e tem benefícios (econômicos, políticos, sociais, culturais etc.) desta atividade, deve explicá-las em juízo, mesmo que seja para evidenciar a boa-fé objetiva, os fins econômicos ou sociais da conduta e seus limites jurídicos.

Em quarto lugar, a distribuição dinâmica do ônus da prova não pode ser utilizada como *regra de julgamento*, para não causar surpresas e, assim, comprometer as garantias constitucionais do devido processo legal, do contraditório e da ampla

---

[3] Cf. CAMBI, Eduardo. *Neoconstitucionalismo e neoprocessualismo*: direitos fundamentais, políticas públicas e protagonismo judiciário. São Paulo: Revista dos Tribunais, 2009.

defesa. Isto significa que o juiz não pode aplicar o art. 358, tão somente, na sentença, porque assim retiraria a oportunidade da parte desempenhar o direito à prova.

A oportunidade para o exercício da garantia constitucional do contraditório deve ser avaliada pelo litigante. O art. 5º, inc. LXIII, da Constituição Federal preceitua que ninguém pode ser forçado a produzir prova contra si mesmo (privilégio contra a autoincriminação: *nemo tenetur se detegere*). Pode a parte incumbida de provar silenciar. O que não é possível é suprimir o seu direito de provar, caso resolva fazê-lo.

Ainda, a inversão do ônus da prova não implica alteração das regras referentes aos encargos da respectiva produção. Trata-se de uma disposição contraditória, pois, se quem cabe produzir a prova não arca com os ônus financeiros, ela somente será trazida aos autos se o beneficiário pela inversão resolver pagar. Penso que não deveria ser assim. Afinal, se o intuito é promover o princípio da igualdade em sentido material, possibilitando que a prova seja trazida aos autos, para melhor proteção do direito substancial e com vistas à obtenção de decisões mais justas, a inversão do ônus da prova deveria ser integral, incluindo os seus custos econômicos. Caso contrário, a distribuição dinâmica será utilizada como uma *regra de julgamento*.

Ora, poder-se-ia argumentar que tanto faz, pois, de uma forma ou de outra, o beneficiário da inversão sairá vencedor. Todavia, a questão não se resume à vitória no processo, mas à legitimação da decisão judicial e a real proteção do direito material. Se em uma ação de investigação de paternidade, o demandado, mesmo tendo condições econômicas, se recusa a pagar o exame de DNA, o pedido, com enorme probabilidade, será julgado procedente, mas nunca se saberá, com padrões científicos mais elevados, se o réu é, realmente, pai do autor. Outros exemplos, envolvendo a tutela de complexos direitos difusos, também poderiam evidenciar a real necessidade da prova.

Perde-se, pois, a oportunidade de melhor concretizar o princípio da colaboração processual e, o que é mais importante, elevar a qualidade da prestação jurisdicional.

Sugere-se, pois, a mudança do parágrafo 2º do art. 358 do Projeto, para que a inversão seja integral, ressalvado o direito do beneficiário da inversão arcar com a antecipação das despesas, na hipótese da negativa do adversário fazê-lo e na persistência da sua realização, para ampliar as chances de influir no convencimento judicial.

No limite, o Código de Processo Civil deveria aperfeiçoar os mecanismos de financiamento da prova, exortando o legislador a prever dotações orçamentárias para esse fim ou mesmo parcerias entre o Judiciário e instituições públicas ou privadas que pudessem realizar a prova, com custos mais reduzidos ou sem a necessidade de pagamento antecipado, ainda que, para tanto, fossem compensadas com outros benefícios legais.

Enfim, a distribuição dinâmica do ônus da prova não chega a ser uma novidade, mesmo no direito brasileiro. Foi recomendada no art. 12, par. 1º, 1ª parte, do Código Modelo de Processos Coletivos para Ibero-América, esteve incorporada no art. 11, par. 1º, do Anteprojeto brasileiro de Código de Processo Civil Coletivo, bem como no art. 20, inc. IV, do fulminado Projeto de Nova Lei de Ação Civil Pública.

Por fim, o art. 358 e completado pela regra constante do art. 359, parágrafo único, que, traz outras limitações à distribuição dinâmica da prova. Primeiro, impede que o magistrado inverta o ônus probatório, quando torna excessivamente difícil a uma parte o exercício do direito. Trata-se de uma redundância, pois o art. 358, *caput*, exige, justamente, que a parte esteja em melhores condições de provar. Segundo, não poderá recair sobre direito indisponível da parte. Tal limitação é criticável e, inclusive, justifica a supressão do parágrafo único do art. 359, para se manter a redação atual do parágrafo único do art. 333 do atual Código de Processo Civil. Afinal, a indisponibilidade dos direitos tornaria sem efeito grande parte dos avanços da distribuição dinâmica do ônus da prova. A redação desse parágrafo único, em outras palavras, dá margem a distribuição dinâmica somente para os casos que estão sob a égide do princípio dispositivo. Portanto, elimina a possibilidade de inversão para os direitos individuais não patrimoniais e os transindividuais.

Informação bibliográfica deste texto, conforme a NBR 6023:2002 da Associação Brasileira de Normas Técnicas (ABNT):

CAMBI, Eduardo. Prova: nova dinâmica da distribuição do ônus. *In*: ROSSI, Fernando *et al.* (Coord.). *O futuro do processo civil no Brasil*: uma análise crítica ao Projeto do Novo CPC. Belo Horizonte: Fórum, 2011. p. 675-679. ISBN 978-85-7700-511-6.

CONSIDERAÇÕES GERAIS SOBRE O PROJETO DO NOVO CÓDIGO DE PROCESSO CIVIL

FELIPE CAMILO DALL'ALBA
GUILHERME BEUX NASSIF AZEM

1 A era da imediatidade e o conflito entre efetividade e segurança no processo

Mesmo no âmbito do direito processual — por muitos anos pretensamente imune a influências de tal sorte —, sabe-se, hoje, que direito e cultura são valores indissociáveis.[1] O processo, como ramo da ciência jurídica, não é e nem pode ser alheio à realidade da sociedade em que está inserido. Fatores de ordem econômica, política, moral e religiosa, por exemplo, são decisivos na formatação do modelo processual vigente em determinado local e em determinada época.[2]

A sociedade contemporânea vive a *era da imediatidade*. Os indivíduos, como regra, não mais toleram a demora. Nos mais diversos segmentos da vida, aguardar não é um verbo a ser conjugado. A vida contemporânea impõe atitudes e soluções em curto prazo, quase que de forma instantânea.

No processo (como realidade cultural que é), o fenômeno não poderia ser diferente. A busca por uma prestação jurisdicional mais célere e efetiva é anseio que dá a tônica no direito processual atual.[3]

---

[1] Veja-se, a esse respeito, MITIDIERO, Daniel. Processo e cultura: praxismo, processualismo e formalismo em direito processual. *Cadernos do Programa de Pós-Graduação em Direito – PPGDir./UFRGS*, Porto Alegre, n. 2, p. 121-128, set. 2004.

[2] "A controvérsia, a ser solucionada à luz do ordenamento jurídico, *emerge da sociedade*, motivo pelo qual o processo deve ter aptidão para realizar materialmente os direitos subjetivos *amoldando-se às variações sociais*. O ponto de partida do estudo do processo civil consiste na *compreensão da controvérsia social* que haverá de ser solucionada. As normas processuais relativas à realização dos direitos *incidem de modo rente à realidade social e econômica* de um povo" (MEDINA, José Miguel Garcia. *Código de Processo Civil comentado*. São Paulo: Revista dos Tribunais, 2011. p. 22).

[3] Como ressalta José Carlos Barbosa Moreira, "A preocupação de tornar mais efetivo o processo vem sendo ultimamente, em nosso País e no estrangeiro, nota constante na produção doutrinária e no pensamento

No entanto, com igual intensidade, é premissa inarredável o fato de que o Estado de Direito não compactua com a ideia de um processo que não seja justo. Com efeito, aos sujeitos de direito deve ser oportunizado um processo que seja efetivo e eficaz, em fiquem assegurados os direitos fundamentais que lhe são próprios, tais como: juiz imparcial; contraditório; motivação das decisões; produção de provas; e duração razoável.[4] Confira-se a lição de Leonardo Greco:

> O Direito Processual procura disciplinar o exercício da jurisdição através de princípios e regras que confiram ao processo a mais ampla efetividade, ou seja, o maior alcance prático e o menor custo possíveis na proteção concreta dos direitos dos cidadãos.
>
> Isso não significa que os fins justifiquem os meios. Como relação jurídica plurissubjetiva, complexa e dinâmica, o processo em si mesmo deve formar-se e desenvolver-se com absoluto respeito à dignidade humana de todos os cidadãos, especialmente das partes, de tal modo que a justiça do seu resultado esteja de antemão assegurada pela adoção das regras mais propícias à ampla e equilibrada participação dos interessados, à isenta e adequada cognição do juiz e à apuração da verdade objetiva: um meio justo para um fim justo.[5]

Dois são, essencialmente, os valores que permeiam o processo civil: efetividade e segurança jurídica. Como, no entanto, compatibilizar a busca por uma prestação jurisdicional célere com os demais direitos e garantias fundamentais previstos na Constituição?

1.1 O conflito entre os princípios da segurança e da efetividade

O direito fundamental à efetividade da tutela jurisdicional decorre substancialmente dos direitos fundamentais de acesso à jurisdição e do devido processo legal, assegurados de forma expressa no art. 5º, XXXV e LIV, da Constituição. Elpídio Donizetti consigna que a efetividade "constitui um metadireito (direito sobre o direito), que garante que todos os demais direitos se efetivem".[6]

Não basta apenas abrir a porta de entrada do Poder Judiciário: deve-se prestar uma jurisdição tanto quanto possível eficiente, efetiva e justa, mediante um processo sem dilações ou formalismos excessivos.[7]

---

de quantos participam da atividade forense. Congressos nacionais e internacionais têm feito dela tópico de seus temários. Não faltam referências ao problema no cotidiano dos meios de comunicação social: e, se tais referências tantas vezes aparecem distorcidas pelo preconceito e por certa desenvoltura vizinha da leviandade, nem por isso perde o fenômeno todo o relevo. Há uma consciência difusa, embora nem sempre objetivamente fundamentada, de que ao notável progresso da ciência, e ao próprio grau de aprimoramento já atingido, no Brasil e alhures, pela legislação processual, está longe de corresponder, na proporção desejável, a evolução do nível qualitativo do serviço da Justiça" (MOREIRA, José Carlos Barbosa. Efetividade do processo e técnica processual. *Revista de Processo*, São Paulo, v. 77, p. 168, jan./mar. 1995).

[4] OLIVEIRA, Carlos Alberto Alvaro de; MITIDIERO, Daniel. *Curso de processo civil*. São Paulo: Atlas, 2010. p. 60.
[5] GRECO, Leonardo. Garantias Fundamentais do Processo: O processo justo. Disponível em: <http://www.mundojuridico.adv.br>. Acesso em: 27 abr. 2011.
[6] DONIZETTI, Nunes Elpídio. *Curso didático de direito processual civil*. 14. ed. rev. ampl. e atual. São Paulo: Atlas, 2010. p. 83.
[7] OLIVEIRA, Carlos Alberto Alvaro de; MITIDIERO, Daniel. *Curso de processo civil*. São Paulo: Atlas, 2010. p. 61.

Em verdade, tão ou mais importante do que *acessar* é *sair* da Justiça com o bem da vida ao qual a parte interessada faz (e se é que faz) jus. Quando se fala em efetividade, portanto, há de se pensar no acesso não sob perspectiva meramente formal, mas, acima de tudo, material.

Já o valor segurança, como observam Carlos Alberto Alvaro de Oliveira e Daniel Mitidiero, é inafastável da própria noção de Estado Democrático de Direito (CF, art. 1º, *caput*) e garante o cidadão contra o arbítrio estatal. Seu maior corolário, no domínio do processo, é o devido processo legal, de que decorre a norma principal do direito fundamental ao processo justo.[8]

No âmbito do direito processual, os princípios da segurança e da efetividade apresentam-se em permanente tensão. Para se conferir maior efetividade ao processo judicial, tem-se, no mais das vezes, que afrouxar o formalismo indispensável para dar segurança na resolução do conflito. De outra sorte, quando se trabalha com a prevalência do valor segurança, peca-se, normalmente, em relação à efetividade.

Equilibrar ambos os valores, de modo a se atingir um processo efetivo e, ao mesmo tempo, justo e adequado, revela-se um dos maiores desafios do legislador e dos operadores do direito. Tal pensamento não é novidade, pois o art. 6º da Convenção Europeia sobre direito do homem prevê o direito a um processo "équitable", o qual, além de se desenvolver num prazo razoável, deve ser presidido por um juiz imparcial, mediante publicidade, contraditório e ampla defesa.[9]

2 O Projeto de Novo CPC e os princípios da efetividade e da segurança jurídica

Na apresentação do Anteprojeto do Novo Código de Processo Civil, o Ministro Luiz Fux, Presidente da Comissão de Juristas encarregada de elaborar o diploma, expressamente consignou que o desafio enfrentado foi o de "resgatar a crença no judiciário e tornar realidade a promessa constitucional de uma justiça pronta e célere".[10]

O texto apresentado mirou, pois, seu trabalho no princípio da efetividade. Assentou a Comissão que "sendo ineficiente o sistema processual, todo o ordenamento jurídico passa a carecer de real efetividade. De fato, as normas de direito material se transformam em pura ilusão, sem a garantia de sua correlata realização no mundo

---

[8] OLIVEIRA, Carlos Alberto Alvaro de; MITIDIERO, Daniel. *Curso de processo civil*. São Paulo: Atlas, 2010. p. 62.

[9] Article 6 - Droit à un procès équitable -Toute personne a droit à ce que sa cause soit entendue équitablement, publiquement et dans un délai raisonnable, par un tribunal indépendant et impartial, établi par la loi, qui décidera, soit des contestations sur ses droits et obligations de caractère civil, soit du bien-fondé de toute accusation en matière pénale dirigée contre elle. Le jugement doit être rendu publiquement, mais l'accès de la salle d'audience peut être interdit à la presse et au public pendant la totalité ou une partie du procès dans l'intérêt de la moralité, de l'ordre public ou de la sécurité nationale dans une société démocratique, lorsque les intérêts des mineurs ou la protection de la vie privée des parties au procès l'exigent, ou dans la mesure jugée strictement nécessaire par le tribunal, lorsque dans des circonstances spéciales la publicité serait de nature à porter atteinte aux intérêts de la justice. Consultar, DOUCHY-OUDOT, Mélina. *Procédure civile*. Paris: Gualino, 2010. p. 172; e WACHSMANN, Patrick. *Les droits de l'homme*. Paris: Dalloz, 2008. p. 95-96.

[10] Apresentação do Anteprojeto do novo Código de Processo Civil. *In*: GUEDES, Jefferson Carús et al. *Novo Código de Processo Civil*: comparativo entre o Projeto do novo CPC e o CPC de 1973. Belo Horizonte: Fórum, 2010. p. 12.

empírico, por meio do processo".[11] Porém, na consecução dos trabalhos, não foi olvidado — como nem poderia ser — o princípio da segurança jurídica, pois, como diversas vezes ressaltado, o processo só será justo se houver um equilíbrio entre efetividade e segurança.

Vejamos, doravante, algumas das mais importantes propostas apresentadas.[12]

3 Casuística – Propostas do Projeto do Novo Código de Processo Civil

a) O Projeto está organizado em cinco livros (Parte Geral; Do Processo de Conhecimento; Do Processo de Execução; Dos Processos nos Tribunais e dos Meios de Impugnação das Decisões Judiciais; Das Disposições Finais e Transitórias). Desaparece o "Processo Cautelar" como livro autônomo. Contudo, preserva-se a possibilidade de que sejam requeridas medidas de índole cautelar.

b) Mantém-se a ideia de um processo sincrético, em que as funções de conhecimento, de execução e cautelar são exercidas no mesmo processo.

c) Os prazos processuais passam a ser contados em dias úteis. À Fazenda Pública, aplicam-se os prazos em dobro, não se repetindo o quádruplo para contestar.

d) Altera-se o teto para dispensa do reexame necessário. Para a União, suas autarquias e fundações, o duplo grau obrigatório é previsto apenas para as causas de valor superior a mil salários mínimos; para os Estados, Distrito Federal e suas respectivas autarquias e fundações, a remessa ocorre nas causas de valor superior a quinhentos salários mínimos; e, no caso dos Municípios, suas autarquias e fundações, nas causas de valor superior a cem salários mínimos.

e) O art. 1º do Projeto é emblemático do ideal que perpassa todo o texto: "O processo civil será ordenado, disciplinado e interpretado conforme os valores e os princípios fundamentais estabelecidos na Constituição da República Federativa do Brasil, observando-se as disposições deste Código". Poder-se-ia objetar que se trata de dispositivo completamente dispensável.[13] Contudo, há obviedades que precisam ser ditas, em especial diante da ainda arraigada visão vetusta acerca do direito processual que marca muitos de nossos operadores.

f) O Projeto consagra explicitamente alguns princípios já previstos na Constituição, como a motivação e a duração razoável do processo (inclusive para a atividade satisfativa).

---

[11] Exposição de motivos do Anteprojeto do Novo Código de Processo Civil. *In*: GUEDES, Jefferson Carús *et al. Novo Código de Processo Civil*: comparativo entre o Projeto do novo CPC e o CPC de 1973. Belo Horizonte: Forum, 2010. p. 15.

[12] Evidentemente, não é possível, no estrito limite das presentes linhas, abordar todas as importantes alterações na sistemática processual previstas pelo Projeto do Novo CPC. Dessa forma, foram selecionadas apenas algumas das ideias incorporadas no texto consolidado, com o objetivo de instigar o leitor a se aprofundar no estudo do Projeto, conhecendo-o e extraindo suas próprias conclusões.

[13] Em perspicaz observação formulada em palestra sobre o Projeto do Novo CPC, o Professor Daniel Ustárroz indagou: "E se a Presidente da República apusesse seu veto ao art. 1º? A Constituição deixaria de estar hierarquicamente acima do CPC"?

g) Incentiva-se a conciliação, prevendo-se a figura do mediador e do conciliador, bem como o procedimento passa a ter como fase prévia a audiência de conciliação. O texto aprovado no Senado corrigiu defeito constante do Projeto original, passando a prever que a audiência não será realizada se uma das partes manifestar, com dez dias de antecedência, desinteresse na composição amigável.

h) No Projeto original apresentado no Senado, havia dispositivo que previa o poder de o juiz adequar as fases e os atos processuais às especificações do conflito. O substitutivo aprovado, contudo, amenizou o instituto, de modo que o juiz somente poderá alterar o rito para dilatar os prazos, o que poderá ser útil, *v.g.*, em um processo de maior complexidade; ou para inverter a ordem de produção de provas.

i) Extinguem-se a reconvenção autônoma e a exceção de incompetência. As matérias hoje arguidas por meio de reconvenção e da exceção de incompetência relativa passam a integrar a contestação. Permite-se ao réu, assim, na contestação, formular "pedido contraposto" para manifestar pretensão própria, conexa com a ação principal ou com o fundamento da defesa.

j) A questão prejudicial passa a fazer coisa julgada, independentemente de requerimento expresso.

k) A possibilidade jurídica do pedido deixa de ser condição da ação. As chamadas *condições da ação* são criação de Enrico Tullio Liebman, autor italiano que exerceu forte influência na escola processual brasileira, especialmente a paulista. O Código de Código de Processo Civil de 1973 aderiu à concepção original de Liebman, prevendo três condições da ação: legitimidade, interesse processual e possibilidade jurídica do pedido. Porém, o próprio autor da teoria, na 3ª edição de seu Manual, alterou seu entendimento, retirando do rol a possibilidade jurídica do pedido. Assim, nesse aspecto, corrigindo atraso de décadas, o Projeto andou bem. Todavia, talvez fosse mais adequado proceder a uma completa revisão sobre a adoção da teoria de Liebman, vez que as condições da ação, em verdade, configuram matéria de mérito (ou, em alguns casos, pressupostos processuais). A demonstrar que poderia ter avançado no trato da questão, o próprio Projeto confere aos pronunciamentos que declaram a falta de interesse processual ou a ilegitimidade das partes efeito análogo ao da coisa julgada, classicamente existente apenas quando apreciado o mérito. Confira-se o dispositivo aprovado pelo Senado: "No caso de ilegitimidade ou falta de interesse processual, a propositura da nova ação depende da correção do vício". Por que, então, manter as condições da ação?

l) O Projeto prevê, em uma das mais sensíveis inovações, as chamadas "tutela da urgência" e "tutela da evidência". Como visto, resta extinto o processo cautelar autônomo. Passa-se a ter *tutelas de urgência*, que são subdivididas em tutela cautelar (*segurança para execução*) e tutela satisfativa (*execução para segurança*). Ao lado da tutela da urgência, há previsão, também, da tutela da evidência. Nesta, não será necessário o requisito urgência. Vejamos o texto aprovado pelo Senado:

A tutela da evidência será concedida, independentemente da demonstração de risco de dano irreparável ou de difícil reparação, quando: I – ficar caracterizado o abuso de direito de defesa ou o manifesto propósito protelatório do requerido; II – um ou mais dos pedidos cumulados ou parcela deles mostrar-se incontroverso, caso em que a solução será definitiva; III – a inicial for instruída com prova documental irrefutável do direito alegado pelo autor a que o réu não oponha prova inequívoca; ou IV – a matéria for unicamente de direito e houver tese firmada em julgamento de recursos repetitivos, em incidente de resolução de demandas repetitivas ou em súmula vinculante.

m) O prazo decadencial para a propositura de ação rescisória passa a ser de um ano.

n) O Projeto prevê alterações no sistema recursal. Extinguem-se dois recursos hoje previstos: embargos infringentes e agravo retido. Dada a exclusão deste último, altera-se o regime da preclusão. Assim, toda matéria que não for passível de agravo de instrumento (cujas hipóteses passam a ser previstas taxativamente) poderá ser empolgada em sede de apelação ou de contrarrazões. Todos os recursos passam a ser interponíveis no prazo de quinze dias úteis, à exceção dos embargos declaratórios, cujo prazo mantém-se em cinco dias. Os recursos não têm, como regra, efeito suspensivo. No entanto, a eficácia da decisão poderá ser suspensa pelo relator se, em petição autônoma dirigida ao tribunal, restar demonstrada a probabilidade de provimento do recurso, ou, sendo relevante a fundamentação, houver risco de dano grave ou de difícil reparação. No caso de apelação, caso formulado o pedido de efeito suspensivo, os efeitos da sentença ficarão suspensos até a apreciação daquele pelo relator. Para que possam ser agregados efeitos infringentes aos embargos declaratórios, o Projeto prevê a ouvida da parte adversa. Alinhando-se ao entendimento do Supremo Tribunal Federal sobre a matéria, o texto prevê que o requisito do prequestionamento restará suprido se simplesmente opostos os embargos declaratórios, ainda que o tribunal silencie a respeito das questões suscitadas. No âmbito dos recursos especial e extraordinário, destaca-se o dispositivo que permite aos tribunais superiores desconsiderarem defeito formal que não seja, julgando o mérito recursal. Contribui-se, assim, para a concretização da verdadeira missão dos tribunais superiores, estabelecendo nova dimensão da instrumentalidade, desta vez voltada à preservação da unidade do direito.

o) Seguindo direção já observada no direito brasileiro e expressada, especialmente, pela criação da Súmula Vinculante e pelo regime de julgamento previsto para a repercussão geral e para os recursos especiais repetitivos, o Projeto se revela comprometido em estimular a uniformização dos pronunciamentos judiciais, à luz do que vierem a decidir, especialmente, os tribunais superiores. Para que isso seja possível, determina que aqueles tribunais mantenham a estabilidade de sua jurisprudência. Como declinado na Exposição de Motivos, "A segurança jurídica fica comprometida com a brusca e integral alteração do entendimento dos tribunais sobre questões de direito. Encampou-se, por isso, expressamente princípio no sentido de que, uma vez firmada jurisprudência em certo sentido, esta deve, como norma, ser mantida, salvo se houver relevantes razões recomendando sua alteração".[14]

p) No mesmo sentido do que exposto acima, e em mais uma demonstração da preocupação em evitar a *dispersão jurisprudencial* — que atenta à isonomia, à segurança jurídica e que aumenta a descrença da população no Poder Judiciário —,[15] o Projeto, inspirado na experiência germânica, consagra o *incidente de resolução de demandas repetitivas*. Trata-se, em síntese, de procedimento admissível quando identificada, em primeiro grau, controvérsia com potencial de gerar multiplicação expressiva de demandas e correlato risco da coexistência de decisões divergentes.

4 Considerações finais

Ainda que muitas novidades propostas ainda demandem maior reflexão, que só será possível algum tempo após a eventual aprovação do Projeto pelo Parlamento, é possível afirmar, desde já, que o Projeto do Novo CPC, embora tenha tomado como ponto de partida a busca pela efetividade do processo, não olvidou da igualmente necessária segurança jurídica. É do equilíbrio entre esses dois valores que será possível afirmar que a legislação terá condições de ser aplicada com a necessária justiça.

Acreditamos, aliás, que esse equilíbrio poderá ser buscado exatamente no já citado art. 1º do Projeto. Com efeito, considerando que "os princípios e valores dispostos na Constituição Federal constituem o *ponto de partida* do trabalho do processualista",[16] haverá o intérprete de ter presente que a mesma Carta que consagra a efetividade, também alberga a segurança jurídica.

A missão de conciliar os princípios é árdua, mas, em igual escala, desafiadora e estimulante. Que o futuro do processo civil brasileiro se revele mais justo, efetivo e eficaz do que no presente. Utopia? Somente o tempo implacável em seus julgamentos, nos dirá. Enquanto isso, envidemos nossos esforços para que o ideal se torne realidade.

Informação bibliográfica deste texto, conforme a NBR 6023:2002 da Associação Brasileira de Normas Técnicas (ABNT):

DALL'ALBA, Felipe Camilo; AZEM, Guilherme Beux Nassif. Considerações gerais sobre o Projeto do Novo Código de Processo Civil. *In*: ROSSI, Fernando *et al.* (Coord.). *O futuro do processo civil no Brasil*: uma análise crítica ao Projeto do Novo CPC. Belo Horizonte: Fórum, 2011. p. 681-687. ISBN 978-85-7700-511-6.

---

[14] Exposição de motivos do Anteprojeto do Novo Código de Processo Civil. *In*: GUEDES, Jefferson Carús *et al. Novo Código de Processo Civil*: comparativo entre o Projeto do novo CPC e o CPC de 1973. Belo Horizonte: Forum, 2010. p. 19.

[15] Consigna Teresa Arruda Alvim Wambier que "a lei deve a todos tratar de modo uniforme e assim também (sob pena de esvaziar-se o princípio) devem fazer os tribunais, respeitando o entendimento tido por correto e decidindo de forma idêntica casos iguais, num mesmo momento histórico" (Fundamentos do processo. *Revista dos Tribunais*, São Paulo, v. 855, p. 19, jan. 2007).

[16] MEDINA, José Miguel Garcia. *Código de Processo Civil comentado*. São Paulo: Revista dos Tribunais, 2011. p. 20.

FLEXIBILIZAÇÃO PROCEDIMENTAL – RAZOABILIDADE OU EXCESSO DE PODER DO JUIZ?

FERNANDO DA FONSECA GAJARDONI

1 Introdução

Uma das mais interessantes (e polêmicas) propostas apresentadas pela Comissão responsável pela elaboração do NCPC tem a ver com a expressa adoção, em nosso sistema, do *princípio da adequação formal* ou, como temos preferido em nomenclatura pioneiramente introduzida no Brasil (e adotada pela doutrina), do princípio (ou padrão) da *flexibilização (judicial) do procedimento*.[1]

De fato, conforme letra do art. 107, V, do NCPC/Comissão, o juiz dirigirá o processo conforme as disposições da lei, incumbindo-lhe "adequar as fases e os atos processuais às especificações do conflito, de modo a conferir maior efetividade à tutela do bem jurídico, respeitando sempre o contraditório e a ampla defesa".

Tal norma ainda é complementada pela redação do art. 151, §1º, do mesmo estatuto, a dispor que "quando o procedimento ou os atos a serem realizados se revelarem inadequados às peculiaridades da causa, deverá o juiz, ouvidas as partes e observados o contraditório e a ampla defesa, promover o necessário ajuste".

Se por um lado aplaudiu-se a norma proposta sob o fundamento de que, com isto, os procedimentos passarão a ser adequados às particularidades subjetivas e objetivas do conflito (e não o contrário) — inclusive tornando desnecessária a previsão exaustiva e dilargada de procedimentos especiais (linha, aliás, seguida pelo NCPC) — por outro se encontrou forte crítica (e resistência) da comunidade jurídica com a ampliação dos poderes do juiz na condução do procedimento; com o risco de que, operacionalizada a flexibilização, perca-se o controle do curso processual (da previsibilidade), principal fator para a preservação, desde a descoberta do país, do modelo da rigidez formal.

---

[1] GAJARDONI. *Flexibilização procedimental*: um novo enfoque para o estudo do procedimento em matéria processual, 2008.

O presente (e breve) texto tem por escopo lançar luzes na questão, para ao final responder à seguinte indagação: a flexibilização procedimental é medida razoável ou representa, efetivamente, excesso de poder do juiz?

2 Modelos procedimentais

Quanto à ordenação formal dos atos no processo (local na série e prazos), o modelo procedimental de um sistema varia conforme maior ou menor flexibilidade na aplicação destas regras ao caso concreto; se há liberdade ou não das partes e do juiz para modificarem essas regras, se afastando do modelo legal previamente previsto; se o regime preclusivo é tênue ou rigoroso, admitindo ou não o retorno a fase processuais já superadas no tempo.

Com base nisto, dois sistemas processuais são conhecidos e indicados pela doutrina no que toca ao procedimento:
a) sistema da legalidade das formas procedimentais;
b) sistema da liberdade de formas procedimentais.

No primeiro sistema, o lugar em que cada ato processual tem cabimento, bem como o prazo para sua prática, se encontra rigidamente pre-estabelecido em lei, podendo o desrespeito à prescrição legal implicar invalidade do próprio ato processual, do seu conjunto (do procedimento todo), ou do resultado do processo (da sentença). Este sistema tem por grande mérito a previsibilidade e a segurança que ofertam ao jurisdicionado, ciente da maneira como se desenvolverá o processo do início ao fim. Mas é burocrático e em muitas ocasiões implica a prática de atos processuais desnecessários ou inadequados à efetiva tutela dos direitos.

Já no segundo sistema não há uma ordem legal pre-estabelecida para a prática dos atos processuais, tampouco há disciplina legal dos prazos, competindo aos sujeitos do processo (ora às partes, ora ao juiz) determinar a cada momento qual o ato processual a ser praticado, bem como o tempo para tanto.

Não há sistemas totalmente puros, embora seja manifesta a preferência pelo primeiro deles e a preponderância das regras legais sobre o procedimento. A maioria dos modelos procedimentais — como o da até então vigente Lei de Ação Civil Pública (Lei nº 7.347/85) ou do próprio CPC em vigor — tende ao sistema da legalidade das formas procedimentais, em que não é permitido às partes ou ao magistrado alterar a ordem ou o prazo para a prática de atos processuais na série.

3 Procedimento rígido como regra de ordem pública

Diz a doutrina corrente que as normas de direito processual, como regra, são de ordem pública e cogentes, especialmente se tratantes de forma ou de prazos, sendo a dispositividade a mais absoluta exceção.[2]

E assim é porque o procedimento, no direito processual eminentemente publicístico como o atual, atende, sobretudo, a interesses públicos. Não foi instituído, como regra, para favorecer ou para beneficiar as partes, tampouco para contemplar

---

[2] PONTES DE MIRANDA. *Comentários ao Código de Processo Civil* (1939), t. I, p. 50-51.

a comodidade de alguma delas. O interesse envolvido na criação de procedimentos, especialmente de cunho, sumário ou especial, parece, sobretudo, atender a um reclamo estatal em extrair da função jurisdicional, do trabalho jurisdicional mesmo, um rendimento maior. Portanto o procedimento ou o rito não é objeto possível de convenção das partes, de transigência ou de renúncia delas, mesmo que ambas e também o juiz estejam completamente concordes quanto a isto.[3]

Decorre daí não haver como a parte ou juiz, conforme sua conveniência pessoal, dispor de um rito, de um procedimento, que não foi criado para eles, mas sim para a atuação de uma função soberana do Estado. Este é o modelo seguido pelo CPC/73 vigente.

4 Procedimento rígido como fator de segurança e previsibilidade do sistema

Desde Montesquieu (1973, l. 29) já se ouve referência de que "as formalidades da justiça são necessárias à liberdade", pois, sem elas, não há como se controlar a atividade judicial, evitar o arbítrio e tampouco se permitir um processo com julgamento justo.

Por isto, o legislador, no intuito de dar ordem, clareza, precisão e segurança de resultados às atividades processuais, bem como de salvaguardar os direitos das muitas pessoas interessadas nelas, alçou algumas exigências técnicas a regras legais e subordinou a eficácia dos atos processuais à observância dos requisitos de forma.[4]

Entre as funções deste formalismo nominado procedimento estaria a de se emprestar previsibilidade ao processo e de disciplinar o poder do juiz, atuando como garantia de liberdade contra o arbítrio dos órgãos que exercem o poder do Estado.[5]

Tais regras procedimentais, para cumprirem seu papel eminentemente garantista — ao menos de acordo com a doutrina dominante — devem ser rígidas, pois a realização do procedimento deixada ao simples querer do juiz, de acordo com as necessidades do caso concreto, acarretaria a possibilidade de desequilíbrio entre o poder judicial e o direito das partes, além de risco à celeridade.

Por isto, os atos processuais que compõem o rito processual, de acordo com referida parte da doutrina, devem estar previstos expressamente e em lei, pois a previsibilidade e a anterioridade do procedimento é que conferem à decisão judicial os penhores de legalidade e legitimidade, sendo dele requisitos inafastáveis.[6]

5 Flexibilizando a rigidez do procedimento sem perder a previsibilidade e segurança do sistema

O desenvolvimento dos atos processuais não é livre e espontâneo, senão regrado e organizado em preceitos predeterminados. São as normas de procedimento

---

[3] PASSOS. *Comentários ao Código de Processo Civil*, v. 3, p. 31.
[4] LIEBMAN. *Manual de direito processual civil*, v. 1, p. 225.
[5] OLIVEIRA. *Do formalismo no processo civil*, p. 6-7.
[6] DINAMARCO. *A instrumentalidade do processo*, p. 127.

as que submetem a disciplina do processo, sinalizando os preceitos a utilizar, estabelecendo a ordem das atuações, medindo em unidades de tempo sua direção. Todas estas regras são técnicas, quer dizer, vêm concebidas em função de sua utilidade para o processo.

Exatamente por isto "a experiência aconselha mudá-las quando sua utilização torna estéril e dissipa os fins do processo".[7] Sendo as regras de procedimento pre-estabelecidas como garantia, estas normas não podem substantivar-se, quer dizer, converter-se em fim próprio por si mesmo. Isso conduz ao formalismo, defeito que deve ser firmemente rechaçado por converter em fim o que não é mais do que um meio.

Ocorre que pela índole do nosso sistema procedimental rígido, as normas do procedimento, *como regra*, só podem ser adaptadas à adequada tutela do direito material *por força de disposição legal*, cujo processo legislativo demanda espera incompatível com a ânsia pela tutela adequada.

Isto porque a relação entre justiça e forma criou a ilusão de que a legalidade e a rigidez do procedimento são sinônimas de previsibilidade e de segurança jurídica, sem o que haveria margem para o arbítrio.

Todavia, partindo do pressuposto de que a segurança jurídica reside na previsibilidade das ações futuras e de suas consequências, é possível ser evitado o arbítrio independentemente das regras procedimentais estarem estabelecidas em norma cogente e pretérita.

Para que as regras procedimentais tenham seu poder ordenador e organizador, coibindo o arbítrio judicial, para que promovam a igualdade das partes e emprestem maior eficiência ao processo, tudo com vistas a incentivar a justiça do provimento judicial, *basta que sejam de conhecimento dos litigantes antes de sua implementação no curso do processo*, sendo de pouca importância a fonte de onde provenham.[8]

Ou seja, sendo as variações rituais implementadas apenas após a participação das partes sobre elas em pleno contraditório útil, não se vê como a segurança jurídica seja abalada, já que o desenvolvimento do processo está sendo regrado e predeterminado judicialmente, o que o faz previsível.

O estabelecimento de regras procedimentais por lei genérica impede as adequações rituais conforme o direito material a ser objeto de tutela, o que ocasiona (como no nosso sistema até então vigente) a proliferação de dezenas de procedimentos especiais, também incapazes de se adaptarem às circunstâncias do litígio em si. Pois em uma sociedade moderna, os conflitos pululam em uma velocidade não acompanhada simultaneamente por alterações legislativas e implementação de ritos especiais.

Este é o motivo pelo qual a absoluta rigidez formal é regra estéril e que dissipa os fins do processo, que é o de oferecer em cada caso, processado individualmente e conforme suas particularidades, a tutela mais justa. A preocupação do processo há de se ater aos resultados, e não com formas pre-estabelecidas e engessadas com o passar dos séculos.

---

[7] MENDES. *Derecho procesal civil*, p. 340.
[8] GAJARDONI. *Flexibilização procedimental:...*, p. 85.

Não se nega que certo rigor formal é a espinha dorsal do processo, e que seria impensável o processo sem determinada ordem de atos e paralela distribuição de poderes entre os sujeitos. *O que não parece certo é vincular a fonte de emissão destas regras exclusivamente à norma cogente, ou estabelecer que só assim há previsibilidade, consequentemente segurança aos contendores*, como se o juiz fosse um ser inanimado incapaz de ordenar adequadamente o rito processual.[9]

O juiz, investido por critérios estabelecidos na Constituição Federal, é também agente político do Estado, portador de seu poder, inexistindo, portanto, razão para enclausurá-lo em cubículos formais dos procedimentos, sem liberdade de movimentos e com pouquíssima liberdade criativa.[10]

Ademais, as variações procedimentais implementadas por determinação judicial poderão ser controladas pela finalidade, pelo contraditório obrigatório e pela motivação, o que deveria ocorrer, inclusive, no âmbito recursal (pese a previsão do CPC projetado da irrecorribilidade das interlocutórias).

6 Flexibilização procedimental e condicionamentos

A regra da flexibilização é utilizada apenas em caráter subsidiário. Não havendo nuança a justificar a implementação de alguma variação procedimental, o processo deverá necessariamente seguir o rito fixado em lei, mantendo, assim, a previsibilidade e a segurança que se espera do procedimento processual.

Por isto, algum critério, ainda que mínimo, deve haver para que possa ser implementada a variação ritual, ainda que, *criticavelmente*, não tenha o NCPC/Comissão disciplinado isto. Do contrário, as partes e o juiz não saberão para onde o processo vai e nem quando ele vai acabar.

Três são os condicionamentos para que se operacionalize a flexibilização:[11]

a) *Finalidade*. Três situações mais específicas autorizarão a variação.
1. A primeira delas — a mais comum — ligada ao direito material: toda vez que o instrumento predisposto pelo sistema não for apto à tutela eficaz do direito reclamado, possível a variação ritual. É o que ocorre com ampliação de prazos rigidamente fixados em lei para garantir a defesa, com a ampliação da fungibilidade de meios em favor da tutela dos direitos, entre outras situações práticas.
2. A segunda relacionada com a higidez e utilidade dos procedimentos, isto é, com a possibilidade de dispensa de alguns empecilhos formais irrelevantes para a composição do *iter* dos processos, que de todo modo atingirá seu escopo sem prejuízo das partes. Com efeito, o juiz, no caso concreto, deverá verificar a idoneidade da exigência formal, desprezando-a caso não haja lógica para a imposição legal havida por mero culto à forma. Exemplificativamente, é o que se dá com a inversão da ordem de produção de provas (art. 452 do CPC). A precedência do exame pericial à colheita da prova oral, além de gerar a realização de dispendiosa perícia para

---

[9] BEDAQUE. *Efetividade do processo e técnica processual:...*, f. 41, 67, 104-108.
[10] DINAMARCO. *A instrumentalidade do processo*, p. 129.
[11] GAJARDONI. *Flexibilização procedimental:...*, p. 88-95.

aferição do dano em momento anterior à comprovação do próprio dever de indenizar, não se justifica do ponto de vista finalístico, já que não há razão lógica para esta precedência. Ouvir o perito na mesma audiência em que se ouvirão as partes e as testemunhas é tecnocracia incompatível com a possibilidade de ser designado posteriormente novo ato para esta finalidade.

3. Finalmente, a terceira situação que autoriza a variação ritual tem relação com a condição da parte. Nada impede que o juiz, a bem da proteção do hipossuficiente e equilíbrio dos contendores, altere o procedimento para a composição de uma igualdade processual e material consoante os valores constitucionais. É o que ocorre com a superação de regras rígidas de preclusão em favor do necessitado cuja defesa técnica e gratuita não seja adequada. Ou que o juiz, à vista do requerimento conjunto e consensual dos litigantes, permita a variação do procedimento, v.g., autorizando a ampliação de prazo rigidamente estabelecido em lei.

b) *Contraditório útil*. O princípio do contraditório não se esgota na ciência bilateral dos atos do processo e na possibilidade de influir nas decisões judiciais, mas faz também depender da participação das partes a própria formação dos procedimentos e dos provimentos judiciais, seja através de manifestação prévia, seja pela ampla possibilidade de recorrer das decisões que alteram o procedimento. Logo, se não se pode tomar as partes de surpresa sob pena de ofensa ao princípio do contraditório, eventual alteração procedimental não prevista no *iter* estabelecido legalmente depende da plena participação delas (preventiva ou repressivamente), até para que as etapas do procedimento sejam previsíveis. E isto só será possível se o julgador propiciar às partes efetiva oportunidade para se manifestarem sobre a inovação, pois, ainda que não estejam de acordo com a flexibilização do procedimento, a participação efetiva dos litigantes na formação desta decisão é o bastante para se precaverem processualmente, inclusive valendo-se de recursos para reparar eventuais iniquidades. Portanto, no âmbito da flexibilização dos procedimentos, toda vez que for adequada a inversão da ordem, inserção ou exclusão de atos processuais abstratamente previstos, a ampliação dos prazos rigidamente fixados, ou outra medida que escape do padrão legal, indispensável a realização de contraditório, preferencialmente preventivo, desde que útil aos fins colimados pela variação ritual, garantindo-se sempre aos litigantes o pleno exercício do feixe de garantias advindas do devido processo constitucional (contraditório, ampla defesa, etc.).

c) *Motivação*. Derradeiramente, o último requisito para a implementação das variações rituais é a necessidade de fundamentação da decisão que altera o *iter* legal, condição esta que não diverge, por força de disposição constitucional (art. 93, IX, da CF), da sistemática adotada para toda e qualquer decisão judicial. Trata-se de imposição de ordem política e afeta muito mais ao controle dos desvios e excessos cometidos pelos órgãos jurisdicionais inferiores na condução do processo do que propriamente à previsibilidade ou a segurança do sistema. É na análise da fundamentação que se afere em concreto a imparcialidade do juiz, a correção e justiça dos próprios procedimentos e decisões nele proferidas.

7 O substitutivo do Senado e a mitigação da flexibilização procedimental

Quando divulgado o texto do Anteprojeto do NCPC pela comissão de juristas responsável pela sua elaboração, a comunidade jurídica, em especial os advogados, viu com extremo receio e desconfiança os dispositivos que permitiam a flexibilização judicial do procedimento (art. 107, V e 151, §1º, do NCPC/Comissão). Diziam, como já tivemos oportunidade de afirmar (item 6 *supra*), que com a ampliação dos poderes do juiz na condução do procedimento, haveria risco de que, operacionalizada a flexibilização, fosse perdido o controle do curso processual (da previsibilidade), principal fator para a preservação do modelo da rigidez formal.

Este receio, contudo — não temos dúvida alguma em afirmar — se deveu a três fatores. Primeiro, ao *absoluto desconhecimento* dos críticos do alcance da regra da flexibilização procedimental (princípio da adequação formal) — inclusive no âmbito do direito comparado (art. 265-A do CPC/Português) — e dos condicionamentos para sua aplicação (item 6.4 *supra*). Segundo, à *má compreensão do espírito do NCPC*, no sentido de extinguir modelos procedimentais (sumário e especial) exatamente porque estaria permitida a calibração do rito no caso concreto. E terceiro, à *precária redação dos dispositivos* que trataram do tema no texto do Anteprojeto (NCPC/Comissão), os quais autorizaram a flexibilização através de cláusulas *extremamente* abertas; que não condicionavam a adequação formal a requisitos mínimos que pudessem garantir a previsibilidade e a segurança das partes (item 6.4 *supra*); e que não acalentavam o espírito daqueles que — com certa razão frente ao texto projetado — se rebelaram contra a inovação proposta.

Exatamente por conta destes fatores, e em busca de um consenso político necessário frente ao curto tempo de tramitação do Anteprojeto e dos pouquíssimos debates que se fizeram à luz do texto da comissão de juristas, que o Senador Valter Pereira, no relatório do substitutivo ofertado pelo Senado (NCPC/Senado), vaticinou:

> os dois pontos do projeto mais criticados nas audiências públicas que se realizaram, bem como nas propostas apresentadas pelos Senadores e também pelas diversas manifestações que nos chegaram, são a "flexibilização procedimental" (art. 107, V, e art. 151, §1º, do projeto) e a possibilidade de alteração da causa de pedir e do pedido a qualquer tempo, de acordo com as regras do art. 314 do projeto. *Dando voz à ampla discussão instaurada por aqueles dispositivos, entendemos ser o caso de mitigar as novas regras. Assim, no substitutivo, a flexibilização procedimental, nas condições que especifica, limita-se a duas hipóteses: o aumento de prazos e a inversão da produção dos meios de prova.*

Consequentemente, a regra da *flexibilização procedimental* foi mitigada no NCPC/Senado, passando o novo e doravante único dispositivo tratante do tema a admitir apenas duas hipóteses de adaptação — ampliação de prazos e alteração da ordem de produção provas — esta última, inclusive, sem sentido algum de constar do dispositivo, já que a autorização já está em outro dispositivo do Projeto (art. 346 NCPC/Senado).

Eis a redação atual do dispositivo: *Art. 118 NCPC/Senado.*

> O juiz dirigirá o processo conforme as disposições deste Código, incumbindo-lhe:
> V – dilatar os prazos processuais e alterar a ordem de produção dos meios de prova adequando-os às necessidades do conflito, de modo a conferir maior efetividade à tutela do bem jurídico.

8 Conclusão e votos de restabelecimento pleno da flexibilização procedimental no NCPC, com proposta de adequada redação do dispositivo

Embora se compreenda a intenção do Senador Valter Pereira em buscar consenso político em torno do Projeto do NCPC — evitando manter no texto as propostas mais polêmicas da comissão de juristas — não se pode aquiescer com a mitigação da regra da flexibilização procedimental no NCPC/Senado.

Com efeito, a *flexibilização do procedimento* — conforme exposto (item 5 *supra*) — é regra conforme as garantias constitucionais do processo, sendo inovação elogiável e bastante razoável do ponto de vista da dogmática e da práxis processual. Deveria viger em plenitude no Brasil, conforme, aliás, ocorre nos sistemas processuais mais modernos (Alemanha e Portugal).

O caso seria, então, de se aplaudir a comissão de juristas responsável pela elaboração do Anteprojeto, se não fosse o fato de a redação original do dispositivo não ser adequada. Isto levou — conforme já afirmamos (item 7 *supra*) — à absoluta resistência de setores conservadores e desconhecedores dos propósitos da flexibilização, que pressionaram o Senado a rever a regra flexibilizadora.

A flexibilização procedimental poderia ser mantida em toda sua plenitude no NCPC, desde que a redação do dispositivo legal que a contemplasse contivesse melhores regras sobre seu uso (correção esta, *maxima venia*, que poderia perfeitamente ter sido implementada pelo substitutivo do Senado).

Primeiro, a regra tem que estabelecer as condicionantes da flexibilização (medida de exceção, finalidade, contraditório e motivação), até para que haja limites ao arbítrio judicial no campo do procedimento.

E segundo, a decisão judicial que ordena a flexibilização tem que ser recorrível — acrescentando-se, portanto, mais uma hipótese de agravo de instrumento no rol de interlocutórias recorríveis (art. 969, X, do NCPC/Senado) — até para que efetivamente sejam observadas as condicionantes do item anterior.

Com estas correções cremos que seria possível afastar o receio da comunidade jurídica quanto à regra da flexibilização, inclusive com a possibilidade de ser conquistado maior apoio à proposta.

Diante destas premissas, *de lege ferenda*, propõe-se, então, a seguinte redação ao dispositivo contemplador da flexibilização procedimental no Brasil, dando-se por prejudicado o disposto no art. 118, V, do NCPC/Senado:

> Art. 118-A NCPC. Em caráter excepcional e mediante motivação idônea, quando a tramitação processual prevista na lei não se adequar às especificidades objetivas e subjetivas da causa, deve o juiz, preservado o contraditório, determinar a prática de atos da forma que melhor se ajustem ao fim do processo, procedendo às necessárias adaptações mediante prévia orientação das partes e interessados.
>
> Parágrafo único. Da decisão proferida com base neste artigo caberá agravo de instrumento.

E conclui-se afirmando que, dentro dos limites estabelecidos no item 6 *supra*, a flexibilização procedimental é medida não só razoável como importante para o aperfeiçoamento do direito processual civil brasileiro.

Oxalá nos debates que seguirão na Câmara dos Deputados seja restabelecida, com uma melhor redação, a proposta da comissão de juristas, adotando-se no Brasil (em plenitude) o padrão da flexibilização judicial do procedimento.

Referências

BEDAQUE, José Roberto dos Santos. *Efetividade do processo e técnica processual*: tentativa de compatibilização. 2005. Tese (Titular de Direito Processual Civil) – Faculdade de Direito, Universidade de São Paulo, São Paulo, 2005.

DINAMARCO, Cândido R. *A instrumentalidade do processo*. 5. ed. São Paulo: Malheiros, 1996.

GAJARDONI, Fernando da Fonseca. *Flexibilização procedimental*: um novo enfoque para o estudo do procedimento em matéria processual. São Paulo: Atlas, 2008.

LIEBMAN, Enrico Tulio. *Manual de direito processual civil*. 2. ed. Tradução e notas de Cândido Rangel Dinamarco. Rio de Janeiro: Forense, 1985. v. 1.

MENDES, Francisco Ramoz. *Derecho procesal civil*. 3. ed. Barcelona: Bosch, 1986.

PONTES DE MIRANDA, Francisco Cavalcanti. *Comentários ao Código de Processo Civil* (1939). 2. ed. Rio de Janeiro: Revista Forense, 1958. t. I.

MONTESQUIEU, Charles-Louis de Secondat, Barão de. *Do espírito das leis*. São Paulo: Abril Cultural, 1973.

OLIVEIRA, Carlos Alberto Alvaro de. *Do formalismo no processo civil*. São Paulo: Saraiva, 1997.

PASSOS, José Joaquim Calmon de. *Comentários ao Código de Processo Civil*. 4. ed. Rio de Janeiro: Forense, 1983. v. 3.

PASSOS, José Joaquim Calmon de. Teoria geral dos procedimentos especiais. *In*: FARIAS, Cristiano Chaves de; DIDIER JR., Fredie (Coord.). *Procedimentos especiais cíveis*: legislação extravagante. São Paulo: Saraiva, 2003.

Informação bibliográfica deste texto, conforme a NBR 6023:2002 da Associação Brasileira de Normas Técnicas (ABNT):

GAJARDONI, Fernando da Fonseca. Flexibilização procedimental: razoabilidade ou excesso de poder do juiz?. *In*: ROSSI, Fernando *et al.* (Coord.). *O futuro do processo civil no Brasil*: uma análise crítica ao Projeto do Novo CPC. Belo Horizonte: Fórum, 2011. p. 689-697. ISBN 978-85-7700-511-6.

A TEORIA DOS PRINCÍPIOS E O PROJETO DE NOVO CPC[1]

FREDIE DIDIER JR.

1 Consideração introdutória

Uma das principais características da metodologia jurídica contemporânea é o reconhecimento da força normativa dos princípios.

Qualquer projeto de lei que se pretenda minimamente em consonância com o espírito do nosso tempo não pode ignorar essa circunstância.

O Projeto de Novo CPC atentou para isso e acompanhou a onda.

Há, porém, muitas incompreensões sobre o assunto. Há um mau vezo generalizado nos juristas das ciências jurídicas particulares (direito civil, direito processual civil etc.) de pretender fazer ciência sem observar o que as demais ciências particulares e a teoria do direito produziram.

Há vasta literatura sobre a teoria dos princípios. Quase toda ela produzida por filósofos do direito (epistemólogos do direito) ou por constitucionalistas. Há trabalhos de altíssimo nível, notadamente na ciência jurídica brasileira.

Se, por um lado, deve-se elogiar o Projeto de Novo CPC, por, corajosamente, pretender enfrentar o tema das decisões judiciais baseadas em princípios jurídicos, por outro, é o caso de lamentar as inúmeras imprecisões técnicas existentes no Projeto, que não correspondem ao avançado estágio atual de desenvolvimento teórico da ciência jurídica brasileira.

Este pequeno trabalho, escrito em homenagem a um dos principais processualistas nordestinos, recentemente falecido, José Albuquerque Rocha, pretende examinar criticamente dois dispositivos contidos no Projeto substitutivo apresentado pelo Senador Valter Pereira: o art. 119 e o parágrafo único do art. 477.

---

[1] Escrito em homenagem a José de Albuquerque Rocha.

Obviamente, as críticas ora apresentadas têm, sinceramente, o propósito de contribuir para o aperfeiçoamento do texto legislativo, cujo Projeto ora tramita na Câmara dos Deputados.

2 O art. 119 do Projeto substitutivo

O art. 126 do CPC estabelece que "o juiz não se exime de sentenciar ou despachar alegando lacuna ou obscuridade da lei. No julgamento da lide caber-lhe-á aplicar as normas legais; não as havendo, recorrerá à analogia, aos costumes e aos princípios gerais de direito". Trata-se da reprodução do art. 4º da Lei de Introdução ao Código Civil, que é de 1942.

O Projeto de Novo CPC reescreve o dispositivo, com o nítido propósito de "atualizá-lo" metodologicamente. Eis a redação do art. 119 do NCPC (após a revisão do Senador Valter Pereira): "O juiz não se exime de decidir alegando lacuna ou obscuridade do ordenamento jurídico, cabendo-lhe, no julgamento, aplicar os princípios constitucionais, as regras legais e os princípios gerais de direito, e, se for o caso, valer-se da analogia e dos costumes".

A redação é melhor do que aquela inicialmente sugerida pela Comissão de Jurista que elaborou o Projeto de CPC, mas ainda assim não é boa e, em certos aspectos, produz um retrocesso metodológico.

Princípio é norma, e não fonte de integração de lacuna. *Princípios gerais do direito*, a que se refere o enunciado, é expressão que ora é apreendida como os princípios gerais do direito romano (não lesar alguém; a cada um o que é seu; viver honestamente), *fundamentos de normas*, ora é vista como *standard* retórico jusnaturalista. De todo modo, é expressão obsoleta. Não deve ser mais utilizada. Os princípios são normas de direito positivo e, nesta qualidade, devem ser aplicadas diretamente.

O recurso à analogia (técnica) e aos costumes (normas), para suprir lacunas legais, nada mais é do que a concretização dos princípios da igualdade e da segurança jurídica. Não há necessidade de remissão específica a ele em texto de lei, que de resto pode levar ao equivocado entendimento de que um costume somente pode ser aplicado diante da lacuna legal ou se não for possível a analogia. Pode acontecer de o costume ser exatamente a norma aplicável ao caso concreto. Cabe à ciência jurídica explicitar os métodos de interpretação e aplicação do direito; não se trata de tarefa legislativa.

A proposta ainda dispõe que, no julgamento da causa, o juiz deve aplicar os "princípios constitucionais" e as "regras legais".

A redação é, neste ponto, melhor do que a proposta originária, que determinava a aplicação dos "princípios constitucionais" e das "normas legais". Dava a entender que princípios não são normas, pois haveria os "princípios constitucionais" e as "normas legais". Utilizavam-se dois substantivos (princípio e norma) desnecessariamente, já que a relação entre eles é a de espécie (princípio) para gênero (norma).

O contraponto "constitucionais" e "legais" também era inconveniente, nos termos em que apresentado, pois o segundo adjetivo qualificava as normas e o primeiro, os princípios. Mantinha-se a lei como paradigma da normatividade. A Constituição seria um conjunto de meros princípios, que não são normas. Não se pode, atualmente, negar a eficácia normativa da Constituição. O texto comentado, certamente sem este propósito, ignorava esta circunstância.

Agora, ao referir a "princípios" e "regras", em vez de "normas", corrige-se essa imprecisão.

Talvez a crítica que fizemos à redação originariamente proposta tenha surtido efeito, ao menos neste particular (editorial nº 112, disponível em: <www.frediedidier.com.br>).

Ainda há problemas, porém.

a) A Constituição é um conjunto de normas: princípios e regras. Não há só princípios na Constituição. Rigorosamente, a Constituição possui muito mais regras do que princípios.[2] Assim, não há qualquer sentido jurídico em restringir a tarefa do órgão jurisdicional à aplicação dos "princípios constitucionais". O órgão jurisdicional também deve aplicar as "regras constitucionais", tão ou mais importantes do que as normas constitucionais principiológicas.

b) Ao determinar, que, diante da lacuna, o órgão jurisdicional deve aplicar, primeiramente, os "princípios constitucionais", a proposta recai em erro comum: o de considerar que os princípios são normas que devem ser observadas antes das demais, como se fossem normas hierarquicamente superiores. Não é bem assim, ao contrário: as regras, se houver, são normas que devem ser observadas em primeiro lugar, exatamente porque, ao revelarem mais claramente a opção legislativa, preservam a segurança jurídica.

c) A redação também induz à incompreensão de que só há princípios na Constituição. Não haveria princípios "legais". Não é bem assim, porém. Princípio é tipo de norma que pode ser extraída de enunciados normativos de qualquer espécie, constitucionais ou legais. Há muitos princípios legais (princípio da boa-fé processual, art. 14, II, CPC; princípio da menor onerosidade da execução, art. 620 do CPC etc.). Assim como da Constituição, da lei extraem-se princípios e regras.

Enfim, o texto há de ser revisto.

Sinceramente, sugerimos que ele seja simplesmente eliminado, pela sua desnecessidade e pela sua capacidade de gerar incompreensões.

No limite, deve ser reescrito. Eis a nossa proposta: "Art. 119. O juiz não se exime de decidir alegando lacuna ou obscuridade da lei".

3 O parágrafo único do art. 477 do Projeto substitutivo

O parágrafo único do art. 477 do NCPC,[3] de acordo com o texto do substitutivo apresentado pelo Senador Valter Pereira, é texto normativo interessante. Merece ser

---

[2] ÁVILA, Humberto. Neoconstitucionalismo: entre a ciência do direito e o direito da ciência. *Revista Eletrônica de Direito do Estado – REDE*, Salvador, Instituto Brasileiro de Direito Público, n. 17, 2009. Disponível em: <http://www.direitodoestado.com.br/rede.asp>. Acesso em: 21 out. 2009.

[3] Parágrafo único do art. 477 do Projeto de Lei Substitutivo apresentado pelo Senador Valter Pereira: "Fundamentando-se a sentença em regras que contiverem conceitos juridicamente indeterminados, cláusulas gerais ou princípios jurídicos, o juiz deve expor, analiticamente, o sentido em que as normas foram compreendidas".

examinado com cautela. Trata-se de dispositivo que tem por objetivo regular o modo pelo qual se deve apresentar a fundamentação de uma decisão judicial, nos casos de interpretação de textos normativos abertos.

Tem o inegável mérito pedagógico de despertar os aplicadores do direito para o necessário aprimoramento da fundamentação das decisões, em tempo de textos normativos tão indeterminados e de reconhecimento da força normativa dos princípios.

Antes de examiná-lo, convém tecer algumas considerações prévias.

Texto normativo e norma jurídica não se confundem. A norma é o resultado da interpretação de um enunciado normativo. De um mesmo enunciado, várias normas jurídicas podem ser extraídas; uma norma jurídica pode ser extraída da conjugação de vários enunciados; há normas que não possuem um texto a elas diretamente relacionado; há textos dos quais não se consegue extrair norma alguma. Enfim, interpretam-se textos jurídicos, para que deles se extraia o comando normativo.

Um enunciado normativo costuma ser composto de duas partes: a hipótese fática, em que se descreve a situação regulada pela norma, e o consequente normativo, em que se imputa um determinado efeito jurídico ao fato jurídico ali descrito.

Não é raro que, na elaboração de textos normativos, o legislador se valha de conceitos juridicamente indeterminados, com o claro propósito de transferir ao órgão jurisdicional a tarefa de concretização do sentido destas expressões, caso a caso. "Boa-Fé", "grave lesão", "risco de dano", "justo motivo", "calamidade pública", "repercussão geral" etc. são alguns exemplos.

Há situações em que a indeterminação do texto normativo é ainda maior. *Cláusula geral* é uma espécie de texto normativo, cujo antecedente (hipótese fática) é composto por termos vagos e o consequente (efeito jurídico) é indeterminado. Há, portanto, uma indeterminação legislativa em ambos os extremos da estrutura lógica normativa.[4] Devido processo legal, função social do contrato, função social da propriedade, boa-fé etc. são exemplos de cláusulas gerais.

Há, assim, uma relação próxima entre cláusulas gerais e conceitos jurídicos indeterminados. Cláusula geral é técnica de redação de enunciado normativo; conceito juridicamente indeterminado é elemento de texto normativo, presente na elaboração de uma cláusula geral, nada obstante possa haver conceito juridicamente indeterminado em outros textos normativos. Por exemplo, o texto que regula a exigência de repercussão geral para o recurso extraordinário não é uma cláusula geral, porque, nada obstante a indeterminação da hipótese fática, o consequente normativo está claramente determinado pelo legislador: se houver repercussão geral, o recurso *deve* ser conhecido; se não houver repercussão geral, o recurso *deve* ser inadmitido.

---

[4] MARTINS-COSTA, Judith. *A boa-fé no direito privado*: sistema e tópica no processo obrigacional. São Paulo: Revista dos Tribunais, 1999. p. 303-306; CASTRONOVO, Carlo. L'avventura delle clausole generali. *Rivista Critica del Diritto Privato*, ano 4, n. 1, p. 24, 1986, nota 14; ÁVILA, Humberto Bergmann. Subsunção e concreção na aplicação do direito. *In*: MEDEIROS, Antônio Paulo Cachapuz de (Org.). *Faculdade de Direito da PUCRS*: o ensino jurídico no limiar do novo século. Porto Alegre: EDIPUCRS, 1997. p. 432; MAZZEI, Rodrigo. O Código Civil de 2002 e o judiciário: apontamentos na aplicação das cláusulas gerais. *In*: DIDIER JR., Fredie; MAZZEI, Rodrigo (Coord.). *Reflexos do Novo Código Civil no direito processual*. Salvador: JusPodivm, 2006. p. 34; CAMBI, Eduardo; NALIN, Paulo. O controle da boa-fé contratual por meio dos recursos de estrito direito. *In*: WAMBIER, Teresa Arruda Alvim; NERY JR., Nelson (Coord.). *Aspectos polêmicos e atuais dos recursos cíveis e de outros meios de impugnação às decisões judiciais*. São Paulo: Revista dos Tribunais, 2003. p. 95.

Princípio é espécie normativa. Trata-se de norma que estabelece um fim a ser atingido.[5] Se esta espécie normativa visa a um determinado "estado de coisas", e este fim somente pode ser alcançado com determinados comportamentos, "esses comportamentos passam a constituir necessidades práticas sem cujos efeitos a progressiva promoção do fim não se realiza".[6] Enfim, ainda com base no pensamento de Humberto Ávila: "os princípios instituem o dever de adotar comportamentos necessários à realização de um estado de coisas ou, inversamente, instituem o dever de efetivação de um estado de coisas pela adoção de comportamentos a ele necessários".

Cláusula geral é um *texto jurídico; princípio* é norma. São institutos que operam em níveis diferentes do fenômeno normativo. Um princípio pode ser extraído de uma cláusula geral, e é o que costuma acontecer. Mas a cláusula geral é texto que pode servir de suporte para o surgimento de uma *regra*. Da *cláusula geral* do devido processo legal é possível extrair a *regra* de que a decisão judicial deve ser motivada, por exemplo.

Feitas essas considerações, podemos examinar o texto jurídico do parágrafo único do art. 477 do NCPC.

Como se pode perceber, embora a intenção tenha sido boa, a proposta está repleta de imprecisões.

"Fundamentando-se a sentença em regras que contiverem conceitos juridicamente indeterminados". Confunde-se texto jurídico com uma das espécies normativas (*regra*).

"Fundamentando-se a sentença em regras que contiverem (...) cláusulas gerais". *Regras* (normas) não *contêm* cláusulas gerais. Cláusula geral é texto jurídico do qual se pode *extrair* uma norma jurídica (regra ou princípio).

"Fundamentando-se a sentença em regras que contiverem (...) princípios". *Regras* não *contêm* princípios. *Regras* e *princípios* são espécies normativas, que podem ser resultado da interpretação dos enunciados normativos.

Bem mais adequada é a proposta do inc. II do parágrafo único do art. 476, sugerida pelo Senador Valter Pereira, que reputa não motivada a decisão judicial que "empregue conceitos jurídicos indeterminados sem explicar o motivo concreto de sua incidência no caso". A redação é boa e a sua previsão muito oportuna.

A proposta do Senador Valter Pereira eliminou a segunda parte do parágrafo único mencionada, que constava da proposta originária da Comissão de Juristas. Agiu bem o Senador. É que esta segunda parte tratava, muito mal, de outro problema: a solução da colisão das normas jurídicas.

O texto dizia que cabia ao órgão jurisdicional demonstrar as razões pelas quais, ponderando os valores em questão e à luz das peculiaridades do caso concreto, não aplicou princípios colidentes.

"O juiz deve expor, analiticamente, o sentido em que as normas foram compreendidas". O juiz deve expor o sentido em que *o texto normativo foi compreendido* e definir, com clareza, qual é a norma jurídica que pretende extrair deste texto. A redação, como se vê, precisa ser aperfeiçoada.

Havia dois graves problemas nesse trecho.

---

[5] ÁVILA, Humberto. *Teoria dos princípios*. 5. ed. São Paulo: Malheiros, 2006. p. 78-79.
[6] ÁVILA, *op. cit.*, p. 80.

Primeiramente, não há razão para restringir a possibilidade de conflito de normas aos princípios. Pode haver conflito normativo entre uma regra e um princípio, entre duas regras e, obviamente, entre dois princípios.

Em segundo lugar, não convém misturar, em um mesmo dispositivo, dois problemas distintos: aplicação de textos normativos vagos e a solução do conflito entre normas jurídicas. Trata-se de problemas para cuja solução se exige metodologia diversa.

Deveriam ser tratados separadamente.[7]

Agiu bem o Senador Valter Pereira, ao eliminar essa segunda parte da proposta originária, como tínhamos sugerido no editorial nº 107 disponível em: <www.frediedidier.com.br>.

Referências

ÁVILA, Humberto Bergmann. Subsunção e concreção na aplicação do direito. *In*: MEDEIROS, Antônio Paulo Cachapuz de (Org.). *Faculdade de Direito da PUCRS*: o ensino jurídico no limiar do novo século. Porto Alegre: EDIPUCRS, 1997.

ÁVILA, Humberto. Neoconstitucionalismo: entre a ciência do direito e o direito da ciência. *Revista Eletrônica de Direito do Estado – REDE*, Salvador, Instituto Brasileiro de Direito Público, n. 17, 2009. Disponível em: <http://www.direitodoestado.com.br/rede.asp>.

ÁVILA, Humberto. *Teoria dos princípios*. 5. ed. São Paulo: Malheiros, 2006.

CAMBI, Eduardo; NALIN, Paulo. O controle da boa-fé contratual por meio dos recursos de estrito direito. *In*: WAMBIER, Teresa Arruda Alvim; NERY JR., Nelson (Coord.). *Aspectos polêmicos e atuais dos recursos cíveis e de outros meios de impugnação às decisões judiciais*. São Paulo: Revista dos Tribunais, 2003.

CASTRONOVO, Carlo. L'avventura delle clausole generali. *Rivista Critica del Diritto Privato*, ano 4, n. 1, 1986.

MARTINS-COSTA, Judith. *A boa-fé no direito privado*: sistema e tópica no processo obrigacional. São Paulo: Revista dos Tribunais, 1999.

MAZZEI, Rodrigo. O Código Civil de 2002 e o judiciário: apontamentos na aplicação das cláusulas gerais. *In*: DIDIER JR., Fredie; MAZZEI, Rodrigo (Coord.). *Reflexos do Novo Código Civil no direito processual*. Salvador: JusPodivm, 2006.

Informação bibliográfica deste texto, conforme a NBR 6023:2002 da Associação Brasileira de Normas Técnicas (ABNT):

DIDIER JR., Fredie. A teoria dos princípios e o Projeto de Novo CPC. *In*: ROSSI, Fernando *et al*. (Coord.). *O futuro do processo civil no Brasil*: uma análise crítica ao Projeto do novo CPC. Belo Horizonte: Fórum, 2011. p. 699-704. ISBN 978-85-7700-511-6.

---

[7] Elaborei, juntamente com o Prof. Humberto Ávila, da Universidade de São Paulo, propostas alternativas de enunciados normativos que sirvam para regular o problema da solução do conflito entre princípios. Eis a nossa proposta. a) Proposta mais enxuta: "Art. 477. (...) § (...) No caso de colisão entre princípios, o órgão jurisdicional deve justificar o objeto e os critérios gerais da ponderação efetuada". b) Proposta mais analítica: "Art. 477. (...) § (...) No caso de enunciados normativos compostos por termos juridicamente indeterminados, o órgão jurisdicional deve expor, com clareza e precisão, as razões que fundamentam a sua interpretação. §2º No caso de colisão entre princípios, o órgão jurisdicional deve justificar: I – a razão da utilização de determinados princípios em detrimento de outros; II – a capacidade de ponderação dos princípios envolvidos, a comensurabilidade entre eles e o método utilizado para fundamentá-la; III – os critérios gerais empregados para definir o peso e a prevalência de um princípio sobre outro e a relação existente entre esses critérios; IV – o procedimento e o método que serviram de avaliação e comprovação do grau de promoção de um princípio e o grau de restrição de outro; V – os fatos considerados relevantes para a ponderação e com base em que critérios eles foram juridicamente avaliados".

PODERES DO JUIZ – ATIVISMO (= AUTORITARISMO) OU GARANTISMO (= LIBERDADE) NO PROJETO DO NOVO CPC

GLAUCO GUMERATO RAMOS

1 Ativismo judicial[1] x garantismo processual[2]

Há duas maneiras básicas de se vislumbrar o processo civil e isso nos é revelado pelo vigoroso e atual debate havido entre os defensores das concepções denominadas *ativismo judicial* e *garantismo processual*. Apesar de bastante intenso e presente no cenário latino-americano, esse debate é pouco versado e/ou abordado pela doutrina interna. E ao contrário do que muitas vezes é afirmado pela literatura específica que por vezes tangencia o tema — em especial na perspectiva do *ativsimo* —, não é um choque entre *publicismo* e *privatismo* como ponto de análise do direito processual civil, mas sim a dimensão do papel do juiz no processo conforme a dogmática estabelecida pela Constituição. Insisto: o problema é muito mais de dogmática constitucional do que da *ideologia* daqueles que lidam com o processo. Se bem que esta última, naturalmente, por vezes afeta a isenção científica.

---

[1] Diferentemente da maioria dos processualistas civis, os juristas de inclinação ao constitucionalismo *rechaçam* o ativismo judicial exatamente por que nele se esconde um indisfarçável rompimento, dentre outras categorias constitucionais, da Separação dos Poderes. Expressivo exemplo disso está no excelente livro-tese de Elival da Silva Ramos, *Ativismo judicial*: parâmetros dogmáticos. 2. tiragem. São Paulo: Saraiva, 2010. Prefácio de Celso Lafer. Neste trabalho, que lhe rendeu a titularidade da cátedra de direito constitucional na USP, o constitucionalista de São Paulo demonstra as distorções, equívocos e perigos do ativismo judicial praticado pelo STF em termos de controle de constitucionalidade. O que se dirá, então, do ativismo praticado pelos mais diversos juízes das instâncias inferiores.

[2] Tomo a liberdade de remeter o leitor ao meu "*Ativismo e garantismo no processo civil*: apresentação do debate", veiculado originalmente na *Revista MPMG Jurídico*, n. 18, p. 8-15, dez. 2009, publicação oficial do Centro de Estudos do Ministério Público de Minas Gerais. Posteriormente também publicado na *RBDPro*, ano 18, n. 70, p. 83-102, abr./jun. 2010. Neste texto apresento uma resenha da evolução histórica deste debate, indicando alguns de seus principais protagonistas no processualismo ibero-americano.

Os defensores do *ativismo judicial* enxergam o fenômeno processual desde uma perspectiva (ultra)publicista. Na linha argumentativa da chamada *instrumentalidade do processo* concebem as técnicas processuais como categorias jurídicas a serviço da "pacificação social", do "processo justo", da "verdade", da "justiça", e outros tantos valores de rarefeita densidade tópica. Sim, pois a "pacificação social", o "processo justo", a "verdade", a "justiça", sempre será aquilo que parecer melhor ao detentor do Poder, no caso, o juiz. Para os ativistas, a figura proeminente do *standart* processual (= um sujeito *imparcial*, e dois *parciais*) é o juiz e a este cabe manejar a *jurisdição* (= Poder) de modo a atingir aqueles valores. Estaria o processo, portanto, *imediatamente* a serviço do Estado e não da pessoa (= física ou jurídica) que dele se serve para buscar a tutela jurisdicional do direito afirmado na petição inicial. Esta, a pessoa, seria atendida pelo processo, mas *mediatamente*. O papel do juiz na perspectiva do ativismo judicial é conduzir o processo "com rédeas curtas", podendo interferir para concretizar a "justiça" que lhe parecer a mais adequada. Interferir nas próprias regras de desenvolvimento do devido processo; interferir, ainda, no momento de julgar. Portanto, ser um sujeito processual *ativo*, ainda que esse ativismo judicial eventualmente possa implicar o rompimento da *imparcialidade* e da *impartialidade* (= não ter atitude processual de *parte*) que a Constituição lhe impõe.

Por outro lado, os defensores do *garantismo processual* afirmam que o processo, como método de debate envolvendo um sujeito *imparcial/impartial* (= juiz) e dois sujeitos *parciais* (= autor e réu), deve se desenvolver com a observância irrestrita das garantias constitucionais de modo a evitar o arbítrio (= para o bem ou para o mal) e garantir a segurança jurídica, a ampla defesa, o contraditório, a imparcialidade, a impartialidade etc. Em suma, um juiz que esteja rigorosamente comprometido com a cláusula do devido processo quando no manejo da função jurisdicional que lhe é própria, tal como estabelecido-garantido pelas Constituições e pactos internacionais do pós-2ª Guerra. Para os *garantistas*, o papel do juiz no curso do processo não é — e não pode ser — de um sujeito processual que se desincumba de seu mister com arbítrio e, por isso mesmo, com autoritarismo. Para que o Estado, e também o Estado-juiz, exerça seu Poder há regras pre-estabelecidas e *garantias* emanadas da Constituição que servem exatamente para impedir que os jurisdicionados sejam subjugados pela não observância da garantia do devido processo. "Processo justo", para o *garantismo processual*, é um modelo de processo em que sejam respeitadas todas as garantias processuais previstas na Constituição. Daí sim, com a respectiva observância, o juiz e a *jurisdição* estariam cumprindo legítima e democraticamente o papel constitucional que lhes é reservado. Não admitem os *garantistas* que a *jurisdição* (= Poder) subjugue o *processo*, o devido processo constitucional (= Garantia). Ou, em outras palavras, não admitem que os poderes do juiz estejam acima do interesse dispositivo das *partes* e que, com isso, possa triunfar o arbítrio sobre o devido processo desenhado na Constituição. O papel do juiz no exercício do poder que lhe é próprio deve ser orientado pela *imparcialidade* e *impartialidade* impostas pela ordem constitucional.

De minha parte confesso a crescente — e recente — fé no *garantismo processual*. Como cidadão, como jurisdicionado, como estudante e operador do processo, e — por que não? — como advogado, quero ter a certeza de que o exercício da *jurisdição* (= Poder) não o será fora das regras do *devido processo constitucional* (= Garantia). Quero ter a certeza de que o poder dos juízes não será utilizado-motivado pelo próprio arbítrio e — por isso mesmo — de maneira autoritária. Excesso de publicismo e arbítrio no processo civil põem em risco, ainda, a segurança jurídica a todos garantida (CR, art. 5º, *caput*).

Fazer o bem através do processo todos queremos, ativistas e garantistas. Mas isso só estará constitucionalmente legitimado se observado o devido processo garantido na Constituição. O juiz não é um "justiceiro"; o juiz é um zelador das garantias processuais estabelecidas no plano constitucional. Até porque exerce Poder (= jurisdição), e no Estado Constitucional Democrático só se o exerce legitimamente através da *garantia* do devido processo. O contrário disso é arbítrio e autoritarismo, *ativismo judicial*, portanto. Algo dogmaticamente atentatório à *liberdade* prevista na Constituição de 1988 e nos pactos internacionais. Liberdade que nos é *garantida* pelo devido processo legal constitucionalmente estabelecido.[3]

2 Por que a doutrina — em geral — inclinou-se à concepção publicista do processo?

Marco objetivo a construir a visão (ultra)publicista e autoritária do processo civil foi o CPC austríaco de 1897, cujo mentor fora Franz Klein. Assim observou em 1995 o (ex)professor ordinário de direito processual civil da Universidade de Bari — o recém-falecido[4] — Franco Cipriani, em seu hoje clássico texto *Nel centenario del Regulamento di Klein* (*Il processo civil tra liberta e autorità*).

Esse código austríaco inspirou o legislador na elaboração ideológico-política, por exemplo, do CPC alemão, do CPC italiano de 1940 — auge do nazi-fascismo naquele país, vale lembrar —, e, claro, do CPC brasileiro de 1939[5] e de seu sucessor de 1973,[6] o *Código Buzaid*.

---

[3] Desnecessário dizer — mas ainda assim o faço para que não paire dúvida — que não estou dirigindo nenhuma crítica a qualquer processualista civil que pense desta ou daquela forma, neste ou naquele sentido. Por favor! Não estou acusando ninguém de, pessoalmente, ser um processualista *arbitrário* ou *autoritário*, ainda mais pela carga negativa que estas palavras possam sugerir numa leitura mais açodada. Apenas quero externar meu ponto de vista de que o exagerado publicismo no processo civil, e respectivas concepções, acabou por viabilizar-pontencializar a ideia de um *super-juiz* que a nossa Constituição não prevê. Se assim o tivesse previsto, seria então o caso de se perguntar se a postulação e defesa técnicas não estariam atrapalhando os fins de "pacificação social", pois bastaria ao autor apresentar-se diante do juiz, afirmar seu direito, postular e, então, aguardar a solução que àquele parecesse a mais "justa" e adequada, conforme o próprio arbítrio e sentido de "justiça".

[4] Ver a homenagem póstuma que lhe prestou Andrea Proto Pisani em "Ricordando Franco Cipriani", *Revista de Processo*, v. 187, p. 435, set. 2010.

[5] Na *Exposição de Motivos* do CPC-39, Francisco Campos deixa claro qual foi a opção política que orientou a estruturação daquele código. Uma leitura atenta dessa *Exposição de Motivos* chamará — creio eu — a atenção do leitor para os tópicos em que o respectivo discurso foi desenvolvido, por exemplo: "Decadência do processo tradicional"; "O processo como instrumento de dominação política"; "A concepção duelística e a concepção autoritária do processo"; "Sentido popular do novo sistema"; "A restauração da autoridade e o caráter popular do Estado"; "A função do juiz na direção do processo"; "Chiovenda e a concepção publicística do processo". Além de outros, sob esses tópicos paradigmáticos o Ministro da Justiça do Estado Novo de Getulio Vargas sustentou a concepção (ultra)publicista e *autoritária* que deveria orientar o trato do processo civil de modo a se buscar os fins do Estado.

[6] Quanto ao CPC-73, cf. Alfredo Buzaid: (...) "ainda no derradeiro quartel do século XIX, dois Códigos — o da Alemanha e o da Áustria — que tiveram grande ascendência sobre os monumentos jurídicos dos tempos atuais. Dado o rigor científico dos sues conceitos e precisão técnica de sua linguagem, impuseram-se como verdadeiros *modelos*, a que se seguiram as elaborações legislativas dos Códigos do século XX", em "Linhas

A conformação do modelo *arbitrário* e *autoritário* de processo civil incentivou a produção de uma doutrina maciçamente influenciada por esses valores. No Brasil, tanto na perspectiva do CPC-39, como do atual CPC-73, a matiz publicista sempre esteve na ordem-do-dia da doutrina e da consequente casuística jurisprudencial. Obra clássica entre nós, verdadeiro paradigma da concepção publicista, é *A instrumentalidade do processo*, de Cândido Rangel Dinamarco, que bem marca essa forma de conceber o fenômeno processual, sendo um livro de leitura obrigatória aos que se dedicam ao estudo do processo.

Contudo, apesar da radical mudança de paradigma ocorrida posteriormente à 2ª Grande Guerra, quando — ao menos no mundo ocidental — criou-se uma ordem constitucional (= Constituições) e internacional (= Pactos Internacionais) democrática, toda essa influência acabou por projetar luzes no processo civil e no papel que o juiz deve exercer por seu intermédio. Daí surge a ideia do *devido processo* garantida constitucionalmente, com todos os consectários que esta cláusula constitucional impõe: ampla defesa, contraditório, *imparcialidade, impartialidade* etc.

Mas, mesmo diante de uma nova ordem de coisas, a doutrina tradicional do processo civil seguiu a produzir e a difundir as concepções publicistas do final do Séc. XIX, época em que amadurecia na Europa uma das vertentes do Estado Contemporâneo: o Estado do Bem-estar Social, ou *Welfare State*.[7]

Acredito que os processualistas do Estado Constitucional Democrático do Pós-Guerra (re)incidiram numa confusão conceitual que lhes fez enaltecer o *publicismo-arbitrarismo-autoritarismo* do direito processual civil. A ideia de Estado do Bem-estar parece-me compatível com a postura — aqui sim — *ativa* que se espera do Estado-Administração (= Poder Executivo) e do Estado-legislador (= Poder Legislativo) na perseguição e concretização de políticas públicas voltadas ao atendimento das necessidades fundamentais do indivíduo e da coletividade. Agora, quando o problema extrapola o âmbito do direito material, e tenha que ser resolvido nos quadrantes do processo jurisdicional, não parece seja correto que a pessoa física detentora do poder que é próprio do Poder Judiciário (= o juiz) possa pautar sua conduta com arroubos *ativistas*. Ativismo é um atributo *político* do Estado (= Executivo e Legislativo) que ao menos no ambiente democrático não pode corresponder às funções do juiz (= pessoa física). O juiz *ativista* é juiz *político*, e "juiz político" ontologicamente não é juiz. Ora, se a função jurisdicional tem como seus atributos a *imparcialidade* e a *impartialidade*, essas qualidades não se compadecem com o eventual — e dogmaticamente equivocado, com todo respeito — exercício *político* da função jurisdicional. O *ativismo* deve ser praticado por outros atores da cena processual que não o juiz; *ativistas* devem ser os integrantes do Ministério Público, da advocacia pública ou privada, da defensoria pública, das ONGs que representam interesses metaindividuais etc., não o juiz. Aqueles elegem os caminhos processuais a serem seguidos na postulação dos interesses afirmados; este (= o juiz) deve atuar e decidir no curso do processo orientado por imparcialidade e

---

fundamentais do sistema do Código de Processo Civil brasileiro – Conferência proferida na Universidade de Keyo (Tóquio)", *Estudos e pareceres de direito processual civil*. Notas de Ada Pellegrini Grinover e Flávio Luiz Yarshell. São Paulo: Revista dos Tribunais, 2002. p. 33. Ver, ainda, da pena do mesmo Buzaid, *Exposição de motivos do Código de Processo Civil*. Capítulo 2, Do sistema do Código de Processo Civil vigente, nº 3.

[7] Sobre a ideia de Estado Contemporâneo e Estado do Bem-estar, ver BOBBIO, Norberto; MATTEUCCI, Nicola; PASQUINO, Gianfranco. *Dicionário de política*. 10. ed. Brasília: UnB, 1997. v. 1, p. 401-409 (Estado contemporâneo), p. 416-419 (Estado do bem-estar).

imparcialidade. Dessa forma equaciona-se, harmoniza-se, duas forças constitucionais da mesma magnitude e hierarquia dogmática e que podem representar pontos de tensão no sistema; equilibra-se a *jurisdição* (= Poder) e o *devido processo* (= Garantia).

3 O Projeto do Novo CPC segue na trilha publicista

O Projeto do Novo CPC segue a tradição publicista que marca a história da doutrina e jurisprudência brasileiras desde o CPC-39, isto é evidente. Mas — creio — devemos nos questionar se este (ultra)publicismo do processo civil compatibiliza-se com modelo de processo desenhado na Constituição de 1988.

Com o mais absoluto respeito que devo — e devemos todos — à Comissão de Juristas encarregada da elaboração dos antecedentes que geraram o PLS nº 166/10, o Projeto do Novo CPC mais parece um rearranjo do *Código Buzaid*, e respectivas *Reformas*, do que a iminente instauração de um novo paradigma processual, a exemplo do que ocorreu na Espanha com a nova *Ley de Enjuiciamiento Civil* (LEC), de janeiro de 2000, que reconhecidamente estabeleceu um novo modelo de processo civil, de concepção *liberal* e *garantista*, conforme dá notícia Juan Montero Aroca.[8]

Voltando os olhos ao PLS nº 166/10, deve-se ter em mente que as técnicas processuais nele previstas colocam nas mãos do juiz uma gama ainda maior de poderes de modo a reafirmar o modelo publicista de processo civil inaugurado lá atrás, com o CPC austríaco, no final do Séc. XIX. Reforçaram-se os poderes do juiz de modo fazer com que um processo sob seu *governo* seja dirigido na toada de seu arbítrio e consequente autoritarismo.

Pincemos alguns tópicos do projeto, à guisa de amostragem:

O art. 7º do Projeto afirma que: "É assegurada às partes paridade de tratamento em relação ao exercício de direitos e faculdades processuais, aos meios de defesa, aos ônus, aos deveres e à aplicação de sanções processuais, *competindo ao juiz velar pelo efetivo contraditório em caso de hipossuficiência técnica*". Este art. 7º, sob o capítulo nominado *Dos Princípios e das Garantias Fundamentais do Processo Civil*, expressamente autoriza ao juiz velar (= interferir) pelo contraditório em casos de hipossuficiência técnica, ou seja, quando uma das partes estiver representada por advogado incapaz de satisfatoriamente desincumbir-se de seu mister. Infelizmente — e essa é a realidade — há advogados mal preparados e isso se dá por uma série de razões. Mas não será através de um processo que deixe ao critério do juiz, supor que há hipossuficiência técnica, e como isso interferir em favor de uma das partes, que o problema será corrigido. Veja-se, portanto, a conduta arbitrária e autoritária que este art. 7º viabilizará ao juiz.

O Projeto, em seu art. 107, V, estabelece como poder do juiz uma importante válvula para seu arbítrio. Após o respectivo *caput* afirmar que juiz "dirigirá" o processo conforme o código, seu inc. V estabelece que lhe cabe "*adequar as fases e atos processuais às especificações do conflito*, de modo a conferir maior efetividade à tutela do bem

---

[8] Basta que se confira o título da *Sección Segunda*: "Los principios del nuevo proceso civil (o de la concepción liberal y garantista)", do hoje clássico opúsculo de Montero Aroca, *Los principios políticos de la nueva ley de enjuiciamiento civil*: los poderes del juez y la oralidad. Tirant lo Blanch: Valencia, 2001. Este livro está sendo traduzido por mim ao português, sob o título "Princípios políticos do novo processo civil espanhol: poderes do juiz e oralidade".

jurídico, respeitando sempre o contraditório e a ampla defesa". Em suma, trata-se daquilo que se denomina *flexibilização procedimental*. Note-se que será possível a este ou aquele juiz de forma arbitrária alterar-modificar-simplificar-complicar-suprimir-ignorar aspectos do procedimento pre-estabelecido pelo legislador. É verdade que tudo isso se fará "respeitando sempre o contraditório e a ampla defesa" (*sic*). Mas não é menos verdade que as partes e aqueles que as representam tecnicamente no processo estarão à mercê de variações procedimentais casuísticas impostas por este ou aquele juiz, que governará o processo civil e respectivo procedimento conforme lhe parecer mais adequado. Se isso pode ser bom, ou se isso pode ser um desastre, o jurisdicionado beneficiado ou prejudicado por essa técnica é quem dirá. Mas o certo é que enaltece-se o arbítrio e o autoritarismo do juiz em total afronta e desrespeito — antes de tudo — à segurança jurídica, além, é claro, do devido processo legal e de outras garantias asseguradas na Constituição. Qualquer juiz poderá ditar o trâmite procedimental conforme a respectiva cabeça indicar seja melhor. É uma via larga para o arbítrio judicial, para o *ativismo* que merece ser repensado e até mesmo duramente criticado.

Também é do Projeto o art. 19 que estabelece: "Se, no curso do processo, se tornar litigiosa relação jurídica de cuja existência ou inexistência depender o julgamento da lide, *o juiz, assegurando o contraditório, a declarará por sentença, com força de coisa julgada*". Ou seja, independente de pedido expresso da parte neste sentido, o juiz julgará *questão prejudicial* como se pretensão (= pedido) fosse. O juiz terá poderes para incluir como objeto do processo algo que *não* foi incluído para tal fim pelo próprio interessado, autor ou réu. Se bem pensadas as coisas, este artigo permite uma invasão judicial na esfera de liberdade-dispositividade assegurada aos demandantes. O texto de Alexandre Freitas Câmara encartado neste livro é emblemático em demonstrar as perplexidades que esse aspecto do Projeto pode causar (= *Limites objetivos da coisa julgada no Projeto do Novo Código de Processo Civil*).

Estes são alguns exemplos do viés (ultra)publicista que marca a norma projetada e reafirmam as mais diversas possibilidades de arbitrariedade e autoritarismo que virão a ser desencadeadas pelo código que se pretende outorgar ao jurisdicionado do processo civil brasileiro.

4 Fechamento

É evidente que nem tudo que está no Projeto é criticável, seja sob este ou aquele ponto de vista de análise. Há coisas boas, técnicas interessantes, mas o fato é que não há uma verdadeira reformulação ao que estamos acostumados, não se rompe com o modelo antigo. Repagina-se aquilo que já se tem: um código de viés (ultra)publicista viabilizador de arbítrio e autoritarismo judicial incompatíveis com o perfil de processo civil estabelecido na Constituição. Não será o *super-juiz* autorizado pelo código atual, ou pelo projetado, que resolverá todos os males da justiça brasileira. Se esta fosse a receita, não precisaríamos ter reformado o *Código Buzaid*; não precisaríamos criar um Novo CPC.

Talvez seja o caso de olharmos para a Constituição e aceitarmos, de uma vez por todas, que sua vontade é que a *jurisdição* (= Poder) e o *processo* (= Garantia) sejam equilibrados para que não se pratique um direito processual antidemocrático, sujeito ao talante do arbítrio judicial.

O juiz é um escravo da lei e um servo da Constituição. Quando isso é deixado de lado inverte-se a lógica das engrenagens nas quais se opera o Estado Democrático de Direito. Ao juiz cabe interpretar e aplicar a lei criada pelo legislador, e não substituir-se a este para fazer deste ou daquele processo o palco para a realização da "justiça" que naquele momento se revela a mais adequada à própria cabeça, à cabeça deste ou daquele juiz. Isso não é *processo*; é *arbítrio*! Não há segurança jurídica que resista a esta dinâmica. E por mais bem-intencionado que seja o juiz arbitrário, a Constituição não lhe autoriza e não lhe legitima exercer a função jurisdicional fora dos limites estabelecidos pela lei e — acima de tudo — garantidos pela Constituição. A análise do direito em geral, e do processo em especial, desde a perspectiva da Constituição, é um importante postulado dogmático que herdamos após a 2ª Guerra Mundial. Por isso não se pode permitir que o juiz escape dos confins estabelecidos pelo devido processo. *Jurisdição* é Poder; *Processo* (= devido processo) é Garantia. E esses valores devem estar harmonizados por imposição constitucional. Daí a importância de termos presente que: *o juiz é um escravo da lei e um servo da Constituição*.

Encerro com as palavras de Elival da Silva Ramos, aqui já citado:

> O ativismo que seduz os incautos e agrupa os aristocratas do direito, existe tanto na jurisprudência *"progressista"* a proclamar a aplicabilidade imediata de direitos sociais veiculados por normas programáticas, quanto na resistência abusiva da Suprema Corte estadunidense à legislação trabalhista, no período do *"governo dos juízes"*. (...) Quanto às distorções na prática da especialização funcional demandada pela separação dos Poderes, devem ser combatidas sem tréguas.[9]

Estejamos atentos.

Referências

BOBBIO, Norberto; MATTEUCCI, Nicola; PASQUINO, Gianfranco. *Dicionário de política*. Brasília: UnB, 1997. v. 1.

BUZAID, Alfredo. *Estudos e pareceres de direito processual civil*. Notas de Ada Pellegrini Grinover e Flávio Luiz Yarshell. São Paulo: Revista dos Tribunais, 2002.

BUZAID, Alfredo. *Exposição de motivos do Código de Processo Civil*. Capitulo 2, Do sistema do Código de Processo Civil vigente.

MONTERO AROCA, Juan. *Los principios políticos de la nueva ley de enjuiciamiento civil: los poderes del juez y la oralidad*. Tirant lo Blanch: Valencia, 2001.

PISANI, Andrea Proto. Ricordando Franco Cipriani. *Revista de Processo*, v. 187, p. 435, set. 2010.

RAMOS, Elival da Silva. *Ativismo judicial*: parâmetros dogmáticos. 2. tiragem. São Paulo: Saraiva, 2010. Prefácio de Celso Lafer.

Informação bibliográfica deste texto, conforme a NBR 6023:2002 da Associação Brasileira de Normas Técnicas (ABNT):

RAMOS, Glauco Gumerato. Poderes do juiz: ativismo (= autoritarismo) ou garantismo (= liberdade) no Projeto do Novo CPC. In: ROSSI, Fernando *et al.* (Coord.). *O futuro do processo civil no Brasil*: uma análise crítica ao projeto do Novo CPC. Belo Horizonte: Fórum, 2011. p. 705-711. ISBN 978-85-7700-511-6.

---

[9] *Op. cit.*, p. 316-317.

PROVAS ATÍPICAS NO NOVO CPC

JOÃO BATISTA LOPES

1 Considerações gerais

O Projeto nº 166/10, recentemente aprovado no Senado, vem despertando grande interesse entre os processualistas e a comunidade jurídica em geral, em razão das inovações propostas que representam, em alguns aspectos avanço técnico, mas exigem ajustes em vários de seus dispositivos.

Antes de mais nada, põe-se a questão da necessidade, ou não, de um novo diploma processual.

Na exposição de motivos, que acompanha o Anteprojeto elaborado por Comissão sob a presidência do Ministro Luiz Fux e relatoria da professora Teresa Arruda Alvim Wambier, lê-se:

> O Código vigente, de 1973, operou satisfatoriamente durante duas décadas. A partir dos anos noventa, entretanto, sucessivas reformas, a grande maioria delas lideradas pelos Ministros Athos Gusmão Carneiro e Sálvio de Figueiredo Teixeira, introduziram no Código revogado significativas alterações, com o objetivo de adaptar as normas processuais a mudanças na sociedade e ao funcionamento das instituições.
>
> (...)
>
> O enfraquecimento da coesão entre as normas processuais foi uma consequência natural do método consistente em se incluírem, aos poucos, alterações no CPC, comprometendo a sua forma sistemática.
>
> (...)
>
> (...) poder-se-ia dizer que os trabalhos da Comissão se orientaram precipuamente por cinco objetivos:
>
> 1) estabelecer expressa e implicitamente verdadeira sintonia fina com a Constituição Federal;
>
> 2) criar condições para que o juiz possa proferir decisão de forma mais rente à realidade fática subjacente à causa;

3) simplificar, resolvendo problemas e reduzindo a complexidade de subsistemas, como, por exemplo, o recursal;

4) dar todo o rendimento possível a cada processo em si mesmo considerado; e

5) finalmente, sendo talvez este último objetivo parcialmente alcançado pela realização daqueles mencionados antes, imprimir maior grau de organicidade ao sistema, dando-lhe, assim, maios coesão.

Com efeito, o só fato da superveniência da Constituição de 1988 é suficiente para justificar estudos no sentido de se harmonizar a legislação processual com a Lei Máxima do país.

Além disso, as sucessivas reformas setoriais, posto que animadas de bons propósitos, comprometeram a unidade do sistema, pondo à calva algumas incongruências como *a eficácia imediata da tutela antecipada em conflito com a regra geral do art. 520 do CPC; o procedimento monitório, introduzido para agilizar a prestação jurisdicional, ser travado pelo efeito suspensivo da apelação contra a sentença de improcedência dos embargos; e também dúvidas sobre a pretendida eficácia executiva da sentença declaratória, a aplicabilidade das normas sobre cumprimento da sentença à execução de prestação alimentícia, a admissibilidade de cobrança imediata da multa diária, o próprio conceito de sentença; ainda, a necessidade de simplificação do sistema recursal etc.*

Concede-se que o problema da morosidade da justiça não será resolvido com simples alterações legislativas. Também é certo que, no Legislativo, há numerosos projetos prioritários, como os relativos à segurança pública, à reforma política, à alteração do sistema tributário etc.

De qualquer modo, não há razão para invalidar-se a proposta de alteração legislativa, desde que, à evidência, traduza efetivo aprimoramento do processo civil, presentes os escopos da jurisdição.

Com esse propósito, na companhia da professora Maria Elizabeth de Castro Lopes, já havíamos encaminhado ao Senado algumas sugestões, entre as quais, a flexibilização das regras sobre o ônus da prova (teoria das cargas dinâmicas); a possibilidade, em casos excepcionais, de desconsideração da personalidade jurídica *inaudita altera parte*; a necessidade de distinção entre *depoimento pessoal* e *interrogatório livre*; a admissibilidade da chamada defesa heterotópica; a necessidade de disciplina específica para a tutela inibitória e para algumas cautelares específicas (arresto, sequestro etc.). Parece oportuno sugerir, também, disposição expressa sobre as denominadas *provas atípicas*, como adiante se expõe.

2 Provas típicas e atípicas

A doutrina reconhece a existência de dois sistemas a respeito dos meios de prova:

a) o que atribui ao legislador a competência para indicar os meios de prova em *numerus clausus*;

b) o que confia ao juiz e às partes essa tarefa.

Em princípio, como anota o clássico Lessona, seria preferível o segundo sistema, uma vez que ninguém mais que o juiz deve conhecer os meios próprios para elucidação dos fatos e ninguém mais que as partes sabe como eles ocorreram e poderão ser demonstrados.

Entretanto, adverte: "essas considerações não são exatas; o meio que ao juiz possa parecer melhor, o será realmente com relação à qualidade das pessoas e dos fatos que terão de ser provados? A parte pode adivinhar quais os meios que parecerão melhores ao juiz? O meio que pode parecer ótimo à parte não poderá parecer ao juiz um meio desprovido de toda eficácia"?[1]

Daí se conclui que a indicação dos meios de prova não pode ficar à mercê do arbítrio do juiz ou da conveniência das partes.

Assentado que ao legislador incumbe a eleição dos meios técnicos pelos quais se possa conferir certeza ao quadro fático sobre que se fundará a sentença, põe-se a questão de saber se a enumeração legal deve ser taxativa ou meramente exemplificativa.

O Código vigente adotou a segunda proposta, como se vê no art. 332:

> Todos os meios legais, bem como os moralmente legítimos, *ainda que não especificados neste Código,* são hábeis para provar a verdade dos fatos, em que se funda a ação ou a defesa. (grifos nossos)

Por sua vez, o art. 353 do Projeto estabelece:

> As partes têm direito de empregar todos os meios legais, bem como os moralmente legítimos, ainda que não especificados neste Código, para provar fatos em que se funda a ação ou a defesa e influir eficazmente na livre convicção do juiz

Posto que semelhante à redação do vigente diploma, o teor do artigo projetado contém duas inovações relevantes:
   a) alude, expressamente, ao *direito à prova,* que constitui aspecto importante do contraditório e da ampla defesa;
   b) refere-se, também, ao direito de *influir eficazmente na livre convicção do juiz.*
   Daí por que:
   i) não pode o juiz indeferir prova pertinente;
   ii) não pode o juiz desconsiderar o direito que as partes têm de ver suas provas avaliadas na sentença.

No mais, o texto contempla a ideia da amplitude do direito à prova, o que se harmoniza com as tendências atuais do *processo giusto* (Comoglio) e da efetividade da jurisdição.

Importa pôr em relevo que, seguindo a tradição de nosso Direito, o Código vigente e o projetado disciplinam expressamente alguns meios de prova clássicos, como o depoimento pessoal, o testemunho, a perícia, o que não significa, porém, desprezo a outros meios não previstos expressamente na lei, mas admitidos pela doutrina.

Em razão disso, não há como ignorar as chamadas provas atípicas sobre as quais assim discorremos em outra sede:

> Sob a denominação *provas atípicas* tem a doutrina, especialmente a italiana, discutido a admissibilidade de provas não previstas no ordenamento jurídico ou obtidas de forma irregular, ainda que lícita.

---

[1] LESSONA, Carlos. *Teoría general de la prueba en derecho civil.* Madrid: Reus, 1928. p. 10

(...) A especial atenção dedicada pela doutrina às provas atípicas justifica-se à luz da moderna concepção do princípio do contraditório, que não se exaure no binômio *informação-reação*, mas inclui o *direito à prova*, assim entendido:

a) o direito de indicar os meios pertinentes para demonstrar a existência dos fatos alegados;
b) o direito de produzir efetivamente as provas pertinentes e adequadas ao caso;
c) o direito de demonstrar que as provas produzidas pelo adversário não são concludentes ou idôneas;
d) o direito à valoração da prova segundo critérios técnicos admitidos pelo sistema.[2]

Joan Picó I Junoy, em monografia que constitui referência no estudo do tema, aponta os aspectos principais do direito à prova, a saber:

i) o direito a que se admita toda prova que respeite os limites legais de proposição;
ii) o direito de ver a prova admitida ser praticada, ou seja, ser efetivamente produzida;
iii) o direito de acompanhar a prova produzida pelo adversário;
iv) o direito à valoração motivada da prova produzida.[3]

Dentre as provas atípicas admitidas pela doutrina e pela jurisprudência figuram a chamada *prova emprestada*, as perícias informais, a ata notarial, as declarações de terceiros, o comportamento das partes no processo e fora dele, e, em certo sentido, as presunções e os indícios.

3 Provas atípicas no Novo CPC

O Projeto nº 166/10, mostrando-se sensível à orientação da doutrina, houve por bem contemplar duas figuras até agora tidas por provas atípicas: a prova emprestada (art. 356) e a ata notarial (art. 370).

O art. 356 tem o seguinte teor literal: "O juiz poderá admitir a utilização de prova produzida em outro processo atribuindo-lhe o valor que considerar adequado, observado o contraditório".

Como se vê, o único requisito imposto no artigo projetado é a observância do contraditório.

Contudo, os doutrinadores, em geral, têm exigido, também, que a prova emprestada tenha sido produzida em processo envolvendo as mesmas partes; que haja identidade entre o fato objeto da prova emprestada e o fato probando e que seja difícil, ou muito onerosa, sua reprodução.[4]

Há que refletir sobre a conveniência, ou não, de alteração da redação do citado art. 356, já que dúvidas poderão surgir, por exemplo, sobre a necessidade de haver identidade de partes nos dois processos.

---

[2] Assim, COMOGLIO, Luigi Paolo; FERRI, Corrado; TARUFFO, Michele. *Lezioni sul processo civile*. Bolonha: Il Mulino, 1995. p. 512.
[3] Provas atípicas e efetividade da jurisdição. *ARCOS – Revista Eletrônica de Direito Processual*, v. 5.
[4] Sobre o ponto, por todos, LESSONA, Carlos. *Teoría general de la prueba en derecho civil*. Madrid: Reus, 1928. p. 15; SANTOS, Moacyr Amaral. *Prova judiciária no cível e comercial*. São Paulo: Max Limonad, p. 313 *et seq.*

Com efeito, esse requisito tem sido dispensado, em algumas hipóteses, como se colhe de recente acórdão do Tribunal de Justiça de Santa Catarina, de relatoria do Desembargador Joel Dias Figueira Júnior:

> Para que se admita a **PROVA EMPRESTADA**, não se faz mister que sejam, necessariamente, as mesmas partes envolvidas em ambas as ações, sendo possível que os autores sejam diversos e que se verifique a coincidência apenas dos sujeitos que integram o polo passivo das lides, sobretudo quando observado o contraditório nas duas demandas.[5]

A tese foi reafirmada em outro precedente da mesma Corte, com voto condutor do Desembargador Jaime Ramos:

> Em que pese não haver identidade de partes nos autos, constata-se que a ré nas duas ações foi a mesma, ou seja, a Companhia Catarinense de Águas e Saneamento – CASAN, bem como o objeto do pedido era idêntico, ou seja, a repetição de indébito pela falha nos serviços de coleta e tratamento de esgoto.
>
> Posto isso, perfeitamente possível a realização da prova emprestada, inclusive a ser determinada de ofício pelo douto Magistrado que, como se sabe, é o Presidente do processo e destinatário da prova.[6]

No que toca à *ata notarial*, cuida-se de instrumento pelo qual o tabelião certifica a ocorrência de um fato ou a prática de um ato, para que tenha eficácia probatória em favor do interessado. Tem sido utilizado em algumas hipóteses como a constatação do estado do imóvel locado, certificação a respeito dos bens existentes em cofre pertencente a pessoa falecida, registro de danos causados por inundações, bem como relativamente à existência de imagens ou mensagens na internet ou à execução ilícita de música em casa de diversões.

Ad instar do que ocorre com a escritura pública, a ata notarial goza de fé pública, mas deve ater-se ao fato ou ato presenciado pelo tabelião, dentro ou fora do cartório, vedada qualquer opinião ou manifestação de caráter pessoal.

Sua utilidade é inquestionável, como se demonstra em recentes acórdãos do Tribunal de Justiça de São Paulo:

> (...) a Agravada demonstrou de forma inequívoca, por meio de certidão de ata notarial dotada de fé pública que no local do imóvel não havia qualquer barreira, muro ou portão que impedisse a entrada de pessoas, sendo constatada a existência de uma construção de alvenaria não acabada e uma casa de madeira com paredes pintadas de cor branca e vermelha[7] (...)
>
> (...) pelo documento de fls. 30 (ata notarial) verifica-se que a funcionária da agravada de nome Luciana afirmou que o agravante possui o plano executivo e tem direito ao reembolso das despesas com a clínica onde se encontra internado, assim como ao custeio do seu tratamento.[8]

---

[5] Apelação Cível 2005.033612 – Rel. Des. Joel Figueira Júnior – 1ª Câmara de Direito Civil – J. 29.10.2009.
[6] Apelação Cível 2008.031571-6 – Rel. Des. Jaime Ramos – 4ª Câmara de Direito Público. J. 10.12.2009.
[7] Agravo de Instrumento 990.10.459908-3 – 32ª Câmara de Direito Privado – Rel. Des. Walter Zeni – J. 08.12.2010
[8] Agravo de Instrumento 990.10.146753-4 – 1ª Câmara de Direito Privado – Rel. Des. Rui Cascaldi – J. 05.10.2010.

Ao juiz caberá verificar, em cada caso, se houve excesso ou desvio de conduta do tabelião na prática do ato, hipótese em que, à evidência, a ata notarial será recusada e, também, providências serão solicitadas para apuração da irregularidade.

Como é curial, se aprovados os dispositivos do Projeto nº 166/10 sobre a prova emprestada e a ata notarial, deixarão elas de figurar entre as *provas atípicas*, para serem incluídas entre as *provas típicas*.

4 Outras provas atípicas

4.1 Perícias informais

As perícias informais têm sido incluídas, também, entre as provas atípicas. Em outro estudo, assim analisamos essa figura:

> A prova pericial, tal como disciplinada no CPC, não pode prescindir do rigor formal ali estabelecido: nomeação do perito pelo juiz, compromisso do perito, formulação de quesitos pelo juiz e pelas partes, apresentação do laudo pericial, oferecimento de pareceres técnicos pelos assistentes, esclarecimentos do perito. Nos Juizados Especiais, vigora a informalidade, ou seja, a perícia é realizada segundo modelo de *investigação técnica-oral*.[9]

Mesmo no sistema do CPC, porém, admite-se modelo menos rigoroso, podendo o juiz substituir a perícia por inquirição de técnico (quando a natureza do fato o permitir) ou por pareceres técnicos elucidativos (arts. 421, §2º e 427).

Em assim sendo, não se vê razão para recusa à apresentação, pelas partes, de perícias extrajudiciais, cujo valor probante dependerá da qualificação técnica e idoneidade do "expert".[10]

4.2 Indícios e presunções

O Projeto nada dispõe sobre os indícios e presunções. Não se cuida, tecnicamente, de meios de prova, mas sua importância é inquestionável em certas hipóteses a que faltem elementos concretos para a formação do convencimento do juiz.

Em primorosa exposição sobre o tema, Luis Muñoz Sabaté[11] mostra que o conceito de *indício* é um dos mais ambivalentes e confusos, especialmente quando cotejado com outro instituto, a *presunção*. O autor espanhol analisa quatro vertentes a respeito da natureza dos indícios, a saber:

a) o indício é idêntico à presunção: a equivalência entre estes termos é encontrada, em certa medida, em obras clássicas como as de Mittermayer, Bonnier, Planiol, Bettiol, Lessona e até mesmo no direito positivo de alguns países sul-americanos;

---

[9] Cf. FIGUEIRA JÚNIOR, Joel Dias. *Comentários à Lei dos Juizados Especiais Cíveis e Criminais*. 2. ed. São Paulo: Revista dos Tribunais, p. 260; GAJARDONI, Fernando da Fonseca *et al*. *Comentários à Nova Lei dos Juizados Especiais da Fazenda Pública*. São Paulo: Revista dos Tribunais, 2009. p. 109.

[10] Provas atípicas e efetividade da jurisdição.

[11] MUÑOS SABATÉ, Luis. *Técnica probatoria*: estudios sobre las dificultades de la prueba en el proceso. Colômbia: Temis, 1997. p. 234 *et seq*.

b) o indício é menos que a presunção: consoante esta posição, o indício, com o sentido de adminículo, é algo muito inferior à presunção, ou seja, uma prova imperfeita ou *prova em potência* (Lessona);

c) o indício é mais que a presunção: esta corrente doutrinária considera as presunções meras conjecturas (premissa maior) enquanto os indícios são dados de fato provados (premissa menor) o que tornaria patente a superioridade das primeiras;

d) o indício é um fato-base e a presunção, uma inferência: esta, segundo Sabaté, é a posição correta:

> o indício não é nenhum arrazoado, não representa nenhuma categoria especial de inferência como o é, ao contrário, a presunção, senão que equivale somente à afirmação base, da qual parte precisamente aquela. O indício, de *inde dico*, "de alli digo", é o que nós chamamos dado inferidor, ou fato base (em certos casos, *facta concludentia*) e o Código Civil denomina "fato demonstrado" (art. 1253). Trata-se, pois, de um elemento da presunção. Se a presunção é monobásica se comporá de um só indício; se é polibásica, de vários.[12]

Com efeito, o indício, considerado isoladamente, não passa de um sinal ou vestígio e, portanto, não pode, *per se*, escorar um *veredictum* judicial. Entretanto, quando reunidos, podem contribuir decisivamente para a demonstração dos fatos, se forem *veementes* e *concordantes*, como ocorre relativamente à prova da má-fé e do dolo.

A *presunção* é uma operação mental, um raciocínio, a partir do qual, demonstrado determinado fato (designado *fato-base ou auxiliar*) se chega a uma conclusão (considerar-se também provado outro fato, dito principal, por ser objeto da prova).

Chamam-se *simples* as presunções geradas pelo raciocínio comum do homem a partir da verificação do que comumente acontece (*quod plerumque accidit*). São também denominadas presunções *hominis*. Denominam-se *legais* as presunções quando o raciocínio ou a dedução for feito pelo próprio legislador. As presunções *legais* podem ser *absolutas* (*iuris et de iure*) ou *relativas* (*iuris tantum*). Em ambas ter-se-á de provar o fato base, mas as primeiras não deixam qualquer margem para o juiz decidir contra elas.

4.3 Declarações de terceiros

É comum, no foro, especialmente em ações de usucapião, a juntada aos autos, pelo promovente, de declarações de terceiro para provar a posse mansa, pacífica e longeva sobre o imóvel usucapiendo.

Tal prática não pode ser proibida, já que não se cuida de meio ilícito, mas a credibilidade dessas declarações é reduzida, porque esses terceiros deveriam ser arrolados como testemunhas, sujeitando-se, portanto, ao rigor legal desse meio de prova (compromisso de dizer a verdade, respostas a perguntas do juiz e dos advogados).

Assim, quanto à admissibilidade desse meio, dúvida não pode haver, mas a avaliação dessa prova deverá ser feita em conjunto com outros elementos dos autos, não podendo, *per se*, escorar um decreto de acolhimento do pedido.

---

[12] MUÑOZ SABATÉ, *op. cit.*, p. 241.

Em suma, sem desprezar tal prova, caberá ao juiz avaliá-la com critério e cautela, máxime porque, muitas vezes, estas declarações são redigidas pelo próprio advogado do usucapiente.

4.4 Comportamento das partes como prova atípica

O comportamento das partes, no processo ou fora dele, pode, de algum modo, influenciar no convencimento do juiz.

Discute-se, porém, se se cuida de meio de prova atípico ou de simples indício. Como escreve Sabaté,

> a conduta processual é uma conduta especificamente tensional, cuja morfologia é toda ela sintomática, semiótica. E daí decorre que o processo, como plataforma ou estado em que tal conduta se estende ofereça um campo fértil para o desprendimento de certos indícios que por essa razão chamamos de endoprocessuais; mas não tanto em virtude de considerações éticas que imponham como castigo ou prêmio determinadas admissões, senão apoiando-se em argumentos lógicos cujo substrato experimental radica no instinto de conservação e em uma ordem de ideias semelhante o que legitima a aplicação processual dos princípios *nemo tenetur* ou *contra se pronuntiatio*.[13]

Como se vê, o comportamento das partes acomoda-se melhor como indício do que como meio de prova.

Quem está familiarizado com o dia a dia do foro, sabe, por exemplo, que a procrastinação do processo constitui indício de que o réu não tem razão; do mesmo modo, a recusa em colaborar com o juízo, deixando de atender a despachos do juiz ou de comparecer, por exemplo, ao interrogatório informal ou à perícia médica.

Como indício, o comportamento das partes deve ser avaliado com cuidado pelo juiz, pois muitas vezes a conduta omissiva da parte resulta de sua ignorância ou má compreensão do significado do ato determinado ou por ter convicção de que está exercendo regularmente um direito. Por exemplo, a parte pode deixar de comparecer à audiência para tentativa de conciliação por não querer transigir relativamente a um direito de que se julga possuidora; também poderá, no depoimento pessoal, responder laconicamente em razão de sua timidez ou insegurança.

Referências

COMOGLIO, Luigi Paolo; FERRI, Corrado; TARUFFO, Michele. *Lezioni sul processo civile*. Bolonha: Il Mulino, 1995.

FIGUEIRA JÚNIOR, Joel Dias. *Comentários à Lei dos Juizados Cíveis e Criminais*. 2. ed. São Paulo: Revista dos Tribunais, 1997.

GAJARDONI, Fernando da Fonseca *et al*. *Comentários à nova lei dos juizados especiais da Fazenda Pública*. São Paulo: Revista dos Tribunais, 2009.

LESSONA, Carlos. *Teoría general de la prueba en derecho civil*. Madrid: Reus, 1928.

---

[13] MUÑOZ SABATÉ, *op. cit.*, p. 449.

LOPES, João Batista. *A prova no direito processual civil*. 3. ed. São Paulo: Revista dos Tribunais, 2007.

LOPES, Maria Elizabeth de Castro. *O juiz e o princípio dispositivo*. São Paulo: Revista dos Tribunais, 2006.

MOREIRA, José Carlos Barbosa. *Notas sobre o problema da efetividade do processo*: temas de direito processual. 6. ed. São Paulo: Saraiva, 1984.

MUÑOZ SABATÉ, Luis. *Técnica probatoria*: estudios sobre las dificultades de la prueba en el proceso. Colômbia: Temis, 1997.

PICÓ I JUNOY, Joan. *El derecho a la prueba en el proceso civil*. Barcelona: Bosch, 1996.

TARUFFO, Michele. *Senso comum, experiência e ciência no raciocínio do juiz*. Curitiba: IBEJ, 2001.

Informação bibliográfica deste texto, conforme a NBR 6023:2002 da Associação Brasileira de Normas Técnicas (ABNT):

LOPES, João Batista. Provas atípicas no Novo CPC. *In*: ROSSI, Fernando *et al.* (Coord.). *O futuro do processo civil no Brasil*: uma análise crítica ao Projeto do Novo CPC. Belo Horizonte: Fórum, 2011. p. 713-721. ISBN 978-85-7700-511-6.

RECURSOS – UNIFICAÇÃO DOS PRAZOS, MODIFICAÇÃO DOS EFEITOS E ALTERAÇÃO DO REGIME DE PRECLUSÃO

JOSÉ HENRIQUE MOUTA ARAÚJO

1 Considerações gerais

O Projeto do Novo CPC (*que passa a ser chamado neste ensaio de NCPC*)[1] pretende superar alguns pontos de estrangulamento do sistema e abreviar o tempo de duração dos processos. Em relação aos aspectos que merecem alteração legislativa, um dos pontos que mais é lembrado refere-se aos recursos.

Nesse contexto, o NCPC procura alterar os prazos recursais, restringir o cabimento do agravo de instrumento em face de decisões de 1º grau, extinguir os embargos infringentes e o agravo retido, além de retirar o efeito suspensivo legal dos recursos.

Assim, neste breve ensaio procurar-se-á apresentar as alterações pretendidas pelo Projeto e suas consequências práticas, senão vejamos:

2 Prazos recursais e recursos prematuros

O NCPC pretende facilitar o trabalho dos operadores do direito em relação aos prazos recursais, criando regra única. Os prazos recursais, que passarão a correr apenas em dias úteis (art. 174, do NCPC c/c art. 186 da versão apresentada pelo Senado), serão de 15 dias para qualquer recurso (art. 907, parágrafo único, do NCPC e art. 948 do Senado), exceto para os embargos declaratórios, que continuam com prazo de 05 dias (art. 938 c/c 907, parágrafo único, do NCPC e 977 c/c 948, §1º, do Senado).[2]

---

[1] Serão indicados, durante o ensaio, os dispositivos originais do Projeto, bem como as modificações sugeridas pelo Senado Federal.

[2] Interessante notar que o parágrafo único do art. 937 do NCPC (art. 976, parágrafo único, da redação oriunda do Senado) consagra também o prazo de 05 dias para a contraminuta aos embargos de declaração, quando

Outro aspecto interessante do Projeto refere-se ao recurso prematuro e a discussão acerca de sua (in)tempestividade.

Não é de hoje que este tema provoca divergência interpretativa. Em trabalho específico, apresentei algumas observações visando defender a tempestividade do recurso interposto antes da fluência do prazo recursal, inclusive com alguns questionamentos relativos ao enunciado da Súmula nº 418 do STJ,[3] que possui a seguinte redação: "É inadmissível o recurso especial interposto antes da publicação do acórdão dos embargos de declaração, sem posterior ratificação".

A questão enfrentada era, e continua sendo, a seguinte: poderá ser considerado tempestivo o recurso não ratificado após a publicação do acórdão? Em julgamento ocorrido em 2005, o STF entendeu, ratificando posicionamentos anteriores (*v.g.*, como o AI nº 375.124 – j. em 28.05.2002 e *DJ*, 28 jun. 2002), que:

> Agravo regimental. Interposição antes do prazo. Ausência de ratificação. Intempestividade. 1. É de se considerar extemporâneo o agravo regimental protocolado antes de publicada a decisão recorrida, tendo em vista que não se abriu o prazo para sua impugnação. Necessidade de ratificação do ato de interposição do recurso, após a publicação do despacho atacado no órgão oficial. 2. Agravo regimental improvido. (RE nº 450443 AgR-AgR/RN – Rel. MIn. Ellen Gracie. J. em 29.11.2005, *DJ* de 03.02.2006).

Em verdade, já existiam vários julgados no mesmo sentido, quer do STF (*inclusive quanto a intempestividade do recurso se interposto entre a publicação da notícia de julgamento e do acórdão respectivo*),[4] quer do STJ,[5] que indicavam a necessidade de ratificação do recurso após a publicação do acórdão recorrido.

Neste fulgor, no trabalho apresentado, defendeu-se a tempestividade do recurso prematuro, o que, pela leitura do art. 174, parágrafo único, do NCPC (art. 186, §1º, da redação oriunda do Senado), parece ser o caminho traçado pela Comissão que elaborou o Projeto em comento.

Destarte, pela proposta de redação, não só o recurso, mas qualquer ato processual será considerado tempestivo se praticado antes da ocorrência do termo inicial

---

requerido efeito modificativo, consagrando a garantia do contraditório e atendendo pacificado entendimento doutrinário e jurisprudencial.

[3] ARAÚJO, José Henrique Mouta. Indagações acerca da intempestividade do recurso prematuro e a Súmula nº 418 do STJ. *Revista Dialética de Direito Processual*, São Paulo, n. 88, p. 41-50, jul. 2010.

[4] Registra-se passagem da ementa do acórdão RE nº 86.936, da Década de 70, (J. em 29.08.1978, *DJ*, 20 out. 1978 – Rel. Min. Cordeiro Guerra – 2ª Turma), onde consta: "o termo inicial do prazo para recorrer extraordinariamente pressupõe que o acórdão tenha sido lavrado, assinado e publicadas as suas conclusões, não bastando a simples publicação da notícia de julgamento, ainda que em minuciosa súmula do decidido". Mais recentemente o STF novamente deixou claro que é intempestivo o recurso interposto antes da publicação do acórdão, mesmo se já tiver sido publicada a notícia de julgamento, senão vejamos: "Agravo regimental em recurso extraordinário. Intempestividade do recurso interposto perante o tribunal de justiça. Não-conhecimento. O termo inicial do prazo para recorrer extraordinariamente pressupõe que o acórdão tenha sido lavrado, assinado e publicadas as suas conclusões, não bastando a simples publicação da notícia do julgamento, ainda que em minuciosa súmula do decidido. Precedentes. Agravo regimental não provido" (RE nº 347837 AgR/PE – Rel. Min. Maurício Correa – J. em 03.09.2002 – 2ª Turma – *DJ*, 27 set. 2002 PP-00136 EMENT VOL-02084-06 PP-01227).

[5] Como os RESP nº 854235, de 08.04.2008, *DJ*, 18 abr. 2008, AARESP nº 989043, de 21.02.2008 e *DJ*, 07 abr. 2008, dentre outros.

do prazo. Deixa clara a redação, portanto, que o apelo prematuro (interposto antes do início da fluência de seu prazo) será considerado tempestivo.

3 Aspectos ligados aos efeitos dos recursos e ao juízo de admissibilidade

Aspecto que mereceu preocupação específica da Comissão do NCPC refere-se ao efeito suspensivo automático dos recursos.

Destarte, a redação do art. 520 do atual CPC deixa claro que, na maioria das hipóteses, o recurso de apelação possui efeito suspensivo, fato que corrobora para a demora na efetivação da tutela jurisdicional contida na sentença e, em última análise, desestimula a execução provisória de sentença.

Sobre o assunto, a proposta contida no Projeto prevê a eficácia imediata da decisão judicial (arts. 908 e 928 do NCPC c/c arts. 948 e 966 do Senado), com a retirada do efeito suspensivo *legal* dos recursos, inclusive da apelação.[6]

Claro que, dependendo do caso concreto, poderá ser concedido efeito suspensivo *judicial*, inclusive com requerimento preparatório à subida da própria apelação (art. 908, §2º, do NCPC c/c art. 949, §2º, do Senado), o que impedirá a exequibilidade imediata da decisão, nos termos da redação pretendida ao art. 928 do NCPC (art. 968 do Senado).

Como já mencionado, a consequência pretendida pela reformulação dos efeitos dos recursos é uma só: estimular a execução provisória de sentença.

De outra banda, o NCPC também procura modificar o juízo de admissibilidade dos recursos, tentando, com isso, superar outro foco de incidência de novos recursos.

Na sistemática atual, o recurso de apelação, *v.g.*, é interposto no Juízo de 1º grau, o qual aprecia a admissibilidade do apelo e declara os efeitos em que o mesmo é recebido (art. 518, do atual CPC).[7]

Em relação ao assunto, o Projeto pretende:
a) a retirada da admissibilidade e da declaração dos efeitos pelo juízo *a quo*,
b) a ampliação dos poderes do Relator do tribunal que, além de fazer a esta admissibilidade (art. 926, do NCPC e 966 do Senado), será competente para conceder efeito suspensivo ao recurso, de forma incidental ou preparatória, com a consequente prevenção (art. 908, §2º, do NCPC e 949, §2º, do Senado).

A intenção do NCPC neste aspecto também parece muito clara: retirar o cabimento de agravo por instrumento para impugnar a admissibilidade e a declaração dos efeitos recursais pelo juízo *a quo*.

Contudo, a indagação a ser feita é se, na prática, o atual agravo de instrumento (com pedido de efeito suspensivo) será substituído pelo pedido de efeito suspensivo preparatório ao recurso previsto no Projeto,[8] ou mesmo pelo uso do mandado de segurança contra ato judicial.

---

[6] Interessante fazer uma observação: os recursos excepcionais (especial e extraordinário) interpostos contra acórdão do tribunal de origem que apreciar o incidente de resolução de demandas repetitivas terão efeito suspensivo legal e serão dotados de presunção de repercussão geral (art. 905 do NCPC e 940 do Senado).

[7] Esta admissibilidade e a declaração de efeitos provoca, em muitos casos, a interposição do recurso de agravo por instrumento, o que pretende ser evitado no NCPC.

[8] Este pedido deverá constar nos tombamentos e registros dos Tribunais, inclusive para fins de prevenção, quem sabe com a abreviatura de "PESP – pedido de efeito suspensivo preparatório".

4 Alterações do regime de preclusão e o esvaziamento do agravo contra as interlocutórias de 1º grau

O derradeiro aspecto que deve ser enfrentado em relação à proposta do NCPC refere-se ao esvaziamento do recurso de agravo em face das interlocutórias de 1º grau e a modificação do regime de preclusão das decisões proferidas durante a fase de conhecimento.

No sistema do atual CPC, as interlocutórias de 1º grau estão sujeitas a agravo (retido — escrito ou oral, ou por instrumento — arts. 522 e seguintes).

Contudo, nos últimos anos, quiçá nas últimas décadas, percebeu-se que os tribunais locais acabaram ficando sobrecarregados em decorrência do número excessivo de agravos, às vezes superior ao número de apelações.

Esta constatação corroborou para que, nas últimas reformas do CPC atual, ocorresse a modificação do regime, passando a se tornar regra o agravo retido, inclusive permitindo ao relator do agravo por instrumento o poder de conversão (art. 527, II, do CPC de 1973).

O NCPC pretende esvaziar um pouco mais o cabimento de recurso em relação às interlocutórias de 1º grau, ao consagrar:

a) maior restrição ao recurso de agravo de instrumento (arts. 929 do Projeto e 969 do Senado),
b) extinção do agravo retido,
c) revisão do regime de preclusão,
d) a ampliação do efeito devolutivo por profundidade do recurso de apelação (art. 923, parágrafo único, e 963, parágrafo único, do Senado).[9]

É mister ressaltar, por oportuno, que o NCPC irá atingir o regime da preclusão temporal tendo em vista que, à exceção das hipóteses expressamente previstas no art. 929 do Projeto (c/c *art. 969 do Senado – com ampliação das hipóteses de cabimento do recurso de agravo*), as interlocutórias não serão recorríveis de imediato, mas apenas quando for interposto o recurso de apelação.

Ora, a restrição da recorribilidade de imediato irá gerar, como consequência, a ampliação do efeito devolutivo do recurso de apelação, não deixando sujeitas à preclusão a maioria das questões resolvidas na fase cognitiva.

Esta proposta merece reflexão cautelosa, tendo em vista que, como mencionado, altera o regime da preclusão temporal e o próprio efeito devolutivo recursal.

Duas preocupações devem ser feitas antes de encerrar este pequeno ensaio: Será que a nova sistemática irá gerar um número elevado de processos anulados em decorrência do provimento de apelações, envolvendo vícios ocorridos no decorrer da fase cognitiva, como nos casos de cerceamento de defesa? Será que, mais uma vez, não se estará dando margem para utilização do mandado de segurança contra ato judicial, a partir do momento em que se veda o cabimento do agravo imediatamente após a decisão interlocutória?

---

[9] Interessante notar que, nas alterações sugeridas pelo Senado, o parágrafo único do art. 963 deixará claro que, apenas não ocorrerá preclusão se a decisão interlocutória não estiver sujeita ao agravo de instrumento. Com isso, deixará claro que não está sendo extinto o regime de preclusão em relação às interlocutórias, mas sim ampliando o efeito devolutivo da apelação com a diminuição das hipóteses de cabimento do agravo de instrumento contra estas decisões proferidas no curso do processo.

Apenas o tempo e a prática forense darão as respostas às indagações formuladas no decorrer deste pequeno ensaio.

Informação bibliográfica deste texto, conforme a NBR 6023:2002 da Associação Brasileira de Normas Técnicas (ABNT):

ARAÚJO, José Henrique Mouta. Recursos: unificação dos prazos, modificação dos efeitos e alteração do regime de preclusão. *In*: ROSSI, Fernando *et al.* (Coord.). *O futuro do processo civil no Brasil*: uma análise crítica ao Projeto do Novo CPC. Belo Horizonte: Fórum, 2011. p. 723-727. ISBN 978-85-7700-511-6.

PRECISAMOS DE UM NOVO CÓDIGO DE PROCESSO CIVIL?

JOSÉ MARIA TESHEINER

Precisamos de um Novo Código de Processo Civil? É certo que o Código de 1973 envelheceu. Mostram-nos as numerosas reformas que sofreu, algumas relevantes, entre as quais a antecipação de tutela.

Ocorreu profunda mudança de valores. Hoje, há menor preocupação com a segurança jurídica e maior com a celeridade e a efetividade do processo. O Poder Judiciário adquiriu poderes nunca antes imaginados. As mudanças sociais decorrentes da industrialização, da urbanização e da globalização fizeram-se sentir. A facilitação do acesso à Justiça provocou uma avalanche de processos que o Judiciário não consegue absorver.

Busca-se solução na Informática. Impõe-se a tirania dos números. Os juízes passam a ser julgados, não pela sabedoria de suas decisões, mas pelo número de processos que conseguem extinguir.

Os problemas são muitos e graves. Busca-se a solução em uma nova legislação processual? Não terá havido um erro de diagnóstico?

Examinado o Código de 1973, na perspectiva dos conflitos individuais, o único que se propôs a disciplinar, pouco haveria que mudar, sobretudo depois das sucessivas reformas que sofreu. O Código vigente regula bem o processo jurisdicional de solução dos conflitos individuais. Aplauda-se, em todo caso, a regulamentação processual do instituto da desconsideração da personalidade jurídica, posteriormente introduzido entre nós.

A falha não está na má regulação dos institutos processuais, mas no fato de que o Judiciário não consegue dar vazão ao crescente número das demandas, donde a proposta de instituição de um incidente de resolução de demandas repetitivas, que irá concorrer com as ações coletivas relativas a direitos individuais homogêneos.

Ora, se o de que se necessita é de formas de solução *coletiva* de conflitos individuais, pouco se justifica uma nova disciplina das formas de solução *individual* de conflitos individuais. Não por outra razão, 80% do Projeto apenas repete o atual.

Argumenta-se com a conveniência de uma melhor sistematização das matérias, em face do desarranjo causado pelas sucessivas reformas da lei processual. Este, porém, é um ganho ínfimo para justificar um Novo Código.

O trato coletivo de interesses e direitos individuais produziu uma profunda transformação na atividade jurisdicional, antes limitada à aplicação do Direito a casos concretos, com declaração da incidência ou não de norma jurídica abstrata sobre dada situação concreta e individual. A atividade jurisdicional limitava-se à criação de normas concretas.

Multiplicam-se agora os casos em que o Judiciário cria normas gerais abstratas, ainda que em âmbito geralmente menor do que o das leis. Veja-se o que ocorreu com o controle de constitucionalidade, antes, apenas difuso, com sentença eficaz apenas às partes; eventual eficácia *erga omnes* era necessariamente dependente de decisão política do Senado. Temos, agora, o controle concentrado de constitucionalidade, com decisão em tese sobre a constitucionalidade ou a inconstitucionalidade de lei ou sobre a forma de interpretá-la, uma atividade paralegislativa. Temos, agora, as súmulas vinculantes, enunciados gerais e abstratos. Temos os julgamentos do Superior Tribunal de Justiça, relativos aos recursos repetitivos, que também constituem enunciados de normas gerais e abstratas. No próprio âmbito das ações coletivas relativas a direitos individuais homogêneos, tem essa natureza a "condenação genérica", omissa não apenas quanto ao valor da condenação mas também quanto à indicação dos beneficiários.

Mas o Anteprojeto volta-se, quase tanto quanto o Código de 1973, à disciplina da tutela individual de direitos individuais.

Há, em todo o caso, o incidente de demandas repetitivas, que poderá reduzir o número de processos e dar maior consistência ao sistema jurisdicional, mas, para introduzi-lo, não se precisaria de um Novo Código.

É possível é até mesmo provável que estejamos caminhando na direção errada, ao buscar a redução do número de processos e a celeridade processual.

Quanto ao número de processos, precisamos aceitar que é decorrência natural do aumento da população e da urbanização e, portanto, dos conflitos.

Quanto à celeridade, há muito que se tornou claro que existe uma celeridade perniciosa, com decisões imediatas mas erradas. As decisões não devem ser céleres, mas tempestivas e corretas.[1]

Se estamos errados ao buscar a redução do número de processos e estamos errados ao querer extingui-los de qualquer maneira, não é o Código de Processo Civil, mas o Poder Judiciário que necessita de reforma.

---

[1] Sobre o tema, a dissertação de Mestrado de JOBIM, Marco Félix. *O direito fundamental à duração razoável do processo e a responsabilidade civil do Estado em decorrência da intempestividade processual*. 2009. Dissertação (Mestrado) – Universidade Luterana do Brasil, 2009.

Referência

JOBIM, Marco Félix. *O direito fundamental à duração razoável do processo e a responsabilidade civil do Estado em decorrência da intempestividade processual*. 2009. Dissertação (Mestrado) – Universidade Luterana do Brasil, 2009.

Informação bibliográfica deste texto, conforme a NBR 6023:2002 da Associação Brasileira de Normas Técnicas (ABNT):

TESHEINER, José Maria. Precisamos de um Novo Código de Processo Civil?. *In*: ROSSI, Fernando *et al*. (Coord.). *O futuro do processo civil no Brasil*: uma análise crítica ao Projeto do Novo CPC. Belo Horizonte: Fórum, 2011. p. 729-731. ISBN 978-85-7700-511-6.

O AGRAVO SOB NOVA PERSPECTIVA

LUIS HENRIQUE ALVES MACHADO

No ano de 2011, a Emenda Constitucional nº 45, responsável pela reforma do Poder Judiciário, completará 07 anos em pleno vigor. Indubitavelmente, uma das principais alterações, talvez a mais significativa, foi a inserção do instituto da repercussão geral no art. 102, parágrafo 3º, da Constituição Federal. Desde então, o Supremo Tribunal Federal somente conhece o recurso extraordinário quando a questão nele versada transcende os interesses subjetivos da causa, funcionando como uma espécie de "filtro recursal".

A medida surgiu em momento oportuno, uma vez que o Supremo Tribunal Federal encontrava-se assoberbado de processos, inviabilizando o trabalho da Corte. A título ilustrativo, o Banco Nacional de Dados do Poder Judiciário registrou, no ano de 2006, quando o instituto da repercussão geral ainda não operava em sua plenitude, a distribuição de 54.575 RE e 56.141 agravos, totalizando o impressionante número de 110.116 processos.[1] Estatística essa que destoa por completo da média internacional, se considerarmos o Tribunal Constitucional Alemão, que no ano de 2005 recebeu 4.967 demandas e apreciou no mérito apenas 301. Já a Suprema Corte Americana, também no ano de 2005, recebeu 8.521 processos e julgou somente 87.[2]

Após a implementação da repercussão geral e da introdução do sistema de represamento de recursos (CPC, arts. 543-B e 543-C) no ordenamento jurídico brasileiro, os primeiros resultados positivos da reforma começam aparecer. No final do ano de 2010, o Presidente do STF, Ministro Cezar Peluso, divulgou o relatório das atividades da Corte, informando que após 11 anos o acervo de demandas em trâmite no Tribunal é inferior a 90 mil processos, mais precisamente 88.834. Segundo o

---

[1] Disponível em: <http://www.stf.gov.br/bndpj/movimento/Movimento6B.asp>.
[2] BRÍGIDO, Carolina. Casos sem relevância atolam Supremo. *O Globo*, Rio de Janeiro, Domingo, 25 nov. 2007. Caderno O País, p. 10-11.

Ministro, com a aplicação do instituto da repercussão geral, desde 2007, houve sensível redução de 41,2% do número de causas que deságuam no Supremo.[3]

Em que pese a melhora obtida, muito há de ser feito para compatibilizar a atividade do Supremo com o verdadeiro papel que um Tribunal Constitucional deve exercer. A questão, no que tange ao recurso extraordinário, anda em bons trilhos e a tendência é que, com o tempo, o instituto da repercussão geral ganhe corpo e a efetividade aumente progressivamente na medida de sua aplicação. No entanto, o agravo, previsto no art. 544 do CPC, cujo encargo é destrancar o recurso extraordinário ou recurso especial não conhecido pelo Presidente do Tribunal *a quo*, demonstra ser o ponto de sofisma dentro do sistema recursal brasileiro, não havendo mecanismo significativo para impedir ou limitar o seu livre ingresso no Supremo Tribunal Federal.

Em respeito à celeridade e também à praticidade, foi editada a Lei nº 12.322/10, responsável por alterar o procedimento do antigo agravo de instrumento. Apesar do avanço, a Lei revela-se, ainda, tímida. Com a modificação, o agravo passa a ser processado, doravante, nos mesmos autos, desobrigando a formação de instrumento que dava origem a um novo processo. A iniciativa é válida e digna de aplausos; todavia, a remessa de agravos para as instâncias superiores, ainda que processada no bojo dos autos do recurso extraordinário/especial, continuará extrapolando os limites do bom senso e da normalidade.

Para se ter uma ideia, os agravos de instrumento representam atualmente 50% de todos os processos em curso no Supremo Tribunal Federal. Em números, são 44.948 agravos de instrumentos em um universo de 88.834 processos. Por mais que o Presidente do STF, Cezar Peluso, ressalte categoricamente que, com a nova lei do agravo, decorrerão boas consequências tais como: "economia processual, a efetiva prestação jurisdicional e até economia ambiental", a verdade é que os agravos continuarão subindo de forma desarrazoada.[4] A diferença é que a matéria será, como dito *retro*, articulada nos mesmos autos. Insta realçar que o Relatório de Atividades do Supremo Tribunal Federal acusa que somente 12% dos agravos de instrumento distribuídos, em 2010, tiveram negados seguimento por falta de peças.[5] De sorte que, mesmo com advento da nova lei, inúmeros agravos ainda restarão improvidos ou não conhecidos.

Diante dessas constatações, o momento para debates, ideias e novas proposições é oportuno, principalmente, porque se avizinha a edição de um Novo Código de Processo Civil. Mudanças expressivas e arrojadas são definitivamente o que se espera. O agravo, na forma e modelo como se apresenta, revela uma sistemática anacrônica que necessita ser repensada. A análise dos requisitos de admissibilidade do recurso extraordinário, exceto da repercussão geral, pelo Supremo Tribunal Federal precisa ser flexibilizada, passando a ser enxergada não como regra, mas como exceção dentro do sistema processual.

Na verdade, propõe-se que o atual agravo, previsto no art. 544 do CPC, seja processado na forma regimental, impedindo a subida para o STF/STJ. Isto é, da

---

[3] Disponível em: <http://www.stf.jus.br/portal/cms/verNoticiaDetalhe.asp?idConteudo=168440>.

[4] Disponível em: <http://www.stf.jus.br/portal/cms/verNoticiaDetalhe.asp?idConteudo=168440>.

[5] Disponível em: <http://www.stf.jus.br/arquivo/cms/sobreStfConhecaStfRelatorio/anexo/Relatorio2010.pdf>.
– Supremo Tribunal Federal – ano: 2010 – Relatório de Atividades – página: 52.

decisão do Presidente do Tribunal de origem que negasse seguimento ao RE ou RESP, o recurso cabível seria o agravo interno para que fosse feita a reapreciação da admissibilidade no âmbito do próprio Tribunal *a quo*, sendo irrecorrível a decisão prolatada pelo colegiado. Empregaria, por conseguinte, o mesmo artifício utilizado quando os Ministros decidem por 2/3 dos votos pela inexistência da repercussão geral. Nesse caso, a decisão também é irrecorrível (RISTF – art. 326).

Caberia, no entanto, à jurisprudência do Supremo, de forma defensiva e *a posteriori*, não conhecer sequer de eventuais mandados de segurança impetrados ou reclamações contra a decisão proferida em sede de agravo regimental. Instando frisar que tanto um quanto o outro não têm natureza jurídica de recurso.

A hipótese deve ser levada em consideração, porquanto reforça consideravelmente o papel a ser desempenhado pelas instâncias ordinárias no momento da admissibilidade recursal. Não implica dizer que tanto o STF como o STJ jamais realizariam a análise da admissibilidade do recurso extraordinário ou recurso especial, respectivamente. O STF e o STJ passariam a apreciar a admissibilidade do RE/RESP somente se o Presidente do Tribunal de origem desse seguimento ao recurso. Haveria apenas uma flexibilização no procedimento da análise a ser realizado, evitando que os processos continuem subindo de forma desmedida, entulhando as dependências do Supremo e do STJ, aguardando lenta distribuição, lenta análise e muitas vezes tardia decisão.

Relevante salientar, à guisa de exemplo, tomando como base o Superior Tribunal de Justiça, o boletim estatístico de dezembro de 2010. Os dados informam que 5.833 agravos de instrumentos foram distribuídos no Tribunal Superior naquele mês, a 13,60% foram dados provimento, 66,0% foram negados, 13,65% não foram conhecidos e 6,75% incluem-se na categoria "outros". Isto é, para quase 80% dos agravos foram negados provimento ou não foram conhecidos.[6] No Supremo Tribunal Federal os índices despertam maior atenção. De acordo com o Relatório de Atividades do Tribunal, somente 05% dos agravos de instrumento distribuídos foram providos, no ano de 2010.[7]

Os números demonstram que o erro judiciário não deve ser visto como regra pela sistemática processual. Será que os Tribunais de Justiça e Tribunais Regionais Federais não têm competência suficiente para apreciar a admissibilidade do RE/RESP, de forma definitiva, em sede de agravo regimental? Basta uma simples análise da estatística para denotar que o equívoco cometido pela presidência do Tribunal *a quo* já é significativamente baixo, quem dirá se esta decisão ainda fosse passível de revisão por um colegiado. Beira ao absurdo imaginar que 27 Tribunais de Justiça, 05 Tribunais Regionais Federais, fora os Tribunais Superiores e as Turmas Recursais de Juizado, espalhados pelo país, encaminham quase que diariamente agravos para serem analisados pelo Supremo e a maioria avassaladora são denegados ou não são conhecidos.

---

[6] Disponível em: <http://www.stj.jus.br/webstj/Processo/Boletim/verpagina.asp?vPag=0&vSeq=164>. – Superior Tribunal de Justiça – ano: dez/2010 – Boletim Estatístico – página: 07

[7] Disponível em: <http://www.stf.jus.br/arquivo/cms/sobreStfConhecaStfRelatorio/anexo/Relatorio2010.pdf>. – Supremo Tribunal Federal – ano: 2010 – Relatório de Atividades – página: 52.

A jurisprudência do Supremo Tribunal Federal, analisando questão com pano de fundo semelhante, começa a sinalizar que tal hipótese mostra-se viável. Ao julgar a Ação Cautelar nº 2.177-MC-QO-PE e a Reclamação nº 7.569, a Corte firmou entendimento interessante ao se pronunciar que não cabe recurso ou outro remédio processual para o Supremo contra decisão que aplica a sistemática da repercussão geral na origem, nos termos do art. 543-B do CPC. Em outras palavras, é inadmissível a interposição de agravo de instrumento ou ajuizamento de reclamação da decisão que aplica entendimento do Supremo aos processos múltiplos.

Em caso de discordância da decisão proferida pela Presidência do Tribunal *a quo*, a jurisprudência do STF orienta que o agravo de instrumento deve ser convertido em agravo regimental. Caso contrário, se possível fosse o cabimento de reclamação ou agravo de instrumento da decisão do tribunal de origem que, nos termos do art. 328-A, §1º, do RISTF, aplica a orientação que o Supremo Tribunal Federal adotou em processo paradigma da repercussão geral, a subida de processos para a Corte continuaria da mesma forma e o procedimento restaria inócuo.[8]

Mister sublinhar que o próprio Supremo firmou posição no AI nº 760.358-QO que, ao decretar o prejuízo de recurso ou exercer o juízo de retratação no processo em que foi interposto o recurso extraordinário, o tribunal de origem não está exercendo competência do STF, mas atribuição própria. Portanto, o argumento de que o Tribunal *a quo* usurparia ou estaria subtraindo a competência do STF não prospera.

Desse modo, diante de tais ponderações, torna-se necessário fazer urgente reflexão sobre a atual execução do agravo previsto no art. 544 do CPC. Para viabilizar o trabalho da Corte, reduzindo o número de processos, e conferir maior simplicidade no trâmite processual, bastaria alterar o procedimento do agravo, processando na forma regimental.

Havendo, todavia, resistência no que tange à conversão do agravo de instrumento em agravo regimental, alternativa interessante e mais conservadora seria a criação de mecanismos que onerem, de fato, o agravante, desestimulando a interposição de recursos, mormente quando há interesses nitidamente procrastinatórios.

Imbuído desse espírito, o Projeto do Novo Código e o PLS nº 166/10 prevê proposição interessante, ao dispor que a verba honorária de que trata o *caput* do art. 73 do Projeto e do art. 87 do PLS será devida também no cumprimento de sentença, na execução embargada ou não e nos recursos interpostos, cumulativamente.

A iniciativa é oportuna e inovadora, não obstante poderia ter sido mais ousada, mormente na hipótese do parágrafo 6º do art. 73, prevista no Projeto do Novo Código. O §6º do art. 73 dispõe:

---

[8] STJ – Corte Especial – Informativo nº 463 – Período: 14 a 18 de fevereiro de 2011 – Trata-se, no caso, do cabimento de agravo de instrumento contra a decisão que nega seguimento ao recurso especial lastreada no art. 543-C, §7º, I, do CPC, pois o acórdão recorrido estaria no mesmo sentido daquele proferido em recurso representativo de controvérsia por este Superior Tribunal. A Corte Especial, ao prosseguir o julgamento, por maioria, entendeu não ser cabível o agravo de instrumento nesse caso. Manter a possibilidade de subida do agravo para este Superior Tribunal viabilizaria a eternização do feito, obstaculizando o trânsito em julgado da sentença ou acórdão e abarrotando-o de recursos inúteis e protelatórios, o que estaria em desacordo com o objetivo da Lei nº 11.672/2008. Por fim, entendeu que, quando houver indevidamente negativa de seguimento a recurso especial por erro do órgão julgador na origem, caberá agravo regimental para o tribunal *a quo*. Assim, a Corte Especial, por maioria, não conheceu do agravo de instrumento. Precedente citado do STF: Ag nº 760.358-SE, *DJe*, 19 fev. 2010. QO no Ag. nº 1.154.599-SP, Rel. Min. Cesar Asfor Rocha, julgada em 16.2.2011.

quando o acórdão proferido pelo tribunal não admitir ou negar, por unanimidade, provimento a recurso interposto contra sentença ou acórdão, a instância recursal, de ofício ou a requerimento da parte, fixará nova verba honorária advocatícia, observando o disposto no §2º e o limite total de vinte e cinco por cento.

Como sugestão, o texto poderia acrescentar também a expressão *decisão interlocutória* em sua redação. Procedendo dessa forma, toda vez que um determinado agravo, independente de sua natureza, não fosse conhecido ou julgado improcedente, por unanimidade, fora das hipóteses previstas nos arts. 557 e 544, §4º, incs. I e II do CPC, o agravante poderia também ser condenado no limite de 25%. Adotar medidas que venham onerar o recorrente é uma alternativa atrativa no sentido de inibir a prática indiferente de "recorrer por recorrer".

Já o PLS nº 166/10, em seu art. 87, parágrafo 7º, previu que:

> A instância recursal, de ofício ou a requerimento da parte, fixará nova verba honorária advocatícia, observando-se o disposto nos §§2º e 3º e o limite total de vinte e cinco por cento para a fase de conhecimento.

A tentativa é valida e surte efeitos significativos no âmbito dos Juizados Especiais. É fato conhecido que inúmeros litigantes deixam de recorrer para as Turmas Recursais, pois sabem do risco de serem condenados em custas e honorários de sucumbência, em caso de indeferimento da demanda. Essa prática intimidativa, com raízes fincadas no direito norte-americano, de que quanto mais se recorre, o risco de tornar o processo mais oneroso aumenta, é uma saída interessante para evitar a interposição de recursos com chances reduzidas de sucesso.

Portanto, independentemente de uma posição progressista ou mais conservadora, seja converter o antigo agravo de instrumento em agravo regimental, seja procurar onerar o agravante, podendo condenar em honorários de sucumbência até o limite de 25%, mister se faz alterar a sistemática do atual agravo previsto no art. 544 do CPC. O modelo tal como se encontra revela-se totalmente inviável e obsoleto.

Derradeiramente, relevante ponderar que tanto a jurisdição do Supremo Tribunal Federal quanto a do Superior Tribunal de Justiça possuem natureza extraordinária, para não dizer de exceção. Tanto por meio do instituto da repercussão geral bem como do sistema de processos múltiplos, tudo leva a crer que houve nítido resgate da verdadeira identidade dos recursos em questão, conferindo a eles concepção objetiva. Cabe agora, como próximo passo, solucionar a questão do agravo e se possível fazer com que a análise da admissibilidade do recurso extraordinário e especial pelo STF e STJ não seja a regra. Afinal, racionalizar o processamento do RE/RESP e manter a lacuna à mostra para que se continue exercendo a jurisdição individualizada da Corte por meio de agravos é algo definitivamente incompatível com a sistemática processual que se pretende alcançar.

Informação bibliográfica deste texto, conforme a NBR 6023:2002 da Associação Brasileira de Normas Técnicas (ABNT):

MACHADO, Luis Henrique Alves. O agravo sob nova perspectiva. *In*: ROSSI, Fernando *et al.* (Coord.). *O futuro do processo civil no Brasil*: uma análise crítica ao Projeto do Novo CPC. Belo Horizonte: Fórum, 2011. p. 733-737. ISBN 978-85-7700-511-6.

DA OPORTUNIDADE E CONVENIÊNCIA, TEÓRICA E PRÁTICA, DE ELIMINAR AS CONDIÇÕES DA AÇÃO DA LEGISLAÇÃO PROCESSUAL CIVIL BRASILEIRA

LUIZ EDUARDO RIBEIRO MOURÃO

1 Colocação do tema

Nosso objetivo, neste trabalho, consiste em tentar demonstrar, ainda que de forma breve, a inconveniência de se manter na lei processual civil brasileira a teoria das condições da ação e a oportunidade de proceder à sua eliminação, com a promulgação de uma nova legislação processual civil.

Essa assertiva baseia-se em duas premissas, uma de ordem teórica e outra prática. Aquela diz respeito ao fato de que todas as condições da ação podem ser facilmente subsumidas em categorias jurídicas já existentes, como o próprio mérito ou um pressuposto processual; esta, na constatação de que as condições da ação têm servido mais para complicar do que para simplificar o exercício da atividade jurisdicional, que deve se concentrar no mérito, seu núcleo e razão de ser.

2 A origem da teoria das condições da ação

A teoria das condições da ação foi elaborada por Enrico Túlio Liebman, jurista italiano que chegou ao Brasil no ano de 1939, tendo influenciado grandemente os processualistas da Universidade de São Paulo, dentre eles o autor do Anteprojeto que deu origem ao Código de Processo Civil em vigor.

Cândido Rangel Dinamarco, um de seus maiores discípulos nas terras sul-americanas, escreve:

> Os pensamentos e escritos de Liebman vieram a projetar-se intensamente na cultura processualística de nosso país, com forte repercussão, desde logo, na doutrina dos que com ele conviveram e, ao longo de todas essas décadas, no pensamento formado

entre os discípulos de seus discípulos. Daí a ideia orgânica de uma verdadeira *escola*, responsável pelas conquistas de então e de agora, tanto em sede doutrinária quanto no direito positivo brasileiro. Já passadas mais de seis décadas de sua chegada, ainda hoje, se sente sempre o peso das propostas que trouxe e sobretudo das grandes premissas que plantou entre nós, como verdadeiras raízes da formação do pensamento científico brasileiro do processo civil.[1]

A teoria em questão, chamada de eclética, apregoa a necessidade do preenchimento de certas condições para que o mérito possa ser julgado. São as chamadas condições da ação:
 a) possibilidade jurídica do pedido;
 b) legitimidade para agir; e
 c) interesse processual. Esta teoria foi adotada pelo Código de Processo Civil em vigor, pelo que se depreende da leitura do inc. VI, do art. 267.

O próprio Liebman, após a elaboração inicial da teoria, reconheceu a desnecessidade da categoria denominada impossibilidade jurídica do pedido. Entretanto, ela permanece viva na legislação processual brasileira até nossos dias.

O Projeto de Lei do Senado nº 166, de 2010, retirou do elenco das condições da ação a impossibilidade jurídica do pedido. Contudo, manteve a legitimidade para agir e o interesse processual, no seu art. 17, assim redigido e no inc. VI, do art. 472 (que corresponde ao art. 267, inc. VI, do atual CPC, salvo a impossibilidade jurídica do pedido).

Segundo pensamos, os reformadores foram tímidos nessa questão, pois a elaboração de um Novo Código de Processo Civil constitui-se em uma boa oportunidade para a eliminação dessas questões formais, que se confundem com o mérito e têm causado intrincados problemas no exercício da jurisdição, especialmente quando se pretende estabelecer, em inúmeros casos práticos, a distinção entre decisões definitivas e terminativas.

Um exemplo paradigmático pode ser apresentado, desde logo: na ação de investigação de paternidade. A constatação de que o réu *não* é o pai do autor, por jamais ter tido qualquer relação com a mãe deste, deve levar à extinção do processo *com* julgamento de mérito ou por ilegitimidade passiva do réu? No plano *lógico*, ambas as respostas estão *corretas*, embora no plano prático o julgamento com mérito seja mais proveitoso. Esta dualidade lógica demonstra, de forma irrefutável, que ao nos referirmos às condições da ação, estamos, de fato, analisando aspectos determinados do próprio mérito.

3 O conceito de mérito

O desenvolvimento do tema não prescinde de uma breve explanação do que seja o mérito. As principais teorias em voga no Brasil identificam-no com:
 a) a *lide*;
 b) o *pedido* do autor; ou

---

[1] 100 anos de Liebman. DINAMARCO, Cândido Rangel. *Fundamentos do processo civil moderno*. 6. ed. São Paulo: Malheiros, 2010. p. 39.

c) a *pretensão* do autor.
  a) *A lide como o objeto do processo*. O professor Alfredo Buzaid, elaborador do Anteprojeto que deu origem ao Código de Processo Civil em vigor, identificou o objeto do processo — ou seja, o mérito — com a *lide*. Na Exposição de Motivos do Estatuto Processual Civil, o citado processualista apresenta as seguintes explicações: "O projeto só usa a palavra 'lide' para designar o mérito da causa".[2] Em seguida, escreve que o conceito de lide, nos termos em que foi formulado por Carnelutti, constitui-se "o conflito de interesses qualificado pela pretensão de um dos litigantes e pela resistência do outro".[3]
  b) *O pedido do autor como o objeto do processo*. Diferentemente de Carnelutti, sustenta Liebman que o "Objeto de todo processo é o *pedido* de quem o promove".[4] Essa concepção granjeou bastante aceitação entre os processualistas brasileiros. José Carlos Barbosa Moreira, por exemplo, diz que uma das finalidades do pedido é fixar o objeto do litígio[5] (grifos nossos).

Ao restringir o objeto do processo ao *pedido* formulado pelo autor, excluem esses autores do conceito ora estudado a causa de pedir, ou seja, o suporte fático do pedido. Não concordamos com esta posição, pois cinde os elementos da demanda, que têm como função expressar a situação da vida das pessoas, a fim de constituir o núcleo do processo. Segundo pensamos, a separação da demanda em três elementos tem finalidade apenas didática, pois estes estão interligados de forma a compor um todo orgânico. O simples pedido, sem qualquer explicação que o anteceda, não tem qualquer significado, da mesma forma que a apresentação da *causa petendi*, sem a formulação de um pedido, é incompleta.

Consoante leciona Cândido Rangel Dinamarco, o vocábulo objeto resulta do encontro da preposição latina *ob*, com o verbo *jacio*, dando o verbo composto *objicio*. Ora, *ob* significa "diante, defronte, à vista"; e *jacio* quer dizer "lançar, atirar, arremessar". Daí o significado de *objicio*, que é "propor" (pro + pôr), ou seja, "pôr diante de". E *objeto*, que é a forma vernácula do substantivo latino constituído a partir deste verbo (*objectus*), serve para designar algo que é *posto diante* de uma pessoa, ou como alvo de alguma atividade sua.[6]

Com base nessas lições podemos dizer que o juiz não terá diante de si apenas o pedido do autor, pois este, dissociado da causa de pedir, é incompreensível, ininteligível. O magistrado não pode, *v.g.*, analisar um pedido de rescisão de um contrato de locação, e a consequente retomada do imóvel, sem verificar a existência do contrato e a sua afirmada violação. Também não pode condenar alguém a pagar a outrem determinada importância em dinheiro, sem verificar se há um crédito inadimplido.

A ideia de unidade da demanda, expressa no pedido e na causa de pedir, é manifestada pelo art. 295, parágrafo único, inc. I, do Código de Processo Civil,

---

[2] Exposição de Motivos do Código de Processo Civil, item II, "Da Terminologia do Projeto", nº 6.
[3] Exposição de Motivos do Código de Processo Civil, item II, "Da Terminologia do Projeto", nº 6.
[4] LIEBMAN, Enrico Tullio. *Processo de execução*. 5. ed. São Paulo: Saraiva, 1986. p. 58.
[5] Afirma o referido autor: "Através da demanda, formula a parte um *pedido*, cujo teor determina o objeto do litígio" (MOREIRA, Carlos Barbosa. *O novo processo civil brasileiro*. 21. ed. Rio de Janeiro: Forense, 2001. p. 10, grifo do autor).
[6] O conceito de mérito em processo civil. DINAMARCO, Cândido Rangel. *Fundamentos do processo civil moderno*. 6. ed. São Paulo: Malheiros, 2010. p. 305.

quando declara inepta a petição inicial por falta de qualquer desses elementos. A verdade é que o pedido, sem a causa de pedir, nada significa; e o inverso também é verdadeiro. Por este motivo, rejeitamos a doutrina que sustenta ser apenas o pedido o objeto do processo.

    c) *A pretensão do autor como objeto do processo*. Alguns autores nacionais preferem dizer que a *pretensão* formulada pelo autor é o objeto do processo. O pedido seria o meio processual pelo qual se veicula a referida pretensão, sendo esta, verdadeiramente, o objeto do processo.

Nesse sentido leciona Cândido Rangel Dinamarco: "O objeto do processo é a *pretensão a um bem da vida, quando apresentada ao Estado-juiz em busca de reconhecimento ou satisfação*".[7] O termo pretensão, em sua obra, "consiste na aspiração a obter um dado bem material ou imaterial (...). Pretender é querer, desejar, aspirar. Por isso, pretensão é desejo, aspiração, vontade de obter".[8]

Profligamos, também, a ideia de que a *pretensão* do autor seja essa realidade da vida das pessoas que constituirá o objeto do processo. Se tomarmos como base as lições de Cândido Rangel Dinamarco, apontadas anteriormente, a pretensão seria uma *aspiração*, um *desejo*, uma *vontade de obter*. Tais conceitos parecem-nos bastante *vagos* para retratar o conteúdo do processo.

    d) *Nossa concepção do objeto do processo*. Em todo processo judicial, sem exceção, o que se coloca diante do magistrado, como objeto da prestação jurisdicional, é a afirmação da existência ou inexistência de uma relação jurídica e seus possíveis efeitos. O mérito, portanto, *será a afirmação, pelas partes do processo (autor, réu e eventuais terceiros que nele ingressem), da existência ou inexistência de uma ou mais relações jurídicas e das situações jurídicas delas decorrentes: direitos e deveres subjetivos, pretensão e ação de direito material.*

4 Da semelhança conceitual entre as condições da ação e o mérito

Por ter o Código de Processo Civil disposto que a ilegitimidade da parte, o interesse de agir e a impossibilidade jurídica do pedido *não* integram o mérito, podemos ser levados a pensar que estas questões não lhe dizem respeito, o que nos parece equivocado, consoante passamos a demonstrar.

4.1 A impossibilidade jurídica do pedido

Para alguns autores, a impossibilidade jurídica do pedido está ligada à admissibilidade, em abstrato, no ordenamento jurídico, do pedido formulado pelo autor. Para outros, liga-se à inexistência de vedação legal para sua veiculação.[9]

Donaldo Armelin, após examinar uma série de conceitos doutrinários sobre o tema, arremata seu pensamento dizendo:

---

[7] DINAMARCO, Cândido Rangel. *Instituições de direito processual civil*. São Paulo: Malheiros, 2002. v. 2, p. 180.
[8] *Ibidem*, p. 180-181.
[9] Cf. ARMELIN, Donaldo. *Legitimidade para agir no direito processual civil brasileiro*. São Paulo: Revista dos Tribunais, 1979. p. 48-49.

Do elenco de conceitos da condição de admissibilidade da ação, ora enfocada, verifica-se a existência de uma linha em comum, a par de divergências circunstanciais na circunscrição do âmbito desse instituto processual. *A admissibilidade em abstrato do pedido do autor pelo sistema jurídico constitui o elemento encontrável em todos os pré-transcritos conceitos.*[10] (grifos nossos)

Independentemente da extensão que se dê a esse conceito, o que queremos enfatizar é a identidade entre o mérito e essa condição da ação. Acreditamos que, não fosse a existência de norma expressa no diploma processual, não haveria razão para essa separação conceitual.

Inúmeros autores, ao estudar o objeto do processo (ou objeto litigioso), equiparam-no ao pedido. O próprio Liebman, como vimos anteriormente, assim o faz ao dizer: "Objeto de todo processo é o pedido de quem o promove".[11] Portanto, se o mérito corresponde ao pedido, é óbvio que o juiz, para concluir que este é juridicamente impossível, analisa o mérito da demanda. Sob o aspecto que ora enfatizamos, não faz diferença o juiz afirmar que o autor *não é titular de um direito subjetivo* ou que seu pedido não é *admissível* (*ou possível*), *em abstrato, no ordenamento jurídico*.

Em ambas as hipóteses, está-se negando a existência de um direito subjetivo ao autor: seja porque não está previsto, em abstrato, no ordenamento jurídico, seja porque, previsto, não pertence, em concreto, ao autor. Em artigo publicado na *Revista Dialética de Direito Processual* já havíamos afirmado que:

> A verdade é que não há distinção, *em essência*, em se dizer que uma demanda é improcedente, pela inexistência, *in abstrato*, do direito material invocado pelo autor, ou pela inexistência, *in concreto*, do mesmo. Em ambas as hipóteses a pretensão apresentada pelo autor terá sido rejeitada a partir da análise do mesmo objeto: a relação jurídica de direito material expressa nos elementos da demanda.[12] (grifos do original)

Essa proximidade de conceitos foi reconhecida pelos nossos tribunais e erigida como fundamento para impedir a repropositura de demandas idênticas, quando o processo foi extinto por impossibilidade jurídica do pedido. Neste sentido, há um excelente acórdão, relatado pelo então juiz do 2º Tribunal de Alçada Civil de São Paulo, o ilustre Dr. Cezar Peluso, do qual se extraem as seguintes lições:

> A impossibilidade jurídica é também "uma das formas de improcedência *prima facie*" (Calmon de Passos, ob. cit., p. 287, n. 169.1. Para a 1ª ed., cf. p. 204, n. 120. Com argumentação minudente e irrefutável, cf. Donaldo Armelin, ob. cit., pp. 52-54, n. 36). Na verdade, dizer que determinado pedido não pode ser objeto de decisão jurisdicional de mérito, ou que não pode ser conhecido, por força de expressa vedação do ordenamento jurídico, significa reconhecer que não pode ser acolhido, por clara inexistência do direito subjetivo material que pretenda tutelar. (...) Em essência, denegar pedido infundado é o mesmo que denegar pedido, juridicamente, impossível, pois "as hipóteses, para efeitos processuais, são ontologicamente iguais, ou melhor, deveriam ser no que tange aos

---

[10] *Ibidem*, p. 49.
[11] LIEBMAN, Enrico Tullio. *Processo de execução*. 5. ed. São Paulo: Saraiva, 1986. p. 58.
[12] MOURÃO, Luiz Eduardo Ribeiro. Coisa julgada, condições da ação e a impossibilidade de repropositura da demanda. *Revista Dialética de Direito Processual*, São Paulo, n. 17, p. 55, ago. 2004.

efeitos emergentes de sua constatação" (Donaldo Armelin, ob. cit., p. 53, n. 36), já que, em ambas, o que se enuncia e declara é a inexistência do direito subjetivo substancial. Em todos os exemplos de impossibilidade jurídica do pedido, o de que carece a parte é do *direito material* de crédito de jogo, de luvas, o reconhecimento de relação de maternidade que atribua prole ilegítima à mulher casada etc., por expressa exclusão legal. A distinção, se a há, está apenas no *grau de evidência* da inexistência do direito. (...) Mas esta diversidade acessória de tratamento normativo não esgarça a fundamental identidade ontológica entre a sentença de improcedência (art. 269, I) e a de carência por impossibilidade jurídica do pedido (art. 267, VI), que ambas, declarando inexistente o direito subjetivo material, descem ao fundo do merecimento.[13] (grifos do original)

Para corroborar nossa posição, apresentamos as lições de Donaldo Armelin:

Mas qualquer que seja o seu objeto, ocorrendo a impossibilidade jurídica do pedido ou a ilicitude da *causa petendi*, a justificar a preexclusão do julgamento do mérito, que é o próprio pedido, em verdade o que sucede é um julgamento *prima facie* de mérito. Isto já foi remarcado com precisão por Calmon de Passos, ao afirmar, *verbis*: "A impossibilidade jurídica é também uma das formas de improcedência *prima facie*". Com efeito, dizer que um pedido é insubsumível às normas jurídicas do sistema jurídico vigente, porque existe uma vedação expressa a respeito, não difere de se julgar que um pedido não pode ser acolhido porque não provou o autor a existência do suporte fático indispensável à sua subsunção à norma legal invocada. Ambos levam à rejeição do pedido em razão de sua carente fundamentação. Apenas em um caso inexistem fundamentos jurídicos; noutro, fáticos. Inobstante no caso de vedação expressa do sistema a premissa maior do silogismo judiciário ser inaceitável, e, no caso de falta de prova, ocorrer isso com a premissa menor desse silogismo, ambas as hipóteses, para efeitos processuais, são ontologicamente iguais, ou melhor, deveriam ser no que tange aos efeitos emergentes de sua constatação. A circunstância da apreciação da inviabilidade do pedido poder ser feita *ab initio* não retira da decisão, que o rechaça por impossibilidade jurídica, a natureza de decisão de mérito, porque, como é cediço, o momento da prolação de tal decisão no processo de modo algum tem o condão de firmar ou infirmar a sua natureza.[14] (grifos do original)

As explicações supracitadas mostram que, não existindo diferença ontológica entre esta condição da ação e o mérito, não há justificativa plausível para se manter esta categoria jurídica distinta do mérito. Neste sentido, a comissão que elaborou o Projeto para um Novo Código de Processo Civil foi feliz em retirar esta condição da ação do ordenamento jurídico brasileiro.

4.2 A legitimação *ad causam*

A segunda condição da ação ora examinada nada mais é do que a exigência de coincidência entre as partes na relação jurídica material e as partes na relação jurídica processual.

---

[13] *Revista dos Tribunais*, n. 599, p. 141-142.
[14] ARMELIN, Donaldo. *Legitimidade para agir no direito processual civil brasileiro*. São Paulo: Revista dos Tribunais, 1979. p. 53.

Quando se declara o autor carecedor do direito de ação, por ilegitimidade ativa ou passiva, está-se dizendo, em última análise, que o direito material invocado não lhe pertence, ou que o autor não possui tal direito em relação àquele que foi inserido no polo passivo da demanda. Este julgamento, *em essência*, em nada difere de uma decisão de improcedência. Vejamos o seguinte exemplo: numa demanda em que se pleiteia a cobrança de importância em dinheiro, qual a diferença entre o julgador dizer que "A" é carecedor do direito de ação, por não figurar no polo ativo da relação creditícia, e dizer que o pedido formulado é improcedente, pois "A" não é titular do crédito e, portanto, não possui o direito material que estriba a demanda? A distinção, parece-nos, é apenas formal, pois o conteúdo é idêntico.

Aliás, não são raras as situações em que, alegando o réu, na contestação, ilegitimidade de parte, o juiz posterga a análise desta preliminar para o julgamento de mérito, sob a alegação de que essas questões se confundem. Neste sentido, a prática judiciária não desmente o que vimos sustentando.

Donaldo Armelin afirma que

> nos casos de legitimidade direta ou ordinária, onde essa qualidade tem como arrimo a alegada própria titularidade do direito, difícil seria separar a legitimidade do próprio mérito, o que torna inevitável sejam ambas examinadas conjuntamente, quando não se atribui a titularidade do direito questionado a terceiro.[15]

Nas hipóteses de legitimação extraordinária (ou substituição processual), quando um sujeito comparece em juízo, em nome próprio, defendendo direito alheio, também deve o magistrado analisar a relação jurídica de direito material. José Roberto dos Santos Bedaque, ao falar sobre a legitimação extraordinária, explica:

> Também aqui não se pode prescindir da relação material. Sustenta-se, com sólidos argumentos, a necessidade de haver nexo entre as relações jurídicas de titularidade do legitimado ordinário e do extraordinário. A legitimação extraordinária somente é admissível quando se tratar de mecanismo destinado à tutela do interesse do legitimado extraordinário, ante a inércia do substituído. Tal análise depende fundamentalmente das relações jurídicas substanciais de que fazem parte os titulares desses interesses. Impossível solucionar o problema sem o exame do direito material.[16]

Discorrendo sobre a influência desta confusão de conceitos sobre o instituto da coisa julgada, por exemplo, não vemos razão para que a sentença de mérito seja imutabilizada em processos futuros e a sentença que reconhece a ilegitimidade *ad causam* de uma das partes não o seja. Por este motivo, desenvolvemos uma nova fórmula de se analisar a coisa julgada formal.[17]

Parece-nos, pois, indubitável, a incidência de duas categorias lógico-jurídicas para fenômenos idênticos, burocratizando o sistema.

---

[15] *Ibidem*, p. 83.
[16] *Apud* MARCATO, Antonio Carlos. *Código de Processo Civil interpretado*. São Paulo: Atlas, 2004. p. 56. Nota 4 ao art. 6º.
[17] MOURÃO, Luiz Eduardo Ribeiro. *Coisa julgada*. Belo Horizonte: Fórum, 2008.

4.3 O interesse de agir

O interesse de agir, quando não se confunde com o mérito, mistura-se aos pressupostos processuais, como procuraremos demonstrar, com base nos ensinamentos de Liebman.

O autor sintetiza o conceito de interesse de agir, na seguinte frase: "O interesse de agir é, em resumo, a relação de utilidade entre a afirmada lesão de um direito e o provimento de tutela jurisdicional pedido".[18] Afirma, ainda, o autor:

> Seria uma *inutilidade* proceder ao exame do pedido para conceder (ou negar) o provimento postulado, quando na situação de fato apresentada não se encontrasse afirmada uma lesão ao direito ou interesse que se ostenta perante a parte contrária, ou quando os efeitos jurídicos que se esperam do provimento já tivessem sido obtidos, ou ainda quando o provimento pedido fosse em si mesmo inadequado ou inidôneo a remover a lesão (...). Em conclusão, *o interesse de agir é representado pela relação entre a situação antijurídica denunciada e o provimento que se pede* para debelá-la mediante a aplicação do direito; deve essa relação consistir na utilidade do provimento, como meio para proporcionar ao interesse lesado a proteção concedida pelo direito.[19] (grifos nossos)

A afirmação de que "o interesse de agir é representado pela relação entre a situação antijurídica denunciada e o provimento que se pede" já deixa evidente que o magistrado *não consegue* proferir um julgamento sobre o interesse de agir sem analisar a "situação antijurídica denunciada", que corresponde ao mérito. Obviamente não a analisará, para *resolvê-la*, mas para dizer, segundo palavras do processualista supracitado: a) que "não há sequer uma situação antijurídica afirmada", b) que "os *efeitos jurídicos* que se esperam do provimento *já* [foram] *obtidos*"; ou c) que "*provimento pedido* [é] *inadequado* ou inidôneo a *remover a lesão*"[20] (grifos nossos).

O procedimento racional desenvolvido na análise do interesse de agir, portanto, é o seguinte: o magistrado analisa a situação fática, incluindo a afirmação da existência de um direito e sua lesão, bem como os efeitos jurídicos necessários para debelar aquela situação, ou seja, *a causa de pedir e o pedido*, descritos na petição inicial. Com base nesta premissa, verificará: a) se foi *afirmada uma lesão*; b) se os *efeitos jurídicos* já foram obtidos; e c) se o *provimento requerido* (pedido imediato) é adequado.

Todas essas situações têm como ponto de partida o mérito. Por que, então, inseri-las em categoria jurídica diversa, ou criar o conceito de interesse de agir para explicá-las?

Segundo pensamos, mesmo que essas situações não fossem subsumidas ao conceito de mérito — pois não há sua efetiva solução —, não há necessidade de criar as chamadas condições da ação, pois essas hipóteses são plenamente enquadráveis como pressupostos processuais. Vejamos.

---

[18] LIEBMAN, Enrico Tullio. *Manual de direito processual civil*. Tradução e notas de Cândido Rangel Dinamarco. 2. ed. Rio de Janeiro: Forense, 1985. v. 1, p. 156.

[19] *Ibidem*, p. 155. Cândido Rangel Dinamarco escreve: "Como conceito geral, *interesse é utilidade*" (*Instituições de direito processual civil*. São Paulo: Malheiros, 2001. v. 2, p. 302, grifos do original).

[20] *Ibidem*, p. 155.

a) O problema de "não [haver] sequer uma situação antijurídica afirmada" na petição inicial, na verdade, constitui-se um vício formal desta peça, gerando sua inépcia (arts. 282, inc. III e 295, inc I, parágrafo único, inc. I, todos do CPC).

b) O problema de os efeitos jurídicos já terem sido obtidos pode ser traduzido na coisa julgada (caso a sua obtenção tenha sido por meio de processo judicial anterior), ou por falta de pretensão, na medida em que o direito já teria sido reparado.

c) O problema da adequação da tutela jurisdicional pleiteado pode tomar duas soluções diversas: i) se considerarmos esta questão de forma restrita, certamente estava Liebman se referindo ao *pedido imediato*, então, teríamos um vício formal na petição inicial (art. 295, inc. I, e parágrafo único, inc II, do CPC); ii) se considerarmos esta expressão em sentido amplo, para incluir o procedimento, podemos subsumir a hipótese à norma do art. 295, inc. V, do CPC.

Parece-nos extreme de dúvida, portanto, que por qualquer ângulo teórico que se analise, essa condição da ação pode receber classificação conceitual já existente no ordenamento jurídico, sem necessidade do conceito de condições da ação.

5 Da desnecessidade prática da teoria das condições da ação

Em que pese o brilhantismo intelectual de Liebman, a construção da teoria das condições da ação, na *prática*, parece gerar mais inconvenientes do que avanços. Não são raros os casos, especialmente envolvendo a legitimidade de agir, que os tribunais oscilam em considerar o julgamento como de mérito ou de carência de ação.

O acórdão citado quando analisamos a questão da possibilidade jurídica do pedido, relatado pelo então Juiz do Segundo Tribunal de Alçada Civil de São Paulo, Dr. Cezar Peluso, deixa claro o dispêndio de energia processual, pelos julgadores, simplesmente para se analisar a verdadeira categoria em que se deve enquadrar uma decisão judicial. Não são raros os casos em que um processo é apreciado em primeiro e segundo grau de jurisdição e mesmo pelo Superior Tribunal de Justiça, apenas para se resolver um problema formal, relativo às condições da ação.

Por outro lado, se o que se busca é uma extinção rápida de processos eivados de vícios insanáveis, ou que a questão de mérito seja evidente, há outros mecanismos procedimentais aptos para solucionar a questão, sem necessidade do conceito de condições da ação.

Fredie Didier Jr., em sede doutrinária, já se manifestou de forma contundente sobre o assunto:

> A posição deste trabalho sobre as condições da ação já foi posta, e é muito clara: prega-se a abolição como categoria jurídica. Na tutela jurisdicional individual, ao menos nos casos de legitimidade de agir ordinária e possibilidade jurídica do pedido, é impossível extremá-las do mérito da causa, fato que por si só justificaria a exclusão dessa categoria da dogmática jurídica e, consequentemente, do texto legal. A falta de uma

dessas condições, reconhecida liminarmente ou após instrução, deveria dar ensejo, sempre, a uma decisão de mérito. A natureza de uma questão não muda de acordo com o momento em que é examinada. No entanto, é indiscutível que, à luz do direito positivo, a melhor solução hermenêutica é a adoção da teoria da asserção, que ao menos diminui os inconvenientes que a aplicação literal do §3º do art. 267 do CPC poderia causar.[21]

6 Conclusão

Acreditamos que a abolição das condições da ação constitui em um avanço processual e, acima de tudo, importa na simplificação do processo, tendo em vista que este ficaria adstrito apenas às questões processuais e ao mérito. Teríamos, assim, apenas um binômio de questões, eliminando do processo civil uma fonte de constantes embaraços formais.

Com base nas singelas considerações apresentadas, concluímos que o Projeto ora analisado avançou ao retirar a possibilidade jurídica do pedido dentre as condições da ação. Contudo, os membros da comissão que elaboraram o Projeto foram tímidos, uma vez que poderiam ter eliminado esta categoria lógico-jurídica do ordenamento processual, promovendo inegável simplificação do sistema.

Estas, em apertada síntese, são nossas considerações sobre o referido Projeto.

Referências

ARMELIN, Donaldo. *Legitimidade para agir no direito processual civil brasileiro*. São Paulo: Revista dos Tribunais, 1979.

LIEBMAN, Enrico Tullio. *Manual de direito processual civil*. Tradução e notas de Cândido Rangel Dinamarco. 2. ed. Rio de Janeiro: Forense, 1985. v. 1.

MARCATO, Antonio Carlos. *Código de Processo Civil interpretado*. São Paulo: Atlas, 2004.

Informação bibliográfica deste texto, conforme a NBR 6023:2002 da Associação Brasileira de Normas Técnicas (ABNT):

MOURÃO, Luiz Eduardo Ribeiro. Da oportunidade e conveniência, teórica e prática, de eliminar as condições da ação da legislação processual civil brasileira. In: ROSSI, Fernando et al. (Coord.). *O futuro do processo civil no Brasil*: uma análise crítica ao Projeto do Novo CPC. Belo Horizonte: Fórum, 2011. p. 739-748. ISBN 978-85-7700-511-6.

---

[21] DIDIER JR., Fredie. *Curso de direito processual civil*. 6. ed. Salvador: JusPodivm, 2006. v. 1, p. 171.

O PROJETO DO NOVO CPC E A TUTELA DE EVIDÊNCIA

LUIZ FERNANDO VALLADÃO NOGUEIRA

1 O sistema atual – Cautelares e tutelas antecipadas – A caminhada rumo à efetividade

A efetividade das decisões judiciais sempre foi uma preocupação a atormentar aqueles que estudam o Direito. E quando se fala em efetividade, vêm à tona as medidas de urgência!

Com efeito, o Código de Processo Civil, antes mesmo das várias reformas que lhe foram impostas e da própria Constituição Federal de 1988, já estabelecia a possibilidade de obtenção imediata e satisfativa do bem de vida perseguido, em sede de liminar, em alguns procedimentos especiais. Assim é que, por exemplo, o Código admitia a proteção possessória, com evidente caráter satisfativo, já no início do trâmite do processo respectivo (art. 928, CPC). De igual forma, a lei que regulava o processo de mandado de segurança (Lei nº 1.533/51), em seu art. 7º, previa a hipótese da concessão da ordem, já em caráter liminar.

As medidas cautelares, cujo objetivo é apenas o de assegurar o resultado prático do processo, também já estavam previstas nos arts. 796 e ss. do Código de Processo Civil.

Portanto, pode-se afirmar que, antes da Carta Constitucional de 1988, já existiam dispositivos que objetivavam a maior efetividade do processo. Em outras palavras, a busca do processo "justo".

Aliás, já se percebia a nítida distinção entre as tutelas cautelares e as tutelas antecipadas. As primeiras, previstas nos aludidos arts. 796 e seguintes do Código Processual, objetivavam garantir o resultado prático do processo e não eram satisfativas (o bem de vida perseguido não era alcançado, de imediato). Já as tutelas antecipadas, embora ainda não previstas expressamente no Código àquela época, aconteciam, na prática, por intermédio das liminares em procedimentos especiais, sendo que, nestes casos, havia a plena satisfação com a obtenção do bem de vida.

Eis que, com a Constituição de 1988, houve a previsão de que seriam assegurados a "razoável duração do processo e os meios que garantam a celeridade de sua tramitação" (art. 5º, inc. LXXVIII). Mais ainda, houve a previsão de garantia de apreciação pelo Poder Judiciário de "lesão", inclusive quando ocorrer "ameaça a direito" (art. 5º, XXXV CF).

No plano infraconstitucional, notadamente no que toca às tutelas de urgência, houve avanços que se mostravam atentos aos ditames constitucionais.

De fato, com a Lei nº 8.952/94 houve a instituição da tutela antecipada, pela qual se generalizou quanto à possibilidade de a medida de urgência ser satisfativa. Vale dizer que, desde que houvesse, além do perigo de dano ou abuso no direito de defesa, "prova inequívoca" e "verossimilhança da alegação" (art. 273, CPC), já poderia o magistrado "antecipar, total ou parcialmente, os efeitos da tutela pretendida no pedido inicial".

Na linha do que já admitia o chamado Código de Defesa do Consumidor (Lei nº 8.078/90, art. 84, §3º), a referida Lei nº 8.952/94 inseriu no Código de Processo Civil a antecipação da tutela para os casos de obrigações de fazer ou não fazer (art. 461, §3º). Em seguida, e por intermédio da Lei nº 10.444/02, estendeu-se a mesma medida para as ações que tivessem por objeto a "entrega de coisa" (art. 461-A e §3º do CPC).

Disto tudo sobressai que ainda subsiste, na atualidade, uma divisão nas medidas de urgência: tutela antecipada e cautelar, sendo que a primeira tem caráter satisfativo e a segunda visa garantir o resultado prático do processo.

Acontece que os requisitos à concessão das referidas medidas são diferentes, até mesmo porque o alcance da tutela antecipada é mais amplo e eficaz do que o da cautelar.

Sim, para a tutela antecipada é de rigor que haja "prova inequívoca" e "verossimilhança da alegação" (art. 273, CPC), requisitos estes que exigem uma quase certeza de que o pretendente tem razão em seu pleito e será vitorioso ao final. Já para a cautelar, há um rigor menor, na medida em que basta à sua concessão a relevância da fundamentação e o perigo de dano.

De maneira objetiva, lembra Antonio Carlos Marcato,[1] ao se referir à tutela antecipada, que "predomina o entendimento de que não se trata de cautelar, pois não se limita a conservar situações para assegurar a efetividade do resultado final, mas implica antecipação do próprio resultado".

Fredie Didier, Paula Sarno, Rafael Oliveira[2] evidenciam a distinção entre a cautelar e a tutela antecipada:

> Sob essa perspectiva, somente a tutela antecipada pode ser satisfativa e atributiva, quando antecipa provisoriamente a satisfação de uma pretensão cognitiva e/ou executiva, atribuindo bem da vida. Já a tutela cautelar é sempre não-satisfativa e conservativa, pois se limita a assegurar a futura satisfação de uma pretensão cognitiva ou executiva, conservando bem da vida, embora possa ser tutelada antecipadamente.

---

[1] MARCATO, Antonio Carlos. *Código de Processo Civil interpretado*. 3. ed. São Paulo: Atlas, 2008. p. 826.
[2] DIDIER JR., Fredie; BRAGA Paula Sarno, OLIVEIRA, Rafael. *Curso de direito processual civil*. 4. ed. Salvador: JusPodivm, 2009. v. 2, p. 452, 456, 459, 460.

Conforme entendimento de José Roberto dos Santos Bedaque,[3]

> (...) Distinguem-se, todavia, pelo caráter satisfativo de uma, inexistente na outra. As medidas cautelares exerceriam em nosso sistema apenas a função de assegurar a utilidade do pronunciamento futuro, mas não antecipar seus efeitos materiais, ou seja, aqueles pretendidos pela parte no plano substancial. A diferença fundamental entre ambas residiria, pois, nesse aspecto provisoriamente satisfativo do próprio direito material cuja tutela é pleiteada de forma definitiva, ausente na cautelar e inerente na antecipação.

O que acontece é que essa dualidade de medidas de urgência, com requisitos e procedimentos distintos, estava a causar embaraços na prestação jurisdicional. É que os requerimentos feitos erroneamente ocasionavam o indeferimento das pretensões, em vista de inadequação formal.

A fim de superar tal obstáculo formal, a Lei nº 10.444/02 cuidou de trazer o §7º ao art. 273 do CPC, o qual consubstanciou a chamada fungibilidade das medidas de urgência. Em outras palavras, o requerimento que desconsiderasse a dicotomia entre cautelar e tutela de urgência poderia, ainda assim, ser aproveitado, em homenagem à efetividade do processo.

Com efeito, "se o autor, a título de antecipação de tutela, requerer providência de natureza cautelar, poderá o juiz, quando presentes os respectivos pressupostos, deferir a medida cautelar em caráter incidental ao processo ajuizada" (§7º do art. 273, CPC).

Trata-se, aí, de um grande avanço na efetividade, pois, ao permitir que a cautelar seja deferida, incidentalmente, no próprio processo principal, o legislador acenou com a possibilidade de haver uma desburocratização com a eliminação do processo cautelar autônomo.

Para Luiz Rodrigues Wambier,[4]

> (...)
>
> Assim, em casos urgentes, o juiz não pode deixar de conceder a medida simplesmente por reputar que ela não foi requerida pela via que considera cabível. Nessa hipótese, se presentes os requisitos, o juiz tem o dever de conceder a tutela urgente pretendida e, se for o caso, mandar a parte posteriormente adaptar ou corrigir a medida proposta.
>
> O texto do artigo 273 do parágrafo 7º, deixa clara a antes mencionada fungibilidade entre tutela antecipada e tutela cautelar. Diversamente do que pode parecer com uma leitura rápida, a providência de natureza cautelar pode ser postulada ainda que não tenha expressado pleito de antecipação de tutela. Pode ocorrer de o autor não ter pedido antecipação de tutela (até mesmo por eventualmente não lhe interessar tal antecipação), mas ter pedido providência de natureza diversa do provimento final almejado, com os requisitos suficientes para a concessão de medida cautelar. Nessa hipótese, a norma autoriza o pedido (cautelar) em processo de conhecimento. Por outro lado, e embora a regra não o diga expressamente, as razões antes expostas evidenciam que

---

[3] BEDAQUE, José Roberto dos Santos. *Tutela cautelar e tutela antecipada*: tutelas sumárias e de urgências: tentativa de sistematização. 2. ed. São Paulo: Malheiros, 2001. p. 27.

[4] WAMBIER, Luiz Rodrigues; ALMEIDA, Flávio Renato Correia de; TALAMINI, Eduardo. *Curso avançado de processo civil*. 7. ed. atual. ampl. São Paulo: Afiliada, 2006. v. 3, p. 37-38.

fungibilidade também haverá de ser reconhecida no sentido oposto — ou seja, poderá haver deferimento de tutela antecipada requerida sob a forma de "medida cautelar".

Já para Antônio Cláudio da Costa Machado,[5]

> Contrariamente ao posicionamento corrente da doutrina que vem vislumbrando com presente dispositivo apenas a fungibilidade do pedido de tutela antecipada, ousamos divergir para afirmar que este §7º significa muito mais que isso, posto que a idéia de Fungibilidade pressupõe o equívoco da parte ao solicitar providência antecipatória em vez da natureza cautelar, quando, na verdade, o que o texto sob enfoque permite é que, a partir de agora, se peça naturalmente providência cautelar da mesma forma como se pede antecipação da tutela, vale dizer, independentemente de propositura da ação cautela incidental. (...). O que queremos salientar é que a parte não precisa errar na qualificação jurídica da providência para que o juiz possa conceder-lhe o provimento acautelatório — se a postulação inadequada ocorrer, sem nenhum problema o juiz poderá compreendê-la, à luz da necessidade real da parte, e conceder a cautela, tendo em conta a fungibilidade —, pelo contrário, pode deliberada e conscientemente requere por essa nova forma de tutela cautelar incidental. Para que se alcance toda a potência normativa que este novo §7º proporciona, destarte, basta que se interprete a locução "a título" como "na forma" e aí teremos um resultado exegético verdadeiramente significativo para o processo civil. Atente-se, por derradeiro, para o fato de que essa nova regulamentação introduzida no artigo 273 não representa o desaparecimento do processo cautelar, porquanto as cautelares antecedentes (chamadas preparatórias) permanecem intactas no sistema (art. 796, do CPC), e nem mesmo a morte do processo cautelar incidental, na medida em que o art. 796 referido não foi alterado pala Lei n. 10.444/2002 (e ele fala de procedimento cautelar [...] no curso do processo principal), de sorte que apenas quando o juiz verifique que o requerimento de cautela (art. 273, §7º) se encontra bem instruído, não depende de prova oral e não vai gerar tumulto nos autos do processo cognitivo, então, o órgão jurisdicional concede a providência solicitada; caso contrário, o magistrado determina ao requerente que postule a medida acautelatória em sede própria, ajuizando ação cautelar incidental, o que permitirá a ampla discussão de matéria fática e jurídica sem comprometer o andamento do processo principal.

A jurisprudência assimilou este avanço, permitindo a concessão da tutela de urgência, independente do rótulo dado pela parte, desde que observados os requisitos legais. Vale conferir o seguinte exemplo:

> AGRAVO DE INSTRUMENTO. AÇÃO ORDINÁRIA. LIMINAR. ANTECIPAÇÃO DE TUTELA. TUTELAS DE URGÊNCIA. FUNGIBILIDADE ADMITIDA. REFORMA. O princípio da fungibilidade, consagrado no art. 273, §7º, do CPC, torna possível a concessão de uma medida de urgência no lugar da outra, em atenção à celeridade e economia processual.[6]

Enfim, no sistema atual, encontramos esta divisão legal entre as tutelas de urgência (cautelares e tutelas antecipadas), havendo, contudo, a admissão de que haja o atendimento do pleito da parte, independente da nomenclatura adotada no

---

[5] MACHADO, Antônio Cláudio da Costa. *Código de Processo Civil interpretado*. São Paulo: Manole, 2006. p. 616, 617.
[6] TJMG, agravo nº 1.0027.09.180940-3/001(1), Des. ALBERTO HENRIQUE, 02.04.2009.

requerimento (fungibilidade). E, mais ainda, o procedimento adotado é irrelevante (incidental ou por processo cautelar separado), eis que importa, isto sim, o preenchimento dos requisitos legais à obtenção da proteção judicial.

2 A proposta do Projeto do CPC – Nova divisão – Medidas de urgência – Tutela de urgência e tutela de evidência

O Projeto do Novo Código de Processo Civil, como é notório, está em trâmite no Congresso Nacional, sendo que já foi aprovado pelo Senado Federal.

Desta feita, a proposta é no sentido de eliminar o "processo cautelar", ao qual é, atualmente, dedicado o Livro III do CPC. A proposta estabelece as "medidas de urgência", que se dividirão em "tutela de urgência" e "tutela de evidência", sendo que serão ajuizadas sempre nos mesmos autos do processo principal.

E mais: o Projeto, influenciado pela fungibilidade atualmente em vigor, prevê o cabimento dessas medidas, seja em caráter cautelar seja com natureza satisfativa.

Eis o dispositivo do art. 269 do Projeto:

> Art. 269 – A tutela de urgência e a tutela de evidência podem ser requeridas antes ou no curso do processo, sejam essas medidas de natureza satisfativa ou cautelar.
>
> §1º São medidas satisfativas as que visam a antecipar ao autor, no todo ou em parte, os efeitos da tutela pretendida.
>
> §2º São medidas cautelares as que visam a afastar riscos e assegurar o resultado útil do processo.

Destarte, poderá ser requerida qualquer das medidas de urgência, sem que haja alteração de procedimento em virtude de sua natureza — satisfativa ou cautelar.

Aliás, o Projeto é mais audacioso ainda, ao manter os mesmos requisitos previstos à cautelar para a medida de natureza satisfativa. Sim, em vez de estabelecer um rigor maior para as medidas satisfativas, o Projeto manteve para elas o mesmo critério adotado para as cautelares.

De fato, o art. 276 do Projeto destaca, sem fazer qualquer distinção entre as medidas de natureza cautelar e as satisfativas, que "a tutela de urgência será concedida quando forem demonstrados elementos que evidenciem a plausibilidade do direito, bem como o risco de dano irreparável ou de difícil reparação".

Vale lembrar que, neste particular, haverá uma mudança. É que o art. 273 CPC em vigor, ao tratar da tutela antecipada (satisfativa), exige que haja a "prova inequívoca" dos fatos alegados, assim como a "verossimilhança da alegação". Ora, como é cediço, estes critérios, diferentemente dos adotados para as medidas cautelares, exigem que haja uma quase certeza de que o pretendente tem razão quanto à pretensão principal e, por isto mesmo, é merecedor de sua antecipação.

Pois bem, seguindo adiante, veremos que o Projeto traz, efetivamente, um avanço, ao prever a tutela de evidência. A grande diferença entre esta e a tutela de urgência (ambas estão inseridas no gênero medidas de urgência) é que a primeira dispensa o requisito do dano irreparável ou de difícil reparação.

Com efeito, a tutela de urgência exigirá, para ser concedida, o chamado *periculum in mora*. Já a tutela de evidência, conforme preconiza o art. 278 do Projeto, "será concedida, independentemente da demonstração de risco de dano irreparável ou de difícil reparação".

A concessão da medida pretendida — cautelar ou satisfativa — sem o requisito do *periculum in mora* representa um avanço no campo da efetividade. Ora, o processo lento, e que só traga o bem de vida perseguido depois de longo tempo, não é justo. O processo justo é aquele que traz a satisfação à parte, ainda a tempo e modo.

3 Ainda a proposta e as hipóteses específicas para a concessão da tutela de evidência

Neste cenário de instituição da tutela de evidência, o Projeto previu situações específicas em que ela será cabível.

A primeira delas, prevista no inc. I do referido art. 278, é quando "ficar caracterizado o abuso de direito de defesa ou o manifesto propósito protelatório do requerido".

Na verdade, pode-se dizer que, mesmo no sistema atual, já há a previsão de tutela de evidência, em situações deste *jaez*, ainda que sob o rótulo de tutela antecipada. Isto porque o art. 273, inc. II, do Código de Processo Civil em vigor, já admite a concessão da tutela antecipada, mesmo que não haja o risco de dano.

Realmente, o requisito de "receio de dano irreparável ou de difícil reparação" está previsto no inc. I daquele artigo, como sendo uma regra geral. Já o inc. II do mesmo artigo dispensa o *periculum in mora*, desde que "fique caracterizado o abuso de direito de defesa ou manifesto propósito protelatório do réu".

É fácil verificar, pois, que a tutela de evidência em casos tais, na prática, já existe em nosso ordenamento processual.

Vale conferir o tratamento doutrinário atual sobre o tema:[7]

> Já no que tange ao abuso do direito de defesa ou o manifesto intuito protelatório do réu (inciso II do art. 273), o legislador dispensou a necessidade do perigo de dano. Para a caracterização desse requisito, basta a utilização indevida do processo pelo réu para dificultar a prestação da tutela jurisdicional pleiteada, impedindo a efetividade e a celeridade do processo.
>
> O abuso do direito de defesa resta configurado quando o réu pratica atos indevidos dentro do próprio processo, já o manifesto intuito protelatório corresponde ao comportamento do réu fora do processo, mas com ligação direta à relação processual, tal como a ocultação de provas.
>
> Ressalte-se que, de acordo com a finalidade da norma, a concessão da antecipação dos efeitos da tutela nesses casos, somente se justifica se da conduta do réu resultou atraso indevido na entrega da prestação jurisdicional.
>
> Para alguns autores, como Cândido Rangel Dinamarco e Calmon de Passos, pode-se usar como parâmetro, para a identificação dessas situações, o artigo 17 do Código de Processo Civil, que estabelece hipóteses de litigância de má-fé.

---

[7] SANTIAGO, Edna Ribeiro. Impossibilidade de concessão da tutela antecipada de ofício nos casos de abuso do direito de defesa ou manifesto intuito protelatório do réu. *Jus Navigandi*, Teresina, ano 15, n. 2553, 28 jun. 2010. Disponível em: <http://jus.uol.com.br/revista/texto/15100>. Acesso em: 25 fev. 2011.

Teori Albino Zavascki denominou, para efeitos meramente classificatórios, a hipótese de antecipação de tutela prevista no art. 237, I, como antecipação assecuratória, e a hipótese prevista no art. 273, II, como antecipação punitiva. Em relação a essa última, o Autor faz importante ressalva: "embora não se trate propriamente de uma punição".

Para Marcato,[8]

> Na situação do inciso II do art. 273, a razão de ser da antecipação é completamente outra, não vinculada ao perigo concreto de dano. Revela a existência de postura assemelhada à litigância de má-fé, já regulada pelos arts. 16 a 18 do Código de Processo Civil.
>
> De fato, a possibilidade de os efeitos serem antecipados em razão do comportamento assumido pelo réu, consistentes em apresentar defesa despida de seriedade, não está ligada a perigo de dano concreto. Destina-se tão somente a acelerar o resultado do processo, pois o direito afirmado pelo autor é verossímil, circunstância que vem reforçada pela inconsistência dos argumentos utilizados pelo réu em sua resposta. Ou seja, a existência do direito é provável não só pelos argumentos deduzidos pelo autor, como também pelos apresentados na defesa.

A segunda situação, em que o Projeto prevê o cabimento da tutela de evidência, está no inc. II do art. 278: "um ou mais dos pedidos cumulados ou parcela deles mostrar-se incontroverso, caso em que a solução será definitiva".

Aqui também estamos diante de uma hipótese já existente no Código atual. A referência, agora, é ao art. 273, §6º, do CPC em vigor, segundo o qual "a tutela antecipada também poderá ser concedida quando um ou mais dos pedidos cumulados, ou parcela deles, mostrar-se incontroverso".

O que o Código atual prevê, sob a rubrica de tutela antecipada, e está sendo repetido no Projeto (agora sob a nomenclatura de tutela de evidência), nada mais é que aproveitar com mais efetividade aquela situação de dispensa de prova sobre fatos incontroversos (art. 334, CPC).

O nosso grande doutrinador Humberto Theodoro Jr.[9] lembra, a respeito do tema, que

> a lei 10.444, de 07.05.02, acrescentou o §6º ao art. 273, que prevê mais um caso de antecipação de tutela. Trata-se de cumulação de pedidos, quando o réu contesta apenas um ou alguns deles, deixando incontroversos outros. Em tal conjuntura, a antecipação se mostra possível, sem necessidade de recorrer-se dos requisitos ordinariamente exigidos (perigo de dano grave, prova inequívoca, etc.).

A terceira situação — e aí há verdadeiramente novidade a merecer aplausos — está prevista no inc. III do multicitado art. 278: "a inicial for instruída com prova documental irrefutável do direito alegado pelo autor a que o réu não oponha prova inequívoca".

São dois requisitos os previstos para a concessão da tutela de evidência, nas hipóteses do inc. III: "prova documental irrefutável do direito alegado" e "que o réu não oponha prova inequívoca".

---

[8] MARCATO, Antonio Carlos. *Código de Processo Civil comentado*. 3. ed. São Paulo: Atlas, 2008. p. 830.
[9] THEODORO JR., Humberto. *Curso de direito processual civil*. 41. ed. Rio de Janeiro: Forense, 2009. v. 3.

A prova documental irrefutável só pode ser compreendida com o mesmo rigor que se trata o chamado *direito líquido e certo*, requisito à concessão do mandado de segurança.

Realmente, a prova documental irrefutável tem que revelar o direito líquido e certo de quem a está a invocar. E, sabidamente, direito líquido e certo não é aquele que possui complexidade jurídica menor, mas sim aquele que está acobertado por prova documental pré-constituída. Em outras palavras, o autor consegue demonstrar o que alega por meio de prova documental, e sem necessidade de dilação probatória posterior.

O requisito de que o réu não pode opor prova inequívoca àquela prova documental apresentada pelo autor torna a obtenção da tutela de evidência, em casos tais, mais difícil.

O objetivo aí é o de vedar a concessão da tutela de evidência, caso o réu tenha prova clara e convincente que contrarie os fatos arguidos pelo autor.

Neste contexto, pode-se dizer que o réu poderá apresentar esta prova inequívoca, por meio de documentos juntados à contestação. Ou seja, se o autor requerer a tutela de evidência depois da contestação em que o réu apresentar documentos com tamanha força probatória, deverá ser indeferida a medida pretendida.

De igual forma, poderá o autor requerer a tutela de evidência depois do encerramento da fase probatória (já com oitiva de testemunhas e prova pericial, por exemplo), sendo que se o réu tiver conseguido produzir prova inequívoca contrária à pretensão autoral, vez mais deverá ser indeferida a pretensão.

A expressão "prova inequívoca" aqui usada tem o mesmo rigor que a doutrina empresta a ela, quando utilizada como requisito para a concessão da tutela antecipada (CPC, art. 273 em vigor). Em outras palavras, se o autor apresenta robusta prova documental ("irrefutável"), mas o réu oferece elementos probatórios que neguem, peremptoriamente, o seu poder de convencimento, a tutela de evidência não poderá ser concedida. Ou, melhor dizendo, o réu terá que comprovar que, a rigor, será vitorioso ao final, razão pela qual ao juiz não convém conceder tutela de evidência ao autor.

Frise-se que o fato de o Projeto exigir a inexistência de prova inequívoca, oposta pelo réu, não significa que a tutela de evidência só poderá ser concedida depois da contestação.

Ora, em primeiro lugar, é o próprio Projeto que admite a concessão da tutela de evidência antecedente ao próprio processo (art. 279), em caráter liminar (arts. 280 a 282, art. 284, I).

Demais disto, há diversas situações em que o magistrado já pode antever que o réu não possui prova inequívoca que contrarie as comprovações feitas pelo autor.

Assim é que, por exemplo, numa ação contra a Administração Pública o cidadão pode estar munido de cópia de processo administrativo, no qual aquela, por meio de seus agentes, já expôs a sua argumentação. E pode ocorrer que os elementos daquele processo administrativo sejam suficientes para evidenciar que o réu carece de argumentos e provas que impeçam a concessão da tutela de evidência.

De igual forma, pode ocorrer que o réu já tenha exposto os seus argumentos e provas, por meio de notificação judicial ou extrajudicial, anterior ao próprio ajuizamento da ação, e de tal forma a facilitar a conclusão do magistrado de que lhe falta prova inequívoca. Ou seja, o Juiz percebe que o autor traz prova documental irrefutável, contra a qual ele já pode deduzir que o réu não tem prova inequívoca.

Há, enfim, a previsão do inc. IV do art. 278, a permitir a concessão da tutela de evidência, quando "a matéria for unicamente de direito e houver tese firmada em julgamento de recursos repetitivos, em incidente de resolução de demandas repetitivas ou em súmula vinculante".

Neste caso, por ser a matéria unicamente de direito, supõe-se que os fatos são incontroversos e comprovados de plano. Pode-se dizer que, aqui também, há a exigência do direito líquido e certo!

Destaque-se que a concessão da tutela de evidência, em casos em que a tese de direito já está pacificada por sistemas legais que harmonizam a interpretação do direito (recursos repetitivos, incidente de resolução de demandas repetitivas, e súmulas vinculantes), é um grande avanço na efetividade. Vale lembrar que, nestas hipóteses, será desnecessário o requisito do perigo de dano, circunstância que evidencia o propósito de proteção ao litigante que, com segurança, tem razão em seu pleito, não sendo justo aguardar todo o desfecho do processo para a entrega final do bem de vida.

Por derradeiro, o parágrafo único abarca a possibilidade de concessão de liminar em tutela de evidência, nos casos em que houver "depósito legal ou convencional", comprovado por "prova documental".

É oportuna a previsão do Projeto, uma vez que, consoante Súmula Vinculante do STF, não é viável mais a prisão civil do depositário infiel (Súmula nº 25 STF – "É ilícita a prisão civil de depositário infiel, qualquer que seja a modalidade do depósito"). Se o afastamento desta medida (prisão) inibe a eficácia na busca do bem entregue em depósito, a previsão do Projeto mitiga tal inibição, na medida em que, de forma expressa, prevê a viabilidade de imposição liminar, e sem a necessidade de comprovação de perigo de dano.

4 A conclusão

Não há dúvidas de que o processo precisa caminhar rumo à efetividade, de forma menos burocrática possível. A propósito, deve-se enfatizar o óbvio, ou seja, o processo visa permitir a discussão sobre o direito material, não podendo se transformar em *ator principal*. Logo, ao contrário de criar dificuldades desnecessárias, a norma processual deve acenar para a definição segura e definitiva sobre a lide.

Há, porém, situações de urgência, as quais precisam, nos casos concretos, ser enfrentadas pelo Poder Judiciário.

Durante algum tempo, discutiu-se muito sobre as medidas e procedimentos adequados para esta ou aquela situação de urgência. Hoje, o próprio sistema legal já arrefeceu a intensidade destas discussões, notadamente ao impor a fungibilidade para estas medidas.

O Projeto em curso no Congresso Nacional segue nesta linha, sobretudo ao instituir a chamada tutela de evidência, cujo grande mérito é permitir a concessão da medida (satisfativa ou cautelar) sem o requisito do perigo de dano, naquelas situações em que o pretendente tem, seguramente, razão em sua pretensão.

Deve-se salientar, enfim, que há mudanças e aperfeiçoamentos a serem feitos no Projeto, no tocante a este tema, sendo certo que o debate deverá prosseguir. E — espera-se — o debate deverá ocorrer sem açodamentos, sendo importante a participação das entidades jurídicas que pensam o Direito.

Referências

BEDAQUE, José Roberto dos Santos. *Tutela cautelar e tutela antecipada*: tutelas sumárias e de urgências: tentativa de sistematização. 2. ed. São Paulo: Malheiros, 2001.

DIDIER JR., Fredie; BRAGA Paula Sarno, OLIVEIRA, Rafael. *Curso de direito processual civil*. 4. ed. Salvador: JusPodivm, 2009, v. 2.

MACHADO, Antonio Cláudio da Costa. *Código de Processo Civil interpretado*. São Paulo: Manole, 2006.

MARCATO, Antonio Carlos. *Código de Processo Civil interpretado*. 3. ed. São Paulo: Atlas, 2008.

MARCATO, Antonio Carlos. *Código de Processo Civil comentado*. 3. ed. São Paulo: Atlas, 2008.

SANTIAGO, Edna Ribeiro. Impossibilidade de concessão da tutela antecipada de ofício nos casos de abuso do direito de defesa ou manifesto intuito protelatório do réu. *Jus Navigandi*, Teresina, ano 15, n. 2553, 28 jun. 2010. Disponível em: <http://jus.uol.com.br/revista/texto/15100>. Acesso em: 25 fev. 2011.

THEODORO JR., Humberto. *Curso de direito processual civil*. 41. ed. Rio de Janeiro: Forense, 2009. v. 3.

TJMG, agravo 1.0027.09.180940-3/001(1), Des. ALBERTO HENRIQUE, 02 abr. 2009.

WAMBIER, Luiz Rodrigues; ALMEIDA, Flávio Renato Correia de; TALAMINI, Eduardo. *Curso avançado de processo civil*. 7. ed. atual. ampl. São Paulo: Afiliada, 2006. v. 3.

Informação bibliográfica deste texto, conforme a NBR 6023:2002 da Associação Brasileira de Normas Técnicas (ABNT):

NOGUEIRA, Luiz Fernando Valladão. O Projeto do Novo CPC e a tutela de evidência. In: ROSSI, Fernando et al. (Coord.). *O futuro do processo civil no Brasil*: uma análise crítica ao Projeto do Novo CPC. Belo Horizonte: Fórum, 2011. p. 749-758. ISBN 978-85-7700-511-6.

A ESTRUTURA DO NOVO CÓDIGO DE PROCESSO CIVIL

MANOEL DE SOUZA MENDES JUNIOR

O Código de Processo Civil brasileiro de 1973, decorrente de Anteprojeto elaborado por Alfredo Buzaid, foi estruturado em torno de cinco livros, dos quais os três primeiros são dedicados, respectivamente, ao processo de conhecimento, ao processo de execução e ao processo cautelar. Segundo Buzaid, essa "classificação científica das funções do processo"[1] seria sancionada pela "dogmática do processo civil moderno".[2]

O autor esclarece que a função de conhecimento "consiste em declarar o direito"; que a função de execução tem por pressupostos o inadimplemento do devedor e a existência de título executivo, judicial e extrajudicial;[3] e, por fim, que a função cautelar, correspondendo "à necessidade efetiva e atual de afastar o temor de um dano jurídico", destina-se à prevenção.[4]

Buzaid justifica também a opção por tratar dos procedimentos especiais apenas no Livro IV:

> Num Código de Processo Civil distinguem-se claramente uma parte geral [composta pelos Livros dedicados ao processo de conhecimento, ao processo de execução e ao processo cautelar] e outra especial. A primeira é autônoma, regendo-se por princípios próprios, que lhe subministram a matéria e a estrutura, sem qualquer vínculo de subordinação ao direito material. O projetista pode, a seu respeito, construir livremente as normas, não se preocupando senão com as condições técnicas para assegurar a

---

[1] Linhas fundamentais do sistema do Código de Processo Civil brasileiro, p. 37.
[2] Exposição de Motivos do CPC/73, Capítulo IV, item 11. Em abono à classificação adotada, o autor cita Carnelutti, Liebman, Rosenberg e Alcalá-Zamora y Castillo.
[3] Note-se que, ao contrário das demais, a função executiva não foi caracterizada por sua finalidade.
[4] Linhas fundamentais..., p. 36-37.

administração e com as condições jurídicas, políticas, sociais e geográficas do povo, ao qual se destina o Código. A segunda parte [dedicada aos procedimentos especiais] é bem diversa da primeira, porque objetiva particularizar o procedimento de determinadas ações, cujos pressupostos são fornecidos pelo direito material. Sob êste aspecto há entre o processo civil e o direito material um nexo de íntima dependência.[5]

Nesse sistema, as linhas gerais eram as seguintes:

a) no processo de conhecimento, o Estado somente exercia atividade jurisdicional cognitiva;

b) a atividade executiva era realizada em processo autônomo, mesmo quando fundada em título judicial;

c) se no curso do processo de execução fosse necessária qualquer investigação mais aprofundada, ela deveria ser realizada por meio de um processo de conhecimento incidental e autônomo: os embargos à execução; por fim,

d) a prevenção de dano provável, decorrente da demora na prestação jurisdicional (*periculum in mora*), ao direito hipotético do autor (*fumus boni iuris*) também dependia da instauração de um processo autônomo: o processo cautelar.[6]

Essa estrutura permaneceu inabalada por aproximadamente vinte anos; a partir de 1994, porém, o Código passou a ser submetido a diversas minirreformas, as quais, pouco a pouco, levaram à sua ruptura.

Inicialmente, a Lei nº 8.952/94 instituiu entre nós a tutela antecipada genérica (arts. 273 e 461, §3º),[7] assim criando a possibilidade de haver execução[8] no processo de conhecimento — e antes mesmo da formação da coisa julgada. *Cognição e execução simultâneas e em um único processo*, portanto.

A mesma Lei estabeleceu ainda que o processo "de conhecimento" relativo a obrigações de fazer e de não fazer não mais se limitaria à cognição: encerrada esta, realizar-se-ia, no mesmo processo, a execução (art. 461). *Cognição e execução sucessivas, mas em um único processo*. Trata-se de solução que posteriormente a Lei nº 10.444/02 estendeu às obrigações de entregar coisa (art. 461-A) e a Lei nº 11.232/05, às obrigações de pagar quantia certa (art. 475-J e ss.).

Como se pode perceber, o Código Reformado já não mais contemplava a rígida separação estabelecida pelo Código Buzaid entre cognição e execução. Pelo contrário, passou-se a ter, como regra, um processo composto por uma primeira fase de natureza cognitiva, seguida por uma segunda etapa, de caráter executivo. Um *processo sincrético*, e não mais *apenas* de conhecimento ou de execução. Em síntese: *o processo de conhecimento deu lugar a um processo sincrético*.[9]

---

[5] *Anteprojeto de Código de Processo Civil:*..., p. 11-12.

[6] Alguns procedimentos especiais, como a reintegração de posse, fugiam, contudo, desse rígido esquema.

[7] A Lei nº 8.952/94 generalizou a possibilidade de concessão da tutela antecipada. Até então, ela era permitida apenas de forma específica, em alguns procedimentos especiais; era esse, por exemplo, o caso da reintegração liminar de posse (CPC/73, art. 928), da "liminar" em mandado de segurança (Lei nº 1.533/51, art. 7º, inc. II; atualmente, Lei nº 12.016/09, art. 7º, inc. III) e dos alimentos provisórios (Lei nº 5.478/68, art. 4º, *caput*).

[8] Em sua redação original, o art. 273, §3º, do CPC/73 referia-se à "execução" da tutela antecipada. A Lei nº 10.444/02, entretanto, deu nova redação ao dispositivo, substituindo "execução" por "efetivação".

[9] Por esse motivo, afirmam Marinoni e Mitidiero: "A alusão a 'processo de conhecimento' no Código Reformado justifica-se apenas em homenagem à estruturação formal do nosso Código de Processo Civil, naturalmente

Firmadas essas premissas, pode-se passar a analisar o PLS nº 166/10, decorrente de Anteprojeto elaborado por Comissão de Juristas presidida pelo Ministro Luiz Fux.

O Projeto do Novo Código de Processo Civil brasileiro é composto por cinco Livros:

I – Parte geral (arts. 1º a 291);
II – Processo de conhecimento e cumprimento de sentença[10] (arts. 292 a 729);
III – Do processo de execução (arts. 730 a 881);
IV – Dos processos nos tribunais e dos meios de impugnação das decisões judiciais (arts. 882 a 998); e
V – Das disposições finais e transitórias (arts. 999 a 1007).

A primeira inovação que se observa é a criação de um Livro dedicado à *parte geral*.[11] Segundo a Exposição de Motivos do Anteprojeto, "a Parte Geral desempenha o papel de chamar para si a solução de questões difíceis relativas às demais partes do Código, já que contém regras e princípios gerais a respeito do funcionamento do sistema".

No Código Buzaid, o Livro I continha tanto normas de natureza geral quanto aquelas destinadas a disciplinar especificamente o processo de conhecimento. *Em termos estruturais*, a novidade é, portanto, bem-vinda.

O *conteúdo* do Livro I, todavia, consiste, em grande medida, na reprodução de dispositivos constantes do Código atual: aí se repetem, com algumas alterações apenas, as regras atuais sobre jurisdição e competência; ação; sujeitos do processo (partes, procuradores, juiz, auxiliares da Justiça e Ministério Público); atos processuais; e, por fim, sobre a formação, a suspensão e a extinção do processo.

Há, é verdade, alguns pontos dignos de nota. Dentre eles, destaca-se a *constitucionalização do Código*,[12] seja mediante a simples reprodução de princípios processuais já constantes da Constituição Federal,[13] seja através da criação de regras que dão maior concretude a esses princípios. Nessa segunda categoria entra a regra descrita em seu art. 10,[14] a qual conforma o princípio constitucional do contraditório na dimensão em que tem por destinatário o juiz, impondo-lhe buscar, ativamente,

---

ligada aos valores e às idéias que presidiram a formação do Código Buzaid. Rigorosamente, o Livro I do Código estrutura um processo sincrético, misto, em que a atividade voltada ao conhecimento do caso levado a juízo mistura-se a todo tempo com aquela destinada à realização concreta do direito" (*Código de Processo Civil*, p. 93-94).

[10] Essa é a rubrica atribuída ao Livro II pelo substitutivo apresentado pelo Senador Valter Pereira. No Anteprojeto elaborado pela Comissão de Juristas, tal Livro fora intitulado "Do processo de conhecimento".

[11] No direito comparado, observa-se que tanto a Ley de Enjuiciamento civil espanhola quanto o Codice di Procedura Civile italiano, por exemplo, têm seu primeiro livro dedicado à parte geral.

[12] De acordo com a Exposição de Motivos do Anteprojeto, "estabelecer expressa e implicitamente verdadeira sintonia fina com a Constituição Federal" foi um dos objetivos principais da Comissão.

[13] O art. 3º do Projeto, por exemplo, repete o princípio da inafastabilidade do controle jurisdicional ("Não se excluirá da apreciação jurisdicional ameaça ou lesão a direito, ressalvados os litígios voluntariamente submetidos à solução arbitral, na forma da lei"), já previsto no art. 5º, inc. XXXV, da Constituição Federal.

[14] "Art. 10. O juiz não pode decidir, em grau algum de jurisdição, com base em fundamento a respeito do qual não se tenha dado às partes oportunidade de se manifestar, ainda que se trate de matéria sobre a qual tenha que decidir de ofício".

o diálogo com as partes e proibindo as decisões-surpresa (contraditório como dever de consulta).[15] [16]

Não se pode deixar de mencionar, ainda, o fato de que *o Projeto*, ao contrário do Código atual, *não contém um Livro para o processo cautelar*. Isso não quer dizer, naturalmente, que a *tutela cautelar* venha a desaparecer. A Comissão, todavia, decidiu pela supressão da maioria[17] dos atuais procedimentos cautelares específicos ou nominados (como o arresto e o sequestro) e, partindo da premissa de que "o processo cautelar também é processo de conhecimento",[18] [19] transportou sua disciplina para a parte geral do Código.

---

[15] Trata-se, aliás, de regra já positivada nos códigos de processo civil de diversos outros Estados:
Código de Processo Civil português, art. 3º, 3. "O juiz deve observar e fazer cumprir, ao longo de todo o processo, o princípio do contraditório, não lhe sendo lícito, salvo caso de manifesta desnecessidade, decidir questões de direito ou de facto, mesmo que de conhecimento oficioso, sem que as partes tenham tido a possibilidade de sobre elas se pronunciarem".
Nouveau Code de Procedure Civile francês, art. 16. "O juiz deve, em todas as circunstâncias, fazer observar e observar ele próprio o princípio do contraditório. Ele não pode considerar, em sua decisão, os argumentos, as explicações e os documentos invocados ou produzidos pelas partes se eles não forem previamente submetidos ao seu debate, em contraditório. Ele não pode fundamentar sua decisão em argumentos de direito que ele próprio tenha suscitado de ofício sem ter previamente intimado as partes para apresentarem suas alegações" (Tradução livre do original: "Le juge doit, en toutes circonstances, faire observer et observer lui-même le principe de la contradiction. Il ne peut retenir, dans sa décision, les moyens, les explications et les documents invoqués ou produits par les parties que si celles-ci ont été à même d'en débattre contradictoirement. Il ne peut fonder sa décision sur les moyens de droit qu'il a relevés d'office sans avoir au préalable invité les parties à présenter leurs observations").
Também o Codice di Procedura Civile italiano passou recentemente a conter aquela regra, em seu art. 101: "O juiz, salvo se a lei dispuser de modo diverso, não pode julgar qualquer demanda, se a parte contra a qual foi proposta não foi regularmente citada e não compareceu. Se pretende considerar como fundamento da decisão uma questão reconhecida de ofício, o juiz adia a decisão, concedendo às partes, sob pena de nulidade, um prazo, não inferior a vinte dias e não superior a quarenta dias a partir da intimação, para o depósito em cartório de petições contendo observações sobre essa questão" (Tradução livre do original: "Il giudice, salvo che la legge disponga altrimenti, non può giudare sopra alcuna domanda, se la parte contro la quale è proposta non è stata regolarmente citata e non è comparsa. Se ritiene di porre a fondamento della decisione una questione rilevata d'ufficio, il giudice riserva la decisione, assegnando alle parti, a pena di nullità, un termine, non inferiore a venti giorni e non superiore a quaranta giorni dalla comunicazione, per il deposito in cancelleria di memorie contenenti osservazioni sulla medesima questione").

[16] No Anteprojeto, chamava a atenção também a opção, feita pela Comissão de Juristas, de bipartir a disciplina das provas: na parte geral estavam as "disposições gerais", bem como as regras disciplinadoras da produção antecipada de provas, da justificação e da exibição. Os diversos meios de prova (depoimento pessoal, prova documental, prova testemunhal, prova pericial e inspeção judicial), entretanto, somente seriam encontrados no Livro II, dedicado ao processo de conhecimento. Tratava-se, segundo Luiz Guilherme Marinoni e Daniel Mitidiero, de solução que não tem paralelo no direito comparado (*O Projeto do CPC*, p. 65). No Substitutivo aprovado pelo Senado Federal, porém, "a 'teoria geral das provas' (Título VII do Livro I do Anteprojeto) foi deslocada para o Livro II (processo de conhecimento), abrindo o capítulo relativo aos meios de prova" (Análise do PLS nº 166, de 2010, constante do Parecer apresentado pela Comissão Temporária da Reforma do Código de Processo Civil, sob a relatoria do Senador Valter Pereira).

[17] Na verdade, nem todos os procedimentos que o Código Buzaid considerou como sendo procedimentos cautelares específicos foram extintos pelo Projeto. A produção antecipada de provas, por exemplo, persiste, mas agora é disciplinada no Capítulo que trata das provas (Livro II – Processo de conhecimento e cumprimento de sentença; Título I – Do procedimento comum; Capítulo XI – Das provas; Seção II – Da produção antecipada de provas). O Projeto também manteve os procedimentos da homologação do penhor legal, das notificações e interpelações, da posse em nome do nascituro e da justificação. Todos esses procedimentos figuram no Código atual no Livro dedicado ao processo cautelar (Livro III); apesar disso, não são procedimentos verdadeiramente cautelares. Exatamente por esse motivo, decidiu a Comissão realocá-los. No Projeto, tais procedimentos situam-se no Título dedicado aos procedimentos especiais (Livro II, Título III): a homologação do penhor legal encontra-se, mais precisamente, no Capítulo X desse Título e os demais procedimentos mencionados, em seu Capítulo XI, sob a rubrica "dos procedimentos não contenciosos" (os quais correspondem aos atuais "procedimentos especiais de jurisdição voluntária").

[18] No sítio do Senado Federal na internet, há uma página dedicada ao Novo CPC (<http://www.senado.gov.br/senado/novocpc>). Lá, podem ser encontradas as atas de treze reuniões realizadas pela Comissão de Juristas. A citação constante do corpo do texto reproduz fala do Min. Luiz Fux e foi extraída da ata da 8ª reunião.

[19] Considerando-se que o processo que o Projeto designa como "de conhecimento" é, na verdade, um processo sincrético, composto, sucessivamente, por uma fase cognitiva e outra executiva, correta a conclusão de que,

Ali, no Título IX,[20] tratou da tutela de urgência e da tutela da evidência, sendo que aquela foi subdividida em tutela de urgência cautelar e em tutela de urgência satisfativa.[21] A atual tutela antecipada, como se pode perceber, foi rebatizada como *tutela de urgência satisfativa*.[22]

O que interessa ressaltar, retomando a linha de raciocínio anteriormente iniciada, é que *as medidas cautelares não desapareceram*. Em outras palavras, por mais que os procedimentos cautelares específicos desapareçam, *permanecerá o poder geral de cautela do juiz*.[23]

A *tutela da evidência*, naturalmente, também merece algumas palavras. A expressão vem sendo empregada doutrinariamente por Luiz Fux, pelo menos, desde 1994.[24] Sua proposta, na época, consistia em "arrastar para os direitos evidentes[25] o regime jurídico da tutela de segurança [leia-se, tutela antecipada de urgência]"[26] — com a peculiaridade de que, nessa hipótese, a decisão seria proferida com base em cognição exauriente.[27]

---

nesses termos, o processo cautelar é um processo "de conhecimento". Pertinente, a propósito, a seguinte observação, feita por Buzaid: a ação [*rectius*: o processo] cautelar "pode ter, segundo os casos, fase de cognição e fase de execução. Isso ocorre quando o procedimento cautelar requer alegação, prova, sentença e cumprimento do julgado" (Linhas fundamentais..., p. 46).

[20] O Substitutivo aprovado contém um erro material: há dois Títulos IX no Livro I, sendo um deles dedicado aos atos processuais e o outro (que, na verdade, deveria ser o Título X), à tutela de urgência e à tutela da evidência.

[21] "Art. 269. A tutela de urgência e a tutela da evidência podem ser requeridas antes ou no curso do processo, sejam essas medidas de natureza satisfativa ou cautelar. §1º. São medidas satisfativas as que visam a antecipar ao autor, no todo ou em parte, os efeitos da tutela pretendida. §2º São medidas cautelares as que visam a afastar riscos e assegurar o resultado útil do processo".

[22] Ao que parece, o Projeto somente utiliza a expressão *antecipação de tutela* ou similares em outras quatro passagens: "Art. 12. Os juízes deverão proferir sentença e os tribunais deverão decidir os recursos obedecendo à ordem cronológica de conclusão. (...) §2º. Estão excluídos da regra do *caput*: (...) III – a apreciação de pedido de efeito suspensivo ou de antecipação da tutela recursal".
"Art. 80. São deveres das partes, de seus procuradores, e de todos aqueles que de qualquer forma participam do processo: (...) V – cumprir com exatidão as decisões de caráter executivo ou mandamental e não criar embaraços à efetivação de pronunciamentos judiciais, de natureza antecipatória ou final".
"Art. 282. Impugnada a medida liminar, o pedido principal deverá ser apresentado pelo requerente no prazo de trinta dias ou em outro prazo que o juiz fixar. (...) §3º. A apresentação do pedido principal será desnecessária se o réu, citado, não impugnar a liminar. §4º. Na hipótese prevista no §3º, qualquer das partes poderá propor ação com o intuito de discutir o direito que tenha sido acautelado ou cujos efeitos tenham sido antecipados".
"Art. 973. Recebido o agravo de instrumento no tribunal e distribuído imediatamente, se não for o caso de julgamento monocrático, o relator: I – poderá atribuir efeito suspensivo ao recurso ou deferir, em antecipação de tutela, total ou parcialmente, a pretensão recursal, comunicando ao juiz sua decisão".

[23] "Art. 270. O juiz poderá determinar as medidas que considerar adequadas quando houver fundado receio de que uma parte, antes do julgamento da lide, cause ao direito da outra lesão grave e de difícil reparação".

[24] A versão comercial da tese que o autor apresentou, em 1994, no Concurso para Professor Titular de Processo Civil da Faculdade de Direito da Universidade do Estado do Rio de Janeiro foi publicada, em 1996, sob o título *Tutela de segurança e tutela da evidência*: fundamentos da tutela antecipada.

[25] Evidente é "o direito cuja prova dos fatos sobre os quais incide revela-os incontestáveis ou ao menos impassíveis de contestação séria. (...) Assim, é evidente o direito demonstrável *prima facie* através de prova documental que o consubstancie líquido e certo, como também o é o direito assentado em fatos incontroversos, notórios, o direito a coibir um suposto atuar do *adversus* com base em 'manifesta ilegalidade', o direito calcado em questão estritamente jurídica, o direito assentado em fatos confessados noutro processo ou comprovados através de prova emprestada obtida sob contraditório, provas produzidas antecipadamente, bem como o direito assentado como prejudicial da questão a ser resolvida e já decidido, com força de coisa julgada noutro processo, máxime quando de influência absoluta a decisão prejudicial, os fatos sobre os quais incide presunção *jure et de jure* de existência e em direitos decorrentes da ocorrência de decadência ou prescrição" (*Tutela de segurança e tutela da evidência*:..., p. 311, 313).

[26] *Tutela de segurança e tutela da evidência*:..., p. 309.

[27] *Tutela de segurança e tutela da evidência*:..., p. 310.

A Lei nº 8.952/94, ao dar nova redação ao art. 273 do Código Buzaid, contemplou a tutela da evidência em seu inc. II, ao autorizar a tutela antecipada fundada em abuso do direito de defesa ou manifesto propósito protelatório do réu. Posteriormente, a Lei nº 10.444/02 ampliou a abrangência da tutela da evidência, passando ela a ser admitida também quando "um ou mais dos pedidos cumulados, ou parcela deles, mostrar-se incontroverso" (art. 273, §6º). Essas duas hipóteses de tutela da evidência foram repetidas pelo art. 278 do Projeto (incs. I e II), o qual cria ainda outros casos em que tal espécie de tutela passará a ser admitida (incs. III, IV e parágrafo único).[28]

Passando ao Livro II, chama a atenção o fato de se haver mantido a denominação "processo de conhecimento" — agora, é verdade, acompanhada da expressão "e cumprimento de sentença". Conforme já foi demonstrado, essa figura já há algum tempo cedeu lugar ao chamado "processo sincrético" — e é dessa espécie de processo, a propósito, que trata o Livro II do Projeto.

Esse Livro se divide em três Títulos, dedicados, respectivamente, ao procedimento comum,[29] ao cumprimento da sentença[30] *e aos procedimentos especiais*. A Comissão concluiu que "os procedimentos especiais também são processos de conhecimento"[31] e, por esse motivo, procedeu à mudança topológica.

Quanto ao ponto, nota-se ainda que desapareceram os procedimentos contenciosos do depósito, da nunciação de obra nova,[32] das vendas a crédito com reserva de domínio e monitório.

Os procedimentos da usucapião e da anulação e substituição de títulos ao portador, por sua vez, foram agrupados e passaram a constar da parte geral do Código,

---

[28] "Art. 278. A tutela da evidência será concedida, independentemente da demonstração de risco de dano irreparável ou de difícil reparação, quando: I – ficar caracterizado o abuso de direito de defesa ou o manifesto propósito protelatório do requerido; II – um ou mais dos pedidos cumulados ou parcela deles mostrar-se incontroverso, caso em que a solução será definitiva; III – a inicial for instruída com prova documental irrefutável do direito alegado pelo autor a que o réu não oponha prova inequívoca; ou IV – a matéria for unicamente de direito e houver tese firmada em julgamento de recursos repetitivos, em incidente de resolução de demandas repetitivas ou em súmula vinculante. Parágrafo único. Independerá igualmente de prévia comprovação de risco de dano a ordem liminar, sob cominação de multa diária, de entrega do objeto custodiado, sempre que o autor fundar seu pedido reipersecutório em prova documental adequada do depósito legal ou convencional".

[29] O Projeto extingue o procedimento comum sumário, motivo pelo qual o atual procedimento comum ordinário passa a se chamar apenas "procedimento comum".

[30] Como se pode perceber, a infeliz expressão "cumprimento de sentença", inserida no CPC/73 pela Lei nº 11.232/05, foi mantida pelo Projeto. Permanecem íntegras, dessarte, as críticas anteriormente feitas por José Carlos Barbosa Moreira: "Na medida em que, para prestar ao litigante dotado de razão a tutela integral a que faz jus, não bastar a sentença e for preciso levar a cabo atos jurisdicionais complementares, tendentes a modificar o mundo exterior, nessa medida haverá execução, sem que a essência do fenômeno se altere minimamente pelo eventual emprego de outro *nomen juris*, por exemplo o de cumprimento da sentença. Mudança de rótulo não influi no conteúdo da garrafa: colar a esta uma etiqueta de bordeaux em absoluto não transforma em vinho o refrigerante que ela porventura contenha, e vice-versa" (A nova definição de sentença, p. 270).

[31] Min. Luiz Fux, ata da 8ª reunião da Comissão. Essa é também a opinião de Egas Dirceu Moniz de Aragão: "Tecnicamente, os procedimentos especiais constantes do Livro [IV do CPC/73] deveriam estar no Livro I, porque eles são procedimentos do Processo de Conhecimento, que é a rubrica do mencionado Livro" (*Comentários ao Código de Processo Civil*, v. 2, p. 7).

[32] O art. 48, parágrafo único, contudo, continua a ele fazendo referência: "Nas ações fundadas em direito real sobre imóveis é competente o foro da situação da coisa. Parágrafo único. O autor pode, entretanto, optar pelo foro do domicílio ou pelo foro de eleição, se o litígio não recair sobre direito de propriedade, de vizinhança, de servidão, de posse, de divisão e de demarcação de terras e nunciação de obra nova".

sendo objeto de um único artigo.³³ Na Exposição de Motivos do Anteprojeto, a alteração foi descrita nos seguintes termos: "A extinção do procedimento especial 'ação de usucapião' levou à criação do *procedimento edital*,³⁴ como forma de comunicação dos atos processuais, por meio do qual, em ações deste tipo, devem-se provocar todos os interessados a intervir, se houver interesse".³⁵

Por outro lado, passa a constar do Código o procedimento para a "dissolução parcial de sociedade".³⁶

A disciplina dos processos nos tribunais e dos meios de impugnação das decisões judiciais (recursos e demandas autônomas de impugnação), que no atual Código encontra-se em dois Títulos do Livro I (Livro este que trata do processo de conhecimento), mereceu, no Projeto, um Livro próprio, o de número IV. Trata-se de solução similar àquela que era adotada pelo Código de Processo Civil de 1939, quando esses temas também eram disciplinados em Livros próprios (no caso, os Livros VI e VII, que tinham, respectivamente, as seguintes denominações: "Dos processos da competência originária dos tribunais" e "Dos recursos") — fora, portanto, do Livro dedicado ao processo de conhecimento.³⁷

Encerrando o Código, como é de praxe, aparecem as disposições finais e transitórias, onde se encontra cláusula de vigência de um ano (art. 999).

---

[33] "Art. 228. Serão publicados editais:
I – na ação de usucapião;
II – nas ações de recuperação ou substituição de título ao portador;
III – em qualquer ação em que seja necessária, por determinação legal, a provocação, para participação no processo, de interessados incertos ou desconhecidos.
Parágrafo único. Na ação de usucapião, os confinantes serão citados pessoalmente, salvo quando versar sobre unidades autônomas de prédios em condomínio, onde é dispensada".

[34] A denominação "procedimento edital", que constava do Anteprojeto elaborado pela Comissão de Juristas, foi suprimida pelo Substitutivo aprovado pelo Senado Federal.

[35] Segundo Adroaldo Furtado Fabrício, "é corrente em doutrina a expressão 'procedimento edital' para englobar aqueles casos nos quais, por indetermináveis *ex ante* a identidade e a própria existência de legitimados passivos (a saber, pessoas cuja situação seria afetada negativamente pela sentença de procedência), a citação é lançada ao conhecimento geral do público, para que chegue aos hipotéticos interessados, utilizando-se a única via então possível, que é o edital" (*Comentários ao Código de Processo Civil*, v. 8, t. III, p. 275). No CPC/73 podem ser encontrados dois exemplos de procedimento edital: (a) o procedimento especial de anulação e substituição de títulos ao portador ("Art. 909. Justificado quanto baste o alegado, ordenará o juiz a citação do réu e o cumprimento das providências enumeradas nos ns. II e III do artigo anterior. Parágrafo único. A citação abrangerá também terceiros interessados, para responderem à ação"); e (b) o procedimento especial da usucapião ("Art. 942. O autor, expondo na petição inicial o fundamento do pedido e juntando planta do imóvel, requererá a citação daquele em cujo nome estiver registrado o imóvel usucapiendo, bem como dos confinantes e, por edital, dos réus em lugar incerto e dos eventuais interessados, observado quanto ao prazo o disposto no inciso IV do art. 232").

[36] Esse procedimento não é regulamentado pelo atual Código de Processo Civil, o qual, nos termos de seu art. 1.218, inc. VII, manteve em vigor a disciplina constante dos arts. 655 a 674 do Decreto-Lei nº 1.608/39 (CPC/39), dedicada à "dissolução e liquidação das sociedades". Sua inclusão no Projeto do Novo Código de Processo Civil decorreu de iniciativa da Comissão Temporária da Reforma do Código de Processo Civil do Senado Federal, a qual a justificou nos seguintes termos: "no âmbito dos procedimentos especiais, além de algumas alterações pontuais, destacamos a introdução da 'ação de dissolução parcial de sociedade', que regulamenta o tema à luz do Código Civil de 2002, de modo a suprir lacuna que acabou não sendo preenchida durante toda a vigência do atual Código de Processo Civil" (Análise do PLS nº 166, de 2010, constante do Parecer apresentado pela Comissão).

[37] Na verdade, o CPC/39 não empregava a expressão "processo de conhecimento"; seu Livro III chamava-se "Do processo ordinário".

Referências

ARAGÃO, Egas Dirceu Moniz de. *Comentários ao Código de Processo Civil*. 9. ed. Rio de Janeiro: Forense, 2000. v. 2.

BARBOSA MOREIRA, José Carlos. A nova definição de sentença. São Paulo, *Revista de Processo*, n. 136, p. 268-276, jun. 2006.

BUZAID, Alfredo. *Anteprojeto de Código de Processo Civil*: exposição de motivos. Rio de Janeiro: Imprensa Nacional, 1964.

BUZAID, Alfredo. Linhas fundamentais do sistema do Código de Processo Civil brasileiro. *In*: BUZAID, Alfredo. *Estudos e pareceres de direito processual civil*. São Paulo: Revista dos Tribunais, 2002.

FABRÍCIO, Adroaldo Furtado. *Comentários ao Código de Processo Civil*. 8. ed. Rio de Janeiro: Forense, 2002. v. 8, t. III.

FUX, Luiz. *Tutela de segurança e tutela da evidência*: fundamentos da tutela antecipada. São Paulo: Saraiva, 1996.

MARINONI, Luiz Guilherme. *O Projeto do CPC*: críticas e propostas. São Paulo: Revista dos Tribunais, 2010.

MARINONI, Luiz Guilherme; MITIDIERO, Daniel. *Código de Processo Civil*: comentado artigo por artigo. São Paulo: Revista dos Tribunais, 2008.

Informação bibliográfica deste texto, conforme a NBR 6023:2002 da Associação Brasileira de Normas Técnicas (ABNT):

MENDES JUNIOR, Manoel de Souza. A estrutura do Novo Código de Processo Civil. *In*: ROSSI, Fernando *et al.* (Coord.). *O futuro do processo civil no Brasil*: uma análise crítica ao Projeto do Novo CPC. Belo Horizonte: Fórum, 2011. p. 759-766. ISBN 978-85-7700-511-6.

RECURSO ESPECIAL E RECURSO EXTRAORDINÁRIO

PAULO GUSTAVO MEDEIROS CARVALHO

O Projeto do Novo Código de Processo Civil, PL nº 8.046/10, trouxe significativas alterações no âmbito dos recursos excepcionais. Porém, como as hipóteses de cabimento de ambos os recursos, bem como sua natureza e alguns requisitos estão estabelecidos na Constituição da República Federativa do Brasil, a norma infraconstitucional não tem o condão de prever ou alterar competências para o Supremo Tribunal Federal e o Superior Tribunal de Justiça, órgãos competentes para o julgamento do recurso extraordinário e recurso especial, respectivamente.

Desta forma, permanece a ideia de que não haverá a possibilidade de os recursos extraordinário e especial serem interpostos para simples reexame de provas, de sorte a permanecer íntegros os enunciados da Súmula nº 7 do STJ e nº 279 do STF, havendo apenas possibilidade de revaloração de provas, ou seja, de reanalisar a questão sem a alteração do que o tribunal *a quo* considerou como suporte fático.[1]

Igualmente, permaneceu íntegra a noção de que o recurso extraordinário é cabível contra qualquer decisão proferida em única ou última instância, ainda que de juízo de 1º grau de jurisdição ou turma recursal de juizado especial,[2] não sendo cabível recurso especial.[3]

Dentre as alterações que podem ser citadas no Projeto do Novo CPC, inclui-se o prazo para a interposição do recurso, bem como para as contrarrazões, que antes era de 15 (quinze) dias corridos, em conformidade com o art. 508 do Código de Processo Civil, passando agora a ser de 15 (quinze) dias úteis, de acordo com o que prescreve o art. 186 c/c o §1º do art. 948 do PLS nº 8.046.

---

[1] Neste sentido, STJ – 2ª Turma, AGREsp nº 405.967, Rel. Min. Eliana Calmon, *DJU*, Seção 1, p. 357, 21 out. 2002; STJ – 1ª Turma, EEEREsp nº 332.663, Rel. Min. José Delgado, *DJU*, Seção 1, p. 204, 16 fev. 2004; STJ – 1ª Turma, Resp nº 540.179, Rel. Min. Luiz Fux, *DJU*, Seção 1, p. 170, 14. jun. 2004; STF – 2ª Turma, RE nº 172.720, Rel. Min. Marco Aurélio, *DJU*, Seção 1, p. 2831, 21. fev. 1997; *inter plures*.

[2] Verbete da Súmula nº 640 do STF: "É cabível recurso extraordinário contra decisão proferida por juiz de primeiro grau nas causas de alçada, ou por turma recursal de juizado especial cível ou criminal".

[3] Enunciado da Súmula nº 203 do STJ: "Não cabe recurso especial contra decisão proferida por órgão de segundo grau dos juizados especiais".

Projeto do Novo CPC	CPC atual
Art. 186. Na contagem dos prazos em dias, estabelecido pela lei ou pelo juiz, computar-se-ão somente os úteis. **Art. 948**. §1º Excetuados os embargos de declaração, o prazo para interpor e para responder os recursos é de quinze dias.	~~Art. 508~~. Na apelação, nos embargos infringentes, no recurso ordinário, no recurso especial, no recurso extraordinário e nos embargos de divergência, o prazo para interpor e para responder é de 15 (quinze) dias.

Houve alteração também no que concerne ao prequestionamento do recurso especial, haja vista que a redação do art. 979 do Projeto do Novo CPC estabelece que: "Consideram-se incluídos no acórdão os elementos que o embargante pleiteou, para fins de prequestionamento, ainda que os embargos de declaração não sejam admitidos, caso o tribunal superior considere existentes omissão, contradição ou obscuridade". Tal posicionamento sempre é adotado pelo Supremo Tribunal Federal,[4] mas não pelo Superior Tribunal de Justiça.[5]

Projeto do Novo CPC	Súmula do STJ relativa ao CPC atual
Art. 979. Consideram-se incluídos no acórdão os elementos que o embargante pleiteou, para fins de prequestionamento, ainda que os embargos de declaração não sejam admitidos, caso o tribunal superior considere existentes omissão, contradição ou obscuridade.	Enunciado da Súmula nº 211 do STJ: "Inadmissível recurso especial quanto à questão que, a despeito da oposição de embargos declaratórios, não foi apreciada pelo Tribunal 'a quo'".

Ressalte-se que a divergência atual entre a posição do STJ e do STF é perfeitamente plausível, na medida em que, na hipótese do recurso extraordinário, para possibilitar seu conhecimento, a violação ao dispositivo constitucional deve ser frontal e direta e não por via reflexa. De outro lado, a unificação do posicionamento, seguindo o STF, é a mais razoável, porquanto a adoção da posição do STJ, no caso de equívoco do tribunal *a quo* no julgamento de embargos de declaração penalizaria a parte, pois nem sempre é possível a interposição de recurso especial, como por exemplo, nos julgados de Turma Recursal dos Juizados Especiais e naqueles proferidos em embargos infringentes de alçada (art. 34 da Lei nº 6.830/80).

Outra inovação do Projeto do Novo CPC é a possibilidade de fungibilidade de recurso especial e extraordinário, de forma que, caso o Superior Tribunal de Justiça entenda que a matéria é de índole constitucional, remeterá o processo ao Supremo Tribunal Federal para julgamento e, caso o STF entenda que a matéria é infraconstitucional, remetê-lo-á novamente ao STJ por decisão irrecorrível.

---

[4] STF – Pleno. Questão de Ordem no RE nº 219.934, Relator Ministro Octávio Gallotti, *DJU*, Seção 1, p. 23, 26, jun. 2000.

[5] Enunciado da Súmula nº 211 do STJ: "Inadmissível recurso especial quanto à questão que, a despeito da oposição de embargos declaratórios, não foi apreciada pelo Tribunal 'a quo'".

Projeto do Novo CPC	CPC atual
Art. 986 Se o relator, no Superior Tribunal de Justiça, entender que o recurso especial versa questão constitucional, deverá conceder prazo de quinze dias para que o recorrente deduza as razões que revelem a existência de repercussão geral, remetendo, em seguida, os autos ao Supremo Tribunal Federal, que procederá à sua admissibilidade, ou o devolverá ao Superior Tribunal de Justiça, por decisão irrecorrível. **Art. 987** Se o relator, no Supremo Tribunal Federal, entender que o recurso extraordinário versa sobre questão legal, sendo indireta a ofensa à Constituição da República, os autos serão remetidos ao Superior Tribunal de Justiça para julgamento, por decisão irrecorrível.	

Verifica-se que tal medida adotada pelo Projeto foi de extrema importância, na medida em que, pelo sistema atual do Código de Processo Civil, caso o STJ assentasse que a matéria é de índole constitucional, o recorrente deveria se antecipar e interpor desde logo recurso extraordinário, alegando violação ao permissivo constitucional do recurso especial, ainda que tivesse interposto recurso extraordinário, porquanto poderia o STF entender que havia matéria infraconstitucional, a qual não fora analisada, o que inviabilizaria a análise do extraordinário. Ressalte-se que, recentemente, mesmo a tese de violação ao permissivo constitucional do recurso especial não encontrou guarida na jurisprudência do Supremo Tribunal Federal.[6]

Igualmente, houve alteração na profundidade do efeito devolutivo do recurso especial, porquanto no sistema atual o §2º do art. 542 do Código de Processo Civil estabelece que o recurso especial será recebido no efeito devolutivo. Contudo, é de se ressaltar que este efeito não é amplo, devendo restringir-se quanto à extensão à matéria infraconstitucional federal e quanto à profundidade às questões analisadas pelo tribunal *a quo*. No Projeto do Novo CPC ficam devolvidas ao STJ e STF, conforme o caso, as causas de pedir e as razões não analisadas pela Corte *a quo*, caso ela tenha decidido por apenas um fundamento.

(continua)

Projeto do Novo CPC	CPC atual
Art. 988. Sendo o recurso extraordinário ou especial decidido com base em uma das causas de pedir ou em uma das razões de defesa, o Superior Tribunal de Justiça ou o Supremo Tribunal Federal examinará as demais ainda não julgadas, independentemente da interposição de outro recurso, desde que tratem de matéria de direito.	~~Art. 542~~. §2º Os recursos extraordinário e especial serão recebidos no efeito devolutivo.

---

[6] Nesse sentido, STF – 2ª Turma. AgRg no RE nº 587.433, Rel. Min. Eros Grau, *DJe*, nº 192, 09 out. 2008; STF – 2ª Turma, AgRg no RE nº 436.509, Rel. Min. Eros Grau, *DJe*, nº 60, 04 mar. 2008, entre outros.

(conclusão)

Projeto do Novo CPC	CPC atual
§1º Se a competência for do outro Tribunal Superior, haverá remessa, nos termos dos artigos 986 e 987. §2º Se a observância do *caput* deste artigo depender do exame de prova já produzida, os autos serão remetidos de ofício ao tribunal de origem, para decisão; havendo necessidade da produção de provas, far-se-á a remessa ao primeiro grau.	

Cabe salientar que tanto o STJ quanto o STF assentaram que o efeito devolutivo do recurso especial e extraordinário é restrito, de sorte que não é possível a análise de fundamentos não analisados pelo juízo *a quo*.[7]

A referida alteração acarreta economia processual, a medida em que, na sistemática atual, caso seja provido o recurso especial ou extraordinário, os autos deverão retornar à instância *a quo* para a análise de outras razões ou causas de pedir, para, posteriormente, nova interposição de recurso especial ou extraordinário, se possível.

Com efeito, verifica-se que se a outra causa de pedir ou razão for constitucional e tiver sido analisado o recurso especial, caberá ao STJ remeter o processo ao STF, de acordo com os art. 986 e 987, já analisados.

A alteração *sursum* mencionada acarreta também a tendência em se admitir o efeito translativo nos recursos especial e extraordinário, porquanto permite a análise de temas ainda não analisados, desde que haja o conhecimento do recurso.

Ressalte-se que a matéria é de grande importância e não se encontra pacificada na doutrina e na jurisprudência. Há basicamente três correntes acerca do tema:

 a) impossibilidade do efeito translativo, porquanto viola o prequestionamento ou acarreta reexame de provas, defendida por Nelson Nery Junior[8] e Teresa Arruda Alvim Wambier,[9] bem como pelo STF e parte do STJ;[10]

 b) possibilidade do efeito translativo, independentemente do prequestionamento, posição adotada por Nelson Luiz Pinto[11] e Rodolfo Camargo Mancuso,[12] bem como por parte do STJ;[13] e

---

[7] Nesse sentido, STJ – 4ª Turma. AgRg no AG nº 657.962, Rel. Min. Fernando Gonçalves, *DJU*, Seção 1, p. 24229, out. 2007; STJ – 4ª Turma, AgRg no REsp nº 457.356, Rel. Min. Fernando Gonçalves, *DJU*, p. 244, 13 set. 2004; STF – 2ª Turma, AgRg no AI nº 539.291, Rel. Min. Carlos Velloso, *DJU*, Seção 1, p. 43, 11 nov. 2005; *inter plures*.

[8] NERY JÚNIOR, Nelson; NERY, Rosa Maria de Andrade. *Código Civil comentado*. 7. ed. São Paulo: Revista dos Tribunais, 2009. p. 193.

[9] WAMBIER, Teresa Arruda Alvim. *Recurso especial, recurso extraordinário e ação rescisória*: controle das decisões judiciais por meio de recursos de estrito direito e de ação rescisória. 2. ed. São Paulo: Revista dos Tribunais, 2008. p. 358.

[10] STF – 1ª Turma. AgRg no AI nº 633.188/MG. Rel. Min. Ricardo Lewandowiski, *DJU*, 31 out. 2007. No mesmo sentido: STJ – 6ª Turma. AgRg no AI nº 967.852/PE. Rel. Des. convocada Jane Silva, *DJe*, 28 abr. 2008.

[11] PINTO, Nelson Luiz. *Recurso especial para o STJ*. 2. ed. São Paulo: Malheiros, 2002. p. 183.

[12] MANCUSO, Rodolfo Camargo. *Recurso extraordinário e recurso especial*. 8. ed. São Paulo: Revista dos Tribunais, 2003. p. 230.

[13] STJ – 1ª Turma. REsp nº 114.612, Rel. Min. José Delgado, *DJU*, Seção 1, p. 81, 04 maio 1998.

c) possibilidade do efeito translativo, desde que haja o prequestionamento, defendido por parte do STJ.[14]

Com a expansão do efeito devolutivo do recurso especial, abre-se o reconhecimento da possibilidade do efeito translativo, ou seja, a possibilidade de se conhecer de ofício matéria de ordem pública, desde que conhecido o recurso, como já defende Bernardo Pimentel Souza.[15]

O Projeto do Novo CPC também foi sensível ao fenômeno da objetivação do processo, que foram positivados por intermédio da repercussão geral e do julgamento do recurso especial repetitivo, prevendo a força do precedente de um lado e o ingresso de terceiro, na qualidade de *amicus curiae*, de outro.

Verifica-se que a noção principal dos dois institutos não foi modificada pelo Projeto, apenas houve alteração quanto a obrigatoriedade de o Tribunal *a quo* seguir o posicionamento do STJ e do STF, quando do julgamento da repercussão geral ou recurso repetitivo e a possibilidade expressa de suspensão do processo no 1º e 2º graus de jurisdição.

(continua)

Projeto do Novo CPC	CPC atual
Art. 991 §3º Os processos em que se discute idêntica controvérsia de direito e que estiverem em primeiro grau de jurisdição ficam suspensos por período não superior a doze meses, salvo decisão fundamentada do relator. §4º Ficam também suspensos, no tribunal superior e nos de segundo grau de jurisdição, os recursos que versem sobre idêntica controvérsia, até a decisão do recurso representativo da controvérsia.	
Art. 993 Decidido o recurso representativo da controvérsia, os órgãos fracionários declararão prejudicados os recursos versando sobre idêntica controvérsia ou os decidirão aplicando a tese.	~~Art. 543-B~~. §3º Julgado o mérito do recurso extraordinário, os recursos sobrestados serão apreciados pelos Tribunais, Turmas de Uniformização ou Turmas Recursais, que poderão declará-los prejudicados ou retratar-se. §4º Mantida a decisão e admitido o recurso, poderá o Supremo Tribunal Federal, nos termos do Regimento Interno, cassar ou reformar, liminarmente, o acórdão contrário à orientação firmada.

---

[14] STJ – 5ª Turma. REsp nº 906.839, Rel. Min. Arnaldo Esteves Lima, *DJe*, 21 ago. 2008.
[15] SOUZA, Bernardo Pimentel. *Introdução aos recursos cíveis e à ação rescisória*. 7. ed. São Paulo: Saraiva, 2010. p. 663-664.

(Conclusão)

Projeto do Novo CPC	CPC atual
Art. 994 Publicado o acórdão paradigma: I – os recursos sobrestados na origem não terão seguimento se o acórdão recorrido coincidir com a orientação da instância superior; ou II – o tribunal de origem reapreciará o recurso julgado, observando-se a tese firmada, independentemente de juízo de admissibilidade do recurso especial ou do recurso extraordinário, na hipótese de o acórdão recorrido divergir da orientação da instância superior.	~~Art. 543-C~~. §7º Publicado o acórdão do ~~Superior Tribunal de Justiça~~, os recursos especiais sobrestados na origem: I – <u>terão seguimento denegado na hipótese de</u> o acórdão recorrido coincidir com a orientação ~~do Superior Tribunal de Justiça~~; ou II – <u>serão novamente examinados pelo tribunal de origem</u> na hipótese de o acórdão recorrido divergir da orientação ~~do Superior Tribunal de Justiça~~. §8º Na hipótese prevista no inciso II do §7º deste artigo, mantida a decisão divergente pelo tribunal de origem, far-se-á o exame de admissibilidade do recurso especial.

Vislumbra-se, assim, que o Projeto do Novo CPC alterou a faculdade de o juízo *a quo* se retratar, caso o posicionamento adotado pelo STJ ou STF divirja de sua decisão, tornando a retratação obrigatória, independentemente do juízo de admissibilidade.

Com efeito, a medida trará maior uniformidade para as soluções dadas pelo Poder Judiciário. Porém, deve-se atentar que a interpretação do dispositivo deverá ser feita de modo a não prejudicar a coisa julgada, ou seja, caso o recurso seja intempestivo e tenha-se operado o trânsito em julgado, a circunstância deve ser reconhecida de modo a impossibilitar o julgamento do recurso.

Referências

MANCUSO, Rodolfo Camargo. *Recurso extraordinário e recurso especial*. 8. ed. São Paulo: Revista dos Tribunais, 2003.

NERY JUNIOR, Nelson; NERY, Rosa Maria de Andrade. *Código Civil comentado*. 7. ed. São Paulo: Revista dos Tribunais, 2009.

PINTO, Nelson Luiz. *Recurso especial para o STJ*. 2. ed. São Paulo: Malheiros, 2002.

SOUZA, Bernardo Pimentel. *Introdução aos recursos cíveis e à ação rescisória*. 7. ed. São Paulo: Saraiva, 2010.

WAMBIER, Teresa Arruda Alvim. *Recurso especial, recurso extraordinário e ação rescisória*: controle das decisões judiciais por meio de recursos de estrito direito e de ação rescisória. São Paulo: Revista dos Tribunais, 2008.

Informação bibliográfica deste texto, conforme a NBR 6023:2002 da Associação Brasileira de Normas Técnicas (ABNT):

CARVALHO, Paulo Gustavo Medeiros. Recurso especial e recurso extraordinário. In: ROSSI, Fernando et al. (Coord.). *O futuro do processo civil no Brasil*: uma análise crítica ao Projeto do Novo CPC. Belo Horizonte: Fórum, 2011. p. 767-772. ISBN 978-85-7700-511-6.

PELA MANUTENÇÃO DA OBRIGATORIEDADE DE APRESENTAÇÃO DE CÓPIA DA PETIÇÃO DO AGRAVO DE INSTRUMENTO NO JUÍZO *A QUO*

RODOLPHO VANNUCCI

GERALDO FONSECA DE BARROS NETO

No sistema atual, interposto o agravo de instrumento, o agravante deve, no prazo de três dias, apresentar cópia da petição do agravo e da relação dos documentos que o instruíram, no juízo *a quo*.

Trata-se de requisito de admissibilidade específico do agravo de instrumento, já que, se o agravado comprovar não ter sido apresentada cópia no juízo *a quo*, o recurso não será admitido.

É a regra prevista no art. 526 do Código de Processo Civil vigente.[1]

Prevê o Projeto de Novo Código de Processo Civil que a apresentação de cópia da petição de agravo de instrumento no juízo *a quo* é faculdade do agravante, que dela se servirá com intuito exclusivo de provocar a retratação. Transcreve-se o art. 972 do Projeto: "O agravante *poderá* requerer a juntada aos autos do processo, de cópia da petição do agravo de instrumento e do comprovante de sua interposição, assim como a relação dos documentos que instruíram o recurso, *com exclusivo objetivo de provocar a retratação*".

O ponto da discórdia é a alteração da obrigatoriedade, prevista no Código de Processo Civil atual, para a facultatividade, prevista no Projeto, de juntada da cópia da petição do agravo de instrumento nos autos de primeira instância. Não podemos concordar com a modificação.

---

[1] "Art. 526. O agravante, no prazo de 3 (três) dias, requererá juntada, aos autos do processo, de cópia da petição do agravo de instrumento e do comprovante de sua interposição, assim como a relação dos documentos que instruíram o recurso.
Parágrafo único. O não cumprimento do disposto neste artigo, desde que argüido e provado pelo agravado, importa inadmissibilidade do agravo".

Para demonstrar o equívoco da alteração é preciso, primeiramente, se atentar às funções do atual art. 526, que são duas: a primeira, dar ciência ao juízo *a quo* da interposição do recurso, permitindo-lhe retratar-se, se for o caso; a segunda, e mais importante, é possibilitar o acesso do agravado às razões do recurso no próprio juízo em que tramita o processo originário, sem a necessidade de deslocamento até a sede do tribunal.[2]

Como o agravo de instrumento é interposto diretamente no tribunal, o recurso não consta no processo de origem. Por isso, apenas com a juntada de cópia dessa petição é que o agravado poderá tomar conhecimento, na comarca de origem, do teor do agravo, para apresentar suas contrarrazões. Veja-se, portanto, que o intuito da norma é facilitar o contraditório.

Sem tal providência, restará à parte (mais precisamente, seu advogado) dirigir-se à sede do tribunal.

Para os advogados que trabalham nas capitais dos Estados, tal alteração não trará tantas consequências, já que o deslocamento ao tribunal é simples. Todavia, para os advogados de cidades distantes das capitais, a alteração trará muitos transtornos, além de gerar aumento de custos para o agravado, que terá que custear a viagem à capital do Estado, ou, ao menos, custear a contratação de um correspondente na capital para a extração das cópias e para a remessa delas.

Nota-se, portanto, que a supressão da obrigatoriedade da juntada de cópia das razões do agravo no juízo *a quo* representará injustificável empecilho ao exercício do contraditório.

Veja-se que, sendo aprovada a proposta legislativa, a atividade dos advogados do interior, já difícil pela falta de estrutura dos órgãos judiciários, ficará ainda mais complicada. O advogado de Novo Progresso, no Pará, viajará quase 2.000 quilômetros para acessar o agravo de instrumento no Tribunal, sediado em Belém; o advogado atuante em Alto Parnaíba percorrerá 1.000 quilômetros, em péssimas condições, para chegar ao Tribunal do Maranhão, em São Luiz. No âmbito federal, em razão da grande abrangência territorial dos tribunais, a situação é ainda mais drástica: de Corumbá/MS a São Paulo, sede do Tribunal Regional Federal da 3ª Região, vão-se 1.500 quilômetros; a capital do Estado do Acre dista da sede do Tribunal Regional Federal da 1ª Região, na Capital Federal, 3.000 quilômetros!

Enquanto os tribunais não forem plenamente informatizados, com fácil e integral acesso aos autos pela internet, não podemos admitir que se deixe de exigir a apresentação de cópia do agravo no juízo *a quo*.

A manutenção da regra atual se impõe, como medida de preservação do contraditório e da economia processual.

Mais ainda! Aproveita-se a oportunidade para apresentar mais uma sugestão sobre o tema, qual seja, a obrigatoriedade de que a juntada da cópia da petição do agravo de instrumento seja feita na Comarca de origem, não se permitindo o uso do protocolo integrado.

---

[2] BUENO, Cassio Scarpinella. *Curso sistematizado de direito processual civil*. 2. ed. rev. atual. e ampl. São Paulo: Saraiva, 2010. p. 195-196. Recursos, processos e incidentes nos tribunais, sucedâneos recursais: técnicas de controle das decisões judiciais, v. 5.

Isso porque, em razão do imperfeito serviço judiciário, é comum que a petição protocolizada em comarca diversa não chegue no juízo *a quo* a tempo de o agravado acessar os autos para responder ao agravo. Há Seções Judiciárias da Justiça Federal que já adotam essa obrigatoriedade, o que parece medida saudável, sugerindo-se que isso conste no texto legal.

Em conclusão, deve ser mantida a disposição do atual art. 526, não se podendo admitir a pretensa redação do art. 972, sugerindo-se, ainda, que conste no texto legal a obrigatoriedade de que a petição de juntada da cópia do agravo de instrumento seja apresentada apenas na Comarca de origem.

Informação bibliográfica deste texto, conforme a NBR 6023:2002 da Associação Brasileira de Normas Técnicas (ABNT):

VANNUCCI, Rodolpho; BARROS NETO, Geraldo Fonseca de. Pela manutenção da obrigatoriedade de apresentação de cópia da petição do agravo de instrumento no juízo *a quo*. In: ROSSI, Fernando *et al.* (Coord.). *O futuro do processo civil no Brasil*: uma análise crítica ao Projeto do Novo CPC. Belo Horizonte: Fórum, 2011. p. 773-775. ISBN 978-85-7700-511-6.

PROPOSTA DE ADOÇÃO DO PEDIDO DE COOPERAÇÃO PÓS-DECISÓRIA – MAIS QUE UM PROTESTO, MENOS QUE UM RECURSO

WILLIAM SANTOS FERREIRA

1 Ausência de preclusão das matérias objeto de decisões interlocutórias – O Projeto do CPC, neste caso, no contrafluxo da cooperação e do contraditório útil

Com o Projeto do Código de Processo Civil, estamos em momento interessante, já que muito se tem discutido sobre os mais variados institutos.

Uma das alterações, cuja pretensão é ser de grande impacto na *redução dos recursos*, é a exclusão no sistema recursal brasileiro do *agravo retido* e da recorribilidade geral das decisões interlocutórias.

Esta posição estava já na redação original do Projeto nº 166/10 do Senado Federal e foi mantida na versão final encaminhada para a Câmara dos Deputados.

Em consequência da irrecorribilidade em separado das interlocutórias, como regra, previu-se a possibilidade da discussão de referidos temas quando das razões ou contrarrazões de apelação, sustentando-se que a matéria objeto de decisões interlocutórias até este momento processual (da apelação) não estarão preclusas.

A *preclusão* é a perda da oportunidade para determinado ato processual em razão do transcurso do prazo (preclusão temporal), da realização de ato primeiro incompatível com o subsequente (preclusão lógica) ou pela realização do ato processual (preclusão consumativa). O instituto da preclusão tem como *uma de suas funções* impedir a rediscussão de matérias, permitindo que se caminhe para frente em busca da tutela jurisdicional (*procedere*).

Contudo, esta não é a única função da preclusão, sendo importantíssimo instrumento de viabilização da lealdade no processo, da boa-fé,[1] impedindo a "manipulação" por conveniência.

---

[1] DIDIER, Fredie. *Curso de direito processual* civil. 12. ed. Salvador: JusPodivm, 2010. v. 1, p. 293.

Como disse Fredie Didier, "a preclusão deve ser pensada e aplicada em função dos valores a que busca proteger", aliás, o processualista já criticou em artigo exatamente esta opção no Projeto do Novo Código de Processo Civil, concluindo que se deveria estabelecer o agravo retido e, caso não seja interposto, que a matéria decidida não possa mais ser questionada, do contrário haveria enorme insegurança jurídica[2] sobre o processo que estará sendo construído e que poderá ruir no momento do julgamento de apelação pelo Tribunal.

Concordo com a constatação, e mais uma importantíssima função da preclusão ainda pode ser destacada: como *técnica de estímulo à cooperação processual*.[3]

2 Proposta de adoção do pedido de cooperação pós-decisória

Em breves linhas apresento a constatação e a proposta de um instrumento que é mais do que um *protesto* e menos que um *recurso*, procurando manter elementos positivos e excluindo os negativos já conhecidos.

Além do risco propriamente para o processo, a falta de preclusão no tocante às interlocutórias provoca um estado de "letargia processual conveniente" à parte atingida pela decisão judicial, porque, dependendo do que ocorre, poderia ir "colecionando" impugnações (guardadas em livro secreto) para o caso do processo não ter o resultado que lhe interesse.

E mais, mesmo que a parte não tenha "verificado" determinadas questões, poderá procurá-las já sabendo que o processo não lhe apresentou resultado satisfatório.

Ora, se a parte, diante de decisão interlocutória que lhe é desfavorável, tivesse que apresentar sua insurgência, teria uma "notável pressão psicológica",[4] sendo diligente e já apresentando ao magistrado um *pedido de cooperação pós-decisória* que caso não acolhido converter-se-ia *ope legis* em *protesto antipreclusivo com fundamentação sucinta*.

Com o pedido de cooperação pós-decisória e o respectivo contraditório, o juiz de direito poderia, se entender correto, modificar sua decisão, corrigindo eventual vício que não se havia dado conta.

Vale lembrar que a preclusão tem reflexos importantes na atividade judicial de primeira instância (preclusão *pro judicato*) e a previsão de questionamento pelas partes contribuiria com uma menor rigidez para o juiz de primeira instância.

A preclusão quando incidente, pelos danos à parte atingida, provoca um profundo estado de diligência,[5] com *imediato questionamento interessado*, o que, em última análise, contribui para a solução de um problema, pois concede ao juiz uma *oportunidade* para *correção de equívocos*.

---

[2] DIDIER, Fredie. Preclusão e decisão interlocutória. Anteprojeto do Novo CPC. Análise da proposta da Comissão. *Migalhas*, Disponível em: <http://www.migalhas.com.br/mostra_noticia_articuladas.aspx?cod=103549>. Acesso em: 28 fev. 2011.

[3] Já sustentei esta posição nas duas reuniões para debate do então Anteprojeto do CPC em SP (sem eco, a bem da verdade), e também em recente e estimulante diálogo no programa *Entre Aspas* da Globonews com o Ministro Luiz Fux, que, embora afirmando a escolha da Comissão de Juristas, se mostrou aberto à proposta que apresentei. Estimulado, procurei neste trabalho avançar.

[4] MICHELI, Gian Antonio. *Curso de derecho procesal civil*. Buenos Aires: Ejea, 1970. v. 1, p. 318.

[5] Provocando um acompanhamento processual atento e de ativa intervenção.

A falta de preclusão retira, por via oblíqua, uma das mais importantes ferramentas do magistrado, a *correção imediata*, contemporânea ao problema.

Em relação à correção imediata, não vale aqui a experiência raríssima do efetivo juízo de retratação, porque escorada em hipóteses em que já há recursos e o que estamos propugnando não é por mudança exclusivamente de nomenclatura, mas de *cultura*.

Do contrário, permaneceremos convivendo com quatro realidades de *impossível obstaculização prática*: a) tentativa de agravos de instrumento; b) utilização anômala dos embargos de declaração; c) emprego do mandado de segurança; d) alegação em momento completamente inadequado (o da apelação) de dano passível de prejudicar todo o processo até então desenvolvido ou, no mínimo, de retardá-lo seriamente.

Não se deve sustentar, em um mundo real (e não ideal!), que o magistrado não se equivoca, mas sim que sua falha, pela estruturação processual projetada, permita sua mais rápida correção, desde que a custo-benefício razoável.

Se as partes forem estimuladas a cooperar, muito melhor, especialmente porque estando diretamente interessadas e atuando diuturnamente, acabam tendo uma posição privilegiada em relação ao juiz, já que são as partes e os seus advogados os "especialistas da causa", enquanto o juiz tem papel fundamental, decisório, mas não se pode dizer que normalmente terá as mesmas condições para conhecimento das peculiaridades do processo, tanto de direito quanto de fato, quanto do próprio desenvolvimento do procedimento e de suas inúmeras questões incidentais.

Neste sentido Michele Taruffo:[6]

> De un lado, se reconoce de manera general que la contraposición continua y articulada de las posiciones de quienes están principalmente interesados en el resultado del proceso es el método óptimo para llegar a decisiones baseadas en la consideración adecuada de todos los aspectos relevantes de la controversia... la decisión que se toma habiendo pleno contradictorio de las partes, tiene más probabilidad de ser cuidadosa y de basarse en todas las informaciones y los conocimientos necesarios.

Tem a mesma visão Barbosa Moreira, aclarando a importância dos advogados:

> Os advogados são peças fundamentais no sistema de informações que irriga o processo. É por eles, normalmente, que o juiz recebe a maior parte dos elementos com os quais formará sua convicção não apenas sobre a substância do litígio, mas também sobre numerosas questões de outro teor, postas à sua apreciação e decisão. Correto que sejam tais elementos e desimpedido o respectivo fluxo, ter-se-ão criado condições para facilitar ao juiz a aquisição de conhecimento e, *ipso facto*, para tornar mais efetiva sua participação no processo. (...) O descumprimento de qualquer desses deveres — positivos ou negativos — estorva, às vezes de modo funesto, a participação do juiz no processo[7]

Correções de equívocos que possam retardar a solução definitiva do processo devem ser pensadas com muita cautela. Opta-se, legislativamente, por não manter o

---

[6] El control de racionalidad de la decisión, entre lógica, retórica y dialéctica. *In*: TARUFFO, Michele. *Páginas sobre justicia civil*. Madrid: Marcial Pons, 2009. p. 404.

[7] Sobre a "participação" do juiz no processo civil. *In*: MOREIRA, José Carlos Barbosa. *Temas de direito processual civil*: quarta série. São Paulo: Saraiva, 1989. p. 64

agravo de instrumento como regra, com o fundamento de ser gerador de avassaladoras pilhas de recursos nos tribunais.

Muito bem, mas estas ceifas da recorribilidade e dos julgamentos imediatos pelo órgão *ad quem* não podem aniquilar com outra situação, técnico-processualmente destacável daquelas e que não emperra os tribunais e que é *altamente eficiente* (art. 37, *caput*, da CF) na correção de falhas, pois o próprio julgador poderá repará-las, sem grandes custos e pela advertência daqueles que não somente são os maiores interessados, como, via de regra, os que mais conhecem ou que deveriam conhecer as peculiaridades do seu processo.

Nossos juízes têm uma imensidão de processos, o equívoco, a falha, a não constatação de um detalhe não é uma quimera, é questão de *cálculo atuarial*. O que se está sustentando no Projeto ignora este fato gravíssimo, pois se poderia, a custo-benefício altamente racionalizado, minimizar ainda mais os casos de equívocos, pois o próprio juiz de direito prolator da decisão poderia modificá-la.

E o que é pior... partes preocupadas com a solução rápida e efetiva da lide talvez até, quando percebam, já peçam esta correção, com os conhecidos *pedidos de reconsideração*, mas aqueles que forem negligentes ou mesmo os astutos, guardarão questionamentos para o caso de a sentença não lhes ser interessante.

A falta de uma *técnica* redutora de questões para o momento posterior à sentença contraria a um só turno os princípios constitucionais da razoável duração dos processos e da eficiência (art. 5º, LXXVIII c/c art. 37, *caput* da CF), bem como do princípio da cooperação, contraditória e expressamente elegido no Projeto do Código de Processo Civil, em seu art. 8º.[8]

Nas palavras de Ronaldo Cunha Campos:[9] "uma codificação que se atém a princípios oferece um instrumento para sua melhor compreensão, o entendimento de eventuais lacunas e a conciliação de dispositivos ocasionalmente conflitantes" e conclui com as lições de Carnelutti: "A função técnica do ato [processual] é o modo de ser que assume para concorrer à justa composição da lide. Para garantir a cada um destes atos o cumprimento de sua função técnica o direito estabelece uma rede de situações jurídicas".

Todas as consequências da ausência de preclusão e de um sistema mínimo de cooperação para imediata correção pelo juiz de equívocos precisam ser meditadas, porque na busca de uma redução do número de recursos, amplifica-se desnecessariamente o risco de inviabilidade de correção de vícios mais rapidamente, atentando-se contra a razoável duração dos processos, a eficiência e a própria cooperação. Não é suficiente se pretender estimular estes por mera declaração na abertura do CPC. É imprescindível a estruturação de uma *rede de situações jurídicas* voltadas à execução dos princípios adotados.

É o que se propõe.

A escolha de determinados caminhos não necessariamente precisa manter todos os efeitos colaterais. Em muitos casos, um novo projeto pode apresentar propostas

---

[8] Projeto do CPC: Art. 8º As partes têm o dever de contribuir para a rápida solução da lide, colaborando com o juiz para a identificação das questões de fato e de direito e abstendo-se de provocar incidentes desnecessários e procrastinatórios.

[9] Introdução ao estudo do direito processual. *In*: CAMPOS, Ronaldo Cunha. *Estudos de direito processual*. Uberaba, 1974. v. 1. Impresso no *Jornal da Manhã*, p. 10.

que visem reduzir o número de recursos, sem abandonar importantes conquistas, como a da preclusão enquanto técnica de estímulo à cooperação interessada que denomino de *contraditório-cooperativo*.

A manutenção de temas sem preclusão, como está no Projeto nº 166, sem sequer protesto fundamentado exigido, ainda funcionará como *estímulo à recorribilidade*, pois diante de uma sentença correta, poder-se-á questionar não diretamente, mas afastá-la por via indireta, através da interposição de recurso acerca de questões anteriores (provavelmente nem conhecidas pelo prolator da sentença e quiçá também pela parte recorrente ou seu advogado até o surgimento daquela!). No final, as questões incidentais serão potencialmente aniquiladoras da sentença, mesmo aquelas que não foram sequer questionadas pela parte atingida.

A norma que consagra o princípio da cooperação processual não apenas contribui para a exata fixação dos valores reconhecidos no sistema processual, como também deve nortear a própria fase de proposição de *regras processuais* aptas a otimizar o princípio.

A preclusão não é, como antes, uma punição,[10] mas um instrumento que não somente conduz à segurança jurídica e à efetividade, mas também pode contribuir decisivamente para a construção de um sistema processual o mais eficiente possível, em que cooperar não seja exclusivamente uma ordem ou um pedido, mas a abertura de novos caminhos que *estimulem* a contribuição das partes, pela maximização racional e interessada do contraditório-cooperativo, que serve à parte, enquanto na busca de uma melhor posição, mas também ao Estado enquanto ampliador do acervo informativo viabilizador de uma atuação jurisdicional mais eficiente, justificando se falar em *comunidade de trabalho*[11] (*Arbeitsgemeinschaft*) envolvendo as partes e o órgão judicial, ainda que sem desconsiderar a contraposição dos interesses das partes.

Há passagem lapidar de Taruffo:[12]

> ...Al participar en contradictorio en todas las fases del proceso, las partes están en capacidad de conocer todo lo que sucede, y por tanto de controlar la corrección del procedimiento, además de la legitimidad y adecuación de los comportamientos de todos los sujetos que participan en el y en particular del juez. La noción garantista del contradictorio está, entonces, diretamente ligada a la idea de que este sea un instrumento eficaz de convicción de que el contradictorio asegura la posibilidad de una <mejor> decisión[13]

---

[10] Na lição de Barbosa Moreira: "Como se quer que o processo marche sem delongas desnecessárias, põe-se um limite temporal ao exercício do dever ou da faculdade. O titular não está obrigado a agir; se desejar, contudo, precisará fazê-lo antes do termo final. O advento deste, sem que se tenha praticado o ato, não sujeita o omisso a sanção propriamente dita, porque dever algum foi descumprido; apenas o priva, normalmente, da possibilidade de realizar o ato" (Sobre prazos peremptórios e dilatórios. In: *Temas de direito processual civil*: segunda série. 2. ed. São Paulo: Saraiva, 1988. p. 51).

[11] FREITAS, José Lebre de. *Introdução ao processo civil*: conceito e princípios gerais. 2. ed. Coimbra: Coimbra Ed., 2006. p. 168.

[12] *Op. cit.*, p. 405.

[13] Nas sempre claras e diretivas palavras de Barbosa Moreira (muito antes de se alcunhar de "cooperação processual" no Brasil (!)): "...não será oportuno projetar em plano mais alto as várias figuras específicas desenhadas pela lei e, a partir do conjunto dessas peças, como quem une os fragmentos de quebra-cabeça, concluir pela afirmação de um dever genérico, atribuído a todos nós, de colaborar com a Justiça? (...) Relativamente às partes, não se afigura despropositado raciocínio semelhante àquele que permitiu aos civilistas identificar um dever geral de colaboração em matéria de contrato: dos contratantes, com efeito,

Concluindo, sustento que deve ser mantida a regra geral do Projeto de não cabimento do agravo de instrumento, contudo devendo ser imposto às partes que ao terem uma decisão judicial contrária aos seus interesses, apresentem no prazo de 5 dias, sob pena de preclusão, *pedido de cooperação pós-decisória*, devidamente fundamentado, que se converterá, *ope legis*, em protesto antipreclusivo em caso de indeferimento; devendo a parte contrária ter oportunidade para contraditório, no mesmo prazo de 5 dias, somente após ocorrendo a decisão judicial.

Para maior eficiência, deverá ser vedado o emprego de alegações e pedidos genéricos, o mesmo ocorrendo com a decisão e sua fundamentação.

Finalmente, nas peças de interposição de apelação ou de resposta, referida matéria protestada deverá ser reiterada, pleiteando o interessado sua apreciação pelo tribunal *ad quem*.

Acredito que o *pedido de cooperação pós-decisória* é mais fiel ao objetivo principal, no momento imediatamente posterior à decisão interlocutória, que não é recorrer, mas sim buscar uma decisão diversa ou mais completa do órgão julgador. Aliás, neste caso, poder-se-ia estabelecer que embargos de declaração e pedido de cooperação não podem ser apresentados em momentos distintos, devendo ocorrer simultaneamente na mesma petição.

Outro fator importante é que, se mantida, a falta de preclusão provocará na parte interessada em recorrer, a tentativa de buscar o agravo de instrumento, com uma tese de urgência, ou de figura próxima às exceções legais, enquanto que existindo o pedido de cooperação pós-decisória com conversão automática para protesto no caso de indeferimento, a interposição de agravo de instrumento será desestimulada, o que pode ser um freio a um dos grandes anseios passíveis de frustração, a redução dos agravos de instrumento.

A própria técnica redacional de um pedido de cooperação pós-decisória é distinta de um recurso, o que contribui para um contraditório mais adaptado ao fim a que se destina neste momento processual.

Em poucas palavras: na dialética processual a petição é para o juiz e não para o órgão *ad quem*, provocando um *diálogo* menos *crítico*.

E, se mantida a decisão, simplesmente converte-se, *ope legis*, para protesto. Caso se convertesse — *ope legis* — para agravo retido, poder-se-ia questionar que a recorribilidade é voluntária e como tal, pelo menos tradicionalmente, não há recurso criado por lei.

O *pedido de cooperação pós-decisória* e sua conversão automática (*ope legis*), caso indeferido para protesto, não será, em primeiro momento, um recurso para o tribunal, mas um pedido para o juízo prolator da decisão, estimulador da cooperação processual, dando melhores condições para o magistrado prolatar sua decisão ou corrigi-la. No plano secundário, após a decisão acerca do pedido, estará a nota

---

reclama-se que, além de cumprir suas obrigações expressamente pactuadas, cooperem tanto quanto possível para que o negócio atinja seus fins. Para seguir rota análoga, não precisamos em absoluto ressuscitar velhas concepções contratuais do processo: basta considerar que nenhuma instituição jurídica, seja de que natureza jurídica for, para projetar na realidade concreta a força integral de suas potencialidades, dispensa a boa vontade e o esforço sincero dos seres de carne e osso que a movimentam" (MOREIRA, José Carlos Barbosa. Justiça e nós. In: MOREIRA, José Carlos Barbosa. *Temas de direito processual civil*: sexta série. São Paulo: Saraiva, 1989. p. 14, 15).

recursal: o protesto será a primeira etapa de um ato recursal complexo,[14] que exigirá dois momentos, o do protesto (decorrente do indeferimento do pedido de cooperação pós-decisória) e o de sua reiteração com fundamentação e pedido preliminar recursal em razões ou contrarrazões de apelação.

3 Justificativa sintética e redação proposta do pedido de cooperação pós-decisória

Consideradas as constatações e justificativas acima, apresento, para debate, a proposta de inclusão no Projeto do Código de Processo Civil, do pedido de cooperação pós-decisória.

Em alguns momentos é importante buscarmos alternativas aos instrumentos já conhecidos, propondo mecanismos que sejam mais adequados aos objetivos a serem alcançados. No pedido de cooperação pós-decisória e na sua eventual conversão *ope legis* em protesto antipreclusivo o escopo é manter o que de positivo há na manutenção da preclusão no sistema processual, estimulando um *diálogo* entre os participantes do processo, sem que haja uma *forma* de recurso, isto é, sem os pontos negativos da recorribilidade e julgamento imediatos, ou a utilização exagerada e nem sempre adequada dos embargos de declaração.

É extremamente perigoso o afastamento da preclusão das matérias objeto de decisões interlocutórias. É o que se pretende evitar, com a manutenção da linha mestra da apresentação do Projeto, mas com a criação do pedido de cooperação pós-decisória.

Sugestão do dispositivo:

> ART. _____ – As decisões interlocutórias, salvo as exceções legais, são irrecorríveis em separado; as matérias dela objeto não precluirão desde que, no prazo de 5 (cinco) dias, o interessado apresente, devidamente fundamentado, pedido de cooperação pós-decisória.
>
> §1º – Nas audiências de instrução, o pedido de cooperação pós-decisória deverá ocorrer imediata e oralmente pelo interessado, da mesma forma o contraditório e a subsequente apreciação judicial.
>
> §2º – Cabíveis embargos de declaração da mesma decisão interlocutória, estes deverão ser apresentados na mesma petição que traz o pedido descrito no *caput*.
>
> §3º – O pedido de cooperação pós-decisória não suspenderá a eficácia da decisão, salvo decisão concessiva de suspensividade ou antecipação de tutela nos casos de risco de dano irreparável ou de difícil reparação.
>
> §4º – Após oportunidade, no mesmo prazo, de manifestação da parte contrária, o juiz deverá apreciar o pedido que, no caso de indeferimento, converter-se-á automaticamente em protesto antipreclusivo.
>
> §5º- Caso haja modificação total ou parcial da decisão, a manifestação em contraditório da parte atingida pela inovação, converter-se-á, na sua extensão, automaticamente em protesto antipreclusivo.

---

[14] Diz-se ato processual complexo, quando se decompõe em mais de um ato, cada um dotado de eficácia jurídica específica (CAMPOS, Ronaldo Cunha. Premissas à noção de processo. *In*: CAMPOS, Ronaldo Cunha. *Estudos de Direito Processual*. Uberaba, 1974. v. 1, p. 100. Impresso no *Jornal da Manhã*).

§6º – Caberá a parte beneficiada pelo protesto antipreclusivo, em razões ou contrarrazões de apelação reiterar, sob pena de preclusão, a fundamentação e o pedido de apreciação da matéria objeto do protesto, que não terá custas e cujo julgamento deverá ocorrer antes da apreciação da apelação.

Referências

CAMPOS, Ronaldo Cunha. Premissas à noção de processo. *In*: CAMPOS, Ronaldo Cunha. *Estudos de direito processual*. Uberaba, 1974. v. 1. Impresso no *Jornal da Manhã*.

DIDIER, Fredie. *Curso de direito processual* civil. 12. ed. Salvador: JusPodivm, 2010. v. 1.

DIDIER, Fredie. Preclusão e decisão interlocutória. Anteprojeto do Novo CPC. Análise da proposta da Comissão. *Migalhas*. Disponível em: <http://www.migalhas.com.br/mostra_noticia_articuladas.aspx?cod=103549>. Acesso em: 28 fev. 2011.

FREITAS, José Lebre de. *Introdução ao processo civil*: conceito e princípios gerais. 2. ed. Coimbra: Coimbra Ed., 2006.

MICHELI, Gian Antonio. *Curso de derecho procesal civil*. Buenos Aires: Ejea, 1970. v. 1.

MOREIRA, Barbosa. Sobre prazos peremptórios e dilatórios. *In*: MOREIRA, Barbosa. *Temas de direito processual civil*: segunda série. 2. ed. São Paulo: Saraiva, 1988.

MOREIRA, José Carlos Barbosa. Justiça e nós. *In*: MOREIRA, José Carlos Barbosa. *Temas de direito processual civil*: sexta série. São Paulo: Saraiva, 1989.

Informação bibliográfica deste texto, conforme a NBR 6023:2002 da Associação Brasileira de Normas Técnicas (ABNT):

FERREIRA, William Santos. Proposta de adoção do pedido de cooperação pós-decisória: mais que um protesto, menos que um recurso. *In*: ROSSI, Fernando *et al.* (Coord.). *O futuro do processo civil no Brasil*: uma análise crítica ao Projeto do Novo CPC. Belo Horizonte: Fórum, 2011. p. 777-784. ISBN 978-85-7700-511-6.

SOBRE OS AUTORES

Alexandre Freitas Câmara
Desembargador no TJRJ. Professor de Direito Processual Civil da EMERJ. Membro do Instituto Brasileiro de Direito Processual, do Instituto Ibero-Americano de Direito Processual e da *International Association of Procedural Law*.

Amanda Milliê da Silva Alves
Bacharel em Direito. Oficial de apoio judicial do Tribunal de Justiça de Minas Gerais (TJMG) em Uberaba, Minas Gerais.

André Menezes Delfino
Professor de Direito das Sucessões em nível de Graduação e Pós-Graduação. Pós-Graduado em Direito Civil e Direito Processual Civil. Mestre em Direito das Relações Econômico-Empresariais. Membro do Instituto de Direito de Família (IBDFAM). Membro da Comissão de Direito de Família da Ordem dos Advogados do Brasil, Seção de Minas Gerais (OAB/MG). Membro da Diretoria da 1ª Seção do Instituto dos Advogados de Minas Gerais (IAMG). Coordenador editorial da revista jurídica UNIJUS (ISSN 1518-8280). Membro do Conselho de Redação da *Revista Brasileira de Direito Processual* (RBDPro – ISSN 0100-2589). Membro do Comitê Institucional de Projetos de Iniciação Científica da Universidade de Uberaba (MG). Advogado.

Arthur Mendes Lobo
Doutorando em Direito Processual pela PUC-SP. Mestre em Direitos Coletivos e Função Social do Direito pela Universidade de Ribeirão Preto/SP. Professor da Pós-Graduação *Lato Sensu* da FAFIBE/SP. Ex-Professor da UFJF.

Bruno Garcia Redondo
Mestrando em Direito Processual Civil pela PUC-SP. Especialista em Direito Processual Civil pela PUC-Rio. Pós-Graduado em Direito Público e em Direito Privado pela EMERJ (TJRJ/UNESA). Pós-Graduado em Advocacia Pública pela ESAP (PGERJ/UERJ/CEPED). Professor de Direito Processual Civil nas seguintes Instituições: na Graduação da PUC-Rio, nos cursos de Pós-Graduação da PUC-Rio, da UFF, da UERJ, da ESA (OAB/RJ), da FESUDEPERJ, da AMPERJ, do CEPAD, do CEDJ, da ABADI e do IMP/MT; nos Cursos Foco, IAJ e IESAP. Professor convidado na EPD. Membro do Instituto Brasileiro de Direito Processual (IBDP) e da Academia Brasileira de Direito Processual Civil (ABDPC). Secretário-Geral da Comissão de Estudos em Processo Civil da OAB/RJ. Procurador da OAB/RJ. Advogado.

Carlos Gustavo Rodrigues Del Prá
Especialista e Mestre em Direito Processual Civil pela PUC-SP. Professor nos cursos de Pós-Graduação em Direito Tributário e Direito Processual Civil da UniAnchieta (Jundiaí/SP). Consultor terceirizado da BM&FBOVESPA Supervisão de Mercados. Advogado.

Cleucio Santos Nunes
Mestre em Direito pela Universidade Católica de Santos (UniSantos). Professor dos cursos de Direito do Centro Universitário de Brasília (UniCeub) e do Instituto de Educação Superior de Brasília (IESB) nas áreas de Direito Financeiro, Tributário e Processual Civil. Advogado e Assessor Jurídico em Brasília.

Cristiane Druve Tavares Fagundes
Mestranda e Pós-Graduada em Direito Processual Civil pela PUC-SP. Pós-Graduada em Direito Público pelo Centro de Atualização em Direito (CAD). Graduada em Direito pela Pontifícia Universidade Católica de Minas Gerais. Advogada em São Paulo, com ênfase nas áreas Cível e Contratual.

Daniel Mota Gutiérrez
Doutorando e Mestre em Direito Processual Civil pela Pontifícia Universidade Católica de São Paulo (PUC-SP). Professor da Especialização em Direito Processual Civil da Faculdade Christus. Advogado.

Delton Ricardo Soares Meirelles
Doutor em Direito pela Universidade do Estado do Rio de Janeiro (UERJ). Professor Adjunto de Direito Processual da Universidade Federal Fluminense (UFF). Professor do Programa de Pós-Graduação em Sociologia e Direito (PPGSD/UFF). Pesquisador do Laboratório Fluminense de Estudos Processuais (LAFEP/UFF).

Dhenis Cruz Madeira
Professor efetivo de Teoria Geral do Processo e Direito Processual Civil do curso de Graduação em Direito da PUC Minas. Membro do Colegiado de Coordenação Didática do curso de Direito da PUC Minas Contagem. Professor do curso de Pós-Graduação *Lato Sensu* em Direito Processual do Instituto de Educação Continuada da PUC Minas (IEC-PUC Minas). Professor convidado de outros cursos de especialização em Direito Processual no país, dentre eles: Escola Superior de Advocacia (ESA) da OAB/MG, Escola Judicial Desembargador Edésio Fernandes (EJEF/TJMG/IEC PUC Minas), Escola Superior da Magistratura do Pará/Cesupa (Belém/PA), Escola Superior de Advocacia da OAB/PA/Cesupa (Belém/PA), Ceajufe (Belo Horizonte/MG), Aprobatum (Belo Horizonte/MG), Uniube (Uberaba/MG). Doutorando, Mestre e Especialista em Direito Processual pela PUC Minas. Pesquisador. Palestrante. Advogado.

Eduardo Cambi
Pós-Doutor em Direito Processual pela Università degli Studi di Pavia, Itália. Doutor e Mestre em Direito pela Universidade Federal do Paraná (UFPR). Professor da Universidade Estadual do Norte do Paraná (UENP) e da Universidade Paranaense (UNIPAR). Professor dos Cursos de Especialização da Pontifícia Universidade Católica de São Paulo (COGEAE/PUC-SP), do Centro Universitário do Pará (CESUPA), do Instituto de Direito Romeu Felipe Bacellar, da Academia Brasileira de Direito Processual Civil (ABDPC) e do Instituto Brasileiro de Direito Processual (IBDP). Membro do Conselho de Relações Internacionais e de Redação da *Revista de Processo*, do Conselho de Redação da *Revista Gênesis de Direito Processual Civil*, da Equipe de Pesquisadores do Instituto de Pesquisas Jurídicas *Bonijuris* e editor responsável pela Revista *Argumenta* (UENP). Promotor de Justiça no Estado do Paraná. Autor de livros e de dezenas de artigos publicados em revistas especializadas, bem como de capítulos em coletâneas jurídicas.

Eduardo Chemale Selistre Peña
Mestre em Direito pela PUCRS. Doutorando em Direito pela PUC-SP. Advogado.

Eduardo José da Fonseca Costa
Juiz Federal Substituto em Corumbá/MS. Especialista e Mestre em Direito Processual Civil pela PUC-SP. Membro do IBDP e da ABDPC. Membro do Conselho Editorial da *Revista Brasileira de Direito Processual* (*RBDPro*).

Fábio Victor da Fonte Monnerat
Procurador Federal. Coordenador da Escola da Advocacia-Geral da União em São Paulo.

Felipe Camilo Dall'Alba
Mestre em Direito pela UFRGS. Professor de Direito Processual Civil. Procurador Federal em Porto Alegre/RS.

Fernando da Fonseca Gajardoni
Professor Doutor de Direito Processual Civil da Faculdade de Direito da USP – Ribeirão Preto (FDRP-USP) e do programa de Mestrado em Direito da Universidade de Itaúna (UI/MG). Doutor e Mestre em Direito Processual pela Faculdade de Direito da USP (FD-USP). Juiz de Direito no Estado de São Paulo.

Fernando Gama de Miranda Netto
Doutor em Direito pela Universidade Gama Filho (RJ), com período de pesquisa de um ano junto à *Deutsche Hochschule für Verwaltungswissenschaften de Speyer* (Alemanha) e junto ao *Max-Planck-Institut* (Heidelberg) com bolsa CAPES/DAAD. Professor Adjunto de Direito Processual da Universidade Federal Fluminense (UFF). Líder do Laboratório Fluminense de Estudos Processuais (LAFEP/UFF).

Fernando Rossi
Advogado. Professor Universitário. Diretor da *Revista Brasileira de Direito Processual* (*RBDPro*). Mestre em Constituição e Processo pela Universidade de Ribeirão Preto. Membro do Instituto Brasileiro de Direito Processual. Membro do Instituto dos Advogados de Minas Gerais.

Flávia Pereira Ribeiro
Advogada. Especialista, Mestre e Doutoranda em Processo Civil pela PUC-SP. Autora de livro e artigos em obras jurídicas na área Processual Civil.

Fredie Didier Jr.
Professor Adjunto de Direito Processual Civil da Universidade Federal da Bahia. Mestre (UFBA). Doutor (PUC-SP). Pós-Doutor (Universidade de Lisboa). Membro do Instituto Brasileiro de Direito Processual, do Instituto Ibero-Americano de Direito Processual e da *International Association of Procedural Law*. Advogado e consultor jurídico.

Geraldo Fonseca de Barros Neto
Mestrando em Direito Processual Civil pela PUC-SP. Professor em cursos de Graduação e Pós-Graduação. Advogado em Campinas e São Paulo.

Gilberto Notário Ligero
Doutorando em Direito das Relações Sociais pela Pontifícia Universidade Católica de São Paulo, na sub-área de Direito Processual Civil. Graduação em Direito pela Instituição Toledo de Ensino de Presidente Prudente (SP/1995). Mestrado em Direito Negocial pela Universidade Estadual de Londrina (2004). Professor da Faculdade de Direito de Presidente Prudente (FIAET), nas cadeiras de Direito Processual Civil e Direito Civil. Advogado. Membro do Corpo Editorial das revistas *Intertemas* e *Intertemas Social*.

Gisele Mazzoni Welsch
Advogada. Especialista em Direito Público pela PUCRS. Mestre em Direito Processual Civil pela PUCRS. Professora do Centro Universitário Metodista IPA (Porto Alegre/RS). Professora de Processo Civil da FEEVALE. Professora convidada de cursos de Pós-Graduação *Lato Sensu* em Processo Civil. Membro do Grupo de Estudos Jurisdição, Instrumentalidade e Efetividade do Processo, coordenado pelo Professor Doutor José Maria Rosa Tesheiner, na PUCRS. Membro do Grupo de Estudos Processo Civil no Estado Constitucional, coordenado pelo Professor Doutor Daniel Francisco Mitidiero, na PUCRS.

Glauco Gumerato Ramos
Mestrando em Direito Processual Civil na PUC-SP. Mestrando em Direito Processual na Universidad Nacional de Rosario (UNR/Argentina). Professor da Faculdade Anhanguera Jundiaí. Professor convidado em cursos de Pós-Graduação *Lato Sensu* em Direito Processual Civil. Membro do Instituto Brasileiro de Direito Processual (IBDP), do Instituto Ibero-Americano de Direito Processual (IIDP) e do Instituto Pan-Americano (IPDP) de Direito Processual. Advogado em Jundiaí/SP.

Guilherme Beux Nassif Azem
Mestre em Direito pela PUCRS. Professor de Direito Processual Civil. Procurador Federal em Porto Alegre/RS.

Gustavo de Medeiros Melo
Mestre e Doutorando em Direito Processual Civil (PUC-SP). Membro do Instituto Brasileiro de Direito Processual (IBDP). Advogado em São Paulo.

Humberto Theodoro Júnior
Professor titular aposentado da Faculdade de Direito da UFMG. Desembargador aposentado do TJMG. Membro da Academia Mineira de Letras Jurídicas, do Instituto dos Advogados de Minas Gerais, do Instituto de Direito Comparado Luso-Brasileiro, do Instituto Brasileiro de Direito Processual, do Instituto Ibero-Americano de Direito Processual e da *International Association of Procedural Law*. Doutor em Direito. Advogado.

Jefferson Carús Guedes
Advogado da União em Brasília. Vice-Presidente Jurídico dos Correios (ECT). Doutor e Mestre em Direito Processual Civil (PUC-SP).

João Batista de Moraes
Pós-Graduado em Processo Civil e Direito Contratual pela PUC-SP. MBA em Direito da Economia e da Empresa pela FGV e Direito Tributário também pela FGV.

João Batista Lopes
Professor dos cursos de Mestrado e Doutorado da PUC-SP. Desembargador aposentado. Consultor Jurídico.

José Anchieta da Silva
Advogado. Mestre em Direito Comercial pela Faculdade de Direito da Universidade Federal de Minas Gerais (UFMG). Presidente do Instituto dos Advogados de Minas Gerais (IAMG) e do Colégio de Presidentes dos Institutos dos Advogados do Brasil.

José Henrique Mouta Araújo
Pós-Doutor (Universidade de Lisboa). Doutor e Mestre em Direito (UFPA). Professor titular da Universidade da Amazônia, do Cesupa e da Faci. Advogado e Procurador do Estado do Pará.

José Herval Sampaio Júnior
Professor na Graduação e Pós-Graduação na Universidade do Estado do Rio Grande do Norte (UERN), na Pós-Graduação da Universidade Potiguar (UNP), na Escola da Magistratura do Rio Grande do Norte (ESMARN). Especialista em Processo Civil e Penal (ESMARN/UNP). Mestre em Direito Constitucional pela Universidade de Fortaleza (UNIFOR). Doutorando em Direito Constitucional pela Universidade Del Paris Basco/UNP. Membro do Instituto Brasileiro de Direito Processual (IBDP). Coordenador Acadêmico do Curso de Especialização de Direitos Humanos da Universidade do Estado do Rio Grande do Norte (UERN). Juiz de Direito no Estado do Rio Grande do Norte.

José Maria Tesheiner
Professor de Processo Civil na PUCRS. Desembargador aposentado do TJRGS.

Leonardo José Carneiro da Cunha
Mestre em Direito pela UFPE. Doutor em Direito pela PUC-SP. Pós-Doutorado pela Universidade de Lisboa. Professor Adjunto da Faculdade de Direito do Recife (UFPE), nos cursos de Graduação, Mestrado e Doutorado. Professor do curso de Mestrado da Universidade Católica de Pernambuco. Membro do Instituto Brasileiro de Direito Processual (IBDP). Procurador do Estado de Pernambuco. Advogado.

Liliane Ito Ishikawa
Procuradora do Estado de São Paulo. Mestre em Direitos Difusos e Coletivos pela PUC-SP. Professora da Escola Superior da Procuradoria Geral do Estado de São Paulo (ESPGE/SP).

Luciano Vianna Araújo
Mestre em Direito Processual Civil pela PUC-SP. Professor de Direito Processual Civil na PUC-Rio, nos cursos de Graduação e de Pós-Graduação *Lato Sensu*. Membro do Instituto Brasileiro de Direito Processual (IBDP). Advogado.

Lúcio Delfino
Advogado. Professor convidado de cursos de Pós-Graduação em Direito Processual nos Estados de Minas Gerais, São Paulo, Rio Grande do Sul e Mato Grosso. Diretor da *Revista Brasileira de Direito Processual* (*RBDPro*). Doutor em Direito Processual Civil pela Pontifícia Universidade Católica de São Paulo. Membro do Instituto Brasileiro de Direito Processual, da Academia Brasileira de Direito Processual Civil, do Instituto dos Advogados de Minas Gerais e do Instituto de Hermenêutica Jurídica.

Luis Henrique Alves Machado
Pós-graduado em Processo Civil pela Fundação Escola do Ministério Público. Graduado pela Universidade de Brasília. Advogado em Brasília.

Luiz Eduardo Ribeiro Mourão
Especialista em Direito Processual pela USP. Mestre e doutorando em Direito Processual Civil na PUC-SP. Advogado em São Paulo.

Luiz Fernando Valladão Nogueira
Advogado. Procurador concursado do Município de Belo Horizonte, desde 1988. Presidente da Associação dos Procuradores Municipais de Belo Horizonte (APROMBH), eleito para o biênio 2011/2012. Membro efetivo e Diretor dos departamentos de Direito Processual Civil e de Direito de Família do Instituto dos Advogados de Minas Gerais. Professor de Processo Civil e Direito Civil do Curso de Direito da FEAD – Centro de Gestão Empreendedora, em Belo Horizonte. Professor de Processo Civil do Instituto de Educação Continuada (IEC) da PUC MINAS. Membro efetivo da Associação Brasileira de Direito Tributário. Membro efetivo do IBDFAM (Instituto Brasileiro de Direito de Família). Membro do Conselho Editorial da *Revista Brasileira de Direito Processual* (*RBDPro*). Presidente da Comissão de Ética e Disciplina da OAB/MG, no triênio 2004/2006. Conselheiro Seccional na OAB/MG, nos triênios 2004/2006 e 2007/2009. Diretor Financeiro da OAB/MG, eleito para o triênio 2007/2009. Presidente do Órgão Especial: Advocacia e Ética da OAB/MG, eleito para o triênio 2007/2009. Ex-professor da Escola Superior de Advocacia da OAB/MG.

Luiz Henrique Volpe Camargo
Mestrando (PUC-SP). Especialista em Direito Processual Civil (UCDB/INPG). Advogado. Professor do curso de Graduação e Pós-Graduação em Direito Processual Civil da Universidade Católica Dom Bosco de Campo Grande/MS. Ex-Membro da comissão técnica do Senado Federal de apoio à elaboração do Relatório-Geral do PLS nº 166, de 2010, que trata da reforma do Código de Processo Civil.

Manoel de Souza Mendes Junior
Especialista em Direito Processual Civil. Mestre em Direito Econômico e Social (Tutela Jurisdicional dos Direitos Fundamentais) pela PUCPR. Advogado da União.

Márcia Conceição Alves Dinamarco
Advogada. Professora contratada na PUC-SP. Mestre e Doutoranda pela PUC-SP.

Marco Antonio dos Santos Rodrigues
Procurador do Estado do Rio de Janeiro. Mestre em Direito Público. Doutorando em Direito Processual pela Universidade do Estado do Rio de Janeiro. Professor Assistente de Direito Processual Civil da Faculdade de Direito da Universidade do Estado do Rio de Janeiro. Professor de cursos de Pós-Graduação em Direito.

Maria Lúcia Baptista Morais
Bacharel em Direito pela Universidade do Vale do Rio dos Sinos (UNISINOS). Mestre em Direito Processual Civil pela Universidade Federal do Rio Grande do Sul (UFRGS). Professora titular da Graduação e Pós-Graduação do Centro Universitário Ritter dos Reis (UniRitter Laureate International Universities).

Mirna Cianci
Procuradora do Estado de São Paulo. Mestre em Direito Processual Civil pela PUC-SP. Coordenadora e Professora da Escola Superior da Procuradoria-Geral do Estado de São Paulo (ESPGE/SP).

Paulo Gustavo Medeiros Carvalho
Bacharel em Direito pela Associação de Ensino Unificado do Distrito Federal. Especialista em Ordem Jurídica e Ministério Público pela Fundação Escola Superior do Ministério Público do DF e Territórios. Especialista em Especialização e Direito Público pela Universidade Federal do Estado do Rio de Janeiro. Professor do IDP e do UniCEUB. Membro do Instituto dos Advogados do Distrito Federal (IADF).

Paulo Leonardo Vilela Cardoso
Advogado, Pós-Graduado em Processo Civil pela Universidade Federal de Uberlândia (UFU). Pós-Graduado em Direito Empresarial pela Universidade Federal de Uberlândia, (UFU). Mestre em Direito das Relações Econômicas e Empresariais pela Universidade de Franca (UNIFRAN). Professor do curso de Graduação e Pós-Graduação da Universidade de Uberaba (UNIUBE e UNIPAC/Campus Araguari/MG). Membro do IAMG, IBRADEMP e do IBDP.

Pedro Henrique Pedrosa Nogueira
Doutorando (UFBA). Mestre em Direito (UFAL). Professor de Direito Processual Civil na Universidade Federal de Alagoas (UFAL). Professor da Escola Superior de Magistratura do Estado de Alagoas (ESMAL). Professor e Coordenador do curso de Direito na Sociedade de Ensino Universitário do Nordeste (SEUNE). Membro do Instituto Brasileiro de Direito Processual (IBDP). Advogado.

Rita Quartieri
Procuradora do Estado de São Paulo. Mestre em Direito Processual Civil pela PUC-SP. Coordenadora e Professora da Escola Superior da Procuradoria-Geral do Estado de São Paulo (ESPGE/SP).

Rodolpho Vannucci
Mestre em Direito Processual Civil pela PUC-SP. Professor em cursos de Graduação e Pós-Graduação. Advogado em Campinas e São Paulo.

Rodrigo Chinini Mojica
Mestre e Doutorando em Direito Processual Civil pela PUC-SP. Advogado em São Paulo.

Rodrigo D'Orio
Mestre e especialista em Direito Processual Civil pela PUC-SP. Professor da Pós-Graduação em Direito Processual Civil da Faculdade de Direito de ITU (FADITU). Professor assistente, na mesma matéria, na graduação da PUC-SP. Advogado em São Paulo.

Rodrigo Pereira Martins Ribeiro
Mestre em Direito Processual pela Universidade do Estado do Rio de Janeiro. Professor Universitário. Advogado da União com exercício na Procuradoria-Geral da União.

Ronaldo Brêtas de Carvalho Dias
Advogado. Mestre em Direito Civil e Doutor em Direito Constitucional pela UFMG. Professor nos Cursos de Graduação, Mestrado e Doutorado em Direito da PUC Minas. Professor na Faculdade de Direito da Universidade de Itaúna/MG. Coordenador Adjunto do Programa de Pós-Graduação em Direito da PUC/Minas. Membro efetivo do Instituto dos Advogados de Minas Gerais. Ex-Advogado-Chefe Adjunto da Assessoria Jurídica Regional do Banco do Brasil S.A. em Minas Gerais.

Ronaldo Cramer
Mestre em Direito Processual Civil pela PUC-SP. Professor de Direito Processual Civil da PUC-Rio. Membro do IBDP. Advogado.

Rosemiro Pereira Leal
Doutor em Direito pela UFMG. Professor da UFMG. Professor da PUC Minas (Bacharelado, Mestrado e Doutorado) em Direito Processual. Advogado e consultor jurídico.

Sérgio Tiveron
Advogado. Professor de Teoria Geral do Processo. Mestre em Direito. Membro-Efetivo da Comissão de Ensino da OAB/MG.

Welington Luzia Teixeira
Advogado. Mestre e Doutorando (DI) em Processo (PUC Minas). Professor de Direito Processual Civil. Membro do Instituto Brasileiro de Direito Processual. Diretor do Instituto dos Advogados de Minas Gerais.

William Santos Ferreira
Mestre e Doutor pela PUC-SP. Professor da PUC-SP. Membro Efetivo do Instituto Brasileiro de Direito Processual. Sócio Benemérito da Academia Brasileira de Direito Processual Civil. Advogado.

Esta obra foi composta em fonte Palatino Linotype, corpo 10
e impressa em papel Offset 75g (miolo) e Supremo 250g (capa)
pela Edelbra Gráfica Ltda.
Erechim/RS, novembro de 2011.